8판

R. Kelly **Rainer**
Brad **Prince**

경영정보시스템

INTRODUCTION TO INFORMATION SYSTEMS

양준석 · 함유근 · 김대호 · 강주영 | 옮김

WILEY

한 경 사

저자 머리말

이 책의 전반적인 초점은 학생들이 정보시스템과 정보기술에 대한 올바른 이해를 통해 이들의 효과적이며 효율적인 사용자가 되도록 돕는 것이다. 일반적으로 정보시스템에 대한 이해가 높은 사용자는 조직의 정보시스템 및 기술에서 더 많은 가치를 실현한다. 우리는 이 책이 학생들이 그렇게 할 수 있도록 도움이 되기를 바란다.

정보시스템은 비즈니스와 어떤 연관이 있는가?

Rainer와 Prince의 〈Introduction to Information Systems〉의 이번 판에서는 학생들이 정보시스템에 대해 가지고 있는 여러 질문에 답할 것이다. 모든 장에서 실제 글로벌 기업이 정보기술 및 정보시스템을 사용하여 수익성을 높이고 시장 점유율을 높이며 고객관계를 개발 및 개선하고 일상적인 운영을 관리하는 방법을 살펴볼 수 있다. 다시 말해, 정보시스템이 공공 부문, 민간 부문, 영리 또는 비영리 등 모든 현대 조직의 기반을 제공하는 방법을 배우게 된다. 우리는 모든 비즈니스 전공, 특히 학부생을 위한 몇 가지 목표를 가지고 있다. 첫째, 조직의 성공을 보장하기 위해 현재 또는 미래의 직업을 마스터하는 데 도움이 되는 정보기술을 사용하는 방법을 알려주고자 한다. 둘째, 정보시스템 및 정보기술에 대한 올바른 정보에 입각한 사용자가 되기를 바란다. 셋째, 조직에서 겪게 될 디지털 혁신을 이해하기 바란다. 조직의 디지털 혁신은 기존 비즈니스 프로세스의 변화와 새로운 프로세스 및 비즈니스 모델의 개발을 의미한다. 이러한 방식으로 조직은 다양한 기술의 기능과 기회를 활용하여 성과를 개선할 수 있다. 이러한 기술의 예로는 빅 데이터, 클라우드 컴퓨팅, 인공지능, 사물인터넷, 모바일 컴퓨팅 및 상거래가 있다. 이들에 대해서도 살펴본다. 우리는 디지털 혁신을 이해하기 위해 단순히 정보기술의 개념을 배우는 것이 아니라 이러한 개념을 적용하여 비즈니스를 보다 효과적이고 효율적으로 수행하는 데 중점을 둔다. 우리는 비즈니스의 맥락에서 정보시스템을 활용하는 데 집중하여 이 책에서 제시하는 개념을 더 쉽게 이해할 수 있도록 한다.

이 책의 학습 구조

각 장의 시작 부분에 장 구성 목록, 학습목표와 같은 다양한 교육적 기능을 통해 개념들을 명확히 하고 체계적인 구조화된 학습 시스템을 제공한다.

장의 시작 부분에는 다음과 같은 교육적 특징이 있다.

- 장 개요: 각 장에서 다루는 주요 개념을 나열한다.
- 학습목표: 학생들이 이 장을 읽은 후 달성해야 하는 주요 학습목표에 대한 개요를 제공한다.
- 장 도입사례: 5, 6, 8장을 제외하고 장의 도입사례는 실제 기업이 직면한 비즈니스 문제와 이러한 문제를 해결하기 위해 정보시스템을 사용한 방법을 다룬다. 이들 사례는 일반적으로 문제에 대한 설명, 구현된 IS 솔루션의 개요, 구현 결과의 프레젠테이션으로 구성된다. 각 사례에는 학생들이 사례에 제시된 개념을 더 깊이 탐구할 수 있도록 토론 질문이 주어진다.

5장의 도입사례는 심장박동기의 데이터가 어떻게 범죄자의 체포로 이어졌는지를 설명한다. 이 사례가 시사하는 바는 어디서나 볼 수 있어 종종 무관심한 무선 장치가 지속적으로 데이터를 기록하는 방법을 보여준다. 이 사례의 경우 데이터를 제공한 기기는 실제로 범죄 용의자 몸 속에 있었다.

6장의 도입사례는 미얀마 정부가 자국민의 인터넷 접속을 허용했을 때 일어난 일을 다루고 있다. 이 사례가 시사하는 바는 우리 대부분이 당연하게 여기는 인터넷 접속이 기술적으로 양날의 검이라는 것이다. 따라서 우리는 학생들에게 인터넷에 접속할 때 항상 '사용자 주의!'라는 법칙을 강조한다.

8장의 도입사례에서는 핏빗(Fitbit)의 데이터가 어떻게 범죄자의 체포로 이어졌는지를 설명한다. 다시 말하지만, 이 사례의 배경도 흔히 볼 수 있어 종종 무관심한 무선 장치가 지속적으로 데이터를 기록하는 방법을 보여주기 위한 것이다. 이 경우 장치는 용의자의 팔에 착용하고 있었기 때문에 피의자의 외부에 있었다.

각 장마다 학습 보조 자료가 제공된다. 이런 자료들은 다음과 같다.

- IT와 기업사례는 책에서 다루는 개념과 관련된 질문과 함께 실제 활용 사례를 소개한다. 아이콘들은 각 절들의 내용이 특정 기능영역과 관련됨을 표시한다.
- 책 전체에서 소개되는 각종 기업사례들은 실제 조직에서 IT를 사용(및 오용)하는 것을 보여주므로 개념적 논의를 보다 구체화한다.
- 표는 주요 요점을 나열하거나 다양한 개념을 요약한다.
- 각 절 끝 검토(확인하고 넘어가기)는 학생들이 다음 절로 넘어가기 전에 잠시 멈추고 기본 개념에 대한 이해도를 확인하도록 한다.

각 장 끝 학습 보조 자료는 독자가 다음을 검토할 수 있는 광범위한 기회를 제공한다.

- "IT는 나를 위해 무엇을 해줄 수 있지?"는 다양한 기능영역(회계, 재무, 마케팅, 생산운영관리 및 인적자원관리)에 대한 주제의 관련성을 보여주는 고유한 장 요약이다.
- 장의 시작 부분에 나열된 학습목표와 관련된 장의 요약 부분은 학생들이 해당 장의 주요 개념을 복습할 수 있도록 한다.
- 각 장의 종료사례에서는 실제 회사가 직면한 비즈니스 과제와 이러한 문제를 해결하기 위해 IS를 사용하는 방법을 다룬다. 이런 사례는 일반적으로 문제에 대한 설명, 구현된 IS 솔루션의 개요, 구현 결과의 프레젠테이션으로 구성된다. 각 사례에는 학생들이 사례에 제시된 개념을 더 깊이 탐구할 수 있도록 토론 질문이 이어진다.

주요 특징들

우리는 교육 및 학습 경험을 향상시킬 것이라고 생각하는 다음과 같은 목표에 따라 이 책을 구성했다.

IT는 나를 위해 무엇을 해줄 수 있지?

각 장에서 해당 장의 주제가 각 경영학 전공과 어떻게 관련되어 있는지 주의를 환기시켜 정보시스템의 중요성을 강조한다. 아이콘은 학생들을 회계(ACC), 재무(FIN), 마케팅(MKT), 생산운영관리(POM), 인적자원관리(HRM) 및 경영정보시스템(MIS)과 같은 특정 기능영역과 관련된 문제를 소개한다. 각 장의 핵심 개념이 각 기능영역과 어떤 관련이 있는지에 대한 자세한 요약("IT는 나를 위해 무엇을 해줄 수 있지?")으로 장을 마무리한다.

능동적인 학습

우리는 문제해결, 창의적 사고, 기회 활용에 학생들을 적극적으로 참여시켜야 할 필요성을 인식하고 있다. 따라서 학생들이 소프트웨어 응용 프로그램 도구를 사용해야 하는 연습을 포함하여 모든 장에 다양한 실습, 활동 및 미니 사례를 포함했다. 이러한 활동과 대화형 웹 사이트를 통해 우리는 학생들이 배운 개념을 적용할 수 있도록 한다. (이러한 내용은 원서의 웹 사이트를 참조하기 바란다.)

다양한 산업의 다양하고 독특한 사례

대기업, 중소기업, 정부 및 비영리단체의 생생한 사례를 광범위하게 사용하여 장의 개념에 활기를 불어넣는다. 이러한 예들은 정보시스템의 기능에서 비용 및 정당성, 기업이 운영에 IS를 사용하는 혁신적인 방법에 이르는 모든 것을 보여준다. 많은 학생이 중소기업에서 일하고 일부는 스스로 소규모 사업을 시작할 것이라는 사실을 인식하기 위해 소기업을 포함시켰다. 실제로 일부 학생들은 이미 지역 비즈니스에서 일하고 있을 수 있으며 수업에서 배우는 개념을 쉽게 관찰하거나 직장에서 실천할 수 있다. 각 장에서는 비즈니스와 IS 간의 통합적 연결을 지속적으로 강조한다. 이러한 연결은 장의 도입사례 및 종료사례, 'IT와 기업사례' 및 기타 책에서 소개된 각종 예에서 특히 분명하다.

성공과 실패

많은 교과서가 정보시스템의 성공적인 구현의 예를 제시하며 이 책도 예외는 아니다. 그러나 우리는 그러한 실패로부터 배울 수 있는 교훈의 맥락에서 수많은 정보시스템의 실패 사례를 제공함으로써 한 걸음 더 나아간다. 정보시스템의 오용은 매우 많은 비용을 초래할 수 있다.

글로벌 포커스

글로벌 경쟁, 파트너십 및 거래에 대한 이해는 현대 비즈니스 환경에서 성공하는 데 필수적이다. 따라서 다양한 글로벌 사례와 예들을 제공한다. 이 책에서는 수출입, 글로벌한 기업의 관리 및 전 세계 전자거래를 촉진하는 정보시스템의 역할에 대해 논의한다.

혁신과 창의성

오늘날과 같이 급변하는 비즈니스 환경에서 비즈니스가 효과적이고 수익성 있게 운영되기 위해서는 창의성과 혁신이 필요하다. 이 책을 통해 정보시스템이 이러한 프로세스를 촉진하는 방법을 소개한다.

윤리에 중점

거의 매일 뉴스의 헤드라인을 장식하는 기업 스캔들과 함께 윤리와 윤리적 문제가 기업인들 과제의 최전선에 올랐다. 전체 장(3장)을 윤리 및 개인정보보호에 할애하는 것 외에도 비즈니스 윤리에 초점을 맞추어 교재 전반에 걸쳐 예제와 사례를 포함시켰다.

이 책의 아이콘 가이드

이 책을 읽으면 책 전체에 걸쳐 다양한 아이콘이 산재되어 있음을 알 수 있다.

이 아이콘은 다양한 기능영역과 관련된 자료를 강조 표시한다. MIS 개념은 IT 분야의 경력뿐만 아니라 모든 비즈니스 경력과 관련이 있다. 기능영역 아이콘을 사용하면 다양한 전공의 학생들이 특정 관련 개념과 예를 빠르게 선택할 수 있다. 다음은 이러한 아이콘에 대한 간략한 설명이다.

ACCT 회계관리 전공자들을 위해 회계관리 영역과 관련된 내용을 강조한다.

FIN 재무관리 전공자들을 위해 재무관리 영역과 관련된 내용을 강조한다.

MKT 마케팅 전공자들을 위해 마케팅 영역과 관련된 내용을 강조한다.

POM 생산운영 전공자들을 위해 생산운영 영역과 관련된 내용을 강조한다.

HRM 인적자원관리 전공자들을 위해 인적자원관리 영역과 관련된 내용을 강조한다.

MIS 경영정보(MIS) 전공자들을 위해 경영정보 영역과 관련된 내용을 강조한다.

8판의 새로운 내용

새 판에는 모든 신규 또는 업데이트된 도입사례, 종료사례 및 'IT와 기업사례'가 포함된다.

8판의 주요 내용(혹은 새로운 자료)

조직의 디지털 혁신

아마도 학생들은 디지털 혁신을 경험하고 있는 회사에서 일하게 될 것이다. 우리는 디지털 변환과 그러한 변환을 주도하는 정보기술을 강조한다(1장의 도입사례, IT와 기업사례 1.1 및 종료사례 참조). 디지털 혁신을 주도하는 기술은 빅 데이터(5장 참조); 비즈니스 분석(12장 참조); 소셜 컴퓨팅(9장 참조); 모바일 컴퓨팅(8장 참조); 사물인터넷(8장 참조); 애자일 시스템 개발 방법(13장 참조) 클라우드 컴퓨팅(기술가이드 3 참조); 및 인공지능(기술가이드 4 참조)이다.

유럽연합의 일반데이터보호규정(GDPR)

3장에서는 2018년 5월 25일에 발효된 세계에서 가장 강력한 데이터 보호법인 유럽연합의 GDPR(일반데이터보호규정: 국내 개인정보보호법에 해당)에 대해 철저히 논의한다.

랜섬웨어

이런 공격은 매우 심각하고 전 세계에 널리 퍼져 있기 때문에 4.3절과 4장의 종료사례에서 랜섬웨어에 대해 자세히 설명한다.

데이터 레이크

엔터프라이즈 데이터 웨어하우스는 다양한 유형의 데이터를 관리하려고 할 때 융통성이 떨어질 수 있다. 결과적으로 많은 조직에서 데이터 레이크를 도입하고 있다. 'IT와 기업사례 5.3'에서 이 새로운 기술을 다룬다.

대화형 상거래

중요성이 높아짐에 따라 'IT와 기업사례 7.1'에서 챗봇을 사용한 대화형 상거래에 대해 자세히 설명한다.

핀테크

금융산업을 혼란에 빠뜨릴 수 있는 중요성과 잠재력이 증가함에 따라 'IT와 기업사례 7.2'에서 핀테크(FinTech)에 대해 논의한다.

아마존과 월마트의 계속되는 전쟁

7장의 종료사례는 아마존(초기 전자상거래 회사)과 월마트(초기 오프라인 회사) 간의 고전적인 싸움을 다룬다. 이 사례는 두 회사가 비즈니스 모델을 변경하는 방법을 살펴본다.

위성을 통한 인터넷

우리는 위성을 통한 인터넷 및 이 서비스를 제공하는 회사에 관한 절을 다시 작성하고 업데이트했다(8장 참조).

상업적 이미징

상업용 이미징 및 이 서비스를 제공하는 회사에 관한 절을 다시 작성하고 업데이트했다(8장 참조).

풍선을 통한 인터넷 접속

우리는 서비스가 부족한 지역에서 인터넷에 액세스할 수 있도록 하는 구글의 프로젝트룬(Project Loon)의 자료를 다시 작성하고 업데이트했다(8장 참조).

비행선을 통한 인터넷 접속

우리는 서비스가 부족한 지역에서 인터넷에 접속할 수 있도록 하는 인터넷 비행선에 관한 자료를 추가했다(8장 참조).

5세대(5G) 무선 통신

5G 무선 기술에 대한 자료를 업데이트했다(8장 참조).

조직과 고객 간의 힘의 균형 변화

9장의 도입사례는 조직과 고객 간의 힘의 균형이 어떻게 급격하게 변화했는지에 대한 흥미로운 시각을 제공한다.

메시징 앱

메시징 앱의 다양성과 인기도에 대한 자료를 추가했다(9장 참조).

새로운 기술이 공급망에 미치는 영향

'IT와 기업사례 11.6'에서는 새로운 주제에 대해 논의한다. 즉, 새로운 기술(로봇, 드론, 무인 차량, 3차원 인쇄)이 공급망 및 공급망관리에 미치는 영향이다.

역자 머리말

정보기술과 데이터가 이제 기업의 보조적이거나 지원 도구가 아닌 경영 전략과 혁신의 중심이 되고 있다. 데이디는 21세기 원유를 넘어 기업의 핵심 자산이 분명해졌다. 그 만큼 정보시스템에 대한 정확하고 폭넓은 이해가 경영학을 학습하는 사람들에게 점점 중요해지고 있다. 여러분들이 재무, 회계, 생산운영, 인사, 마케팅, 전략 등 다른 경영학 분야에 관심을 가지고 있으며 또한 그런 분야에 종사할 계획이라면 이제는 더욱더 정보시스템에 대한 탐구의 끈을 놓치면 안 되는 세상이 되었다. 이 책의 저자들은 그러한 의미에서 1판에서부터 각 장의 주제들이 어떻게 다른 경영 분야와 관련이 되는지를 충실히 설명하고자 했으며 개정판에서도 그런 노력을 지속하고 있다.

정보시스템 관련 주요 이슈들은 기술의 발전과 디지털화의 진전에 따라 변할 수밖에 없다. 8판의 가장 큰 변화는 빅 데이터, 인공지능, 클라우드 컴퓨팅, 인공지능 등 최근의 기술 발전으로 기업 경영과 산업의 디지털화가 가속화되고 새로운 비즈니스가 나타나는 부분을 소개하고 있다. 국내에서도 이미 토스가 모든 금융회사를 뛰어넘는 가장 사람들이 많이 사용하는 금융플랫폼이 되었다. 또한 정보기술과 데이터의 오용으로 인한 문제도 이전에 비해 다양한 사례와 예를 통해 보다 심도 있게 논의하고 있다. 교재의 3장에서 개인정보보호 이슈들을 다루고 있지만 새로 개정된 이번 교재에서는 여러 장의 주제에 걸쳐 관련 개인정보 문제를 논의하고 있다.

이러한 기술 발전의 내용과 의미를 8판에서는 각 장의 주제에 맞추어 보다 상세히 다루고 있다. 빅 데이터는 5장 데이터 및 지식 관리와 12장 비즈니스 분석기법에서, 그리고 사물인터넷은 8장 무선, 모바일 컴퓨팅 및 모바일 상거래에서 새로이 다루고 있다. 소셜 미디어의 기업 활용은 9장에서 독립적으로 보다 구체적이며 심층적으로 논의하고 있다. 그리고 좀 더 기술적인 이슈들인 클라우드 컴퓨팅은 기술가이드 3, 인공지능은 기술가이드 4의 인텔리전트시스템에서 소개하고 있다. 이에 따라 기존 각 장에서 소개되었던 기존 사례들은 새로운 사례들로 모두 교체되었다. 8판의 사례들은 위에서 언급한 디지털 혁신과 문제점을 보다 충실히 보여주는 예들이라고 하겠다. 정보시스템을 이야기하면서 이전에는 정보기술에 초점을 맞추었다. 그러나 앞부분에서도 잠시 언급했지만 이제는 디지털화로 생성되는 데이터를 다루고 활용하는 부분의 비중이 점차 높아지고 있다는 점도 이 책을 학습하는 학생들이 주목해야 할 점이다. 이와 관련해서 해외 사례와 유사하지만 사회 및 경영 환경과 법제도에 따라 다소 차이가 나는 국내 사례들을 함께 찾아보면서 학습하는 것도 큰 의미가 있다. 물론 이런 점은 번역본에서 아쉬운 부분이기도 하다.

끝으로 이 번역서가 나오기까지 편집과 교정 작업에 많은 노력을 아끼지 않으신 한경사 편집실 직원분들과 물심양면으로 지원해주신 이계남 사장님께 진심 어린 감사를 드린다.

역자 일동

차례

1장

정보시스템 개요

장의 구성

1.1 정보시스템 학습의 필요성

1.2 컴퓨터 기반 정보시스템의 개요

1.3 IT가 조직에 미치는 영향

1.4 사회에서의 정보시스템의 중요성

학습목표

1.1 오늘날 세계에서 정보시스템의 준비된 사용자가 되는 것이 왜 중요한지 그 이유를 확인해보자.

1.2 조직 내 다양한 컴퓨터 기반 정보시스템 유형을 설명해보자.

1.3 정보기술이 경영자와 근로자에게 어떤 방식으로 영향을 줄 수 있는지 토의해보자.

1.4 정보기술의 사용 증가로 인해 사회에 미치는 긍정적 영향과 부정적인 영향을 파악해보자.

뉴욕타임즈의 디지털 전환

MIS POM MKT

(이 사례에서 언급된 신문과 신문 산업은 종이 신문을 대상으로 한다.)

당면한 문제들

지난 약 두 세기 동안 신문은 다양한 기술의 영향을 받으며 적응해야만 했다. 다음의 이야기들은 이에 대한 좋은 예를 보여준다. 1820년대 후반에 2개의 뉴욕 신문인 저널 오브 커머스(Journal of Commerce)와 쿠리어 앤 엔콰이어(Courier and Enquirer)가 독자를 놓고 경쟁하고 있었다. 두 신문사 모두 경쟁사보다 단 몇 시간이라도 더 빨리 외국 뉴스를 얻기 위해 당시로서는 첨단기술인 쾌속선박을 이용하고, 또한 다른 도시의 뉴스를 빨리 구하기 위해 조선시대의 파발마와 유사한 포니 익스프레스(Pony Express)의 서비스를 사용했다.

1845년에 뉴욕 헤럴드의 편집자인 제임스 고든 버넷(James Gordon Bennett)은 전보가 많은 신문을 폐업시킬 것이라고 주장했으나, 결과적으로 그의 예측은 빗나갔다. 전보는 이전의 어떤 기술보다 더 빠르게 소식을 전달할 수 있었으나, 수많은 사람들에게 동시에 뉴스를 전파할 수는 없었다. 오직 신문만이 이것이 가능했기 때문에, 오히려 전보는 신문이 더 많은 기사를 더 빨리 보도할 수 있게 함으로써 신문을 독자들에게 더 매력적으로 만들고 판매를 증가시켰다.

1930년까지 약 2,100만 명의 미국인이 라디오를 구입하여 신문이 배달되기 전에 뉴스를 들을 수 있었다. 이로 인해 신문은 광고 수익의 일부를 잃었으나, 라디오는 비교적 짧은 5분 하이라이트로 뉴스를 제공했기 때문에 세부 정보를 얻고자 하는 독자들은 신문을 봐야만 했다.

1950년대에 텔레비전은 많은 사람들에게 일간 뉴스를 제공함으로서 신문의 또 다른 위협이 되었다. 라디오와 마찬가지로 신문은 TV 광고 수익 만큼을 잃었으나, 여전히 텔레비전에서 제공되는 뉴스는 짧았고 청취자들은 세부 사항을 보기 위해 신문을 봐야 했다.

1990년대에 인터넷의 급속한 성장으로 인해 온라인 미디어가 늘어남에 따라 뉴스의 제공이라는 신문의 기능은 더욱 축소되었다. 전보, 라디오, 텔레비전의 추세를 이어받아 인터넷은 소비자에게 뉴스를 더 빨리, 그리고 보다 시각적으로 전달했다.

신문에는 또 다른 문제가 있었는데, 온라인 미디어와 달리 물리적 형식, 제조 및 유통뿐 아니라 값비싼 노동 조합, 인쇄기, 배달 차량 등의 제약을 받았다. 반면 온라인 미디어는 풍부한 미디어, 즉 비디오 및 사운드의 사용을 광고주에게 제공했으며, 광고주는 인터넷 검색 기능을 통해 독자의 의도를 파악함으로써 보다 정확하게 소비자를 타겟팅할 수 있었다.

이러한 타겟팅에서의 이점 덕분에 인터넷은 주제에 따라 분류된 항목별 광고 — 직업, 자동차 및 부동산과 같은 광고에서 특히 장점을 보였다. 크레이그리스트(Craigslist)와 같은 무료 서비스는 광고 수익의 70% 정도까지 항목별 광고에 의존하고 있던 상당수의 신문사들에게 중대한 타격을 주었다. 덕분에 신문사는 구독료를 인상하는 동시에 광고 요금은 낮추어야만 했다.

그 외 다른 기술들도 신문에 영향을 미쳤다. 오늘날 많은 사람들이 블로그, 소셜 미디어, 모바일, 뉴스봇을 통해 뉴스를 본다. 뉴스봇은 뉴스 그룹이나 뉴스 웹 사이트에서 기사를 수집하도록 설계된 소프트웨어이다.

거의 200년 간 미쳐온 기술의 영향으로 인해 신문 산업은 항목별 광고 및 유통의 감소와 함께 수익 역시 감소했다. 퓨 리서치 센터(Pew Research Center)에 따르면 오늘날 사람들은 뉴스의 46%는 보고, 36%는 읽고, 18%는 듣고 있다.

뉴욕타임즈는 인쇄 저널리즘 산업이 직면한 문제의 훌륭한 예이다. 2008년 금융 위기로 인해 많은 기업이 광고 예산을 줄이면서 신문 광고 수익에 큰 피해를 입었다. 실제로 2005년과 2010년 사이에 뉴욕타임즈는 인쇄 광고에서 6억 달러의 손실을 입었다. 이에 대한 극적인 조치로 뉴욕타임즈는 멕시코 억만장자 카를로스 슬림에게 회사 지분 17%를 주는 대가로 2억 5천만 달러의 대출을 받았고, 맨해튼 본사를 부동산 투자 회사에 매각해야만 했다. 또한 어바웃닷컴(About.com) 및 보스톤 레드삭스 야구팀 지분과 같은 자산을 매각했다.

이러한 변화와 관련하여 타임즈가 직면한 근본적인 질문은 영향력이 크고 비용이 많이 드는 저널리즘이 급격히 변화하는 뉴스 환경에서 성공할 수 있는지의 여부였다. 그 결과 새로운 디지털 수익을 찾는 것이 이 신문의 최우선 비즈니스 과제가 되었다.

2014년 타임즈는 디지털화를 위한 변환 중에 기술 그룹의 직원과 전통적인 주류 언론인 및 편집자와의 통합에 많은 문제가 있음을 발견했다. 이러한 문제에는 신문의 디지털화에 대한 인쇄 저널리즘의 저항과 새로운 변화에 대한 저널리스트와 편집자의 저항이 포함되어 있었다. 이러한 문제들로부터 타임즈는 디지털 이니셔티브에 대한 강조의 필요성을 깨달았다.

디지털 솔루션

타임즈는 현재 디지털 전환을 추진하고 있으며, 이러한 변화가 수익성을 개선하고 저널리즘의 질을 높이며 미래를 보장할 것이라고 믿고 있다. 변환의 주요 목표는 저널리즘과 같은 핵심 서비스에 막대한 투자를 하고, 개인화된 피트니스 조언 및 대화형 뉴스봇에서 가상현실 영화에 이르기까지 새로운 온라인 서비스 및 기능을 지속적으로 추가하는 것이다. 이를 통해 기존 고객들이 구독을 유지하게 하고, 더 많은 미래의 구독자를 확보할 수 있을 것으로 기대하고 있다. 타임즈가 이 두 가지 목표를 달성할 수 있다면 신문의 생존에 필수적인 광고 수익을 극대화할 수 있을 것이다.

현재 타임즈에서 대부분의 디지털 이니셔티브의 허브는 베타 그룹으로, 여기서는 베타 직원들이 디자이너, 개발자 및 편집자와 긴밀하게 협력하고 있다. 최초 베타 앱에 속하는 'Cooking'과 'Crossword' 외에, 베타 그룹에서는 주택 목록을 제공하는 앱인 'Real Estate', 개인화된 훈련 및 조언을 제공하는 건강 및 피트니스 블로그인 'Well', 텔레비전 및 영화 추천 전용 앱인 '와칭(Watching)'과 다양한 기구들에 대한 리뷰 사이트인 와이어커터(Wirecutter; www.thewirecutter.com) 등 다양한 서비스의 개발에 주력하고 있다.

이러한 개인 서비스 기능의 출시는 1970년대 타임즈가 시도했던 'Weekend', 'Home' 및 'Living'과 같은 광고주 친화적인 섹션들과 유사하다. 많은 타임즈 직원들은 이 섹션들을 "뉴스 가치는 거의 없으면서 그저 새로운 독자를 끌어들이기 위한 책략", 즉 클릭을 유도하는 미끼(clickbait)라고 일축했다. 클릭베이트는 품질이나 정확성을 희생하면서 온라인 광고 수익의 창출을 목표로 하는 콘텐츠를 의미하는 부정적인 용어이다.

타임즈의 디지털 변환이 진행되면서 뉴스룸의 문화도 변화할 수밖에 없었다. 예를 들어, 처음 몇 달 동안 식품 편집자는 베타 그룹 사람들이 무엇에 대해 이야기하는지 전혀 이해할 수 없었다고 불평했다. 그러나 결국 그는 자신의 새로운 디지털 사명을 받아들이게 되었다. 실제로 그는 2016년 11월 독자들의 추수 감사절 저녁 식사 준비에 도움을 주기 위한 "Turkey Talk"라는 문자 메시지 실험의 실행에 동의했다.

타임즈의 최근 디지털 제품에는 다음과 같은 것들이 포함되어 있다.

- 2016년 대선 캠페인 기간 동안 타임즈는 정치 기자 닉 컨페소르(Nick Confessore)의 목소리로 경선에 대한 업데이트를 매일 제공하는 페이스북 메신저(Facebook Messenger) 뉴스봇을 만들었다. 봇은 자연어 처리를 사용하여 독자의 질문을 이해하고 미리 작성된 답변을 사용하여 질문에 응답할 수 있었다.
- 스틸 프로세싱(StillProcessing): 대중 문화와 공공 정책의 교차점에 대한 웨슬리모리스(Wesley Morris)와 제나 워샘(Jenna Wortham)의 주간 팟캐스트이다.
- 퍼즐 매니아(Puzzle Mania): 타임즈를 위해 만들어진 십자말풀이 중 가장 큰 728크기의 '메가퍼즐(MegaPuzzle)'이 포함된 선데이 타임즈의 특별 인쇄 전용 섹션이다.
- 레이스/릴레이티드(Race/Related): 미국의 인종 및 민족성에 대한 특집과 에세이가 포함된 주간 전자메일 뉴스레터이다.

타임즈는 가상현실도 실험 중에 있다. 구글과 협력하여 구글의 카드보드 VR 뷰어를 타임즈의 110만 선데이 인쇄판 구독자 모두에게 보내고, 100만 번 이상 다운로드된 NYT VR 앱을 만들었다. 또한 두 회사는 난민(The Displaced)과 이라크에서 ISIS와의 전투(Fight for Falluja)와 같이 새롭고 이질적인 주제를 다룬 16편의 VR 오리지널 영화를 제작하고 있다.

2016년 3월, 페이스북은 연간 300만 달러의 대가로 타임즈가 페이스북의 새로운 비디오 플랫폼인 페이스북 라이브(Facebook Live)를 위해 매달 수십 개의 라이브 스트림을 제작해 줄 것을 제안했다. 타임즈는 2주 만에 콘텐츠 제작에 착수했으며, 다음 몇 달 동안은 기자 회견, 시위, 정치 대회 등 모든 것을 실시간 스트리밍하기 위해 300명 이상의 타임즈 기자를 모집했다. 이 프로젝트는 수백 명의 뉴스룸 직원들에게 카메라 앞에서 구도를 잡고 말하는 방법과 미래 저널리즘을 생산하는 데 필요한 기타 모든 기술을 교육하는 데에도 도움이 되었다.

디지털 변환의 결과

이 사례에서 타임즈가 과거에도 디지털 이니셔티브를 구현했었다는 사실을 인식하는 것이 중요하다. 구체적으로 1996년 1월 22일 웹 사이트(www.nytimes.com)를 개설했다. 당시에는 웹 사이트의 내용을 하루에 한 번씩 인쇄판 기사로 업데이트했다. 또한, 인터넷에 접속할 수 있는 미국 내 누구라도 무료로 읽을 수 있었다. 불행하게도, 웹 사이트의 업데이트 속도가 너무 느렸기 때문에 어떤 수입도 창출하지 못했다.

타임즈는 이 문제를 해결하기 위해 웹 사이트를 개선하고 유지 관리하는 데 더 많은 리소스를 할당하여 콘텐츠를 매우 빠르게 업데이트할 수 있었다. 흥미롭게도 2018년 5월에 가장 인기 있는 뉴스 웹 사이트 상위 5위는 야후! 뉴스, 구글 뉴스, 허핑턴 포스트, CNN, 뉴욕타임즈였다.

2011년 뉴욕타임즈는 처음으로 NYTimes.com에 대해 정기구독 비용을 지불한 독자들에게만 완전한 액세스를 허용하는 유료화 벽(paywall)을 구현하였다. 이 유료화 벽은 2019년 1분기에 330만 명이 넘는 사람들이 디지털 구독료를 지불하도록 하면서 상당한 성공을 거두었다. 또한 2019년 1분기 동안 타임즈는 26만 5천 명의 디지털 전용 구독자를 추가로 확보했다.

2018년에 타임즈는 7억 9백만 달러의 디지털 광고 수익을 올렸다. 현재 타임즈는 2020년까지 디지털 수익 8억 달러를 올리고, 2025년까지 총 디지털 구독자 천만 명을 확보하는 것을 목표로 하고 있다. 타임즈의 고위 경영진은 이 수익이 인쇄판 유무에 관계없이 신문의 글로벌 뉴스 수집 및 운영에 필요한 자금을 지원할 수 있을 것으로 믿고 있다.

추가 1억 달러의 광고수익을 실현하기 위해 타임즈는 모든 플랫폼에서 새로운 구독자를 찾아야 한다. 타임즈의 유료화 벽은 구독에 대한 가장 강력한 인센티브로 남아 있으며, 이것이 대부분의 신규 구독자가 NYTimes.com에서 월간 허용 한도를 최대화한 후에 등록하는 이유이다. 아직까지는 모바일 및 소셜 미디어를 통한 구독이 PC를 이용하는 데스크톱 구독보다 뒤처져 있다.

타임즈는 2018년 인쇄 광고 수익이 감소했음에도 불구하고 총 수익이 17억 5천만 달러라고 발표했다. 흥미롭게도 타임즈는 2018년에 120명의 뉴스룸 직원을 추가하여 총 기자 수를 1,600명으로 늘렸으며 이는 신문 역사상 가장 많은 수이다.

이 사례의 최종결론은 타임즈의 디지털 이니셔티브는 인쇄 광고의 손실을 상쇄하여 신문의 수익성을 유지하는 데 도움이 되고 있다는 것이다.

출처: Compiled from J. Peiser, "The New York Times Co. Reports $709 Million in Digital Revenue for 2018," *The New York Times*, February 6, 2019; R. Edmonds, "The New York Times Passes 3 Million Mark in Paid Digital Subscribers," *Poynter*, November 1, 2018; J. Peiser, "New York Times Co. Reports Revenue Growth as Digital Subscriptions Rise," *New York Times*, May 3, 2018; S. Ember, "New York Times Co. Subscription Revenue Surpassed $1 Billion in 2017," *New York Times*, February 8, 2018; C. McLellan, "Digital Transformation: Retooling Business for a New Age," *ZDNet*, March 1, 2017; S. Ember, "New York Times Co.'s Decline in Print Advertising Tempered by Digital Gains," *New York Times*, February 2, 2017; "Top 15 Most Popular News Websites," *The eBusiness Guide*, February 2017; G. Snyder, "The New York Times Claws Its Way into the Future," *Wired*, February 2, 2017; J. Benton, This Is *The New York Times'* Digital Path Forward," *NiemanLab*, January 17, 2017; "Digital Transformation in the U.S.," *IDC InfoBrief*, January, 2017; M. Smith, "So You Think You Chose to Read This Article?" *BBC News*, July 22, 2016; A. Mitchell, J. Gottfried, M. Barthel, and E. Shearer, "Pathways to News," *Pew Research Center*, July 7, 2016; S. Elvery, "ABC NewsBot: The Bots Are Coming for You...and They Have Election News!," *ABC News*, June 30, 2016; T. Bernard, "TechCrunch Launches a Personalized News Recommendations Bot on Facebook Messenger," *TechCrunch*, April 19, 2016; T. Saperstein, "The Future of Print: Newspapers Struggle to Survive in the Age of Technology," *Harvard Political Review*, December 6, 2014; E. Dans, "Adapt or Die: The Simple Truth about Technology and the Newspaper Industry," *Medium.com*, August 4, 2014; J. Bruce, "Newspaper Advertising vs. Radio Advertising—and the Winner Is...," *Mediaspace Solutions*, July 22, 2014; M. Ingram, "The Internet Didn't Invent Viral Content or Clickbait Journalism—There's Just More of It Now, and It Happens Faster," *GigaOM*, April 1, 2014; S. O'Hear, "A First Look at Echobox, an Analytics Tool for News Sites That Actually Helps Drive Traffic," *TechCrunch*, February 17, 2014; "Newspapers and Technology," *The Economist*, December 17, 2009; D. Lieberman, "Newspaper Closings Raise Fears about Industry," *USA Today*, March 17, 2009; P. Sullivan, "As the Internet Grows Up, the News Industry Is Forever Changed," *Washington Post*, June 19, 2006; and www.nytimes.com, accessed July 6, 2017.

질문

1. 뉴욕타임즈가 전략적으로 디지털 전환을 해야 하는 이유를 설명해보자. (힌트: "뉴스를 어떻게 읽고 있는가?")
2. 타임즈가 디지털 전환 과정에서 수행한 다양한 디지털 노력에 대해 논의해보자.
3. 타임즈가 발행 부수를 늘리고 수익을 높일 수 있도록 디지털 이니셔티브를 제안해보자.

서론

경영정보시스템(MIS)을 이해하기 위해서는 가장 먼저 정보기술(IT)과 정보시스템(IS)을 정의할 필요가 있다. **정보기술(IT: information technology)**은 사람들이 정보를 다루고 조직의 정보 및 정보 처리 수요를 충족하기 위해 사용하는 모든 컴퓨터 기반 도구를 말한다. **정보시스템(IS: information systems)**은 특정 목적을 위해 정보를 수집, 처리, 저장, 분석 및 배포하는 시스템을 의미한다.

IT는 개인과 조직 그리고 우리가 사는 이 세계에 무수한 영향을 미치고 있다. 이 책은 주로 IT가 현대 조직들을 어떻게 변화시켰는지에 초점을 맞추고 있으나, 그 외에도 IT가 개인과 사회, 글로벌 경제 및 물리적 환경에 미치는 중요한 영향도 다루고 있다. 우리가 살고 있는 세계는 IT로 인해 점점 축소되고 있고, 점점 더 많은 사람들이 IT를 활용하여 소통과 협업을 하고 있어 좀 더 공정한 경쟁을 할 수 있는 디지털 공간을 만들어 나가고 있다.

이 책은 조직에 성공적인 IT 애플리케이션, 즉 조직에서 어떻게 IT를 활용하여 비즈니스 문제를 해결하고 시장에서 경쟁우위를 확보할 수 있는지에 초점을 두고 있다. 그러나 IT가 모든 비즈니스 문제를 해결할 수 있는 건 아니므로 여전히 조직은 비즈니스 역량도 계속해서 개발해야 한다.

이 책의 독자도 졸업하게 되면 공공 부문, 민간 부문, 영리 또는 비영리 여부에 관계없이 자신의 사업을 시작하거나 회사 등 조직에서 근무하게 될 것이다. 여러분이 속한 조직은 정보기술로 인해 급격하게 변화되고 있는 환경에서 살아남고 경쟁해야 한다. 즉, 전 세계적으로 상호 연결되어 있으며 365일 24시간 내내 치열하게 경쟁하는 정보 집약적인 환경에서 조직이 성공적으로 경쟁하기 위해서는 IT를 효과적으로 사용할 수 있어야 한다.

정보기술은 기업의 규모나 산업의 유형을 가리지 않고 모든 분야에서 공통적으로 그 중요성이 점점 더 커지고 있다. 따라서, 정보기술과 정보시스템을 제대로 배우고 이해하는 것은 재무, 회계 등 경영학 어느 분야를 전공하더라도 이점을 가져갈 수 있다. 더 나아가 사업을 시작하거나 기업을 창업할 때 IT는 분명 사업 아이디어를 현실로 만드는 중요한 도구가 될 것이다.

현대 환경은 조직뿐만 아니라 개인에게도 치열한 경쟁을 요구하고 있다. 전 세계 인재들과 경쟁하기 위해서는 IT를 효과적으로 활용할 수 있어야 한다. 이 장에서는 먼저 왜 IT를 제대로 배워야 하는지 세 가지 이유를 언급한다. 다음으로 데이터, 정보, 지식 간에 어떤 차이가 있는지 살펴보고 컴퓨터 기반 정보시스템과 응용 프로그램이 어떻게 다른지 설명한다. 마지막으로 정보시스템이 조직과 사회에 전반에 미치는 영향을 살펴본다.

1.1 정보시스템 학습의 필요성

지금 이 시대를 살고 있는 젊은 세대는 역사상 가장 연결되어 있는, 즉 온라인 환경에서 성장해 온 세대이다. 또한, 다양한 형태의 디지털 기기와 함께 항상 연락 가능한 상태로 더 많은 과업에 점점 더 많은 정보기술을 활용하면서 역사상 그 어느 세대보다도 가장 많은 정보에 둘러 쌓여 있는 세대라고 할 수 있다. MIT 테크놀로지 리뷰(MIT Technology Review)는 이 세대를 'Homo Conexus(상호 연결된 인류)'라고 칭한다. 이와 같이 정보기술은 20년 전만 해도 상상하기 어려울 정도로 일상 생활 전반에 막대한 영향을 끼치고 있다.

기본적으로 현재 유무선 통신 환경은 사용자로 하여금 휴대 가능한 디지털 장치(예: 랩톱, 태블릿, 스마트폰)를 활용하여 이동 중에도 웹 기반 도구를 활용하여 정보를 찾고 다른 사람들과 통신하고 협업이 가능하게 만들고 있다. 시간과 장소에 관계없이 언제 어디서나 원하는 정보를 찾을 수도 있고 자신의 아이디어를 웹에 올릴 수도 있다. 스마트폰으로 할 수 있는 것들을 생각해보면, 먼저 수강 신청, 수업 등록, 수업 계획서를 확인하고 파워포인트, 논문 등 수업 자료를 열람할 수 있다. 그 외에도 은행 업무를 보고, 요금을 지불하고, 다른 기업이나 사람으로부터 제품을 구매하고, 자신의 물건을 팔고, 직장을 찾고, 여행 계획을 잡고 필요한 예약을 하고(호텔, 비행기, 렌트카 등), 블로그를 만들어 자신의 팟캐스트나 브이로그를 게시하는 것이 가능하다. 또한 페이스북 페이지를 작성하고, 유튜브에 비디오를 올리고, 사진을 찍고 편집하고 출력하고, 음악과 영화를 개인 라이브러리로 스트리밍하고, RSS 피드로 자신만의 전자 신문을 만들고, 가족이나 친구와 하루 종일 문자나 트윗으로 소통하고, 스냅을 보내고, 우버(Uber) 차량 서비스를 주문하고, 에어비앤비(Airbnb)에서 원하는 숙소를 빌리거나 방을 임대하는 등 다양한 활동을 하고 있을 것이다. (참고: 여기에 언급된 용어들은 이 책에서 추후 모두 자세히 다루게 된다.)

다른 관점에서 휴대전화를 비롯한 모든 종류의 컴퓨팅 장치를 사용할 수 없는 하루를 한번 상상해보길 바란다.

정보에 준비된 사용자

그럼 "왜 정보시스템과 정보기술을 배워야 하는가?"를 살펴보자. 우리는 이미 수년간 웹 서핑을 해 왔지만 컴퓨터(또는 기타 전자장치)를 실제 업무에도 잘 활용할 수 있고, MIS 부서가 설치한 다양한 IT 응용 프로그램을 제대로 사용하거나 관리할 수 있다고 확신하기 위함이다. 이제 정보시스템과 정보기술을 배워야 하는 세 가지 이유를 살펴보자.

MIS 정보시스템 및 정보기술에 대해 배우는 첫 번째 이유는 정보에 **준비된 사용자(informed user)**가 되는 것, 즉 정보시스템과 정보기술을 잘 아는 사람이 되는 것이다. 일반적으로 정보에 준비된 사용자일수록 정보기술로부터 더 많은 가치를 획득할 수 있을 뿐만 아니라 다음과 같은 많은 이점을 얻을 수 있다.

- 조직의 IT 응용 프로그램 배경를 이해할 수 있으므로 이들 프로그램을 좀 더 유용하게 활용할 수 있다(그림 1.1 참조). 컴퓨터 화면에 표시되는 내용은 MIS 부서가 화면 뒤에서 작업한 결과물이라고 할 수 있다.
- 본인이 소속된 조직이 사용 중인 IT 응용 프로그램을 수정하거나 개선할 수 있는 위치로 갈 수 있다.
- 이제 막 졸업한 신입사원이라 할지라도 조직에서 사용할 IT 응용프로그램을 추천하거나 선택하는 데 도움이 되는 위치로 빠르게 자리잡을 수 있다.
- 정보에 준비된 사용자는 새롭게 등장하는 정보기술이나 급속하게 발전하는 기존 정보기술에 대해 빠르게 파악할 수 있다. '최상위' 상태를 유지하면서도 '새롭고 개선된' 기술이 조직에 미칠 영향을 예상하고 이러한 기술의 채택과 사용을 추천할 수 있게 된다.
- IT를 활용해 조직의 성과와 팀 작업은 물론 생산성을 향상시킬 수 있는 방법을 이해하게 된다.
- 창업 아이디어가 있는 경우 IT를 어떤 식으로 사업에 활용할 수 있는지 알게 된다.

그림 1.1
MIS는 사용자가 컴퓨터에서 보고 사용하는 것을 제공한다.

정보시스템 및 정보기술을 배워야 하는 두 번째 이유는 여러분이 속한 조직은 의심할 여지 없이 디지털 전환을 겪고 있기 때문이다. 실제로 디지털 전환은 모든 조직의 가장 중요한 전략 중 하나로 자리잡고 있다. 데이터 웨어하우징 인스티튜트(Data Warehousing Institute; www.tdwi.org)에 따르면 2018년 말까지 포브스 글로벌 2000(Forbes Global 2000) 기업의 CEO 중 약 3분의 2가 기업 전략의 중심에 디지털 전환이 있다고 예측하였다. (글로벌 2000(The Global 2000)은 포브스(Forbes Magazine)에서 선정한 세계에서 가장 큰 2,000개의 기업 공개 목록이다.)

디지털 전환(digital transformation)은 IT를 활용하여 직원, 고객 및 비즈니스 파트너 관계를 매우 효과적으로 개선하고 비즈니스 운영 및 비즈니스 프로세스의 지속적 향상을 지원하고, 새로운 비즈니스 모델이나 새로운 사업을 개발할 수 있게 하는 비즈니스 전략이다. 이와 같은 디지털 전환을 주도하는 정보기술은 다음과 같다.

- 빅 데이터(big data) (5장 참조)
- 비즈니스 분석(business analytics) (12장 참조)
- 소셜 컴퓨팅(social computing) (9장 참조)
- 모바일 컴퓨팅(mobile computing) (8장 참조)
- 사물인터넷(Internet of Things) (8장 참조)
- 애자일 개발방법론(agile systems development methods) (13장 참조)
- 클라우드 컴퓨팅(기술가이드3 참조)
- 인공지능(artificial intelligence)(기술가이드4 참조)

디지털 전환 사례는 이 장의 도입사례와 IT와 기업사례 1.1에서 확인할 수 있다.

정보시스템 및 정보기술을 배워야 하는 세 번째 이유는 조직 내에서 IS 기능을 관리하는 것이 더 이상 IS 부서만의 책임이 아니라는 것이다. 오히려 사용자는 관련 프로세스의 모든 단계에서 핵심적인 역할을 한다. 이 책의 전반적인 목표는 여러분이 조직에서 IS 기능을 즉시 관리하고 기여할 수 있도록 필요한 정보를 제공하는 것이다. 다시 말해 정보에 사용된 준비자가 될 수 있게 돕고자 한다.

IT, 커리어 기회 제공

MIS 현대 비즈니스를 운영하기 위해 필수적이라고 할 수 있는 IT는 채용 시장에 많은 고용 기회를 제공하고 있다. 먼저 프로그래머, 비즈니스 분석가, 시스템 분석가 및 디자이너와 같은 기존 IT 직원에 대한 수요가 상당하다. 또한, 높은 임금을 지급하고 있는 인터넷 및 전자상거래, 모바일 상거래(m-Commerce), 네트워크 보안, 통신 및 멀티미디어 디자인과 같은 분야도 있다.

정보시스템 분야는 정보시스템을 설계하고 개발하는 인력, 이들 시스템을 사용하는 사용자, 이들 시스템을 관리하는 책임자 모두를 포괄하고 있다. 정보시스템 분야의 가장 높은 직은 최고정보책임자(CIO)이다.

IT와 기업사례 1.1

다양한 디지털 전환 사례

POM MKT MIS

웬디스

패스트푸드 레스토랑 체인인 웬디스(Wendy's; www.wendys.com)는 고객경험 혁신을 위해 디지털 전환을 진행 중이다. 이 회사는 밀레니얼 세대와 비밀레니얼 세대를 포함한 많은 고객이 디지털 채널을 통해 회사와 소통하기 원하는 걸 파악하고 디지털 전환 작업을 시작하였다. 웬디스의 디지털 전환은 고객에게 제공하는 디지털 경험에 따라 평가될 수 있다. 디지털 전환을 구현하기 위해 이 회사는 엔지니어, 고객경험 전문가 및 사용자 경험 전문가로 구성된 '90 Degree Labs'라는 실험실을 만들었다. 이 실험실은 회사 웹 사이트, 앱, 자동 주문 키오스크 세 가지를 담당하고 있다.

웬디스는 인건비를 줄이기 위해 최초로 자동 주문 키오스크를 사용하기 시작하였고, 2019년 7월까지 약 4,000개(60%) 레스토랑에 키오스크를 설치하였다. 키오스크가 있는 매장의 주문 수량 및 만족도는 기존 매장 대비 더 높은 수치를 기록하고 있다. 이와 같이 웬디스 키오스크는 우수한 디지털 고객경험을 제공하는 필수적 전략으로 자리잡았다.

웬디스는 고객이 이미 모바일 앱에 익숙하며 키오스크가 모바일 디지털 경험을 제공하는 중간 단계라고 언급하고 있다. 회사는 고객이 매장 내 키오스크를 사용하는 데 익숙해지면 모바일 앱을 통한 주문으로 더 쉽게 전환할 수 있다고 기대하고 있다.

웬디스는 키오스크와 모바일 앱을 활용하여 라인을 관리하고, 주방 용량을 계획하고, 적시에 정확한 양의 소모품을 주문할 수 있다. 고객 역시 모바일 앱으로 자신이 원하는 시간과 장소에서 자신이 원하는 주문을 할 수 있다.

2019년 초 웬디스는 새로운 스캐닝 장비를 포함하여 디지털 이니셔티브에 2,500만 달러를 투자한다고 발표하였다. 스캐너를 사용하면 직원이 POS 시스템에 직접 입력하지 않아도 모바일 주문 및 쿠폰을 스캔할 수 있다.

POM MKT MIS 프로골프

골프 시장은 베이비붐 세대가 고령화되고 밀레니얼 세대가 골프에 관심을 보이지 않아 하향세를 겪고 있다. 미국에서는 폐쇄된 골프장을 관리할 수 있는 방안을 개발하고 있는데, 컴퓨팅 장치에 익숙한 젊은 세대에게 골프 매력을 알리기 위해 'connected course'라는 골프 토너먼트를 기획하고 있다.

첫째, 골프 코스는 현대 골프 토너먼트에 맞도록 다양한 기술 요구사항을 수용해야 한다. 각 코스는 관중을 위한 무선 연결을 지원할 뿐만 아니라, TV 방송인이 요구하는 사항, 자체 채점 및 운영 시스템도 지원해야 한다.

코스를 준비하려면 일반적으로 6~10마일의 광섬유를 땅에 깔고 5G와 같은 최신 무선 통신 기반 센서도 설치해야 한다. 이를 통해 직원, 선수, 코치, 비즈니스 파트너, 광고주, 관중에게 골프 경기에 대해 더 많은 통찰력을 제공할 수 있어야 한다.

골프 코스에 설치된 센서를 활용하면 관중의 위치 데이터를 활용하여 관중이 코스를 어떻게 이동하는지 파악할 수 있다. 이를 통해 토너먼트 스폰서는 관중이 가장 많은 위치에 광고를 노출할 수 있고 관중 역시 후원자의 이벤트나 할인 정보 등에 쉽게 접근할 수 있게 된다.

POM MIS 화물 운송 산업

화물 운송업자(freight forwarding)는 철도, 선박 또는 비행기로 상품 및 원자재를 운송하는 고객을 지원하고 있으며, 이 산 은 수년 동안 같은 방식으로 사업을 수행해 오고 있다. 이들은 전 세계의 관세, 세금, 벌금 및 항구 요구 사항에 대한 철저한 지식을 보유한 글로벌 에이전트 네트워크를 고용하고 있다. 고객으로부터 수수료를 받는 대가로 운송 회사, 항공사, 선주와 요금을 협상하고 대량의 화물을 기반으로 거래를 진행한다.

화물 운송업은 디지털 전환 측면에서 보면 다른 산업에 비해 다소 뒤쳐져 있다. 온라인 마켓플레이스인 스타트업 프레이토스(Freightos; www.freightos.com)는 이 업계에서 디지털 전환 선두주자로 나서고 있다. 프레이토스를 사용하면 발송인이 온라인으로 예약하여 며칠이 아닌 몇 초 내에 여러 화물 운송업체로부터 입찰가를 받을 수 있으며 종종 오프라인 대안보다 저렴한 가격으로 입찰가를 받을 수도 있다.

또 다른 신생 기업인 윈드워드(Windward; www.wnwd.com)는 위치 데이터를 각 선박의 크기, 소유자 및 기타 요인에 대한 기타 정보와 결합하여 해상에서 선박의 경로와 행동을 지도화한다. 세계 무역의 90% 이상이 해상에서 이루어지고 있다. 그러나 일단 화물이 배에 실리면 배가 가는 경로나 정류소에 대한 정보가 거의 없는 실정이다. 최근 몇 년 동안만 가장 큰 규모의 선박들이 정기적으로 위치 데이터를 전송했 왔으나, 이러한 선박조차도 전송을 중단하고 언제든지 '어두워질' 수 있다.

각 선박에서 들어오는 무수한 데이터 포인트를 분석하기 위해 윈드워드는 자연어 처리를 사용하여 비정상적이거나 중요한 행동 패턴을 식별하는 인공지능 시스템을 구축하였다. 이러한 시스템을 통해 불법 조업 또는 밀수와 관련될 수 있는 패턴으로 화물을 운송하는지 여부를 확인하거나, 각 나라 영해를 드나드는 선박을 지도에서 살펴볼 수 있다. 윈드워드 고객의 대부분은 어업 당국, 해안 경비대 및 해군이다. 그러나 회사는 해당 정보가 선주, 화물 소유자 및 보험 회사에게도 유용할 수 있다고 확신하고 있다.

의미심장하게도 아마존(www.amazon.com) 역시 화물 운송 사업에 뛰어들었는데, 11장에서 좀 더 상세히 아마존에 대한 사례를 확인할 수 있다.

MIS 아메리카 컵 요트대회

이제 아메리카 컵 요트대회(America's Cup Yachting)의 우승은 최고의 보트가 아니라 최고의 데이터를 보유한 팀에게 돌아갈 수 있다. 일대일 레이스 상황에서는 속도를 조금만 높여도 승리할 수 있다. 따라서 보트와 선원들의 성과에 대한 데이터가 많은 팀일수록 유리할 수밖에 없다.

대회에 참가하는 팀들은 가능한 더 많은 데이터를 얻기 위해 보트속도, 풍향 데이터, 보트의 각 부분의 스트레스 부하 등을 측정할 수 있도록 범선에 최대한 많은 센서를 장착하고 있다. 실제로 대회에 참가했던 한 팀은 하루에 최대 16GB의 데이터를 수집할 수 있었다.

팀 구성원 중 1명은 실시간으로 센서 데이터를 추적 보트에서 스트리밍하는 역할을 담당한다. 팀의 보트 디자인 코디네이터는 와이파이(Wi-Fi) 시스템이 경주용 범선에서 데이터를 전송하는 동안 추적 보트에 남아 있는다. 또한 센서 외에도 고프로(GoPro) 카메라를 사용하여 범선의 주요한 부분에 대한 비디오를 수집한다. 코디네이터는 실시간으로 물 위에서 보트의 실제 성능을 볼 수 있기 때문에 보트에 대한 실시간 분석을 수행한다. 그리고 수집된 데이터는 추가 분석을 위해 본사로도 송신된다. 그런 다음 팀 본부의 분석가가 가상으로 레이스를 재생한다. 이 분석은 각 선원의 성과를 높일 수 있을 뿐만 아니라 범선의 디자인을 변경하여 더 빠른 보트를 만드는 데에도 도움이 된다.

출처: Compiled from J. Maze, "Wendy's Investing $25M behind Digital Efforts," *Restaurant Business*, February 21, 2019; "Can Digitisation Help Golf Out of Bunker?" *Computer Weekly*, August 7–13, 2018; B. Sozzi, "Wendy's CEO: Future of Fast Food Will Include Kiosks and Fast Pass Drive-Thrus, *The Street*, June 11, 2018; T. Newcomb, "Data Supercharges Billion-Dollar Boats in the World's Fastest Sailing Race," *Wired*, July 8, 2017; A. Bruno, "Technology and Its Impact on the Freight Forwarding Industry," *ICAT Logistics*, June 12, 2017; M. Harvey, "How Data Crunching Was Vitally Important to Britain's America's Cup Team," *The Telegraph*, June 1, 2017; "One Fast Food Chain Is Adding Automated Kiosks to 1,000 of Its Restaurants in 2017," *Futurism*, March 3, 2017; L. Dignan, "Wendy's Cooks Up Digital Transformation Plans with Kiosks, Mobile Apps, Customer Experience Lab," *TechRepublic*, March 1, 2017; "Digital Transformation in the U.S.," *IDC InfoBrief*, January 2017; C. McDonald, "Unilever Puts Digital Transformation in the Hands of IT," *Computer Weekly*, November 2, 2016; N. Byrnes, "This $1 Trillion Industry Is Finally Going Digital," *MIT Technology Review*, October 24, 2016; D. Walter, "Oracle Team USA Credits Data & Analytics for America's Cup Success," *CMS Wire*, September 21, 2016; D. Kline, "Are Robots Taking Over Fast Food Restaurants?" *Newsweek*, September 5, 2016; D. Newman, "Top 10 Trends for Digital Transformation in 2017; *Forbes*, August 30, 2016; M. Castillo, "Technology Could Soon Be Replacing Fast Food Workers," *PSFK.com*, April 21, 2016; and "Wendy's Opens 90 Degree Labs to Fuel Future Technology Innovation," *PRNewswire*, May 26, 2015.

질문

이 사례는 4개 산업에 걸쳐 4개 조직의 디지털 전환 사례를 제시하고 있다.

1. 디지털 전환이 가장 중요한 조직은 어디라고 생각하는지 근거와 함께 제시해보자.
2. 디지털 전환이 가장 덜 중요한 조직은 어디라고 생각하는지 근거와 함께 제시해보자.
3. 당신의 대학이 디지털 전환을 위해 좋은 후보가 될 수 있는지 근거와 함께 대답해보자.
4. 3번에서 '예'라고 답한 경우 대학이 디지털 전환을 수행하기 위해 어떤 유형의 디지털 이니셔티브를 수행해야 한다고 생각하는가?

CIO는 IS 분야를 담당하는 임원으로서 대부분 현대 조직에서는 최고경영자(CEO), 최고재무책임자(CFO) 및 기타 고위 경영진과 협력하여 일하고 있으며, 조직의 전략적 의사결정에 적극적으로 참여하고 있다. 오늘날 디지털 환경에서 IS 기능이 조직 내에서 차지하는 전략적 중요성이 높아지고 있어, CIO은 IS 부서뿐만 아니라 기존 경영 부서(마케팅, 재무 등)에 근무하고 있는 인력들도 발탁되고 있다. 즉, 전공에 상관없이, 즉 IS 전공을 하지 않더라도 누구나 조직의 CIO가 될 수 있으므로 정보시스템을 잘 아는 사용자가 되어야 할 것이다.

표 1.1은 IT 직업 목록과 각 직업에 대한 직무 설명을 보여주고 있다. IT 분야의 가능한 경력에 대한 상세 내용은 링크드인(www.linkedin.com), 컴퓨터월드(www.computerworld.com) 및 몬스터(www.monster.com)를 참조하면 된다.

정보시스템 분야 경력에 대한 기회는 매우 좋은 편이며 향후 10년 동안도 전망이 매우 밝다고 할 수 있다. 실제로 U.S. 뉴스 앤 월드리포트(U.S. News & World Report)는 "2018년 최고의 직업 100개"를, 머니(Money)는 "2018년 미국 최고의 직업"을, 포브스(Forbes)는 2018년에 "20개의 최고의 직업"을 선정했는데 이 중 MIS 전공 분야 직업에 대한 순위는 다음과 같이 매우 상위권에 위치하고 있다(각 잡지는 서로 다른 기준으로 직업 순위를 정하다보니 잡지별로 제시한 직업 순위에 차이가 있다). 잡지에서 제시한 직업 순위는 다음과 같다.

표 1.1 정보기술 관련 직업

직위	직무 설명
최고정보관리자(Chief Information Officer)	최고위 IS 관리자. 조직의 모든 전략적 계획을 담당
정보시스템 책임자(IS Director)	조직 전체의 모든 시스템과 전체 정보시스템의 일상적인 운영을 관리
정보센터 관리자(Information Center Manager)	헬프 데스크, 핫라인, 교육 및 컨설팅과 같은 IS 서비스 관리
응용 프로그램 개발 관리자(Applications Development Manager)	신규 시스템 개발 프로젝트 조정 및 관리
프로젝트 관리자(Project Manager)	특정 신규 시스템 개발 프로젝트 관리
시스템 분석가(Systems Analyst)	사용자와 프로그래머 간의 인터페이스, 신규 애플리케이션에 대한 정보 요구 사항 및 기술 사양 결정
운영 관리자(Operations Manager)	데이터 및 컴퓨터 센터의 일상적인 운영 감독
프로그래밍 관리자(Programming Manager)	모든 프로그래밍 작업 조정
소셜 미디어 관리자(Social Media Manager)	소셜미디어 개발, 모니터링, 대응 작업 관리 및 조정
업무 분석가(Business Analyst)	비즈니스, 즉 현업 문제에 대한 솔루션 설계에 중점을 둠, IT를 혁신적으로 사용할 수 있는 방법을 보여주기 위해 사용자와 긴밀하게 인터페이스
시스템 프로그래머(Systems Programmer)	신규 시스템 소프트웨어를 개발하거나 기존 시스템소프트웨어 유지보수 역할 담당
소프트웨어 응용 프로그래머(Software Applications Programmer)	신규 응용 프로그램을 개발하거나 기존 응용 프로그램 유지 보수 역할 담당
이머징 기술 관리자(Emerging Technologies Manager)	기술 동향 예측; 신기술 평가 및 실험
네트워크 관리자(Network Manager)	조직의 음성 및 데이터 네트워크를 조정하고 관리
데이터베이스 관리자(Database Administrator)	조직의 데이터베이스를 관리하고 데이터베이스 관리 소프트웨어 사용 감독
감사 및 컴퓨터 보안 관리자(Auditing or Computer Security Manager)	정보시스템의 윤리적/법적 사용 감독
웹관리자(Webmaster)	조직의 웹 사이트 관리
웹디자이너(Web Designer)	웹 사이트 및 페이지 생성

U.S. 뉴스 앤 월드리포트(out of 100)

#1 소프트웨어 개발자(Software Developer)

#32 정보 보안 분석가(Information Security Analyst)

#42 정보기술 관리자(Information Technology Manager)

#46 컴퓨터 시스템 분석가(Computer Systems Analyst)

머니(out of 50)

#2 IT 개발 엔지니어(IT Development Engineer)

#8 모바일 시스템 개발자(Mobile Systems Developer)

#21 소프트웨어 엔지니어(Software Engineer)

#26 데이터베이스 관리자(Database Administrator)

포브스(out of 20)

#2 소프트웨어 엔지니어(Software Engineer)

#4 IT 솔루션 아키텍트(IT Solutions Architect)

#11 IT 관리자(IT Manager)

#13 데이터 엔지니어(Data Engineer)

#14 프론트엔드 엔지니어(Front-End Engineer)/사용자 경험 디자이너(User Experience Designer)

정보시스템 분야는 매우 높은 커리어 기회를, 즉 많은 일자리를 가지고 있을 뿐만 아니라 보수 역시 매우 높다. 노동 시장에 대한 추세를 살펴보고 분석하는 노동부 내 조직인 노동 통계국(Bureau of Labor Statistics)에 따르면 "컴퓨터 및 정보시스템 관리자"의 2016년 평균 연봉은 약 13만 9,200달러였으며 2026년까지 평균 12%씩 연봉이 올라갈 것으로 예상하고 있다. 또한 링크드인(LinkedIn)은 2015년부터 2017까지 졸업한 수천명의 회원 프로파일을 분석하고 연봉 정보를 수집하였다. 분석 결과 가장 높은 초봉을 받는 15개의 직업 중 8개의 직업이 다음과 같이 기술 산업에 속해 있었다.

직업	평균 초봉(Median Starting Salary)
#2 데이터사이언티스트(Data Scientist)	$93,500
#3 하드웨어 엔지니어(Hardware Engineer)	$90,000
#4 소프트웨어 엔지니어(Software Engineer)	$80,000
#6 기술 분석가(Technology Analyst)	$76,000
#9 컨설팅 분석가(Consulting Analyst)	$75,000
#10 관리 컨설턴트(Management Consultant)	$74,300
#11 보안 엔지니어(Security Engineer)	$74,200
#14 사용자 경험 디자이너(User Experience Designer)	$72,000

정보 자원 관리

현대 조직에서 정보시스템을 관리하는 것은 어렵고 복잡한 일이다. 이 복잡성은 여러 요인에서 비롯된다. 첫째로, 정보시스템은 조직에 있어 엄청난 전략적 가치를 가진다. 기업들이 너무나도 시스템에 의존하는 나머지 잠시만이라도 시스템이 작동을 멈추면 기업 전체가 멈추는 사태가 일어난다(이 상황을 "정보시스템에 인질로 잡히다"라고 한다). 둘째로, 정보시스템은 입수, 가동, 관리하는 데 상당한 비용이 소요된다.

정보시스템 관리가 어려운 세 번째 이유는 바로 조직 내 경영정보시스템(MIS)의 진화다. 1950년대 초 기업들이 처음으로 컴퓨터를 사용하기 시작했을 때엔 MIS 부서가 조직 내 유일한 컴퓨터 자원인 메인프레임을 '소유'했었다. 그 당시엔 최종 사용자들은 메인프레임과 직접적으로 부딪치지 않았다.

MIS 이에 비해 현대 조직에선 컴퓨터가 전 부서에 위치해 있으며 거의 전 직원이 업무에 컴퓨터를 사용한다. 이 최종사용자 컴퓨팅이라 부르는 상황은 MIS 부서와 최종 사용자 간의 파트너십으로 이어졌다. MIS부서는 이제 사용자들에게 컨설턴트의 역할을 수행하며 이들을 고객으로 간주한다. 실제로 MIS 부서의 주 기능은 최종사용자들의 경영 문제를 IT를 사용해 해결해주는 것이다.

MIS 이러한 변화의 결과로 정보 자원의 관리 책임은 MIS 부서와 최종 사용자 간에 나누어져 있다. 이 상황은 여러 중요한 질문을 야기한다. 어느 자원을 누가 관리하는가? MIS 부서의 역할, 구조, 조직 내 위치는 무엇인가? MIS 부서와 최종 사용자 간의 올바른 관계는 무엇인가? 누가 무엇을 하든, MIS 부서와 최종 사용자가 긴밀히 협력해야 함은 필수다.

MIS 부서와 최종사용자 간에 정보자원 개발 및 관리의 책임을 나누는 방법에는 정답이 없다. 이 분리는 여러 요인에 의해 좌우되는데, 이는 조직의 크기와 성질, IT 자원의 양과 종류, 조직의 컴퓨팅에 대한 태도, 최고경영진의 컴퓨팅에 대한 태도, 기술의 성숙도, IT 업무 중 아웃소싱 규모 및 종류, 그리고 기업이 활동하는 국가에 달려있다. 일반적으로 MIS 부서는 기업수준 및 공용 자원에 책임을 가지며, 최종사용자들은 각 부서 자원에 책임을 진다. 표 1.2에서 MIS 부서의 전통적 기능과 여러 새로운 컨설팅 기능을 정리하였다.

그럼 최종사용자의 역할은 무엇인가? 표 1.2를 자세히 보자. 전통적 MIS 기능 아래 2개 기능에서는 사용자의 역할(input)이 필요하다는 것을 볼 수 있다. 컨설팅 MIS 기능의 각 기능에서 최종 사용자야말로 핵심 역할을 수행하며 MIS 부서는 컨설턴트 역할을 함을 알 수 있다.

확인하고 넘어가기

1. 자신이 정보에 준비된 사용자인지 평가해보자(시험이 아니므로 솔직하게 평가하자).
2. 정보시스템의 준비된 사용자가 되는 것의 이점을 설명해보자.
3. IT 분야에서 제공되는 다양한 취업 기회에 대해 토론해보자.

1.2 컴퓨터 기반 정보시스템의 개요

조직들은 경영정보시스템의 기능영역에 대해 다양한 이름으로 부른다. 예를 들면 MIS 부서, 정보시스템(IS) 부서, 정보기술 부서, 정보 서비스 부서 등이 있다. 하지만 부서 이름과 관계없이 이 경영정보시스템 기능영역은 정보 처리 및 관리에 관계되는 모든 업무 수행을 돕기 위한 정보기술 도구의 계획, 개발, 관리 및 사용을 다룬다. 다시 한번 언급하자면, 정보기술은 사람들이 정보로 작업하고 조직의 정보 및 정보 처리 요구 사항을 지원하는 데 사용하는 모든 컴퓨터 기반 도구와 관련이 있다.

앞서 설명한 바와 같이, 정보시스템은 특정 목적을 위해 정보를 수집, 처리, 저장, 분석 및 배포한다. 정보시스템의 목적은 적절한 사람들에게 적절한 시간에 적절한 양과 적절한 형식으로 적절한 정보를 제공하는 것으로 정의된다. 정보시스템은 유용한 정보를 공급하기 위한 것이므로 정보와 밀접하게 관련된 두 가지 용어인 데이터와 지식을 구분할 필요가 있다(그림 1.2 참조).

표 1.2 정보시스템 부서의 바뀌는 역할

MIS 부서의 전통적 기능

- 시스템 개발 관리 및 시스템 프로젝트 관리
  - 최종사용자는 시스템 개발 과정에 중요한 기여를 하는데, 시스템 개발에 관해서는 13장에서 학습한다.
- 컴퓨터 센터를 포함한 컴퓨터 운영 관리
- 인력 배치, 훈련 및 IS 역량 개발
- 기술 서비스 제공
- 인프라 계획, 개발 및 통제
  - 최종사용자로서 부서의 IS 인프라 요구사항에 대한 중요한 정보를 제공

MIS 부서의 새로운(컨설팅) 기능

- 특정 전략 정보시스템의 시작 및 설계
  - 최종 사용자가 필요한 정보를 요청함으로써 신규 전략정보시스템 개발이 시작된다. 최종 사용자는 어떤 전략적 시스템이 필요한지 결정하고(MIS 부서보다 업무 필요성과 요구 사항을 더 잘 알고 있기 때문에) 이들 시스템 개발에 대한 정보를 제공한다.
- 인터넷과 전자상거래를 비즈니스에 통합
  - 최종 사용자로서 비즈니스에서 인터넷 및 전자상거래를 효과적으로 사용할 책임이 있고, 이들 작업을 수행하기 위해 MIS 부서와 협력하게 된다.
- 인터넷, 인트라넷, 엑스트라넷을 포함한 시스템 통합 관리
  - 최종 사용자로서 비즈니스 요구 사항에 따라 인터넷, 기업 인트라넷 및 엑스트라넷을 사용하여 목표를 달성할 방법이 결정된다. 업무 목적이나 성격에 따라 인터넷, 기업 인트라넷 및 엑스트라넷을 사용하는 방법이 결정된다. 최종 사용자는 인터넷, 회사 인트라넷 및 엑스트라넷의 가장 효과적인 사용에 대해 MIS 부서에 조언하는 일을 주로 담당한다.
- 비MIS 관리자에 대한 IT 교육
  - MIS 관리자가 아닌 일반 업무를 수행하는 직원을 어떻게 하면 최선의 방법으로 IT를 교육하고 훈련할 수 있는지 MIS 부서에 조언하는 일을 담당한다.
- MIS 직원에 대한 업무 교육
  - MIS 부서와 사업부는 양방향 소통이 필요하다. 즉, 사업부서는 MIS 부서 직원에게 업무, 업무 필요성 및 요구사항, 업무 목표에 대해 교육할 책임이 있다.
- 사업부 임원진과의 협력
  - 기본적으로 사업부는 MIS 부서와 동등한 위치로 파트너십을 맺고 성공을 보장할 책임이 있다.
- 아웃소싱 관리
  - 아웃소싱은 업무 필요에 따라 결정되므로 주로 사업부가 아웃소싱 여부를 결정하게 된다. MIS 부서와 긴밀한 협력을 통해 통신 대역폭, 보안과 같은 기술적인 문제에 대해 도움을 받을 수 있다.
- 업무 및 기술 지식의 적극적 활용을 통한 IT 사용에 대한 혁신적 아이디어 도출
  - 비즈니스 요구사항은 목표 달성을 위해 정보시스템을 효과적으로 사용하는 혁신적인 아이디어를 종종 이끌어낸다. MIS 부서와의 긴밀한 협력관계를 통해 정보시스템의 혁신적인 활용이 가능하며 이는 결국 놀라운 시너지 효과를 낼 수 있다.
- 비즈니스 파트너와 비즈니스 제휴 구축
  - 사업부의 요구 사항은 일반적으로 공급망을 기반으로 제휴를 추진하게 된다. 여기에서도 MIS 부서는 하드웨어 및 소프트웨어 호환성, 엑스트라넷 구현, 통신 및 보안을 포함한 다양한 문제에 대한 조언자 역할을 하게 된다.

데이터 항목(data items)은 사물, 사건, 활동, 거래에 대한 기초적 서술로서 기록, 분류, 저장은 되어 있으나 특정 의미를 전달하기 위한 정리는 되어 있지 않은 것을 말한다. 데이터 항목의 예로는 숫자의 집합(예: 3.11, 2.96, 3.95, 1.99, 2.08)이나 문자의 집합(예: B, A, C, A, F, D, F, G) 등이 있다.

그림 1.2

데이터, 정보, 그리고 지식

iStock.com/creischl　Exactostock-1527/Superstock　iStock.com/TPopova

데이터　정보　지식

정보(information)는 수신자에게 특정 의미와 가치를 가지도록 정리된 데이터를 말한다. 예를 들어 성적 평균(GPA)은 자체로는 데이터이나 학생의 이름과 학생의 GPA를 합친다면 정보가 된다. 수신자는 정보로부터 의미를 해석하고 결론과 함축적 의미를 도출할 수 있다. 대학이라는 상황에서는, 위의 데이터 설명 사례에서 예를 들었던 숫자는 GPA, 문자는 MIS 개론 성적일 수도 있는 것이다.

지식(knowledge)은 데이터와 정보를 정리하고 처리하여 현 기업 문제에 해당하는 이해, 경험, 누적 학습, 전문 지식 등을 전달할 수 있도록 한 것을 말한다. 예를 들어 신입 사원을 모집 중인 회사가 여러분의 학교에서 GPA 3.0 이상의 학생들이 사내 경영 강좌에서 높은 성과를 보여주었다는 것을 발견했다고 하자. 이 누적된 지식을 바탕으로 회사는 GPA 3.0 이상의 학생만 인터뷰 대상으로 뽑을 수 있다. 이러한 예는 기업이 기업의 문제—성공할 수 있는 근로자를 고용—를 다루기 위하여 정보—GPA—를 사용하기 때문에 지식의 예이다. 이 예를 통해 알 수 있는 것처럼 많은 사람들의 경험과 전문적 지식을 반영하는 조직의 지식은 모든 근로자에게 커다란 가치를 준다.

다음의 예시를 보라. 이를 보면 문맥이 없이는 완전히 같은 데이터항목도 문맥이 바뀌면 전혀 다른 의미를 지님을 알 수 있다.

데이터	정보	지식
[문맥 없음] 3.16 2.92 1.39 3.95	[대학교 문맥] 3.16 + 홍길동 = GPA 2.92 + 고영희 = GPA 1.39 + 이희정 = GPA 3.95 + 고길동 = GPA	• 취직 전망 • 석박사 과정 진학 전망 • 장학금 전망
[문맥 없음] 3.16 2.92 1.39 3.95	[프로야구 투수 문맥] 3.16 + 임기영 = ERA 2.92 + 니퍼트 = ERA 1.39 + 박세웅 = ERA 3.95 + 손승락 = ERA	• 투수 유지, 투수 트레이드, 마이너 리그로 투수 강등 • 연봉/계약 협상

GPA = 성적평균(높은 것이 좋음)

ERA = 방어율(낮은 것이 좋음); ERA는 피처가 책임져야 할 9이닝 동안 점수이다.

이제 데이터, 정보, 지식에 대해 더 명확한 이해를 하게 되었으니 다시 컴퓨터 기반 정보시스템으로 초점을 옮기자. 이들 시스템은 데이터를 여러분이 사용할 수 있는 정보와 지식으로 변환한다.

컴퓨터 기반 정보시스템(CBIS: computer-based information system)은 컴퓨터 기술을 이용해 일부 혹은 전부의 업무를 수행하는 정보시스템을 일컫는다. 모든 정보시스템이 컴퓨터화된 것은 아니지만 오늘날 대부분은 컴퓨터화되어 있다. 이 때문에 '정보시스템'이라는 단어는 '컴퓨터 기반 정보시스템'과 동의어로 쓰이곤 한다. 컴퓨터 기반 정보시스템의 기본 요소는 아래 나열되어 있다. 첫 4요소는 **정보기술 구성요소**(information technology components)라고 부른다. 그림 1.3은 이들이 어떻게 CBIS를 구축하기 위하여 상호 작용하는지 보여준다.

- **하드웨어**(hardware)는 연산장치, 모니터, 키보드, 프린터 등의 기기로 이루어진다. 이 기기들은 함께 데이터와 정보를 입력 받고, 처리하고, 출력한다.
- **소프트웨어**(software)는 하드웨어가 데이터를 처리할 수 있도록 하는 프로그램 혹은 프로그램 모음이다.
- **데이터베이스**(database)는 데이터를 담은 연관된 파일 혹은 테이블의 집합이다.
- **네트워크**(network)는 다양한 컴퓨터들이 자원을 공유할 수 있도록 하는 무선 혹은 유선의 연결 체계이다.
- **절차**(procedures)는 위 요소를 어떻게 조합하여 정보를 처리하고 원하는 결과를 낼 수 있는지의 사용법이다.
- 사람은 하드웨어와 소프트웨어를 사용하고 이와 대화하거나 그 출력을 활용하는 사람들이다.

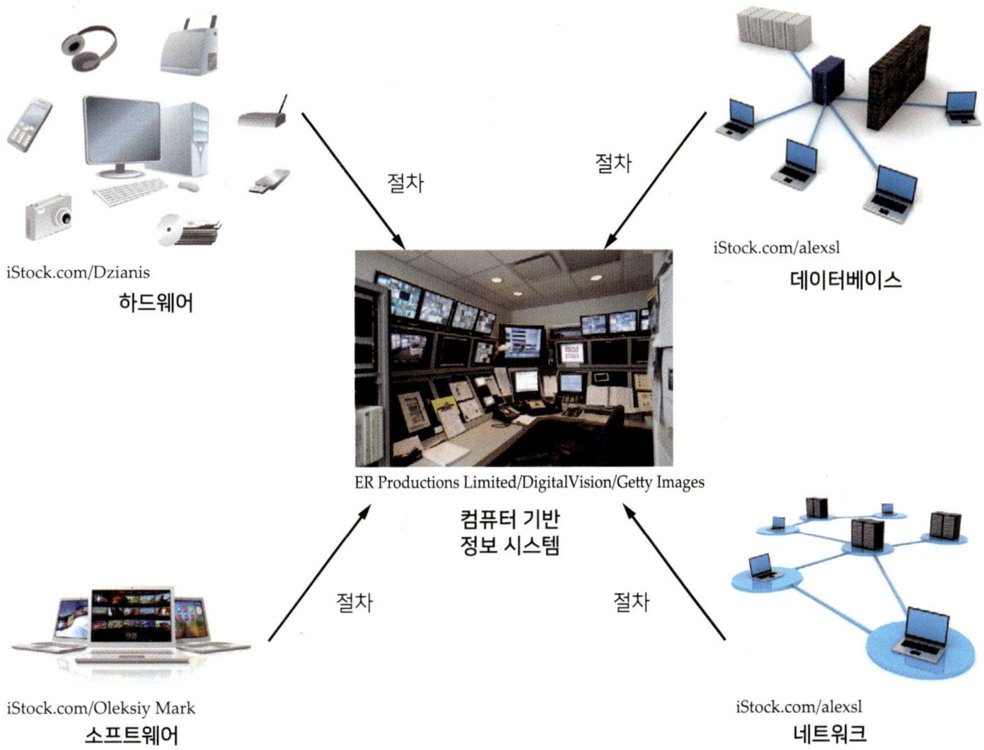

그림 1.3 컴퓨터 기반 정보시스템은 하드웨어, 소프트웨어, 데이터베이스, 네트워크, 절차 및 사람으로 구성된다

그림 1.4

조직 내 정보시스템

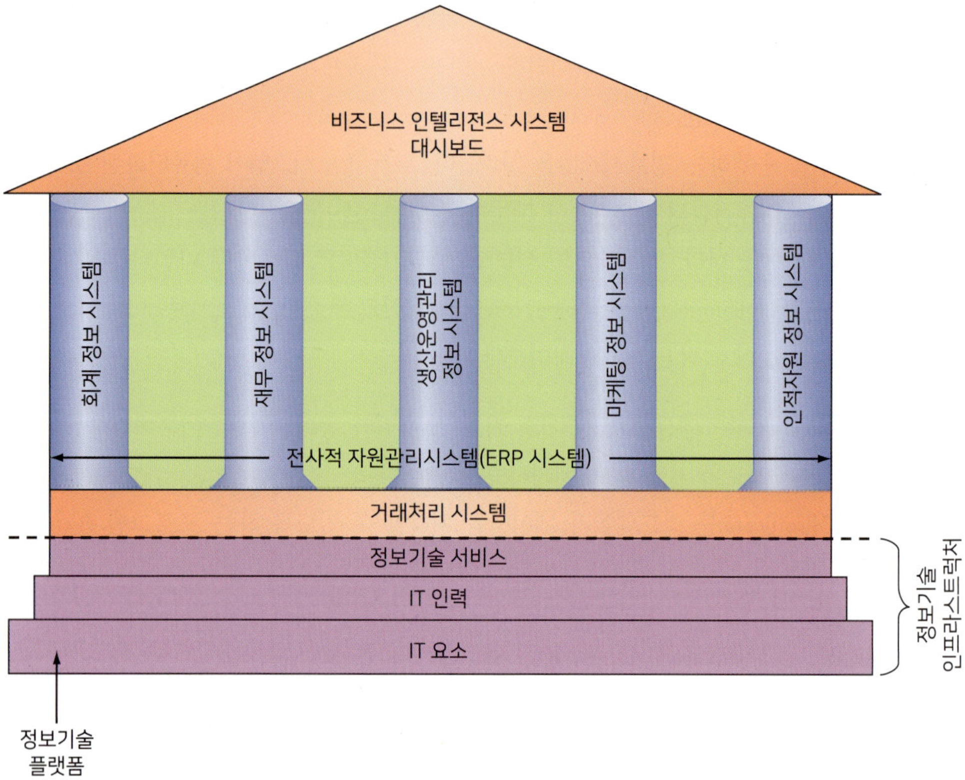

그림 1.4는 이들 구성 요소가 어떻게 조합되어 조직 내 다양한 정보시스템을 형성하는지를 보여준다. 그림 바닥에서 시작해서 하드웨어, 소프트웨어, 네트워크(유무선), 데이터베이스가 **정보기술 플랫폼**(information technology platform)을 형성함을 알 수 있다. IT 직원은 이 요소를 활용해 정보시스템을 개발하고, 보안과 리스크를 감독하고, 데이터를 관리한다. 이러한 활동은 포괄적으로 **정보기술 서비스**(information technology services)라고 불린다. IT 요소와 IT 서비스를 더하면 바로 조직의 **정보시스템 인프라스트럭처**(information technology infrastructure)가 구성된다. 피라미드 꼭대기에 있는 것이 바로 다양한 조직 정보시스템이다.

컴퓨터 기반 정보시스템은 다양한 기능을 가진다. 표 1.3에 가장 중요한 예시들이 정리되어 있다.

정보시스템은 아주 광범위한 애플리케이션을 통해 다양한 업무를 수행한다. **애플리케이션**(application)(또는 **앱**app)은 특정 임무나 기업 업무를 지원하기 위해 설계된 컴퓨터 프로그램이다(**응용 프로그램**application program과 동의어다). 기업 조직 내 각 기능영역이나 부서는 수십 개의 응용 프로그램을 사용한다. 예를 들어, 인적자원부서는 애플리케이션으로 입사지원자를 솎아내는 한편 다른 애플리케이션으로 근로자 이직을 모니터링한다. 한 부서의 애플리케이션의 집합을 보통 **부서 정보시스템**(departmental information system)(혹은 **기능영역 정보시스템**FAIS: functional area information system)이라고 부른다. 예를 들어 인적자원부서의 응용 프로그램의 집합은 인적자원 정보시스템(HRIS)이라고 불린다. 회계, 재무, 마케팅, 제품/업무 등의 다른 기능영역에도 이러한 집합, 즉 부서 정보시스템이 있다.

표 1.3 정보시스템의 주요 역량

- 고속의, 대용량의 수치연산을 수행한다.
- 조직 내 또는 조직 간의 빠르고 정확한 의사소통과 협력을 제공한다.
- 아직 작은 공간이지만 쉽게 접근할 수 있는 방식으로 거대한 양의 정보를 저장한다.
- 세계도처에 있는 거대 정보에 빠르면서 저렴한 접속을 허용한다.
- 빠르고 효율적으로 거대 양의 데이터를 해석한다.
- 반자동의 비즈니스 프로세스와 수작업을 자동화한다.

정보시스템의 중요성은 아무리 강조해도 지나치지 않다. 실제로 소프트웨어 얼라이언스(Software Alliance)의 2016년 보고서에 따르면 정보시스템은 미국 국내 총생산에 1조 달러 이상의 가치를 더하였다.

컴퓨터 기반 정보시스템의 종류

현대 조직은 다양한 종류의 정보시스템을 사용한다. 그림 1.4는 1개의 조직 내에서 활동하는 여러 다른 종류의 정보시스템을 묘사하고 있는 한편 그림 1.5는 여러 조직 간에서 작동하는 여러 정보시스템을 그리고 있다. 거래처리시스템(TPS), 경영정보시스템, 전사적 자원관리(ERP)시스템 등을 10장에서 배우게 될 것이다. 고객관계관리(CRM)시스템과 공급망관리(SCM)시스템을 11장에서 학습하게 될 것이다.

그림 1.5 다양한 조직 사이에서 작용하는 정보시스템

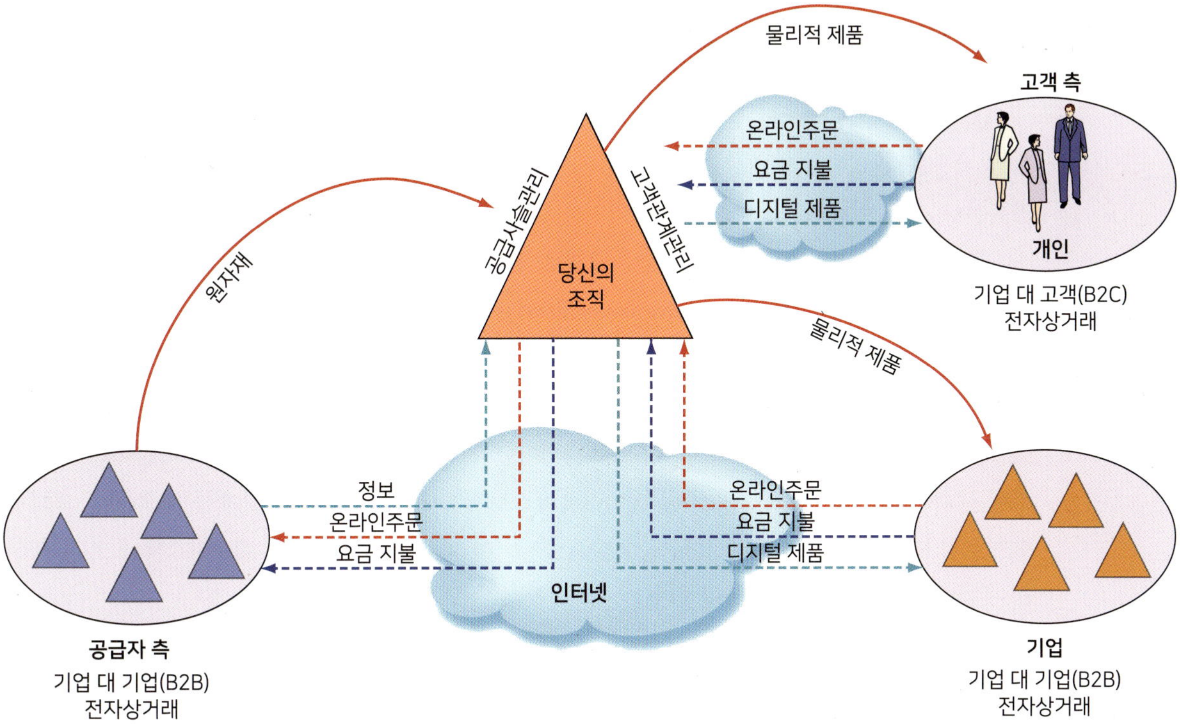

다음 절에서는 현대 조직이 사용하는 무수하고 다양한 정보시스템 종류를 배울 것이다. 또한 이들 시스템이 제공하는 지원 유형에 대해서도 배울 것이다.

정보시스템 지원의 종류. 몇몇 정보시스템은 조직의 일부를, 다른 시스템은 조직 전체를, 또 다른 시스템은 여러 조직을 지원한다. 이 절은 이러한 모든 종류의 시스템을 다룬다.

조직 내 각 기능영역은 자체적으로 응용 프로그램 모음 또는 정보시스템을 보유하고 있다. 이 기능영역 정보시스템(FAIS)은 그림 1.4의 상부에 놓여 있는 정보시스템, 즉 비즈니스 인텔리전스(BI)시스템과 대시보드를 지원하는 기둥이다. 이름이 보여주듯 각 FAIS는 조직 내 특정 기능영역을 지원한다. 예를 들면 회계 IS, 재무 IS, POM IS, 마케팅 IS, 그리고 HRIS가 있다.

ACCT **FIN** 조직의 다양한 기능영역에 있는 정보시스템의 예를 살펴보자. 재무 및 회계 부서에서 경영자들은 IT시스템을 사용해 이윤과 기업 활동량을 예측하고 자금의 최적 원천과 사용처를 판단하고 감사를 실시해 조직이 원천적으로 건전하며 재무보고서와 기록이 정확한지 확인한다.

MKT 세일즈와 마케팅에선 경영자들이 정보기술을 이용해 다음 기능을 수행한다.

- 제품 분석: 새로운 제품 및 서비스 개발
- 위치 분석: 제조 및 유통 시설의 최적 위치 판단
- 홍보 분석: 최적의 광고 채널 확인
- 가격 분석: 이윤을 극대화할 수 있는 제품 가격책정

POM 마케팅 경영자는 IT를 이용해 고객과의 관계를 관리한다. 제조부서에서 경영자들은 IT를 이용해 고객 주문을 처리하고, 제조 스케줄을 작성하고, 재고수준을 제어하고, 제품 품질을 감독한다. IT를 이용해 제품을 설계, 제조하기도 한다. 이러한 기능은 컴퓨터 지원에 의한 설계(CAD)와 컴퓨터지원에 의한 제조(CAM)라 불린다.

HRM 인적자원부서의 경영자들은 IT를 이용해 신입 사원 모집, 지원자 분석 및 분류, 그리고 사원 채용을 관리한다. 또한 IT를 이용해 직원들의 커리어를 관리하고 성과를 특정하고 생산성을 감독한다. IT를 이용해 임금 및 보상 패키지를 관리하기도 한다.

조직 전체를 지원하는 정보시스템은 2개로 전사적 자원관리시스템과 거래처리시스템이다. **전사적 자원관리시스템(enterprise resource planning(ERP) systems)**은 기능영역 정보시스템 간 커뮤니케이션의 부재를 해결하기 위해 설계되었다. 이 이유로 그림 1.4는 ERP시스템이 FAIS 전체를 덮고 있는 것으로 그리고 있다. ERP시스템의 개발은 중요한 혁신이었다. 그전까진 기능영역 정보시스템이 대체로 별개의 자립형시스템으로 설계되어 커뮤니케이션이 힘들거나 아예 불가능했기 때문이다. ERP시스템은 기능영역 정보시스템을 공동 데이터베이스로 긴밀히 연결하여 이 문제를 해결했다. 그렇게 함으로써 기능영역 간 커뮤니케이션을 강화하였고, 이 때문에 전문가들은 ERP시스템이 조직 생산성 증가에 크게 기여한다고 판단한다.

거래처리시스템(TPS: transaction processing system)은 기업의 기본적 기업 거래에서 발생하는 데이터의 감시, 수집, 저장 및 처리를 지원한다. 예를 들어 이마트(Emart)에서 계산대를 통과할 때 계산원이 바코드기에 상품을 그을 때마다 거래가 발생한다. 조직 내에서도 거래가 무엇인가의 서로 다른

정의가 있다. 예를 들어 회계에선 거래는 기업의 계좌 표에 변화를 주는 모든 사건을 말한다. 거래의 정보시스템 정의는 더 넓다. 거래는 기업의 데이터베이스에 변화를 주는 모든 것이다. 회계좌표는 데이터베이스의 일부에 지나지 않는다. 학생이 MIS 개론의 한 분반에서 다른 분반으로 옮겨갔다고 생각해보자. 이는 대학의 정보시스템에서는 거래이지만 회계부서에는 거래가 아니다.

TPS는 지속적으로, 그리고 보통 실시간으로 데이터를 수집하여 기업 데이터베이스를 위한 입력 데이터를 제공한다. TPS는 기업의 핵심 업무를 지원하기에 조직의 성공에 필수라고 여겨진다. 또한 중요한 점은, 거의 모든 ERP는 TPS이기도 하지만 모든 TPS가 ERP는 아니다. 실제로 현대 ERP 시스템은 과거 조직의 기능영역 정보시스템이 다루었던 많은 기능을 통합한다. TPS와 ERP에 대한 상세한 내용은 10장에서 다룬다.

ERP시스템과 TPS기능은 하나의 조직 내에서 주로 활동한다. 2개 이상의 조직을 연결하는 정보시스템은 **조직 간 정보시스템**(IOS: interorganizational information systems)으로 불린다. IOS는 다양한 조직 간 업무를 지원하는데, 가장 잘 알려진 것은 공급망관리다. 조직의 **공급망**(supply chain)은 자재, 정보, 자금, 그리고 서비스가 원자재 공급자에서 공장과 창고를 거쳐 최종 고객으로 이어지는 흐름을 말한다.

그림 1.5의 공급망은 물리적, 정보, 그리고 재무적 흐름을 보여주고 있음을 주목하자. 디지털화 제품은 전자적 형태로 유통 가능한 제품, 예컨대 음악이나 소프트웨어를 말한다. 정보 흐름, 재무 흐름, 그리고 디지털화 제품은 모두 인터넷을 통과하며 물리적 제품은 물리적으로 유통된다. 예를 들어 컴퓨터를 www.dell.com에서 주문하면 정보는 인터넷을 통해 델(Dell)에 전달된다. 거래가 완료되면(예: 신용카드 거래가 승인되고 처리되면) 델이 컴퓨터를 여러분에게 배송한다.

전자상거래시스템(electronic commerce systems)은 또 다른 종류의 조직 간 정보시스템이다. 이들 시스템은 조직들이 기업 간(B2B) 전자상거래, 그리고 고객들이 기업과 소비자 간(B2C) 전자상거래를 수행할 수 있도록 한다. 전자상거래시스템은 대체로 인터넷을 기반으로 작동한다. 그림 1.5는 B2B와 B2C 전자상거래를 보여주고 있다. 전자상거래시스템은 매우 중요하므로 7장에서 자세히 다루며, 이 외에도 책 전체에 걸쳐 추가 예시를 언급한다. IT와 기업사례 1.2는 정보시스템이 오픈도어(Opendoor)사를 전자상거래를 통해 급격하게 성장하는 것을 어떻게 가능하게 하는지를 보여준다.

IT와 기업사례 1.2

오픈도어, 현금으로 주택 구입

MIS MKT

1조 4천억 달러에 달하는 단독 주택 부동산 시장은 수십 년 동안 거의 변화 없이 운영되어 왔다. 이제 애리조나주 피닉스에 본사를 둔 신생 기업인 오픈도어(Opendoor; www.opendoor.com)가 그 시장을 바꾸고 있다.

2014년, 오픈도어사는 가장 높은 가격에 집을 파는 것보다 집을 팔 수 있다는 확신이 더 중요한 매도자를 위해 설립되었다. 즉, 주택 매도자들은 자신이 팔고 싶은 시기에 좀 더 쉽게 집을 팔 수 있다면 조금 낮은 가격이라도 기꺼이 판매할 것이라고 오픈도어사는 착안하였다. 따라서 오픈도어사 서비스는 주택 판매가 부진한 기간에 특히 효과가 있어야 한다. 이 회사는 1960년 이후에 지어진 단독 주택을 12만 5천~50만 달러 범위에서 구입한 후 이 주택들을 신속하게 판매하여 유지 비용을 최소화하는 것을 목표로 하고 있다.

오픈도어사의 비전은 부동산 거래에 대한 원스톱 쇼핑을 제공하여 주택 구매자들이 주택담보대출을 받을 수 있도록 하고 자신의 원하는 새집에 대한 맞춤화 기능을 제공하는 것이다. 오픈도어사가 미국에서 매년 발생하는 500만 건 이상의 부동산 거래 중 평균 25만 달러의 가격으로 단 1%만 포착할 수 있어도 회사 수익은 10억 달러가 넘을 것이다.

오픈도어사의 절차는 잠재 매도자의 집과 그 위치에 관한 다양한 정보를 수집하기 위해 온라인 양식을 작성하는 것으로 시작한다. 그런 다음 회사는 독점 알고리즘을 사용하여 이러한 개인에게 제공할 가격을 결정한다. 이 알고리즘은 집의 면적, 침실 및 욕실 수를 포함 골프 코스, 공원 및 고속도로와의 근접성; 앞마당 모습(집이 거리에서 어떻게 보이는지) 및 내부 상태; 주방 조리대가 석영, 대리석 또는 화강암인지 여부; 주방용품이 스테인리스 스틸인지 여부 등 수많은 변수를 고려하고 있다. 회사는 이들 데이터를 기반으로 정교한 분석을 수행한다. 예를 들어, 피닉스에 있는 대부분의 집에는 수영장이 있는데, 감정가는 이 수영장의 가치를 단순히 1만 달러로 평가할 수 있다. 대조적으로 오픈도어사는 부유한 동네에 있는 멋진 수영장은 2만 달러 가치가 있는 반면 덜 탐나는 동네에 있는 작은 수영장은 2,000달러 가치가 있을 수 있다는 것을 발견했다.

주택 매도자가 오픈도어사의 제안 가격을 수락하면, 회사는 집의 상태를 평가하고 판매자가 제공한 세부 정보를 확인하기 위해 조사원을 보낸다. 그런 다음 회사는 3일에서 60일 범위 내에서 주택 매도자가 선택한 날짜에 현금 입금으로 거래를 마감한다.

오픈도어사는 표준 부동산 수수료와 유사한 6%의 서비스 수수료와 회사에서 추정한 거래 위험도 정도에 따라 추가 수수료를 받는다. 오픈도어사가 받는 평균 수수료는 8%대로 주택 판매가 쉽지 않은 주택이나 시장 상황이 어려운 경우 최대 6%를 거래 위험 수수료로 책정하여 총 12%까지 수수료를 인상할 수 있다.

오픈도어사는 일반적으로 구매 가격의 90%를 차입한다. 회사가 주택을 소유하고 나면 필요한 수리를 하고 가격을 약간 인상하여 시장에 내놓는다. 잠재 구매자는 구매하고 싶은 집에 대해 비밀번호를 부여받은 후 자신이 원하는 시간에 맞추어 집을 볼 수 있다. 구매자는 구입한 집에 불만족할 경우 30일 내로 오픈도어사가 다시 매입한다는 환불 보증을 받는다. 오픈도어사는 또한 각 주택의 전기 시스템 및 주요 가전 제품에 대해 2년 보증서비스를 제공한다.

오픈도어사는 구매자로부터 수수료나 커미션을 받지 않는다. 따라서 결과적으로 회사의 가격책정 알고리즘이 정확할수록 가격인상으로 인한 추가 수익을 유지할 수 있다. 그러나 알고리즘이 정확하지 않다면 오픈도어사가 매입한 금액보다 판매 금액이 떨어져 결국 회사는 손해를 볼 수 있다.

일부 비평가들은 오픈도어의 모델이 경기 침체나 시장 붕괴 상황에 대해 시험 운영해본 적이 없다고 지적하고 있다. 오픈도어사는 위험을 감당하기 위해 판매자에게 더 높은 수수료를 부과할 수 있다고 이 비판에 대응하고 있다. 또한, 주택 매도자들은 주택 가격이 상승하는 시장이나 주택 판매가 쉬울 때보다는 주택 시장 가격이 하락하는 상황에서 더 많은 수수료를 지불할 의향이 있을 것이다.

오픈도어사는 6개월 이내로 주택 매도를 희망하는 매도자를 진지한 매도자로 정의하고 있는 데, 진지한 매도자들 중 3분의 1이 오픈도어사의 제안을 수락하고 있다고 주장한다. 또한 잠재 구매자가 그 집을 보기 위해 예약할 필요가 없어 기존 부동산 시장보다 3배 이상 더 많이 집에 대한 노출 기회를 제공하고 있다고 주장하고 있다.

오픈도어사는 2014년 12월 문을 연 후 피닉스 시장의 2%를 차지하는 데 2년이 채 걸리지 않았다. 2019년 중반까지 이 회사는 20개 시장에 진출했으며 연간 약 25억 달러에 달하는 주택을 구매하고 있다.

2019년 3월 오픈도어는 시장에서 38억 달러 가치로 평가받으면서 3억 달러 투자 유치에 성공하였다. 이 투자금으로 오픈도어사는 2020년 말까지 50개 시장으로 확장할 계획이다. 회사는 또한 2018년에 80만 명 이상의 사람들이 오픈도어사의 집을 방문했다고 발표하였다.

오픈도어사의 성공은 부동산 시장에 경쟁을 유도하고 있다. 예를 들어, 노크(Knock; www.knock.com) 및 오퍼패드(OfferPad; www.offerpad.com)와 같은 경쟁업체는 유사한 비즈니스 모델을 활용하여 자본을 조달하고 있다.

그러나 이러한 유형의 사업은 경쟁력 있는 가격책정 모델이 필요하고 막대한 자본이 요구되므로쉽게 따라하기 어렵다. 사실 오픈도어사는 상당한 위험에 직면해 있다. 예를 들어 주택 판매자가 오픈도어사보다 자신의 부동산에 대해 더 많이 알고 있다면 회사는 취약해질 수밖에 없다. 예를 들어, 주택 소유자는 오픈도어사의 검사관이 놓친 배관 문제를 공개하지 않을 수 있다. 또한 특정 변수는 수량화하기 어려울 수 있다. 예를 들어, 인근 학교의 품질에 대한 평가가 의심받을 수 있으며, 인근 부동산에 대한 구역 재조정 문제 등이 발생할 수 있다. 또한 주택 매도자는 최고가로 부동산을 팔고 싶어할 수 있으며, 오픈도어사는 원하는 시기에 빨리 원하는 가격으로 주택을 팔지 못할 수 있다.

출처: Compiled from I. Lunden, "Opendoor Raises $300M on a $3.8B Valuation for Its Home Marketplace," *TechCrunch*, March 20, 2019; M. Lynley, "Opendoor Raises $325M to Make Buying and Selling Homes a Near-Instant Process," *TechCrunch*, June 13, 2018; M. Dickey, "Uber's Head of Finance Is Heading to Opendoor," *TechCrunch*, June 9, 2017; F. Manjoo, "The Rise of the Fat Start-Up," *New York Times*, May 24, 2017; M. Delprete, "Opendoor, Knock, and OfferPad: Growth in New Markets," *Inman*, April 10, 2017; M. Newlands, "Investing in Single-Family Homes Has Never Been Easier, Says This Oakland Startup," *Forbes*, January 10, 2017; A. Feldman, "Home Shopping Networkers," *Forbes*, December 20, 2016; B. Lane, "Opendoor Raises $210 Million, Plans Big Expansion in 2017," *HousingWire*, December 2, 2016; E. Carlyle, "The Best Markets for Investing in Single-Family Homes Right Now," *Forbes*, March 31, 2016; K. Kokalitcheva, "How to Trade in Your House," *Fortune*, March 9, 2016; L. Chapman, "Startup Opendoor Wants to Buy Houses That Are for Sale," *Wall Street Journal*, February 26, 2015; S. Doerfler, "Real Estate Startup Opendoor Is Expanding," *Arizona Republic*, February 26, 2015; and www.opendoor.com, accessed July 4, 2019.

질문

1. 오픈도어사가 자사의 비즈니스 모델을 지원하기 위해 어떻게 정보기술을 사용하고 있는지 두 가지 예를 제시해보자.
2. 오픈도어사는 회사의 비즈니스 모델을 모방하려는 경쟁업체에 대항하기 위해 어떻게 정보기술을 추가로 사용할 수 있는지 근거와 함께 제시해보자.

조직 근로자 지원. 지금까지 특정 기능영역이나 업무를 지원하는 정보시스템에 대해 알아보았다. 지금부터는 조직에서 근무하는 직원들을 지원하기 위한 정보시스템에 대해 다루고자 한다.

조직 전 계층에 걸쳐 경영자를 지원하는 사무직원은 장부관리원, 비서, 전자문서 사무직원, 보험 업무 직원 등을 포함한다. 하급관리자는 조직의 일상적 업무를 담당하며 직원에게 업무를 배정하거나 구매 주문을 넣는 등의 판단을 한다. 중간관리자는 단기 계획, 조직화, 그리고 상황 제어 등의 전술적 의사결정을 한다.

지식 근로자(knowledge workers)는 재무 및 마케팅 분석가, 엔지니어, 변호사, 회계사 등의 전문 직원들을 말한다. 이들은 업무에 통합할 정보와 지식을 만들어낸다. 또한 지식 근로자들은 중간관리자와 기업 임원진들에게 조언자 역할을 한다. 마지막으로 기업 간부, 즉 임원진은 기업이 사업을 하는 방식에 상당한 변화를 줄 수 있는 상황에 대한 의사결정을 한다. 간부의 의사결정의 예로는 신제품 라인의 도입, 타 기업 흡수합병, 그리고 외국으로의 공장 이전 등이 있다.

기능영역 정보시스템(FAIS)은 주로 중간관리자를 위해 데이터를 정리하고 보고서를 작성하지만 간혹 하위 관리자의 업무를 지원할 수도 있다. 이러한 보고서는 특정 기능영역에 연관되는 것이 많으므로 보고서작성장치(RPG)는 중요한 기능영역 정보시스템이다.

비즈니스 분석(BA: business analytics) 시스템(또는 **비즈니스 인텔리전스 시스템business intelligence system**)은 주로 중간관리자와 지식근로자를 위해 복잡하고 비일상적인 의사결정을 지원해주는 컴퓨터 기반 정보시스템이다. (하위 관리자에게도 지원을 제공하지만 그 정도는 적다.) 이 시스템은 보통 데이터웨어하우스와 함께 사용되며 사용자가 스스로 데이터 분석을 할 수 있도록 지원한다. 12장에서 BA 시스템에 대해 상세히 다루고자 한다.

전문가시스템(ES: expert systems)은 인간 전문가의 전문성을 복제하기 위해 특정 분야의 추론 능력, 지식 및 전문성을 재현하기 위한 시스템이다. 전문가시스템은 단순히 의사결정만 지원하는 것이 아니며 많은 응용 분야에서 그 가치가 입증되고 있다. 예컨대 내비게이션 도구는 여러 규칙을 기반으로 경로를 제시하지만 전문가시스템이라고 할 수 없다. 중요한 점은 전문가시스템은 독립적인(stand-alone) 시스템으로 또는 다른 응용 프로그램의 일부에 포함되어 작동될 수 있다. 점문가 시스 다른 애플리케이션에 일체화된 형태로 사용된다는 것이다. 전문가시스템에 대해서는 기술가이드 4에서 자세히 살펴볼 수 있다.

대시보드(dashboards)는 조직 내 모든 경영자를 지원하는 특수한 형태의 정보시스템이다. 이들은 적시의 정보를 신속히 제공하며 보고서의 형태로 정리된 정보에 대한 직접 접속을 제공한다. 간부들의 정보 수요에 맞춰진 대시보드를 경영자 대시보드(executive dashboard)라고 한다.

표 1.4는 조직이 사용하는 다양한 정보시스템의 종류와 개요를 제시하고 있다.

확인하고 넘어가기

1. 컴퓨터 기반 정보시스템이란 무엇인가?
2. 컴퓨터 기반 정보시스템의 구성요소를 나열, 설명해보자.
3. 애플리케이션 프로그램이란 무엇인가?

표 1.4 조직 정보시스템의 종류

시스템 종류	기능	예제
거래처리시스템(Transaction processing system)	업무 관련 단말기에서 발생한 거래 데이터 처리	이마트 계산대 단말
전사적 자원관리(Enterprise resource planning)	조직의 모든 기능영역의 통합	오라클, SAP시스템
기능영역 정보시스템(Functional area IS)	특정 기능영역의 업무 지원	급료관리시스템
의사결정시스템(Decision support system)	데이터 및 분석 도구 제공	예산 변경에 대한 What-if 등 분석
전문가시스템(Expert system)	특정 분야의 인간 전문가를 모방하고 의사결정 수행	신용카드 승인 분석
대시보드(Dashboards)	임원진 등에게 기업의 중요 정보를 요약 및 정리하여 구조화된 형태로 제공	제품별 판매 현황
공급망관리시스템(Supply chain management system)	조직 간 제품, 서비스, 정보의 흐름 관리	이마트 유통망 관리시스템
전자상거래시스템(Electronic commerce system)	기업 간 및 기업-고객 간 상거래 지원	www.dell.com

4. 정보시스템이 지식 근로자 지원하는 방법을 설명해보자.
5. 사무직원에서 고위 임원으로 조직계층을 올라갈 때, 정보시스템이 제공하는 지원의 유형은 어떻게 바뀌는가?

1.3 IT가 조직에 미치는 영향

이 책을 읽다보면 IT가 어떻게 다양한 유형의 조직에 영향을 미치는지 수많은 예제들을 접하게 된다. 이러한 예를 통해 IT가 실제로 조직에 얼마나 중요한 존재인지 알게 될 것이다. 사실, 많은 조직에서 정보시스템 장애가 발생하면 문제를 파악하고 복구될 때까지 시스템뿐만 아니라 실제 조직 운영이 중단되고 있으며, 다음은 실제 그 사례를 보여주고 있다.

- 2018년 4월, 영국 TSB 은행(www.tsb.co.uk)은 차세대 소프트웨어 플랫폼 이전에 실패하여 몇 주간 심각한 시스템 중단 등 큰 혼란이 발생하여 500만에 달하는 고객의 분노를 잠재우기 위해 CEO가 사임하였다.
- 2018년 5월, 호주 통신 회사 텔스트라(Telstra; www.telstra.com.au)는 소프트웨어 문제로 인해 전국 수백만 고객의 3G 및 4G 무선 서비스가 중단되었다.
- 2018년 7월, 독일 슈퍼마켓 회사 리들(Lidl; www.lidl.com)은 5억 6,500만 달러 이상을 지출한 후 상품 관리 시스템 사용을 중단하였다.

이 절은 IT가 현대 조직에 미치는 영향에 대해 전반적으로 살펴보고자 한다. 이 절을 통해 IT가 조직뿐만 아니라 개인에게 미치는 영향도 확인할 수 있을 것이다.

IT는 전체 산업에 영향을 미친다

2019년 중반 현재 소프트웨어를 통해 산업을 혁신할 수 있는 기술이 개발되고 통합되어 전 세계에 제공되고 있다. 또한 기업들은 다양한 산업을 불문하고 소프트웨어 도구와 인터넷 기반 서비스를 활용하여 신규 인프라를 투자하거나 신규 직원을 교육하지 않고도 소프트웨어 기반의 스타트업을 시작할 수 있게 되었다. 예를 들어 2000년도 기준 기본 인터넷 응용 프로그램을 운영하는 데 드는 비용은 매월 약 15만 달러가 소요되었다. 그러나, 2018년 중반에 아마존(Amazon)의 클라우드(기술가이드 3의 클라우드 컴퓨팅 참조)에서 동일한 애플리케이션을 운영하는 데 드는 비용은 월 1,000달러 미만이다.

본질적으로 소프트웨어는 다양한 산업에 영향을 끼치고 있고 모든 조직은 반드시 이러한 영향에 대비해야 한다. 몇 개 산업에 대해 소프트웨어로 인한 파괴적 혁신의 예를 살펴보자. 이러한 많은 예들은 두 가지 시나리오에 초점을 두고 있다. (1) 소프트웨어가 기존의 마케팅 선도기업을 파괴한 산업 그리고 (2) 새로운 기업들이 경쟁우위를 얻기 위하여 소프트웨어를 사용했던 산업이다.

도서 산업. 미국에서 가장 큰 출판업자와 판매업자는 누구인가? 답은 소프트웨어 기업인 아마존이다. 아마존의 핵심 역량은 실제 소매상점을 개설하거나 유지하지 않고도 온라인으로 거의 모든 걸 판매할 수 있는 소프트웨어 엔진이다. 지금 심지어 책 자체도 전자책(혹은 디지털 책) 또는 이북(eBook)으로 알려진 소프트웨어 제품이 되어 버렸다. 2018년도 책 매출을 살펴보면, 실제 책은 약 50억 달러(전체 도서 판매의 83%)를, 전자 책은 약 10억 달러(총 책 판매의 16%)를 차지했다. (홍미롭게도 2018 아카데믹 스튜던트 이북 익스피리언스 서베이(2018 Academic Student Ebook Experience Survey)에 따르면 재미로 독서할 때 응답자 중 74%는 인쇄된 책을 선호하고, 과제로 독서할 때도 응답자 중 68%는 인쇄된 책을 선호한다고 응답하였다.)

보더스(Borders) 도서체인을 생각해보자. 2001년 보더스는 온라인 책 판매가 전략적이지 않고 중요하지 않다고 확신을 하여 온라인 비즈니스를 아마존에 넘기기로 합의하였다. 10년이 지나 보더스는 파산신청을 하였다.

음악 산업. 미국 전체 앨범 판매량은 냅스터(Napster)가 탄생한 이듬해인 2000년에 7억 8,500만 장으로 정점을 찍었다. 냅스터는 컴퓨터와 꽤 빠른 웹 연결만 있으면 누구나 무료로 음악을 다운로드하고 거래할 수 있는 서비스를 제공하였다. 주요 음반사들은 2000년 이후부터 2018년까지도 불법 다운로드 및 공유 근절을 위해 부단히 노력해 왔으나, 음반 판매량은 그럼에도 지속적으로 감소해왔다. 그 결과 2018년도 음반으로 벌어들인 매출액은 2000년 대비 오히려 80억 달러나 줄어들었다. 또한 1999년 이전에 6개 음반사가 지배하고 있던 음악 업계는 2015년도 일련의 합병으로 빅3(워너 뮤직 그룹(Warner Music Group; www.wmg.com), 유니버설 뮤직(Universal Music; www.universalmusic.com), 소니 BMG(Sony BMG; www.sonybmg.com))로 추락했다.

음악 산업이 이렇게 극적으로 변화한 이유는 바로 인터넷을 통한 디지털 음악 스트리밍 기술의 출현에 있다. 디지털 스트리밍 비즈니스 모델은 다음의 두 가지 형태로 등장하였다. (1) 가입자의 취향에 맞춤화된 음악을 수동적으로 감상할 수 있는 판도라(Pandora; www.pandora.com)와 같은 인터넷 라디오 회사와 (2) 스포티파이(Spotify; www.spotify.com) 및 애플(Apple)의 아이튠즈(iTunes; www.apple.com/itunes)와 같이 사용자가 직접 노래를 선택할 수 있는 양방향 서비스 제공회사가 있다. 인터넷 라디오 회사들은 녹음 아티스트에게 얼마나 지불해야 하는지 정부에서 지정한 라이선스를 기반으로 운영할 수 있다. 반면, 두 번째 비즈니스 모델에 해당하는 양방향 서비스를 제공하는 회사들은 미국의 법 테두리 안에서 합법적으로 음악을 거래하기 위해 음반사 및 음악 출판사와 거래를 해야 한다.

IT가 음반 산업에 미치는 파괴적 혁신에 대응하기 위해, 빅3 음반사들은 스트리밍 서비스인 스포티파이(www.spotify.com)나 판도라(www.pandora.com)와 같은 디지털 엔터테인먼트 신생업체의 지분을 매입해 왔다. 이 음반사들은 지분을 매우 저렴하게 구매한 후 시장 출시 이후에 더 많은 양의 지분을 할인된 가격에 구매할 수 있는 권리를 종종 가져간다. 이 음반사들은 선택형 어드벤처 뮤직비디오 판매업체인 에코(www.helloeko.com), 노래 인식 회사인 샤잠(www.shazam.com), 사운드클라우드(www.soundcloud.com) 등의 신생 기업 지분들도 일부 구입하였다. 업계 분석에 따르면, 이 세 음반사는 30억 달러에 달하는 디지털 음악 신생 업체에서 입지를 쌓아온 것으로 추정하고 있다.

비디오 산업. 블록버스터(Blockbuster)는 소프트웨어 회사인 넷플릭스(Netflix; www.netflix.com)에 의해 파산될 때까지 미국 전역의 수많은 체인을 통해 비디오 및 관련 제품을 임대하고 판매한 비디오 업계 1위인 기업이었다. 2018년 1분기 기준 넷플릭스는 1억 2,500만 명의 구독자를 보유한 비디오 서비스 중 가장 큰 구독자 기반을 확보하고 있다. 한편 블록버스터는 2011년 2월 파산을 선언했고 한 달 뒤 위성TV 제공업체인 디시네트워크(www.dish.com)에 인수되었다. 2019년 7월 기준으로 오리건주 벤드(Bend)에 위치한 세계에서 마지막 블록버스터 매장이 아직 문을 열고 있다.

MIS 소프트웨어 산업. 오라클(Oracle) 및 마이크로소프트(Microsoft)와 같은 기존 소프트웨어 회사는 세일즈포스(Salesforce; www.salesforce.com) 및 오픈소스 운영 체제인 안드로이드(Android)와 같은 SaaS(Software-as-a-Service) 제품의 위협을 점점 더 받고 있다. (기술가이드 2에서 운영 체제에 대해 그리고 기술가이드 3에서 SaaS에 대해 논의한다.)

비디오 게임 산업. 오늘날 가장 빠르게 성장하고 있는 엔터테인먼트 회사는 비디오 게임 제조사, 다시 말해 소프트웨어 회사이다. 팜빌(FarmVille)의 창시자인 징가(Zynga; www.zynga.com), 앵그리 버드 제작사 로비오(Rovio; www.rovio.com), 현재 마이크로소프트(www.microsoft.com)가 소유하고 있는 마인크래프트(www.minecraft.net) 등이 대표적이다.

사진 산업. 소프트웨어는 이미 수년 전에 이 산업을 붕괴시켰다. 오늘날 소프트웨어 구동 카메라를 포함하지 않는 휴대폰을 사는 것은 사실상 불가능하다. 또한, 사람들은 자동으로 인터넷에 사진을 업로드하여 영구적으로 사진을 보관하고 글로벌하게 사진을 공유하고 있다. 대표적인 사진 업체로는 셔터플라이(www.shutterfly.com), 스냅피시(www.snapfish.com), 플리커(www.flickr.com), 인스타그램

(www.instagram.com) 등이 있다. 한편, 카메라라는 단어와 동의어라고 할 수 있는 오랜 기간 업계 선두를 차지해 온 코닥(Kodak)은 2012년 1월에 파산을 선언하였다.

MKT 마케팅 산업. 오늘날 가장 큰 다이렉트 마케팅 회사로는 페이스북(www.facebook.com), 구글(www.google.com), 아마존(www.amazon.com) 등이 있다. 이들 회사는 모두 소프트웨어를 사용하여 기존 소매 마케팅 산업을 붕괴시키고 있다.

HRM 채용 산업. 링크드인(www.linkedin.com)은 전통적인 구인 및 구직과 관련된 채용 산업을 붕괴시키고 있다. 링크드인은 이 채용 산업에서 업계 최초로 구인 중인 업체나 사람들이 실시간으로 검색할 수 있는 웹 사이트에 기존 직원이나 구직자들이 자신의 이력서를 올리고 관리할 수 있는 서비스를 제공하였다.

FIN 금융서비스 산업. 소프트웨어는 금융 서비스 산업을 변화시키고 있는데, 사실상 모든 금융 거래(예: 주식 매매)는 이제 소프트웨어로 수행되고 있으며 금융 서비스 분야의 주요 혁신 기업들 역시 소프트웨어 회사이다. 예를 들어 스퀘어(Square; www.squareup.com)에서는 누구나 휴대폰으로 신용카드 결제를 수락할 수 있다.

동영상 산업. 장편 컴퓨터 제작 영화를 만드는 과정은 엄청나게 IT 집약적이다. 영화 제작 스튜디오에는 엄청난 수의 서버, 정교한 소프트웨어, 엄청난 양의 스토리지를 포함한 최첨단(state-of-the art) 정보기술이 필요하다(기술가이드 1 참조).

장편 애니메이션 영화, 텔레비전 프로그램 및 온라인 가상 세계를 제작하는 영화 스튜디오인드림웍스 애니메이션(DreamWorks Animation; www.dreamworksanimation.com) 제작사의 예를 살펴보자. 단 하나의 영화에 대해서도 스튜디오는 50만 개 이상의 파일과 300테라바이트(1테라바이트는 1조 바이트)의 데이터를 관리하며 약 8천만 시간의 중앙처리장치(CPU, 기술가이드 1에 설명됨)를 사용하고 있다. 드림웍스 임원진에 따르면 "사실 우리 제품은 영화 같아 보이는 데이터라고 할 수 있다. 우리는 디지털 제조 회사이다"라고 말하고 있다.

소프트웨어는 물리적 세계에서 주로 작동하는 아래의 산업들도 붕괴시키고 있다.

- 자동차 산업: 현재 자동차 산업에서 소프트웨어는 엔진을 작동하고, 안전 기능을 제어하고, 승객을 즐겁게 하고, 운전자를 목적지까지 안내하고, 자동차를 모바일, 위성 및 GPS 네트워크에 연결하는 역할을 담당하고 있다. 자동차에 포함된 그 밖의 소프트웨어 기능으로는 자동차를 모바일 핫스팟으로 바꿔주는 와이파이 수신기, 연비를 극대화하는 소프트웨어, 자동으로 평행 주차할 수 있도록 지원해주는 초음파 센서 등도 있다.

  자동차 산업의 다음 단계는 모든 차량을 네트워크로 연결하는 것으로, 이는 자율주행 또는 무인 자동차라는 차세대 혁신을 향한 필수 단계이다. 구글, 테슬라(Tesla; www.tesla.com), 애플 및 모든 주요 자동차 회사는 이제 무인 자동차를 개발하고 있다.

- **농업 산업**: 농업 산업 역시 소프트웨어의 영향력이 점점 증대하고 있는데, 예를 들어 에이커별로 종자를 선택할 수 있고 위성을 통해 토양 분석을 할 수 있는 소프트웨어 알고리즘 등이 이미 개발되었다. 또한 정밀 농업(precision agriculture) 분야는 GPS(global positioning system) 및 소프트웨어를 활용하여 자동 제어가능한 무인 트랙터를 사용하고 있다. (정밀 농업은 정보기술을 활용하여 작물의 최적 상태와 생산성을 보장하기 위해 필요한 것[예: 물, 비료 및 살충제]에 대한 정보를 정확하게 받을 수 있는 농장관리 접근 방법이다.)
- **패션 산업**: 여성들은 그동안 한번 정도 입을 특별 행사용 드레스를 구입하기 위해 백화점으로부터 마치 장기간 대여에 맞먹는 비용을 지불하고 단 한번 입고 옷장에 넣어두는 과정을 반복해 왔다. 그러나, 새로이 등장한 렌트 런웨이(Rent Runway; www.renttherunway.com)사는 그 어느 때보다 더 많은 여성들이 값비싼 의류를 대여 형태로 구매할 수 있도록 패션 비즈니스를 재정의함으로써 전통적인 소매업체를 붕괴시키고 있다. 결국, 매우 저렴한 가격에 드레스를 빌릴 수 있는데 왜 드레스를 구입하겠는가? 일부 백화점은 렌트 런웨이사에 위협을 느낀 나머지 백화점 납품 업체 중 백화점에서 판매되는 상품이 이 업체 홈페이지에 등장하는 순간 그 제품을 판매 제품에서 제외시키겠다고 경고하였다.
- **법조계**: 오늘날 e-디스커버리(e-discovery) 소프트웨어 응용 프로그램은 인간 변호사 대비 극히 적은 시간과 비용으로 문서를 분석할 수 있다. 예를 들어 블랙스톤 디스커버리(Blackstone Discovery; www.blackstonediscovery.com)는 한 회사를 위해 10만 달러 미만의 비용으로 150만 개의 문서를 분석해 주었다. 만일 이 문서를 실제 변호사가 분석하였다면 150만 달러 이상의 비용이 소요되었을 것이다.

  법률 회사는 이제 로스(ROSS; www.rossintelligence.com)라는 새로운 인공지능 소프트웨어 패키지를 사용하기 시작하였다. 예를 들어, 법률 회사 베이커호스테틀러(BakerHostetler)는 파산 사건의 법률 연구원으로 로스를 고용하였다.

IT는 중간 관리자의 수를 줄인다

HRM IT는 관리자를 더욱 생산적으로 만들고 한 관리자에게 보고할 수 있는 근로자의 수를 확대한다. 그러므로 IT는 궁극적으로 중간 관리자와 전문가의 수를 줄인다. 따라서 앞으로 조직은 더 적은 관리층, 간부, 그리고 라인 관리자를 가질 것이다. 이 유행이 현실화되면 승진의 기회도 줄어들어 경쟁이 심해질 것이다. 요약하면 공부에 집중하라!

IT는 관리자의 업무를 변화시킨다

관리자가 수행하는 가장 중요한 업무 중 하나는 의사결정을 내리는 것이라고 할 수 있다. IT의 주요한 결과물 중 하나는 관리자들의 의사결정을 하는 방법을 바꾸면서, 궁극적으로 관리자의 업무를 변화시키고 있다.

관리자들은 IT가 거의 실시간으로 제공하는 정보로 인해 의사결정을 빠르게 내려야 하는 압박이 높아지고 있어 업무에 대한 스트레스 역시 높아지고 있다. 다행히도 IT는 대시보드, 검색엔진,

그리고 인트라넷 등의 비즈니스 인텔리전스 애플리케이션을 포함한 다양한 도구를 제공하여 관리자들이 지속적으로 감당해야 하는 정보의 양을 관리하는 것을 도와주고 있다.

지금까지 이 절에서는 일반적으로 관리자에 초점을 맞추어 왔는데, 이제 여러분으로 초점을 옮기자. IT의 발전으로 인해 지리학적으로 떨어진 근로자와 팀을 관리하는 경우가 많아질 것이다. 근로자는 어디서든 언제든 일할 수 있으며, 팀은 말 그대로 세계 곳곳에 퍼진 채로 소집될 수 있다. 원격체험시스템(6장에서 논의함) 등의 정보기술은 여러분이 이들 근로자들을 직접 보는 일이 흔하지 않더라도 능숙하게 관리할 수 있도록 해준다. 이러한 근로자들에겐 전자적, '원격' 관리자들이 일반적이 될 것이다. 원격 관리는 완성된 성과를 강조하고 개인적 인간관계와 사무실 정치에 덜 의존한다. 따라서 여러분은 이들 근로자들에게 그들이 존중을 받는 조직의 일원이란 것을 부각시켜 고립된 느낌을 없애주어야 한다.

IT는 일자리를 줄이는가?

풀타임이든 파트타임이든 모든 고용 근로자의 공통된 걱정거리는 바로 직업 안정이다. 현대 조직의 끊임없는 비용절감 노력은 자주 대규모 해고로 이어진다. 간단히 말해 현대의 조직은 오늘날의 무한경쟁 환경에 대응하여 더 적은 수로 더 많은 것을 이루려고 하고 있다. 이 때문에 지위와 관계없이 여러분은 지속적으로 조직에 가치를 반드시 더해야 하고 이 가치를 상관들이 인식하도록 해야 할 것이다.

많은 기업은 힘들어지는 경제여건, 글로벌 경쟁의 심화, 제품 맞춤화 수요, 그리고 만족시키기 힘들어지는 고객에 대응하기 위해 IT 투자를 지속적으로 늘려왔다. 실제로 컴퓨터가 더욱 지능과 능력 면에서 발전하면서 사람을 기계로 교체하는 것의 경쟁적 이점 또한 빠르게 증가하고 있다. 이 절차는 자주 해고로 이어진다. 한편 IT는 동시에 전자 의료 기록저장이나 나노테크놀로지 등과 같은 완전히 새로운 부류의 일자리를 창출하기도 한다.

IT는 직장 근로자에게 영향을 준다

많은 사람들이 컴퓨터화에 의한 정체성의 상실감을 느꼈다. 그들은 컴퓨터화된 시스템에서 인간적 면모가 줄어들거나 아예 사라지면서 스스로가 '그저 하나의 숫자'에 불과하다고 느끼고 있다.

인터넷은 컴퓨터와 텔레비전보다도 더욱 강력한 고립화 효과를 직장에 가하고 있다. 사람들이 자신의 거실에서 근무하고 장을 보도록 하는 것은 우울이나 외로움과 같은 불행한 심리적 효과를 낳을 수 있다.

HRM IT는 직장 근로자의 건강과 안전에 영향을 준다. 컴퓨터와 정보시스템은 주로 '발전'의 상징으로 여겨지지만 개인의 건강과 안전에 악영향을 끼칠 수 있다. 건강이나 안전과 관련된 예를 들자면, IT로 인한 업무 스트레스와 키보드 장시간 사용이 있다.

근로자의 업무량과 책임 증가는 업무 스트레스로 이어질 수 있다. 컴퓨터화는 생산성 증대를 통해 조직의 성과에 기여하지만 몇몇 근로자에겐 나날이 업무량이 늘어만 나게 하고 있다. 이에 몇

몇 근로자는 감당할 수 없게 되어 자신의 업무 성과에 대해 불안을 느끼기 시작했다. 이러한 스트레스와 불안감은 근로자의 생산성을 증진하기는커녕 감소시키면서 동시에 그들의 신체적, 정신적 건강에 위협을 준다. 경영진은 직원 훈련과 근로자 간 업무량 재분배, 그리고 추가 인력 확보 등으로 위 문제를 완화할 수 있다.

그리고 좀 더 구체적으로, 키보드의 장시간 사용은 요통이나 손목 손가락의 근육 긴장 등의 **반복성 긴장 장애**(repetitive stress injury)를 일으킬 수 있다. 수근골 증후군은 손목과 손에 영향을 주는 특히나 고통스러운 형태의 반복성 긴장 장애이다.

디자이너들은 이러한 컴퓨터 장기 사용으로 발생하는 문제에 대해 파악하고 있다. 이를 해결하기 위해 그들은 꾸준히 컴퓨터 사용 환경을 개선하고자 노력한다. 상해와 질병을 최소화하는 기계와 근로환경의 조성을 **인간공학**(ergonomics)이라고 부른다. 인간공학의 목표는 안전하고, 조명이 잘 들며, 편안한 환경을 조성하는 것이다. 인간공학적 설계를 가진 제품의 예로 안구 피로 및 시력 저하를 방지하는 차광 모니터 필름, 요통을 줄이기 위해 인간의 등의 곡선을 따라가는 등받이 의자 등이 있다. 그림 1.6은 인간공학 제품을 예를 보여준다.

IT는 장애인에게 기회를 제공한다. 컴퓨터는 언어인식, 시각 인식 기능을 사용하여 장애를 가진 사람들에게 새로운 근로 기회를 제공하고 있다. 예를 들어 자판을 사용할 수 없는 사람들은 음성 인식 키보드를 사용할 수 있고, 움직일 수 없는 사람은 재택근무를 할 수 있다.

더 나아가 컴퓨터에 특수 장비를 연결하여 장애인들이 본래 할 수 없던 일을 수행할 수 있도록 할 수 있다. 웹과 그래픽 유저 인터페이스(GUI: graphic user interface)(예: 윈도우즈)는 시각장애인에겐

그림 1.6
컴퓨터 사용자를 보호하는 인간공학 제품

(a) 팔목보호대,
(b) 등받이,
(C) 시력보호 필터,
(d) 조정이 가능한 발받침

Media Bakery Media Bakery Media Bakery Media Bakery

활용하기 힘들다. 이를 해결하기 위해 동원되는 청각 스크린 탭과 음성 인터페이스 등은 컴퓨터의 기능성을 GUI 개발 이전의 대화식으로 되돌린다.

다른 기기들 또한 장애인들의 삶의 질을 좀 더 평범하지만 유용한 식으로 개선한다. 예를 들면 쌍방향 필기 전화, 페이지 넘김 로봇, 자동 머리빗, 그리고 병원 침대에서 볼 수 있는 동물원이나 박물관의 영상 투어 등이다. 다양한 조직들이 장애인을 위한 IT 개발에 몸담고 있다.

확인하고 넘어가기

1. 왜 전 기능영역에 걸쳐 모든 직원이 IT에 대해 알 필요가 있는가?
2. IT가 관리자의 일에 어떤 영향을 미치는지 논해보자.
3. IT가 직장에서 근로자들에게 어떤 영향을 미치는지 논해보자.

1.4 사회에서의 정보시스템의 중요성

이 절에서는 IT가 사회 전체에 왜 중요한지 상세하게 살펴볼 것이다. 또한, 이 책 전반에 걸쳐 IT가 사회에 미치는 영향에 대해 확인할 수 있다.

IT는 삶의 질에 영향을 준다

IT는 삶의 질에 상당한 영향력을 가진다. 기존의 9시부터 5시까지 일하는 전통적인 일터는 장소에 구애받지 않고 24시간 어느 곳에서나 근무할 수 있는 형태로 확장될 수 있다. IT는 근로자들에게 근무 시간의 유연성을 주어 휴식 시간의 양을 늘리진 않더라도 그 질을 상당히 향상시킬 수 있다.

하지만 반대 관점에서 보면 IT는 근로자들을 '항시 근무 상태'로 만들 수 있다. IT의 연결성과 항시성은 근로자들이 항시 사무실과 연결되게 만든다. 심지어 휴가 중일 때도 말이다! 실제로 최근 실시된 설문조사에 따르면 응답자 중 80%가 가장 최근의 휴가에서 노트북 컴퓨터를 가져갔고 100%가 휴대전화를 가져갔음을 알 수 있다. 더욱이 80% 이상이 휴가 중 어느 정도의 근로를 하였으며 거의 전부가 이메일을 확인하였다.

진행 중인 로봇 혁명

한 때 SF영화에만 등장하였던 실효성 있는 로봇은 점점 일상적이 되고 있다. 전 세계적으로 자율 장치는 공장 현장, 병원 복도 및 농장에서 점점 더 보편화되고 있는데, 이러한 장치를 **협동로봇**(cobot, collaborative robot)이라고 부른다. 코봇은 공유 작업 공간에서 인간과 물리적으로 상호 작용하도록 설계된 로봇으로 다음의 두 가지 예를 살펴보자.

MKT **POM** **로우봇.** 2016년 8월, 로우스(Lowe's)는 다국어 자율 고객 지원 로봇인 로우봇(Lowebots)를 배포하기 시작하였다. 로우봇은 고객이 매장을 둘러보고 필요한 품목을 찾을 수 있도록 도와주며, 매장을 돌아다니며 고객에게 간단한 질문을 하여 원하는 것을 찾을 수 있게 해준다. 이들 로봇은 제품에 대한 방향과 지도를 제공하고 고객과 전문 지식을 공유한다. 로우봇은 재고를 모니터링하여 매장에 어떤 품목을 입고해야 하는지 알 수 있게 해준다.

드론. 드론(drones)은 지상에서 조종사가 제어하거나 사전 프로그래밍된 임무를 자율적으로 수행하는 무인 항공기(UAV: unmanned aerial vehicle)이다. 취미용 드론과 달리 상업용 드론은 다양한 비즈니스 목적으로 작동되고 있다.

우버는 흥미로운 방식으로 드론을 사용하고 있다. 우버 서비스는 멕시코 시티에서 매우 잘 운영되고 있는데, 드론을 사용하여 교통 체증에 갇힌 운전자들에게 "혼자 운전하고 있습니까?"라는 광고 메시지를 보여주고 있다. 즉, 이 드론을 이용한 광고 아이디어는 운전자가 우버풀(UberPOOL)과 함께 카풀을 하도록 죄책감을 주는 것에 착안을 두고 있다.

드론은 이와 같이 매우 다양한 방식으로 활용되고 있다. 드론의 두 가지 다른 용도로는 와인 제조산업과 법 집행인데 IT와 기업사례 1.3에서는 두 응용 프로그램에 대해 설명하고 있다.

자율주행차량. 자율주행차량(autonomous vehicle)에 대해 다음의 통계를 살펴보자.

- 자동차 사고의 90% 이상은 인적 과실로 인한 것이다.
- 매년 6백만 건 이상의 차량 사고가 사법당국에 보고되고 있다.
- 매년, 약 35,000명의 미국인들과 125만 명의 전 세계 사람들이 자동차 사고로 사망한다.
- 운전 중 모바일 기기 사용으로 주의가 분산되어 2016년미국 고속도로 사망률은 8% 증가하여 50년 만에 가장 큰 증가율을 보였다.
- 미국 평균 자동차 사용 시간은 하루 2시간이며 이는 하루 24시간 중 8%에 불과하다.

위에서 제시한 통계는 자율주행자동차의 필요성을 보여주고 있어 자율주행차량 개발은 빠르게 진행되고 있다. 대표적인 자율주행차 업체로는 웨이모(www.waymo.com), GM 크루즈(www.getcruise.com), 포드 오토노믹스(www.ford.com) 등이 있다.

하지만 몇가지 나쁜 소식이 있다. 테슬라 자동차가 완전 자동 조종 장치(자율 운전 모드)를 사용했을 때 몇 명의 사망자가 보고되었다. 이들 사망이 자동차에 의한 것인지 여부는 조사 중이다.

로봇이 스스로 결정을 내리고, 낯선 상황을 다루고, 사람들과 상호작용하는 것을 보는 데는 여전히 오랜 시간이 걸릴 것이다. 그럼에도 불구하고, 로봇은 다양한 환경, 특히 반복적이고 가혹하거나 인간에게 위험한 환경에서 매우 유용하다.

의료서비스에 영향을 미치는 IT

IT는 의료서비스 산업에 많은 발전을 가져다 주었다. 의료산업 종사자들은 IT를 활용해 더 빠르고 정확한 진단을 내리고 중환자의 상태를 면밀히 살펴본다. IT는 신약 연구 개발의 절차 또한 효율화시켰다. 전문가시스템은 의사들이 질병을 진단하는 것을 돕고, 비전 기계는 방사선과 진단 능력을

IT와 기업사례 1.3

드론의 다양한 용도

POM 캘리포니아 와이너리

와인 산업 분석가들은 지구 온난화로 인해 2050년까지 이탈리아의 대부분과 프랑스 남부의 일부를 포함한 유럽의 많은 지역이 와인 재배에 적합하지 않을 것으로 예측하고 있다. 캘리포니아 지역 역시 그 해까지 와인 생산량이 70%까지 감소할 수 있다고 보고 있다.

사실, 캘리포니아는 2012년부터 2019년까지 밤 기온이 점점 올라가고 있고 지하수를 포함하고 있는 대수층이 점점 건조해지고 있어 심각한 가뭄을 겪어오고 있다. 캘리포니아주는 심각한 가뭄에 대응하기 위해 이미 최신 기술이나 기존 방법 등을 최대한 활용하고 있다.

과거에는 숙련된 포도주 양조업자가 포도나무와 포도를 일일이 직접 검사하였으나, 오늘날 와이너리는 드론을 띄우고 포도나무에 센서를 설치하고 포도나무 위치를 GPS 좌표로 등록하여 문제가 생긴 포도나무로 바로 이동할 수 있는 시스템을 갖추고 있다. 드론은 설치된 센서로 식물 색깔을 식별하여 포도나무의 수분 상태를 파악할 수 있다. 포도나무는 영양상태가 좋지 않거나 누수가 발생하는 경우 안 좋은 색깔로 변하게 된다.

드론은 또한 포도나무의 생장 상태를 조사하고, 가뭄을 겪고 있는 포도밭을 감지하고 와인을 만들기 위해 어떤 포도를 수확해야 하는지 평가하는 데 도움을 주고 있다. 정규화 식생지수(NDVI: normalized difference vegetation index)를 활용하여 포도밭에 대한 시각화 맵을 구축함으로써 양조업자는 포도원이 일정한 품질로 식생이 개선될 수 있는 방법과 포도를 언제 수확해야 하는지 파악할 수 있다.

POM 법 집행기관

2019년 7월 기준 드론을 활용하는 미국 사법 당국 숫자는 약 350개에 달한다. 2016이후로 500% 이상 드론 활용이 급증하고 있는데, 이들 기관의 드론 쓰임새는 다음과 같다.

- 수색 및 구조
- 충돌 사고 재구성
- 저격 시나리오 수립
- 범죄 현장 재구성
- 일상적 감시

원격 제어 드론은 범죄 현장에 경찰차보다 보통 먼저 도착한다. 경찰관은 먼저 도착한 드론을 활용하여 현장을 조사할 수 있고 용의자의 움직임을 포착하여 추적할 수 있다. 드론은 고정 카메라보다 효과적으로 감시할 수 있으며, 헬리콥터에 비해 훨씬 비용 대비 효과가 높다. 드론을 사용하는 실제 사례를 살펴보면 다음과 같다.

- 멕시코 엔세나다(Ensenada)시는 단 1개 쿼드콥터 드론으로 강도 사건을 30% 줄였을 뿐 아니라 전체 총 10% 범죄율 감소 효과를 보았다. 또한 이 도시에서 근무하는 경찰관은 DJI사의 인스파이어(Inspire) 쿼드콥터 드론을 활용하여 4개월간 500명 이상 용의자를 체포할 수 있었다.
- 영국에서는 데본(Devon), 콘웰(Cornwall) 및 도셋(Dorset) 경찰이 2017년 팀을 이루어 실종자 수색, 범죄 현장 및 주요 교통 사고 이미지 수집, 야생동물 범죄와 싸우기 위한 해안 및 삼림 수색에 참여하기 위해 드론 부대를 발족시켰다.
- 프랑스 남서부 보르도 지역에서 근무하는 경찰관들은 드론을 이용해 교통법규 위반 운전자를 적발하고 있다. 드론을 통한 감시는 교통법규 위반자를 검거하기 위해 사용하는 헬리콥터 감시보다 훨씬 더 저렴한 비용이 든다. 단 드론 감시는 한 가지 제약사항이 있는데, 교통 체증을 지그재그로 통과하는 것과 같은 위험한 자동차 운전은 적발할 수 있으나 과속 감지에는 적합하지 않다.
- 아마존은 이미 앞을 내다보고 다양한 작업에 활용가능한 소형 드론에 대한 특허를 출원해 왔다. 예를 들어 아마존이 상상하고 있는 드론 중 하나는 경찰관의 업무를 돕기 위해 함께 순찰하는 드론인데 이 드론은 순찰 중 비디오를 녹화할 수 있어 경찰차 대시보드 카메라를 대체할 수도 있다. 특히, 드론은 경찰관 바로 위나 뒤에서 맴돌면서 번호판과 운전자의 사진을 찍은 다음 안면 인식을 위해 해당 데이터를 경찰서에 다시 제공할 수 있다. 두 사람을 추격할 때 경찰관은 드론이 한 사람을 따르도록 지시하고 다른 사람을 따라갈 수도 있다.

반면 사법 당국의 드론 사용을 반대하는 사람들도 많이 있다. 예를 들어 워싱턴주 시애틀시에서는 시민들이 드론 배치에 강력히 반대하여 로스앤젤레스 시에 드론을 기증하였다. 경찰이 바디 카메라를 사용하는 것에 대한 압도적인 지지도 있으나, 드론 사용에 대한 대중의 불안 역시 커지고 있다. 즉, 드론을 통해 감시하는 대상이 누구인지 그리고 어떤 상황에서 무엇을 감시하고 기록하는 지에 대해 의문 역시 제시되고 있다.

출처: Compiled from J. Stewart, "A Single Drone Helped Mexican Police Drop Crime 10 Percent," *Wired*, June 11, 2018; G. Manaugh, "Drone Cops Take Flight in Los Angeles," *The Atlantic*, June 8, 2018; "Like It or Not, Camera-Equipped Police Drones Will Soon Patrol the Skies," *Digital Trends*, June 6, 2018; M. Uleski, "How Unmanned Aerial Systems Can Assist Police Pursuits," *PoliceOne.com*, March 19, 2018; G. Friese, "Research: Drone Video Effective in Identifying Multiple Vehicle Collision Hazards," *PoliceOne.com*, March 14, 2018; V. Masters, "How a Washington PD Is Leveraging Drone Technology to Serve Citizens," *PoliceOne.com*, February 22, 2018; J. Laurenson, "France Is Using Drones to Catch Dangerous Drivers," *Marketplace.org*, November 13, 2017; M. Margaritoff, "Drones in Law Enforcement: How, Where, and When They're Used," *The Drive*, October 13, 2017; "'Drone Unit' for British Police Brings Crime Fighting to the Skies," *Digital Trends*, July 15, 2017; A. Nixon, "Best Drones for Agriculture 2017," *bestoneforthejob.com*, May 4, 2017; A. King, "Technology: The Future of Agriculture," *Nature*, April 27, 2017; T. Jennings, "Farming Drones: The Future of Agriculture?" *CropLife*, April 7, 2017; A. Glaser, "Police Departments Are Using Drones to Find and Chase Down Suspects," *Recode*, April 6, 2017; T. Sparapani, "How Big Data and

Tech Will Improve Agriculture, from Farm to Table," *Forbes*, March 23, 2017; "Technology That Will Change Agriculture in 2017," *Food and Farm Discussion Lab*, March 22, 2017; T. Logan, "Drone Mapping in Agriculture on the Rise," ABC News, March 6, 2017; D. Gelles, "Falcons, Drones, Data: A Winery Battles Climate Change," *New York Times*, January 5, 2017; C. Daileda, "Amazon Wants Its Tiny Drones to Ride with Police," *Mashable*, November 2, 2016; and B. Vyenielo, "High-Tech Sustainability: Wineries Turn to High-Tech Solutions for Sustainable Business," *Vineyard & Winery Management*, September–October 2016.

질문

1. 와이너리가 지구 온난화에 대처하기 위해 사용하는 비기술적 방법과 기술적 방법을 비교 및 대조해보자.
2. 와이너리에게 제안할 수 있는 드론의 다른 활용 용도는 무엇이 있는가?
3. 법을 집행하는 드론에 대한 다른 용도를 설명해보자.
4. 사법 당국이 사용하는 드론으로 인해 시민들에게 발생할 수 있는 문제를 설명해보자.

높이고 있다. 수술의는 복잡한 수술을 계획할 때 가상현실의 도움을 받기도 하고 수술 로봇을 활용하여 원격 수술을 시행한다. 마지막으로 의사는 화상 회의로 복잡하거나 어려운 케이스를 논의할 수 있다. 컴퓨터 시뮬레이션은 촉감도 재현가능한 수준으로 발전하고 있어 의사들이 환자들에게 실제 해를 가하지 않고도 가상현실을 활용하여 훈련을 받고 있다.

정보기술은 의료 서비스 관리의 효율성과 효과성을 높이는 데도 도움을 주고 있다. 예를 들어, IBM 왓슨(IBM Watson; www.ibm.com/watson)은 자연어 처리 및 기계학습(기술가이드 4를 참조)을 사용하여 방대한 데이터 컬렉션에서 얻은 통찰력을 보여주는 IT 시스템이라고 할 수 있다. 다음 절에서 IBM 왓슨에 대해 상세히 살펴보고자 한다.

수천 가지의 다른 건강관리 응용 프로그램 중에서 관리시스템은 매우 중요하다. 이 시스템은 보험사기 발견에서부터 간호 일정 수립, 재무 및 마케팅 관리에 이르는 다양한 기능을 수행한다.

인터넷은 거대한 양의 유용한 의료정보를 가지고 있다. 이러한 정보가 인터넷에 존재함에도 불구하고, 의사들은 자가 진단에 대해 경고하고 있다. 오히려 구글과 WebMD(www.webmd.com) 등 의료사이트에서 얻은 진단정보는 자신의 주치의에게 문의할 때만 활용하는 것을 추천한다.

인지 컴퓨팅의 출현: IBM 왓슨

IBM(www.ibm.com)은 퀴즈 쇼 제퍼디(Jeopardy)의 질문에 답하기 위해 왓슨을 개발하였다. 2011년 2월 왓슨은 제퍼디쇼에서 지난 우승자인 블드 루터(Brad Rutter) 및 켄 제닝스(Ken Jennings)와 경쟁하였고, 이 게임에서 우승하여 100만 달러의 상금을 받았다. (In Jeopardy! 진행자가 답변을 읽고 참가자는 올바른 질문을 제공해야 한다.)

왓슨은 개방형 도메인(일반) 질문을 답하기 위해 고급 자연어 처리, 정보 검색 및 지식 표현 및 추론, 기계학습 기술을 적용한 응용 프로그램이다. IBM은 왓슨이 입증한 처리 유형을 **인지 컴퓨팅**(cognitive computing)으로 명명하였다. 왓슨은 인지 시스템으로 구분되고 있으며 다음의 주요 네 가지 능력을 보유하고 있다.

- 모든 뉘앙스와 모호함으로 인간의 언어를 이해하는 능력
- 정보를 배우고 흡수하는 능력
- 가설을 수립하는 능력
- 질문의 맥락을 이해하는 능력

왓슨은 2019년 중반까지 적어도 20개 업종의 수천 개 기업이 다양한 분야에서 활용하고 있는데 그 중 일부를 살펴보면 다음과 같다.

- 의학(medicine): 일부 건강 데이터(예: 혈압 측정값 및 콜레스테롤 수치)는 구조화되어 있지만 대부분은 구조화되지 않은 비정형 데이터이다. 이러한 데이터에는 교과서, 의학 저널, 환자 기록, 간호사 및 의사 기록이 포함된다. 사실, 현대 의학은 너무 많은 비정형 데이터를 생산하고 있어 의료 종사자는 이미 이들 데이터를 쫓아갈 수 없는 지경에 이르렀다. IBM은 왓슨이 의사를 대신할 의도는 없다고 강조하고 있고, 오히려 왓슨을 통해 의사들이 오진을 줄이고 의료 진단을 좀 더 잘 할 수 있는 점에 초점을 맞추고 있다.

  2010년 중반까지 왓슨은 연방 정부의 공개 데이터베이스인 www.clinicaltrials.gov에서 수집한 수천 개의 임상 시험에 대한 정보와 수백만 개의 의학 및 과학 기사를 소화했다. 이 시스템은 환자 기록을 읽고 기억하고, 최신 약물 시험을 모니터링하고, 새로운 치료법의 효능을 검사하고, 의사가 최상의 치료법을 선택하는 데 도움이 되는 최신 지침을 밀접하게 따를 수 있다. 왓슨은 MRI와 같은 이미지도 분석할 수 있다. 이러한 기능을 활용하기 위해 일류 병원 두 곳인 메모리얼 슬로안 케터링(Memorial Sloan Kettering; www.mskcc.org)과 메이요 클리닉(Mayo Clinic; www.mayoclinic.org)이 종양학(암 치료) 분야에서 왓슨과 협력하고 있다.
- **MKT** 고객 서비스: 왓슨 인게이지먼트 어드바이저(Watson Engagement Advisor)는 고객 담당자가 이전보다 더 신속하게 보다 심층적인 통찰력으로 소비자를 지원할 수 있도록 설계되어 있다. 인게이지먼트 어드바이저의 "Ask Watson" 기능을 통해 고객의 질문을 신속하게 해결하고, 고객의 구매 결정을 안내하는 피드백을 제공하며, 고객의 문제를 해결할 수 있다. 이 어드바이저를 채용한 기업으로는 USAA(www.usaa.com), 제네시스(www.genesys.com), 싱가포르 DBS은행(www.dbs.com.sg) 등이 있다.
- **FIN** 금융 서비스: 많은 금융 기관에서 왓슨을 비즈니스 프로세스에 통합하고 있다. 일례로 시티그룹(Citigroup; www.citigroup.com)은 왓슨을 사용하여 금융 거래소, 통화 및 펀드 전반에 걸친 금융, 규제, 경제 및 사회적 데이터를 분석하여 은행과 고객 간의 디지털 상호 작용을 간소화하고 개선하고 있다.
- 여행 서비스: 트래블로시티(Travelocity; www.travelocity.com)와 카약(Kayak; www.kayak.com)의 설립자인 테리 존스(Terry Jones)는 왓슨 기반의 새로운 여행 회사인 웨이블레이저(WayBlazer; www.wayblazer.ai)를 출시하였다. 여기서 왓슨은 최고의 여행 경험을 만들어내기 위해 자연어 인터페이스를 통해 사용자와 소통하면서 도움을 주고 있다.

기타 흥미로운 응용 프로그램

- **ACCT** 세무조사업체 H&R블록(www.hrblock.com)은 IBM 왓슨을 활용해 고객들의 세무 활동을 지원하고 있다. 예를 들어 이 회사의 고객은 세금 환급에 대해 궁금한 경우 왓슨의 질문에 답하면서 서비스를 제공받을 수 있다. H&R블록은 왓슨에게 이 세금 신고 자료를 제공함으로써(세무 대리인의 답변과 함께), 모든 세무 대리인의 성과 향상을 기대하고 있다. 납세자들의 실

적을 향상시킬 수 있기를 바라고 있다. 본질적으로, 이 회사는 왓슨을 세무 전문가들의 지식을 보관하는 중앙 저장소 역할로 활용하고 있을 뿐, 세무 전문가, 즉 직원을 대체하는 데 활용하고 있지 않다고 주장하고 있다.

- **POM** BNSF 철도(www.bnsf.com)는 왓슨을 사용하여 3만 2,500마일의 선로에서 고장이 나기 전에 결함이 있는 부분을 감지하는 것을 돕고 있다.
- 글로벌 에너지 기업인 렙솔(Repsol; www.repsol.com)은 왓슨을 사용하여 저유조 생산 최적화 및 신규 유전 발굴과 같은 핵심 분야에서 전략적 의사결정을 개선하고 있다.
- 엣지업 스포츠(Edge Up Sports)는 왓슨과 협력하여 판타지 축구에 분석 기능을 제공하였다. 회사의 앱은 축구와 선수에 대한 방대한 양의 데이터를 분석하여 판타지 리그 선수가 더 나은 결정을 내릴 수 있도록 한다.
- 제너럴 모터스(General Motors)는 2017년 왓슨 기반의 새로운 인지 이동 플랫폼인 온스타 고(OnStar Go)로 좀더 스마트한 차량을 출시하기 시작했다. 온스타 고는 자동차와 주변 환경에 대한 정보를 식별할 수 있다. 예를 들어, 온스타 고는 에어백이 터지면 즉시 운전자에게 전화를 건다. 즉각적인 응답을 받지 못하면 911에 전화를 걸어 긴급 구조원에게 차량위치를 안내한다.
- 2017년 윔블던 테니스 토너먼트에서는 왓슨으로 구동되는 음성 인식 디지털 비서 '프레드(Fred)'가 도입되었다. '프레드'는 참석자들이 올 잉글랜드 론 테니스 클럽(All England Lawn Tennis Club)에서 길을 찾도록 도왔고 누가 센터 코트에서 뛰고 있는지 알려 주었다. '프레드'는 또한 경기의 하이라이트 비디오를 편집하였다.

확인하고 넘어가기

1. IT가 가능하게 한 삶의 질 향상에는 무엇이 있는가? IT가 여러분의 삶의 질에 끼친 악영향이 있는가? 있다면 예를 들고 설명해보자.
2. 로봇 혁명을 서술하고 그것의 인간에 대한 함의를 생각해보자. 로봇이 미래에 당신의 삶에 어떤 영향을 미칠 것이라고 생각하는가?
3. IT가 의료관리 관행을 어떻게 개선했는지 설명해보자. 의료 분야에 IT를 적용하는 과정에서 문제나 과제가 발생했는지 논해보자.

IT는 나를 위해 무엇을 해줄 수 있지?

1.2절에서는 IT가 어떻게 조직의 각 기능영역을 지원하는지 살펴보았다. 이번엔 MIS 기능을 살펴본다.

MIS MIS 전공을 위한 정보기술

MIS 기능은 조직 내 다른 모든 기능영역을 직접적으로 지원한다. MIS 기능은 각 기능영역이 의사결정을 하는 데에 필요한 정보를 제공한다. MIS 직원의 전체 목적은 사용자들이 IT를 이용해 성과를 증진시키고 경영 문제를 해결할 수 있도록 돕는 것이다. 이 목적 달성을 위해 MIS 직원은 각 기능영역과 연관된 정보 요구사항과 기술을 반드시 이해해야 한다. 그러나 그들의 위치에 따라 그들은 먼저 비즈니스 요구사항을 생각해야 하고 다음에 기술을 생각해야 한다.

요약

1.1 오늘날 세계에서 정보시스템의 준비된 사용자가 되는 것이 왜 중요한지 그 이유를 확인해보자.

IT의 준비된 사용자가 되는 이점으론 다음이 있다.

- 프로그램 '배경'에 무엇이 있는지 이해함으로써 조직의 IT 프로그램에서 더 큰 이득을 얻는다.
- 조직의 IT 프로그램의 개선방향에 기여할 수 있다.
- 조직이 사용할 IT 프로그램의 선택에 조언을 하거나 참여할 수 있다.
- 기존 정보기술의 빠른 변화와 새 기술의 도입에 발 빠르게 적응할 수 있다.
- 신기술이 조직에 끼칠 수 있는 영향을 이해하여 이의 사용과 적용에 대해 조언을 할 자격을 가지게 된다.
- 조직 내 정보시스템 관리의 핵심 역할을 하게 된다.
- 자신만의 사업을 시작할 때 IT를 활용할 수 있다.

1.2 조직에서 다양한 컴퓨터 기반 정보시스템을 설명해보자.

- 거래처리시스템은 데이터를 발생시키는 조직의 기본적인 거래에서부터 데이터를 모니터하고 수집하며 저장하고 처리하는 것을 지원한다.
- 기능영역 정보시스템(FAIS)은 조직 내의 특별한 기능영역을 지원한다.
- 조직 간 정보시스템(IOS)은 공급망관리로 가장 잘 알려진 많은 조직들 간의 활동을 지원한다.
- 전사적자원관리시스템(ERP)은 중앙 데이터베이스를 통해 기능영역의 정보시스템을 밀접하게 통합시킴으로써 FAIS 사이에 커뮤니케이션의 부족을 수정한다.
- 전자상거래시스템은 조직이 다른 조직(B2B 전자상거래)이나 고객들과의 거래처리(B2C 전자상거래)를 수행하게 한다.
- 비즈니스 분석(BA) 시스템은 주로 중간관리자와 지식근로자를 위해 복잡하고 비일상적인 의사결정을 지원해주는 컴퓨터 기반 정보시스템이다.
- 전문가시스템(ES)은 인간 전문가의 전문성을 복제하기 위해 특정 분야의 추론 능력, 지식 및 전문성을 재현하기 위한 시스템이다.

1.3 정보기술이 관리자와 관리직이 아닌 근로자의 업무에 영향을 끼치는 방식을 논의해보자.

관리자에 대한 IT의 잠재적 영향

- IT는 중간관리자의 수를 줄인다.
- IT는 관리자는 의사결정에 더 적은 시간을 사용한다의 의미를 갖는 실시간 혹은 거의 실시간 정보를 관리자에게 제공한다.
- IT는 관리자가 지리적으로 떨어진 근로자와 팀을 관리해야 할 가능성을 증가시킨다.

비관리직 근로자에 대한 IT의 잠재적 영향

- IT는 일자리를 줄인다.
- IT는 근로자들이 정체성 손실을 경험하게 할지도 모른다.
- IT는 반복적인 스트레스 부상과 같은 업무 스트레스와 물리적 문제를 일으킬지도 모른다.

1.4 증가된 정보기술의 사용이 사회에 미치는 긍정적인 효과와 부정적인 효과를 제시해보자.

긍정적인 사회효과

- IT는 장애인에게 일할 수 있는 기회를 제공한다.
- IT는 사람들이 작업을 할 때 유연성(언제, 어디서나 작업을 함)을 제공한다.
- 로봇은 일상적인 잡일을 담당할 것이다.
- IT는 의료 서비스 개선을 가져온다.

부정적인 사회효과

- IT는 개개인의 건강문제를 일으킨다.
- IT는 직원을 지속적으로 호출할 수 있다.
- IT는 환자들에게 건강문제와 관련된 잘못된 정보를 줄 수 있다.

토의문제

1. 창업하려는 기업을 설명해보자. 정보기술이 (a) 비즈니스에 대한 아이디어를 찾고 조사하는 데 도움이 될 수 있는 방법, (b) 비즈니스 계획을 수립하는 데 도움이 될 수 있는 방법, (c) 비즈니스 자금 조달에 도움이 될 수 있는 방법에 대해 논의해보자.
2. 여러분의 대학은 주에서 유능한 고교 학생들을 선발하여 입학시키고자 한다. 이를 위해 (1) 입학사정관들이 수집할 데이터, (2) 이 데이터에서 추출할 정보, (3) 그리고 이 정보에서 유추할 지식의 예를 들어보자.

3. 데이터, 정보, 지식의 세 어휘가 다른 사람에게 다른 의미를 가질 수 있는가? 예를 들어 답해보자.
4. 정보기술은 사람들이 "절대 연결이 끊어지지 않도록" 할 수 있다. 고용주 및 고객에게 언제 어디서든 연결된 상황의 장단점을 논해보자.
5. 로봇은 위험 환경에서 인간이 근로하는 상태를 해결하는 장점이 있다. 근로자의 로봇 사용의 단점은 무엇이 있겠는가?
6. 웹에서 의학정보를 지나치게 검색하여 자신이 위험해질 수 있는가? 근거를 들어 답해보자.
7. 사회 전체에의 IT의 잠재적 영향을 책에서 언급한 것을 제외하고 논해보자.
8. 모든 기능영역의 직원들이 IT에 친숙해져야 하는 주요 이유는 무엇이 있는가?
9. 정보기술이 모든 산업에 영향을 끼친다고 한다면, 기업의 근로자에게는 무엇을 의미하는가? 여러분의 답을 지지해줄 구체적 예를 들어 보자.
10. 정보기술이 모든 산업에 영향을 끼친다고 한다면, 경영대학 학생에게는 어떤 의미인가? 여러분의 답을 지지해줄 구체적 예를 들어 보자.
11. 웹의 방대한 양의 의학정보가 유통되는 것이 좋은 일일까? 환자의 입장과 의사의 입장에서 답해보자.

문제해결활동

1. IT 취직기회를 제공하는 웹 사이트 몇 개를 방문해보자. 대표적 예로는 다이스(www.dice.com), 몬스터(www.monster.com), 컬리지리쿠르트(www.collegerecruiter.com), 커리어빌더(www.careerbuilder.com), 잡센트러(www.jobcentral.com), 잡(www.job.com), 커리어(www.career.com), 심플하이어드(www.simplyhired.com), 트루커리어(www.truecareers.com)이 있다. IT 임금을 회계사, 마케팅 직원, 재무 직원, 업무관리 직원, 인적자원 직원 등의 임금과 비교해보자. IT 임금에 대한 추가 정보는 컴퓨터월드(Computerworld)의 매년 임금설문 결과를 확인하면 얻을 수 있다.
2. UPS 웹 사이트를 방문하자(www.ups.com).
   a. 소포를 배송하기 전에 고객에게 어떤 정보가 제공되는지 알아보자.
   b. 소포 추적 서비스가 무엇인지 알아보자.
   c. 10″×20″×15″ 크기에 40파운드의 무게를 가진 상자를 자신의 집에서 캘리포니아주 롱비치까지 (롱비치 근처에 산다면 미시건주 랜싱으로) 배달시키는데 드는 비용을 조사해보자. 가장 빠른 배달과 최저비용배달을 비교해보자.
3. 미국 국토안전부(DHS)에 대한 정보를 인터넷에서 찾아보자. 정보를 비교하고 부서 내의 정보기술의 역할에 대해 논해보자.
4. www.irobot.com을 방문하여 기업의 교육 및 연구 로봇을 조사해보자. 로봇을 제조하는 다른 기업에 대해 인터넷을 찾아보고 아이로봇의 제품과 비교해보자.

사례

MIS POM 기술 회사가 된 존디어사, 좋은 소식만 있는 건 아니다

농사는 고도로 토지와 노동 집약적이다. 과거에 농부들은 거의 같은 방법으로 밭의 모든 농작물을 재배하였다. 즉, 농부들은 밭에 있는 모든 작물은 비슷한 속도로 자라고 비슷한 상태에 있으며 비슷한 영양분을 필요로 한다고 가정하고 농사를 지었다.

오늘날, 농부들은 정밀 농업을 이용하여 개별 식물을 다룰 수 있다. 정밀 농업은 환경을 보호하면서도 효율성과 수익을 높이기 위해 GPS(Global Positioning System; 8장 참조), 센서(8장 참조), 로봇 공학, 드론, 자율주행차량, 인공지능 및 컴퓨터 비전(마지막 다섯 가지 기술은 기술가이드 4에서 논의됨)을 포함한 많은 기술을 사용하는 농장 관리 방법이다. 5G 무선 기술은 통신 방식을 개선할 수 있을 것으로 기대하고 있다.

1837년에 설립된 존디어(John Deere; www.deere.com)사는 2018년 기준 글로벌 매출이 370억 달러인 세계 최대의 농기구 제조업체이다. 존디어사는 디지털 혁신을 통해 비즈니스 모델을 바꾸고 있다. 과거에 존디어사는 제품 하나 팔 때 그때 한번 수익을 창출하는 방식으로 사업을 수행하였다 현재 존디어사는 앞서 언급한 정밀 농업 기술이 장비에 내장되어 있는데, 이 장비들은 다른 장비들끼리 그리고 농부와 통신이 가능하며 위성 또는 이미지 생성과 같은 외부 서비스들과 통신이 가능하다. 이 장비들은 추후 농부가 데이터를 분석할 수 있게 도움을 주기도 한다. 결과적으로 존디어사는 판매 후에도 부가 서비스를 제공함으로써 지속적으로 수익을 창출할 수 있는 사업 형태로 바뀌었다.

회사는 1999년 GPS 시스템용 나브컴 테크놀로지(NavCom Technology)를 인수하면서 디지털 전환을 시작하였다. 결과적으로, 존디어사는 GPS 수신기를 트랙터나 콤바인과 같은 대형 농장 장비에 내장하기 시작했고, 장비들을 사물 인터넷의 노드로 전환시켰다(8장 참조). 내장된 GPS 수신기를 이용하여 장비들은 오류를 줄이면서도 좀 더 정확한 방향을 잡을 수 있어, 농부들은 피로감을 덜 느껴 더 오래 일할 수 있게 되었다.

그런 다음 존디어사는 장비를 디어스 센터(John Deere Operations Center; Deere's Center)라고 하는 자체 클라우드 컴퓨팅 플랫폼에 연결하였다(기술가이드 3 참조). 농부들은 디어스 센터를 통해 장비를 모니터링하거나 작동시키고 작물의 생육 상태와 생육 환경 확인할 수 있다. 존디어사의 플랫폼은 온보드 센서로부터 수집된 데이터를 분석하여 장비에 대해 예측적 유지보수를 제공함으로써 값비싼 장비 중단 가능성을 줄일 수 있게 하였다.

2018년 7월까지 존디어사는 농부들이 데이터를 분석할 수 있도록 존디어사의 플랫폼에 액세스할 수 있는 70개 이상의 비즈니스 파트너를 확보하였다.

이 회사들은 위성 이미지, 드론 통합, 시각화 및 농부들이 데이터를 분석해볼 수 있는 기타 다양한 도구들을 제공하고 있다. 이 플랫폼에 속한 회사들은 프리시전 호크(Precision Hawk; www.precisionhawk.com) 및 그린 아에로 테크(Green Aero Tech; www.greenaerotech.com)와 같은 소규모 드론 신생 기업에서 몬산토(Monsanto; www.monsanto.com), 신젠타(Syngenta; www.syngenta.com), 듀폰(DuPont; www.dupont.com)와 같은 거대 기업에 이르기까지 다양하다. 존디어사는 기술 기업을 인수하는 차원에서 더 나아가 자사의 전략을 변경하려는 지속적인 노력의 일환으로 2017년 샌프란시스코에 자체 혁신 연구소를 개소하였다.

2017년 9월 존디어사는 컴퓨터 비전과 기계학습을 활용하여 잡초와 작물을 구별하여 잡초에만 제초제를 살포하는 작물 살포 로봇 개발업체인 블루리버 테크놀로지(Blue River Technology; www.bluerivertechnology.com)를 인수하였다. 로봇은 우표 크기의 제초제를 살포하여 잡초를 표적으로 삼을 수 있기 때문에 농부들이 사용하는 제초제의 양을 약 90% 줄일 수 있다. 블루리버는 또한 정밀 상추 솎아내기를 위한 로봇(레투스봇LettuceBot이라고 함)과 현장에서 데이터를 수집하는 드론 영상 시스템을 개발하고 있다.

존디어사 디지털 전환의 부정적인 결과

불행히도 존디어사의 디지털 전환은 심각하고 부정적인 결과를 초래하였다. 이 회사의 장비는 저작권이 보호되는 소프트웨어로 작동되고 있어 소비자와 수리점이 직접 장비를 수리하는 데 어려움을 겪고 있다.

즉 존디어사의 트랙터를 구입한 농부들은 장비를 스스로 수리할 수 없다. 장비가 고장나는 경우 도착하는 데 시간이 오래 걸리고 비용도 많이 드는 회사가 승인한 기술자가 와서 수리해야 한다. 예를 들어 존디어사의 트랙터에 문제가 발생한 경우 소프트웨어 기술자가 농장에 와서 수리 및 필요한 부품을 승인하기 위해 트랙터에 USB 커넥터를 연결하는 비용만으로도 시간당 230달러에 추가 130달러를 청구하고 있다. 기본적으로 존디어사는 트랙터를 농부에게 판매하고 소프트웨어를 통해 판매 후에도 트랙터의 모든 사용을 통제하고 있다.

결과적으로 많은 농부들은 '수리권' 법안을 지지하고 있다. 19개 주에서 제안된 이 법안은 소유주가 보증이나 계약을 무효화하지 않고 장비를 스스로 수리할 수 있고 존디어사와 같은 장비 제조업체가 농부가 수리하는 데 필요한 진단 도구, 매뉴얼 및 기타 공급품을 제공하도록 요구할 수 있다. 예상대로 존디어사는 수리권 법안에 반대하고 있다.

흥미롭게도 애플 또한 수리권 법안에 반대하고 있다. 애플은 이 법안으로 소비자는 수리를 제대로 받지 못하거나 해킹 위험에 노출될 수 있다고 주장하고 있다. 반면 수리권 옹호론자는 애플 매장에서만 아이폰 수리 서비스를 제공하는 애플이 40억 달러 규모의 스마트폰 수리 사업을 계속 유지하길 원한다고 말한다.

존디어사의 논쟁은 아이폰과 기타 하이테크 기기를 탈옥하는 것으로부터 촉발되었다. 이 논쟁의 근거가 되는 법적 문제는 디지털 밀레니엄 저작권법(DMCA)에 집중되어 있다.

DMCA는 저작권이 있는 저작물에 대한 접근을 통제하는 조치를 회피하기 위한 기술, 장치 또는 서비스의 생산 및 배포를 범죄화하고 접근 통제를 회피하는 행위를 범죄화하는 미국의 저작권법이다. DMCA는 원래 사람들이 음악과 영화를 불법 복제하는 것을 막기 위한 것이었지만 소프트웨어가 포함된 다양한 장치를 판매하는 회사에서 이를 악용해 오고 있다.

DMCA가 통과된 후 규제 당국은 법에 예외가 있어야 하는지 여부를 고려하였다. 이러한 경우 소비자는 지적재산권을 보호하고 지적재산권 소유자의 권리를 보호하기 위한 기술적 보호 조치(TPM)를 우회할 권리가 있다. 미국 저작권청은 이후 TPM에서 27가지 종류의 지적재산을 면제하였다. Class 21은 기계화된 농기구를 포함하여 다양한 종류의 자동차를 다룬다.

존디어사는 Class 21등급 면제는 장비 소유자 스스로에 대한 것이고 수리점이나 해커 등 제3자에게 소프트웨어 수정권을 양도하는 것은 금지하고 있다고 지적했다. 존디어사는 또한 제조업체가 장비의 기능, 안전 및 배출 규정 준수를 보장하고 제품 보증을 유지하기 위해 장비 소프트웨어에 대한 액세스를 직접 통제해야 한다고 주장하였다.

Class 21 면제 후 존디어사는 고객에게 장비 수리 또는 수정 능력을 제한하는 업데이트된 EULA(최종 사용자 라이선스 계약)에 서명하도록 요구하기 시작했으며 본질적으로 존디어사의 인증 진단 및 수리 소프트웨어를 사용해야 한다. Class 21 면제에도 불구하고 농부들은 존디어사가 여전히 고객이 장비를 서비스하는 방법을 엄격하게 통제하고 있다고 말한다. 사실 존디어사는 엔진 제어 모듈 읽기 기능을 잠그고 농부들이 해당 서비스를 사용하도록 한다. EULA 위반은 계약 위반으로 간주된다. 즉, 존디어사는 EULA를 시행하고자 할 경우 자신의 고객을 고소해야 한다.

농부들은 중요한 시기에 트랙터가 고장 나면 생계에 위협이 된다고 주장하였는데, 특히 수확기에 트랙터가 고장이 나면 대리점 직원이 농장에 와서 트랙터를 수리할 때까지 기다릴 시간이 없다고 말하고 있다. 농부는 스스로 수리할 수 있도록 소프트웨어 다운로드 기능이 필요하다고 말했다. 궁극적으로 농부들은 존디어사가 원격으로 트랙터를 정지시킬 수 있지만 아무것도 할 수 없는 상황을 두려워하고 있다.

이 논쟁으로 인해 농부와 독립 수리점은 초대받아야만 가입할 수 있는 유료 온라인 포럼에서 무허가 대체 소프트웨어나 관련 진단 장비를 구입할 수 있는 시장이 성장하게 되었다. 소프트웨어의 대부분은 우크라이나에서 오는데, 다양한 포럼에서 거래되는 소프트웨어는 다음과 같다.

- 존디어 조시브 어드바이저(John Deere Service Advisor): 존디어사의 기술자가 트랙터를 재보정하고 파손된 부품을 진단할 수 있는 진단 프로그램이다.
- 존디어 페이로드 파일: 이 파일은 트랙터의 특정 부분을 구체적으로 프로그래밍 하는데, 예를 들어, 파일은 섀시, 엔진 및 운전실의 성능을 사용자에 맞춤형으로 미세 조정할 수 있다.
- 존디어 일렉트로닉 데이터 링크 드라이버(John Deere Electronic Data Link drivers): 이 소프트웨어를 사용하면 컴퓨터가 트랙터와 통신할 수 있다.
- 또한 포럼에서는 라이센스 키 생성기, 속도 제한 수정기 및 농부가 트랙터를 컴퓨터에 연결할 수 있도록 하는 케이블을 판매한다. 작동 중인 이 모든 소프트웨어의 데모는 유튜브(YouTube)에서 확인할 수 있다.

출처: Compiled from A. Minter, “U.S. Farmers Are Being Bled by the Tractor Monopoly,” *Bloomberg.com*, April 23, 2019 D. Swinhoe, “How Tractor Seller John Deere Became a Technology Company,” *IDG Connect*, June 5, 2018; D. Newman, “Top Six Digital Transformation Trends in Agriculture,” *Forbes*, May 14, 2018; N. Gagliordi, “How 5G Will Impact the Future of Farming and John Deere’s Digital Transformation,” *ZDNet*, February 2, 2018; T. Simonite, “Why John Deere Just Spent $305 Million on a Lettuce-Farming Robot,” *Wired*, September 6, 2017; M. Lev-Ram, “John Deere Is Paying $305 Million for This Silicon Valley Company,” *Fortune*, September 6, 2017; J. Hightower, “John Deere Is Against the Right to Repair Its Equipment,” *AlterNet*, August 1, 2017; J. Roberts, “One Controversial Thing Tractors and iPhones Have in Common,” *Fortune*, June 29, 2017; A. Fitzpatrick, “Hand Me That Wrench: Farmers and Apple Fight over the Toolbox,” *Time*, June 22, 2017; A. Ebrahimzadeh, “Will Farmers or 3rd Party Repair Shops Sue John Deere for Allegedly Contractually Prohibiting Unlicensed Tractor Repairs?” *aeesq.com*, May 8, 2017; J. Bloomberg, “John Deere’s Digital Transformation Runs Afoul of Right-to-Repair Movement,” *Bloomberg BusinessWeek*, April 30, 2017; R. Schmaltz, “What Is Precision Agriculture?” *AgFunder News*, April 24, 2017; D. Grossman, “There’s a Thriving John Deere Black Market as Farmers Fight for ‘Right to Repair,’” *Popular Mechanics*, March 22, 2017; M. Reilly, “A Fight over Tractors in America’s Heartland Comes Down to Software,” *MIT Technology Review*, March 22, 2017; J. Koebler, “Why American Farmers Are Hacking Their Tractors with Ukrainian Firmware,” *Motherboard*, March 21, 2017; D. Drinkwater, “John Deere Ploughs Furrow as Industrial Internet Pioneer,” www.internetofbusiness.com, March 16, 2017; C. Perlman, “From Product to Platform: John Deere Revolutionizes Farming,” *Harvard Business School Digital Innovation and Transformation*, February 26, 2017; “How John Deere Turned Technology into Business Transformation,” www.digitalsocialstrategy.org, December 10, 2016; D. Puri, “John Deere Leads the Way with IoT-Driven Precision Farming,” *Network World*, November 30, 2016; K. Wiens, “How Copyright Law Stifles Your Right to Tinker with Tech,” *MIT Technology Review*, July 26, 2016; K. Wiens, “We Can’t Let John Deere Destroy the Very Idea of Ownership,” *Wired*, April 21, 2015; “John Deere Opens the MyJohnDeere Platform to Collaborating Software Developers and Companies,” www.deere.com, accessed November 14, 2013; and www.deere.com, accessed June 21, 2019.

질문

1. 존디어사의 디지털 전환이 비즈니스 모델을 어떻게 변화시켰는지 설명해보자.
2. 존디어사가 디지털 전환에 사용한 다양한 애플리케이션을 설명해보자.
3. 존디어사의 디지털 전환이 “좋은 소식이 아닌” 이유에 대해 토론해보자.

3장을 미리 보고 다음 세 가지 질문에 대해 답해보자.

4. 고객이 서명해야 하는 존디어사의 최종 사용자 라이선스 계약의 윤리성과 합법성에 대해 논의해보자.
5. 무허가 수리점을 이용하여 해킹된 소프트웨어를 사용하여 장비를 수리하는 존디어사 고객의 윤리성과 합법성에 대해 논의해보자.
6. 윤리의 기본 원칙은 책임, 계정 능력 및 법적 책임을 포함한다. 고객에 대한 존디어사의 대응 방안은 각 원칙에 따라 어떻게 적용될 수 있을지 논의해보자.

2장

조직전략, 경쟁우위, 그리고 정보시스템

장의 구성

학습목표

2.1 정보시스템이 교차기능 비즈니스 프로세스와 단일기능영역 비즈니스 프로세스를 가능하게 하는 방식을 논의해보자.

2.2 비즈니스 프로세스 리엔지니어링과 비즈니스 프로세스 개선 그리고 비즈니스프로세스 관리 사이를 구분짓고 이를 설명해보자.

2.3 다양한 비즈니스 압박 유형에 대한 효과적인 IT 대응 방법을 파악해보자.

2.4 조직이 일반적으로 포터의 다섯 가지 경쟁요인에 대응하기 위해 채택하는 전략을 기술해보자.

NBA 농구 협회, 농구팬 경험 강화

MIS MKT

주문형 엔터테인먼트의 부상은 스포츠를 즐기는 현대 팬들의 시청 방식을 바꾸고 있다. 오늘날 팬들은 자신이 원하는 것을 원하는 시간에 원하는 곳에서 보고 싶어한다. 팬들이 접속할 수 있는 수많은 모바일 옵션들과 경쟁하기 위해 팀은 팬이 원하는 방식으로 게임을 즐길 수 있도록 기술 인프라를 제공해야 한다. NBA(www.nba.com) 사이트에 방문해보자.

NBA는 이미 많은 방송사와 방영 계약을 맺고 있고, 매경기마다 경기장 티켓은 거의 매진됨에도 불구하고, 새로운 수익원을 찾고 있다. NBA는 정보기술이 신규 수익을 창출할 수 있을 뿐 아니라 팬들의 경험 역시 향상시킬 것이라는 걸 알고 있다. NBA 팀이 이러한 목표를 달성하기 위해 소셜 미디어와 가상현실(VR)을 어떻게 활용하고 있는지 살펴보자.

소셜 미디어. 스포츠 분야는 이미 소셜 미디어를 폭넓게 사용하는 많은 청중이 있기 때문에 소셜 미디어와 서로 완벽하게 맞는다. NBA는 어떤 북미 스포츠 리그보다도 소셜 미디어를 가장 잘 활용하고 있다. NBA는 내셔널 풋볼 리그(NFL; www.nfl.com)보다 거의 두 배, 메이저 리그 베이스볼(MLB; www.mlb.com)보다 4배, 내셔널 하키 리그(NHL; www.nhl.com)보다 6배 많은 소셜 미디어 팔로워를 보유하고 있다.

NBA가 소셜 미디어를 그토록 효과적으로 활용할 수 있는 한 가지 이유는 농구 액션이 6초의 바인 루프(vine loop, 일종의 움짤)에 딱 들어맞기 때문이다. 6초면 덩크슛이나 3점 슛을 스크린 장면을 캡처하기에 충분한 시간이다. 농구 경기는 경기 장면을 공유하기도 쉽지만, 무엇보다 NBA는 다른 리그와 달리 소셜 미디어로 주요 경기 장면을 공유하는 것을 장려하고 있다. NBA와 달리 NFL은 트위터에 게시 중단 통지를 보내 고커 미디어(Gawker Media)의 스포츠 블로그인 데드스핀(Deadspin; www.deadspin.com)에서 게시한 게임 액션의 이미지와 비디오를 서비스에서 삭제할 것을 요구하였다. 이로 인해 트위터는 해당 자료를 삭제했을 뿐만 아니라 리그 계정을 일시적으로 정지시켰다. 마찬가지로 메이저 리그 베이스볼(MLB)은 소셜 미디어가 경기 하이라이트를 게시할 때 게시 중단 알림을 발행한다. 두 리그 모두 방영에 대한 법적 권한을 소유하고 있지만, 이런 방식의 접근이 사업 상 유리한 결정인지는 의문이 든다.

NBA는 이들 리그와 다른 입장을 취하고 있는데, 많은 데이터들이 NBA의 소셜미디어 활약상을 보여주고 있다. 2016년, 페이스북은 9개의 NFL 게임에 관한 소셜 미디어 효과를 정량화하기 위해 닐슨(Nielsen) 조사를 의뢰하였다. 조사에 따르면 페이스북이 경기 15분 전에 경기에 대한 게시물을 추가로 공유할 때마다 방송 첫 1분 동안 추가로 1000명의 시청자가 증가하는 걸 확인할 수 있었다.

LA 클리퍼스(Los Angeles Clippers; www.nba.com/clippers) 지역 TV 방영 계약을 살펴보자. 2016년 9월, 클리퍼스와 폭스 스포츠 프리미엄 티켓(Fox Sports Prime Ticket)은 독점 TV 계약을 연장하기로 합의했다고 발표하였다. 이 거래로 클리퍼스는 시즌당 5천만 달러에서 5천5백만 달러의 수익을 얻게 되는데, 이는 이전 계약에서 네트워크가 팀에 지불한 금액의 약 두 배에 해당하는 금액이다. 또한 클리퍼스는 소셜 미디어 매체인 바인(Vine), 인스타그램(Instagram), 페이스북(Facebook) 및 트위터(Twitter)를 통해 TV 방영 거래를 보완하였다. 이 매체들을 통해 팬들은 어디에 있든지 각 경기의 하이라이트를 보고 실시간 반응을 보여줄 수 있게 되었다.

가상현실(VR). 농구는 오랫동안 세계적인 입지를 지켜왔다. 매직 존슨(Magic Johnson), 마이클 조던(Michael Jordan), 래리 버드(Larry Bird), 패트릭 유잉(Patrick Ewing), 찰스 버클리(Charles Barkley) 및 기타 다른 NBA 스타들과 함께 한 미국 농구 "드림팀"은 국제적인 선수를 발굴하는 데 도움을 주었다. 2017년 여름까지 외국인 선수는 NBA 선수 명단의 약 5분의 1을 차지했는데, 이는 NBA 리그의 글로벌 관객 시장 성장을 촉진할 수 있었다.

NBA는 특히 스포츠계에서 전 세계적으로 최고의 입지를 갖고 있는 축구(soccer)를 참고하여 계속해서 글로벌 어드밴티지를 활용하고자 한다. 축구는 전 세계적으로 농구보다 훨씬 더 많은 팬을 보유하고 있으며 NBA 역시 글로벌 시장에서 기회를 보고 있다. 현재 가장 큰 잠재력 높은 시장은 약 3억 명이 농구를 하고 있는 중국 시장이다.

NBA 경영진은 리그가 빠르게 성장하기 위해서는 유럽이나 아시아 프랜차이즈가 필요하다고 믿고 있다. 현재, 그들은 리그의 미래가 어떻게 하면 마치 농구 코트에 있는 것과 같은 경험을 기술을 활용하여 최대한 복제할 수 있을지에 달려있다고 확신한다. VR 기술은 팬들이 농구를 직접 보러 가지 않아도 팬들을 농구 코트 경기장에 있는 것처럼 느끼게 만들어 줄 수 있다.

VR 카메라를 NBA 경기 액션에 가까이 배치하면 NBA는 팬들에게 현재 TV 방송을 뛰어넘는 경험을 제공할 수 있다. NBA 경영진은 팬들이 어디에 있든 코트 경기장 옆에 앉아 있는 것처럼 느낄 수 있다면 VR 기술이 리그의 시장 범위를 넓힐 수 있을 거라고 믿는다. 이러한 과정은 모든 NBA 팀들에게 엄청난 규모의 신규 수익을 창출할 수 있게 해준다.

VR 기술의 잠재력은 NBA가 2016년 캘리포니아 오클랜드의 오라클 아레나(Oracle Arena)에서 처음으로 가상현실로 농구 게임을 생중계하는 것에 흥분했던 이유다. 이 생중계(라이브 스트리밍)는 라이브 이벤트 전문업체이자 VR 방송 신생업체인 넥스트VR(NextVR; www.nextvr.com)에서 제공하였다. 넥스트VR은 NBA의 VR 콘텐츠에 대한 독점 VR 라이브 스트리밍 권한을 가지고 있다.

VR을 농구에 통합한 또 다른 예는 2016년에 새 경기장을 연 새크라멘토 킹스(Sacramento Kings; www.nba.com/kings)가 있다. 이 경기장은 팬들에게 두 가지 이유로 빠른 인터넷 접속을 제공하기 위해 대용량 와이파이 시스템을 구축하였다. 첫 번째 이유는 팬들이 경기 관람 중에도 스냅챗, 인스타그램, 페이스북을 할 수 있게 만들기 위해서이다.

두 번째 이유는 가상현실(VR)을 이용한 즉석 리플레이를 제공하여 상대적으로 경기장에서 멀리 떨어져 있는 팬들에게 마치 경기장 바로 옆에 있는 것과 같은 경험을 제공하기 위해서이다. 이 팀은 일부 팬들의 경우 경기장에서 멀고 시야가 좋지 않은 좌석에 돈을 지불하는 것보다 VR 헤드셋을 갖춘 경기장 내부의 영화관 같은 좌석에 돈을 지불하는 것을 선호할 수 있다고 느꼈다. 따라서 킹스는 실시간 스트리밍 VR 스타트업인 보케(Voke; 현재 Intel 소유)에 투자하였다. 그 팀은 또한 코트에서 경기장 밖의 VR 헤드셋으로 스트리밍 액션을 실험하였다.

경기장 내부 또는 외부의 사람들에게 가상으로 경기장 장면을 제공하려면 기존 경기장이 갖추고 있는 것보다 훨씬 더 높은 네트워크 대역폭이 필요하다. 따라서 킹스는 현재 엑스피니티(Xfinity)가 소유한 컴캐스트(Comcast; xfinity.com; www.comcast.com)와 협력하여 팀에서 초당 22만 5천 개의 인스타그램 사진을 처리할 수 있는 인터넷 광대역 연결을 제공하였다. 기업 네트워킹 회사인 브로드컴(Broadcom; www.broadcom.com)과 루커스 와이어리스(Ruckus Wireless; www.ruckuswireless.com)는 팬들이 자신의 기기로 인터넷 접속을 하기 위해 필요한 1,000개의 와이파이 액세스 포인트와 기타 인프라를 설치하였다.

오늘날 NBA는 북미에서 가장 기술적으로 앞서 있는 프로 스포츠 리그이다. 다른 프로 리그들은 상대적으로 나이가 많은 팬들과 지적재산권에 대한 제한적인 견해로 인해 어려움을 겪고 있다. 대조적으로 NBA는 프로 리그 중 가장 어린 TV 시청자를 보유하고 있다. 또한 NBA는 인터넷을 통해 콘텐츠를 배포할 수 있도록 허용하고 있다. 다른 미국 리그들이 경기에 대한 국제적 관심을 쌓기 위해 애쓰는 동안, NBA는 소셜 미디어와 가상현실(VR)을 활용하여 거대한 글로벌 팬층을 확보하였다.

오늘날 팬들은 삼성 기어 VR(Samsung Gear VR) 및 구글 데이드림 VR(Google Daydream VR)을 사용하여 하이라이트 장면을 다운로드하고 분석을 확인하고 NBA 리그 패스(NBA League Pass)를 통해 경기를 스트리밍할 수 있다. NBA 리그 패스는 팬들이 구매할 수 있는 VR 경기를 개별적으로 제공하고 있다.

그리고 결론은? 2018-2019 시즌 동안 거의 2,200만 명의 팬이 NBA 경기를 관람했다. 같은 기간 동안 NBA는 소셜 미디어 광고를 통해 4억 9천만 달러를 벌어들였으며 페이스북, 트위터, 인스타그램 및 유튜브(YouTube)에서 약 15억 건에 달하는 팬과의 소통을 기록하였다.

2015-2016 정규 시즌이 끝난 이후로 2억 8,200만 명의 새로운 팬이 NBA의 소셜 미디어 커뮤니티에 합류하였다. 오늘날 NBA 팀은 전 세계의 모든 리그, 팀 및 플레이어의 소셜 미디어 플랫폼에서 13억 개 이상의 좋아요와 팔로워를 보유하고 있다.

이 기록은 이익으로 환산되었다. NBAstore.com은 2017-2018 정규 시즌 동안 이전 시즌보다 10% 이상 증가한 기록적인 매출을 올렸다.

NBA는 현재 2019 NBA 시즌에 배포할 수 있도록 NBA 여름 리그(NBA Summer League)를 위한 증강현실(AR) 앱을 개발 중이다. 다음 시나리오를 살펴보자. 유럽의 한 팬은 자산의 휴대전화에서 NBA 리그 AR 앱을 열고 워밍업을 위한 경기장에 있다. 경기가 진행되는 동안 팬은 자신의 휴대전화 카메라를 TV에 비추면 선수들의 머리 위로 선수들의 관심사에 대한 간략한 설명을 볼 수 있다. 그 팬의 형제 역시 똑같이 AR 앱을 통해 화면을 보고 있으나 각 선수의 슈팅 비율, 블로킹 비율 및 회전율을 보고 있을 것이다. 앱 하단에는 NBA 트위터 최고의 밈이 팝업되고 다양한 각도의 다시 보기가 빠르게 재생된다. (밈은 인터넷 사용자에 의해 빠르게 확산되는 약간의 변형(2차 창작물)이나 패러디로 복사되는 이미지, 비디오 또는 텍스트 조각을 의미한다.)

NBA에 AR 앱이 왜 그토록 중요한가? 경기에 직접 참석할 수 없는 거대한 글로벌 팬 층을 보유하고 있는 NBA 리그는 증강현실을 활용하여 글로벌 팬들에게 실제 경기장에 있는 것과 같은 경험을 줄 수 있을 것이다. 이 AR 앱은 팬 경험을 향상시키고 NBA의 팬 층을 더욱 넓힐 것이다.

출처: Compiled from S. Sohi, "How the NBA Is Using Augmented Reality to Transform the Fan Experience," *SBNation*, July 17, 2018; R. de Fremery, "How the Personalized Mobile Fan Experience Has Changed the Game for NBA Fans," *Mobile Business Experience*, January 31, 2018; S. Ross, "How Technology Is Reinventing the Sports Fan Experience," nabshow.com, July 20, 2017; A. Robertson, "The Oculus Rift and Touch Bundle Is on Sale for $399," *The Verge*, July 10, 2017; K. Helin, "First Ever NBA Finals Virtual Reality Highlight Packages Will Be Free to Fans," *NBC Sports*, May 31, 2017; "NBA Breaks Attendance Record for Third Straight Season," NBA.com, April 13, 2017; L. Matney, "The NBA Gets High-Tech with VR, Drones, and Futuristic Dreams," *TechCrunch*, February 24, 2017; E. Alvarez, "The NBA Hopes VR Will Expand Its Audience," *Engadget*, February 24, 2017; A. Neubarth, "NBA Launches Virtual Reality App with Google Daydream," *USA Today*, February 17, 2017; B. Turner, "Clippers Reach New TV Deal with Fox Sports Prime Ticket," *Los Angeles Times*, September 21, 2016; J. Ereth, "Sports Intelligence—The Role of Technology in Professional Sports," *Eckerson Group*, June 22, 2016; T. Simonite, "The Sacramento Kings' New Stadium Is Wired for Virtual Reality," *MIT Technology Review*, June 20, 2016; M. McClusky, "Techies Are Trying to Turn the NBA into the World's Biggest Sports League," *Wired*, May 31, 2016; A. Robertson and R. Miller, "Daydream Is Google's Android-Powered VR Platform," *The Verge*, May 18, 2016; R. Amadeo, "Gear VRs for Everyone! Google Turns Android into a VR-Ready OS: Daydream," *Ars Technica*, May 18, 2016; and www.nba.com, accessed July 23, 2018.

질문

1. 경쟁우위에 대한 포터의 전략을 참조하여, NBA가 추구하는 전략을 이를 뒷받침하는 구체적인 예와 함께 설명해보자.
2. 소셜 미디어, 가상현실, 증강현실이 어떻게 NBA의 전략적 시스템인지 이를 뒷받침 하는 구체적인 예와 함께 설명해보자.

서론

최근 조직의 비즈니스 환경은 급변하는 신기술과 함께 한층 더 복잡해지고 있으며, 이로 인해 조직은 무수한 비즈니스 압박을 받는 상황에 처하게 되었다. 정보시스템(IS)은 기업이 비즈니스 압력에 대응하고 기업의 글로벌 전략을 지원하는 데 있어 매우 중요하다. 정보시스템은 적절히 활용된다면 조직에 경쟁우위를 창출하는 데 기여하는 전략적인 역할을 수행할 수 있다. 도입사례와 이 장에 걸쳐 소개되는 여러 사례들은 정보기술(IT)이 어떻게 조직에 경쟁우위를 부여하는지 잘 보여주고 있다.

경쟁우위(competitive advantage)는 비용, 품질 또는 속도와 같은 측정에서 경쟁 업체에 비해 경쟁우위를 제공하는 모든 자산을 의미한다. 경쟁우위는 조직이 시장을 통제하고 평균 이상의 이익을 창출하는 데 도움을 준다. 중요한 점은 전략과 경쟁우위 모두 다양한 형태를 취한다는 것이다.

많은 기업들은 기술에 높은 비용을 투자하여 활용하고 있으나, 월스트리트사의 CIO사례처럼 IT에 대한 확실한 이해로 무장된 창업가 정신은 적은 비용으로 창업하는 상황에서도 IT를 활용한다면 충분히 경쟁우위를 가져다 줄 수 있다. 이 장을 공부하면서 새롭고 흥미로운 방법으로 인기 있는 기술을 활용하고 있는 여러분 지역의 중소기업을 생각해보라. 그들 중에서 누가 트위터나 페이스북, 아마존의 혁신적 사용을 발견한 사람이 있는가? 없다면 이 기술을 사용함으로써 혜택을 볼 수 있는 비즈니스를 생각해볼 수 있는가?

이 장은 여러 가지 이유로 중요하다. 첫째, 이 장에서 다루는 비즈니스 압력은 조직에 영향을 미친다. 그러나 중요한 것은 또한 조직 구성원 개개인에도 영향을 미칠 것이다. 따라서 이러한 압력에 대응하여 정보시스템이 조직 개개인들에게 그리고 궁극적으로 조직을 어떻게 도와줄 수 있는지를 반드시 이해해야 한다.

또한 경쟁우위를 확보하는 것이 조직의 생존에 필수적이다. 많은 조직이 직원들의 노력을 통해 경쟁우위를 확보하고 있다. 따라서 경영에 필요한 전략을 제대로 이해하고 정보기술이 어떻게 기업 경쟁 환경 및 전략에 영향을 주고 있는지 제대로 살펴볼 필요가 있다.

이 장은 조직의 전략과 사명 및 목표에 대해 친숙해지고 조직의 비즈니스 문제와 돈을 벌게 하는 (또는 잃게 하는) 방법을 알게 해준다. 또한 정보기술이 어떻게 조직의 전략에 기여할 수 있는지 확인할 수 있다. 또한, MIS 전공자의 경우 기존 기술을 보다 효과적으로 사용하고 새로운 기술의 채택 여부를 결정하는 비즈니스/IT 위원회의 구성원이 될 수 있을 것이다. 더 나아가, 이 장의 내용을 습득함으로써, 위원회 구성원으로서 역할을 바로 수행할 수 있을 것으로 기대된다.

기본적으로 조직은 수많은 다양한 비즈니스 프로세스로 구성된다. 이 장에서는 먼저 다양한 유형의 비즈니스 프로세스와 정보시스템이 이들 비즈니스 프로세스에 제공하는 지원에 대해 배운다.

조직은 이들 비즈니스 프로세스를 최적화하기 위해 비즈니스 프로세스 개선(BPI), 비즈니스 프로세스 리엔지니어링(BPR) 및 비즈니스 프로세스 관리(BPM) 등을 수행해 왔다. 이 장에서 비즈니스 프로세스를 개선하고 혁신하고 관리하는 절차를 어떤 식으로 이루어지는지 그리고 이 과정에서 정보시스템이 어떤 역할을 하는지 배운다.

다음으로 정보시스템을 사용하여 기업이 비즈니스 압력에 어떻게 대응할 수 있는지를 살펴본다. 마지막으로, 정보시스템은 기업이 시장에서 경쟁우위를 확보하는 데 어떻게 도움을 주는지 학습하게 될 것이다.

2.1 비즈니스 프로세스

비즈니스 프로세스(business process)는 조직과 조직 파트너 및 고객에 가치를 주는 제품 혹은 서비스를 생산하는 연관된 활동들의 지속적인 집합이다. 프로세스는 다음과 같은 기본적인 3요소를 포함하고 있다.

- 투입: 프로세스 속으로 흘러가고 프로세스 활동 결과로 변형되는 자재, 서비스와 정보
- 자원: 프로세스 활동을 수행하는 인력과 장치
- 산출: 프로세스에 의해 만들어지는 재화와 서비스

만약 프로세스에 고객이 포함된다면 그때 고객은 조직에 대해 내부적이거나 외부적인 요소일 수 있다. 내부 보고프로세스를 받는 사람이 관리자라면 내부고객의 예가 된다. 대조적으로 조직의 제품을 구매하는 개인이나 기업은 실행과정의 외부 고객이다.

성공적인 조직은 그들이 이들 프로세스를 얼마나 잘 실행하고 있는가를 평가하기 위하여 그들의 프로세스를 측정한다. 조직이 프로세스를 평가하는데 사용하는 기본적인 두 가지 척도가 효율성과 효과성이다. **효율성**은 프로세스에서 어떤 일을 잘 수행하는 것에 중점을 둔다. 예를 들면 시간의 지체도 없고 돈이나 자원의 낭비 없이 하나의 프로세스에서 다른 프로세스로 진행하는 것이다. **효과성**은 중요한 일을 수행하는 것 예를 들면 고품질의 제품과 같이 프로세스 고객에게 가치 있는 산출물을 만들어주는 것에 초점을 둔다.

많은 프로세스들이 조직 내에서 기능영역들을 교차한다. 예를 들어 제품개발은 연구와 디자인, 엔지니어링과 제조 및 마케팅 그리고 유통을 포함한다. 다른 프로세스는 단지 단일기능영역을 포함한다. 표 2.1은 조직의 기능영역에서 수행되는 기본 비즈니스 프로세스를 보여준다.

교차 기능 프로세스

표 2.1에서의 모든 비즈니스 프로세스는 모두 기업의 단일기능영역에 국한된다. 하지만 많은 프로세스, 예컨대 물품조달은 다수의 기능영역에 걸쳐있다. 즉, 다수의 기능영역이 수행 책임을 지는 교차기능 비즈니스 프로세스인 것이다. **교차기능 프로세스(cross-functional processes)**가 성공적으로 완수되기 위해선 각 기능영역이 각자의 프로세스 단계를 협력과 조정 하에 수행해야 한다. 이를 확실히 하기 위해 물품조달과 주문 처리의 두 프로세스를 예로 자세히 살펴보자. 이들 프로세스는 10장에서 좀 더 상세하게 논의한다.

POM 조달 프로세스는 필요한 자재를 외부 판매자(vendor)로부터 입수하는 데에 필요한 모든 업무를 포함한다. 조달은 기업의 중요 기능영역인 자재보관, 구입, 그리고 회계의 서로 다른 영역에

서 완수되는 다섯 단계로 구성된다.

ACCT 조달 프로세스는 자재보관 부서가 낮은 재고수준 등의 이유로 자재를 확보할 필요를 인식할 때 시작된다. 보관부서는 구매신청서와 함께 필요사항을 문서로 기록하며, 완성된 문서를 구매부서에 보낸다(1단계). 이어서 구매부서는 적절한 판매자를 찾고 구매신청서의 정보에 따라 주문서를 작성하여 이를 판매자에게 보낸다(2단계). 판매자가 주문서를 받으면 자재를 배송하는데, 이를 보관부서가 수신한다(3단계). 그리고 판매자가 청구서를 보내며, 이를 회계부서가 수신한다(4단계). 회계부서는 판매자에게 요금을 송부하면 조달 프로세스가 완료된다(5단계).

POM **ACCT** 주문처리 프로세스는 고객주문의 효율적 처리에 관여한다. 주문 처리는 판매부

표 2.1
비즈니스 프로세스의 예시

ACCT 회계 비즈니스 프로세스		
• 미지급금 계정 관리	• 미수금 계정 관리	• 은행 계좌조정
• 현금영수증 관리	• 인보이스 청구 관리	• 소액현금 관리
• 월말 결산	• 가상결산	
FIN 재무 비즈니스 프로세스		
• 계정수집 관리	• 은행대출신청 관리	• 영업 전망 제작
• 고객 신용승인 및 지불조건 적용	• 재산세 계산서 제작	• 주식거래 관리
• 현금흐름 보고서 생성		
MKT 마케팅 비즈니스 프로세스		
• 판매후 고객관리절차 관리	• 판매세 징수	• 판권 및 상표 적용
• 고객 만족도 설문조사 활용	• 고객 서비스 관리	• 고객 민원 처리
• 반품 처리	• 잠재 고객식별(sales leads) 작성	• 판매주문 기입
• 영업사원 훈련		
POM 제조/업무관리 비즈니스 프로세스		
• 자재명세서 처리	• 제조변경 명령 처리	• 마스터 부품목록 및 파일 관리
• 포장, 보관, 유통 관리	• 유형재고 처리	• 구매관리
• 완제품 품질관리	• 품질보장 감사	• 부품 및 자재의 입수, 검사, 저장
• 배송 및 화물 클레임 처리	• 판매자 선택, 신청, 검토 처리	
HRM 인적자원 비즈니스 프로세스		
• 장애인 정책 적용	• 직원채용 관리	• 직원교육 관리
• 파일 및 기록 관리	• 의료 혜택 적용	• 임금 및 보상 관리
• 성과평가 및 임금조정 작성	• 사표 및 해고관리	• 훈련/교육 보상 적용
• 여행 및 엔터테인먼트 관리	• 직장규율 및 가이드라인 관리	• 작업장 안전감독
MIS MIS 비즈니스 프로세스		
• 안티바이러스 제어	• 컴퓨터 보안문제 사건보고	• 컴퓨터 사용자 훈련
• 컴퓨터 사용자/관리자 훈련	• 재해복구 절차 적용	• 전자메일 정책 적용
• 인터넷 사용정책 작성	• 서비스 협약 및 비상 서비스관리	• 사용자 워크스테이션 기준 적용
• 개인 소프트웨어 사용관리		

서가 고객의 주문을 수신하면서 시작된다. 판매부서는 주문을 확인한 다음 판매주문서를 작성한다. 이 판매주문서는 주문에 관련된 정보를 조직 내 다른 기능영역에 전달하는 역할을 하며 주문의 진행 상황을 추적하는 데에 사용된다. 보관부서가 제품을 준비 후 고객에게 배송한다. 배송 사실이 회계부서에 전달되면 회계부서가 요금명세서를 작성해 고객에게 보낸다. 고객이 값을 치르면 회계부서가 이를 기록한다.

조직의 비즈니스 프로세스가 기업을 혁신하게 하거나 경쟁자보다 더 효과적으로 그리고 효율적으로 실행하는 것을 가능하게 한다면 경쟁우위를 낳는다. 그러나 그 프로세스가 기업의 대응을 느리게 하거나 비생산적으로 만든다면 책임을 져야 한다. 항공 산업을 생각해보자. 현재의 항공 산업에선 웹 사이트를 통해 e-티켓 구매 서비스를 제공하는 것은 경쟁적 필수사항이 되었다. 하지만 동시에 이 사이트는 매우 빠른 반응속도와 항공편 및 가격에 대한 최신 정보를 완비해야 한다. 고객질의에 빠르게 응답하는 최신의 고객친화적인 사이트는 고객을 불러들이고 이윤을 증가시킬 수 있다. 하지만 갱신이 제대로 안 되거나 부정확한 정보를 제공하는 사이트는 비즈니스를 개선시키기보다 해를 끼치게 될 것이다.

조직이 성공하기 위해서는 좋은 비즈니스 프로세스가 무엇보다 중요하다. 그러나 조직은 그들의 비즈니스 프로세스가 잘 설계되었는지를 어떻게 결정할 수 있는가? 첫 단계는 프로세스의 단계와 투입 및 산출 그리고 자원들을 기술함으로써 프로세스를 기록하는 것이다. 조직은 프로세스를 분석하고 그 때 필요하다면 성과를 개선하기 위하여 프로세스를 수정할 수 있다.

이 점을 이해하려면 전자발권(e-ticketing) 프로세스를 살펴보자. 전자발권은 4개의 주요 프로세스로 구성된다. 즉, 항공편 검색, 좌석예약, 지불처리, e-티켓 발행이다. 이러한 활동들은 좀 더 상세한 프로세스 단계로 나눌 수 있다. 결과는 그림 2.1의 프로세스 맵과 같다. 참고로 프로세스 맵에서 사용하는 기호(사각형, 다이아몬드 등)는 각각 미리 정의된 의미를 갖고 있다. 예를 들면 사각형(단계)은 프로세스의 자원이 수행하는 활동(좌석보유, e-티켓 발행)이며, 다이아몬드 형태의 박스는 판단(좌석이 있는가?)을 요구하는 의사결정을 가리킨다. 화살표는 단계들 사이를 연결하는 연결자로 사용되며 활동들의 순서도 표시하고 있다.

위에서 언급한 기호들은 프로세스 플로우 차트(프로그래밍 플로우 차트와 유사함)의 주요 구성요소이다. 이 외에도 다른 기호를 사용하여 추가적인 프로세스 세부사항을 제공할 수 있다. 예를 들어 대기기간이 프로세스의 일부일 때 직사각형 대신 D자 모양의 상자가 사용되며, 타원은 시작 및 중지 지점을 표시할 수 있다. 프로세스 자원은 자원 연결선을 사용하여 활동에 첨부되거나 각 활동 상자에 대한 주석 또는 특성으로 포함될 수 있다.

프로세스에서 고객은 여행을 계획하는 여행자이며 프로세스 출력은 e-티켓이다. 여행자는 검색을 시작하는 데 필요한 여행 매개변수, 상용고객 마일 번호 및 신용카드 정보 등 프로세스에 대한 정보를 제공한다. 또한 많은 항공사에 대한 정보를 저장하는 전산화된 예약시스템은 좌석 가용성 및 가격과 같은 프로세스 입력의 일부를 제공한다. 프로세스에 사용되는 자원은 항공사의 웹 사이트와 전산화된 예약시스템 및 고객이 프로세스 진행 중 항공사 콜센터를 이용한다면, 콜센터 시스템과 여행사 직원들이 된다. 이 프로세스는 고객 검색 기준(날짜 및 가격)을 충족하는 결과를 효율적으로 생성함으로써 고객 가치를 창출한다. 프로세스의 성능은 고객이 티켓 검색을 시작한

그림 2.1

항공사 웹 사이트의 e-티켓 주문 처리 프로세스

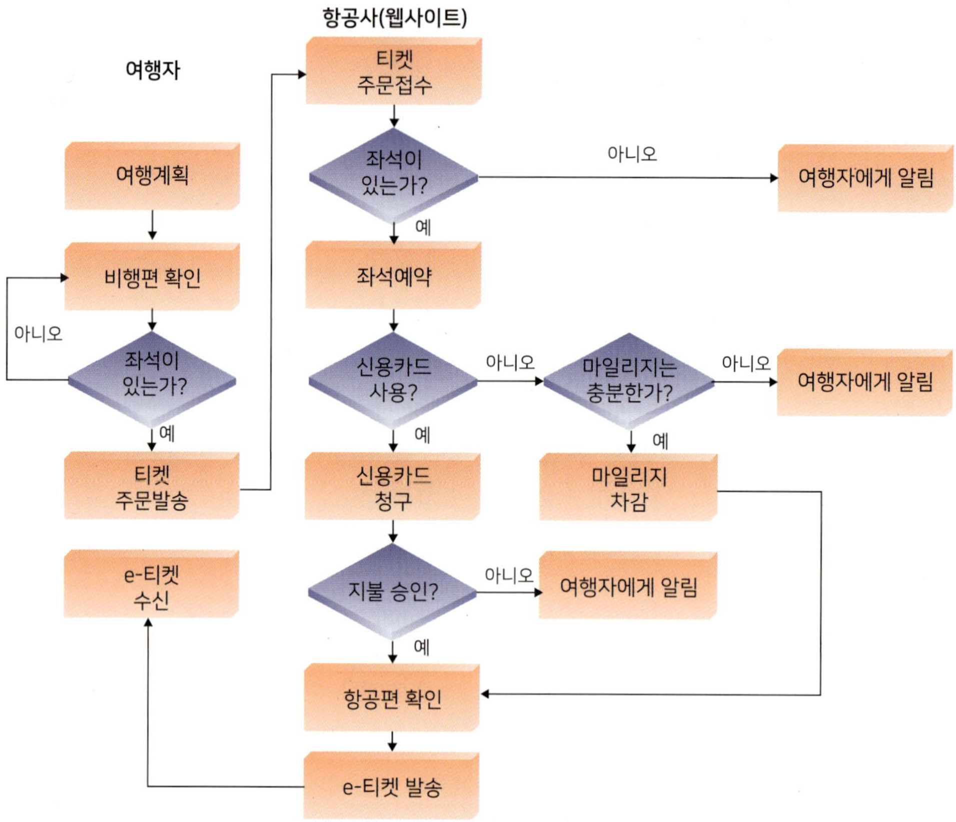

순간부터 e-티켓을 받을 때까지 e-티켓을 구매하는 데 필요한 시간과 같은 효율성 기준에 따라 달라진다. 효과성 측정 기준에는 항공사 웹 사이트의 고객 만족도가 포함된다. 마지막으로, 고객이 잘못된 날짜를 입력한 경우처럼 입력의 품질이나 적시성이 낮거나, 구매가 완료되기 전에 사이트가 다운되어 프로세스 자원을 사용할 수 없는 경우 프로세스의 성과에 영향을 줄 수 있다.

정보시스템 및 비즈니스 프로세스

MIS 정보시스템은 조직의 비즈니스 프로세스를 구현하는 중요한 요소이다. 정보시스템은 서로 다른 기능영역 간의 커뮤니케이션 및 조정을 용이하게 하며, 프로세스 간에 데이터를 쉽게 교환하고 액세스할 수 있도록 한다. 특히 정보시스템은 다음과 같은 세 가지 영역에서 중요한 역할을 한다.

- 프로세스 실행
- 프로세스 데이터 획득 및 저장
- 프로세스 성과 모니터링

이 절에서는 이들 각 역할에 대해 학습한다. 경우에 따라 어떤 역할은 완전 자동화되어 이루어지는데, 즉 정보시스템에 의해 전적으로 수행된다. 다른 경우 정보시스템은 관리자의 의사결정, 전문 지식 및 직감에 의존해야 한다. IT와 기업사례 2.1은 NASCAR가 정보기술을 사용하여 경주 전 프로세스를 간소화하는 방법을 보여준다.

IT와 기업사례 2.1

NASCAR는 경주 전 검사에 정보기술을 사용한다

MIS

NASCAR(The National Association for Stock Car Auto Racing) 협회(www.nascar.com)는 여러 자동차 경주 스포츠 이벤트를 관장하는 가족 소유 및 운영 비즈니스이다. NASCAR의 핵심 비즈니스 프로세스 중 하나는 각각의 경주 전에 발생한다. 구체적으로는 자동차 경주 전 검사이다. 경주 전 검사의 근거는 모든 자동차가 최대한 균등하게 경주할 수 있도록 하는 것이다.

경주 전 검사는 경주 이틀 전에 시작되는 철저한 절차이다. 특정 종목에 대한 참가 명단에 있는 각 차량은 완수되어야 하는 검사를 반드시 통과해야 한다. 다음은 프로세스가 작동하는 방법이다.

첫 번째 검사에서 NASCAR 직원은 자동차가 NASCAR 요구사항을 충족하는지(예: 자동차 정면 높이, 차량 뒤쪽 높이, 무게, 연료 탱크 용량 및 기타 여러 요소)를 평가한다. 이러한 요구 사항을 충족시키는 자동차는 연습을 위해 검사목록에서 해제되며, 경주에 참가할 자격을 얻는다.

자동차가 첫 번째 시도에서 검사를 통과하지 못하면 NASCAR은 해당 팀이 문제를 해결하고 두 번째 검사를 받도록 허용한다. 그러나 팀은 검사 라인의 뒤로 가야 한다. 이 프로세스는 제한 시간이 다가오면 백업을 만들 수 있다. 지난 몇 년 동안 NASCAR은 위반 사항이 있는 팀이 문제를 수정한 다음 다시 점검하여 초기 검사를 거치지 않은 팀 앞에 나설 수 있도록 허용했다. 그 상황은 승무원 책임자가 위반을 고치려고 할 때 최소한으로 할 수 있게 해주었다. 수리로 인해 위반 사항이 해결되지 않으면 단지 다시 시도해야 한다.

초기 검사가 끝나면 각 팀은 자동차 경주 전 이틀 시간을 가진다. 각 팀이 자격을 갖춘 후, NASCAR는 사후 규정 검사를 실시한다. 경주가 있는 아침에는 모든 차량이 최종 점검된다.

역사적으로 NASCAR 직원은 각 검사장으로 걸어가면서 각 차량을 육안으로 관찰하여 경주 전 검사 프로세스를 수행했다. 또한, 그들은 종이 양식을 사용하여 검사를 실시했다. 이 양식에는 검사 유형에 따라 분류된 100개 이상의 개별 항목이 포함되어 있다. 이 양식은 각 차량에 놓여 있고 검사 과정을 거치게 된다. 이 프로세스는 단일 NASCAR 시즌에 25,000장의 용지를 사용했다.

2014년 9월 NASCAR는 종이 기반 양식의 모든 항목을 통합하는 그러나 좀 더 유익한 형태인 마이크로소프트(Microsoft)의 앱을 구현했다. 대시보드 뷰(view)에는 검사 프로세스를 통해 진행되는 각 차량이 표시된다. 대시보드는 또한 색으로 구분된 플래그를 사용하여 위반 사항을 강조 표시한다. NASCAR 관계자는 모든 차량에 대해 자세히 조사하여 미해결 문제에 대한 세부 정보를 검토할 수 있다. 이 앱에는 문제를 확인하기 위해 NASCAR 규정집의 디지털 사본을 여는 버튼이 있다. 직원은 위반사항에 디지털 메모 및 사진을 이용하여 주석을 달 수 있다. 또한 이 앱을 사용하면 직원은 경주 전 검사가 시간대로 했는지 여부를 결정할 수 있다. 마지막으로, 경주 감독관은 태블릿을 사용하여 각 검사장을 모니터링하고, 위반 사항으로 인용된 차량을 확인하며 모든 차의 개별 진행 상태를 추적 할 수 있다.

마이크로소프트 앱은 경주 전 검사 프로세스를 단순화했다. 예를 들어, 종이 양식의 모든 품목에 NASCAR 직원이 서명해야 한다고 생각해보라. 대조적으로, 이 앱은 "기본 값이 좋은" 접근법을 사용한다. 이 접근법에서는 공무원은 위반 사항을 발견한 영역만 주목하면 된다.

앱의 흥미로운 점 중 하나는 수집된 데이터의 누적 가치이다. 모든 차량의 경주 전 검사 정보가 실시간으로 수집되어 저장된다. 결과적으로 NASCAR 경영진은 모든 레이서에게 공평한 경기장을 유지하는 데 도움이 되는 추세와 패턴을 파악할 수 있다.

NASCAR는 2018년 레이싱 시즌을 위해 신규 검사 시스템을 사용하기 시작했다. 호크아이 이노베이션(Hawk-Eye Innovations; www.hawkeyeinnovations.com)가 개발한 신규 검사 프로세스는 17대의 카메라와 8대의 프로젝터를 사용하여 각 차량의 3차원(3D) 지도를 생성한다. 각 3D 지도는 해당 제조업체의 CAD(computer-aided drawing)에 표시된 대로 각 제조업체의 표준과 비교된다. 규정을 준수하는 차체 영역은 녹색으로 표시되고, 허용 오차를 벗어난 차체 부위는 붉은색으로 표시된다. 전체 프로세스는 차량당 약 3분이 소요된다. 기술로 구동되는 신규 프로세스는 이전 프로세스보다 빠르고 효율적이며 각 자동차에 대해 훨씬 더 많은 데이터를 저장한다.

출처: Compiled from Z. Albert, "New 2018 Inspection Process Aims to 'Create a Level Playing Field'," *NASCAR.com*, February 1, 2018; S. Choney, "NASCAR Levels the Playing Field by Bringing the Latest Technology into an American Tradition," *Microsoft Blog*, June 27, 2016; N. Linhart, "NASCAR App Improves Inspection Efficiency," *Charlotte Sun Times*, February 10, 2015; J. Gluck, "App Improves NASCAR Inspection Process," *USA Today*, February 8, 2015; "A Day at the Track for a NASCAR Race," *NASCAR.com*, January 5, 2015; "Going through Inspections," *NASCAR.com*, January 5, 2015; J. Richter, "NASCAR Pre-Race Inspection? There's an App for That," *Fox Sports*, October 23, 2014; T. Bradley, "NASCAR Turns to Microsoft and Windows 8 to Streamline Race Operations," *Forbes*, October 21, 2014; J. Hammond, "NASCAR Inspections a Work in Progress," *Fox Sports*, April 16, 2013; and www.nascar.com, accessed September 12, 2018.

질문

1. 경주 전 검사가 NASCAR의 비즈니스 프로세스인 이유를 설명해보자.
2. 기존 앱이 NASCAR에게 제공하는 다양한 이점을 설명해보자.
3. 신규 앱이 기존 앱에 비해 가지는 이점을 설명해보자.
4. 2.3절을 살펴보자. 앱은 NASCAR의 전략정보시스템(SIS)인가? 그 이유는? 아니라면 그 이유는? 대답을 뒷받침할 수 있는 것을 제시해보자.

MIS 프로세스 실행. IS는 조직이 효율적이고 효과적으로 프로세스를 실행할 수 있도록 도와준다. IS는 일반적으로 프로세스에 포함되며 프로세스를 실행하는 데 중요한 역할을 한다. 즉, IS와 프로세스는 일반적으로 서로 얽혀 있다. IS가 작동하지 않으면 프로세스를 실행할 수 없다. IS는 작업을 완료할 시간이 되었을 때 사람들에게 알리고 작업을 완료하는 데 필요한 데이터를 제공하며 경우에 따라 작업을 완료하는 방법을 제공하여 프로세스를 실행하는 데 도움이 된다.

예를 들어 조달 프로세스에서 IS는 구매요청을 생성한 다음 구매부서에 이러한 요청에 대한 조치가 필요함을 알린다. 회계사는 공급업체로부터 받은 송장을 비교하고, 송장이 정확한지 확인하기 위하여 수취된 모든 선적물을 검토할 수 있다. IS가 없으면 이러한 단계와 프로세스가 완료될 수 없다. 예를 들어 IS를 사용할 수 없는 경우 데이터웨어하우스는 어떤 주문을 포장하고 발송할 준비가 되었는지 어떻게 알 수 있는가?

주문이행과정에서 IS는 창고(warehouse)에 있는 사람들에게 주문이 발송 준비가 되었음을 알린다. 또한 주문에 포함되어야 하는 재료의 목록과 창고에서 해당 재료를 찾을 수 있는 위치를 제공한다.

MIS 프로세스 데이터의 획득과 저장. 프로세스는 누가, 무엇을, 언제, 어디서 했는지 뿐만 아니라 날짜, 시간, 제품 번호, 수량, 가격 및 주소와 같은 데이터를 생성한다. IS는 보통 프로세스 데이터 또는 거래처리 데이터로 언급되는 이러한 데이터를 획득 및 저장한다. 이러한 데이터 중 일부는 IS가 생성하여 자동으로 획득한다. 이들은 언제, 어디서 누가 활동을 완성했는지와 관련된 데이터이다. IS 외부에서 생성된 다른 데이터는 정보시스템에 입력해야 한다. 이 데이터 입력은 수작업 입력에서부터 기계가 읽을 수 있는 바코드 및 RFID 태그와 같은 형태의 데이터를 포함하는 자동화된 방법에 이르기까지 다양한 방법으로 발생할 수 있다.

예를 들어 주문 이행과정을 살펴보자. 고객의 주문이 우편 또는 전화로 접수되면, 주문을 접수한 직원은 고객 이름과 주문 품목 및 주문 수량 및 가격과 같은 데이터를 반드시 입력해야 한다. 중요한 것은 고객 주문이 회사 웹 사이트를 통해 접수되면, 정보시스템은 모든 고객의 세부 정보를 획득하게 된다. 데이터를 입력한 사람의 이름(who), 작업을 완료한 위치(where) 및 날짜 및 시간과 같은 데이터는 주문이 생성될 때 자동으로 정보시스템에 포함된다. 데이터는 프로세스 단계가 실행 될때마다 업데이트된다. 주문이 선적될 때 창고는 어떤 제품이 얼마만큼 선적되었는가에 관련된 데이터를 제공하며 그리고 정보시스템은 누가, 언제, 어디서와 관련된 데이터를 자동으로 포함시킨다.

수작업시스템 또는 다기능영역별 시스템과 비교해볼 때, 정보시스템을 사용하는 중요한 이점은 데이터를 한 번만 시스템에 입력하면 된다는 점이다. 게다가 일단 입력되면 프로세스의 다른 사용자가 쉽게 접근할 수 있고 이후 단계에서 다시 입력할 필요가 없다.

정보시스템이 획득한 데이터는 즉각적인 피드백을 제공할 수 있다. 예를 들어, 정보시스템은 영수증을 만들거나 추가 제품 또는 대체 제품을 추천하기 위하여 데이터를 사용할 수 있다.

MIS **프로세스 성과 모니터링.** 정보시스템의 세 번째 기여는 다양한 비즈니스 프로세스의 상태를 모니터링하는 데 도움을 준다. 즉, 정보시스템은 프로세스가 얼마나 잘 실행되고 있는지를 보여줄 수 있다. 정보시스템은 프로세스에 대한 정보를 평가함으로써 이 역할을 수행한다. 이 정보는 인스턴스 레벨(즉, 특정 작업이나 활동)이나 프로세스 레벨(즉, 전체로서 프로세스)에서 생성될 수 있다.

예를 들어, 어떤 회사는 특정 고객의 주문 상태에 관심을 가질 수 있다. 주문 이행 프로세스 내에서 주문은 어디에 있는가? 전체 주문이 배송되었는가? 그렇다면 언제? 그렇지 않다면 언제쯤 출하될 것으로 예상할 수 있는가? 또는 조달 프로세스의 경우 구매 주문서를 언제 공급자에게 보냈는가? 자료를 취득하는 비용은 얼마인가? 프로세스 레벨에서 정보시스템은 리드타임(lead time)이나 구매주문을 공급 업체에 전송하고 제품을 수령하는 사이의 시간을 계산하여 조달 프로세스가 얼마나 잘 이행되고 있는가를 평가할 수 있다.

정보시스템은 프로세스를 모니터링할 수 있을 뿐만 아니라 프로세스의 문제도 탐지할 수 있다. 정보시스템은 프로세스가 기대수준 내에서 잘 수행되고 있는지를 결정하기 위하여 정보를 표준(회사가 기대하거나 바라는 바)과 비교함으로써 이 역할을 수행한다. 경영진은 조직의 목표에 따라 표준을 수립한다.

정보시스템이 제공한 정보에 프로세스가 표준을 만족하지 못한다고 나오면, 회사는 다양한 유형의 문제가 있다고 가정할 수 있다. 일부 문제는 정보시스템이 일상적으로 자동 감지할 수 있는 반면, 다른 문제는 사람이 정보를 검토하고 판단해야 한다. 예를 들어, 정보시스템은 특정 주문에 대한 예상 배송 날짜를 계산하고 이 날짜가 설정된 표준을 만족하는지 여부를 결정할 수 있다. 또는 정보시스템은 지난 한달 간의 모든 주문에 대한 평균 시간을 계산하고 이 정보를 표준과 비교하여 프로세스가 예상대로 작동하는지 확인할 수 있다.

POM 비즈니스 프로세스를 모니터링하다보면 프로세스의 문제점도 발견할 수 있다. 그리고 이들 문제는 종종 실제 더 근본적인 문제로 인해 발생하는 증상일 수도 있다. 이러한 경우 정보시스템은 관리자에게 추가적이고 상세한 정보를 제공하여 증상의 원인을 진단하는 데 도움을 줄 수 있다. 예를 들어, 고객주문을 처리하는 평균 시간이 지난 달에 비해 증가한 것으로 나타나면 이 문제는 보다 근본적인 문제의 증상일 수 있다.

HRM 따라서 관리자는 문제가 발생한 근본 원인을 진단하기 위해 정보를 드릴 다운하여 상세히 조사할 수 있다. 관리자는 진단 과정에서 정보를 좀 더 세밀하게 요청할 수 있는 데 예를 들어 제품 유형, 고객, 위치, 직원, 요일, 시간 등의 세부 정보 요청이 가능하다. 이 세부 정보를 검토한 후 관리자는 지난 달 동안 창고에 예외적으로 높은 직원 이직율을 기록되었으며 신입 직원이 프로세스를 충분히 잘 알고 있지 않아 지연이 발생하고 있다고 판단할 수 있다. 관리자는 이 경우에는 더 이상 할 일이 없으며, 문제가 시간이 지남에 따라 스스로 해결된다는 결론을 내릴지 모른다. 또는 관리자는 신입 직원이 적절하게 훈련받거나 감독을 받지 못했다고 결론을 내릴 수 있다. 이 경우 회사는 문제를 해결하기 위한 조치를 취해야 한다. 다음 절은 프로세스 문제가 확인될 때 관리자가 수정 조치를 취하는 데 사용할 수 있는 몇 가지 방법론에 대해 논의한다.

확인하고 넘어가기

1. 비즈니스 프로세스란 무엇인가?
2. 여러분의 대학교에서 수행된 몇 가지 비즈니스 프로세스를 설명해보자.
3. 교차 기능 비즈니스 프로세스를 정의하고 그러한 프로세스의 몇 가지 예를 제공해보자.
4. 상기 질문 2 또는 3에 설명된 프로세스 중 하나를 선택하고 입력, 산출물, 고객 및 자원을 식별해보자. 프로세스가 고객을 위해 어떻게 가치를 창출하는가?

2.2 비즈니스 프로세스 리엔지니어링 및 비즈니스 프로세스 개선, 비즈니스 프로세스 관리

비즈니스 프로세스를 탁월하게 실행하는 것이야 말로 조직의 경쟁 성과를 측정할 때 사용되는 모든 중요한 척도의 기본이라고 널리 인식되고 있다. 다음 척도를 예로서 생각해보자.

- **고객 만족도:** 고객의 필요, 욕구, 희망을 충족하기 위해 비즈니스 프로세스를 정렬하고 최적화한 결과
- **비용절감:** 공정과 공급 프로세스를 최적화한 결과
- **회전 및 충족 시간:** 제조 및 유통 프로세스를 최적화한 결과
- **품질:** 설계, 개발, 생산 프로세스를 최적화한 결과
- **차별화:** 마케팅 및 혁신 프로세스를 최적화한 결과
- **생산성:** 각 개인의 업무 프로세스를 최적화한 결과

그렇다면 질문은 "조직은 어떻게 비즈니스 프로세스 우수성을 보장할 것인가?"이다.

마이클 해머(Michael Hammer)와 제임스 챔피(James Champy)는 그들의 저서 〈Reengineering the Corporation(1993년 출판)〉에서 미국 기업들은 경쟁력을 향상시키기 위해 비즈니스 프로세스를 대대적으로 재설계하여 비용을 절감하고 품질을 높여야 한다고 주장하였다. 그리고 이어서 정보기술이 이러한 변화를 이끌어갈 것이라고 주장하였다. 이 대대적 재설계, 즉 **비즈니스 프로세스 리엔지니어링(BPR: business process reengineering)**은 조직의 비즈니스 프로세스의 효율성과 효과성을 증진하기 위한 전략이다. BPR의 핵심은 기업이 비즈니스 프로세스를 '초기 관점'으로 시험하고 비즈니스 기능을 향상시키기 위해 프로세스를 어떻게 최상으로 재구축할지를 결정하는 것이다. BPR의 인기는 많은 프로세스 단계의 자동화 및 표준화와 조직 정보저장고 사이의 커뮤니케이션의 개선으로 인한 오류 감소와 같은 정보기술의 고유한 기능에 의해 추진되었다.

몇몇 기업은 BPR을 성공적으로 적용하였지만 많은 기업들이 이 전략이 지나치게 어렵고 극단적이며 대규모라고 여겼다. 직원, 임원, 기존 정보시스템 투자, 그리고 심지어 조직 문화에까지 BPR이 끼치는 영향력은 방대했다. 하지만 BPR 적용의 많은 문제에도 불구하고 더 많은 기업들이 업무를 단일 업무가 아닌 비즈니스 프로세스를 중심으로 조직화하기 시작했다. 그 결과는 덜 극단적이고 덜 방해적이며 더 단계적인 접근법인 비즈니스 프로세스 개선(BPI: business process improvement)이었다.

BPI는 프로세스 자체의 변동(예: 조립라인의 기계 파손)이나 투입요소들의 변동(예: 특정 공급 업체로부터 구매한 원자재의 품질 저하)의 근본 원인을 검색하여 프로세스 출력물의 변동의 감소에 중점을 둔다. BPI는 일반적으로 대개 프로세스 소유자(프로세스를 감독하는 개별 관리자)인 프로세스 전문가와 프로세스에 참여하는 다른 개인을 포함하는 직원 팀에 의해 수행된다. 프로세스 단계를 실제로 수행하는 근로자나 프로세스에서 산출물을 구매하는 고객과 같은 개인은 간접적으로 참여할 수 있다.

식스시그마(six sigma)는 BPI 이니셔티브에 널리 사용되는 방법론이다. 식스시그마의 목표는 프로세스를 분석하기 위해 통계적 방법을 사용하여 프로세스가 백만 개의 산출물당 단지 3.4개의 결함을 가지고 있음을 보장하는 것이다. (결함이란 결점이 있는 제품 또는 불만족스러운 서비스로 정의된다.) 식스시그마는 1980년대 모토로라에서 개발되었으며 현재 GE와 같은 얼리어답터의 홍보 노력 덕분에 전 세계 기업에서 사용되고 있다. 식스시그마는 제품 결함을 쉽게 정의하고 측정할 수 있는 제조 환경에 특별히 적합하다. 수 년 동안, 방법론은 결함의 수를 줄이고 고객의 가치를 더욱 크게 하는데 집중하도록 수정되어 왔다. 결과적으로 이제는 제품뿐 아니라 서비스에도 적용할 수 있게 되었다. 오늘날 식스시그마 도구는 금융 서비스 및 의료 기관에서 프로세스 개선활동의 구성요소로 널리 사용되고 있다.

성공적인 BPI 프로젝트는 사용하는 특정 방법론과 관계없이 일반적으로 정의, 측정, 분석, 개선 및 통제(DMAIC)의 다섯 가지 기본 단계를 따른다.

- 정의 단계: BPI 팀은 기존의 '현재(as is)'의 프로세스 활동, 프로세스 자원 및 프로세스 입력 및 출력을 일반적으로 그래픽 프로세스 맵 또는 다이어그램으로 문서화한다. 팀은 설명이 필요한 문제의 기술과 함께 고객 및 고객의 프로세스 산출물에 대한 요구 사항을 문서화한다.
- 측정 단계: BPI 팀은 하나의 산출물(제품 또는 서비스)을 생성하기 위한 시간 및 비용과 같은 관련 프로세스 측정 항목을 식별하고 시간 경과에 따라 측정 항목이 어떻게 전개되는지를 이해할 수 있는 데이터를 수집한다. 때로는 데이터가 이미 존재하며, 이 경우 데이터는 이전 절에서 설명한 것처럼 프로세스를 지원하는 정보시스템에서 추출될 수 있다. 그러나 BPI 팀은 회사의 정보시스템에 이미 저장되어 있는 운영 프로세스 데이터를 고객 및 직원의 관찰, 인터뷰 및 설문 조사와 같은 다른 데이터 소스와 결합할 필요가 여러 번 있다.
- 분석 단계: BPI 팀은 현재의 프로세스 맵과 수집된 데이터를 검토하여 프로세스의 문제점(예: 효율성 또는 효율성 감소)과 근본 원인을 식별한다. 가능하다면 팀은 프로세스를 벤치마킹해야 한다. 즉, 다른 회사 또는 조직의 다른 영역의 유사한 프로세스의 성과와 비교해보라. 팀은 이 단계에서 통계 분석 소프트웨어 또는 시뮬레이션 패키지와 같은 IT 응용 프로그램을 사용할 수 있다.

분석 단계에서 프로세스 시뮬레이션 소프트웨어가 종종 도움이 될 때가 있다. 이 소프트웨어를 사용하면 두 가지 이점을 얻을 수 있다. 첫째, 프로세스 관리자는 특정 시간(예: 근무일, 일주일 또는 한 달)동안 실제 상황(예: 활동을 수행하는 특정 인원의 사람)을 신속하게 시뮬레이션할 수 있다. 관리자는 실제 프로세스를 관찰하지 않고 시간 경과에 따라 프로세스 성능을 평가할 수 있다. 둘째, 관리자는 여러 시나리오를 만들 수 있다. 예를 들어 프로세스에서 다른 수의 자원을 사용하거나 프로세스 단계에 대해 다른 구성을 사용한다. 또한 프로세스 시뮬레이션 소프트웨어는 특정 활동을 실행하는 데 모든 자원이 사용하는 시간, 프로세스의 전반적인 사이클 시간, 자주 사용되지 않는 자원의 식별 및 프로세스의 병목 현상을 포함하여 프로세스와 관련된 여러 가지 출력을 제공할 수 있다. 프로세스를 시뮬레이션하는 것은 실제 자원을 투입하여 프로세스를 수행하지 않고도 개선 솔루션을 위험 부담 없이 테스트해볼 수 있기 때문에 프로세스 관리자에게 매우 중요하다.

- 개선 단계: BPI 팀은 근본 원인을 해결하기 위해 가능한 솔루션을 찾아보고, 결과로 나오는 "to-be" 프로세스 대안을 매핑하고, 가장 적합한 솔루션을 선택하고 구현한다. 프로세스를 향상시키는 일반적인 방법은 산출물에 가치를 부여하지 않는 프로세스 활동을 제거하고 지연을 줄이거나 자원 활용도를 향상시키는 방식으로 활동을 재정렬하는 것이다. 그러나 조직은 내부 프로세스 통제, 즉 회사 자원을 보호하고 재무보고서의 정확성을 보장하며 규정과 규칙을 준수하는 활동을 제거하지 않도록 주의해야 한다.
- 제어 단계: 팀은 프로세스 메트릭을 설정하고 프로세스 성능이 안정적으로 유지되도록 솔루션을 구현한 후에 개선된 프로세스를 모니터링한다. 정보시스템은 이러한 상황에서 매우 유용하게 쓰일 수 있다.

BPI 이니셔티브는 BPR과 같은 엄청난 성과 향상은 없지만, 많은 조직들은 위험이 적고 비용이 적기 때문에 BPI를 선호한다. BPI는 수량화할 수 있는 결과를 제공하는 데 초점을 맞추고 있으며, 비즈니스 사례를 만들 수 없는 경우 프로젝트는 계속되지 않는다. 않는다. 모든 직원은 자신의 업무에 BPI 기술을 적용하여 개선의 기회를 포착할 수 있게 교육받을 수 있다. 따라서 BPI 프로젝트는 하향식 변경 위임 사항을 포함하는 BPR 프로젝트와 달리 상향식에서 더 많이 수행되는 경향이 있다. BPI 프로젝트는 전반적으로 시간이 적게 걸리고, 실패한 경우에도 BPR 프로젝트보다 조직 리소스를 덜 소비한다. 그러나 BPI를 통한 점진적 개선이 더 이상 가능하지 않거나 회사의 비즈니스 환경에 중대한 변화가 발생하면 회사는 BPR 프로젝트를 고려해야 한다. 마지막으로 고려해야 할 사항은 시간이 지남에 따라 회사가 너무 많은 BPI 프로젝트를 수행하고 개선 노력을 관리하고 집중할 수 있는 효과적인 시스템을 갖추지 못한 경우 직원이 지나치게 느슨해지거나 관심을 잃을 수 있다는 것이다.

POM 시간이 지남에 따라 BPI 노력을 유지하기 위해 조직은 조직 전체의 핵심 비즈니스 프로세스의 설계, 분석, 구현, 관리 및 지속적인 최적화를 지원하는 방법과 도구를 포함하는 관리시스템인 **비즈니스 프로세스 관리**(BPM: business process management)를 채택할 수 있다. BPM은 지속적인 전략실행을 보장하기 위하여 분리되어 있는 BPI 활동을 통합한다.

프로세스 모델링, 웹 기반 기술 및 비즈니스 활동 모니터링(BAM)이 BPM의 중요한 구성 요소이다. BPM은 프로세스 모델링에서 시작된다. 프로세스 모델링은 프로세스의 모든 단계를 그래픽으로 묘사한 것이다. 프로세스 모델링은 직원이 프로세스에 관련된 사람들 사이에서 상호 작용과 의존성과 직원들이 의존하는 정보시스템 그리고 과업을 최적적으로 수행하기 위하여 요구되는 정보

IT와 기업사례 2.2

셰브론의 BPR, BPI 그리고 BPM

POM MIS

세계 최대의 석유 및 가스 회사 중 하나인 셰브론(Chevron; www.chevron.com)과 그 자회사는 석유 및 천연 가스의 탐사 및 생산뿐만 아니라 휘발유와 정제된 제품을 비롯한 석유 화학 제품의 제조, 운송 및 유통에 참여하고 있다. 2013년 셰브론은 전 세계적으로 6만 명이 넘는 직원을 고용하여 매일 260만 배럴 이상의 석유를 생산했으며 2,300억 달러 이상의 매출을 기록했다. 셰브론은 아래에서 설명되는 것처럼 수년간 BPR에서 BPI로, 그리고 궁극적으로 BPM으로 진화하는 여러 프로세스 리엔지니어링과 개선 노력에 관여해 왔다.

1995년 셰브론은 6개 공장에서 하루에 약 1백만 배럴의 석유를 생산하면서 현재 크기의 절반에도 미치지 못했다. 이 회사는 정제(Refining), 마케팅 그리고 공급과 유통(S&M)이라는 세 가지 주요 부서로 나누어져 있다. 경영진은 셰브론의 다수 내부 프로세스를 더 나은 통합을 위하여 공급망(11장 참조)을 개선할 필요가 있다고 결정했다. 프로세스 관리와 관련된 의사결정의 핵심 인물은 피터 맥클레어(Peter McCrea) 부회장이었다. 맥클레어는 셰브론의 성능을 획기적으로 향상시키는 최고의 전략은 원유 구매에서 최종 제품을 셰브론 고객에게 배포하는 과정까지 회사의 모든 핵심 프로세스를 리엔지니어링하는 것이라고 확신했다.

이 작업을 수행하기 위해 셰브론 팀은 컨설턴트 회사와 협력하여 기존 프로세스의 모형을 작성했다. 목표는 셰브론의 비즈니스 목표를 반영하기 위해 이러한 프로세스를 근본적으로 개선하는 것이었다. 즉, 셰브론의 전략은 개선할 특정 영역을 식별하기 위해 기존 프로세스를 분석하는 것이 아니었다. 오히려, 프로젝트는 원하는 산출물을 확인한 다음 BPR을 사용하여 지원 프로세스를 조사했다. 이 총체적 접근 방식을 통해 다른 비즈니스 단위에서 실행되는 프로세스 간의 상호 의존성을 검사할 수 있었다. 전체적 관점을 채택함으로써 궁극적으로 회사의 전반적인 성과를 향상시켰다. 1996년 보고서에서 셰브론은 BPR 프로젝트가 회사에 5천만 달러를 절약했다고 주장했다.

이 복잡한 BPR 노력은 처음에는 직원 중심의 몇 가지 소규모 BPI 활동에 의해 진행되었다. 예를 들어, 1998년 셰브론의 직원 6명은 캘리포니아의 한 회사 공장에서 수처리 프로세스를 개선하기 위한 프로젝트를 시작했다. 그들의 노력으로 운영비용이 30% 감소했다. 이들의 성공은 다른 직원들이 식스시그마 개선 기술을 사용하여 인도네시아, 앙골라 및 전 세계의 다른 지역에서 BPI 프로젝트를 시작하도록 유도했다. 일부 관리자는 지역 차원에서 BPI의 이점을 보여줄 수 있었지만 그들의 노력은 2006년까지 전사 차원의 인정과 기업 후원을 얻지 못했다. 린 식스시그마(lean six sigma)는 통계 프로세스 분석과 폐기물을 제거하고 프로세스의 흐름을 개선하는 기법을 결합한 방법론으로 셰브론에서 선호하는 개선 방법론이 되었다. 셰브론은 이 방법론을 구현한 이후로 전 세계 직원들이 전 세계 수백 개의 BPI 프로젝트를 수행하여 상당한 재정적 이익을 창출했다. 2008년에서 2010년까지 셰브론은 BPI 혜택으로 10억 달러 이상을 거두었다고 보고했다. 이러한 내부 개선 활동을 지원하기 위해 셰브론은 공급 업체를 BPI 활동에 참여시켰다.

이러한 다양한 BPI 활동을 조정하기 위해 셰브론은 회사 전체의 프로세스를 표준화하고 중앙 저장소에서 프로세스 정보를 통합을 포함한 통합 BPM 접근 방식을 채택했다. 셰브론은 프로세스의 20%만이 완전 자동화될 수 있고 나머지는 수동 및 자동화 단계가 결합된 것으로 추정하고 있다. 따라서 프로세스 표준화는 통합된 정보시스템을 통해 프로세스를 지원할 뿐만 아니라 관련 직원이 수동 작업에 대한 표준을 잘 알고 있음을 보장한다. 이 작업을 용이하도록 하기 위해 셰브론은 표준, 전사적 비즈니스 규칙 및 절차의 지능형 저장소 역할을 하는 BPMS인 님부스(Nimbus; nimbus.tibco.com)를 구현했다. 또한, 님부스는 직원들에게 상세한 작업 지침을 제공할 수 있다.

예를 들어, 아시아와 유럽 및 미국에 위치한 공장들에서 서로 다른 실행으로 인한 위험문제와 효율성을 경험한 셰브론의 선적 프로세스를 고려해보자. 동일한 회사 표준을 수립하기 위해 셰브론은 BPI 방식을 채택했다. 이 회사는 서로 다른 지리적 위치에서의 "현재(as is)" 운영 방식을 분석하고 모범 사례를 확인하며 이러한 관행을 공통된 "미래(to be)" 프로세스로 결합하여 이러한 정책과 절차를 자세히 설명한 문서를 작성하여 회사의 웹 기반 BPMS를 통해 관리자에게 배포했다.

셰브론의 BPM 전략은 운영 효율성을 중시하는 대규모 전사적 관리시스템의 일부이다. 이 프로그램을 통해 셰브론의 모든 운영 회사와 사업부서는 매년 개선되고 검토된 신중하게 정의된 지침, 지표 및 목표에 따라 지속적인 개선 관점을 채택해야 한다. 프로세스 효율성과는 별개로 셰브론은 안전, 위험 및 환경과 관련된 측정 기준에 중점을 두었다. 모든 직원은 운영 우수 활동에 참여하고 관리자는 지속적인 개선 문화를 지원하기 위해 특정 운영 우수 교육을 받는다.

2014년 셰브론은 190억 달러 이상의 순 수익을 기록했다. 그러나 4/4분기의 순이익은 35억 달러로 2013년 같은 기간 49억 달러에서 30% 가량 감소했다. 이 감소는 주로 원유 가격의 급락으로 인한 것이었다. 셰브론의 CEO는 석유제품을 정제하고 이를 고객에게 공급하는 회사의 하류 작업의 운영 효율성의 향상은 원유가격 하락효과를 부분적으로 상쇄하였음을 지적했다. 이러한 증가된 효율성은 회사가 진행하고 있는 BPR, BPI 및 BPM 노력의 산물이었다. 셰브론은 2017년 순이익이 92억 달러를 달성하면서 이러한 노력이 결실을 맺은 것으로 보인다.

출처: Compiled from P. Harmon, *Business Process Management*, Elsevier, Burlington, MA, 2007; "Operational Excellence," *chevron.com*, March 2012; "Chevron—Using Nimbus Control Software to Manage Processes," *FindingPetroleum. com*, September 23, 2010; "Chevron Wins Boston Strategies

International's 2010 Award for Lean Six Sigma Implementation in Oil and Gas Operations," *www.bostonstrategies.com*, September 22, 2010; E. Schmidt, "From the Bottom Up: Grassroots Effort Finds Footing at Chevron," *isixsigma.com*, March 1, 2010; R. Parker, "Business Process Improvement: A Talk with Chevron's Jim Boots," *Ebizq.net*, August 26, 2009; and www.chevron.com, accessed October 31, 2018.

질문

1. 셰브론의 BPR의 주요 장점을 설명해보자.
2. 셰브론이 BPI를 채택한 이유는 무엇인가??
3. 셰브론은 오늘날 운용에 BPM을 어떻게 적용하는가?

를 이해하는 데 도움을 준다. 프로세스 모델링 소프트웨어는 이 활동을 지원할 수 있다. IT와 기업 사례 2.2는 셰브론이 BPR, BPI 및 BPM을 어떻게 사용했는지를 보여준다.

비즈니스 활동 모니터링(BAM: business activity monitoring)은 비즈니스 프로세스를 측정하고 관리하기 위한 실시간 접근방식이다. 회사는 BAM을 사용하여 비즈니스 프로세스를 모니터링하고 오류 또는 예외를 식별하며 이러한 오류를 실시간으로 처리한다. 또한 BAM은 프로세스 작업을 추적하고 성공 또는 실패 여부를 나타내므로 조직이 프로세스를 향상시키는데 사용할 수 있는 프로세스 행태에 대한 중요한 기록을 만든다.

BPM 활동은 종종 **BPM 제품군**(BPMS: business process management suite)에서 지원된다. BPMS는 프로세스 정보저장소를 포함하는 프로세스 맵 및 비즈니스 규칙과 같은 통합된 응용 프로그램 세트이다. 여기에는 프로세스 모니터링 기능뿐만 아니라 변화하는 비즈니스 요구에 대응하여 프로세스 모델링, 시뮬레이션, 실행, 기능을 교차하는 조정 및 재구성을 포함한다.

선도적인 IT 리서치 및 자문회사인 가트너(www.gartner.com)에 따르면, 기업은 조직 전반에 걸쳐 BPM 기술을 개발하고 마스터하는 데 집중해야 한다. 가트너는 높은 성과를 내고 있는 기업들은 지능형 비즈니스를 운영하기 위해 실시간 프로세스 모니터링, 시각화, 분석 및 지능형 자동화 의사결정과 같은 BPM 기술을 사용하고 있다고 언급한다.

또 다른 유망한 추세는 **사회적 BPM**이다. 이 기술은 근로자들이 프로세스 지식을 교환하고 프로세스실행을 개선하기 위해 유선과 모바일 플랫폼에서의 소셜 미디어 도구를 사용하여 기능 측면에서 내부적으로나 외부 이해관계자(예: 고객 또는 전문가)와 함께 협력하는 것을 가능하게 한다.

BPM은 초기에 기업이 비용을 줄이고 수익을 늘림으로써 수익성을 향상시키는 데 도움을 준다. 시간이 지남에 따라 BPM은 조직의 유연성을 향상시킴으로써 변화하는 비즈니스 환경에 쉽게 적응하고 새로운 기회를 활용할 수 있는 경쟁우위를 창출할 수 있다. 많은 기업에서 BPM은 비용을 절감하고 고객 만족도를 높이며 규칙 및 규정 준수를 보장한다. 모든 경우에서 기업의 전략은 BPM 노력을 주도해야 한다.

확인하고 넘어가기

1. 비즈니스 프로세스 리엔지니어링이란 무엇인가?
2. 비즈니스 프로세스 개선이란 무엇인가?
3. 비즈니스 프로세스 관리란 무엇인가?

2.3 비즈니스 압력, 조직 대응, 그리고 정보기술 지원

현대 조직은 도전적인 환경에서 경쟁한다. 기업은 경쟁력을 유지하기 위해 극도로 역동적인 상황에서 발생하는 문제와 기회에 신속하게 대응해야 한다. 이 절에서는 현대 조직이 직면하고 있는 주요 압력 중 일부와 이들 압력에 대응하여 조직들이 사용하는 전략에 대해 살펴보고자 한다.

비즈니스 압력

경영 환경(business environment)은 기업이 그 업무를 수행하는 데에 영향을 주는 사회적, 법적, 물리적, 정치적 요인을 합한 것이다. 이들 요인 중 하나라도 크게 변한다면 조직에 비즈니스 압력을 가져올 가능성이 크다. 조직은 이들 압력에 대해 대체로 IT를 통한 활동으로 대응한다. 그림 2.2는 비즈니스 압력, 조직 성과와 대응, 그리고 IT 지원 간의 관계를 보여주고 있다. 이 절에서 비즈니스 압력 중 3개 주요 부류인 시장, 기술, 그리고 사회적 압력에 대해 배울 것이다.

MKT 시장 압력. 시장 압력(market pressures)은 글로벌 경제, 강도 높은 경쟁, 근로자 집단의 변하는 성질, 그리고 교섭력 강한 고객 등에서 발생한다. 각 요인을 자세히 살펴보자.

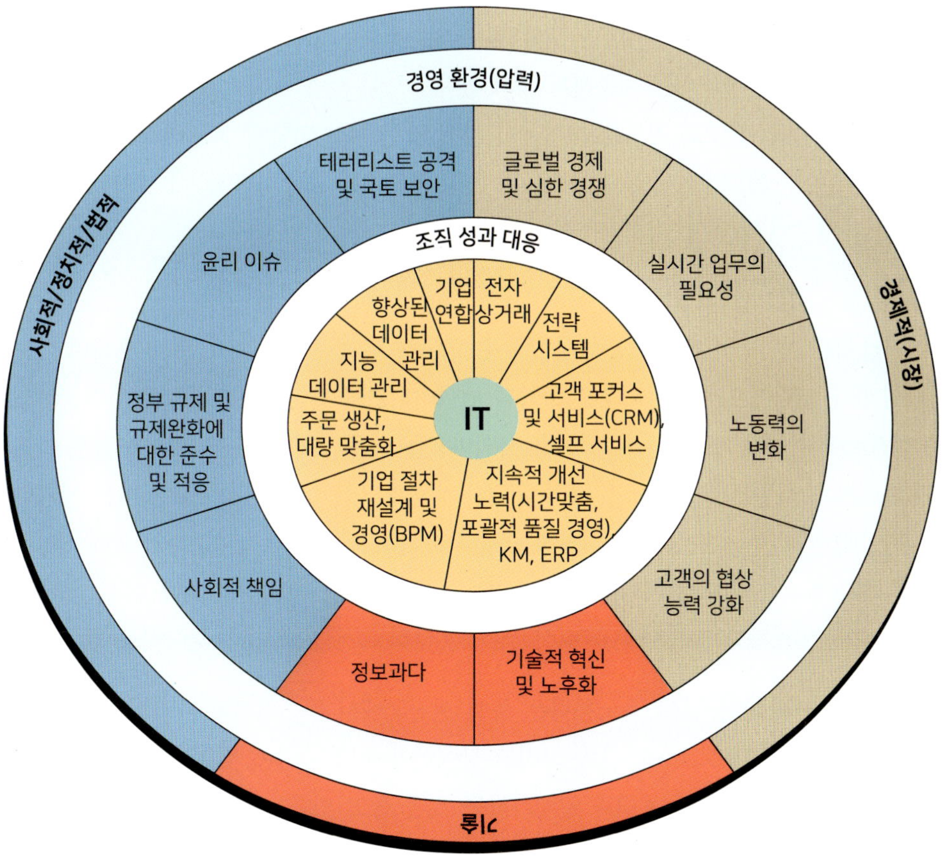

그림 2.2
비즈니스 압력, 조직성과와 대응, 그리고 IT 지원

글로벌화. **글로벌화(globalization)**는 정보기술의 신속한 발전으로 인해 가능해진 삶의 경제적, 사회적, 문화적, 환경적 면모의 일체화 및 상호 의존화를 말한다. 오늘날 세계도처에 있는 개인은 어디든 모든 곳과 언제든 모든 때에 연결하고 계산하며, 커뮤니케이션하고 협력하며, 경쟁할 수 있다. 그리고 무한한 양의 정보와 서비스에 접속할 수 있고 엔터테인먼트를 즐길 수 있으며, 지식을 교환하고, 제품과 서비스를 생산하고 판매할 수 있다. 사람과 조직은 이제 지리학적, 시간적, 거리적, 심지어 언어적 장벽도 초월하여 활동할 수 있다. 정리하면, 글로벌화는 무한경쟁을 낳는다.

이러한 관측은 시장 압력의 중요성을 보여준다. 간단히 말해 여러분과 여러분이 참여할 조직은 세계 곳곳의 사람 및 조직과 경쟁하게 될 것이다.

글로벌화의 몇 가지 예를 살펴보자.

- 다국적 기업은 세계 도처에 사무실과 지사를 두고 글로벌 규모로 운영한다.
- 일본이나 독일 혹은 한국에서 조달된 부품들로 미국 내에서 조립되는 자동차처럼 많은 자동차 제조업체는 다른 국가의 부품을 사용한다.
- 세계 무역기구(www.wto.org)는 국제 무역을 감독한다.
- 지역 협정은 세계 무역과 경쟁 증가에 기여해 왔다. 예를 들어, 미국-멕시코-캐나다 협정(USMCA)은 북미자유무역협정(NAFTA)을 대체하기 위한 것이다. USMCA는 기본적으로 NAFTA 2.0이며 몇 가지 업데이트가 있다. 새 협정에는 자동차 제조업체, 노동 및 환경 기준, 지적재산권 보호, 전자상거래 규정에 대한 변경 사항이 포함된다. 2019년 5월 초에 세 나라 모두 USMCA에 서명했지만 미국 의회는 아직 이를 비준하지 않고 있다.
- 유럽연합(EU)은 유럽에 주로 위치한 28개국의 경제 및 정치적 연합체이다. (참고: 2019년 5월을 기준으로, 영국은 2016년 6월 23일 브렉시트 찬성 투표에도 불구하고 EU에 남아있다. 여기서 브렉시트는 영국이 EU에서 탈퇴한다는 의미이다.)
- 인도와 중국이 경제 강국으로 부상하면서 글로벌 경쟁이 심화되고 있다.

세계 시장에서 기업들이 쟁점으로 삼아야 하는 중요한 압력 중 하나가 노동 비용이며 이는 국가마다 다양하다. 일반적으로 노동비용은 중국과 엘살바도르와 같은 개발도상국보다 미국과 일본과 같은 선진국에서 높다. 또한 선진국에서는 사업비용을 더욱 높게 만드는 의료와 같은 더 많은 혜택을 일반적으로 직원에게 제공한다. 따라서 많은 노동집약 산업은 노동비용이 낮은 국가로 사업을 옮겼다. IT는 그러한 움직임을 훨씬 쉽게 구현하게 했다.

하지만 해외 제조는 더 이상 과거와 같은 비용 절감 효과를 주지 못하고 있다. 예를 들어, 중국의 제조업 근로자 임금은 2011년 이후 64%(시간당 3.60달러로) 뛰었고, 계속 상승하고 있다.

HRM 노동력의 변화하는 성질. 노동력은 특히 선진국에서 두드러지게 다양화되고 있다. 점점 더 많은 수의 여성, 편부모, 소수 민족, 그리고 장애인이 수많은 직종, 직위에서 종사하고 있다. IT는 이러한 근로자가 전통적 노동력과 일체화하는 것을 돕고 있다. IT는 또한 재택근무를 가능하게 하여 어린아이를 키우는 부모나 이동에 장애사항이 있는 사람들이 일하는 데 큰 도움이 되고 있다.

강력한 고객. 고객이 서비스와 제품에 대한 지식을 더욱 많이 습득하면서 고객의 수준과 기대치도 함께 올라가고 있다. 고객은 인터넷을 이용해 제품과 서비스에 대한 자세한 정보를 얻고, 가격을 비교하고, 전자 경매에서 물품을 구매할 수 있다.

조직은 고객의 중요성을 인지하고 고객을 획득, 유지하기 위한 노력을 키워오고 있다. 현대의 기업은 고객에 대해 최대한 많은 것을 알아내어 그들의 수요를 더욱 잘 예측하고 충족할 수 있도록 노력을 기울인다. 이 고객 친화 프로세스는 고객의 좋은 경험을 극대화하는 전사적 행동인 고객관계관리(CRM)의 중요한 요소이다. CRM에 대해선 11장에서 더 자세히 배울 것이다.

MIS 기술 압력. 비즈니스 압력의 두 번째 부류는 기술과 관련된 것이다. 두 가지 주요한 기술관련 압력이 바로 기술 혁신과 정보 과다 문제이다.

기술 혁신과 도태. 새롭고 개선된 기술은 대체 제품, 대체 서비스 옵션, 우수한 품질을 빠른 속도로 만들어내거나 지원하고 있다. 이로 인해 오늘의 최신예(state-of-the-art) 제품은 내일 도태될 수도 있다. 예를 들어, 스마트폰의 새 기종이 얼마나 빠른 속도로 출시되고 있는지 생각해보라. 책, 잡지, 신문의 전자 버전이 전통적인 인쇄판을 대체하는 속도 또한 어떠한가? 이러한 변화는 기업이 고객의 욕구를 따라잡기 위해 신속히 움직이도록 요구하고 있다.

애플(Apple)의 아이패드(iPad)의 급격한 기술 혁신을 살펴보자(www.apple.com/ipad).

- 애플은 첫 아이패드를 2010년 4월에 출시하고 80일 동안 3백만 개를 판매했다.
- 애플은 겨우 11개월 뒤인 2011년 3월 11일에 아이패드 2를 출시했다.
- 애플은 2012년 3월 7일 아이패드 3를 출시했다.
- 애플은 2012년 11월 2일 아이패드 미니와 함께 애플의 4세대 아이패드를 출시했다.
- 2013년 11월 1일 애플은 아이패드 에어라 불리는 5세대 아이패드를 출시했다.
- 2013년 11월 12일 레티나 디스플레이를 장착한 아이패드 미니 2를 출시했다.
- 2014년 10월 애플은 아이패드 에어 2와 아이패드 미니 3를 출시했다.
- 2015년 9월 애플은 아이패드 미니 4를 출시했다.
- 2015년 11월 애플은 아이패드 프로를 출시했다.
- 2017년 애플은 12.9인치 화면의 아이패드 프로를 출시했다.
- 2018년, 애플은 얼굴 인식 기능이 있는 새로운 아이패드 프로를 출시했다.

기술 혁신이 일어나고 있는 또 다른 증거 중 하나는 "Bring your own device(BYOD)"이다. BYOD는 직원이 개인 소유의 모바일 장치(랩톱, 태블릿 컴퓨터 및 스마트폰)를 직장에 가져와서 해당 장치를 사용하여 회사 네트워크에 연결하거나 개인적인 용도로 사용할 수 있도록 허용하는 정책을 의미한다. BYOD의 학술적 버전은 학생들이 교육 환경에서 개인 소유 장치를 사용하여 학교 네트워크에 연결하는 것을 포함한다.

MIS BYOD의 급격한 증가는 IT 부서에게는 커다란 도전 과제이다. IT 부서는 이러한 장치를 완벽하게 제어하고 관리할 수 있는 능력을 잃었을 뿐 아니라 직원들이 여러 개인 장치에서 회사

업무를 수행할 수 있어야 한다고 요구하고 있다.

좋은 소식은 BYOD가 작업자의 생산성과 만족도를 높인다는 것이다. 사실 BYOD 권한을 가진 일부 직원은 실제로 추가 급여가 없어도 더 오랜 시간 근무한다.

나쁜 소식은 보안 문제이다. BYOD 정책을 사용하는 많은 회사는 맬웨어(malware: 악성 소프트웨어, 4장에서 논의한다)가 증가하고 있다. 또한 민감하고 독점적인 정보를 잃을 위험이 커지고 있다. 이러한 정보는 분실 또는 도난 가능성이 높은 개인용 모바일 장치에 안전하게 저장되지 않을 수 있다.

정보 과다. 인터넷에서 접근할 수 있는 정보의 양은 매년 약 2배로 성장하며 거의 대부분이 무료이다. 인터넷 포함 통신 네트워크들은 경영자들에게 정보의 홍수를 가져오고 있다. 효과적이고 효율적으로 판단을 내리기 위해서 경영자는 이 엄청난 규모의 데이터, 정보, 지식의 바다를 접속, 탐색, 활용할 수 있어야 한다. 검색엔진(6장 참조)이나 데이터마이닝(12장 참조)과 같은 정보기술들이 이러한 정보 과다(information overload) 문제를 해결하는 데 도움을 주고 있다.

사회적/정치적/법적 압력. 비즈니스 압력의 세 번째 부류는 사회적 책임, 정부 규제/규제완화, 사회사업 비용, 테러공격에 대한 보호지출, 기업 윤리 등을 포함한다. 이 절에서는 이러한 요인이 어떻게 현대 기업에 영향을 주는지 설명할 것이다. 먼저 사회적 책임을 설명하기로 한다.

사회적 책임. 기업과 개인에 영향을 주는 사회적 이슈는 물리적 환경의 상태에서 기업 및 개인 철학, 교육까지 다양하다. 몇몇 기업 및 개인은 여러 사회적 문제를 해결하기 위해 시간과 돈을 투자하고 있으며 이러한 노력을 **조직의 사회적 책임(organizational social responsibility)** 혹은 **개인 사회적 책임(individual social responsibility)**이라고 부른다.

점점 중요성이 높아지고 있는 사회 문제는 물리적 환경에 관한 것으로, 그린 IT로도 불리는 성장 중인 IT 이니셔티브는 가장 시급한 환경문제를 다루고 있다. IT는 다음의 세 가지 영역에서 '친환경화(go green)' 하려는 조직의 노력에 중요한 역할을 하고 있다.

- 시설 설계 및 관리: 조직은 보다 환경적으로 지속가능한 근무 환경을 만들고자 하고 있다. 많은 기업은 친환경적 건축을 지향하는 비영리 조직인 미국 그린 빌딩 위원회에서 심사하는 에너지와 환경 디자인 리더(LEED: Leadership in Energy and Environmental Design) 인증을 얻기 위해 노력 중이다. 이 영향으로 IT 전문가가 친환경 시설을 만드는 데 도움을 줄 수 있기를 기대하고 있다.
- 탄소배출 관리: 기업들이 탄소 배출량을 줄이고자 노력하면서 IT 간부들에게 조직과 조직의 공급망 전체에 걸쳐 탄소를 계산하고 추적할 수 있는 시스템을 개발하도록 요구하고 있다. 따라서 IT 직원들은 매몰 탄소와 이를 기업의 제품 및 프로세스에서 측정하는 방법에 대해 자세히 알 필요가 있다.
- 국제 및 미국 환경법: IT 경영자들은 구매하는 IT 제품의 선택에서부터 처분, 그리고 기업의 탄소 배출량에 이르기까지의 모든 것에 영향을 주는 수많은 국내 법규 및 국제 법규를 반드시 다루어야 한다.

사회적 책임에 대한 논의를 계속하자면, 전 세계 사회 문제는 기업 및 개인 자선 활동을 통해 해결될 수 있을 것이다. 경우에 따라 기부금의 몇 퍼센트가 실제 의도한 목적에 맞게 쓰이면서 해당 수혜자에게 돌아가고, 몇 퍼센트가 자선단체의 간접비에 쓰이는지에 대한 의문이 생긴다. 또한 기부자가 걱정하는 문제는 자신이 원하는 기부 프로젝트에 자신의 돈이 기부될 수 있게 선택하기 쉽지 않다는 점이다. 인터넷은 이러한 우려를 해소하면서도 관용을 베풀 수 있는 연결을 촉진시킬 수 있다. 다음 예제를 살펴보자.

- PatientsLikeMe(www.patientslikeme.com): 이것은 불임 환자, 암 환자 및 기타 여러 질환에 대한 수천 개의 게시판 중 하나이다. 사람들은 이러한 사이트와 게시판을 사용하여 자발적인 정보를 기반으로 건강관리에 대한 정보를 얻는 동시에, 낯선 사람들로부터 가장 절실한 정서적 지원도 받고 있다.
- Kiva(www.kiva.org): Kiva는 선진국의 대출 기관과 개발도상국의 기업가를 연결하는 비영리 기업이다. 사용자는 세금 공제가 아닌 무이자 대출을 약속한다. Kiva는 차입자에게 대출의 100%를 제공한다.
- DonorsChoose(www.donorschoose.org): DonorsChoose는 미국 내에서 전적으로 기능하는 교육중심 웹 사이트이다. 사용자는 대출보다는 기부를 한다. 이 웹 사이트는 기금조성이 저조한 공립학교의 커다란 문제를 해결한다.

현대 비즈니스에 영향을 미치는 또 다른 사회 문제는 디지털 격차이다. **디지털 격차(digital divide)**는 정보통신 기술에 접근할 수 있는 사람들과 그렇지 않은 사람들 사이의 넓은 격차를 의미한다. 이 격차는 국가 내부에도 국가 간에도 존재한다.

많은 정부 및 국제기구가 지속되고 있는 디지털 격차를 해소하기 위해 노력하고 있다(IT와 기업사례 2.3 참조). 예를 들어, 미국의 일부 지역에서는 공공 도서관이 인근 지역에서 유일하게 무료 컴퓨터와 인터넷 사용을 제공하고 있는데, 이들 무료 컴퓨터는 지역 내 수요를 감당할 만큼 충분히 제공되지 못하는 경우가 종종 발생하고 있다.

격차를 좁히기 위한 노력으로 잘 알려진 프로젝트 중 하나는 OLPC(One Laptop Per Child) 프로젝트(http://one.laptop.org)이다. OLPC는 매우 저렴한 노트북을 개발하는 데 전념하고 있는 비영리단체로서, 세상이 아이들을 교육하는 방식을 혁신하는 것을 목표로 하고 있다. 2018년 OLPC의 노트북 가격은 여전히 230달러로 유지되고 있다. 이 가격에는 노트북에 설치된 교육용 소프트웨어 비용이 포함되어 있다. 반면 배송비, 태양열 충전기, 유지 관리 및 교육을 포함하여 노트북과 관련된 또 다른 비용들도 있다. 따라서 노트북 한 대에 드는 실제 비용은 약 450달러일거라고 보는 해외 사용자들도 있다.

IT와 기업사례 2.3은 디지털 격차가 사회경제적으로 불리한 사람들에게 미치는 영향과 도시가 이러한 격차를 좁히기 위해 노력하는 다양한 방법에 대해 보여준다.

정부 규정 준수. 비즈니스 압력의 또 한 주요 원천은 바로 건강, 안전, 환경 보존, 그리고 기회 균등과 관련된 정부 규정이다. 기업은 정부 규정을 전통적으로 자사의 활동에 대한 값비싼 제약 사항으로 인식해왔다. 일반적으로 규정 완화는 경쟁을 강화시킨다.

IT와 기업사례 2.3

미국에서 지속되고 있는 디지털 격차

MIS

모든 사람이 수도, 하수도, 전기 및 전화 서비스와 마찬가지로 저렴한 고속 인터넷을 사용할 수 있는가? 과거에 미국은 국가 차원에서 전기 및 전화 서비스를 전 국민이 사용할 수 있도록 노력하였다. 이제 미국은 인터넷에 대해서도 비용을 낮추고 서비스를 개선하면서도 인터넷 접근성을 확대하기 위한 계획이 필요하다.

미국은 인터넷 프로토콜을 발명한 국가임에도 불구하고 광대역 인터넷망 접근성이 세계 많은 선진국에 비해 뒤쳐져 있다. 이 문제는 특히 도심 내부와 농촌 지역에서 두드러지는데 이로 인해 미국내 디지털 격차가 지속되고 있다. 퓨 리서치 센터(Pew Research Center)에 따르면 현재 미국 성인의 5%가 온라인 임시 고용(승차 또는 집 공유 서비스 제외)에서 약간의 수입을 얻고 있다.

미국 내 디지털 격차를 직접적으로 알 수 있는 사례는 미국 성인의 30% 이상이 전화 접속 방식으로 인터넷을 사용한다는 사실이다. 전화 접속 속도는 초당 56킬로비트(수천 비트)로 지금의 대화형 웹 사이트를 접속하기에는 매우 느리다. 광대역 서비스 제공자는 통신 인프라를 설치할 때 설치 비용을 회수할 수 있는 지역을 선정하기 때문에 여전히 미국 내 많은 지역들이 광대역 인터넷 서비스를 받지 못하고 있다. 미국 연방 통신 위원회(FCC; www.fcc.gov)는 광대역 인터넷 서비스를 다운로드 속도는 초당 최소 25메가비트(백만 비트), 업로드 속도는 최소 초당 3메가비트로 정의하고 있는데 미국 전체 3,400만 명의 인구가 광대역 인터넷 서비스를 사용하지 못하고 있다.

컴퓨터와 초고속 인터넷 서비스가 반드시 대학 학위와 좋은 직업을 보장하는 것은 아니다. 그러나, 많은 사람들이 이들 없이는 소프트웨어와 온라인 서비스를 효과적으로 사용하는 데 필요한 교육을 받기 어렵다. 게다가 광대역 인터넷에 접속할 수 있는 여부가 소득 수준 및 취업 성공과 높은 상관관계를 보이고 있다.

오하이오주 클리블랜드에 있는 한 가족의 예를 들어보자. 2018년 기준 이 지역은 소득이 2만 달러 미만인 가구가 50% 이상으로 상대적으로 비싼 광대역 서비스나 모바일 서비스를 이용하기 어렵다. 또 다른 10%의 지역 가구는 휴대폰은 있으나 가정용 광대역 인터넷 서비스는 사용하지 못하고 있다.

제인이라는 10대 소녀가 어머니 수잔과 함께 살았던 공공임대 아파트는 위에서 언급한 광대역인터넷 서비스를 받지 못하는 가구 중 하나였다. 수잔은 스펙트럼(Spectrum; www.spectrum.com)의 광대역서비스 비용을 감당할 수 없었다. 이 광대역 서비스 보급형 요금제는 모뎀과 세금 포함 약 50달러로 시작한다. 또한, 12개월 할인율이 만료되면 요금은 크게 상승할 것이다. 이 가족은 스마트폰을 가지고 있으나 작은 화면은 사용성이 떨어지고, 가족은 요금제에 데이터 용량을 더 추가하기도 어렵다. 근처 도서관에서 고속 인터넷 접속이 가능하나 Jane이 걸어서 거기까지 안전하게 갈 수 있는 지역은 아니다.

이 지역의 공공 주택 기관인 CMHA(Cuyahoga Metropolitan Housing Authority; www.cmha.net)는 자신의 집에서 광대역 인터넷과 컴퓨터를 사용할 수 있는 아이와 그렇지 않은 아이 간의 "재택 업무 격차(home work gap)"를 줄이기 위한 시험 프로그램의 일환으로 제인에게 태블릿과 무선 핫스팟을 제공하였다. 또한 수잔은 AT&T(www.att.com)가 식품 보조금을 받는 가족에게 제공하는 할인 프로그램(월 5~10달러)을 받을 자격도 부여되었다. 이 프로그램은 디지털 가입자 회선(DSL, 6장 참조) 서비스를 제공한다. 그러나 연방 정부의 권장 기준 속도를 가진 광대역 인터넷 서비스를 제공하는 것은 아니다.

클리블랜드(Cleveland) 지역의 또 다른 가족의 예를 통해 광대역 인터넷 서비스와 컴퓨터 교육이 어떻게 한가족의 삶을 바꿀 수 있는지 확인할 수 있다. 모니카 존스(Monica Jones)는 클리블랜드의 저소득 지역에 살면서 클리블랜드 클리닉에서 20년 이상 파일 서기로 근무해 왔다. 2013년에 해당 의료원이 전자 의무기록 시스템을 도입한다고 발표하면서, 모니카는 직장을 잃을 위기에 처하게 되었다. 이에 모니카는 커넥트 유어 커뮤니티(Connect Your Community; www.connectyourcommunity.org)라는 비영리 단체가 지원하는 애쉬버리 커뮤니티 센터(Ashbury Community Center)라는 교육 센터에 입학하였다. 그녀는 마이크로소프트 워드 및 엑셀(Microsoft Word and Excel)과 같은 소프트웨어 사용법을 배운 후 피닉스(Phoenix) 대학에서 온라인 수업을 수강하였고, 2016년에 금융 학사 학위를 취득하였다.

모니카는 여전히 클리블랜드 클리닉에서 일하지만 대학 졸업 후 새로운 업무를 맡아 기존 업무 대비 2만 달러나 더 받으면서 일하고 있다. 그녀는 병원의 심장 도관술 연구실에서 디지털 보고서를 편집하고 있고, 새로 얻은 집에서 월 154달러의 초고속 인터넷 사용료를 지불하고 있다.

클리블랜드 지역은 많은 저소득 주민들의 광대역 인터넷 접근 문제를 해결하기 위해 도시 인구의 385,000명 중 5만 명이 거주하는 공공 및 보조금 지원 주택 지역에 집중하고 있다. 성 빈센트 자선병원(St. Vincent's Charity Hospital)은 클리블랜드 전역의 최소 800개 학교, 의료 시설 및 정부 청사를 포함한 기관을 연결하는 초고속 광섬유 네트워크 허브이다. 시는 성 빈센트 자선병원 근처 지역 주택 프로젝트의 주민들에게 네트워크를 확장할 계획이다.

이 프로젝트를 위해 성 빈센트 자선병원에 광섬유를 설치하는 비용으로 35만 달러 정도가 소요되기 때문에 디지털C(DigitalC; www.digitalc.org)사는 설치비가 3만 5천 달러밖에 들지 않는 시크루(Siklu; www.siklu.com)사의 무선 기술을 도입하여 기술 격차를 줄이기 위해 노력하고 있다. 디지털C는 기술 기반 프로그램 및 서비스를 설계하기 위해 커뮤니티와 협력하는 조직이다. 시크루사의 무선 서비스는 이 프로젝트 지역의 메인 건물에 초당 1기가바이트의 속도로 데이터를 전송할 수 있다. 그리고 그 건물의 전화실에 있는 서버는 기존 구리 네트워크를 활용하여 주택 단지에 광대역 인터넷 서비스를 제공한다. 이 프로젝트의 목표는 클리블랜드에서 가장 빠르고 저렴한 인터넷 서비스를 제공하는 것이다. 월 9.25달러의 FCC 보조금("라이프라인"이라고 함)가 제공된다면, 이 지역 주택의 모든 세입자는 광대역 인터넷 서비스를 감당할 수 있을 것이다.

디지털C는 또한 CMHA의 모든 세입자에게 컴퓨터를 지원하고 교육을 제공할 계획이다. 세입자들은 커리어 온라인 하이스쿨(Career Online High Schools)과 같은 온라인 인력 훈련 학교 서비스를 접속할 수 있다. 이와 동시에 카이아호가 카운티(Cuyahoga County) 정부는 인력 교육, 복리후생 등록 및 원격 진료 예약 등 점점 더 많은 서비스를 온라인으로 제공하고 있다.

신규 참여 기업 중 하나는 코딩 초보자를 위한 12주 소프트웨어 엔지니어링 부트 캠프인 위캔코드잇(WeCanCodeIt; www.wecancodeit.org)이다. 이 프로그램은 코딩 초보자들이 12주간의 교육을 통해 웹 사이트 구축 정도의 기술력을 갖추는 것으로 목표로 한다.

더 큰 정보 격차 문제가 있다. 어떻게 하면 미국 전역에 더 빠르고 저렴하며 쉽게 이용가능한 광대역 인터넷 서비스를 제공할 수 있을 것인가? 한 가지 답으로 생각할 수 있는 건 경쟁을 자극하는 것이다. 예를 들어, 예를 들어, 구글이 2012년 캔자스 시티 지역의 광섬유 회선에 광대역통신을 제공하기 시작한 후, 기존 통신사들이 불과 1년 전에 제공했던 서비스 속도보다 86% 증가하였다.

불행히도 클리블랜드 인터넷 서비스 업체는 단 2개로 스펙트럼과 AT&T가 있다. AT&T는 대부분의 클리블랜드에 광대역 인터넷 서비스를 제공하지 않고 있을 뿐 아니라 일부 지역에는 전화 접속 서비스만 제공하고 있다.

농촌의 상황은 더욱 심각하다. 오하이오주 앤도버 타운(인구 약 1,100명)에는 센추리링크(CenturyLink; www.centurylink.com)의 DSL 서비스만 있다. 그러나 앤도버 공공도서관(Andover Public Library)은 주립 도서관 컨소시엄에서 광대역 연결을 제공한다. 그 결과 도서관의 와이파이를 사용하여 인터넷에 접속하기 위해 많은 사람들이 도서관 폐장 이후에도 도서관 건물 밖에 있는 차량에 머물러 있는 경우가 종종 있다.

다른 도시들은 광대역 인터넷 서비스를 위해 혁신적인 전략을 구사하고 있다. 예를 들어 앨라배마주 헌츠빌(Huntsville)은 다크 파이버로 알려진 기본 광섬유 인프라를 구축하고 있다. 그러면 구글에서 그 광섬유를 켜서 서비스를 제공한다. 아이다호주 아몬(Ammon) 지역은 광섬유 네트워크를 구축하고 민간 공급자가 경쟁할 수 있도록 한다. 이제 고객은 웹 인터페이스를 사용하여 몇 초 만에 공급자를 전환할 수 있다. 중요하게도 이 시스템은 전국 가정에서 흔히 볼 수 있는 회사 고유의 케이블이나 광 네트워크 박스가 필요 없다.

그러나 여전히 대부분의 지역은 신규 네트워크를 설치하는 과정이 쉽지 않다. 예를 들어 보통 전기회사나 전화회사가 소유하고 있는 전신주를 생각해보자. 이들 전화회사는 그들 소유의 전신주에 광섬유를 설치할 때 절차를 느리게 하거나 설치 비용을 비싸게 할 수 있다. FCC는 회사가 전신주에 광섬유를 부착하는 방법에 대한 규칙을 간소화했다. 그러나 이 규칙은 연방법을 따르는 인터넷 서비스 제공자(ISP), 전화 회사 및 케이블 회사에만 적용된다. 따라서 광섬유를 설치하려는 법인이 시골 지역 카운티의 경우 이 규칙이 적용되지 않는다. 따라서 주 또는 지방 정부가 전신주를 사용하도록 허가한 기관이더라도 전주 소유자는 절차를 길고 어렵게 만들 수 있다.

디지털 격차의 경제적 영향을 살펴보자. 에브리원온(EveryoneOn; www.everyoneon.org)은 모든 사람을 인터넷에 연결하여 사회적, 경제적 기회를 창출하는 것을 사명으로 하는 비영리 단체이다. 에브리원온은 다음과 같은 성과를 제시하고 있다.

- 학생들은 집에 인터넷이 연결되면, 고등학교 졸업장을 취득하고 대학에 다닐 가능성이 7% 상승한다. 게다가, 이 학생들은 평생 동안 2백만 달러 이상을 더 벌 수 있을 것이다.
- 에브리원온의 노동 통계국 데이터 분석에 따르면 집에 인터넷을 보유하고 있는 그렇지 않은 실직자보다 7주 더 빨리 취업하고 연간 5,000달러 이상의 추가 수입을 올릴 수 있다.
- 딜로이트(Deloitte; www.deloitte.com)에 따르면 인터넷에 연결되어 있지 않으면 매일 1인당 2.16달러 경제활동 손실이 발생하고, 이는 디지털 격차로 인해 미국이 하루에 1억 3,000만 달러 이상의 경제 활동 손실을 입는다는 것을 의미한다.

출처: Compiled from C. Aguh, "How the 'Digital Divide' Is Holding the U.S. Economy Back," *VentureBeat*, February 10, 2018; A. Perrin, "Digital Gap between Rural and Nonrural America Persists," *Pew Research Center*, May 19, 2017; U. Aneja et al., "Bridging the Digital Divide: Skills," *G20 Insights*, May 5, 2017; J. Fink, "Closing the Digital Divide," *TechZone360*, April 10, 2017; M. Anderson, "Digital Divide Persists Even as Lower-Income Americans Make Gains in Tech Adoption," *Pew Research Center*, March 22, 2017; G. Galvin, "States Struggle to Bridge Digital Divide," *US News and World Report*, March 16, 2017; J. Bond, "2.1 Million People Still Use Dial-Up Internet from AOL," *The Daily Dot*, January 8, 2017; D. Talbot, "The Hole in the Digital Economy," *Benton Foundation*, December 16, 2016; D. West and J. Karsten, "Rural and Urban America Divided by Broadband Access," *Brookings*, July 18, 2016; "FCC's Broadband Progress Report 2016," *FCC.gov*, January 29, 2016; and C. Tolbert and K. Mossberger, "Cuyahoga County Survey of Internet Access and Use," *Connect Your Community*, 2012.

질문

1. 인터넷 접근 부족으로 인해 개인 및 가족(본 사례에서 언급하지 않은)에게 미치는 몇가지 영향을 설명해보자.
2. 적당한 가격의 광대역 인터넷 서비스가 도시에 전략적으로 중요한가? 그 이유는 무엇인가?
3. 적당한 가격의 광대역 인터넷 서비스가 미국에 전략적으로 중요한가? 그 이유는 무엇인가?

9/11 사태와 다수의 대형 기업 스캔들 이후 미 정부는 다양한 법, 예컨대 사베인즈-옥슬리법(Sarbanes-Oxley Act), 애국법(USA PATRIOT Act), 그램-리치-블라일리법(Gramm-Leach-Bliley Act), 건강보험 이전 및 책임법(HIPAA: Health Insurance Portability and Accountability Act) 등을 입법하였다. 기업은 이들 법령에 포함된 규정을 준수해야 한다. 법규를 준수하는 과정은 비용과 시간이 많이 들어간다. 거의 모든 경우 조직은 IT로부터 지원받아 규정 준수에 필요한 통제 수단 및 정보를 확보하고 있다.

테러공격에 대한 보호. 2001년 9월 11일 이래 기업들은 자사를 테러 공격으로부터 보호해야 하는 압박에 시달려왔다. 또한 예비군에 소속된 직원들이 현역 동원령에 불려가 인력난을 초래하기도 했다. 정보기술은 보안시스템을 제공하고 테러활동, 특히 사이버 공격(4장에서 자세히 다룸) 등의 패턴을 분석함으로써 기업의 자사 보호에 기여할 수 있다. 기업 보호의 좋은 예로 팔란티어(Palantir; www.palantir.com)를 참조하길 바란다.

테러리즘에 대한 보호의 예로는 국토 안보부의 OBIM(Office of Biometric Identity Management) 프로그램이다(4장에서 생체인식을 논의한다). OBIM은 지문과 홍채 및 망막 스캐너와 같은 생체 인식 검사시스템의 네트워크로, 정부 데이터베이스에 연결하고 미국으로 입국하는 수백만 명의 신분을 확인하는 목록을 감시한다. 이 시스템은 현재 항공, 해상 및 육로로 입항하는 주요 국제항만을 포함하여 300개 이상의 지역에서 운영되고 있다.

윤리적 이슈. 윤리 문제는 일반적인 선과 악의 기준과 연관된다. 정보 윤리는 이런 기준 중에서도 정보처리 행위에서의 선악 기준과 연관된다. 윤리는 매우 중요하다. 만일 관리를 잘못할 경우 조직 이미지에 해를 끼치고 직원 사기를 저하시킬 수 있다. IT의 사용은 다양한 윤리적 이슈를 발생시킨다. 이는 이메일 감시부터 공개 및 비공개 데이터베이스에 저장된 수백만 명의 고객의 프라이버시 침해까지 다양하다. 이에 대해선 3장에서 더 깊이 다룬다.

따라서 조직에 대한 압력이 가중되고 있으며, 조직이 성공하려면 적절한 대응 조치를 취할 준비가 되어 있어야 한다. 다음 절에서 조직의 대응에 대해 배울 것이다.

조직의 대응

조직은 전략시스템, 고객 초점, 주문생산, 대량 맞춤화, 전자상거래와 같은 IT를 실행함으로써 방금 논의한 다양한 압력에 대응하고 있다. 이 절은 이러한 대응을 하나씩 살펴본다.

전략시스템. 전략시스템은 기업이 시장점유율, 이윤, 공급자를 상대로 한 교섭력, 시장 방어력 등을 향상시킬 수 있는 이점을 제공한다. IT와 기업사례 2.4는 정보시스템이 조직에 얼마나 전략적으로 중요한가를 보여준다. 보시다시피, 많은 정보시스템은 조직에게 전략적으로 매우 중요하기 때문에 이러한 시스템이 부적절하거나 완전히 실패할 경우 조직도 실패할 위험에 처하게 된다.

MKT **고객 초점.** 우수한 고객 서비스를 제공하고자 하는 조직의 노력은 신규 고객을 유치하고 경쟁사에게 고객을 뺏기지 않고 고객을 유지할 수 있도록 만든다. 수많은 IT 도구와 비즈니스

IT와 기업사례 2.4

BofA, 정보기술 혁신

MIS

문제

2007~2008년 금융 위기 이후, 뱅크 오브 아메리카(BofA: Bank of America; www.bankofamerica.com) 경영진은 은행에게 폐업에 가까운 심각한 위기를 초래한 문제를 제거하기 위한 조치를 취하도록 지시하였다. 이러한 조치 중 많은 부분이 BofA의 정보기술과 관련되어 있었다. 은행은 매년 정보기술을 개발 및 구매하는 데 약 30억 달러를 지출하고 기존 IT 인프라를 유지 관리하는 데 약 90억 달러를 지출하고 있어 이들 조치는 매우 시급한 상황이었다.

다각적 해결책

BofA는 IT 기능에 대한 일련의 전략적 목표를 개발하였다. (1) IT 인프라 표준화, (2) 애플리케이션 간소화, (3) 고객 중심 혁신 개발, (4) 물리적 인프라 간소화, (5) 디지털 모기지 개발 프로세스, (6) 은행 비즈니스 프로세스에서 인공지능(AI) 활용, (7) 가능한 전략적 파트너십을 위해 핀테크 공간 모니터링. 글로벌 테크놀로지 앤 오퍼레이션(Global Technology and Operations)이라고 하는 BofA의 IT 조직은 이들 목표를 달성하기 위해 조직되었다.

MIS **IT 인프라.** 과거에는 연간 수십억 달러의 운영 비용이 드는 거대한 글로벌 IT 아키텍처로 인해 은행의 비즈니스가 유연하기 어려웠다. 예를 들어, IT 부서는 일반적으로 모기지 비즈니스 및 거래 애플리케이션과 같은 각 비즈니스 라인에 대해 데이터 센터에 별도의 서버를 할당하였다. 효율성을 높이고 비용을 줄이기 위해 은행의 첫 번째 전략적 목표는 모든 사업부가 쉽게 액세스할 수 있는 표준화된 공유 IT 인프라를 구축하는 것이다.

이 목표를 달성하기 위해 은행은 소프트웨어가 필요에 따라 서버, 스토리지 및 네트워킹 리소스를 비즈니스 사용자에게 제공하는 사설 클라우드(기술가이드 3 참조)인 SDI(소프트웨어 정의 인프라)를 구현하였다. 이 프로세스는 클라우드 서비스 공급자가 고객에게 주문형 컴퓨팅을 제공하는 방식과 유사하다. SDI 사설 클라우드를 통해 2008년에 64개의 데이터 센터를 운영했던 은행이 2019년까지 8개의 데이터 센터만 운영할 계획이다.

은행은 SDI 사설 클라우드를 통해 변화하는 비즈니스 조건에 보다 신속하게 대응하면서도 데이터 센터 비용을 기존 대비 최대 50% 절감할 수 있었다. 또한 클라우드 시스템을 활용하여 은행은 더 적은 하드웨어로 더 많은 컴퓨팅 작업을 수행할 수 있게 되었다. 그리고 네트워크, 스토리지 및 서버 용량은 비즈니스 상황에 따라 가변적으로 확장 또는 축소되어 운영가능해졌다. 기본적으로 클라우드는 은행이 역동적인 비즈니스 환경의 변화에 보다 유연하게 대응할 수 있게 만들어 준다.

SDI 사설 클라우드에는 보다 복잡한 보안 통제 및 규정 준수 보고가 필요하다. BofA는 은행 계좌 번호 및 신용카드 정보와 같은 민감한 데이터를 클라우드에서 안전하게 관리하고 있음을 감사자에게 입증할 수 있어야 한다. 실제로, 은행은 정보 보안 및 규정 준수를 개선하기 위해 각 데이터 조각에 태그를 지정하거나 레이블을 지정하여 글로벌 네트워크에서 데이터를 추적하고 해당 데이터에 액세스했거나 데이터를 변경한 모든 사람을 추적할 수 있도록 실험하고 있다.

응용 프로그램. BofA는 여러 회사를 인수하면서 남겨진 프로그램 포함 18,000개 이상의 응용 프로그램을 폐기하였다. 예를 들어, 은행은 5개의 메릴린치(Merrill Lynch) 재정 고문 애플리케이션을 하나로 통합하는 데 1억 달러를 지출하였다. (BofA는 2013년 메릴린치를 인수하였다.) 또한 140개국 기업 고객의 사용자는 이제 11개 언어로 BofA의 캐시프로(CashPro) 온라인 포털에 접속한다. 포털은 유동성 관리, 통화 변환, 전신환 등을 포함한 수백 개의 애플리케이션을 대체하였다. 은행은 또한 22개의 담보 관리 시스템을 하나의 시스템으로, 8개의 창구 시스템을 하나의 시스템으로 통합하였다.

IT 인프라를 단순화하고 수천 개의 애플리케이션에 대한 라이선스 및 지원 비용을 줄임으로써 은행은 연간 IT 예산 100억 달러 중 더 많은 부분을 혁신적인 애플리케이션에 투자할 수 있었다. 실제로 BofA는 2009년 이후 신규 개발 지출을 2배로 늘렸다.

MKT **혁신적 고객 서비스.** 은행 고객은 은행이 "고객이 지금 있는 곳"이 되길 원한다. 이를 위해 은행은 2014년 고객용 스마트폰 및 아이패드(iPad) 앱의 새 버전을 출시하였다. 이 앱은 다음의 세 가지 기능을 제공한다.

1. 계정 정보 및 거래 기능: 고객은 어디에서나 모든 장치에서 계정 세부 정보를 보고 자금을 이체할 수 있어야 한다. 또한 고객은 신규 직불카드 및 신용카드를 신청하고, 사용 가능한 카드 신용을 확인하고, 약속을 예약하고, 예정된 청구서 지불을 수정하고, 게시된 수표 사본을 신청하고, 기타 여러 기능을 수행할 수 있다.
2. 서비스: 앱은 다양한 서비스 지향 기능을 제공한다. 예를 들어 은행 고객이 해외 여행을 하는 경우 은행에 전화하여 고객 서비스 담당자와 통화할 필요 없이 모바일 장치를 통해 계정에 여행 알림을 표시할 수 있어야 한다.
3. 모바일 결제 및 상거래: BofA는 JP모건체이스(JPMorgan Chase) 및 웰스파고(Wells Fargo)와 공동으로 클리어익스체인지(clearXchange) 개인 간 결제 네트워크와 같은 서비스를 제공하고 있다. 또한 은행은 뱅크아메리딜스(BankAmeriDeals) 가맹점 자금 보상 프로그램을 제공하여 고객이 온라인 뱅킹 계좌로 직접 전송된 제안을 클릭하여 소매업체로부터 쿠폰을 받을 수 있다.

2018년 가을까지 이 앱은 2천만 명 이상의 사용자를 보유하고 있으며 빠르게 성장하고 있다. BofA는 현재 모바일 장치에서 이루어진 수백만 건의 거래를 관리하고 있으며, 그 금액은 매년 50%씩 증가하고 있다.

물리적 인프라. 비용을 줄이기 위해 BofA는 은행 지점 위치 네트워크를 분석하였다. 은행은 고객, 위치, 시간 및 채널별로 모든 거래를 추적하였다. 보안을 위해 은행은 개인을 식별할 수 있는 모든 세부 정보를 제거하였다. 고객 활동을 추적하는 것 외에도 은행은 각 지점의 용량, 각 위치의 비용, 각 지점의 총 매출, 연간 매출, 신규 고객에 대한 첫해 매출 매출을 조사했다. 분석 결과 BofA는 지점 은행 수를 20% 줄일 수 있었다.

디지털 모기지. 2018년 4월, BofA는 디지털 모기지를 시작하였다. 디지털 모기지를 통해 고객은 은행의 모바일 앱이나 온라인 뱅킹 웹 사이트를 통해 모기지 신청서를 작성할 수 있다. 모기지 마감은 여전히 대면으로 완료해야 한다.

디지털 모기지를 만드는 과정에서 은행은 고객이 모기지 응용 프로그램에 입력해야 하는 필드의 수를 절반 미만으로 줄였다. 표준 모기지 신청서에는 작성해야 하는 300개 이상의 필드가 있는데, 은행은 해당 정보의 대부분을 미리 채운다. 은행은 자체 시스템에서 관련 데이터와 문서를 검색할 수 있으므로 고객이 너무 많은 정보를 입력하고 문서 사진을 찍지 않아도 된다. 은행 고객이 아닌 경우 은행은 데이터 집계 회사와 협력하여 다른 금융 기관에서 필요한 정보를 검색한다.

은행은 디지털 모기지가 고객이 모기지 마감에 도달하는 데 걸리는 시간을 절반으로 줄인다고 말한다. 은행의 기존 주택 대출 탐색 소프트웨어 도구는 프로세스를 통해 고객을 안내하고 상태 업데이트를 제공한다. BofA는 디지털 모기지가 대출 담당자를 대체하는 것이 아니라 바쁜 업무를 훨씬 쉽고 빠르게 만들어 대출 담당자의 경험을 향상시킨다고 강조하고 있다.

MIS **인공지능(AI).** 은행은 2018년 3월 챗봇 에리카(Erica)를 선보였으며 2018년 7월까지 에리카의 사용자 수는 100만 명에 달했다. 에리카는 음성, 텍스트, 의도를 이해하기 위한 자연어 처리와 고객 데이터에서 통찰력을 얻기 위한 기계학습이라는 두 가지 형태의 AI를 사용한다. 에리카는 고객이 잔액을 확인하고, 청구서에 대해 상기시키고, 지불 일정을 잡고, 최근 거래를 나열하고, 은행 관련 질문에 답변하도록 돕는다. 고객은 음성, 문자, 탭 또는 제스처를 통해 챗봇과 상호 작용할 수 있다.

고객은 계속해서 에리카를 사용하고 있으며, 그 중 거래 검색을 가장 많이 사용하고 있다. 예를 들어, 고객은 에리카에 액세스하여 "내 월마트 거래를 모두 보여줘"라고 말할 수 있다. 고객은 "내 급여(paycheck)가 입금되었는가?"라고 말하여 보류 중인 거래를 검색한다. 그들은 또한 계정 잔액, 계정 번호 또는 라우팅 번호를 얻기 위해 에리카를 사용한다. 또한 에리카를 통해 청구서를 지불할 수 있다.

2018년 늦여름까지 BofA는 에리카를 통해 인사이트와 사전 알림 서비스를 도입하였다. 이 서비스에서 고객은 예정된 청구서가 있는지, 잔고가 너무 낮아 청구서를 감당할 수 없는지, 잡지 구독이 만료되는지, 신용 점수가 급격하게 변했는지 등을 알 수 있게 되었다.

은행은 에리카를 사용하면서 발생하는 도전 과제들인 소비자 개인정보보호, 일상어 이해가능한 챗봇 능력 향상, 사용자의 추가 요구 사항 등을 처리하고 있다.

은행은 또한 부정거래 관리 프로그램에서 기계학습 기법을 사용한다. 부정거래 관리 프로그램의 전반적 목표는 손실을 줄이고 고객경험을 향상시키는 것이다. 부정거래 관리의 기초는 고객 행동에 대한 철저한 이해에서 시작한다. 즉, 무엇이 정상적인 거래에 해당하고 무엇이 그렇지 않은지 이해하는 것이다. 은행이 고객 행동에 대한 추가 통찰력을 얻으면서, 부정거래 관리 알고리즘을 개선하여 은행이 합법적인 거래를 부정거래로 식별하거나 실제 부정 거래를 놓치지 않도록 할 수 있다.

은행은 청구 분쟁에도 기계학습을 적용한다. 직원이 분쟁에 대한 데이터를 수집하는 데 몇 시간을 소비하는 대신 기계학습 소프트웨어는 이 데이터를 빠르게 찾고 분석하여 의사결정을 내릴 수 있다.

기계학습은 또한 거래 데이터 분석에서도 유망하다. 예를 들어, 2018년 1월 3일에 발효된 유럽 위원회의 금융 상품 시장 지침 2는 거래에 대한 추가 보고를 요구한다. 그 결과 은행은 지침 이전보다 200만 건 이상의 금융 거래를 기록하고 있다. 이러한 이벤트 분석은 은행에서 거래가 언제 돈을 벌었는지 또는 돈을 잃었는지 확인하는 데 도움이 된다. 은행은 이 분석을 사용하여 고객에게 제공하는 금융 서비스를 개선하고 자체 재무 운영을 개선하고 있다. BofA 경영진은 AI 기술에 대해 우려하고 있다. 예를 들어 AI 모델이 편향될 가능성이 있다. 따라서 은행은 AI 알고리즘에게 고용인에 대한 최종 결정권은 허용하지 않고 있다.

FIN ACCT **핀테크.** 핀테크(FinTech)란 기술을 혁신적으로 사용하여 금융 서비스 및 금융 상품을 설계하고 제공하는 것을 말한다. 핀테크는 대출, 조언, 투자 관리 및 지불을 포함하고 있다. 많은 핀테크 회사는 모바일 기술, 빅 데이터 및 분석을 활용하여 다양한 고객 세그먼트에 맞게 제품을 맞춤화하고 있다. 다음의 예를 보자.

- 디지털 지갑, 모바일 결제, P2P 결제와 같은 디지털 결제 시스템
- 크라우드펀딩 및 P2P 대출과 같은 투자 시스템
- 소액 대출과 같은 금융 시스템

BofA는 규제가 심한 산업에서 속해 있기 때문에 마진율이 매우 낮다. 따라서 은행은 핀테크 기업이 되지 않는다. 하지만 핀테크 기업들과 협업하기 위해 다양한 전략을 모색하고 있다.

흥미롭게도 BofA IT 경영진은 매년 실리콘 밸리에서 40개 기술 신생 기업과 만나 신제품에 대해 알아본다. 수년에 걸쳐 은행은 이러한 신생 기업의 약 17%와 사업을 하기로 결정해 왔다. BofA와 신생 기업의 협력은 규모와 신뢰성에 대한 은행의 필요성과 새로운 아이디어에 대한 필요성 사이에서 균형을 유지하고 있다.

BofA는 이러한 공급업체(vendor)에 대해 높은 기대를 걸고 있다. 은행은 이들 업체에게 개방형 표준과 상호 운용성을 요구한다. 즉, 벤더 애플리케이션은 BofA의 애플리케이션과 원활하게 통합되어야 한다. 또한 필요에 따라 규모를 감소하거나 증가하는 데 드는 비용에 대한 기술적 계약 역시 필요하다. 마지막으로, 기술 공급업체는 BofA의 위험 및 규제 규칙을 공유해야 한다. 여기에는 공급업체의 기술이 은행에 손실 또는 과징금으로 이어지는 문제를 일으킬 경우 공급업체가 책임을 분담하는 계약에 동의하는 것도 포함된다. 한 예로, BofA는 AI를 은행의 규제 준수 작업에 적용하는 회사인 쿼룰(Quarule; www.quarule.com)과 협력하고 있다.

결과

BofA는 IT 혁신이 진행 중이며 재무 결과는 양호한 것으로 보인다. 2018년 가을, BofA는 2조 2천억 달러 이상의 자산을 보유한 미국에서 두 번째로 큰 은행이다. 또한 은행은 2017년에 182억 달러의 순이익을 달성하였다.

출처: Compiled from P. Crosman, "Mad about Erica: Why a Million People Use Bank of America's Chatbot," *American Banker*, June 13, 2018; P. Crosman, "Where Bank of America Uses AI, and Where Its Worries Lie," *American Banker*, May 11, 2018; J. Nunn, "How AI Is Transforming HR Departments," *Forbes*, May 9, 2018; P. Crosman, "Bank of America Launches a (Mostly) Digital Mortgage," *American Banker*, April 11, 2018; C. Weissman, "Bank of America's Bot Is 'Erica' Because Apparently All Digital Assistants Are Women," *Fast Company*, March 28, 2018; R. Barba, "Bank of America Launches Erica Chatbot," *Banking*, March 19, 2018; P. High, "The Future of Technology according to Bank of America's Chief Operations and Technology Officer," *Forbes*, June 19, 2017; "Bank of America Is Laying Off Operations and Tech Employees, Mostly at Its Headquarters," *Reuters*, June 14, 2017; "Bank of America Drives Future of Digital Banking in 2017 as Mobile Banking Turns 10," *Bank of America Press Release*, February 22, 2017; S. Nunziata, "Bank of America's Digital Transformation: Where IT Fits In," *InformationWeek*, October 27, 2016; P. Crosman, "How B of A's Billion-Dollar Tech Cuts Could Fuel Startups," *American Banker*, June 28, 2016; L. Shen, "Here's Why Bank of American Is Slashing Up to 8,400 Jobs," *Fortune*, June 15, 2016; "BofA Has $3 Billion to Pour into Innovations as Banks Are Swarming around FinTech Startups," *Let's Talk Payments*, January 8, 2016; H. Clancy, "This Fortune 500 Bank's Patents Are Cited by Apple, Google, and Nike," *Fortune*, June 29, 2015; R. King, "Bank of America's Data Initiative Follows Internet Companies into the Cloud," *Wall Street Journal*, March 6, 2015; C. Murphy, "How Bank of America Taps Tech Startups," *Information-Week*, December 1, 2014; R. Preston, "IT Chief of the Year: Bank of America's Cathy Bessant," *InformationWeek*, December 1, 2014; T. Groenfeldt, "Bank of America's Data Mapping Adds $1 Per Share," *Forbes*, August 21, 2014; C. Murphy, "Bank of America's 'Why Stop There?' Cloud Strategy," *InformationWeek*, February 4, 2014; D. Campbell, "Bank of America Finishes Merger of Merrill Lynch into Parent," *Bloomberg Business*, October 1, 2013; B. Yurcan, "The Future of Mobile at Bank of America," *InformationWeek*, March 25, 2013; P. Crosman, "Inside BofA's IT Makeover," *American Banker*, September 1, 2011; "BofA Repays All of Government Funds," *MSNBC*, December 10, 2009; and www.bankofamerica.com, accessed September 22, 2017.

질문

1. 모바일 뱅킹 고객 애플리케이션 개발과 뱅킹 센터 폐쇄 사이에는 어떤 관계가 있는가?
2. 포터의 경쟁우위 전략 측면에서 BofA가 추구하는 각 전략에 대해 논의해보자. 그리고 이 답변을 뒷받침하는 구체적인 예를 들어보자.

프로세스가 고객 행복을 위해 설계되었다. 비즈니스 프로세스는 조직과 비즈니스 파트너 및 고객에게 가치 있는 재화와 서비스를 생산하는 관련있는 활동들의 집합이라는 것을 상기하라. 아마존(Amazon)을 예로 들어 보자. 첫 번째 방문 후 언제든 아마존의 웹 사이트를 방문하면, 사이트는 여러분의 이름을 부르며 환영하고 전에 구매한 상품을 바탕으로 관심을 가질만한 제품을 소개한다. 또 다른 예로 델(Dell)에선 컴퓨터 구매를 할 때에 정보와 선택 요소를 제공해 심사숙고하여 선택을 할 수 있도록 도와준다. IT와 기업사례 2.5는 크루즈 라인이 승객의 만족도를 높이기 위해 정보기술을 어떻게 활용하고 있는지 보여준다.

주문생산 및 대량 맞춤화. **주문생산(make-to-order)**은 개인 주문에 맞추어진 제품과 서비스를 생산하는 전략이다. 비즈니스 문제는 바로 이러한 맞춤 제품을 효율적으로 그리고 합리적으로 저렴한 비용으로 어떻게 제조할 수 있는 가이다. 해결책의 일부는 제조 공정을 대량 생산에서 대량 맞춤화로 바꾸는 것이다. 대량 생산에서 기업은 동일한 제품을 대량으로 제조한다. 대량생산의 초기 예가 헨리 포드의 모델 T이었다. 고객은 단지 색상만 선택할 수 있었는데 거의 검정색이었다.

모든 고객에게 단일 제품을 공급하는 포드의 정책은 결국 소비자의 세분화에 나섰다. 포드는 상이한 고객 그룹 혹은 세분화된 고객에게 표준 사양을 제공했다. 예를 들면 의류제조업자는 서로 다른 고객에게 어필할 수 있는 다른 크기와 색상의 옷을 디자인한다. 다음 단계는 각 고객들에게

IT와 기업사례 2.5

기술을 수용하는 크루즈 선박

MIS MKT

크루즈는 전통적으로 사람들이 1~2주 동안 바쁜 일상에서 벗어날 수 있게 해주었다. 오늘날 여행 산업에서 기술은 필수품이 되고 있다. 대부분의 승객은 크루즈에 탑승해 있어도 육지에 있는 것처럼 인터넷에 쉽게 접속하고 싶어 한다. 다음에서 3개 크루즈 선박 회사에 탑재된 기술을 살펴보자.

로얄 캐리비안 크루즈. 로얄 캐리비안 크루즈(Royal Caribbean Cruises Ltd; www.royalcaribbean.com)사는 2018년부터 2020년까지 2년 동안 49척의 선박에 대해 디지털 전환을 수행하였다. 이 디지털 전환을 추진하기 위해 회사는 플로리다주 마이애미에 있는 본사에 선박을 위한 혁신 기술을 개발하는 혁신 연구소를 열었다.

로얄 캐리비안 크루즈사의 선박에는 로봇 바텐더와 와우밴드(WOWbands)가 있다. 와우밴드는 무선 주파수 식별 손목 밴드(RFID, 8장 참조)를 사용하여 손님이 선내에서 구매를 하고 객실을 이용할 수 있게 한다.

현대 승객들은 광대역 인터넷 연결에 익숙하기 때문에 크루즈 라인은 각 선박 전체에서 빠른 속도의 와이파이를 제공하고 있다. 승객은 모바일 앱에서 음료를 주문할 수 있으며 웨이터가 어디에 있든 음료를 가져다 준다. 이 회사는 와이파이 액세스 포인트를 사용하여 승객의 위치를 삼각 측량하고 서버(웨이터)에게 걸어갈 수 있는 약 3미터 영역을 제공한다. 서버들은 승객의 얼굴 사진을 볼 수 있는 전화기가 있어 승객을 찾을 때 도움을 받을 수 있다.

로얄 캐리비안 크루즈사는 VR(가상현실) 기술을 사용하여 객실 내부의 승객에게 바다 전망을 제공한다. 승객은 가상 발코니에서 이러한 경치를 감상할 수 있다. 크루즈 라인은 또한 상부 갑판에 있는 큰 노란색 구체인 스카이패드(Sky Pad)를 배치하였다. 내부에는 번지 코드와 VR의 조합으로 연결된 4개의 트램폴린이 있다. 일단 안으로 들어가면 참가자들은 번지 코드를 사용하여 바운스하면서 착용하고 있는 VR 헤드셋으로 VR 세계를 탐험할 수 있다.

셀러브리티 크루즈. 셀러브리티 엣지(Celebrity Edge)는 2018년 12월 16일에 진수되었으며 완전한 3차원(3D)으로 설계된 최초의 선박이다. 이 회사는 가상현실(VR) 3D 시뮬레이션, 디자인의 전체 3D 목업 및 3D 화면을 사용하여 디자이너가 승객과 선원들에게 적절한 공간을 건설할 수 있도록 객실, 레스토랑, 엔터테인먼트 장소, 사무실 등의 공간에 대해 모든 각도로 볼 수 있게 하였다.

이 선박에는 기계학습 기법을 활용한 승객 및 승무원용 모바일 앱이 있어 앱이 승객을 위한 지능형 개인 비서 역할을 할 수 있다. 배는 또한 안면 인식 기능을 갖추고 있어 항구에서 체크인, 길 찾기(배를 돌아다니는 길 찾기), 객실 탑승자를 위한 객실 문 자동 잠금 해제가 가능하다. 특히 객실문을 자동 잠금 해제하기 위해 크루즈 회사는 기존 도어록을 모두 교체해야 했는데, 이는 시간과 비용이 많이 드는 과정이었다.

길 찾기 서비스를 제공하기 위해 셀러브리티 크루즈사는 기존 네트워크와 승객 휴대전화의 센서를 사용하여 승객이 배에 있는 위치를 정확하게 매핑하였다. 이 매핑 기술을 활용함으로써 크루즈 회사는 길찾기 서비스를 위한 신규 인프라를 구축할 필요가 없어졌다.

카니발 코퍼레이션. 카니발 코퍼레이션(Carnival Corporation; www.carnival.com)은 손님을 맞이하고 일반적인 질문에 대답하는 페퍼라는 이름의 로봇을 배치했다. 로밍 사진 작가가 찍은 저녁 메뉴와 손님의 사진은 카니발 코퍼레이션의 배 곳곳에 있는 아이패드에서 볼 수 있다. 이 크루즈 회사는 또한 승객들이 기내에서 인스턴트 메시징을 사용하여 서로 통신할 수 있도록 모바일 앱을 배포하였다.

2017년 11월, 가니발 고퍼레이선은 새로운 메달리언(Medallion) 웨어러블 기기를 선보였다. 각 메달리언은 손님들과 연결되어 있으며 각 선박에 있는 7,000개의 센서와 상호 작용한다. 메달리언은 각 선박 전체에 위치한 4,000개의 고해상도 55인치 스크린 네트워크인 오션 컴퍼스(Ocean Compass)와 함께 작동한다. 오션 컴퍼스는 기계학습 기법을 통합하여 승객 행동을 분석하고 개인화된 권장 사항을 제공한다. 예를 들어 승객이 방으로 걸어갈 때 센서가 접근을 감지하여, 그가 도착할 즈음에는 조명이 켜지거나 에어컨이 희망 온도에 맞게 방을 시원하게 식히고 있다.

MSC 크루즈. MSC 크루즈(MSC Cruises; www.msccruisesusa.com)는 2026년에 최종 선박이 완성되는 11개의 새로운 크루즈 선박과 'MSC for Me'라는 함대 전체의 디지털 혁신 전략을 출시한다. 10년간 100억 달러 규모의 이 투자 프로그램은 고객경험을 개선하기 위해 기술을 사용한다. MSC 크루즈의 첫 번째 신규 선박인 MSC 메라비글리아(MSC Meraviglia)호는 2017년 중반에 취역했다. 이 배는 16,000개의 연결 지점, 700개의 디지털 액세스 지점, 358개의 대화형 정보 화면, RFID 및 근거리 통신(NFC, 8장 참조) 기술을 갖춘 2,244개의 선실을 갖추고 있다.

170개 국적의 사람들이 MSC 선박을 타고 항해하기 때문에 엄청난 통신 문제가 발생한다. MSC는 각 손님의 프로필을 기반으로 관련 정보를 제공해야 하며 모든 디지털 커뮤니케이션 채널은 이 정보의 효과적인 전달을 가능하게 해야 한다.

'MSC for Me' 팔찌는 안면 인식을 사용하여 승객에게 최적화된 순항 경험을 목표로 하는 130개의 스마트하고 개인화된 기능을 제공한다. 이러한 기능에는 승객이 승선 전에 여행을 예약하고, 선박의 레스토랑 중 한 곳에서 예약하고, 객실 및 공공 장소와 같은 선박 및 공간의 VR 투어를 경험할 수 있도록 도와주는 앱이 포함된다. 여행자를 위해 팔찌는 길 찾기를 제공하고 구매를 촉진하며 승객이 직원에게 서비스를 요청할 수 있도록 하는 일일 활동 조직자 역할을 한다. 팔찌는 성인의 경우 추가 가격으로 제공되지만 어린이는 무료이다. 팔찌 구매를 선택하지 않은 손님은 앱을 통해 레스토랑이 얼마나 꽉 차 있는지 확인하거나 여행을 예약하는 등 팔찌의 일부 기능에 액세스할 수 있다.

MSC는 VR 기술을 사용하여 고객이 실제 여행을 구매하기 전에 시도할 수 있는 몰입형 가상 해안 여행을 만들고 있다. 크루즈 회사는 또한 손님이 입어보지 않고도 선상에서 판매되는 다양한 의류 품목을 볼 수 있는 VR을 사용한다.

모든 크루즈 회사의 디지털 혁신 과정에서 개인정보보호 및 보안은 중요한 고려 사항이다. 따라서 모든 크루즈 회사는 고객의 개인정보보호 및 보안을 위한 모범 사례를 염두에 두고 애플리케이션을 개발하고 있다.

출처: Compiled from A. Coulter, "Sky Pad Virtual Reality Trampoline on Royal Caribbean Cruises," *CruiseCritic*, June 13, 2018; R. Tribou, "Revamp of Royal Caribbean Ship to Add Virtual Reality Trampoline," *Orlando Sentinel*, February 8, 2018; R. Cheng, "Royal Caribbean's High-Tech Ship Lets You Be Lazier Than Ever," *CNET*, November 10, 2017; "New Technology for Cruise Lines," *CruiseExperts.com*, April 3, 2017; T. Maddox, "Royal Caribbean Steps Up the High-Tech Battle on the High Seas," *TechRepublic*, March 15, 2017; C. Herrera, "MSC's Smart Wristbands and New Technology Coming to the Line's Miami Cruise Ships," *Miami Herald*, March 13, 2017; C. Saran, "MSC Cruises Goes Digital," *Computer Weekly*, March 10, 2017; "MSC Cruises Launches New Digital Guest Experience Program, MSC for Me," *Seatrade Cruise News*, March 8, 2017; K. Collins, "These Cruise Ships Will Deck You Out in Wearable Tech," *CNET*, March 8, 2017; B. Barrett, "Carnival's High-Tech Cruise Wearable Knows Your Every Need," *Wired*, January 5, 2017; M. McFarland, "Carnival's New Wearable Rethinks the Cruise Ship Vacation," *CNN*, January 4, 2017; E. Silverstein, "Robot Bartender at the Bionic Bar on Royal Caribbean Cruises," *Cruise Critic*, December 7, 2016; www.royalcaribbean.com, www.carnival.com, and www.msccruisesusa.com, all accessed July 25, 2018.

질문

1. 이 사례에 언급된 정보기술은 크루즈 회사를 위한 전략적 시스템인가? 그 이유는 무엇인가?
2. 3개 크루즈 회사에서 대화형 팔찌가 프라이버시에 미치는 영향은 무엇인가? (힌트: 3장 참조)
3. VR 응용 프로그램이 실제로 크루즈 순항 경험을 저하시킬 수 있는가? 그 이유는 무엇인지와 그 답변을 뒷받침하는 예를 제공해보자.

다양한 구성품을 가진 재화와 서비스를 고객이 맞춤화하는 것을 허용하는 대량 맞춤화이다. 예를 들어 고객은 자동차나 컴퓨터 또는 스마트폰을 주문할 때 자신이 원하는 기능이나 특징을 지정할 수 있는 것이다.

현재 **대량 맞춤화(mass customization)** 전략은 기업이 제품을 대량으로 생산하긴 하지만 개개 고객들의 수요와 취향에 맞게 맞춤화도 한다. 대량 맞춤화는 단순히 말해 주문생산을 대규모로 실시하려는 시도이다. 다음의 예를 살펴보자.

- 나이키ID(NikeID; www.nikeid.com): 고객이 자신의 신발을 디자인하도록 허용한다.
- M&M 캔디: 나의 M&Ms(www.mymms.com)는 고객들이 캔디에 사진, 그림, 그리고 메시지를 붙이는 것을 허용한다.
- 델(www.dell.com)과 HP(www.hp.com): 고객이 그들이 원하는 컴퓨터 사양을 정확하게 지정할 수 있게 한다.

E-비즈니스 및 전자상거래. 전자적으로 비즈니스를 수행하는 것은 현재 비즈니스 환경에서 경쟁하는 기업에게 필수적인 전략이라고 할 수 있다. 전자상거래는 제품, 서비스, 혹은 정보를 인터넷 등의 컴퓨터 네트워크를 이용하여 구매, 판매, 이전, 교환하는 것을 말한다. e-비즈니스는 좀 더 넓은 개념으로, 제품과 서비스의 사고팔기뿐 아니라 고객 서비스, 기업 파트너와의 협력, 조직 내 전자적 거래 수행 등을 포함한다. 7장이 이 주제에 대해 자세히 다룬다. 또한 전자상거래는 책 전체를 통해 다룬다.

이제 여러분은 기업이 오늘날 기업 환경에서 느끼는 압력과 이에 대해 조직이 사용할 수 있는 대응에 대해 일반적 개요를 파악하였다. 가장 효과적인 대응을 계획하기 위해서 기업은 전략을 구사해야 한다. 새로운 디지털 경제에서 이들 전략은 정보기술, 특히 전략정보시스템에 크게 의존한다. 이러한 주제에 대해 다음 절에서 자세히 알 수 있을 것이다.

확인하고 넘어가기

1. 현대 기업 환경의 특징은 무엇인가?
2. 현대 글로벌 기업 환경을 특징짓는 압력으론 무엇이 있는지 논해보자.
3. 이들 압력에 대한 조직적 대응 중 일부를 설명해보자. 이들 중 특정 압력에 국한되는 대응이 있는가? 있다면 어느 것인가?

2.4 경쟁우위와 전략정보시스템

경쟁전략은 기업이 타 기업과 경쟁하기 위한 전략, 기업의 목표, 그리고 그 목표를 달성하기 위한 계획과 정책을 정의하는 개념이다(포터, 1985).[1] 일반적으로 전략은 시장점유율의 확보와 같은 원하는 산출물에 적용될 수 있다. 경쟁전략은 경쟁자가 나의 목표를 달성하는 것을 방해하는 상황에서 원하는 산출물을 획득하는 것에 초점을 두는 것이다. 따라서 경쟁 전략을 세울 때 자신의 움직임을 계획해야 하지만 경쟁자의 움직임을 역시 예상하고 대응해야 한다.

조직은 경쟁 전략을 통해 산업 내 경쟁우위를 획득한다. 즉, 비용, 품질, 시장도달시간 등의 주요 면에서 경쟁자보다 더 나은 성과를 올리고자 한다는 것이다. 경쟁우위는 기업이 시장 내에서 채산성 있게 활동하고 평균 이상의 이윤을 남기는 것을 돕는다.

이 책 전체에 걸쳐 설명하는 것처럼 경쟁우위는 오늘날 기업환경에서 중요성은 점점 더 커져가고 있다. 일반적으로 기업의 핵심 비즈니스는 변하지 않는다. 정보기술은 기존의 경쟁우위의 근원, 그러니까 저렴한 비용, 훌륭한 고객 서비스, 우월한 공급망관리 등에서의 조직의 성공을 향상시키는 존재이다. **전략정보시스템(SIS: strategic information systems)**은 조직이 그 전략목적을 적용하고 성과 및 생산성을 증대시키는 것을 도움으로서 경쟁우위를 제공한다. 조직이 경쟁우위를 얻는 것이나 경쟁의 약점을 줄이는 것을 지원하는 정보시스템이라면 모두 전략정보시스템이다.

포터의 경쟁세력 모형

기업의 경쟁력을 분석하는 가장 잘 알려진 프레임워크는 마이클 포터(Michael porter)의 **경쟁세력 모형(competitive forces model)**이다(포터, 1985). 기업들은 포터의 모형을 사용해 전략을 구상하고 경쟁우위를 증진시킨다. 포터의 모형은 또한 IT가 어떻게 기업의 경쟁력을 향상시킬 수 있는지 보여준다.

마이클 포터의 경쟁 세력 모형은 한 산업내에서 기업의 전략적 위치를 유리하게 하거나 위태롭게 하는 다섯 가지 주요 경쟁세력을 제시하고 있다. 그림 2.3은 5개의 경쟁세력을 보여준다. 웹은 경쟁의 본질을 바꾸어 놓았지만 포터의 5개 경쟁세력을 바꾸지는 못했다. 사실 분석도구로서 이들 세력이 매우 중요한 이유는 몇 세기동안 이들 세력이 변하지 않았다는 점이다. 대기업이든 소기업이든, 어떤 비즈니스이든 간에 모든 경쟁 조직은 이들 세력에 의하여 영향을 받는다. 예를 들어 지방정부와 같은 경쟁적으로 보이지 않는 조직에서도 이 경쟁 세력 모형은 적용될 수 있다. 지방정부

---

1 M. E. Porter, Competitive Advantage (New York: Free Press, 1985).

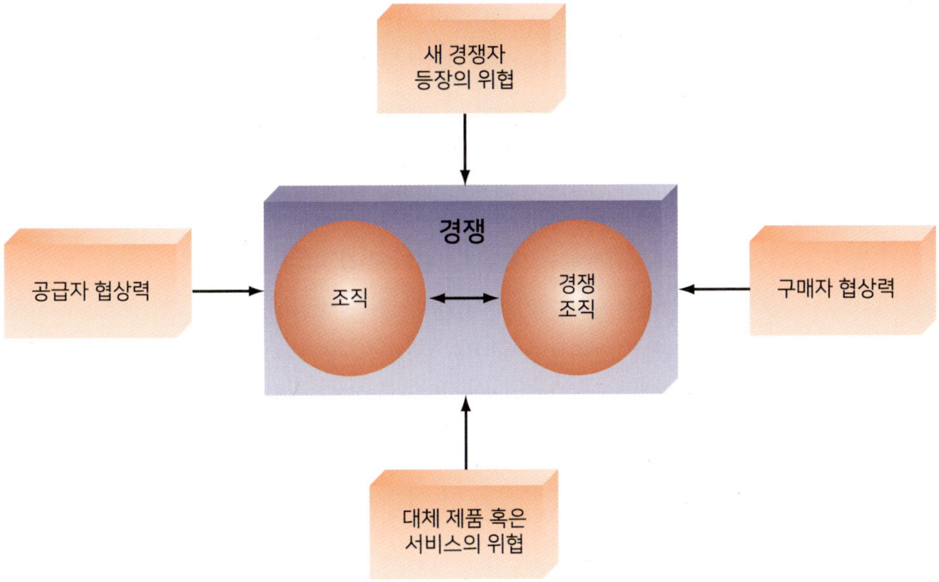

그림 2.3 포터의 경쟁세력 모형

가 비영리조직이지만 상위정부로부터의 재정 확보나 근로자, 그 외 많은 일들에 있어 동일 지역에 있는 기업들과 경쟁한다.

중요하게도 포터(2001)는[2] 웹의 등장이 산업체 미친 전체적인 영향을 살펴보면 기업의 수익성을 저하시키는 경쟁이 증가한 것으로 결론짓고 있다. 포터의 다섯 가지 경쟁 세력을 살펴보고 웹이 그들에게 어떻게 영향을 미치는가를 알아보자.

1. 신규 경쟁자의 진입 위협: 신규 경쟁자가 기업이 속한 시장에 진입하는 위협은 진입이 쉬울 때 크고 높은 진입 장벽이 존재할 때 작다. **진입 장벽**(entry barrier)은 특정 산업에서 고객들이 당연히 기대하게 된 제품 혹은 서비스 특징을 말한다. 경쟁 조직은 이 기능을 제공해야만 시장에서 생존할 수 있다. 진입 장벽의 종류는 많다. 예를 들어, 변호사를 개업하기 위해서는 변호사 시험에 합격해야 하고 주류 판매를 위해서는 미리 허용된 숫자 내에서 면허 취득을 해야 하는 법적 요건을 고려해보자.

   예를 들어 주유소를 개업하는 상황을 가정해보자. 주유소 산업에서 경쟁하기 위해서는 주유량에따라 자동으로 계산하는 즉시 결제 서비스(pay-at-the-pump)를 제공해야 한다. 이 즉시 결제 서비스는 무료로 제공되기 때문에 주유소 산업에서 IT 기반 진입 장벽으로 작동된다. 이 서비스를 최초로 제공한 주유소는 선도 진입자의 이점(first-mover advantage)을 얻었으며 산업에 진입 장벽을 세웠다. 하지만 이 우위는 오래가지 않았고 경쟁자들은 빠르게 같은 서비스를 제공하면서 진입장벽은 극복되었다.

   대부분의 기업에서 웹은 기존의 진입 장벽, 예컨대 홍보 인력이나 제품 및 서비스를 판매할 실제 점포의 필요를 크게 낮춤으로서 신규 경쟁자가 시장에 들어올 위협을 증가시킨다. 오늘날의 경쟁자들은 그저 웹 사이트를 설립하면 되는 것이다. 이 경쟁 심화의 위협은 주요 제품과 서

2 M. E. Porter, "Strategy and the Internet," *Harvard Business Review*, March 2001.

비스가 디지털로 이루어지는 산업(예: 음원 산업)뿐만 아니라 소비자와 판매자 사이를 연결(예: 주식 브로커나 여행사)하는 중개역할을 수행하는 산업에서 두드러진다. 또한 웹의 광범위한 지정학적 범위는 먼 거리의 경쟁자가 기존의 기업과 경쟁하는 것을 더 쉽게 한다.

경우에 따라 웹이 진입 장벽을 높이기도 한다. 예를 들어 고객이 공급자에게 웹 기반 화물 추적 시스템과 같은 쉽지 않은 기능을 요구하는 경우, 이 시스템을 최초로 제공한 기업은 경쟁우위를 가질 수 있었다. 그리고 경쟁자들은 어쩔 수 없이 이를 따라야 했다.

2. **공급자의 교섭력**: 공급자의 교섭력은 구매자가 선택할 수 있는 공급원의 수가 적고 한정되어 있을 때 높고 선택권이 많을 때 낮다. 그러므로 기업은 더 많은 공급원을 확보하여 가격, 품질, 그리고 운송 계약 조건에 있어 교섭력을 높이고자 한다.

   인터넷이 공급자에 가지는 영향은 혼합되어 있다. 한편으로는 인터넷은 구매자들이 대체 가능한 공급자들을 찾을 수 있게 하거나, 가격을 더 쉽게 비교할 수 있게 하여 공급자의 교섭력을 낮출 수 있게 만든다. 반면 기업들은 인터넷을 통해 공급망을 통합하고 있어 참여 공급자는 해당 기업을 '공급망에 가둠으로써' 공급자의 교섭력 증가로 이어질 수 있다.

3. **구매자의 교섭력**: 구매자의 협상력은 구입할 선택권이 많을 때 높고 낮을 때 적다. 예를 들어 과거 학생들은 교과서를 구입할 수 있는 곳이 한정되어 있었다(일반적으로 캠퍼스 내의 한두 개의 대학 서점). 그 결과 학생들의 협상력은 낮을 수밖에 없었다. 오늘날 웹은 학생들에게 교과서에 관한 상세한 정보는 물론 교과서를 판매하는 다양한 공급업체에 대한 접근도 제공하고 있다. 결과적으로 학생 구매 교섭력이 급격히 증가하였다.

   이에 비해 **고객 충성도 프로그램**은 구매자의 교섭력을 감소시킨다. 그 이름에서 알 수 있듯 충성도 프로그램은 고객이 특정 조직(예: 항공사, 호텔, 렌터카 업체)과 수행하는 거래의 양에 비례해 보상을 주는 제도이다. 기업은 정보기술을 통해 수백만 명의 고객의 계좌와 행동을 추적함으로써 고객의 교섭력을 축소시킨다. 충성도 프로그램을 통해 '특권'을 받게 된 고객들은 경쟁사와 거래를 할 확률이 줄어드는 것이다(충성도 프로그램은 고객관계관리와 연관이 있으며 이는 11장에서 자세히 논한다).

4. **대체재/대체서비스의 위협**: 조직의 제품이나 서비스에 대한 대안이 많을수록 대체로 인한 위협은 높아진다. 대안 수가 적다면 대체의 위협 또한 낮다. 오늘날 신기술 개발은 대체 제품을 대단히 빠르게 등장시킬 수 있다. 예를 들어 현재 고객들은 유선전화 대신 휴대전화를 구입할 수 있고 전통 음반CD가 아닌 인터넷 음원을 구매할 수 있으며 자동차에 가솔린 대신 에탄올을 주입할 수 있다.

   정보 기반 산업은 대체 위협이 가장 높은 산업 중 하나이다. 디지털 재화가 기존 재화를 대체할 수 있는 산업(예: 음악, 서적, 소프트웨어 산업)은 인터넷이 위협으로 작용하는 데, 인터넷이 이러한 정보를 저렴한 비용 및 높은 품질과 효율성으로 전달할 수 있기 때문이다.

   그러나 많은 대체품이 있을지라도 **교체비용**(switching costs)이 높다면 기업은 경쟁우위를 얻을 수 있다. 교체비용은 구매처를 변경하는 데에서 발생하는 경제적 또는 시간적 비용이다. 예를 들어 대부분의 휴대전화 계약은 계약 기간이 끝나기 전에 통신사를 변경하는 경우 해약금을 지불해야 한다. 즉, 돈이 드는 경제적(monetary) 비용이 발생한다.

또 다른 예를 살펴보면, 아마존에서 서적을 구매하면 아마존은 고객의 구매 이력을 기록하여 고객의 선호도에 따라 제품을 추천한다. 만약 고객이 다른 서점을 방문할 경우 그 기업 측에선 고객의 선호도를 파악하는 데에 시간을 소모해야 한다. 이 경우 교체비용은 돈이 아닌 시간이다.

5. 산업 내 기존 경쟁사 간의 경쟁 강도: 산업 내 기업들 간의 경쟁. 산업 내의 경쟁이 심할 경우 경쟁의 위협 또한 높으며 경쟁이 느슨하고 경쟁 기업의 수도 적을 경우 위협 또한 낮다.

과거에는 독점 정보시스템(proprietary information systems), 그러니까 단일 기업에 독점적으로 속한 시스템은 경쟁이 심한 산업에서 기업들에게 경쟁우위를 줄 수 있었다. 그러나 오늘날 웹에서 인터넷 응용프로그램을 볼 수 있기 때문에 기업의 독점 시스템을 비밀로 유지하기 어려워졌다. 간단히 말하자면 만약 어느 회사의 경영자가 경쟁기업의 신규 시스템을 온라인에서 목격한다면 즉시 자사의 시스템을 그에 맞추어 갱신하여 경쟁력을 유지할 것이다. 그 결과 경쟁사들 간의 차이가 줄어들어 업계 내 경쟁이 더욱 치열해진다.

이 개념을 이해하기 위해 가격 경쟁이 매우 치열한 식품유통업계를 예로 살펴보자. 미국의 유통 산업에선 월마트(Wal-Mart), 크로거(Kroger), 세이프웨이(Safeway), 그리고 기타 기업들이 기본적으로 오직 가격을 통해서만 경쟁을 하고 있다. 일부 기업은 IT를 활용한 고객 충성도 프로그램을 운영하고 있으며 이 프로그램에서 고객들은 할인을 받고 기업은 고객의 구매 이력에 대한 중요한 정보를 얻는다. 점포들은 이 기업 정보를 마케팅 및 홍보 캠페인에 활용한다(비즈니스 인텔리전스는 12장에서 학습하게 된다).

식료품점들은 계산 속도를 높이고 매장 내 고객 위치를 추적하여 특정 제품 옆을 지날 때 그제품에 대한 할인 정보를 제공할 수 있는 RFID를 실험해보고 있다. 식료품 회사는 또한 IT를 이용해 효율성을 극대화할 수 있도록 공급망을 통합시켜 구매 가격을 낮추고 있다.

기존 기업은 고객이 자사 제품의 데이터를 이용하여 자신의 성과를 개선할 수 있게 함으로써 경쟁우위를 확보할 수 있다. 예를 들어, 스포츠 장비 제조업체인 바볼랏(Babolat; www.babolat.com)은 바볼랏 플레이 퓨어 드라이브(Babolat Play Pure Drive) 시스템을 개발하였다. 이 시스템은 테니스 라켓 핸들에 내장된 센서를 가지고 있다. 스마트폰 앱은 센서의 데이터를 사용하여 볼 속도, 회전 및 충격 위치를 모니터링하고 평가하여 테니스 선수에게 귀중한 피드백을 제공한다.

디지털 제품의 상당히 낮은 변동비용 또한 경쟁에 영향을 주고 있다. 디지털 제품이 개발되고 나면 추가단위의 생산비용은 거의 0에 가깝다. 음악 산업을 예로 들어보자. 아티스트가 음악을 녹음하면 디지털 음원으로 저장된다. 음반가게에서 판매되는 노래를 CD나 DVD에 담은 물리적 제품은 비용을 포함한다. 물적 유통채널의 비용은 인터넷에서의 디지털 매체를 통한 노래의 전달에 포함되는 비용보다 훨씬 높다.

실제로 미래에 기업들이 몇몇 제품을 무료로 제공할 수도 있다. 예를 들자면 몇몇 분석가들은 미래에 온라인 주식 거래의 수수료는 0에 가까워질 것이라고 예측한다. 이는 인터넷에서 주식거래에 관련된 의사결정을 내리기 위한 정보를 인터넷에서 검색할 수 있기 때문이다. 그 시점에서 소비자들은 무료로 자신이 얻을 수 있는 정보를 제공하는 브로커를 더 이상 필요치 않게 된다.

포터의 가치사슬 모형

기업은 포터의 경쟁세력 모형을 일반적인 전략을 수립하는 데에 사용한다. 그리고 경쟁 전략이 가장 크게 영향을 줄 수 있는 기업 활동을 파악하기 위해 포터의 가치사슬 모형(1985)을 사용한다. **가치 사슬**(value chain)은 조직의 입력물이 무엇이든 간에 더 큰 가치를 갖는 산출물로 변형시키는 일련의 기업 활동들이다. **가치 사슬 모형**(value chain model)은 조직이 경쟁우위를 얻기 위하여 정보기술을 사용할 수 있는 지점을 알려준다(그림 2.4 참조).

포터의 가치 사슬 모형에 의하면 조직이 수행하는 모든 활동들은 두 가지 범주, 주 활동과 보조 활동으로 구분된다. **주 활동**(primary activities)은 기업의 제품과 서비스의 생산과 배포에 관련된 것으로 고객이 값을 지불하고 구입하게 될 가치를 생성한다. 주 활동은 **보조 활동**(support activities)으로 뒷받침된다. 주 활동과 다르게 보조 활동은 기업의 재화나 서비스에게 직접적으로 가치를 부가하지 않는다. 이름에서 제시되는 것처럼 보조 활동은 주 활동을 지원함으로써 기업의 경쟁우위에 기여한다.

다음으로 제조기업의 가치 사슬에서 주 활동과 보조 활동의 예를 보자. 참고로 운송업, 건강관리, 교육, 소매업 등 다른 유형의 회사들은 서로 다른 가치사슬을 가진다. 핵심은 모든 조직은 가치 사실을 가지고 있다는 점이다.

제조기업에서 주 활동은 자재 구입, 제품 제조, 고객에게 제품 배송 등을 포함한다. 기업들은 전형적으로 다음의 순서로 다섯 가지 주 활동을 수행한다.

1. 유입물류(투입)
2. 조업(제조 및 검사)

그림 2.4
포터의 가치 사슬 모형

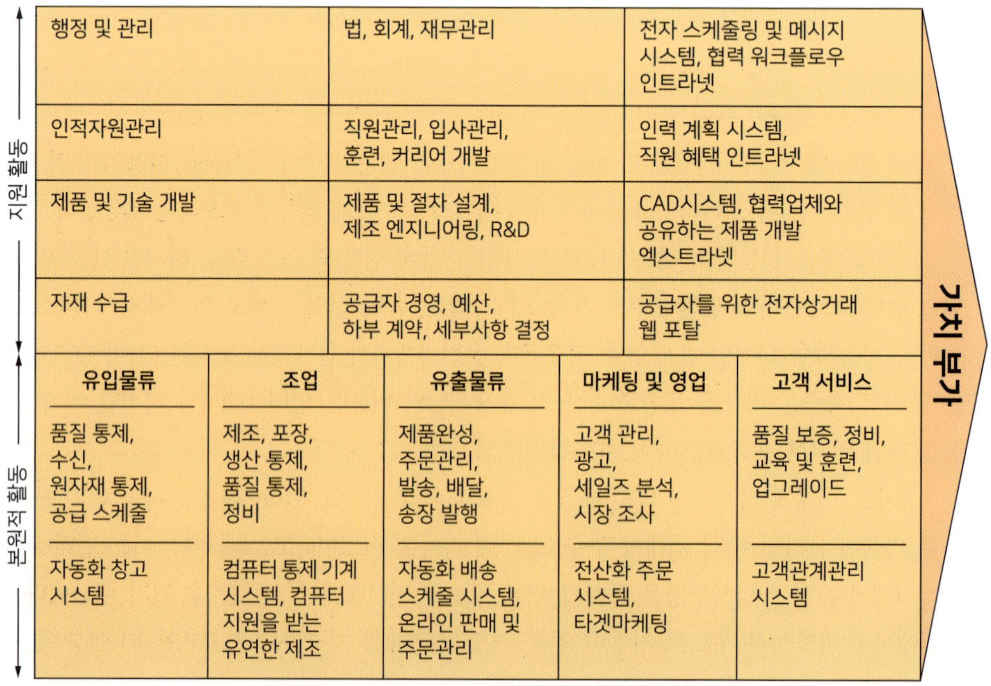

3. 유출물류(창고 보관 및 유통)
4. 마케팅 및 영업
5. 서비스

이 순서대로 작업이 진행됨에 따라 각 활동마다 제품에 가치를 더하게 된다. 각 단계를 구체적으로 살펴보면 다음과 같다.

1. 유입물류 단계는 입고되는 자재를 처리(반입과 보관 등)한다.
2. 조업 단계는 원자재를 제품으로 변환함으로써 가치를 부여한다.
3. 유출물류 단계는 제품을 배송(패키징, 보관, 선적)하기 위해 준비한다.
4. 마케팅 및 영업 단계는 고객에게 제품을 판매하여 기업이 생산한 제품에 대한 수요를 창출하여 제품 가치를 높인다.
5. 마지막으로 서비스 단계는 기업은 고객을 위하여 보증 서비스, 업그레이드 통지와 같은 판매 후 서비스를 수행하여 가치를 더한다.

그리고, 주 활동은 보조 활동에 의해 뒷받침된다. 보조 활동은 다음과 같이 구성된다.

1. 기업의 인프라(회계, 재정, 관리)
2. 인적자원관리
3. 제품 및 기술개발(R&D)
4. 필요 물품조달

각 보조 활동은 모든 주 활동 혹은 어떤 주 활동에도 적용될 수 있다. 또한 보조 활동은 서로를 지원할 수도 있다.

기업의 가치 사슬은 포터가 **가치시스템(value system)**이라 부르는 더 큰 활동 흐름의 일부다. 가치시스템 혹은 산업 가치 사슬은 그 기업의 가치 사슬에 따라 기업에 필요한 입력을 제공하는 공급자까지 포함한다. 기업이 제품을 생산한 뒤엔 이 제품들이 소매상의 가치 사슬을 통과하게 되어 고객까지 도달하게 된다. 이 가치 사슬 집합 전체가 가치시스템에 포함된다. 경쟁우위를 취하고 유지하기 위해, 그리고 그 이점을 정보기술로 지원하기 위해서 기업은 가치시스템의 모든 요소를 이해해야 한다.

경쟁우위를 위한 전략

조직들은 포터가 언급한 다섯 가지의 경쟁세력에 대응하기 위한 전략을 지속적으로 시도하고 개발해야 한다. 이를 위해 다섯 가지 전략을 소개하고자 한다. 각 전략의 세부 사항을 살펴보기 전에 한 가지 언급할 사항이 있다. 조직은 한 가지 전략을 선택하면 그 전략으로 인한 절충안(trade-offs)이 발생할 수 있다. 예를 들어 비용 우위 전략에 집중하는 기업은 연구개발을 위해 사용할 자원이 없어 회사를 혁신할 수 없게 된다. 또 다른 예를 보면 고객의 행복(고객지향전략)에 투자를 하는 기업은 비용증가를 경험하게 될 것이다.

명확하지 않은 전략은 성공할 수 없기 때문에 기업들은 전략을 선택해야 하며 그리고 그 전략을 유지해야 한다. 이러한 선택은 차례대로 기업들이 그들의 정보시스템을 어떻게 활용하는지를 결정한다. 신규 정보시스템을 도입하는 경우 고객 서비스는 개선할 수 있으나 비용 역시 증가할 수 있어 이 시스템에 대해 노드스트롬(Nordstrom)과 같은 고급 소매점은 환영하겠지만 월마트와 같은 할인점은 그렇지 않을 것이다. 다음 목록은 가장 흔히 사용되는 전략을 보여주고 있다. 그림 2.5는 이들 전략의 개요를 제시한다.

1. **비용우위 전략**(cost leadership strategy): 산업 내 최저의 비용으로 제품 및 서비스를 생산한다. 예로는 월마트의 자동 재고보충시스템(automatic inventory replenishment system)이 있다. 이 시스템은 월마트의 재고 창고수요를 줄임으로써 저장 공간은 줄이고 판매 공간을 늘려 재고비용을 줄였다.
2. **차별화 전략**(differentiation strategy): 경쟁자와 차별화된 제품과 서비스, 혹은 제품 기능을 제공한다. 예를 들면 사우스웨스트(Southwest) 항공사는 스스로를 저가, 단거리, 고속 항공사로서 차별화하였다. 이는 경쟁이 치열한 항공 산업에서 성공적인 전략으로 증명되었다.
3. **혁신 전략**(innovation strategy): 새로운 제품과 서비스를 소개하고 기존 제품과 서비스에 새로운 기능을 추가하거나 새로운 생산 방법을 개발한다. 고전적인 예가 ATM을 도입한 시티은행(CitiBank)이다. ATM의 편리하면서도 비용을 줄이는 혁신으로 인해 시티은행은 경쟁자보다 엄청난 경쟁우위를 가질 수 있었다. 다른 혁신적 제품과 마찬가지로 ATM의 등장은 은행 산업의 경쟁의 본질을 변화시켰다. 오늘날 ATM은 은행의 경쟁에 있어 필수적인 요소가 되었다. 또 하나의 우수한 사례는 애플의 신속한 혁신 제품 도입이다.
4. **운영 효과성 전략**(operational effectiveness strategy): 경쟁자보다 비즈니스 활동들을 더욱 효과적으로 수행할 수 있도록 기업 내부 비즈니스 프로세스를 실행하는 방식을 개선한다. 이러한 개선은 품질, 생산성, 직원 및 고객 만족도를 올리면서 시장 출시 시간을 단축시킨다.

그림 2.5
경쟁우위를 위한 전략

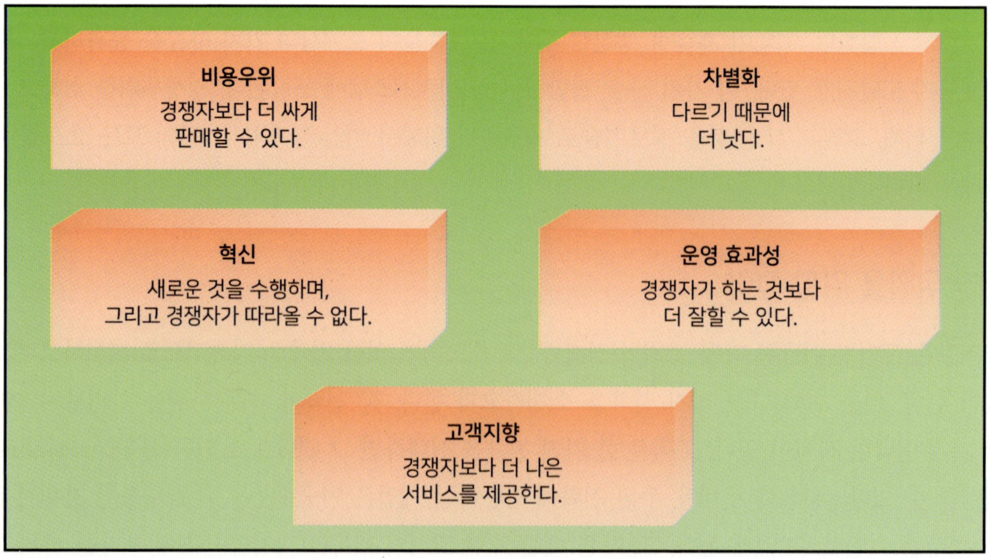

5. **고객지향적 전략**(customer orientation strategy): 고객을 행복하게 만드는 데 집중하는 전략이다. 이 전략에서는 웹 기반 시스템이 고객과 개인화된 일대일 관계를 만들 수 있기 때문에 특히 효과적이다. 아마존(www.amazon.com)과 애플(www.apple.com), 스타벅스(www.starbucks.com)는 고객 만족에 전념하는 전형적인 기업의 예다.

비즈니스-정보기술 연계

조직이 IT의 전략 가치를 최대화하는 최상의 방법은 비즈니스-정보기술 연계를 달성하는 것이다. 사실로 조직의 '성배'는 비즈니스와-정보기술 연계 혹은 전략적 제휴(이후 단순히 '연계'로 칭함)이다. **비즈니스-IT 연계**(business-information technology alignment)는 IT 기능부서와 조직의 전략, 사명, 그리고 목표 간의 긴밀한 통합이다. 즉, IT 기능이 조직의 비즈니스 목표를 직접적으로 지원한다. 뛰어난 연계에는 다음과 같은 여섯 가지 특징이 있다.

1. 조직은 IT를 꾸준히 기업을 변화시키고 새로운 이윤을 창출하는 혁신의 원동력으로 본다.
2. 조직은 내부 및 외부 고객과 고객 서비스 기능을 가장 중요한 것으로 본다.
3. 조직은 IT 및 기업 전문가들을 여러 부서와 직무 사이에 순환근무 시킨다.
4. 조직은 각 IT 및 기업 임직원에 명백한 포괄적 목표를 제공한다.
5. 조직은 IT 직원에게 기업 이윤창출(혹은 비용 발생) 메커니즘을 정확히 이해시킨다.
6. 조직은 밝고 사람을 반기는 기업문화를 창조한다.

불행히도 많은 조직들이 이러한 긴밀한 연계를 이룩하는데 실패한다. 실제로 맥킨지 앤드 컴퍼니(McKinsey & Company)에서 실시한 IT 전략과 지출에 관한 설문조사 결과에 의하면 참가한 IT 및 기업 간부 중 겨우 16%가 자신의 조직에 IT와 기업 간에 적절한 제휴가 이루어지고 있다고 답했다. 기업-IT 연계의 중요성을 생각할 때 왜 많은 조직이 이 정책의 실행에 실패하는가? 주요 이유는 다음과 같다.

- 비즈니스 경영자와 IT 경영자는 상이한 목표를 가지고 있다.
- 비즈니스와 IT 부서는 상대방의 전문성을 모르고 있다.
- 소통이 부족하다.

간단히 말해 기업 간부들은 IT에 대해 너무나도 모르고 IT 간부들은 기술을 이해하지만 기업의 실제 수요를 이해하지 못한다. 이 문제에 대한 한 가지 해결책은 비즈니스와 IT 간부들이 자유롭게 소통하고 서로 배울 수 있도록 조직 내 협업 환경을 조성하는 것이다.

기업은 또한 기업의 아키텍처를 활용하여 연계를 촉진할 수 있다. 기업의 IT 이니셔티브를 구성하기 위해 개발된 엔터프라이즈 아키텍처 개념은 기술 사양(정보통신 기술과 조직에서 사용하는 정보시스템)과 비즈니스 사양(핵심 비즈니스 프로세스와 관리활동의 집합) 두 가지 모두를 포함하도록 진화해 왔다.

확인하고 넘어가기

1. 전략정보시스템이란 무엇인가?
2. 포터에 의하면 산업 혹은 시장에서 기업을 위태롭게 하는 다섯 가지 세력은 무엇인가?
3. 포터의 가치 사슬 모형을 설명해보자. 포터의 경쟁세력 모형과 가치 사슬 모형을 구분하여 설명해보자.
4. 기업은 경쟁우위를 얻기 위하여 어떤 전략을 사용할 수 있는가?
5. 비즈니스-IT 연계란 무엇인가?
6. 대학에서 학생시스템에 관한 비즈니스-IT 연계의 예를 들어 보자.
   (힌트: 학적, 등록금, 성적공지 등에 있어 대학교의 '비즈니스' 목표는 무엇인가?)

IT는 나를 위해 무엇을 해줄 수 있지?

모든 경영 전공을 위한 정보기술

조직의 각 기능영역은 말 그대로 다양한 비즈니스 프로세스의 집합으로 구성된다. 본인의 전공과 무관하게 출근 첫날부터 다양한 비즈니스 프로세스에 관여하게 될 것이다. 이 중 일부는 본인이 직접 수행하고, 일부는 본인이 속한 그룹이나 부서가 관여하며, 나머진 다수 혹은 전부의 기능영역이 관여한다.

따라서 프로세스의 구조를 알고 각 프로세스의 입력과 출력을 이해하고 각 프로세스의 '고객'이 누구인지 구분 가능한 것이 중요하다. 이러한 능력은 본인이 속한 조직의 비즈니스 프로세스를 더욱 효율적이고 효과적으로 만들 수 있게 해준다. 이 업무는 대체로 프로세스에 정부기술을 도입하는 수단을 동원하게 된다. 각 프로세스가 조직의 전략에서 가지는 위치를 이해하는 것도 중요하다.

조직 내 모든 기능영역이 일체화된 하나의 유기체로서 협력해야 기업이 비즈니스 압력에 적절히 대응할 수 있게 된다. 이 대응은 대체로 각 기능영역이 다양한 정보시스템을 활용하면서 이루어진다. 오늘날의 경쟁적 글로벌 시장에선 대응의 적시성과 정확성이 매우 중요해졌다.

위의 논의를 따르자면 조직이 시장에서 경쟁우위를 얻기 위해서도 모든 기능영역이 긴밀히 협조해야 한다. 다시 말하지만 기능영역은 이 목표 달성을 위해 다양한 정보기술을 사용한다.

여러분은 기업이 왜 전략적 장점에 관심을 가져야 하는지 이미 보았다. 하지만 왜 이 장이 여러분에게 중요한 것인가? 이는 여러 가지 이유가 있다. 첫째, 방금 배운 비즈니스 압력은 본인이 속한 조직에 영향을 주지만 동시에 본인 자신에게도 영향을 준다. 그러므로 정보시스템이 본인, 그리고 나아가 조직 전체가 이 압력에 대응하는 것을 어떻게 도울 수 있는지 이해하는 것이 매우 중요하다.

또한 경쟁우위를 얻는 것은 본인이 속한 조직의 생존에 필수적이다. 많은 경우 본인, 본인이 속한 팀, 그리고 본인의 동료 모두가 경쟁우위를 창출하는 책임을 가지게 된다. 그러므로 전략에 대한 일반적 지식과 정보시스템이 조직의 전력과 경쟁적 위치에 어떻게 영향을 주는지에 대한 지식은 본인의 커리어에 큰 도움이 될 것이다.

이 외에도 조직의 전략, 사명, 목표, 비즈니스 문제들 그리고 기업이 어떻게 이윤을 창출하고 비용이 발생하는지에 대해 이해해야 한다. 조직의 전략과 가치 사슬을 어떻게 분석하는지 알아야 하고, 경쟁사의 전략과 가치 사슬에 대해서도 알아야 한다. 또 정보기술이 어떻게 조직 전략에 기여하는지에 대한 일반적 지식을 습득하였다. 이 지식은 본인의 업무수행을 도울 뿐만 아니라 빠른 승진 그리고 조직 성공에 기여하는 데에 큰 힘이 될 것이다.

요약

2.1 정보시스템이 단일기능영역을 위한 프로세스들과 교차기능 프로세스를 가능하게 하는 방식을 논의해보자.

비즈니스 프로세스는 조직과 그 기업 파트너, 그리고 고객에게 가치를 가지는 제품 혹은 서비스를 생성하는 연관된 활동의 집합이다. 기능영역 내의 비즈니스 프로세스의 예론 외상매입금 계정 관리, 외상매출금 계정 관리, 판매 후 고객 관리, 재료표 관리, 제조 변경 명령 관리, 장애인 정책 관리, 직원 고용, 스태프 및 컴퓨터 사용자 훈련, 인터넷사용 정책 적용 등이 있다. 조달과 이행 프로세스는 교차기능 비즈니스 프로세스이다.

2.2 각각의 서로 다른 장점과 단점을 살펴보기 위해 비즈니스 프로세스 리엔지니어링과 비즈니스 프로세스 관리를 비교하고 대조해보자.

비즈니스 프로세스 리엔지니어링(BPR)은 조직의 비즈니스 프로세스의 효율성과 효과성을 증진시키는 목적으로 이를 대대적으로 재설계하는 것을 말한다. BPR의 핵심은 기업이 그 비즈니스 프로세스를 '초기화된' 시점에서 평가하고 기업 기능을 개선하기 위해 이들 프로세스를 어떻게 재설계하는 것이 최선일지 판단하는 것에 있다. BPR은 적용이 매우 힘들기에 조직은 비즈니스 프로세스 관리(BPM)로 돌아섰다. BPM은 비즈니스 프로세스의 설계, 분석, 적용, 관리, 최적화를 지원하는 수단과 도구를 포함한 경영 테크닉이다.

2.3 서로 다른 유형의 비즈니스 압력의 대응하는 효과적인 IT를 설명해보자.

- 시장 압력: 시장 압력의 예론 고객의 교섭력 증가가 있다. 고객 관계관리(CRM)는 기업이 고객 친화를 달성하게 돕는 효과적인 IT 대응책이다.
- 기술적 압력: 기술적 압력의 예는 정보 홍수이다. 검색엔진과 비즈니스 인텔리전스 애플리케이션이 경영자들에게 대량의 정보를 접근, 탐색, 활용할 수 있도록 해준다.
- 사회적/정치적/법적 압력: 사회적/정치적/법적 압력의 예는 물리적 환경의 상태 등의 사회적 책임이다. 녹색 IT는 환경을 개선하고자 하는 목적의 대응책의 하나이다.

2.4 포터의 다섯 가지 경쟁세력을 설명하기 위하여 전형적으로 채택하는 전략을 기술해보자.

포터의 다섯 가지 경쟁세력은 다음과 같다.

- 신규 경쟁자의 진입 위협: 대부분의 기업에 있어 웹은 전통적 진입 장벽을 낮추어 신규 경쟁자의 시장 진입의 위협을 증가시킨다. 대부분의 경우 경쟁자는 웹 사이트 하나만으로 시장에 진입할 수 있다. 웹은 또한 진입 장벽을 높이기도 한다. 고객들이 공급자에게 단순 기능 이상을 바라게 되면서이다.
- 공급자 교섭력: 웹은 구매자들이 다른 공급자의 탐색과 가격 비교를 더욱 쉽게 할 수 있도록 해준다. 이는 공급자의 교섭력을 감소시킨다. 반면 기업들은 웹을 통해 공급망을 통합하여 참여 공급자는 고객을 '공급망에 가둠으로써' 공급자의 교섭력 증가로 이어질 수 있다.
- 고객 (구매자) 교섭력: 웹은 고객에게 엄청난 수의 제품 선택지와 이에 대한 정보를 제공한다. 그 결과 웹은 구매자의 교섭력을 증대시킨다. 하지만 기업은 고객충성도 프로그램을 적용해 웹을 이용하여 수백만의 고객의 활동을 감시할 수 있게 되었다. 이러한 프로그램은 고객 교섭력을 감소시킨다.
- 대체 제품 및 서비스의 위협: 신기술은 대체 제품을 대단히 빠른 속도로 만들며 웹은 이들에 대한 정보를 거의 즉시 온 세계에 퍼뜨린다. 그 결과 산업(특히 정보 기반 산업)은 언제나 대체품의 위협 속에 살고 있다(음악 책, 신문, 잡지, 소프트웨어 등). 하지만 또 웹 덕분에 기업은 대체품 선택 비용을 늘려 고객이 경쟁사로 갈아타는 것을 비싸게 만들 수 있다.
- 산업 내 기존 경쟁사 간 경쟁강도: 과거엔 독점적 정보시스템이 경쟁이 치열한 산업 내 기업에 전략적 이점을 주었다. 하지만 웹의 인터넷 애플리케이션의 투명도는 독점적 시스템의 비밀을 지키기 힘들게 하고 있다. 그러므로 웹은 전략적 이점의 유효 기간을 단축시킨다.

다섯 가지 전략은 다음과 같다.

- 비용우위전략: 재화 및 서비스를 산업 내에서 가장 저렴하게 생산한다.
- 차별화 전략: 경쟁사와 다른 제품, 서비스, 혹은 제품 기능을 제공한다.
- 혁신 전략: 새로운 제품과 서비스를 도입하고, 기존의 제품과 서비스에 새로운 특징을 부가하며 제품을 생산하는 새로운 방법을 개발한다.
- 운영 효과성 전략: 기업이 경쟁자보다 더 나은 유사한 활동을 수행하도록 내부 비즈니스 프로세스를 실행하는 방법을 개선한다.
- 고객 지향적 전략: 고객 만족에 집중한다.

토의문제

1. 본인이 속한 대학의 수강신청 과정을 생각해보자.
   - 매 학기 수강신청하기 위해 필요한 단계를 설명해보자.
   - 각 단계에서 IT가 어떻게 사용되는지 (혹은 어떻게 사용되지 않는지) 설명해보자.
2. 기업이 실제로 비즈니스 프로세스 리엔지니어링을 실행하는 것이 매우 힘든 이유는 무엇인가?
3. IT가 어떻게 비즈니스 압력임과 동시에 비즈니스 압력에 대한 대응책의 수단이 되는지 설명해보자.
4. 여러분의 전공 선택에서 글로벌화는 어떤 의미를 가지고 있는가? 커리어 선택에선 어떤 의미를 가지는가? '평생공부'를 해야 하는 것인가? 이유를 들어 논해보자.
5. 여러분의 삶의 품질에 글로벌화는 어떤 영향을 끼칠 것 같은가?
6. IT는 전략 무기인가 생존 도구인가? 논의해보자.
7. 전략정보시스템이 정당화하기가 왜 어려운가?
8. 포터의 경쟁세력 모형의 다섯 가지 세력을 설명하고 초고속 인터넷 접속이 각각의 세력에 어떻게 영향을 주었는지 설명해보자.
9. 포터의 가치 사슬 모형을 설명해보자. 경쟁세력 모형과 가치 사슬 모형의 관계는 무엇인가?
10. IT가 다른 기업에 다른 가치 사슬을 제공하기 위하여 어떻게 사용될 수 있는지를 논의해보자.
11. 정보시스템이 그 자체로도 간혹 지속가능한 경쟁우위를 제공할 수 있다는 아이디어에 대해 논해보자.

문제해결활동

1. 미국 국토안전부에 대해 인터넷을 검색해보자. 제공되는 정보를 검토하고 부서에서 정보기술이 가지는 역할에 대해 논해보자.
2. www.nike.com에서 신발을, www.jaguar.com에서 차를, www.easternrecording.com에서 CD를, www.iprint.com에서 명함을, www.bluenile.com에서 다이아몬드 반지에 대해 대량 맞춤화 서비스를 경험하고 정리해보자.
3. www.go4customer.com에 방문해보자. 이 기업은 무엇을 하며 어디에 위치해 있는가? 고객은 누구인가? 프리드먼(Friedman)의 평탄화 요소 중 이 기업이 속한 것은 무엇인가? 미국 기업이 이 기업의 서비스를 어떻게 활용할 수 있을지 예를 들어보자.
4. 월마트 중국(www.wal-martchina.com/english/index.htm)을 방문해보자. 월마트 중국은 미국의 월마트와 어떻게 다른 것 같은가? 차이를 설명해보자.
5. 포터의 가치 사슬 모형을 코스트코(Costco; www.costco.com)에 적용해보자. 코스트코의 경쟁전략은 무엇인가? 코스트코의 주 경쟁자는 누구인가? 코스트코의 기업 모형을 설명해보자. 각 주요 가치 사슬 활동에서 수행해야 할 업무를 설명해보자. 코스트코의 정보시스템은 코스트코의 업무 성격을 생각할 때 코스트코의 경쟁 전략에 어떻게 기여하겠는가?
6. 포터의 가치 사슬 모형을 델(www.dell.com)에 적용해보자. 델의 경쟁전략은 무엇인가? 델의 주 경쟁자는 누구인가? 델의 기업 모형을 설명해보자. 각 주요 가치 사슬 활동에서 수행해야 할 업무를 설명해보자. 델의 정보시스템은 델의 업무 성격을 생각할 때 델의 경쟁전략에 어떻게 기여하겠는가?

사례

도미노피자

MIS MKT POM

문제

도미노피자(Domino's Pizza; www.dominos.com)는 85개국에 약 14,000개의 매장과 26만 명의 직원을 두고 있으며 글로벌 소매 판매 기준 세계에서 가장 큰 미국 피자 체인이다. 도미노의 30분 배달 보증서비스(30분내 배송을 못할 경우 피자를 무료로 제공)는 고객이 패스트푸드 업계에 기대하는 편의성, 속도, 효율정을 보장한다. 도미노의 비즈니스 모델은 주문, 생산, 배송의 세 부분으로 구성된다.

2008년 말, 도미노피자는 매출 감소와 프랜차이즈 문제를 겪고 있었다. 회사는 심각한 문제가 있음을 인지하였다. 요컨대, 도미노피자는 그리 맛있지는 않았다. 가격은 저렴했지만 도미노피자의 조리법과 재료는 미식가의 요구를 맞추기에는 부족했다. (고객은 식자재 원산지, 재배 과정, 가공 및 운송 방법에 대해 큰 관심을 가지면서 미식가의 역할을 하게 된다.) 또한 도미노피자는 몇 번의 사고 이후 주요 마케팅 슬로건인 30분 보증을 포기하였다. 운전자 중 한 명이 치명적 사고를 입어 수백만 달러 소송 2건이 제기되었다.

설상가상으로 2009년 봄에 도미노 직원 2명이 등장하는 동영상이 유튜브에 게재되었다. 영상은 도미노 직원이 치즈를 코에 대고 샌드위치에 넣는 장면을 촬영한 내용이었다. 이 영상은 급속도로 퍼졌고 지역 보건당국은 식당을 일시적으로 폐쇄했다. 도미노는 직원 2명을 식품 조작 혐의로 체포했다. (그 주문은 배달되지는 않았고, 두 직원 모두 보호관찰 처분을 받았다.) 도미노 미국 지사 사장인 J. 패트릭 도일(J. Patrick Doyle)은 2분짜리 사과 영상을 제작하였으나 사람들에게 널리 알려지지는 못했다.

다양한 해결책

POM **생산 프로세스.** 도미노피자는 회사를 회복하기 위해 다양한 노력을 기울였다. 먼저, 도미노 체인은 피자 레시피를 점감하였다. 회사 셰프들은 모짜렐라와 밀가루의 품질을 높이고 크러스트에 마늘 버터를 추가하고 마리나라 소스에 풍미와 단맛을 더했다. 18개월 후, 도미노피자는 새롭게 개선된(만드는 데 비용이 많이 드는) 피자를 출시하였다. 또한 도미노피자는 메뉴의 약 85%를 변경하였다.

MKT 도미노피자는 다시 텔레비전 광고용 비디오를 제작하면서 새로운 마케팅 캠페인을 시작하였다. 도미노피자는 체인의 문제를 재미있게 꼬집고 비웃는 광고를 만들었다. 아침 토크쇼 진행자들은 이 마케팅 캠페인에 대해 거론하기 시작했고 지역 텔레비전 앵커들은 취향 테스트를 시작하였다.

새로운 광고 캠페인의 일환으로 도미노피자는 고객에게 사진을 요청하여 거의 4만 장에 이르는 사진을 받을 수 있었다. 이 사진들 중 하나는 고객에게 심하게 망가진 채로 배달된 피자 사진이었는데, 광고 대행사는 이 사진을 다음 광고에 실었다.

이와 같은 회사의 노력은 매우 성공적이었다. 2010년 2월에는 도미노피자는 피자를 너무 많이 팔아 페퍼로니 재고가 3일분밖에 남지 않을 정도였다. 결국 이는 주문 프로세스를 탈나게 하였는데, 대부분의 주문은 여전히 전화로 오기 때문에 직원들은 주문이 밀리면 전화를 받을 수 없었다. 결과적으로 도미노피자는 디지털 기술로 주문 프로세스를 개선하는 데 초점을 두게 되었다.

POM **주문 프로세스.** 2012년부터 도미노피자는 디지털 방식으로 음식을 주문할 수 있는 모든 방법을 모색해왔다. 이 회사는 페이스북 메신저(Facebook Messenger), 트위터(Twitter), 이모티콘이 있는 트위터, 애플워치(Apple Watch), 음성 인식 "제로 클릭" 결혼 등록 등 수많은 신규 주문 방법을 도입하기 시작하였다. 고객은 온라인으로 주문 추적 및 배송기사 위치도 추적할 수 있다. 호주의 경우 도미노피자는 고객이 매장으로 가고 있는 위치를 추적하여 매장에 도착하는 즉시 주문을 픽업할 수 있는 서비스를 제공하고 있다.

2014년 6월 도미노피자는 'Dom'이라는 음성 주문 챗봇 시스템을 출시하였다. 그러나 CNBC 기자가 뉴욕 증권 거래소 현장에서 온에어 시스템을 테스트했을 때 주변 소음 때문에 'Dom'이 작동하지 않았다.

도미노피자는 고객이 자신의 기기에서 주문할 때 점원에게 주문하는 것처럼 정상적으로 주문할 수 있기를 바란다. 예를 들어, 음성 제어 지능형 스피커인 알렉사(Alexa; 아마존) 및 구글홈(Google Home)으로 피자를 주문할 수 있다.

MIS POM **배송 프로세스.** 도미노 비즈니스 모델의 다음 부문은 배송이다. 도미노 직원의 절반 이상이 배송기사이다. 도미노 체인은 배송 프로세스를 개선하기 위한 여러 가지 시도를 진행 중이다.

예를 들어, 전 세계에 2,000개의 매장을 소유하고 있는 호주의 도미노 프랜차이즈는 뉴질랜드의 황가파라오아(Whangaparaoa) 마을에 있는 매장에서 드론을 사용하여 피자를 배달하고 있다. 드론은 매장에서 약 1마일 떨어진 곳까지 이동할 수 있으며, 배달 고객은 드론이 안전하게 착륙할 수 있는 뒷마당을 소유하고 있어야 한다.

도미노피자는 또한 유럽과 뉴질랜드 전역에서 배송 로봇을 테스트하고 있다. 보고서에 따르면 로봇은 길이 고르지 않은 인도는 잘 탐색하지 못하고, 도로 위를 다니는 건 허용되지 않는다. 2017년 도미노피자는 독일 함부르크에서 스타십(Starship)의 배달 로봇을 사용하기 위해 스타십 테크놀로지(Starship Technologies; www.starship.xyz)와 제휴하였다. 배달 로봇 배송 두 번째 테스트는 2018년 네덜란드에서 실시되었다. 아직 배달 로봇은 널리 보급되지는 못하고 있지만, 유럽에서 서서히 도입되고 있다.

버지니아주와 아이다호주는 2018년부터 로봇 배달을 허용했지만 도미노피자는 아직 미국에서 로봇을 이용한 피자 배달 서비스는 제공하지 않고 있다. 연방 정부와 그 밖의 다른 미국 주는 관련 규정이 아직 정립되지 않고 있다.

도미노피자는 디지털 전환 노력은 아니지만 피자 배달을 위해 특별히 제작된 차량을 주문하였다. 딜리버리 엑스퍼트(DXPs: Delivery Experts)라고 불리는 도미노 배달 자동차는 특수 사이드 도어와 온난화 오븐을 갖춘 쉐보레 스파크 서브컴팩트 차량으로 총 154개 자동차를 주문 제작하였다.

2017년 중반, 도미노피자는 DXP 차량을 더 이상 확대하지 않기로 결정하였는데, 바로 자율주행자동차 시대가 도래하고 있기 때문이었다. 도미노피자의 경영진은 만일 경쟁업체가 자율주행차량을 사용하여 배송한다면, 운전기사를 관리하고 경로를 조정할 필요 없이 빠르고 안정적인 배송을 제공할 수 있다는 걸 파악하였다. 결과적으로 경쟁업체는 도미노피자보다 엄청난 경쟁우위를 획득할 수 있게 된다.

도미노피자의 디지털 노력에도 불구하고 여전히 많은 고객은 주로 전화를 사용하여 피자를 주문하고 여전히 대부분의 피자는 배송기사가 직접 배달한다. 도미노피자는 테이크 아웃이나 매장 방문 고객들로부터 매출의 약 35~40%가 발생하기 때문에 매장 시설 업그레이드도 진행하고 있다. 도미노피자는 고객이 피자가 만들어지는 모습을 보면서 깨끗하고 밝은 좌석 공간에서 피자를 먹을 수 있도록 매장 시설을 개선하고 있다.

결과

도미노피자는 경쟁적인 도전에 직면해 있다. 주문형 배달 서비스는 체인에 위협이 되고 있다. 우버이츠(UberEATS; www.ubereats.com)와 그럽허브(GrubHub; www.grubhub.com)는 도미노피자에 심각한 도전을 던지고 있다. 이 배달서비스 업체가 제공하고 있는 다양하고 좋은 음식들은 도미노피자의 주요 고객 층인 저소득 및 중산층 고객을 대상으로 하고 있다. 파네라 브레드(Panera Bread)는 2017년 기준 1만 개의 새로운 배달 및 소매 일자리를 창출할 수 있는 계획을 발표하여 도미노피자의 경쟁을 더욱 악화시키고 있다. 이 업체는 매장의 약 40%를 배달 서비스를 제공할 수 있도록 공격적인 계획을 구사하고 있다.

도미노피자의 재정은 10년 이상 지속적으로 개선되어 왔다. 2008년부터 2018년까지 회사의 주가는 6,000% 상승하였다. 당시 회사의 글로벌 소매 매출은 약 120억 달러에 달하였다.

2018년 중반까지 도미노피자는 주문의 60%이상이 디지털 플랫폼에서 진행되었다. 그리고 모바일을 통한 주문이 이들 주문 중 70% 이상을 차지하고 있다.

도미노 체인은 이러한 노력으로 성공적인 결실을 누리고 있다. 컨설턴트 브랜드 키즈(Brand Keys)에 따르면 도미노피자는 피자 체인점 중 충성도가 가장 높다. 또한 2018년 2분기 동일 매장 매출은 2017년 2분기에 비해 거의 7% 증가하였다.

2018년 7월 기준 미국에는 약 5,650개의 도미노 매장이 있다. 그리고 도미노피자는 향후 10년 동안 미국에서 2,350개 지점을 추가로 열 계획이라고 발표하였다. 이를 위해 도미노피자는 공급망 구축에 약 1억 2천만 달러를 투자할 계획이라고 발표하였다.

출처: Compiled from D. Wiener-Bronner, "Domino's Wants to Open Thousands of Stores," *CNN Money*, July 19, 2018; S. Whitten, "Domino's Stock Slips on Revenue Miss, Weak Same-Store Sales Growth," *CNBC*, July 19, 2018; N. Meyersohn, "Why Domino's Is Winning the Pizza Wars," *CNN Money*, March 6, 2018; J. Peltz, "Domino's Pizza Stock Is Up 5,000% since 2008. Here's Why," *Los Angeles Times*, May 15, 2017; C. Forrest, "Panera Bread Increases Automation, Leads to Hiring 10,000 Workers," *TechRepublic*, April 26, 2017; L. Kolodny, "Domino's and Starship Technologies Will Deliver Pizza by Robot in Europe This Summer," *TechCrunch*, March 29, 2017; S. Berfield, "Delivering a $9 Billion Pizza," *Bloomberg BusinessWeek*, March 20–26, 2017; J. Dunn, "Some of the Biggest Tech Stocks in the World Have Been Outpaced by... Domino's Pizza," *Business Insider*, March 24, 2017; T. Lien, "How Food Delivery Apps Have Changed the Game for Restaurants," *Los Angeles Times*, March 17, 2017; M. Fox, "After Betting Big on Digital, Domino's Pizza Is Now Eyeing Voice Technology," *CNBC*, March 16, 2017; B. Hill, "Domino's New Digital Strategy," *The Trading God*, March 8, 2017; B. Taylor, "How Domino's Pizza Reinvented Itself," *Harvard Business Review*, November 28, 2016; L. Feldman, "How Domino's Pizza Reinvented Itself as a Tech Company," *Forbes*, November 28, 2016; J. Maze, "How Domino's Became a Tech Company," *Nation's Restaurant News*, March 28, 2016; and www.dominos.com and www.starship.xyz, both accessed July 20, 2018.

질문

1. 정보기술이 도미노피자의 생산 프로세스에 어떤 영향을 미쳤는지 설명해보자.
2. 정보기술이 도미노피자의 주문 프로세스에 어떤 영향을 미쳤는지 설명해보자.
3. 정보기술이 도미노피자의 배송 프로세스에 어떤 영향을 미쳤는지 설명해보자.
4. 정보기술의 영향을 가장 많이 받은 도미노피자의 프로세스는 무엇인가?

3장

윤리와 프라이버시

장의 구성

학습목표

3.1 윤리를 정의하고 정보기술 관련 윤리 문제의 세 가지 기본 원칙과 네 가지 범주를 설명해보자.

3.2 개인 데이터를 보관하는 세 곳을 나열하고 개인정보 침해에 대한 잠재적 위협을 최소한 가지씩 논해보자.

보스톤 레드삭스 애플워치를 이용하여 사인을 훔치다.

MIS

미국에서 야구 경기가 시작된 이후로 사인을 훔치는 것은 이제 흔한 일이 되고 있다. 1951년 뉴욕 자이언츠와 논란의 중심이 되었던 감독인 레오 듀로서(Leo Durocher)를 되돌아보자. 2001년 1월, <월스트리트 저널>에 자이언츠 전직 선수들이 1951년 시즌에서 팀이 시즌 마지막 10주간 사인을 훔치도록 계획했다고 공개한 내용이 보도되었다. 허먼 프랭크(Herman Franks) 코치는 종종 망원경을 들고 중견수 클럽하우스에 숨었다. 전직 포수로서 프랭크는 사인에 대한 전문가였다. 자이언트 선수 1명이 우중간 깊숙한 불펜 벤치 끝에 앉아 벨이나 버저가 울리기를 기다리며 다음 투구를 확인했다.

직구인 경우 아무런 신호를 보내지 않았다. 변화구인 경우 타자가 쉽게 볼 수 있는 동작을 취하곤 했다. 예를 들어, 공중으로 공을 던지거나, 일어서거나, 팔을 들어올리는 것이다. 그 때 타자는 다음 투구가 어떻게 될지 알았다.

의문은 남는다: 8월 중순 라이벌 브루클린 다저스에 13.5경기 차로 뒤진 자이언츠가 반칙 없이 역전승을 거둘 수 있었을까. 흥미롭게도, 그들의 컴백은 7월 20일 듀로서가 그의 선수들에게 투구를 받고 싶은지 물어본 팀 회의과 일치했다. 그들 중 절반 정도가 그랬다. 곧 자이언츠는 16개 경기 연속 승리로 페넌트 레이스에 복귀했다.

사인을 훔치는 것은 특히 2루에 주자가 있을 때 효과가 좋다. 주자는 포수가 투수와 소통하기 위해 어떤 손 신호를 사용하는지 지켜본 후 타자에게 투구 유형에 대한 정보를 전달할 수 있다. 메이저 리그 야구(MLB; www.mlb.com)는 팀이 시야 밖의 방법을 사용하지 않는 한 그러한 전술을 허용한다. 쌍안경, 망원경, 전자기기는 모두 금지되어 있다.

2017년 9월, 메이저 리그 베이스볼 조사관들은 보스턴 레드삭스가 여러 팀, 특히 그들의 최대 라이벌인 뉴욕 양키스와의 경기에서 상대 포수들의 수신호를 훔쳤다는 사실을 발견했다. MLB의 조사는 양키스의 단장인 브라이언 캐시먼(Brian Cashman)은 보스턴에서 열린 두 팀간의 세경기에서 레드삭스의 더그아웃 영상을 고소장과 함께 커미셔너 사무실에 제출한 이후 시작되었다. 양키스는 더그아웃 영상 판독을 통해 레드삭스의 보조 운동 트레이너인 존 요힘(John Jochim)이 자신의 애플워치를 보고 더그아웃에 있는 레드삭스 선수들에게 정보를 전달하는 것을 보여줬다고 주장했다. 즉 필드에 있는 동료들에게 어떤 유형의 공이 던져질지 신호를 보냈던 것이다. MLB 조사관은 커미셔너의 영상 판독을 통해 양키스의 주장을 확증하였다. 그런 다음 커미셔너 사무실은 레드삭스 팀에 연락하여 애플워치를 통해 신호를 훔치는 과정이 더 빠르게 이루어졌다고 확인받았다.

문제의 8월 시리즈 첫번째 경기에서 레드 삭스는 주자가 처음으로 2루에 도달했을 때 이점을 얻었다. 당자 타자 라파엘 데버스(Rafael Devers)는 홈런을 쳤다. 사실, 그 경기 동안, 레드 삭스는 2루에 타자가 있을 때 8타수에 대해 5개의 도루를 성공하였다. 레드삭스는 같은 상황의 다른 두 경기에서는 성적이 상대적으로 좋지 않았다. 특히 두 번째 경기에서는 6개 중 1개, 세 번째 경기에서는 10개 중 3개였다.

9월 15일, MLB 커미셔너 로버트 만프레드(Robert Manfred)는 양키스의 항의를 조사했고, 레드삭스에 비공개 금액의 벌금을 부과하겠다고 발표하였다. 만프레드는 벌금을 플로리다의 허리케인 구호 활동에 기부된다고 밝혔다. 그러나 그는 MLB 팀이 앞으로 더 심각한 결과를 초래하는 많은 위반 상황들이 생길 수 있다고 경고했다.

흥미롭게도, 최근 몇 년간, 팀들은 사인을 훔치기 위해 2루에 주자가 필요하지 않았다. MLB 야구장에서 카메라가 보급됨에 따라 팀은 비디오를 사용하여 상대방의 사인을 훔치기 시작했다. 일부 클럽은 클럽하우스 직원들이 비디오 영상을 모니터링하여 바로 정보가 신속하게 더그아웃에 전달될 수 있도록 하였다. 클럽하우스 직원은 타자에게 빠르게 정보를 전달하기 위해 더그아웃으로 달려야 한다.

이에 대응하여, MLB는 디지털 시대에 수신호를 도용을 막기 위한 조치를 취하고 있다. 각 팀은 중계 목적이 아니라면 외야에서 파울 폴 사이에 카메라를 설치할 수 없다. 현장에서 전화를 걸어서 관리자에게 정보를 전달해 왔던 직원은 보안 전문가 감시 하에 생중계만 접근할 수 있도록 제한을 받고 있다. 선수들과 코치들이 사용할 수 있는 다른 모든 TV 모니터들은 8초간 지연된 영상으로 경기 중계를 보여준다.

출처: Compiled from J. Bogage, "MLB Aims to Crack Down on the Game's Tradition of Sign Stealing," *Washington Post*, February 20, 2019; A. Balakrishnan, "MLB Fines Red Sox and Yankees for Improper Use of Technology in Games," *CNBC*, September 16, 2017; I. Crouch, "What to Make of the Red Sox's Apple Watch Scandal," *The New Yorker*, September 15, 2017; D. Rapaport, "Report: Red Sox Fined for Using Apple Watches to Steal Yankees' Signs, Money to Be Sent to Hurricane Relief," *Sports Illustrated*, September 15, 2017; S. Lauber, "Red Sox, Yankees Fined Separately as Part of MLB Investigation into Sign-Stealing," *ESPN*, September 15, 2017; M. Mazzeo, "Red Sox Caught Using an Apple Watch to Steal Signs from Yankees," *New York Daily News*, September 5, 2017; M. Schmidt, "Boston Red Sox Used Apple Watches to Steal Signs against Yankees," *New York Times*, September 5, 2017; J. Reuter, "Memorable Sign-Stealing Moments in Major League Baseball History," *Bleacher Report*, April 12, 2012; D. Miller, "Fair or Foul? Sign-Stealing Is Part of the Game," *MLB.com*, May 28, 2010; T. Boswell, "Giants Stole the Pennant! Giants Stole the Pennant!" *Washington Post*, February 4, 2001; J. Prager, "Was the '51 Giants Comeback a Miracle, or Did They Simply Steal the Pennant?" *Wall Street Journal*, January 31, 2001; and www.mlb.com, accessed June 26, 2019.

질문

1. 레드삭스가 사인을 훔치는 행위의 윤리성과 합법성을 논해보자.
2. 윤리의 기본 원칙은 책임, 책무, 의무를 포함한다. 레드삭스가 사인을 훔치는 것을 이들 원칙에 적용하여 논의해보자.

서론

개인들은 직장생활을 하거나 경력을 쌓는 동안 수많은 윤리 및 프라이버시 침해 문제에 직면하게 되고 그 중 상당수는 IT와 연관되어 있다. 서로 밀접히 관련된 이 두 가지 주제는 디지털 시대에 정보 접근에 관한 중요한 문제점을 제기하고 있으나 이에 대한 해결책은 간단하지 않다. 오히려 IT로 인해 더욱 복잡한 상황이 되고 있다.

도입사례에서 언급한 보스톤 레드삭스 팀의 경우를 살펴보자. 분명 야구팀의 행동은 윤리적이지 않았다. 또한 이 비윤리적 행동을 위해 신기술을 활용하기까지 하였다. 또 다른 예로, 기업에서 신제품 개발에 비즈니스 파트너나 고객을 활용하고자 소셜 컴퓨팅 기술(9장 참조)을 채택하는 경우도 생각해 보자. 이 기술을 구현하면서 발생할 수 있는 잠재적인 프라이버시 및 윤리적 이슈들을 분석할 수 있을 것이다.

이 장은 이와 같이 기업에서 발생할 수 있는 개인정보보호 침해 및 윤리적 이슈에 어떻게 대응할 수 있는지에 대한 통찰력을 제공하고 있다. 또한 기업은 이 장에서 다룬 내용을 기반으로 윤리 강령을 제정하거나 개인정보보호 정책을 수립할 수 있을 것이다. 그리고, 기업은 조직의 정보시스템이 조직 안팎의 사람들에게 미칠 수 있는 윤리적 이슈 및 개인정보침해 문제 등에 관해 살펴볼 수 있다.

모든 조직은 조직의 규모의 크기와 관계없이 발생할 수 있는 윤리적 문제들에 신경을 써야 한다. 특히 중소기업(또는 신생 기업) 소유자는 직원이 민감한 고객 정보에 부적절하게 접근하는 경우 어려운 상황에 직면할 수 있다. 정보에 대한 접근과 해당 정보의 적절한 사용 사이에는 미묘한 균형을 지켜야 한다. 이러한 균형은 조직의 윤리 강령을 준수하는 정직하고 신뢰할 수 있는 직원을 고용할 때 유지될 수 있다. 즉 중소기업이나 신생 기업은 적절한 윤리 강령을 수립하여 운영할 수 있어야 할 것이다.

3.1 윤리적 이슈

윤리(ethics)는 개인이 자신의 행동의 지침으로 삼는 선악의 개념을 말한다. 선악을 구분하는 것은 쉽지도 분명 하지도 않은 과제이다. 다행히도 윤리적 판단을 내릴 때 도움이 되는 다양한 프레임워크가 존재한다.

윤리 프레임워크

윤리 기준엔 다양한 원천이 존재하지만 여기서는 널리 사용되는 다섯 가지 기준을 나열한다. 이는 공리주의적 접근, 권리 접근, 공정성 접근, 그리고 공동선 접근, 의무론적 접근이다. 이 외에도 여러 가지 윤리 기준이 있지만, 이 다섯 가지가 대표적이라 할 수 있다.

공리주의적 접근(utilitarian approach)은 윤리적 행동이란 최대한의 선을 가져다주거나 최소한의 해를 가져다주는 행동이라 말한다. 기업에서 윤리적 행동이란 당사자 모두, 즉 고객, 직원, 주주, 사회,

그리고 환경에게 최대한의 이익과 최소한의 피해를 주는 행동이다.

권리 접근(right approach)은 윤리적 행동이란 당사자의 도덕적 권리를 가장 잘 보호하고 존중하는 행동이라 말한다. 도덕적 권리는 자신의 삶에 대해 스스로 결정할 권리, 진실을 알 권리, 해를 입지 않을 권리, 그리고 어느 정도의 프라이버시를 누릴 권리 등을 포함할 수 있다. 이 중 사람들이 실제로 가지는 권리가 무엇인지, 그리고 어떤 상황에서 이런 권리를 가질 수 있는 지의 문제에 대해선 지금도 뜨겁게 논쟁이 이루어지고 있다. 하지만 대부분의 사람들은 개인에게 어느 정도의 도덕적 권리는 당연히 있다고 동의하고 있다. 조직에 있어 윤리적 행동은 고객, 직원, 주주, 파트너, 그리고 심지어 경쟁자들의 도덕적 권리를 보호하고 존중하는 것일 것이다.

공정성 접근(fairness approach)은 윤리적 행동이란 모든 사람을 동등하게, 혹은 동등하지 않더라도 정당화가 가능한 어느 기준에 따라 공정하게 대하는 것이라고 말한다. 예를 들어 더 열심히 일하거나 기업에 더 많은 기여를 하는 직원에게 더 높은 급여를 제공하는 것은 공정하다고 말할 수 있다. 하지만 일반 직원의 수백, 수천 배에 달하는 CEO의 연봉에 대해선 그렇게 확신을 가지고 말하기가 힘들다. 많은 사람들이 이 차이가 과연 정당화 가능한 기준에 따른 것인지 아니면 권력의 불균형에 따른 것인지(즉, 불공정한 것인지) 질문을 던지고 있다.

공동선 접근(common good approach)은 사회의 밑바탕에 깔려있는 상호 연결된 관계를 강조한다. 이 접근은 타인 모두에 대한 존중과 사랑이야말로 윤리의 기본이라고 말한다. 이는 모두의 삶의 질에 중요한 공통된 여건을 강조한다. 이러한 여건은 법규, 효과적 경찰 및 소방 병력, 의료 시설, 공교육 체계, 혹은 공공 휴식장소 등을 포함할 수 있다.

마지막으로, **의무론적 접근**(deontology approach)은 행동의 도덕성이 그 행동의 결과에 기초하기보다는 일련의 규칙 하에서 그 행동 자체가 옳고 그른지에 기초한다고 말한다. 의무론의 한 예는 비록 정당방위일지라도 누군가를 죽이는 것은 잘못된 것이라는 믿음이다.

이 다섯 기준을 결합하면 윤리(혹은 윤리적 판단)의 일반적 프레임워크를 개발할 수 있다. 이 프레임워크는 다음과 같이 다섯 단계로 구성된다.

1. 윤리적 이슈 인식

   이 결정 혹은 상황이 어느 사람 혹 어느 단체에 해를 끼칠 수 있는가?

   이 결정이 더 좋고 더 나쁜 대안 중 하나를 선택해야 하는가?

   이 문제는 단순한 법적 고려 이상의 것을 포함하는가? 만약 그렇다면, 어떤 방식으로 고려하는가?

2. 사실 확인

   상황에 연관된 사실은 무엇인가?

   의사결정을 내리기에 충분한 정보를 가지고 있는가?

   어떤 개인 혹은 그룹이 이 결정의 결과에 중요한 이해관계를 가지고 있는가?

   관련 개인 및 그룹 모두와 상담했는가?

3. 대안 평가

   어느 선택이 최대한의 득과 최소한의 해를 가져올 것인가? (공리주의적 접근)

   어느 선택이 이해관계자 모두의 권리를 최대한 존중하는가? (권리 접근)

어느 선택이 모두를 동등하게 혹은 공정하게 대하는가? (공정성 접근)

어느 선택이 소수가 아닌 사회 전체에 득이 되는가? (공동선 접근)

4. 결정 및 평가

   모든 방법을 고려할 때 어느 선택이 상황을 가장 잘 설명하는가?

5. 행동, 그리고 결정의 결과를 반영

   어떻게 하면 이해관계자 모두를 최대한 배려하고 관심을 받는 결정을 실행할 수 있는가?

   결정의 결과는 어떠하며, 이 상황에서 어떤 교훈을 얻을 수 있는가?

이제 일반적 윤리 프레임워크를 구성하였으니 다음 단계로 기업 환경에서의 윤리에 초점을 맞추어보자.

기업 환경에서의 윤리

많은 기업과 전문 조직은 자신만의 **윤리 강령(code of ethics)**을 수립하고 있다. 윤리 강령은 조직 구성원의 의사결정을 유도하기 위한 원칙의 집합이다. 예를 들어 컴퓨팅 분야 전문가로 이루어진 ACM(Association for Computing Machinery; www.acm.org)는 협회 회원을 위한 윤리 강령을 제공하고 있다(www.acm.org/code-of-ethics을 참조).

상이한 윤리 강령들이 또 다른 윤리 강령과 항상 일치하는 것은 아님을 명심해라. 따라서 개인은 다양한 윤리 강령들을 따라야 할지 모른다. 예를 들어 어떤 개인이 2개의 대형 전산조직에 속해있는 경우, 한 조직에서는 모든 관련 법률을 준수하도록, 다른 조직에서는 부당한 법률을 준수하지 않도록 요구받는 경우가 발생할 수 있다.

윤리의 주요 세 가지 원칙은 다음과 같다.

- **책임(responsibility)**은 자신의 행위와 판단의 결정에 승복하고 책임지는 것이다.
- **책무(accountability)**은 일어난 사건이나 결과에 대해 누가 원인을 제공하여 책임을 져야 하는지 판단하는 것이다.
- **의무(liability)**은 한 개인이 타인, 시스템 또는 조직에 의해 입은 피해를 보상받을 수 있게 하는 법률적 개념을 의미한다.

윤리에 대해 좀 더 다루기에 앞서 비윤리적인 행동이 항상 불법은 아니라는 점을 인식할 필요가 있다. 예컨대 은행이 주택에 대해 담보권을 행사하는 것은 합법적이지만 많은 윤리적 문제를 제기할 수 있다. 대부분의 경우 개인이나 조직이 윤리적 갈림길에 서있을 땐 법을 어길 것인가 어기지 않을 것인가를 판단하고 있는 것이 아니다. 하지만 담보권 행사의 예시가 보여주듯 윤리적 판단은 개인, 조직, 그리고 사회에 큰 영향을 끼칠 수 있다.

FIN **ACCT** 우리는 잘못된 윤리적 판단뿐만 아니라 분명한 위법인 범죄행위까지 일어나는 것을 여러 번 목격해왔다. 2001년과 2002년의 두 해 동안 3개의 대단히 큰 화제가 된 스캔들이 일어났다. 이는 엔론(Enron), 월드컴(WorldCom), 그리고 타이코(Tyco) 사건이다. 각 경우 해당 기업의 간부들은 여러 가지 불법 회계 조작을 통해 상당한 규모의 사기를 벌인 것으로 드러났다. 이 불법 행위는 2002년 사베인즈-옥슬리법(Sarbanes-Oxley Act)의 통과에 어느 정도 기여를 하였다. 이 법은 상장 기업들이 재정 통제를 받아들이고 행위 책임을 완전히 지며 간부들이 직접 재무보고를 확인하고 증명하도록 규정한다.

서브 프라임 모기지론 사태 또한 모기지론 산업 전체에 걸쳐 비윤리적인 대출 관행이 이루어졌음을 보여주었다. 이 사태는 또한 세계 금융 시스템뿐만 아니라 미국 금융산업 전반에 만연한 규제의 약점을 보여주었고, 그 후 이어진 세계 경제 침체에 영향을 주었다. 같은 취지로 재무 장관 버니 매도프(Bernie Madoff)는 2009년 폰지 사기(Ponzi Scheme) 운영에 대해 유죄 판결을 받고 연방 교도소에서 150년형을 선고받았다. 또한, 매도프의 몇몇 직원들도 2014년에 유죄 판결을 받았다.

불행히도 비윤리적 행동은 계속되고 있다. 웰스파고 은행(www.wellsfargo.com)을 보자. 2016년, 당국은 은행 직원이 약 200만 개의 가짜 고객 당좌 예금 계좌와 신용카드 계좌를 만든 것을 발견하였다. 은행 직원들은 감독관들로부터 일일 계좌 할당량을 맞추라는 압력을 받아 계좌를 만들었다. 그런 다음 은행은 가짜 계좌에 대해 적어도 150만 달러의 수수료를 고객에게 청구하였다. 은행의 피해자들은 당좌 대월 및 관리 수수료를 부과받았을 뿐만 아니라, 그들이 알지도 못하는 계좌에 잔고가 없다는 이유로 신용 점수 역시 낮아졌다.

웰스파고는 약 5,300명의 직원을 해고했다. 이 은행은 또한 2016년 2분기에 벌어들인 56억 달러에 비하면 매우 적은 1억 8,500만 달러의 벌금을 내라는 명령을 받았다. 게다가, 2016년 10월, 웰스파고의 CEO 존 스텀프는 그의 자리에서 물러났다.

2018년 6월, 웰스파고는 증권거래위원회(SEC; www.sec.gov)에 의해 또다시 비위 혐의로 기소되었다. SEC는 은행이 만기를 지켜야 하는 고금리 상품을 적극적으로 거래하도록 '부적절하게 조장'함으로써 많은 수수료를 징수했다고 말했다. 은행은 400만 달러의 위약금을 지불하고 거래로 얻은 수수료 93만 377달러와 17만 8,064달러의 이자를 고객에게 돌려주기로 합의했다.

정보기술 발전은 점점 더 많은 윤리적 문제를 일으키고 있다. 컴퓨터 연산 능력은 매 18개월마다 약 2배로 늘어나며 이는 기업의 컴퓨터 의존도를 계속 증가시킨다. 더 많은 양의 데이터가 더 적은 비용으로 저장될 수 있게 되었다. 그 결과 기업은 개인정보 데이터를 더 오랫동안 보관할 수 있다. 더 나아가 컴퓨터 네트워크, 특히 인터넷은 조직이 개인, 단체, 그리고 기관에 대해 대량의 정보를 수집, 통합, 그리고 배포할 수 있게 하였다. 이러한 발전은 고객 정보의 적절한 수집과 사용, 개인 프라이버시 그리고 지적재산권 보호와 관련된 여러 가지 윤리적 문제가 발생시키고 있다. IT와 기업사례 3.1은 구글(Google)이 신용카드 및 직불카드 데이터를 분석하여 사용자 검색을 오프라인 구매와 연결하고 있음을 보여주고 있다.

IT와 기업사례 3.1

구글이 온라인 검색 데이터와 오프라인 구매 데이터를 연결하다.

MIS MKT FIN

미국 인구조사국(Census Bureau)의 자료에 따르면 2019년 1분기 소매 구매의 90%가 오프라인(물리적으로 오프라인 매장)에서 이뤄졌으며, 나머지 10%는 소매 전자상거래를 통해 온라인으로 이뤄졌다. 이러한 수치는 소매 판매의 대부분이 온라인 광고와 연계하기 어렵다는 것을 나타낸다. 이러한 발견들은 온라인 광고가 효과적이라는 것을 광고주들에게 납득시켜야 했던 구글(그리고 페이스북)에 문제를 제기하였다. 구글은 또한 페이스북이 스퀘어, 마케토와 제휴를 맺어 소비자 매장 방문과 일부 거래를 추적할 수 있게 된 것에 대응해야 했다. 이번 제휴는 2014년부터 구글의 애드워즈 제품의 일부였던 구글의 매장 방문 지표에 대한 반응이었다.

구글은 아직도 주로 텔레비전 광고에 지출하고 있는 광고주들로부터 디지털 광고 달러를 유치하기 위해서는, 회사가 디지털 광고가 효과가 있다는 것을 증명해야 한다는 것을 알고 있다. 따라서 구글은 고객의 검색 이력, 그들이 클릭한 광고, 그리고 궁극적으로 그들이 오프라인 매장에서 구매한 상품들을 분석하여 고객을 식별해야 한다. (이러한 분석을 수행하는 회사는 구글뿐만이 아니라는 것을 유념해야 한다. 예를 들어, 페이스북도 이러한 분석을 수행한다.)

수년 동안, 구글은 사람들의 물리적 위치에 대한 지식이 물리적 세계와 디지털 세계를 연결할 수 있다는 것을 증명하기 위한 노력으로 구글 지도의 위치 데이터를 분석해왔다. 이 위치 추적 기능은 구글이 잔디깎기 광고를 본 사람들이 나중에 홈디포 매장을 방문했는지 또는 지나갔는지를 소매업자들에게 알려주는 것을 가능하게 했다. 사용자들은 스마트폰의 설정을 조정함으로써 위치 정보를 차단할 수 있지만, 프라이버시 전문가들은 실제로 그렇게 하는 사용자는 거의 없다고 주장한다.

구글 지도의 위치 데이터 외에도, 구글은 유튜브, 지메일, 구글 플레이 스토어와 같은 구글 앱의 데이터를 사용하여 사용자의 웹 브라우징과 검색 기록을 분석해왔다. 이 모든 데이터 항목은 구글의 서비스에 로그인할 때 사용자의 실제 신원과 연결된다.

프린스턴 대학의 연구원들은 각 웹 사이트에서 추적 코드의 증거를 찾기 위해 인터넷의 가장 인기 있는 100만 개의 웹 사이트를 조사하기 위해 OpenWPM이라고 불리는 소프트웨어를 사용했다. OpenWPM은 파이어폭스 브라우저를 사용하여 자동으로 웹 사이트를 방문하고 발견한 추적 코드를 기록한다. 연구원들은 이 사이트들의 대부분에서 구글 코드를 발견했다. 예를 들어, 그들은 거의 70%의 웹 사이트에서 구글의 광고 타겟팅 시스템과 통합되는 웹 사이트 방문자들의 데이터를 모으는데 사용되는 제품인 구글 애널리틱스를 발견했다. 그들은 또한 거의 50%의 웹 사이트에서 구글의 전용 광고 서비스 시스템인 더블클릭을 발견했다. 아마도 가장 흔한 다섯 가지 추적 도구는 모두 구글이 소유하고 있다는 것이 핵심 발견일 것이다.

온라인 게시업체들은 구글, 페이스북 및 기타 여러 회사의 추적 코드를 사용하여 광고 타겟팅을 돕는다. 기업의 추적코드가 여러 웹 사이트에 내장되면 웹을 검색하면서 개인에 대한 상세한 프로필을 구성할 수 있고, 이를 인식할 수 있도록 고유 식별자를 할당한다. 프라이버시 옹호론자(개인정보 보호론자)들은 이 관행이 좀 더 세심하게 검토될 필요가 있다고 주장한다. 이 문제를 더하면, 새로운 신용카드 데이터를 통해 구글은 이러한 데이터 소스를 실제 구매 기록에 통합할 수 있다. 구글은 현재 수십억 개의 신용카드 거래 기록을 이용하여 온라인 광고가 심지어 실제 상점에서 오프라인으로 거래가 일어날 때에도 사람들이 구매하도록 유도한다는 것을 증명하고 있다. 이 과정은 구글이 단순히 위치 데이터를 사용하는 것보다 구매를 분석할 수 있는 더 명확한 방법을 제공한다. 나아가 구글은 소비자들이 스마트폰에서 위치추적을 비활성화할 때도 구매 활동을 분석할 수 있게 되었다.

오늘날, 구글은 마케팅 전문가들이 온라인 광고의 '성배'라고 묘사하는 목표인 디지털 광고 캠페인에 의해 생성된 구매 수를 결정할 수 있다. 예를 들어, 구글은 얼마나 많은 쇼핑객들이 아이라이너 광고를 보고 나중에 세포라 매장을 방문하여 구매를 했는지 세포라와 같은 회사에 알릴 수 있다. 광고주들은 구글 애트리뷰션(Google Attribution)이라고 불리는 새로운 제품으로 이 정보에 접근할 수 있다. 어떤 클릭과 키워드가 소비자의 구매 결정에 가장 큰 영향을 미쳤는지 파악할 수 있다.

놀랄 것도 없이, 구글의 강화된 분석 도구들은 그 회사가 개인정보를 어떻게 사용하는지에 대한 불평으로 이어졌다. 프라이버시 옹호론자(개인정보 보호론자)들은 그들의 구매가 이러한 방식으로 분석된다는 것을 이해하는 사람은 거의 없다는 점에 주목한다. 구글은 사용자 개인정보를 보호하기 위한 조치를 취했다고 대응한다. 사실, 그 회사는 사용자들의 데이터가 개인적이고, 안전하고, 익명으로 유지되도록 보장하는 새로운 맞춤형 암호화 기술을 개발했다고 주장한다.

구글은 또한 소매점에서 구매하는 구매자와 사용자 중 한 명을 일치시킬 때 소비자의 프라이버시를 보호하기 위해 특허 출원 중인 수학 공식을 사용한다고 주장한다.

출처: Compiled from "Facebook Is Even Keeping Track of You Offline," *Huffington Post*, March 25, 2018; J. Glenday, "Google Facing Possible Regulatory Review over Offline Tracking," *The Drum*, August 1, 2017; A. Kieler, "Google's Tracking of Offline Spending Sparks Call for Federal Investigation," *The Consumerist*, July 31, 2017; J. Naughton, "Google, Not GCHQ, Is the Truly Chilling Spy Network," *The Guardian*, June 18, 2017; N. Dawar, "Has Google Finally Proven that Online Ads Cause Offline Purchases?" *Harvard Business Review*, June 1, 2017; "Google Starts Tracking Retail Purchases for Online-to-Offline Attribution," *IPG Media Lab*, May 25, 2017; L. Tung, "Google: We'll Track Your Offline Credit Card Use to Show that Online Ads Work," *ZDNet*, May 24, 2017; R. Whitwam, "Google Can Now Track Your Offline Purchases," *CNBC*, May 24, 2017; H. Peterson, "Google Is under Fire for Watching You while You Shop Even When You're Not Online," *AOL. com*, May 24, 2017; R. Kilpatrick, "Google's New Feature Can Match Ad Clicks with In-Store Purchases," *Fortune*, May 23, 2017; "Google Starts Tracking Offline Shopping—What You Buy at Stores in Person," *Los Angeles Times*, May 23, 2017; E. Dwoskin and C. Timberg, "Google Now Knows When Its Users Go to the Store and Buy Stuff," *Washington Post*, May 23, 2017; "Internet Advertising Expenditure to Exceed US$200bn This Year," *Zenith Media*, March 26, 2017; T. Simonite, "Largest Study of Online Tracking Proves Google Really Is Watching Us All," *MIT Technology Review*, May 18, 2016; T. Simonite, "Probing the Dark Side of Google's Ad-Targeting System," *MIT Technology Review*, July 6, 2015; and www.google.com, accessed June 26, 2019.

질문

1. 구글이 온라인 검색 데이터를 오프라인 구매 데이터와 통합하려는 노력을 진전시키면서 정보기술이 하는 역할을 설명해보자.
2. 윤리의 기본 교리는 책임, 책임, 책임을 포함한다. 온라인 검색 데이터와 오프라인 구매 데이터를 통합하는 구글의 조치에 적용되는 이러한 각 주의 사항에 대해 논의해보자.

윤리와 정보기술

모든 직원은 정보와 정보기술을 윤리적으로 사용할 책임을 가지고 있다. 미래 직장에서 내리게 될 대부분의, 어쩌면 모든 결정은 윤리적 측면을 가질 것이다. 다음과 같은 결정을 내려야 할 수 있다.

- **HRM** 조직은 직원의 웹서핑과 이메일을 감시해야 하는가?
- **MKT** 조직은 고객 정보를 다른 기업에 팔아도 되는가?
- **HRM** 조직은 직원 컴퓨터에 대해 무허가 프로그램이나 불법 다운로드된 음악 혹은 영상에 대해 감사를 실시해야 하는가?

IT 응용 프로그램의 다양성과 나날이 넓어지는 활용 용도 역시 많은 윤리적 문제를 발생시키고 있다. 이러한 이슈는 프라이버시, 정확성, 재산권, 접근성의 네 가지 범주로 분류된다.

1. 프라이버시 이슈는 개인에 대한 정보의 수집, 보관, 배포와 관련된다.

표 3.1 윤리 이슈에 관한 프레임워크

프라이버시 이슈
• 개인이 자신에 대해 남에게 의무적으로 공개해야 할 정보는 어떤 것인가? • 고용주가 피고용인에게 적용할 수 있는 감시엔 어떤 종류가 있는가? • 어떤 종류의 개인정보가 남이 취득할 수 없도록 보호받을 수 있는가? • 개인정보 중 어떤 것이 데이터베이스에 저장되어야 하며 그곳의 정보는 얼마나 안전한가?
정확성 이슈
• 수집된 정보의 신빙성, 신뢰성, 정확성은 누구의 책임인가? • 정보가 올바르게 처리되고 사용자에게 정확하게 제공되도록 강제하는 방법은 무엇인가? • 데이터베이스, 데이터 송수신, 그리고 데이터 처리의 오류가 의도적으로 일어나지 않게 하는 방법은 무엇이 있는가? • 정보 오류에 대해서 누가 책임을 져야 하며 피해자에 대한 보상은 어떻게 이루어져야 하는가?
재산권 이슈
• 정보의 소유권자는 누구인가? • 정보 교환의 정당하고 공평한 가격은 무엇인가? • 소프트웨어 불법복제는 어떻게 다루어져야 하는가? • 어떤 조건 하에서 독점 데이터베이스를 사용할 수 있는가? • 기업 컴퓨터가 개인적 목적으로 사용될 수 있는가? • 전문가시스템 개발에 지식을 기여하는 전문가들은 어떻게 보상되어야 하는가? • 정보 채널에 대한 접속 권한은 어떻게 부여되어야 하는가?
접근성 이슈
• 정보에 접근하도록 허가를 받은 이는 누구인가? • 정보에 대한 접근 요금으로 기업은 얼만큼을 받아야 하는가? • 장애를 가진 사람들이 컴퓨터를 접속할 수 있도록 하려면 어떻게 해야 하는가? • 정보 접근에 필요한 장비는 누구에게 제공될 것인가? • 개인 혹은 조직이 취득할 권리 혹은 특권을 가질 정보, 그 조건, 그리고 그 제한은 무엇인가?

2. 정확성 이슈는 수집되고 처리되는 정보의 신빙성, 신뢰성, 그리고 정확성과 관련된다.
3. 재산권 이슈는 정보와 재산권과 가치와 관련된다.
4. 접근성 이슈는 누가 정보에 접근해야 하는지 그리고 누가 이 접근에 대한 수수료를 지불해야 하는지와 관련된다.

표 3.1은 각 범주에 대한 대표적인 질문과 이슈를 수록하고 있다. 이 시나리오들은 윤리적 혹은 비윤리적 행동과 관련을 지어 고민해볼 수 있는 문맥을 제공한다. IT와 기업사례 3.2는 학생들에게 중요하 또 다른 윤리적 이슈를 제시하고 있다.

이 장에서 논의되는 이슈 및 시나리오는 윤리 문제뿐만 아니라 프라이버시와도 관련이 있다.

확인하고 넘어가기

1. 윤리 강령은 무엇을 포함하고 있는지 설명해보자.
2. 윤리의 기본 원칙에 대해 설명해보자.

3.2 프라이버시

일반적으로 **프라이버시(privacy)**는 프라이버시에 간섭이나 참견을 받지 않을 권리를 말한다. **정보 프라이버시(information privacy)**는 자신에 대한 정보가 언제/어디서/어느 정도로 수집되고 배포될 수 있는지 결정하는 권리다. 프라이버시는 개인, 단체, 기관 모두에 적용된다.

프라이버시의 정의는 꽤 넓게 내려질 수 있다. 하지만 대부분의 관련 법정 판결은 대체로 다음 법칙을 따르고 있다.

1. 프라이버시는 절대적이지 않다. 프라이버시는 사회적 필요와 균형을 이루어야 한다.
2. 국민의 알 권리는 개인의 프라이버시보다 위에 있다.

이 두 가지 규칙은 프라이버시 규정을 정하고 강제하는 것이 얼마나 어려운지 보여주고 있다.

앞서 언급한 바와 같이 정보기술의 급속한 발전은 개인에 대한 데이터를 대형 데이터베이스에 수집, 저장, 통합하기 쉽게 만들었다. 일상적인 하루일지라도 여러분은 자신에 대한 정보를 계속 생성하고 있다. 톨게이트나 공공장소 혹은 직장에서 감시 카메라에 의해 촬영된다. 신용카드로 결제를 한다. 유선전화나 휴대전화로 통화한다. 은행 업무를 본다. 검색엔진에 검색어를 입력한다. 그리고 정부 민원을 넣는다. 이 모든 행위가 당신에 대한 데이터를 생성하며 이는 수집 후 조합하여 여러분과 여러분의 습관에 대한 대한 전자 정보 집합인 **디지털 프로필(digital dossier)**을 생성하는 데에 쓰일 수 있다. 이러한 디지털 프로필 생성 행위를 **프로파일링(profiling)**이라고 한다.

렉시스넥시스(LexisNexis; www.lexisnexis.com)나 액시옴(Acxiom; www.acxiom.com) 등의 데이터 수집 조직들이 프로파일링의 좋은 예이다. 이들 기업들은 부동산 기록이나 공개 전화번호 등의 공공 데이터와 사회보장번호, 재정 정보, 경찰/범죄/자동차 기록 등의 비공개 데이터를 모두 수집한다. 그다음 이들은 수집된 데이터를 조합하여 미국 성인의 대부분을 포함한 디지털 프로필 데이터베이스를 작

IT와 기업사례 3.2
퀴즐렛

MIS

퀴즐렛(Quizlet; www.quizlet.com)은 모바일 및 웹 기반 학습 애플리케이션으로 학습 도구와 게임으로 정보를 학습할 수 있다. 그 앱은 무료이고 광고와 추가 기능 유료 구독으로 돈을 번다. 퀴즐렛의 활성 사용자 숫자는 전 세계 약 3천만 명 정도 규모에 달하고 있다. 퀴즐렛은 미국 전체 고등학생의 절반과 대학생의 3분의 1이 학습 도구로 사용하고 있다.

퀴즐렛은 앱이 학습을 지원하는 데 적절하게 사용되는지 확인하기 위해 보이는 기능과 보이지 않는 기능을 지속적으로 추가한다고 밝히고 있다. 앱에는 학생들이 "강좌 자료를 온라인에 게시하거나 공유하는 것과 관련해 교사나 기관의 정책을 잘 알고 지켜달라"는 내용의 명예 규범이 있다. 퀴즐렛의 커뮤니티 지침은 부정행위를 금지하고 시험 은행, 시험 문제 및 기타 기밀 강좌 내용을 포함하여 저작권이 있는 자료를 공개적으로 게시한다.

퀴즐렛은 학생들의 학습을 돕는 것이 목표이며 현재 활동 중인 시험 자료를 탐지하는 것을 목표로 하는 내부 도구를 제공한다고 말한다. 게다가, 그 회사는 이러한 자료를 접하게 될 경우 삭제 요청을 제출하는 사용자들에게 크게 의존하고 있다고 말한다. 퀴즐렛은 학생들이 브레인리(www.brainly.co)와 구글 오피스(www.docs.google.com)와 같은 다른 온라인 공유 리소스도 자주 사용한다고 주장한다.

과거에는 학생들이 오래된 시험의 종이 사본을 보관하고 공유해왔지만 세상은 달라졌다. 학습 자료의 디지털화, 온라인 제공자를 통한 커리큘럼 표준화, 퀴즐렛과 같은 앱은 학업 부정의 가능성을 증가시킬 수 있다.

퀴즐렛은 학생들에게 인기가 많고 많은 이들이 합법적으로 사이트를 이용한다. 다만 일부 학생들은 퀴즐렛을 이용해 부정행위를 저지르는 것에 대해 공개적으로 트윗을 보내 온라인 시험을 치르는 동안 퀴즐렛을 다른 브라우저에서 열거나 퀴즐렛에서 문제를 미리 공부하기도 했다.

2018년 5월 텍사스 크리스천 대학교(TCU; www.tcu.edu)는 퀴즐렛을 이용해 부정행위를 한 12명의 학생을 정직 처분했다. 이 사건은 여러 학기에 걸쳐 발생했으며 TCU 밥 쉬퍼 통신 대학의 여러 수업이 연루되어 있었다.

학생들은 퀴즐렛을 이용해 공부했지만 앱에서 본 문제가 시험에 나올 줄은 몰랐다며 이 결정에 이의를 제기했다. 부정행위 혐의는 해당 강좌의 교수가 "실제, 현재 시험문제가 앱에 뜨는 것을 학생들이 눈치챘을 때 미리 알려줬어야 했다"고 말한 데서 비롯되었다.

이어진 법적 분쟁은 디지털화된 정보에 쉽게 접근할 수 있는 교육 환경에서 학습에 대한 광범위한 문제를 부각시켰다. 앱에서 자료를 복습하는 많은 학생들은 누가 자료를 넣었는지, 어떻게 얻었는지, 검토 중인 문제가 현재 진행형 시험문제인지 전혀 알지 못한다. 예컨대 정학 처분을 받은 TCU 학생들 중 상당수가 온라인에서 복습한 자료가 활성 시험문제인 줄 몰랐다고 한다. 게다가, 그들은 TCU에 고용된 튜터들이 해당 사이트로 안내했다고 주장했다.

학생 측 변호인은 "이번 사태는 대학이 '기술 변화에 적응해야 한다'는 것을 보여줬다"며 "교수들이 낡은 문제를 재사용하는 것보다 새로운 기술에 적응하고 매 학기 새로운 시험문제를 만들어낼 필요가 있다는 것을 보여줬다"고 퀴즐렛 사용을 옹호했다.

크라우드소싱에 의존하는 널리 사용되는 온라인 리소스의 인기가 증가함에 따라 오늘날 학생들에게 학습이 실제로 어떤 모습인지에 대한 의문이 제기되고 있으며 강사에게 어려움이 되고 있다. 사실, 많은 교육자들은 대부분의 분야에서 학생들이 목록을 암기하고 사실을 반복하는 것은 더 이상 유용하지 않을 수도 있다고 말한다.

2018년 5월 14일, TCU는 퀴즐렛을 이용해 부정행위를 한 혐의로 기소된 일부 학생들에 대해 1년간의 정학을 뒤집었다. 학생들의 변호사는 이 사건에 대리인된 모든 학생들이 정학 처분을 받았다고 진술했다. TCU가 취한 다른 조치들—낙제점수 부여, 학사유예, 학업부정행위 고발 등—이 그대로 유지되었고 여전히 호소되고 있었다. TCU는 또 이번 사건에 대해 교수에게 시험문제를 바꾸지 않은 책임이 없다고 밝혔다. 2018년 말, 퀴즐렛은 3억 명 이상의 사용자가 플래시 카드를 생성했으며 월별 사용자 수는 5천만 명 이상이었다. 이 소프트웨어는 15개 이상의 언어로 제공된다.

출처: Compiled from E. Kerr, "What a Controversy over an App Tells Us about How Students Learn Now," *Chronicle of Higher Education*, May 15, 2018; T. Steele, "TCU Overturns Suspensions for Some Students Accused of Using Quizlet App to Cheat," *Dallas Morning News*, May 14, 2018; L. McKenzie, "Learning Tool or Cheating Aid?" *Inside Higher Ed*, May 14, 2018; "Texas Christian University Tutors Accused in Alleged Cheating Case," *CBS News*, May 10, 2018; S. English, "TCU Suspends 12 Students Accused of Cheating via a Popular Study App," *Star-Telegram*, May 10, 2018; J. Prothro, "TCU Suspends a Dozen Students over Scheme to Use Quizlet App to Cheat," *Dallas Morning News*, May 9, 2018; L. Kologny, "Popular Study App Quizlet Faces a Moment of Truth as a New School Year Begins," *CNBC*, August 23, 2017; and www.quizlet.com, accessed September 17, 2018.

질문

1. 학생들이 시험공부를 위해 퀴즐렛(및 이와 유사한 앱)을 사용하는 것의 윤리성에 대해 논의해보자.
2. 학생이 현재 실제 시험 문제를 퀴즐렛에 출제했다는 사실을 과정 강사에게 알리지 않는 것의 윤리성에 대해 논의해보자.

성한다. 이렇게 완성된 프로필 목록은 경찰이나 직원에 대한 배경조사를 실시하려는 기업 등의 고객에게 판매된다. 또한 고객에 대해 더 잘 알고자 하는 고객 친밀감이라 불리는 프로세스를 실시하고 있는 기업에도 정보를 판다.

전자감시

미국 시민 자유연합(ACLU)에 의하면 컴퓨터의 지원을 통한 타인의 활동 감시가 최근 들어 심각한 프라이버시 침해 문제로 부상했다고 한다. ACLU는 이러한 행위, 즉 **전자감시(electronic surveillance)**가 신기술의 개발에 힘입어 빠르게 확산되고 있다고 말한다. 이러한 감시는 기업과 정부 그리고 다른 여러 기관에 의해 수행되고 있다.

오늘날 미국인들은 불과 몇 년 전에 상상할 수 없었던 수준의 감시 하에 살고 있다. 예를 들어, 감시 카메라는 공항, 지하철, 은행 및 기타 공공장소에서 사용자를 추적한다. 또한 저렴한 디지털 센서가 모든 곳에서 사용되고 있다. 노트북 웹캠, 비디오 게임 모션 센서, 스마트폰 카메라, 전력계량기, 여권과 직원 ID카드에 통합된다. 구글 또는 마이크로소프트가 지도 작성 서비스를 업데이트할 때 현관을 나서게 되면 여러분은 공중에서 또는 거리에서 고해상도 사진으로 촬영되어 서비스될지 모른다. 도시 거리를 운전하거나 유료 교량을 지나 쇼핑몰에 주차하면 번호판이 기록되고 타임스탬프가 찍힌다.

저비용 디지털 카메라, 모션 센서 및 생체인식 리더와 같은 새로운 기술은 인간의 활동을 모니터링하는 데 도움이 된다. 또한 디지털 데이터의 저장 및 사용 비용이 급격히 감소하고 있다. 결과적으로 센서 데이터 수집 및 저장이 폭발적으로 증가한다.

실제로 스마트폰은 센서가 되어가고 있다. 스마트폰의 평균 가격은 2000년 이후 17% 증가했다. 그러나 기술 시장조사 기업인 ABI 리서치(www.abiresearch.com)에 따르면 휴대전화 처리능력은 그 기간 동안 13,000% 증가했다. 8장에서 학습하겠지만 스마트폰은 이제 비디오 녹화, 사진 촬영, 전자메일 송수신, 정보 검색, 인터넷 액세스 및 지도에서의 위치 확인 등의 작업을 수행할 수 있다. 또한 휴대전화에는 수집 및 분석할 수 있는 많은 정보가 저장되어 있다. GPS(global positioning system) 센서가 장착된 스마트폰에서는 특별한 문제가 발생한다. 이 센서는 일상적으로 사진과 비디오에 위치 정보 태그를 지정하며, 이미지에 표시된 장소의 위도와 경도의 이미지를 포함한다. 따라서 여러분은 소셜 네트워크 또는 사진 공유 웹 사이트에 개인 이미지를 게시함으로써 범죄자에게 유용한 정보를 부주의하게 제공할 수 있다. 이러한 행동은 당신이 사는 곳에서 범죄자를 정확하게 보여준다.

MIS 새로운 장치가 전자감시에 어떻게 기여할 수 있는지에 대한 또 다른 예는 안면 인식 기술이다(4장 참조). 불과 몇 년 전 이 소프트웨어는 여권 체크 포인트와 같이 매우 통제된 환경에서만 작동했다. 그러나 이 기술은 이제 일반 스냅샷 및 온라인 이미지에서도 얼굴을 일치시킬 수 있다. 예를 들어 인텔과 마이크로소프트는 얼굴을 인식할 수 있는 매장 내 디지털 광고판을 도입했다. 이 게시판은 구매나 브라우징 행동을 기반으로 관심있는 제품을 추적할 수 있다. 한 마케팅 분석가는 모든 상점에서의 여러분의 경험은 곧 고객화가 될 것으로 예측했다.

중국 정부는 2020년까지 **사회신용점수(SCS)**를 시행할 계획으로 중국에서 안면인식 기술 사용이 급격히 증가하고 있어 많은 우려를 낳고 있다. 이 제도에서, 중국의 모든 시민들은 공적 기록에 따라 모두가 볼 수 있는 점수를 받게 될 것이다. 이 점수는 개인의 사회적 행동, 그들의 소비 습관, 사회 활동을 위한 청구서 지불 등을 모니터링함으로써 계산된다. SCS는 그 사람의 신뢰성의 기초가 될 것이고, 또한 공개적으로 순위가 매겨질 것이다. 시민의 SCS는 그들이 얻을 수 있는 직업이나 주택담보대출의 종류를 포함한 다양한 서비스에 대한 자격에 영향을 미칠 뿐만 아니라 자녀가 갈 수 있는 학교에 대해서도 영향을 미칠 것이다.

2018년에 중국은 이미 이러한 대규모 데이터 기반 시스템에 필요한 알고리즘을 개발하기 위해 민간 기업과 협력하여 SCS의 구현을 시작했다. 이러한 민간 기업에는 소셜 네트워크 대기업 텐센트(Tencent)의 파트너인 차이나 래피드 파이낸스(China Rapid Finance)와 알리바바(Alibaba) 계열사인 앤트 파이낸셜 서비스 그룹(Ant Financial Services Group)의 자회사인 세서미 크레딧(Sesame Credit) 등이 포함되어 있다. 래피드 파이낸스와 세서미 크레딧 모두 엄청난 양의 데이터에 액세스할 수 있다. 전자는 약 8억 5천만 명의 사용자를 보유한 위챗(WeChat) 메시징 앱을 통해, 후자는 알리페이(AliPay) 결제 서비스를 통해 액세스할 수 있다.

구글과 페이스북은 얼굴 인식 소프트웨어인 구글 피카사(Google Picasa) 및 페이스북 사진 앨범(Photo Albums)을 사용하고 있는데 이들은 유명한 온라인 사진 편집 및 공유 서비스이다. 두 회사는 사용자가 사진 속의 사람들에게 이름을 지정하도록 권장하고, 이는 **포토 태깅**(photo tagging)으로 설명된다. 그러면 얼굴 인식 소프트웨어가 얼굴 특징을 색인화한다. 사진의 개인이 태그 지정되면 소프트웨어는 태그 없는 사진에서 유사한 얼굴 특징을 검색한다. 이 프로세스를 사용하면 태그가 있는 사람이 나타나는 사진을 빠르게 그룹화할 수 있다. 중요하게도, 개인은 이 프로세스를 인식하지 못한다.

왜 태그 추가가 중요한가? 그 이유는 사진에 태그를 추가하면 해당 사진을 사용하여 전체 인터넷 또는 사설 데이터베이스(예: 감시 카메라로 공급되는 데이터베이스 포함)에서 일치하는 항목을 검색할 수 있기 때문이다. 이런 유형의 감시가 당신에게 어떻게 영향을 줄 수 있는가? 예를 들어, 자동차 딜러는 당신이 주차장에 차를 세울 때 사진을 찍을 수 있다. 그러면 그는 판매에서 경쟁우위를 얻기 위해 웹에서 빠르게 당신의 프로필(당신이 살고 있는 곳, 고용된 곳 등의 정보)를 찾는다. 설상가상으로 레스토랑에 있는 낯선 사람이 스마트폰으로 사진을 찍은 다음 자신의 취향에 따라 온라인으로 프로필을 작성한다. 개인정보보호 변호사는 익명성에 대한 권리를 잃는 것은 여러분이 어디로 가고, 누구를 만나며, 어떻게 생활하게 되는지에 대해 다 밝혀지는 참담한 결과를 낳을 거라고 주장하고 있다.

드론은 추가적인 감시 문제를 제기하고 있다. 고성능 카메라를 탑재한 저가 드론은 지속적인 공중감시에 활용될 수 있다. 현대 항공이 시작된 이래로 토지 소유자들은 최대 500피트 높이까지 영공에 대한 권리를 가져왔다. 하지만, 작은 크기로 저공을 비행하는 드론을 규제하기 위해, 연방항공청(FAA; www.faa.gov)은 지상부터 시작되는 모든 영공에 대한 권한을 위임받았다.

다음의 예를 고려해보자. 만일 뒤뜰 100피트 상공에서 드론이 날고 있는 것을 보면 이 드론이 당신을 감시하고 있다고 의심할 수 있다. 이 드론을 누가 조종하고 있었는지, 누구를 고소할 건지 그리고 당신을 감시하고 있었다는 걸 어떻게 증명할 것인가?

FAA는 드론과 관련된 프라이버시 문제를 해결할 책임이 있다. 미국 정부의 주요 소비자 프라이버시 기관인 연방거래위원회(FTC; www.ftc.gov)도 드론 프라이버시 문제를 조사하고 있다. IT와 기업사례 3.3과 이 장의 종료사례는 법 집행 기관에서 사용하는 두 가지 다른 유형의 감시 기술을 보여주고 있다.

HRM 방금 고려한 시나리오는 주로 개인적인 삶을 다루고 있다. 그러나 전자감시는 직장에서도 마찬가지로 현실이 되어가고 있다. 일반적으로 근로자는 고용주에 의한 감시에 대항하는 아주 제한된 법적 보호를 가지게 된다. 법은 고용주가 직원의 전자메일 및 기타 전자문서를 읽고 직원의 인터넷 사용을 모니터링할 수 있는 권리를 지지하고 있다. 오늘날 조직의 4분의 3 이상이 직원의 인터넷 사용을 정기적으로 모니터링한다. 또한 3분의 2는 소프트웨어를 사용하여 부적절한 웹 사이트에 대한 연결을 차단한다. 이는 URL 필터링이라고 한다. 또한 조직에서는 악성 소프트웨어를 차단하여 보안을 강화하고 직원들이 시간을 낭비하지 않도록 함으로써 생산성을 높이기 위해 모니터링 및 필터링 소프트웨어를 설치한다.

MIS 어느 기업에서 URL 필터를 적용하기 전에 CIO가 약 13,000여 명의 직원들을 3개월간 감시하여 네트워크 트래픽을 조사하였다. 그다음 그 결과를 CEO와 인적자원부서 책임자, 그리고 법적 부서 책임자에게 각각 넘겼다. 이들 간부들은 직원들이 방문하고 시간을 보내고 있는 다수의 부적절한 사이트들을 보고 깜짝 놀랐고 당장 URL 필터 제품을 구입하였다.

일반적으로 전자감시가 기업이나 정부기구에 의해 수행되든 범죄자를 감시하기 위해 수행되든 간에 전자감시는 사적 개인을 염려하고 있다. 미국은 특히 국가안보를 위협하는 상황에서 개인 프라이버시와 전자감시 사이의 적절한 균형점을 찾기 위하여 여전히 노력하고 있다.

IT와 기업사례 3.3
번호판 판독기

MIS

법 집행 기관들은 도난 차량을 추적하고 범죄자들을 체포하기 위해 한동안 번호판 판독기를 사용해 왔다. 오늘날, 개인 자동차 압류 회사와 견인 회사들은 견인 트럭에 스캐너로 매일 수백만 개의 판을 촬영한다. 그들은 또한 주변을 운전하고 사무실, 쇼핑몰, 도로, 그리고 차도로부터 번호판을 판독해서 수집하는 카메라 자동차를 사용한다.

각 스캔에는 GPS 좌표를 통해 위치, 날짜 및 시간이 스탬프로 표시된다. 압류 및 견인 업체의 데이터베이스에는 이들이 사법기관과 민간 기업 모두에 판매하는 방대한 양의 스캔이 담겨 있다. LPR 회사라고 부르는 이러한 민간 회사들은 자동차 번호판 스캔을 직접 검사하고 소프트웨어를 사용하여 차량 번호판 스캔을 분석한다. LPR 회사에는 디지털 인식 네트워크(DRN; www.drndata.com), 비질런트 솔루션(www.vigilantsolutions.com), MVTrac(www.mvtrac.com) 등이 있다.

LPR 회사의 비공개 데이터베이스에는 총 30억 개 이상의 자동차 번호판 사진이 있다. 비질런트 솔루션과 DRN은 2009년 미국 최대의 개인 차량 번호판 데이터베이스인 NVLS(National Vehicle Location Service)를 시작한 이래 20억 개의 번호판을 스캔했다고 주장한다.

비질런트는 이 데이터베이스를 경찰서에 무료로 제공하기로 결정했다. 그 대가로, 도시들은 비질런트에게 미결된 체포영장과 연체된 법정비용에 대한 기록을 줄 것이고, 회사는 이를 '플래그' 차량의 데이터베이스를 만드는 데 사용할 것이다. 자동차 번호판 판독기가 플래그가 표시된 번호판을 발견하면, 경찰관들은 운전자를 세워놓고 벌금을 부과하거나 체포하도록 지시하곤 했다. 경찰이 플래그가 표시된 번호판을 처리할 때마다 비질런트사는 25%의 서비스 수수료를 받게 된다.

다량의 데이터 기반 분석을 통해 자동차 소유자에 대한 많은 정보를 밝힐 수 있다. 데이터베이스에는 특정 지역에서 차량이 몇 번, 몇 시에 발견될지에 대한 데이터가 포함되어 있기 때문에 누군가가 어디서 언제 운전할 것인지를 예측하는 것은 간단하다. 따라서 분석은 시간이 지남에 따라 개인의 운전 이력을 생성할 수 있다. 사실, DRN은 소유자들이 일반적으로 그들의 차량으로부터 1,000피트 이내에 있다고 주장한다. 그러니 차량을 먼저 찾으면 소유주를 찾을 수 있게 된다.

LPR 회사들은 자동차국(DMV) 등록에 접근할 수 없다. 그러므로, 그들이 차를 추적할 수 있지만, 그들은 주인을 식별할 수 없다. 이 정보는 운전자의 이름, 주소 및 운전 이력을 공개하지 않는 1994년 운전자 개인정보보호법에 의해 보호된다. 그러나 이 법은 보험회사와 민간 조사원을 예외로 하고 있다. LPR 회사들은 오직 법 집행 기관과 압류 회사만이 자동차 소유자를 찾기 위해 소프트웨어를 사용할 수 있다고 주장한다. LPR 회사들은 프라이버시 문제와 관련하여 논란이 많다. MVTrac은 LPR이 경찰관과 압류업계가 항상 해왔던 일(눈으로 번호판을 확인하는 일)을 단순하게 자동화하며, 대부분의 미국인들은 진정한 프라이버시이 보장되던 시대는 지났다는 것을 받아들였다고 주장한다.

중요한 것은 LPR 회사들은 대부분의 주에서 규제를 받지 않는다는 것이다. 2007년 뉴햄프셔주는 통행료 징수 및 특정 교량의 보안을 제외하고 LPR을 완전히 금지한 첫 번째 주였다.

LPR 회사는 또한 법 집행 기관에 의해 사용되어 논란을 일으켰다. 2013년 12월, 보스턴시는 경찰이 실수로 DMV 관련 정보를 보스턴 글로브에 공개하자 LPR 프로그램을 중단했다.

일부 법 집행 기관은 며칠 동안 데이터를 보관하고, 다른 기관은 수년 동안 데이터를 보관한다. 대부분의 주에서 경찰은 수색영장이나 법원 명령을 받지 않고도 LPR 회사로 운전자들을 감시할 수 있다. 2015년 2월, 워싱턴 포스트가 연방 번호판 추적 시스템을 비공개적으로 주최하자는 국토안보부의 제안을 폭로한 지 며칠 만에 철회되었다.

2014년 애리조나주 템페의 경찰은 비질런트로부터 무료 LPR 카메라를 제공받겠다는 제안을 거절했다. 카메라를 받기 위해, 경찰관들은 매달 비질런트가 제공한 리스트에서 25개의 영장을 받아야 한다. 만일 부서가 할당량을 채우지 못하면, 카메라를 잃게 된다. 이 제안을 발견한 LA 타임즈의 조사에 따르면, 이러한 목록은 보통 지방정부 벌금을 내지 않은 운전자들을 상대로 한 채무추심원 '워런트'에서 나온 것이다.

그러나, 동시에, 번호판 판독기는 경찰서에 가치 있는 것으로 입증되었다. 예를 들어, 2017년 1월부터 9월까지 캘리포니아주 댄빌 경찰은 LPR 시스템과 직접적으로 관련된 31건의 체포를 했다고 보고했다. 게다가, 그들은 도난당한 차량 15대를 회수했고, 다른 도난당한 재산을 되찾을 때 11명을 더 체포했다. 댄빌 경찰서장은 LPR 시스템이 없었다면 체포가 이루어지지 않았을 것이라고 주장했다.

LPR 시스템은 차량이 도난당한 경우를 포함하여 관련된 경찰 기록이 있는 경우 즉시 경찰관에게 경고한다. 경찰 순찰차의 LPR은 탐지할 때마다 음향 경보를 울린다.

LPR 시스템이 주행 중인 차량에 플래그를 지정하면 경찰은 출동센터를 통해 수동으로 번호판을 가동해 LPR 시스템 데이터의 정확성을 확인한다. 경찰관들은 차량과 운전자가 법 집행 데이터베이스에 포함된 설명과 일치하는지 확인한 후 LPR 시스템이 없는 경우와 동일한 방식으로 사건을 계속 수사한다.

LPR 회사는 다른 방식으로도 번호판 판독 데이터베이스를 분석할 수 있다. 예를 들어, MVTrac은 정확한 모델과 색상을 포함하여 특정 지역, 특정 시간에 혼다 아큐라스를 추적하기 위해 판독을 분석할 수 있다 이러한 데이터는 자동차 제조업체, 마케팅 담당자 및 보험 회사에 매우 중요하다.

일반적인 기술과 마찬가지로 LPR 회사는 이를 규제하는 법률보다 빠르게 개선되고 있다. 오늘날 LPR 회사는 소형 카메라, 라이브 비디오에서 번호판을 식별할 수 있는 스마트폰 앱, 그리고 공공 기록, DMV 데이터베이스 및 안면 인식 소프트웨어의 잠재적인 통합에 대해 연구하고 있다. 경찰이 표면상 공공 안전을 위해 LPR을 사용하기 때문에, 사람들은 운전할 때 프라이버시 침해를 받아들여야 할 것이다.

심각한 프라이버시 침해 우려에도 불구하고, 번호판 판독기 사용에 관한 좋은 소식이 있다. 예를 들어, 플로리다 중부 볼루시아 카운티의 보안관은 2017년 1월부터 2018년 9월 사이에 LPR이 찾고있던 67명의 용의자를 확인했으며, 대리인은 차량 운전자를 체포할 수 있었다고 밝혔다. 또한 2018년 1월부터 9월까지 플로리다주 마이애미비치 경찰은 LPR을 이용해 49건의 중범죄를 검거했다.

출처: Compiled from E. von Ancken, "License Plate Readers Catch Dozens of Crooks, Rescue People in Need," ClickOrlando.com, August 15, 2018; A. Perez, "License Plate Readers Help Miami Beach Police Crack Down on Crime," *Local10.com/Miami-Beach*, July 31, 2018; S. Reese, "License Plate Readers Alert Police of Potential Crimes in Real-Time," *NWI.com*, October 1, 2017; S. Richards, "License-Plate Readers Credited with Helping Solve Crimes in Danville," *East Bay Times*, September 29, 2017; "California Supreme Court: Access to License Plate Data May Be Possible," *CBS*, August 31, 2017; T. Jackman, "Va. Supreme Court to Hear Case Challenging Police Retention of License Plate Data," *Washington Post*, June 27, 2017; D. Maass, "The Four Flavors of Automated License Plate Reader Technology," *Electronic Frontier Foundation*, April 6, 2017; K. Waddell, "How License-Plate Readers Have Helped Police and Lenders Target the Poor," *The Atlantic*, April 22, 2016; R. Sachs, "How Police License Plate Readers Can Invade Your Privacy," *PRI.org*, March 22, 2016; C. Young, "Lawmakers Warned Plate Readers Could Lead to 'Dragnet Monitoring'," *Boston Globe*, March 1, 2016; C. Friedersdorf, "An Unprecedented Threat to Privacy," *The Atlantic*, January 27, 2016; C. Atiyeh, "How License Plate Readers Are Eroding Your Privacy," *Popular Mechanics*, January 29, 2015; and www.vigilantsystems.com, www.drndata.com, and www.mvtrac.com, all accessed June 26, 2019.

질문

1. 번호판 판독기의 윤리와 합법성에 대해 논의해보자.
2. 경찰청에 자사의 기술을 무료로 제공하는 비질런트의 윤리와 합법성에 대해 논의해보자.
3. 자동차 번호판 판독기에서의 개인정보보호는 무엇인가?

데이터베이스에 있는 개인정보

개인에 대한 정보는 수많은 데이터베이스에 저장되어 있다. 이 중에서 가장 당연한 곳은 신용등급 데이터베이스이다. 그 외에도 은행 및 금융기관, 케이블 TV/전화/전력/수도 회사, 고용주, 모기지론 기업, 병원, 학교 및 대학, 유통업체, 정부기관(국세청, 지방자치단체, 구청) 등도 개인정보를 보관한다.

이러한 기록들을 유지하는 기관에 제공하는 정보에 대해선 여러 가지 걱정거리가 있을 수 있다. 이 중 주요 문제는 다음과 같다.

- 이 기록이 어디에 있는지 개인이 알고 있는가?
- 기록이 정확한가?
- 부정확한 데이터에 대해 개인이 수정을 할 수 있는가?
- 수정에 얼마나 시간이 걸리는가?
- 어떤 조건에서 개인 데이터가 공개되는가?
- 데이터가 어떻게 사용되는가?
- 누구에게 주어지거나 판매되는가?
- 비인가 접속자로부터 데이터가 얼마나 안전한가?

인도 정부의 아드하르(Aadhaar) 시스템은 세계에서 가장 큰 생체 데이터베이스이다. IT와 기업사례 3.4는 이 시스템의 사용법, 장점, 단점과 함께 프라이버시 문제를 다루고 있다.

IT와 기업사례 3.4

인도의 아드하르 시스템

MIS

인도에는 수많은 익명의 가난한 시민들이 있다. 이 문제를 해결하기 위해, 그 나라는 여러 인도 언어로 '재단'을 의미하는 아드하르(Aadhaar; www.uidai.gov.in)로 알려진 독특한 식별 프로젝트를 제정하였다. 이 프로젝트의 목표는 전국의 모든 사람들의 지문과 홍채 스캔과 연결된 식별 번호를 발급하는 것이다.

아드하르는 가난한 인도인들을 괴롭히는 중요한 문제를 해결하기 위해 고안되었다. 인도 정부는 이 사람들이 출생 증명서와 다른 공식 서류를 가지고 있지 않기 때문에 많은 가난한 시민들의 존재를 공식적으로 인정하지 않았다. 따라서, 그들은 자격이 있는 정부 서비스에 접근할 수 없었고 은행 계좌를 개설할 수도 없었다. 아드하르가 시작되었을 때, 많은 인도 가정들은 그들의 저축한 돈을 그들의 집 주변에 숨겨야 한다는 것을 의미하는 '무금고'였다.

인도 정부는 또한 부패를 줄이고 정부 서비스의 제공을 간소화하기를 원했다. 아드하르 이전에, 정부는 복지 프로그램 운영에 문제를 겪었고, 인도 시민들이 그들의 공정한 몫 이상의 혜택을 철회하기 위해 가짜 이름을 제공하거나 자신의 이름을 여러 번 입력하면서 매년 수백만 달러의 손해를 보았다.

처음에는 아드하르는 선택 사항이었고, 식품과 요리를 위한 액화 천연가스를 포함한 특정 정부 보조금에만 사용되었다. 게다가 이 프로그램은 도움이 가장 필요한 사람들, 특히 공식적인 신분증명서가 없는 시골 마을 사람들만을 대상으로 했다. 시간이 지나면서 아드하르의 임무는 확장되었다.

아드하르는 2010년 9월 홍채 스캐너, 지문 스캐너, 디지털 카메라, 노트북을 소지하고 있는 관리들이 몇 명의 마을 주민과 인도의 수도 델리의 빈민가 거주자들을 등록하면서 운영되기 시작했다. 프로젝트가 직면한 가장 큰 도전 중 하나는 아드하르 데이터베이스에 있는 각 개인의 기록이 오직 한 명과 일치하는지 확인하는 것이었다. 이 과제를 수행하기 위해, 아드하르는 10개의 지문과 2개의 홍채 모두를 그 나라의 다른 사람들의 지문과 대조하여 검사한다. 10개의 지문과 2개의 홍채가 아드하르 정확도를 99%로 높였다. 하지만, 인도 크기의 나라에서, 99%의 정확도는 1,200만 명의 사람들이 잘못된 기록을 가지고 있을 수 있다는 것을 의미한다.

2019년 7월까지 이 과정은 12억 2천만 명을 포함했다. 아드하르는 생체 인식(지문 10개 모두와 홍채 스캔 모두)과 인구통계학적 데이터를 기반으로 모든 인도 거주자에게 12자리 고유 ID 번호를 제공한다. 2017년 말, 정부는 아드하르를 더욱 강화하기 위해 얼굴 인식을 추가적인 생체 인식으로 추가했다.

생체인식 데이터와 아드하르 식별 번호는 확인 가능하고 휴대 가능하며 고유한 국민 신분증 역할을 한다. 아드하르 프로젝트는 수백만의 인도 시민들이 이전에는 접근할 수 없었던 정부 서비스에 접근할 수 있게 해준다. 오늘날, 아드하르는 세계에서 가장 큰 생체 데이터베이스이다. 그 프로그램은 현재 인도의 일상생활의 거의 모든 부분에서 중요한 역할을 하고 있다.

아드하르는 광범위한 정부 및 민간 부문 서비스에 데이터 중심 개선을 적용하는 수단이 되었다. 아르하르는 이제 이 시스템에 등록하지 않고 인도에서 생활하는 것이 거의 불가능할 정도로 많은 활동과 연결되어 있다. 아드하르에 참여하는 것은 세금 신고, 은행 계좌 개설, 우타르프라데시 주에서 학교 급식 수령, 온라인으로 철도 승차권 구매, 공공 와이파이 접속, 카르나타카 주의 보편적 의료 서비스 혜택 참여, 다양한 복지 프로그램 혜택을 받기 위한 필수 사항이 되었다.

그러나 아드하르가 인도 생활의 중심이 되었음에도 불구하고, 이 프로그램은 특히 빈곤층 사이에서 문제를 겪고 있다. 인도는 대도시를 벗어나면 인터넷 서비스가 일정하지 않다. 결과적으로, 시골 마을들은 중앙 아드하르 데이터베이스로 사람들의 지문을 인증하기 위해 온라인에 접속하는 데 어려움을 겪고 있다. 예를 들어 노인이나 장애인의 경우 신원 확인을 위해 배급소까지 걸어가지 못하는 상황이 발생할 수 있다. 게다가, 육체노동을 하는 많은 사람들은 수년간 일을 해서 풍화된 지문을 가지고 있어서 제대로 스캔할 수 없다. 그 결과, 그들은 식량 배급을 거부당한다. 한 경제학자는 수백만 명의 사람들이 이런 이유로 아드하르에 가입할 수 없었기 때문에 정부의 혜택을 받지 못했다고 주장했다.

조사관들은 라자스탄 주에서만 약 100만 명의 사람들이 아드하르에 가입할 수 없었기 때문에 부당하게 식량 지원 명단에서 제외되었다는 것을 발견했다. 또한 300만 명 이상의 시민들이 지정된 곡물을 거둬들이지 못했다. 한 지역에서만 약 2,900명의 사람들이 사망하거나 '중복'으로 표시되었고, 1,350명은 실제로 둘 다 아니었다. 그럼에도 불구하고, 그들은 여전히 연금에 대한 접근을 잃었다.

아드하르 프로그램의 오용의 증거도 있다. 다음 예를 생각해 보자.

- 220개의 정부 기관이 복지 수혜자의 전체 이름, 주소 및 아드하르 숫자를 발표했다.
- 1억 2천만 명의 사용자를 위한 아드하르 정보가 통신 회사인 릴라이언스 지오(Reliance Jio)에서 유출된 것으로 보인다(회사는 유출된 데이터가 실제 진짜 데이터는 아니라고 주장함).
- 1억 명 이상의 은행 계좌 및 아드하르 세부 정보가 특정 공공 포털을 통해 공개되었다.
- 정부의 전자 병원 데이터베이스가 해킹되어 아드하르 기밀 정보에 접근했다.

이러한 문제 외에도, 프라이버시 옹호론자(개인정보 보호론자)들은 아드하르 프로그램이 훨씬 더 큰 문제, 즉 편재성과 허술한 보안에 직면해 있다고 비난한다. 특히 그들은 예를 들어 새 휴대폰을 구입하기 위해 생체정보가 아드하르를 통해 서비스에 접근하는 데 사용되는 경우 서비스 제공자는 그 사람의 인구 통계학적 데이터(이름, 주소, 전화 번호)를 수신하고 정부는 메타데이터(구체적으로, 거래 날짜와 시간, 사용된 식별 정보 형태, 거래가 수행된 회사)를 수신한다고 주장한다.

아드하르 반대론자들은 특히 인도의 몇몇 직업들에 붙는 사회적 낙인에 대해 우려하고 있다. 그들은 아드하르가 미래의 고용주, 학교, 은행, 그리고 새로운 지인들이 아드하르의 데이터베이스 정보를 보고 그들의 근무 이력을 바탕으로 그들을 판단하도록 허용함으로써 영구적으로 낙인찍힐 것이라고 걱정한다. 이러한 상황은 인도의 사회적 이동성을 더욱 어렵게 만들 수 있다.

인도 정부는 아드하르를 여러 사회적 도전에 대한 필수적인 해결책으로 보고 있다. 대조적으로, 비평가들은 그것을 감시 상태를 향한 한 걸음으로 본다. 2017년 8월 말, 인도 대법원은 만장일치로 인도 헌법에 프라이버시에 대한 기본권을 처음으로 인정했다. 아드하르의 반대자들은 그 프로그램이 새롭게 확립된 권리와 충돌한다고 믿기 때문에 그 결정을 축하했다.

2018년 9월 대법원은 아드하르 제도의 합헌성과 타당성을 확정하고 아드하르가 프라이버시 권리를 침해하지 않는다고 판결했다. 법원은 아드하르 카드가 은행 계좌 개설, 휴대전화 번호 취득, 학교 입학 등에 의무사항은 아니라고 밝혔다.

출처: Compiled from "Face Recognition Feature Set to Ensure Stronger Aadhaar Security: Here's More Detail," *Times of India*, March 13, 2018; "Aadhaar Authentication via Face Recognition from July: How It Will Work," *NDTV*, January 15, 2018; G. Prasad, "Aadhar-PAN Linking Must for Income Tax Return Filing from 1 July: Govt," *LiveMint*, September 30, 2017; M. Rajshekhar, "Aadhaar Shows India's Governance Is Susceptible to Poorly Tested Ideas Pushed by Powerful People," *Scoll.in*, September 30, 2017; K. Rathee, "Govt Plans to Link Driving Licence with Aadhaar," *Business Standard*, September 16, 2017; N. Kolachalam, "The Privacy Battle over the World's Largest Biometric Database," *The Atlantic*, September 5, 2017; "Right to Privacy a Fundamental Right: 7 Aadhaar Controversies That Raised Concern," *Hindustan Times*, August 24, 2017; T. Johnson, "IIT Kharagpur Graduate Hacked Aadhaar Data through Digital India App," *The Indian Express*, August 4, 2017; "Over 200 Government Sites Reveal Aadhaar Details; No Leakage from UIDAI," *The Economic Times*, July 20, 2017; A. Sethi and S. Bansa, "Aadhaar Gets New Security Features, but This Is Why Your Data Still May Not Be Safe," *Hindustan Times*, July 19, 2017; R. Khera, "The Different Ways in Which Aadhaar Infringes on Privacy," *The Wire*, July 19, 2017; P. Banerjee, "Massive Trove of Reliance Jio User Data Leaked Online," *Digit.in*, July 9, 2017; A. Srupathi, "How Public Apathy Continues to Keep Manual Scavengers Invisible and in the Margins," *The Wire*, March 18, 2017; "Aadhaar ID Saving Indian Govt about $1 Billion per Annum: World Bank," *The Economic Times*, January 14, 2016; S. Rai, "Why India's Identification Scheme Is Groundbreaking," *BBC News*, June 5, 2012; E. Hannon, "For India's Undocumented Citizens, an ID at Last," *NPR.org*, March 1, 2012; and www.uidai.gov.in, accessed June 26, 2019.

질문

1. 인도 아드하르 제도의 윤리와 합법성에 대해 논의해보자.
2. 많은 나라의 법원 판결은 개인의 프라이버시가 사회의 요구와 균형을 이루어야 한다고 명시했다. 아드하르 제도가 사회의 요구에 너무 호의적인가? 왜? 아니면 왜? 자신의 주장을 뒷받침해보자.

인터넷 게시판, 커뮤니티, 소셜 네트워크 사이트 등에 있는 정보

매일 우리는 더 많은 수의 전자 게시판, 커뮤니티, 채팅방, 그리고 소셜 네트워크 사이트(9장 참조) 등의 등장을 목격하고 있다. 이러한 사이트는 인터넷이나 기업 인트라넷, 그리고 블로그에 등장한다. 웹로그(weblog)의 줄임말인 블로그(blog)는 자주 업데이트되는 일반 대중이 읽을 수 있는 비공식적인 개인 저널이다. 사회는 게시판 소유자가 독자에게 무례하거나 사실이 아닌 글을 유포하는 것을 어떻게 막을 수 있을 것인가? 이는 발언의 자유와 프라이버시 권리라는 미 헌법으로 보장된 2개의 권리 충돌이기 때문에 상당히 어렵다. 이는 미국 사회에서 매우 중요하고 현재 논란 중인 도덕 이슈이다.

발언의 자유와 프라이버시의 충돌을 인터넷만큼 잘 보여주는 경우가 없다. 많은 웹 사이트는 익명으로 업로드된 특정 개인을 비하하는 글을 수록하고 있다. 게다가 보통 비하의 대상인 개인은 해당 글의 존재 자체를 모르거나 알아도 어찌 할 수가 없다. 미국 기업의 약 절반 정도가 구글 및 SNS 사이트와 같은 인터넷을 이용해 취업 지원자의 배경 조사를 실시한다. 만약 인터넷에 해당 지원자를 비하하는 글이 있다면 지원자에게 불리하게 작용할 수 있다.

프라이버시 강령과 정책

프라이버시 정책(privacy policies), 혹은 **프라이버시 강령**(privacy codes)은 조직이 고객, 의뢰인, 그리고 직원들의 프라이버시 보호와 관련해 따르도록 작성한 가이드라인이다. 많은 기업에서 고위 경영진은 대량의 개인정보를 수집할 경우 이를 보호할 책임이 발생한다는 것을 깨닫고 있다. 또한 많은 기업들은 고객에게 '거부 권한'을 제공한다. 수집 동의의 **거부 권한 모형**(opt-out model)은 기업이 개인정보를 처음부터 수집하되 고객이 수집을 거부할 경우 수집을 하지 않는 것을 말한다. 하지만 프라이버시 옹호론자(개인정보 보호론자)들은 **승인 권한 모형**(opt-in model)을 선호한다. 승인 권한 모형은 기업이 정보를 수집하는 것이 금지되고 오직 고객이 수집에 동의할 경우에만 수집하도록 하는 것이다.

현재 소비자들에게 제공되는 프라이버시 도구 중 하나가 바로 프라이버시 선택권 플랫폼(P3P)이라는 것으로, 전자상거래 웹 사이트의 방문자에게 해당 사이트의 프라이버시 정책에 대해 자동 안내하는 프로토콜이다. P3P는 방문자들이 자신이 방문하는 웹 사이트에서 수집하는 데이터의 종류와 양을 설정할 수 있게 해준다. 또한 방문자가 방문한 사이트의 프라이버시 정책과 방문자의 프라이버시 요구나 또 다른 표준, 예컨대 연방무역위원회(FTC)가 정한 공정한 정보실행기준이나 유럽연합(EU)의 데이터 보호에 관한 유럽 훈령과 비교하는 것을 허용하고 있다.

표 3.2는 이러한 프라이버시 정책 가이드라인의 예를 여럿 수록하고 있다. 표 3.2의 마지막 부분인 '데이터 기밀성'은 4장에서 보듯 보안과 관련되는 문제이다. 어떠한 프라이버시 존중 정책도 효과적 보안 수단에 의해 지원되고 강제되지 않는 한 무용지물이다.

개인정보보호 법과 정책에도 불구하고, 거부 권한 모형 및 승인 권한 모형에도 불구하고 남겨진 어떠한 개인 프라이버시를 지키기가 점점 어려워지고 있다. 그러나 종료사례에서 볼 수 있는 것처럼 여러 기업에서 개인정보를 보호하는 데 도움을 주고 있다.

표 3.2 프라이버시 정책 가이드라인: 예시

데이터 수집

- 개인에 대한 데이터는 합법적 기업 목적 달성을 위해서만 수집되어야 한다.
- 데이터는 충분하고, 관련성이 있으며, 기업 목적에 비해 지나치게 자세해선 안 된다.
- 개인에 대한 데이터가 수집되기 전 반드시 이에 동의를 구해야 한다. 이러한 동의는 개인의 행동에서 도출될 수 있다(신용이나 보험, 구직 신청 등).

데이터 정확성

- 개인에 대한 민감한 정보는 데이터베이스 기입 전에 확인되어야 한다.
- 데이터는 필요할 때 마다 갱신되어야 한다.
- 데이터베이스는 개인이 자신에 대한 정보가 정확한지 확인할 수 있도록 열람 가능해야 한다.
- 데이터의 정확성에 대해 논란이 일 때엔 파일 공개 때 마다 개인이 주장하는 버전 또한 포함되어야 한다.

데이터 기밀성

- 컴퓨터 보안 절차를 도입해 데이터의 무허가 공개에 대해 방어해야 한다. 이러한 절차는 물리적, 기술적, 행정적 보안 수단을 모두 포함해야 한다.
- 제3자는 개인의 허가나 혹은 합법적 권한 없이 개인의 데이터에 대해 접근할 수 있어선 안 된다.
- 가장 일상적인 경우를 제외한 데이터의 공개는 반드시 공지되거나 데이터가 유지되고 있는 한 데이터 공개도 유지되어야 한다.
- 데이터는 기업 목적이나 수집 목적과 부합하지 않는 그 어떠한 목적을 위해서도 공개되어선 안 된다.

IT와 기업사례 3.5

페이스북-케임브리지 애널리티카 스캔들

MIS

2018년 3월 중순 가디언과 뉴욕타임스는 CA가 페이스북 이용자 8,700만 명의 개인정보를 수집했다고 보도하면서 페이스북과 케임브리지 애널리티카(CA)의 데이터 스캔들을 폭로했다. 신문들은 이 페이스북 사용자들의 데이터가 CA에 의해 어떻게 입수되었는지에 대해 개략적으로 설명했다. 가디언은 데이터 오남용을 침해라고 언급했지만 페이스북은 동의하지 않았다. 페이스북의 한 임원은 어떠한 시스템도 침투하지 않았으며 비밀번호나 정보가 도난당하거나 해킹당하지 않았다고 말했다.

이 스캔들은 8,700만 명의 페이스북 사용자들에 대한 개인 신상 정보의 수집과 그 이후의 사용에 관련되었다. 사건의 시간대는 무슨 일이 일어났는지 이해하는 데 유용하다.

2010년 4월, 페이스북은 오픈 그래프라고 불리는 소프트웨어를 배포하였는데, 이것은 외부 개발자들이 페이스북 사용자들에게 연락하고 페이스북 친구들의 개인 데이터에 접근할 수 있는 권한을 요청할 수 있게 하였다. 사용자가 수락하면 이러한 개발자들은 사용자의 이름, 성별, 위치, 생일, 교육, 정치적 선호, 관계 상태, 종교적 견해, 온라인 채팅 상태 등에 액세스할 수 있다. 추가 권한으로 외부 개발자들은 사용자의 개인 메시지에 접근할 수 있었다.

2013년, 캠브리지 대학의 학자인 알렉산드르 코간과 그의 회사인 글로벌 사이언스 리서치는 “This Is Your Digital Life”라고 불리는 성격 퀴즈 앱을 개발했다. 이 앱은 사용자들이 심리학적 프로필을 위한 질문에 답하도록 유도했다. 거의 30만 명의 페이스북 사용자들이 코간의 앱을 그들의 계정에 설치했다.

당시 여느 페이스북 개발자와 마찬가지로 코간(Kogan)은 (사용자 자신의 적절한 허가를 받아) 그러한 사용자들과 그들의 페이스북 친구들에 대한 개인 데이터에 접근할 수 있었다. 게다가, 코간의 앱은 그 개인정보를 수집하여 즉시 삭제하는 대신 그것을 개인 데이터베이스에 로드했다. 코간은 그 후 8,700만 명의 페이스북 사용자 정보가 담긴 데이터베이스를 유권자 프로파일링 회사인 CA에 제공했고, CA는 이 데이터를 유권자에 대한 3,000만 개의 심리적 프로필을 개발하는 데 사용했다.

2014년 페이스북은 개발자의 사용자 데이터 접근을 제한하기 위해 규칙을 변경했다. 먼저 허가를 받지 않고는 제3자가 사용자의 친구 데이터에 접근할 수 없도록 하기 위한 것이다. 그러나 규칙 변경은 소급되지 않았고, 코간은 부적절하게 취득한 것으로 생각되는 자료를 삭제하지 않았다.

2015년 말 보고서에 따르면 테드 크루즈의 대선 캠페인은 수백만 명의 페이스북 사용자에 대한 연구를 기반으로 한 심리 데이터를 사용하고 있었다. 자료 유출 보도에 대한 대응으로 페이스북은 코간 앱을 금지하려 했고, 부적절하게 수집한 자료를 삭제하도록 코간과 CA 모두에게 법적 압력을 가했다고 밝혔다. 페이스북은 코간과 CA가 모두 데이터를 삭제했음을 인증했다고 주장했다.

2016년 도널드 트럼프의 선거캠프는 CA의 도움을 받아 페이스북 광고에 많은 투자를 했다. 2018년 8월, 2016년 선거에서 페이스북의 역할에 대한 질문들이 여전히 뜨겁게 논의되고 있었다. 대부분의 논의들은 페이스북의 뉴스 피드가 러시아의 선전과 다른 속임수들을 확대하는 데 어떤 역할을 했는지에 초점을 맞추고 있다. 의원들은 페이스북이 러시아 루블화로 결제한 정치광고를 방만하게 판매한 점에 대해서도 비판하였다. 온라인에서의 정치광고는 텔레비전이나 라디오와는 달리 엄격하게 규제되지 않는다.

페이스북 이후-CA 스캔들이 알려지자 페이스북은 피해 복구를 위해 일련의 변화를 시작했다. 그 회사는 캐나다 회사 애그리게이트(Aggregate)를 금지했다.아이큐와 이탈리아 기업 큐브유(CubeYou)는 페이스북 플랫폼에서 두 회사가 사용자 데이터에 부적절하게 접근했다는 징후를 포착했다.

페이스북은 또 자신의 플랫폼에 정치광고를 게재하거나 광고를 낼 수 있는 사람을 플랫폼에서 자신의 신원과 위치를 확인한 '공인 광고주'로 제한했다. 허가를 위해 광고주들은 정부가 발급한 아이디와 실제 우편 주소를 페이스북에 제공해야 했다. 게다가, 발행된 각 광고는 마커로 라벨을 표시해야 했다. '정치광고'라고 밝히고, 누가 광고 비용을 지불했는지 보여주는 정보를 표시했다.

페이스북은 정치광고로 여겨지는 것에 대한 기준을 개발하기 위해 외부 단체들과 협력하기 시작했다. 이는 2016년 미국 대선 당시 러시아 가짜 페이스북 계정 470개가 플랫폼 광고 3,000여 건에 약 10만 달러를 쓴 사실이 드러나면서 외국 선거를 방해하려는 '나쁜 배우'를 막거나 제한하려는 의도였을 것으로 보인다.

2018년 3월, FTC는 페이스북이 FTC와 맺은 2011년 합의를 위반했을 가능성을 조사하고 있다고 발표했다. 당시 공정위는 페이스북이 페이스북의 정보를 비공개로 할 수 있다고 말한 뒤 공유·공개를 반복해 소비자를 속였다고 고발했다. 합의안은 페이스북이 소비자가 설정한 프라이버시 설정을 넘어 소비자가 정보를 공유하기 전에 명확하고 눈에 띄는 공지를 제공하고 명시적인 동의를 얻도록 했다.

FTC와 페이스북이 2011년 체결한 계약에 따르면 이 계약을 한 번 위반할 경우 최대 4만 달러의 벌금이 부과될 수 있다. 즉, 페이스북-CA 스캔들로 인해 페이스북은 이 수치로 계산해보면 최대 2조 달러의 손실을 입을 수도 있다.

2018년 3월, CA와 모회사인 SCL 선거 주식회사는 파산 절차를 선동하고 문을 닫았다. 문제는 "기업들이 수집한 데이터는 어떻게 되나요?"이다.

2018년 7월, 영국 정보국장은 스캔들에 대한 조사 이후 데이터 보호법을 위반한 페이스북에게 50만 파운드의 벌금을 부과했다. 조사 결과 페이스북은 사람들의 데이터를 보호하지 못해 영국법을 위반했고, 회사 역시 개인 데이터가 다른 사람들에 의해 어떻게 사용되고 있는지 투명하지 못한 것으로 드러났다. 페이스북은 최종 결정이 내려지기 전에 대응할 기회가 있었다. 이번 스캔들은 2018년 5월 25일 유럽연합 GDPR이 발효되기 전에 발생했다. 그렇지 않았다면 페이스북은 수백만 달러의 벌금을 물었을 것이다.

또한 영국은 2018년 5월에 발표된 시행 통지에 적절히 대응하지 않은 SCL 선거를 형사 고발하겠다는 의사를 밝혔다. 동봉된 보고서에서, 영국의 데이터 규제 기관은 정부가 온라인 캠페인과 개인 데이터의 정치적 사용에 관한 투명성을 개선할 수 있는 방법에 대해 권고했다.

2018년 8월 CA가 페이스북 데이터를 수집한 영국 거주자 모임의 변호인단은 페이스북을 상대로 집단소송의 첫 단계를 제기했다. 만약 소송이 진행된다면 110만 명에 가까운 영국 시민들이 이 소송에 참여할 수 있을 것이다.

2007년부터 페이스북은 앱이 얼마나 많은 데이터에 접근할 수 있는지에 대한 규칙을 변경했다. 하지만, 그 시간 동안, 얼마나 많은 개발자들이 페이스북의 규칙을 따랐을까? 얼마나 많은 사람들이 코간이 했던 것처럼 데이터를 저장하고 개인 데이터베이스를 만드는가? 그 데이터는 지금 어디에 있고 누가 가지고 있는가? 모든 개인 사용자 데이터가 CA가 말한 것만큼 강력하다면, 개인 사용자 데이터는 어떤 용도로 사용되었는가?

페이스북은 개인 데이터 남용, 미국 선거에 대한 외국의 간섭, 플랫폼에 혐오나 괴롭힘 콘텐츠가 퍼지는 것과 관련된 스캔들로 인해 역풍을 맞고 있다. 2018년 5월 29일부터 6월 11일 사이에 실시된 퓨 리서치 센터(www.pewresearch.org)의 조사에 따르면 미국 성인 페이스북 사용자의 74%가 개인정보보호 설정을 변경하거나 앱에서 휴식을 취하거나 아예 삭제한 경우 중 하나를 취한 것으로 나타났다.

조사 결과 다수의 미국인들이 플랫폼을 포기하거나 사용량을 축소한 것으로 나타났지만 페이스북은 2018년 2분기에 안정적인 일일 활성 사용자 수를 보고했다. 소셜네트워크는 미국과 캐나다의 플랫폼에 매일 1억 8,500만 명의 사용자가 접속하고 있으며, 이는 2018년 1분기 수치와 변함이 없다고 밝혔다.

출처: Compiled from H. Shaban, "More Than 1 in 4 American Users Have Deleted Facebook, Pew Survey Finds," *Washington Post*, September 5, 2018; I. Lapowsky, "UK Group Threatens to Sue Facebook over Cambridge Analytica," *Wired*, July 31, 2018; M. Burgess and J. Temperton, "Facebook Broke Data Law and Faces £500,000 Fine over Cambridge Analytica Scandal," *Wired*, July 10, 2018; "Former Cambridge Analytica Employee Says 'There Were More' Apps That Collected User Data," *CBS News*, June 27, 2018; C. Stokel-Walker, "What Will Happen to Cambridge Analytica's Data Now It Has Closed?" *Wired*, May 4, 2018; A. Hern, "Far More Than 87M Facebook Users Had Data Compromised, MPs Told," *The Guardian*, April 17, 2018; A. Schomer, "Facebook Moves to Impress Regulators," *Business Insider*, April 10, 2018; S. Meredith, "Facebook-Cambridge Analytica: A Timeline of the Data Hijacking Scandal," *CNBC*, April 10, 2018; W. Ashford, "Facebook Data Scandal a Game Changer, Says ICO," *Computer Weekly*, April 9, 2018; J. Sanders, "If Your Organization Advertises on Facebook, Beware of These New Limitations," *TechRepublic*, April 9, 2018; O. Solon, "Facebook Says Cambridge Analytica May Have Gained 37M More Users' Data," *The Guardian*, April 4, 2018; W. Ashford, "Facebook Braces for New Regulation for Cambridge Analytica Deal," *Computer Weekly*, March 23, 2018; T. Romm and C. Timberg, "FTC Opens Investigation into Facebook after Cambridge Analytica Scrapes Millions of Users' Personal Information," *Washington Post*, March 20, 2018; R. Meyer,

"The Cambridge Analytica Scandal, in 3 Paragraphs," *The Atlantic*, March 20, 2018; M. Giles, "The Cambridge Analytica Affair Reveals Facebook's 'Transparency Paradox,'" *MIT Technology Review*, March 20, 2018; B. Tau and D. Seetharaman, "Data Blowback Pummels Facebook," *Wall Street Journal*, March 20, 2018; K. Granville, Facebook and Cambridge Analytica: What You Need to Know as Fallout Widens," *New York Times*, March 19, 2018; M. Rosenberg, N. Confessore, and C. Cadwalladr, "How Trump Consultants Exploited the Facebook Data of Millions," *New York Times*, March 17, 2018; H. Davies, "Ted Cruz Campaign Using Firm That Harvested Data on Millions of Unwitting Facebook Users," *The Guardian*, December 11, 2015; and www.facebook.com, accessed June 26, 2019.

질문

1. 페이스북-케임브리지 애널리티카 사건에서 페이스북의 합법성과 윤리성에 대해 논의해보자.
2. 페이스북-케임브리지 애널리티카 사건에서 케임브리지 애널리티카의 합법성과 윤리성에 대해 논의해보자.
3. 이 사건에서 각각의 윤리의 기본 원칙(책임, 책임, 책임)이 페이스북과 케임브리지 애널리티카에 어떻게 적용되는지 설명해보자.

프라이버시의 국제적 면모

세계적으로 온라인 사용자의 수가 증가함에 따라 정부들은 여러 개의 서로 호환되지 않는 프라이버시 및 보안 법률을 제정해왔다. 이 복잡한 세계적 법 프레임워크는 여러 기업에 혼란과 문제를 일으키고 있다. 약 50개의 국가가 어떤 형태의 데이터 보호 법률을 가지고 있으며 이 중 다수가 서로 충돌하거나 특별한 보안 대책을 요구한다. 몇몇 국가는 아예 프라이버시 관련법이 없다.

프라이버시 및 보안의 일관적인 세계적 표준의 부재는 국가 간 정보의 흐름, 즉 **국경 정보 흐름**을 방해한다. 유럽연합(EU)은 이러한 문제를 해결하기 위한 대책을 행동에 옮겼다. 1998년 유럽연합이사회(ECC)는 개인의 자신에 대한 정보에의 접속 권한과 관련해서 법률 제정의 가이드라인을 배포했다. EU의 데이터 보호법은 미국의 법보다 엄격하며 이 때문에 다국적 기업은 유럽에서 프라이버시 위반으로 문제가 생길 가능성이 있다.

2018년 5월 25일, 세계에서 가장 강력한 데이터 보호 법률인 **일반 데이터 보호 규정**(GDPR)이 유럽연합에서 발효되었다. GDPR은 1995년 데이터 보호 지침을 대체하였다.

GDPR이 개인의 개인정보를 보호하는 법을 현대화한 것은 이전의 유럽 전역 데이터 보호법이 급격한 기술 변화를 따라가지 못했기 때문이다. GDPR은 기업과 공공 부문 기관들이 고객의 정보를 관리하는 방식을 변화시켰다. 이 규제는 또한 개인의 권리를 증가시키고 그들이 자신의 정보를 더 많이 통제할 수 있도록 했다.

GDPR은 개인 데이터와 민감한 개인 데이터를 모두 포함한다. 개인 데이터는 이름, 주소, 인터넷 프로토 콜 주소 및 기타 많은 정보와 같이 개인을 식별하는 데 사용할 수 있는 정보를 포함하고 있다. **민감한 개인 데이터**는 유전자 데이터, 인종 정보, 종교 및 정치적 관점에 대한 정보, 성적 지향, 노동조합 가입 등을 포함한다.

GDPR은 데이터 주체와의 관계가 있는 조직인 **데이터 컨트롤러**와 데이터 컨트롤러를 대신하여 개인 데이터를 처리하는 조직인 **데이터 프로세서**에 적용된다. GDPR은 자연인을 살아있는 인간으로 정의하고, **데이터 주체**를 조직이 가지고 있거나 처리하는 인간으로 정의했다.

GDPR은 데이터 컨트롤러와 데이터 프로세서가 각 데이터 주제에 대한 최소한의 데이터를 보관하고, 적절히 보호하고, 정확성을 보장하며, 필요한 만큼만 데이터를 보존해야 한다고 명시하고 있다. GDPR은 다음과 같은 개인의 권리도 포함한다.

- 조직이 데이터로 무엇을 하고 있는지 알 권리

- 조직이 보유한 모든 데이터의 복사본을 언제든지 요청할 수 있는 권리
- 조직의 데이터 보유 이유와 보유 기간에 정당성을 알 권리
- 필요한 경우 데이터를 수정할 수 있는 권리
- 데이터를 삭제할 권리. 이 조항은 '잊혀질 권리'로도 불림

GDPR은 규제기관이 규정을 준수하지 않는 기업에 벌금을 부과할 수 있는 기능을 제공한다. 특히 규제 기관은 다음과 같은 이유로 조직에 벌금을 부과할 수 있다.

- 개인의 데이터를 올바르게 처리하지 않는 경우
- 보안 침해가 발생하는 경우
- 데이터 보호 담당자가 필요하지만 없는 경우

GDPR은 다음과 같은 부정적인 결과도 초래하고 있다.

- 프라이스워터하우스쿠퍼스(PriceWaterHouseCoopers)는 유럽연합(EU)에 데이터를 보유하고 있는 미국 기업을 포함하여 40% 이상의 기업이 규제를 준수하는 데 1,000만 달러를 지출했다고 밝히고 있다.
- 어니스트 앤 영(Ernst & Young)에 따르면, 기업들은 2018년 GDPR 컴플라이언스에 평균 180만 달러를 지출하였다
- 2018년 10월 설문 조사에 따르면 응답자의 약 절반이 데이터 보호 책임자 역할이 중요한 비즈니스 기능을 제공하지 않더라도 규제 준수 목적으로만 데이터 보호 책임자를 임명하였다.

정부나 관계자의 동의나 사실 인지 없이 한 국가에서 밖으로 데이터를 반출하는 것은 여러 가지 프라이버시 문제를 일으킨다. 데이터가 재처리 혹은 재발송을 위해 다른 국가의 기기에 저장되었을 경우 어느 국가의 법을 따르는가? 예를 들어 만약 폴란드에 위치한 기업이 미국 위성을 통해 영국 기업으로 데이터를 전송하였을 경우 어느 국가의 프라이버시 법의 통제를 받으며 언제 받는가? 이러한 질문은 시대가 나아갈수록 더 복잡해지고 더 잦아질 것이다. 정부는 빠르게 변화하는 정보기술에 대응하고 이러한 프라이버시 문제를 일부라도 해결하기 위해 새로운 법과 표준을 세워야 할 것이다.

미국과 EU는 자국 시민을 위한 프라이버시 보호의 공통 목표를 가지고 있지만 미국 정부는 EU와 다른 접근방식을 채택하였다. 이러한 철학의 차이를 메우고자 미국 상무부는 EU와 협력하여 '안전지대(safe harbor)' 프레임워크를 개발해 미국의 기업들이 유럽 시민의 개인정보(이름이나 주소 등)를 발신하고 취급할 때 따르도록 하였다. www.export.gov/safeharbor와 http://ec.europa.eu/justice_home/fsj/privacy/index_en.htm을 참조하자.

확인하고 넘어가기

1. IT에 의해 영향을 받는 프라이버시 이슈를 설명해보자.
2. 프라이버시 이슈가 국가간 데이터 흐름을 어떻게 영향을 줄 수 있는지 설명해보자.

IT는 나를 위해 무엇을 해줄 수 있지?

ACCT 회계관리 전공을 위한 정보기술

주식회사와 그 회계사 및 감사는 상당한 윤리적 책임을 가진다. 회계사들은 이제 거래의 투명성을 높이고 일반적으로 인정된 회계원칙(GAAP, Generally Accepted Accounting Principles) 준수를 확인하는 직업적 및 개인적 책임을 가진다. 실로 SEC(美 금융감독원)나 주식회사 회계 감시 위원회(PCAOB: Public Company Accounting Oversight Board) 등의 규제 기관은 회계 부서가 엄격한 윤리 원칙을 따를 것을 강제하고 있다.

FIN 재무관리 전공을 위한 정보기술

세계 각국의 규제 사항과 사베인즈-옥슬리법(Sarbanes-Oxley Act)의 통과로 재무 경영자들은 엄격한 윤리 가이드라인을 따라야 하게 되었다. 그들은 SEC에 제출하는 모든 재무보고서를 비롯한 모든 공공 보고서에서 완전하고 공정하며 정확하고 적시적이고 이해가 용이한 형태로 정보를 공개할 의무를 가진다. 또한 재무 경영자는 모든 적용 가능 정부 법률, 정책, 규제를 준수하는 책임을 진다.

MKT 마케팅 전공을 위한 정보기술

마케팅 전문가는 고객 데이터를 수집할 새 기회가 다수 생겼다. 예를 들어 기업-고객 전자상거래(7장 참조)를 통해서다. 기업 윤리상으론 이 데이터가 기업 내에서만 사용되고 그 누구에게도 판매되어선 안 됨이 명백하다. 마케팅 직원 중 누구도 마케팅 데이터베이스를 위해 수집한 데이터 때문에 프라이버시 침해 소송을 당하고 싶진 않을 것이다.

고객은 자신의 데이터가 안전하게 보관되길 기대한다. 하지만 이윤을 노리는 범죄자들은 그 데이터를 원한다. 그러므로 마케팅 경영자는 자신의 업무의 리스크를 분석해야 한다. 기업 및 고객 데이터 보호의 실패는 기업에 상당한 이미지 손실과 고객관계 악화를 초래할 것이다. 고객관계관리(11장 참조) 업무와 고객 온라인 구매 버릇 추적은 암호화되지 않은 데이터를 악용에 노출시키거나 프라이버시 침해로 이어질 수 있다.

POM 생산운영관리 전공을 위한 정보기술

POM 직원들은 제조 업무를 아웃소싱 혹은 오프쇼어링할 것인지의 여부를 판단해야 한다. 제조 업무는 엄격한 노동법을 가지지 않은 국가로 이전되기도 한다. 허나 이는 곤란한 윤리적 문제를 초래한다. 예를 들어 노동 비용을 줄이기 위해 험악한 노동환경을 가진 국가의 직원을 고용하는 것은 과연 윤리적인가?

HRM 인적자원관리 전공을 위한 정보기술

윤리는 HR 경영자에게 치명적 중요도를 가진다. HR 정책은 직장에서 올바른 IT 사용의 기준을 정한다. 다음과 같은 질문이 발생할 수 있다. 직원들이 근무 중 개인용도로 인터넷, 이메일, 혹은 채팅 등을 이용할 수 있는가? 직원을 감시하는 것이 윤리적인가? 윤리적이라면 왜 윤리적인가? 얼마나 많이? 얼마나 자주? HR 경영자는 이러한 정책을 작성 및 강제하면서 동시에 직원과 경영진 사이에 신뢰의 관계를 쌓아야 한다.

MIS MIS 전공을 위한 정보기술

윤리는 어쩌면 조직 그 누구보다도 MIS 직원에게 중요한지도 모른다. 이는 MIS 부서가 조직의 정보 자산을 통제하기 때문이다. 그들은 또한 대량의 직원의 개인정보에 대한 통제권도 보유하고 있다. 결과로서 MIS 기능은 가장 높은 윤리기준을 반드시 준수해야 한다.

요약

3.1 윤리를 정의하고 정보기술 관련 윤리 문제의 세 가지 기본 원칙과 네 가지 범주를 설명해보자.

윤리는 개인이 자신의 행동을 결정할 선택을 할 때 사용하는 선과 악의 원칙을 말한다.

윤리의 핵심 원칙은 책임, 책무, 의무이다. 책임은 자신의 판단과 행동의 결과를 받아들인다는 것이다. 책무는 취해진 행동에 누가 책임을 지는가를 판별하는 것이다. 의무는 개인이 타 개인, 조직, 혹은 시스템에 의해 가해진 피해에 대해 보상을 받을 수 있음을 정의한 법적 개념이다.

IT와 관련된 주 윤리 이슈는 프라이버시, 정확성, 재산권(지적재산권 포함), 그리고 정보 접근 권한이다. 프라이버시는 데이터베이스에 데이터가 저장되거나 네트워크에 배포될 때 침해될 수 있다. 데이터 수집, 데이터 정확성, 데이터 기밀성에 관해 정의한 프라이버시 정책은 조직이 법적 문제를 피하는 것을 돕는다.

3.2 개인 데이터를 보관하는 세 곳을 나열하고 개인정보 침해에 대한 잠재적 위협을 최소 한 가지씩 논해보자.

프라이버시는 참견을 받지 않고 불합리한 개인적 침해로부터 자유로울 권리다. 프라이버시에 대한 위협은 정보기술 발전, 전자감시, 데이터베이스의 개인정보, 인터넷 게시판, 뉴스그룹, 소셜 네트워킹 사이트 등이 있다. 게시판, 뉴스그룹, 소셜네트워킹 사이트의 프라이버시 위협은 여러분이 모르는 사람들이 볼 수 있는 곳에 지나치게 많은 개인정보를 게재할 수 있다는 점이다.

토의문제

1. 2008년 메사추세츠만 교통 관리국(MBTA)은 MIT 학생 3명이 '평생 지하철 공짜로 타는 법'을 전시하는 것을 임시로 금지하는 법원 명령을 얻어내었다. 10일간 유지된 금지 명령은 학생들이 MBTA의 운행 요금 카드의 약점을 노출시키는 것을 예방하였다. 학생들은 라스베가스에서 열리는 데프콘(Defcon) 컴퓨터 해킹 회의에 해당 약점을 발표할 예정이었다. 학생들의 행동은 합법인가? 그들의 행동은 윤리적인가? 학생 입장, 그리고 MBTA 입장에서 자신의 의견을 답해보자.
2. 영화 '캐치 미 이프 유 캔'에서 레오나르도 디카프리오가 연기한 인물 '프랭크 애버그네일(Frank Abagnale)'은 결국 교도소에 가게 되었다. 하지만 교도소에서 출소하자 그는 많은 기업들에게 사기 관련 조언을 제공하는 컨설턴트로 활동하였다.
   a. 이 기업들은 왜 범죄자를 (잡힌 후) 컨설턴트로 고용하는가? 이는 좋은 아이디어인가?
   b. 여러분은 기업의 CEO이다. 프랭크 애버그네일을 기업의 컨설턴트로 고용하는 결정의 윤리적 함의를 논해보자.
3. 다양한 검색엔진을 이용하여 미국에서 전자감시 목적으로 드론(무인항공기; UAV)을 사용하는 것과 관련된 정보를 검색해보자.
   a. 전자감시를 위한 드론 사용에 찬성하는 입장을 취해보자.
   b. 전자감시를 위한 드론 사용에 반대하는 입장을 취해보자.
4. 폭스바겐 "Diesel Dupe"를 조사해 보라. 윤리의 기본 원칙에는 책임, 책무, 의무가 포함된다. 폭스바겐 스캔들을 이들 세 가지 원칙에 적용하여 논의해보자.
5. 애슐리 매디슨(Ashley Madison) 침해 사례에 대해 조사해보자.
   a. 애슐리 매디슨 웹 사이트의 합법성과 윤리성에 대해 논해보자.
   b. 애슐리 매디슨 웹 사이트에서 데이터를 훔친 해커들의 행동의 합법성과 윤리성에 대해 논해보자.
   c. 다크 웹에서 애슐리 매디슨 데이터를 복사하여 오픈 웹에서 데이터를 사용할 수 있도록 만든 사람들의 행동의 합법성과 윤리성에 대해 논의해보자.
   d. 기자들이 그들의 기사에 훔친 데이터를 사용한 것의 합법성과 윤리성에 대해 토론해보자.
   e. 처음 4개의 질문에 대한 답변에 차이가 있는가? 만약 그렇다면, 차이에 대해 설명해보자.

문제해결활동

1. 한 정보보안 관리자는 그녀의 직원들의 웹서핑 활동을 주기적으로 감시하던 도중 많은 직원들이 '여섯 가지 원죄' 부류에 해당하는 웹 사이트를 방문하고 있음을 발견했다(여섯 가지 원죄 사이트란 포르노그라피, 도박, 증오, 불법 활동, 엽기, 폭력에 관련된 사이트를 말한다). 이에 그녀는 직원과 그들의 웹서핑 히스토리를 나열한 리스트를 작성하여 경영진에게 보여주었다. 몇몇 경영자는 해당 직원들을 징계하였다. 이에 또 몇몇 직원은 감시에 반발하며 프라이버시를 침해당했다고 주장하였다.
   a. 경영자에 의한 웹서핑 감시는 도덕적인가(법적으론 합법이다)? 근거를 들며 답해보자.
   b. '여섯 가지 원죄' 사이트에 방문하는 직원들은 도덕적인가? 근거를 들며 답해보자.
   c. 보안 경영자가 리스트를 제출한 것이 도덕적인가? 근거를 들며 답해보자.
   d. 해당 직원을 처벌한 것이 도덕적인가? 만약 도덕적이라면 어떤 형태의 징계가 합당한가?
   e. 이 상황을 해결하기 위해 기업은 어떤 조치를 취할 수 있는가?

2. 윤리협회(Computer Ethics Institute)의 웹 사이트(www.cpsr.org/issues/ethics/cei)에 방문해보자. 이 사이트엔 '컴퓨터 윤리의 십계명'이 수록되어 있다. 10개의 규칙을 읽어보고 추가적인 조항이 필요한지 판단해보자.

3. ACM(Association for Computing Machinery)의 멤버를 위한 윤리 강령을 확인해보자(www.acm.org/constitution/code). 이 강령의 요점을 논의해보자. 이 강령은 완전한가? 이유와 근거를 들어가며 답해보자.

4. EFF(Electronic Frontier Foundation; www.eff.org)는 '전자 프론티어'에서 권리를 보호하고 자유를 보장하는 것을 목표로 하 고 있다. 이 조직에서 제안하는 온라인 프라이버시 보호법을 살펴보고 당신이 스스로를 보호하기 위해 무엇을 할 수 있는 지 정리해보자.

5. 여러분이 속한 대학의 윤리적인 컴퓨터 및 인터넷 사용에 관한 가이드라인을 읽어보자. 방문할 수 있는 웹 사이트나 열람 가능한 미디어에 대한 제한이 존재하는가? 컴퓨터실에 설치된 프로그램을 변경하는 것이 허용되어 있는가? 개인 용도를 위해 실험실 컴퓨터에서 소프트웨어를 다운로드받는 것이 허용되어 있는가? 컴퓨터 및 이메일 개인 사용에 대한 규칙은 존재하는가?

6. http://www.albion.com/netiquette/corerules.html를 방문해보자. 이 윤리 강령에 대해 어떻게 생각하는가? 확장되어야 하는가? 지나치게 일반적인가?

7. www.cookiecentral.com 그리고 www.epubliceye.com에 방문해보자. 이들 사이트가 여러분의 프라이버시를 보호하는 데 도움이 되는 정보를 제공하는가? 그렇다면 근거를 설명해보자.

8. 여러분이 속한 대학교가 대학 컴퓨터를 통해 보내고 받는 이메일을 감시할 권한을 가져야 한다고 생각하는가? 근거를 들어 자신의 의견을 설명해보자.

사례

액손

MIS

액손(Axon; www.axon.com)은 법 집행 산업을 위한 제품을 개발한다. 주력 제품은 전기충격기 계열인 테이저다. 이 회사는 바디 카메라와 디지털 증거 솔루션을 포함하여 법 집행을 위한 기술 제품으로 다각화되었다.

2017년, 액손은 1년간의 무료 '데이터 저장, 훈련 및 지원'과 함께 미국 내 모든 경찰서에 무료 바디 카메라를 제공할 것이라고 발표했다. 바디카메라 시장을 선점하고, 사법당국 관계자들이 캡처한 영상의 양을 늘리고, 이 데이터를 액손 서버에 업로드하는 것이 회사의 목표다.

경찰서의 약 3분의 1이 바디 카메라를 사용하고 있는 가운데, 경찰관들은 수백만 시간의 영상을 만들어내고 있다. 액손은 이러한 비디오의 테라바이트를 서버에 저장한다. 경찰청은 월 사용료를 내고 이 서비스에 계속 가입해야 한다. 특히, 이러한 비디오 녹화 데이터는 조사를 위해 거의 분석되지 않는다. 액손은 그 상황을 바꾸고 싶어한다.

액손은 기계학습 시스템(기술가이드 4 참조)을 사용하여 비디오 영상을 분석한다. 2017년 2월 포스탈 그룹으로부터 컴퓨터 비전 스타트업 덱스트로(Dextro)와 컴퓨터 비전 팀을 인수하였다. 덱스트로의 기계학습 시스템은 정지표지판, 총, 번호판과 같은 물체를 골라내고 조깅하는 사람과 경찰을 피해 도망치는 용의자의 차이와 같은 행동을 인식하는 법을 배운다.

액손은 모든 영상을 기계학습 시스템에 입력한 뒤 시민이 범죄 상황에 처했을 때에 대한 통찰력을 제공할 계획이다. 이 회사는 이 소프트웨어를 통해 경찰이 자동으로 얼굴을 가려서 프라이버시를 보호하고, 중요한 정보를 추출하며, 감정과 사물을 탐지할 수 있으며, 이 모든 것을 사람의 개입 없이 할 수 있다고 주장한다.

그러나 프라이버시 옹호론자(개인정보 보호론자)들은 액손의 기술에 대해 심각한 우려를 표하고 있다. 설계상 바디 카메라는 경찰의 관점을 보여준다. 또한, 그 영상은 민간인이 아닌 경찰관에 의해 라벨링될 것으로 보인다. 즉, 시민이 경찰을 맞닥뜨리는 상황에서 경찰관은 특정 민간인의 행동을 공격적으로 분류하도록 시스템을 학습시킬 수도 있을 것이다.

이러한 편견은 개인정보 전문가들이 데이터 수집과 라벨링 방식을 형성하는 인간의 결정이 형사 사법 시스템의 기존 편견을 강화하고 자동화시킬 수 있다고 우려하는 이유이다. 법률 전문가들과 감시 감시 기관들은 위협 평가와 의혹에 대한 권고안을 자동화하는 어떤 기업도 치안 유지 전략을 나쁜 쪽으로 바꿀 수 있다고 경고한다.

2009년 로스앤젤레스에서 처음 사용된 논란이 많은 예측 치안유지 소프트웨어인 프레드폴(PredPol)을 생각해 보자. 프레드

폴은 어슬렁거림과 같은 성가신 범죄가 어디서 발생할지 예측하기 위해 인구학이 아닌 지리적 입력을 사용한다. 그러나 이러한 범죄는 특정 지역에서 이미 과도하게 단속되기 때문에 기계학습 알고리즘에 제공되는 데이터는 이미 편향되어 있다. 경찰이 컴퓨터가 예측한 어슬렁거리는 핫스팟에 경찰관을 추가로 파견해 이러한 데이터에 대응하면 시스템은 초기 가정을 정당화하고 강화한다.

얼굴 인식 소프트웨어는 신체 카메라 영상이 훨씬 더 프라이버시를 침해할 수 있게 만드는 잠재력을 가지고 있다. 미국 법무부가 지원하고 존스 홉킨스 대학이 실시한 2016년 조사에 따르면 38개 바디 카메라 제조업체 중 최소 9개 업체가 안면 인식 기능을 갖추고 있거나 나중에 이러한 기술을 추가할 수 있는 옵션으로 구축되어 있는 것으로 나타났다. 파인드페이스(FindFace)라고 불리는 러시아 회사 엔테크랩(Ntechlab; www.ntechlab.com/)을 생각해 보자. 이 회사는 얼굴 인식 소프트웨어가 군중 속에서 사람들을 식별하고 그들이 화가 났는지, 스트레스를 받았는지, 긴장했는지 여부를 판단할 수 있다고 주장한다. 그 회사의 소프트웨어는 사람들의 신원, 나이, 성별, 그리고 현재 감정 상태를 추적함으로써 의심스러운 행동을 감시할 수 있다.

경찰청은 현재 방대한 양의 바디 카메라 영상을 보유하고 있다. 이러한 데이터의 분석은 대중과의 어떤 상호작용이 긍정적이고, 어떤 상호작용이 부정적이며, 어떻게 개인의 행동이 각 유형의 상호작용으로 이어졌는지에 대한 통찰력을 제공한다. 액손은 자사의 소프트웨어 툴이 무슨 일이 일어났는지 파악하고 미래에 무슨 일이 일어날지 예측하는 데 유용할 것이라고 장담하고 있다. 이 과정은 프라이버시 옹호론자(개인정보 보호론자)들이 걱정하는 것이다. 문제는 소프트웨어가 치안 유지의 법적, 치명적 한계를 변화시킬 것인가 하는 것이 아니라, 어떻게 그리고 누구의 이익을 위해 변화시킬 것인가 하는 것이다.

얼굴 인식 소프트웨어를 바디 카메라와 통합하는 것은 이러한 신기술이 시민의 프라이버시에 미치는 영향에 대해 걱정하는 시민 자유 옹호론자들을 점점 더 우려하게 된다. 그들은 바디 카메라가 얼굴 인식 소프트웨어와 결합되어 경찰에게 먼 거리에서 정보를 수집할 수 있는 능력을 준다고 경고한다. 그러므로, 경찰관들은 특정한 상호작용을 정당화하거나 수색, 정지, 몸수색을 위한 타당한 원인을 찾을 필요가 없을 것이다. 그 결과, 시민 자유 단체들은 경찰청과 입법자들에게 카메라 영상 보유, 생체인식, 프라이버시를 규제하기 위한 명확한 정책을 시행할 것을 요구하고 있다.

주 및 지방 차원의 법률은 누가 바디 카메라 비디오 영상에 액세스할 수 있는지, 얼마나 오래 저장되는지, 그리고 누가 이를 볼 수 있는지를 규제하는 데 있어 뒤처져 왔다. 그러나 차체 카메라 비디오 영상이 계속 책임을 지도록 하는 데 있어 가장 큰 장애물은 제조업체들일 수 있다.

비공개 계약을 통해 액손과 같은 민간 기업은 공개적인 조사로부터 자사 소유의 컴퓨팅 시스템을 보호할 수 있다. 프라이버시 옹호론자(개인정보 보호론자)들은 (1) 이러한 회사들은 주 공공 기록법의 적용을 받지 않으며 (2) 경찰서에 관계와 기술을 비밀로 유지하는 계약에 서명하도록 요구한다.

민간 소유의 치안 유지 전술과 기술이 점점 더 블랙박스가 되고 있다. (블랙박스는 입력과 출력을 알 수 있지만 내부적으로 어떻게 동작하는지는 알 수 없는 시스템이다.) 그러므로, 시민들은 어떻게 그들이 그들의 도시의 수상쩍은 사람들 목록에 올랐는지 발견하거나 알고리즘의 결정을 안내하는 논리에 익숙해질 수 없을 것이다. 게다가, 이러한 시스템에 대한 알고리즘은 공개되지 않기 때문에, 판사는 용의자의 범죄에 대한 수사 증거를 제시할 때 잘못된 예측의 가능성을 평가할 근거가 없을 것이다.

2018년에 액손은 특히 안면 인식에 적용될 때 회사의 인공지능 사용을 안내하기 위해 AI 윤리 위원회를 출범시켰다. 이사회는 액손 제품이 지역사회 치안 유지에 어떤 영향을 미칠지 논의할 예정이다.

출처: Compiled from J. Vincent and R. Brandon, "Axon Launches AI Ethics Board to Study the Dangers of Facial Recognition," *The Verge*, April 26, 2018; V. McKenzie, "The Dirty Data Feeding Predictive Police Algorithms," *The Crime Report*, August 18, 2017; J. Fingas, "Chicago Police See Less Violent Crime after Using Predictive Code," *Engadget*, August 6, 2017; T. McLaughlin, "As Shootings Soar, Chicago Police Use Technology to Predict Crime," *U.S. News & World Report*, August 5, 2017; J. Peretti, "Palantir: The 'Special Ops' Tech Giant That Wields as Much Real-World Power as Google," *The Guardian*, July 30, 2017; J. Brustein, "The Ex-Cop at the Center of Controversy over Crime-Prevention Tech," *Bloomberg*, July 10, 2017; T. Hoium, "Axon's Most Brilliant Moves in 2017 So Far," *The Motley Fool*, June 29, 2017; C. McGoogan, "Emotion Reading Technology Claims to Spot Criminals before They Act," *The Telegraph*, May 10, 2017; W. Isaac and A. Dixon, "Why Big-Data Analysis of Police Activity Is Inherently Biased," *Phys.org*, May 10, 2017; A. Kofman, "Taser Will Use Police Body Camera Videos 'to Anticipate Criminal Activity,'" *The Intercept*, April 30, 2017; A. Kofman, "Real-Time Face Recognition Threatens to Turn Cops' Body Cameras into Surveillance Machines," *The Intercept*, March 22, 2017; "TASER Makes Two Acquisitions to Create 'Axon AI,'" *PRNewswire*, February 9, 2017; A. Tarantola, "Taser Bought Two Computer Vision AI Companies," *Engadget*, February 9, 2017; M. Stroud, "Taser Plans to Livestream Police Body Camera Footage to the Cloud by 2017," *Motherboard*, July 18, 2016; and www.axon.com, accessed September 22, 2018.

질문

1. 경찰관이 착용하는 바디캠의 윤리와 합법성에 대해 논의해보자.
2. 경찰관이 착용하는 얼굴 인식 소프트웨어가 장착된 바디 카메라의 윤리와 합법성에 대해 논의해보자.
3. 윤리의 기본 교리는 책임, 책임, 책임을 포함한다. 액손의 기계학습 시스템에 적용되는 각각의 교리에 대해 논의해보자.

4장

정보보안

학습목표

4.1 정보 자원의 취약성을 증가시키는 다섯 가지 요소와 각각 구체적 예를 들어 보자.

4.2 인간의 실수와 소셜 엔지니어링을 비교 대조하고 각각 구체적 예를 들어 보자.

4.3 10가지 종류의 의도적 공격을 논해보자.

4.4 세 가지 리스크 완화 전략을 설명하고 주택을 소유한 상황에 빗대어 각각 예를 들어 보자.

4.5 조직이 정보자원을 보호하기 위해 사용할 수 있는 세 가지 주요 통제 유형을 확인하고 각각 예를 들어 보자.

장의 구성

에퀴팩스 정보 침해

MIS FIN

문제

에퀴팩스(Equifax; www.equifax.com)는 8억 2천만 명 이상의 개인 소비자와 전 세계 9,100만 개 기업에 대한 데이터를 수집하고 집계하는 소비자 신용 평가 및 신용 모니터링 기관이다. 이 기관은 연간 31억 달러의 수익을 올리고 14개국에서 9,000명 이상의 노동자를 고용하고 있다고 보고했다.

대출 기관은 신용평가회사에서 수집한 데이터에 의존하여 주택이나 자동차에 대한 대출 승인 여부, 신용 카드 발급 여부 등을 결정한다. 게다가, 많은 고용주들은 예비 고용인들에게 신용 검사를 하기 위해 신용 조회를 사용한다.

신용평가사업은 그들이 감시하는 소비자에게 서비스를 제공하기 위해서가 아닌 주로 은행과 신용카드 회사에 서비스를 제공하기 위해 고안되었다. 그러나 소비자는 신용평가회사로부터 혜택을 얻을 수 있는데 이는 좋은 신용 프로필을 유지하는 것이 대출이나 신용카드 발급에 더 유리하기 때문이다.

대출업체는 소비자와 같은 위험에 직면하지 않는다는 점을 유념해야 한다. 대출업체에게 사기성 신용카드에 대한 미납 대금은 거대한 대출 포트폴리오의 부실 대출금, 즉 본질적으로 사업 수행에 드는 비용일 뿐이다. 대조적으로, 소비자는 하나의 정체성과 하나의 평판만을 가지고 있다.

2017년 3월, 에퀴팩스는 심각한 보안 침해를 경험했다. 보안 전문가들은 3월 초에 회사가 소수의 은행 고객에게 보안 침해가 발생했다고 통보했으며, 조사를 위해 보안 회사인 맨디언트(Mandiant; www.fireeye.com)를 불러들였다고 언급했다. 보안 분석가들에 따르면, 그 조사는 해커들이 실제로 고객 데이터에 접근했다는 증거를 발견하지 못했다. 대부분의 데이터 침해 공개법은 사회보장번호, 생년월일 등 민감하고 개인 신상 정보가 도난당했다는 증거가 있을 때까지 활성화되지 않는다. 에퀴팩스 대변인은 회사가 사고와 관련된 모든 소비자 통지 요구 사항을 완전히 준수했다고 주장했다.

2017년 5월 중순에 훨씬 더 큰 두 번째 위반이 발생했다. 에퀴팩스의 시스템에 접근하기 위해 공격자는 아파치 스트럿츠(Apache Struts) 웹 애플리케이션 소프트웨어의 취약성을 이용했다. 이 절도범은 이름, 사회보장번호, 생년월일, 주소, 경우에 따라 1억 4,600만 명에 달하는 개인의 운전면허증 번호 등을 취득했다. 이 데이터는 범죄자들이 자격증이 도용된 사람들의 신분을 훔치기에 충분할 수 있다.

아차피는 2017년 3월 자사 소프트웨어의 취약점을 에퀴팩스를 포함한 고객들에게 공개했다. 또한 수리 방법에 대한 명확한 지침도 제공되었다. 아파치는 그 당시 고객들이 이러한 지시를 즉시 따를 수 있는 절차를 구현할 책임이 있다. 간단히 말해서, 에퀴팩스는 소프트웨어를 업데이트하고 패치하기 위해 필요한 시간과 지침을 가지고 있었다. 아파치 소프트웨어 재단은 공개적으로 공격자가 소프트웨어의 버그를 이용하여 에퀴팩스를 침해한 것은 유감스럽지만 사용자는 항상 정기적으로 소프트웨어를 패치하고 업데이트할 것을 권장한다고 밝혔다.

에퀴팩스는 2017년 7월 29일 이 사건을 발견했으며, 이 때 "침입 행위를 즉시 중단하고 법의학적 검토를 실시했다"고 주장했다. 그러나 6주 후인 9월 7일까지 위반 사실을 공개하지 않았다. 한편, 그 회사는 8월 2일 맨디언트를 다시 고용했다.

성명에서, 에퀴팩스는 두 번째 위반이 3월 위반과 관련이 없다고 부인했다. 그러나 보안 분석가들은 보안 위반이 동일한 침입자와 관련이 있다고 지적했다.

8월 1일과 2일 에퀴팩스의 문제점에 더해, 3명의 고위 임원이 거의 180만 달러 상당의 회사 주식을 매각한 사실이 규제 서류에 밝혀졌다. 그 어떤 신고도 그 거래가 예정된 10b5-1 거래 계획의 일부로 기재되지 않았다. 이러한 계획을 통해 상장기업의 주요 내부자(종업원) 주주들은 정해진 시간에 정해진 수의 주식을 매도할 수 있다.

임원 중 1명은 5월 23일 주식을 매각했다. 그러한 매도에 대한 감독보고서도 매각이 예정된 거래계획의 일부라는 것을 나타내지 않았다. 만약 그 임원들이 어느 한 쪽 또는 2개의 위반이 회사에 피해를 줄 수 있다는 것을 알고 회사 주식을 팔았다면, 그들은 내부자 거래 혐의에 취약할 것이다. 미국 법무부(www.justice.gov)는 이날 주식 판매에 대한 범죄 수사를 시작했다. 에퀴팩스는 경영진들이 거래를 할 때 위반에 대한 어떠한 지식도 가지고 있지 않았다고 주장했다.

해결책을 위한 시도

에퀴팩스는 두 가지 침해에 대해 보안 회사 맨디언트를 고용했고, 아파치 취약점은 두 번째 침해 이후 패치되었다. 에퀴팩스는 2017년 9월 15일 회사의 최고 정보 책임자(CIO)와 최고 보안 책임자의 은퇴를 발표했다. 다음으로 CEO 리처드 스미스가 9월 26일 사임했다. 그는 10월 3일 미 의회에서 열린 하원 에너지 및 상업위원회 청문회에서 이러한 위반에 대해 사과하고 증언했다.

두 번째 해킹 이후, 에퀴팩스는 사람들이 해킹에 영향을 받았는지 알아보기 위해 그들의 성(姓)과 사회보장번호의 마지막 6자리 숫자를 입력할 수 있는 웹 사이트 www.equifaxsecurity2017.com을 만들었다. 불행하게도, 누군가가 그 웹 사이트를 복사해서 매우 비슷한 URL인 www.securityequifax2017.com에서 호스팅했다. 캐주얼한 관찰자들에게는 진짜와 가짜로 보이는 2개의 웹 사이트가 똑같아 보였다.

다행히 가짜 웹 사이트를 만든 닉 스위팅(Nick Sweeting)이 회사 도메인(www.equifax.com)으로 웹 사이트를 개발했어야 한다는 것을 보여주기 위해 만든 것이다. 스위팅은 그의 가짜 웹 사이트가 약 20만 페이지 다운로드를 받았다고 주장했다. 만약 스위팅의 웹 사이트가 정말로 피싱 웹 사이트였다면, 훨씬 더 큰 피해를 입힐 수 있었을 것이다.

결과

2018년 3월 연방 대배심은 에퀴팩스의 전 CIO인 준잉을 내부자 거래 혐의로 기소했다. 미 법무부(DOJ; www.doj.gov) 기소장은 잉이 2015년 익스피리언의 데이터 유출이 주가에 어떤 영향을 미쳤는지 질의하는 웹 검색을 했다고 주장했다. 이 기소는 잉이 그 후 그가 사용할 수 있는 모든 스톡옵션을 행사하고 주식을 팔아 95만 달러 이상의 수익과 48만 달러 이상의 이익을 얻었다고 주장했다. 2019년 3월, 잉은 내부자 거래에 대해 유죄를 인정했다.

위에서 언급한 바와 같이, 3명의 다른 에퀴팩스 임원들은 유출 소식이 알려지기 전에 많은 양의 에퀴팩스 주식을 팔았다. 에퀴팩스 이사회가 구성한 특별위원회는 임원진들의 잘못을 무혐의 처리했으며, 잉에 대한 법무부의 고소장에는 이 중 한 건도 언급되지 않았다.

보안 침해 이후 몇 년 동안 에퀴팩스는 데이터 보안 인프라에 2억 달러를 투자했다. 복구 과정을 감독하기 위해 회사는 2018년 2월에 CISO(Chief Information Security Officer)를 새로 고용했다. 그는 데이터 침해 이전에 CISO(최고 정보 보안 책임자)는 항상 예산을 위해 싸워야 했으며, 보안과 위험 관리의 중요성을 사람들에게 납득시키기 위해 노력해야 했다고 지적했다. 보안 위반 후, 에퀴팩스 CISO의 일은 모두가 보안이 매우 중요하다는 것을 알았기 때문에 훨씬 쉬워졌다.

에퀴팩스는 다음과 같은 분야에 주력하고 있다.

- 패치 적용, 취약성 관리 및 디지털 인증서 관리를 위한 프로세스의 검증
- 전사적으로 액세스 제어 보호 및 신원 관리 강화
- 회사 전체 인프라에서 데이터 보호 향상
- 문제 발생 시 보다 효과적으로 탐지 및 대응 프로그램을 개발하여 문제 발생 시 관리
- 회사가 보안 노력에 있어 규정 준수 증명과 일반적인 진행 상황을 제공할 수 있도록 데이터 거버넌스 및 보고 검증
- 모든 부서에 사전 조치와 대응 교육을 통합하기 위한 주요 문화적 변화 작업
- 소비자 홍보 및 교육 프로그램 확대

일반적인 생각

데이터 침해는 회사의 평판을 해친다. 이 문제는 에퀴팩스의 전체 비즈니스 모델이 대부업체와 다른 기업들이 신뢰할 수 있는 소비자들의 완전한 재무 프로파일을 제공하는 것을 포함하기 때문에 특히 에퀴팩스에게 매우 중요하다. 에퀴팩스의 신용도는 심각하게 손상되었을 뿐만 아니라, 이 위반은 다른 2개의 주요 신용평가회사가 수집한 데이터의 무결성을 손상시켰다. 엑스피리언(Experian; www.experian.com) 및 트랜스유니온(TransUnion; www.transunion.com)을 참조하라.

에퀴팩스 위반의 영향은 사회보장번호가 한 사람의 신원을 확인하는 신뢰할 수 없는 방법이 되어가고 있다는 것을 분명히 한다. 한 개인의 사회보장번호가 한번 손상되면 너무나 많은 시스템과 애플리케이션이 그 번호에 의존하기 때문에 고치기 어렵다.

사회보장번호 문제에 대한 해결책은 추가적인 보안 계층을 활용하는 데 있을 수 있다. 예를 들어 스마트폰으로 이메일이나 문자 메시지를 통해 보안 질문 및 일회성 보안 코드가 전송되기 시작할 수 있다. 보안 강화의 문제는 웹, 특히 전자상거래를 통한 트랜잭션을 수행하기가 더 어렵다는 것이다.

에퀴팩스 해킹으로 불안감을 느끼는 고객들이 스스로를 보호할 수 있는 가장 효과적인 방법인 보안 동결을 고려해 보자. 신용평가회사에 연락해 3사 홈페이지에서 각각 할 수 있는 동결 요청을 하면 대출자가 계좌 개설 과정에서 연락하면 아예 정보를 제공하지 말라고 지시하는 것이다. 따라서, 만약 누군가가 당신의 이름과 사회보장번호를 사용하여 새 신용카드를 발급받으려 한다면, 그 신청서는 아마도 거부될 것이다. 이렇게 하면 가짜 신용카드가 사용자의 이름으로 발급되는 것을 방지할 수 있다. 그것은 또한 결과적으로 미납된 청구서가 당신의 신용평가서에 기록되고 당신의 신용이 손상되는 것을 막는다. 대출이 필요할 때는 대출업체에 연락해 동결을 해제하면 된다.

동결비용은 주법의 적용을 받는다. 그것은 보통 신원 도용 피해자들에게 무료이다. 그렇지 않으면, 단순히 조심스러운 사람들이 동결과 비슷한 수수료를 설정하기 위해 3달러에서 10달러까지 지불할 수도 있다. 2017년 9월 12일, 에퀴팩스는 일시적으로 동결 수수료를 면제했다.

동결 수수료는 공정의 전반적인 소비자 불친절함을 강조한다. 소비자들은 각각의 신용 신고 기관에 별도의 수수료를 지불해야 한다. 그런 다음 동결 해제를 원할 때 회사별로 하나씩 사용해야 하는 PIN을 받는다. 온라인으로 동결 조치를 취하려면 소비자가 사회보장번호를 입력해 신원을 확인해야 하는데, 동결 조치를 하고 있는데 이 번호들이 도난당한 사실을 막 알게 된 경우 문제가 된다.

일단 동결이 이루어지면, 소비자들은 대출, 신용카드, 직장, 또는 아파트를 신청하기 전에 PIN을 어디에 두었는지 기억해야 한다. 균열이 발생한 직후 에퀴팩스에서 프리즈(freeze)를 설정한 사람들은 그들의 새로운 PIN 코드가 무작위적이고 추측할 수 없는 숫자와 반대로 그들이 프리즈를 설정한 날짜와 시간으로 이루어져 있다는 것을 발견했다.

법에 따라 소비자는 애뉴얼크레딧리포트(www.annualcreditreport.com)에 접속해 3개 신용평가회사(Credit Bureau)에서 1년에 1부씩 무료로 신용평가서를 요청할 수 있다. 소비자 지지자들은 에퀴팩스 침해로 영향을 받은 모든 사람들이 신용 동결을 요청하는 것을 보고 싶어한다. 사실상, 프리즈는 모든 신용 파일에 대한 기본 설정이 될 것이며, 소비자가 달리 말하지 않는 한 모든 사람의

신용 데이터는 본질적으로 금지된다. 그러나 현 상태로는 동결과 관련된 문제들이 그 해결책을 매력적이지 않게 만들 수도 있다. 하지만, 만약 동결이 표준이 된다면, 신용평가회사는 그들의 데이터를 보호하기 위한 더 나은 방법을 고안할 것이다. 예를 들어, 스마트폰 앱에서 세 가지 신용 파일에 대한 액세스를 모두 켜고 끌 수 있다.

에퀴팩스의 파손 비용은 얼마인가? 2017년, 위반과 관련된 비용은 총 1억 6,400만 달러이며, 보험에 의해 5천만 달러가 상쇄되었다. 회사 관계자는 2018년 2억 7,500만 달러의 추가 비용이 들 것으로 예상했으며 보험으로 7,500만 달러가 상쇄될 것으로 예상했다.

에퀴팩스의 최종 결론은 무엇인가? 2017년 9월 7일부터 13일까지 이 회사의 주가는 31% 하락했다. 그러나 2019년 7월, 에퀴팩스의 주가는 주당 131달러에 거래되어 위반 직전 주당 141달러에서 8% 하락했다. 에퀴팩스는 2018년 총 매출 34억 달러, 순이익 3억 달러를 보고했다. 흥미롭게도, 순이익은 2017년에 비해 거의 50%나 감소했다.

소비자들을 위한 최종 결론은 무엇인가? 신용평가회사의 보안 침해와 상관없이 소비자는 신용평가회사에서 탈퇴할 수 없다.

출처: Compiled from M. Kanell, "Ex-Equifax Exec Pleads Guilty to Insider Trading Post-Breach," *Atlanta Journal-Constitution*, March 7, 2019; L. Newman, "Equifax's Security Overhaul, a Year after Its Epic Breach," *Wired*, July 25, 2018; K. Richards, "Cost of Data Privacy Breach May Not Be Enough," *TechTarget*, April, 2018; B. Cole, "Ex-Equifax CIO's Insider Trading Indictment a Red Flag for Execs," *TechTarget*, March 16, 2018; M. Kanell, "Ex-Equifax Exec Is Arraigned and Freed; Pleads Not Guilty," *Atlanta Journal-Constitution*, March 15, 2018; L. Dignan, "Equifax Spends $87.5 Million on Data Breach, More Expenses on Deck," *ZDNet*, November 9, 2017; W. Ashford, "Equifax Breach Bigger Than First Reported," *Computer Weekly*, October 3, 2017; Z. Whittaker, "Equifax Chief Executive Steps Down after Massive Data Breach," *ZDNet*, September 26, 2017; L. Newman, "All the Ways Equifax Epically Bungled Its Breach Response," *Wired*, September 24, 2017; J. Morse, "Equifax Has Been Directing Victims to a Fake Phishing Site for Weeks," *Mashable*, September 20, 2017; M. Riley, A. Sharpe, and J. Robertson, "Equifax Suffered a Hack Almost Five Months Earlier Than the Date It Disclosed," *Bloomberg BusinessWeek*, September 18, 2017; P. Regnier and S. Woolley, "Thank You for Calling Equifax, Your Business Is Not Important to Us," *Bloomberg BusinessWeek*, September 18, 2017; B. Krebs, "Equifax Breach Response Turns Dumpster Fire," *krebsonsecurity.com*, September 17, 2017; M. Heller, "Apache Struts Vulnerability Blamed for Equifax Data Breach," *TechTarget*, September 15, 2017; A. LaVito, "Equifax Security and Information Executives to Retire," *CNBC*, September 15, 2017; Z. Whittaker, "Equifax Confirms Apache Struts Security Flaw It Failed to Patch Is to Blame for Hack," *ZDNet*, September 14, 2017; J. Scipioni, "Equifax Hack: A Timeline of Events," *Fox Business*, September 14, 2017; L. Newman, "Equifax Officially Has No Excuse," *Wired*, September 14, 2017; D. Goodin, "Failure to Patch Two-Month-Old Bug Led to Massive Equifax Breach," *Ars Technica*, September 13, 2017; M. Terekhova, "Equifax and AXA Singapore Become the Latest Victims of Cybercrime," *Business Insider*, September 11, 2017; Z. Whittaker, "Security Firm Mandiant Said to Be Helping Equifax in Hack Aftermath," *ZDNet*, September 8, 2017; M. Liedtke, "Equifax Breach Exposes 143 Million People to Identity Theft," *Associated Press*, September 8, 2017; C. Forrest, "143M Consumers at Risk in Massive Equifax Data Breach," *TechRepublic*, September 8, 2017; R. Dillet, "Here Comes the Class Action Lawsuit after Equifax's Massive Hack," *TechCrunch*, September 8, 2017; J. Surane, "Equifax Hack Exposes Peril of Credit Bureau Model," *Bloomberg BusinessWeek*, September 8, 2017; S. Profis, "Equifax Data Breach: Find Out If You Were One of 143 Million Hacked," *CNET*, September 7, 2017; L. Newman, "How to Protect Yourself from That Massive Equifax Breach," *Wired*, September 7, 2017; and www.equifax.com, accessed June 26, 2019.

질문

1. 침해를 방지하기 위해 에퀴팩스는 어떤 조치를 취해야 하는가? 답변에 구체적인 예를 제공해보자.
2. 에퀴팩스 침해 사고의 희생자라고 가정해보자. 당신의 개인 데이터가 손상되었다는 통지를 받았을 때(또는 당신이 생각하는 경우) 어떻게 해야 하는가?
3. 3개의 신용평가회사(에퀴팩스, 엑스피리언 및 트랜스유니온)가 이 침해에 직면하여 생존할 수 있는가? 근거를 함께 제시해보자.
4. 사회보장번호를 보편적이고 고유한 식별자로 계속 사용하면 어떤 의미가 있는가? 고유 식별자로 사회보장번호를 대체할 수 있는 조치는 무엇인가?
5. 이 사건에 정말 해결책이 있는가? 그 이유는 무엇인가?

서론

도입사례는 여러 가지 교훈을 준다. 첫째, 불가능하지는 않지만 조직이 그들의 데이터를 완벽히 보호하는 것은 어렵다. 둘째, 각국이 경제 사이버 전쟁에 참여하고 있는 위험이 커지고 있다. 셋째, 인터넷을 안전하게 하는 것은 어려운 것처럼 보인다. 이러한 문제의 답은 우리 모두에게 영향을 준다. 본질적으로 개인 식별이 가능한 개인정보가 안전하지 않다.

이들 질문에 대해 답은 명확하지 않다. 여러분은 정보기술의 문맥에서 정보보안에 대해 배우며 이들 이슈와 중요도, 관계, 그리고 균형에 대해 더 깊은 이해를 갖게 될 것이다. 정보보안에 관련된 이슈는 대기업뿐만 아니라 개인과 소기업에도 영향을 준다는 것을 명심하라.

정보 보안은 특히 중소기업에 중요하다. 정보 보안 문제를 경험하는 대기업은 문제를 해결하고 생존할 수 있는 더 큰 리소스를 보유하고 있다. 이와는 대조적으로, 소기업은 리소스가 더 적기 때문에 데이터 침해로 인해 더 쉽게 운영이 중단될 수 있다.

정보기술은 제대로 활용될 경우 개인, 기업, 나아가 사회 전체에 크나큰 이점을 선사한다. 1장과 2장에서는 IT가 어떻게 기업을 더 생산적이고 효율적이며 고객에 더욱 잘 응답할 수 있도록 만드는 다양한 방법을 읽었다. 또한 의료 및 자선 등의 분야에서 IT가 사람의 신체적 및 정신적 건강에 기여하는 것 또한 알아보았다. 하지만 정보기술은 악용될 수 있으며 그 결과는 참담하다. 다음 시나리오를 생각해보자.

- 개인이 신원을 도용당할 수 있다.
- 기업이 고객 정보를 도난당해 재정 손실, 고객 신뢰 상실, 그리고 피소로 이어질 수 있다.
- 국가들이 인터넷을 기반으로 하는 공격, 즉 **사이버 테러리즘**과 **사이버 전쟁**의 대상이 된다. 사이버 전쟁은 미국 정부에 아주 심각한 문제이다. 실제로 오바마 대통령의 2012년 10월 사이버 전쟁 지침에 서명했다. 이 지침에서 백악관은 처음으로 미국 군대가 외국의 위협에 맞서 싸우고 방어적인 사이버 작전을 수행할 수 있는 시기와 방법에 대한 구체적인 기본 원칙을 세웠다. 이 지침은 오바마 행정부가 사이버 보안에 중점을 두는 것을 강조한다.

정보기술의 오남용이 IT에 대한 논의의 전면에 등장한 것은 분명하다. 포네몬 인스티튜트(www.ponemon.org)의 2019년 데이터 침해 비용 연구에 따르면 2018년 데이터 침해로 인한 전 세계 평균 비용은 386만 달러였으며, 손실 또는 도난 기록당 전 세계 평균 비용은 1,300달러였다. 이 연구소는 또한 5천만 장의 음반에 대한 엄청난 침해로 인해 조직들이 평균 3억 5천만 달러의 손해를 본다는 것을 발견했다. 보안 분석가들은 2018년에 50억 개의 레코드가 도난당했으며 전 세계 사이버 범죄로 인해 6,000억 달러 이상의 손실이 발생했다고 지적했다. 안타깝게도 보안업계 분석가들은 2019년 전 세계 사이버 범죄 비용이 2조 달러에 이를 것으로 전망하고 있다.

데이터 침해의 직접적인 비용에는 법의학 전문가 고용, 고객에게 통보, 관련 고객 또는 영향을 받는 고객의 현장 문의에 대한 전화 핫라인 설정, 무료 신용 모니터링 제공, 향후 제품 및 서비스에 대한 할인 제공 등이 포함된다. 위반으로 인해 발생하는 보다 심각한 비용에는 **고객 이탈**(customer churn)이라고 불리는 고객 이직률 증가로 인한 비즈니스 손실과 고객 신뢰 감소가 포함된다.

오늘날 사이버 범죄는 얼마나 심각한가? 2018년에 발생한 데이터 침해 사례를 살펴보자.

- 전기 및 통신 소매업체 및 서비스업체 딕슨 카폰(www.dixonscarphone.com)이 590만 장의 결제 카드를 훼손하려다 공격을 받았다. 590만 장의 카드가 잠재적으로 영향을 받았음에도 불구하고, 그 중 580만 장은 칩과 PIN 보호 기능을 갖추고 있으며 안전하다고 회사는 말했다. 따라서 칩과 PIN 보호가 없는 약 105,000장의 결제 카드만 손상되었다.
- 운동복 업체 언더아머(www.underarmour.com)는 자사의 마이피트니스팔 앱에 연결된 데이터가 유출되어 1억 5,000만 명의 사용자 계정에 영향을 미쳤다고 밝혔다. 도난당한 정보에는 사용자 이름, 이메일 주소, 암호화된 비밀번호가 포함되어 있었다. 회사 측은 결제 정보가 피트니스 앱

과 별도로 수집되어 처리되기 때문에 신용카드 데이터가 도난당하지 않았다고 지적했다.

- 해커들은 카지노 로비에 있는 수족관에 있는 온도계를 통해 도박꾼들의 데이터베이스에 접속했다. 범죄자들은 카지노 네트워크에 접근하기 위해 연결된 온도 조절기에 있는 취약성을 이용했다.
- 2018년 6월 말, 한 보안 연구원은 마케팅 및 데이터 수집회사인 이그잭티스(Exactis; www.exactis.com)가 공개적으로 접근 가능한 서버에 약 3억 4천만 개의 개별 레코드가 포함된 데이터베이스를 노출했다는 것을 발견했다. 유출된 정보에는 신용카드 정보나 사회보장번호는 포함되지 않았지만 전화번호, 집 주소, 이메일 주소, 개인 관심사는 포함되어 있었다.

불행하게도 데이터 누출 중 상당수가 직원의 무관심이 원인이다. 이것은 조직 직원이야말로 정보보안의 약점임을 의미한다. 그러므로 회사에 입사했을 때를 대비하여, 미리 정보 보안에 대해 학습하는 것은 중요하다.

4.1 정보보안의 개요

보안(security)은 범죄 활동, 위험, 피해, 손실로부터의 보호 정도로 정의할 수 있다. 이 광범위한 정의에 따라 **정보보안**(information security)은 조직의 정보 및 정보시스템(IS)을 비인가 접속, 사용, 노출, 방해, 수정, 혹은 파괴로부터 보호하도록 하는 모든 프로세스 및 정책을 말한다. 이미 정보와 정보시스템이 의도적 범죄 활동과 조직의 정보시스템의 정상 작동을 저해할 수 있는 각종 요인에 의해 위협받을 수 있음을 보았다.

나아가기 전에 다음의 주요 개념을 살펴보도록 하자. 조직은 대량의 정보를 습득하며 수많은 정보시스템은 수만 가지 위협에 노출되어 있다. 정보 자원에의 **위협**(threat)은 시스템에 가해질 수 있는 모든 위험사항을 말한다. 정보 자원의 **노출**(exposure)은 위협이 실제로 자원에 작용했을 때 일어나는 피해, 손실, 혹은 방해이다. 정보시스템의 **취약점**(vulnerability)은 시스템이 위협에 의해 피해를 받을 수 있는 확률이다.

오늘날 다음의 다섯 가지 요소가 조직 정보 자원의 취약점을 증가시키면서 이들 자원을 보호하는 것을 훨씬 더 어렵게 만들고 있다.

1. 오늘날의 상호연결, 상호의존적 무선 연결 기업 환경
2. 더 작고 빠르며 저렴한 컴퓨터와 저장장치
3. 컴퓨터 해킹에 필요한 기술지식 수준의 감소
4. 국제 범죄조직의 사이버 범죄 장악
5. 경영 지원의 부재

첫 번째 요인은 기존의 단일 메인프레임을 이용하던 조직의 정보기술 자원이 오늘날의 상호 연결되고 상호의존적이며 무선으로 통신하는 복잡한 기업 환경으로 진화하면서 취약점이 드러났다. 인터넷은 이제 수백만 개의 컴퓨터와 컴퓨터 네트워크가 자유롭고 매끄럽게 상호 통신할 수 있도

록 해준다. 조직 및 개인은 신용할 수 없는 네트워크와 양떼 속에 숨은 공격자들의 세계에 노출되어 있다. 신용 네트워크는 일반적으로 자사 내의 네트워크를 말한다. 비신용 네트워크는 일반적으로 자사 밖의 모든 네트워크를 말한다. 또한 무선 기술은 직원들이 언제 어디서든 컴퓨터를 사용하고 통신하고 정보를 접속할 수 있게 해준다. 무엇보다 무선 통신은 원래 보호가 되지 않은 무방비상태의 방송 매체이다.

두 번째 요소는 현대 컴퓨터와 저장장비(예: USB 메모리나 플래시 드라이브)가 더 커다란 저장용량을 갖지만 나날이 작아지고 빨라지며 저렴해지고 휴대가 편해지고 있다는 사실을 반영하고 있다. 이러한 특징은 거대한 규모의 민감한 정보를 담고 있는 컴퓨터나 저장장비를 훔치거나 분실되기가 더욱 쉬워지고 있다. 또한 더 많은 사람들이 강력한 컴퓨터를 구매할 수 있게 되고 인터넷에 접속할 수 있게 되면서 정보 자산에의 공격 가능성 또한 증가하고 있다.

세 번째 요소는 해커가 해킹하는 데에 필요한 기술적 수준이 감소하고 있다는 점이다. 이 이유는 인터넷에 해킹 관련 정보와 함께 공격을 더 쉽고 편리하게 해주는 스크립트라는 미리 제작된 프로그램이 유통되고 있어 기술을 가지고 있지 않은 일반인도 다운로드받아 인터넷에 연결된 아무 시스템이나 공격할 수 있기 때문이다. (보안 전문가들은 이러한 스크립트를 합법적인 이유로도 사용하고 있다. 예를 들어 여러 시스템의 보안 방책을 시험하는 데에 사용한다.)

네 번째 요소는 국제 조직범죄가 **사이버 범죄(cybercrime)**의 영역에 발을 들이기 시작했다는 점이다. 사이버 범죄는 컴퓨터 네트워크, 특히 인터넷에서 벌어지는 불법행위를 말한다. 아이디펜스(iDefence; http://labs.idfence.com)는 정부기관 및 〈포춘(Fortune)〉 500 기업들에게 보안 정보를 제공하는 것을 전문으로 하는 기업이다. 이 기업에 따르면 조직화된 범죄자들이 세계 전체를 덮는 수십억 달러 규모 범죄 네트워크를 장악했다고 한다. 이 네트워크는 유능한 해커들에 의해 운영되며 알려진 소프트웨어 약점을 공략한다. 이러한 범죄는 대체로 비폭력적이지만 상당한 돈이 벌린다. 예를 들어 무장 강도에 의한 피해액은 수백 달러에 불과하겠지만 이러한 사이버 범죄는 평균적으로 수만 달러를 절도한다. 또한 이런 범죄는 세계 어디에서든 수행될 수 있어 사이버 범죄자들에게 국제적 안전지대를 제공해주고 있다. 컴퓨터 기반 범죄는 매년 수십억 달러 규모의 피해를 내며 이는 정보시스템 수리에 들어가는 비용과 유실된 기업 가치를 포함한 액수이다.

핀7(Fin7) 해킹 그룹을 생각해보자. 미국에서만도 핀7이 삭스 5번가, 로드앤테일러 백화점, 옴니호텔앤리조트, 트럼프호텔, 제이슨스델리, 홀푸드, 치폴레 등 3,600여 개 업체에서 1,500만 개가 넘는 신용카드 번호를 도용했다(2019년 7월 기준).

보안 분석가들은 핀7을 전문적이고 훈련된 조직으로 간주한다. 이 단체는 자체 악성 소프트웨어 및 공격 방법을 개발했으며, 바이러스 스캐너와 당국의 탐지를 회피할 수 있도록 자금 지원을 받은 연구 및 테스트 부서를 보유하고 있다. 분석가들은 핀7이 매달 최소 5천만 달러를 번다고 추정한다.

2018년 8월 미국 법무부는 우크라이나인 3명을 체포했다고 발표했다. 당국은 각 개인에게 유선 사기 공모, 컴퓨터 해킹, 절도 등 26건의 중범죄 혐의를 적용했다. 이번 체포는 핀7에 대한 사법당국의 첫 기소였다.

다섯 번째이자 마지막 요소는 경영자의 지원 부족이다. 조직 전체가 보안 정책과 절차를 진지하게 받아들이기 위해선 상위 경영자가 모범을 보여야 한다. 하지만 궁극적으로 하위 경영자들이 더 중요할 수 있다. 이들 경영자들은 매일 직원과 접촉을 하며 이 때문에 직원들이 보안 절차를 제대로 따르고 있는지 판단하기에 더 유리한 위치에 있다.

확인하고 넘어가기

1. 정보보안을 정의해보자.
2. 위협, 노출, 취약점을 구분해보자.
3. 해커가 되기 위해 필요한 기술수준이 감소하는 이유는 무엇인가?

4.2 정보시스템에 대한 비의도적 위협

정보시스템은 그림 4.1에서 볼 수 있듯 다양한 잠재적 위험과 위협에 노출되어 있다. 위협의 두 주 분류는 비의도적 위협과 의도적 위협이다. 이 절에선 비의도적 위협을 살펴보고 다음 절에선 의도적 위협을 살펴본다.

비의도적 위협은 악의를 가지고 행해지진 않지만 정보보안에 심각한 문제를 제기하는 행동을 말한다. 비의도적 위협의 최고 주요 부류는 바로 인간의 실수이다.

인간의 실수

조직 직원은 편지 분류 사원에서부터 최고경영자에 이르기까지 조직 위계와 기능영역 전체에 걸쳐 존재한다. 직원에 대한 두 가지 중요한 사실을 알아둬야 한다. 첫째로, 직원의 직위가 높을수록 정보보안에 끼치는 위협이 더 크다. 이는 직급이 높을수록 더 큰 정보 접근 허가를 가지고 정보시스템에 대해 더 많은 권한을 가지기 때문이다. 둘째로, 정보보안 시점에선 인적자원부서, 그리고 정보시스템부서의 직원이 정보보안에 가장 큰 위협을 가진다. 인적자원부서 직원들은 모든 직원의 민감한 개인정보에 접근권한을 가진다. 비슷하게 IS부서 직원들은 민감한 조직 정보에 접근 권한을 가질 뿐만 아니라 이 데이터를 생성, 저장, 전송, 수정할 수단까지 통제한다.

그 외 직원엔 계약직 근로자, 컨설턴트, 청소부 및 경비원 등이 있다. 계약직 근로자, 예컨대 임시 고용자들은 정보보안 체계에서 무시되기 일수다. 하지만 이들 직원은 많은 경우 기업의 네트워크, 정보시스템, 그리고 정보 자산에 접근할 수 있다. 컨설턴트는 엄밀히 말하면 직원이 아니지만 기업을 위한 일을 하며 업무의 종류에 따라선 역시 기업 네트워크, 정보시스템, 정보 자산에 접근할 수 있다.

마지막으로 청소부와 경비원은 정보보안시스템에서 가장 자주 간과되는 부류이다. 많은 기업이 청소 및 경비 업무를 아웃소싱한다. 그러므로 임시 고용직과 마찬가지로 엄밀하게는 직원이 아님에도 불구하고 기업을 위해 일을 한다. 게다가 이들은 거의 모든 — 어쩌면 실로 모든 —직원들이 퇴근했을 때에 활동한다. 그들은 보통 모든 사무실의 열쇠를 가지고 있으며 아무도 그들의 존재에 의문을 제기하지 않는다. 심지어 기업의 심장부에 해당하는 부분에서도 말이다! 실제로 〈2600:

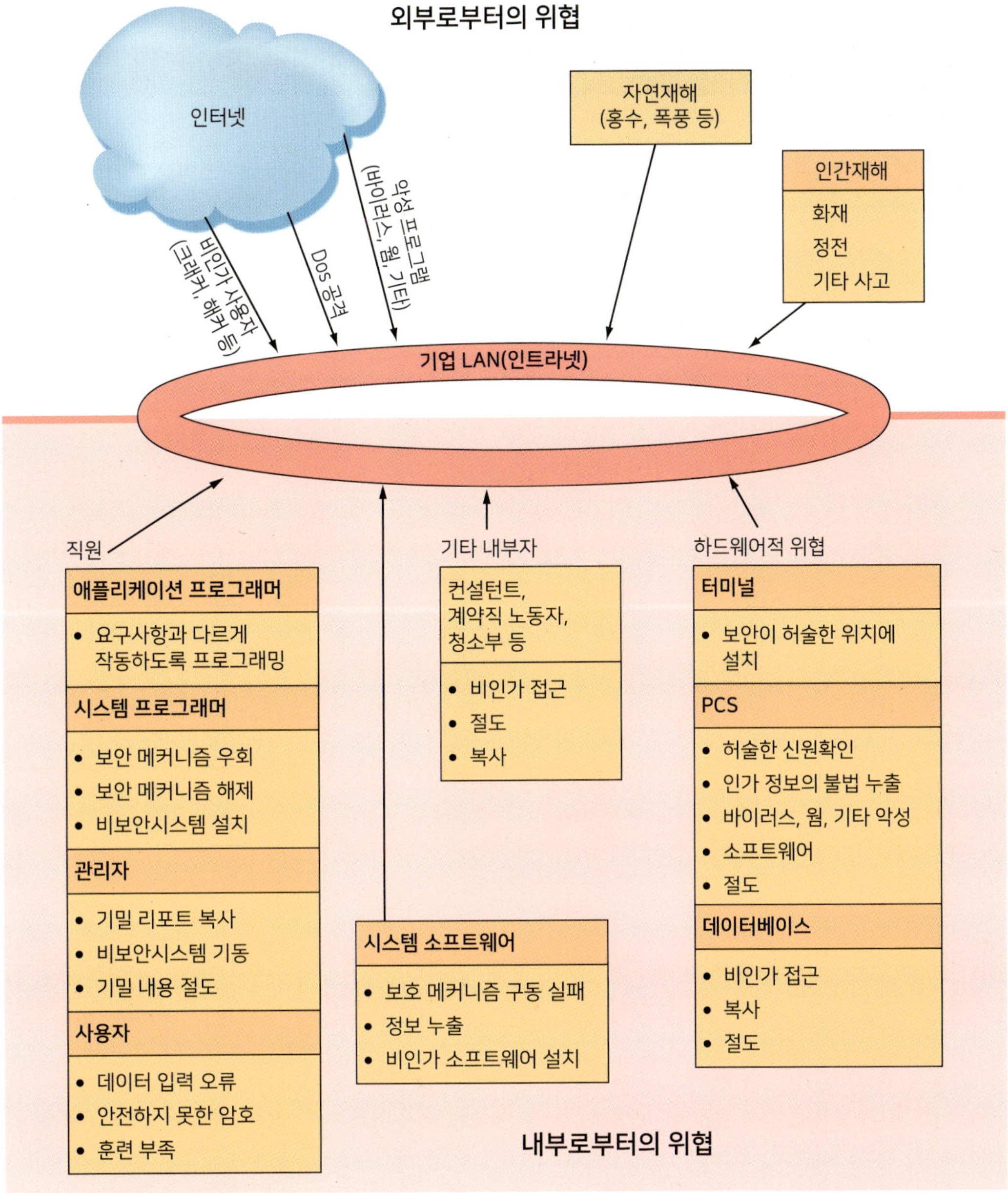

그림 4.1
보안 위협

해커 쿼틀리(2600: Hacker Quarterly)》의 한 기사는 기업에의 물리적 접근을 취득할 목적으로 청소부로 취직하는 것을 설명하였다.

직원의 실수는 나태, 부주의, 혹은 정보보안에 대한 이해도 부족에 의해 발생한다. 이 이해도 부족은 조직의 교육 및 훈련 노력의 부족에서 기인한다. 인간의 실수는 표 4.1이 보여주듯 다양한 형태로 나타난다.

방금 전 학습한 인간의 실수는 의도하지 않았다고는 하나 오로지 직원만의 책임이다. 하지만 직원들은 공격자의 행동의 결과로 비의도적 실수를 행할 수도 있다. 공격자들은 자주 소셜 엔지니어링을 활용해 개인이 비의도적 실수를 하고 민감한 정보를 누출하도록 유도한다.

표 4.1 인간의 실수

인간 실수	설명과 예
노트북에 대한 부주의	노트북 분실이나 방치, 택시에 두고 내리기 등등
전산장비에 대한 부주의	전산장비들의 분실 혹은 방치, 혹은 악성 소프트웨어(malware)가 조직 네트워크 속으로 침입할 수 있도록 하는 기기의 부주의한 사용
의심스러운 이메일 열기	송신자 불명의 이메일을 열거나 메일 내부의 링크를 클릭하는 행위(표 4.2의 피싱 공격 참조)
부주의한 인터넷 서핑	의심스러운 웹 사이트 방문. 이러한 행위는 악성 소프트웨어와 코드가 기업의 네트워크에 침입하는 계기가 된다.
약한 비밀번호 사용	약한 비밀번호의 선택 및 사용(149쪽의 강한 비밀번호 참조)
사무실 사용 부주의	퇴근 시 책상과 캐비닛의 자물쇠를 잠그지 않거나 자리를 비울 시 컴퓨터 네트워크로부터 로그아웃을 하지 않는 행위
관리되지 않는 기기의 부주의한 사용	관리되지 않는 기기란 기업의 IT부서의 통제와 기업 보안 절차에서 벗어난 기기를 말한다. 이들 장치에는 고객이나 비즈니스 파트너 소유의 컴퓨터, 호텔 비즈니스 센터에 있는 컴퓨터들, 그리고 스타벅스, 파네라 브레드 등등에 있는 컴퓨터들이 있다.
버려진 기기에 대한 부주의	메모리의 완전한 삭제 없이 컴퓨터 하드웨어나 기기를 버리는 행위. 여기엔 컴퓨터, 휴대폰, 블랙베리 장치, 디지털 복사기와 프린터가 포함된다.
환경 위험요소들의 부주의한 감시	오물, 먼지, 습도, 그리고 정전기를 포함한 환경 위험요소들은 전산장비의 운용에 해가 된다.

소셜 엔지니어링

소셜 엔지니어링(social engineering)은 공격자가 사회적 기술을 이용해 직원이 암호나 그와 같은 기업 기밀 정보를 제공하도록 유도하거나 조작하는 것을 말한다. 가장 흔한 예는 전화 등을 통해 타인인 척 하는 것, 예를 들어서 기업 간부나 정보시스템 부서 직원 등을 사칭하는 것이다. 공격자는 암호를 잊어버렸다고 주장하면서 실제 직원에게 사용할 암호를 제공해줄 것을 부탁한다. 또 다른 흔한 수법은 해충박멸업자, 에어컨 기술자, 혹은 방재감사관 등을 사칭하는 것이다. 소셜 엔지니어링의 실제 예는 무궁무진 하다.

한 기업에서 공격자는 정품으로 보이는 기업 ID카드를 차고 기업 사옥에 진입하였다. 그러고 곳곳의 게시판에 "헬프 데스크의 전화번호가 바뀌었습니다. 새 번호는 555-1234입니다"라는 내용의 글을 붙였다. 그다음 그는 사옥을 나서 자신이 헬프데스크에 전화를 거는 줄로만 아는 직원들의 전화를 받기 시작했다. 가장 먼저 물어본 것이 기업 정보시스템에서의 사용자명과 암호임은 물론이다. 그는 이제 기업의 정보시스템에 접근하는 데에 필요한 것을 획득한 것이다.

두 가지의 다른 소셜엔지니어링 기법으로 테일게이팅과 숄더 서핑이 있다. **테일게이팅**(tailgating)은 자물쇠나 카드 출입문 등으로 출입이 통제되는 장소에 진입하기 위한 수법으로, 실제 직원이 문을 통과할 때 이를 바싹 쫓아 문이 열릴 때 '문 좀 잡아주세요'라고 부탁하는 것이다. **숄더 서핑**(shoulder surfing)은 공격자가 직원의 어깨 너머로 직원의 스크린을 관람하는 것이다. 이는 공항이나 통근열차, 비행기와 같은 공공장소에서 특히 성공률이 높다.

확인하고 넘어가기

1. 정보시스템에의 비의도적 위협을 정의해보자.
2. 위에서 설명한 종류 외의 소셜엔지니어링 공격의 예를 들어보자.

4.3 정보시스템에의 의도적 위협

정보시스템에 대한 의도적 위협에는 여러 종류가 있다. 우리는 여러분의 편의를 위해 가장 평범한 10개 목록을 제시한다.

1. 산업 스파이
2. 정보 강탈
3. 파괴공작 혹은 반달리즘
4. 장비 혹은 정보의 절도
5. 신원 도용
6. 지적재산권 침해
7. 소프트웨어 공격
8. 외부 소프트웨어
9. SCADA(Supervisory Control and Data Acquisition) 공격
10. 사이버 테러와 사이버 전쟁

산업 스파이

산업 스파이(espionage or trespass) 활동은 권한이 주어지지 않은 개인이 조직 정보에 비인가 접근을 시도할 때 발생한다. 경쟁적 정보 습득과 산업 스파이 활동을 구분하는 것이 중요하다. 경쟁적 정보 습득은 합법적인 수단으로 정보를 수집하는 것을 말하며 이는 기업 웹 사이트 및 언론 보도자료 분석, 산업 박람회 참석 등을 포함한다. 이에 반해 산업 스파이 활동은 법의 경계를 넘어선다.

정보 강탈

정보 강탈(information extortion)은 공격자가 기업으로부터 정보를 훔치겠다고 협박하거나 실제로 훔치는 경우 발생한다. 공격자는 정보를 훔치지 않거나, 훔친 정보를 반환하거나, 이를 공개하지 않는 조건으로 돈을 요구한다.

파괴공작 혹은 반달리즘

파괴공작과 반달리즘은 기업의 웹 사이트를 망가뜨려 기업의 이미지에 해를 주고 고객 신뢰도 상

실을 유도하는 행동이다. 온라인 반달리즘의 한 형태로 해커 사회운동(사이버 사회운동)이 있다. 이는 조직 혹은 정부 기관의 업무, 정책, 활동에 시위하는 하이테크 사회 불복종 운동이다.

장비 혹은 정보의 절도

컴퓨터 장비와 저장기기는 점점 더 작아지지만 엄청나게 증가한 저장용량(예: 노트북 컴퓨터, 블랙베리, PDA, 스마트폰, 디지털카메라, 휴대용 USB 메모리, 아이팟)을 가지고 있어 여전히 더욱 강력해져 가고 있다. 그 결과 이들 기기는 점점 더 훔치기 쉬워지고 공격자가 정보 절도에 활용하기도 용이해지고 있다. IT와 기업사례 4.1에서 알 수 있듯이, 일부 공격은 확실히 수준이 낮은 기술(low-tech)에 의해 이루어진다.

표 4.1은 인간의 실수 중 한 부류가 바로 노트북 컴퓨터 사용 부주의임을 지적하고 있다. 실제로 이러한 부주의 때문에 많은 노트북 컴퓨터가 도난당하고 있다. 노트북 도난의 비용은 데이터 및 지적재산의 유실, 노트북 교체 비용, 법적 및 규정상 비용, 도난 수사 비용, 그리고 생산성 감소를 포함한다.

쓰레기통 뒤지기라고 알려진 형태의 절도에선 공격자가 기업 혹은 가정집의 쓰레기통을 뒤져 버려진 정보를 찾는다. 인쇄물, 편지, 메모, 사진, 신분증, 암호, 신용카드 등의 정보가 쓰레기통 안에서 발견될 수 있다. 불행히도 많은 사람들은 자신이 쓰레기통에 버리는 민감한 정보가 이렇게 누군가에 의해 수거될 수 있다는 것을 고려하지 않는다. 이러한 정보는 악용될 경우 여러 불법 활동에 활용될 수 있다.

쓰레기통 뒤지기는 엄밀히 말하면 절도가 아니다. 이 행동의 합법성이 때에 따라 다르기 때문이다. 쓰레기통은 대체로 사유지에 있어 미국 일부 지역에선 뒤지는 것이 불법이다. 하지만 이런 경우에도 이를 규제하는 법은 항상 엄격히 강제되는 것이 아니다.

IT와 기업사례 4.1

호텔 키카드 잠금장치 해킹

MIS

2012년 7월 23일 미국 포브스지에서 코디 브로셔스(Cody Brocious)라는 소프트웨어 엔지니어가 오니티(Onity; www.onity.com)가 만든 세계에서 가장 흔한 호텔 키카드 잠금장치의 심각한 보안 결함을 폭로했다. 브로셔스는 이 취약점이 미국과 전 세계 호텔 객실 1,000 만 개를 잠글 수 있다고 주장했다.

각 오니티 자물쇠에는 호텔 직원이 '휴대용 프로그래머'라고 부르는 장치를 삽입할 수 있는 구멍이 있었다. 이 장치는 최근에 어떤 키가 어떤 문을 열었는지 읽을 수 있고 어떤 마스터 키가 어떤 문을 열 수 있는지 설정할 수 있었다. 휴대용 프로그래머들이 스스로 마스터키 역할을 했기 때문에 호텔 소유주들의 세심한 보호를 받았다.

브로셔스는 오니티 잠금 해제 명령을 촉발한 독특한 암호키가 호텔의 휴대용 프로그래머가 아닌 잠금 장치 자체에 저장되어 있다는 것을 발견했다. 그러므로 하드웨어에서 50달러만 있으면 누구나 자신만의 휴대용 프로그래머를 만들어 오니티 잠금장치의 포트에 삽입하고 잠금장치의 내부 메모리에서 디지털 키를 자동으로 불러와서 잠금 해제 문을 열 수 있다. 이 이야기가 나온 지 일주일 후, 브로셔스는 라스베이거스에서 열린 블랙햇(Black Hat) 해커 컨퍼런스에서 그의 연구 결과를 발표했다. 그리고 나서 그는 잠금 해제 장치의 컴퓨터 코드를 공개했다.

그리고 나서 애런 캐쉬엇이라는 개인이 미국 전역의 호텔 투숙객들을 털기 위해 그 정보를 사용했다. 실제로 캐쉬엇은 브로셔스 웹 사이트에서 자신만의 잠금해킹 도구를 만드는 방법에 대한 전체 튜토리얼과 함께 이 코드를 찾아냈다. 그의 장치는 즉시 오니티 자물쇠로 약 98%의 문을 열었다.

캐사트(Cashatt)는 회로 기판과 9볼트 배터리에 연결된 전선을 포함하는 작은 장치를 만들었다. 장치의 한쪽 끝에는 플러그에 코드가 연결되어 있었다. 캐사트는 모든 오니티 잠금 장치 아래에 위치한 작고 둥근 포트에 자신의 장치의 플러그를 꽂았다. 그리고 나서 그는 회로 기판에서 배터리의 한쪽 끝으로 닳은 전선을 잡고 전기 회로를 완성했다. 볼트가 뒤로 젖히고, 도어 손잡이 위로 녹색 불이 깜박였다.

캐사트는 호텔 방에 침입해서 그가 찾을 수 있는 모든 것을 훔쳤다. 변장을 하기 위해, 그는 가발과 하얀 모자를 쓰고 장갑을 꼈다. 그의 차가 추적되지 않도록 하기 위해, 그는 번호판을 훔쳤고 주기적으로 그것들을 바꿨다.

캐사트는 호텔을 털 수 있는 시스템을 개발했다. 먼저 그는 호텔 문 밖에 있는 오니티 자물쇠를 확인했다. 그는 손님 층에 올라가면 가정부의 카트에서 방 목록을 꺼내 어떤 방에 투숙객이 있는지, 어떤 방이 비어 있는지 알아보곤 했다. 그리고 그 혹은 파트너는 예약된 방들 중 하나를 노크하곤 했다. 누군가 전화를 받으면 가능한 다른 방으로 이동했다. 그렇지 않다면, 그들은 자물쇠를 해킹할 것이다. 투숙객의 소지품을 모두 가지고 떠나기 전, 캐샤트는 목록에 있는 다른 예약한 방에 전화를 걸어 비어 있는 객실을 찾아 그 다음 방으로 침입했다.

수많은 절도 후, 캐사트은 문제에 봉착했다. 오니티는 호텔 고객들에게 무료 수정을 배포하기 시작했다. 수정 사항은 전체 리콜이나 문제가 있는 잠금 장치의 교체가 아니었다. 오히려 잠금 장치 아래쪽의 휴대용 프로그래머 포트를 덮는 값싼 플라스틱 플러그로 수정했다. 이 플러그는 전혀 수정되지 않은 것으로 나타났다.

시행착오를 거쳐 캐사트는 자물쇠 전면 커버의 하단 절반을 형성하는 금속 패널을 풀어 플러그에 접근하여 포트에 다시 접근한 다음 플러그와 패널을 교체할 수 있는 특정 드라이버를 빠르게 식별하였다. 연습으로, 그는 그 과정을 약 20초 안에 마칠 수 있었다. 그는 평소와 다름없이 업무에 복귀했다.

2013년 초 캐사트는 자동차 주인이 돌아왔을 때 자동차 번호판을 훔치고 있었다. 그는 차를 타고 도망쳤고, 주인은 경찰에 신고했다. 경찰은 그가 묵고 있던 호텔에서 그를 따라잡았고, 그 곳에서 그는 자신의 이름으로 등록했다. 비록 경찰이 그의 체포 영장을 발부했지만, 그는 가까스로 도주했다.

그 후 경찰은 페이스북에서 캐사트과 그의 여자친구의 사진을 찾아냈다. 사진 속에서 그는 자신의 트레이드마크인 모자를 쓰고 있었다. 그 모자는 그가 도둑질하는 동안 찍힌 모든 감시 비디오와 연관이 있었다.

캐사트는 결국 캘리포니아에 있는 그의 형의 집에서 발견되어 체포되었다. 그는 세 건의 호텔 강도 사건에 대해 유죄를 인정했는데, 이는 검찰이 가장 확실한 증거를 가지고 있던 적은 숫자였다. 그는 유죄를 선고받고 9년형을 선고받았다.

총 100건 이상의 절도 행각을 벌였으며 50만 달러에 가까운 물건을 훔쳤다. 이 절도 사건에는 지문과 강제 침입이 없어 사법 당국 관계자들의 사건이 복잡해졌다. 결국 그의 도둑질은 그를 잡기 위한 다기관 경찰 작전인 "Operation Hotel Ca$h" 작전을 촉발시켰다.

불행히도 캐사트는 더 큰 이야기의 한 장에 불과하다. 오니티도 한 몫을 한다. 브로셔스가 블랙햇 컨퍼런스에서 발표한 후에도 회사는 잠금 장치의 보안 결함을 패치하지 못했다. 사실 오니티에는 잠금에 대한 업데이트 메커니즘이 없었기 때문에 어떤 소프트웨어 패치도 버그를 수정할 수 없었다. 따라서 잠금 장치 내부의 모든 회로 기판을 교체해야 했다. 오니티는 처음에 이러한 교체 비용을 지불하지 않을 것이라고 발표했는데 이는 호텔 자체에 부담이 있음을 의미했다. 많은 호텔이 수리비 지불을 거부했으며, 이는 인건비에 따라 자물쇠당 25달러 이상이었다. 다른 호텔들은 이 문제에 대해 무지했다.

보안 결함이 처음 공개된 지 4개월 후인 2012년 12월, 오니티는 메리어트(Marriott), 하얏트(Hyatt), 인터컨티넨탈 호텔 그룹(InterContinental Hotel Group)을 비롯한 일부 주요 호텔 체인과 계약을 맺어 취약한 자물쇠를 완전히 교체하는 비용의 전부 또는 일부를 충당했다. 호텔 보험 회사인 페트라 리스크 매니지먼트(Petra Risk Management)는 가족이 운영하는 소규모 호텔 프랜차이즈 중 일부가 여전히 오니티 잠금 취약점에 대해 알지 못했을 수 있으므로 오늘날에도 오래된 결함이 있는 잠금을 사용하고 있을 수 있다고 밝혔다.

출처: Compiled from J. Saarinen, "Hoteliers Advised to Update Keycard Room Locks," *IT News*, April 26, 2018; "The Epic Crime Spree Unleashed by Onity's Ambivalence to Its Easily Hacked Hotel Locks," *TechDirt*, September 1, 2017; "Onity Locks Still Used in Many Hotels Vulnerable," *Silent Pocket*, August 31, 2017; L. Northrup, "Hacker Broke into Hotel Rooms Electronically, Stole Customers' Stuff," *Consumerist*, August 30, 2017; A. Greenberg, "Inside an Epic Hotel Room Hacking Spree," *Wired*, August, 2017; "Onity Hotel Keycard Lock Class Action Lawsuits," *Parker Waichman*, November 27, 2016; A. Greenberg, "Hotel Lock Hack Still Being Used in Burglaries, Months after Lock Firm's Fix," *Forbes*, May 15, 2013; A. Greenberg, "Lock Firm Onity Starts to Shell Out for Security Fixes to Hotels' Hackable Locks," *Forbes*, December 6, 2012; S. Anthony, "Black Hat Hacker Gains Access to 4 Million Hotel Rooms with Arduino Microcontroller," *ExtremeTech*, July 25, 2012; A. Greenberg, "Hacker Will Expose Potential Security Flaw in Four Million Hotel Room Keycard Locks," *Forbes*, July 23, 2012; and www.onity.com, accessed September 23, 2018.

질문

1. 코디 브로셔스가 블랙햇 컨퍼런스에서 오니티 잠금의 결함을 결함을 밝힌 것은 옳은 일인가? 그 이유는 무엇인가? 그가 옳은 일을 하지 않았다고 믿는다면 그 대신에 무엇을 했어야 하는가? 답변을 지지하는 구체적인 예를 제공해보자.
2. 브로셔스가 블랙햇 컨퍼런스에서 회사 잠금의 결함을 공개한 후 오니티는 적절하게 대응했는가? 그 이유는 무엇인가? 회사의 대응이 적절하지 않았다고 생각된다면, 오니티는 어떻게 했어야 했는가? 답변을 지지하는 구체적인 예를 제공해보자.

신원 도용

신원 도용(identity theft)은 의도적으로 타인의 신원 정보를 이용해 자신의 신원을 위장하는 것이다. 이는 일반적으로 도용대상의 금융정보에 접근하거나 범죄 누명을 씌우기 위해서 행해진다. 개인정보를 불법적으로 습득하는 기법의 예는 다음과 같다.

- 우편함 및 쓰레기통 뒤지기
- 컴퓨터 데이터베이스 내 개인정보 절도
- 개인정보를 대량으로 저장하는 조직 침투(예: 액시옴(Acxiom, www.acxiom.com)과 같은 데이터 수집 업체)
- 전자통신 수단상으로 신뢰받는 조직 사칭(피싱)

신원 도용으로부터 회복하는 것은 매우 비용과 시간이 많이 들며 어려운 과정이다. 희생자는 보험 또는 신용도에 대한 불리한 영향뿐만 아니라 일자리를 얻거나 지키는 데 문제가 있다고 보고하고 있다. 추가하여 신용평가서와 같은 그들의 기록에서 부정적인 정보를 제거하는 것이 종종 어렵다고 피해자는 진술한다.

여러분의 개인 신상정보는 여러 다른 방법으로 노출될 수 있다. 예를 들어 여러분의 신원은 검색엔진을 이용한 여러분의 검색을 조사함으로써 노출될 수 있다. 한 사용자가 검색한 모든 검색어를 분석할 수 있는 능력은 범죄자가 그 사용자의 행동과 신원을 파악할 수 있게 해준다. 예를 들자면 뉴욕타임즈 신문은 오직 AOL검색어를 통해서 한 사람의 신원을 파악한 적이 있다.

지적재산권 침해

지적재산권의 보호는 지식 분야에서 생업을 가진 사람들에게 대단히 중요한 문제이다. **지적재산(intellectual property)**은 개인이나 기업이 생성한 지식 중 기업기밀법, 특허법, 저작권법으로 보호된 것을 의미한다.

기업기밀(trade secret)은 기업이 기밀로 유지중인 지적 결과물(보통 사업 계획)이며 공공 정보에 바탕하고 있지 않다. 예로는 기업 전략계획이 있다. **특허(patent)**는 발명이나 절차에 대해 전체 공개를 대가로 한 20년간의 독점허가이다. **저작권(copyright)**은 지적재산의 생산자에게 생산자의 생애에 70년을 더한 기간 동안의 해당 지적재산에 대한 소유권을 부여하는 권리이다. 저작권자는 지적재산을 복제하고자 하는 누구에게서나 요금을 거둘 수 있다. 이것이 미국 법률에 따른 정의라는 것을 아는 것은 중요하다. 저작권과 특허에 대한 국제 표준화가 이루어지고 있지만, 전체적으로는 멀다. 그러므로 미국과 다른 나라 사이에 불일치가 있다.

IT에 관련된 가장 흔한 지적재산권은 소프트웨어와 관련된 것이다. 미 연방 컴퓨터 소프트웨어 저작권법(1980년)은 컴퓨터 소프트웨어의 소스 코드와 오브젝트 코드를 보호하지만 법령엔 무엇이 보호를 받을 수 있는지 정확히 언급되어 있지 않다. 예를 들어서 저작권법은 비슷한 개념, 기능, 그리고 일반적인 특징, 예컨대 풀다운 메뉴나 색상, 아이콘 등에 대해선 보호를 해주지 않는다. 그러나 친구의 컴퓨터에 설치하기 위하여 친구에게 디스크를 주는 것을 포함하여 저작권자에게 비용의 지불 없이 소프트웨어를 복제하는 행위는 저작권법 위반이다. 당연하게도 이 행위, 즉 **불법복제**(piracy)는 소프트웨어 판매자에게 큰 문제이다. BSA(www.bsa.org) 글로벌 불법복제 연구에 의하면 소프트웨어 절도의 상업적 가치는 연간 합계하여 수십억 달러에 이른다고 한다.

소프트웨어 공격

소프트웨어 공격은 공격자가 악성 소프트웨어(**맬웨어** malware)를 사용하여 전 세계의 최대한 많은 컴퓨터를 감염시키려고 했던 컴퓨터 초기 시대에서 이윤을 위해 이루어지는 웹 기반 공격으로 진화하였다. 사이버 범죄자들은 이러한 악성 소프트웨어 공격을 통해 돈을 벌며 세련되고 조합된 공격을 인터넷을 통해 수행한다. 표 4.2는 여러 종류의 소프트웨어 공격을 보여준다. 이러한 공격은 3개 부류로 분류할 수 있는데, 이는 인간의 간섭을 요구하는 원격 공격, 인간의 간섭이 불필요한 원격 공격 그리고 프로그래머들에 의한 시스템 개발단계에서의 소프트웨어 공격이다. 4장 도입사례는 소프트웨어 공격의 훌륭한 예를 보여준다.

모든 사이버 범죄가 복잡한 것은 아니다. 예를 들면 미국대학의 한 학생이 키로거(keylogging) 소프트웨어(이 장의 뒷부분에서 설명)를 사용하여 750명의 동료 학생의 비밀번호를 훔쳐 자신과 4명의 형제를 학생회 회장과 4명의 부회장 직책으로 투표하여 1년 징역형을 선고받았다. 이러한 범죄를 통해 학생형제들이 받게 되는 봉급은 합산하여 36,000달러이었다.

표 4.2 소프트웨어 공격유형

유형	설명
(1) 사용자 행위를 필요로 하는 원격 공격들	
바이러스(virus)	타 프로그램에 삽입되어 악의적인 결과를 내는 컴퓨터 코드
웜(worm)	타 프로그램의 도움 없이 스스로 복제, 확산되며 악의적인 결과를 내는 컴퓨터 코드
피싱 공격	공식으로 보이는 이메일이나 문자, 전화 등의 속임수로 개인정보를 획득하려는 공격
스피어 피싱	피싱이 대중을 상대로 실시되는 한편 스피어 피싱은 개인에 대한 인적 정보를 수집하여 사용함으로써 특정 개인에 대한 피싱 성공 가능성을 높이려고 한다.
(2) 사용자 행위가 필요 없는 원격 공격들	
DOS 공격 (Denial-of-service)	공격특정 컴퓨터에 대량의 서비스 요청을 집어넣어 용량 초과로 다운되게 하는 공격
DDOS 공격 (Distributed DOS)	대량의 컴퓨터를 악성코드를 통해 통제하고 좀비(zombies)라 불리는 통제된 모든 컴퓨터를 동원하여 실행하는 DoS 공격
(3) 시스템을 개발하는 프로그래머에 의한 공격	
트로이목마	타 컴퓨터에 숨어 있다가 활성화되었을 때만 본래 목적을 드러내는 프로그램
백 도어	주로 공격자만이 아는 프로그램의 보안 절차 우회경로. 일반적으로 비밀번호 등의 형태를 띤다.
논리 폭탄	기업의 기존의 컴퓨터시스템과 코드 사이에 숨어 있다가 특정 시간이나 날짜에 파괴적 행위를 실시하게 되어 있는 컴퓨터 코드비밀번호 공략

대학 보안요원들은 캠퍼스 네트워크에서 이상한 활동을 감지하게 되어 학생을 체포했다. 학교 당국은 IP주소를 통해 그 활동에 사용된 컴퓨터를 확인했다. 문제의 학생이 가지고 있던 컴퓨터에서 대학당국은 계획을 상세히 기록하고 있는 파워포인트를 발견했다. 대학당국은 또한 그 학생의 컴퓨터에서 '선거 조작방법'과 '키로거 수감시간'과 같은 내용을 담고 있는 조사 자료를 발견했다.

대학이 계획을 세우자마자 학생은 곤란한 상황에서 빠져나오기 위하여 해킹을 시도했다. 그는 실제 다른 학생이름으로 페이스북에 새로운 계정을 계설하고 비난에서 벗어나기 위해 계정 사이에 가짜 대화를 시도하였다. 그러한 행동으로 1년형을 선고받게 되었고, 학생이 유죄를 인정하고 집행유예를 요청한 후에도 판사는 형을 부과했다.

매일 더 많은 종류의 소프트웨어 공격이 발생하고 있다. 특히 위험한 두 가지 공격은 랜섬웨어와 웨일링(Whaling) 공격이다. 이 두 공격 모두 스피어 피싱의 일종을 사용한다. IT와 기업사례 4.2에서 보듯이, 웨일링 공격은 매우 빠르게 큰 문제가 되었다.

랜섬웨어. 랜섬웨어 공격이 너무 심각해서 여기서 좀 더 자세히 살펴보자. 이 장의 종결 사례는 워너크라이, 페티아, 샘샘 등 여러 유형의 랜섬웨어 공격의 예를 제공한다.

랜섬웨어(ransomware), 즉 디지털 강탈은 조직이 금액을 지불할 때까지 컴퓨터 시스템에 대한 접근을 차단하거나 조직의 데이터를 암호화한다. 랜섬웨어에는 수많은 종류가 있다. 피해자들은 추적 불가능한 기프트 카드에 비트코인이나 머니그램으로 몸값을 지불하라는 지시를 받는다. 공격자는 일반적으로 익명화 Tor 네트워크(www.torproject.org)를 사용한다. 일부 공격자들은 심지어 '프리미엄' 접근 방식을 취하고 있다. 이들은 피해자들이 몸값을 지불하면 나머지 암호화된 데이터를 얻을 수 있다는 것을 보여주기 위해 일부 데이터를 무료로 해독한다.

랜섬웨어 공격이 급증하고 있다. 2017년 전 세계 랜섬웨어 공격은 약 50억 달러를 갈취했다. 이 수치들이 나쁘게 보일지라도, 현실은 아마도 더 심각할 것이다. 전문가들은 랜섬웨어 공격 건수가

IT와 기업사례 4.2

웨일링 공격

MIS FIN HRM

웨일링 공격(Whaling Attacks)(웨일링이라고도 함)은 재무 데이터 또는 직원에 대한 개인 세부 정보와 같은 회사의 민감한 정보를 훔치는 표적 시도이다. 웨일링 공격은 특히 중요한 회사 데이터에 광범위하게 액세스할 수 있는 고위 경영진과 같은 고가치 개인을 대상으로 한다. 대상은 회사 내에서 권한과 액세스 권한으로 인해 신중하게 선택된다. 웨일링 공격의 목표는 임원을 속여 개인 또는 기업 데이터를 공개하도록 하는 것이다.

웨일링 공격은 일반적으로 신뢰할 수 있는 출처에서 온 것처럼 보이는 사기성 이메일과 가짜 웹 사이트를 사용한다. 웨일링의 목표는 피해자를 속여 이메일로 민감한 데이터를 누설하거나 합법적인 비즈니스를 모방하고 지불 또는 계정 세부 정보와 같은 민감한 정보를 요청하는 가짜 웹 사이트를 방문하도록 하는 것이다.

웨일링 이메일과 웹 사이트는 표적에 대해 고도로 개인화되어 있으며 종종 표적의 이름, 직함 및 통신을 가능한 한 합법적으로 보이게 하는 기본 세부 정보를 포함한다. 또한 공격자는 가짜 전자메일 주소, 실제 회사 로고, 전화 번호 및 기타 세부 정보를 사용하여 비즈니스 파트너, 은행 또는 정부 기관과 같은 신뢰할 수 있는 기관에서 오는 것처럼 보이게 한다.

웨일링 공격은 매우 개인화되어 있으며 회사 내에서 선택된 대상에게만 전송되기 때문에 일반적인 피싱 공격보다 탐지하기가 더 어렵다. 공격자는 종종 페이스북(Facebook), 트위터(Twitter) 및 링크드인(LinkedIn)과 같은 소셜 미디어에서 공격을 개인화하는 데 필요한 세부 정보를 수집하고 대상의 회사 정보, 작업 세부 정보, 동료 또는 비즈니스 파트너의 이름을 프로파일링한다.

웨일링 공격의 문제는 사이버 범죄자가 대규모 개인정보 데이터베이스(이 장의 도입사례인 에퀴팩스 해킹 참조)와 자동화된 소프트웨어 도구를 활용하여 웨일링 이메일을 대규모로 개인화하기 때문에 더 악화될 수 있다. 이러한 공격의 거의 50%가

CFO(최고 재무 책임자)를 대상으로 하고 25%가 HR 전자메일 받은 편지함을 대상으로 하기 때문에 재무, 급여 및 인사 부서에서 웨일링 공격에 대해 경계하는 것이 특히 중요하다.

불행히도 웨일링 공격의 예는 많다. 여기서는 이러한 공격 중 다섯 가지를 살펴본다.

다크호텔 그룹. 2007년부터 활동해온 다크호텔 그룹(Darkhotel Group)은 고위급 비즈니스 여행객을 대상으로 한 사이버 범죄로 알려져 있다. 사이버 범죄자들은 전통적으로 지식재산권이나 소스 코드와 같은 민감한 회사 정보에 접근할 수 있는 CEO, 개발자, 기업 연구원과 같은 고위 비즈니스 사용자를 대상으로 삼았다. 이 단체는 선별된 피해자들에게 악성코드를 전달하기 위해 호텔 와이파이(wi-fi) 핫스팟을 손상시켰다. 핫스팟을 손상시키는 정확한 방법은 아직 불확실하지만 사이버 보안 전문가들은 공격자가 서버 소프트웨어의 취약점을 원격으로 이용하거나 호텔 서버에 물리적으로 접근하기 위해 호텔에 침투한 것으로 보고 있다.

이 단체는 지속적으로 전술을 발전시켜 왔으며 기업 연구개발 인력, CEO 및 기타 기업 고위 관계자들에게 스파이 활동을 하기 위해 포경 및 사회공학 기술을 악성코드에 통합해 왔다. 2017년 가을, 다크호텔은 정치적 목표를 공격하기 위해 이넥스마르(Inexsmar)라는 새로운 형태의 악성 프로그램을 사용하여 전략을 다시 변경했다. 보안 분석가들은 누가 이번 선거운동의 표적이 되고 있는지 확신하지 못하고 있다.

다크호텔의 공격은 목표물을 흥미롭고 설득하기 위해 개별적으로 고안된 고급 웨일링 이메일에서 시작된다. 이 공격의 사회공학적인 부분은 한 번에 한 사람을 목표로 한 매우 세심하게 조작된 웨일링 이메일을 포함한다.

웨일링 이메일은 악성코드를 포함하고 있다. 이 악성코드는 피해자의 의심을 불러일으키지 않기 위해 "2016년 9월 RC_Office_Coordination_Association.docx"라는 신중하게 조작된 유인 워드 문서를 연다. 이 문서에는 FAO, UNDP, UNICEF, WFP와 같은 단체와 함께 북한에서 접촉할 것으로 추정되는 사람들의 목록이 나와 있다. 이 문서에는 스팸 발송자에 대한 경고도 포함되어 있어 보다 합법적으로 보이도록 하기 위해서이다.

구글과 페이스북. 2017년 초, 구글과 페이스북이 웨일링 공격을 통해 1억 달러를 잃었다는 것을 보도되었다. 리투아니아 사이버 범죄자가 두 기술 회사의 직원들을 속여 자신의 통제 하에 있는 은행 계좌로 돈을 송금하게 했다. 그는 라트비아에 아시아계 컴퓨터 하드웨어 제조업체와 같은 이름을 가진 회사를 등록했고, 여러 은행에 이 회사 명의로 다양한 계좌를 개설한 것으로 알려졌다. 그리고 나서 그는 구글과 페이스북 직원들에게 아시아 회사의 직원들과 에이전트들로부터 온 것으로 추정되는 사기성 이메일을 보냈다. 직원들은 정기적으로 가짜 회사와 수백만 달러의 거래를 했다. 미 법무부는 범인이 최소 2013년부터 2015년까지 두 회사를 모두 속였다고 밝혔다. 그는 결국 2017년 3월 리투아니아에서 체포되었다. 그 두 회사는 훔친 돈의 많은 부분을 가까스로 되찾았다.

스냅챗. 2016년 초, 소셜 미디어 앱 스냅챗(www. snapchat.com)은 성공적인 웨일링 공격의 희생자였다. 한 사이버 범죄자가 스냅챗 대표를 사칭해 직원 급여 정보를 공개하도록 속은 다른 고위직 직원에게 이메일을 보냈다.

씨게이트. 2016년 3월, 저장 회사인 씨게이트(www.seagate.com)의 한 임원은 전현직 직원들에게 W-2 양식을 요청하는 포경 이메일에 자신도 모르게 답장을 보냈다. 이 사건으로 시게이트의 전현직 직원 1만여명에 대한 소득세 데이터가 위반되어 소득세 환급 사기 등 신분 도용에 취약해졌다.

FACC 오퍼레이션스 GmbH. FACC 오퍼레이션스 GmbH(FACC Operations GmbH; ww.facc.com/en)는 주요 항공기 제조업체를 위한 예비 부품을 생산하는 오스트리아의 회사이다. 2016년 1월, 이 회사는 웨일링 공격의 희생자가 되었다고 밝혔다. 이 손실로 인해 제조사의 이익은 1년 동안 모두 사라졌고 주가가 즉시 17% 하락했다. 그 공격에 대응하여, FACC는 CEO와 CFO를 해고했다.

불행하게도, 이러한 공격은 계속 성공하고 있다. 2013년 이후 전 세계 거의 8만 개 회사의 임원들이 웨일링 공격의 성공으로 120억 달러 이상을 사기꾼들에게 잘못 보냈다.

출처: Compiled from D. Disparte, "Whaling Wars: A $12 Billion Financial Dragnet Targeting CFOs," *Forbes*, December 6, 2018: L. Irwin, "Whaling Attacks Increased by 200% in 2017," *IT Governance*, March 8, 2018; E. Ben-Meir, "New Whaling and Phishing Techniques Include Weaponising Google Docs," *scmagazineuk.com*, February 2, 2018; M. Phillips, "Extreme Phishing: Cybercrooks Take Scams to the Next Level," *IntheBlack*, January 18, 2018; N. Giandomenico, "What Is a Whaling Attack? Defining and Identifying Whaling Attacks," *Digital Guardian*, July 27, 2017; C. Smith, "Hackers Are Targeting Hotel Wi-Fi with Particularly Evil Malware," *BGR.com*, July 23, 2017; P. Paganini, "DarkHotel APT Group Leverages New Methods to Target Politicians," *Security Affairs*, July 21, 2017; C. Cimpanu, "New Version of DarkHotel Malware Spotted Going after Political Figures," *BleepingComputer*, July 21, 2017; D. Palmer, "Hackers Are Using Hotel Wi-Fi to Spy on Guests, Steal Data," *ZDNet*, July 20, 2017; "DarkHotel 2.0: Inexsmar Attack Targets Politicians via Target-Specific Phishing Emails," *The Inquirer*, July 19, 2017; E. Kovacs, "DarkHotel APT Uses New Methods to Target Politicians," *SecurityWeek*, July 19, 2017; "Two Major U.S. Technology Firms 'Tricked Out of $100M,'" *BBC News*, March 22, 2017; P. Gil, "What Is Whaling? (Phishing Attack)" *LifeWire*, March 22, 2017; T. Reeve, "CEO Sacked after Aircraft Company Grounded by Whaling Attack," *SC Magazine*, May 27, 2016; L. Kelion, "DarkHotel Hackers Target Company Bosses in Hotel Rooms," *BBC*, November 11, 2014; K. Zetter, "DarkHotel: A Sophisticated New Hacking Attack Targets High-Profile Guests," *Wired*, November 10, 2014; D. Goodin, "DarkHotel Uses Bogus Crypto Certificates to Snare Wi-Fi-Connected Execs," *Ars Technica*, November 10, 2014; and "The DarkHotel APT: A Story of Unusual Hospitality," *Kaspersky Lab*, November 10, 2014.

질문

1. 피싱, 스피어 피싱, 웨일링 공격의 차이점은 무엇인가? 답변을 지지할 수 있는 구체적인 예를 제시해보자.
2. 웨일링 공격을 방어하기 위해 단체들은 어떤 조치를 취해야 하는가? 웨일링 공격에 대한 방어수단이 피싱과 스피어 피싱 공격에 대한 방어수단과 다른가? 만약 그렇다면, 그들은 어떻게 다른가?

25%도 안 되는 것으로 추산하고 있다. 보안 분석가들은 랜섬웨어로 인해 피해를 본 기업의 절반 이상이 몸값을 지불한다는 점에 주목하고 있다. 임원 중 53%가 중요한 파일을 복구하기 위해 몸값을 지불했다고 보고하고 있다. 한 병원은 데이터가 완전히 백업되었음에도 불구하고 임원들이 몸값을 지불했기 때문에 조금 다른 입장을 보였다.

2018년 1월 11일 인디애나주에 있는 핸콕 지역 병원은 그들의 컴퓨터가 샘 랜섬웨어에 감염된 것을 발견했다. 병원이 삼삼 암호화 데이터를 모두 백업했음에도 임원들은 4비트코인 몸값(당시 약 5만 5,000달러)을 지급하기로 했다. 핸콕의 CEO는 그들이 가능한 한 빨리 그들의 시스템을 회복하고 환자들을 다른 병원으로 우회시키는 것을 피하기를 원했다고 진술하였다.

공격 방법. 랜섬웨어 공격의 가장 흔한 방법은 스피어 피싱이다. 직원들은 매일 수백 통의 이메일을 수신하며, 그들의 역할 중 많은 부분이 첨부 파일을 다운로드하고 열도록 요구한다. 그래서 많은 직원들이 자동으로 그렇게 한다. 알려지지 않은 발신자의 첨부 파일을 열어보려는 직원들의 의지가 사이버 범죄자들이 랜섬웨어 캠페인을 성공적으로 운영할 수 있도록 하고 있다. 사이버 범죄자들은 금융 보너스 제공, 가짜 온라인 구매 영수증, 예비 직원들의 입사 지원서 등 다양한 함정을 사용하여 목표물이 랜섬웨어 이메일을 열도록 장려한다. 스피어 피싱 이메일은 최대한 설득력 있게 보이도록 세심하게 맞춤 제작되어 피해자가 받을 수 있는 다른 이메일과 다를 바 없어 보인다.

랜섬웨어는 안드로이드 모바일 기기, 애플 컴퓨터, 윈도우 기반 개인용 컴퓨터를 공격할 수 있다. 사실, 인터넷에 연결된 어떤 장치도 랜섬웨어의 잠재적인 목표이다. 랜섬웨어는 이미 스마트 텔레비전을 감염시켰다.

사물인터넷 기기는 이미 보안에 대한 평판이 좋지 않다. 탑재되는 기기가 늘어나면서 사이버 범죄자가 공략할 수 있는 새로운 기기를 수십억대 제공한다. 그 결과 해커들이 연결된 집이나 연결된 자동차를 인질로 잡을 수 있다. 심지어 해커들이 의료기기를 감염시켜 생명을 직접적으로 위험에 빠뜨릴 수 있는 가능성도 있다.

랜섬웨어 뒤에 있는 범죄자들이 정기적으로 탐지되지 않도록 코드를 변경하기 때문에 랜섬웨어는 계속해서 진화하고 있다. 그들의 업데이트에서, 그들은 여러 언어로 몸값을 요구할 수 있는 능력을 포함한 새로운 기능을 추가하여 범죄자들이 전 세계의 희생자들을 더 쉽게 목표로 삼을 수 있도록 돕는다. 어떤 종류의 랜섬웨어는 희생자들이 그들의 파일을 식별하기 더 어렵게 하기 위해 파일 이름을 뒤섞는다.

일부 랜섬웨어 개발자들은 랜섬웨어를 사용하고자 하는 모든 해커에게 랜섬웨어를 배포한다. 이 프로세스를 랜섬웨어로서의 서비스(ransomeware-as-a-service)라고 한다. 이런 종류의 랜섬웨어에서, 오리지널 크리에이터들은 다크웹에 소프트웨어를 게시하고, 지불된 각각의 몸값의 40~50%를 받는 대가로 다른 범죄자들이 그 코드를 사용할 수 있게 한다.

최근 두 가지 랜섬웨어 변종이 등장했다. 첫 번째 변형은 피해자가 랜섬웨어에 대한 링크를 다른 두 사람 또는 몸값을 지불하는 회사에 제공할 경우 암호키를 피해자에게 제공한다. 두 번째 변형에서는 해커들이 기업 인사 시스템을 감염시키기 위한 노력으로 구직자인 척 한다. 사이버 범죄자들은 심지어 합법적으로 보이기 위해 자기소개서를 제출한다.

일부 사이버 범죄자들은 암호화된 데이터를 삭제하겠다고 위협하기보다는 대중에게 공개하겠다고 위협하기 시작하고 있는데, 이는 **신상털기**(doxxing)라고 알려진 전략이다. 금융 서비스, 병원 및 로펌과 같이 개인적이고 민감한 고객 데이터를 다루는 조직에게 이러한 공격은 심각한 결과를 초래할 수 있다. 브랜드 평판에 미치는 영향뿐만 아니라 HIPAA(Health Information Portability and Accountability Act)와 같은 규정에는 고객 알림 및 수십만 달러에 달하는 기타 활동이 필요하다다. 다른 산업 부문에 비해 개인 건강 정보는 다크웹의 금융 정보보다 50배 이상 가치가 높다.

랜섬웨어의 비용. 조직의 규모에 상관없이 시간은 돈이다. 따라서 맬웨어로 인해 네트워크와 데이터를 사용할 수 없는 시간이 길어질수록 조직에 더 많은 비용이 든다. 랜섬웨어는 대부분의 피해자들을 최소 1주일 동안 오프라인 상태로 만들고, 일부 조직들은 몇 달 동안 오프라인 상태를 유지한다.

몸값을 지불하고 암호화된 데이터에 다시 접근하더라도 추가 비용이 발생한다. 미래의 공격을 피하기 위해 조직은 추가 사이버 보안 소프트웨어에 투자하고 추가 직원 교육에 비용을 지불할 준비가 되어 있어야 한다. 또한 고객이 회사에 대한 신뢰를 잃고 다른 곳으로 사업을 가져갈 위험도 있다.

랜섬웨어에 대한 보호. 랜섬웨어 감염으로부터 보호하기 위해 조직이 할 수 있는 일은 다음과 같다.

- 아마도 가장 중요한 것은 사용자들이 스피어 피싱 공격을 인지하고 의심스러운 이메일이나 이메일의 링크를 클릭하지 않도록 모든 조직이 교육과 훈련을 제공하는 것이 필수적이다.
- 이러한 인식을 제공하기 위해 일부 조직에서는 직원들이 안전한 환경에서 운영하면서 실수를 통해 배울 수 있도록 지원하고 있다. 한 회사는 직원들이 일련의 사건에 대한 결정을 내린 다음 연습이 끝날 때 이러한 결정의 결과를 알 수 있는 대화형 비디오 경험을 개발했다. 이 과정은 그들이 실제적인 결과를 겪지 않고 실수로부터 배울 수 있게 해준다.
- 최신 버전의 소프트웨어를 설치하고 해당 소프트웨어가 즉시 패치되었는지 확인하라.
- 조직에서는 중요한 데이터와 정보를 자주 백업해야 하며, 특히 암호화된 클라우드 기반 스토리지 회사나 온라인 백업 서비스를 통해 운영 체제와 데이터의 복사본을 만들어야 한다. 예를 들어 아이드라이브(iDrive; www.idrive.com), 크래시플랜(CrashPlan; www.crashplan.com), SOS 온라인 백업(www.sosonlinebackup.com) 및 카보나이트(Carbonite; www.carbonite.com)가 있다. 중요: 백업 데이터 저장소는 데이터를 백업할 때만 시스템에 연결해야 한다.

  캐나다의 오타와 병원은 일부 컴퓨터에 암호화된 데이터를 백업했기 때문에 랜섬웨어의 중단을 피했다. 병원은 감염된 컴퓨터의 하드디스크를 완전히 지우고 복구한 뒤 다시 가동시켰다.
- 랜섬웨어를 거의 즉시 막을 수 있는 실시간 모니터링 시스템을 사용한다. 크립토드롭(CryptoDrop)이라고 불리는 그러한 시스템 중 하나는 플로리다 사이버 보안 연구소의 직원에 의해 만들어졌다. 크립토드롭은 과정이 시작될 때 랜섬웨어 암호화를 중단해 피해자들이 몸값을 지불할 이유가 줄어들도록 한다.

- 미국 연방수사국(FBI)이 이러한 관행에 반대한다고 조언하더라도 단체들은 몸값을 지불할 수 있다. 많은 랜섬웨어 피해자들은 공격자가 지정된 시간 내에 조건을 준수하면 데이터를 해독하겠다는 약속을 지킨다고 진술했다. 이 상황은 일반적으로 더 비싼 다른 해결책을 추구하기보다는 몸값을 지불하도록 추가 희생자들에게 동기를 부여했다. 실제로 보안 분석가들은 랜섬웨어 피해자의 절반 가까이가 몸값을 지불하는 것으로 추정하고 있다. 하지만, 조직들은 범죄자들이 몸값을 받더라도 암호를 풀지 않는다는 것을 알게 될 수도 있다.

  데이터 손실 또는 데이터 액세스 불가능으로 인한 잠재적 영향은 분 단위 또는 초 단위로 측정되기 때문에 기업은 사이버 범죄자가 암호화된 데이터에 대한 액세스를 허용할 때까지 며칠을 기다릴 수 없다. 따라서 은행들은 고객들이 사이버 범죄자들에게 즉시 돈을 지불할 수 있도록 비트코인을 보관하고 있다. 비트코인은 일반적으로 재고를 확보하는데 3일에서 5일이 걸린다.
- 조직은 더 이상 몸값 지불 금지 이니셔티브(www.nomoreransom.org)를 알고 있어야 한다. 이 이니셔티브는 2016년 유로폴(www.europol.europa.eu)과 네덜란드 경찰이 다수의 사이버 보안 회사와 협력하여 시작했다. 포털은 랜섬웨어에 희생되지 않는 방법에 대한 정보와 조언, 피해자가 암호화된 데이터를 되찾을 수 있도록 다양한 종류의 랜섬웨어에 대한 무료 해독 도구를 제공한다. 포털은 가능한 한 자주 업데이트되어 최신 형태의 랜섬웨어와 싸울 수 있는 도구를 제공한다.

  2019년 7월 현재, '몸값 지불 금지'는 많은 랜섬웨어 제품군을 포함하는 약 100개의 암호 해독 도구를 제공하고 있다. 이 도구들은 수만 개의 장치를 해독하여 사이버 범죄자들로부터 수백만 달러의 몸값을 빼앗았다. 이 플랫폼은 26개 이상의 언어로 제공되며, 공공 및 민간 부문에 걸쳐 100개 이상의 파트너가 이 이니셔티브를 지원한다.
- 조직은 또한 개별 보안 회사도 랜섬웨어의 지속적인 진화에 대응하기 위해 암호 해독 도구를 정기적으로 출시한다는 사실을 알아야 한다. 이러한 많은 회사들은 악성코드의 코드를 해독하자마자 회사 블로그에 이러한 툴에 대한 업데이트를 게시한다.

소프트웨어 공격은 매우 정교해져서 인터넷 자체의 생존 가능성에 대한 매우 현실적인 우려가 있다. IT와 기업사례 4.3은 이러한 문제를 잘 보여주고 있다.

외부 소프트웨어

많은 PC는 소유자가 모르는 사이에 외부 소프트웨어 혹은 **소프트웨어 해충**(pestware)을 가지고 있다. **외부 소프트웨어(alien software)**는 간접적인 방법으로 사용자의 컴퓨터에 설치되는 은밀한 소프트웨어이다. 이들은 대체로 바이러스, 웜, 트로이목마 등처럼 악성이진 않지만 가치있는 시스템 자원을 사용한다. 또한 이들은 타인이 여러분의 웹서핑 기록이나 개인 활동기록을 추적하는 것을 가능하게 한다.

가장 흔한 소프트웨어 해충은 **애드웨어(adware)**, 즉 광고를 컴퓨터에 띄우도록 도와주는 프로그램이다. 애드웨어는 그 효과가 입증되었기에 흔히 사용된다. 애드웨어를 삭제하는 100명 중 3명은 광고를 클릭하게 된다. 이는 인터넷 광고업계에서 대단히 높은 '성공률'이다.

IT와 기업사례 4.3

인터넷에 대한 공격

MIS

다인(Dyn; www.dyn.com)사는 인터넷 웹 사이트에 DNS(Domain Name System) 서비스를 제공하는 클라우드 기반 인터넷 성능 관리 회사이다(6장 참조). 다인사는 인터넷 디렉토리 서비스를 제공하는 회사 중 하나이다. DNS는 인터넷에 연결된 모든 리소스에 대한 계층적, 분산형 명명 시스템이다. DNS는 www.usatoday.com과 같이 사용자가 입력한 도메인 이름을 184.50.238.11과 같은 숫자 IP 주소로 변환한다. DNS는 인터넷의 효과적인 기능에 필수적이다. 2016년 10월 21일 다인사의 서버들은 분산 서비스 거부(DDoS) 공격을 경험하기 시작했다. 이 디도스는 인터넷 연결에 필요한 인프라를 구성하는 다인사 서버를 공격했다.

DDoS 공격에서는 침입자가 먼저 악성 소프트웨어를 사용하여 많은 컴퓨터를 감염시킨 다음 탈취한다. 이러한 컴퓨터를 봇이라고 한다. 공격자는 봇넷을 형성하는 이러한 봇을 사용하여 대상 컴퓨터에 정보 요청의 조정된 스트림을 전달하여 컴퓨터가 중단되거나 작동이 중지되도록 한다. 보안 전문가들은 디도스 공격이 점점 더 만연해지고 있으며 다인사와 같은 핵심 인터넷 인프라 제공업체를 겨냥하고 있다고 주장한다.

가해자는 어떻게 다인사에 대한 DDoS 공격을 발생시켰는가? 먼저, 그들은 피싱 이메일을 통해 미라이라는 악성 소프트웨어를 전달했다. 미라이 소프트웨어는 감시 카메라, 폐쇄 회로 텔레비전, 웹캠, 프린터, 케이블 셋톱 박스, 가정용 라우터, 스피커, 디지털 온도 조절기, 디지털 비디오 레코더, 아기 모니터와 같은 원격으로 제어되는 50만 개의 장치를 감염시켰다. 사물인터넷을 구성하는 이러한 비교적 간단한 장치들은 종종 정교한 보안을 가지고 있지 않다.

공격자들은 이제 인터넷 연결 장치들을 통제했고, 이것은 봇넷을 형성했다. 그리고 나서 그들은 장치들이 넘쳐나는 정보 요청을 다인사 서버로 보내도록 지시하였다. 정보 요청이 너무 많아서 다인사의 서버들은 그것들을 처리할 수 없었다. 그 결과, 서버들은 작동을 멈췄다.

다이인에 대한 디도스 공격이 너무 심해서 결국 트위터, 넷플릭스, 스포티파이, CNN, 뉴욕타임스, 레딧, 엣시, 사운드클라우드, 에어비앤비와 같은 수십 개의 다른 웹 사이트에 대한 사용자 접근을 차단하거나 상당히 느리게 만들었다. 브라질, 독일, 인도, 스페인, 영국의 사용자들과 마찬가지로 수백만 명의 미국 사용자들이 영향을 받았다.

후속 공격은 디도스 공격으로부터 방어가 가능하다는 것을 보여주었다. 2018년 3월 디도스 공격이 개발자 플랫폼 깃허브(www.github.com)를 강타했다. 당시 기록된 디도스 공격 중 가장 강력한 공격이었다. 깃허브는 탐지 시스템이 자사의 디도스 완화 서비스인 아카마이 프롤렉틱을 자동으로 호출했을 때 10분 동안 간헐적 정전으로 어려움을 겪었다. 프로렉틱이 중개 역할을 맡아 깃허브를 드나드는 모든 트래픽을 라우팅하고 데이터를 프로렉틱의 클리닝 소프트웨어를 통해 전송해 악성 패킷을 제거하고 차단했다. 8분 후, 폭행은 끝났다.

한동안 보안 분석가들은 인터넷에서의 트래픽 급증으로 인해 이러한 장치들이 큰 보안 위험이 될 것이라고 예측해 왔다. 사실 사물인터넷은 정부나 기술 산업 중 어느 한쪽이 확보할 수 있는 능력보다 빠르게 성장하고 있다. 2017년까지, 전 세계에 거의 70억 개의 연결된 장치가 있었다. 분석가들은 2020년까지 그 숫자가 500억까지 증가할 수 있다고 추정한다.

대부분의 보안 분석가는 장치 제조업체가 더 나은 보안을 제공해야 한다고 주장한다. 어떻게 이 목표를 실제로 달성할지는 여전히 불분명하다. 단 한 예로, 중국에 기반을 둔 카메라 제조업체인 항저우 시옹마이 테크놀로지 회사는 다이닝을 공격한 봇넷의 일부를 만들기 위해 이 장치들이 사용되었을지도 모른다는 통보를 받은 후 수천 대의 카메라를 회수했다.

칩 제조사 퀄컴이 기계지능을 활용해 인터넷 연결 기기의 안전성을 높이는 방안을 검토하고 있다. 이 회사의 보안 분석가들은 이러한 기기들이 특정한 행동을 감시하도록 지시할 수 있다고 믿고 있다. 예를 들어 장치가 비정상적인 작업을 수행하고 있는가? 다른 예기치 않은 장치와 통신하고 있는가?

출처: Compiled from L. Mathew, "A Frightening New Kind of DDoS Attack Is Breaking Records," *Forbes*, March 7, 2018; L. Newman, "Github Survived the Biggest DDoS Attack Ever Recorded," *Wired*, March 1, 2018; J. Wagstaff and J. R. Wu, "After Cyber Attacks, Internet of Things Wrestles with Making Smart Devices Safer," *Reuters*, November 8, 2016; H. Edwards and M. Vella, "A Shocking Internet Attack Shows America's Vulnerability," *Time*, November 7, 2016; E. Blumenthal and E. Weise, "Hacked Home Devices Caused Massive Internet Outage," *USA Today*, October 21, 2016; B. Krebs, "DDoS on Dyn Impacts Twitter, Spotify, Reddit," *Krebs on Security*, October 21, 2016; L. Franceschi-Bicchierai, "Twitter, Reddit, Spotify Were Collateral Damage in Major Internet Attack," *Motherboard*, October 21, 2016; L. Newman, "What We Know about Friday's Massive East Coast Internet Outage," *Wired*, October 21, 2016; J. Condliffe, "Massive Internet Outage Could Be a Sign of Things to Come," *MIT Technology Review*, October 21, 2016; N. Perlroth, "Hackers Used New Weapons to Disrupt Major Websites across U.S.," *New York Times*, October 21, 2016; and E. Weise, "Internet of Things Comes Back to Bite Us as Hackers Spread Botnet Code," *USA Today*, October 3, 2016.

질문

1. 다인사에 대한 DDoS 공격이 어떻게 일부 보안 분석가들로 하여금 인터넷의 장기적인 생존성에 의문을 갖게 했는지에 대해 논의해보자.
2. 다인사가 DDoS 공격을 완전히 피할 수 있는 가장 좋은 방법은 무엇이었는가?

스파이웨어(spyware)는 사용자의 동의 없이 개인정보를 수집하고 송신하는 프로그램으로 키로거와 화면캡처 장치가 있다.

키로거(keylogger)라 불리는 'Keystroke Logger'는 키보드에 입력되는 문자열과 인터넷 검색 히스토리를 기록한다. 이 프로그램의 목적은 범죄성(비밀번호 및 신용카드 번호 등의 민감한 정보의 절도)에서부터 짜증 유발성(인터넷 검색 히스토리를 통한 개인 특화 광고)까지 다양하다.

기업들은 키로거에 대항하기 위해 신원 확인에 다른 입력장치를 동원하였다. 예를 들어 여러분 모두 한 번쯤은 이상하게 뒤틀린 문자열을 읽고 이를 빈칸에 입력하는 보안 절차를 겪어 보았을 것이다. 이는 'CAPTCHA'라고 하며, 컴퓨터 프로그램이 (아직까지는) 이해할 수 없는 뒤틀린 문자를 이해함으로써 자신이 스패머 등의 제3자가 운영하는 소프트웨어가 아니라 사람임을 증명하는 시험이다. 이에 대응하여 공격자들은 **화면캡처** 프로그램을 사용한다. 이 프로그램은 키보드 입력만 기록하는 것이 아니라 화면을 영상으로 캡처하여 공격자에게 발송한다.

스팸웨어(spamware)는 사용자의 컴퓨터를 스패밍 기반으로 악용하기 위한 외부 소프트웨어이다. **스팸(spam)**은 원하지 않는 이메일로 주로 제품이나 서비스의 광고를 위해 동원된다. 이러한 방법에 여러분의 컴퓨터가 사용된 경우 수신자에겐 스팸메일의 송신자가 여러분으로 표기된다. 심지어 여러분의 이메일 주소록에 있는 모든 계정에게 해당 스팸메일이 발신될 것이다.

스팸은 짜증의 원인일 뿐만 아니라 시간과 돈의 낭비이기도 하다. 스팸은 미국 기업들에게 매년 2백억 달러의 지출의 원인이다. 이 비용은 생산성 감소, 이메일시스템 마비, 추가 저장 용량, 사용자 지원, 그리고 스팸 방지 소프트웨어 등으로 발생한다. 스팸은 또한 바이러스와 웜을 옮길 수 있어 위험성이 더 커져 간다.

쿠키(cookies)는 웹 사이트에서 사용자의 컴퓨터에 임시 혹은 비영구적으로 저장되는 작은 크기의 정보이다. 많은 경우 쿠키는 유용하며 악의가 없다. 예를 들어서 몇몇 쿠키는 한 웹 사이트에 접속 중 계속 ID와 비밀번호를 반복적으로 칠 필요가 없도록 해당 정보를 저장한다. 또한 쿠키는 많은 인터넷 몰에서 장바구니 정보를 저장하는데 쓰이기 때문에 온라인 쇼핑에 필수적이다.

그러나 **추적쿠키**는 다르다. 이 쿠키는 사용자가 웹 사이트를 통과하면서 지나온 경로, 보낸 시간, 클릭한 링크, 그리고 그외 여러 정보를 기록한다. 이는 주로 기업에서 광고 목적으로 사용한다. 추적쿠키는 위 정보를 이름, 구입정보, 신용카드 정보, 그리고 다른 신상정보와 조합하여 사용자의 구입행태에 대한 프라이버시 침범에 해당하는 자세한 프로필을 작성할 수 있게 한다.

대부분의 쿠키는 쿠키를 작성한 사람만 읽을 수 있다. 하지만 온라인 배너 광고를 운영하는 몇몇 기업은 사실상 쿠키를 공유하는 모임이다. 이들 기업은 어떤 페이지를 열었으며 어떤 광고를 클릭했는지에 대한 사용자 정보를 추적할 수 있다. 그 뒤 이들은 몇 천 개가 될지 모르는 다른 고객 웹 사이트에 이 정보를 제공한다.

SCADA 공격

SCADA(Supervisory Control and Data Acquisition)는 대규모의 데이터 획득 및 제어 시스템이다. SCADA시스템은 화학, 물리적, 혹은 운반 절차를 감시하거나 제어하기 위해 사용된다. 예로는 정유공장, 상수도 하수도 처리 시설, 전기발전기, 그리고 핵분열 발전소 등이 있다.

SCADA시스템은 수많은 센서와 중앙제어컴퓨터 그리고 통신 인프라로 구성되어 있다. 센서들은 실제 장비에 연결되어 있다. 이들은 여러 변수, 예를 들어 밸브 개폐 여부, 압력, 흐름, 전압, 전류 등을 관측한다. 그리고 연결된 장비에 신호를 보냄으로써 센서는 해당 장비를 통제한다. 즉 밸브를 여닫거나 펌프의 속도를 조절하는 것이다. 센서들은 모두 네트워크로 연결되어 있으며 각 센서는 일반적으로 인터넷 주소를 가지고 있다(IP 주소는 6장에서 논의된다). 만약 공격자가 이 네트워크에 침입하게 되면 넓은 범위에 걸쳐 전력을 끊거나 커다란 화학 공장이나 핵발전소의 작동을 방해하는 것과 같은 중요한 손상을 일으킨다. 그러한 행동은 치명적인 결과를 초래할 수 있다.

한 예로 2017년 8월 사우디아라비아의 석유화학공장에 SCADA 공격이 있었다. 보안 전문가들은 이번 공격이 시설에 폭발을 일으키기 위한 의도였다고 판단했다.

공격자들은 발전소의 안전 시스템을 장악하기 위해 트리톤이라고 불리는 정교한 악성코드를 사용했다. 이러한 물리적 제어기 및 관련 소프트웨어는 위험한 조건을 감지하여 프로세스를 안전한 수준으로 되돌리거나 차단 밸브 및 압력 방출 메커니즘을 통해 프로세스를 종료할 경우 활성화되도록 설계되었다. 공격자의 컴퓨터 코드에 오류가 있어서 이 공격이 실패했다.

약 1년 후, 공격자들은 또 다른 공격을 개시하기 위해 트리톤 소프트웨어를 사용했다. 이번에 공격자들은 사우디 아라비아 공장의 또 다른 안전 시스템에 접근할 수 있게 되었다. 2019년 7월, 공격에 대한 자세한 내용은 공개되지 않았지만 보안 분석가들은 이 발전소에 물리적 손상이 있었을 수 있다고 생각한다.

보안 전문가들은 이러한 공격으로부터 많은 것을 배웠다. 기본적으로 개별 공격자와 지원 국가는 2019년 7월 현재 알려지지 않았지만 공격자가 정부의 지원을 받고 있음을 나타내는 정교한 수준을 보여준다.

본질적으로, 그 공격은 사우디 아라비아에 대한 전쟁 행위이다. 미국 외교관계위원회의 중동전략 전문가는 이번 공격이 투자자들이 사우디 아라비아에 관여하는 것을 단념시키기 위한 시도일 가능성이 높다고 말했다.

사이버 테러와 사이버 전쟁

사이버 테러(cyberterrorism)와 **사이버 전쟁**(cyberwarfare)은 종종 정치적인 목적을 위하여 특히 인터넷을 통해 물리적이고 가시적인 피해나 심각한 혼란을 초래하기 위하여 공격자가 대상(목표)의 컴퓨터 시스템을 사용하는 악의적인 행동이다. 미국정부는 2015년 초에 일어난, 그렇지만 증명되지 않는 소니 해킹은 북한에 의해 저질러진 사이버 전쟁의 일례로 간주하고 있다. 이 활동은 데이터 수집에서부터 중요한 인프라스트럭처를 공격하기(예: SCADA시스템을 경유한 공격)까지 다양하다. 비록 사이버 테러가 전형적으로 개인이나 그룹에 의해 수행되고 반면에 사이버 전쟁은 국가에 의해 수행되지만 여기서는 두 가지 유형의 공격을 유사한 것으로 간주한다.

확인하고 넘어가기

1. 컴퓨팅 장치의 도난이 시간이 지남에 따라 더욱 심각해지는 이유는 무엇인가?
2. 세 가지 유형의 소프트웨어 공격을 설명해보자.
3. 외부 소프트웨어를 정의하고 왜 심각한 문제인가를 설명해보자.
4. SCADA시스템을 설명하고 SCADA시스템에 대한 공격이 왜 파국적인 결과를 가질 수 있는가?

4.4 정보 자원을 보호하기 위한 조직의 노력

사이버 범죄자를 막는 것이 왜 이렇게 어려운가? 표 4.3은 정보보호에 관련된 주요 어려움을 나열한다. 적절한 방어시스템의 구축이 전체 사업에 너무나도 중요하기에 이는 CIO 및 정보 자원을 통제하는 모든 간부들의 핵심 책임 중 하나이다. 실제로 IT 보안은 조직 구성원 전원의 책임이다.

표 4.3에 나열된 문제에 추가하여 정보 자원이 보호하기 힘든 또 다른 이유는 온라인 거래 산업이 전체적으로 거래를 더 어렵거나 복잡하게 하는 정보보호 수단 적용을 꺼리기 때문이다. 한 예로 상인들은 모든 신용카드 결제에 개인 확인 번호나 암호를 요구할 수도 있지만 이리 하면 고객들이 온라인 쇼핑을 꺼리게 할 수 있다. 신용카드 회사의 경우, 도난당한 신용카드를 사용 정지시키고 나아가는 것이 사이버 범죄를 고발하는데 시간과 돈을 소모하는 것보다 더 저렴하다.

그리고 정보자원을 보호하는 것이 어려운 마지막 이유는 범인을 잡는 것이 지극히 어렵기 때문이다. 그러나 다음 예와 같이 많은 노력, 시간 및 비용을 들이더라도 공격자를 잡을 수 있다.

- 2017년 7월, 미국 법무부는 마약과 총기와 같은 불법 품목에 대한 가장 큰 다크웹 시장 중 하나인 알파베이와 한사가 문을 닫았다고 발표했다. 미국 연방수사국(FBI), 마약단속국(DEA), 네덜란드 국립경찰을 포함한 미국과 유럽의 경찰은 웹 사이트를 폐쇄하기 위해 협력했다. 이 웹 사이트들은 사용자들이 익명으로 인터넷을 검색할 수 있도록 돕는 토르 네트워크(www.torproject.org)에서

표 4.3 정보자원 보호의 어려움

- 수백 가지의 위협이 존재한다.
- 컴퓨터 자원이 여러 지역에 넓게 분포해 있을 수 있다.
- 수많은 사람들이 정보자원을 제어한다.
- 컴퓨터 네트워크는 기업 외부에 위치하여 보호하기 어려울 수 있다.
- 급속도로 기술이 발전하면서 몇몇 통제는 설치하자마자 구식이 될 수 있다.
- 많은 컴퓨터 범죄는 긴 시간 동안 발견되지 않는 경우가 많아 경험으로부터 배우기가 어렵다.
- 보안절차가 불편하기에 많은 사람들이 이를 어긴다.
- 컴퓨터 범죄를 저지르기 위해 필요한 컴퓨터 지식은 보통 적다. 사실로 잠재적 범죄자는 인터넷에서 무료로 해킹을 배울 수 있다.
- 위험을 예방하는 비용은 아주 높다. 그러므로 대부분의 보직들은 단순히 모든 가능한 위험에 대응하여 자신을 보호할 수 없다.
- 가상 공격의 영향을 평가하는 것이 어렵기 때문에 공격이 일어나기 전에 통제를 위한 비용-수익 정당화를 수행하는 것이 어렵다.

운영되었다. 웹 사이트 방문자들은 비트코인과 같은 디지털 화폐를 사용하여 지불했다.

- 2017년 7월, 러시아인 마크 바르타냔(Mark Vartanyan)은 컴퓨터 사기 혐의로 유죄를 인정한 후 미국 지방법원에서 징역 5년을 선고받았다. 온라인 핸들이 콜립토였던 바르타냔은 전 세계 1,100만 대의 컴퓨터를 감염시켜 수백만 달러를 훔치는 데 사용된 시타델 악성코드를 개발, 개선, 유지하는 데 도움을 준 것으로 추정된다.
- 2017년 4월 스페인 경찰이 봇넷 운영자로 추정되는 표트르 레바쇼프를 바르셀로나에서 체포한 지 하루 만에 법무부는 켈리호스 봇넷의 테이크다운을 발표했다. 이 봇넷은 은행 자격 증명 도용, 수억 건의 스팸 메일 배포, 랜섬웨어 및 기타 악성 프로그램 설치 등 다양한 악성 활동에 이용되었다.
- 2016년 12월, 30개국의 국제 사법 기관 그룹이 아발란체(Avalanche)라는 이름의 봇넷을 해체했다고 발표했다. 이 테이크다운은 180개국에서 4년간 희생자를 찾기 위한 노력이었다. 범죄자들은 2009년부터 아발란체를 이용하여 피싱 공격을 감행하고, 악성코드를 배포하며, 훔친 돈을 국제 국경을 넘겼다. 이 작전의 최종 총계는 5명이 체포되었고, 221명의 서버가 오프라인으로 전환되었으며, 또 다른 37개의 서버가 압수되었고, 80만 개 이상의 인터넷 도메인이 압수, 차단 또는 파괴되었다.

조직은 조직의 정보자원을 보호하기 위하여 아주 많은 돈과 시간을 소비하고 있다. 그러기에 앞서 조직은 리스크 관리를 한다.

리스크(risk)는 위협이 정보자원에 영향을 끼칠 확률이다. **리스크 관리(risk management)**의 목적은 위협의 영향을 규명하고, 통제하며 최소화하는 것이다. 다른 말로 리스크 관리는 리스크를 허용가능한 수준으로 줄이는 것이다. 리스크 관리는 리스크 분석, 리스트 완화, 그리고 제어평가라는 세 가지 프로세스로 구성된다.

조직은 조직의 정보시스템 보안 프로그램이 비용대비 효과적인가를 보장하기 위하여 리스크 관리를 수행한다. **리스크 분석(risk analysis)**은 다음 3단계로 이루어진다. (1) 보호되는 자사의 가치를 평가하고, (2) 자산이 손상될 확률을 추정하고, (3) 손상된 자산의 비용과 그 자산의 보호비용을 비교하는 것이다. 그때 조직은 리스크를 어떻게 중화시킬 것인가를 고려한다.

리스크 완화(risk mitigation)에서 기업은 리스크에 대해 실질적인 대응을 한다. 리스크 완화는 두 가지 기능을 가진다. (1) 발견, 확인된 위협이 실제 발생하지 않도록 하는 제어 방책의 설치, (2) 위협이 실현될 경우 복구를 위한 수단의 입수가 그것이다. 기업이 적용할 수 있는 리스트 완화 전략엔 여러 종류가 있다. 가장 흔한 세 전략은 리스크 인정, 리스크 제한, 그리고 리스크 전가가 있다.

1. **리스크 인정(risk acceptance)**: 리스크를 받아들이고 통제 없이 진행하며 피해 발생시 그대로 받아들이는 것
2. **리스크 제한(risk limitation)**: 각 위협의 영향을 최소화하는 통제의 적용으로 리스크를 최소화
3. **리스크 전가(risk transference)**: 피해를 보충할 다른 방법, 예컨대 보험 가입 등으로 리스크를 전가하는 것

끝으로 제어평가(control evaluation)에서 조직은 제어수단들의 가치에 대응하여 적절한 제어수단의 이행비용을 조사한다. 만약 제어비용이 보호될 자산의 가치보다 크다면 제어는 비용대비 효과적이지 못하다. 다음 절에서는 조직이 정보자원을 보호하기 위하여 사용하는 다양한 제어수단들을 학습하게 된다.

확인하고 넘어가기

1. 정보자원을 보호하기 몇 가지 어려운 이유를 설명해보자.
2. 리스크 관리와 리스크 분석을 비교하고 대조해보자.

4.5 정보보안 통제

정보 자산을 보호하기 위해 기업은 **통제(controls)**를 적용한다. 통제는 다른 말로 방어 메커니즘 또는 대응책이라고도 한다. 보안 통제는 정보시스템의 모든 요소, 예컨대 데이터, 소프트웨어, 하드웨어, 그리고 네트워크를 보호한다. 위협이 너무나도 다양하기에 기업은 통제를 여러 층으로 준비하여 겹겹의 방어를 구축한다.

통제는 사고에 의한 피해를 줄이고 고의적 피해를 막으며 문제 발생 시 최대한 빨리 발견하고 피해 복구를 촉진하고 약점을 보수하는 것이 목적이다. 통제에 대해 자세히 들어가기 전에 사용자 교육 및 훈련이 그 어떤 방책보다 효과적임을 강조한다. 효과적이고 지속적인 교육은 정보보안의 치명적인 중요성을 조직 구성원 모두가 인식하게 만드는 것이다.

이 절에서는 물리적 통제, 접속 통제, 통신 제어라는 세 가지 주요 통제유형을 학습하게 될 것이다. 그림 4.2는 이들 통제를 예시하고 있다. 통제 적용과 함께 조직은 재앙이 있을 시 기업 지속성을 위한 계획을 세우며, 잠재적 위협을 감지하기 위해 정보 자원에 대해 정기적 감사를 단행한다. 이들 주제에 대해서도 이 절에서 학습하게 된다.

물리적 통제

물리적 통제(physical controls)는 허가 없이 제3자가 기업 건물 내부로 들어오는 것을 막는다. 일반적인 물리적 방책으론 벽, 문, 울타리, 외부 출입구, 자물쇠, 출입증, 경비원, 그리고 침입자 경계시스템 등이 있다. 더 세련된 물리적 방책으론 압력 감지기, 온도 감지기, 움직임 감지기 등이 있다. 물리적 방책의 단점은 직원에게 대단히 불편하다는 것이다.

경비원의 업무는 최소 두 가지 이유로 대단히 어렵다. 첫째, 그들의 일상 업무는 지루하고 반복적이며, 일반적으로 급여가 좋지 않다. 둘째, 일을 열심히 할 경우 다른 직원들이 이들을 괴롭힌다. 이는 성실한 보안절차 수행에 따라 직원들의 건물 출입이 느려질 경우 특히 그러하다.

기업은 이 외에도 다른 물리적 보안 고려사항을 생각해야 한다. 이러한 보안방책은 사용자들이 허용된 로그인 시간 및 장소에서만 네트워크에 접속할 수 있도록 한다. 또한 로그인 실패 시 재시도 횟수에도 제한을 걸고, 모든 직원들이 퇴근할 때 네트워크로부터 로그아웃하도록 강제한다.

그림 4.2 방어 메커니즘의 위치

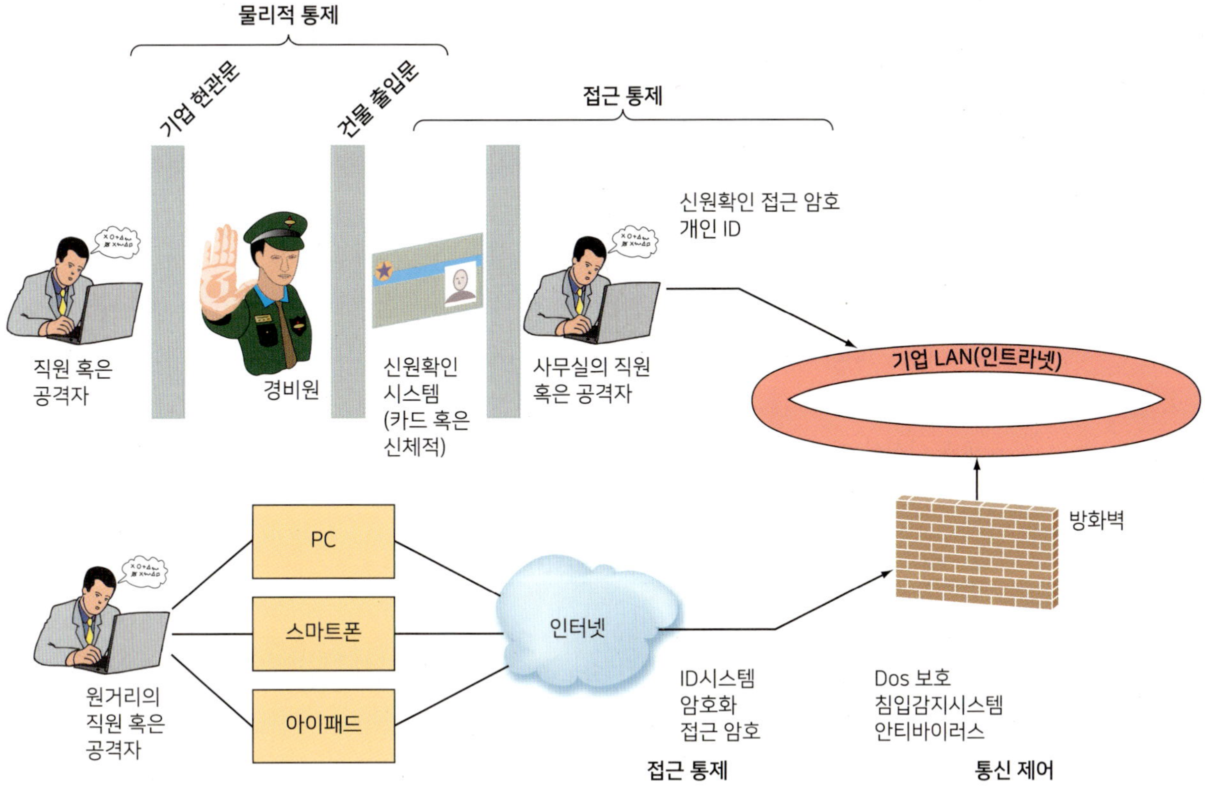

일정시간 사용이 없을 경우 컴퓨터가 자동으로 로그아웃하도록 하는 방법도 있다.

접근 통제

접근 통제(access controls)는 허가 없이 제3자가 정보 자원을 사용하는 것을 막는다. 이러한 방책은 두 주요 기능을 담으며 이는 신원 확인과 권한 부여이다. **신원 확인**(authentication)은 접속하려는 사용자가 허가를 받은 자인지 확인한다. 신원이 확인된 뒤 다음 단계가 진행된다. **권한 부여**(authorization)는 확인된 사용자의 허가에 알맞게 행동 허가, 권리, 그리고 특권을 부여한다. 기업은 신원 확인에 여러 수단을 동원할 수 있다. 이런 수단엔 사용자의 특징, 사용자의 소지품, 사용자의 행동, 그리고 사용자의 지식이 포함된다. 이를 더 자세히 살펴보자.

신원 확인. 인가를 받은 사람의 신원을 확인하기 위하여 조직은 다음의 방법들 중에서 하나 이상의 방법을 사용할 수 있다. 사용자가 무엇이며 사용자가 가지고 있는 것과 사용자가 실행하는 것 그리고 사용자가 알고 있는 것이다.

생체인식(biometric)이라고도 불리는 '사용자가 무엇'은 대상자의 타고난 물리적 특징을 측정하는 신원 확인 방법이다. 일반적인 생체인식엔 지문, 손바닥지문, 망막, 홍채, 그리고 안면 인식이 있다. 이중에선 지문, 망막, 홍채 인식이 가장 확실한 인식 수단이다.

능동적인 생체인증 방식은 사용자가 말하기, 스캐너 가까이 손가락이나 눈을 갖다 대는 등의 조치를 취해 검증 과정에 물리적으로 참여해야 한다. 이 방법은 생체 인식 시스템에 등록해야 한다. 활성 생체 인식의 예로는 음성 인식, 안면 인식, 지문 스캔, 망막 스캔, 홍채 스캔 등이 있다. DNA 분석과 걸음걸이 인식을 포함한 새로운 활성 방법이 등장하고 있다.

수동적인 생체인증 방식은 적극적인 참여 없이도 사람을 식별할 수 있다. 수동적 생체 인식의 예로는 음성 인식과 행동 식별이 있다. 예를 들어 고객이 은행에 전화를 걸면 계좌번호나 비밀번호를 묻는 대신 은행 에이전트는 "오늘 무엇을 도와드릴까요"라고만 묻는다. 배경에서 시스템은 고객에게 '듣고' 그 혹은 그녀의 목소리를 파일의 음성 인쇄물과 비교한다. 또한 모바일 뱅킹 애플리케이션은 타이핑, 스위핑 패턴, 지리적 위치 등과 같은 사용자 행동을 추적하여 지속적인 인증을 제공할 수 있다.

생체 인식의 사용이 증가하는 흥미로운 예들이 있다. 예를 들어 IT와 기업사례 3.4 및 다음을 참조하라.

- **FIN** 바클레이 은행(Barclays Bank; www.barclays.co.uk)에서는 현재 65% 이상의 통화가 음성 인식으로 처리되어 등록 고객에게 계정 서비스에 더 빠르고 쉽게 액세스할 수 있다. 바클레이스 고객은 비밀번호와 PIN을 제공하고 보안 질문에 답하는 데 5분이 걸리는 대신 음성 인식으로 본인 확인을 하는 데 20초밖에 걸리지 않는다.
- **MIS** 중국의 신생기업인 멕비이(www.megvii.us)는 인공지능(AI)을 기반으로 하는 안면인식 소프트웨어 분야의 세계적인 선두주자다. 이 회사의 주요 제품은 얼굴을 감지하고 높은 정확도로 사람들의 신원을 확인할 수 있는 플랫폼인 Face++이다. 페이스++를 위한 애플리케이션이 점점 더 많아지고 있다. 안면 인식의 일부 응용 프로그램은 보안을 강화하는 반면, 다른 응용 프로그램은 후속적으로 개인 프라이버시를 잃고 정부의 감시를 증가시킬 수 있다. (중국의 사회신용점수에 대한 논의는 3장을 참조하라.)
  - 전자상거래 업체 알리바바 직원들이 신분증을 훔치는 대신 사옥으로 들어가는 모습을 보여줄 수 있다.
  - **POM** 베이징의 한 기차역은 승객들의 얼굴을 스캔함으로써 승객들의 표를 정부에서 발급한 신분증과 일치시킨다. 그들의 얼굴이 신분증 사진과 일치하면, 시스템은 그들의 티켓을 검증하고 역 게이트가 열린다.
  - 항저우의 지하철 시스템은 범죄 용의자를 찾기 위해 얼굴을 인식할 수 있는 감시 카메라를 사용한다. 사람들이 사진으로 시스템을 속이는 것을 피하기 위해 Face++ 앱은 사용자가 말하거나 머리를 움직여야 하는 '생존성 테스트'를 수행한다.
  - 중국의 많은 경찰서는 범죄자들을 추적하기 위해 페이스++를 사용하고 있다. 2018년 중국 남동부에서는 팝 콘서트에 참석한 5만 명의 군중 속에서 안면인식 기술이 그의 신원을 확인하는 데 도움을 주자 경찰이 탈주범을 체포했다.
  - 중국은 소셜미디어 플랫폼에 사용자의 게시물을 허용하기 전에 신원을 확인할 것을 요구하고 있으며, 많은 플랫폼들이 이를 위해 페이스++를 구축하고 있다.

- **POM** 2018년 3월, 루프트한자는 로스앤젤레스 국제공항에서 생체 인식 탑승 시스템을 테스트했다. 이 항공사의 시스템은 얼굴 인식 카메라가 내장된 셀프 탑승 게이트를 사용했는데, 이 게이트는 이미지를 세관 및 국경 순찰 데이터베이스와 실시간으로 상호 참조했다. 루프트한자는 생체인식 시스템을 통해 탑승권이나 여권을 보여주지 않아도 되는 350명의 승객을 20분 만에 A380 항공기에 탑승할 수 있었다.
- **FIN** 보안 요원들이 은행 지점에서 활동을 지켜보고 있었다. 생체인식센서는 계좌개설을 위해 들어온 신규 고객들의 특이한 심장박동과 체온 패턴을 감지했다. 이 '고객'들은 며칠 전 다른 나라에서 온 배에 인적 화물로 미국에 입국한 것으로 밝혀졌다. 범죄조직이 금융사기를 조직하기 위해 그들을 이용하고 있었다. 이 센서는 스트레스 징후를 감지하여 은행 직원들에게 사기 미수에 대해 경고하였다.

사용자가 가지고 있는 것은 일반적인 출입증(regular ID card), 스마트 출입증, 그리고 출입 토큰 등을 포함하는 신원 확인 메커니즘이다. 일반 출입증 혹은 바보 카드는 사용자의 사진을 담고 있으며 대부분 서명도 부착되어 있다. 스마트 출입증(smart ID card)은 내재된 컴퓨터 칩에 사용자에 대한 정보를 담고 있다(둘 다 컴퓨터 칩을 내장하고 있지만 스마트 출입증은 전자상거래에 쓰이는 스마트카드와 목적이 다르다. 스마트카드에 대해선 7장에서 학습한다). 토큰은 내장된 컴퓨터 칩 외에 디지털 표시판을 가지고 있어 직원들이 기업의 네트워크를 접속할 때 필요한 특수 로그인 암호를 제공한다. 이 암호는 매번 로그인할 때마다 달라진다.

사용자가 실행하는 것은 음성과 서명 확인을 포함하는 신원 확인 메커니즘이다. 음성 확인(voice recognition)에선 사용자가 특정 문구(예: 직원의 이름과 부서)를 발음하여 조기에 감시 및 통제된 상황 아래서 녹음한 동일 문구와 비교한다. 음성 인식 프로그램이 두 문구가 동일한 사람이 발음한 것인지 확인한다. 서명 확인(signature recognition)에선 사용자가 자신의 이름을 서명하여 역시 조기에 감시 및 통제된 상황에서 작성한 서명과 비교해 동일인물의 서명인지 판명한다. 서명 인식은 서명의 속도와 압력 또한 인식한다.

사용자가 알고 있는 것은 암호와 암호를 포함하는 신원확인 메커니즘이다. **비밀번호(passwords)**는 모든 조직에서 엄청난 정보 보안 문제를 야기한다. 우리 대부분은 다른 온라인 서비스를 위해 수많은 비밀번호를 기억해야 하며, 우리는 전형적으로 그것들을 추측하기 어렵게 만들기 위해 복잡한 줄의 문자를 선택해야 한다. 비밀번호는 편리함과 보안 사이의 균형을 효과적으로 관리해야 한다. 예를 들어 암호의 길이가 50자이고 특수 기호가 포함된 경우 컴퓨터와 파일을 안전하게 보호할 수 있지만 기억할 수는 없다.

우리 모두는 암호가 충분히 정교하기만 하다면 우리의 데이터를 보호하기에 충분하다는 생각을 믿어왔다. 그러나 실제로 비밀번호 자체는 우리가 얼마나 독특하고 복잡하게 만드는지에 상관없이 더 이상 우리를 보호할 수 없다. 사실, 보안 전문가들은 비밀번호와 PIN을 '이중 실패'라고 언급한다. 첫째, 그것들은 쉽게 도난당하거나 해킹당해서 쉽게 잊혀진다. 둘째, 보안은 매우 허술하고 동시에 끔찍한 고객경험을 제공한다.

공격자는 비밀번호가 아무리 강력해도 우리의 비밀번호를 얻기 위해 다양한 전략을 사용한다. 그들은 그것들을 추측하거나, 훔치거나(피싱이나 스피어 피싱 공격으로), 무차별적인 계산을 통해 그것들을 해킹하거나, 온라인에서 얻을 수 있다. 비밀번호와 관련된 이러한 문제들을 고려할 때, 사용자와 기업은 무엇을 해야 하는가?

인증된 사용자를 보다 효율적이고 효과적으로 식별하기 위해 조직은 **멀티액터 인증**이라고 알려진 전략인 두 가지 이상의 인증 유형을 구현하고 있다. 이 시스템은 사용자가 원격지에서 로그인할 때 특히 중요하다.

약하기로 악명 높은 단일 요소 인증은 일반적으로 단순히 암호로 구성된다. 이중 인증은 비밀번호와 지문과 같은 한 가지 유형의 생체 인식으로 구성된다. 3단계 인증은 세 가지 인증 방법의 조합이다.

멀티액터 인증은 여러 가지 이유로 유용하다. 예를 들어, 음성 인식은 사용자가 사무실에서 전화를 걸 때는 효과적이지만 붐비는 지하철이나 혼잡한 거리에서 전화를 걸 때는 덜 최적화된다. 마찬가지로 지문과 홍채 스캐너는 사용자가 다른 작업에 바쁘지 않을 때 효과적이지만 사용자가 운전할 때 최적 상태가 아닐 때 효과적이다.

멀티액터 인증은 점점 더 강력한 보안 프로세스를 가능하게 한다. 예를 들어 모바일 뱅킹 앱에서 지문 스캔을 빠르게 하면 고객이 계좌 잔고에 접속하거나 다른 낮은 수준의 기능을 수행할 수 있다. 그러나 송금, 청구서 납부, 신용 한도 신청은 음성 또는 홍채 인식 요청을 유발한다. 대부분의 경우 시스템이 사용하는 요소가 많을수록 신뢰성이 높아진다. 그러나 강력한 인증은 또한 더 비싸며 강력한 암호와 마찬가지로 사용자에게 짜증이 날 수 있다.

FIDO(Fast Identity Online) 얼라이언스(www.fidoalliance.org)의 후원으로 인증 프로세스를 개선하기 위한 몇 가지 이니셔티브가 진행 중이다. FIDO는 강력한 인증 장치가 연동할 수 없는 점과 사용자가 여러 사용자 이름과 비밀번호를 생성하고 기억하는 과정에서 직면하는 문제를 해결하기 위해 만들어진 업계 컨소시엄이다.

FIDO의 기본 개념은 사람의 지문, 홍채 스캔, USB 장치나 비접촉식 링의 고유 식별자와 같은 식별자가 인터넷을 통해 전송되지 않는다는 것이다. 오히려, 그것들은 현지에서 확인될 것이다. 인터넷을 통해 전송되는 데이터는 사람의 신분을 도용할 수 있도록 역설계할 수 없는 암호키뿐이다. 생체 인식을 사용하는 보안 시스템의 예를 살펴보자.

- **FIN** 뱅크 오브 아메리카, JP모건 체이스, HSBC의 수백만 명의 고객들은 일상적으로 지문을 이용하여 그들의 휴대폰을 통해 은행 계좌에 로그인한다.
- **FIN** 웰스파고는 일부 고객이 모바일 기기로 눈을 스캔해 기업 계정에 로그인할 수 있도록 했다.
- **FIN** 군인과 가족에게 보험과 은행 서비스를 제공하는 USAA는 얼굴 윤곽을 통해 고객의 신원을 파악한다.
- 구글이 트러스트 API(Trust API)라는 새로운 안드로이드 앱 보안 방식을 발표했다. 트러스트 API는 표준 암호를 사용하는 대신 얼굴 인식, 타이핑 패턴, 심지어 걸음걸이 등의 생체 인식을 사용하여 자신이 누구인지 확인하는 데 도움이 된다. 각 메트릭은 앱의 잠금을 해제할 수 있는

전반적인 '신뢰 점수'에 기여한다. 그 프로그램은 사용자의 행동을 지속적으로 감시하기 위해 전화기의 센서를 사용하여 안드로이드 폰의 배경에서 실행될 것이다. 신뢰 점수가 특정 임계값 아래로 떨어지면 사용자에게 추가 인증을 제공하라는 메시지가 표시될 수 있다.

암호를 사용해야 하는 경우 해커가 발견하기 더 어려운 강력한 암호를 만들어야 한다. 하지만, 미국 국립표준기술연구소(NIST)의 전직 직원이자 그 표준을 처음 공표한 책임자인 빌 버(Bill Burr)에 따르면, 우리가 암호의 강도를 결정하기 위해 사용하는 대부분의 표준들은 잘못되었다고 한다.

2017년 8월 인터뷰에서 버는 자신이 만든 많은 암호 규칙이 특별히 도움이 되지 않는다는 것을 인정했다. 예를 들어 문자, 숫자, 대문자 및 특수 문자를 사용하는 것은 유용하지 않으며 90일마다 암호를 변경하는 것도 권장되지 않는다. 대신, 버는 길고 기억하기 쉬운 문구가 가장 가치 있다고 주장했다. 구체적으로, 공백 없이 4개의 임의의 단어를 포함하는 비밀번호는 그의 이전 지침을 따르는 비밀번호보다 기억하기 쉽고 해독하기 어려울 것이다.

본질적으로, 버는 **패스프레이즈(passphrase)**의 사용을 권장한다. 암호 구문은 암호보다 길지만 외우기 쉬운 일련의 문자이다. 암호 구문의 예로는 "언제나 너와 함께 하길(maytheforcebewithyoualways)"과 "이보다 더 좋을 순 없다(thisasgoodasitgets)"가 있다.

권한 부여. 신원 확인이 끝나면 사용자가 기업으로부터 받은 권리와 특권이 확인되고 부여되게 되는데 이것이 권한 부여 절차이다. **권한(privilege)**은 사용자가 수행하도록 허가된 관련 컴퓨터시스템 작업의 집합이다. 일반적으로 **최소 권한(least privilege)** 원칙에 따라 기업은 해당 활동을 수행할 정당한 필요성이 있는 경우에만 해당 활동에 대한 권한을 사용자에게 부여한다.

커뮤니케이션 제어

커뮤니케이션 제어(communications controls)(**네트워크 제어(network controls)**로도 불린다)는 네트워크상의 데이터의 이동을 통제한다. 커뮤니케이션 제어는 방화벽, 악성 프로그램 퇴치시스템, 화이트리스트, 블랙리스트, 침입 감지시스템, 암호화, 가상사설망(VPN), 보안소켓계층(SSL), 그리고 취약성 관리시스템으로 이루어져 있다.

방화벽. **방화벽(firewall)**은 특정 종류의 정보가 인터넷과 같은 신뢰도가 떨어지는 네트워크나 기업의 네트워크와 같은 사설 네트워크 사이에서 이동하는 것을 막는 장치이다. 간단히 말해서 방화벽은 권한이 없는 인터넷 사용자가 사설 네트워크에 접속하는 것을 막는다. 방화벽은 하드웨어, 소프트웨어, 혹은 둘 다로 이루어져 있을 수 있다. 기업의 네트워크에서 떠나거나 입장하는 모든 메시지는 방화벽을 지나게 된다. 방화벽은 각 메시지를 검사하여 특정 보안 규칙을 위반하는 메시지는 통과시키지 않는다.

방화벽은 가정용의 간단한 종류에서 기업용의 복잡한 종류까지 다양하게 존재한다. 그림 4.3a는 가정용의 방화벽을 보여준다. 이 경우 방화벽은 가정용 컴퓨터의 프로그램으로서 존재한다. 그림 4.3b에는 인터넷을 향한 외부 방화벽과 인트라넷을 향한 내부 방화벽을 설치한 기업을 보여준

그림 4.3

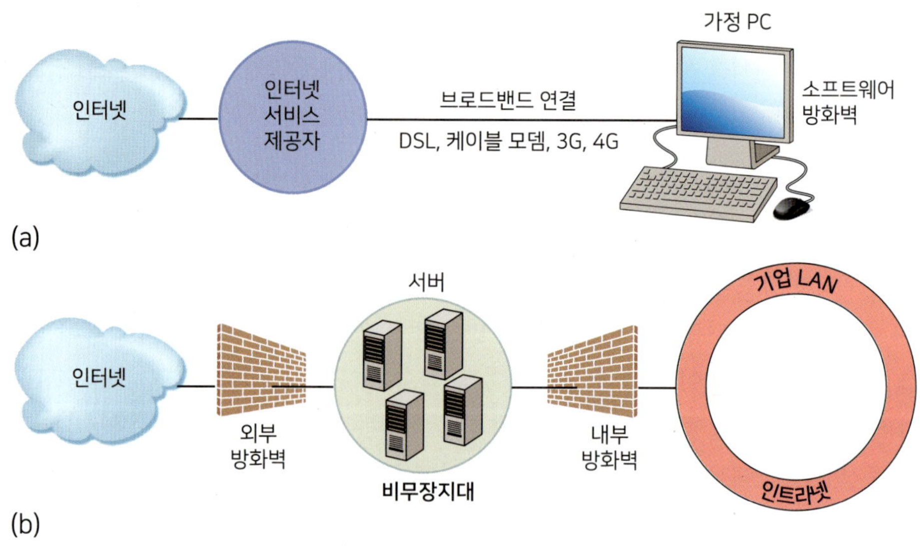

(a) 가정용 기본 방화벽
(b) 2개의 방화벽과 DMZ를 가진 조직

다. 두 방화벽 사이에는 **비무장지대(DMZ: demilitarized zone)**가 존재한다. 인터넷에서 들어오는 메시지는 외부 방화벽을 통과해야 한다. 정의된 보안 규칙을 만족하는 경우 DMZ 내부의 기업 서버로 메시지가 전달된다. DMZ의 서버는 일반적으로 웹 페이지 관련 명령과 이메일을 담당한다. 기업 내부 네트워크(예: 인트라넷)로 가도록 되어 있는 메시지는 내부 방화벽에서 또 다른 보안 조건을 충족시킨 뒤에야 내부로 들어갈 수 있다.

바이러스와 웜이 입히는 피해가 어찌나 심각한지 상당수의 기업에선 사설 네트워크 내부에도 전략적 위치에 방화벽을 설치하고 있다. 이렇게 함으로서 바이러스나 웜이 외부 및 내부 방화벽을 모두 통과한다 하더라도 내부 네트워크 안의 피해가 특정 부분으로 한정될 수 있다.

악성 프로그램 퇴치시스템. **악성 프로그램 퇴치시스템(anti-malware system)**은 줄여서 AV 혹은 안티바이러스 소프트웨어라고도 불리며 바이러스, 웜, 그리고 기타 악성 소프트웨어를 발견하고 제거하는 목적의 프로그램이다. 이 프로그램은 기업의 정보시스템 부서에 의해 기업 차원에서 설치된다. 현재 시장에 나와 있는 AV 프로그램에는 수백 종류가 있다. 가장 유명한 AV 프로그램으로 노턴 안티바이러스(Norton Antivirus; www.symantec.com), 맥아피 바이러스스캔(McAfee Virusscan; www.mcafee.com), 그리고 트렌드 마이크로 맥시멈 시큐리티(Trend Micro Maximum Security; www.trendmicro.com)가 있다.

AV 소프트웨어는 대체적으로 수동적이다. 이들은 여러 종류의 악성코드에 대해 판별 방법을 정의하고 개개 제품의 판별 방법 데이터베이스를 갱신한다. 그다음 각 제품은 의심되는 컴퓨터 코드를 비교분석하여 악성 프로그램을 판별한다. 만일 악성 프로그램을 발견한다면 퇴치 프로그램이 이를 삭제한다. 이것이 기업들이 안티바이러스 프로그램을 자주 업데이트하는 이유이다.

악성 프로그램은 대단히 심각한 문제이므로 선두 안티바이러스 기업에선 수동적인 대책뿐만 아니라 능동적인 대책 또한 마련하고 있다. 이 새 시스템은 분별 방법 비교 외에도 행동분석을 통해 프로그램의 악의 유무를 판단한다. 이론적으론 이 방법을 통해 악성 소프트웨어가 시스템을 감염시키지 전에 미리 제거할 수 있다.

조직은 악성 소프트웨어 방지 시스템에만 의존해서는 안 된다. 그 이유는 새로운 유형의 악성코드가 너무 빠르게 나타나서 그러한 시스템이 보조를 맞추지 못하기 때문이다. 실제로 사이버보안업체 맥아피(www.mcafee.com)는 매초 4종의 새로운 악성코드가 나타난다고 보고하고 있다. 이 발견은 다단계 인증의 중요성을 강조한다.

화이트리스트와 블랙리스트. 기술연구 및 컨설팅 기업인 양키 그룹(Yankee Group; www.yankeegroup.com)의 보고에 의하면 전체 기업의 99%가 AV 소프트웨어를 설치하였지만 62%의 기업이 그래도 악성 프로그램의 피해를 입었다고 한다. 위에서 논하였듯이 악성 프로그램 퇴치시스템은 대체로 수동적으로 작동하며 악성 프로그램은 아직도 기업에 피해를 주고 있다.

이 문제의 한 해결책이 바로 **화이트리스트(whitelisting)**이다. 화이트리스트는 기업이 미리 확인하여 안정성을 검증한 소프트웨어의 목록이며 악성 프로그램을 판별하려고 하지 않는다. 화이트리스트는 목록에 수록된 프로그램이 실행되도록 허용하며 나머지 프로그램은 아예 실행을 허용하지 않거나 차단된 구역에서 미리 실행한 뒤 기업이 안전성 여부를 판단하게 된다.

화이트리스트가 목록의 프로그램만 실행되도록 한다면 **블랙리스트(blacklisting)**는 프로그램이 목록에 없다면 실행되도록 한다. 블랙리스트는 기업 환경 내에서 실행이 금지된 프로그램의 작동을 막는다. 예를 들어서 기업은 자사의 네트워크에서 P2P 파일공유 프로그램의 작동을 블랙리스트에 추가할 수 있다. 소프트웨어뿐만 아니라 개인, 기기, 웹 사이트 또한 화이트리스트나 블랙리스트에 오를 수 있다.

암호화. 기업이 정보를 송수신할 안전한 통로를 가지고 있지 못한 경우 도청당하는 것을 막기 위해 암호화를 사용한다. **암호화(encryption)**는 본래의 메시지를 의도된 수신자 외의 그 누구도 읽지 못하는 형태로 변형하는 것을 말한다.

모든 암호화 장치는 기본이 되는 암호키(key)를 가지고 있다. 이 키는 암호문을 암호화하고 해독한다. 암호화시스템의 대다수는 공개키 암호화 방식을 사용한다. **공개키 암호화(public-key encryption)**는 비대칭 암호화라고도 불리며 공개키와 비공개키의 2개의 키를 사용한다(그림 4.4 참조). 공개키(잠금키)와 개인키(잠금 해제키)는 동일한 수학 공식 또는 알고리즘을 사용하여 동시에 생성된다. 2개의 키가 수학적으로 관련되어 있으므로 한 키로 암호화된 데이터는 다른 키를 사용하여 해독할 수 있다. 공개키는 모든 당사자가 액세스할 수 있는 디렉토리에서 공개적으로 사용할 수 있다. 개인키는 비밀로 유지되고 다른 사람과 공유되지 않으며 인터넷을 통해 전송되지 않는다. 이 시스템에서 한나가 해리슨에게 메시지를 보내려고 하면 먼저 해리슨의 공개키(잠금키)를 가져와서 메시지를 암호화한다(메시지를 "이중잠금 상자(two-lock box)(또는 2개의 잠금키 상자)"에 넣음). 해리슨이 한나의 메시지를 받으면 개인키를 사용하여 암호를 해독한다(상자 열기).

이 체계는 개인정보의 암호화엔 충분하지만 인터넷으로 사업을 하는 기업에는 더 복잡한 시스템이 필요하다. 이 경우엔 **공인인증기관(certificate authority)**으로 불리는 제3자가 이 기업 간에 신뢰할 수 있는 중개인 역할을 한다. 공인인증기관은 디지털 인증서를 발급하며 그 증명서의 가치와 진위를 증명한다. **디지털 인증서(digital certificate)**는 파일이 첨부된 전자문서로 파일이 원래의 형식

그림 4.4
공개키 암호화작업

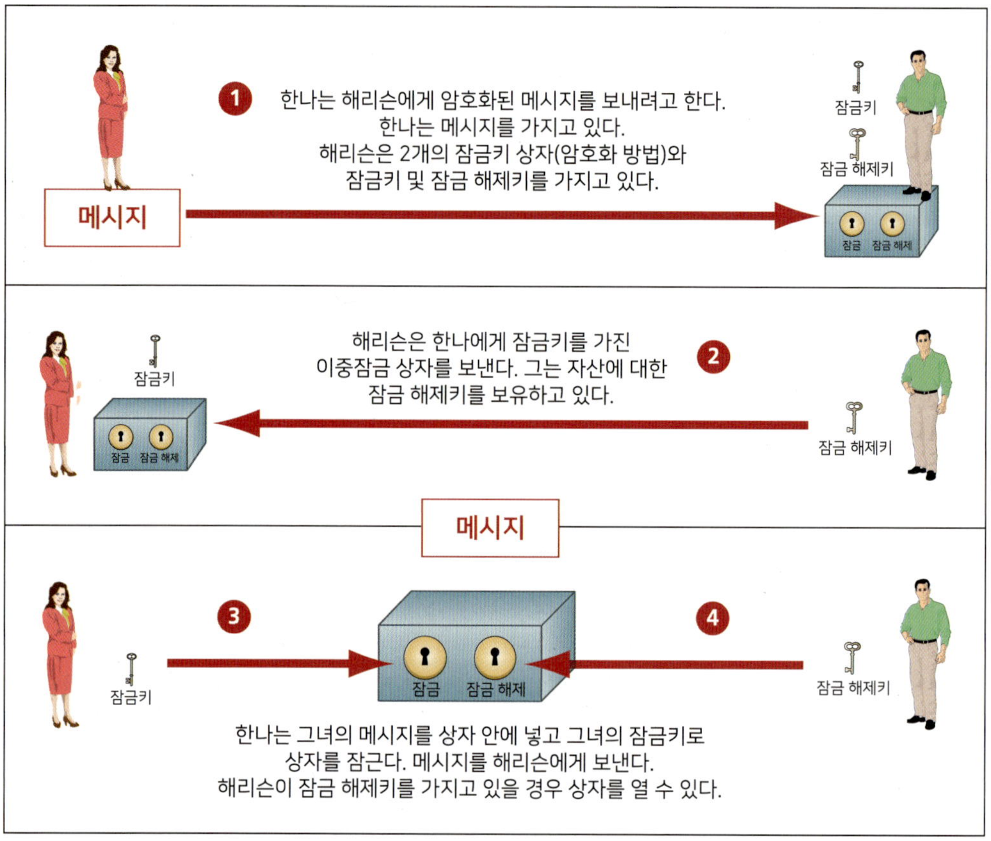

으로 변경되지 않았다고 주장하는 조직의 파일임을 증명한다. 그림 4.5에서 볼 수 있듯 소니가 공인인증기관인 베리사인(Verisign)에 디지털 인증서를 요청하고 발급받은 증명서를 델(Dell)과 거래할 때 사용한다. 디지털 인증서에 일련번호, 발행자, 유효일자, 그리고 신청자의 공개키를 포함하고 있음을 주목하자. 공인인증기관의 예로는 www.entrust.com, www.verisign.com, www.cybertrust.com, www.secude.com, www.thawte.com 등이 있다.

가상사설망(VPN). **가상사설망(VPN: virtual private network)**은 공용 네트워크로 사용자를 연결하는 사설 네트워크이다. 설명과 같이 VPN은 본질적으로 인터넷의 글로벌 연결과 사설 네트워크의 보안을 통합하며, 그것으로 의하여 기업 네트워크의 도달거리를 연장한다. VPN이 가상이라 명명된 이유는 별개의 물리적 구조가 없기 때문이다. 이는 인터넷을 구조체로 활용하며, 로그인, 암호화 등의 기술을 통해 사용자의 홀로 있을 권리와 개인 영역의 비합리적 침해로부터 자유로울 권리, 즉 프라이버시를 증진한다.

VPN은 여러 장점을 가지고 있다. 첫 번째, VPN은 거리를 둔 여러 사용자들이 기업 네트워크를 사용할 수 있게 한다. 두 번째, VPN은 유연하다. 제대로 된 설비를 갖춘다면 세계 어디서도 원거리 통신장비를 통해 기업 네트워크에 접근할 수 있다. 세 번째, 기업은 자사의 보안 프로토콜을 VPN을 통해 강제할 수 있다. 예를 들어서 기업에서 관리하지 않는 기기에서 접속을 시도할 경우 오직 기업 이메일만 접근할 수 있도록 할 수 있다.

그림 4.5 디지털 인증 작업: 소니와 델, 그리고 파트너 기업들의 디지털 인증 작업

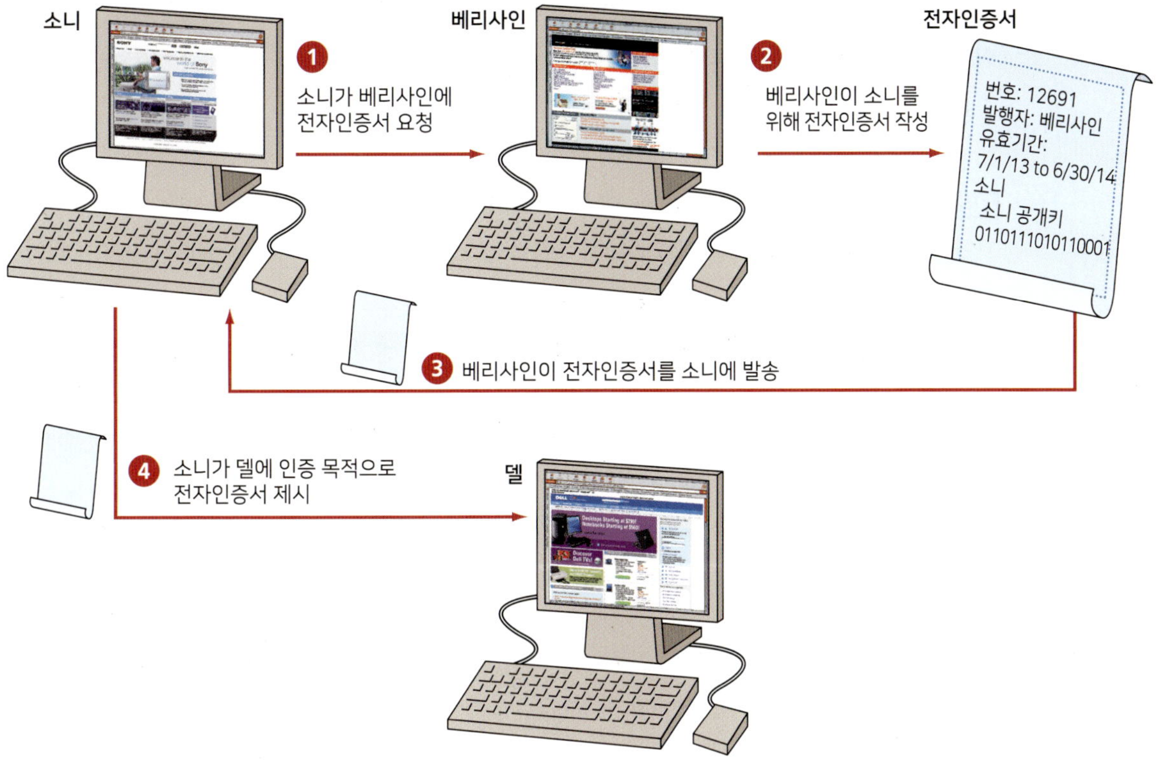

그림 4.6 가상사설망과 터널링

연결 보안을 위해서 VPN은 터널링이라는 방법을 사용한다. **터널링(tunneling)**은 송신할 각 데이터 패킷을 암호화한 뒤 각 패킷을 또 다른 패킷 안에 집어넣는다. 이 방법을 통해 각 패킷은 인터넷 사이를 안전하고 일관적이고 보증 가능한 방법으로 통과할 수 있다. 그림 4.6은 VPN과 터널링 기법을 예시한다.

전송계층보안(TLS). **전송계층보안(TLS: transport layer security)**은 이전에 **보안소켓계층(SSL: secure socket layer)**이라 불렸는데 신용카드 결제나 온라인 뱅킹에 쓰이는 암호화 표준이다. TLS은 웹서버와 브라우저 사이에서 정보를 암호화하고 해독한다.

TSL의 URL 주소는 'http://'가 아니라 'https://'로 시작하는 것으로 표기되며 웹 브라우저의 상태 막대에 작은 자물쇠로 표시된다. 자물쇠로 TLS의 사용을 표시하는 것은 과거 특정 웹 브라우저의 유물이며, 여러 다른 브라우저는 다른 아이콘(예: 부러졌거나 부러지지 않은 열쇠)을 사용한다. 중요한 건 브라우저가 대체로 암호화 통신을 시각적으로 표시해준다는 것이다.

HRM 직원 감시시스템. 많은 기업들이 다양한 수단을 동원해 자사의 네트워크를 가장 흔한 보안 누출 원인인 직원 실수로부터 능동적으로 보호하려고 하고 있다. 여기에 사용되는 것이 바로 **직원 감시시스템(employee monitoring systems)**이다. 이 시스템은 직원의 컴퓨터, 이메일 활동, 인터넷 서핑 등을 감시한다. 이러한 제품은 개인적인 이유로 인터넷 서핑 시간이 지나치게 긴 직원이나 의심스러운 사이트에 접속하는 직원, 음원을 불법적으로 다운로드 받는 직원 등을 발견하는 데 큰 도움이 된다. 이런 소프트웨어를 판매하는 업체로는 베리아토(Veriato; www.veriato.com)와 포스포인트(ForcePoint; www.forcepoint.com) 등이 있다.

비즈니스 연속성 계획

기업에 있어 중요한 보안전략은 어떠한 궁극적 상황에도 대비하는 것이다. 모든 보안시스템에서 필수적인 요소가 바로 비즈니스 연속성 계획이다. 이는 다른 말로 재앙 복구 계획이라고도 부른다.

POM **비즈니스 연속성(business continuity)**은 계획에서 보호를 거쳐 복구로 이어지는 일련의 행동의 사슬이다. 비즈니스 연속성 계획의 목적은 재앙이 발생하더라도 기업이 계속 작동하도록 하는 것이다. 계획은 보안 및 정보 자산에 영향을 주는 사태와 이어지는 정상 기업 업무에의 회귀에 대비하고 대응하고 복구한다. 비즈니스 연속성 계획은 핵심 비즈니스 기능이 지속됨을 보장한다.

대규모 재앙의 발생 시 기업은 여러 전략을 통해 비즈니스 연속성을 확보할 수 있다. 이러한 전략엔 핫 사이트(hot site), 웜 사이트(warm site), 콜드 사이트(cold site), 그리고 시설 외 데이터 저장고가 있을 수 있다. 핫 사이트(완전 예비 시설)는 본래 네트워크의 모든 요소를 장비한 컴퓨터 시설로 모든 서비스와 통신망, 그리고 물리적 설비를 다 갖추고 있다. 웜 사이트(부분적 예비 시설)는 핫 사이트와 거의 같은 서비스와 기능을 제공하지만 기업이 실제로 필요로 하는 프로그램 등은 보통 장비하고 있지 않으며 서버와 같은 주요 컴퓨터 장비는 있으나 개인용 워크스테이션은 없는 경우가 많다. 콜드 사이트(최소 예비 시설)는 가장 기본적인 설비만 갖춘 예비 시설로 냉난방과 습도 통제 설비만 갖춘 건물이나 방으로 구성되어 있다. 이러한 시설에는 어떠한 컴퓨터 하드웨어도 사용자 워크스테이션도 없다. 시설 외 데이터 저장고는 기업의 주요 데이터를 기업의 본래 데이터 센터와 다른 위치에 있는 안전한 장소에 저장해주는 서비스이다.

물론 핫 사이트는 가장 확실하게 리스크를 감소시키지만 비용은 가장 높은 옵션이다. 반대로 콜드 사이트는 최소한으로 리스크를 줄이지만 가장 적은 비용 옵션이다.

정보시스템 감사

MIS 기업에선 보안 통제를 통해 정보시스템이 제대로 작동하는지 확인한다. 이러한 통제장치는 시스템의 본래 설계에 포함되어 있을 수도 있고 가동 이후에 추가될 수도 있다. 통제장치의 설치는 필요하지만 적정한 보안을 위해선 불충분하다. 또한 보안책임이 있는 사람들은 다음과 같은 질문에 대답할 수 있어야 한다.

- 모든 통제장치가 의도대로 설치되었는가?
- 모든 통제장치가 효과적인가?
- 보안 누출이 발생한 적이 있는가?
- 만약 그렇다면 차후 추가 누출을 막기 위해 어떤 조치가 필요한가?

이러한 질문은 독립적이고 객관적인 관찰자에 의해 답해질 필요가 있다. 이러한 관찰자는 정보시스템 감사를 실시한다. IS 환경에서 **감사(audit)**는 정보시스템과 정보시스템의 입출력 및 연산의 검사를 말한다.

감사인과 감사의 유형. 감사인과 감사엔 두 종류가 있으며 이는 내부 감사와 외부 감사다. IS 감사는 대체로 내부 회계감사의 일부로 실시되며 기업의 내부 감사인에 의해 실시된다. 외부 감사인은 내부 감사의 결과와 함께 정보시스템의 입출력과 연산에 대한 정보를 재분석한다. 정보시스템의 외부감사 또한 대체로 공인회계기관(CPA firm)에 의한 포괄적 외부 감사의 일부로 실시된다.

IS 감사는 정보시스템의 모든 잠재적 위험 및 통제를 고려한다. 운영, 데이터 무결성, 소프트웨어 응용 프로그램, 보안 및 개인정보, 예산 및 지출, 비용통제 및 생산성과 같은 문제에 중점을 둔다. 정보시스템 감사 및 통제 협회(www.isaca.org)에서 감사인을 돕기 위한 지침이 제공된다.

IS 감사실행 방법. IS 감사는 크게 세 부류로 나뉜다. (1) 컴퓨터 주변 감사, (2) 컴퓨터를 통한 감사, (3) 컴퓨터 사용 감사가 그것이다.

컴퓨터 주변 감사는 알려진 출력을 기준으로 삼아 특별한 입력요소의 사용을 점검함으로써 처리과정을 입증하는 방법이다. 이러한 감사는 입출력이 한정된 시스템에 가장 효과적이다. 컴퓨터를 통한 감사는 입출력과 처리과정을 모두 검사하여 프로그램 논리와 시험 결과를 분석한다. 컴퓨터 사용 감사는 고객 정보, 감사 소프트웨어, 고객과 감사인 하드웨어의 조합을 사용하는 것을 의미한다. 이러한 감사의 예로는 실제 데이터를 이용해 급여 프로그램 논리를 가상으로 실행해보는 것이 있다.

확인하고 넘어가기

1. 조직의 정보보안 통제 중 가장 중요한 것은 무엇인가?
2. 신원 확인과 권한 부여를 비교 설명해보자. 어느 것이 먼저 수행되는 절차인가?
3. 화이트리스트와 블랙리스트를 비교 대조해보자.
4. 재앙복원계획의 목적은 무엇인가?
5. 정보시스템 감사란 무엇인가?

IT는 나를 위해 무엇을 해줄 수 있지?

ACCT 회계관리 전공을 위한 정보기술

회사와 회사의 회계사와 감사자는 상당한 정보보안책임을 가진다. 회계사들은 이제 일반적으로 인정되는 회계원칙(GAAP)에 따라 리스크 관리, 법규 준수, 횡령 방지, 그리고 거래의 투명성 증진 등에 대해 직업적 책임을 지게 되어 있다. SEC와 공기업회계감독위원회(PCAOB) 및 기타 규제 기관은 정보보안, 횡령 감지 및 방지, 그리고 재무 보고의 내부 보고를 요구하고 있다. 정보보안과 회계의 결합인 법의학 회계는 오늘날 회계에서 가장 빠른 속도로 성장하는 분야이다.

FIN 재무관리 전공을 위한 정보기술

정보보안은 오늘날 조직의 성공에 필수적인 요소기에 더 이상 CIO만의 걱정이 아니다. 세계 곳곳의 관련 규정과 미국의 Sarbanes-Oxley법의 통과로 인해 정보보안의 책임은 CEO와 CFO에게도 있다. 이로 인해 보안 감사, 특히 정보 및 정보시스템 보안과 관련한 감사의 모든 부분이 재무 경영자의 핵심 관심사에 포함된다.

또한 CFO와 재무관은 나날이 정보기술 투자와 연관되고 있다. 그들은 어떠한 형태의 보안 누출이라도 일어나면 기업 재무에 치명적 피해를 입힐 수 있음을 알고 있다. 은행 및 재무 기관은 컴퓨터 범죄자의 단골 범죄 대상이다. 관련된 문제로 인터넷에서 거래되는 주식 및 채권의 거래 사기가 있다. 재무 직원들은 이러한 활동에 관련된 위험과 동원 가능한 통제 수단을 알고 있어야 한다.

MKT 마케팅 전공을 위한 정보기술

마케팅 전문가들은 고객에 대한 데이터를 수집할 새로운 기회를 가지게 되었다. 예로는 기업-고객 전자상거래가 있다. 고객들은 이러한 데이터가 올바로 저장되기를 원한다. 하지만 이윤을 추구하는 범죄자들은 이 데이터를 노리고 있다. 그러므로 마케팅 경영자는 자신의 업무의 리스크를 분석해야 한다. 기업 및 고객 데이터 보호에 실패시 심각한 PR 문제는 물론 고객의 분노, 다수의 법정 소송, 그리고 경쟁자로의 고객 유실을 유발한다. CRM 업무와 고객의 온라인 구매 습관의 추적은 수집된 데이터의 악용 (암호화되지 않았을 시) 혹은 프라이버시 침해로 이어질 수 있다.

POM 생산운영관리 전공을 위한 정보기술

기업 업무의 모든 프로세스, 예컨대 재고 구매, 제품 입수, 품질관리, 제품 제조, 제품 운송 등은 모두 정보기술 보안 누출이나 기업 파트너 측에서의 IT 보안 누출로 방해 받을 수 있다. 공급망관리나 전사적 자원관리시스템 상의 약점은 전체 공급망을 위험에 빠트린다. 기업은 타 기업에 영향을 주는 IT 보안 누출에 대해 책임을 질 수 있다.

HRM 인적자원관리 전공을 위한 정보기술

HR 경영자는 기밀 직원 데이터의 보안을 유지할 책임을 가진다. 또한 모든 직원이 기업의 정보보안 정책과 절차를 이해하는지 확인할 의무를 역시 가지고 있다.

MIS MIS 전공을 위한 정보기술

MIS 기능부서는 조직의 정보 자산을 보호하는 보안 인프라를 제공한다. 이 기능은 비록 공격이 성공하는 사태가 일어나지 않는 이상 전혀 눈에 보이지 않지만, 조직의 성공에 필수적이다. 모든 애플리케이션 개발, 네트워크 개발, 그리고 신 IT 도입은 IT 보안 고려사항에 맞추어 이루어져야 한다. MIS 직원은 리스크 노출 보안 모형을 기업의 상황에 맞춰 기업이 보안 리스크를 식별하고 보안 사태나 재앙에 대해 대응책을 준비할 수 있도록 도와야 한다. 주식회사의 상위 간부는 미국의 사베인즈-옥슬리법(Sarbanes-Oxley Act)이나 흡사한 규제 준수, 특히 '주요 약점' 감지나 '물리적 약점' 식별을 위해 MIS부서의 도움을 얻어야 한다. 다른 기능영역 또한 자신의 보안책임을 이행하기 위해 MIS 부서의 도움을 필요로 한다.

요약

4.1 정보자원의 증가하는 취약성에 기여하는 다섯 가지 요소를 설명하고 각각의 구체적 예를 들어보자.

- 오늘날의 상호연결, 상호의존적 무선 연결 기업 환경
  예: 인터넷
- 더 작고 빠르며 저렴한 컴퓨터와 저장장치
  예: 넷북 컴퓨터, 휴대용 USB 메모리, 아이패드
- 컴퓨터 해킹에 필요한 기술지식 수준의 감소
  예: 인터넷에서 유통되는 정보시스템 해킹 프로그램
- 국제 범죄조직의 사이버 범죄 장악
  예: 국제 범죄조직은 국가를 초월한 사이버 범죄 카르텔을 형성하였다. 사이버 공격이 어디서 실시되었는지 알아내기가 어려우므로 이 카르텔의 처벌은 상당히 힘들다.
- 경영 지원의 부재
  예: 어떤 기업이 작년 정보보안 대응책에 천만 달러를 투자했고 정보 자원에 대한 공격이 단 한 번도 성공한 적이 없다고 가정해보자. 근시안적인 경영진은 이듬해에 투자를 줄이고 같은 결과를 얻을 수 있다고 생각하였다. 이는 착각이다.

4.2 인간의 실수와 소셜 엔지니어링을 비교 대조하고 각각 구체적 예를 들어보자.

인간의 실수는 의도하지 않은 실수이다. 하지만 직원들은 공격자가 행하는 행동, 예컨대 소셜 엔지니어링의 결과로서 실수를 할 수 있다. 소셜 엔지니어링은 공격자가 사회적 기술을 이용해 실제 직원들이 기밀 기업 정보를 제공하도록 속이거나 조작하는 것을 말한다.

인간의 실수 중 하나의 예가 테일게이팅이다. 공격자가 근로자에게 전화를 걸어 회사의 상급자로 명의를 도용하는 것은 소셜 엔지니어링의 예다.

4.3 의도적 공격의 10가지 종류를 논해보자.

다음은 10가지의 의도적 공격의 예다.

- 첩보 혹은 침입: 허가를 받지 않은 개인이 조직 정보에 대해 비인가 접근을 시도할 경우 발생한다.
- 정보 협박: 공격자가 정보를 기업으로부터 훔치겠다고 위협하거나 실제로 훔칠 경우 발생한다. 공격자는 정보를 훔치지 않거나 훔친 정보를 돌려주거나 공개하지 않는 조건으로 돈을 요구한다.
- 파괴공작 및 반달리즘: 기업의 웹 사이트를 망가뜨리는 등의 행동을 포함하는 기업의 이미지 실추 및 고객 신뢰 감소를 유도하는 의도적 행위이다.
- 장비 및 정보 절도: 컴퓨터 기기와 저장 기기가 작아지고 더 강해지고 더 용량이 커지면서 이러한 장비의 절도가 더 용이하고 이윤도 커지게 되어 최근 큰 문제가 되고 있다.
- 신원 도용: 타인의 신원의 의도적 사용을 통해 그의 재무 정보를 입수하거나 범죄의 누명을 씌우는 등에 활용하는 행위이다.
- 지적재산권 침해: 지적재산권 보호는 지식 분야에 종사하는 사람들에게 핵심적 이슈가 되고 있다. 지적재산권은 이 재산이 디지털 형태를 취할 때 특히나 보호하기 힘들다.
- 소프트웨어 공격: 악성 프로그램이 조직의 컴퓨터시스템에 침입할 때 발생한다. 오늘날 이러한 공격은 이윤을 노리고 행해지며 웹 기반이다.
- 외부 소프트웨어: 규정 외 수단을 통해 여러분의 컴퓨터에 설치되는 은밀히 작동하는 소프트웨어이다. 바이러스, 웜, 트로이목마 등보다는 덜 악성적이지만 중요한 시스템 자원을 소모하곤 한다.
- SCADA 공격: SCADA는 대형 분산 측정 및 제어 시스템을 말한다. SCADA는 화학적, 물리적, 운송 프로세스 등을 감독하는 데 활용된다. SCADA 공격은 이러한 시스템의 작동을 방해해 시스템이 제어하는 물리적 프로세스에 피해를 주는 것을 목적으로 한다.
- 사이버 테러와 사이버 전쟁: 공격자가 대상의 컴퓨터시스템을 특히 인터넷을 통해 공격해 주로 정치적 목적을 위해 물리적 피해를 입히고 심각한 장애를 발생시키는 것이다.

4.4 리스크 완화 전략 3개를 설명하고 주택을 소유한 상황에 빗대어 각각의 구체적 예를 들어보자.

세 가지 리스크 완화 전략은 다음과 같다.

- 리스크 포용: 조직이 잠재적 리스크를 받아들이고 아무런 통제 없이 업무를 지속하며 발생하는 피해를 모두 받아들이는 것을 말한다. 집을 소유할 경우 보험을 들지 않는 것이 해당한다. 명백히 실수다.
- 리스크 제한: 위협의 영향을 최소화하는 제어를 적용하여 리스크를 제한하는 전략이다. 집을 소유할 경우 침입자 경보시스템을 설치하고 집 근처 약한 나무를 미리 잘라내는 것이 해당된다.
- 리스크 전도: 피해를 메우는 다른 방법, 예컨대 보험 가입 등을 통해 리스크를 전도하는 것. 자택 소유자의 절대적 다수는 집을 포함한 각종 소유물에 보험을 들어 리스크를 전도한다.

4.5 조직이 정보자원을 보호하기 위해 사용할 수 있는 세 가지 주요 통제 유형을 확인하고 각각 예를 들어 보자.

- 물리적 제어는 허가 받지 않은 개인이 기업 시설에 접근하는 것을 막는다. 흔한 물리적 제어 수단으론 벽, 문, 울타리, 울타리 문, 자물쇠, 출입증, 경비원, 침입자 경보시스템 등이 있다. 더 세련된 물레적 제어는 압력 센서, 온도 센서, 모션 센서 등이 있다.
- 접근 제어는 허가 받지 않은 개인이 정보 자원을 사용하는 것을 막는다. 이러한 제어는 두 주요 기능을 가지며 이는 신원 확인과 권한 부여다. 신원 확인은 접근 허가를 요청하는 사람의 신원을 확인하는 것으로, 한 예로 바이오메트릭 장치가 있다. 신원이 확인된 후의 절차가 권한 부여다. 권한 부여는 식별된 개인에게 어떠한 행동 허가, 권리, 혹은 특권이 있는지 판단하는 것이다. 권한 부여는 대체로 최소필요권한의 원칙으로 이루어진다.
- 통신 (네트워크) 통제는 네트워크상 데이터의 이동을 보호한다. 통신 제어는 방화벽, 악성 프로그램 퇴치시스템, 화이트리스트 및 블랙리스트, 암호화, VPN, SSL, 그리고 취약점 관리시스템 등으로 이루어진다.

토의문제

1. 컴퓨터시스템이 이토록 취약한 이유는 무엇인가?
2. 경영진에게 정보보안이 주요 고려사항인 이유는 무엇인가?
3. 보안은 기술적 문제인가, 경영적 문제인가? 둘 다인가? 답의 근거를 제시해보자.
4. 조직의 정보보안을 주택 보험과 비교해보자.
5. 신원 확인과 권한 부여가 전자상거래에 중요한 이유는 무엇인가?
6. 국제적 사이버 범죄가 급속도로 확장하는 이유가 무엇인가? 가능한 해결책을 논의해보자.
7. 여러분의 대학이나 직장에서 어떠한 신원 확인 장치가 활용되고 있는가? 이러한 수단이 효과적이라 생각되는가? 만일 더 높은 수준의 확인 수단이 적용된다면 어찌 될 것 같은가? 가치가 있을 것인가, 생산성을 감소시킬 것인가?
8. 미 연방 정부가 SCADA 공격에 그토록 심각하게 걱정하는 이유가 무엇인가?

문제해결활동

1. 기업이 개인 데이터를 보호하는데 있어 주요 문제는 어디까지 법적책임이 있는가를 결정하는 것이다. 완벽한 보안은 존재하지 않기 때문에(언제나 더 강하게 보호할 수 있다) 이 질문의 답은 비용에 큰 영향을 줄 수 있다.
   a. 기업의 보안 수단이 그 책임을 다하는 데에 충분한 때는 언제인가?
   b. 기업이 자신의 보안 수단이 충분한지 알아내는 방법이 존재하는가? 조직의 보안 수단이 충분한지 알아보는 수단을 제시해보자.
2. 로스앤젤레스에 강진이 발생할 확률이 0.07%라고 가정하자. 여러분의 컴퓨터 센터가 이러한 지진 때 피해를 입을 확률은 5%이다. 만약 센터가 피해 받으면 기업이 입을 예상 피해는 4백만 달러다.
   a. 기대 피해액을 달러로 계산해보자.
   b. 한 보험사가 여러분의 시설을 연 25,000달러에 보험 보증해줄 의사가 있다고 한다. 이 제안을 분석하고 수락할지 하지 않을지 결정해보자.
3. www.scambusters.org를 들어가 이 조직이 무엇을 하는지 알아보자. 이메일 사기와 웹 사이트 사기를 조사하고 그 결과를 보고해보자.
4. www.dhs.gov/dhspublic에 들어가 "사이버스페이스 보안을 위한 국가적 전략(National Strategy to Secure Cyberspace)"을 검색해보자. 이들의 어젠다와 오늘날까지의 성과에 대해 보고서를 작성해보자.
5. www.altrustnetworks.com과 기타 바이오메트릭 판매사 웹 사이트를 방문해보자. 그들이 제조하는 정보시스템에의 접근을 통제하는 기기를 조사해보자. 제품의 목록을 작성하고 각 판매사의 주요 강점을 조사해보자.

6. 소프트웨어 불법복제는 세계적 문제이다. www.bsa.org와 www.microsoft.com/piracy/를 방문해보자. 조직이 이 문제를 최소화하기 위해 무엇을 할 수 있는가? 몇몇 기업이 다른 기업보다 더 많은 기여를 하는 것으로 생각되는가?

7. 2011년 4월에 발생한 소니 플레이스테이션 네트워크(PSN) 해킹 사건을 조사해보자.
   a. 어떠한 종류의 공격이었는가?
   b. 이 사건의 원인은 소니의 기술적 문제에 있는가? 경영적 문제에 있는가? 혹은 둘 다의 복합 원인인가? 답의 구체적 근거를 제시해보자.
   c. 소니는 통제 수단 중 어느 것의 이행에 실패했는가?
   d. 이 사건은 예방할 수 있었는가? 예방할 수 있었다면 어떻게 예방할 수 있었는가?
   e. 소니의 본 사건에 대한 대응을 논의해보자.
   f. 이 사건에서 소니가 입은 피해를 설명해보자.

사례

워너크라이, 페티야, 샘샘 및 로빈후드의 랜섬웨어

MIS FIN

워너크라이. 워너크라이(WannaCry)는 2017년 5월 12일에 시작된 공격으로 전 세계에 심각한 문제를 일으켰다. 워너크라이 랜섬웨어는 암호화된 파일의 잠금을 해제하기 위해 비트코인 300달러를 요구했는데, 이는 3일 만에 2배로 오른 가격이었다. 사용자들은 또한 화면에 뜬 몸값 노트를 통해 일주일 내에 몸값을 지불하지 않으면 모든 파일이 영구적으로 삭제될 수 있다는 위협을 받았다. 지난 주말 동안 150여 개국에서 30만 명 이상의 피해자가 랜섬웨어에 감염되었다.

워너크라이 공격자들은 몸값으로 10만 달러밖에 벌지 못했다. 그러나 워너크라이로 인한 전 세계 금융 및 경제적 손실은 40억 달러에 이를 수 있다. 이 수치에는 생산성 손실은 물론 법의학 조사 수행, 손실된 데이터 복원, 새로운 사용자 교육 및 기타 보안 조치 구현과 관련된 비용이 포함된다.

워너크라이가 몸값 10만 달러만 돌려준 이유는 마커스 허친스 때문이다. 멀웨어텍(MalwareTech)으로도 알려진 허친스는 워너크라이 코드에서 등록되지 않은 URL 주소를 발견하였다. 이 주소가 소프트웨어의 통신 방식과 관련이 있다고 의심한 그는 도메인을 등록하고 감염된 수천 대의 컴퓨터에서 도메인으로 트래픽이 쇄도하는 것을 지켜봤다. 그 도메인은 킬 스위치로 밝혀졌다. 악성코드는 URL과 연결된 모든 시스템에서 자체 종료되었다.

허친스는 또한 악성 프로그래머들이 워너크라이의 코드를 쉽게 바꿔 새로운 주소로 통신을 시도할 수 있다고 지적했다. 그 프로그래머들은 바로 그렇게 했다. 불과 며칠 후, 새로운 유형의 워너크라이가 러시아에서 수천 개의 시스템을 감염시켰다. 워너크라이 감염의 몇 가지 예를 들어보자.

- 2016년 초 할리우드(캘리포니아) 장로교 의료센터(www.holly woodpresbyterian.com)는 병원의 중요 정보 일부를 암호화한 사이버 공격을 경험했다. 이에 병원은 감염이 확산되는 것을 막기 위해 네트워크를 차단했고, 괴담에 휩싸인 비트코인 300만 달러를 몸값으로 요구한 공격자들과 협상을 시작했다. 병원 직원들은 일반적으로 정보시스템에 의해 수행되는 많은 업무를 펜, 종이, 전화, 그리고 팩스에 의존했다. 이러한 작업에는 환자 정보와 테스트 결과에 접근하고, 환자 치료를 문서화하고, 실험실 작업, X선 및 CT 스캔을 전송하는 것이 포함되었다. 병원 측은 일부 환자를 다른 시설로 보내긴 했지만 네트워크 폐쇄가 환자 치료에 영향을 미치지는 않았다고 주장했다. 해커들은 병원이 핵심 정보를 해독하기 위해 약 17,000달러 상당의 비트코인을 지불할 때까지 10일 동안 병원을 인질로 잡고 있었다.
- 2016년 추수감사절 주말 동안 샌프란시스코의 대중교통 시스템은 승객들의 돈을 받지 않았다. 공격자는 기관의 발권 시스템을 손상시키고 데이터를 암호화했으며 암호키를 보내기 위해 100비트코인(당시 약 7만 3,000달러)을 요구한 것으로 알려졌다. 공격자들에게 돈을 지불하는 대신, 그 기관은 발권 기계를 비활성화했고 탑승객들이 무료로 관문을 통과하도록 했다. 이후 발권기는 재부팅되었고 월요일까지 발권기는 정상적으로 작동했다.
- 영국 전역의 의료 기관들은 이 공격으로 인해 시스템을 오프라인으로 전환했다. 이에 환자 예약이 취소되었고, 병원들은 꼭 필요한 경우가 아니면 응급실 방문을 피하라고 지시했다.
- 워너크라이는 러시아의 은행, 전화 교환원, 러시아 우체국, 그리고 국가의 교통 인프라를 지원하는 IT 시스템을 감염시켰다.
- 워너크라이는 경찰서에서부터 거대 석유 가스 회사인 페트로차이나에 이르는 29,000개의 중국 조직을 감염시켰다.
- 자동차 제조업체인 르노와 혼다는 몇몇 공장의 생산 라인을 중단해야 했다.

페티야 패밀리. 워너크라이 랜섬웨어 사태 발생 한 달여 만에 또 다시 글로벌 랜섬웨어 공격이 등장했다. 이 사이버 공격은 중앙은행, 제1국제공항, 그리고 체르노빌 핵시설을 포함한 우크라이나의 목표물을 먼저 공격했다. 이 악성코드는 유럽, 러시아, 미국, 호주 전역의 조직들을 감염시켰다. 발병이 시작된 지 하루 만에 60개국 이상에서 적어도 2,000건의 공격이 기록되었다. 더욱 우려스러운 것은 페티야(Petya)가 정보를 몸값으로 잡기 위한 것이 아니라 영구히 지우도록 설계되었다는 점이다.

이 공격은 전 세계 수천 개의 조직에 심각한 영향을 미쳤다. 다음은 몇 가지 예이다.

- 영국의 건강 및 소비재 회사인 레킷벤키저(www.rb.com)는 1억 파운드의 매출 손실을 발표했다. 감염된지 일주일 후, 그 회사는 일부 주요 응용 프로그램과 많은 시설들이 부분적으로만 가동되고 있다고 발표했다. 페티야는 회사의 제조와 주문 시스템을 혼란에 빠뜨렸고, 제품 출하 능력을 심각하게 제한했다.
- 선박회사 머스크와 화물 운송회사 페덱스(www.fedex.com)는 테러로 인한 손실을 3억 달러로 추산했다.
- 미국 제약회사 머크(www.merck.com)는 페티야 랜섬웨어가 자사의 네트워크를 손상시켰다고 밝혔다.

샘샘. 2018년 3월 22일, 샘샘(Samsam)이라는 이름의 랜섬웨어가 애틀랜타의 데이터를 암호화했다. 테러범들은 비트코인으로 지불된 약 5만 1,000달러를 요구했다.

그 공격은 도시의 중요한 기능들 중 일부를 무력화시켰다. 애틀랜타의 424개의 필수 프로그램 중 3분의 1 이상이 비활성화되거나 부분적으로 비활성화되었으며, 영향을 받은 앱의 거의 30%가 시에 의해 미션 크리티컬한 것으로 간주되었다. 다음 문제를 살펴보자..

- 시 직원들은 이메일이나 인터넷 접속이 되지 않았다.
- 여러 도시 부서(예: 수도 및 전기)의 온라인 청구서 납부 프로그램이 비활성화되었다.
- 그 도시의 국제 공항에서 와이파이가 중단되었다.
- 시 법원은 전자 기록에 접근할 수 없었다.
- 시립교도소와 경찰서를 포함한 많은 부서들이 펜과 종이를 가지고 운영되고 있었다.
- 그 도시는 주차 벌금을 징수할 수 없었다.
- 시립 교도소는 새로운 수감자들을 처리하는 데 어려움을 겪었다.
- 시에서 입사 지원서 접수를 중단했어요.
- 수년간의 경찰 대시보드 카메라 영상이 파괴되었다.
- 시 검찰청은 77대의 컴퓨터 중 71대의 컴퓨터와 10년치 문서를 분실했다.

반면 911 시스템, 소방서 시스템, 폐수처리 시스템 등 일부 주요 시스템은 영향을 받지 않았다. 이 도시의 국제 공항에서의 운영도 마찬가지로 영향을 받지 않았다.

시 정보관리부, 시의회 직원, 시 사무국 사이에 발송된 유출된 이메일은 시 공무원들이 랜섬웨어 공격이 발생하기 몇 달 전부터 여러 건의 보안 경고에 적절히 대응하지 않았음을 시사한다. 이메일을 보면 2017년 6월부터 8개월간 시 직원들이 랜섬웨어에 감염된 컴퓨터와 관련된 문제로 수차례 경고를 받은 것으로 나타났다. 시 공무원들은 2017년 7월 17일에 두 번째 랜섬웨어 경고를 받았다.

앞서 사이버 보안업체 렌디션 인포섹(www.renditioninfosec.com)은 2017년 4월 애틀랜타에서 5개의 정보시스템이 완전히 손상되었다고 경고한 바 있다. 이 회사는 애틀랜타가 마이크로소프트에 의해 중요한 패치가 공개된 후 한 달이 넘도록 시스템을 패치하지 않았다고 언급했다.

랜섬웨어 공격은 특히 나쁜 소식이었다. 애틀랜타는 인간이 수행하는 프로세스를 자동화하려고 노력했고, 점점 더 많은 수의 도시 시스템이 사물 인터넷을 통해 연결되었기 때문이다(8장 참조). 그러한 미래의 "스마트 시티"는 가로등, 교통 관리 시스템, 오염 모니터링, 수도 시스템, 그리고 다른 많은 것들을 포함한 인프라의 많은 부분을 디지털화한다.

그리고 결론은? 2019년 7월까지 애틀랜타는 샘샘 랜섬웨어 손상을 복구하기 위해 1,700만 달러를 지출했다.

로빈후드. 2019년 5월 7일, 로빈후드(RobbinHood)라는 이름의 랜섬웨어가 볼티모어의 컴퓨터 1만여 대를 장악했다. 공격자는 암호키를 제공하기 위해 비트코인으로 약 8만 달러의 몸값을 요구했다. 시 당국은 FBI에 알렸고 몸값 지불을 거부했다.

이번 테러로 시 이메일 시스템이 마비되었고 부동산 매매, 수도요금, 건강 경고, 주차 및 기타 많은 서비스가 중단되었다. 경찰과 소방서 네트워크와 같은 응급 시스템과 도시의 911 시스템은 영향을 받지 않았다.

볼티모어의 문제는 놀랍지 않았다. 정부 시스템은 일반적으로 리소스와 IT 전문 지식이 부족하며 구식 하드웨어와 소프트웨어로 운영된다. 볼티모어도 예외가 아니다. 몇 년 동안, 그 도시는 알려진 치명적인 취약점으로부터 방어하기 위해 컴퓨터 시스템을 업데이트하는 데 실패했었다. 즉, 성공적인 공격은 2년이 지난 윈도우 소프트웨어로 작동하는 도시 컴퓨터에 효과가 있었다.

6월 중순까지 시 직원 이메일 계정의 70%가 다시 활성화되었다. 서울시민들이 직접 주차권을 조회하거나 온라인과 재산세 고지서가 제때 발송될 수 있다. 그러나 일부 과금 시스템은 작동하지 않았다. 시 관계자들은 그 도시가 그 공격으로부터 완전히 회복하는 데 몇 달이 걸릴 것이라고 추정한다.

불행하게도, 볼티모어는 사이버 공격의 비용을 충당할 보험이 없었다. 따라서, 시민들은 공격으로부터 복구하기 위해 1,800만 달러 이상의 비용을 부담하게 될 것이다.

출처: Compiled from K. Eiten, "Baltimore Ransomware Attack: City Inches Closer to Normal Operation," *CBS Baltimore*, June 12, 2019; N. Chokshi, "Hackers Are Holding Baltimore Hostage: How They Struck and What's Next," *The New York Times*, May 22, 2019; S. Gallagher, "Baltimore Ransomware Nightmare Could Last for Weeks More, with Big Consequences," *Ars Technica*, May 20, 2019; J. Fingas, "Atlanta Ransomware Attack May Cost Another $9.5 Million to Fix," *Engadget*, June 6, 2018; B. Freed, "Atlanta's Ransomware Attack Destroyed Years of Police Dashboard Camera Footage," *State Scoop*, June 4, 2018; R. Walters, "Lessons from the Atlanta Hack: Ransomware, Bitcoin, and Denial," *Godaddy.com*, May 4, 2018; K. Townsend, "City of Atlanta Ransomware Attack Proves Disastrously Expensive," *Security Week*, April 23, 2018; L. Kearney, "With Paper and Phones, Atlanta Struggles to Recover from Cyber Attack," *Reuters*, March 31, 2018; A. Blake, "Atlanta Warned Repeatedly of Security Risks before Ransomware Infection," *Washington Times*, March 30, 2018; S. Deere and D. Klepal, "Emails Show Atlanta Received Multiple Alerts about Cyber Threats," *Atlanta Journal-Constitution*, April 29, 2018; I. Bogost, "One of the Biggest and Most Boring Cyberattacks against an American City Yet," *The Atlantic*, March 28, 2018; "Atlanta Government Was Compromised in April 2017—Well before Last Week's Ransomware Attack," *RenditionInfosec*, March 27, 2018; A. Blinder and N. Perlroth, "A Cyberattack Hobbles Atlanta, and Security Experts Shudder," *New York Times*, March 27, 2018; M. Heller, D. McCallister, "Atlanta Working 'around the Clock' to Fight off Ransomware Attack," *NPR*, March 27, 2018; L. Kearney, "Atlanta Ransomware Attack Throws City Services into Disarray," *Reuters*, March 23, 2018; D. Palmer, "NotPetya Cyber Attack on TNT Express Cost FedEx $300M," *ZDNet*, September 20, 2017; B. Vigliarolo, "Report: 22% of SMBs Hit by Ransomware Cease Operation," *TechRepublic*, July 28, 2017; C. Osborne, "No More Ransom Project Helps Thousands of Ransomware Victims," *ZDNet*, July 27, 2017; D. Palmer, "Petya Ransomware: Companies Are Still Dealing with Aftermath of Global Cyberattack," *ZDNet*, July 24, 2017; L. Dignan, "FedEx Said TNT Petya Attack Financial Hit Will Be Material, Some Systems Won't Come Back," *ZDNet*, July 17, 2017; D. Palmer, "Petya Ransomware: Companies Count the Cost of Massive Cyber Attack," *ZDNet*, July 6, 2017; D. Palmer, "A Massive Cyberattack Is Hitting Organizations around the World," *ZDNet*, June 27, 2017; M. Reilly, "The WannaCry Ransomware Attack Could've Been a Lot Worse," *MIT Technology Review*, May 15, 2017; D. Palmer, "WannaCrypt Ransomware: Microsoft Issues Emergency Patch for Windows XP," *ZDNet*, May 13, 2017; S. Ranger, "Raonsomware Attacks Spread Worldwide," *ZDNet*, May 12, 2017; D. Palmer, "Hospitals across the UK Hit by WannaCrypt Ransomware Cyberattack, Systems Knocked Offline," *ZDNet*, May 12, 2017; D. Palmer, "Ransomware: An Executive Guide to One of the Biggest Menaces on the Web," *ZDNet*, March 7, 2017; D. Palmer, "The Real Cost of Ransomware: Attacks Take Most Victims Offline for at Least a Week," *ZDNet*, February 27, 2017; L. Newman, "Ransomware Turns to Big Targets—with Even Bigger Fallout," *Wired*, February 1, 2017; J. Stewart, "SF's Transit Hack Could've Been Way Worse—and Cities Must Prepare," *Wired*, November 28, 2016; B. Krebs, "Ransomware Getting More Targeted, Expensive," *Krebs on Security*, September 20, 2016; D. Palmer, "Two-Thirds of Companies Pay Ransomware Demands: But Not Everyone Gets Their Data Back," *ZDNet*, September 7, 2016; A. Chandler, "How Ransomware Became a Billion-Dollar Nightmare for Businesses," *The Atlantic*, September 3, 2016; D. Palmer, "Now Ransomware Is Taking Aim at Business Networks," *ZDNet*, July 15, 2016; M. Orcutt, "Hollywood Hospital's Run-In with Ransomware Is Part of an Alarming Trend in Cybercrime," *MIT Technology Review*, February 18, 2016.

질문

1. 랜섬웨어가 왜 그렇게 심각한 글로벌 문제가 되었는가?
2. 애틀랜타와 볼티모어 랜섬웨어 공격에서 가해자들은 두 도시가 복구하기 위해 지불한 금액보다 훨씬 적은 금액을 요구했다. 두 도시가 몸값을 지불했다면 돈과 시간이 절약되지 않았을까? 왜 각 도시는 몸값을 지불하지 않았는가? 잘한 결정이었는가? 랜섬웨어 공격이 성공하면 조직에 영향을 미칠 수 있다. 조직은 몸값을 지불해야 하는가?
3. 개인 디지털 파일이 제대로 백업하고 있는가? 백업하는 이유는 무엇이고, 하지 않는 이유는 무엇인가?

5장

데이터와 지식경영

장의 구성

학습목표

5.1 데이터 거버넌스를 사용하여 데이터 관리할 때 발생하는 이슈를 해결하는 방법을 토의해보자.

5.2 관계형 데이터베이스의 장점과 단점을 토의해보자.

5.3 빅 데이터를 정의하고 빅 데이터의 기본 특성을 토의해보자.

5.4 데이터웨어하우스를 성공적으로 실행하고 유지하는 데 필요한 요소를 설명해보자.

5.5 조직에서 지식경영시스템을 구현할 때 이점과 과제에 대해 설명해보자.

심장박동기 데이터로 범행을 밝히다

MIS

2016년 9월 19일 미국 오하이오주 미들타운에 있는 로스 콤프턴의 집에서 화재가 발생했다. 콤프턴은 불이 난 자신의 집을 발견했다고 법 집행 기관에 알렸다. 당국은 콤프턴이 집을 탈출하기 전 옷가지와 소지품을 여행 가방에 챙겼다고 밝혔다. 그는 여행 가방에 들어가지 않는 것은 모두 다른 가방에 넣었다. 그는 또한 그의 심장박동기를 위해 컴퓨터와 충전기를 가져갔다. (심장박동기는 비정상적인 심장 박동을 조절하는 것을 돕기 위해 가슴이나 복부에 넣는 작은 장치이다.) 그리고 나서 그는 지팡이로 창문을 부수고 가방과 여행 가방을 밖으로 던졌다. 화재는 결국 40만 달러의 피해를 입혔다.

소방당국 조사관들은 불이 집 안 여러 곳에서 시작된 것으로 보고 방화로 인한 화재라는 결론을 내렸다. 또한 수사관들은 콤프턴의 집에서 휘발유 냄새가 났으며, 그의 진술은 이용 가능한 증거와 일치하지 않는다고 말했다.

수사관들은 방화 및 보험사기로 그 사건을 입증해야 했다. 그들은 콤프턴이 얼마나 많은 힘을 쏟았는지, 그리고 그가 화재를 피하기 전까지 얼마나 오랫동안 집에 머물렀는지 알기 위해 콤프턴의 심장박동기를 확인하면 된다는 것을 깨달았다.

일단 경찰이 콤프턴의 심장박동기에 대해 알게 되자, 그들은 그것에 기록된 데이터에 대한 검색 영장을 얻었다. 그들은 그 데이터가 화재 전, 도중, 그리고 화재 후에 그의 심장 박동수와 심장 박동을 밝힐 것이라고 믿었다. 의료 기술자는 의사와의 예약 중에 통상적으로 심장박동기에서 검색되는 것과 동일한 데이터를 장치에서 다운로드했다. 그리고 나서 사법 당국은 그 기록들을 소환했다. 데이터는 그날 밤 발생한 사건에 대한 콤프턴의 증언을 확증하지 못했다.

당국은 데이터를 통해 콤프턴이 자고 있다고 주장했을 때 깨어있었다고 주장했다. 또한 심장전문의는 데이터를 검토하고 콤프턴의 의학적 상태 때문에 콤프턴이 당국에 신고한 짧은 시간 동안 크고 무거운 수많은 물건들을 집으로부터 모으고, 포장하고, 제거하고, 침실 창문을 열고, 그의 집 앞까지 운반할 수 없었을 것이라고 결론 내렸다.

2017년 1월 말 오하이오주 버틀러 카운티 대배심은 방화 및 보험사기 혐의로 콤프턴을 기소했다. 콤프턴은 다음 달 혐의에 대해 무죄를 주장했다.

콤프턴의 변호인은 심장박동기 데이터 증거를 콤프턴의 개인정보에 대한 비합리적인 압류로서 억누르는 소송을 제기했다. 검찰은 경찰이 역사적으로 압수수색 영장을 통해 신상정보를 입수해왔으며 심장박동기를 위해 신상정보를 입수한 것이 차별 대우를 받아서는 안 된다고 주장했다. 예를 들어, 법 집행 기관은 합법적으로 획득한 혈액 샘플과 의료 기록을 증거로 사용할 수 있었다.

최근 들어 조사관들은 또한 범죄가 어떻게 발생했는지 밝히기 위해 활동추적기로 계산한 걸음 수와 스마트 스피커에 대한 질의 등의 데이터를 분석하고 있다 . 예를 들어 코네티컷 경찰은 피해자의 핏빗 데이터를 분석하여 리처드 다베이트에 대해 그의 아내를 살해한 혐의로 기소하였다. (8장의 도입사례를 참조하라.) 버틀러 카운티 판사 찰스 패터는 콤프턴 변호인의 반대 주장에도 불구하고, 콤프턴의 심장박동기 데이터는 다가오는 재판에서 불리한 증거로 사용될 수 있다고 주장하였다.

콤프턴은 기소 이후 출석 서약을 받고 석방되었으나, 버틀 러 카운티 연방 항소법원의 사전 심리에 출석하지 않았다. 찰스 패터 판사는 콤프턴의 보석을 취소하였다. 2018년 7월 말, 콤프턴은 다시 경찰에 구금되었다.

경찰이 심장박동기에 대한 압수수색 영장을 발부받은 것은 이 사건이 처음이다. 만약 어떤 사람이 내장형 의료기기에 의존한다면, 그를 살아있게 하는 장치도 범죄에서 그를 유죄로 인정하도록 허용해야 하는가? 결국, 미국 수정헌법 제5조는 한 사람이 자신을 유죄로 규정하는 것을 강요 받지 않도록 보호한다. 로스 콤프턴이 심장박동기를 설치했을 때, 그는 개인으로서 묵비권을 행사할 수 있는 헌법상의 권리를 가지고 있었다. 하지만, 그의 심장박동기에 저장된 전자 데이터는 결국 그를 체포하고 방화 및 보험사기 혐의로 기소하는 것으로 이어졌다.

콤프턴의 경우, 그의 집에 있거나 손목에 차고 있는 장치가 아닌 몸 안에 있는 장치에서 데이터를 얻었다. 2019년 3월 버틀러 카운티 판사는 심장박동기 데이터를 사용한 것이 개인정보를 도용하는 것이 아니라고 판결했다. 즉, 데이터는 개인의 특성이나 데이터가 생성되거나 저장되는 장소 때문에 더 보호되거나 더 사적인 것으로 간주되지 않는다. 변호인단은 판사의 결정에 항소하고 있다. 콤프턴에 대한 새로운 재판 날짜는 정해지지 않았다.

우리의 기기들이 더 많이 연결되고 편리해지고 지능화될수록, 그들은 더 많은 진실을 폭로할 수 있는 잠재력을 가지고 있다. 소비자들이 추적과 기록 장치를 사용하는 것은 새로운 것이 아니다. 우리 모두는 매일 공개되는 데이터 흔적, 즉 "데이터 유출"을 남긴다. 검사들은 이러한 데이터가 범죄를 해결하는 데 얼마나 가치 있는지 깨닫고 있다. 또한 새로운 데이터 소스가 끊임없이 등장하고 있다. 예를 들어, 자율 주행 자동차는 우리의 속도, 이동 거리, 그리고 위치를 기록할 수 있다. 집에서는 어떤 방에 사람이 있는지 알 수 있고, 냉장고와 같은 스마트 가전은 우리의 일상을 추적할 수 있다. 중요한 것은, 이러한 모든 다른 유형의 데이터가 유죄를 입증하는 증거로 사용될 수 있다는 것이다.

이러한 기술은 형사 소송 및 법 집행의 새로운 영역을 나타낸다. 소비자들이 친밀한 데이터를 끊임없이 공개하는 시대에 아마도 프라이버시는 과거의 것이 되어가고 있을 것이다.

콤프턴 사건은 최초의 사물 인터넷(8장 참조) 기소 중 하나일 수 있지만, 마지막이 되지는 않을 것이다. 콤프턴의 체포 이후 오하이오 경찰국은 두 건의 살인사건에 비슷한 자료를 사용했다. 다른 법원이 콤프턴의 심장박동기 데이터의 허용성에 대한 패터 판사의 판결을 받아들인다면, 소비자들은 스마트 기술을 사용하면 프라이버시의 남은 부분이 무엇이든 몰수당할 수 있다는 현실을 받아들여야 할 수 있다.

출처: Compiled from L. Pack, "Is Using Pacemaker Data 'Stealing Personal Information'? Judge in Middleton Arson Case Says No," *Middleton Journal-News*, March 7, 2019; L. Pack, "Arson Suspect in Unique Case Featuring Pacemaker Data Is Back in Custody," *Middleton Journal-News*, July 24, 2018; L. Pack, "His Pacemaker Led to Arson Charges. Then He Failed to Show Up for Court, so Police Are Looking for Him," *Middleton Journal-News*, March 6, 2018; D. Paul, "Your Own Pacemaker Can Now Testify Against You in Court," *Wired*, July 29, 2017; G. Ballenger, "New Form of Law Enforcement Investigation Hits Close to the Heart," *Slate*, July 19, 2017; L. Pack, "2 More Investigations Where Middletown Police Used Pacemaker Data," *Middletown Journal-News*, July 14, 2017; M. Moon, "Judge Allows Pacemaker Data to be Used in Arson Trial," *Engadget*, July 13, 2017; "Man's Pacemaker Data May Sink Him in Court," *Newser*, July 12, 2017; L. Pack, "Judge: Pacemaker Data Can Be Used in Middletown Arson Trial," *Middletown Journal-News*, July 11, 2017; C. Hauser, "In Connecticut Murder Case, a Fitbit Is a Silent Witness," *New York Times*, April 27, 2017; D. Boroff, "Data from Pacemaker Used as Evidence against Ohio Man Accused of Burning Down His House," *New York Daily News*, February 8, 2017; C. Wootson, "A Man Detailed His Escape from a Burning House. His Pacemaker Told Police a Different Story," *Washington Post*, February 8, 2017; J. Wales, "Man's Pacemaker Used to Track and Charge Him with Crime," *AntiMedia*, February 7, 2017; D. Reisinger, "How a Pacemaker Led Police to Accuse Someone with Arson," *Fortune*, February 7, 2017; "Cops Use Pacemaker Data to Charge Homeowner with Arson, Insurance Fraud," *CSO Online*, January 30, 2017; L. Pack, "Data from Man's Pacemaker Led to Arson Charges," *Middletown Journal-News*, January 27, 2017; and L. Pack, "Middletown Homeowner Facing Felonies for House Fire," *Middletown Journal-News*, January 26, 2017.

질문

1. EFF(Electronic Frontier Foundation)는 미국인들이 건강과 프라이버시 사이에서 선택을 해서는 안 된다는 성명을 발표했다(www.eff.org/issues/medical-privacy). 이 성명문에 동의하는지 여부와 그 근거를 논해보자.
2. 1장에서 언급했듯이, 당신은 지속적인 컴퓨팅을 연습하고 지능형 기기에 둘러싸여 있기 때문에 Homo conexus(상호 연결된 인류)로 알려져 있다. 윤리와 프라이버시에 관한 3장을 보고, Homo conexus가 되는 것에 대한 프라이버시의 함축에 대해 논해보자.

서론

정보기술과 시스템은 데이터를 수집하고, 조직화하며, 저장하고, 접속하며, 분석하고 해석하는 것과 같은 데이터를 관리하여 조직을 도와준다. 1장에서 언급한 것처럼 이들 데이터들이 적절하게 관리될 때 정보가 되고 지식이 된다. 정보와 지식은 모든 조직에 경쟁 우위를 제공할 수 있는 매우 유용한 자원이다.

그렇다면 데이터와 데이터 관리는 조직에 얼마만큼 중요한가? 신뢰할 수 있는 고객정보로부터 지적재산, 재무거래, 사회매체에 이르기까지 조직은 조직의 성공에 중요한 대량의 데이터를 보유하고 있다. 물론 이들 데이터로부터 이익을 얻기 위하여 데이터를 효과적으로 관리할 필요가 있다. 그러나 이러한 관리방식은 거대한 비용이 든다. 시맨텍(www.symantec.com)사의 정보조사 보고서에 따르면 디지털 정보는 조직에 연간 전 세계에 걸쳐 1.1조 달러 비용을 발생시키며, 이는 조직 총이익의 거의 절반에 달한다. 거대한 조직은 데이터를 유지하고 활용하기 위하여 연간 평균적으로 4천만 달러를 소비하며, 중소기업들은 거의 35만 달러를 소비하는 것을 조사를 통해 알게 되었다.

이 장은 데이터가 먼저 정보로 전환된 후 지식으로 변환되는 프로세스를 살펴볼 것이다. 데이터를 관리하는 것은 모든 조직들에 아주 중요하다. 기업 경영자는 확실한 정보 없이 의사결정을 내리거나 정당화하는 것을 꺼린다. 이는 오늘날의 정보시스템에 의해 정보 접속이 쉽고 빨라진 시대엔 특히 그렇다. 예를 들면 현재 데이터를 경영자와 분석가가 쉽게 이해할 수 있는 형태로 변환하는 기술이 존재한다. 전문가들은 이렇게 제공된 데이터를 직접 접근하여 여러 도구를 이용해 필요에 따라 분석하여 정보를 생성한다. 그다음 경험을 바탕으로 이 정보를 기업 문제에 적용하여 지식을 생성한다. 정보기술에 의해 가능해진 지식경영은 모든 기업 임원이 접속 및 응용할 수 있는 상태로 지식을 수집 및 저장하며 이로써 유연하고 강력한 '학습하는 조직'을 만든다.

조직은 데이터베이스에 데이터를 저장한다. 데이터베이스는 관련된 데이터 파일이나 데이터를 포함하고 있는 테이블의 집합이라고 설명한 1장을 떠올려보자. 5.2절에서 데이터베이스를 토의한다.

지식과 데이터의 관리는 명백히 현대 조직에 필수적이다. 하지만 대체 왜 이를 배워야 하는가? 그 이유는 바로 여러분이 데이터베이스 프로그램의 개발에 중요한 역할을 할 것이기 때문이다. 조직의 데이터베이스의 구조와 내용은 사용자가 기업의 업무를 어떻게 해석하는가에 따라 다르다. 예를 들어 기업의 MIS 부서의 개발자들이 데이터베이스를 제작할 때엔 **개체관계 모델링**(entity-relationship modeling)이란 도구를 사용한다. 이 도구는 사용자가 기업 업무를 어떻게 해석하는가의 모델을 생성한다. 여러분이 개체관계 모델의 생성 및 해석을 이해한다면 개발자들이 기업 업무를 올바로 구현하였는지 평가할 수 있다.

데이터에 대한 결정은 하드웨어 및 소프트웨어에 대한 결정보다 더 장기적이고 더 광범위한 영향을 끼친다는 것을 기억해보자. 만일 하드웨어에 관련된 결정이 잘못되었다면 장비를 비교적 손쉽게 교체하면 그만이다. 소프트웨어 결정이 잘못된 것으로 판명된다면 고통이 없거나 저렴하지는 않지만 수정할 수 있다. 하지만 데이터베이스 결정은 잘못될 경우 취소하기 훨씬 어렵다. 데이터베이스 설계는 조직이 데이터로 무엇을 할 수 있는지를 상당히 오랜 기간에 걸쳐 제한하게 된다. 데이터베이스를 만든 프로그래머는 신속하게 다음 프로젝트로 이동하는 반면 비즈니스 사용자는 나쁜 데이터베이스 디자인을 고수하게 된다는 것을 기억해라. 이 때문에 데이터베이스 설계를 첫 번째 시도에서 제대로 잡는 것이 중요하고, 여러분이 거기서 중요한 역할을 할 것이다.

부가하여, 여러분이 마이크로소프트 액세스(Microsoft Access)와 같은 소프트웨어 제품을 이용해 작은 개인용 데이터베이스를 생성하고자 할 때에도 제품의 기본사항을 최소한 알아야 할 것이다.

데이터가 조직 데이터베이스에 저장되고 나면 사용자가 의사결정을 할 때 도움을 받을 수 있는 형태로 제공되어야 한다. 조직은 이를 데이터웨어하우스로 개발하여 달성한다. 의사결정을 하는 데에 있어 필수적인 도구이기에 여러분은 필히 데이터웨어하우스를 이해해야 한다. 5.4절에서 데이터웨어하우스를 논의할 것이다.

또한 업무 수행에 있어 조직의 지식 기반을 폭넓게 활용해야 한다. 예컨대 새로운 프로젝트를 분담받은 경우 기업의 지식을 탐색해 이전의 흡사한 프로젝트의 성공에 기여한 요소가 무엇이었는지 알아봐야 할 가능성이 크다. 5.5절에서 지식경영을 논의한다.

이 장은 데이터 관리에 관련된 여러 문제를 살펴보며 시작한다. 여러분은 조직이 이들 문제들을 해결하는 데 도움을 주는 데이터베이스 접근법을 학습하게 된다. 오늘날 경영 환경에서 기업이 반드시 관리해야 하는 빅 데이터(Big Data)에 관심을 두어야 한다. 다음으로 데이터웨어하우스와 데이터마트를 살펴보고 의사결정에 이를 어떻게 활용하는지를 살펴본 다음, 마지막으로 지식경영을 학습하면서 장을 마치게 된다.

5.1 데이터 관리

모든 IT 프로그램은 데이터를 필요로 한다. 데이터는 높은 품질, 즉 높은 정확성, 완성도, 시간 엄수, 접근성, 관련성, 간결함을 가지고 있어야 한다. 하지만 불행히도 데이터를 수집하고 저장하며 관리하는 과정은 점점 어려워지고 있다.

데이터 관리의 어려움

데이터가 여러 절차와 장소에 나뉘어 처리되기에 자주 문제와 어려움에 봉착하게 된다. 기업의 데이터 관리는 여러 가지 이유로 어려워진다.

첫 번째로 데이터의 양은 시간에 따라 기하급수적으로 증가한다. 대부분의 과거 데이터는 오랫동안 저장되었고 여기에 새로운 데이터가 급속으로 더해진다. 예를 들어 수백만 명의 고객을 지원하기 위해 월마트와 같은 대형 유통업자는 페타바이트(petabyte)에 육박하는 데이터를 관리해야 한다. (페타바이트는 약 1,000테라바이트(terabyte) 혹은 1조 바이트이다. 기술가이드 1을 살펴보라.)

또한 데이터는 기업 전체에 흩어져있으며 다수의 방법과 도구를 이용하는 여러 개인에 의해 수집된다. 이러한 데이터는 대부분 다양한 서버와 장소에서 서로 다른 컴퓨터시스템, 데이터베이스, 형태, 그리고 인간 언어 및 컴퓨터 언어로 저장된다.

이 외에 또 다른 문제는 데이터가 여러 출처에서 나온다는 것이다. 여기에는 내부 출처(예: 기업 데이터베이스와 기업 문서), 개인 출처(예: 개인적 생각, 의견, 그리고 경험), 그리고 외부 출처(예: 상업 데이터베이스, 정보 보고서, 기업 웹 사이트 등)가 있다. 데이터는 클릭스트림 데이터의 형태로 인터넷에서도 나온다. **클릭스트림 데이터(click-stream data)**는 웹 사이트에 방문자와 고객이 방문하여 하이퍼링크를 클릭하면 생성되는 데이터를 말한다(6장 참조). 클릭스트림 데이터는 사용자가 웹 사이트에서 활동한 흔적을 제공하며, 이는 사용자의 브라우징 습관을 포함한다.

이에 더해 새로운 데이터 출처, 즉 블로그, 팟캐스트, 비디오캐스트, RFID 태그 및 기타 무선 센서가 계속 새로이 개발되고 있다. 이 기술들이 생성하는 데이터는 반드시 관리되어야 한다. 게다가 데이터들은 시간이 흘러감에 따라 퇴화된다. 예를 들면 고객이 새 주소로 이사를 하거나 이름을 개명할 수 있다. 기업이 망하거나 또는 다른 기업에 매도될 수 있으며, 신제품이 개발되거나 혹은 근로자가 고용 또는 파면될 수 있으며 기업이 다른 나라로 진출하기도 한다.

데이터는 부패할 수 있다. 데이터 부패는 데이터가 저장된 매체에 생기는 문제를 말한다. 시간이 지날수록 온도와 습도 그리고 빛에 노출은 저장 매체에 물리적 문제를 일으켜 데이터 접속을 어렵게 할 수 있다. 데이터 부패의 두 번째 특징은 매체를 사용할 수 있는 기기를 찾기가 힘들어질 수 있다는 것이다. 예를 들어서 만약 8트랙 테이프를 재생할 수 있는 기기를 가지고 있지 않거나 8트랙 테이프를 CD와 같은 현대 매체로 전환할 수 없다면 8트랙 형식의 테이프 라이브러리는 상대적으로 가치가 없게 된다.

데이터 보안과 품질, 일관성 또한 결정적인 중요성을 가지고 있으나 역시 쉽게 위험에 처한다. 데이터에 관련된 법 규제 또한 산업과 국가 간에 차이가 나며 자주 변경된다.

MIS 또 다른 문제는 바로 시간이 지나면서 조직은 특정 기업 목적 예를 들면 거래결제, 공급망관리, 고객관계관리 등을 위해 별도의 정보시스템을 개발해 왔다. 이러한 특정 업무를 지원하는 시스템은 서로 다른 데이터 요구사항을 가지며, 조직 내에 데이터 반복과 충돌을 일으킨다. 예를 들어 마케팅 부서는 고객, 영업 지역, 그리고 시장에 대한 정보를 보관할 수 있으며 이는 요금청구 혹은 고객 서비스 부서와 데이터가 겹칠 수 있다. 이러한 상황은 기업 내 데이터 불일치를 일으킨다. 일관적이지 못한 데이터는 핵심 기업정보인 고객이나 제품, 재무상태 등에 대한 기업과 정보시스템 전체에 걸쳐 단일화된 관점을 기업이 가지는 것을 막는다.

ACCT **FIN** 두 다른 요소가 또 데이터 관리를 복잡하게 한다. 첫째로 미 연방법, 특히 사베인즈-옥슬리법(Sarbanes-Oxley Act)의 통과로 기업은 조직 내 정보가 어떻게 관리되고 있는지에 대해 책임을 지게 되었다. 사베인즈-옥슬리법은 (1) 공개주식회사는 내부 재무 통제의 유효성을 평가하고 그 결과를 공개하고 (2) 독립 감사들이 공개사항을 확인할 것을 요구하고 있다. 이 법은 또한 이러한 공개에 대해 CEO와 CFO의 개인 책임을 묻는다. 만일 기업이 만족스러운 데이터 관리 정책을 가지고 있지 못하여 횡령이나 보안 누출 사태가 발생한다면 기업 간부들은 법적 책임을 지게 되고 기소될 수도 있다.

둘째, 대부분의 기업들은 구조화되지 않은 데이터에 빠지게 된다. 이미 알고 있는 것처럼 데이터의 양은 기하급수적으로 증가하고 있다. 이익을 창출하려면 기업은 기업 데이터를 효과적으로 관리할 수 있는 전략을 개발해야 한다.

데이터 관리에서 추가적인 문제는 빅 데이터이다. 빅 데이터는 5.3절 전체를 이 주제에 할애한 것처럼 아주 중요하다.

데이터 거버넌스

데이터 관리에 관련된 다양한 문제들을 설명하기 위하여 기업은 데이터 거버넌스에 이목을 집중하고 있다. **데이터 거버넌스(data governance)**는 기업 전체에 걸쳐 정보를 관리하는 접근 방법이다. 이는 데이터가 질서 있고 균일한 방법으로 처리되도록 특정 규칙 및 기업 절차를 명시한다. 이에 따라 기업은 정보의 생성, 수집, 처리, 보호하는 데에 있어서 명확히 정의된 규칙을 따른다. 이 규칙의 목적은 정보가 기업에 입장하여 시간이 지나 퇴출될 때까지 그 정보에 접근할 권한이 있는 사용자들에게 접근 가능하고 투명하며 유용하도록 하는 것이다.

데이터 거버넌스를 적용하는 한 전략은 바로 마스터 데이터 관리이다. **마스터 데이터 관리(master data management)**는 모든 정보시스템에 적용되는 절차로 기업이 데이터를 저장, 보관, 교환, 동기화를 하여 일관적이고 정확하며 시간을 엄수하는 '단일 진실 공급원'의 핵심 마스터 데이터를 유지할 수 있게 한다.

마스터 데이터(master data)는 기업 정보시스템 전체에 사용되는 핵심 데이터, 예를 들어 고객, 제품, 직원, 판매자, 지리 정보의 집합을 말한다. 여기서 마스터 데이터와 거래 데이터를 구분하는 것이 중요하다. **거래 데이터(transactional data)**는 업무시스템에 의해 생성되며 기업의 활동, 혹은 거래에 관련되어 있다. 이에 비해 마스터 데이터는 여러 거래에 적용되며 거래 데이터를 분류하고 조합하며 평가하기 위해 사용된다.

거래의 예를 한번 살펴보자. 고객 홍길동은 2017년 4월 20일, 삼성 42인치 UHD 텔레비전 한 개, 제품번호 6345를 하이마트의 판매자 장길산으로부터 4백만 원에 구입한다. 이 경우 마스터 데이터는 '판매된 제품', '판매사', '판매자', '가게', '제품 번호', '구매 가격', '구매일시'이다. 이에 거래 데이터가 적용되면 거래의 기록이 되는 것이다. 그러므로 거래 데이터는 '42인치 UHD 텔레비전', '삼성', '장길산', '하이마트', '6345', '4백만 원', '2017년 4월 20일'이 되는 것이다.

댈러스(텍사스주의 한 도시)시의 마스터 데이터 관리의 한 예를 살펴보자. 댈러스시는 종이서류와 이미지, 도면 그리고 비디오와 오디오 콘텐츠와 같은 시의 공공기록과 개인 기록들을 디지털화하는 계획을 추진하고 있다. 마스터 데이터베이스는 적절한 범위 내에서 접속할 권한을 가진 38개 도시 부서들 중의 한 부서가 사용할 수 있을 것이다. 시는 또한 시의 재무와 청구서 작성 프로세스를 고객관계관리 프로그램으로 통합하고 있는 중이다. (11장에서 고객관계관리를 학습한다.)

댈러스는 이 시스템을 어떻게 사용할 것인가? 그 도시가 수도 본관 단절을 경험한다고 상상해 보세요. 이 시스템을 시행하기 전에, 수리 작업자들은 무작위로 철해진 기록을 찾기 위해 시청을 수색해야 했다. 작업자들이 하드카피한 설계도를 발견하면, 그들은 그것들을 현장에 가져갔고, 그들이 수동으로 검토한 후, 행동 계획을 결정했다. 이와는 대조적으로, 새로운 시스템은 무선으로 청사진을 현장에 있는 크루들의 노트북에 전달하는데, 그들은 빠르게 반응하기 위해 관심 영역을 확대하거나 강조할 수 있다. 이 프로세스는 비상 상황에 대응하는 데 걸리는 시간을 몇 시간 단축한다.

현대 기업은 데이터를 효율적이고 효과적으로 관리하기 위해 데이터 거버넌스와 함께 데이터베이스 접근법을 활용한다. 5.2절에서 데이터베이스 접근법을 다룬다.

확인하고 넘어가기

1. 데이터 관리에 포함된 문제점은 무엇인가?
2. 데이터 거버넌스, 마스터 데이터와 거래 데이터를 정의해보자.

5.2 데이터베이스 접근법

기업경영에 컴퓨터 프로그램이 최초로 사용된 시기인 1950년대 중반부터 1970년대 초까지 기업은 데이터를 파일 관리환경(file management environment)을 통해 관리하였다. 이 환경은 조직들이 한 프로그램씩 자동화를 꾀하면서 진화하여 포괄적 계획 없이 서로 간에 독자적으로 발전하게 되었다(사일로 효과). 각 프로그램은 각자의 데이터를 필요로 했으며 이는 데이터 파일로 정리되었다.

데이터 파일(data file)은 논리적으로 관련된 레코드의 집합이다. 파일 관리환경에서 각 응용 프로그램은 응용 프로그램에 관련된 특별한 데이터 파일을 가진다. 이 파일은 응용 프로그램이 요구하는 모든 데이터 레코드를 포함하고 있다. 시간이 지남에 따라 기업은 응용 프로그램에 종속된 특정 데이터 파일을 가진 다양한 응용 프로그램을 개발하였다.

예를 들면, 여러분의 정보 대부분은 대학 중앙 데이터베이스에 저장되어 있으나 여러분이 속한 동아리가 독자적으로 파일을 가지고 있으며, 체육과 또한 학생-선수들에 대해 각각 파일을 가지고 있고, 교수들은 학생들의 성적 데이터를 각자의 컴퓨터에 저장한다고 상상해보자. 그 많은 파일들과 데이터베이스들 중에서 어느 하나에 여러분의 이름이 잘못 적혀있거나, 비슷하게 이사할 때 어느 하나의 데이터베이스나 파일에서 주소가 제대로 업데이트되어 있지 않을 수 있다.

데이터베이스의 활용은 데이터 저장 및 접근에 사용되던 기존의 방법, 예컨대 파일 관리시스템 등에서 일어나는 수많은 문제를 제거한다. 데이터베이스는 특정 소프트웨어 프로그램, 즉 데이터베이스 관리 프로그램이 모든 사용자에게 모든 데이터의 접속 권한을 줄 수 있도록 설계된다. (데이터베이스 관리시스템에 대해선 장 뒷부분에서 설명할 것이다.) 데이터베이스시스템은 다음 문제를 최소화한다.

- 데이터 중복: 같은 데이터가 여러 장소에 저장되는 것
- 데이터 고립: 프로그램이 타 프로그램의 데이터에 접근하지 못하는 것
- 데이터 비일관성: 한 데이터의 여러 기록이 서로 일치하지 않는 것

또한 데이터베이스시스템은 다음 특징을 극대화한다.

- 데이터 보안: 기업에 데이터가 필수적이기 때문에 데이터베이스에 대한 공격과 실수를 막기 위해 대단히 높은 보안 기준이 적용된다.
- 데이터 무결성: 데이터는 특정 조건을 만족시켜야 한다. 예를 들어 사회보장번호란에 글자가 있어선 안 된다.
- 데이터 독립성: 프로그램과 데이터는 상호 독립되어야 한다. 즉 모든 프로그램이 동일 데이터에 접근 가능해야 한다.

그림 5.1은 대학 데이터베이스의 예시를 보여준다. 대학의 학적과, 회계과, 예체능과의 프로그램이 모두 데이터베이스 경영시스템을 통해 데이터에 접근할 수 있음을 보라.

그림 5.1
데이터베이스 관리시스템

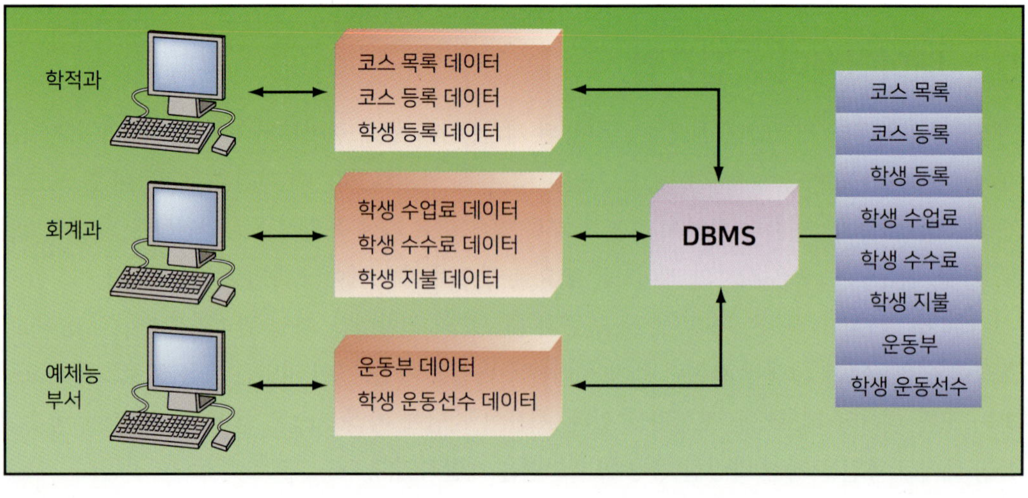

데이터베이스는 대량의 데이터를 보관할 수 있다. 이러한 데이터를 더 잘 이해하고 유용하게 만들기 위하여 계층구조를 사용하여 정리한다. 다음 절에선 데이터 계층구조를 밀접하게 살펴본다.

데이터 계층구조

데이터는 비트에서 시작해서 데이터베이스 전체에 이르기까지 계층으로 조직된다(그림 5.2를 보라). **비트(bit)**(2진의 자리)는 컴퓨터가 처리할 수 있는 가장 작은 데이터이며 '2진의'라는 개념은 비트가 오직 0과 1로 구성될 수 있다는 것이다. 8개 비트의 집합인 **바이트(byte)**는 한 문자를 나타낸다. 바이트는 글자일 수도 있고 숫자일 수도 있으며 특수기호일 수도 있다. 이 문자의 논리적인 집합, 예컨대 단어, 작은 단어 집합, 혹은 ID번호 등으로 모여 있는 것은 **필드(field)**라고 한다. 예를 들자면 대학의 컴퓨터 파일에서의 학생 이름은 '이름' 필드에 있을 것이며 학생의 사회보장번호는 '사회보장번호' 필드에 기록되어 있을 것이다. 필드는 문자나 숫자 외의 데이터를 보관할 수도 있다. 필드는 사진이나 다른 멀티미디어 데이터로 이루어질 수도 있는 것이다. 예를 들어서 자동차 등록사무소의 면허 데이터베이스는 면허 보유자의 사진을 수록하고 있을 수 있다.

관련 필드의 논리적 집합, 예컨대 학생의 이름, 수강한 과목, 날짜, 그리고 평점의 집합은 **레코드(record)**가 된다. 애플 아이튠즈(iTunes) 상점에서 노래는 노래의 제목, 가격, 수록된 앨범을 포함하고 필드들을 가지고 있는 레코드의 1개 필드이다. 관련 레코드를 모은 것은 데이터 파일(data file) 혹은 **테이블(table)**로 불린다. 예를 들어서 과목 번호, 교수, 학생 성적 등으로 이루어진 특정 과목의 레코드 집합은 그 과목의 데이터 파일이 된다. 계층을 따라 계속하면, 관련 파일의 논리 집합이 바로 데이터베이스이다. 같은 예를 든다면 학생 과목 파일이 학생 개인 기록과 재정 기록과 합쳐져 학생 데이터베이스로 조직될 수 있다. 다음 절에서 관계형 데이터베이스를 학습하게 된다.

그림 5.2 컴퓨터 기반 파일의 계층구조

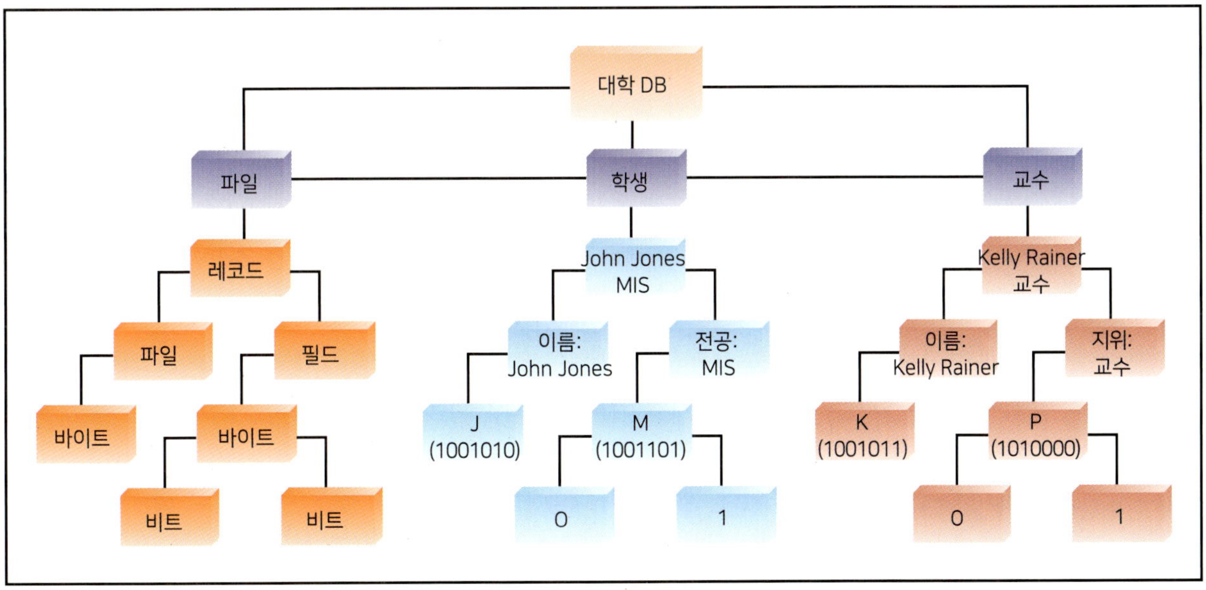

관계형 데이터베이스 모형

앞에서 보았듯이 **데이터베이스 관리시스템(DBMS: database management system)**은 사용자들이 한 장소에 저장된 데이터를 추가하고 삭제하고 접근하며 분석할 수 있게 하는 도구를 제공하는 프로그램 집합이다. 기업은 DBMS의 일부로 설계된 질의(query) 프로그램과 보고 프로그램을 이용하거나 특별하게 제작된 소프트웨어를 사용하여 데이터에 접근한다. DBMS는 저장된 데이터의 통일성을 유지하거나 보안과 사용자 접속 권한을 관리하고 시스템 정지 시 정보를 복구하는 데에 필요한 메커니즘 또한 제공한다. 데이터베이스와 DBMS가 기업의 전 분야에서 필수적이기에 매우 소중히 다루어져야 한다.

데이터베이스 설계엔 여러 종류가 있다. 그러나 관계형 데이터베이스 모형이 가장 인기가 있고 사용하기 쉽기 때문에 여기서는 관계형 데이터베이스를 중심으로 설명하기로 한다. 다른 데이터베이스 모형(예: 계층구조 및 네트워크 모형)은 MIS 부서에서 사용하며 일반 기업 직원은 사용하지 않는다. 관계형 데이터베이스의 대표적 예는 마이크로소프트 액세스와 오라클(Oracle)이 있다.

대부분의 기업 데이터, 특히 회계 및 재무 데이터는 열과 행으로 구성된 일반적인 표로 정리되어 있다. 표는 행 혹은 열을 이용하여 정보를 비교하기가 쉽다. 또한 특정 행과 열의 교차점을 찾음으로써 특정 아이템을 회수하기도 쉽다.

관계형 데이터베이스 모형(relational database model)은 2차원 표의 개념에 기반을 두고 있다. 관계형 데이터베이스 모형은 일반적으로 한 개의 거대한 표가 아니다. 이러한 표는 'flat file'이라 불리며 모든 레코드와 속성을 담고 있으나 지나치게 많은 데이터 중복을 불러온다. 대신에 관계형 데이터베이스는 연관된 여러 개의 테이블로 구성되어 있다. 각 테이블은 레코드(행에서의 목록)와 속성(열에서의 목록)으로 구성되어 있다.

데이터베이스는 사용자가 필요한 데이터를 검색하고 분석하며 이해할 수 있도록 설계되어야 한다. 효과적인 데이터베이스 설계의 요점은 데이터 모형이다. **데이터 모형(data model)**은 데이터베이스의 개체와 각 개체의 관계(relation)를 나타내는 도면이다. **개체(entity)**는 정보가 수집/보관되고 있는 대상, 즉 사람(예: 고객, 직원 등)이거나 장소와 물건(예: 제품) 혹은 사건일 수도 있다. 개체는 보통 사용자의 근로 환경에서 확인될 수 있다. 한 레코드는 주로 한 개체에 관해서 작성된다. 개체의 **인스턴스(instance)**는 개체들 중의 특정 개체를 말하며, 즉 학생 개체의 인스턴스는 특정 학생이 된다. 예를 들면 여러분은 여러분 대학의 학생 데이터베이스의 학생(STUDENT) 개체의 인스턴스가 된다.

특정 개체의 특징이나 특성은 개체의 **속성(attribute)**이라 불린다. 예를 들어서 개체가 고객이나 직원 혹은 제품이라면 개체 속성은 고객 이름, 직원 번호, 또는 제품 색상을 포함할 것이다.

그림 5.3에 그려진 학생 관계 데이터베이스를 보자. 테이블은 학생이란 이름의 개체에 대한 데이터를 담고 있다. 개체 속성엔 학생 이름, 학사전공, GPA, 졸업예정일 등이 기록되어 있다. 레코드의 행은 'Sally Adams, John Jones, Jane Lee, Kevin Durham, Juan Rodriguez, Stella Zubnicki, Ben Jones'으로 구성되어 있다. 물론 실제 대학은 이 예에 나온 것보다 훨씬 많은 데이터를 보관하고 있다. 실로 대학의 학생 데이터베이스는 대체로 각 학생당 수백 개의 속성을 등록하고 있다.

파일의 각 레코드는 그 레코드가 회수, 업데이트, 그리고 정렬될 수 있도록 하는 구분 필드가

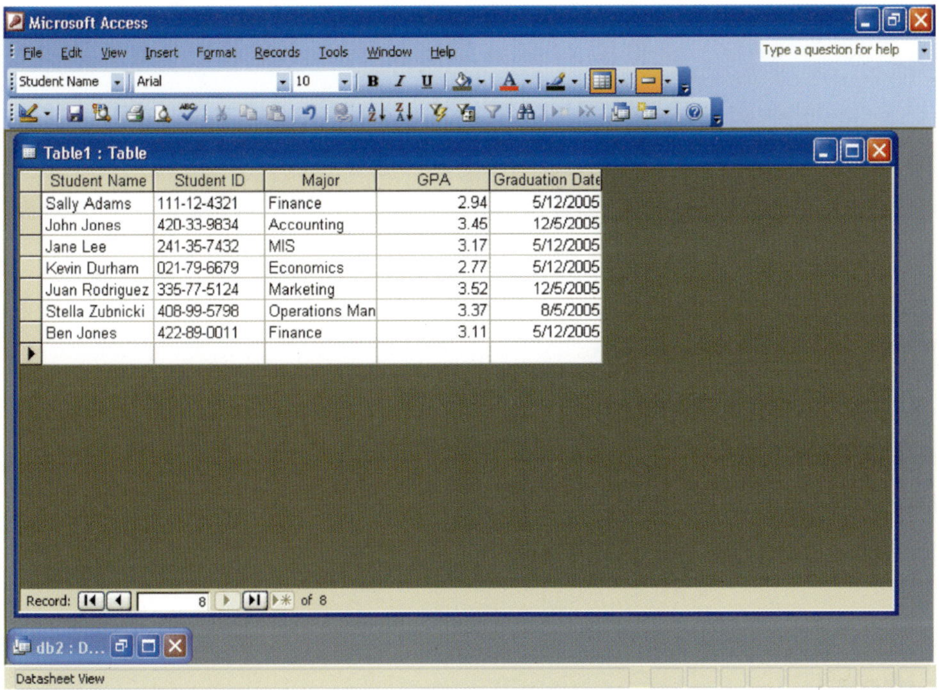

그림 5.3

학생 데이터베이스의 예

최소 1개 있어야 한다. 이 구분 필드가 바로 **기본키(primary key)**이다. 예를 들어 미국 대학의 학생 레코드는 대체로 학생의 학번을 기본키로 사용할 것이다(한 때 사회안전보장번호로 번호로 구분되었다. 하지만 이는 보안 문제로 더 이상 사용하지 않는 방법이다.) 그림 5.3을 보면 샐리 아담스(Sally Adams)는 '111-12-4321'이라는 학번으로 다른 학생들과 구분되어 식별되고 있다.

몇몇 경우 특정 레코드를 찾는 데에 보조키가 사용될 수 있다. **보조키(secondary key)**는 특정 파일을 완전히 구분하진 않지만 구분하는 데에 쓰일 수 있는 정보를 가진 필드를 말한다. 예를 들어 특정 전공의 학생 모두를 확인하고자 한다면 학생의 전공이 보조키가 될 수 있다. 하지만 많은 학생들이 동일 전공을 가질 수 있으므로 기본키는 될 수 없다. 그러므로 전공으로 학생을 개별적으로 유일하게 확인할 수가 없다.

외래키(foreign key)는 다른 테이블의 행을 유일하게 확인하는 하나의 테이블에서 필드(혹은 필드의 그룹)이다. 외래키는 2개의 테이블 사이에서 연결을 설정하고 강요하기 위하여 사용된다.

기업은 기업의 데이터를 효율적이고 효과적으로 관리하기 위하여 데이터베이스를 실행한다. 데이터베이스를 활용하여 다양한 작업을 수행한다.

이 장의 서두에서 언급하였던 것처럼 기업은 거대한 양의 데이터를 관리해야 한다. 이들 데이터는 정형 데이터와 비정형 데이터로 구성되며 빅 데이터로 불린다. **정형 데이터(structured data)**는 관계형 데이터베이스와 같은 데이터 저장소의 고정 필드에 구성된다. 정형 데이터는 필드 이름 및 유형(예: 영숫자, 숫자 및 통화)으로 정의된다. **비정형 데이터(unstructured data)**는 전통적인 관계형 데이터베이스에 상주하지 않는 데이터이다. 비정형 데이터의 예로는 이메일 메시지, 워드 프로세싱 문서, 비디오, 이미지, 오디오 파일, 파워포인트 프레젠테이션, 페이스북 게시물, 트윗, 스냅, 등급 및 추천, 웹 페이지 등이 있다. 산업 분석가들은 조직 내 데이터의 80~90%가 비정형 데이터라고 추정한다. 빅 데이터를 관리하기 위하여 많은 기업들은 5.3절에서 설명하는 특별한 유형의 데이터베이스를 사용한다.

전형적으로 데이터베이스는 데이터를 실시간(혹은 거의 실시간)으로 처리하기 때문에 사용자의 데이터베이스 접속을 허용하는 것은 현실적이지 못하다. 결국, 사용자가 데이터를 사용하고 있는 순간에도 변화할 것이다. 그 결과 사용자가 의사결정을 위해 데이터에 접속하는 것을 허용하기 위해 데이터웨어하우스가 개발되어 왔다. 5.4절에서 데이터웨어하우스를 학습하게 된다.

확인하고 넘어가기

1. 데이터 모델이란 무엇인가?
2. 기본키와 보조키를 설명해보자.
3. 개체와 속성 그리고 인스턴스를 설명해보자.
4. 관계형 데이터베이스의 장점과 단점을 설명해보자.

5.3 빅 데이터

우리들은 많은 다양한 출처로부터 점증적으로 아주 급격한 속도로 데이터와 정보를 축적하고 있다. 기업은 사람들의 위치, 진동, 엔진의 온도, 교량의 여러 군데의 스트레스와 같은 것들을 과거에는 결코 데이터로 생각하지 않았으며, 또한 이들 데이터를 분석도 하지 않았다. 그러나 오늘날 기업은 이벤트에 관련된 모든 데이터를 사실적으로 획득하고 있다.

기업이나 개인들은 지속적으로 급격하게 증가하고 있는 거대한 양의 데이터를 반드시 처리해야 한다. IDC(기술연구기업, www.idc.com)에 의하면 매년 제타바이트(zettabyte, 10^{21} bytes) 급의 데이터가 쏟아져 나오고 있다고 한다. 게다가 세계 도처에서 생산되는 데이터의 양은 매년 50%가 증가하고 있다.

2000년까지만 해도 전 세계에 저장된 정보의 25%만이 디지털 정보였다. 나머지 75%는 아날로그였다; 즉, 종이, 필름, 비닐 레코드 등에 저장되었다. 2019년까지 전 세계에 저장된 정보의 양은 98%가 디지털이고 단지 2% 미만이 아날로그 방식으로 저장되었다.

이 장의 서두에서 설명한 것처럼 오늘날 이용가능한 엄청나게 많은 데이터를 빅 데이터로 간주했다. 즉 **빅 데이터**(Big Data)는 너무 거대하고 복잡해서 전통적인 데이터베이스 관리시스템을 사용하여 관리하는 것이 어려운 데이터의 집합이다. (전통적인 거대한 양의 데이터와 개념적으로 구분하기 위하여 Big Data로 대문자를 사용한다.)

빅 데이터는 필수적으로 예측에 관한 것이다(12장 참조). 예측은 인간처럼 생각하도록 컴퓨터를 가르치는 것에서부터 나오지 않는다. 대신에 예측은 확률을 추론하기 위하여 수학을 거대한 양의 데이터에 적용하는 것에서부터 나온다. 다음의 예를 고려해보자.

- 이메일 메시지가 스팸일 가능성
- "teh"로 타이프한 문자가 "the"로 추정될 가능성

- 교통법규를 위반하고 도로를 횡단하는 사람의 경로와 속도를 감지하여 무인자동차가 속도를 조금 낮추고 그것에 맞추어 사람이 도로를 횡단하는 것을 나타낼 가능성

빅 데이터가 예측을 위해 기반을 두고 있는 거대한 양의 데이터를 포함하고 있기 때문에 빅 데이터시스템은 잘 실행된다. 게다가 빅 데이터시스템들은 더 많은 데이터가 투입되어 가장 가치있는 신호와 패턴을 탐색함으로써 시간에 걸쳐 스스로 개선할 수 있도록 구성된다.

빅 데이터 정의하기

빅 데이터를 정의하는 것은 어렵다. 빅 데이터를 설명하는 2개 기관을 예로 들면, 첫째, 기술연구기업 가트너(www.gartner.com)는 빅 데이터를 의사결정의 개선과 인사이트 발견, 그리고 프로세스 최적화를 가능하게 하는 새로운 형태의 처리를 요구하는 다양하고 대용량의 고속의 정보자산으로 정의하고 있다. 둘째, 빅 데이터 인스티튜트(TBDI; www.thebigdatainstitute.com)는 다음을 수행하는 거대 데이터 집합으로 빅 데이터를 정의하고 있다.

- 다양성을 보여 준다.
- 정형, 반정형, 비정형 데이터를 포함한다.
- 불확실한 패턴을 가지고 아주 빠른 속도로 만들어진다.
- 전통적이고 구조적인 관계형 데이터베이스와 잘 어울리지 않는다.
- 복잡한 정보시스템에 의해 적절한 시간을 사용하여 획득되고 처리되며, 변형되거나 분석된다.

빅 데이터는 일반적으로 다음의 사항으로 구성된다.

- 전통적인 기업데이터: 예를 들면 고객관계관리시스템의 고객정보나 기업의 거래자원 계획 데이터 그리고 웹 상점 거래사실이나 운영데이터, 원장 데이터가 있다.
- 기계 산출/센서(sensor) 데이터: 예를 들면 스마트 계량기나 제조 센서, 스마트폰이나 자동차, 비행기엔진과 산업용 기계에 장착된 센서들, 장치 운영기록들이나 거래시스템 데이터가 있다.
- 소셜 데이터(social data): 예를 들면 고객의 피드백 의견, 트위터(Twitter)와 같은 초소형 블로그 사이트, 그리고 페이스북(Facebook)이나 유튜브(YouTube), 링크드인(LinkedIn)과 같은 소셜 미디어 사이트가 있다.
- 디지털 카메라나 카메라 폰들로부터 의료스캐너나 경비카메라에 이르기까지 세상 도처에 있는 수십억 개의 장치에 획득된 이미지들이 있다.

이제 빅 데이터의 구체적인 예를 살펴보자.

- 페이스북의 24억 사용자는 매일 3억 5천만 장 이상의 새로운 사진을 업로드한다. 그들은 또한 매일 50억 번 이상 "좋아요" 버튼을 클릭하거나 댓글을 남긴다. 페이스북의 데이터 웨어하우스는 300페타바이트 이상의 데이터를 저장하고 페이스북은 하루에 600테라바이트의 데이터를 수신한다.

- 구글의 유튜브 서비스 사용자 13억 명은 분당 300시간 이상의 동영상을 업로드한다. 구글 스스로 초당 평균 6만 3,000건 이상의 검색 쿼리를 처리한다.
- 2019년 7월, 업계 분석가들은 트위터 사용자들이 하루에 약 5억 5천만 건의 트윗을 보낸 것으로 추정했다.
- 영국의 기상청(Met Office) 사무국은 정부와 대중에게 날씨 및 환경 예보와 브리핑을 제공한다. 사무국은 또한 풍력 발전소에 터빈을 설치할 위치를 조언하고 공항에 정확히 얼마만큼의 제설제를 뿌려야 하는지 알려주는 등 여러 기관에 통보해 낭비되는 일이 없도록 하고 있다.

빅 데이터의 특징

빅 데이터는 크기, 속도, 다양성과 같은 세 가지의 독특한 특징을 가진다. 이들 세 가지 특징은 빅 데이터를 전통적인 데이터와 구별시킨다.

1. **크기**(volume): 빅 데이터의 거대한 크기를 이미 설명하였다. 비전통적인 데이터보다 더 거대한 양을 낳는 기계 산출(machine-generated) 데이터를 고려해보자. 예를 들면 하나의 제트엔진의 센서는 30분 동안 10테라바이트의 데이터를 산출한다(8장의 사물인터넷의 토론을 살펴보자). 매일 25,000회 이상의 비행을 하는 여객기의 경우 단지 하나의 출처로부터 산출되는 데이터의 양은 어마어마하다. 스마트 전자 계량기, 중공업 설비의 센서들 그리고 자동차의 원격 측정기들은 크기 문제를 내포하고 있다.
2. **속도**(velocity): 조직 속으로 흐르는 데이터의 비율은 급격히 증가하고 있다. 기업과 고객, 공급업자 그리고 기업 파트너들 사이에서 피드백 망의 스피드가 증가하고 있기 때문에 속도는 중요하다. 예를 들면, 인터넷과 모바일 기술은 온라인 소매상이 최종 판매에 대한 이력뿐만 아니라 고객들의 매번 클릭(click)과 상호 작용을 수집하는 것을 가능하게 한다. 이들 정보를 빠르게 활용하는 기업들은, 예를 들면 추가적인 구매를 조언함으로써 경쟁우위를 얻을 수 있다.
3. **다양성**(variety): 전통적인 데이터 포맷은 구조적으로 되거나 상대적으로 잘 서술될 수 있다. 그리고 그들은 서서히 변화한다. 금융시장 데이터나 판매시점 거래 등이 전통적인 데이터들이다. 대조적으로 빅 데이터의 포맷은 급격히 변화한다. 위성 이미지나 방송 음성출력, 디지털 음원 파일, 웹 페이지 콘텐트, 정부문서의 복사, 소셜 네트워크에 부가된 코멘트 등이 빅 데이터에 포함된다.

데이터의 출처나 구조, 포맷 그리고 빈도와 관계없이 빅 데이터는 가치를 지닌다. 가령 특정 형태의 데이터가 오늘날 가치를 지니지 않는다고 하면, 그것은 우리가 아직까지 그것을 효과적으로 분석할 수 없기 때문이다. 예를 들면, 수년전에 구글이 위성 사진을 이용하여 거리 뷰를 획득하고 그리고 이들 지리적인 데이터를 무료로 공유할 때 이 가치를 이해한 사람은 거의 없었다. 오늘날 이러한 데이터가 엄청난 가치를 가지고 있음을 알고 있다. 왜냐하면 빅 데이터의 분석은 깊은 통찰력을 주기 때문이다. 이에 대한 것은 12장에서 상세하게 토의된다. IT와 기업사례 5.1은 빅 데이터의 예로 커넥티드 차량의 데이터를 논하고 있다.

IT와 기업사례 5.1

커넥티드 차량의 데이터는 중요하다.

MIS POM MKT

커넥티드 차량에는 인터넷 접속 기능이 있으며 일반적으로 무선 근거리 통신망(LAN)이 있다. 이러한 기능을 통해 차량 내부는 물론 차량 외부의 다른 장치와 인터넷 액세스를 공유할 수 있다.

커넥티드카 기술은 많은 신차에서 표준이 되고 있다. 첨단 운전자 보조시스템이 안전성을 강화한 반자율 주행이 현실이다. 또한 사람의 개입 없이 운행할 수 있는 완전자율주행차가 이미 도로에서 운행되고 있다.

리서치업체 가트너(www.gartner.com)는 2020년까지 세계 도로에 커넥티드카가 2억 5,000만 대 보급될 것으로 전망했다. 기존 자동차에 더해진 기술뿐만 아니라 신차 기능까지 결합하면 2025년까지 그 숫자를 20억 대로 늘릴 수 있다. IHS 오토모티브(www.ihs.com)는 평균 커넥티드카가 매일 최대 30테라바이트의 데이터를 생산할 것으로 추산하고 있다.

오늘 최신형 자동차를 출시하면 타이어 공기압부터 엔진 배기 가스의 오염 수준까지 10만 개 이상의 데이터 변수가 업데이트된다. 온보드 내비게이션 시스템은 당신이 운전하는 모든 마일을 추적하고 당신이 가장 좋아하는 출근 경로를 기억한다. 여러분의 차는 교통 체증을 피하고 주차할 장소를 찾는 데 도움을 줄 수 있다. 오늘날의 자동차들 중 일부는 심지어 차 안의 각 탑승자의 무게에 대한 데이터를 수집한다다.

커넥티드카의 실시간 스트리밍 데이터를 활용할 기회가 많다. 맥킨지(McKinsey; www.mckinsey.com)는 차량 내 데이터 서비스가 2030년까지 연간 1조 달러 이상의 수익을 창출할 수 있을 것으로 추정한다. 커넥티드카 데이터가 특히 가치 있는 5개 분야에 대해 알아보자.

MKT **운전 경험.** 프로그램 가능한 시트, 사전 설정된 라디오 방송국, 운전자 정보 센터, 헤드업 디스플레이, 적응형 크루즈 컨트롤, 차선 이탈 알림, 자동 평행 주차 및 충돌 회피 기능은 모두 오늘날의 많은 신형 자동차에 있는 기능이다. 하지만, 만약 자동차가 운전자의 선호도를 알게 된다면 어떨까? 예를 들어, 운전자는 출근길에 뉴스를 듣고, 집에 오는 길에 클래식 음악을 들으며 휴식을 취하고 싶어할 수 있다. 아마도 대부분의 금요일마다 운전자는 커피숍에서 친구를 만나기 위해 평소 가던 길을 우회한다. 그래서 이제, 그녀가 금요일에 일하러 가기 위해 운전대를 잡으면, 라디오는 공중 라디오로 설정된다. 퇴근 후 자동차의 라디오는 클래식 음악에 맞춰져 있다. 도중에, 내비게이션 시스템은 그녀에게 그녀의 정상 경로에서 일어난 사고에 대해 경고하고, 그것은 커피숍으로 가는 대체 경로를 추천한다.

운전자 웰빙. 커넥티드카는 운전자의 운전 능력과 체력이 수반되는 기능이 있다. 이 앱들은 피로감지, 음주 운전자 자동감지, 운전자가 이를 할 수 없을 경우 자동차가 의료지원을 호출할 수 있는 기능을 포함한다. 또 다른 흥미로운 앱은 운전 중 문자 메시지와 같은 산만한 운전을 감지하기 위해 차내 카메라를 사용하는 것을 포함한다.

위치 기반 서비스. 각 자동차의 데이터는 위치 기반 제안을 제공하는 데 사용될 수 있다. 예를 들어, 위의 운전자는 그녀가 커피숍에 도착했을 때 그녀가 가장 좋아하는 커피 한 잔에 대한 할인 제안을 받을 수 있다.

MKT **품질과 신뢰성.** 오늘날 소셜 미디어는 소비자들에게 힘을 실어주었고, 그들은 차량 품질과 신뢰성의 중요성을 강조했다. 이 두 가지 이슈는 강력한 자동차 브랜드 명성과 고객 충성도를 구축하기 위한 핵심 요소이다. 그러나 아무리 훌륭한 제조공정이더라도 자동차는 복잡한 기계로 현장에서 문제가 자주 발생한다. 자동차 제조사는 커넥티드카의 데이터를 활용해 이러한 문제를 신속하게 찾아 해결한다. 이러한 방식으로 기업들은 보증 비용을 절감하고 브랜드 및 고객 충성도를 높일 수 있다.

POM 센서 데이터를 이용해 자동차 스스로 필요한 서비스와 유지보수를 예측해 운전자에게 알릴 수 있다. 또한 딜러점은 센서 데이터를 통해 원격 진단을 수행하여 서비스 또는 수리가 필요한 시기를 평가하고 필요한 부품을 식별할 수 있다. 고객이 예약을 위해 도착하면 적절한 기술을 갖춘 정비사가 서비스를 수행하고 고객 불편을 최소화할 수 있는 올바른 부품을 제공할 수 있다. 또한 이 프로세스는 딜러점의 재고 수준을 최적화하고 재고 운반 비용을 최소화할 수 있다.

이 센서 데이터는 차량의 성능과 상태에 대한 귀중한 통찰력을 제공한다. 예를 들어, 차량의 주행 방법, 시기 및 위치, 운전자의 운전 스타일 및 선호 사항, 기타 많은 변수 등이 이에 해당한다. 이러한 데이터를 분석하면 차량의 품질과 신뢰성을 향상시키는 동시에 더 나은 안전한 주행 환경을 제공하는 데 도움이 될 수 있다.

MKT **인포테인먼트(정보+엔터테인먼트).** 평균적으로 미국인은 하루의 8%(약 2시간)를 차에서 보낸다. 인포테인먼트는 1930년대부터 자동차에 존재해왔다. 차량의 다음과 같은 오디오 기능을 고려해보자.

- 라디오는 1930년대에 자동차에 등장하기 시작했다.
- FM 라디오는 1950년대에 등장했다.
- 8트랙 테이프 플레이어는 1960년대 중반에 등장했다.
- 카세트 데크는 1970년대에 등장했다.
- 최초의 양산 CD 플레이어는 1985년에 등장했다.
- 위성 라디오는 1990년대에 등장했다.

오늘날 운전자들은 오디오와 비디오를 재생하는 거의 모든 디지털 장치를 자동차의 인포테인먼트 시스템에 연결할 수 있다. 예를 들어, 부모들은 뒷좌석에 있는 자녀들을 위해 빌트인 영화 플레이어를 얼마나 높이 평가하는가? 모바일 와이파이 연결로 뉴스와 엔터테인먼트를 위한 스트리밍 서비스도 차량에 도입되었다.

인포테인먼트 데이터와 차량 데이터의 통합을 활용하는 방법은 다양하다. 예를 들어, 기업들은 다양한 서비스를 제공하기 위해 위치, 평균 운행 기간, 주당 주행 마일, 승객 수, 날짜 및 요일에 대한 데이터를 사용한다.

- 추천 콘텐츠: 아이들을 야구연습장에 데려갈 때는 짧은 형식의 콘텐츠가, 해변으로 운전해 갈 때는 긴 형식의 콘텐츠가 제시될 수 있다. 짧은 형식의 콘텐츠는 동영상, 리스티클(특정 주제에 대한 정보나 짧은 기사들의 목록으로 구성된 기사), 블로그 게시물과 같이 길이가 짧다. 이러한 유형의 콘텐츠는 사용자의 제한된 주의 지속 시간에 어필할 수 있다. 긴 형식의 컨텐츠는 짧은 형식의 컨텐츠보다 더 많은 양의 컨텐츠를 포함하는 긴 문서(일반적으로 1,200에서 20,000 단어 사이)로 구성된다. 이러한 기사들은 종종 창조적인 논픽션이나 서술적 저널리즘의 형태를 취한다.
- 모바일 결제: 유료 영화 및 스포츠 이벤트(뒷좌석 승객용)
- 지능형 메시징: 실제 여행 패턴에 따라 속보, 교통, 일기 예보에 액세스할 수 있다.
- 실시간 콘텐츠 전송: 목적지에 도착하면 태블릿, 스마트폰 또는 텔레비전으로 계속 시청할 수 있다.

많은 기업들이 커넥티드 서비스 시장에서 경쟁하고 있다. 예를 들어, 위브(Weve; www.weve.com/about)는 영국에서 모바일 마케팅 및 커머스를 선도하는 공급업체이다. 이 회사는 1,700만 명의 모바일 사용자의 실시간 데이터 스트림을 결합하여 지능형 메시징, 타깃 마케팅 제안 및 모바일 결제를 제공한다. 이러한 데이터 스트림에는 사용자가 공개하기로 선택한 위치 데이터, 구매 내역, 일상 및 소셜 데이터가 포함된다.

모든 자동차 회사들은 구글과 애플에 대해 걱정하고 있다. 이 두 기술 기업은 자동차와 자율주행 기술을 개발하고 있으며, 둘 다 커넥티드 서비스의 선두주자이다. 예를 들어, 구글의 웨이즈는 선도적인 차내 앱이다. 웨이즈는 혼잡을 피하는 방향을 제공하는 광고 지원 및 크라우드소싱 프로그램이다. 웨이즈는 사용자의 허락을 받아 스마트폰의 개인 데이터를 검사하고 5천만 명의 글로벌 사용자 화면에 팝업 광고를 내보낸다.

포드(www.ford.com), BMW(www.bmw.com), 제너럴 모터스(GM; www.gm.com) 등 자동차 업체들은 경쟁사가 제작한 차내 앱을 호스팅하고 제한할 수 있는 시스템을 구축했다. 이 시스템을 통해 운전자들은 애플과 구글의 경쟁 차량 화면 운영 체제인 카플레이와 안드로이드 오토를 각각 연결할 수 있다. 예를 들어 토요타가 함께 사용하는 이 분야에서 포드가 제공하는 것을 앱링크라고 한다. 이 앱은 자동차가 카플레이나 안드로이드 오토를 중개자로 사용하지 않고도 90개의 전화 앱을 이용할 수 있게 해준다.

다른 회사들은 차내 서비스를 개발하기 위해 노력하고 있다. 한 예로 2016년 BMW, 다임러, 폭스바겐이 힘을 합쳐 노키아의 디지털 지도 사업인 히어(www.here.com/en)를 31억 달러에 인수했다. 이번 인수로 이들 기업은 위치 기반 서비스, 나아가 자율주행차 지도 제작 플랫폼까지 갖추게 되었다. GM의 온스타(www.onstar.com) 모바일 정보 구독 서비스는 엑손과 모빌 주유소의 대시보드 충전 쿠폰과 호텔 객실 예약 기능을 제공한다. 메르세데스-벤츠의 컨시어지 서비스 엠브레이스(www.mbusa.com/mercedes/mbrace)는 교통체증이나 악천후로 운전자를 안내할 수 있다. 온스타와 엠브레이스 둘다 한달에 약 20달러의 비용이 들었다. 휴대폰, 태블릿, 스마트 워치를 연결하는 YunOS(운영 체제)를 운영하는 알리바바그룹(www.alibaba.com)도 중국 자동차 업체와 차량 운행 계약을 추진하고 있다.

자동차 데이터에 대한 관심이 기술·자동차 기업에만 국한된 것은 아니라는 점이다. 보험업계는 운전 습관에 대한 데이터 접근도 중시한다. 보험 회사들은 이 데이터를 사용하여 제한 속도를 초과하는 운전자에게는 더 높은 요금을 부과하고 안전 운전을 하는 운전자에게는 더 낮은 요금을 부과할 수 있다. 이와 함께 GM과 포드는 운전자들에게 안전습관을 보일 경우 보험료를 낮출 수 있는 운전자 점수를 계산하는 앱을 제공한다.

마지막으로, IBM(www.ibm.com)은 자동차 산업의 모든 부분을 위한 단일 접점이 될 계획이다. IBM은 BMW의 차량 데이터 플랫폼을 IBM의 서비스형 플랫폼(Platform-as-a-Service) 클라우드 컴퓨팅 애플리케이션에 연결하는 계약을 BMW와 체결했다(기술가이드 3 참조). IBM은 커넥티드 카의 데이터를 호스팅 및 분석한 다음 필요할 때 운전자의 동의를 얻어 제3자에게 데이터를 보내고자 한다. 초기 응용프로그램은 자동차를 지역 보험 대리점, 대리점 및 자동차 수리점에 연결할 수 있다.

출처: Compiled from A. Ross, "The Connected Car 'Data Explosion': The Challenges and Opportunities," *Information Age*, July 10, 2018; "The Connected Car, Big Data, and the Automotive Industry's Future," *Datameer Blog*, February 26, 2018; M. Spillar, "How Big Data Is Paving the Way for the Connected Car," *Hortonworks Blog*, January 23, 2018; L. Stolle, "Is Data from Connected Vehicles Valuable and, if So, to Whom?" *SAP Blogs*, June 21, 2017; C. Hall, "BMW's Connected-Car Data Platform to Run in IBM's Cloud," *Data Center Knowledge*, June 16, 2017; D. Cooper, "IBM Will Put Connected Car Data to Better Use," *Engadget*, June 14, 2017; N. Ismail, "The Present and Future of Connected Car Data," *Information Age*, May 17, 2017; R. Ferris, "An 'Ocean of Auto Big Data' Is Coming, Says Barclays," CNBC, April 26, 2017; D. Newcomb, "Connected Car Data Is the New Oil," *Entrepreneur*, April 17, 2017; M. McFarland, "Your Car's Data May Soon Be More Valuable than the Car Itself," CNN, February 7, 2017; L. Slowey, "Big Data and the Challenges in the Car Industry," *IBM Internet of Things Blog*, January 12, 2017; P. Nelson, "Just One Autonomous Car Will Use 4,000 GB of Data/Day," *Network World*, December 7, 2016; S. Tiao, "The Connected Car, Big Data, and the Automotive Industry's Future," *Datameer*, October 27, 2016; M. DeBord, "Big Data in Cars Could Be a $750 Billion Business by 2030," *Business Insider*, October 3, 2016; D. Welch, "The Battle for Smart Car Data," *Bloomberg BusinessWeek*, July 18-24, 2016; D. Booth, "It's Time for Automatic Alcohol Sensors in Every Car," *Driving*, May 6, 2016; "The Connected Vehicle: Big Data, Big Opportunities," *SAS White Paper*, 2016; G. Krueger, "Connected Vehicle Data: The Cost Challenge," *Federal Department of Transportation*, 2015; and www.ihs.com, www.bmw.com, accessed June 27, 2019.

질문

1. 커넥티드 카의 데이터에 대한 몇 가지 다른 용도(이 경우에서 논의된 용도 제외)를 설명해보자.
2. 커넥티드 카의 데이터가 빅 데이터로 간주되는지에 대해 논해보자.

빅 데이터와 관련된 문제

빅 데이터의 엄청난 가치에도 불구하고 빅 데이터는 문제를 가진다. 이 절에서는 무결성(integrity), 데이터의 품질, 가치가 거의 없는 분석의 미묘한 차이(nuance)를 살펴본다.

빅 데이터는 신뢰할 수 없는 출처로부터 나올 수 있다. 상기한 것처럼 빅 데이터의 특징들 중의 하나가 다양성이다. 이것은 빅 데이터가 수많은 광범위한 출처로부터 발생한다는 것을 의미한다. 이들 출처는 조직의 내부이거나 외부일 수도 있다. 예를 들면, 기업은 이메일이나 콜센터의 기록 그리고 데이터웨어하우스로부터 고객에 관한 구조적 데이터에 대한 소셜 미디어의 게시글(post)과 같은 비구조적인 출처로부터의 데이터를 통합하고 싶어 한다. 이때 질문은 "이 데이터의 외부 출처들이 얼마나 신뢰가치가 있는가? 예를 들면 트윗은 얼마나 신뢰가치가 있는가?"이다. 데이터는 입증할 수 없는 출처로부터 나올 수 있다. 게다가 출처로부터 보고된 데이터 그 자체가 거짓이거나 속이는 것일지도 모른다.

빅 데이터는 정제되어 있지 않다. 정제되지 않은 데이터(dirty data)는 부정확하거나 불완전하며, 사실이 아니거나 중복 또는 잘못된 데이터를 말한다. 이러한 문제의 예를 들면 단어의 잘못작성이나 리트윗(re-twit)과 같은 중복 데이터 혹은 소셜 미디어에 자주 등장하는 기업 신문기사들이 있다.

기업이 소셜 미디어 데이터를 이용하여 경쟁력분석에 관심을 갖고 있다고 가정하자. 기업은 소셜 미디어에 담긴 의견과 관련된 생각들만큼 소셜 미디어 아울렛에 경쟁사의 제품이 얼마나 자주 나타나는가를 알고 싶어 한다. 기업은 경쟁사와 관련된 긍정적인 의견들의 수가 자신에 관련된 긍정적인 의견의 수보다 2배정도 된다는 것을 알고 있다. 이러한 사실은 경쟁사가 자신의 신문기사를 다양한 출처에 뿌리고 있다는 단순한 사례, 즉 자신의 트럼펫을 불고 있는 것일지도 모른다. 양자택일적으로 경쟁사는 많은 사람들이 알림을 리트윗하게 하고 있는 것일 수 있다.

빅 데이터는 특별히 데이터의 흐름 속에서 변화한다. 데이터가 획득되는 조건들이 변화하기 때문에 조직은 분석에서 데이터의 품질이 변할 수 있거나 데이터 그 자체가 변할 수 있음을 반드시 인식해야 한다. 예를 들면 고객의 전력사용을 예측하기 위하여 기상데이터나 스마트 계량기 데이터를 분석하는 전력회사를 상상해보라. 전력회사가 실시간으로 이들 데이터를 분석하고 일부 스마트 계량기들로부터 데이터를 잃어버리고 있음을 발견했을 때 무슨 일이 일어나는가?

빅 데이터의 관리

빅 데이터는 과거에는 불가능했던 많은 일을, 예를 들면 기업의 추세를 훨씬 빠르고 정확하게 알아맞히기, 질병을 예방하기, 범죄를 추적하기 등과 같은 일을 수행하는 것을 가능하게 한다. 적절하게 분석된다면 빅 데이터는 이전에는 발견에 소요되는 작업 양 때문에 숨겨진 정보나 가치 있는 패턴을 찾아낸다. 월마트나 구글과 같은 선도 기업들은 수년 동안 빅 데이터를 처리할 수 있었다. 그러나 단순히 커다란 비용문제가 있었다. 오늘날 하드웨어와 클라우드 컴퓨팅(기술가이드 3을 참조)

그리고 오픈소스 소프트웨어는 대부분의 기업들이 빅 데이터 처리를 이용가능하게 했다.

데이터 관리를 향한 조직들의 첫 번째 발걸음은 정보 사일로를 데이터베이스 환경 속으로 통합하고 그 때 의사결정을 위한 데이터웨어하우스를 개발하는 것이다. (정보 사일로는 조직과 관련 있는 정보시스템이지만 다른 정보시스템과 커뮤니케이션하지 않는 정보시스템을 말한다.) 이 단계를 수행하고 나면 많은 조직들은 정보 관리의 비즈니스에 관심을 돌리게 된다. 즉 급격히 늘어난 데이터를 이해하게 된다. 최근에 오라클, IBM, 마이크로소프트와 SAP사는 데이터관리와 비즈니스 인텔리전스에 전문적인 소프트웨어 기업을 인수하기 위하여 수십억 달러를 지출하고 있다(여러분은 12장에서 비즈니스 인텔리전스를 학습하게 될 것이다).

기존의 데이터 관리시스템에 추가하여 오늘날 많은 조직들은 빅 데이터를 처리하기 위하여 NoSQL 데이터베이스를 채택하고 있다. 이를 "단순히 SQL(구조적인 질의언어) 데이터베이스만이 아닌(not only SQL database)" 것으로 생각하자(5.6절에서 SQL을 토의한다).

이 장에서 보았듯이 오라클이나 MySQL과 같은 전통적인 관계형 데이터베이스는 행과 열로 조직화된 테이블에 데이터를 저장한다. 각 행은 유일한 레코드와 관련되며 각 열은 계정의 속성을 나타내는 필드와 관련되어 있음을 상기하자.

대조적으로 NoSQL 데이터베이스는 비구조적인 데이터나 누락된 부분이 있는 데이터와 일관성이 없는 데이터와 같은 구조적인 데이터도 조작할 수 있다. 이러한 이유로 NoSQL 데이터베이스는 빅 데이터를 가지고 작업할 때 특별히 유용하다. 카산드라(http://cassandra.apache.org), 코치DB(CouchDB; http://couchDB.apache.org), 몽고DB(MongoDB; http://www.mongodb.org) 그리고 하둡(Hadoop; http://hadoop.apache.org)을 포함한 많은 제품들이 NoSQL 데이터베이스를 사용한다.

테메트라(Temetra)는 2002년에 설립되었으며, 영국 전역의 1,250만 개의 유틸리티 미터로부터 데이터를 저장하고 관리한다. 회사가 받는 데이터의 유형과 볼륨의 예측 불가능한 특성은 그들이 바쇼로부터 리아크 NoSQL(Riak NoSQL) 데이터베이스를 배치하도록 설득했다. 테메트라는 검침 키를 누르는 사람부터 15분마다 자동으로 데이터를 전송하는 대규모 업계 사용자까지 다양한 출처에서 데이터를 수집한다.

테메트라는 처음에 SQL 데이터베이스로 고객을 지원하였다. 하지만, 결국 그것은 그 양의 데이터를 효과적으로 관리할 수 없게 되었다. 회사는 데이터 볼륨을 처리하고 새로운 데이터 유형을 추가하는 기능을 얻기 위해 NoSQL 데이터베이스를 구축했다. 본질적으로 NoSQL은 테메트라가 엄격한 형식 없이 데이터를 저장할 수 있게 했다.

하둡(www.hadoop.apache.org)은 데이터베이스 유형이 아니다. 오히려 대규모 병렬 처리를 사용하여 대용량 데이터 세트를 저장, 검색 및 분석할 수 있는 프로그램 모음이다. **대량 병렬 처리**(massively parallel processing)는 응용 프로그램의 다른 부분에서 작동하는 여러 프로세서에 의한 응용 프로그램의 조정된 처리이며, 각 프로세서는 자체 운영 체제와 메모리를 사용한다. 이와 같이, 하둡을 통해 사용자는 성능 저하 없이 수천 대의 서버에 분산될 수 있는 NoSQL 데이터베이스에 액세스할 수 있다. 예를 들어, 중앙 집중식 관계형 데이터베이스 시스템에서 처리 시간이 20시간이나 걸리는 대형 데이터베이스 애플리케이션은 하둡의 병렬 처리를 사용할 때 몇 분밖에 걸리지 않는다.

맵리듀스(MapReduce)는 분석을 여러 장소에서 서로 다른 서버에 분산할 수 있는 조각으로 나누는 소프트웨어 절차를 말한다. 맵리듀스는 먼저 분석(맵)을 배포한 후 결과를 수집하여 단일 보고서로 다시 통합한다(리듀스)한다.

구글은 한동안 클라우드 스패너라고 불리는 새로운 유형의 데이터베이스를 개발해왔다. 2017년 2월, 서비스로서의 클라우드 스패너를 대중에게 출시하였다. IT와 기업사례 5.2는 이 데이터베이스에 대해 다루고 있다.

빅 데이터 사용하기

기업들은 반드시 빅 데이터를 관리하여 그것으로부터 이익을 얻어야 한다. 여기에는 여러 가지 방법이 있다.

빅 데이터를 이용가능하게 만들기. 관련 이해관계자들을 위하여 빅 데이터를 이용가능하게 만드는 것은 조직이 가치를 얻는 데 도움이 될 수 있다. 예를 들면 공공영역에서 오픈 데이터를 고려해보자. 오픈 데이터는 개인이나 조직이 새로운 비즈니스를 창업하기 위하여 사용할 수 있고, 복잡한 문제를 해결하기 위하여 사용할 수 있는 접속가능한 공공 데이터이다. 특별히 정부기관들은 빅 데이터의 일부분인 아주 거대한 양의 데이터를 모은다. 그러한 데이터를 이용가능하게 하는 것은 경제적 이익을 가져다줄 수 있다. 뉴욕대학교의 고브랩(GovLab)은 오픈 데이터의 500개 연구에서 정부의 공개 데이터를 분석하여 기업의 비즈니스 모형을 형성하는 미국 기반의 기업들을 약 500개를 발견했다.

조직이 실험하는 것을 가능하게 하기. 빅 데이터는 조직이 통제된 실험을 수행함으로써 성과를 개선하는 것을 가능하게 한다. 예를 들면 아마존(그리고 구글이나 링크드인과 같은 많은 다른 기업들)은 웹 사이트에서 약간 다른 '모양'을 제공함으로써 끊임없이 실험을 한다. 각 실험들은 단지 두 가지의 가능한 결과를 가지기 때문에 이들 실험들을 A/B 실험이라고 부른다. 우아한 수제품의 온라인 마켓플레이스인 엣시닷컴(Etsy.com)에서의 A/B 실험의 예가 있다.

IT와 기업사례 5.2
클라우드 스패너, 구글 글로벌 데이터베이스

MIS

수십만 대의 컴퓨터와 여러 데이터 센터를 포함하는 시스템은 전 세계의 시간을 정확하게 동기화해야 한다. 이 시스템들은 많은 장소에 있는 컴퓨터들 간의 통신을 포함하며, 정확한 시간을 지키기 어렵기 때문에 컴퓨터마다 시간이 다르다.

네트워크 타임 프로토콜과 같은 서비스들은 컴퓨터들에게 공통 시간 기준점을 제공하는 것을 목표로 한다. 그러나 이 프로토콜은 컴퓨터 네트워크 전송 속도가 컴퓨터 자체의 처리 속도에 비해 상대적으로 느리기 때문에 잘 작동하였다. 사실, 구글이 스패너를 개발하기 전에, 회사들은 지속적이고 강렬한 통신 없이 데이터베이스를 일관되게 유지하는 것이 불가능하지는 않더라도 매우 어렵다는 것을 알았다. 전 세계에서 이런 종류의 커뮤니케이션을 하는 것은 너무 많은 시간이 걸렸다.

구글에게는 시간 문제가 매우 중요했다. 회사의 데이터베이스는 전 세계에 분산되어 있는 데이터 센터에서 운영된다. 따라서, 구글은 세계의 한 지역의 거래가 다른 지역의 거래와 일치한다고 보장할 수 없었다. 즉, 구글은 자사의 운영에 대한 진정한 글로벌 그림을 얻을 수 없었다. 이 기업은 여러 지역에 걸쳐 데이터를 원활하게 복제하거나 필요할 때 복제된 데이터를 신속하게 검색할 수 없었다. 구글의 엔지니어들은 전 세계에 걸쳐 신뢰할 수 있는 시간을 생산할 수 있는 방법을 찾아야 했다.

이 문제를 해결하기 위해 구글은 전 세계에 분산된 NewSQL 데이터베이스인 클라우드 스패너(Cloud Spanner)를 개발했다. 스패너는 여러 대륙의 데이터 센터에 위치한 수백만 대의 컴퓨터에 데이터를 저장한다. 스패너가 전 세계로 뻗어나가도 데이터베이스는 마치 한 곳에 있는 것처럼 작동한다.

NewSQL은 전통적인 데이터베이스 시스템의 ACID 보장을 유지하면서 온라인 거래 처리(OLTP) 기능을 위해 NoSQL 시스템과 동일한 확장 가능한 성능을 제공하는 현대 관계형 데이터베이스 관리 시스템의 한 종류이다. ACID 보증에는 다음이 포함된다.

- 원자성(atomicity): 각각의 거래는 전부 아니면 아무것도 아니다. 트랜잭션의 한 부분이 실패하면 전체 트랜잭션이 실패하고 데이터베이스는 변경되지 않은 상태로 유지된다.
- 일관성(consistency): 모든 트랜잭션은 데이터베이스를 하나의 유효한 상태에서 다른 상태로 가져온다.
- 격리(isolation): 트랜잭션을 동시에 실행하면 트랜잭션이 순차적으로 실행되는 경우 얻을 수 있는 시스템 상태가 된다.
- 내구성(durability): 트랜잭션이 실행되면 정전, 시스템 충돌 또는 오류가 발생하더라도 트랜잭션은 그대로 유지된다.

클라우드 스패너는 기존 관계형 데이터베이스와 NoSQL 데이터베이스 모두에서 최고의 기능을 제공한다. 즉, 트랜잭션 일관성과 손쉬운 확장성을 제공한다. 그러나 스패너는 단순한 스케일업 관계형 데이터베이스 서비스가 아니고, 클라우드 SQL은 구글의 제품이다. 스패너가 데이터 웨어하우스가 아니고, 빅쿼리(BigQuery)는 구글 제품이다. 마지막으로, 스패너는 NoSQL 데이터베이스가 아니고, 빅테이블은 구글 제품이다.

구글은 스패너의 한 부분에 있는 회사 데이터를 변경할 수 있다. 예를 들어, 광고주 계정을 삭제하거나 광고주 광고를 내보내는 등 지구 반대편에서의 변경사항에 반대하지 않는다. 또한 스패너는 세계 여러 지역의 여러 데이터 센터에 걸쳐 데이터를 쉽고 안정적으로 복제할 수 있으며, 개별 데이터 센터가 중단될 경우 이러한 복사본을 원활하게 검색할 수 있다. 본질적으로 스패너는 구글에 대륙에 걸친 일관성을 제공한다.

그렇다면, 구글은 스패너를 만들어서 시간 문제를 어떻게 해결했을까? 구글 엔지니어들은 구글의 데이터 센터에 위성위치확인시스템(GPS; 8장 참조) 수신기와 원자 시계를 장착했다. GPS 수신기는 지구 궤도를 도는 다양한 위성들로부터 시간을 얻는 반면 원자 시계는 그들만의 매우 정확한 시간을 유지한다. GPS 장치와 원자 시계는 각 데이터 센터의 마스터 서버로 시간 판독값을 보낸다. 이 서버들은 공통 시간에 정착하기 위한 노력으로 판독값을 거래한다. 오차범위가 여전히 존재한다. 그러나 시간 판독값이 매우 많기 때문에 마스터 서버는 훨씬 더 신뢰할 수 있는 시간 기록 서비스가 된다. 구글은 이 시간 기록 기술을 트루타임이라고 부른다.

트루타임의 도움으로 스패너는 구글의 다양한 시장에서 경쟁 우위를 제공한다. 트루타임은 애드워즈와 지메일뿐만 아니라 구글 포토와 구글 플레이 스토어를 포함한 2,000개 이상의 구글 서비스를 위한 기반 기술이다. 구글은 이제 전례 없는 규모로 온라인 거래를 관리할 수 있다. 게다가 스패너의 극단적인 형태의 데이터 복제 덕분에 구글은 이제 전례 없는 일관성을 가지고 서비스를 계속 운영하고 있다.

구글은 스패너가 글로벌 비즈니스를 보다 쉽게 운영하고 여러 지역에 걸쳐 데이터를 복제할 수 있는 방법을 제공함으로써 운영 중단을 예방할 수 있기를 바라고 있다.

문제는 구글과 같은 규모의 진정한 글로벌 기업도 드물다는 점이다. 하지만 구글은 스패너가 시간이 지날수록 고객들이 확장할 수 있는 자유를 줄 것이라고 장담하고 있다. 이러한 고객들 중 하나는 기업들이 그들의 공급망을 감독하는 것을 돕는 회사인 JDA(www.jda.com)이다. JDA가 스패너를 테스트하는 이유는 회사 데이터의 볼륨과 속도가 기하급수적으로 증가하고 있기 때문이다.

스패너는 대규모 은행이 전 세계에서 일어나는 거래를 보다 효율적으로 추적하고 동기화할 수 있도록 함으로써 금융 시장에서도 유용할 수 있다. 전통적으로 많은 은행들은 보안 및 개인정보보호를 이유로 클라우드에서 거래를 관리하는 데 신중해 왔다. 그러나 일부 은행들은 현재 스패너를 조사하고 있다.

구글이 스패너 기술을 모든 고객에게 클라우드 컴퓨팅 서비스로 제공하고 있다. 구글은 스패너가 마이크로소프트, 아마존과의 클라우드 컴퓨팅 시장 패권 다툼에서 경쟁 우위를 창출할 수 있다고 보고 있다.

출처: Compiled from A. Penkava, "Google Cloud Spanner: The Good, the Bad, and the Ugly," *Lightspeed*, March 21, 2018; A. Cobley, "Get Tooled up before Grappling with Google's Spanner Database," *The Register*, March 12, 2018; T. Baer, "Making the Jump to Google Cloud Spanner," *ZDNet*, February 22, 2018; A. Brust, "Google's Cloud Spanner: How Does It Stack Up?" *ZDNet*, July 7, 2017; F. Lardinois, "Google's Globally Distributed Cloud Spanner Database Service Is Now Generally Available," *TechCrunch*, May 16, 2017; S. Yegulalp, "Google's Cloud Spanner Melds Transactional Consistency, NoSQL Scale," *InfoWorld*, May 4, 2017; A. Cobley, "Google Spanner in the NewSQL Works?" *The Register*, March 21, 2017; D. Borsos, "Google Cloud Spanner: Our First Impressions," *OpenCredo*, March 7, 2017; F. Lardinois, "Google Launches Cloud Spanner, Its New Globally Distributed Relational Database Service," *TechCrunch*, February 14, 2017; C. Metz, "Spanner, the Google Database that Mastered Time, Is Now Open to Everyone," *Wired*, February 14, 2017; B. Darrow, "Google Spanner Database Surfaces at Last," *Fortune*, February 14, 2017; C. Metz, "Google Unites Worldwide Data Centers with GPS and Atomic Clocks," *Wired UK*, September 20, 2012; and www.google.com, accessed June 27, 2019.

질문

1. 구글의 클라우드 스패너가 조직에 제공하는 이점에 대해 논의해보자.
2. 당신의 회사가 글로벌 기업이 아닌 경우에도 구글의 클라우드 스패너의 가치는 계속될 수 있는지 논의해보자.

MKT 엣시의 분석가들은 그들의 웹 페이지 중의 하나가 고객의 관심을 끌었지만 계속 유지하는 데 실패했다는 것을 알았을 때 그들은 그 페이지에 대해 더 밀접한 조사를 하였다. 웹 페이지가 거의 행동촉구를 가지지 못하였다는 것을 알았다. (행동촉구는 하나의 아이템으로 고객이 무언가를 하는 것을 가능하게 하는 웹 페이지에서의 하나의 버튼이다.) 이러한 특별한 엣시 페이지에서, 고객은 떠나거나, 구매하거나 탐색 혹은 2개의 추가적인 제품 이미지에 클릭을 할 수 있었다. 분석가들은 웹 페이지에서 더 많은 제품이미지를 보여주기로 결정했다.

결론적으로 웹 페이지에 대한 방문자들 중 한 그룹은 추가적인 제품 이미지를 보여주는 웹 페이지의 상단을 가로지르는 띠를 보았다. 다른 그룹은 단지 2개의 원래의 제품 이미지를 보았다. 추가적인 이미지를 보여준 웹 페이지에서 고객은 많은 제품을 관찰했고 많은 제품을 구매했다. 이 실험의 결과는 엣시사에 대한 가치있는 정보를 보여주었다.

고객의 미세 세분화. 기업고객의 세분화란 고객을 하나 이상의 특징을 공유하는 그룹으로 분류하는 것을 의미한다. 미세 세분화는 고객을 아주 작은 그룹이나 개개인으로 분류하는 것이다.

MKT 예를 들면 페이트로닉스 시스템즈(Paytronix Systems; www.paytronix.com)는 충성도와 보상 프로그램 소프트웨어를 수천 개의 식당에 공급한다. 페이트로닉스는 소셜 미디어를 포함하여 충성도와 선물 프로그램을 넘어선 고객의 데이터를 다양한 출처로부터 수집한다. 페이트로닉스는 식당 고객이 그들의 손님을 미세 세분화하는 것을 도우기 위하여 빅 데이터를 분석한다. 식당 매니저는 그들 식당의 충성도와 선물 프로그램을 좀 더 정확하게 고객맞춤화를 할 수 있다. 그렇게 함으로써 매니저는 수익성과 고객의 만족도 견지에서 그들 식당의 성과가 개선되고 있다는 것을 인지하고 있다.

POM 새로운 비즈니스 모형 만들기. 기업은 새로운 비즈니스 모형을 만들기 위해 빅 데이터를 사용할 수 있다. 예를 들면 상업용 운송회사는 대형의 장거리 수송 트럭단을 운영하고 있다. 최근에 모든 회사 트럭에 센서를 달았다. 텔레매틱스라 불리는 프로세스로 센서는 회사와 대량의 정보를 무선으로 커뮤니케이션을 한다. 센서들은 트럭의 사용(악셀 밟기, 브레이크 작동, 회전하기 등)과 수송거리, 유지보수에 관한 데이터를 수집한다.

빅 데이터를 분석함으로써 운송회사는 적극적으로 예방차원의 유지보수를 제안하는 거의 실시간 분석을 통해 트럭의 상태를 개선할 수 있었다. 이와 함께 트럭 운전자의 운전스타일을 분석함으로써 운전자의 트럭운전 기술을 개선시킬 수 있었다.
운송회사는 그때 빅 데이터를 보험회사에 이용하였다. 이 데이터를 사용하여 보험회사는 트럭의 상태와 운전행태에 따른 위험분석을 실행하였다. 보험회사는 트럭회사의 보험료의 10%를 낮추어 주는 새로운 가격 모형을 제공하였다.

더 많은 데이터를 분석 가능. 일부 경우에 기업은 특별한 현상에 대하여 모든 데이터를 처리할 수 있다. 이는 기업이 표본추출에 많은 의존을 할 필요가 없다는 것을 의미한다. 단순 임의추출은 잘 작동한다. 그러나 전체 데이터를 분석함에 있어 효과적이지 못하다. 부가하여 단순 임의추출은 몇 가지의 기본적인 약점이 있다. 우선 첫째로 단순 임의추출의 정확성은 표본 데이터를 추출할 때 무작위성의 보장에 의존한다. 그러나 이러한 무작위성은 문제가 있다. 데이터 수집과정에서 체계적인 편기(bias)는 결과를 아주 부정확한 것으로 만드는 원인이 된다. 예를 들면 유선전화를 사용하는 정치투표를 생각해보자. 이러한 표본은 단지 휴대전화을 사용하는 사람들을 배제할 가능성이 있다. 이러한 편기는 심각하게 결과를 왜곡한다. 왜냐하면 휴대전화의 사용자는 보통 유선전화에 의존하는 사람들에 비하여 전형적으로 더 젊고 더 자유분방하기 때문이다.

빅 데이터를 조직의 기능영역에서 사용하기

이 절에서는 빅 데이터가 기업의 다양한 기능영역에서 얼마큼 가치가 있는지의 예를 보여줄 것이다.

HRM 인적자원. 근로자의 이익, 특히 건강관리는 기업의 주요 경비를 나타낸다. 결론적으로 일부 기업들은 이러한 경비를 관리하기 위하여 빅 데이터에 관심을 전환하였다. 예를 들어 시저 엔터테인먼트사(www.caesars.com)는 근로자와 그들의 부양가족 65,000명의 건강보험 청구데이터를 분석한다. 관리자는 응급실 방문횟수와 근로자들이 일반 약을 구매하는지 브랜드 약을 구매하는지의 여부와 같은 근로자들이 의료 서비스를 어떻게 사용하는지를 가리키는 수천가지의 변수를 추적할 수 있다.

다음 시나리오를 고려하자. 의료 비상사태가 발생한 너무 많은 직원들이 덜 비싼 응급 치료 시설이 아닌 병원 응급실에서 치료를 받았다는 것을 데이터가 밝히고 있다. 회사는 높은 비용의 응급실을 방문한 근로자들이 생각하게 할 캠페인을 실시했다. 회사는 대안 시설에 대한 목록을 제공하였다. 결과적으로 1만 명의 응급환자들은 덜 비싼 대안시설로 이동했고 총 45,000만 달러의 비용을 절감하게 되었다.

빅 데이터는 또한 고용에도 영향을 준다. 하나의 예가 케이털라이트(Catalyte) 정보기술회사 (www.catalyte.com)이다. 이 회사는 프로그램 작업을 위해 프로그램 팀을 고용하는 기술 아웃소싱 회사이다. 전통적인 모집은 전형적으로 너무 느리고 관리자를 고용하는 것은 종종 그 업무에 최적이지도 않는 후보를 주관적으로 선택한다. 케이털라이트는 후보자들이 온라인 평가서를 작성하도록 요구함으로써 이 문제를 처리하고 있다. 그때 각 후보자에 대한 수천가지의 데이터 포인트를 수집하는 평가법을 사용한다. 실제로 기업은 후보자들이 무엇을 대답하기보다는 어떻게 대답하는지에 대한 데이터를 더 많이 수집한다.

예를 들어 평가는 주제를 알고 있을 것이라고 기대되지 않는 지원자들에게 미적분을 요구하는 문제를 줄 수 있을지도 모른다. 대답에 힘쓰고 있는지, 빨리 응답하고 나중 다시 돌아와 있는지, 혹은 문제를 전적으로 건너뛰는지와 같은 후보자들의 반응은 후보자들이 직무에서 만나게 될 도전을 어떻게 응전하는가에 대한 통찰력을 제공한다. 예를 들어 어려운 문제에 힘쓰는 사람은 문제해결에 관한 체계적인 접근법을 요구하는 평가에서 효과적이며, 반면에 좀 더 공격적인 방법을 취하는 사람은 다른 직업을 설정하는데 더 잘 할 수 있을지 모른다.

이러한 빅 데이터 접근법의 이익은 사람들이 테이블에 다른 기술을 가지고 가며 어떤 일에도 만능(one-size-fits-all)인 사람은 없다는 것을 인식하는 것이다. 수백만의 데이터를 분석해보니 어떠한 속성이 후보자에 특정 상황을 가져오는지를 알게 되었다.

하나의 성공의 측정치로서 케이털라이트에서 근로자들의 연간 평균 이직율이 15%인데 비하여 미국 내 경쟁기업들의 경우 30%가 넘으며, 유사한 해외 기업의 경우 이직율은 20%가 넘는다.

MKT 제품개발. 빅 데이터는 고객의 기호를 획득하여 그 정보를 신제품에 설계에 반영시키는데 도움을 준다. 예를 들면 포드자동차(www.ford.com)는 유럽 포드사의 자동차에서 수년간 이용 가능했던 '3번 깜박임' 방향 지시등을 고려하고 있다. 포드의 미국 자동차의 방향신호와 달리 이 지시등은 운전자의 터치에 3번 깜박이고 그후 자동으로 끈다.

포드는 이 실마리에 대한 전면적인 시장 조사 테스트를 실시하는 것은 너무 많은 비용과 시간이 소요된다고 결정하였다. 대신에 운전자가 회전 표시등에 대해 말한 것을 발견하기 위하여 자동차 매니아 웹 사이트 및 소유자 포럼을 조사하였다. 텍스트 마이닝 알고리즘을 사용하여 연구원들은 1만 개 이상의 언급을 추려낸 후 가장 관련된 의견을 요약했다.

결과는? 포드사는 2010년 새로운 피에스타에 3번 깜박이 방향 지시등을 달았고 2013년에는 모든 포드 자동차에 적용을 하였다. 비록 일부 포드 차의 소유자들이 자신이 새로운 방향 지시등을 사용하는데 문제가 있었다고 온라인에 불평을 했었지만 다른 많은 사람들은 이를 지지했다. 포드의 경영자들은 전통적인 시장 연구로 결코 활용할 수 없었던 완벽한 모습을 기업에 제공하였기 때문에 텍스트 마이닝 알고리즘의 사용은 이번 시도에서 가장 주요한 것임을 밝혔다.

POM 운영. 수년 동안 기업은 생산운용을 더욱 효율적으로 만들기 위하여 정보기술을 사용해 왔다. UPS(United Parcel Service)를 살펴보자. UPS는 오랫동안 운영개선을 위하여 데이터에 의존해왔다. 특별히 트럭의 속도와 위치 그리고 트럭 정차횟수와 운전자의 좌석벨트가 매어져 있는가를 수집할 수 있는 센서를 수송 트럭에 사용한다. 이 데이터들은 매일 끝 무렵에 UPS 데이터 센터에 업로드 되고, 밤새 분석된다. GPS 정보와 46,000대 이상의 트럭에 장착된 센서로부터의 데이터를 결합하여 UPS는 840만 갤런의 유류소비를 줄였고 8,500만 마일의 운송거리를 단축하였다.

MKT 마케팅. 마케팅 관리자들은 오랫동안 고객을 더 잘 이해하고 그들의 마케팅 활동을 더 직접적으로 타깃팅할 수 있도록 데이터를 사용해 왔다. 오늘날 빅 데이터는 마케팅 담당자가 더욱 개인화된 메시지를 만들 수 있게 한다.

영국의 인터컨티넨탈 호텔 그룹(IHG)은 호텔의 'Priority Club' 보상 프로그램의 회원들에 관한 상세한 사항, 예를 들어 소득수준이나 회원들이 숙박시설을 가족스타일을 좋아하는지 비즈니스 여행객 스타일 좋아하는지의 여부와 같은 것을 수집해 왔다. 호텔은 이러한 모든 정보들을 소셜 미디어로부터 획득된 정보를 하나의 데이터웨어하우스로 통합하였다. 데이터웨어하우스와 분석도구를 이용하여 호텔관리자는 새로운 마케팅 캠페인을 시작했다. 이전의 마케팅 캠페인은 평균적으로 7개에서 15개 정도의 고객 맞춤화된 메시지를 만들었지만 새로운 캠페인은 1,500개 이상의 메시지를 낳았다. IHG는 4개의 속성으로 정의된 12개의 초기 핵심 고객 그룹들에게 이 메시지를 배포하였다. 예를 들어 어떤 그룹은 주말에 숙박하기를 원하고 있고, 보상 포인트로 선물카드를 구매하며 IHG 마케팅 파트너를 통해 등록한다. 이러한 정보를 사용하여 IHG는 이들 고객에게 지역의 주말행사를 알려주는 마케팅 메시지를 보냈다.

캠페인은 아주 성공적인 것으로 나타났다. 과거 유사한 캠페인보다 35% 이상의 고객전환율과 채택율을 낳았다.

POM 정부 운용. 런던은 평균적으로 교통체증이 매우 심하며, 대도시권에서는 런던이 세계 1위를 차지했다. 런던에서 운전자들은 교통 체증으로 1년에 평균 101시간을 허비했다. 교통 체증은 사업에 좋지 않다. INRIX 연구는 2013년에서 2030년 사이에 영국 경제에 미치는 비용이 3,070억 파운드(4,000억 달러)가 될 것이라고 추정했다.

교통 체증은 또한 배출량, 지구 온난화, 대기 질, 공중 보건 측면에서 환경 및 사회적 지속 가능성 모두에 부정적인 영향을 미치면서 도시 복원력에 해롭다. 현대 도시의 거주성에 관해서는, 혼잡은 도시 교통 사용자 경험(UX)의 중요한 요소이다.

주어진 시간에 UX 만족도를 계산하는 것은 다양한 주요 변수와 요인들로 복잡한 방정식을 푸는 것을 다음의 것들을 포함한다: 총 운송 자산 수(도로 및 철도 용량, 주차 공간 추가), 사용자(차량, 보행자), 사고(도로 공사, 사고, 고장), 그리고 기대치(예상된 이동 시간 및 승객), 편안함 등.

런던 내에서 교통 카메라와 자동차 및 도로의 센서 등 빅 데이터 소스가 점점 더 많이 사용 가능해짐에 따라 스마트 교통의 새로운 시대를 여는 데 도움이 될 수 있다. 이 빅 데이터를 분석하면 런던의 교통 분석가들이 실시간 교통 패턴 예측 및 교통 관리 전략의 신속한 배치를 통해 "도시를 감지"하고 교통을 향상시킬 수 있는 새로운 방법을 제공한다.

확인하고 넘어가기

1. 빅 데이터를 정의해보자.
2. 빅 데이터의 특징을 설명해보자.
3. 기업이 경쟁우위를 얻기 위하여 빅 데이터를 어떻게 사용할 수 있는가를 설명해보자.

5.4 데이터웨어하우스와 데이터마트

오늘날 가장 성공적인 기업은 시장의 변화와 기회에 빠르고 유연하게 대응할 수 있는 기업이다. 빠른 반응을 위해선 분석가와 경영자가 데이터 및 정보를 효과적이고 효율적으로 사용하는 것이 매우 중요하다. 문제는 사용자들이 기업 데이터에 접근해 분석할 수 있도록 하는 것이다. 예를 살펴보자. 지역 서점의 점장이 자신의 가게의 중고서적의 이윤 마진을 확인하고자 한다면 SQL이나 QBE를 이용해 자신의 데이터베이스에서 알 수 있다. 하지만 지난 10년간의 중고서적 이윤 트렌드를 보고자 한다면 아주 복잡한 SQL이나 QBE 질의를 반드시 구축해야 한다.

이 예는 기업이 데이터웨어하우스를 만드는 여러 가지 이유를 보여준다. 첫째, 서점 데이터베이스는 점장의 질의에 응답하는 데에 필요한 정보를 갖추고 있으나 찾는 답을 얻기 쉬운 형태로 조직되어 있지 않다. 둘째, 기업의 데이터베이스는 하루 수백만 개의 거래를 처리하도록 설계되어 있다. 그러므로 복잡한 질의는 응답하는 데에 오래 걸릴 수 있고 데이터베이스의 성능을 저하시킬 우려도 있다. 셋째로 거래 데이터베이스는 상시 업데이트되도록 설계되었다. 이 업데이트는 추가적인 연산능력을 소모한다. 데이터웨어하우스와 데이터마트는 읽기 전용이며 이미 데이터웨어하우스에 들어간 데이터는 업데이트되지 않기에 연산능력을 위와 같이 소모하지 않는다. 네 번째로 거래 데이터베이스는 한 번에 한 개의 레코드에 접속하도록 설계되지만, 데이터웨어하우스는 한 번에 많은 수의 연관 레코드에 접근하도록 설계된다.

이 문제들의 결과로써 기업은 다양한 도구를 데이터웨어하우스 및 데이터마트와 병행해 사용하여 사용자들이 데이터를 더욱 빠르게 접근, 분석, 질의할 수 있도록 한다. 이러한 도구에 대해선 12장 비즈니스분석에서 더 자세히 다룬다.

데이터웨어하우스와 데이터마트의 설명

일반적으로 데이터웨어하우스와 데이터마트는 비즈니스 인텔리전스(BI) 프로그램을 지원한다. 12장에서 다룰 것이지만, 비즈니스 인텔리전스는 대단히 광범위한 프로그램, 기술, 프로세스의 집합체로 기업의 판단 과정을 돕기 위해 데이터를 수집, 저장, 접속, 분석하는 기능을 가진다. **데이터웨어하우스(data warehouse)**는 조직의 판단을 지원하기 위해 주제별로 분류된 과거 데이터의 저장소다.

데이터웨어하우스는 그 유지비가 상당히 비싸 대기업에 의해 주로 사용된다. **데이터마트(data mart)**는 데이터웨어하우스의 염가 축소판으로서 소형 조직이나 전략적 기업 단위(SBU), 혹은 대형 조직의 한 부서가 사용한다. 데이터마트는 데이터웨어하우스 보다 훨씬 빠른 시일 안에 구축할 수 있다(일반적으로 90일 이내). 또한 이는 사용 그룹에 권한을 부여하여 중앙통제가 아닌 지역 통제를 지원한다. 일반적으로 단일 혹은 소수의 BI 프로그램을 사용하는 그룹은 데이터웨어하우스 없이 데이터마트만으로 필요한 데이터를 모두 입수할 수 있다.

데이터웨어하우스와 데이터마트의 기초적 특징을 살펴보면 다음과 같다.

- 기업 차원 및 주제에 따라 조직됨: 데이터는 주제별로 예를 들어 고객, 판매자, 제품, 가격대, 지역별로 분류된다. 이 배열은 거래처리시스템과 다르다. 거래처리시스템의 데이터는 주문입력, 재고통제, 미수계정과 같이 비즈니스 프로세스에 의해 조직화된다.
- 온라인 분석 연산을 사용: 전형적으로 기업 데이터베이스는 거래 처리를 지향하고 있다. 즉 데이터베이스는 비즈니스 거래가 발생하자마자 온라인으로 처리되는 온라인 거래 처리(OLTP: online transaction processing)를 한다는 것이다. 주 달성 목표는 속도와 효율성이며 이는 성공적인 인터넷 기반 기업 활동에 필수적이다. 이에 반해 데이터웨어하우스는 OLTP를 지원하는 것이 아니라 경영진의 의사결정을 돕기 위해 제작되므로 온라인 분석 연산을 사용한다. 온라인 분석처리(OLAP: online analytical processing)는 누적된 데이터를 최종 사용자가 분석하는 것이다.

- 통합: 다수의 시스템에서 수집된 데이터가 주제 중심으로 통합된다. 예를 들어 내부 및 외부 시스템에서 추출된 고객 데이터는 고객 식별자를 중심으로 조직되어 고객의 포괄적 정보를 제공하게 된다.
- 시간 변화: 데이터웨어하우스와 데이터마트는 과거 데이터를 보존한다. 최신 데이터만 저장하는 (일반적으로 지난 며칠, 몇 주, 혹은 1개월 간 보관) 거래시스템과 달리 데이터웨어하우스와 마트는 몇 년 단위로 데이터를 저장한다. 기업은 편차와 추세 그리고 장기 관계를 검지하기 위해 이러한 과거 데이터를 필요로 한다.
- 비휘발성: 데이터웨어하우스와 데이터마트는 비휘발성이다. 즉 사용자가 데이터를 변화시키거나 업데이트를 할 수 없다. 그러므로 데이터웨어하우스와 데이터마트는 방금 보았던 것처럼 추세를 확인하고 분석하는데 중요한 역사를 반영한다. 데이터웨어하우스와 데이터마트 또한 업데이트가 되긴 하나 IT 통제에서의 입력 프로세스가 이를 수행하지 사용자가 업데이트하지 않는다.
- 다차원적: 데이터웨어하우스와 데이터마트는 전형적으로 다차원적 데이터 구조를 사용한다. 관계형 데이터베이스는 2차원 테이블에 데이터를 저장한다. 대조적으로 데이터웨어하우스와 데이터마트는 2차원 이상에 데이터를 저장한다. 이런 이유로 데이터는 **다차원 구조(multidimensional structure)**에 저장되어 있다고 한다. 다차원 구조에 대한 일반적인 표현이 데이터 큐브이다.

데이터웨어하우스나 데이터마트에 저장된 데이터는 데이터 큐브의 한 면을 표현하는 제품, 지역, 시간대와 같은 주제들인 비즈니스 차원(business dimensions)에 의해 조직화된다. 그림 5.6의 데이터 큐브의 예시를 잠시 본다면 제품 차원은 나사, 너트, 볼트, 그리고 와셔 등으로 구성되고, 지리학적 지역 차원은 동부, 서부, 중부으로 구성되며, 시간대 차원은 2016, 2017, 2018년으로 구성된다. 사용자는 이러한 비즈니스 차원의 관점으로 데이터를 분석하고 관찰한다. 차원은 사용자가 쉽게 이해할 수 있는 비즈니스 개념으로 표현되기 때문에 이러한 분석은 직관적이다.

일반적 데이터웨어하우스 환경

데이터웨어하우스와 마트의 환경은 다음 사항을 포함한다.

- 데이터웨어하우스 및 마트에 데이터를 제공하는 원천시스템
- 데이터가 사용될 수 있도록 처리하는 데 필요한 데이터 통합 기술과 프로세스
- 데이터웨어하우스와 마트 내 데이터 저장을 위한 데이터베이스 설계
- 다양한 사용자를 위한 서로 다른 도구와 프로그램(12장에서 자세히 다룬다)
- 메타 데이터, 데이터 품질, 그리고 데이터웨어하우스와 마트가 목적을 충족시킴을 보장하는 거버넌스 프로세스

그림 5.4는 이러한 일반적 데이터웨어하우스/마트 환경을 묘사하고 있다. 구성요소를 상세하게 살펴보자.

그림 5.4 데이터웨어하우스 프레임워크

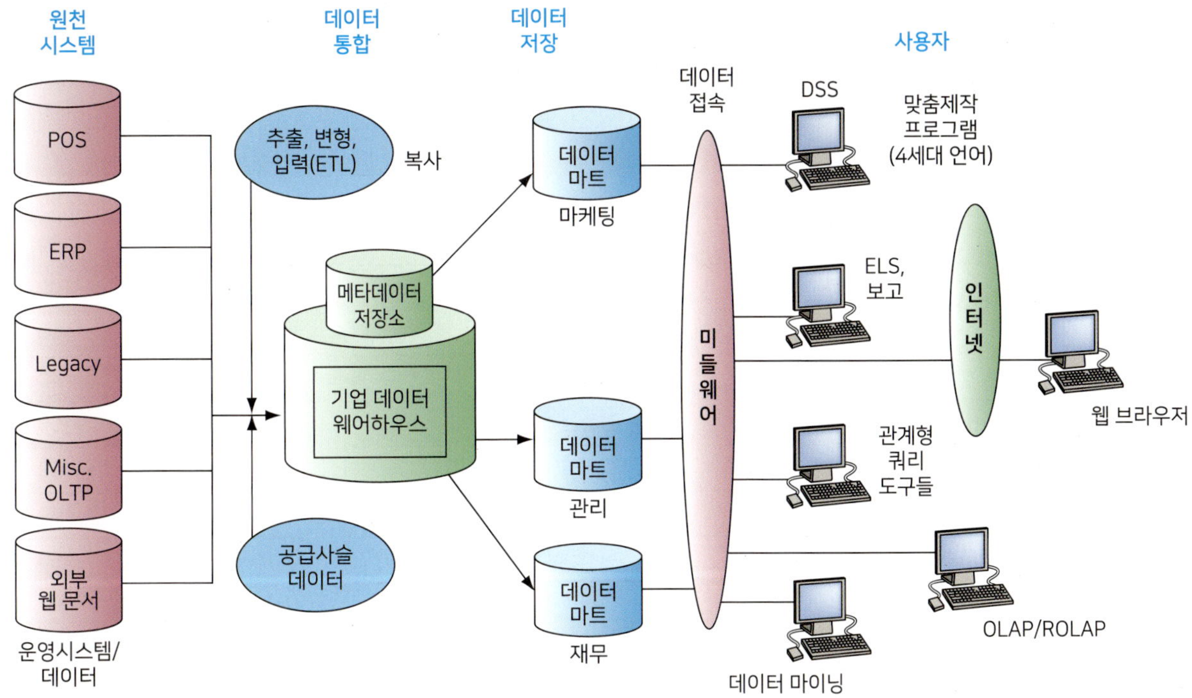

원천시스템. 기업이 기업의 BI기능을 개발하도록 동기부여 하는 전형적인 어떤 '조직적 고통'(예: 기업 수요)이 있다. 역으로 이야기하면, 이 고통은 정보 요구사항, BI 애플리케이션, 그리고 원천시스템 데이터 요구사항을 이끌어낸다. 데이터 요구사항은 데이터마트의 경우와 같이 단일 원천시스템에서부터 전사적 데이터웨어하우스의 사례에서처럼 수백 개의 원천 시스템에 이르기까지 다양하다.

현대 조직은 다양한 원천시스템으로부터 선택할 수 있다. 즉 업무/거래시스템, 전사적 자원계획(ERP)시스템, 웹 사이트 데이터, 제3자 데이터(고객의 인류통계학적 데이터) 등이 있다. 트렌드는 더 많은 종류의 데이터를 포함한다(예: RFID 태그에서 데이터를 읽는 것). 원천시스템은 서로 다른 소프트웨어 패키지를 사용하는 경우가 많고(IBM과 오라클 등) 데이터 저장 포맷도 다를 수 있다(예: 관계형과 계층형이 있다).

데이터웨어하우스의 데이터의 가장 일반적인 원천은 관계형 데이터베이스인 기업의 업무 데이터베이스다. 관계형 데이터베이스와 다차원 데이터웨어하우스와 마트를 차별하기 위하여 지난 3년(2016년, 2017년, 2018년) 동안 4개 제품(너트, 나사, 볼트, 워셔)을 제조하여 3개 지역(동부, 서부, 중부)에 판매하고 있는 여러분의 기업을 상상해보자. 관계형 데이터베이스에선 이러한 판매 데이터가 그림 5.5a ~ 그림 5.5c와 닮았을 것이다. 다차원 데이터에선 이런 데이터가 그림 5.6에 설명된 것처럼 3차원 행렬('데이터 큐브')로 표현된다. 이 행렬은 매출, 제품, 지역, 연도에 따라 판매크기를 표시했다. 그림 5.5a는 단지 2012년의 판매만 보이는 것을 주목하자. 2016년도와 2017, 2018년도의 판매는 각각 그림 5.5b와 그림 5.5c에 표기되었다. 그림 5.7a ~ 그림 5.7c는 관계형 데이터베이스와 다차원 데이터베이스가 같음을 설명하고 있다.

그림 5.5
관계형 데이터베이스

(a) 2016

제품	지역	판매량
너트	동부	50
너트	서부	60
너트	중부	100
나사	동부	40
나사	서부	70
나사	중부	80
볼트	동부	90
볼트	서부	120
볼트	중부	140
워셔	동부	20
워셔	서부	10
워셔	중부	30

(b) 2017

제품	지역	판매량
너트	동부	60
너트	서부	70
너트	중부	110
나사	동부	50
나사	서부	80
나사	중부	90
볼트	동부	100
볼트	서부	130
볼트	중부	150
워셔	동부	30
워셔	서부	20
워셔	중부	40

(c) 2018

제품	지역	판매량
너트	동부	70
너트	서부	80
너트	중부	120
나사	동부	60
나사	서부	90
나사	중부	100
볼트	동부	110
볼트	서부	140
볼트	중부	160
워셔	동부	40
워셔	서부	30
워셔	중부	50

그림 5.6
데이터 큐브

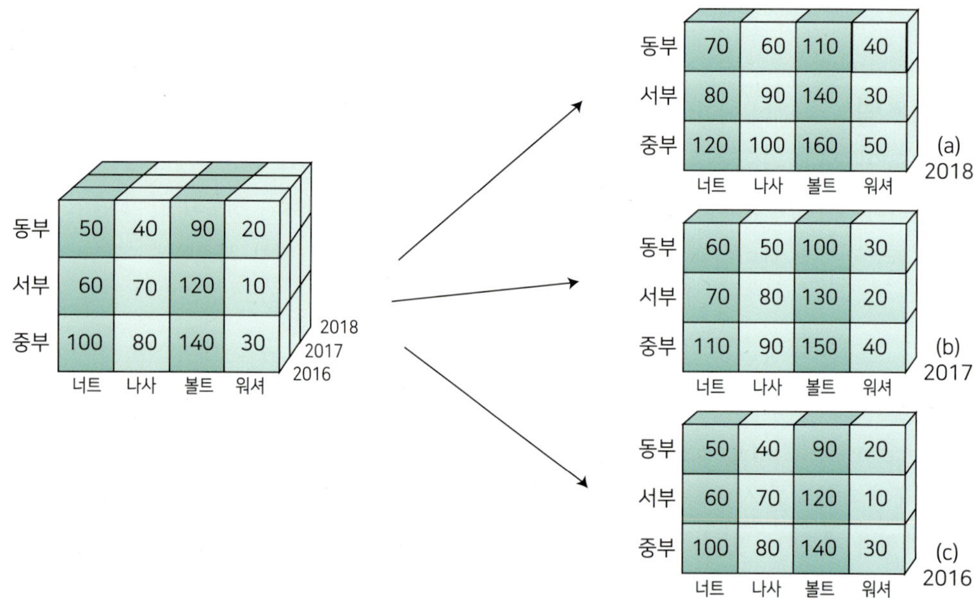

불행히도 오랜 기간 사용되어온 다수의 원천시스템은 '악성 데이터(bad data)', 예컨대 누락되거나 정확하지 않은 데이터를 가지고 있으며, 이러한 것이 잘 기록되어 있지 않다. 그 결과로 데이터를 좀 더 잘 이해하기 위하여 데이터웨어하우스 구축 프로젝트의 시작에서 데이터 프로파일링 프로그램을 반드시 사용해야 한다. 예를 들어 이 소프트웨어는 빠진 데이터의 통계치를 제공하고, 가능한 기본키와 외래키를 확인하며, 도출된 가치가 어떻게 계산되는지(예: 3열 = 1열 + 2열)를 밝혀준다. 주제영역 데이터베이스 전문가들(예: 마케팅, 인적자원)은 원천시스템의 데이터를 이해하고 평가하는데 역시 지원할 수 있다.

그림 5.7
관계형 데이터베이스와 다차원 데이터베이스

제품	지역	판매량
너트	동부	50
너트	서부	60
너트	중부	100
나사	동부	40
나사	서부	70
나사	중부	80
볼트	동부	90
볼트	서부	120
볼트	중부	140
워셔	동부	20
워셔	서부	10
워셔	중부	30

2016

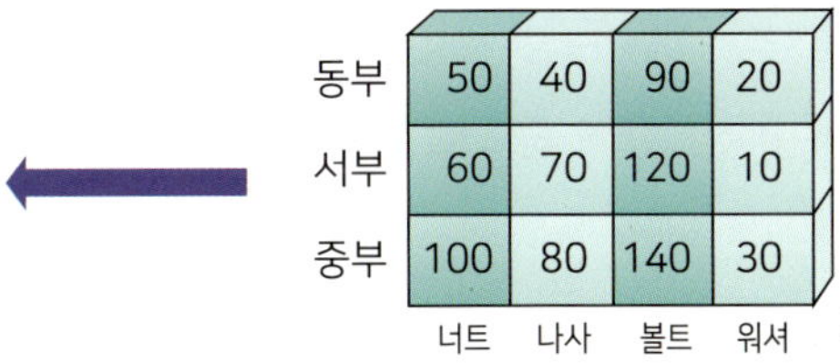

(a) 2016

제품	지역	판매량
너트	동부	60
너트	서부	70
너트	중부	110
나사	동부	50
나사	서부	80
나사	중부	90
볼트	동부	100
볼트	서부	130
볼트	중부	150
워셔	동부	30
워셔	서부	20
워셔	중부	40

2017

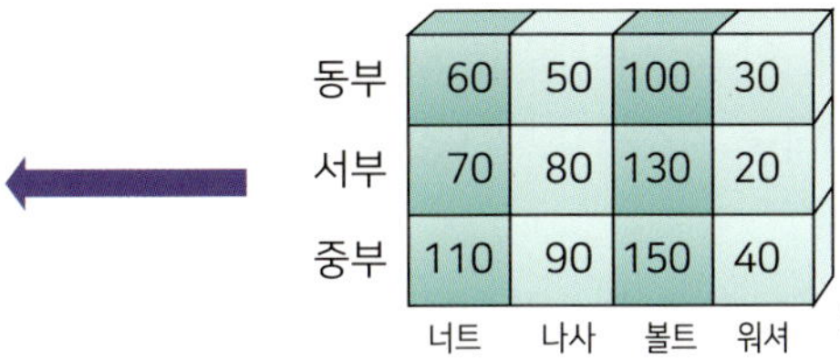

(b) 2017

제품	지역	판매량
너트	동부	70
너트	서부	80
너트	중부	120
나사	동부	60
나사	서부	90
나사	중부	100
볼트	동부	110
볼트	서부	140
볼트	중부	160
워셔	동부	40
워셔	서부	30
워셔	중부	50

2018

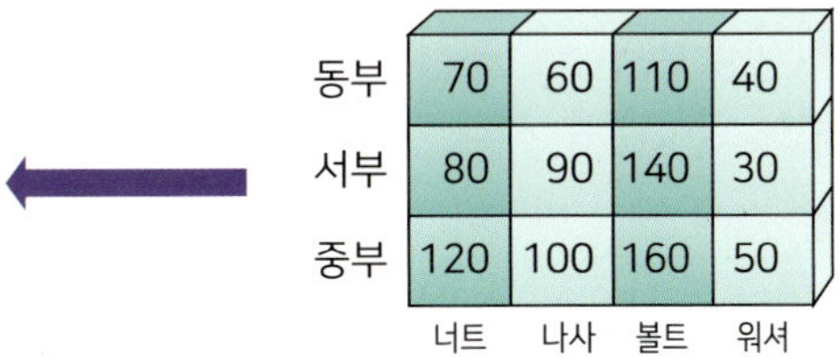

(c) 2018

조직은 다른 원천시스템에 대해서도 똑같이 설명할 필요가 있다. 종종 동일한 데이터의 일부를 보유하고 있는 복수의 시스템이 있고 원천시스템으로서 최상의 시스템이 반드시 선택되어야 한다. 조직은 데이터가 어느 정도로 상세해야 하는지를 반드시 결정해야 한다. 예를 들어 조직은 일일 판매수치나 개별 거래수준의 데이터를 필요로 하는가? 누군가는 어떤 점에서 그러한 데이터를 요구할 것 같기 때문에 아주 상세한 수준으로 데이터를 저장하는 것이 최상이라는 것이 평범한 지혜다.

데이터 통합. 원천시스템에 데이터를 저장하는 것에 더하여 조직은 데이터를 추출하고(extract), 이를 변형시키고(transform) 그리고 변형된 데이터를 데이터마트나 데이터웨어하우스에 입력(load)할 필요가 있다. 비록 원천시스템의 데이터를 조작할 수 있는 방법이 점점 많아지는 것을 반영하기 위하여 데이터 **통합**이라는 개념이 점증적으로 사용되고 있지만 이 프로세스를 종종 ETL이라 부르고 있다. 예를 들어 일부 경우에 데이터가 추출되어 데이터마트나 데이터웨어하우스 속으로 입력되고 그때 변형된다(즉, ETL이 아니라 차라리 ELT이다).

데이터 추출은 손으로 작성한 코드(예: SQL 쿼리)로 이루어질 수도 있고 상업용 데이터 통합 프로그램을 통해 이루어질 수도 있다. 대부분의 기업은 결과적으로 상업용 소프트웨어를 사용하게 되는 경우가 많다. 이 소프트웨어는 원천시스템에서 필요한 테이블과 속성을 특정하고, 데이터의 이동 대상 및 스케줄 지정하고, 필요한 변형을 가하고, 마지막으로 데이터를 입력하는 과정을 매우 손쉽게 해준다.

데이터가 추출된 연후에 데이터는 더욱 유용한 형태로 변형된다. 예를 들어, 서로 다른 시스템에서 추출된 데이터를 고객 식별번호 등의 공통키(common key) 중심으로 통합될 수 있다. 이는 고객과의 모든 상호 작용을 전방위(360-degree view)에서 만들 수 있는 방법을 채택한다. 이러한 프로세스의 예로서 은행을 살펴보자. 고객은 다양한 상호 작용을 할 수 있다. 즉 고객은 지점에 갈 수도 있고 온라인 뱅킹을 사용할 수도 있으며 ATM을 사용할 수도 있고, 자동차 대출을 받을 수도 있으며 다른 서비스를 받을 수도 있다. 이메일이나 웹, 직접접촉, 전화와 같은 조직이 고객과 상호 작용하는 다양한 방법으로서 정의되는 이들 접점을 위한 시스템은 전형적으로 다른 시스템과 독립적이다. 고객이 은행을 어떻게 이용하는지의 전체 그림을 얻으려고 하면 은행은 다양한 원천시스템으로부터의 데이터를 데이터마트나 데이터웨어하우스 속으로 반드시 통합해야 한다.

다른 유형의 변형도 일어날 수 있다. 예를 들어 성별을 0과 1 혹은 M과 F로 표기하던 것을 남과 여로 표기하는 데이터의 형식 변경이 요구될 수도 있다. 예를 들면 매번 판매액을 재계산하기보다는 차라리 질의가 요약을 사용할 수 있도록 판매액의 누계가 수행될 수 있다. 동일 고객의 중복 기록을 삭제하는 데이터 청소 프로그램을 사용할 수도 있다.

끝으로 '로드 윈도우'라고 알려진 특정 기간 동안 데이터가 데이터웨어하우스나 마트에 입력된다. 기업들은 데이터웨어하우스에 점점 더 최신의 정보를 요구하게 되면서 이러한 윈도우는 또한 점점 줄어들고 있다. 많은 기업은 데이터가 데이터 통합 프로세스를 통해 원천시스템에서 데이터마트나 데이터웨어하우스로 즉시 데이터가 이동하는 실시간 데이터웨어하우스 구축으로 이동하고 있다. 예를 들면 월마트(Walmart)에서 제품을 구매하면 15분 내에 매출의 상세 정보가 데이터웨어하우스에 저장되고 분석이 가능하다.

데이터 저장. 의사결정 지원 데이터를 저장하는 다양한 구조가 사용될 수 있다. 가장 흔한 구조가 바로 데이터마트가 없는 **단일의 중앙 기업 데이터웨어하우스**(one central enterprise data warehouse)다. 대부분의 조직이 이 접근법을 사용한다. 이 구조에서 데이터웨어하우스의 데이터는 사용자 모두가 사용하며 저장된 정보는 조직의 단 **단일 진실 공급원**(SSOT, single version of the truth)이다.

독립된 데이터마트 구조는 특별히 효과적이지 않다. 이 구조는 단일 애플리케이션이나 마케팅 또는 재무와 같은 몇 가지의 애플리케이션을 위하여 데이터를 저장한다. 데이터가 다른 애플리케이션이나 혹은 조직의 다른 기능영역에서 어떻게 사용될 것인가는 고려하지 않는다. 이것은 단지 애플리케이션 중심의 데이터를 저장하는 방법이다.

독립 데이터마트는 대규모 조직에선 효과적이지 못한 구조다. 많은 경우 소형 조직이나 대형 조직 내 단일 부서의 수요는 충족시킬 수 있지만 데이터 관리에의 전사적 접근법을 가지지 않고 있다. 대신에 다양한 부서가 독립된 데이터마트를 조직 곳곳에 구성하게 된다. 불행하게도 이러한 마트의 난립은 많은 경우 상호 모순된 데이터를 낳게 된다. 예를 들어 독립된 데이터마트들은 다음과 같이 일치하지 않는 데이터 정의를 사용할지 모른다. 예컨대 고객이 무엇이며, 특정 고객이 잠재 고객인가 혹은 현재 고객인가? 그들은 서로 다른 원천시스템을 가질지도 모른다(이는 같은 항목에 대한 상이한 데이터 예를 들어 상이한 고객의 주소를 가질 수 있다). 독립 데이터마트가 조직의 현실이라 하더라도 대형 기업은 점점 데이터웨어하우스 구조로 옮겨가고 있다.

또 다른 형태의 데이터웨어하우스 구조는 바로 **중앙과 단말**(hub and spoke)이다. 이 구조에서는 데이터가 중앙 데이터웨어하우스에 저장되며 동시에 이 중앙 저장소에서 정보를 가져오는 다수의 의존형 데이터마트를 유지한다. 마트는 중앙 저장소에서 데이터를 가오기 때문에 마트에 있는 데이터는 여전히 의사결정 지원 목적으로 활용되는 **단일 진실 공급원**이다.

의존형 데이터마트는 데이터가 어떻게 사용될 것인가와 질의와 활용에 대해 더 빠르게 응답할 수 있는 형태로 데이터를 저장한다. 이미 학습한 것처럼 사용자는 경영의 차원과 관측 관점으로 데이터를 관찰하고 분석한다. 차원은 비즈니스 개념이고 사용자가 이를 쉽게 이해하기 때문에 이러한 분석은 직관적이다.

메타 데이터. 데이터웨어하우스에는 **메타 데이터**(meta data)로 알려진 데이터의 데이터를 유지하는 것이 중요하다. 데이터웨어하우스를 운용 관리하는 IT 직원과 데이터에 접근해야 하는 사용자 모두 이 메타 데이터를 필요로 한다. IT직원은 데이터 원천에 대한 정보가 필요하다. 이는 데이터베이스, 테이블, 열(column)의 이름; 데이터베이스 동기화 주기; 데이터 사용용도 등을 포함한다. 사용자는 데이터의 정의와 보고와 질의 도구, 보고서 배포정보 그리고 헬프데스크 연락처의 정보를 필요로 한다.

데이터 품질. 데이터웨어하우스에 저장되는 데이터의 품질은 사용자의 필요를 반드시 충족시켜야 한다. 그렇지 못하면 사용자는 데이터를 신뢰하지 않게 되고 결국 사용하지 않을 것이다. 대부분의 조직은 원천시스템의 데이터의 품질이 낮아 데이터웨어하우스에 저장하기 전에 이를 개선할 필요성을 느낀다. 데이터 중 일부는 데이터 청소 프로그램을 통해 개선될 수 있지만 더 나은 장기적 해결책은 바로 원천시스템 수준에서 품질을 향상하는 것이다. 이 방법은 해를 실행하기 위해 필요한 변경에 대한 책임을 데이터의 소유주가 질 것을 요구하고 있다.

이 점을 보기 위해 고객들이 체크인할 때 기입하는 우편번호를 바탕으로 맞춤화된 마케팅 프로모션을 실행하고 싶어 하는 어느 대형 호텔 체인의 예를 들어보자. 회사가 우편번호 데이터를 분석할 때 많은 우편번호가 99999임을 알게 되었다. 왜 이렇게 되었는가? 호텔 직원들은 고객들에게 우편번호를 물어보지 않았고 그래도 체크인 과정을 마치기 위하여 무언가를 기입할 필요가 있었으며, 그래서 직원들이 그렇게 기입한 것이 틀림없다. 이 문제에 대한 단기 해결책은 우편번호 대신에 도시명 데이터를 사용하여 마케팅 캠페인을 실행하는 것이다. 장기적 해결책은 바로 직원들이 실제 우편번호를 입력하도록 하는 것이다. 이 장기적 해결책은 호텔 직원들이 정확한 데이터를 기입하는 것을 보장할 수 있는 책임을 호텔 지배인들에게 요구하는 것이다.

거버넌스. BI가 조직의 수요를 충족시키고 있음을 확실히 하기 위해선 조직은 BI 활동을 계획하고 통제하는 거버넌스를 반드시 실시해야 한다. 거버넌스는 사람, 위원회, 그리고 프로세스가 모두 제 자리에 있을 것을 요구한다. 효과적인 BI 거버넌스를 실행하는 기업은 (1) 비즈니스 전략과 BI의 전략이 일치하도록 하고, (2) 프로젝트의 우선 순위를 정하며, (3) 자원을 할당하는 부회장단과 사장단으로 이루어진 간부 수준의 위원회를 종종 구성한다. 이러한 기업은 또한 중간 수준 위원회들을 설립하여 BI 포트폴리오의 다양한 프로젝트들이 기업 목적에 따라 수행되고 있는지를 보장할 수 있도록 이들 프로젝트들을 감독하게 한다. 마지막으로 하위 실무 위원회가 데이터 정의를 작성하고 데이터 문제의 식별 및 해결 등의 임무를 수행한다. 이 모든 위원회는 비즈니스 사용자들과 IT 직원의 협력과 기여에 의존하고 있다.

사용자. 데이터가 데이터마트나 데이터웨어하우스에 저장된 후엔 접근이 가능하게 된다. 이 시점에서 기업은 BI로부터 기업 가치를 얻기 시작한다. 앞에 언급한 모든 과정은 BI 인프라를 구축하는 과정이다.

BI의 잠재적 사용자는 매우 많다. IT 개발자, 일선 실무자, 분석가, 정보근로자, 경영진과 간부, 공급자, 고객, 감사관 등이 모두 잠재적 사용자에 포함된다. 사용자들 중 일부는 타인이 사용할 정보를 생성하는 업무를 주로 수행하는 정보 생산자다. IT 개발자와 분석가가 전형적으로 이 범주에 들어간다. 다른 사용자는 간부와 경영진을 포함한 정보 소비자다. 이들은 타인이 생성한 정보를 활용한다.

기업들은 수백 개의 유용한 데이터웨어하우스 프로그램에 대해 보고해왔다. 또한 고객 성공 사례와 사례집을 NCR Cor.(www.ncr.com)이나 오라클(www.oracle.com) 등의 판매자 사이트에서 확인할 수 있다. 더 자세한 논의를 위해선 데이터웨어하우스 인스티튜트(Data Warehouse Institute; www.tdwi.org)를 방문해보라. 데이터웨어하우스의 이점은 다음을 포함한다.

- 모든 데이터가 한 곳에 모여 있어 사용자들이 웹 브라우저 등을 이용해 쉽고 빠르게 접근할 수 있다.

- 사용자가 전에 불가능했던 다양한 방법으로 데이터를 면밀히 분석할 수 있다.
- 사용자에게 조직 데이터의 결집된 시야를 제공한다.

이러한 이점은 기업 지식을 증진시키고 경쟁적 이점을 제공하며 고객 서비스와 만족도를 향상시키고 의사결정을 쉽게 하여 비즈니스 프로세스를 유연하게 할 것이다.

이러한 수많은 이점도 있지만 데이터웨어하우스엔 단점도 있다. IT와 기업사례 5.3에서 이러한 한계를 지적하고 새로운 솔루션(데이터 레이크)을 제안한다.

확인하고 넘어가기

1. 데이터웨어하우스와 데이트 마트의 차이점을 설명해보자.
2. 데이터웨어하우스의 특징을 설명해보자.
3. 기업에서 데이터웨어하우스와 데이터마트를 위한 가능한 세가지 구조는 무엇인가?

IT와 기업사례 5.3
데이터 레이크

MIS

대부분의 대기업은 고객관계관리(CRM), 재고 및 판매 거래 시스템과 같은 다른 엔터프라이즈 시스템의 데이터를 포함하는 엔터프라이즈 데이터 웨어하우스(EDW)를 보유하고 있다. 분석가와 비즈니스 사용자는 EDW의 데이터를 검토하여 비즈니스 결정을 내린다.

EDW는 조직에 미치는 이점에도 불구하고 문제가 있다. 특히 EDW에 데이터를 입력하는 데 필요한 기본 ETL(Extract, Transform and Load) 프로세스의 기반이 되는 쓰기 스키마 온(Schema-on) 아키텍처를 사용한다. 스키마 온(on) 쓰기를 사용하는 기업은 데이터를 로드하기 전에 데이터 모델을 설계해야 한다. 즉, 조직은 먼저 스키마를 정의한 다음 데이터를 기록(로드)하고 마지막으로 데이터를 읽어야 한다. 이 프로세스를 수행하려면 데이터를 어떻게 사용할지 미리 알아야 한다.

데이터베이스 스키마는 데이터베이스와 데이터베이스에 포함된 데이터의 구조를 모두 정의한다. 예를 들어 관계형 데이터베이스의 경우 스키마는 데이터베이스의 테이블과 필드를 지정한다. 데이터베이스 스키마는 저장된 물리적 데이터의 내용과 구조를 설명하며, 이를 메타데이터라고도 한다. 메타데이터에는 데이터 유형, 관계, 콘텐츠 제한, 액세스 제어 및 기타 여러 유형의 정보에 대한 정보가 포함될 수 있다.

EDW에는 미리 지정된 기업 데이터 모델에 부합하는 데이터만 포함되어 있기 때문에 상대적으로 유연성이 떨어지고 제한된 수의 질문에만 대답할 수 있다. 따라서 EDW에 의존하는 비즈니스 분석가나 데이터 과학자는 데이터에 대한 즉석 질문을 하기 어렵다. 대신, 그들은 미리 가설을 세운 다음 그 가설을 검정하기 위한 데이터 구조를 만들어야 한다.

또한 EDW는 센서로부터 스트리밍 데이터(8장의 사물 인터넷 참조)와 블로그 게시물, 등급, 추천, 제품 리뷰, 트윗, 사진 및 비디오 클립과 같은 소셜 미디어 데이터와 같은 새로운 데이터 소스를 관리하기 어렵다.

EDW는 많은 조직에서 분석, 보고 및 운영을 수행하는 주요 메커니즘이었다. 그러나 이러한 방식은 빅 데이터, 대용량 데이터, 다양한 데이터, 빠른 데이터 속도에 비해 효율성이 떨어진다. 이러한 문제로 인해 조직은 EDW가 모든 비즈니스 요구를 충족할 수 없다는 사실을 깨닫기 시작했다. 대안으로, 그들은 데이터 레이크를 배치하기 시작했다.

데이터 레이크(data lake)는 원본이나 형식에 관계없이 조직의 모든 데이터를 저장하는 중앙 저장소이다. 데이터 레이크는 구조화되거나 구조화되지 않은 모든 형식으로 데이터를 수신한다. 또한 데이터가 일관적일 필요가 없다. 예를 들어, 조직은 데이터가 어디서 발생했는지에 따라 동일한 유형의 정보를 서로 다른 데이터 형식으로 가질 수 있다.

데이터 레이크는 항상은 아니지만 일반적으로 아파치 하둡(Apache Hadoop; www.hadoop.apache.org)을 사용하여 구축된다. 기업은 다양한 스토리지 및 프로세싱 도구를 사용하여 신속하게 가치를 창출하고 주요 비즈니스 의사 결정을 내릴 수 있다.

EDW에서 사용되는 스키마 온 쓰기 아키텍처와 달리 데이터 레이크는 스키마 온 읽기의 아키텍처를 사용한다. 즉, EDW에서처럼 데이터가 데이터 레이크에 입력되기 전에는 데이터를 변환하지 않는다. 데이터가 언제 데이터 레이크에 공급되는지 데이터 구조는 알 수 없다. 오히려 데이터를 읽을 때만 발견된다. 스키마 온 읽기의 경우 사용자는 실제로 데이터를 사용할 때까지 데이터를 모델링하지 않는다. 이 프로세스는 보다 유연하며 사용자가 데이터 레이크에 새 데이터를 더 쉽게 검색하고 새 데이터 소스를 입력할 수 있다.

데이터 레이크는 조직에 다음과 같은 많은 이점을 제공한다.

- 조직은 무제한 유형의 데이터에서 가치를 얻을 수 있다.
- 조직이 사전에 모든 답을 갖고 있을 필요는 없다.
- 조직에서는 데이터를 쿼리하는 방법에 제한이 없다.
- 조직은 사일로를 만들지 않는다. 대신, 데이터 레이크는 조직 전체에 걸쳐 단일화된 데이터 뷰를 제공한다.

데이터를 데이터 레이크에 로드하려면 다음 단계를 수행해야 한다.

- 비즈니스 관점에서 들어오는 데이터를 정의한다.
- 수신 데이터의 컨텍스트, 원본 및 빈도를 문서화한다.
- 수신 데이터의 보안 수준(공용, 내부, 중요, 제한)을 분류한다.
- 수신 데이터에 적용되는 생성, 사용, 개인정보보호, 규정 및 암호화 비즈니스 규칙을 문서화한다.
- 수신 데이터의 소유자(스폰서)를 식별한다.
- 특정 데이터셋의 상태를 모니터링하는 역할을 하는 데이터 관리인을 식별한다.

이러한 단계를 수행한 후 조직은 모든 데이터를 거대한 테이블에 로드한다. 고객의 이름, 사진 또는 페이스북 게시물 등 각 데이터는 개별 셀에 저장된다. 모든 데이터는 메타데이터 태그를 통해 연결되기 때문에 개별 셀이 데이터 레이크 어디에 위치하는지, 데이터가 어디서 왔는지, 포맷은 중요하지 않다. 조직은 요구사항의 변화에 따라 이러한 태그를 추가하거나 변경할 수 있다. 또한 동일한 데이터에 여러 태그를 할당할 수 있다. 데이터를 저장하는 스키마를 미리 정의할 필요가 없기 때문에 비용과 시간이 많이 드는 데이터 모델링이 필요하지 않다.

조직은 중요한 정보를 보호할 수도 있다. 데이터가 데이터 레이크에 로드되면 조직 내 서로 다른 사용자에게 표시되는 정도에 따라 각 셀에 태그가 지정된다. 즉, 조직은 데이터가 로드될 때 각 셀에 있는 데이터에 대한 액세스 권한을 가진 사용자와 어떤 상황에서 액세스할 수 있는지 지정할 수 있다.

예를 들어, 소매영업은 고객의 이름과 연락처 데이터를 포함하는 셀을 판매와 고객서비스에 이용할 수 있게 할 수 있지만, 더 민감한 개인 식별 가능 정보나 재무데이터를 포함하는 셀은 재무부에서만 사용할 수 있게 할 수 있다. 이런 방식으로 사용자가 데이터에 대한 쿼리를 실행할 때 액세스 권한이 액세스할 수 있는 데이터를 제한한다.

실제로 데이터 레이크에 대한 많은 예가 있다. 스토리지 및 분석 기술 분야의 업계 선두 기업인 EMC(www.dellemc.com)를 예로 들어 보겠다. EMC는 고객이 가장 중요한 자산인 데이터를 저장, 관리, 보호 및 분석할 수 있도록 지원함으로써 데이터 중심 비즈니스 혁신을 촉진한다. EMC는 지난 10년 동안 80개 이상의 회사를 인수한 후 여러 데이터 사일로를 제어하게 되었다. 또한 EMC는 비즈니스 부서에 온디맨드 분석을 제공할 수 있는 효과적인 방법이 없었다. 데이터 보고가 EMC의 기술 분석에 도움이 되었지만(12장 참조) 예측 분석의 잠재력을 활용하여 표적 마케팅 및 잠재 고객 발굴 캠페인을 만들 수는 없었다.

이러한 한계를 극복하기 위해 EMC는 여러 개의 데이터 사일로를 회사의 정형 및 비정형 데이터가 모두 포함된 데이터 레이크로 통합했다. EMC의 데이터 레이크에는 고객 정보(예: 과거 구매), 연락처 인구 통계, 관심사, 마케팅 기록, 소셜 미디어 및 웹의 데이터 및 센서 데이터가 있다. EMC는 또한 데이터 레이크에 데이터 거버넌스를 구현하여 비즈니스 그룹이 데이터를 공유하고 분석과 관련된 이니셔티브에 대해 협업할 수 있도록 했다.

MKT EMC는 데이터 레이크를 사용하여 고객을 마이크로 세분화하여 보다 관련성이 높고 타깃화된 마케팅 커뮤니케이션에 활용할 수 있었다. 데이터 사일로를 제거함으로써 EMC 마케팅 관리자는 회사의 고객과 고객의 구매 행동에 대한 이해를 크게 높일 수 있었다.

또한 데이터 레이크를 통해 직원은 분석할 데이터를 거의 실시간으로 결정할 수 있다. 중요한 것은, 일부 쿼리를 완료하는 데 필요한 시간이 분기당 4시간에서 연간 1분 미만으로 감소했다는 점이다. 감소의 이유는 EMC 데이터 과학자들이 쿼리 시작 부분에서 어떤 데이터와 분석 기술을 사용할지 확약할 필요가 없기 때문이다. 예를 들어, 데이터 과학자는 1,000개 이상의 변수를 초기에 살펴볼 수 있으며, 그 중 일부는 중복될 수 있다. 분석 소프트웨어는 예측을 위해 가장 강력한 변수를 선택하여 가장 효율적이고 정확한 예측 모델을 만들어낸다.

데이터 레이크에 이처럼 광범위하고 다양한 데이터가 포함되어 있기 때문에 EMC의 예측 모델은 점점 더 정확해지고 있다. 실제로 EMC는 고객이 무엇을 언제 구매할지 정확하게 예측할 수 있다고 주장한다.

출처: Compiled from T. King, "Three Key Data Lake Trends to Stay on Top of This Year," *Solutions Review*, May 11, 2018; T. Olavsrud, "6 Data Analytics Trends that Will Dominate 2018," *CIO*, March 15, 2018; P. Tyaqi and H. Demirkan, "Data Lakes: The Biggest Big Data Challenges," *Analytics Magazine*, September/October, 2017; M. Hagstroem, M. Roggendorf, T. Saleh, and J. Sharma, "A Smarter Way to Jump into Data Lakes," *McKinsey and Company*, August, 2017; P. Barth, "The New Paradigm for Big Data Governance," *CIO*, May 11, 2017; N. Mikhail, "Why Big Data Kills Businesses," *Fortune*, February 28, 2017; "Architecting Data Lakes," *Zaloni*, February 21, 2017; D. Kim, "Successful Data Lakes: A Growing Trend," *The Data Warehousing Institute*, February 16, 2017; D. Woods, "Data Lakes and Frosted Flakes—Should You Buy Both off the Shelf?" *Forbes*, January 24, 2017; S. Carey, "Big Data and Business Intelligence Trends 2017: Machine Learning, Data Lakes, and Hadoop vs Spark," *Computerworld UK*, December 28, 2016; D. Woods, "Why Data Lakes Are Evil," *Forbes*, August 26, 2016; J. Davis, "How TD Bank Is Transforming Its Data Infrastructure," *InformationWeek*, May 25, 2016; L. Hester, "Maximizing Data Value with a Data Lake," *Data Science Central*, April 20, 2016; "Extracting Insight and Value from a Lake of Data," *Intel Case Study*, 2016; and S. Gittlen, "Data Lakes: A Better Way to Analyze Customer Data," *Computerworld*, February 25, 2016.

질문

1. 엔터프라이즈 데이터 웨어하우스의 한계에 대해 논의해보자.
2. 데이터 레이크가 조직에 주는 이점을 기술해보자.

5.5 지식경영

책 전체에 걸쳐 설명하였듯 데이터와 정보는 조직의 중요 핵심 자산이다. 지식 또한 핵심적인 자산이다. 성공적인 경영자들은 언제나 지적자산을 사용하고 그 가치를 인정해왔다. 하지만 이러한 노력은 조직적이지 못했고 기업 전체에 이득이 되는 방법으로 지식이 전파 및 확산되지 못하였다. 무엇보다 산업 분석가들의 보고에 의하면 대부분의 기업의 지적자산은 관계 데이터베이스에 저장되어 있지 않고 이메일, 워드 문서, 스프레드시트, 그리고 파워포인트 프레젠테이션의 형태로 개개 컴퓨터에 흩어져있다고 한다. 이러한 상태는 기업이 보유한 지식에 접근하고 통합하는 것을 지극히 어렵게 만든다. 그 결과 기업은 종종 효과가 떨어지는 의사결정을 하게 된다.

개념과 정의

지식경영(knowledge management)은 기업이 자사가 소유한 중요한 지식, 특히 정리되지 않은 형태의 지식을 조작하고 활용하도록 돕는 절차이다. 기업이 성공적이기 위해선 자본의 한 형태로서 지식이 사람과 사람 사이에 커뮤니케이션되고 또한 성장될 수 있는 형태로 보관되어야 한다.

지식. 정보기술의 어휘에서 지식은 데이터와 정보와 다른 개념이다. 1장에서 학습하였듯이 데이터는 사실, 측정값, 그리고 통계자료의 조합이며 정보는 데이터가 조직화 혹은 처리되어 제시간에 정확히 제공되는 것을 말한다. 지식은 정보를 상황에 관련짓고 올바르게 적용하여 이에 바탕을 둔 행동을 가능하게 하는 상태이다. 간단히 말해 지식은 행동에 쓰이는 정보다. **지적자본(intellectual capital)**(혹은 **지적자산intellectual assets**)은 지식을 말하는 또 다른 어휘이다.

예를 이용해 이를 보여주자면 한 학기에 대학이 제공하는 모든 과목을 나열한 게시판은 데이터로 볼 수 있다. 학생의 시간표는 정보이다. 시간표, 전공, 원하는 하루 일과 예정, 교직원들의 성격에 대해 알고 있는 것은 하루 일과를 짜는 데에 영향을 주므로 지식이라 볼 수 있다. 여기서는 알고 있는 것이 상황에 맞고 (최적의 일정을 짜는 데에) 적용이 가능하다는 것에 주목해야 한다. 이는 지식이 특정 상황에서 기억과 차별화되는 경험적인 측면이 있음을 의미한다. 정보와 달리 지식은 문제해결에 사용될 수 있다.

여러 종류의 지식을 정의하는 여러 이론과 모형이 있지만 여기서는 형식지와 암묵지를 구분하는 것에 주력한다.

형식지와 암묵지. **형식지(explicit knowledge)**는 객관적, 이성적, 기술적 지식을 말한다. 기업에 있어 형식지는 정책, 절차 가이드라인, 보고서, 제품, 전략, 목적, 기업 핵심 경쟁력, IT 인프라 등으로 구성된다. 다른 말로 형식지는 문서화된 지식이며 타인에게 전달하거나 절차 혹은 전략으로 변형이 가능하다. 기업 인적자원 부서 정책 매뉴얼에 명시된 입사 원서 처리 방법은 형식지의 예이다.

반면 **암묵지(tacit knowledge)**는 주관적 혹은 객관적 경험의 누적이다. 기업에서 암묵지는 기업의 경험, 깨달음, 전문성, 노하우, 기업 비밀, 실력, 이해, 그리고 교훈을 포함한다. 이는 또한 기업의 과거 역사와 임원과 절차의 과거 및 현재 경험이 녹아 들어가 있는 기업 문화와 가치관 또한 포함한다. 암묵지는 명확하지 않으며 그 전달이 매우 어렵다. 이는 또한 지극히 개인적이다. 특정 고객들과 오랜 기간 같이 거래해온 세일즈맨은 각 고객의 필요를 잘 알고 있을 것이며 포괄적인 암묵지를 소유하고 있을 것이다. 이러한 지식은 대체로 기록되지 않는다. 실제로 판매원이 지식을 기꺼이 공유하려고 한다고 할지라도 그것을 기록하려고 하는 것은 어려울지도 모른다.

지식경영시스템

지식경영의 목적은 조직이 축적한 지식을 가장 생산적으로 사용하는 것을 돕는 것이다. 역사적으로 경영정보시스템은 형식지의 취득, 저장, 경영, 보고에 치중해왔다. 오늘날의 조직은 형식지와 암묵지를 공식적인 정보시스템에 통합할 필요를 느끼고 있다. **지식경영시스템**(KMS: knowledge management systems)은 현대 정보기술, 즉 인터넷, 인트라넷, 엑스트라넷, 메모 교환 프로그램, 데이터웨어하우스 등을 이용해 기업 내, 기업 외 지식경영을 조직화, 향상, 최적화하는 것을 말한다. KMS는 조직의 인적 자본에 대한 전문성을 넓게 접근가능하도록 함으로써 조직이 이직율, 급격한 변화 및 축소에 대처할 수 있도록 지원한다.

조직은 KMS로부터 여러 이점을 얻을 수 있다. 무엇보다 이는 **최적의 방법**(best practices), 즉 업무를 수행하는 가장 효과적이고 효율적인 방법을 많은 수의 직원들이 쉽게 사용할 수 있게 한다. 최적 방법 지식에 대한 향상된 접근성은 조직의 전체적 성능을 향상한다. 예를 들어 계좌 관리자들은 대형 계좌를 관리하는 것에 대한 암묵지를 타인에게 제공할 수 있다. 이 외에 다른 이점으론 개선된 고객 서비스, 더 효율적인 제품 개발, 그리고 직원 사기 상승 및 우수 직원 유지가 있다.

하지만 효과적인 KMS의 적용엔 동시에 어려움도 있다. 첫째, 직원들은 자신의 개인적 암묵지를 공유할 의지가 있어야 한다. 이를 장려하기 위해선 기업 측에서 기업 기반에 기여하는 직원을 포상하는 기업 문화를 형성해야 한다. 둘째, 지식 기반이 지속적으로 유지되고 갱신되어야 한다. 새 지식은 계속 더해지고 오래된 더 이상 맞지 않는 지식은 제거되어야 한다. 마지막으로 기업 측에서도 관련 업무를 수행하고 이에 자산을 투자할 의지가 있어야 한다.

지식경영시스템 사이클

정상적으로 작동하는 KMS는 여섯 단계로 이루어진 생애를 가지고 있다(그림 5.8 참조). 시스템이 생애를 순환하는 이유는 시간이 흐름에 따라 역동적으로 개선되어야 하기 때문이다. 효과적은 KMS의 지식은 환경이 시간에 따라 변하고 이에 따라 지식 또한 변하면서 절대로 한 상태로 머무는 법이 없다. 생애는 다음과 같이 흘러간다.

1. **지식 생성**: 직원들이 일을 새로운 방법으로 수행하기로 결정하거나 노하우를 개발할 때 지식이 생성된다. 어떤 때는 외부 지식이 유입되는 경우도 있다.
2. **지식 획득**: 새 지식의 가치가 인정되고 타당한 방법으로 제시되어야 한다.

3. 지식 정제: 새 지식이 적용 가능하도록 변환되어야 한다. 여기서 암묵지(인간의 깨달음)가 형식지와 합쳐져야 한다.
4. 지식 저장: 유용한 지식이 타당한 형태로 지식 저장고에 보관되어 기업의 다른 직원들이 접근할 수 있게 되어야 한다.
5. 지식 관리: 도서관과 같이 지식은 계속 갱신되어야 한다. 정기적인 분석을 통해 지식이 이치에 맞으며 정확한지 확인한다.
6. 지식 확산: 지식은 유용한 형식으로 기업에서 그것을 필요로 하는 누구에게나 어디서나 언제나 제공되어야 한다.

그림 5.8 지식경영시스템 사이클

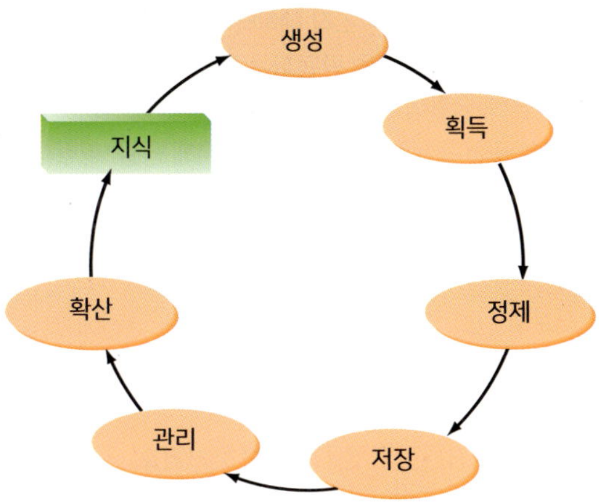

확인하고 넘어가기

1. 지식경영이란 무엇인가?
2. 형식지와 암묵지의 차이는 무엇인가?
3. 지식경영시스템 사이클을 설명해보자.

IT는 나를 위해 무엇을 해줄 수 있지?

ACCT 회계관리 전공을 위한 정보기술

회계 기능부서는 조직의 거래 추적 및 내부 통제와 밀접한 관련을 맺고 있다. 현대 데이터베이스는 회계사들이 이러한 업무를 더 효과적으로 수행하는 것을 돕는다. 데이터베이스는 회계사들이 오늘날 조직의 데이터 홍수를 관리하는 것을 지원해 기업이 사베인즈-옥슬리법에 의해 강제된 규제를 준수할 수 있도록 해준다.

회계사들은 지식 기반 생성의 비용을 정당화하고 그 가격-효과성을 감사하는 역할도 수행한다. 또한 경영 서비스나 지식을 판매하는 대형 CPA 기업에 취직한다면 여러분은 아주 높은 확률로 기업의 지식 기반에 저장된 모범 실례를 사용하게 될 것이다.

FIN 재무관리 전공을 위한 정보기술

재무 경영자는 컴퓨스탯(CompuStat)이나 다우존스(Dow Jones)와 같은 조직 외부의 컴퓨터와 데이터베이스를 이용해 산업 내 조직에 대한 재무 데이터를 얻는 일이 잦다. 그들은 이 데이터를 이용해 자신의 조직이 투자수익률, 현금 비율, 그리고 기타 재무비율의 산업 벤치마크를 충족하는지 판단한다.

재무 경영자는 조직의 재무상태 보고서를 작성하기 때문에 사베인즈-옥슬리법과 밀접한 관계를 가진다. 데이터베이스는 이들이 법의 기준을 충족하는 것을 돕는다.

MKT 마케팅 전공을 위한 정보기술

데이터베이스는 마케팅 경영자들이 조직의 마케팅 거래(예: 고객 구매) 데이터에 접근해 표적 지정 마케팅 캠페인을 계획하고 예전 캠페인의 성패를 평가하는 것을 돕는다. 고객에 대한 지식에 조직의 성패가 갈리는 경우가 많다. 많은 수의 데이터베이스와 지식 베이스에서 정보 및 지식 대부분은 고객, 제품, 매출, 그리고 마케팅과 관계가 있다. 마케팅 경영자들은 조직의 지식 기반을 정기적으로 활용하며, 지식 생성에 많은 경우 직접 참여한다.

POM 생산운영관리 전공을 위한 정보기술

생산운영관리 직원은 조직 데이터에 접속해 제조 공정의 부품에 대한 최적 재고수준을 판단하는 데 참조한다. 과거 제조 데이터는 POM직원들이 조립 라인 최적 배치를 판단하는데 사용한다. 기업은 또한 완제품의 품질, 반입 원자재 품질, 제조 이상, 배송 및 유통, 판매 후 제품 사용 및 관리에 대한 데이터 또한 보관한다.

지식경영은 복잡한 업무를 수행하는데 치명적 중요도를 가진다. 스케줄링, 유통, 유지 등의 기능에 있어 누적된 지식의 가치는 매우 크다. 혁신적 아이디어는 업무의 개선에 필수이며 지식경영을 통해 지원될 수 있다.

HRM 인적자원관리 전공을 위한 정보기술

조직은 직원에 대해 방대한 양의 데이터를 보관한다. 이 데이터엔 성별, 나이, 인종, 현재 및 과거 직무 내용, 그리고 성과 평가 등을 포함한다. 인적자원 직원은 이들 데이터에 접근해 연방 기회균등 가이드라인 등에 대한 준수 여부를 정부 기관에 보고할 때 활용한다. HR 경영자들은 이들 데이터를 이용해 채용 정책을 평가하고 임금 체계를 재검토하며 차별 문제나 기업에 대한 소송건을 관리한다.

기업들이 의료나 퇴직 계획 등에 대해 더 많은 부분을 직원 자신들에게 맡기면서, 인적자원 경영자들은 이런 사항에서 직원들을 돕는 데 있어 점점 더 데이터베이스의 도움을 받고 있다. 직원들 또한 데이터베이스를 직접 사용해 이 극히 중요한 사안에 대해 최적의 조합을 판단하는 데 도움을 받는다.

인적자원 경영자들은 또한 과거 사건이 어떻게 처리되었는지 참조하기 위해 지식 베이스를 자주 필요로 한다. 직원 대우의 일관성은 그 자체만으로도 중요할뿐더러 기업을 법적 책임으로부터 보호하는 역할도 한다. 또한 지식 기반의 설계, 관리, 사용에 대한 교육은 많은 경우 HR 부서의 책임이다. 마지막으로 HR 부서는 지식 기반에 지식을 기여하는 직원들에게 합당한 보상을 주는 임무도 가지고 있다.

MIS MIS 전공을 위한 정보기술

MIS 기능부서는 조직의 데이터와 데이터베이스 양쪽을 관리한다. MIS 데이터베이스 관리자들은 데이터 명칭을 데이터 사전을 통해 표준화한다. 이 프로세스는 모든 사용자가 어떤 데이터가 데이터베이스에 보관되는지 이해할 수 있도록 한다. 데이터베이스 직원은 이 외에도 사용자들이 필요한 데이터에 접근하고 쿼리 도구를 사용해 보고서를 생성하는 것을 돕는다.

요약

5.1 데이터 거버넌스를 사용하여 데이터를 관리할 때 세 가지 도전사항을 토의해보자.

데이터 관리에 있어 다음과 같은 세 가지 빈번한 과제가 있다.

- 데이터가 조직 전체에 흩어져 있고 다수의 직원에 의해 다양한 방법과 장치를 통해 수집된다. 이 데이터는 서로 다른 다수의 서버나 장소에 보관되는 경우가 잦고, 많은 경우 서로 다른 컴퓨터시스템, 데이터베이스, 양식, 언어(인간과 컴퓨터 양쪽 모두)로 저장된다.
- 데이터가 다수의 원천에서 발생한다.
- 특정 기업 프로세스를 지원하는 정보시스템은 각자 다른 데이터 요구사항을 가져 조직 내 데이터 반복 및 충돌을 야기한다.

데이터 거버넌스 적용의 한 전략은 마스터 데이터 관리다. 마스터 데이터 관리는 기업에게 핵심 마스터 데이터에 대해 일관적이고 정확하며 적시적인 '단일 진실 공급원(SSOT)'을 저장, 관리, 교환, 동기화할 수 있게 해준다. 마스터 데이터 관리는 조직 각지의 서로 다른 원천과 서로 다른 기업 프로세스에서 수집되는 데이터를 지속적으로 관리한다.

5.2 관계 데이터베이스의 장점과 단점을 논의해보자.

관계 데이터베이스는 사용자가 정보를 횡이나 열을 기준으로 빠르게 비교할 수 있게 해준다. 또한 사용자들은 특정 행과 열의 데이터 교차점을 통해 빠르게 아이템을 찾을 수 있게 한다. 하지만 대형 관계 데이터베이스는 다수의 상호 연관된 테이블로 구성되는 경우가 있어 전체 디자인을 복잡하게 하고 검색 및 접속 시간을 지연시킨다.

5.3 빅 데이터를 정의하고 기본 특징을 토의해보자.

빅 데이터는 향상된 의사결정과 통찰력 발견, 프로세스 최적화를 가능하게 하는 새로운 형태의 처리를 요구하는 고속의, 대용량의, 높은 다양성을 지니는 정보자산으로 구성된다. 빅 데이터는 세 가지 독특한 특징을 가진다. 크기와 속도 그리고 다양성이다. 이 세 가지 특징이 빅 데이터와 전통적인 데이터를 구별하게 한다.

- 크기: 빅 데이터는 거대한 양의 데이터로 구성된다.
- 속도: 빅 데이터는 믿지 못할 속력으로 조직 속으로 흐른다.
- 다양성: 빅 데이터는 상이한 데이터 포맷으로 거대한 양의 상이한 데이터를 포함한다.

5.4 데이터웨어하우스를 성공적으로 실행하고 유지하는 데 필요한 요소들을 설명해보자.

데이터웨어하우스를 성공적으로 실행하고 유지하려면 조직은 반드시 다음과 같은 걸 해야한다.

- 데이터웨어하우스와 데이터마트로 데이터를 제공하기 위하여 원천시스템과 연결되어야 한다.
- 데이터 통합기술과 프로세스를 이용하여 데이터웨어하우스를 위한 필요 데이터를 준비해야 한다.
- 데이터웨어하우스와 데이터마트에 데이터를 저장하기 위한 적절한 구조를 결정해야 한다.
- 다양한 조직의 사용자를 위한 도구들과 애플리케이션을 선정해야 한다.
- 데이터웨어하우스와 데이터마트가 조직의 목적을 충족시켜주는 것을 보장하기 위하여 메타 데이터와 데이터 품질, 그리고 거버넌스 프로세스가 준비됨을 확신해야 한다.

5.5 조직에서 지식경영시스템을 실행하는 것의 이익과 도전을 기술해보자.

조직은 지식경영시스템을 이용해 많은 이익을 실현시킬 수 있다.

- 최상의 방법들을 다양한 범위의 근로자들이 쉽게 이용
- 개선된 고객 서비스
- 더욱 효율적인 제품개발
- 향상된 직원 사기와 유지

지식경영시스템의 실행을 위한 도전은 다음의 사항을 포함한다.

- 근로자들은 그들 개인의 암묵지를 기꺼이 공유해야만 한다.
- 조직은 그들의 숙련기술을 지식베이스에 추가하는 근로자들을 보상하는 지식경영 문화를 반드시 창출해야 한다.
- 지식 베이스는 반드시 지속적으로 유지되고 업데이트되어야 한다.
- 기업은 반드시 기업활동을 수행함에 필요한 자원에 기꺼이 투자해야만 한다.

5.6 관계형 데이터베이스에 질의하는 과정과 개체관계 모델링, 정규화와 결합을 이해해보자.

가장 보편적으로 수행되는 데이터베이스 활동은 정보요구이다. 구조화된 질의 언어(SQL)는 이러한 작업을 위해 사용되는 가장 유명한 질의 언어이다. SQL은 상대적으로 단순한 문장이나 중심 단어를 사용하여 사람들이 복잡한 탐색활동을 수행할 수 있게 한다. 전형적인 주요 단어는 SELECT(요구속성을 지정), FROM(사용될 테이블을 지정), WHERE(질의에 적용할 조건을 지정)이다.

데이터베이스에서 정보를 찾는 또 다른 방법은 보기에 의한 질의(QBE)이다. QBE에서 사용자는 표본이나 요구되는 데이터의 설명을 구축하기 위하여 'form'으로 알려진 그리드나 템플릿을 작성한다. 사용자는 마이크로소프트의 액세스와 같은 데이터베이스 관리시스템에서 당겨와서 놓기(drag-and-drop) 기법을 사용하여 아주 빠르고 쉽게 질의를 구축할 수 있다. 이 방법으로 질의를 수행하는 것은 SQL 명령어를 써서 입력하는 것보다 훨씬 단순하다.

디자이너는 개체관계도를 사용하는 개체관계 모델링 프로세스를 통하여 데이터베이스를 계획하고 만든다. 개체관계 다이어그램은 개체, 속성 그리고 관계로 구성된다. 개체는 박스 안에 그려지고, 관계는 다이어몬드처럼 표기된다. 각 개체의 속성은 나열되고 기본키가 강조된다.

개체관계 모델링은 데이터베이스 설계자들이 개체들 사이에서 모든 개체와 관계가 표시될 수 있도록 조직 전체의 사용자들과 커뮤니케이트를 허용하기 때문에 가치가 있다. 이러한 프로세스는 조직의 데이터베이스를 설계할 때 사용자들에게 설명하는 중요성을 강조한다. 예제에서 모든 개체와 관계가 사용자들이 이해할 수 있는 개념으로 레이블이 지정된다.

정규화는 중복을 최소화하고 데이터의 무결성을 최대화하며 최적의 처리성과를 보증하는 가장 간소화된 양식으로 관계형 데이터베이스를 분석하고 축소하는 방법이다. 데이터가 정규화될 때 각 테이블의 속성들은 단지 하나의 기본키에 의존한다.

결합작업은 다른 테이블에 있는 정보를 생산하기 위하여 데이터베이스에서 2개 이상의 테이블로부터 레코드를 결합한다.

토의문제

1. 빅 데이터는 자신이 문제인가? 혹은 데이터의 사용과 통제 그리고 보안은 진실된 문제인가? 대답을 지지할 구체적인 예를 제시해보자.
2. 여러분의 빅 데이터에서 부정확한 데이터를 가지고 있는 것의 의미는 무엇인가? 고객의 데이터가 부정확하거나 중복되었다는 의미는 무엇인가? 부정확한 데이터로부터 도출된 잘못된 정보에 바탕을 둔 의사결정은 어느 정도의 가치가 있는가?

3. 데이터 관리에 포함된 어려움을 설명해보자.
4. 낮은 품질의 데이터와 연관된 문제는 무엇인가?
5. 마스터 데이터 관리란 무엇인가? 고품질의 데이터로 수행해야 하는 것은 무엇인가?
6. 마스터 데이터 관리가 다수의 데이터 원천을 가진 기업에 중요한 이유가 무엇인지 설명해보자.
7. 관계 데이터베이스의 장점과 단점을 설명해보자.
8. 지식을 수집하고 관리하는 것이 중요한 이유를 설명해보자.
9. 형식지와 암묵지를 비교·대조해보자.
10. 부서와 직원을 고용하고 있는 기업의 개체관계도를 그려보자. 이 기업에서 부서는 적어도 한 사람의 직원이 있으며, 기업의 직원은 단 하나의 부서에서 근무한다.
11. 도서관 이용자와 도서를 반납하는 과정의 개체관계도를 그려 보자.
12. 당신이 개인병원에서 근무하고 있고, 다음 개체들에 관한 데이터를 모으고 있다고 가정해보자. 환자(PATIENT), 환자 진단(PATIENT DIAGNOSIS), 처치(TREATMENT). 환자 방문(PATIENT VISIT) 개체를 위한 테이블을 만들어 보자. 각 개체를 위해 사용하고 싶어 하는 기본키와 외래키를 결정해보자.

문제해결 활동

1. 다양한 구직 웹 사이트를 방문해보자(예: www.monster.com, www.dice.com). 데이터베이스 관리자에 대한 다양한 직무 설명을 읽어보자. 설명들이 서로 유사한가? 이들 직무에 표시된 연봉은 어느 정도인가?
2. 여러 부동산 기업의 웹 사이트를 방문해보자. 이 중에서 집을 구매하는 과정을 단계별로 안내하고, 자신의 예산(20만~25만 달러)과 지역에 있는 집의 가상현실 투어를 제공하며, 담보대출과 금리 정보를 제공하고, 집을 사는 자금을 지원해주는 곳을 찾아보자. 사이트의 기능을 사용하는 데에 계정을 등록할 것을 요구하는가? 여러분이 관심을 가질만한 집이 시장에 나왔을 때 안내 메일을 보내주는 서비스를 제공하는 곳이 있는가? 이 프로세스가 당신의 부동산 구매를 위해 이 회사를 선정할 가능성에 어떻게 영향을 주는가?
3. 인구통계 정보를 제공하는 사이트를 다수 찾을 수 있다. 이 중 일부를 방문해 어떠한 서비스를 제공하는지 알아보자. 사이트들이 제공하는 인구통계 정보의 종류에 차이가 있는가? 있다면 어떤 차이가 있는가? 사이트들이 정보를 열람하는 데에 요금을 요구하는가? 새 사업을 시작하는 데에 인구통계자료가 있다면 유용한가? 어떻게, 왜 그러한가?
4. 국토안보부에서 빅 데이터 사용을 위한 웹을 탐색해보자. 특별히 국가안보국의 스파이활동을 읽어 보자. 이 의문스러운 예제에서 기술과 빅 데이터는 어떤 역할을 수행하는가?
5. 웹에서 "빅 데이터 및 개인정보보호가 자주 발생하는 이유(Why Big Data and Privacy Are Often at Odds)" 기사를 검색해보자. 이 기사가 데이터의 공유와 고객의 프라이버시 사이에서 섬세한 균형에 관하여 어떤 점을 제시하고 있는가?
6. IBM(www.ibm.com), 사이베이스(Sybase; www.sybase.com), 오라클(Oracle; www.oracle.com)의 웹 사이트를 접속하여 웹 연결을 포함한 그들의 가장 최근의 데이터 관리 제품의 역량을 조사해보자.
7. 가트너 그룹의 웹 사이트(www.gartner.com)에 들어가보자. 데이터 관리와 연관이 있는 그 회사의 연구물들을 조사해보자. 최첨단기술에 관한 보고서를 준비해보자.
8. 학생들에게 맞춤형 티셔츠를 판매하는 가상 기업에 대한 지식경영시스템 사이클을 그려보자.

사례

투르 드 프랑스에 대한 팬들의 경험을 높여주는 데이터

MIS MKT

축구, 크리켓, 테니스, 야구와 같은 많은 스포츠들은 비디오 피드뿐만 아니라 팬들에게 엄청난 양의 데이터를 제공한다. 이러한 데이터는 그들의 즐거움을 증가시키고 다양한 스포츠 행사에 대한 이해를 향상시킨다. 데이터가 과도하게 증가할 수 있다. 일부 팬들은 여전히 단순한 스포츠 경기 관람을 선호한다.

1903년, 프랑스 스포츠 신문인 로토는 판매를 늘리기 위한 마케팅 도구로서 투르 드 프랑스(Tour de France)를 설립했다. 비록 투르 드 프랑스는 세계적으로 유명하지만, 그것은 또한 보기 힘든 도전이다. 텔레비전 시청자들은 수많은 카메라 앵글에서 레이서들을 볼 수 있지만, 엘리트 프로 자전거 선수들의 미묘함과 전술은 이해하기 어렵다. 게다가, 그 경주는 3주 동안 지속된다. 이러한 문제가 복합적으로 작용하여, 투어의 팔로워들은 그 어느 때보다 더 디지털 방식으로 소셜 미디어에 참여하고 있으며, 투어가 진행되는 동안 생생한 경험을 하기를 원한다. 이러한 향상된 경험을 위해서는 데이터가 필요하다.

현재 투어는 거의 실시간으로 데이터를 캡처하고 분석을 수행할 수 있는 기술을 구현하여 차세대 디지털 팬들의 관심을 끌고 있다. '2018 투르 드 프랑스'는 그 어느 때보다 많은 데이터를 팬들에게 제공하면서 레이서들의 경기력을 경기 기간 동안 상세히 설명하고 분석했다.

일반적으로 단일 장소에서 발생하는 다른 스포츠와 달리, 투르 드 프랑스는 기술을 사용하여 레이스와 사이클 선수에 대한 데이터를 캡처하고 배포하는 데 있어 독특한 과제를 제시한다. 정보기술서비스 회사인 디멘션 데이터(Dimension Data; Dimension; www.dimensiondata.com)사는 2015년 경주부터 투어 이면에 있는 기술을 제공하고 관리해 왔다. 디멘션은 자전거 이용자들이 무선 신호가 간헐적이고 약할 수 있는 피레네 산맥과 알프스 산맥의 산길을 오르내리는 등 까다로운 지형을 넘나들면서 데이터를 수집하고 전송해야 한다. 디멘션사가 이러한 조건을 처리하는 방식은 종종 혹독한 조건에서 사물 인터넷(IoT; 8장 참조) 센서의 대용량 실시간 데이터를 처리하는 방법에 대한 훌륭한 예를 제공한다.

2018년 경주를 시작한 176명의 선수들은 그의 자전거에 각각 100그램(3.5온스)짜리 맞춤형 센서를 달았다. 센서에는 글로벌 포지셔닝 시스템(GPS) 칩, 무선주파수식별(RFID) 칩, 투어의 21개 스테이지 중 가장 오래 버틸 수 있는 충분한 전력을 갖춘 충전식 배터리가 들어 있었다. 각 센서는 1초마다 GPS 데이터를 전송해 레이스 기간 동안 총 30억 개 이상의 데이터 포인트를 생성했는데, 이는 2016년 투르 드 프랑스에서 생성된 1억 2,800만 개의 데이터 포인트보다 엄청나게 증가한 수치이다. 또한 차원은 기상 서비스 및 도로 경사도(등반의 속도)와 같은 다른 출처로부터 데이터를 수집했다.

데이터는 이탈 속도, 탑승자 간의 시간 격차, 각 단계의 승자까지 예측하는 새로운 기계학습 알고리즘(기술가이드 4 참조)에 입력되었다. 디멘션사는 2018 투어의 모든 예측에서 약 75%의 성공률을 달성하였다.

자전거의 센서는 메쉬 네트워크(8장 참조)를 통해 자전거를 타는 사람들을 따라오는 경주용 차량에 설치된 안테나를 통해 머리 위의 텔레비전 헬리콥터까지 데이터를 전송한다. 그리고 나서 헬리콥터는 더 높은 고도에 있는 항공기로 데이터를 전송했고, 그것은 다시 경주의 각 단계의 결승점에 있는 텔레비전 트럭으로 데이터를 전송했다. 그곳에서 데이터는 디멘션사의 "빅 데이터 트럭"에 의해 수집되었는데, 이 트럭은 각 스테이지의 결승선에도 위치해 있었다. 치수는 위성과 관련된 전송 거리와 지연 시간(지연 시간)이 둘러보기에 너무 느리다.

런던과 암스테르담의 데이터 센터에 기반을 둔 디멘션사의 클라우드 컴퓨팅 서비스(기술가이드 3 참조)는 경주의 각 단계에서 데이터를 수집했다. 데이터 센터에서 디멘션사는 방송사, 소셜 미디어 및 경주용 앱으로 전송되는 실시간에 가까운 정보를 생성했다. 자전거에서 시청자까지 모든 과정은 총 2초가 걸렸다.

차원이 통합되고 이 데이터를 분석했다. 그 결과, 투르 드 프랑스 모바일 앱을 사용하는 경주 주최측, 팀, 방송사, 해설자, 텔레비전 시청자들, 팬들은 경주 진행 상황과 그들이 좋아하는 라이더들에 대한 심층적인 통계를 접할 수 있었다.

2014년까지만 해도 투르 드 프랑스에서 선수들이 실시간 정보(예: 전방의 도로 및 날씨 상황, 발생할 수 있는 사고, 다른 라이더와 팀의 위치)를 얻을 수 있는 유일한 방법은 오토바이에 탑승한 경주 임원이 자전거 선수 바로 앞에 앉는 칠판이었다. 오늘날, 선수들은 그들의 팀이 사이클을 하는 동안 실시간 데이터(종종 디멘션사)를 그들에게 전달할 수 있다. 그런 식으로, 승객들은 그들을 위한 정보가 담긴 칠판을 찾기 위해 도로에서 눈을 떼지 않아도 된다.

팬들은 그들이 얻은 통찰력을 즐겼다. 예를 들어, 디멘션사는 2015년 투어 중 고속 충돌 이미지를 표시했는데, 여기에는 관련된 자전거의 속도와 갑작스러운 감속도에 대한 데이터가 포함되어 있다. 데이터는 일부 탑승자들이 충돌 순간 이후 어떻게든 가속을 붙였음을 시사했다. 추가 분석 결과, 자전거의 무게가 감소했기 때문에 자전거 자체의 센서가 여전히 부착된 자전거는 탑승자들이 튕겨나간 후에 더 큰 추진력을 가지고 있는 것으로 밝혀졌다. 사고 직후 일부 자전거는 경주 속도로 가속되었다. 사실, 그들은 자전거 타는 사람들의 펠로톤을 따라가는 팀카에 의해 태워졌고, 쫓겨났다.

2018 투어에 따르면 일부 선수들은 시속 60마일 이상의 최고 속도를 냈다. 일부 팬들은 한 선수가 자신의 속도계 사진을 트위터에 올려 시속 62마일 이상의 속도로 레이스의 내리막 구간에서 최고 속도를 기록하기 전까지 의심했다.

하지만 기술은 틀릴 수 있다. 예를 들어 GPS 데이터는 전송 중 신호 잡음으로 인해 손상될 수 있다. 그 결과, 2015 투어 기간 동안, GPS 데이터는 한 사이클리스트가 케냐에 있다는 것을 나타내었다. 오늘날 모든 데이터는 이러한 유형의 오류를 처리하기 전에 검사된다.

오늘날, 이 기술은 새로운 팬과 오래된 팬들에게 투어를 열어주고 있다. 예를 들어, 2014년, 경주 주최 측이 배포한 동영상은 600만 뷰를 끌어모았다. 2018년까지, 그 숫자는 7천만 명 이상으로 증가했다.

유로스포츠(Eurosport)는 유럽의 텔레비전 스포츠 네트워크이다. 이 방송국은 2018 투르 드 프랑스 생방송 시청자 수가 2017 투르 드 프랑스보다 15% 증가했다고 보도했다.

디멘션사는 2019 투어를 위한 새로운 서비스를 개발하고 있다. 첫 번째는 이 인종이 엄청난 온라인 공격의 대상이 되기 때문에 새로운 예측 사이버 보안 보호 모델이다. 예를 들어, 디멘션사는 2017 투어 동안 거의 200만 건의 의심스러운 액세스 시도를 차단할 수 있었다. 둘째, 디멘션사는 시청자가 모바일 앱의 프로젝션을 통해 알프스 등반을 경험할 수 있는 증강현실 앱을 개발하고 있다. 셋째, 디멘션사는 레이스의 어느 지점에서든 특정 라이더에 대한 실시간 정보를 제공할 수 있는 전용 챗봇을 개발하고 있다.

출처: Compiled from "Technology, Data, and Connected Cycling Teams at the Tour de France: What Can Businesses Learn from the World's Biggest Race?" *TechRadar Pro*, July 20, 2018; M. Moore, "Tour de France 2018: Why This Year's Race Will Be the Smartest Yet," *TechRadar*, July 6, 2018; "How Big Data, IoT, and the Cloud Are Transforming the Tour de France Fan Experience," *NTT Innovation Institute*, August 10, 2017; M. Smith, "How Sophisticated High-Tech Analytics Transformed the Tour de France," *t3.com*, July 31, 2017; M. Phillips, "19 Weird Tech Secrets of the 2017 Tour de France," *Bicycling*, July 21, 2017; B. Glick, "Data Takes to the Road – The Technology Behind the Tour de France," *Computer Weekly*, July 20, 2017; G. Scott, "Six Tech Trends from the 2017 Tour de France," *Road Cycling UK*, July 18, 2017; R. Guinness, "Bike Development Is Vital but Technology Alone Won't Win Tour de France," *ESPN*, July 8, 2017; "From Brakes to Water Bottles: What Technology Is Being Used in the 2017 Tour de France?" *FutureSport*, July 7, 2017; "The Impressive Engineering behind the Tour de France," *Match Tech*, July 4, 2017; M. Murison, "Tour de France to Use IoT in Digital Race for Spectators' Attention," *Internet of Business*, June 29, 2017; "Coverage of the 2017 Tour de France: A Technological Challenge that Orange Meets on a Daily Basis," *Orange*, June 28, 2017; D. Michels, "Adding an IoT Dimension to the Tour de France," *Network World*, May 23, 2017; and www.letour.fr, accessed August 1, 2018.

질문

1. 2장을 참조하여 디멘션사의 실시간에 가까운 정보의 캡처, 분석 및 배포가 투르 드 프랑스의 전략적 정보시스템인지 논의해보자.
2. 투르 드 프랑스에서 디멘션사가 빅 데이터를 사용하는 방법에 대해 기술해보자.
3. 다른 스포츠가 실시간에 가까운 데이터를 수집하고 관리하고 사용할 수 있는 방법을 기술해보자.

6장

통신 네트워킹

학습목표

6.1 주요 네트워크 종류들을 비교하고 대조해보자.

6.2 무선 통신 미디어와 전송 기술을 설명해보자.

6.3 인터넷에 접속하는 가장 일반적인 방법들을 설명해보자.

6.4 발견을 위한 네트워크 응용 분야의 비즈니스와 일상 생활에 대한 영향을 설명해보자.

6.5 커뮤니케이션을 위한 네트워크 응용 분야의 비즈니스와 일상 생활에 대한 영향을 설명해보자.

6.6 협업을 위한 네트워크 응용 분야의 비즈니스와 일상 생활에 대한 영향을 설명해보자.

6.7 교육을 위한 네트워크 응용 분야의 비즈니스와 일상 생활에 대한 영향을 설명해보자.

장의 구성

미얀마 국민들이 갑자기 온라인으로 몰려가다

MIS

이전에는 버마로 알려진 미얀마는 동남아시아에 위치한 인구 5,100만 명의 불교국가이다. 2014년에는 인구의 1% 미만이 인터넷에 접속했다. 2017년에 이 나라의 온라인 접속이 급격히 증가했으나 가짜뉴스와 반무슬림 정서도 함께 증가했다.

거의 50년 동안 미얀마는 모든 형태의 반대와 극도로 제한된 언론의 자유를 억압하는 군사독재 아래 살았다. 이러한 억압적인 정책에 대응하여 미국과 유럽은 미얀마를 다른 나라와 완전히 단절시키는 엄격한 제재를 가했다. 이런 상황은 2011년 군사정권이 공식적으로 해체되고 민간정부가 수립되면서 바뀌었다.

당시 미얀마에서 휴대전화용 SIM 카드의 가격은 3,000달러 이상이었고 정부와 연줄이 있는 사람들만 사용할 수 있었다. 인터넷 카페가 몇 개 있었는데 대부분은 수도에 있었지만 일반인에게는 너무 비쌌다. 국제통화기금(IMF: www.imf.org)은 미얀마 인구의 0.2% 미만이 온라인에 접속한다고 추정했다.

군사통치가 완화된 직후 몇 년 동안 인터넷 사용은 서서히 증가했다. 그런 다음 2014년에 미얀마는 글로벌 통신회사의 국내 운영을 허용했다. 그 결과 인터넷 사용이 폭발적으로 증가했다. 예를 들어, 통신회사인 에릭슨(www.ericsson.com)의 가입자 수는 2011년 수천 명에서 2019년에는 4천만 명 이상으로 급증했다. 이 모바일 서비스 업체는 고객이 스마트폰으로 저렴하게 소셜미디어에 접속할 수 있는 데이터 요금제를 제공했다.

갑작스럽게 일반 대중이 인터넷을 사용할 수 있게 되면서 미얀마에 많은 변화가 있었다. 인터넷은 미얀마 국민의 삶에 혁명을 일으켰다. 서로 상호작용하는 방식에서부터 규제를 받는 국영언론에서 거의 독점적으로 제공했던 뉴스를 생산하는 방식에 이르기까지 많은 것이 변했다.

미얀마의 일반인은 다음과 같은 방법으로 인터넷을 연결한다. 휴대전화와 액세서리를 판매하는 상점에 간다. 약 미화 3달러를 지급하면 영업사원은 각 고객에 대해 두 가지 작업을 해준다. (1) 고객의 이메일 주소를 설정하고 (2) 고객이 원하는 이름으로 페이스북 계정을 개설한다. 영업 담당자는 고객이 이메일에는 관심이 없다는 점을 알아차린다. 페이스북은 그가 정말로 원하는 것이다. 고객이 페이스북에 대한 로그인 정보를 잊어버린 경우 그냥 새 페이스북 계정을 다시 개설해 준다. 사용자가 실명을 사용해야 한다는 페이스북의 정책을 아는 사람은 아무도 없는 것 같다.

페이스북의 지배력은 너무나도 완벽하여 미얀마 사람들은 '인터넷'과 '페이스북'을 동일시하고 있다. 2019년 7월 현재 미얀마 인구의 절반 이상이 페이스북 계정을 가지고 있었다.

대다수의 인구가 인터넷에 접속할 수 있지만 미얀마는 정보 활용률이 세계에서 가장 낮은 국가 중 하나이다. 정보 리터러시(literacy) 또는 디지털 리터러시는 인터넷을 사용하는 사람들이 자신이 하는 일과 온라인 상태에서 안전을 유지하는 방법을 얼마나 잘 이해하는지를 의미하는 용어이다. 미얀마의 이 수준이 너무 낮기 때문에 사용자는 사기, 해킹 및 가짜뉴스에 피해를 볼 가능성이 매우 높다.

뉴스 사이트들의 인기가 너무 높아져서 '페이스북과 인터넷'이라 불리는 잡지들은 아직 인터넷을사용하지 못하는 사람들을 위해 온라인에서 찾은 뉴스기사를 다시 유통시켰다. 이러한 이야기 중 상당수가 선정적이며 사실확인에 거의 관심을 기울이지 않고 페이스북 페이지에서 다시 올라온다. 안타깝게도 이 나라의 소수 무슬림 공동체(로힝야족)를 비판하는 기사도 증가했다. 이 기사의 대부분은 무슬림 숭배자들이 불교 종교 사이트를 공격하고 있다고 주장하는 가짜뉴스를 홍보한다. 반무슬림 시위와 지역 무슬림 그룹에 대한 공격도 증가했다. 결국 무슬림들이 미얀마에서 쫓겨나고 있다(무슬림은 미얀마 전체 인구의 약 4%를 차지한다).

페이스북과 같은 온라인 플랫폼에서 갑작스러운 표현의 자유에 힘입어 급진적인 불교 반무슬림 단체는 빠르게 전국의 지지자를 확보했다. 예를 들어, 아신 위라투(Ashin Wirathu)는 강경파로 반무슬림 입장을 공개적으로 옹호하는 승려이다. 그의 많은 페이스북 페이지에서 위라투는 그의 동료 시민들에게 무슬림 사업을 보이콧하고 정부가 무슬림을 미얀마에서 추방할 것을 촉구했다. 페이스북 본사는 그의 페이스북 페이지를 계속 폐쇄했기 때문에 그가 페이스북 페이지를 계속 열어 두기는 어려웠다. 그러나 이런 페이스북의 노력에도 불구하고 그의 온라인 팔로어는 계속 증가했다. 2019년 5월, 그는 미얀마의 민간 지도자인 노벨상 수상자 아웅산 수치 여사에 대한 명예훼손 발언 혐의로 미얀마 검찰에 의해 기소되었다.

2018년 8월 24일과 25일, 로힝야족 무장세력이 군부대와 경찰기지를 공격하여 정부는 결국 약 100만 명의로 로힝야족을 방글라데시의 난민수용소로 강제 수용하는 '통제 작전'을 시작했다. 로힝야족을 표적으로 한 증오발언은 공격 당시 페이스북에서 폭발했다. 페이스북을 통한 증오발언 확산과 난민위기 증가에 맞서 싸우는 일은 매우 시급했다. 유엔은 방글라데시의 로힝야족 난민캠프를 인도주의의 위기라고 선언했다.

미얀마의 인권단체는 페이스북이 증오발언을 억제하기 위한 버마어 콘텐츠의 통제를 강화할 것을 촉구했다. 2018년 4월 페이스북 창립자인 마크 주커버그는 미국 상원의원들에게 페이스북은 미얀마에서 증가하는 증오발언을 점검하기 위해 수십 명의 버마어 원어민을 더 고용하고 있다고 말했다.

2018년 8월 중순, 로이터 통신은 페이스북에서 로힝야족 또는 다른 미얀마 무슬림을 공격하는 1,000개 이상의 게시물, 댓글, 이미지 및 동영상을 발견했다. 거의 모든 게시물은 현지 언어인 버마어로 되어 있었다. 놀랍게도 로이터가 발견한 게시물 중 일부는 페이스북에 6년 동안 올라와 있었다.

미얀마의 페이스북 비평가들은 페이스북이 충분한 조치를 취하고 있다고 믿지 않았다. 그들은 페이스북의 기준을 위반한 게시물에 대한 느린 대응과 증오심 표현을 처리하거나 미얀마의 문화적 뉘앙스를 이해하지 못하는 소규모 직원 등의 지속적인 문제를 지적했다. 또한 비평가들은 소수의 시민 사회단체가 이 플랫폼에서 유포되는 위험한 게시물에 대해 페이스북에 경고하지 않았다면 페이스북의 조치가 더 미온적이었을 것이라고 주장했다. 2018년 2월 페이스북은 위라투의 계정을 완전히 폐쇄했다. 페이스북은 다른 조직과 불교 승려들의 페이지를 삭제하여 증오발언과 잘못된 정보의 주요 출처를 차단했다. 페이스북은 인공지능을 사용하여 유해한 콘텐츠를 더 빨리 식별할 수 있는 가능성을 모색했다.

2018년 8월 27일 페이스북은 약 1,200만 명의 팔로워가 있는 계정 18개, 인스타그램 계정 1개, 페이지 52개를 삭제했다. 페이스북은 또한 미얀마 최고 군관리를 포함한 20명의 개인과 단체에 대해서도 계정을 폐쇄했다. 이와 같은 움직임은 유엔보고서가 미얀마의 무슬림 로힝야족에 대해 전쟁범죄를 저지른 미얀마 군대를 비난한 당일 취해졌다. 안타깝게도 페이스북의 노력만으로는 충분하지 않은 것 같으며 페이스북에서의 증오심 표출 문제는 미얀마에서 계속되고 있다. 사실, 약 110만 명의 로힝야족 난민이 방글라데시의 캠프에 남아 있다.

2018년 11월 자신들의 플랫폼이 미얀마에서 증오심을 퍼뜨리고 유혈사태를 장려하는 데 사용되는 것을 막기 위해 페이스북은 더 많은 일을 할 수 있다는 인권보고서의 지적을 공개적으로 인정했다. 그러나 페이스북은 이미 플랫폼의 오용을 방지하기 위해 충분히 노력했다고 밝혔으며 이를 계속하겠다고 약속했다.

미얀마 전문가들은 2020년에는 더 많은 사람들이 인터넷(예: 페이스북)에 연결될 것이라고 지적한다. 결과적으로 2020년 선거에서 페이스북이 할 수 있는 역할에 대한 우려가 이미 제기되고 있다. 미얀마가 로힝야족 난민의 귀환을 준비하는 동안에도 로힝야족을 비방하는 게시물은 페이스북에 계속 올라오고 있다.

미얀마의 많은 사람들에게 인터넷과 페이스북은 언론의 자유와 미국의 가치를 엿볼 수 있게 했다. 그러나 실제로 언론의 자유를 행사하면 어떻게 될지 아무도 그들에게 말하지 않았다. 본질적으로 미얀마 사람들은 무엇이 진짜이고 무엇이 가짜인지를 어떻게 판단할 것이라고 기대했어야 했는가?

출처: Compiled from M. Ganguly and B. Adams, "For Rohingya Refugees, There's No Return in Sight," *Foreign Affairs*, June 5, 2019; H. Beech and S. Nang, "He Incited Massacre, but Insulting Aung San Suu Kyi Was the Last Straw," *The New York Times*, May 29, 2019; I. Marlow, "Facebook Bans Myanmar's Top Military Chief for Hate Speech," *Bloomberg*, August 27, 2018; S. Stecklow, "Why Facebook Is Losing the War on Hate Speech in Myanmar," Reuters, August 15, 2018; T. McLaughlin, "How Facebook's Rise Fueled Chaos and Confusion in Myanmar," *Wired*, July 6, 2018; A. Kuhn, "Activists in Myanmar Say Facebook Needs to Do More to Quell Hate Speech," NPR, June 14, 2018; L. Hogan and M. Safi, "Revealed: Facebook Hate Speech Exploded in c06TelecommunicationsAndNetworking.indd 172 28/08/19 11:59 AM Introduction 173 Myanmar during Rohingya Crisis," *The Guardian*, April 2, 2018; F. Solomon, "Myanmar's Crisis, Bangladesh's Burden: Among the Rohingya Refugees Waiting for a Miracle," *Time*, November 23, 2017; C. Zara, "Jailed for a Facebook Poem: The Fight Against Myanmar's Draconian Defamation Laws," *Fast Company*, July 13, 2017; R. Samarajiva, "Proportion of Facebook Users in Myanmar," *LIRNEasia*, June 30, 2017; T. Sin, "Facebook Bans Racist Word 'Kalar' in Myanmar, Triggers Censorship," *Business Standard*, June 3, 2017; Y. Nitta and T. Hlahtway, "Myanmar Faces Onslaught of Social Media Fake News," *Nikkei Asian Review*, May 30, 2017; "Myanmar Says Fake News Being Spread to Destabilize Government, Vows Action," *Mizzima*, May 6, 2017; O. Schuelke, "Myanmar's Amazing Modernization," *The Diplomat*, March 22, 2017; R. Samarajiva, "Is Low Digital Literacy in Myanmar a Result of No Government Programs?" *LIRNEasia*, November 28, 2016; S. Frenkel, "This Is What Happens When Millions of People Suddenly Get the Internet," *BuzzFeed*, November 20, 2016; C. Trautwein, "Facebook Racks Up 10M Myanmar Users," *The Myanmar Times*, June 13, 2016; and "Connect to Learn Takes Significant Step Toward Reaching 21,000 Students in Myanmar," Ericsson Press Release, January 13, 2016.

질문

1. 미얀마의 수많은 시민들에게 인터넷 접속으로 초래되는 '좋은 점'은 무엇인가? 답변을 뒷받침하는 예를 제시해보자.
2. 미얀마의 수많은 시민들에게 인터넷 접속으로 초래되는 '나쁜 점'은 무엇인가? 답변을 뒷받침하는 예를 제시해보자.

서론

네트워크가 개인의 일상 생활에서도 기본적으로 중요하지만 기업을 위해서도 네트워크 컴퓨팅에 대해 알아야 하는 기본적인 세 가지 사항이 있다. 첫째, 현대 조직의 컴퓨터들은 각기 독립적으로 작동되지 않는다. 그보다 이들은 서로 지속적으로 데이터를 교환한다. 둘째로, 통신 기술에 의해 촉진되는 이런 데이터의 교환은 기업들에게 여러 가지 중요한 이점이 된다. 셋째로, 데이터 교환은 서로 얼마나 떨어져 있는지, 어떤 규모의 네트워크인지 상관없이 이루어질 수 있다.

네트워크 없는 개인용 컴퓨터는 이전의 타자기와 같은 단순한 생산성 향상 도구에 불과하다. 그러나 네트워크로 인해 컴퓨터가 수천 개 원천들로부터 정보를 얻을 수 있는 엄청나게 효과적인 수단이 되어 사용자와 조직을 더욱 생산적으로 만든다. 조직의 유형(영리/비영리, 대형/소형, 글로벌/로컬)이나 산업(제조, 금융, 헬스케어)에 상관없이 일반적으로는 네트워크, 구체적으로 인터넷은 기업이 사업을 하는 방식을 바꾸었으며 앞으로도 계속 바꿀 것이다.

네트워크는 마케팅에서부터 공급망관리, 고객 서비스, 인적자원관리에 이르기까지 모든 분야에서 새롭고 혁신적으로 비즈니스를 수행할 수 있게 한다. 특히 인터넷과 사설 인트라넷—단일 조직 내에 설치된 인터넷 소프트웨어와 TCP/IP 프로토콜을 사용하는 네트워크—은 우리의 삶에 사적으로나 공적으로 커다란 영향을 미친다.

규모와 상관없이 모든 조직에서 통신 및 네트워킹 시스템을 보유하고 있다는 것은 더 이상 경쟁우위의 원천이 아니다. 그보다는 생존을 위한 필수 조건이다.

컴퓨터 네트워크는 여러 이유로 현대 조직에 필수적이다. 첫째, 네트워크화된 컴퓨터시스템은 조직을 더욱 유연하게 하여 빠르게 변화하는 비즈니스 상황에 적응할 수 있도록 한다. 둘째, 네트워크로 인해 기업은 하드웨어, 컴퓨터 애플리케이션 및 데이터를 조직 전반에 걸쳐서, 그리고 다른 조직들 간에 공유할 수 있다. 셋째, 지리적으로 떨어져 있는 직원들 및 그룹들 간에 문서, 아이디어, 창의적인 통찰력을 공유할 수 있게 한다. 이러한 공유는 팀워크, 혁신, 그리고 더욱 효율적이며 효과적인 상호작용을 촉진시킨다. 또한 네트워크는 기업과 기업의 파트너 및 고객들 간의 핵심적인 연결고리이다.

확실히 네트워크는 현대 경영의 필수적인 도구이다. 그런데 왜 네트워크와 친숙해질 필요가 있는가? 단순한 사실은 자신의 사업을 운영하거나 일을 하는 것이 네트워크 없이는 불가능하다는 점이다. 고객과 비즈니스 파트너, 협력업체, 종업원 및 동료들과 신속히 커뮤니케이션할 필요가 있을 것이다. 1990년대까지는 보통 비즈니스 커뮤니케이션을 위해 우편 서비스, 음성 전화나 팩스를 이용했을 것이다. 하지만 오늘날에는 비즈니스의 속도가 더욱 빨라져 거의 실시간으로 커뮤니케이션이 이루어진다. 이러한 믿기 힘든 속도를 따라잡으려면 컴퓨터, 이메일, 인터넷, 스마트폰, 및 기타 모바일 기기가 필요하다. 더욱이 이런 모든 기술들은 네트워크에 연결되어 있어 글로벌한 스케일로 커뮤니케이션하거나 상호협력하거나 경쟁할 수 있다.

네트워크 및 인터넷은 21세기 상거래의 기반이다. 이 책의 한 가지 중요한 목적을 상기시키자면 학습자들이 분별 있는 정보시스템 사용자가 되는 것을 돕는 것이다. 네트워크에 대한 지식은 현대 비즈니스 소양을 갖추는 데 기본이 되는 핵심 요소이다.

우리는 인터넷의 세계적인 중요성을 아무리 강조해도 지나치지 않다. 인터넷은 우리 세상의 신경계라고 진정으로 예기되어 왔다. 사실 인터넷에 대한 빠른(광대역) 접속은 많은 사람들의 성공을 위한 전제조건이다. 예를 들어, 2017년 뉴욕시는 도시에 적절한 광섬유 서비스를 제공하지 못했다는 이유로 버라이즌(Verizon)을 고소했다. 2018년 7월 버라이즌은 뉴욕시에서 고속 인터넷 서비스를 확장하고 기존 전화 인프라를 개선하기 위해 뉴욕주 규제기관과 계약을 체결했다.

같은 해에 뉴욕 법무장관 에릭 슈나이더만(Eric Schneiderman)은 차터커뮤니케이션즈(현 Spectrum; www.spectrum.com)가 약속한 인터넷 속도와 성능 수준을 제공하지 않아 뉴욕 고객들을 속였다고 주장하는 소송을 제기했다. 스팩스럼은 케이블, 전화 및 텔레비전 서비스를 제공하는 미국 통신회사이다. 2019년 3월 스팩스럼은 인터넷 속도 소송으로 고객에게 6,250만 달러를 지불하기 시작했다.

인터넷의 본질적인 중요성을 고려할 때 다음과 같은 문제가 제기된다. 광대역 인터넷은 권리인가아니면 특권인가? IT와 기업사례 6.1은 이 중요한 이슈를 다룬다.

컴퓨터 네트워크가 무엇인지 배우고 다양한 유형의 네트워크를 식별하면서 이 장을 시작한다. 그런 다음 네트워크 기초를 학습한다. 다음으로 인터넷과 월드 와이드 웹의 기본 사항을 주의 깊게 살펴본다. 개인과 조직이 사용할 수 있는 많은 네트워크 응용 프로그램(애플리케이션), 즉 네트워크가 기업활동에 도움을 주는 부분을 논의하면서 이 장을 마친다.

IT와 기업사례 6.1

초고속 인터넷은 권리인가 아니면 특혜인가?

MIS

문제

미국에는 모든 자국민들에게 수도나 전기와 같은 유틸리티의 사용을 보장하는 오랜 역사가 있다. 이 점을 설명하기 위해 지방전화감리국(REA: Rural Electrification Administration), 1934년 통신법 및 1996년 통신법 등 미국 정부의 세 가지 조치를 살펴보자.

1930년대 초, 플랭클린 루즈벨트 대통령이 REA를 설립했을 때 미국 농부의 90%가 전기 없이 살았다. 국가에서 가장 외진 지역에 전선을 설치하는 데 드는 비용은 영리를 추구하는 기업이 감당할 수 없었다. 따라서 REA는 이 문제를 해결하기 위해 농촌전기협동조합과 협력했다. 또한 연방정부는 협동조합에 전력망을 구축하기 위한 대출을 제공했다. 1940년대 말까지 미국 대부분의 농장에는 전기가 공급되었다. 돌이켜 보면 미국인들이 전기를 사용할 수 있어야 한다는 것은 분명하다. 국가의 경제적, 사회적 복지는 이에 달려 있다.

1934년 통신법에 따라 미국 정부는 모든 거주자가 기본 수준의 통신 서비스를 받도록 의무화하는 보편적 서비스 보장을 실시했다. 그 이유는 연방통신위원회(FCC; www.fcc.gov)가 전화 서비스는 긴급 서비스, 정부 서비스 및 주변 지역 사회에 중요한 연결고리를 제공한다는 점을 인식했기 때문이다. 보편적 서비스 보장에 따라 통신 서비스 공급자는 소규모 인구를 지원하기 위해 시골 지역에서 값비싼 구리연선 전화선을 설치하고 유지해야 하는 경우가 많다. 이동통신사는 USF(Universal Service Fund, 연방통신위원회가 관리하는 통신 보조금 및 수수료 제도)라고하는 고객의 전화 요금에 대한 세금을 통해 이러한 비용을 보상받는다. 돌이켜 보면, 통신 서비스에 대한 보편적 접근은 국가 번영에 필수적이라는 것이 분명하다.

1996년 통신법(Telecommunications Act)은 모든 미국인이 인터넷 서비스에 접속할 수 있어야 함을 확인함으로써 단순히 전화 서비스에 대한 권리를 넘어 보편적 서비스의 개념을 (인터넷까지) 확장했다. 오늘날 범용 초고속 인터넷 접속 보장을 옹호하는 사람들도 같은 주장을 한다. 그들은 초고속 인터넷이 사치가 아니라 모든 21세기 미국인의 권리라고 주장한다.

FCC는 초고속 인터넷 접속을 데이터를 25Mbps로 다운로드하고 3Mbps로 업로드하는 기능으로 정의한다. 이 정의에 따르면 2,400만 명의 미국인이 초고속 인터넷에 접속할 수 없다. 본질적으로 미국에도 아직 디지털 격차(digital divide)가 존재한다.

디지털 격차는 한때 접속 가능성의 문제였다. 오늘날이 격차는 연결 품질과 속도의 문제이기도하다. 간단히 말해서, 디지털 격차는 이제 인터넷을 효과적으로 사용하기에 충분한 대역폭이 있는 지역과 없는 지역 간의 차이이다.

미국 농촌초고속통신망협회(www.ntca.org)는 허드슨 연구소(Hudson Institute)의 2016년 연구결과를 인용하여 초고속 인터넷 접속의 경제적 영향 중 거의 70%가 농촌 경제가 아닌 도시 경제에 영향을 미친다는 사실을 발견했다. 같은 연구에서는 초고속 인터넷이 도시 지역만큼 시골 지역에서도 좋다면 온라인 소매매출이 "최소한 10억 달러 이상 증가"할 것이라고 추정했다.

커다란 두 산맥 사이에 위치하기고 있기 때문이기도 하지만 미국에서 최악의 인터넷 서비스 지역인 콜로라도주의 서왜치(Saguache) 카운티의 예를 보자. 이 지역 성인의 5.6%만이 초고속 인터넷에 접속할 수 있는 것으로 추정된다.

뉴욕시 인터넷 제공업체는 월 약 30달러에 100Mbps 서비스의 기본 패키지를 제공한다. 반대로 서왜치 카운티에서는 초고속 연결을 사용하는 소수의 가정에서도 다운로드 속도가 12Mbps이고 업로드 속도가 2Mbps이다. 그럼에도 불구하고 그들은 한 달에 90달러까지도 지불한다.

인터넷이 현대 생활의 중심이 아니라면 이 비용은 문제가 되지 않을 것이다. 그러나 실제로 세금, 구직 지원, 급여 운영, 은행 업무, 신문, 쇼핑, 대학과정 및 화상채팅은 오늘날 주로 온라인에서 이루어진다. 예를 들어, 서왜치 카운티의 학생들은 지자체의 평가를 온라인으로 받아야 한다. 그러나 2016년까지도 학교 건물에서 인터넷이 하루에 몇 시간 동안 또는 하루 종일 불통되는 경우가 많았다고 유치원부터 12학년까지 학생들이 있는 한 학교의 관리자는 말했다.

인구밀도가 낮은 비도시 지역에 광섬유 케이블을 설치하려면 종종 물류 문제에 직면한다. 이러한 문제는 로드아일랜드주 크기의 3배에 달하는 서왜치 카운티에서 특히 심각한데, 이 지역 주민의 30%가 빈곤층 이하이다.

서왜치 카운티는 911 서비스에도 문제가 있다. 초고속 인터넷이 없으면 911 파견 센터와 주 비상시스템 간의 연결이 되지 않을 수 있다. 또한 911 센터에서 경찰을 위해 차량 번호판을 확인하거나 체포영장 정보를 경찰에게 전달할 수 없다. 심한 뇌우가 발생하면 911 운영자는 토네이도 피해 지역을 정확히 추정하거나 발생하는 기상상황을 추적할 수 없다.

일반적으로 시골 지역은 위성, 전화 접속 및 무선 서비스의 조합을 통해 간헐적으로 인터넷에 접속한다. 통신 및 케이블 회사는 장비와 서비스를 소수의 사람을 위해 장거리로 가져오기가 너무 비용이 많이 들기 때문에 이러한 지역을 피한다. 실제로 광섬유 케이블을 매설하는 데 드는 비용은 마일당 약 3만 달러이다.

여러 가지 가능한 해결책

전력/수도공급기관. 어떤 경우에는 농촌 지방자치단체가 초고속 인터넷 접속 서비스를 제공하려는 목적으로 전력이나 수도 공급용 유보자금 및 규제권한을 얻기 위해 1900년대 초부터 전기화(electrification)법을 이용하고 있다. 지역 광대역 네트워크를 연구하는 한 비영리 지역자립연구소에 따르면 2017년 12월에는 (미국의 900여 개 중) 약 64개의 전기협동조합 이 초고속 인터넷 서비스를 제공하기 위해 통신망을 구축했거나 구축 중이었는데 2010년에는 1개에 불과했다.

예를 들어, 센트리링크(CenturyLink; www.centurylink.com)는 콜로라도주의 많은 지역에 인터넷 서비스를 제공하지 않았기 때문에 2011년에 CCT사(Colorado Central Telecom; www.coloradocentraltelecom.com)가 설립되었다. 그리고 또 다른 대형 인터넷 서비스 제공업체인 페어포인트(www.fairpoint.com)는 초당 0.5메가비트만 제공했다. CCT는 서왜치 카운티와 인근 채피(Chaffee) 카운티 주민들에게 인터넷 및 전화 서비스를 제공한다. 이 회사는 외딴 시골 동네 인터넷 사용자의 필요에 맞추어 서비스를 제공했다.

대부분의 도시 및 교외 제공업체는 땅속에 묻혀 있는 광섬유 케이블을 사용하는 반면, 농촌 지역 제공업체는 고가의 케이블을 설치하는 데 드는 비용을 피하기 위해 종종 고정 타워형 무선 인터넷을 사용한다. CCT는 가장 가까운 고정 무선타워에서 신호를 수신하는 가정에 접시를 설치한다. 접시는 타워에 대한 가시선이 어야 한다(즉, 신호를 방해하는 것이 없어야).

또 다른 예로 NOEC(Northeast Oklahoma Electric Cooperative; www.neelectric.com)라는 전력협동조합은 시골 지역의 자사 전신주에 광섬유 케이블을 설치했다. 그 결과 오클라호마주 제나 시민 120명이 집에서 처음으로 초고속 인터넷을 접속할 수 있었다. 2013년 지역 기업과 젊은 주민들이 현대적인 인프라 없이는 미래가 없다고 불평하자 NOEC는 초고속 인터넷 서비스 자회사인 볼트(Bolt)를 설립했다. 1년 후, 이 협동조합은 초당 최대 1기가비트의 속도로 광섬유 기반 인터넷을 제공할 것이라고 발표했다. 2016년에 이 서비스를 도입했다.

도시들. 80개 이상의 미국 도시와 마을에서 지자체 소유의 광섬유 기반 인터넷을 구축했다. 이들 도시는 초고속 인터넷 접속이 도시의 성공을 보장하지 않음을 알고 있다. 그러나 그들은 또한 초고속 인터넷의 부족으로 인해 현재의 글로벌 디지털 경제에서 자신들이 뒤쳐질 것이라는 점을 확실하게 알고 있다. 테네시주 차타누가시의 경우를 보자.

EPB는 차타누가의 지자체 소유 전력회사이다. 2009년 말, EPB는 도시의 전력망을 현대화하기 시작했다. 이 전력회사는 통신망 연결이 필요한 개별 가정에 스마트미터를 설치할 계획이었다. EPB와 시는 광케이블이 도시의 대부분에 설치되면 EPB가 상당히 쉽게 ISP(인터넷 서비스 제공자)가 될 수 있음을 깨달았다.

차타누가 시내에는 이미 컴캐스트(Comcast)라는 민간기업이 인터넷 서비스를 하고 있었다. 그러나 마을 외곽과 더 많은 농촌 지역은 초고속 인터넷 서비스가 거의 또는 전혀 없었다. 확실히 컴캐스트는 네트워크를 확장하거나 도시 내에서 속도를 업그레이드할 계획이 없었다.

컴캐스트와 AT&T는 이 도시의 계획에 반대했다. 그들은 현상유지를 위해 홍보 캠페인을 시작했다. 테네시주케이블통신협회(Tennessee Cable Telecommunications Association; 컴캐스트와 AT&T 둘 다 회원)가 지원하는 텔레비전 광고는 최악의 시나리오를 묘사했다. 광고는 EPB의 전력 공급 사업이 광케이블 네트워크 사업의 재원을 보조해야 하므로 고객이 부담하는 비용이 증가할 것이라고 경고했다. 광고가 여론을 돌리지 못하자 컴캐스트와 AT&T는 4회에 걸쳐 차타누가시를 고소했다. 궁극적으로는 차타누가시가 이겼다.

2019년까지 EPB는 테네시주 남동부와 조지아주 북서부에 있는 18만 개 이상의 주택과 기업에 서비스를 제공했다. EPB는 또한 거의 91,000명의 인터넷 고객을 보유하고 있으며 이는 손익분기점인 42,000명을 훨씬 초과한다. EPB의 가장 인기 있는 서비스는 월 59.99달러의 100Mbps 서비스이다. 흥미롭게도 8,000명의 EPB 고객은 월 69.99달러에 1기가비트 서비스를 사용한다. EPB의 이익은 초기 대출금을 상환하고 EPB의 전력 서비스 요금의 인상을 피하기 위해 사용된다.

알파벳. 알파벳(Alphabet; 구글의 모회사)은 성층권 드론과 풍선(Project Loon)을 사용하여 시골 지역에서 인터넷 서비스를 제공하는 아이디어를 테스트하고 있다.

페이스북. 오픈셀룰러(OpenCellular)라고하는 페이스북의 오픈소스 무선 액세스 플랫폼은 소규모 셀룰러 네트워크를 설정하기 위한 하드웨어와 소프트웨어를 모두 제공한다. 이 프로젝트의 목표는 세계 최빈국 사람들이 휴대전화를 사용하여 온라인에 접속할 수 있도록 하는 것이다. 오픈셀룰러는 전 세계의 외딴 지역에 무선 네트워크 액세스 포인트를 설치할 수 있는 보다 저렴한 방법을 찾으려고 한다. 이 시스템에는 주요 정보통신망과 이용자를 잇는 체계인 백홀(backhaul)이 필요하지 않다. 대신, 백홀은 일반적으로 유선 연결이나 드론 또는 머리 위로 날아가는 풍선에 의해 제공된다. 백홀이 없어도 이런 하드웨어는 지역 사람들이 인터넷 없이도 서로 통신할 수 있도록 한다.

마이크로소프트. 마이크로소프트는 2022년까지 2백만 명의 시골 미국인을 고속 무선 광대역에 연결할 계획이며 12개의 파일럿 프로젝트를 시작하고 있다. 이 회사는 또한 지적재산을 무료로 사용하게 하여 나머지 미국 시골 지역이 연결될 수 있도록 지원하고 있다.

마이크로소프트는 자신이 ISP가 될 계획이 없다고 말한다. 대신 이 회사는 통신회사와 협력하여 텔레비전 '공백' 주파수 대역을 사용하는 무선 네트워크를 구축할 것이다. 이 공백은 무선 주파수 대역에서 사용되지 않는 방송 주파수를 의미한다. 텔레비전 네트워크는 버퍼링 목적으로 채널 사이에 간격을 둔다. 이 공간은 초고속 인터넷을 제공하는 데 사용할 수 있다. 이 대역폭을 사용하면 무선 신호가 언덕과 건물 및 나무를 통과할 수 있다. 주목할 점은 미사용중인 이 주파수 대역을 한 회사만 사용할 수 있지 않다는 것이다. 오히려 다른 장치 및 서비스와의 간섭을 방지하도록 만들어진 특정 규칙을 준수하는 한 누구나 사용할 수 있다.

비용 제약으로 인해 위성 인터넷은 평방 마일당 2명 미만의 지역에서 사용해야 하며, 고정된 무선 통신 타워 및 집까지 연결된 광섬유는 인구 밀도가 평방 마일당 200명 이상인 지역에서 가장 좋은 접근 방식이다. 마이크로소프트는 이러한 기술 조합을 사용함으로써 미국이 80억 달러에서 120억 달러의 비용으로 비도시 지역의 초고속 인터넷 격차를 없앨 수 있다고 주장한다. 이는 광케이블만 사용하는 비용보다 약 80%, 현재의 고정 무선통신 기술 비용보다 50% 이상 적은 비용이다.

초기 결과

인터넷에 연결할 수 있다는 것은 비도시 지역 미국인에게 매우 중요하다. 초고속 인터넷 접속을 통해 현지에서 구할 수 없는 상품과 서비스를 구매할 수 있다; 자신의 상품과 서비스를 훨씬 더 넓은 지역에 판매한다; 이전에는 몇 시간의 운전이 필요했던 의료 서비스에 원격으로 연결하기 위해; 그리고 심지어 재택 근무까지. 교육기관과 정부기관은 학업 및 직업 훈련에 초고속 인터넷을 사용하여 유능한 인력을 개발할 수 있다. 아이들이 기술 지식을 습득하도록 돕는 것이 미래에 중요하다는 것은 널리 알려져 있다. 의료 서비스 제공자가 서비스가 취약한 지역에서 원격진료를 실시하기 위해 초고속 인터넷 접속 권한을 가지면 해당 지역의 의료 서비스를 개선할 수 있다.

초고속 인터넷 접속의 이점을 보여주는 예로 오클라호마주 제나시의 경우를 생각해보자. 볼트(Bolt)를 통해 초고속 서비스를 제공한 이후 경제적인 활력의 조짐이 나타나기 시작했다. 예를 들어, 호주의 제조업체인 페라(www.ferra.com.au)는 2016년 오클라호마주 그로브시 인근에 공장을 건설했고 그해 말까지 약 100명의 직원을 고용했다. 부동산 개발자들은 볼트가 초고속 인터넷 서비스를 발표한 후에야 승인된 프로젝트에 따라 그로브시와 제나시에 가까운 곳에 120실 규모의 호텔과 컨퍼런스 센터를 짓고 있다.

한 제나시 거주자는 최근 사업용 웹 사이트를 만들었고 다른 한 거주자는 온라인으로 트랙터 부품을 주문하여 가장 가까운 수리점까지의 하루 왕복 시간을 절약했다. 또 다른 거주자는 은퇴하고 온라인 교육 서비스를 시작할 계획이다.

그리고 차타누가시의 결과는? 테네시 대학의 독립적인 연구에 따르면 EPB의 광섬유 기반 네트워크는 2,800~5,200개의 일자리를 창출할 수 있다고 한다. 이 도시의 경제적 이익은 지난 5년 동안 약 10억 달러에 달했다.

더 좋은 소식이 있다. 연방통신위원회(Federal Communications Commission)의 자료를 통해 농촌혁신센터(www.ruralinnovation.us)는 2,500개 이상의 시골 마을에 초고속 인터넷 서비스가 존재함을 알았는데 이는 850만 명 이상의 이 지역 미국인이 이 서비스를 사용하고 있음을 의미한다. 그중 300만 명이 초당 기가비트 속도의 대칭(업로드 및 다운로드) 서비스를 접속할 수 있다.

출처: Compiled from M. Dunne, "Small-Town Ingenuity Is Making Gigabit Broadband a Reality," *Wired*, August 26, 2018; G. Horwitz, "How the Digital Divide Dies: Broadband for All," *Forbes*, April 19, 2018; K. Rogers, "What It's Like to Live in America without Broadband Internet," *Motherboard*, April 16, 2018; C. Aguh, "How the 'Digital Divide' Is Holding the U.S. Economy Back," *VentureBeat*, February 10, 2018; R. Boucher, "Don't Forget Rural America in Open Internet Debate," *Forbes*, August 22, 2017; "The Digital Divide between Rural and Urban America's Access to Internet," CBS News, August 4, 2017; C. Malone, "The Worst Internet in America," *fivethirtyeight.com*, July 27, 2017; J. Brodkin, "Microsoft Wants All of Rural America to Get High-Speed Broadband," *Ars Technica*, July 11, 2017; "Rural America Has a Serious Internet Problem," *The Week*, June 15, 2017; A. Dellinger, "Is Internet Access a Right? Americans Split on Belief If Internet Access Is a Right or Privilege," *International Business Times*, May 7, 2017; H. Kuttner, "The Economic Impact of Rural Broadband," Hudson Institute, April 20, 2016; A. Newcomb, "Which States Have the Speediest – and the Slowest – Internet?" NBC News, March 16, 2017; B. Whitacre, "Broadband Internet Helps Rural Areas Connect – Online and in Real Life," *Newsweek*, March 4, 2017; J. Koebler, "The City that Was Saved by the Internet," *Motherboard*, October 27, 2016; J. Condliffe, "Locally Owned Internet Is an Antidote for the Digital Divide," *MIT Technology Review*, August 8, 2016; C. Kang, "How to Give Rural America Broadband? Look to the Early 1900s," *New York Times*, August 7, 2016; J. Condliffe, "Facebook Plans to Beam Internet to Backwaters with Lasers," *MIT Technology Review*, July 20, 2016; J. Condliffe, "Facebook Has a Plan to Take Cellular Data to the Sticks," *MIT Technology Review*, July 7, 2016; T. Simonite, "America's Broadband Improves, Cementing a 'Persistent Digital Divide'," *MIT Technology Review*, January 29, 2016; R. Letzter, "Here's Why Internet Services Are So Abysmal in America," *Business Insider*, January 28, 2016; S. Stogsdill, "Ferra Aerospace Holds Groundbreaking in Grove," *Tulsa World*, December 16, 2015; and Y. Hupka, "Findings on the Economic Benefits of Broadband Expansion to Rural and Remote Areas," Center for Urban and Regional Affairs, University of Minnesota, 2014.

질문

1. 초고속 인터넷의 사용이 불가능한 지역에서 발생하는 문제를 설명해보자.
2. 초고속 인터넷이 없는 대학에서 경험하게 되는 교육이 어떨지 생각해보자. 답변을 뒷받침하는 구체적인 예를 들어보자.
3. 초고속 인터넷이 제공하는 이점들을 찾아 논의해보자.
4. 초고속 인터넷을 통해 교육 경험을 향상시키는 방법을 설명해보자. 답변을 뒷받침하는 구체적인 예를 들어보자.

6.1 컴퓨터 네트워크란

컴퓨터 네트워크(computer network)는 통신 미디어로 컴퓨터와 다른 장치들(예: 프린터)을 연결하여 데이터와 정보가 그들 사이에서 전송될 수 있게 하는 시스템이다. 음성과 데이터 통신 네트워크는 계속해서 더욱 더 빨라지고 있으며, 즉 이들의 대역폭이 증가하고 있으며 비용은 더욱 낮아지고 있다. **밴드위스**(대역폭: bandwidth)는 네트워크의 전송능력을 의미하는데, 초당 비트(BPS: bits per second) 수로 언급된다. 대역폭의 범위는 협대역(상대적으로 낮은 전송 용량)에서부터 광대역(상대적으로 높은 네트워크 용량)까지 있다.

통신산업 자체에서는 **광대역**(broadband)이라는 용어를 정의하기 어려운 점이 있다. 미국 통신감독위원회(FCC)는 광대역을 다운로드(인터넷 서버로부터 넷플릭스의 영화와 같은 스트리밍 데이터가 사용자에게 전송되는 속도)가 초당 25메가바이트, 그리고 페이스북 포스트나 유튜브 비디오의 업로드 속도는 초당 3메가바이트보다 빠른 커뮤니케이션 수단(이 장의 뒷부분에서 논의)의 전송 용량으로 정의하는 새로운 규칙을 제안했다. 광대역의 정의는 유동적이지만 미래에는 더 빠른 전송능력을 반영하기 위해 변할 것이라는 점은 확실하다.

흥미롭게도 일부 연방통신위원회(FCC; www.fcc.gov) 위원은 다운로드를 위해 광대역의 정의를 100Mbps로 늘려야 한다고 생각한다. 그러나 광대역의 정의는 유동적이며 미래에 더 큰 전송 용량을 반영하기 위해 의심할 여지없이 계속 변경될 것이다.

분명히 여러분은 디지털 가입자 회선(DSL: digital subscriber line)과 집이나 기숙사에 연결된 케이블 등과 같은 특정 유형의 광대역에 익숙하다. DSL과 케이블은 앞에서 언급한 빠른 전송 능력의 범주에 속하며, 따라서 광대역 연결로 정의된다.

소규모에서 대규모에 이르는 다양한 종류의 네트워크가 있다. 네트워크의 종류는 (소규모에서 가장 큰 것에 이르기까지) 개인망(PAN: personal area networks), 근거리 네트워크(LAN), 광역도시 네트워크(MAN: metropolitan area network), 광역 네트워크(WAN) 그리고 인터넷(internet) 등이 있다. PAN은 짧은 범위(전형적으로 수 미터 이내)의 네트워크로 한 개인이 사용하는 근접 장치와의 통신에 이용된다. 8장에서는 무선 개인망(wireless PAN)을 학습할 것이다. MAN은 대도시 지역을 포괄하는 비교적 규모가 큰 컴퓨터 네트워크이다. MAN은 규모에 있어서 LAN과 WAN 사이에 속한다. WAN은 전형적으로 방대한 지리적 영역을 포함하며, 지구 전체를 포함할 수 있으며 지구에서부터 화성까지, 아니 그 이상까지도 도달할 수 있다.

근거리 네트워크

규모와 상관없이, 네트워크는 세 가지의 목적, 즉 속도, 거리 그리고 비용 등에 대한 절충이 필요다. 조직들은 일반적으로 이들 세 가지 중에서 두 가지를 선택해야 한다. 원거리를 보완하기 위해서, 비용을 기꺼이 지불할 수 있다면 조직들은 빠른 통신을 할 수 있으며, 또는 느린 속도를 기꺼이 받아들이겠다면 저렴하게 통신을 할 수 있다. 이러한 보상관계에 대한 세 번째 가능한 조합이 거리는 제한되지만 빠르고 저렴한 통신이다. 이것이 근거리 네트워크의 기본 아이디어이다.

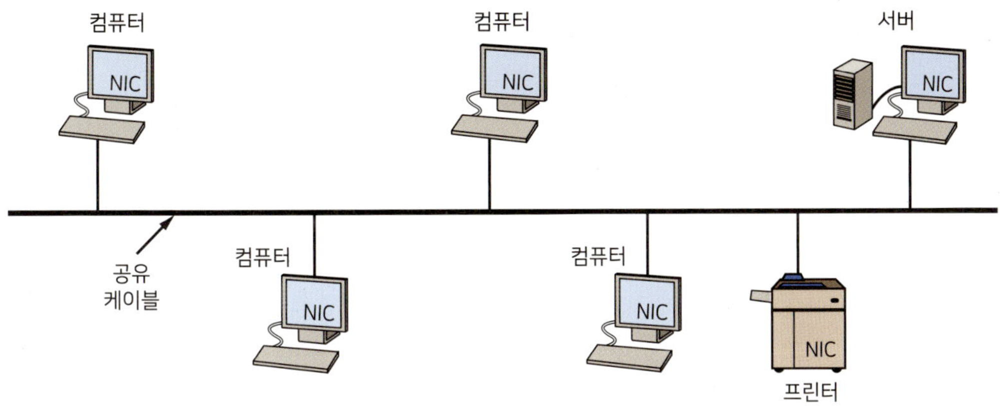

그림 6.1
이더넷 LAN

근거리 네트워크(LAN: local area network)는 종종 동일 건물 내에서 같이, 제한된 지리적 영역에 있는 2개 이상의 장치를 연결해서, 네트워크에 있는 모든 장치들이 모든 다른 장치들과 통신할 수 있게 한다. 오늘날 대부분의 LAN은 (이 장의 후반부에 논의될) 이더넷(Ethernet)을 사용한다. 그림 6.1은 4대의 컴퓨터, 1대의 프린터, 그리고 1대의 서버로 구성되어 공유 케이블을 통해 서로가 연결되는 이더넷 LAN을 예시하고 있다. LAN에 있는 모든 장치는 LAN의 통신 미디어에 장치들을 물리적으로 연결하도록 하는 네트워크 인터페이스 카드(NIC: network interface card)를 장착하고 있다. 이 미디어는 전형적으로 피복 보호 없는 연선(UTP wire: unshielded twisted-pair wire)이다.

항상 그런 것은 아니지만, 많은 LAN은 **파일 서버**(file server) 또는 **네트워크 서버**(network server)로 구성된다. 서버는 전형적으로 네트워크를 위한 다양한 소프트웨어와 데이터를 포함한다. 또한 서버와 통신 경로를 관리하고 네트워크상의 커뮤니케이션을 관리하는 LAN 네트워크 운영시스템을 탑재하고 있다.

광역 네트워크

기업이 LAN의 범위 밖으로 데이터를 전송하고 수신해야 할 때, 그들은 광역 네트워크를 이용한다. 흥미롭게도, 광역 네트워크라는 용어는 LAN이 출현하기 전까지는 존재하지도 않았다. 그 시기 이전에는, 오늘날 광역 네트워크라고 부르고 있는 것이 단순히 '네트워크'라고 불렀다.

광역 네트워크(WAN: wide area network)은 넓은 지리적 영역을 포괄하는 네트워크이다. WAN은 보통 여러 LAN을 연결되어 이루어진다. 일반적으로 통신사 및 글로벌 통신 서비스 제공업체의 국제 네트워크와 같은 일반 통신 사업자가 제공한다. 이러한 사업자의 예로는 미국의 AT&T(www.att.com), 독일의 도이치 텔레콤(Deutsche Telekom; www.telekom.com) 및 일본의 NTT 커뮤니케이션즈(NTT Communications; www.ntt.com)가 있다.

WAN은 용량이 크며 일반적으로 여러 채널(예: 광섬유 케이블, 마이크로웨이브 및 위성)을 결합한 네트워크이다. 그리고 WAN에는 여러 연결된 LAN들 내에서 혹은 인터넷과 같은 WAN에서 메시지를 하나의 LAN에서 인터넷으로 전송하는 **라우터**(routers)가 포함되어 있다. 인터넷은 WAN의 한 예이다.

그림 6.2

엔터프라이즈 네트워크

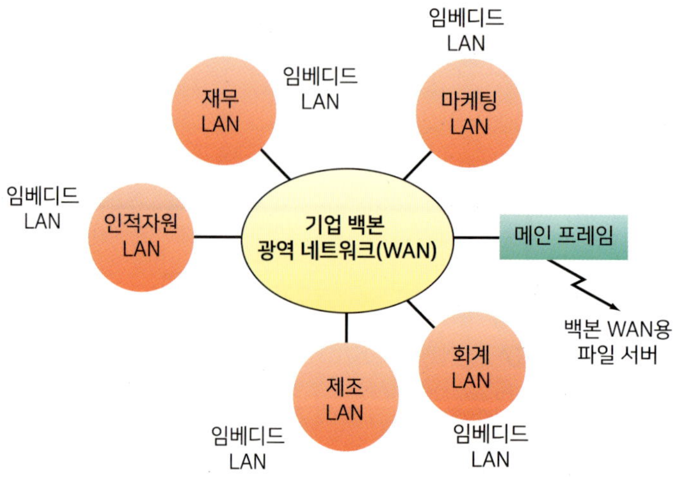

엔터프라이즈 네트워크

오늘날 조직들은 복수의 LAN과 복수의 WAN을 가지고 있으며, 이들이 서로 연결되어 **엔터프라이즈 네트워크(enterprise network)**를 형성한다. 그림 6.2는 엔터프라이즈 컴퓨팅의 모형을 보여준다. 그림에서 엔터프라이즈 네트워크는 백본 네트워크를 가지고 있음을 주목하기 바란다. 기업의 **백본 네트워크(backbone network)**는 (LAN과 소규모 WAN 등과 같은) 복수의 소규모 네트워크를 연결하는 고속의 중앙 네트워크이다. 그 LAN들은 백본 WAN에 연결되기 때문에 임베디드 LAN(embedded LAN)이라고 불린다.

불행하게도 기존 네트워크는 경직되어 있고 융통성이 부족해 비즈니스적인 네트워크 요구사항의 증가에 대처하기 어렵다. 이런 문제의 이유는 기존 네트워크의 기능들이 물리적 라우터와 기기(즉, 하드웨어)들에 분산되어 있기 때문이다. 이런 프로세스가 의미하는 것은 변화를 주기 위해서는 각 네트워크 기기가 개별적으로 재조정되어야 한다는 점이다. 어떤 경우에는 기기들이 수작업으로 조정되어야 한다. 소프트웨어로 정의된 네트워크(SDN: software-defined networks)는 최근 부각되고 있는 기술로, 기업들이 전사적인 네트워크에서 데이터 흐름을 관리하는 것을 돕는 매우 중요한 기술이 되고 있다. SDN이 있으면 네트워크 기기들에서 네트워크 트래픽 흐름을 통제하는 의사결정은 소프트웨어에 의해 중앙에서 관리된다. 이 소프트웨어는 다이나믹하게 데이터 흐름을 조율해 비즈니스 및 애플리케이션의 니즈를 충족시킨다.

기존의 네트워크는 1920년대 도시의 도로시스템이라고 보면 된다. 데이터 패킷들은 자동차들로 도시를 돌아다닌다. 트래픽 통제관(물리적 네트워크 기기들)은 신호등의 점멸과 교차로를 통과하는 다양한 크기와 형태의 차량들 인식해 각 교차로에서 차량의 흐름을 통제하고 교통량을 조정한다. 통제관들은 자신의 교차로에서만 트래픽을 조장할 수 있다. 이들은 도시 전체의 트래픽 규모나 도시를 지나다니는 전체 차량들의 움직임은 알지 못한다. 그렇기 때문에 도시의 교통 흐름의 패턴을 전체적으로 통제하고 러사아워 트래픽을 관리하는 것은 어렵다. 문제가 발생하면 도시 교통 책임자는 각 개별 통제관과 무전기로 커뮤니케이션해야 한다.

이제 SND를 현대적인 도로시스템이라고 생각해보자. 교통 흐름을 관리하는 각 통제관들이 중앙 모니터링 및 통제 소프트웨어와 연결된 교통 신호와 전자적인 통행량 측정기들로 대체된다. 그렇게 되면 도시의 교통 흐름은 즉각적으로 중앙에서 통제될 수 있다. 이 통제 소프트웨어는 하루의 상황(예: 러시아워)에 따라 다르게 교통 흐름을 조정할 수 있다. 소프트웨어는 교통 흐름을 모니터한 후, 최소한의 간섭으로 도시의 교통 흐름을 돕도록 자동으로 교통 신호를 변경한다.

확인하고 넘어가기

1. 네트워크를 사용하는 주된 비즈니스적인 이유는 무엇인가?
2. 근거리 네트워크와 광역 네트워크의 차이는?
3. 엔터프라이즈 네트워크를 설명해보자.

6.2 네트워크 기초

이 절에서는 어떻게 네트워크가 실제로 작동하는지에 대한 기본적인 사항들을 학습한다. 먼저 네트워크의 컴퓨터들이 데이터를 전송하고 수신하는 유선 통신 미디어부터 알아본다. 그리고 네트워크 프로토콜과 네트워크 프로세싱의 종류들에 대해 살펴보면서 이 절을 마친다.

오늘날 컴퓨터 네트워크는 비트들의 조합을 나타내며, 켜지거나(on) 또는 꺼진(off) 상태가 되는 불연속 펄스(pulse)인 **디지털 신호**(digital signals)로 커뮤니케이션한다. 즉, 이런 방식은 디지털 신호에 의해 컴퓨터가 이해할 수 있는 2진수 형태로 정보를 변환한다.

미국 공용 전화시스템(일반 구형 전화시스템, 혹은 POTS으로 불림)은 원래 음성 신호나 소리를 아날로그 파장 형태로 전송하는 아날로그 네트워크로 설계됐었다. 아날로그 신호는 파동의 진폭과 주파수를 변경하여 정보를 전송하는 연속이다. 이러한 회선이 디지털 정보를 전송하기 위해서는 정보가 다이얼업 모뎀에 의해 아날로그 파장 패턴에서 디지털 형태로 변환되어야 한다. 다이얼업 모뎀은 대부분의 선진국에서는 거의 사라졌다.

케이블 모뎀(cable modem)은 동축 케이블(예: 케이블 TV)에서 사용되는 모뎀이다. 이를 사용해 인터넷이나 기업의 인트라넷에 초고속으로 접속할 수 있다. 케이블 모뎀은 다양한 속도를 제공한다. 대부분의 사업제공자들은 다운로드(인터넷에서 컴퓨터로)를 위해서 1Mbps에서 6Mbps를 그리고 업로드를 위해서 128Kbps에서 768Kbps의 대역폭을 제공한다. 케이블 모뎀은 한 지역 내에 있는 가입자들 사이에 대역폭을 공유한다. 그렇기 때문에, 많은 수의 사용자가 동시에 인터넷에 접속하게 될 경우, 케이블 속도는 현저히 감소할 수 있다.

DSL(디지털 가입자 회선) 모뎀은 음성 전화와 전화접속 모뎀이 사용되는 동일한 회선에서 사용된다. DSL 모뎀은 항상 접속을 유지하고 있기 때문에 인터넷 접속을 즉시 이용할 수 있다.

통신 미디어와 회선

데이터가 한 지역에서 다른 지역으로 전송되려면, 일부 형태의 경로 또는 매체가 사용되어야 한다. 이러한 경로를 **통신 회선**(communication channel)이라고 하고, 이에는 케이블(이중연선, 동축 케이블,

표 6.1 유선 통신 회선의 장단점

회선	장점	단점
이중연선	저렴하다. 널리 이용된다. 작업하기 용이하다. 눈에 잘 띄지 않는다.	느리다(낮은 대역폭). 방해받기 쉽다. 쉽게 도청할 수 있다(낮은 보안성).
동축 케이블	이중연선보다 높은 대역폭을 갖는다. 전자파 방해를 덜 받는다.	비교적 비싸고 유연성이 낮다. 쉽게 도청할 수 있다(낮음과 중간 수준 정도의 보안). 작업하기가 좀 어렵다.
광섬유 케이블	매우 높은 대역폭을 갖는다. 비교적 저렴하다. 도청하기 어렵다(높은 보안).	작업하기 어렵다(합쳐서 잇기가 어렵다).

광섬유 케이블 등 유선)과 브로드캐스트(마이크로파, 위성, 라디오, 그리고 적외선 등 무선)라는 두 종류의 미디어가 있다.

케이블 미디어(cable media) 또는 **유선 미디어**(wireline media)는 물리적인 선이나 케이블을 사용하여 데이터나 정보를 전송한다. 이중연선과 동축 케이블은 구리로 구성되며, 광섬유 케이블은 유리로 구성된다. 대안으로는 **브로드캐스트**(broadcast) 또는 **무선 미디어**(wireless media) 통신이 있다. 오늘날의 빠르게 이동하는 사회에서 모바일 통신의 열쇠는 전자기 미디어(electromagnetic media)인 '방송파(airwaves)'를 사용하는 통신이다. 이 절에서는 세 종류의 유선 회선에 대해 살펴본다. 표 6.1은 이들 회선 각각의 장단점을 요약하고 있다. 무선 미디어는 8장에서 논의한다.

이중연선. **이중연선**(twisted-pair wire)은 가장 널리 이용되고 있는 통신선이다. 대부분의 기업 전화선에 사용되고 있다. 이중연선은 구리선을 한 쌍으로 꼬아서 구성한다(그림 6.3 참조). 비교적 구매하기에 저렴하고, 널리 이용되며, 작업하기에도 용이하다. 벽이나 바닥에 깔아서 그리고 천장 위에서 비교적 쉽게 설치할 수 있다. 그러나 이중연선은 치명적인 단점이 있다. 데이터 전송이 비교적 느리고, 다른 전자적인 소스에 의해 방해받기 쉬우며, 의도하지 않은 수신자가 데이터에 대한 무단 액세스를 쉽게 할 수 있다.

그림 6.3 이중연선

© deepspacedave/iStockphoto

동축 케이블. **동축 케이블**(coaxial cable)은 절연된 구리선으로 구성된다(그림 6.4 참조). 이중연선에 비하여 전자적인 방해에 훨씬 덜 민감하며, 더 많은 데이터를 전송한다. 이러한 이유로 초고속 데이터 전송과 TV 신호(케이블 TV)의 전송에 널리 이용된다. 그러나 동축 케이블은 이중연선에 비하여 더 비싸고 작업하기에 어려운 점이 있다. 또한 어느 정도 유연성이 떨어진다.

광섬유. **광섬유 케이블(fiber-optic cable)**(그림 6.5 참조)은 레이저에 의해 생성된 광 펄스로 정보를 전송하는 매우 얇은 수많은 광섬유 실로 구성된다. 광섬유 케이블은 섬유에서 빛이 새 나가는 것을 막기 위해 코팅된 피복으로 둘러싸여 있다.

광섬유 케이블은 전통적인 케이블 미디어보다 아주 가늘며 가볍다. 또한 더 많은 데이터를 전송하고 방해와 도청에 대한 보안도 뛰어나다. 광섬유 케이블은 일반적으로 네트워크의 백본으로 사용되는 반면 이중연선 및 동축 케이블은 백본을 네트워크의 개별 장치에 연결하는데 사용된다. 2016년에는 일본과 미국을 연결하는 5,600마일의 해저 광섬유 케이블인 FASTER가 운영되기 시작했다. FASTER는 태평양을 가로질러 초당 60테라비트(조 비트)의 속도로 데이터를 전송한다. 2018년에 이 기구는 지난 20년 동안 그 어느 해보다 많은 광섬유 케이블을 설치했다.

그림 6.4 동축 케이블

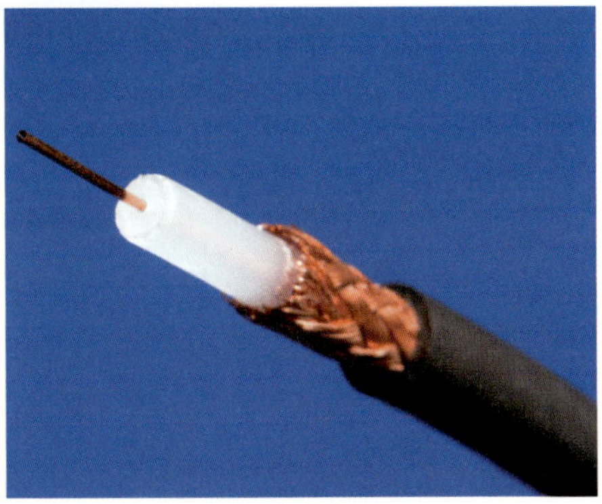

절단면

GIPhotoStock/Science Source

실제로 보는 동축 케이블

©Piotr Malczyk/iStockphoto

네크워크 프로토콜

네트워크에 연결된 컴퓨팅 기기들이 데이터를 전송하고 수신하기 위해서 네트워크에 접근해 서로 이를 공유해야 한다. 이러한 구성 기기들을 네트워크의 노드(node)라고 한다. 이러한 노드들은 **프로토콜(protocol)**이라 불리는 공통의 규칙과 절차를 준수하면서 서로 통신한다. 이 절에서는 이더넷(Ethernet)과 TCP/IP 등의 두 가지 중요한 프로토콜에 대하여 알아본다.

그림 6.5 광섬유

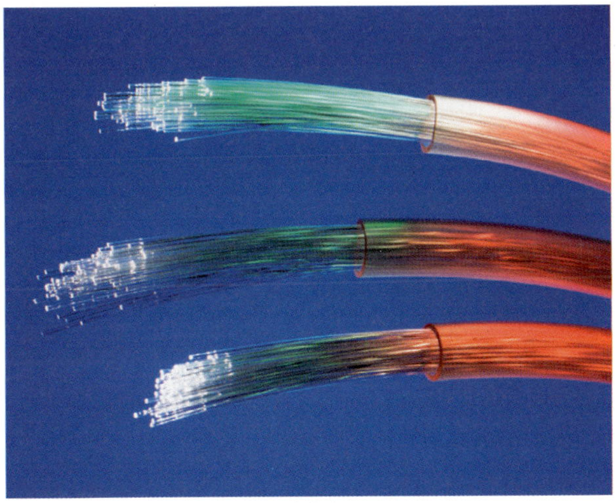

절단면

Phillip Hayson/Science Source

실제로 보는 광섬유 케이블

Chris Knapton/Science Source

이더넷. 일반적인 LAN 프로토콜은 **이더넷(Ethernet)**이다. 대부분의 대기업들은 네트워크가 초당 100기가비트(GB: 1천억 비트)로 데이터를 전송해주는 100기가 이더넷을 이용한다. 2018년에는 400기가비트 이더넷이 도입되었다.

TCP/IP. **TCP/IP(transmission control protocol/internet protocol)**는 인터넷 프로토콜이다. TCP/IP는 TCP와 IP를 구성되는 프로토콜 세트를 사용한다. TCP는 (1) 컴퓨터 사이를 연결해서 (다음에서 논의할) 컴퓨터 사이의 패킷 이동을 관리하고, (2) 패킷 전송의 순서를 정하고, (3) 전동된 패킷을 인식하는 등의 세 가지 기능을 수행한다. **IP(internet protocol)**는 아래에서 논의할 전송 과정 동안에 데이터를 분해하고, 전달하고, 재조립하는 책임을 수행한다.

데이터가 인터넷에 전송되기 전에, 데이터들은 패킷(packet)이라 불리는 고정된 데이터 묶음으로 잘게 쪼개진다. 텍스트 블록을 패킷으로 쪼개는 전송기술을 **패킷 스위칭(packet switching)**이라고 한다. 각 패킷은 목적지에 도달할 수 있도록 돕는 발신자의 IP주소(address), 의도된 수신자의 IP 주소, 메시지에 있는 패킷의 수, 그리고 메시지 내에서 특정 패킷의 수에 관한 정보를 전달한다. 각 패킷은 네트워크에서 독립적으로 전달되며, 네트워크의 상이한 경로를 통해 전달(즉, 라우팅이 경로 배정)될 수 있다. 패킷이 목적지에 도착하면 원래의 메시지로 재조립된다.

패킷 스위칭 네트워크는 신뢰성이 높고, 고장 수리/회복 능력이 있다는 것이 중요하다. 예를 들어, 만일 네트워크에서의 경로가 매우 혼잡하거나 고장 상태라면, 패킷은 동적으로 경로를 수정해 다른 전송 경로를 택할 수 있다. 또한 1개 이상의 패킷이 수신 컴퓨터에 도착하지 않았다면, 그 패킷만 재전송하면 된다.

왜 조직들은 패킷 스위칭을 사용하는가? 그 주된 이유는 때때로 일시적(단기간에) 또는 지속적(장기에 걸친)인 고장을 일으킬 수 있는 네트워크에서도 종단간(end-to-end)에 신뢰할 수 메시지 전송이 가능하기 때문이다.

패킷들은 데이터를 전송하기 위해 TCP/IP 프로토콜을 사용한다. TCP/IP는 네 계층으로 이루어져 있다(그림 6.6 참조). 응용 계층(application layer)은 사용자의 응용 프로그램이 상대방 응용 계층에 접근해서 필요한 데이터를 교환하는 프로토콜(즉, 규칙과 절차)을 정의할 수 있게 해준다. 이러

그림 6.6
TCP/IP 참조 모형의 네 계층

이메일 : SMPT를 통해 메시지를 전송	**응용**	이메일 : 메시지 수신
메시지를 패킷으로 쪼개고 순서를 결정	**전송**	패킷을 재배열하고 (손실시) 재위치시킴
전송과 수신 IP 주소를 할당하고, 각 패킷에 적용	**인터넷**	IP 주소대로 내부 네트워크를 통해 패킷 전송
의도된 목적지에 이르는 네트워크/인터넷의 경로를 결정	**네트워크 인터페이스**	패킷의 수신

그림 6.7 패킷 스위칭

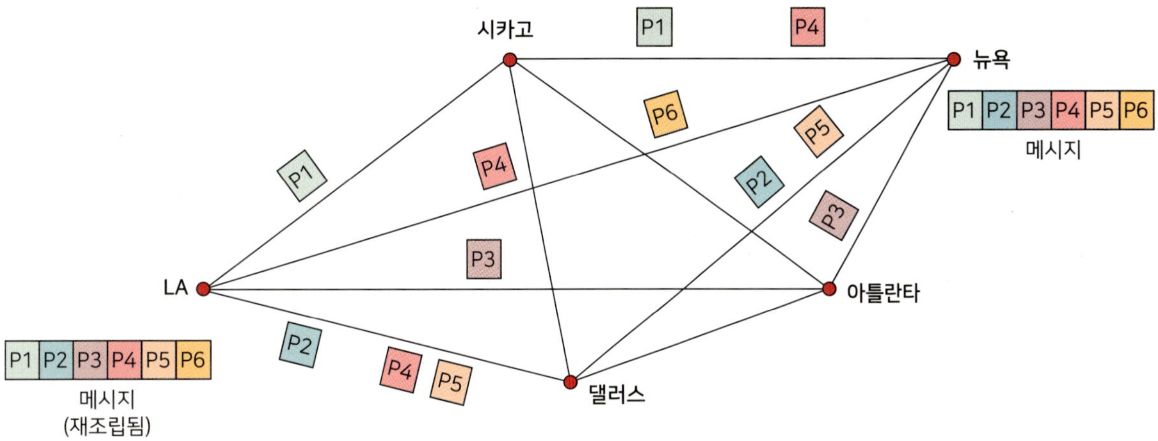

한 애플리케이션 프로토콜 중의 하나가, 메시지를 어떻게 정형화하고 전송하는가를 정의하는 **하이퍼텍스트 전송 프로토콜(HTTP: hypertext transfer protocol)**이다. 전송 계층(transport layer)은 애플리케이션 계층에 통신과 패킷 서비스를 제공한다. 이 계층은 TCP와 다른 프로토콜을 포함한다. 인터넷 계층(internet layer)은 주소지정(addressing), 라우팅(routing), 데이터 패킷의 패키징(packaging) 등을 담당한다. IP가 이 계층의 프로토콜 중 하나이다. 마지막으로, 네트워크 인터페이스 계층(network interface layer)은 패킷을 네트워크에 올리고, 네트워크 수단으로부터 패킷들을 수신한다.

TCP/IP를 사용하는 두 컴퓨터는 서로 다른 하드웨어와 소프트웨어를 사용하고 있을지라도 통신할 수 있다. 한 컴퓨터에서 다른 컴퓨터로 전송된 데이터는, 전송하는 컴퓨터의 응용계층에서 시작하여 네 계층의 마지막인 네트워크 인터페이스 계층까지 아래로 전달된다. 수신 컴퓨터로 데이터가 도착한 후에 그 데이터들은 반대로 네 계층의 위로 전달된다.

TCP/IP는 데이터가 원형이 훼손되지 않은 형태로 도착할 것이라는 확신 하에 때때로 신뢰할 수 없는 네트워크를 통해 사용자가 데이터를 보내게 한다. TCP/IP는 신뢰성과 인트라넷은 물론 관련된 기능을 제공할 수 있는 용이성 때문에 매우 널리 이용되고 있다.

인터넷을 통한 패킷 스위칭의 예를 살펴보자. 그림 6.7은 패킷 스위칭 네트워크에서 뉴욕시에서 LA로 메시지가 어떻게 전달되는가를 보여준다. 다른 색깔의 패킷들이 서로 다른 루트를 경유해서 LA에 있는 목적지에 도착하고 그곳에서 완전한 메시지로 재조립되고 있는 것에 주목하기 바란다.

네트워크 처리 유형

기업들은 일반적으로 회사 업무 전반에 여러 컴퓨터 시스템을 사용한다. **분산처리(distributed processing)**는 처리 작업을 두 대 이상의 컴퓨터로 분할하는 것을 말한다. 이 프로세스는 서로 다른 위치에 있는 컴퓨터가 통신 링크로 연결되어 상호 커뮤니케이션한다. 분산처리의 일반적인 유형은 클라이언트/서버 처리이다. 특별한 유형의 클라이언트/서버 처리는 피어-투-피어 처리이다.

클라이언트/서버 컴퓨팅. **클라이언트/서버 컴퓨팅**(client/server computing)은 2개 이상의 컴퓨터를 연결한 형태로 **서버**(server)라 불리는 컴퓨터가 클라이언트라 불리는 사용자 PC에 컴퓨팅 서비스를 제공하도록 구성하는 것을 말한다. 보통 기업들은 덜 강력한 클라이언트 컴퓨터들이 접근할 수 있는 충분히 강력한 서버에서 대량의 처리나 응용 프로그램/데이터 저장을 실행한다. 클라이언트가 응용 프로그램 및 데이터 사용이나 처리를 서버에 요청하면 이 요청에 따라 서버는 적절한 서비스를 제공한다.

클라이언트/서버 컴퓨팅으로 팻 클라이언트(fat client)와 씬 클라이언트(thin client)라는 개념이 생기게 되었다. 기술가이드 1에서 논의하는 것처럼, 팻 클라이언트는 저장용량과 처리 능력이 크기 때문에 네트워크가 다운되어도 자체 프로그램(예: 마이크로소프트 오피스(Microsoft Office))을 실행할 수 있다. 대조적으로 씬 클라이언트는 자체 저장용량이 없고 처리능력도 제한되어 있다. 따라서 애플리케이션을 실행시키기 위해서는 네트워크에 의존해야만 하며, 네트워크가 기능하지 않는 경우에는 자신도 기능을 못한다.

피어-투-피어 처리. **피어-투-피어 처리**(peer-to-peer processing)는 각 컴퓨터가 클라이언트와 서버의 기능을 모두 수행하는 분산화된 클라이언트/서버 컴퓨팅의 한 유형이다. 각 컴퓨터는 (보안 또는 무결성 목적을 위한 설정에 따라) 다른 컴퓨터에 있는 모든 파일에 접근할 수 있다.

세 가지의 피어-투-피어 처리 유형이 있다. 첫 번째 유형은 네트워크로 연결된 컴퓨터에서 사용되지 않는 CPU 파워에 접근하는 것이다. 이러한 유형으로 잘 알려진 애플리케이션이 SETI@home(http://setiathome.ssl.berkeley.edu)이다. 이 애플리케이션은 오픈소스 프로젝트에 의한 것이며 무료로 다운로드할 수 있다.

피어-투-피어 처리의 두 번째 형태는 마이크로소프트의 쉐어포인트 워크스페이스(Sharepoint Workspace; www.office.microsoft.com/en-us/sharepoint-workspace)와 같은 실시간, 개인-대-개인 협업 애플리케이션이다. 이 제품은 친구 목록을 사용하여 연결을 설정하고 애플리케이션 내에서 실시간 협업을 허용하는 P2P 협업 애플리케이션을 제공한다.

세 번째 유형은 고급 검색과 파일 공유이다. 이 부류는 수많은 피어시스템들(peer systems)에 대한 자연어 검색(natural language search)이 특징이며, 사용자들은 데이터나 웹 페이지뿐만 아니라 이를 사용하는 다른 사용자들도 찾을 수 있다. 그 한 예가 비트토렌트(BitTorrent)이다.

비트토렌트(www.bittorrent.com)는 대규모 파일을 '토렌트(torrent)'라 불리는 작은 조각으로 쪼갬으로써 대규모 파일의 공유 문제를 단순화시켜주는, 오픈소스의 무료로 제공되는 피어-투-피어 파일 공유 애플리케이션이다. 비트토렌트는 (1) 많은 사람들이 1개의 파일에 동시에 접속할 때 다운로딩 문제, 그리고 (2) 콘텐츠를 다운로드하면서도 공유하기를 거부하는 경우 등 파일 공유의 커다란 두 가지 문제를 해결한다. 비트토렌트는 동시에 파일의 작은 일부만을 공유하게 하는 방법(스워밍(swarming)이라 불리는 과정)으로 병목현상을 제거한다. 이 프로그램은 사용자들이 파일을 다운로드하는 동안 파일을 업로드해야만 하기 때문에 여러 명이 동시에 다운로드만 하려는 문제를 방지한다. 이는 컨텐츠가 인기가 많을수록 네트워크에서 더 효율적으로 활성화될 수 있음을 의미한다.

확인하고 넘어가기

1. 세 종류의 유선통신 회선을 비교해보자.
2. 네트워크에서 대용량의 데이터를 전송할 수 있게 해주는 다양한 기술을 논술해보자.
3. 이더넷과 TCP/IP 프로토콜을 설명해보자.

6.3 인터넷과 월드 와이드 웹

인터넷(internet, 'net')은 전 세계 200여 개 이상의 국가에 있는 약 100만 개 조직의 컴퓨터 네트워크를 연결한 글로벌 WAN이다. 매일 일상적으로 5조 명 이상의 사람들이 사용하고 있다.

인터넷의 컴퓨터 및 조직 노드는 유형 및 제조업체가 다를 수 있다. 그들은 상이한 속도의 통신회선에 의해 서로 연결되어 있다. 그 노드들을 연결하는 주요한 네트워크 연결과 통신회선을 **인터넷 백본(internet backbone)**이라고 부른다. 인터넷에서 백본은 광섬유 네트워크로서 주로 대형 통신회사에 의해 운영된다.

많은 사람들이 인터넷 트래픽(데이터 전송)이 무선으로 발생한다고 잘못 생각한다. 하지만 인터넷 트래픽의 1%만이 위성을 통해 전송된다. 그렇다면 인터넷은 실제로 어떤 모습일까?

인터넷은 길이가 총 55만 마일에 달하는 300개의 수중 케이블로 구성되어 있어 상당한 물리적 시설물이다. 이 수중 케이블의 두께는 정원 호스에서 직경 약 3인치까지 다양하다. 수중 케이블은 육지에 닫는 지점까지 수중에 설치된다.

이 지점부터 케이블은 지하에 묻혀 대형 데이터 센터로 연결된다(우리는 기술가이드 3에서 데이터 센터에 대해 논의한다). 미국에는 273개의 서로 다른 지점을 연결하는 542개의 지하 케이블이 있다. 이러한 지하 케이블의 대부분은 주요 도로와 철도를 따라 위치한다. 실제로 인터넷 연결 측면에서 세계에서 가장 집중된 허브 중 하나는 뉴욕시의 맨해튼 남쪽 끝에 있다.

네트워크의 네트워크로서 인터넷은 사람들이 다른 조직에 있는 데이터에 접속할 수 있게 해주고, 전 세계에 있는 정보를 신속하고도 저렴하게, 끊임없이 통신하고, 협업하고, 그리고 교환할 수 있게 해준다. 따라서, 인터넷은 현대 기업에서 필수품이 되고 있다.

인터넷은 미국방성(U.S. Department of Defense)의 고등연구계획국(ARPA: Advanced Research Project Agency)의 실험적 프로젝트로부터 개발되었다. 그 프로젝트는 1969년에 ARPANet으로 시작하였다. 프로젝트의 목적은 연구자들, 교육자들, 군관계자들 그리고 정부 관료들이 자료를 공유하고, 메시지를 교환하며, 그리고 파일을 전송하기 위한 WAN의 타당성을 시험하는 것이었다.

오늘날 인터넷 기술은 조직 내에서 그리고 조직 간에 사용되고 있다. **인트라넷(intranet)**은 사용자들이 익숙한 애플리케이션과 작업 습관의 이점을 살릴 수 있도록 하기 위해 인터넷 프로토콜을 사용하는 네트워크이다. 인트라넷은 조직 내에서 검색(쉽고 저렴한 정보검색), 통신, 그리고 협업을 지원한다.

반면에, **엑스트라넷(extranet)**은 상이한 조직의 인트라넷의 부분들을 연결한다. 또한, 가상사설망(VPN: virtual private networks)(4장 참조)을 활용하여 인터넷에서 안전하게 기업 파트너들이 통신할 수 있게 해준다. 엑스트라넷은 필요한 조직 내 통신뿐만 아니라 참여하는 기업들에 제한된 접근만을 허용한다. 이 엑스트라넷은 B2B 전자상거래(7장 참조)와 공급망관리(SCM)(11장 참조) 등의 영역에서 널리 이용되고 있다.

인터넷을 관리하는 중앙기관은 없다. 대신에, 그 운영비는 수많은 노드 사이에 분담된다. 따라서, 어느 한 조직의 비용은 매우 낮은 수준이다. 조직들은 그들의 이름을 등록하기 위해 약간의 비용을 지불해야 하고, 그들의 내부 네트워크를 운영하기 위해 그들 소유의 하드웨어와 소프트웨어를 운영해야 할 필요가 있다. 조직들은 자료 원천이 누구냐에 상관없이 그들 자신의 네트워크를 거쳐가는 데이터나 정보를, 전송자에게 비용을 부과함 없이, 그 목적지로 전송할 의무가 있다. 물론, 전송자는 백본 또는 정상적인 전화선을 사용하는 데에 따른 통신료를 지불한다.

인터넷 접속하기

인터넷에 접속하는 방법은 여러 가지가 있다. 직장이나 대학에서는 해당 조직의 LAN을 통해 인터넷에 접속할 수 있다. 캠퍼스나 회사의 백본이 조직 내의 모든 다양한 LAN과 서버들을 인터넷에 연결해준다. 또한 가정이나 도로에서도 유선 또는 무선 연결을 통해 인터넷에 접속할 수 있다.

온라인 서비스로 연결하기. **인터넷 서비스 제공업자(ISP: internet service provider)**의 계정을 개설하여 인터넷에 접속할 수 있다. ISP는 인터넷의 연결을 유료로 제공하는 회사이다. 대규모 ISP로는 엑스피니티(www.xfinity.com), AT&T(www.att.com), 스펙트럼(www.spectrum.com), 버라이즌(www.verizon.com) 등이 있다.

ISP들은 **NAP(network access point)**를 통해 서로 연결된다. NAP은 인터넷 트래픽을 교환하는 지점이다. 그들이 얼마나 많은 트래픽을 전송할 수 있는지를 결정한다. NAP은 인터넷 백본의 주요 구성요소이다. 그림 6.8은 인터넷의 개념도를 보여준다. 그림 상단의 하얀 연결선은 인터넷 백본을 나타내고, 하얀 연결선이 만나는 파란 점들은 NAP이다.

그림 6.8
인터넷
(백본은 흰색)

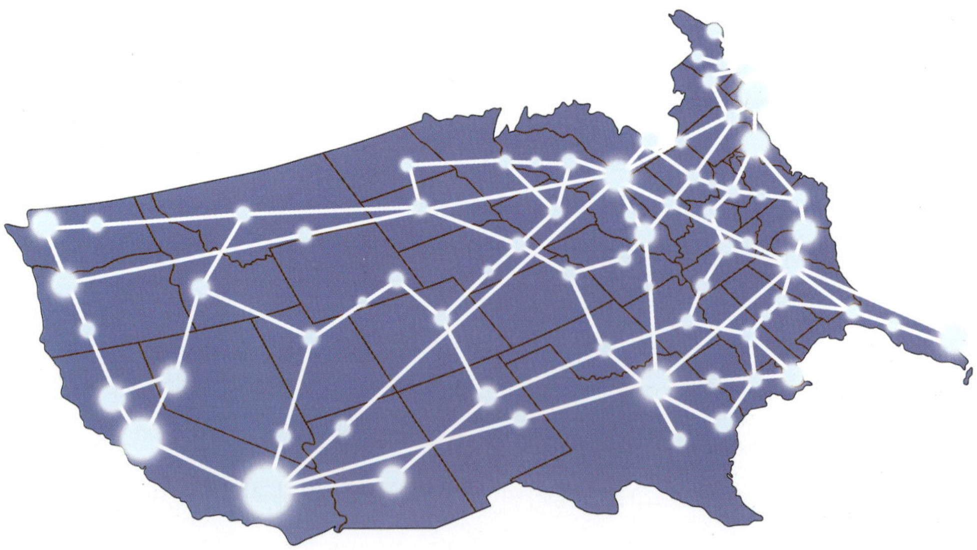

Stock.com/mstay

표 6.2 인터넷 연결 방법

서비스	설명
접화접속	초고속 인터넷을 이용할 수 없는 지역에서 아직도 사용됨
DSL	전화회사를 통한 초고속 인터넷 접속
케이블 모뎀	케이블 TV 동축 케이블을 이용한 접속. 많은 이웃들이 동시에 인터넷에 접속하고 있다면 속도가 나빠짐
위성	케이블과 DSL을 이용할 수 없는 지역에서의 접속방법
무선	매우 편리하며, WiMax가 무선의 초고속 인터넷의 이용을 증가시킬 것임
FTTH	비용이 비싸며, 종종 새 주거 개발지역에만 위치함

다른 방법으로 연결하기. 인터넷에 더 저렴하고, 빠르고 그리고 더 쉽게 접속하기 위한 다양한 시도가 있어 왔다. 예를 들면, 인터넷 키오스크로 알려진 터미널이 도서관과 공항 등과 같은 공공 장소에 설치되어 그들 소유의 컴퓨터가 없는 사람들이 사용하도록 하였다. 스마트폰과 아이패드를 이용해 인터넷에 접속하는 것은 일상적이며, FTTH(fiber-to-the-home)도 빠르게 성장하고 있다. FTTH는 개별 가정에 직접적으로 광섬유 케이블을 연결하는 것이다. 표 6.2는 인터넷에 접속할 수 있는 다양한 방법을 요약하고 있다. 인공위성을 통한 연결과 구글 파이버는 좀 더 상세히 살펴볼 가치가 있다.

위성을 통한 연결. 8.1절의 논의를 참조하라.

다른 수단을 통한 연결. 8.1절에서 구글 프로젝트 룬(Google Project Loon) 및 페이스북 태양열 동력 드론을 참조하라.

구글 파이버(FTTH). 이는 파이버-투-홈(Fiber-to-Home: 집까지 연결된 광섬유망)을 제공하는 서비스이다. 2017년 11월 구글 파이버는 미국 11개 도시의 고객에게 광대역 인터넷과 케이블 TV를 제공했다. IT와 기업사례 6.2에서 볼 수 있듯이 구글은 서비스 제공에서 치열한 경쟁에 직면했으며 놀라운 성과를 얻었다.

인터넷의 주소. 인터넷에서 컴퓨터들은 **IP 주소(Internet Protocol(IP) address)**라 불리는 할당된 주소를 가지며, 다른 모든 컴퓨터와 구별하게 한다. IP 주소는 점(.)으로 구분되는 4부분으로 구성된 숫자로 이루어져 있다. 예를 들어, 한 컴퓨터의 IP 주소는 135.62.128.91과 같을 수 있다. 이 숫자를 웹 브라우저의 주소 입력란에 입력함으로써 웹 사이트에 접근할 수 있다.

현재는 두 종의 IP 주소 방식이 있다. 첫 번째 방식인 IPv4는 가장 널리 사용되고 있다. IPv4를 사용하는 IP 주소는 32비트를 사용하고 있는데, 이는 2^{32}개(대략 4,294,967,295개)의 개별적인 IP 주소할당이 가능하다. 앞에서 언급한 IP 주소(135.62.128.91)는 IPv4 주소이다. IPv4가 개발되었던 당시에는 오늘날 필요로 하는 만큼의 주소가 필요한 컴퓨터가 존재하지 않았다. 따라서 IPv4 주소가

IT와 기업사례 6.2

구글 파이버 이야기

MIS

버라이즌(Verizon; www.verizon.com), 스펙트럼(Spectrum; www.spectrum.com) 및 컴캐스트(Comcast; www.comcast.com)와 같은 대형 통신/케이블TV/인터넷 회사는 인터넷 서비스에서 안정적인 수익 마진을 누리고 있다. 그러나 이들 기업 중 어느 곳도 FTTP(Fiber-to-the-Premise)(일반적인 구리선으로 되어 있는 전화망을 광섬유로 대체하는 네트워크) 서비스를 추가 지역으로 확장할 계획이 없는 것으로 보인다. 오히려 그들의 비즈니스 목표는 기존 서비스 영역에 더 많은 사람들을 가입시키는 것이다. 기존 서비스 영역에 집중하면 회사의 자본 비용을 늘리지 않고도 수익을 극대화할 수 있기 때문에 이런 전략을 택했다. 기본적으로 기존 케이블 회사가 서비스 제공을 확장할 수 있는 강력한 비즈니스 인센티브는 없다. 대부분의 미국인은 지역 케이블 회사와 거래할 수밖에 없기 때문에 이 정책은 소비자들에게 불리하다. 이 문제를 더욱 복잡하게 만드는 것은 현재의 케이블 네트워크를 제어하는, 현금 많은 기존 통신회사와 경쟁할 자금이 충분한 다른 회사는 거의 없다는 점이다.

케이블 인터넷 제공 업체와의 직접적인 경쟁에서 구글은 미국 도시에 구글 파이버(Google Fiber; www.fiber.google.com)로 알려진 초고속 광섬유 케이블 서비스를 설치하고 운영하기 시작했다. 구글 파이버는 2012년 캔자스 시티(캔자스와 미주리)의 가정에 처음 서비스되었다.

구글 파이버 경쟁업체들은 이러한 움직임에 다음과 같이 대응했다. 2016년 2월 AT&T는 캔자스 시티 거주자가 기가파워(GigaPower) 서비스(www.att.com/internet/gigapower.html)를 사용할 수 있다고 발표했다. 구글 파이버와 마찬가지로 기가파워는 초당 1기가비트(1Gbps)의 다운로드 속도를 제공했으며 비용은 월 70달러이다. 월 120달러에 AT&T는 무료 TV 패키지와 함께 1Gbps 인터넷 서비스를 제공했다. AT&T는 또 다른 구글 파이버 도시인 텍사스주 오스틴시에서 기가파워를 제공하기 시작했다. 흥미롭게도 고객들은 AT&T의 인터넷 선호 프로그램을 옵션에서 제외하려면 매달 29달러를 추가로 지불해야 했다. 그렇지 않으면 AT&T가 고객들이 인터넷을 사용한 모든 흔적을 추적한 다음 해당 정보를 제3자에게 판매했을 것이다.

또 다른 케이블 회사가 경쟁에 참여했다. 노스캐롤라이나주 샬롯시가 구글 파이버의 잠재적 도시로 확인된지 불과 몇 달 후, 타임워너케이블(Time Warner Cable)은 다운로드 속도를 무료로 초당 최대 300메가 비트까지 높여주겠다고 발표했다.

2016년 초, 켄터키주 루이빌 시의회는 구글(또는 다른 ISP)이 AT&T를 포함한 제3자가 소유한 전신주에 장비를 설치하는 것을 허용하기로 하였다. 기존 전신주를 사용하는 것이 루이빌에서 구글 파이버를 서비스하는 가장 빠르고, 쉽고, 경제적인 방법이다. 이에 AT&T, 차터 커뮤니케이션(Charter Communications), 프론티어 커뮤니케이션(Frontier Communications)은 이 도시를 상대로 소송을 제기했다. 이들 케이블 제공업체는 자신이 소유하고 관리하는 전신주에 구글이 장비를 편승하는 것은 부당하다고 주장했다.

대안으로 구글은 광섬유 케이블을 땅속에 매설할 수 있다. 이런 방법은 소송의 문제를 해결하고 악천후 및 자연재해에 대한 구글 서비스의 내구성을 높일 수 있다. 그러나 이 방법은 훨씬 더 많은 비용과 시간이 든다. 2017년 8월 연방판사인 데이비드 해일(David J. Hale)은 시가 공공 통행권을 통제할 권리가 있다고 주장하면서 소송을 기각했다. 연방통신위원회(FCC)도 켄터키주에서는 전신주 부착 규정이 적용되지 않는다고 시의 편을 들었다.

놀랍게도 2016년 8월 구글은 구글 파이버 프로젝트를 보류했다. 여러 가지 이유로 이와 같은 결정을 내렸다. 첫째, 구글은 광섬유를 땅속에 매설하는 것이 실행 가능한 비즈니스 모델이 되기에는 너무 비용이 많이 든다는 것을 깨닫았다. 둘째, 구글은 전신주의 사용을 놓고 대형 ISP와의 법적 공방에 휘말렸다. 가장 중요한 점은 구글이 초고속 와이파이 송신기를 고층 건물 꼭대기에 장착하면 광섬유 케이블을 설치하는 데 드는 비용보다 적은 비용으로 사용자에게 직접 인터넷 접속 서비스를 할 수 있다는 것이다. 이런 고속 무선통신 기능의 이점을 고려하여 2016년 가을 구글은 무선기술을 통해 기가비트 가정용 인터넷 서비스를 제공하는 회사인 웹패스(Webpass; www.webpass.net)의 인수를 완료했다.

2017년 4월, 구글은 기가비트 인터넷 서비스를 받을 다음 도시로 켄터키주 루이빌을 선택했다. 구글 파이버는 고객을 연결하기 위해 마지막 부분에 인터넷 백본 및 고정된 무선 설비(웹패스 인수에서)에 광섬유를 혼합하여 사용했다. 이 계획은 구글이 광섬유 케이블을 매설하거나 전신주에 광섬유 케이블을 매다는 비용이 없었기 때문에 설치가 빠르게 진행되었다.

확실히 구글은 고정 무선통신 방식을 사용함으로써 각각이 4만 가구에 서비스를 제공하는 광섬유 교환소(fiber huts)를 만들 필요가 없었다. 존재의 지점(a point of presence)이라고도 하는 광섬유 교환소는 구글 파이버 네트워크를 인터넷 백본에 연결하는 데 필요한 통신 및 광섬유 인터페이스 장비를 수용하는 3미터 × 9미터 크기의 작은 건물이다.

또한 구글은 루이빌시에서 마이크로트렌칭(microtrenching)을 사용했다. 이 방법은 보도와 도로에 작은 홈을 파서 광섬유 케이블을 깐다. 마이크로트렌칭은 도로에 크고 깊은 구덩이를 파야 하는 기존의 케이블 부설 방식보다 장애물이 적고 비용이 저렴하다.

루이빌시에 FTTP를 도입하려는 AT&T의 갑작스러운 신규 계획은 차세대 광섬유 인터넷 보급을 위한 본보기로 루이빌시를 선택한 구글 파이버의 결정과 일치한 것은 우연이 아닐 것이다. 이런 경쟁은 대부분의 미국인들과 마찬가지로 지난 15년 동안 주요 케이블 및 DSL 제공업체의 평범한 인터넷 서비스를 선택의 여지 없이 사용해야 했던 루이빌시 지역 주민들에게는 희소식이었다.

경쟁은 여전히 치열하다. AT&T는 최근 미국 전역의 60개 대도시에 FTTP 보급을 늘렸으며 수십 개 이상의 계획을 세웠다. 흥미롭게도 AT&T는 향후 FTTP 계획을 강조하지 않는다. 대신, 이 회사는 전력선을 통해 기가비트 인터넷을 제공하기 위한 5G(8장 참조) 시험과 새로운 에어기그(AirGig) 기술을 광고하고 있다. 한편, 타임워너케이블과 같은 케이블 제공업체는 고객을 유지하기 위해 인터넷 속도를 6배까지 업그레이드했다.

주목해야 할 또 다른 요소는 케이블 회사가 기존 케이블 라인을 통해 기가비트 속도를 제공할 수 있는 새로운 케이블 인터넷 표준이다. 케이블은 이미 미국 가정의 60% 이상에 보급되어 있기 때문에 이 표준으로 케이블 회사가 기가비트 속도로 대폭 업그레이드할 수 있다. 실제로 미국 최대의 케이블 인터넷 제공업체인 컴캐스트는 이미 기가비트 케이블 업그레이드를 보급하기 시작했다.

이런 문제들과 치열한 경쟁에도 불구하고 구글 파이버는 계속 사업을 확장하고 있다. 2018년 8월에 구글 파이버는 미국 12개 도시에서 사용할 수 있었다. 당시 구글의 서비스 제공에는 월 55달러에 초당 1기가비트 인터넷 연결이 포함되었다. 구글은 서비스 계약을 요구하지 않았으며 고객 가정에 무료로 구글 와이파이를 설치했다.

2018년 8월 2일, 연방통신위원회(FCC)는 구글과 같은 신규 진입자가 단일 계약 업체를 통해 전신주에 기존 인터넷 서비스 업체가 소유한 장비를 포함해 자신의 모든 장비를 설치할 수 있도록 허용하는 "원터치 준비"라는 시행령을 통과시켰다. FCC는 도시에 진출하고자 하는 인터넷 서비스 제공업체가 기존 전신주를 사용하기 쉽게 함으로써 초고속 인터넷 보급을 가속화하고 경쟁을 높이기를 희망했다.

이러한 모든 요소를 염두에 두었을 때 기가비트 파이버의 장점은 무엇일까? 하이엔드 파이버 연결은 다른 유형의 연결보다 지연 시간이 2밀리 초 정도로 훨씬 짧다. 이 속도는 인터넷을 통한 원격참여시스템, 팀 협업, 인공지능, 사물인터넷, 가상현실 및 증강현실에 대한 새로운 가능성을 열어준다. 광섬유가 무선, 위성, 전력선 및 업그레이드된 케이블선에 비해 갖는 또 다른 주요 이점은 이러한 모든 기술의 요구 사항을 충족하기 위해 광섬유의 업로드 및 다운로드 속도를 훨씬 쉽게 확장할 수 있다는 것이다.

결론은 고객이 초고속 인터넷과 저렴한 가격의 혜택을 누릴 수 있다는 것이다. 실제로 FTTH(Fiber to the Home)위원회는 두 번째 기가비트 제공업체가 시장에 출현하면 "월 가격이 약 57~62달러 또는 34~37% 감소"한다는 연구결과를 발표했다. 또한 FTTH위원회는 새로운 기가비트 경쟁자로 인해 기존의 다른 공급자도 초고속 인터넷 서비스를 시작할 가능성이 높다는 점에 주목했다.

출처: Compiled from J. Brodkin, "FCC Sides with Google Fiber over Comcast with New Pro-Competition Rule," *Ars Technica*, August 2, 2018; W. Davis, "FCC Boosts Google Fiber with New Rules for Utility Poles," *Media Post Communications*, August 2, 2018; S. Nowlin, "Google Fiber Expands Internet Service into More of San Antonio," *San Antonio Current*, July 31, 2018; J. D'Onfro, "Alphabet's Ruth Porat Says Google Fiber Needs to Be 10 Times Better than Current Technology," CNBC, February 26, 2018; A. Thompson, "SpaceX Is Launching Its First Internet Satellites This Week," *Popular Mechanics*, February 12, 2018; C. Mills, "What's Happening to Google Fiber?" *BGR*, January 31, 2018; J. McGee and P. Bailey, "Louisville Judge Dismisses AT&T Lawsuit, Similar to Nashville Fiber Optics Suit," *The Tennessean*, August 17, 2017; C. Forrest, "Google Fiber Officially Selects Louisville, KY, to Run Its New Gigabit Play," *TechRepublic*, April 26, 2017; J. Hiner, "Google Fiber Is Finally Set to Announce Its Next City, But Don't Call It a Comeback Yet," *TechRepublic*, April 25, 2017; S. McBride and M. Bergen, "Toto, I've a Feeling We're Still in Kansas (or Missouri)," *Bloomberg BusinessWeek*, March 13–19, 2017; J. Hiner and C. Forrest, "Google Fiber 2.0 Targets the City Where It Will Stage Its Comeback, as AT&T Fiber Prepares to Go Nuclear," *TechRepublic*, February 9, 2017; J. Hiner, "Fiber Broadband: Is It a Waste with 5G and Elon Musk's Satellites on the Horizon?" *ZDNet*, February 5, 2017; C. Forrest, "Why Google Fiber Failed: 5 Reasons," *TechRepublic*, December 20, 2016; S. Fiegerman, "Google Puts the Brakes on Fiber and Plans for Layoffs," CNN Money, October 26, 2016; J. Brodkin, "Google Fiber Division Cuts Staff by 9%, 'Pauses' Fiber Plans in 11 Cities," *Ars Technica*, October 25, 2016; D. Wakabayashi, "Google Curbs Expansion of Fiber Optic Network, Cutting Jobs," *New York Times*, October 25, 2016; J. Brodkin, "Charter, Like AT&T, Sues Louisville to Stall Google Fiber," *Ars Technica*, October 5, 2016; M. Reilly, "Google Fiber Stalls as the Industry Gears Up for Ultrafast Wireless," *MIT Technology Review*, August 15, 2016; D. Morris, "Frontier Lines Up Against Google Fiber in AT&T Fight over Utility Pole Access," *Fortune*, July 2, 2016; T. C. Sottek, "Comcast Is Afraid of Google Fiber," *The Verge*, March 17, 2016; D. Patterson, "Google and AT&T: Fighting Fiber with Fiber," *TechRepublic*, March 4, 2016; C. Forest, "AT&T Goes to War with Google Fiber in Louisville: Why Ma Bell Could Win and What It Could Mean," *TechRepublic*, March 1, 2016; and www.fiber.google.com, accessed July 9, 2019.

질문

1. 구글 파이버에 대한 케이블 회사의 경쟁 반응을 설명하고 평가해보자.
2. 케이블 회사가 추가 비용 없이 구글 파이버의 비용과 속도를 충족했을 때 홍보 문제가 있다고 생각하는가? 그 이유는 무엇인가? 답을 뒷받침해보자.
3. 이 사례가 정보기술의 급속한 발전에 따른 기업의 어려움을 어떻게 보여주고 있는지 토론해보자.

이미 바닥이 났기 때문에 새로운 IP 주소체계인 IPv6가 개발되었다.

IPv6를 이용하는 IP 주소는 128비트로 구성되어 상상할 수조차 없는 2^{128}개의 개별 IP 할당이 가능하다. IPv4를 대체하고 있는 IPv6는 스마트폰과 사물인터넷을 구성하는 기기(8.4절 참조) 같은 인터넷 주소를 필요로 하는 급속히 증가하는 많은 장치들을 수용하게 될 것이다.

IP 주소는 유일해야만 하는데, 이는 인터넷의 컴퓨터들이 어디에 있는가를 서로 알 수 있게 해준다. ICANN(Internet Corporation for Assigned Names; www.icann.org)이 전 세계에 걸쳐 이러한 유일한 주소를 관할하고 있다. 이러한 주체가 없다면 하나의 글로벌 인터넷이 존재하지 못할 것이다.

숫자로 된 IP 주소는 기억하기 쉽지 않기 때문에, 대부분의 컴퓨터들은 또한 이름을 가지고 있다. ICANN은 **DNS**(domain name system)라 불리는 시스템에 의해 설정된 이러한 이름을 등록시키기 위해 **등록기관**(registrar)이라 불리는 특정 회사를 지정하고 있다. **도메인 네임**(domain name)은 왼쪽에서 오른쪽 방향으로 읽히고, 점에 의해 구분되는 복수 부분으로 구성된다. 예를 들어, business.auburn.edu라는 도메인 네임을 살펴보자. 인터넷 이름의 가장 오른쪽은 상위수준의 도메인(TLD: top-level domain)이다. business.auburn.edu에서 'edu'라는 문자는 이것이 교육용 사이트라는 것을 의미한다. 미국에서 흔히 사용되는 TLD는 다음과 같다.

com	상업용 사이트
edu	교육용 사이트
mil	군기관 사이트
gov	정부기관 사이트
org	조직 사이트

앞의 도메인 네임 중 'auburn'은 조직명(어번 대학교)을 그리고 'business'는 메시지가 전달되어야 하는 조직 내 특정 기계(서버) 이름을 나타낸다.

최상위 도메인(TLD)은 인터넷의 계층적인 도메인 네임 시스템의 가장 상위의 도메인이다. 최상위 도메인 네임은 루트존(가장 오른쪽 위치)에 위치하고 있다. 대부분의 TLD 관리는 ICANN에 의한 책임 있는 기관들에 맡겨져 있다. ICANN는 DNS의 루트존 유지를 책임지고 있는 IANA(Internet Assigned Numbers Authority)를 운영한다. 오늘날 IANA는 다음 TLD 그룹들을 구분한다.

- 국가 코드(country-code) 최상위 도메인(ccTLD): 두 글자 도메인이 국가나 지역을 위해 확보되어 있다. 예를 들어 de는 독일을 it는 이태리, ru은 러시아는 나타낸다.
- 국제화된 국가 코드 최상위 도메인(IDN ccTLD): 이는 비라틴 문자(즉, 아랍어나 중국어) ccTLD들이다.
- 일반 최상위 도메인(gTLD): 3글자 이상의 최상의 도메인이다. gTLD는 처음 .gov, .edu, .com, .mil, .org, .net 등이었다. 2000년대 후반, ICANN은 .aero, .biz, .coop, .info, .museum, .name, .pro 등을 도입했다.

2016년 10월 1일, 미국 상무부 산하 미국 통신및정보관리국(NTIA)은 인터넷 도메인 이름 시스템에 대한 통제권을 캘리포니아에 기반을 둔 비영리 단체인 ICANN(Internet Corporation for Assigned Names and Numbers)에 넘겼다. 그 이후로 ICANN은 주로 기술 회사로 구성된 국제 "다중 이해관계자 커뮤니티"를 대신하여 일해 왔다. 미국 정부는 미국이 이러한 기능을 ICANN에 넘기지 않을 경우 인터넷 거버넌스를 국유화하거나 유엔에 이양해야 한다는 중국과 러시아와 같은 국가의 주장이 득세할 것이라고 밝혔다.

미래의 인터넷

연구자들은 인터넷 대역폭이 급속히 향상되지 않으면 수년 내에 인터넷의 속도가 크게 줄어들 것이라고 주장한다. 인터넷은 때때로 풀모션 동영상 파일(영화)이나 대규모의 의료 파일(X선)과 같은 데이터 사용이 많은 애플리케이션에 대하여는 너무 느린 경향이 있다. 게다가, 인터넷은 신뢰할 수 없고, 안전하지 않다. 결과적으로 산업과 정부의 협력으로 200개 이상의 미국 대학들이 인터넷2를 개발했다. **인터넷2(Internet 2)**는 원격의료진료, 디지털 도서관, 원격교육, 온라인 시뮬레이션, 그리고 가상실험실과 같은 고급의 네트워크 애플리케이션을 개발하고 서비스하게 해준다. 인터넷2는 빠르고, 항상 작동되며, 어디서나, 자연스럽고, 지능적이며, 사용하기 쉽고, 그리고 신뢰할 수 있도록 설계되었다. 인터넷2는 인터넷과 물리적으로 독립된 네트워크는 아니다. 보다 자세한 사항은 www.internet2.edu를 참고하라.

"스플린터넷"이라고 하는 인터넷의 또 다른 가능한 미래는 그다지 긍정적이지 않다. IT와 기업사례 6.3에서는 스플린터넷의 출현과 의미에 대해 설명한다.

월드 와이드 웹

많은 사람들이 인터넷과 월드 와이드 웹을 동일시한다. 그러나 이들은 같은 것이 아니다. 인터넷은 전송 메커니즘을 제공하는 반면에, 월드 와이드 웹은 그러한 전송 기능을 이용하는 애플리케이션이다. 이메일과 같은 다른 애플리케이션도 인터넷에서 실행된다.

월드 와이드 웹(world wide web, web, WWW, 또는 W3)은 클라이언트/서버 구조를 통해 정보를 저장하고, 검색하고, 포맷팅하고, 그리고 표시하기 위한 국제적으로 받아들여진 표준시스템이다. 웹은 텍스트, 하이퍼미디어, 그래픽, 그리고 음성 등을 포함하는 모든 유형의 디지털 정보를 처리한다. GUI(graphical user interface, 기술가이드 2 참조)를 사용하기 때문에 정보를 검색하는 것이 매우 용이하다.

하이퍼텍스트(hypertext)는 웹의 구조를 정의하는 기본 개념이다. 하이퍼텍스트는 컴퓨터 화면이나 다른 전자 기기에 표시되는, 하이퍼링크라고 하는 참조가 있는 텍스트이다. 하이퍼링크로 사용자는 다른 텍스트에 즉시 접근할 수 있으며, 점진적으로 추가적인 상세한 수준의 텍스트를 찾을 수도 있다. 즉, **하이퍼링크(hyperlink)**는 하이퍼링크 파일이나 문서를 다른 위치나 파일에 연결하는 고리로 보통 스크린상에 강조된 단어나 이미지를 클릭하거나 스크린을 터치하면 작동된다.

웹을 통해 정보를 제공하고자 하는 조직은 사용자를 환영하고 조직에 대한 기본 정보를 제공하는 텍스트 및 그래픽 화면 디스플레이인 홈페이지를 만들어야 한다. 대부분의 경우 홈페이지는 사용자를 다른 페이지로 유도한다. 특정 회사 혹은 개인의 모든 페이지들은 **웹 사이트(website)**라고 한다. 대부분의 웹 페이지는 조직이나 개인과 접촉할 수 있는 방법을 제공한다. 조직의 웹 사이트를 책임지고 있는 사람을 웹 마스터(webmaster)라고 한다.

웹 사이트에 접속하기 위해서는 사용자들은 웹에서의 특정 자원에 대한 주소를 나타내는 **URL(uniform resource locator)**을 명기해야만 한다. 예를 들어, 마이크로소프트(Microsoft)의 URL은 "http://www.microsoft.com"이다. 여기서 HTTP는 'hypertext transport protocol'을 의미한다. URL

IT와 기업사례 6.3

스플린터넷[역자주*]

MIS

존 페리 발로우(John Perry Barlow)가 저술해 1996년에 발표한 "사이버 공간의 독립 선언(Declaration of the Independence of Cyberspace)"은 인터넷에서 정부의 역할 가능성(또는 역할의 부족)을 다룬 초기 논문이다. 이 선언은 사이버 공간이 모든 국경을 초월한다고 명시했다. 짧은 역사의 대부분 동안 인터넷은 중앙집중식 계획 또는 거버넌스가 매우 제한적이었다. 일반적으로 오늘날 인터넷을 통해 사용자는 국경에 구애받지 않고 최소한의 규제 하에 아이디어와 문화적 산물을 즉각적으로 교환할 수 있다. 그렇지만 안타깝게도 현대의 개방형 인터넷은 국가가 정보전쟁을 수행하고, 상대방의 시민을 교묘히 다루고, 국경을 넘어 자국의 이익을 투영할 수 있는 플랫폼 역할을 하기도 한다.

따라서 국가들은 자국 인터넷 접속 정책을 만들어서 경제발전, 무역, 생산성, 지적 및 문화적 교류와 같은 인터넷의 장점과 인터넷의 단점 사이에 균형을 찾는다. 예를 들어, 권위주의 정부는 정치적 반대가 나타날 때 정기적으로 인터넷 접속을 차단한다. 더욱이 북한정부는 완전한 이념적 순응을 강제하기 위해 몇 개의 웹사이트를 운영하고 있지만 북한에서는 사실상 외부 인터넷에 대한 접근이 거의 불가능한다.

디지털 경계선은 예전부터 존재했었다. 자유민주주의 국가조차도 통제형 인터넷과 개방형 인터넷 사이의 균형을 유지해야 한다. 예를 들어 영국과 한국에서는 ISP가 음란물에 대한 접속을 제한한다. 또한 30개국이 ISP에 토렌트 검색사이트(TPB: The Pirate Bay)를 차단하는 조치를 취했다. TPB는 방문자가 비트토렌트(BitTorrent) 프로토콜 사용자 간의 P2P 공유를 용이하게 하는 링크 및 토렌트 파일을 검색, 다운로드 및 제공할 수 있는 엔터테인먼트 미디어, 그리고 소프트웨어의 디지털 콘텐츠에 대한 온라인 색인이다. TPB는 파일 공유, 저작권 및 시민적 자유의 법적 측면에 대해 논란을 일으켰다.

중국은 개방형 인터넷을 완전히 차단할 수 있는 가장 큰 나라이다. 중국의 인터넷은 공안부가 운영하는 검열 및 감시 프로그램인 황금방패(Golden Shield)에 둘러싸여 있다. 이 황금방패의 가장 유명한 구성 요소는 구글, 페이스북, 뉴욕타임즈와 같은 외국서비스에 대한 시민의 접근을 제한하는 입법 및 기술적 조치의 조합인 중국의 만리방화벽(the Great Firewall of China: 해외에서 중국의 거대한 방화벽이 만리장성과 같다고 하여 붙인 이름)이다.

자국 서비스를 선호하는 "국가적" 인터넷을 구축함으로써 중국은 단점없이 오늘날 네트워크의 모든 이점을 누릴 수 있다. 반대 의견이나 행동, 또는 국가전복 아이디어를 조장할 수 있는 민간 운영 외국 인터넷 플랫폼(예: 나머지 세계에서 흔히 볼 수 있는 많은 소셜미디어 웹 사이트)은 중국에서 허용되지 않는다.

중국의 인터넷 정책은 스플린터넷(인터넷 발칸화라고도 함)이라고 하는 느슨하게 연결된 연합국가 인터넷 집합의 선구자일 수 있다(즉, 국가간 인터넷 경계선이 명확). 국익 외에도 인터넷은 기술(예: 초고속 인터넷), 상거래, 정치 및 특수 이익과 같은 다른 요인의 결과로 분열될 수 있다. 특히 한 국가에서 사용자가 인터넷을 경험하는 방식이 다른 국가에서 경험하는 방식과 점점 더 달라지고 있다. 본질적으로 스플린터넷은 디지털 활동에 제한을 부과하기 위해 영토 관할권 내에서 법률 및 규제 권한을 사용하는 광범위한 경향을 나타낸다.

스플린터넷이 출현한 중요한 기점은 2013년 미국 NSA(National Security Agency)의 계약자인 에드워드 스노든(Edward Snowden)이 여러 기밀 문서를 유출했을 때였다. 이 문서는 NSA가 프리즘(PRISM) 프로그램을 통해 독일의 앙겔라 메르켈(Angela Merkel) 총리 및 브라질의 지우마 호세프(Dilma Rousseff) 대통령과 같은 많은 국가 정치 지도자를 포함하여 구글, 페이스북, 애플, 마이크로소프트 및 야후 등의 글로벌 사용자로부터 정보를 불법으로 수집했음을 시사했다. 이들 국가 중 일부에서는 스노든의 폭로로 국가의 인터넷 통제를 가속화했다. 예를 들어, 브라질의 인터넷 사용 통제법(Marco Civil da Internet)에 따라 이제 글로벌 기업은 데이터 보호에 관한 브라질 법률을 준수해야 한다.

스플린터넷은 지역 및 국가별로 콘텐츠를 차단하고 기업이 다양하고 상충되는 국가정책, 규정 및 법원 결정을 준수해야 하는 필요성으로 인해 커가고 있다. 이러한 정책의 영향은 구글, 페이스북 및 트위터와 같은 플랫폼 회사에서 특히 분명하다. 이러한 회사는 거의 모든 국가에 사용자를 보유하고 있으며 각국 정부는 접속 및 콘텐츠에 관한 현지 법률 및 문화적 규범을 준수하도록 점점 더 요구하고 있다. 스플린터넷으로 발생할 수 있는 다음과 같은 중요한 일들을 생각해보자.

- 유럽연합의 개인정보보호법(GDPR)은 스플린터넷으로의 추세를 촉진할 수 있다. 예를 들어, 특정 미국 언론기관은 2018년 5월 25일부터 GDPR이 시작될 때 사이트의 EU 버전을 의도적으로 차단하거나 제한했다. 일본, 인도 및 기타 국가에서 유사한 법률을 요구하는 경우의 문제를 상상해보라. 또한 캘리포니아와 다른 주에서도 자체(개인정보보호) 규정을 제정했거나 고려 중이다.

  중복되는 여러 규제들은 인터넷을 통한 글로벌 비즈니스를 제한할 수 있다. 또한 수많은 복잡한 규제나 법률을 준수할 여력이 없는 소규모 기업에게는 큰 부담이 될 것이다.

역자주* 스플린터넷은 파편이라는 뜻의 '스플린터(splinter)'와 '인터넷(internet)'의 합성어로 인터넷이 각국의 법규제와 문화적 가치로 인해 단절되거나 분할되는 현상을 말함

- 인터넷 검열은 새로운 것이 아니지만(예: 중국, 이란, 터키) 텔레그램(Telegram)이 러시아의 초기 차단을 우회하기 위해 여러 클라우드 제공업체를 사용한 이후 러시아는 전체 클라우드 서비스를 차단하여 텔레그램 메시징 플랫폼(www.telegram.org)의 사용을 중단시켰다. 약 1,900만 개의 IP 주소가 영향을 받았다.

  트립어드바이저(TripAdvisor)는 클라우드 제공업체를 이용했기 때문에 이런 차단으로 피해를 본 회사 중 하나였다. 러시아와 동유럽 트립어드바이저 웹 사이트 사용자의 가용성이 12.5%로 낮아져서 약 90%의 경우 아무도 이 사이트에 접속할 수 없었다. 이 사이트가 다시 사용할 수 있게 되자 페이지로드 시간이 23분에 가까워졌다! 이런 문제는 소수의 클라우드 제공업체에 집중되는 많은 온라인 서비스를 검열하는 상황에서 발생할 수 있다.
- 미국에서 망중립성(network neutrality)이 폐지되어 2018년 6월 11일부터 인터넷 서비스 제공업체가 사용자의 데이터 사용량에 따라 차별적인 요금 정책을 적용할 수 있다. 이러한 요금 정책은 고객의 지불 능력에 따라 온라인 서비스의 품질(즉, 속도)이 결정되도록 한다. 망중립성의 폐지가 인터넷을 고품질과 저품질 제품으로 나뉘게 할 수도 있다.
- 2019년 초 러시아는 중국식 정부의 주도권을 따라서 자체 국가 인터넷을 구축하는 초기 단계에 있었다.

출처: Compiled from "Russia Must Build Own Internet in Case of Foreign Disruption: Putin," *Reuters*, February 20, 2019; M. Daoudi, "Beware the SplinterNet – Why Three Recent Events Should Have Businesses Worried," *Forbes*, July 12, 2018; R. Foroohar, "'Splinternet' to Herald a Trade War for the Ages," *Financial Times*, March 5, 2018; "The 'Splinternet' May Be the Future of the Web," *Business Insider*, August 8, 2017; D. Alba, "The World May Be Headed for a Fragmented 'Splinternet'," *Wired*, July 7, 2017; B. Moscowitz, "The Reasons Why a Free and Open Internet Could Spell the Web's Downfall," *Quartz Media*, April 4, 2017; "What Is the 'Splinternet'?" *The Economist*, November 22, 2016; "Lost in the Splinternet," *The Economist*, November 5, 2016; T. Parmar, "Will the Public Internet Survive?" *The Nation*, August 15–22, 2016; B. Sterling, "The China Splinternet Model Is Winning," *Wired*, July 2, 2016; E. Macaskill and G. Dance, "NSA Files Decoded," *The Guardian*, November 1, 2013; S. Meinrath, "The Future of the Internet: Balkanization and Borders," *Time*, October 11, 2013; and C. Lynch, "Brazil's President Condemns NSA Spying," *Washington Post*, September 24, 2013.

질문

1. 국가에 대한 스플린터넷의 장점은 무엇인가? 답변을 뒷받침하는 예를 들어보자.
2. 국가에 대한 스플린터넷의 단점은 무엇인가? 답변을 뒷받침하는 예를 들어보자.
3. 개인에 대한 스플린터넷의 장점은 무엇인가? 답변을 뒷받침하는 예를 들어보자.
4. 개인에 대한 스플린터넷의 단점은 무엇인가? 답변을 뒷받침하는 예를 들어보자.

에 있는 나머지 문자들—www.microsoft.com—은 웹 사이트를 저장하고 있는 웹 서버를 지정하는 도메인 네임을 나타낸다.

사용자들은 브라우저(browser)라 불리는 소프트웨어 애플리케이션을 통해 주로 웹에 접근한다. 브라우저는 서핑(surfing)이라고 불리는 과정으로, 포인트-클릭 방식으로 웹에 접근할 수 있는 그래픽 화면을 제공한다. 웹 브라우저는 웹 사이트가 실행되고 있는 어떠한 운영시스템에 대해서도 똑같은 인터페이스를 제공하기 때문에 보편적인 접근 수단이 되었다. 2019년 7월 기준으로 구글 크롬이 브라우저의 선두를 차지하고 애플 사파리, 파이어폭스, 마이크로소프트 익스플로러 및 마이크로소프트 엣지가 그 뒤를 잇는다.

확인하고 넘어가기

1. 인터넷에 접속할 수 있는 다양한 방법을 서술해보자.
2. 인터넷 주소의 구성에 대하여 설명해보자.
3. 브라우저의 기능은 무엇인가?
4. 인터넷과 월드 와이드 웹의 차이점을 서술해보자.

6.4 네트워크 애플리케이션: 발견

이제 네트워크가 무엇이며, 어떻게 접속할 수 있는지 이해하고 있을 것이다. 그렇다면 지금부터는 '어떻게 기업이 네트워크로 자신의 업무를 개선할 수 있는가'를 중심으로 살펴보도록 하자. 이 장의 다음 네 절에서는 발견, 커뮤니케이션, 협업, 교육이라는 네 가지 네트워크 응용분야를 살펴본다. 이 애플리케이션들은 현재 사용자들이 접할 수 있는 많은 네트워크 애플리케이션들 중 단지 일부에 불과하다. 이들이 현재는 이 분야의 매우 중요한 애플리케이션들이지만 새로운 애플리케이션들이 등장할 미래에도 그럴지는 아무도 모른다. 더욱이 항상 중간에 걸친 애플리케이션들이 있기 때문에 새로운 애플리케이션을 특정 유형으로 분류하기는 어렵다. 예를 들어 재택근무(telecommuting)는 커뮤니케이션(communication)과 협업(collaboration)이 결합되어 있다.

인터넷은 전 세계에 퍼져 있는 데이터베이스의 정보에 접속할 수 있게 해준다. 웹의 데이터를 검색하고 탐색함으로써 사용자들은 인터넷의 검색 능력을 교육, 공무, 엔터테인먼트, 상업 등 모든 분야에서 활용할 수 있다. 이러한 정보에 접근할 수 있는 것은 큰 이점이지만 웹이 제공하는 정보의 품질은 보장될 수 없음을 항상 인지해야 한다. 웹은 누구나 정보를 올릴 수 있다는 점에서 완전한 민주주의이다. 예를 들자면 이 장의 뒷부분에서 다루겠지만, 위키피디아의 항목은 누구나 수정할 수 있다(몇몇 논쟁의 중심이 되는 항목 제외). 그러므로 웹의 정보에 대해 항상 적용되는 규칙은 바로 '조심하라'이다.

1960년대의 발견에 대해 생각해보자. 어떻게 정보를 찾을 수 있는가? 당신은 아마도 실제 책을 확인하기 위해 도서관에 가야만 했을 것이다. 그 과정을 오늘날 그 정보를 발견하는 방법과 비교해 보자. 실제로 검색의 전반적인 경향은 다음과 같다.

- 과거에는 사람들이 정보(도서관)을 물리적으로 찾아가야 했다. 오늘날 정보는 인터넷을 통해 얻는다.
- 과거에는 한 번에 한 사람만 정보(도서관에서 대출한 책)를 가질 수 있었다. 오늘날에는 여러 사용자가 동시에 정보를 사용할 수 있다.
- 과거에는 필요한 정보에 접근하는 것이 불가능했을 수 있다; 예를 들어 책이 이미 대여된 경우. 오늘날 정보는 모든 사람이 동시에 사용할 수 있다.
- 과거에는 책이 다른 언어로 쓰였다면 번역이 필요했을 것이다. 오늘날 자동번역 소프트웨어 도구는 매우 빠르게 개선되고 있다.

그리고 웹의 주요 장점은 거대한 정보의 양인데, 이는 또한 도전 과제이기도 하다. 웹에 있는 정보의 양은 말 그대로 엄청나며 매년 거의 2배로 증가한다. 이 때문에 웹 사이트를 항해하고 필요한 정보를 찾는 것은 나날이 어려워지고 있다. 이러한 작업을 수행하기 위해 사람들은 갈수록 검색엔진, 디렉토리, 그리고 포털 등을 점점 더 사용하고 있다.

검색엔진과 메타 검색엔진

검색엔진(search engine)은 키워드를 이용해 특정 정보를 찾아 그 결과를 보고하는 컴퓨터 프로그램이다. 검색엔진은 수십억 개의 웹 페이지의 목록을 관리하며 이 목록을 이용해 사용자가 정한 키워드에 맞는 페이지를 찾아준다. 이러한 목록은 웹 크롤러(webcrawler)라 불리는 자동 인터넷 탐색 프로그램에 의해 유지된다. 웹 크롤러는 웹 전체에 퍼진 웹 페이지를 탐색하며 방문한 페이지를 복사해 저장한다. 그 다음 이 복사본의 목록이 생성되어 검색엔진이 빠른 속도로 검색할 수 있게 한다.

현재 4개의 검색엔진이 미국에서 거의 모든 검색을 담당한다. 점유율 순으로 구글(www.google.com), 빙(www.bing.com), 야후!(www.yahoo.com) 및 에스크(www.ask.com) 등이 있다. 중국의 주요 검색엔진은 중국 시장의 약 75%를 차지하는 바이두(www.baidu.com)이다.

보다 철저한 검색을 위해 메타 검색엔진을 사용할 수 있다. **메타 검색엔진(metasearch engines)**은 여러 엔진들을 한 번에 검색한 다음 결과를 통합하여 사용자의 질의에 답한다. 예를 들면 서프웩스(www.surfwax.com), 메타크롤러(www.metacrawler.com), 맘마(www.mamma.com), 카투(www.kartoo.com) 및 덕파일(www.dogpile.com)이 있다.

외국어로 된 콘텐츠의 출판

세계은행(www.worldbank.org)은 온라인 콘텐츠의 80%가 영어, 중국어, 스페인어, 일본어, 아랍어, 포르투갈어, 독일어, 프랑스어, 러시아어 및 한국어의 10개 언어 중 1개 언어로만 제공되는 것으로 추정한다. 약 30억 명의 사람들이 이 중 하나를 모국어로 사용한다. 그러나 모든 온라인 콘텐츠의 50% 이상이 영어로 작성되어 있으며 전 세계 인구의 21%만 이해한다. 국민들이 대략 425개의 언어와 방언을 구사하는 인도를 생각해보자. 업계 분석가들은 전체 웹 콘텐츠의 0.1% 미만이 약 2억 6천만 명의 사람들이 사용하는 모국어 힌디어로 구성되어 있다고 추정한다.

인터넷의 정보는 양만 많은 것이 아니라 수없이 다양한 언어로 이루어져 있다. 이 정보를 어떻게 사용할 것인가? 답은 웹 페이지의 자동번역이다. 이러한 자동번역 장치는 대부분의 주요 언어를 다룰 수 있으며 시간이 지날수록 품질이 향상되고 있다.

기업들이 자사의 사이트를 여러 언어로 제공해야 할 필요가 있는가? 답은 물론 '예'이다. 실제로 다언어 웹 사이트는 오늘날의 글로벌 기업 환경에서는 경쟁의 필수 조건이 되고 있다. 기업들은 점점 자국 시장에 만족하지 않고 해외에서 이윤을 증진하고 고객을 유치할 방법을 찾고 있다. 기업들이 전 세계에 정보를 퍼뜨리고 있는 오늘날 정확한 정보를 얻는 것은 매우 중요하다. 기업들이 단순히 콘텐츠를 번역하여 제공하는 것만으로 충분하지 않다. 기업은 콘텐츠를 현지화하고 현지 시장의 사람들의 필요에 귀를 기울여야 한다.

단어당 20센트 이상이면 번역 서비스가 비싼편이다. 10개 언어를 지원하는 회사들은 정보를 현지화하는 데 연간 20만 달러를 지출하고 웹 사이트를 유지 관리하는 데 5만 달러를 추가로 지출하기도 한다. 주요 다국적 기업의 번역 예산은 총 수백만 달러이다.

주요 번역기로는 마이크로소프트 번역기 앱(www.translator.microsoft.com), 구글(www.translate.google.com)(그림 6.9 참조) 및 스카이프 번역기(www.skype.com/en/features/skype-translator/) 뿐만 아니라 세스엘 트라도스(SDL Trados; www.translationzone.com) 및 시스트랜(www.systransoft.com)에서 사용할 수 있는 제품 및 서비스들이 있다.

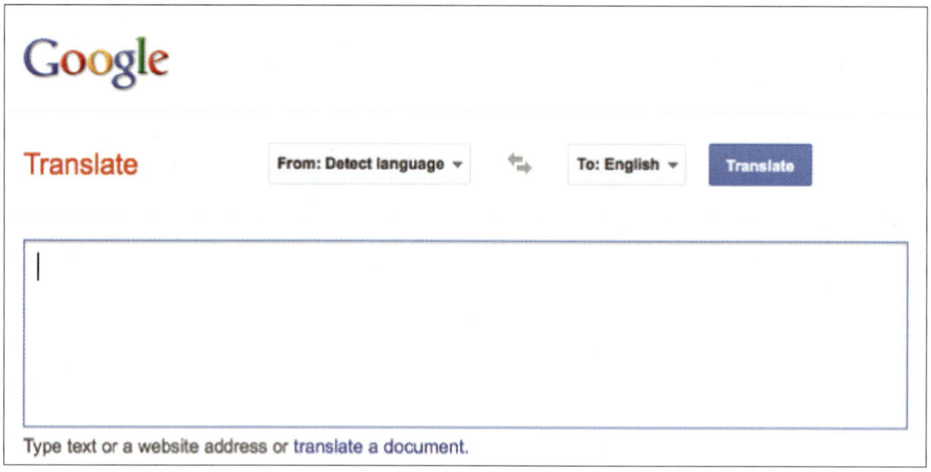

출처: Google LLC

그림 6.9 구글 번역

(Google and the Google logo are registered trademarks of Google)

2016년 9월 구글은 딥러닝을 기반으로 하는 새로운 번역 서비스를 발표했다(기술가이드 4 참조). 새로운 번역 시스템을 인간 번역가와 비교하는 경쟁에서 이 시스템은 영어와 스페인어 간, 영어와 프랑스어 간 번역과 같은 일부 언어의 경우 인간의 유창함과 매우 유사했다. 구글은 이 시스템을 여러 언어로 확장하고 있다.

2016년 12월 마이크로소프트는 번역기 앱을 출시했다. 음성 대화를 통해 앱은 아랍어, 만다린 중국어, 스페인어, 영어, 프랑스어, 독일어, 러시아어, 포르투갈어 및 이탈리아어 등 9개 언어와 최대 100개 언어를 수용할 수 있다.

포털

대부분의 조직과 경영자들은 정보과다 현상을 겪는다. 정보는 다양한 장소와 시스템에 흩어져 수많은 문서, 이메일, 데이터베이스 등에 저장되어 있다. 필요로 하는 정확한 정보를 검색하는 데는 많은 시간이 소요될 수 있으며, 다양한 시스템에 접속해야 할 수도 있다.

MIS 이러한 문제를 해결하기 위한 한 방법은 포털이다. **포털**(portal)은 정보와 지식에 대한 웹 기반 개인화 통로로 고급 검색 및 인덱스 기술을 이용해 서로 다른 IT시스템과 인터넷에서 필요한 정보를 추출하여 제공한다. 포털은 상업(대중), 동호인, 기업, 산업 네 가지 종류로 구분할 수 있다. 이 네 가지 분류는 서비스를 제공하는 대상에 따른 구분이다.

상업(대중) 포털(commercial (public) portal)은 인터넷에서 가장 유명한 포털들로 넓고 다양한 고객층을 끌어 모으도록 설계되었으며, 대체로 일반적인 정보를 제공하고 때로는 실시간으로 제공하기도 한다(예: 주가). 예로는 라이코스(Lycos; www.lycos.com)와 MSN(www.msn.com)이 있다.

MKT 이에 비해 **동호인 포털**(affinity portals)은 특정 분야나 단체, 예컨대 취미나 정당의 관련 조직과 개체에 대한 단일 접속 창구를 제공한다. 대다수의 대학들은 동창생들을 위한 동호인 포털을 가지고 있을 것이 다. 그림 6.10은 미국 웨스트 조지아대학의 동창회의 동호인 포털이다. 이러한 동호인 포털의 다른 예로는 테크웹(www.techweb.com)이나 ZD넷(www.zdnet.com)이 있다.

MIS 이름이 의미하듯이 **기업 포털**(corporate portals)은 특정 기업 내외의 관련자에게 웹 브라

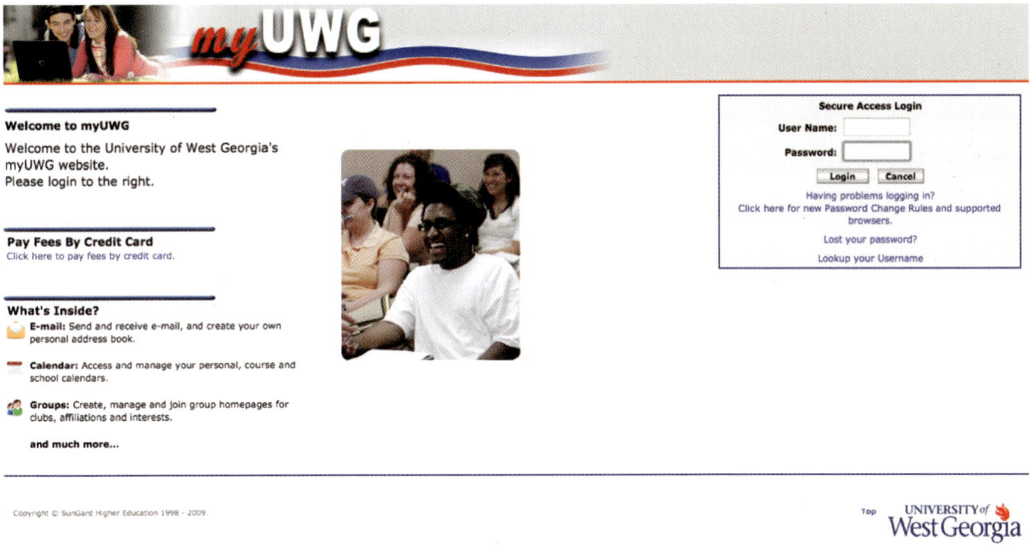

출처: University of West Georgia

그림 6.10 웨스트조지아 대학 동호인 포털

(UWG의 서비스)

우저를 통한 주요 기업 정보에 대한 단일 접속 창구를 제공한다. 이러한 포털은 사업 포털, 정보 포털, 혹은 사업 정보 포털로 불리기도 한다. 필요한 정보를 찾기 쉽게 만들 뿐 아니라 기업 포털은 고객과 직원들에게 셀프 서비스 기회를 제공한다.

기업 포털이 단일 기업에 관련되어 있다면 산업 포털(industrywide portal)은 산업 전체에 관련된다. 이러한 포털의 예로는 트럭넷(TruckNet; www.trucknet.io/en)이 있다. 이 포털은 화물트럭 업계와 화물트럭 커뮤니티, 예컨대 운전사, 트럭 운영자, 그리고 트럭 운용 회사 등을 위한 포털이다.

확인하고 넘어가기

1. 검색엔진과 메타 검색엔진의 차이를 설명해보자.
2. 여러 언어로 자료를 출판하는 것이 왜 중요한지 이유를 설명해보자.
3. 우리에게 포털이 유용한 여러 이유를 설명해보자.

6.5 네트워크 애플리케이션: 커뮤니케이션

네트워크 활용의 두 번째 주요 범주는 통신이다. 이메일, 콜센터, 채팅방, 보이스채팅 등 다양한 유형의 통신 기술이 있다. 또한 통신의 흥미로운 활용 분야인 재택근무에 대해 논의한다. (참고: 9장에서는 다른 유형의 통신(블로깅 및 마이크로블로깅)을 소개할 예정이다.)

이메일

전자메일(이메일)은 인터넷에서 가장 많은 통신량을 차지하는 네트워크 활용방법이다. 연구에 의하면 모든 기업의 업무에 이메일 사용하며 이메일이 이윤 창출과 연관되어 있다. 반대로 관리자들이 수신하는 이메일의 규모는 감당하기 힘들다. 사실 너무 많은 이메일은 생산성을 저하시킨다. 문제는 너무 많은 전자메일이 실제로 비즈니스의 생산성을 떨어뜨릴 수 있다는 것이다.

웹 기반 콜센터

MKT 웹 기반 고객 지원에 있어 효과적인 개인 맞춤형 고객 커뮤니케이션은 필수이다. 이러한 서비스는 웹 기반 콜센터(혹은 고객 지원 센터로 불리기도 함)에서 제공한다. 예를 들어 기술 지원을 위해 소프트웨어 판매자에게 연락을 취하려고 한다면 아마 그 판매자의 웹 기반 콜센터에 이메일이나 전화, 혹은 인터넷 보이스 채팅으로 연락을 취하게 될 것이다. 웹 기반 콜센터는 가끔 인도와 같은 해외에 위치하고 있기도 한다. 이러한 오프쇼어링은 미국 기업에서 대단히 중요한 이슈이다(제세한 상항은 13장에서 논의함).

여러 가지 충분한 이유에서 미국 기업들은 콜센터를 다시 미국 내에서 운영하고 있다. 첫째 기업들은 자신들이 콜센터 운영에 대해 통제를 확실히 하지 못하고 있다고 느낀다. 기업들은 외부 업체에 의존해야 하기 때문에 서비스 품질을 자신의 기준을 충족하도록 유지하기 어렵다. 둘째, 언어적인 어려움이 발생할 수 있다. 셋째, 민감한 정보를 다루는 기업들은 고객의 기밀정보를 유출하는 위험에 직면할 수 있다. 마지막으로 외부업체의 콜센터 직원은 보통 여러 기업을 위해 일한다. 결국, 기업이 요구하는 수준의 고객 서비스를 제공하지 못할 수도 있다.

전자 채팅방

전자 채팅(줄여서 채팅)은 참가자들이 대화 메시지를 실시간으로 주고받는 시스템을 말한다. 채팅방은 대화를 하고자 하는 사람들이 대화하기 위해 만나는 가상의 장소이다. 채팅 프로그램은 참가자가 같은 통신 채널에 같은 시간에 접속한 사람들에게 메시지를 전달할 수 있게 해준다. 이 온라인 대화는 누구나 참가할 수 있다. 메시지는 컴퓨터에 도착하면서 화면에 표시되고 이는 사용자가 메시지를 입력하는 도중에도 일어난다.

초기 채팅방에서는 텍스트 전용 IRC(Internet Relay Chat)를 사용했다. IRC의 사용은 2000년대 초반부터 크게 감소했다. 현재 채팅방은 모바일 장치에서 사용할 수 있으며 사용자가 이미지, 파일, 비디오 및 오디오 메시지를 업로드할 수 있다. 럼블톡(www.rumbletalk.com) 및 젯(www.xat.com)과 같은 채팅방 서비스로 자신만의 대화방을 만들 수 있다. 채팅방은 소셜미디어의 인기로 사용이 더욱 감소했다.

음성 통신

기존 구형 전화시스템이 이제 **인터넷 전화(internet telephony)**로 대체되었다. 그리고 **VoIP(Voice-over-Internet Protocol)**로 알려진 **인터넷 전화에 의한 통화**는 그저 또 다른 데이터 전송일 뿐이다. 사람들의 음성 신호가 디지털화되어 패킷으로 나누어져 인터넷에서 전송되는 데이터라는 의미이다.

여러 인터넷 전화(VoIP) 서비스를 무료로 제공하는 스카이프(현재 마이크로소프트가 소유한 www.skype.

com)를 살펴보자. 스카이프를 사용하는 사용자는 음성 및 화상 통화, 스카이프와 유선전화 및 휴대전화 간 통화; 무선 핫스팟 네트워크 접속, 인스턴트 메시징, 음성 메일, 일대일 및 그룹 채팅, 전화 회의 등이 가능하다.

통합 커뮤니케이션

과거 유선 데이터, 무선 데이터, 음성 통신, 그리고 화상회의를 위한 조직 네트워크는 모두 따로 운용되었고 IT 부서도 모두 따로 관리하였다. 이는 높은 사용 비용과 낮은 생산성을 불러왔다.

통합 커뮤니케이션(UC: unified communications)은 모든 커뮤니케이션의 부류, 즉 음성 메일, 팩스, 채팅, 이메일, 인스턴트 메신저, 문자 메시지(SMS), 위치 추적 서비스, 화상회의 등을 단순화하고 단일 하드웨어 및 소프트웨어 플랫폼으로 통합한다. 위치 추적 서비스는 사용자들이 수신자가 어디 있는지 위치를 파악하고 실시간 통신이 가능한지 알아주는 기능이다.

통합 커뮤니케이션은 모든 인간 및 컴퓨터 커뮤니케이션을 공통의 사용자 경험으로 통합한다. 예를 들어 통합 커뮤니케이션은 한 개인이 음성 메일 메시지를 받아서 자신의 이메일 받은 편지함에서 읽을 수 있게 한다. 또 다른 예로 통합 커뮤니케이션은 사용자들이 서로의 위치에 관계없이 협력할 수 있게 해준다. 한 사용자가 인터랙티브 디렉토리에 접속하여 다른 사용자들의 위치를 빠르게 알 수 있고, 각 사용자가 통신 가능한지 확인한 다음 문자 메시지 통신을 하다가 음성 혹은 영상 통화로 전환할 수 있다. 물론 모두 실시간으로 말이다.

재택근무

지식근로자들은 흩어져 있는 노동력, 혹은 '디지털 유목민(digital nomad)'이라 불리고 있다. 이 매우 가치가 높은 유능한 기술자들은 언제든 어디서든 일할 수 있는 방법인 **재택근무(telecommuting)**를 하고 있다. 흩어져 있는 노동력이란 이들이 자신의 기업에 일정한 사무실이 없고 집에서 근무하거나 공항 라운지 혹은 고객의 회의실, 혹은 고교 체육관 관중석에서 일하기를 선호하기에 붙여진 말이다. 이런 분산된 노동력의 증가는 글로벌화, 출근시간 증가, 높은 유가, 유비쿼터스 브로드밴드 네트워크(유무선 모두)의 발전, 그리고 강력한 노트북 컴퓨터와 그 외 컴퓨터 장비의 등장으로 촉진되고 있다.

HRM 재택근무는 직원, 고용주, 그리고 사회에 여러 이점을 안겨준다. 일단 직원들은 스트레스 감소와 향상된 가족관계의 이득을 본다. 또한 가상 출근은 편부모나 장애인과 같이 집에 묶여 있는 사람들에게 근로 기회를 준다. 고용주는 생산성 증가, 고가치 기술자의 고용 유지, 그리고 출근거리 외의 직원 유치 등의 이득을 본다.

HRM 하지만 재택근무엔 잠재적인 단점도 존재한다. 직원들에게 가장 큰 단점은 고립감, 부가 혜택의 상실 가능성, 낮은 임금(일부 경우), 근무지에서의 존재감, 승진 불이익의 잠재적 가능성, 그리고 인간관계 불이익이 있다. 2013년 연구에서 스탠포드대학의 연구자들은 재택근무자들이 현장 근무자들보다 승진할 가능성이 50% 이상 낮음을 발견했다. 연구자들은 상사와의 얼굴을 대면하는 시간의 부족이 승진 문제의 원인이라고 결론지었다.

또한, 재택근무자들은 종종 그들이 물리적으로는 가정에 있지만 실제는 일하고 있다는 사실을 가족에게 이해시키기 어렵다는 과제를 안고 있다. 가족들은 그들이 실제 사무실에서처럼 재택근무자를 방해하지 말아야 한다는 것을 이해해야만 한다. 고용주에겐 근무 감독의 어려움, 데이터 보안 문제의 잠재성 등이 주요 단점으로 제기되고 있다.

확인하고 넘어가기

1. 이메일의 장단점에 대해 논의해보자.
2. 왜 많은 미국 기업들이 자신들의 콜센터를 다시 미국으로 환원하는가?
3. 인터넷전화(다른 이름으로 VoIP)에 대해 설명해보자.
4. 개인의 입장에서 재택근무의 장단점은 무엇인가?

6.6 네트워크 애플리케이션: 협업

네트워크 활용 방법의 세 번째 주요 유형은 **협업**(collaboration)이다. 현대 조직의 중요한 특징 중 하나는 바로 사람들이 업무를 수행하기 위해 모여서 협력해야 한다는 것이다. 협업은 둘 이상의 개체(개인, 팀, 그룹, 혹은 조직)가 함께 노력하여 특정 업무를 수행하는 것을 말한다. **워크그룹**(workgroup)은 특정 업무를 수행하기 위해 협업하는 2명 이상의 개인을 지칭한다.

워크플로우(workflow)는 조직의 업무 절차를 이루는 여러 단계를 거치면서 정보가 움직이는 경로를 말한다. 워크플로우 관리는 문서, 정보, 혹은 업무를 특정 참가자로부터 다른 참가자로 조직의 규칙과 절차에 따라 규정된 방법을 통해 전달할 수 있게 해준다. 워크플로우시스템은 비즈니스 프로세스를 자동화하기 위한 도구이다.

만약 그룹의 참가자들이 서로 다른 위치에 있다면 이들은 **가상그룹(팀)**(virtual group (team))을 형성한다. 가상그룹은 가상회의, 즉 전자적으로 '만나는' 회의를 실시한다. **가상협업**(virtual collaboration)은 e-협업이라 불리기도 하며 디지털 기술을 이용해 조직이나 개인이 협업하여 제품, 서비스, 창의적 응용을 계획, 설계, 개발, 경영, 연구할 수 있도록 하는 것을 말한다. 가상협업엔 직원이 참여하는 것이 보통이지만 조직은 직원 외에 고객, 공급자, 다른 사업 협업체와도 가상협업하여 생산성과 경쟁력을 증진시킬 수 있다.

협업은 모든 팀 구성원들이 동시에 만나면 동기적(synchronous) 협업이 된다. 팀은 구성원들이 동시에 만날 수 없을 때 비동기적으로 협업할지도 모른다. 구성원들이 전 세계에 흩어져 있는 가상팀들은 전형적으로 비동기적으로 협업해야만 한다.

모든 유형의 공동 작업을 지원하기 위해 다양한 소프트웨어 제품을 사용할 수 있지만 많은 조직에서는 공동 작업에 너무 많은 소프트웨어 도구가 사용되고 있다고 생각한다. 이런 회사들은 공유된 내용, 누가 누구와 언제 공유했는지를 한 곳에서 알 수 있기를 원한다. 기업들은 또한 근로자의 요구를 예측할 수 있는 더 스마트한 협업 도구를 원한다.

협업 소프트웨어 제품에는 구글 드라이브(www.drive.google.com), 마이크로소프트 오피스 365

Teams(www.products.office.com/en-us/microsoft-teams/group-chat-software), 자이브(www.jivesoftware.com), 그립(www.glip.com), 슬랙(www.slack.com), 아트라시언(www.atlassian.com), 페이스북의 워크플레이스(Workplace; www.facebook.com/workplace) 및 기타 여러 사이트가 있다. 일반적으로 이러한 제품은 온라인 협업 기능, 작업 그룹 전자메일, 분산 데이터베이스, 전자 텍스트 편집, 문서 관리, 워크플로 기능, 즉석 가상회의, 응용 프로그램 공유, 인스턴트 메시징, 합의 구축, 투표, 순위 지정 및 다양한 응용 프로그램 개발을 제공한다.

이러한 도구 중 2개는 보다 효과적인 협업을 위해 분석도구(analytics)를 사용한다. IBM의 버스(Verse)는 이메일, 소셜미디어, 캘린더 및 파일 공유와 분석을 하나의 소프트웨어 패키지에 결합하여 이메일을 정밀하게 점검하고 조직의 생산성을 높이도록 고안되었다. 마이크로소프트의 델브포오피스(Delve for Office) 365는 분석도구를 사용하여 각 사용자에게 가장 관련성이 높은 정보를 보여준다.

다국적 은행 및 금융서비스 회사인 BNY 멜론(www.bnymellon.com)을 생각해보자. 이 은행은 마이소스소셜(MySource Social)이라는 자체 개발한 소셜네트워킹 도구를 사용하여 아이디어와 전문지식을 공유한다. 이 소셜네트워크는 이메일, 캘린더 및 인스턴트 메시징 시스템과 같은 BNY 멜론의 커뮤니케이션 및 협업 도구와 통합된다. 마이소스소셜은 사용자가 블로그와 경영진의 정보를 제공하는 비즈니스 파트너 그룹을 탐색할 수 있는 인트라넷 사이트이다; 특별한 주제에 관심이 있는 그룹; 프로젝트 팀을 위해 생성된 것과 같은 임시 그룹. 전 세계 55,000명의 BNY 멜론 직원 중 90% 이상이 어떤 식으로든 이 사이트를 이용했으며 40%는 실제 참가자이다.

협업은 매우 중요해서 기업들은 정보기술을 사용하여 이런 프로세스를 최대한 활성화하려고 한다. IT와 기업사례 6.4에서는 보잉이 협업 센터를 사용하여 고객과의 협업을 극대화하는 방법을 살펴보자.

크라우드소싱

한 가지 형태의 협업은 작업을 불특정한, 일반적으로 많은 그룹의 사람들에게 공개 모집 형태로 아웃소싱하는 것을 의미하는 **크라우드소싱(crowdsourcing)**이다. 크라우드 소싱은 조직에 잠재적으로 많은 장점이 있다. 첫째 대중들은 문제를 상대적으로 낮은 비용에 매우 신속히 탐구한다. 그리고 종종 이들 문제를 해결한다. 둘째 조직은 자신의 직원 외에 더 많은 대상으로부터 인재를 구할 수 있다. 셋째, 대중에게 귀를 기울여 조직은 고객의 바람에 대한 살아 있는 통찰력을 얻을 수 있다. 마지막으로 크라우드소싱은 전 세계로부터 아이디어를 얻어 기업들이 신속한 디자인 프로세스를 이루는 데 도움을 줄 수 있다. 몇 가지 예들을 살펴보자.

- **MIS** 크라우드소싱 헬프 데스크(crowdsourcing help desk): 학생들이 컴퓨터와 인터넷 접속으로 학교 과제를 하고 온라인 수업을 듣기 때문에 정보기술에 대한 헬프 데스크는 대학 캠퍼스에서 필요한 서비스이다. 블루밍턴(Bloomington)시에 있는 인디아나 대학(Indiana University)의 새로운 헬프 데스크에서는 크라우드소싱을 이용해 비용과 수많은 문의에 대해 답하는 부담을 경감한다. 학생들과 교수들은 자신들의 IT 문제를 다른 학생들이나 아마추어 전문가들이 답을 해주는 온라인 포럼에 올린다.

IT와 기업사례 6.4

보잉 협업 센터

MIS POM

보잉(www.boeing.com)은 전 세계적으로 비행기, 회전익기, 로켓 및 위성을 설계, 제조 및 판매하는 미국에 기반을 둔 다국적 기업이다. 이 회사는 록히드마틴(www.lockheedmartin.com)에 이어 세계에서 두 번째로 큰 방위산업체이기도 하다.

보잉은 버지니아주 알링턴 지역 본사에 협업 센터(Boeing Collaboration Center)를 구축하여 회사의 글로벌 고객과 소통할 수 있는 새로운 방법을 마련했다. 이 센터를 통해 보잉은 고객과의 긴밀한 협력을 장려하는 몰입형 시각적 환경에서 자신의 역량을 선보일 수 있다. 보잉의 의도는 고객이 이전에 본 것과는 다른 고객 참여 경험을 제공하는 것이다. 또한 센터는 각 고객에게 맞춤형 경험을 제공하기를 원한다.

이 센터는 7,500평방 피트의 다용도 공간으로 구성되어 있다. 고객은 먼저 27x8피트 입구 기능(Entrance Feature)을 마주하게 된다. 이 대형 화면은 보잉의 다양한 기능에 대한 시청각 프레젠테이션을 제공한다. 화면은 크리스티 마이크로타일(Christie MicroTiles)로 구성된다. 타일은 대형 비디오 월 스타일 디스플레이를 형성하기 위해 배치되는 모듈식 후면 프로젝션 큐브이다. 그런 다음 웰컴 월(Welcome Wall)에서 고객을 맞이한다. 이 3x3 배열의 삼성 55인치 멀티터치 디스플레이는 맞춤형 메시징으로 통신하고 회의 목표, 의제 세부사항 및 100년 간의 보잉의 역사를 비롯해 실시간 항공편 도착 및 출발 정보와 같은 컨시어지 기능을 제공한다.

한 쌍의 협업 작업실에는 효과적인 공동 작업에 이상적인 편안하고 유연한 공간을 만드는 터치 인터페이스가 포함된 시스코(Cisco) 화상회의 시스템과 90인치 샤프(Sharp)사 디스플레이가 있다. 이러한 방은 다른 방식으로 구성할 수 있다. 또는 하나의 대규모 작업 환경으로 합칠 수 있다.

이 협업 공간 옆에는 90인치 대화형 샤프사 디스플레이 화면 앞에 소파 좌석으로 사용되는 런치윈도(Launch Window)가 있다. 이 화면은 보잉 제품과 터치 지원 시뮬레이션을 보여주는 3차원(3D) 콘텐츠를 제공할 수 있다.

글로벌 프레젠스 월(Global Presence Wall)에는 보잉의 글로벌 입지에 대한 맞춤형 콘텐츠가 포함된 3x3 배열의 삼성 55인치 멀티터치 디스플레이가 있다. 이 콘텐츠에는 공급업체 정보, 경제적 영향 및 기업 시민 이니셔티브가 포함되어 있다. 고객은 국가별 및 글로벌 위치별로 드릴 다운하고 세부 정보를 볼 수 있다.

협업 센터의 하이라이트는 삼성 55인치 모니터 18개로 구성된 디스플레이인 원 보잉 월(One Boeing Wall)이다. 이 회면에는 오디오 및 화상 회의 기능은 물론 여러 고객이 보잉 제품 및 서비스를 동시에 탐색하고 상호 참조할 수 있는 멀티터치 기능이 있다. 협업 후 이 화면에 주석이 달린 문서를 저장하고 후속 조치를 위해 고객에게 보낼 수 있다.

원 보잉 월을 지원하는 동일한 애플리케이션은 협업 센터의 반대쪽 끝에 있는 2개의 멀티터치 대화형 테이블 디스플레이도 지원한다. 각 테이블에는 물체인식 기능이 있는 내장형 42인치 멀티터치 컴퓨터 2대가 있다. 보잉 직원과 고객은 탄소섬유 또는 제품모델과 같은 물체를 이러한 테이블에 배치하여 물체의 기능을 더 깊이 이해할 수 있다.

센터의 호라이존 시어터(Horizon Theater)에서 고객은 프레젠테이션, 웹캐스트 및 비행 시뮬레이션을 경험한다. 고객은 또한 전 세계에 흩어져 있는 보잉 임원 또는 분야 전문가와 같은 원격 참가자와 양방향 오디오 및 화상회의에 참여할 수 있다. 호라이존 시어터는 180도 곡면스크린에 디지털 서라운드 사운드와 3개의 고화질 프로젝션 이미지가 있는 몰입형 환경이다. 극장에서는 비행 시뮬레이션의 시각 및 청각 경험이 너무 현실적이어서 보잉은 고객이 균형을 잡을 수 있도록 안정된 바를 설치했다.

흥미롭게도 협업 센터만큼 인상적이고 최첨단인 보잉은 이 센터가 3년 내에 동일한 모습일 것이라고 생각하지 않는다. 이 항공우주 거대 기업은 이미 증강현실 및 가상현실 기술이 회사와 고객 간의 협력에 어떤 영향을 미칠지 예상하고 있다.

출처: Compiled from L. Myler, "Why Customer Collaboration Is the Ticket to B2B Success," *Forbes*, July 19, 2017; D. Uptmor, "Why You Should Collaborate with Your Customers," *Clarizen*, March 2, 2017; "Customer Experience Collaboration," *ClearAction*, February 14, 2017; J. Zettel, "AVISPL: Building the Culture of Collaboration," *CIO Review*, 2017; J. Owens, "Top 5 AV Business and Tech Trends for 2017," *AVNetwork*, December 12, 2016; C. Zakrzewski, "Virtual Reality Takes on the Videoconference," *Wall Street Journal*, September 18, 2016; "High-Value Marketing: Connecting Customers through Technology, Analytics, and Collaboration," *Harvard Business Review*, September 6, 2016; M. Reynolds, "Customer Collaboration Is the Future of Business," *Huffington Post*, June 21, 2016; J. Durr, "B2B Organic Growth Requires Collaboration with Customers," *Gallup Business Journal*, May 18, 2016; R. Hase, "AVI-SPL Case Study: Boeing Collaboration Center," www.linkedin.com, March 31, 2016; and www.boeing.com, accessed July 9, 2019.

질문

1. 2장을 참조해보자. 보잉의 협업 센터는 전략적 정보시스템인가? 그 이유는 무엇인가? 답의 근거를 제시해보자.
2. 가상현실 기술의 출현에 보잉이 앞으로도 협업 센터가 필요할 것이라고 생각하는가? 그 이유는 무엇인가? 답의 근거를 제시해보자.

- **MKT** 구직(recruitment): 버몬트주에 있는 챔플레인 대학(Champlain College)은 챔플레인 영상(Champlain for Reel) 프로그램을 만들어 학생들이 유튜브 동영상을 통해 그들의 학교에서의 경험과 학교에서 보내는 시간으로 무엇을 얻었는지를 공유하도록 한다. 이 유튜브 채널로 학생들은 구직을 할 수 있고 심지어 동창생들은 캠퍼스 및 지역사회의 이벤트에 대한 새로운 소식을 접할 수 있다.
- '싸이터블(Scitable; www.nature.com/scitable)'은 소셜 네트워킹에 학술적 협업을 합친 것이다. 크라우드소싱을 통해 학생, 교수, 과학자들은 문제를 토론하고, 해결책을 찾으며, 자료와 논문을 교환한다. 무료 사이트인 싸이터블은 개별 사용자가 다른 사람에게 도움을 주는 동시에 크라우드소싱을 통해 답을 찾을 수 있도록 한다.
- 프록터앤갬블(P&G)은 회사 연구원들이 자신들의 문제를 올려 놓는 이노센티브(www.innocentive.com)를 사용한다. P&G는 문제를 해결한 사람들에게 금전적인 보상을 한다.
- SAP의 아이디어플레이스(https://ideas.sap.com)는 개발 중인 소프트웨어의 개선과 혁신을 위한 아이디어 창출에 활용된다. 누구든지 아이디어플레이스에 있는 내용을 볼 수 있다. 아이디어플레이스는 아이디어들이 여러 세션이나 유형에 따라 분류되어 있다. 사용자가 아이디어를 올리면 다른 사용자들이 이에 투표하거나 의견을 달 수 있다. 아이디어 리스트가 업데이트되어 아이디어플레이스에 진전이 있을 때마다 사용자들이 이를 알 수 있게 한다. 모든 아이디어들은 엔지니어, 제품 관리자 및 도입 가능성을 평가하는 커뮤니티 관리자로 구성된 전문가 팀에 의해 검토된다. 가장 많은 투표를 받은 아이디어는 SAP 고위층의 관심을 받을 것이다.

크라우드소싱으로 성공한 사례들이 많지만, 다음을 포함해 이에 대한 의문과 우려도 많다.

- 대중들을 전문가들로만 제한해야 하는가? 만약 그렇다면 회사는 이런 정책을 어떻게 도입해야 하는가?
- 대중들 속의 비전문가들이 만들어낸 콘텐츠는 얼마나 정확한가? 어떻게 정확성을 보장하는가?
- 대중들이 만들어낸 콘텐츠를 어떻게 업데이트해야 하는가? 콘텐츠가 적절한지 어떻게 확인할 수 있는가?
- 대중들은 대부분이 가치 없는, 너무 많은 아이디어를 제출할 수 있다. 이런 경우에 모든 아이디어들을 평가하는 것은 비용적으로 불가능할 수 있다. 예를 들어 2010년 BP의 원유 유출 사건 동안 대중들은 원유 유출을 막을 방안에 대해 2만 건 이상의 제안들이 쏟아냈다. 이런 문제는 너무 기술적이어서 수준이 많이 떨어지는 제안들이 많았다. 그러나 BP는 심각한 시간적인 제약이 있음에도 불구하고 모든 아이디어들을 평가할 수밖에 없었다.
- 콘텐츠 제공자들이 의도적으로 혹은 비의도적으로 저작권을 침해할 수 있다.
- 콘텐츠의 수준은 (그래서 이를 통한 결정이) 대중이 누구인가에 달려 있다. 다양한 의견과 아이디어를 가진 사람들로 구성된 대중인 경우에 가장 좋은 결정을 할 수 있다. 하지만 많은 경우에 기업들은 사전에 대중이 어떻게 구성되어 있는지를 알 수 없다.

그림 6.11 원격회의시스템

Jennifer Pottheiser/
National Basketball Association/Getty Images

원격회의와 화상회의

원격회의(teleconferencing)는 서로 다른 장소에 위치한 2명 이상의 사람이 전자 커뮤니케이션 도구를 이용해 동시 회의를 진행하는 것이다. 원격회의에는 여러 종류가 있다. 가장 오래되고 간단한 종류는 전화 회의이다. 이는 여러 위치의 참가자들이 전화로 대화를 주고받는데, 가장 큰 단점은 당연하게도 얼굴을 마주 보고 회의를 할 수가 없다는 점이다. 또한 다른 위치에 있는 사람들이 함께 그래프, 차트, 도면 등을 보지 못한다.

이러한 단점을 극복하기 위해 조직은 영상 원격회의, 즉 화상회의를 도입하고 있다. **화상회의**(videoconference)에서는 한 장소의 참가자들이 다른 위치의 참가자, 문서, 프레젠테이션 등을 볼 수 있다. 화상회의의 가장 최신 종류인 원격출석은 사용자가 데이터, 음성, 사진, 그래픽, 동영상 등을 송수신할 수 있게 해준다. 회의 참석자들은 음성 및 영상을 데이터와 함께 보낼 수 있어 문서에 함께 작업하고 컴퓨터 파일을 주고받을 수 있다.

원격참석(Telepresence)시스템에는 사내 설치 고급시스템에서부터 클라우드 기반 시스템까지 다양하다(온프레미스 컴퓨팅(on-premise computing)과 클라우드 컴퓨팅(cloud computing)은 기술가이드 3에서 소개한다). 사내 설치 고급시스템은 비싸고 회의장 테이블에 둘러 앉은 사람들을 보여주는 대형 HD 스크린이 설치된 전용 회의실이 있어야 한다(그림 6.11 참조). 이런 시스템은 다른 사람의 음성을 가로막지 않고 모든 사람이 한 번씩 말할 수 있는 고급 오디오 기능을 갖추고 있다. 그리고 이런 시스템은 이를 운영하고 유지하는 기술자가 필요하다. 고급시스템의 예로는 시스코(Cisco)사의 텔리프레전스(TelePresence; www.cisco.com) 시스템이 있다.

하지만 원격참석 회의가 열리는 전용 룸을 갖추는 것은 수많은 지원들이 떨어져 일하는 경우에는 특별히 유용하지 않다. 그래서 퍼즈(www.fuze.com)와 블루진 네트워크 (www.bluejeans.com)와 같은 기업들은 클라우드 컴퓨팅을 활용하는 원격참석시스템을 선보이고 있다. 클라우드로 서비스하는 모델이라는 것은 퍼즈와 블루진이 더 싸고, 더 유연하며, 시스템 운영과 유지를 위해 더 적은 내부 직원들이 필요하다는 의미이다. 더욱이 퍼즈와 블루진은 스마트폰, 태블릿, 랩톱 및 데스크톱 등 어떤 기기에서도 원격참석시스템을 사용할 수 있다.

확인하고 넘어가기

1. 가상 협업과 당신에게 왜 가상협업이 중요한지 설명해보자.
2. 크라우드소싱을 정의하고 이 절에서 소개되지 않은 크라우드소싱의 두 가지 예를 들어보자.
3. 어떤 경우 화상회의가 더 효과적인지 설명해보자.

6.7 네트워크 애플리케이션: 교육

네트워크 애플리케이션의 네 번째 주요 분야는 교육 관련 애플리케이션이다. 이 절에서는 e-러닝과 원격교육, 가상 대학에 대해 논의한다.

e-러닝과 원격교육

e-러닝(e-learning)과 **원격교육**(DL: distance learning)은 같은 개념은 아니지만 많은 부분 겹친다. e-러닝은 웹의 지원을 받는 교육을 말한다. 이는 교실 안에서 기존 교육을 보완할 수도 있고 웹상의 가상 교실에서 이루어져 모든 과제가 온라인으로 이루어지고 교육자와 학생이 서로 실제로 만나지는 않는 가상교육으로 이루어질 수 있다. 이 경우에 e-러닝은 원격교육의 일부가 된다. 원격교육은 학생이 교사와 만나지 않는 모든 교육방식을 통틀어서 말하는 용어이다.

오늘날 웹은 자기 교육을 위한 인터랙티브 멀티미디어 환경을 제공한다. 웹을 이용한 시스템은 지식을 필요로 하는 사람들에게 필요한 때에 제공한다. 이러한 이유 때문에 e-러닝과 원격교육은 공교육과 기업 훈련 모두에 매우 유용하다.

e-러닝엔 여러 장점이 있다. 예를 들어 온라인 자료는 매우 최신으로 유지되고 일관적인 고품질 콘텐츠를 제공한다. 이는 또한 학생들이 어디서든 언제든 자신이 원하는 속도로 배울 수 있게 해준다. e-러닝을 사용하는 기업 훈련 센터에선 대체로 훈련소요 시간이 비교적 짧아 일정 시간 내에 더 많은 사람들이 교육받을 수 있게 된다. 이는 훈련비용을 절감할뿐만 아니라 교육 장소 확보 비용도 절감한다.

이러한 장점에도 불구하고 e-러닝은 여러 단점이 있다. 일단 학생들이 모두 컴퓨터를 사용할 수 있어야 한다. 또한 교육자와 얼굴을 맞대고 대화할 기회를 잃는다. 마지막으로 과제를 실제로 수행한 자의 신원 확인이 어려워 교육자가 과제의 본인 수행 여부를 판단하기가 힘들다.

e-러닝은 일반적으로 교실 환경을 대체하지는 않는다. 오히려 새로운 콘텐츠와 전달 기술을 활용하여 콘텐츠를 향상시킨다. 블랙보드(Blackboard; www.blackboard.com)와 같은 고급 e-러닝 지원 환경은 고등 교육의 전통적인 학습에 가치를 더한다.

최근에는 대규모 개방형 온라인 과목 혹은 MOOC(massive open online courses)라 불리는 원격교육의 새로운 형태가 등장했다. MOOC는 고급 교육을 대중화하는 수단이다. 기술 향상과 기존 대학의 급격한 비용 증가 등 여러 요인이 MOOC의 성장에 기여했다. MOOC는 고도로 자동화되어 있으며 컴퓨터로 채점되는 과제와 시험을 완벽하게 갖추고 있다.

MOOC는 아직 등록한 수천 명의 학생들을 효과적으로 가르칠 수 있다는 것을 증명하지 못했다. 그들은 또한 대학에 수익을 창출하지 못한다. 또한 MOOC는 고등학생, 퇴직자, 교직원, 재학생 및 일하는 전문가들이 혼재되어 등록할 수 있다. 이처럼 다양한 학생 집단의 요구를 적절하게 충족시키는 과정을 설계하는 것은 상당히 어려운 일이다. 마지막으로, MOOC의 초기 등록 학생이 10만 명을 초과할 수 있지만 한 MOOC의 이수율은 그 수의 10% 미만인 경향이 있다. 이러한 문제에도 불구하고 대학 진학이 어려운 전 세계 수십만 명의 학생들이 등록금이나 대학 학위를 취득하지 않고도 고급 기술과 고임금 직업을 얻기 위해 MOOC를 사용하고 있다.

2018년 세계 최고의 MOOC 제공업체는 다음과 같다.

- Coursera(미국), 등록 사용자 수 2,300만 명, 코스 2,329개
- edX(미국), 등록 사용자 수 1,000만 명, 코스 1,319개
- XuetangX(중국), 사용자 600만 명, 코스 380개
- FutureLearn(영국), 사용자 530만 명, 코스 485개
- Udacity(미국), 사용자 400만 명, 코스 172개

가상대학

가상대학(virtual universities)은 집이나 특정 장소에서 떨어진 곳에서 학생들이 인터넷으로 수업을 듣는 온라인 대학이다. 많은 기존 대학들이 어떤 형태로든 온라인 교육을 제공한다. 피닉스(www.phoenix.edu), 캘리포니아 가상 캠퍼스(www.cvc.edu), 매릴랜드 대학(www.umuc.edu) 등과 같은 일부 대학들은 전 세계 학생들에게 온라인으로 수천 개의 과목과 학위를 제공한다. 다른 대학들은 제한적인 온라인 과목들과 학위들은 제공하나 기존 강의실에 혁신적인 교육 방법 및 멀티미디어 지원을 도입하고 있다.

확인하고 넘어가기

1. e-러닝과 원격교육의 차이를 설명해보자.
2. 가상대학이란 무엇인가? 가상대학에 진학할 의향이 있는가? 왜 그런가? 혹은 왜 그렇지 않은가?

IT는 나를 위해 무엇을 해줄 수 있지?

ACCT 회계관리 전공을 위한 정보기술

회계 직원들은 기업 인트라넷과 포털을 이용해 기존 시스템의 거래 데이터들을 통합하여 내부 프로젝트들을 전체적 이해하는 데 활용한다. 이런 통합 뷰는 각 프로젝트에 배정된 예산 비용, 각 프로젝트에 개개 직원이 소비하고 있는 시간, 그리고 예상 비용과 실제 소요 비용의 비교 분석 정보를 제공한다. 마지막으로, 회계 직원들은 정부 및 전문 웹 사이트에 대한 인터넷 연결을 이용해 자신의 업무에 영향을 주는 법적 및 기타 분야의 변경사항을 확인한다.

FIN 재무관리 전공을 위한 정보기술

기업 인트라넷과 포털은 프로젝트나 투자의 리스크를 평가하는 모형을 제공한다. 금융 분석가들은 모형에서 두 종류의 데이터를 사용한다. 이는 인터넷에서 얻은 기업 데이터베이스의 과거 거래 데이터와 역시 인터넷에서 얻은 산업 데이터이다. 이에 더해 금융 서비스 기업들은 웹을 이용해 마케팅을 실시하고 서비스를 제공할 수 있다.

MKT 마케팅 전공을 위한 정보기술

마케팅 경영자들은 기업 인트라넷과 포털을 이용해서 세일즈 팀의 노력과 활동을 조율한다. 세일즈 직원들은 인트라넷을 통해 기업 포털에 접속하여 가격, 프로모션, 리베이트, 고객정보, 그리고 경쟁자 정보에 대한 갱신사항을 확인한다. 세일즈 간부들은 고객을 위한 프레젠테이션을 다운로드받고 상황에 따라 수정할 수 있다. 인터넷, 특히 웹은 많은 산업에서 완전히 새로운 마케팅 매체이다. 정확히 어떻게 광고, 구매, 그리고 정보 확산이 일어나는지는 산업, 제품, 그리고 서비스마다 다르다.

POM **생산운영관리 전공을 위한 정보기술**

기업은 인트라넷과 포털을 이용해 제품 개발 팀에 삼차원 모델 및 애니메이션 기능을 제공함으로서 제품 개발의 속도를 향상시키고 있다. 모든 팀원들은 모형에 접속하여 더 높은 능률로 아이디어와 피드백을 교환할 수 있다. 인트라넷을 통해 접속되는 기업 포탈을 통해 경영자들은 자신의 재고를 면밀히 관리하고 생산 라인에서 실시간으로 제조 업무를 볼 수 있다. 엑스트라넷 또한 기업 간 합동 연구 및 설계 노력에 있어 중요한 통신 매체이다. 인터넷은 또한 생산운영관리 담당자들에게 최신 정보의 좋은 원천이다.

HRM **인적자원관리 전공을 위한 정보기술**

인적자원 담당자들은 포털과 인트라넷을 이용해 기업 정책 매뉴얼, 업무 열람, 기업 전화번호부, 그리고 직업훈련 강의 정보를 게시한다. 여러 기업들이 인터넷에서 입수한 온라인 훈련 강의를 인트라넷을 통해 직원들에게 제공하고 있다. 인적자원 부서들은 인트라넷을 이용해 직원들에게 건강관리, 할인혜택, 그리고 기타 기업 혜택 패키지 등을 제공하고 온라인으로 능력 테스트를 수행할 수도 있게 해준다. 인터넷은 전 세계적인 규모의 구인 활동의 장이 되었으며 지정학적으로 흩어진 업무 팀들의 통신 플랫폼의 역할도 하고 있다.

MIS **MIS 전공을 위한 정보기술**

네트워크 기술 인프라가 대단히 중요하다고는 하나 보통 사용자에게는 인식되지도 않는다(뭔가 문제가 생기지 않고서야). MIS 기능부서는 모든 조직 네트워크를 항시 작동하도록 유지하는 책임을 지고 있다. 그러므로 MIS 직원은 모든 사용자들에게 '세계를 보는 눈'과 함께 언제, 어디서든 연산, 통신, 협업할 수 있는 수단을 제공하고 있는 셈이다. 예를 들어 조직들은 기업 곳곳에 해당 팀을 '복제'할 필요 없이 먼 곳에 위치한 전문가들의 능력을 사용할 수 있다. 가상 팀은 물리적으로 다른 도시에 위치한 전문가들이 한 사무실에 있는 것처럼 한 프로젝트에 참여할 수 있도록 해준다.

요약

6.1 두 가지의 주요 네트워크 유형을 비교, 대조해보자.

네트워크의 두 가지 주요 유형은 근거리 네트워크(LAN)와 광역 네트워크(WAN)이다. LAN은 제한된 지리적 영역을 포함하며 종종 단일의 통신 미디어로 구성된다. 반면에 WAN은 넓은 지리적 영역을 포함하며 종종 복수의 통신 미디어로 구성된다.

6.2 유선 통신 매체와 채널을 설명해보자.

이중연선은 가장 널리 이용되고 있는 통신선으로, 구리선을 한 쌍으로 꼬아서 구성한다. 비교적 구매하기에 저렴하고, 널리 이용되며, 작업하기에도 용이하다. 벽이나 바닥에 깔아서 그리고 천장 위에서 비교적 쉽게 사용할 수 있다. 그러나 이중연선은 데이터 전송이 비교적 느리고, 다른 전자적인 원천에 의해 방해받기 쉬우며, 비인가된 접속에 의해 의도되지 않은 수신자가 데이터에 쉽게 연결(도청)할 수 있다.

동축 케이블은 절연된 구리선으로 구성된다. 이중연선에 비하여 전자적인 방해에 훨씬 덜 민감하며, 더 많은 데이터를 전송한다. 이러한 이유로, 초고속 데이터 전송과 TV 신호(케이블TV)의 전송에 널리 이용된다. 그러나 동축 케이블은 이중연선에 비하여 더 비싸고 작업하기에 어려운 점이 있다. 또한 어느 정도 유연성이 떨어진다.

광섬유 케이블은 레이저에 의해 생성된 광 펄스로 정보를 전송하는 매우 얇은 수많은 광섬유 실로 구성된다. 광섬유 케이블은 전통적인 케이블 미디어보다 아주 작으며 가볍다. 또한 더 많은 데이터를 전송하고 방해와 도청으로부터 더 나은 보안을 제공한다. 광섬유 케이블은 네트워크의 백본으로 널리 사용되며, 반면에 이중연선과 동축 케이블은 백본을 네트워크에 연결된 개별 장치에 연결할 때 사용된다.

6.3 인터넷에 접속하는 가장 일반적인 방법을 서술해보자.

인터넷에 접속하는 방법으로는 전화접속, DSL, 케이블 모뎀, 위성, 무선, FTTH 등이 있다.

6.4 네트워크의 발견 응용 분야가 비즈니스 및 일상 생활에 영향을 미친 점에 대해 설명해보자.

발견(discovery)은 브라우징과 정보 검색을 포함하며 데이터베이스의 정보를 보고 다운로드하며 처리하는 능력을 사용자에게 제공하는 것이다. 발견 도구로는 검색엔진, 디렉토리 및 포털이 있다. 발견 도구들을 사용해 비즈니스 사용자들은 효율적으로 필요한 정보를 찾을 수 있다.

6.5 네트워크의 커뮤니케이션 응용 분야가 비즈니스 및 일상 생활에 영향을 미친 점에 대해 설명해보자.

네트워크는 이메일, 콜센터, 채팅룸, 음성통신 및 블로그로 빠르고 저렴한 커뮤니케이션을 제공한다. 커뮤니케이션 도구는 비즈니스 사용자들이 팀원들, 동료들, 비즈니스 파트너들 및 고객들과 끊임 없는 인터페이스를 가질 수 있게 한다.

재택근무는 지식근로자들이 언제 어디에서나 근무할 수 있도록 해주는 프로세스이다. 재택근무는 직원들에게 많은 혜택과 일부의 단점을 가진 융통성을 제공한다.

6.6 네트워크의 협업 응용 분야가 비즈니스 및 일상 생활에 영향을 미친 점에 대해 설명해보자.

협업은 둘 이상의 개체(개인, 팀, 그룹, 혹은 조직)가 함께 노력하여 특정 업무를 수행하는 것을 말한다. 협업은 워크플로우시스템에 의해 가능하게 되었다. 협업도구들은 기업사용자로 하여금 동료, 기업 파트너, 그리고 고객들과 협업할 수 있게 해준다.

6.7 네트워크의 교육 응용 분야가 비즈니스 및 일상 생활에 영향을 미친 점에 대해 설명해보자.

이러닝은 웹의 지원을 받는 교육을 말한다. 원격 교육은 학생과 교사가 면대면으로 만날 필요가 없는 교육 방식을 통틀어서 말한다. 이러닝 도구들은 기업 사용자들이 평생교육을 받을 수 있게 해준다.

가상대학은 학생들이 집이나 다른 장소에서 인터넷을 통해 수강하는 온라인 대학을 말한다. 가상대학은 학생들이 직장에서 정규직으로 근무하면서도 학위를 취득할 수 있게 해주고 있어서, 그들의 직장에 더 많은 가치를 가져다 주고 있다.

토의문제

1. 모든 가정에 광섬유 케이블이 연결되어 있다는 것의 의미는 무엇인가?
2. 음악산업에서 비트토렌토의 의미는 무엇인가?
3. P2P에 대한 찬반을 논해보자.
4. 인터넷은 규제되어야 하는가? 만일 그렇다면, 누가 그 역할을 담당해야 하는가?
5. 이 책의 내용을 인터넷에 배포하는 것에 대한 찬반 토론을 해보자.
6. 인터넷이 어떻게 작동되는지 설명해보자. IT에 대한 지식이 없는 사람과 대화를 하고 있다고 가정해보자. (다시 말해, 아주 단순하게 설명해보자.)
7. 통신과 협업의 네트워크 애플리케이션은 어떻게 연관되어 있는가? 통신 도구는 곧 협업을 지원하는가? 예를 들어보자.
8. <더 애틀란틱(The Atlantic)>의 기사 "Is Google Making Us Stupid?"을 읽어보자. 실제로 구글은 우리를 멍청하게 만들고 있는 것인가? 근거를 들어 답해보자.
9. 이 장의 종료사례를 참고하여 다음 질문에 답해보자.
   a. 망중립성에 대한 자신의 의견은 무엇인가?
   b. 데이터를 많이 사용하는 사용자는 더 많은 돈을 지불해야 한다고 믿는가?
   c. 무선통신 사업자는 유선통신 사업자와는 다른 규칙에 따라 운영되어야 한다고 믿는가?
   d. 자신의 데이터 사용량을 평가해보자. 예를 들어 영화와 같은 대량의 데이터를 업로드하거나 다운로드하는가? 만약 망중립성이 없어진다면 당신에게 어떤 영향이 있는가?
10. 기업들은 네트워크 사용을 모니터해야 하는가? 회사 직원들이 회사의 통신 네트워크를 개인용으로 사용하는 문제를 본 적이 있는가? 답에 대해 설명해보자.

문제해결활동

1. 매일 인터넷을 사용할 때 자신이 사용하는 대역폭의 양을 계산해보자. 매일 얼마나 많은 양의 이메일을 보내고 있으며, 각각의 데이터 양은 얼마인가? (이메일 프로그램은 이메일의 파일 사이즈 정보를 제공할 것이다.) 매일 얼마나 많은 양의 음악과 동영상 파일을 다운로드하고 업로드하고 있으며, 각각의 사이즈는 얼마인가? 만일 유튜브를 자주 본다면, 웹 검색을 통해 일반적인 유튜브 파일 사이즈를 찾아보자. 매일 전송하거나 수신하는 이메일, 음성 그리고 동영상 파일의 수를 더

해보자. 매일 매일의 인터넷 사용을 계산하였을 때, 여러분은 '일반적인' 인터넷 사용자인지 '낮은 수준의' 인터넷 사용자인지 결정해보자. 망중립성이 '일반적인' 사용자 혹은 '낮은 수준의' 사용자로서 여러분에게 어떠한 영향을 미치고 있는가?

2. SETI@home과 같은 여러 개의 P2P 애플리케이션에 접근해보자. 각각의 목적과 가입하고 싶은 애플리케이션에 대하여 서술해보자.
3. www.ipv6.com에 접속하여, IPv6에 대한 더 많은 이점을 학습해보자.
4. www.icann.org에 접속하여 이와 같은 중요한 조직에 대하여 더 학습해보자.
5. 도메인 네임으로 자신의 이름(예: Kelly Rainer)을 사용하는 웹 사이트를 만들고 싶어 한다.
   a. 도메인 네임을 등록하는 과정을 설명해보자.
   b. 어떠한 최상위 수준의 도메인 네임을 사용할 것인가? 그 이유는 무엇인가?
6. www.icann.org에 접속하여, 자신이 선택한 TLD에 대한 도메인을 등록할 수 있는 회사나 대행사의 이름을 확인해보자. 그 회사와 대행사의 이름은 무엇인가?
7. 당신이 사용해야만 하는 과정을 학습하기 위해 그 회사나 대행사의 웹 사이트를 접속해보자. 당신의 도메인 네임을 등록하는 초기 비용이 얼마나 드는가? 장차 그 이름을 유지하는 데 얼마나 많은 비용을 지불해야 하는가?
8. 당신은 올해에 호주로 2주 여행을 떠날 계획을 하고 있다. 인터넷을 이용해 여행에 도움이 될 정보를 찾아보자. 이러한 정보는 다음을 포함하지만 국한되지는 않는다.
   a. 여행 시기의 지정학적 위치 및 날씨 조건
   b. 주요 관광지 및 휴양시설
   c. 이동 수단(항공사, 예상 요금 등)
   d. 자동차 임대, 지역 투어 등
   e. 숙박수단(특정 예산 내에서), 그리고 식사 정보
   f. 여행의 예상 비용(이동, 숙박, 식사, 휴양, 쇼핑 등)
   g. 애완동물 동반 가능 여부 등에 대한 규제 내용
   h. 쇼핑
   i. 여권 정보(신규 발급 또는 갱신)
   j. 지역 언어 및 문화에 대한 정보
   k. 그 밖에 호주에 가기 전 조사해야 할 정보로 무엇이 있다고 생각하는가?
9. 자신의 경험 혹은 판매자가 제공하는 정보를 사용해서 IBM 노트(Notes)의 주요 기능을 나열해보자. 그리고 마이크로소프트 익스체인지(Microsoft Exchange)의 기능 또한 나열해보자. 이 제품들을 비교 분석해보자. 이 제품들이 어떻게 지식근로자와 경영자들을 지원할 수 있는지 설명해보자.
10. 인터넷을 위한 원격출석시스템을 제조하고 판매하는 기업들의 웹 사이트를 방문해보자. 원격출석시스템과 영상회의를 비교하는 보고서를 작성해보자.
11. 구글 비디오(혹은 유튜브)에 접속하여 'Cisco Magic' 동영상을 검색해보자. 이 동영상은 시스코의 차세대 원격출석시스템을 보여준다. 오늘날의 원격출석시스템과 비교해보자.
12. 자신의 대학 웹 사이트에 접속해보자. 이 웹 사이트가 고품질 정보(적정량, 정확도 등)를 제공하는가? 당신의 대학에 입학하려는 고등학생도 당신과 같은 인상을 받겠는가?
13. 구글 사이트(Google Sites; www.google.com/sites)와 마이크로소프트 오피스 라이브(Microsoft Office Live; www.products.office/en-us/home)를 비교해보자. 당신의 웹 사이트를 만드는 데에 어떤 사이트를 사용하고 싶은지 결정하고 근거를 들어보자.
14. 미국 레코딩협회(RIAA: Recording Industry Association of America; www.riaa.com)를 방문해보자. 그 사이트에 수록된 저작권 침해(즉, 음원 다운로드)에 관한 글을 읽고 자신의 의견을 발표해보자. RIAA의 음원 다운로드를 막기 위한 노력에 대해 어찌 생각하는가? 자신의 입장, 그리고 RIAA의 입장에서 이 이슈에 대해 토론해보자.
15. 인터넷전화(VoIP) 서비스를 제공하는 여러 기업에 대해 조사해보자. 이들이 제공하는 서비스의 가격, 필요 기술, 설치 편리성 등을 비교 분석해보자. 가장 매력적인 기업은 어느 기업인가? 대기업이라면 어떤 기업의 서비스가 더 매력적이겠는가?
16. 구글 이외의 여러 검색엔진을 사용해보자. 같은 검색어를 구글 그리고 다른 검색엔진에 검색해보자. 그 결과를 범위(발견된 검색결과 개수), 정확성(찾는 정보) 등의 기준으로 비교해보자.
17. 세컨드 라이프(Second Life; www.secondlife.com)는 그 주민들이 소유하고 운영하는 3차원 온라인 세계다. 세컨드 라이프의 주민들은 실제세계 사람들이 생성한 아바타들이다. 세컨드 라이프에 접속하고, 이에 대해 공부하고, 그리고 자신의 아바타를 생성해서 이 세계를 탐험해보자. 세컨드 라이프의 활동에서 '실세계' 돈을 벌고 있는 수천 명의 사람들에 대해 알아보자.
18. MS의 빙 번역기(http://www.microsoft-translator.com)나 구글 번역기(www.google.com/language_tools)의 페이지를 방문해보자. 한국어로 문장을 입력한 다음 다른 언어(예: 영어)로 번역해보자. 결과로 출력된 언어의 문장을 다시 한국어로 번역해보자. 처음 입력한 한국어 문장과 같은가? 같든, 같지 않든 왜 그런지 생각해보고, 근거를 들어 자신의 생각을 제시해보자.

사례

망중립성 싸움이 계속되다

MIS

문제

2019년 중반까지 인터넷 트래픽은 한 달에 100엑사바이트가 넘었다(엑사바이트는 10억 기가바이트이다). 해당 트래픽의 대부분은 비디오 업로드, 다운로드 및 스트리밍이다. 인터넷 대역폭 문제는 기술만큼이나 경제에 관한 것이다.

주니퍼 네트웍스(www.juniper.net)의 연구에 따르면 AT&T (www.att.com) 및 엑스피니티 (www.xfinity.com)와 같은 이동통신사의 인터넷 수익은 2020년까지 매년 5% 씩 증가할 것으로 예상된다. 시간이 지나면 인터넷 트래픽은 매년 27% 씩 증가할 것이다. 즉, 통신업체는 수요를 충족하기 위해 대역폭 투자를 매년 20% 늘려야 한다. 이 경우 통신사에 필요한 투자는 결국 수익증가를 초과하게 된다.

문제의 핵심은 기술 발전이 방대한 양의 데이터를 전송하는 작업을 담당할 수 있다고 하더라도 이러한 기술에 대한 비용을 지불하는 방법을 확신할 수 없다는 것이다. 제안된 해결책 중 하나는 망중립성을 없애는 것이다.

네트워크 중립성 또는 망중립성(network neutrality)은 인터넷 서비스 제공업체(ISP)가 콘텐츠의 출처나 특성에 관계없이 고객이 콘텐츠와 애플리케이션에 동등하게 접속할 수 있도록 허용해야 하는 운영 모델이다. 즉, 인터넷 백본 제공자는 사용자, 콘텐츠, 사이트, 플랫폼 또는 애플리케이션에 따라 다른 요금을 부과하는 대신 모든 웹 트래픽을 동일하게 대해야 한다.

망중립성 논쟁

망중립성 반대 입장. 통신 및 케이블 회사(ISP)는 인터넷을 통해 전달되는 콘텐츠가 소비하는 대역폭의 양에 따라 차별화된 가격을 부과할 수 있는 방식으로 망중립성에 대응하고자 한다. ISP는 차별화된 가격책정이 네트워크 인프라에 필요한 투자 자금을 조달할 수 있는 가장 공평한 방법이라고 믿는다.

ISP는 또한 망중립성이 혁신을 방해하고 새로운 네트워크 기술에 대한 자본 투자를 억제하기 때문에 미국의 국제 경쟁력을 떨어뜨린다고 주장한다. 이러한 투자와 혁신이 없다면 ISP는 증가하는 유무선 인터넷 데이터 전송 수요를 처리할 수 없다.

망중립성 찬성 입장. 반대로 아마존, 구글. 페이스북, 마이크로소프트. 트위터, 넷플릭스, 비미오(Vimeo) 및 야후와 같은 100개 이상의 빅테크 회사를 포함하여 망중립성을 선호하는 사람들은 망중립성을 지지한다. 이 단체들은 의회에 산업 규제를 청원하고 있다. 그들은 네트워크 공급자가 특정 콘텐츠(예: 스카이프(Skype) 및 보나지(Vonage)와 같은 경쟁 저가 서비스에 대한 액세스)에 대한 접근을 선택적으로 차단하거나 느리게 할 수 있도록 허용하면 검열 위험이 증가한다고 주장한다. 그들은 또한 중립적인 인터넷이 혁신을 방해하기보다는 촉진한다고 주장한다. 마지막으로, 그들은 중립적인 인터넷이 많은 새로운 비즈니스를 창출하는 데 도움이 되었다고 주장한다.

이러한 이유 외에도 지지자들은 망중립성을 폐지할 경우 발생할 수 있는 다른 잠재적 문제점을 지적한다. 첫째, 초고속 인터넷 제공업체는 가격에 따라 일부 콘텐츠 제공업체를 다른 제공업체보다 특별하게 대할 수 있다. 빠른 통신망 또는 기타 유형의 네트워크의 차별은 독립적인 웹 사이트 및 앱에 영향을 미칠 수 있으며, 이들 중 다수는 잠재 고객에게 접근하는 과정에서 더 큰 경쟁자와 경쟁하기 위해 더 많은 비용을 지불해야 한다. 예를 들어 ISP는 넷플릭스(Netflix) 또는 유튜브(YouTube)의 전송 스트림을 느리게 할 수 있다. 초고속 인터넷 제공업체의 이러한 사업적 판단은 인터넷에 빠른 차선과 느린 차선을 만들어 기업과 소비자가 온라인 콘텐츠에 대한 접근을 제한하면서 이들에게 추가 요금을 부과하게 된다. 그 결과 기업이 자신의 데이터 우선 순위를 높이기 위해 비용을 지불하는 우선 순위 지정 계약(paid prioritization arrangements)이 나올 수 있다.

넷플릭스, 스카이프(Skype) 및 유튜브를 보라. 이들 모두 FCC의 초기 망중립성 규정이 시행된 2000년대 중반에 설립되었다. 그 당시 초고속 인터넷 제공업체가 비디오 스트리밍과 인터넷 기반 전화통화를 차단할 수 있었다면 위 기업들은 재무상태가 더 좋은 기존 기업에 의해 성장이 막혔을 것이다. 대신 이들은 망중립성 규정을 통해 오늘날의 성공적인 기업으로 발전할 수 있었다. 망중립성을 폐지하면 차세대 인터넷 회사가 기존 회사와 경쟁할 수 없게 될 것이다.

망중립성의 부재는 소비자에게도 영향을 미칠 수 있다. 현재 아마존, 넷플릭스, 유튜브 및 기타 서비스가 온라인 비디오 시장을 지배하고 있다. 그러나 망중립성이 없다면 초고속 인터넷 제공업체는 고객이 값비싼 텔레비전 패키지에 계속 비용을 지불하도록 강요하기 위해 인기있는 스트리밍 사이트를 접속하는 데 더 많은 비용을 요구할 것이다. 실제로 많은 ISP가 자체 스트리밍 비디오 콘텐츠를 제공하고 있다. 예를 들어, AT&T는 다이렉트TV 라이브(DirecTV Live), 다이렉트TV 나우(DirecTV NOW), 프리뷰(Free-VIEW) 및 풀스크린(Fullscreen)을 통해; 컴캐스트(Comcast)는 엑스피니티(Xfinity)로; 버라이즌(Verizon)은 Go90을 통해.

망중립성 때문에 ISP는 스트리밍 비디오와 같은 특정 종류의 콘텐츠를 사용자의 데이터 한도를 계산하는데 반영하지 못한다. 이 관행을 제로등급(zero-rating)[역자주*]이라고 한다. 제로등급은 ISP가 특정 애플리케이션에서 사용하는 데이터에 대해 고객에게 요금을 부과하지 않을 때 발생한다. 다음 예를 생각해보라. ISP 업체인 AT&T는 자사의 다이렉트TV 라이브(DirecTV Live) 스트리밍 서비스를 데이터 사용 한도에 포함하지 않으면서 고객이 원하는 만큼 비디오를 시청할 수 있도록 한다. 반대로 슬링 TV(Sling TV)와 같은 스트리밍 경쟁 서비스는 이 회사의 후원사들이 (ISP인) AT&T에게 비용을 지불하지 않는 한 해당 데이터(고객이 시청한 데이터)를 데이터 사용한도에 포함시킬 것이다. 버라이즌도 비슷한 방식이다. 또 다른 ISP인 티모바일(T-Mobile)은 "뮤직프리덤(Music Freedom)" 및 "빈지온(Binge On)"이라는 자사의 음악 청취 서비스의 일환인 여러 파트너의 여러 스트리밍 비디오 및 음악 앱과 서비스에 대해 (고객에게) 데이터 요금을 부과하지 않으며(즉, 무제한 청취), 이들 프로그램에 참여하는 회사에 (데이터 트래픽에 대한) 비용을 전가하지도 않는다.

FCC의 망중립성 규정에는 기타 소비자 친화적인 보호 부분도 있다. 예를 들어 ISP는 서비스 속도에 대한 정보를 공개해야 하므로 고객은 지불한 돈의 가치를 알 수 있다. FCC의 규정은 또한 초고속 인터넷 제공업체가 고객이 원하는 모든 장치를 인터넷에 연결하는 것을 의무화하고 있다. 이러한 규정은 공급자가 특정 유형의 와이파이 라우터 사용이나 특정 사물인터넷 기기는 사용할 수 있고/없고를 강요하지 못하도록 한다.

진행 과정

2010년 12월 21일 FCC는 유선 기반 초고속 인터넷 공급자(모바일 초고속 인터넷 공급자는 제외)가 웹 트래픽에 대해 "불합리한 차별"을 하는 것을 금지하는 망중립성 규정을 승인했다. 이러한 규정을 개방형 인터넷 명령(Open Internet Order)이라고 한다.

2015년 FCC는 초고속 인터넷의 산업 분류를 "정보 서비스"에서 "통신 서비스"로 변경했다. 이러한 조처로 FCC는 일반 통신 사업자를 관리하는 보다 엄격한 법률에 따라 ISP를 규제하기 시작했다. 즉, ISP는 항공사, 트럭 운송회사 및 통신회사와 같이 물품이나 사람을 운송하는 서비스 제공업체가 되었다. FCC는 또한 ISP의 콘텐츠 차단, "스로틀링(throttling)"으로 알려진 전송속도 늦추기, 그리고 "급행통로" 만들기 등을 금지했다. 즉, 유료 우선 순위를 없앴다. 유료 우선 순위는 우선 트래픽 관리를 통해 한 유형의 데이터 트래픽을 다른 유형보다 직간접적으로 선호하는 초고속 인터넷 제공업체의 네트워크 관리를 의미한다. 이 규칙은 유선 및 모바일 초고속 인터넷 접속 서비스에 모두 적용된다.

2016년 6월 연방법원은 초고속 인터넷 서비스가 유틸리티로 정의될 수 있다고 판결하여 초고속 인터넷 제공업체에 대한 보다 엄격한 보안과 인터넷 사용자에 대한 보호를 강화할 수 있는 방법을 제시했다. 이 결정은 초고속 인터넷이 전화만큼이나 필수적이므로 정부의 긴밀한 감독이 필요하지 않은 사치품보다는 모든 미국인이 이용할 수 있어야 한다는 정부의 견해를 확인했다. 법원의 결정은 초고속 인터넷을 유틸리티로 분류하는 FCC의 결정을 뒷받침했다.

더욱이 이 판결은 특정 콘텐츠를 인터넷을 통해 더 느린 속도로 제공하는 초고속 인터넷 제공업체의 의도를 제한했다. 또한 망중립성을 넘어 초고속 인터넷 공급자에 대한 새로운 제한을 설정하는 통로를 만들었다. 예를 들어, 2016년 4월 FCC는 초고속 인터넷 공급자에 대한 개인정보보호 규정을 제안하여 가입자에 대한 데이터를 수집하고 공유하는 활동을 제한했다. FCC 의장 톰 휠러(Tom Wheeler)는 2017년 1월 20일에 사임했다. 그의 사임으로 공화당이 위원회의 과반수를 차지했고 아지 파이(Ajit Pai)가 FCC 의장이 되었다. 휠러와 달리 파이는 망중립성을 옹호하지 않는다. (망중립성을 유지하려는) 다른 성공적인 법률적 도전이 없다면 실제로 그의 목표는 FCC가 망중립성 규정을 시행할 권한을 포기하는 것이다.

2017년 11월 22일 FCC는 지자체 및 지역의 망중립성에 대한 법적 권한을 자신이 가져갈 것이라고 발표했다. FCC는 인터넷 접속은 여러 주를 걸치는 서비스이기 때문에 이러한 지자체의 권한을 금지할 수 있으며 인터넷 서비스 공급자가 지자체 내 및 지자체 사이의 인터넷 트래픽을 다르게 취급하도록 하는 것은 비현실적이라고 말했다.

2017년 12월 14일 FCC는 망중립성 규정을 철폐하기로 결정했다. 또한 연방정부는 더 이상 전화 서비스와 같은 유틸리티처럼 초고속 인터넷 전송을 규제하지 않을 것이다. 즉, ISP는 FCC가 아닌 연방거래위원회(www.ftc.gov)의 감독을 받았다. 망중립성 규정이 2018년 6월 11일에 삭제되었다.

2018년에 22개 주의 법무장관은 망중립성 유지와 관련하여 FCC를 고소했다. 또한 2018년에 34개 주와 컬럼비아 특별구는 주의회에서 망중립성에 관한 120개의 법안과 규정을 도입했다. 캘리포니아, 뉴저지, 오래곤, 버몬트, 워싱턴의 5개 주에서 입법을 제정하거나 결의안을 채택했다. 미국 법무부는 이런 입법에 대해 캘리포니아주를 고소했으며 캘리포니아주는 FCC에 대한 사건이 결정될 때까지 망중립성 규정을 적용하지 않기로 동의했다.

2019년 4월 10일 (민주당이 다수인) 미국 하원은 망중립성을 복구하기 위한 법안을 통과시켰다. 상원의 공화당 지도자들은 법안이 통과되지 않을 것이라고 말했다.

역자주 * 통신사와 콘텐츠 사업자가 제휴를 맺고 이용자가 특정 콘텐츠를 쓸 때 발생하는 데이터 이용료를 할인해주거나 면제해주는 제도(출처: 네이버 지식백과)

초기 결과

2018년 9월에 발표된 연구에서 노스이스턴대학교(Northeastern University)와 앱허스트 메사추세스주립대교(University of Massachusetts Amherst)의 연구원은 미국 최대 통신회사가 유튜브 및 넷플릭스와 같은 인기 앱을 오가는 인터넷 트래픽을 느리게 하고 있음을 찾아냈다. 연구원들은 위히(Wehe)라는 스마트폰앱을 사용하여 어떤 모바일 서비스가 언제, 누구에 의해 느려지는지 모니터링했다. 2018년 1월부터 5월 초까지 이 앱은 버라이즌에서 11,100회 이상, AT&T에서 8,398회 이상의 속도 저하를 감지했다. 이들 통신사(이면서 ISP)는 인터넷 트래픽을 관리하기 위해 속도를 늦추는 방법을 사용했다고 말했다.

망중립성을 없애면 ISP가 자본투자를 늘릴 수 있다는 아지파이의 주장에도 불구하고 컴캐스트의 2018년 수익보고서에 따르면 2018년 회사의 자본지출이 실제로는 3% 감소했다. 실제로 업계 분석가들은 미국 4대 케이블 공급업체(Altice, Comcast, Charter Spectrum 및 CableONE)의 자본지출이 2019년에 거의 6% 감소할 것으로 예측한다.

그러면 결론은? 망중립성 논란은 계속되고 있다.

출처: Compiled from O. Kharif, "YouTube, Netflix Videos Found to Be Slowed by Wireless Carriers," *Bloomberg*, September 4, 2018; J. Doubek, "California Lawmakers Pass Net Neutrality Bill," NPR, September 1, 2018; D. Shepardson, "Internet Groups Urge U.S. Court to Reinstate 'Net Neutrality' Rules," Reuters, August 27, 2018; K. Finley, "New Califorjnia Bill Restores Strong Net Neutrality," *Wired*, July 5, 2018; L. Tung, "Comcast: We've Stopped Throttling Speeds for Heavy Internet Users, for Now," *ZDNet*, June 14, 2018; S. Crawford, "Net Neutrality Is Just a Gateway to the Real Issue: Internet Freedom," *Wired*, May 18, 2018; K. Finley, "Senate Votes to Save Net Neutrality, but Hurdles Remain," *Wired*, May 16, 2018; B. Chappell, "FCC Plans Net Neutrality Rollback for June 11; Senate Democrats Plan a Key Challenge," NPR, May 10, 2018; "Super-Local Broadband May Be the Best Way to Preserve Net Neutrality," *Futurism*, March 30, 2018; J. Brodkin, "California Weighs Toughest Net Neutrality Law in U.S. – with Ban on Paid Zero-Rating," *Ars Technica*, March 14, 2018; K. Finley, "Washington State Enacts Net Neutrality Law, in Clash with FCC," *Wired*, March 5, 2018; G. Sohn and Am Fazlullah, "Ajit Pai's Plan Will Take Broadband Away from Poor People," *Wired*, February 21, 2018; "Montana Governor Takes Preserving Net Neutrality into His Own Hands," *Futurism*, January 23, 2018; C. Kang, "What's Next after Repeal of Net Neutrality," *New York Times*, December 15, 2017; C. Kang, "F.C.C. Repeals Net Neutrality Rules," *New York Times*, December 14, 2017; "The Latest: States Warming Up Net-Neutrality Lawsuits," Associated Press, December 14, 2017; J. Kastrenakes, "FCC Will Block States from Passing Their Own Net Neutrality Laws," *The Verge*, November 22, 2017; J. Chokkattu, "No Matter Where You Stand, This Is What You Need to Know about Net Neutrality," *Digital Trends*, November 22, 2017; K. Finley, "FCC Plans to Gut Net Neutrality, Allow Internet 'Fast Lanes'," *Wired*, November 21, 2017; D. Shepardson, "Major Tech Firms, Internet Providers Clash over U.S. Net Neutrality Rules," Reuters, July 17, 2017; K. Finley, "Why Net Neutrality Matters Even in the Age of Oligopoly," *Wired*, June 22, 2017; K. Finley, "The End of Net Neutrality Could Shackle the Internet of Things," *Wired*, June 6, 2017; K. Finley, "Internet Providers Insist They Love Net Neutrality. Seriously?" *Wired*, May 18, 2017; M. Snider, "The FCC Votes to Overturn Net Neutrality," *USA Today*, May 18, 2017; M. Orcutt, "Net Neutrality Rules May Slow Innovation, but Uncertainty Will Be Worse," *MIT Technology Review*, May 2, 2017; M. Orcutt, "Why Snap Is Worried about Net Neutrality," *MIT Technology Review*, February 7, 2017; M. Orcutt, "What Happens If Net Neutrality Goes Away?" *MIT Technology Review*, January 30, 2017; K. Finley, "Tom Wheeler Resigns from the FCC—So Long, Net Neutrality," *Wired*, December 15, 2016; J. Brustein, "Time for Some Traffic Problems on Netflix?" *Bloomberg Business- Week*, November 21–27, 2016; M. Orcutt, "Three Big Questions Hanging over Net Neutrality," *MIT Technology Review*, August 19, 2016; C. Kang, "Court Backs Rules Treating Internet as Utility, Not Luxury," *New York Times*, June 14, 2016; J. Kastrenakes, "The FCC's Net Neutrality Rules Are Now in Effect," *The Verge*, June 12, 2015; R. Ruiz, "F.C.C. Sets Net Neutrality Rules," *New York Times*, March 12, 2015; J. Kastrenakes, "These Are the FCC's Rules for Protecting Net Neutrality," *The Verge*, March 12, 2015; R. Ruiz and S. Lohr, "F.C.C. Approves Net Neutrality Rules, Classifying Broadband Internet Service as a Utility," *New York Times*, February 26, 2015; "Searching for Fairness on the Internet," *New York Times*, May 15, 2014; D. Talbot, "Is Netflix Slowing Down? Good Luck Finding out Why," *MIT Technology Review*, February 21, 2014; B. Butler, "Verizon Denies Throttling Amazon's Cloud, Netflix Services," *Network World*, February 5, 2014; and www.fcc.gov, accessed August 8, 2018.

질문

1. 망중립성이 신기술 개발을 제한한다는 ISP의 주장은 옳은가? 답을 뒷받침해보자.
2. 망중립성을 없애면 ISP의 검열을 조장한다고 주장하는 콘텐츠 제공업체(예: 넷플릭스)가 옳은가? 답을 뒷받침해보자.
3. 망중립성을 없애면 소비자가 인터넷을 통해 시청하는 콘텐츠에 대해 더 높은 가격을 지불하게 된다고 주장하는 콘텐츠 제공업체가 옳은가? 답을 뒷받침해보자.
4. 망중립성 폐지가 인터넷 접속 비용에 어떤 영향을 미칠 수 있는가? 답을 뒷받침해보자.
5. 망중립성에 대한 논쟁의 관점에서 'IT와 기업사례 6.1'을 논의해보자. 즉, 미국이 망중립성을 없애면 모든 사람에게 초고속 인터넷을 제공하는 데 어떤 영향을 미칠 수 있는가?

7장

e-비즈니스 및 전자상거래

장의 구성

학습목표

7.1 여덟 가지의 일반적인 전자상거래에 대해서 설명해보자.

7.2 기업과 개인 간 전자상거래의 여러 가지 온라인 서비스에 대해서 설명하고 각 서비스의 구체적인 예를 들어보자.

7.3 기업 간 전자상거래를 위한 세 가지 비즈니스 모형을 설명해보자.

7.4 전자상거래에 대한 윤리적, 법적 이슈들에 대하여 설명하고 구체적인 예를 들어보자.

HRM MIS

미국에서는 회사가 직원들에게 건강보험을 제공하기 전에 수백 곳의 보험사가 제공하는 수천 개의 보험조건을 검토해야 한다.역자주* 그런 다음 연령, 결혼 상태, 위치 및 기타 여러 변수를 기준으로 직원에게 가장 적합한 두세 가지 옵션을 선택한다. 기업의 규모가 작을수록 이러한 일을 수행하는 사람을 고용할 가능성이 적다. 즉, 소규모 기업에는 종종 인사관리(HR)부서가 없다.

2013년 파커 코나드(Parker Conrad)는 소규모 기업이 보험 견적을 찾고 직원 혜택을 관리할 수 있도록 지원하기 위해 제니핏츠(Zenefits; www.zenefits.com)를 설립했다. 이 회사는 부분 유료화 모델로 운영되어 고객의 보험 중개인이 되는 대가로 무료 복리후생관리 소프트웨어역자주**를 제공했다. 즉, 제니핏츠의 클라우드 기반 SaaS(Software-as-a-Service; 기술가이드 3 참조) 제품은 건강보험, 급여 및 기타 인사관리 작업을 자동화한다. 미국에서만 600만 개의 중소기업 고객을 보유한 제니핏츠에는 많은 잠재 고객이 있었다. 2013년부터 2017년 가을까지 회사의 매우 빠른 성장에 따른 계속되는 문제와 2017년 자체적인 혁신을 위한 조치들은 급속히 성장하는 스타트업이 직면할 수 있는 어려움을 잘 보여준다.

제니핏츠의 직원 수는 2013년 15명에서 2015년 9월 1,600명으로 증가했다. 당시 회사는 14,000개의 기업/단체에게 서비스를 제공했다. 또한 3회의 투자자금 모집에서 5억 8천만 달러를 확보했으며 기업 가치는 45억 달러로 평가되었다.

2015년에 제니핏츠에 문제가 생기기 시작했다. 이 신생 기업은 짧은 시간에 너무 많은 사람을 고용하여 비즈니스 프로세스에 대한 운영 통제가 어려워졌다. 예를 들어, 2015년 중반에 제니핏츠는 직원들에게 일년 중 가장 바쁜 시기가 다가오고 있기 때문에 휴가를 자제해달라고 했다. 제니핏츠는 직원이 회사를 고소하지 않겠다고 약속하면 이들에게 사용 못한 휴가시간에 대해 보상하겠다고 했다.

소규모 기업에 서비스를 제공하기 위해 설립되었지만 이후 제니핏츠는 자사 보험 중개 서비스 및 소프트웨어를 대기업에 판매하는 기업 담당 영업부서를 설립했다. 소규모 회사와 달리 대기업에는 일반적으로 보험 중개인과 기존의 관계가 있는 본사 인사관리부서가 있기 때문에 이러한 판매 활동에 어려움을 겪었다. 기업 영업부서에 또 다른 문제가 발생했다. 이 회사의 소프트웨어는 더 비싼 엔터프라이즈 인사관리(HR) 소프트웨어가 제공하는 보안 및 기타 기능이 없었기 때문에 대기업에 적합하지 않았다.

제니핏츠는 또한 영업사원에 대한 매우 상세한 성과보수 환수정책이 있었다. 고객이 일년 내에 제니핏츠와의 계약을 취소한 경우 영업사원은 수수료를 회사에 반환해야 했다. 일부 영업사원은 거래를 성사한 후 1만 5천 달러에서 2만 달러를 반환하기도 했다. 2016년 2월 제니핏츠는 기업 영업부서 직원 전부를 해고했다.

또한 2015년까지 제니핏츠가 영업사원을 교육하는 방법에 심각한 문제가 발생했다. 기본적으로 이 회사는 영업사원에게 (고객사가) 신규직원의 이름이나 주소 변경과 같은 데이터를 한 번만 입력해야 한다는 점을 고객사에게 명확히 이야기하도록 교육했다. 그런 다음 제니핏츠의 시스템은 필요할 때마다 소프트웨어 전체에서 해당 데이터를 자동으로 업데이트한다.

그러나 영업사원은 이런 확인 작업이 항상 끝이 아니라는 사실을 알게 되었다. 어떤 경우에는 제니피츠 소프트웨어가 보험회사의 소프트웨어 또는 급여와 같은 다른 인사관리 프로세스와 통합되지 않았다. 이 경우 데이터의 사소한 변경 사항도 애리조나에 있는 제니피츠 직원에게 보내져 수작업으로 처리되어야 했다.

또한 제니피츠는 월말에 적용할 예정인 1만 달러의 소프트웨어 설치 수수료를 피하려면 고객 회사가 신속히 계약에 서명해야 한다는 점을 영업사원이 이들에게 강조하라고 지시했다. 그러나 제니피츠는 누구에게도 이런 수수료를 부과하지 않았다.

또 다른 심각한 문제는 보험 판매 허가를 받지 못한 직원들과 관련이 있었다. 보험 중개인은 합법적으로 사람들에게 보험을 판매하거나 조언하기 전에 주 면허시험을 통과해야 한다. 각 주에는 자체 시험 및 교육 요구사항이 있다. 따라서 캘리포니아주에서만 면허를 취득한 사람은 상호면허를 신청하지 않는 한 합법적으로 다른 주의 회사에 보험을 판매할 수 없다.

제니피츠는 CEO 파커 콘래드가 50개 주 모두에서 면허를 받았고 직원들도 그의 면허 하에서 일하기 때문에 새로 들어온 일부 면허 없는 중개인에게 면허가 없어도 된다고 알렸다. 대신에 면허가 있는 관리자가 전화를 응대하면 그것으로 충분했다. 그러나 채용이 늘어남에 따라 관리자는 모든 전화를 먼저 응대하지 못했다. 제니피츠는 전국에서 제품을 판매했으며 누가 어떤 주 시험에 합격했거나 상호면허를 받았는지 제대로 관리하지 못했다.

캘리포니아주에서 보험 중개인은 온라인 교육과정에 최소 52시간을 투자해야 했다. 그러나 사람들은 코스를 완료하는 데 그렇게 많은 시간이 필요하지 않았다. 즉, 앱을 실행한 채로 두고 브라우저를 클릭하여 52시간 동안 실행되도록 했다. 제니피츠는

역자주* 미국에서는 국내와 달리, 국가가 아닌 개별 기업에 의해 의료보험이 운영되기도 함.

역자주** 미국에서 복리후생관리 소프트웨어라고 하면 인사관리 부서가 의료보험과 치과치료, 연금, 퇴직 계획 및 유급 휴가를 포함하여 직원 복리후생 관련 업무를 처리하는 데 도움이 되는 시스템 또는 일련의 시스템을 말함.

CEO 파커가 내부적으로 "매크로"라고 하는 구글 크롬 브라우저 확장 프로그램을 만들었음을 인정했다. 이 확장 프로그램은 클릭 프로세스를 자동화하고 실제로는 그렇지 않은데 영업사원이 교육과정을 수강하는 것처럼 보이게 했다. 확실히 매크로가 페이지를 진행하거나 퀴즈 또는 최종 테스트를 수행하지는 않았다. 그러나 그들은 52시간 요건을 충족했음을 증명해야 했다. 매크로를 통해 이 요구사항을 해결할 수 있었다.

2015년 워싱턴주 보험국장은 이 회사 보험 대리인의 면허 자격에 대해 공식적인 조사를 시작했다. 뉴스 및 엔터테인먼트 웹사이트인 버즈피드(BuzzFeed)에 따르면 해당 주의 모든 제니피츠 판매의 83%는 무면허 중개인에 의해 이루어졌다. 제니피츠는 각 위반에 대해 2만 달러의 벌금을 부과받을 수 있었다. 이런 상황이 다른 주에서도 발생했다면 회사는 수백만 달러의 벌금에 처했을 것이다.

제니피츠는 무면허 보험 중개인의 문제를 조사하기 위해 로펌과 컨설팅 회사를 고용하여 대응했다. 조사 결과 일부 영업팀은 매크로를 사용하여 주 당국의 교육과정에서 조직적으로 부정행위를 했다.

이 조사는 회사에 많은 영향을 미쳤다. 2016년 2월 8일 콘래드는 사임했다. 그 달 말, 제니피츠는 전체 기업부서를 포함하여 250명의 직원을 해고했다. 제니피츠는 내부 조사결과를 50개 주 모두에 자체 보고했으며 공식적인 조사를 시작한 주와 협력하고 있다고 주장했다. 2016년 제니피츠 지분을 소유한 피델리티 인베스먼트(Fidelity Investments)의 기업가치가 45억 달러에서 20억 달러 미만으로 줄었다.

2016년 11월 28일 캘리포니아주의 보험규제 당국은 주 보험법을 무시한 것에 대해 제니피츠에게 벌금을 부과했다. 회사는 결국 주정부 벌금을 해결하기 위해 1,100만 달러를 납부했다.

2017년 2월 9일 제니피츠는 새로운 비즈니스 모델을 구현하기 위해 전 직원의 45%인 430명을 해고했다. 제니피츠는 보험중개 사업을 그만두고 중소기업을 위한 올인원 인사관리 솔루션 제공업체가 될 계획이었다. 제니피츠는 직원 복리후생관리 회사인 원디지털(OneDigital; www.onedigital.com)과 파트너 관계를 맺었다.

미국 노동부(DOL)에 따르면 2017년 6월 제니피츠는 캘리포니아주와 애리조나주에 있는 743명의 고객담당 임원 및 영업 담당자에게 미지급 초과근무로 340만 달러를 지불하기로 합의했다. 제니피츠는 또한 초과근무 및 최저임금과 같은 관행을 규제하는 1938년 법률인 공정노동기준법을 위반하지 않도록 DOL이 관행을 모니터링하는 데 동의했다.

2017년 10월 미국 증권거래위원회(SEC; www.sec.gov)는 투자자를 속인 것에 대한 합의금의 일환으로 제니피츠에 45만 달러, 그리고 이 회사의 공동 창립자 파커 코나드에게 53만 3천 달러의 벌금을 부과했다.

그래서 어떻게 되었는가? 첫째, 제니피츠는 중소기업이 급여, 복리후생, 고객유치 및 규정 준수와 같은 인적자원 애플리케이션을 관리할 수 있도록 지원하는 SaaS 회사로 비즈니스 모델을 변경했다. SaaS 플랫폼은 인적자원을 위한 앱스토어 역할을 하며 타사 앱 및 개발자가 이를 기반으로 (자신의 앱을) 구축할 수도 있다. SaaS 인사관리 애플리케이션을 제공함으로써 제니피츠는 거스토(Gusto; www.gusto.com), 네임리(Namely; www.join.namely.com) 및 워크데이(Workday; www.workday.com)와 같은 해당 분야의 기존 인사관리 소프트웨어 회사와 경쟁해야 한다.

둘째, 회사는 수익 모델을 무료에서 유료 구독 모델로 변경했다. 2019년 7월 현재 제니피츠 고객 1만 명의 약 70%가 유료 구독 패키지로 전환되었다.

셋째, 제니피츠는 보험 중개인에서 업계 최고의 중개인을 지원하는 인사관리 기술 플랫폼 회사로 전환했다. 2019년 7월까지 10개의 중개회사가 중소기업의 건강 및 웰빙 옵션에 대한 이용을 단순화하는데 전국적인 기술 지원 중개인 네트워크를 구축하기 위해 제니피츠 인증 중개인 프로그램에 가입했다.

그리고 결론은? 제니피츠는 여전히 비공개 기업으로 재무정보를 공개하지 않는다. 이 회사는 현재 약 500명의 직원으로 운영되고 있으며 2~200명의 직원이 있는 기업에서 가장 인기 있는 인사관리 플랫폼 중 하나이다.

출처: Compiled from S. Kunthara, "How Zenefits Recovered from Scandal in Insurance Business," *San Francisco Chronicle*, February 10, 2019; P. Albinus, "Zenefits Adds Four Brokerages to Its Small Business Technology Program," *Employee Benefits Advisor*, August 9, 2018; R. Golden, "How Zenefits Is Moving Its Employee Benefits Business Forward," *HR Dive*, March 16, 2018; "Zenefits Delivers Triple-Digit SaaS Business Growth," *Business Wire*, February 7, 2018; H. Somerville, "Zenefits and Co-Founder Parker Conrad to Pay SEC Fine of Nearly $1 Million," Reuters, October 26, 2017; C. Miller, "Software Startup Zenefits Settles SEC's Investor-Deception Claims," *The Recorder*, October 26, 2017; M. Lynley, "Zenefits Tries a Rebrand and Hands Off Insurance Brokerage," *TechCrunch*, September 21, 2017; A. Konrad, "Zenefits Shifts Focus to HR Software, Partnering with Brokers It Once Threatened," *Forbes*, September 21, 2017; M. Dickey, "Zenefits Will Pay $3.4 Million in Unpaid Overtime to 743 Employees," *TechCrunch*, June 20, 2017; W. Alden, "Zenefits Software Helped Brokers Cheat on Licensing Process," *BuzzFeed*, February 11, 2016; S. Kessler, "Zenefits Went from a $4.5 Billion Valuation to Massive Layoffs in Less than Two Years," *Quartz*, February 10, 2017; S. O'Brien, "Zenefits Slashes Its Workforce – Again," CNN, February 9, 2017; W. Alden, "Zenefits Is Laying Off Almost Half Its Employees," CNBC, February 9, 2017; B. Darrow, "Zenefits Names Tech Industry Vet as New CEO," *Fortune*, February 6, 2017; P. Dave, "Employee Benefits Start-Up Zenefits Is Fined $3.5 Million for Licensing Violations," *Los Angeles Times*, November 28, 2016; M. Lynley, "Zenefits Opens up to Third-Party Developers and Launches a Suite of New HR Tools," *TechCrunch*, October 18, 2016; C. Suddath and E. Newcomer, "Zenefits Was the Perfect Startup. Then It Self-Disrupted," *Bloomberg BusinessWeek*, May 9, 2016; J. Bort, "Lies, Booze, and Billions," *Business Insider*, March 11, 2016; E. Newcomer, "The Last (of This) Unicorn?" *Bloomberg BusinessWeek*, February 22-28, 2016; and www.zenefits.com, accessed July 13, 2019.

질문

1. 제니피츠가 비즈니스 모델을 변경한 이유에 대해 설명해보자.
2. 3장을 내용을 참고하여 2013년부터 2016년 사이에 제니피츠가 취한 행동의 윤리적인 문제에 대해 토론해보자.
3. 제니피츠는 중소기업 이외에 대기업을 타겟으로 사업을 해야 하는가? 왜 그런가 혹은 그렇지 않은가?

서론

전자상거래(EC: electronic commerce)(혹은 **e-커머스**)는 인터넷을 포함한 컴퓨터 네트워크를 통해 상품, 서비스 혹은 정보를 구매, 판매, 전송, 교환하는 프로세스를 말한다. 전자상거래는 모든 비즈니스 기능영역과 광고에서부터 청구서 결제까지 관련된 모든 작업들을 변모시키고 있다. 그 영향이 너무 광범위해서 거의 모든 조직에 영향을 미치고 있다. 이는 어디서 여러분이 무슨 일을 하든지, 자신의 조직이 전자상거래를 할 가능성이 높다는 뜻이다.

MKT 전자상거래는 다양한 방법으로 조직에 영향을 미친다. 첫째로, 기업이 자신의 상품을 마케팅할 수 있는 대상인 잠재적 고객의 숫자로 정의되는 조직의 사정권(organization's reach)을 넓힌다. 사실 전자상거래는 적은 비용으로 시장을 전 세계로 확장하고, 시장점유율을 높이며, 비용을 절감하는 비교할 수 없는 기회를 기업에 제공한다. 전자상거래를 활용해 수많은 중소기업들이 한때 대기업이 지배했던 시장에서 비즈니스를 하고 경쟁할 수 있다.

전자상거래의 또 다른 주요 영향은 벤처사업가들이 자신의 사업을 시작하는데 많은 장애물을 제거하고 있다는 점이다. 전자상거래는 개인 사업을 해볼 수 있는 놀라운 기회를 제공한다.

도입사례에서 알 수 있듯이 전자상거래는 새로운 온라인 회사의 개발, 새로운 비즈니스 모델, 전자상거래 관련 제품 및 서비스의 다양성을 통해 경쟁의 본질을 근본적으로 변화시키고 있다. 2장에서 경쟁 전략에 대한 연구, 특히 인터넷이 포터의 다섯 가지 힘에 미치는 영향을 상기해보자. 인터넷이 특정 산업에서 회사의 위치를 위태롭게 하고 향상시킬 수 있다는 것을 배웠다.

조직은 거의 확실히 기업의 전략과 비즈니스 모형에 영향을 주는 전자상거래를 도입할 것이기 때문에 당신은 전자상거래에 대한 산지식을 가져야 한다. 이런 지식은 조직 내에서 당신의 가치를 높이고 담당 영역에서 전자상거래 업무에 쉽게 기여할 수 있게 할 것이다. 이 장의 끝에 있는 'IT는 나를 위해 무엇을 해줄 수 있지?'를 읽으면서 자신이 원하는 경영 분야에서 IT를 이용해 어떤 활동을 수행할 것인지 상상해보라.

더 나아가 이 장의 도입사례에서 설명한 것처럼 당신도 기업가가 되어 자신의 사업을 시작하기로 결정할 수 있다. 자신의 사업을 시작하는 경우 전자상거래를 이해하는 것이 훨씬 더 중요하다. 전자상거래는 광범위한 범위를 커버하기 때문에 비즈니스가 생존하고 번창하는 데 매우 중요할 것이다. 반면에 거대하고 잘 알려진 전자상거래 회사는 인터넷을 사용하여 전 세계에서 경쟁한다.

이 장에서는 e-비즈니스의 주요 활용 영역을 설명하며 이를 지원하기 위한 서비스들을 논의한다. 그리고 전자상거래의 주요 유형을 살펴본다. 기업과 소비자 간(B2C), 기업 간(B2B), 소비자와 소비자 간(C2C), 기업과 직원 간(B2E), 정부와 시민 간(G2C)이 주요 유형이다. 급속한 전자상거래의 성장에 따른 몇 가지 법적, 윤리적 이슈들을 정리하는 것으로 끝을 맺는다.

이 장에서 전자상거래에 대해 배울 때 8장의 모바일 상거래에 대한 논의에서 볼 수 있듯이 전자상거래는 무선으로 수행될 수 있다는 점에 유의해야 한다. 전자상거래에는 또한 많은 사회적 측면이 있다. 마지막으로 IT와 기업사례 7.1에서 볼 수 있듯이 전자상거래는 이제 문자 메시지와 메시징으로 수행할 수 있다.

7.1 e-비스니스와 전자상거래 개관

전자상거래가 얼마나 중요한가? 이러한 통계를 생각해보자. 업계 분석가들은 2018년 미국 소매매출이 약 5조 3,000억 달러로 추산했다. 전자상거래는 총 5,170억 달러에 달하는 이 매출의 10%를 차지했다. 전자상거래는 2017년에 비해 2018년에 15% 증가했다. 전자상거래의 증가는 소매산업에 상당한 압박을 가했다. 코어사이트 리서치(Coresight Research; www.coresight.com)에 따르면 2017년에 약 8,000개의 오프라인 매장이 문을 닫았고 2018년에는 5,500개의 매장이 문을 닫았다. 코어사이트는 2019년 첫 6개월 동안 추가로 7,150개의 매장이 문을 닫았다고 보고했다. 코어사이트는 2019년 같은 기간 동안 2,700개의 매장이 새로 문을 열었다는 점도 강조했다.

이 절에서는 e-비즈니스 및 전자상거래의 기본 사항을 검토한다. 먼저 이 두 가지 개념을 정의한다. 그런 다음 순수 및 부분 전자상거래에 익숙해지고 다양한 유형의 전자상거래를 검토한다. 다음으로 기업과 사람들이 인터넷을 통해 사고파는 방식인 전자상거래 메커니즘에 중점을 둔다. 전자상거래의 이점과 한계를 고려하여 이 절을 마무리한다.

정의와 개념

전자상거래란 인터넷을 포함한 컴퓨터 네트워크에서 상품, 서비스, 정보를 구매하고, 판매하며, 전달하고, 교환하는 프로세스를 말한다. **e-비즈니스(e-business)**는 이보다 다소 넓은 개념이다. 재화나 서비스를 구매하고 판매하는 것 이외에 e-비즈니스는 고객에게 서비스하고 비즈니스 파트너와 협력하며 조직 내에서 전자적으로 거래하는 것을 의미한다. 하지만 전자상거래와 e-비즈니스가 유사하기 때문에 이 책에서는 두 개념을 같은 의미로 사용한다.

어느 정도의 디지털화가 적용되었느냐에 따라 전자상거래는 여러 형태를 띤다. 디지털화의 정도(degree of digitization)는 전통적(physical) 상거래가 어느 정도 디지털화된 상거래로 변모되었는지를 의미한다. (1) 판매되는 상품과 서비스 (2) 상품과 서비스가 생산되는 프로세스, (3) 배송 대리인이나 중개자 등과 관련될 수 있다. 다시 말해 상품, 프로세스, 배송 대리인/중개자가 전통적이거나 디지털화될 수 있다.

기존 상거래에서는 세 가지가 모두 전통적이다. 완전한 전통적 조직을 **오프라인 조직(bricks-and-mortar organization)**이라고 한다. 완전 전자상거래에서는 모든 측면이 디지털화된다. 전자상거래만으로 사업을 하는 기업을 **가상조직(virtual organizations)**(혹은 **순수 활동 조직pure-play organizations**)이라 한다. 디지털화된 부분과 전통전인 부분을 혼합한 유형을 모두 부분적 전자상거래라고 본다. **온·오프라인 혼합형 조직(clicks-and-mortar organizations)**에서 주 사업은 전통적인 오프라인에서 이루어지나 부분적으로 전자상거래 활동을 한다. 따라서 온·오프라인 혼합형 조직은 부분적 전자상거래의 한 예이다. 전자상거래는 이제는 많이 정착되어서 사람들은 모든 기업이 어떤 형태로든 이러한 서비스를 제공하기를 기대한다.

월마트 온라인(Wal-Mart Online)에서 셔츠를 구입하거나 아마존(Amazon)에서 책을 구입하는 것은 부분적 전자상거래인데, 그 이유는 이들 물건이 페덱스(Fedex)나 UPS와 같은 배송업체를 통해 물리적으로 전달되기 때문이다. 하지만 아마존서 전자책이나 바이닷컴(Buy.com: 현 rakuten.com)에서 소프트웨어를 구입하는 것은 상품뿐 아니라 배송, 지급결제, 이송 등이 모두 온라인으로 이루어지기 때문에 완전 전자상거래이다. 혼란을 피하기 위해 이 책에서는 **전자상거래**를 완전이나 부분적 전자상거래 모두를 의미하는 것으로 한다.

전자상거래의 형태

전자상거래는 여러 주체들 간의 거래로 수행되거나 이들이 공동작업으로 수행된다. 이 절에서는 여섯 가지의 공통적인 전자상거래 형태를 파악하고 이들 중 세 가지(C2C, B2E, 전자정부)에 대하여 자세히 논의한다. 그 다음 다른 절에서, 다소 복잡한 B2C와 B2B에 대하여 따로 논의한다. 8장에서 모바일 커머스, 9장에서 소셜 커머스, 그리고 IT와 기업사례 7.1에서는 대화형 커머스에 대해 논의한다.

- 기업과 소비자 간(B2C): B2C에서는 판매자가 기업이나 기관이고 구매자가 개인이다. B2C 전자상거래는 7.2절에서 설명한다.
- 기업 간(B2B): B2B에서는 판매자와 구매자 모두가 비즈니스 조직이다. 대부분의 전자상거래 매출은 이러한 유형의 매출이다. B2B에 대해서는 7.3절에서 논의한다. 그림 1.5에서 B2B 전자상거래를 예시한 것을 기억하라.

소비자와 소비자 간(C2C): C2C에서는 개인이 상품이나 서비스를 다른 개인에게 판매한다. (고객과 고객 간이라는 표현도 사용한다. 두 용어는 상호교환적으로 이 책에서는 두 가지 용어 모두를 사용한다). 인터넷에서 C2C를 하는 주요 전략은 경매(auction)와 분류광고(classified ads)이다. 대부분의 경매는 이베이(www.ebay.com)와 같은 C2C 중개업체에 의해 진행된다. 다른 예로 다이랙트리 소프트웨어(Directly Software; www.directly.com)를 살펴보자.

MKT 많은 회사에서 지식이 풍부한 고객이 직접 고객 질문 및 불만 사항을 쉽게 해결할 수 있도록 다이랙트리를 사용한다. 다이랙트리 고객은 자신들의 먼저 답변자라고 하는 지식이 풍부한 고객 그룹에 등록한다. 일부 다이랙트리 사용사들은 자사 고객들에게 참여 및 답변자가 되어 달라고 요청하기 전에 고객의 작문 능력과 제품 지식을 테스트한다. 다이랙트리의 소프트웨어에는 인공지능 요소가 있어 답변자가 잘 대답할 수 있다고 생각하는 질문과 연결하여 다이랙트리 앱을 통해 고객 질의를 보낸다.

다이랙트리는 아마존의 미케니컬 터크(Mechanical Turk)[역자주*] 및 우버(Uber)와 유사한 **기그일자리**(gig jobs)에 의한 답변도 한다. 기그일자리는 사람들이 정규직 고용에 덜 의존하면서 추가로 돈을 벌기 위해 하는 일자리를 말한다. 기업은 개인들과 개별적으로 단기 계약을 통해 급여를 지급하는 일자리를 제공한다. 답변자가 해결한 각 고객 질문에 대해 수수료의 70%를 답변자에게 직접 지불한다. 답변자는 평판 점수를 받는데 점수가 더 높은 사람은 더 많은 질문을 받으며, 일반적인 질문(자주 묻는 질문 또는 FAQ라고도 함)에 대한 답변 작성을 돕도록 요청받기도 한다.

역자주* 개인 및 기업이 프로세스와 작업을 가상으로 수행할 수 있도록 분산된 인력에게 아웃소싱할 수 있게 해주는 아마존이 운영하는 크라우드 소싱 시장

평판 점수, 작업의 유연성, 그리고 다이랙트리의 인공지능 역량 등 세 가지 요인은 43억 달러 규모의 고객 셀프 서비스 소프트웨어 시장에서 인사이디드(www.insided.com) 및 아이어드바이즈(www.iadvize.com)와 같은 경쟁업체보다 이 스타트업이 경쟁우위를 유지하도록 한다. 다이랙트리의 평균 급여는 주당 약 200달러이며 상위 5%는 주당 2,000달러 이상을 받는다. 다이랙트리는 매우 빠르게 성장했다. 미국의 게임회사 킥스아이(Kixeye)가 다이랙트리를 어떻게 사용하는지 살펴보자.

킥스아이(www.kixeye.com)는 매월 약 4만 건의 고객 지원 요청을 받는다. 그들 중 약 40%는 다이랙트리를 통해 킥스아이 응답기에 배정된다. 킥스아이는 다이랙트리의 비용이 해외 계약자들의 비용과 비슷하지만 이 스타트업이 더 나은 결과를 가져온다고 말한다. 인도 아웃소싱 회사를 킥스아이 엔서(Kixeye Answerers)와 다이랙트리로 교체한 후 플레이어의 질문에 대한 평균 응답시간이 12시간에서 10분으로 단축되었으며 고객 만족도는 50% 증가했다.

- 기업과 직원 간(B2E): B2E에서는 전자상거래가 한 조직의 직원들에게 정보나 서비스를 제공하는데 내부적으로 사용된다. 직원들은 전자적으로 자신의 수당/복직 등을 관리하고 교육 강좌를 택할 수 있다. 더욱이 직원들이 할인 보험, 여행 패키지, 공연 티켓 등을 회사의 인트라넷을 통해 구입할 수 있다. 또한 직원들의 소모품이나 각종 물품 주문도 전자적으로 처리된다. 마지막으로 많은 기업들은 자사 제품 판매 상점을 인터넷에 개설해서 보통 내부 직원들이 제품을 할인된 가격으로 구입할 수 있게 하기도 한다.
- 전자정부(e-Government): 전자정부는 일반적이 인터넷 기술과 전자상거래를 활용하여 시민(정부와 시민 간 거래 혹은 G2C 전자상거래)이나 비즈니스 파트너와 공급업체(정부와 기업 간 거래 혹은 G2B 전자상거래)들에 정보나 공공 서비스를 제공하는 것을 말한다. G2B 전자상거래는 B2B 전자상거래와 유사하나, 보통 정부 조달 규제에 따르다. 그것은 G2B 전자상거래 및 B2B 전자상거래는 개념적으로 유사하다. 하지만 G2C 전자상거래의 기능은 민간 영역의 어느 것들(예: B2B, B2C)과는 개념적으로 다르다.

  그리고 전자정부는 정부가 시민들이나 기업들과 정부 내 기관들끼리 사업을 하는데 효율적이다. 전자정부는 정부를 더욱 효율적이고 효과적으로 만든다. 특히 공공 서비스를 제공하는데. 미국 정부가 사회 복지 수당(Social Security) 및 연금을 수혜자에게 은행 계좌로 직접 지급하는, 일종의 전자복지수당지급시스템(electronic benefits transfer)이 G2C 전자상거래의 한 예이다.
- 모바일 상거래(m-commerce): 모바일 상거래는 무선통신 환경에서 행해지는 전자상거래를 말한다. 휴대폰으로 인터넷에 접속해 상품을 구매하는 것이 한 예이다. 모바일 상거래에 대해서는 8장에서 논의한다.
- 소셜 커머스: 소셜 커머스는 소셜 컴퓨팅을 통해 전자상거래 활동 및 거래를 수행하는 것을 말한다.
- 대화형 상거래: 대화형 상거래(채팅 상거래라고도 함)는 메시징 및 채팅 앱을 사용하여 식사, 제품 또는 서비스에 대해 개인화된 일일 선택을 제공하는 전자상거래를 말한다. IT와 기업사례 7.1에서는 챗봇과 대화형 상거래에 대해 설명한다.

IT와 기업사례 7.1

챗봇 및 대화형 상거래

MIS MKT

대화형 상거래는 메시징 앱과 쇼핑의 교집합이라고 할 수 있다. 즉, 페이스북 메신저(www.messenger.com), 왓츠앱(www.whatsapp.com), 킥(www.kik.com) 및 위챗(www.wechat.com)과 같은 메시징 및 채팅 앱을 통해 쇼핑 고객과 상호작용하는 추세를 말한다. 고객은 메시징 앱 내에서 회사 담당자와 채팅하고, 고객 지원을 받고, 질문하고, 맞춤 추천을 받으며, 클릭하여 구매할 수 있다. 그들은 인간 직원, 챗봇 또는 둘의 조합과 상호작용할 수 있는 옵션이 있다.

챗봇(봇이라고도 함)은 고객 또는 다른 봇과 간단한 대화를 수행할 수 있는 대화형 소프트웨어 프로그램이다. 챗봇은 인간과 유사한 대화 및 자연어 능력을 갖추어 컴퓨터가 만들어내는 채팅 경험을 할 수 있다. 챗봇은 기계학습과 같은 인공지능 기술로 지속적으로 발전하는 분야 중 하나이다. 챗봇은 많은 조직의 웹 사이트나 앱에서 음성으로 제어되는 개인비서(예: 애플의 시리(Siri) 및 마이크로소프트의 코타나(Cortana))와 고객 서비스 담당자의 역할을 할 수 있다. 챗봇의 수준을 다섯 가지로 나눌 수 있다.

- 알림/통지 챗봇은 종종 페이스북 메신저 및 왓츠앱과 같은 메시징 앱을 통해 사용자의 휴대폰에 간단한 알림/통지를 제공한다.
- 자주 묻는 질문(FAQ) 챗봇을 통해 사용자는 간단한 질문을 하고 답을 받을 수 있다. 2020년 7월 현재 FAQ 챗봇이 가장 일반적이다.
- 상황별 챗봇: 대화에서 사용자가 이전에 질문하거나 말한 내용과 질문을 언제, 어디서, 어떻게 질문했는지를 포함하여 상황이 중요하다. 상황을 고려한다는 것은 또한 챗봇이 사용자의 다양하고 예상치 못한 질문을 이해하고 이에 대응할 수 있어야 함을 의미한다.
- 개인화된 챗봇은 시간이 지남에 따라 사용자를 알게 된다. 예를 들어, 이러한 챗봇은 사용자와 연락할 수 있는 가장 좋은 시간을 학습하고 이 지식을 기반으로 능동적으로 연락한다. 이 챗봇은 사용자의 선호도를 기억하고 각 사용자에게 진정으로 개인화된 인터페이스를 제공한다.
- 자동화된 조직 챗봇은 (결국) 모든 고객을 개인적으로 파악하고 마케팅, 영업, 인사, 재무 등 회사 운영의 상당 부분을 담당하는 인공지능 비서들의 통합된 기능을 제공한다.

페이스북 메신저와 위챗을 살펴보겠다. 이 두 가지 메시징 서비스는 세계에서 가장 큰 서비스 중 하나이다.

- 5천만 개 이상의 기업과 9억 명의 개인이 사용하는 페이스북 메신저에는 챗봇 구축 기능이 있다. 페이스북의 목표는 공식 브랜드 페이스북 페이지를 통해 메신저 사용자를 1,500만 개 이상의 비즈니스로 유도하는 것이다. 예를 들어, 페이스북 메신저에서 티셔츠를 쇼핑하기 위해 사용자는 메신저에 문자를 보내 모바일 쇼핑앱 스프링(Spring)과 채팅을 시작할 수 있다. 이 앱은 구매자의 예산에 관한 정보를 요청한 다음 가능한 여러 티셔츠를 보여준다. 고객이 이러한 추천 제품들을 마음에 들지 않으면 스프링은 더 많은 제품을 보여준다.

  페이스북 메신저 봇은 쇼핑객을 타사로 안내하지 않고도 구매를 처리할 수 있다. 쇼핑객이 이미 페이스북 또는 페이스북 메신저에 저장한 신용카드 정보를 검색하여 봇에서 즉시 결제를 처리할 수 있다. 메신저에서 거래를 처리하기 위해 페이스북은 전자결제 선두업체인 스트라입(Stripe) 및 페이팔 브래인트리(PayPal Braintree)는 물론 신용카드 업체인 비자, 마스터카드, 아메리칸 익스프레스를 포함하여 지급결제 업계의 모든 대형업체들과 협력하고 있다.
- 중국의 대규모 소셜미디어 사이트인 위챗은 8억 5천만 명의 사용자를 보유하고 있다. 그들은 봇을 사용하여 다가오는 콘서트에 대해 친구들과 채팅하고, 이벤트 티켓을 구매하고, 레스토랑을 예약하고, 음식값을 나누고, 택시를 부를 수 있다. 개별 위챗 사용자 외에도 천만 중국 기업이 계정을 가지고 있다. 실제로 일부 회사의 경우 위챗 봇이 인터넷 사이트를 완전히 대체한다.

스타벅스, 리프트, 판당고, 스포티파이, 홀푸트, 세포라, 마스터카드, 스테이플즈, 월스트리트저널, 피자헛 등 많은 조직에서 챗봇을 사용하여 고객과 상호작용한다. 다음 예에서 더 자세히 살펴보겠다.

- 인도에서 디지뱅크(Digibank; www.dbs.com/digibank/in/)는 모바일을 통해서만 고객에게 서비스한다. 이 인터넷 은행은 채팅을 통해 고객이 보내는 수천 개의 질문에 답할 수 있는 챗봇을 사용하여 응대한다. 고객은 챗봇에 "영화 티켓에 대해 마이클에게 25달러 지불"과 같은 명령을 입력할 수도 있으며 봇은 자세한 정보를 요청한다. 예를 들어 마이클에게 돈을 이체하면 고객의 계정이 빨간색으로 표시되면서 봇은 고객에게 이를 알리고 계정에 자금을 추가할 것인지 묻는다.
- 로열뱅크오브스코틀랜드(RBS: Royal Bank of Scotland; www.rbs.com)는 "루보(Luvo)"라는 봇을 사용하여 기본적인 고객 서비스를 제공하고 있다. 은행은 루보가 직원들이 보다 복잡하고 부가가치 높은 과제에 시간을 할애할 수 있도록 쉽게 대답할 수 있는 질문을 처리하지 않아도 되기를 원한다. RBS는 인간의 언어를 이해할 수 있는 IBM의 왓슨 컨버세이션(Watson Conversation)을 사용하여 루보를 구현했다. 결과적으로 고객은 원하는 것을 표준화된 메뉴에서 선택하는 대신 봇에게 말해 해결할 수 있다.
- 많은 항공사는 여행자가 체크인하고, 항공편 정보를 얻고, 티켓을 변경하고, 고객 서비스 에이전트와 채팅할 수 있는 봇을 사용하고 있다. 이러한 봇 중 하나는 KLM 로열더치항공의 벨봇(Bluebot), 뉴질랜드항공의 오스카(Oscar) 및 루프한자(Lufthansa)의 마일드래드(Mildred)이다.

- 타코벨(www.tacobell.com)은 해당 매장에서 주문을 처리하는 타코봇(TacoBot)을 개발했다. 타코봇은 주문을 이해하고 관리한다. 또한 타코봇은 고객의 주문 내역들을 기억하고 그날의 시간대에 따라 메뉴를 추천한다.
- 봇은 채용 과정에서 조직을 돕고 있다. 채용 과정의 초기 단계에서 봇은 수백 개의 이력서를 검토하여 후보자를 선별할 수 있다. 다음으로 봇은 지원자와의 커뮤니케이션을 관리하여 추가 정보를 요청하거나 인터뷰를 예약할 수 있다. 그런 다음 봇은 최소 기준을 충족하는 후보자를 선별하여 채용 담당자가 인터뷰를 요청할 사람을 결정할 수 있도록 한다. 예를 들어 마야시스템(Mya Systems; www.hiremya.com)의 마야는 항상 열정적이고 참을성이 있으며 자연어 처리를 사용하여 지원자가 입력한 질문을 이해하고 정확하고 현실적인 답변을 한다.

많은 조직이 내부적으로 챗봇을 사용한다. 오버스톡(Overstock; www.overstock.com)의 경우를 살펴보자. 밀라(Mila)라고하는 오버스톡의 챗봇은 병가를 요청하는 간단하지만 시간이 많이 걸리는 프로세스를 자동화한다. 이전에는 어느 날 솔트레이크시티에 있는 회사 콜센터 직원 수십 명이 병에 걸렸다. 그런 일이 발생했을 때 사원이 메시지를 수작업으로 확인하고 관리자에게 알렸다. 그런 다음 관리자는 아픈 직원을 대신할 사람을 찾았다.

이제 근로자가 몸이 안 좋으면 밀라에게 알린다. 그런 다음 봇은 그 사람의 관리자에게 메시지를 보낸다. 결과적으로 오버스톡은 아픈 직원을 훨씬 더 빨리 교체하여 회사 비용을 절약할 수 있다. 또한 밀라는 휴가 요청이나 일정 업데이트와 같이 이전에는 관련 부서 직원과의 상호작용이 필요했던 일을 셀프 서비스로 처리할 수 있게 한다.

또 다른 예는 두낫페이(DoNotPay)봇이다. 주차위반 딱지에 대해 항소하기 위해 변호사를 고용하는 것은 시간과 비용이 많이 든다. 그러나 19세의 영국 프로그래머 조슈아 브라우더가 개발한 봇의 도움을 받으면 이제는 이런 일에 비용이 들지 않는다. 브라우더의 두낫페이 봇은 주차 티켓 항소에 대한 질문을 처리한다. 이 봇은 2015년 말에 출시된 이래 전 세계 도시에서 수십만 개의 주차위반 딱지를 성공적으로 항소했다. 또한 2017년까지 이 봇은 난민들이 미국과 캐나다로 이민 신청서를 작성하는 것을 돕고 영국의 망명 신청자들에게 도움을 제공했다. 2019년 7월, 이 봇은 사람들이 이를 사용하여 누구든지 고소할 수 있다는 광고를 하고 있다. 두낫페이는 기업을 고소하고 사람들이 관료주의를 피해갈 수 있도록 돕는 데 중점을 둔다.

모든 이점에도 불구하고 챗봇을 사용하면 부정적인 결과를 초래할 수도 있다. 예를 들어, 마이크로소프트는 10대 소녀처럼 보이고 트위터에서 사람들과 상호작용하는 태이(Tay)라는 챗봇을 출시했었다. 트위터에 등장한 첫날 태이는 5만 명 이상의 팔로워가 생겼고 거의 10만 개의 트윗을 생성했다. 그러나 그녀는 팔로워를 모방하기 시작했다. 마이크로소프트는 사용자들이 인종 차별적이거나 기타 매우 불쾌한 말을 가르치기 시작하자 즉시 챗봇을 내렸다.

안타깝게도 봇은 티켓 구매와 같은 간단한 작업을 수행하는 방법을 가르치기 쉽기 때문에 티켓 매점매석을 위한 훌륭한 도구이기도 하다. 챗봇은 또한 이런 작업을 익명으로 처리하여 매점매석으로 잡히지도 않는다. 봇을 사용하면 매점매석을 하는 사람은 해밀턴(Hamilton)과 같은 엄청나게 인기있는 브로드웨이 뮤지컬 공연 티켓을 다른 사람보다 먼저 구매할 수 있다. 이로 인해 재판매 시장의 티켓 가격이 인위적으로 부풀려지기도 한다.

이 문제를 해결하기 위해 티켓마스터(Ticketmaster; www.ticketmaster.com)는 '검증된 팬(Verified Fan)'이라는 기술을 개발했다. 이 기술은 사용자의 구매 내역을 스캔하여 실제로 특정 프로그램을 직접보고 있는지 또는 매점매석하는 사람이 대량의 티켓을 구매하기 위해 봇을 사용하고 있는 지를 감시한다. 티켓마스터는 해밀턴에 대해 '검증된 팬'을 사용했다. 검사를 통과하여 봇이 아닌 사용자에게는 사전 티켓 판매에 대한 접근 권한이 부여되었다. 또한 연방거래위원회(www.ftc.gov)의 2016년 '더 나은 온라인 티켓 판매(BOTS)법'은 이러한 종류의 자동 티켓 구매 행위를 금지했다.

봇의 또 다른 문제는 재판매업자가 크리스마스 시즌을 앞두고 인기있는 장난감을 구매하는 데 이를 사용한다는 것이다. 그런 다음 이베이와 아마존에서 부풀려진 가격으로 장난감을 재판매한다. 봇은 소매업체 웹 사이트, 주문 항목을 지속적으로 모니터링하고 사람이 할 수 있는 것보다 훨씬 빠르게 주문 및 결제 세부 정보를 작성한다. 예를 들어 CAPTCHA 시스템을 무력화하기 위해 사람이 필요한 경우(4장 참조) 재판매업자는 아마존 메케니컬 터크(Amazon Mechanical Turk)와 같은 웹 사이트를 통해 원격 작업자에게 작업을 위탁한다. 재판매업자는 의심을 피하기 위해 수천 개의 서로 다른 인터넷 프로토콜 주소와 수천 개의 서로 다른 신용카드르를 사용한다. 불행히도 BOTS 법은 아직 온라인 소매에 적용되지 않는다.

출처: Compiled from "Conversational AI and the Rise of the Chatbots," *Hewlett-Packard Enterprise*, May 10, 2018; "A.I. Helps Oscar the Chatbot Answer 75 Percent of Travel Questions," *Digital Trends*, April 4, 2018; R. Hollander, "Chatbots and Voice Assistants Are Gaining Traction in the Workplace," *Business Insider*, April 2, 2018; D. Essex, "Your Competitors Are Amassing Armies of Recruiting Chatbots," *TechTarget*, February 22, 2018; "Broadway Hit 'Hamilton' Has a Plan to Stop Bots from Buying up Tickets," *Futurism*, August 17, 2017; L. Garfield, "A 19-Year-Old Made a Free Robot Lawyer that Helps Refugees Claim Asylum," *Business Insider*, March 9, 2017; E. Cresci, "Chatbot that Overturned 160,000 Parking Fines Now Helping Refugees Claim Asylum," *The Guardian*, March 6, 2017; N. Romeo, "The Chatbot Will See You Now," *The New Yorker*, December 25, 2016; W. Knight, "Chatbots with Social Skills Will Convince You to Buy Something," *MIT Technology Review*, October 26, 2016; C. Crandell, "Chatbots Will Be Your New Best Friend," *Forbes*, October 23, 2016; C. Waxer, "Get Ready for the Bot Revolution," *Computerworld*, October 17, 2016; O. Williams-Grut, "RBS Is Launching an A.I. Chatbot Called 'Luvo' to Help Customers," *Business Insider*, September 28, 2016; J. Constine, "Facebook Messenger Now Allows Payments in Its 30,000 Chatbots," *TechCrunch*, September 12, 2016; B. Botelho, "AI Chatbot Apps to Infiltrate Businesses Sooner Than You Think," *TechTarget*, August 31, 2016; W. Knight, "The HR Person at Your Next Job May Actually Be a Bot," *MIT Technology Review*, August 3, 2016; S. Brewster, "Do Your Banking with a Chatbot," *MIT Technology Review*, May 17, 2016; "Chatbots to Take 'HR Role' at Overstock.com," *Gadgets Now Beta*, May 9, 2016; D. Bass, "Moving

Merchandise Via Chats and Bots," *Bloomberg BusinessWeek*, May 2–8, 2016; T. Peterson, "Inside the Making of Taco Bell's Artificially Intelligent, Drunk-Tolerant TacoBot," *Martech Today*, April 14, 2016; J. Guynn, "'Chatbots' Ready to Take Aim at Big Money," *USA Today*, April 13, 2016; M. Isaac, "A Shopping Buddy, Via Chat," *New York Times*, April 12, 2016; N. Heath, "Satya Nadella: Software Bots Will Be as Big as Mobile Apps," *TechRepublic*, April 4, 2016; H. Reese, "Why Microsoft's 'Tay' AI Bot Went Wrong," *TechRepublic*, March 24, 2016; and L. Garfield, "A 19-Year-Old Made a Free Robot Lawyer that Has Appealed $3 Million in Parking Tickets," *Business Insider*, February 18, 2016.

질문

1. 기계학습을 통해 챗봇의 기능이 어떻게 발전되고 있는지 논의해보자. (힌트: 기술가이드 4 참조)
2. 대학이 입학 심사 과정에서 챗봇을 어떻게 사용할 수 있는지 설명해보자. 구체적인 예를 들어보자.

위에서 언급한 전자상거래의 각 유형은 하나 이상의 **비즈니스 모형(business model)**을 통해 구현된다. 표 7.1은 주요 전자상거래 비즈니스 모형을 요약하고 있다.

표 7.1 전자상거래 비즈니스 모형들

전자상거래 모형	설명
온라인 직접 마케팅	제조업체나 소매업체가 고객을 상대로 직접 물건을 판매한다. 상품과 서비스 판매에 매우 효율적이다. 상품과 서비스의 고객 맞춤화가 가능하다(www.dell.com).
전자입찰시스템	기업들이 공급업체에 견적을 요청한다. 역경매 B2B 메커니즘을 사용한다.
네 가격을 말해봐 (name-our-own-price)	고객이 자신이 지불할 수 있는 금액의 한도를 말한다. 중개자(예: www.priceline.com)가 이에 부합하는 판매자를 찾아준다.
가장 좋은 가격을 찾기 (find-the-best-price)	고객이 특정 니즈를 제시한다. 중개자(예: www.hotwire.com)가 판매자들을 비교하여 가장 낮은 가격에 찾아준다. 고객은 일정기간 내에 이 조건을 승낙해야 하며, 그렇지 않으면 거래가 무산된다.
관계 마케팅 (affiliate marketing)	벤더가 파트너에게 자신의 로고(혹은 배너)를 파트너 사이트에 올려달라고 요청한다. 고객이 이 로고를 클릭하여 벤더 사이트에 연결, 구매가 이루어지면 벤더는 파트너에게 커미션을 지급한다.
입소문 마케팅 (viral marketing)	상품에 관한 정보를 친구들에게 전파한다.
공동 구매 (e-coops)	소량 구매자들의 수요를 묶어서 구매 규모를 늘린다. 그리고 공동으로 입찰하거나 낮은 가격을 흥정한다.
온라인 경매	기업들이 인터넷에서 여러 형태의 경매를 행한다. C2C가 가장 일반적이지만 다른 형태의 전자상거래에서도 정착되고 있다(예: www.ebay.com).
상품 맞춤화	고객이 스스로 인터넷에서 자신이 원하는 상품이나 서비스를 구성한다. 그러면 판매자가 가격을 부르고 주문이 신속히 처리된다(맞춤 주문(build-to-order); 예: www.jaguar.com).
전자장터 및 교환소	전자장터(개방적 혹은 폐쇄적)에서 거래가 효율적(구매자와 판매자에 대한 더 많은 정보, 더 낮은 거래 비용)으로 이루어진다.
온라인 물물교환	중개자를 통해 필요 없는 물품들을 온라인에서 교환하거나 기업은 기여한 만큼 포인트를 받으며 그 포인트는 다른 필요 물품을 구매할 때 사용된다(예: www.bbu.com)
대폭 할인 (deep discount)	기업(예: www.half.com)이 대폭 할인을 실시한다. 구매결정에서 가격이 가장 중요한 고객들에게 매력적이다.
회원제 (membership)	회원만이 특정 정보에 접근하거나 거래하는 등의 서비스를 받을 수 있다(예: www.egreetings.com).

주요 전자상거래 메커니즘

기업과 고객은 전자카탈로그 및 전자경매를 비롯한 다양한 메커니즘을 통해 인터넷에서 사고팔 수 있다. 기업과 고객은 전자지급결제 메커니즘을 사용하여 상품 및 서비스에 대한 디지털 결제를 수행한다.

수십 년 동안 카탈로그는 종이에 인쇄되어 사용되었다. 하지만 오늘날에는 인터넷 카탈로그가 더 일반적이다. 전자카탈로그는 상품 데이터베이스, 디렉토리, 검색 및 디스플레이 기능으로 구성되어 있다. 이들은 모든 전자상거래 사이트의 기반이다.

경매(auction)는 한 판매자가 여러 판매자들로부터 연속적으로 입찰을 받거나, 혹은 한 구매자가 여러 판매자들로부터 입찰을 받는 경쟁적인 프로세스를 말한다. 경매의 가장 큰 특징은 가격이 경쟁적인 과정을 통해 역동적으로 결정된다는 점이다. 판매자에게 전자경매(e-auction)는 일반적으로 고객 베이스를 넓히고 경매의 회전율을 높여 수익을 증가시키는 수단이다. 구매자에게 전자경매의 매력은 낮은 가격의 할인 구매이다. 또한 물리적 공간으로 이동하여 경매에 참여할 필요가 없다.

인터넷은 경매를 위한 효율적 하부구조로 운영관리 비용이 절감되고 더 많은 판매자와 구매자를 확보할 수 있다. 개인 고객과 기업들도 똑같이 경매에 참여할 수 있다.

경매에는 순경매와 역경매라는 두 가지 대표적인 종류가 있다. **순경매(forward auction)**는 많은 잠재적 구매자들을 확보하기 위한 수단으로 판매자가 경매를 이용하는 것이다. 보통 물건들을 경매에 올려놓고 구매자들이 이들에 대하여 연속적으로 입찰한다. 가장 높은 가격을 부른 구매자에게 낙찰된다. 구매자와 판매자가 개인일 수도 있고 기업일 수도 있다. 가장 유명한 경매 사이트인 이베이(eBay.com)는 순경매를 한다.

역경매(reverse auction)에서는 한 구매자가, 보통 한 기관이, 상품이나 서비스를 구매한다. 그 구매자는 구매 의향의 견적요청서(RFQ: a request for quotation)를 자신의 사이트나 제3자의 사이트에 올린다. 원하는 구매 대상에 대한 상세한 정보가 견적요청서에 담겨 있다. 판매자들은 견적요청서를 검토한 후 입찰을 전자적으로 행한다. 가장 낮게 입찰한 사람이 경매에서 낙찰된다는 것 이외에는 순경매와 동일하다. 구매자는 낙찰을 받을 판매자에게 전자적으로 통지한다. 역경매는 대량구매(수량이나 가격면에서)를 위한 가장 보편적인 경매 모형이다. 구매자에게는 상당한 절약이 가능한 이 방법을 정부기관이나 대기업들은 종종 이용한다.

경매는 판매자의 사이트나, 구매자의 사이트 혹은 제3자의 사이트에서도 가능하다. 예를 들면 가장 많이 알려진 제3자 사이트인 이베이에서는 여러 유형의 경매를 통해 수백만 가지의 물품들이 거래된다. 전체적으로 보면, 아마존(Amazon.com) 및 델옥션(Dellauction.com) 등 300개 주요 사이트가 온라인 경매 서비스를 제공한다.

전자상점(electronic storefronts)은 한 상점을 인터넷에서 대표하는 웹 사이트다. 혹은 사이버몰(cybermall)이나 'e-mall'로 알려진 **전자몰**(electronic mall)은 하나의 인터넷 주소 아래 모인 여러 개별 상점들의 집합체이다. 전자상점과 전자몰은 B2C 전자상거래와 밀접히 관련된다. 이들에 대한 상세한 논의는 7.2절에서 한다.

전자장터(electronic marketplace, e-marketplace)는 많은 구매자들과 판매자들의 전자상거래와 e-비즈니스 활동이 가능한 웹에서 모이는 가상 장터이다. 전자장터는 B2B 전자상거래와 관련이 있다. 이에 대한 논의는 7.3절에서 한다.

전자지급결제

MIS ACCT 전자상거래를 도입하려면 대금의 지급결제 기능이 필수적이다. **전자지급결제시스템(electronic payment systems)**를 사용하면 수표나 현금 대신에 전자적인 방법으로 상품과 서비스 구매 대금을 결제할 수 있다. 지급결제는 기존 오프라인이나 새로운 온라인 환경에서나 모두 비즈니스를 수행하는데 필수불가결한 부분이다. 기존 지급결제시스템으로는 일반적으로 현금이나 수표가 사용되어 왔다.

대부분의 경우, 특히 B2B에서, 기존 지급결제시스템은 전자상거래에 적합하지 않다. 구매자와 판매자가 대면하지 않는 한 현금이 사용될 수 없다. 모든 곳에서 신용카드나 수표를 받지 않으며 구매자의 일부는 신용카드를 소유하고 있지 않으며 은행에 수표 발행 결제 계좌가 없기도 하다. 더욱이 많은 사람들이 믿고 있는 것과 반대로 전화나 메일로 대금을 결제하는 것은, 특히 다른 나라와 거래에서, 컴퓨터로 보안이 적용된 거래를 하는 것에 비해 안전하지 않다. 이런 모든 이유 때문에 사이버공간에서의 상품과 서비스 구매에 필요한 보다 나은 방법이 있어야 한다. 이런 더 나은 방법이 전자지급결제시스템이다. 지금부터는 전자수표, 전자카드, 디지털 지갑이라는 세 종류의 전자지급결제 방법을 살펴본다. IT와 기업사례 7.2에서 블록체인과 비트코인과 같은 다양한 암호화폐에 대해 논의하고 8장에서 디지털 지갑에 대해 논의한다.

ACCT **전자수표.** 전자수표(electronic check, e-check)는 기존 종이 수표와 유사하다. 대부분 B2B 거래에서 사용된다. 전자수표를 사용하기 위해서는 먼저 은행에 이를 위한 결제 계좌를 개설해야 한다. 그리고 구매자가 상품이나 서비스를 구입할 시에 이메일로 판매자에게 암호화된 전자수표를 발송한다. 판매자가 자신의 은행 계좌에 이 수표를 입금하면 구매자의 계좌에서 해당 금액이 이체된다.

기존 수표와 같이 전자수표는 신원을 증명하는 서명이(디지털 형태의) 필요하다(www.authorize.net을 참고하라). 적절히 서명되고 배서된 전자수표는 금융기관 간 전자정산소(electronic clearinghouse)를 통해 교환된다.

FIN ACCT **전자카드.** 전자카드(electronic card, e-credit card)로 고객은 자신의 기존 신용카드를 이용해 온라인 지급결제를 할 수 있다. 전자카드는 주로 B2C 전자상거래와 중소기업의 쇼핑에서 사용된다. 전자카드로 대금을 결제하는 과정은 그림 7.1과 같다.

1. 아마존에서 책을 구입하는 경우를 예로 들면, 웹 브라우저에서 신용카드 정보와 구매 금액이 암호화된다. 이를 통해 아마존까지 인터넷으로 정보가 전달될 동안 내용이 보호된다.
2. 정보가 아마존에 도착하면 바로 오픈되지 않는다. 대신 (암호화된 형태로) 정산소(clearinghouse)로 자동으로 전송되어 거기서 복호화되어 승인된다.

3. 정산소는 구매자의 신용카드를 발행한 은행에 요청하여 신용카드 정보를 확인한다.
4. 구매자 신용카드 발행 은행은 구매자의 신용카드 정보를 확인한 후 이를 정산소에 알린다.
5. 구매자 신용카드를 확인한 결과를 아마존에 알린다.
6. 아마존은 성공적인 구매 사실과 구매 금액을 구매자에게 알린다.
7. 구매자 신용카드 발행 은행은 책 구입액만큼을 아마존의 거래은행에 보낸다.
8. 구매자 신용카드 발행 은행은 구매자에게 통지한다(인터넷으로 혹은 매달 청구서를 발송하여).
9. 아마존 거래은행은 돈이 아마존 계좌에 입금되었음을 아마존에 알린다.

그림 7.1 전자신용카드의 작동원리
(1~9의 번호는 작동 순서를 나타낸다.)

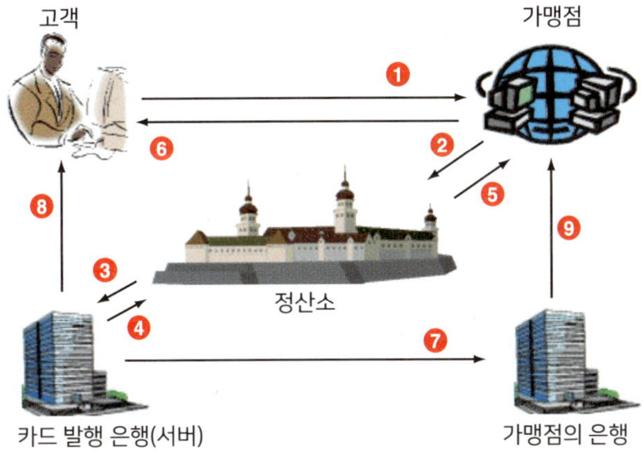

B2B 전자상거래에서 전자신용카드에 대응하는 수단이 **구매카드**(purchasing card)이다(그림 7.2 참조). 몇몇 국가에서는 기업들이 다른 기업에 대금을 결제할 때 종이수표 대신 구매카드를 주로 사용한다. 실제 결제를 하기 전까지 30일에서 60일의 신용을 제공하는 일반 신용카드와 달리, 구매카드는 일주일 내에 대금을 최종 결제해야 한다.

구매전용카드(purchasing card)는 B2B에서 B2C의 전자 신용카드에 해당한다(그림 7.2 참조). 일부 국가에서는 구매전용카드가 회사 간의 기본 결제 수단이다. 가맹점에 대금을 지급하기 전 30일 동안 무료로 크레딧을 제공하는 신용카드와 달리 구매전용카드로 결제한 대금은 1주일 이내에 정산된다.

가치 저장 현금 카드(stored-value money card)를 사용하면 일정 금액의 선불 금액을 보관했다가 필요할 때 사용할 수 있다. 이 카드를 사용할 때마다 사용한 금액만큼 금액이 감소한다. 그림 7.3은 New York City Metro(지하철 및 버스) 카드를 보여준다.

마지막으로 **EMV 스마트카드**에는 많은 양의 정보를 저장할 수 있는 칩과 이전 버전과의 호환성을 위한 마그네틱 스트라이프(정보도 저장함)가 있다(그림 7.4 참조). EMV는 원래 표준을 만든 세 회사인 유로페이(Europay), 마스터카드 및 비자를 의미한다. EMV는 스마트 결제카드의 기술 표준이다. EMV 카드는 판독기를 통해 물리적으로 긁거나 판

그림 7.2 구매카드의 예

MMIIKKEE C CLALRAKREK/AEF/PA/ GFePt/tGy lemttayg lems

그림 7.3 뉴욕시 메트로 카드

Clarence Holmes Photography/ Alamy Stock Photo

그림 7.4 스마트 카드는 보통 다기능 카드임

MARKA/Alamy Stock Photo

독기에 삽입하거나 근거리 통신을 사용하여 짧은 거리에서 읽을 수 있다. EMV 카드는 카드 발급자가 사용하는 인증 방법에 따라 '칩 및 PIN' 또는 '칩 및 서명'이라고도 한다.

MIS ACCT 디지털, 온라인 결제. 전자상거래의 급속한 성장으로 인해 고객이 신용카드를 사용하여 온라인으로 지불할 수 있는 빠르고 안전한 방법이 필요했다. 전통적으로 온라인 신용카드 결제를 처리하기 위해 판매자(가맹점)는 인터넷 판매자 계정과 지급결제사업자 계정을 설정한다. 가맹점들은 은행을 통해 가맹점 계좌를 개설한다.

지급결제사업자(payment gateway)는 e-비즈니스, 온라인 소매업체, 오프라인 비즈니스 또는 전통적인 오프라인 비즈니스에 대한 지급결제승인 애플리케이션을 제공하는 사업자이다. 이는 소매점에 위치한 물리적 POS 터미널과 사실상 같은 기능을 제공하는 사업자이다.

지급결제사업자는 한편으로 온라인 고객에 속하는 신용카드 계정과 다른 한편으로 인터넷 판매자 계정과 연결한다. 지급결제사업자는 카드 발급사의 은행과 연결하여 구매 시 실시간으로 신용카드를 승인한다. 받은 금액은 판매자 계정으로 이체된다.

미국 내 주요 지급결제사업자는 페이팔(PayPal; www.paypal.com), 오서라이즈닷넷(Authorize.net; www.authorize.net), 사이버소스(Cybersource; www.cybersource.com) 및 베리사인(Verisign; www.verisign.com)이다. 이러한 사업자는 판매자가 하나의 편리한 패키지에서 판매자 계정과 지급결제사업자를 설정할 수 있도록 도와준다. 스트라이프(Stripe)가 지급결제산업을 어떻게 변화시키고 있는지 살펴본다.

MIS FIN 2011년에 설립된 스트라이프(www.stripe.com)는 전자지급결제시스템을 혁신하는 것을 목표로 하는 핀테크(FinTech) 업계의 전자지급결제 소프트웨어 솔루션이다. 스트라이프을 사용하면 개인과 기업이 인터넷을 통해 지급결제를 승인할 수 있다. 스트라이프은 온라인 지급결제 시스템을 운영하는 데 필요한 기술, 사기 방지 및 뱅킹 인프라를 제공하는 데 중점을 둔다.

스트라이프를 사용하여 판매자는 판매자 계정을 등록하고 유지 관리할 필요 없이 지급결제 처리를 웹 사이트에 통합할 수 있다. 온라인 신용카드 거래의 경우 판매자는 스트라이프 계정을 만들고 웹 사이트의 소스 코드에 몇 줄의 자바스크립트(JavaScript)를 삽입한다. 쇼핑객이 신용카드 정보를 제공하면 스트라이프의 서버가 이를 직접 수집하므로 판매자는 민감한 데이터를 처리할 필요가 없다. 스트라이프는 거래를 처리하고 사기 징후를 검색하며 거래금액의 2.9%에 30센트를 더해서 수수료를 부과한다. 스트라이프는 일주일 후에 판매 대금을 판매자의 은행 계좌에 입금한다.

2018년 가을, 스트라이프는 스트라이프 터미널(Stripe Terminal)이라는 신제품을 선보이며 오프라인 소매업 시장에도 진출했다. 이 터미널은 온라인은 물론 오프라인에서도 제품과 서비스를 판매하는 빠르게 성장하는 인터넷 비즈니스를 위한 스트라이프의 지급결제 솔루션이다. 예를 들어 와비파커(Warby Parker(안경); www.warbyparker.com) 및 글로시어(Glossier(스킨 케어 및 미용 제품); www.glossier.com)와 같은 온라인으로 주로 사업하는 브랜드는 오프라인 대면 결제에 이 터미널을 사용한다.

스트라이프의 주요 경쟁업체 중 하나는 유럽 서비스인 애드옌(Adyen; www.adyen.com)이다. 애드옌은 판매자에게 하나의 지급결제 솔루션을 사용하여 모든 온라인 및 오프라인 판매를 전 세계적으로 추적할 수 있는 기능을 제공한다.

스트라이프는 애드옌과 다른 고객을 대상으로 한다고 말한다. 특히, 스트라이프는 최근에야 오프라인 소매업으로 확장하기 시작한 빠르게 성장하는 디지털 우선 기업을 목표로 한다. 그러나 애드옌은 이베이 및 엣시(Etsy)와 같은 대형 인터넷 플랫폼과 사업을 하고 있지만 로레알(L'Oreal) 및 버버리(Burberry)와 같은 대형 전통 브랜드들이 주 고객이다.

스트라이프는 또한 자사의 기술이 애드옌과는 차별화된다고 생각한다. 이 회사는 상점들이 스트라이프 터미널을 사용하면 할인행사 내용이든 다른 메시지이든 상관없이 쇼핑객이 체크아웃 화면에서 보는 내용을 쉽게 맞춤화할 수 있다고 말한다. 판매자는 또한 하나의 온라인 계정에서 모든 체크아웃 장비를 관리하고 업데이트할 수 있다. 스트라이프 터미널의 가격은 (매출액의) 2.7% 수수료 플러스 각 거래당 5센트에서 출발한다.

소비자 제품 비즈니스 외에도 스트라이프 터미널은 자체 고객이 오프라인 체인을 운영하는 B2B 소프트웨어 플랫폼도 타겟으로 하고 있다. 예를 들어, 요가 스튜디오 및 스파와 같은 웰빙 비즈니스를 위한 소프트웨어를 만드는 마인드보디(Mindbody; www.mindbodyonline.com)가 스트라이프의 고객이다.

전자상거래의 효과와 한계

전자상거래만큼 조직이나 개인, 사회에 큰 영향을 미친 인류 역사상의 혁신은 많지 않다. 전자상거래는 기업의 국내 및 해외 시장에서 고객들의 접근 가능성을 높이고, 주문처리, 유통, 정보수집 비용을 낮춘다. 고객들은 24시간 내내 수없이 많은 상품과 서비스에 접근할 수 있는 장점이 있다. 사회에 대한 가장 큰 효과는 정보, 서비스 상품을 도시나 농어촌, 개발도상국 사람들에게 쉽고 편리하게 제공할 수 있다는 점이다.

이러한 장점에도 불구하고 전자상거래의 성장과 수용을 제한하는 몇 가지 기술적인 또 비기술적인 요인들이 있다. 한 가지 주요 기술적 한계점은 국제적 보편성이 떨어지는 보안표준이다. 그리고 저개발 국가에서는 통신속도가 불충분하고, 접속비용이 비싼 문제가 있다. 나머지 비기술적 한계는 전자상거래가 안전하지 않다는 인식이다.

확인하고 넘어가기

1. 전지상거래를 정의하고 이를 e-비즈니스와 차이점을 설명해보자.
2. B2C, B2B, C2C, B2E 전자상거래의 차이점을 설명해보자.
3. 전자정부의 개념을 정의해보자.
4. 순경매와 역경매를 설명해보자.
5. 여러 가지 온라인 지급결제 방법에 대해 논의해보자.
6. 전자상거래의 효과와 한계점을 설명해보자.

7.2 기업과 소비자 간(B2C) 전자상거래

B2B 전자상거래는 규모면에서 B2C 전자상거래보다 더 크나 B2C가 더 복잡하다. 이런 복잡성의 이유는 상대적으로 적은 수의 판매자가 수많은 구매자와 하루에도 수백만 건의 다양한 거래를 해야 하기 때문이다. 예를 들면 온라인 소매점인 아마존은 수천 가지의 상품을 고객에게 판매한다. 각 고객의 구매액은 적지만 아마존은 이들 거래를 마치 고객 주문이 아마존을 위해 가장 중요한 거래인 것처럼 처리해야 한다. 각 주문은 신속하고 효율적으로 처리되어야 하며 상품은 고객에게 적시에 배송되어야 한다. 더욱이 반송품도 관리해야 한다. 이런 간단한 예를 수백만 배 정도 확대하여 상상하면 B2C 전자상거래가 얼마나 복잡한지 감이 올 것이다.

전반적으로 B2B 복잡성은 비즈니스와 더 관련되는 경향이 있는 반면 B2C 복잡성은 기술 및 규모와 관련되는 경향이 있다. 이 장의 이전 절에서 언급했듯이 B2C의 복잡성 중 하나는 디지털 온라인 결제와 관련된다.

이 절에서는 B2C EC의 주요 문제를 다룬다. 우리는 고객이 웹에서 회사에 액세스하기 위해 사용하는 두 가지 기본 메커니즘인 전자상점과 전자몰을 살펴보는 것으로 시작한다. 웹을 통해 제품을 구매하는 것 외에도 고객은 은행, 증권 거래, 구직 및 여행과 같은 온라인 서비스에 액세스한다. B2C EC에 종사하는 회사는 잠재 고객에게 '말을 전해야'하므로 온라인 광고에 관심이 많다. 마지막으로, B2C 전자상거래의 복잡성은 판매자에게 두 가지 주요 과제인 채널충돌과 주문완수를 야기한다. 이에 대해 자세히 살펴보자.

전자상점과 전자몰

여러 세대 동안 미국에서 많은 사람들이 카탈로그 홈쇼핑과 나중에는 TV 홈쇼핑을 이용해 왔다. 오늘날에는 온라인으로 쇼핑하는 것이 카탈로그와 TV 쇼핑의 대안이다. **전자 소매업**(e-tailing, electronic retailing)은 전자 카탈로그 형태나 경매 방식을 적용한 전자상점 혹은 전자몰을 통해 생산자가 고객에게 상품과 서비스를 직접 판매하는 것을 의미한다.

전자상거래를 사용하면 언제 어디서나 구매할 수 있다. EC는 독특한 품목을 포함하여 종종 더 저렴한 가격으로 다양한 제품과 서비스를 제공한다. 독특한 아이템을 판매하는 데 붙은 이름은 '롱테일'이다. 롱테일은 많은 고유 품목을 소량으로 판매하는 소매 전략을 말한다.

쇼핑객은 또한 매우 상세한 추가 제품 정보를 얻을 수 있다. 또한 경쟁사의 제품과 가격을 쉽게 찾고 비교할 수 있다. 마지막으로 구매자는 수십만 명의 판매자를 찾을 수 있다. 두 가지 인기 있는 온라인 쇼핑 메커니즘은 전자상점과 전자쇼핑몰이다.

이 장의 앞부분에서 보았듯이 **전자상점**(electronic storefront)은 단일 상점을 나타내는 웹 사이트이다. 각 상점에는 구매자가 주문할 수 있는 고유한 URL(uniform resource locator) 또는 인터넷 주소가 있다.

사이버몰 또는 e-몰이라고도 하는 **전자몰**(electronic mall)은 단일 인터넷 주소 아래에 그룹화된 개별 상점 모음이다. 전자쇼핑몰에는 수천 개의 공급업체가 입점할 수 있다. 예를 들어 마이크로소프트 빙 쇼핑(www.bing.com/shopping)에서는 아마존(www.amazon.com)과 마찬가지로 수천 개의 공급업체에서 제공하는 수만 개의 제품을 판매한다.

온라인 서비스 산업

상품 구매 이외에 고객들은 다른 필요한 서비스를 위해서도 웹을 이용한다. 도서, 장난감, 컴퓨터나 다른 상품들을 인터넷으로 판매함으로써 비용을 20~40% 절감할 수 있다. 물품이 물리적으로 배송되어야 하기 때문에 더 많은 절감 효과를 얻기는 힘들다. 오직 소수의 상품들(음원이나 소프트웨어)만이 디지털화되어 온라인으로 전달되어 추가적이 비용절감이 가능하다. 반면 비행기 티켓 구매나 주식 거래 및 보험 가입과 같은 서비스는 모든 거래 과정이 전자상거래로 이루어질 수 있으며 종종 상당한 비용 절감 효과가 있다.

온라인 서비스(및 유형의 상품을 마케팅하는)에 관하여 가장 크게 주목을 받고 있는 전자상거래 이슈 중 하나는 **탈중개화**(disintermediation)이다. 중개인(혹은 대리인)으로 불리는 중개자는 두 가지 기능을 한다. (1) 정보를 제공하고, (2) 컨설팅과 같은 부가가치 서비스를 제공한다. 첫 번째 기능은 완전 자동화가 가능하여 무료 정보를 제공하는 전자장터나 포털에서는 당연히 앞으로 제공될 가능성이 높다. 만약 이러한 상황이 발생할 경우 이 기능만을(혹은 주로) 제공하는 중개자는 설자리가 없어진다. 중개인이 제거되는 이러한 과정을 탈중개화라 한다.

반면에 부가가치 서비스를 제공하는 것은 전문지식/기술이 필요하다. 정보 기능과 다르게 부분적으로만 자동화가 가능하다. 따라서 부가가치 서비스를 제공하는 중개자는 살아남을 가능성이 높을 뿐만 아니라 실제로 번창할 수도 있다. 웹은 다음과 같은 두 가지 상황에서 부가가치 기능에 도움이 될 수 있다. (1) 채용 검색과 같이 참여자들이 무수히 많을 때와 (2) 교환되어야 할 정보가 복잡할 때이다.

이 절에서는 핀테크, 온라인 주식거래, 구직/구인, 여행 서비스, 온라인 광고 등과 같은 몇몇 잘 나가는 온라인 서비스 산업을 살펴본다.

MIS FIN 금융 기술(핀테크). 전통적인 은행은 물리적인 건물과 정보기술 인프라로 구성된 거대하고 확고한 비효율적인 대형 정보시스템 인프라를 가지고 있다. 이러한 레거시 인프라로 인해 기존 은행은 시스템을 업그레이드하거나 민첩하고 유연해지기 어렵다. 게다가 이런 인프라는 은행의 고객경험을 구식으로 만들고 있다. 이제 고객은 금융경험이 모바일, 개인화, 맞춤화 및 쉬운 접근을 기대한다.

핀테크(fintech)는 고객의 기대에 부응하기 위해 기술을 사용하여 은행, 보험, 부동산, 투자를 포함한 금융 서비스 제공에서 전통적인 금융기관 및 중개자와 시장에서 경쟁하는 회사로 구성된 산업이다. (핀테크는 금융 서비스 산업에 영향을 미치고 있는 파괴적 기술을 총괄하는 용어이기도 하다.) IT와 기업사례 7.2에서는 핀테크 산업을 자세히 살펴보자.

FIN 온라인 증권거래. 수백만 명의 미국인이 컴퓨터를 사용하여 주식, 채권 및 기타 금융 상품을 거래한다. 실제로 이트레이드(E*Trade), 아메리트레이드(Ameritrade), 찰스스왑(Charles Schwab) 등 몇몇 유명 증권사에서는 풀서비스나 할인 브로커보다 저렴하기 때문에 온라인 거래만 제공하고 있다. 웹에서 투자자들은 투자할 특정 회사 또는 뮤추얼펀드에 관한 상당한 양의 정보를 찾을 수 있다(예: www.cnn.com/business 및 www.bloomberg.com).

IT와 기업사례 7.2

금융기술(핀테크)

MIS **FIN**

핀테크 산업이 급속히 커지고 있다. 핀테크의 주요 성장 분야에 대해 자세히 살펴보자.

FIN **대출.** 기술에 의해 주도되는 새로운 형태의 P2P(person-to-person) 뱅킹은 대체 자금조달 소스를 제공한다. 기계학습 기술과 알고리즘을 사용하는 P2P 대출 플랫폼은 개인과 기업의 시간과 비용을 절약하고 많은 사람들이 대출한도를 늘릴 수 있도록 돕는다. P2P 대출 플랫폼은 대부분의 기존 은행이 따라올 수 없는 쉽고 빠르고 간단하며 저렴한 서비스를 대출자에게 제공한다. 이 분야의 선두기업은 랜딩트리(Lending Tree; www.lendingtree.com), 랜딩클럽(Lending Club; www.lendingclub.com), 프로스퍼(Prosper; www.prosper.com) 및 조파(Zopa; www.zopa.com)이다.

FIN **거래 및 투자.** 새로운 자동화된 재무상담 및 자산관리 서비스가 업계에 영향을 미치고 있다. 로보어드바이저(robo-advisor)는 정교한 알고리즘을 사용하여 거래와 투자를 완전히 자동화된 온라인 경험으로 바꾸어 놓는다. 이러한 자동화된 플랫폼은 사용자의 비용을 절감하고 일반적으로 부유한 투자자들에게만 한정되던 재무상담 서비스를 제공한다. 또한 자본이 매우 적은 사용자가 투자를 시작할 수 있다. 이 분야의 선두기업은 웰스프론트(Wealthfront; www.wealthfront.com), 베터먼트(Betterment; www.betterment.com), 모티프(Motif; www.motifinvesting.com), 이토로(eToro; www.etoro.com) 및 로빈후드(Robinhood; www.robinhood.com)이다.

로빈후드를 더 자세히 살펴보자. 2014년에 시작된 로빈후드는 가입료와 수수료가 없는 온라인 중개업체이다. 이 앱은 신중한 투자자가 첫 구매를 하고 시장 경험을 쌓을 수 있도록 개발되었다. 2016년 9월, 회사는 사용자가 마진거래, 즉 주식을 구입하기 위해 돈을 빌릴 수 있는 첫 번째 구독 상품인 로빈후드골드(Robinhood Gold)를 출시했다. 2018년 8월까지 로빈후드는 평균 연령이 30세 미만인 400만 명 이상의 사용자를 유치했다.

FIN **ACCT** **개인 금융.** 핀테크 기업들은 개인 금융(persoanl finance)을 보다 투명하고 저렴하게 만들기 위해 노력하고 있다. 이제 모바일 앱과 온라인 플랫폼은 개인과 기업이 예산을 책정하고, 대출해줄 곳을 찾고, 세금을 신고하고, 투자할 수 있도록 지원하고 있다. 이러한 플랫폼은 또한 기술을 사용하여 일일 지출을 추적하고 사용자가 실시간으로 재무상태를 분석할 수 있도록 지원한다. 이 분야의 선두기업은 에이크론즈(Acorns; www.acorns.com), 민트(Mint; www.mint.com), 너드월랫(NerdWallet; www.nerdwallet.com), 피엣스(FeeX; www.feex.com), 빌가드(BillGuard; www.crunchbase.com/organizations/billguard) 등이다.

FIN **자금 조달.** 주식 및 크라우드펀딩 플랫폼은 사업을 시작하려는 개인에게 대체 투자 소스를 제공한다. 온라인 크라우드펀딩 플랫폼은 일반적으로 전통적인 은행 및 벤처캐피탈 회사의 자금을 유치하지 않는 프로젝트에 공동 자금을 지원하는 많은 개인으로부터 자금을 조달한다. 매년 미국에 기반을 둔 크라우드펀딩 플랫폼에서 수십억 달러가 조달된다. 이 분야의 선두기업은 킥스타터(Kickstarter; www.kickstarter.com), 인디고고(Indiegogo; www.indiegogo.com) 및 고펀드미(GoFundMe; www.gofundme.com)이다.

FIN **환전 및 송금.** 해외 송금 및 환전은 시간과 비용이 많이 드는 과정이 될 수 있다. 핀테크 회사는 이 프로세스를 더 간단하고 빠르며 저렴하게 만드는 혁신적인 플랫폼을 개발하고 있다. 이러한 회사는 환전비용을 줄이는 P2P 환전에서부터 사람들이 소액의 돈을 해외로 이체하는데 비용 효율적인 방법을 제공하는 휴대폰 기반 송금 및 송금 플랫폼에 이르기까지 다양하다. 이 분야의 선두기업은 트랜스퍼와이즈(TransferWise; www.transferwise.com), 줌(Xoom; www.xoom.com), 위스와프(WeSwap; www.weswap.com), 월드래밋(WorldRemit; www.worldremit.com) 및 앰페사(M-PESA; www.safaricom.co.ke/personal/m-pesa)이다.

FIN **모바일 뱅킹.** 모바일 뱅킹은 은행 및 기타 금융기관이 고객에게 모바일 장치에서 앱을 사용하여 다양한 거래를 수행할 수 있도록 제공하는 서비스를 의미한다. 이 앱을 통해 고객은 자신의 계정에 원격으로 액세스하고 거래할 수 있다. 미국에서는 약 72%의 소비자가 디지털 채널을 사용하여 당좌예금 계좌를 개설한다.

FIN **인터넷 뱅킹(e-뱅킹 또는 온라인 뱅킹이라고도 함).** 인터넷 뱅킹은 모바일 뱅킹과 밀접한 관련이 있다. 그러나 고객은 앱을 사용하는 대신 인터넷을 사용한다. 모든 거래는 금융기관의 웹 사이트를 통해 이루어진다. 알리(Ally; www.ally.com), TIAA 은행(TIAA Bank; www.tiaabank.com) 및 액소스뱅크(Axos Bank; www.axosbank.com/Personal)를 비롯한 여러 인터넷 전업은행이 등장했다.

FIN **ACCT** **지급결제.** 가사 도우미에 대한 75달러 결제 또는 친구들과 점심 값을 나누기 위한 40달러 지급과 같이 사람들이 매일 행하는 일상적인 지급결제는 오랫동안 미국 은행시스템의 문제였다. 오늘날 새로운 지급결제기술은 소비자가 은행, 송금, 상품 및 서비스에 대한 지급결제 방식을 바꾸고 있다.

P2P 서비스를 통해 소비자는 은행계좌, 신용카드 또는 직불카드를 스마트폰 앱에 연결한 다음 받는 사람의 이메일 주소나 전화번호만으로 다른 사람에게 송금할 수 있다. 가까운 장래에 소비자는 더 이상 현금과 신용카드로 채워진 실제 지갑을 가지고 다닐 필요가 없다. 결제에 필요한 유일한 것은 스마트폰이다. 이 분야의 선두기업은 벤모(Venmo; www.venmo.com; 페이팔의 자회사), 페이팔(PayPal; www.paypal.com), 스퀘어(Square; www.squareup.com),

애플페이(Apple Pay; www.apple.com/apple-pay), 구글페이(Google Pay; www.payments.google.com) 및 페이스북 메신저(Facebook Messenger; www.messenger.com)이다.

2017년 6월 뱅크오브아메리카(Bank of America), 시티뱅크, 제이피모건 체이스(JPMorgan Chase), 웰스파고(Wells Fargo)를 포함한 30개 이상의 주요 은행들이 협력하여 소비자가 참여 은행의 모바일 앱을 통해 즉시 송금할 수 있는 디지털 결제 네트워크인 젤리(Zelle; www.zellepay.com)를 출범시켰다. 이 네트워크를 사용하는 소비자는 별도의 앱을 다운로드 할 필요가 없다.

ACCT **블록체인.** 회계원장은 비즈니스의 요약된 재무정보를 차변 및 대변으로 기록하고 현재 잔액을 표시한다. 블록체인(blockchain)은 일종의 원장이다. 특히 암호화되고, 안전하고, 익명이며, 변조가 불가능하고, 변경할 수 없는 거래의 분산형 디지털 결제 기록이다. 기본적으로 블록체인은 거래 내역을 저장하고 관리하는 분산 데이터베이스이다. 블록이라고 하는 데이터베이스의 각 레코드에는 거래 시간 확인 및 이전 블록에 대한 링크와 같은 세부 정보가 들어 있다. 이 프로세스는 누구도 기록에 대한 정보를 변경할 수 없도록 한다. 또한 동일한 거래가 여러 분산 데이터베이스에 기록되기 때문에 이 기술은 구조적으로 안전하다.

은행, 브로커 또는 개인 기록 데이터베이스를 유지하는 다른 중개자 대신 블록체인은 모든 기록을 공개한다. 결과적으로 소비자는 돈을 이체하거나 계좌 기록을 유지하기 위해 더 이상 은행이 필요하지 않을 수 있다.

공급망 전체에서 제품의 상태를 추적하고 분류할 수 있는 기술이 필요한 월마트(Walmart)의 예를 생각해보라. 월마트의 한 임원은 얇게 썬 과일 패키지를 구입하고 그의 팀에게 과일이 어디에서 왔는지 알아보도록 요청했다. 팀이 이 작업을 완료하는 데 6일 이상이 걸렸다. 이 6일이 실험 대조군의 성과평가 기준이다.

그런 다음 이 팀은 블록체인을 사용하여 식품배송을 추적하고 디지털 방식으로 기록했다. 농장에서 여정을 시작할 때부터 과일 팔레트에는 숫자 식별자가 표시되었다. 과일이 농장에서 중개인, 유통업체, 매장으로 다른 체크 포인트를 통과할 때마다 그 상태가 서명되고 기록되었다.

한 달 후 경영진은 웹 포털에 6자리 로트번호(과일식별코드)를 입력했다. 2초 만에 그는 다음 정보를 받았다.

- 과일의 종류와 무게
- 과일을 수확한 날짜 및 장소
- 침입 가능성이 있는 곤충의 알을 박멸하기 위해 열매를 온수 처리한 날짜 및 장소
- 올바르게 식별된 수입자가 과일을 받은 날짜, 위치 및 장소
- 과일이 세관 및 국경 보호국을 통과 한 날짜 및 위치
- 과일이 제대로 식별된 가공 공장에 들어간 날짜
- 과일이 냉장 시설로 옮겨진 날짜 및 장소
- 과일을 받은 날짜 및 과일을 받은 월마트 매장의 위치

대장균이나 살모넬라균이 발생하는 경우 2초와 6일 이상의 차이가 생명을 구할 수 있다. 월마트는 현재 블록체인을 사용하여 회사의 공급망을 통해 중국의 돼지를 추적하고 매장에서 햄, 돼지고기, 베이컨을 판매하고 있다.

블록체인 기술에는 수많은 응용 프로그램이 있다. 여기에 몇 가지를 소개한다.

- 덴마크 해운회사 머스크(Maersk)는 배송을 추적하고 세관 공무원 및 미국 국토안보부와 협력하기 위해 블록체인을 테스트하고 있다.
- 프랑스 항공기 제조업체인 에어버스(Airbus)는 제트 비행기를 구성하는 많은 복잡한 부품을 모니터링하기 위해 블록체인을 테스트하고 있다.
- 엑센추어(Accenture)는 마이크로소프트 및 유엔 그룹과 협력하여 공식 문서가 없는 난민에게 특히 유용한 디지털 신원용 블록체인을 구축했다.
- 블록체인은 비트코인 및 이더리움과 같은 디지털 통화의 기본 기술이다. 비트코인 거래는 공개된 누구나 접근 가능한 익명의 P2P 네트워크에서 분산 원장을 사용하여 저장 및 전송된다. 블록체인은 원장을 유지한다.

출처: Compiled from Z. Perret, "What Will Be the Most Exciting Fintech Trends in 2018?" *Forbes*, January 22, 2018; A. Harris, "Market Forces," *Fast Company*, September, 2017; J. Toplin, "Venmo Continues to Shine for PayPal," *Business Insider*, July 31, 2017; P. Rudegeair, "PayPal's Venmo Tool Is Envy of Apple, Big Banks," *Wall Street Journal*, June 27, 2017; S. Cowley, "Cash Faces a New Challenger in Zelle, a Mobile Banking Service," *New York Times*, June 12, 2017; M. Mavadiya, "Financial Services Could Lose 40% of Revenue to Fintech, *Forbes*, April 5, 2017; A. Scott-Briggs, "10 Most Popular Fintech Sectors," *Techbullion*, March 27, 2017; N. Kuznetsov, "Gift Cards as Currency – How Fintech Is Changing the Way We Give," *Forbes*, March 22, 2017; J. Gonzalez-Garcia, "Online and Mobile Banking Statistics," Creditcards.com, March 20, 2017; L. Wintermeyer, "Digital Disruption Has Arrived in Fintech," *Forbes*, March 17, 2017; J. Pizzi, "Fintech's Next Wave," *Forbes*, March 7, 2017; D. Furlonger and R. Valdes, "Practical Blockchain: A Gartner Trend Insight Report," Gartner, March 3, 2017; R. Arora, "3 Reasons Fintech Is Thriving," *Forbes*, February 22, 2017; C. Myers, "3 Reasons Fintech Is Failing," *Forbes*, February 7, 2017; N. Laskowski, "Goldman CIO Touts New Consumer Lending Business as 'Fintech Startup'," *TechTarget*, January 31, 2017; E. Rosenberg, "Industries Where Fintech Is Changing the Game," Due.com, January 30, 2017; B. Friedberg, "How Fintech Can Disrupt the $14T Mortgage Market," *Investopedia*, January 19, 2017; "Tech Hits the Home: 25 Startups Transforming the Mortgage Industry," *CB Insights*, January 6, 2017; N. Popper, "Automated Assistants Will Soon Make a Bid for Your Finances," *New York Times*, December 7, 2016; M. Dietz, V. HV, and G. Lee, "Bracing for Seven Critical Challenges as Fintech Matures," McKinsey & Company, November, 2016; K. Flinders, "Fintech Disruption Hits UK Cheque Processing Industry," *Computer Weekly*, November 9, 2016; "CitiGroup Does Fintech," *Fortune*, July 1, 2016; and "Fintech Could Be Bigger than ATMs, PayPal, and Bitcoin Combined," *BI Intelligence*, April 25, 2016.

질문

1. 전통적인 은행산업은 핀테크 기업과 어떻게 경쟁해야 하는가?
2. 소비자가 다음을 사용할 때 잠재적인 단점은 무엇인가?
   a. P2P 대출
   b. P2P 지급결제

HRM 온라인 구인시장. 구직자들은 몬스터(www.monster.com), 심플리하이어드(www.simplyhired.com), 링크드인(www.linkedin.com) 및 트루커리어(www.true-career.com/en)와 같은 온라인 구직시장 사이트를 사용하여 가능한 일자리를 찾는 데 도움을 받는다. 많은 국가(미국 포함)에서 정부는 인터넷에 구인 광고를 해야 한다. (링크드인 대한 토론과 9장의 "일자리 찾기"를 참조하라.)

MKT 여행 서비스. 인터넷은 거의 모든 여행을 경제적으로 계획, 탐색 및 준비하기에 이상적인 소스이다. 온라인 여행 서비스를 통해 항공권 구매, 호텔 객실 예약 및 자동차 렌트를 할 수 있다. 또한 대부분의 사이트는 저가 항공편에 대한 전자메일 메시지를 보내는 요금추적 기능을 제공한다. 포괄적인 온라인 여행 서비스의 예로는 익스피디아(Expedia.com), 트래블로시티(Travelocity.com) 및 오비츠(Orbitz.com) 등이 있다. 온라인 여행 서비스는 모든 주요 항공사의 휴가 서비스, 대형 일반 여행사, 렌터카 업체, 호텔(예: www.hotels.com) 및 관광회사에서도 제공한다. 이러한 서비스의 변형으로 프라이스라인(Priceline.com)을 사용하면 항공권이나 호텔 숙박에서 자신이 지불할 의사가 있는 가격대를 설정해 검색할 수 있다. 그러면 프라이스라인은 원하는 가격대에 부합하는 공급업체를 찾아준다.

전자상거래로 인해 발생할 수 있는 비용이 많이 드는 문제 중 하나는 항공산업의 '운임 오류'이다. 2019년 1월 캐세이퍼시픽(www.cathaypacific.com)은 베트남에서 미국 여러 도시로 가는 비즈니스 클래스 항공편을 675달러에 제공했다. 이는 잘못 표시된 가격이었다. 실제 가격은 약 4,000달러였다. 미국 교통부는 더 이상 항공사에 잘못된 요금을 그대로 적용하는 것을 강제화하지 않지만 캐세이는 자신의 잘못된 가격을 수정하기 전에 고객이 이미 구매한 항공권을 인정했다.

MKT 온라인 광고. 광고는 구매자와 판매자 간 거래에 영향을 미치려는 의도로 정보를 유포하는 행위이다. TV나 신문의 기존 광고는 각 개인을 고려하지 않은 일방적인 대량 소통 방법이다. 직접 반응 마케팅(direct-response marketing)이나 텔레마케팅은 각 개인을 직접 우편이나 전화로 접촉하여 구매 의도가 있는지 반응을 살핀다. 직접 반응 방식은 광고와 마케팅을 개인별로 맞춤화하여 실행하나 고비용이며 느리고 비효과적이다. 그리고 고객에게는 매우 성가실 수가 있다.

다행히도 온라인 광고는 광고 프로세스를 혁신하여 미디어가 풍부하고 역동적이며 상호작용할 수 있도록 한다. 온라인 광고는 여러 면에서 전통적인 형태의 광고를 개선한다. 첫째, 온라인 광고는 최소한의 비용으로 언제든지 업데이트될 수 있으므로 최신 상태로 유지할 수 있다. 이러한 광고는 또한 전 세계의 수많은 잠재 구매자에게 노출될 수 있다. 또한 일반적으로 라디오, 텔레비전 및 인쇄 광고보다 저렴하다. 마지막으로, 온라인 광고는 상호작용이 가능하고 특정 관심 그룹이나 개인을 대상으로 할 수 있다.

온라인 광고는 콘텐츠 제작자의 이윤을 크게 좌우하며 온라인 콘텐츠를 무료로 유지하는 데 중요한 역할을 한다. 2018년 전 세계 온라인 광고 지출은 총 2,520억 달러였다. 콘텐츠 제작자는 광고주의 수익에 의존하기 때문에 온라인 광고가 필요하다.

콘텐츠 제작자와 구글 및 페이스북과 같은 플랫폼의 주요 비즈니스 모델에는 항상 온라인 광고 수익이 중요한 부분을 차지한다. 광고는 노출, 즉 사람들이 광고를 본 횟수를 기준으로 판매된다. 따라서 콘텐츠 제작자는 노출 수를 늘리기 위해 여러 비즈니스 모델을 사용한다.

1. 선진국의 대부분 사람들이 이미 인터넷을 사용하고 있다는 점을 감안할 때 어려운 일이지만 인터넷 트래픽을 늘린다.
2. 각 웹 페이지에 점점 더 많은 거슬리는 광고를 게재하여 사용자를 더욱 짜증나게 한다. 이러한 광고에는 배너, 팝업 광고, 팝언더 광고 및 이메일이 있다. 비용 효율적이지만 전자메일 광고는 종종 오용되어 소비자가 원치 않는 전자메일 또는 스팸을 대량으로 받게 된다. **스팸**(spamming)은 수신자의 허가 없이 전자 광고를 무차별적으로 배포하는 것이다. 불행히도 스팸은 시간이 지남에 따라 더욱 악화되고 있다.
3. 네이티브 광고를 판매하려고 시도한다. 네이티브 광고는 콘텐츠로 위장한 광고로 구성된다. 콘텐츠처럼 보이기 때문에 광고차단기가 차단할 수 없다. 그러나 사용자는 독립적인 콘텐츠인지 광고인지 헷갈린다. 많은 콘텐츠 제작자가 광고주가 선호하는 이 모델을 사용한다. 그러나 기본적으로 기만적이기 때문에 사용자는 네이티브 광고를 불쾌하게 여긴다.
4. 프리미엄 고객을 대상으로 하는 더 높은 가치의 광고를 찾아 프리미엄 콘텐츠를 제공함으로써 온라인 광고 문제를 피하고자 한다.
5. 광고 외 수익원을 찾는다. 예를 들어 벤처비트(VentureBeat; www.venturebeat.com)는 매우 유용한 정보에 기꺼이 비용을 지불할 의사가 있는 회사에 고가치 보고서를 판매하는 연구사업을 구현했다.

오늘날 온라인 광고는 콘텐츠 제작자가 앞의 목록(2번)에서 거슬리는 내용을 강조해 왔기 때문에 위기에 직면해 있다. 결과적으로 사용자는 웹 페이지가 로드되는 중 자동으로 재생되는 비디오와 화면 전체에 꽉 찬 관심 없는 내용들 때문에 읽기 전에 조그만 "x"를 찾아서 클릭하는 등 더 짜증스럽다. 사용자들은 또한 방문하는 모든 웹 페이지와 클릭하는 모든 것을 추적하여 광고주가 높은 빈도와 정확성으로 타겟팅하게 해주는 쿠키에 대해 우려하고 있다.

MIS **MKT** 온라인 광고의 이러한 여러 문제로 많은 웹 사용자가 온라인 광고를 막기 위한 광고차단 소프트웨어(광고차단기)를 사용하고 있다. 특히 2018년에는 미국 인터넷 사용자의 약 30%가 광고차단 도구를 사용했다. 2018년 전 세계적으로 2억 명이 넘는 사람들이 광고차단기를 사용했다. 그 결과 콘텐츠 제작자는 2020년까지 270억 달러의 손실을 입을 것으로 예상된다.

광고차단기에는 몇 가지 유형이 있다.

- 거의 모든 광고와 추적기를 막는 광고차단기. 예를 들어, 프라이버시베저(Privacy Badger; https://privacybadger.org/)는 "비동의 추적(nonconsensual tracking)"이라고 하는 것을 찾아 차단하거나 웹에서 사용자와 함께 이동하면서 여러 사이트에서 광고를 제공하는 광고 및 추적기를 차단한다. 프라이버시베저는 당신이 볼 수 있는 권한을 부여하지 않은 제3자의 브라우저가 표시되지 않도록 한다. 이 사이트는 기부와 코딩 지원을 받는 비영리 전자프론티어 재단(Electronic Frontier Foundation)에서 운영한다.
- 영리 기업의 광고차단기. 가장 인기 있는 광고차단기는 애드블럭 플러스(Adblock Plus; www.adblockplus.org)로 전 세계적으로 1억 명 이상이 사용한다. 이 도구는 광고, 배너, 팝업 및 비디오 광고를 차단하고 추적 서비스를 막는다.

애드블럭 플러스는 모든 광고를 차단하지 않는다: 대신 "허용되는 광고"만 허용한다. 이 프로그램을 사용하면 게재 위치, 크기 및 차이점과 같은 특성이 있는 광고가 허용된다. 이 경우 광고주는 애드블럭 플러스와 화이트리스트에 등록하여 얻은 수익을 공유한다.

이와 같은 맥락에서 구글과 마이크로소프트는 애드블럭 플러스 및 기타 광고차단 프로그램에서 자신의 광고를 허용목록(whitelist)에 추가하기 위해 비용을 지불한다. 이 비용은 먼저 광고주에게 전이되고 결국 제품이나 서비스를 구매하는 고객에게 전이된다.

- 데이터를 수집하는 광고차단기. 2018년 3월 광고차단 프로그램인 고스토리(Ghostery; www.ghostery.com)는 모든 코드를 기트허브(GitHub)에 게시하고 오픈소스가 되었다. 당시 고스토리는 두 가지 새로운 수익 창출 방법을 발표했다.

  먼저 고스토리는 고스토리가 차단할 때 수집하는 광고 및 추적기 관련 데이터에 대한 접근 권한을 연구자들에게 제공하는 유료 분석 서비스인 고스토리인사이트(Ghostery Insights)를 출시했다. 둘째, 고스토리리워드(Ghostery Rewards)는 소비자 중심의 제휴 마케팅 프로그램이다. 사용자가 수신동의(opt-in)하면 관심을 가질 만한 제품에 대한 할인 정보를 비정기적으로 제공한다. 고스토리는 웹에서 모든 광고를 제거하고 일부를 자체 광고로 대체하고 있다. 기존 웹 광고와 달리 고스토리리워드 광고는 고스토리를 사용하는 사람들에게만 제공된다.
- 프리미엄 모델을 사용하는 광고차단기. 디스커넥트(Disconnect; www.disconnect.me) 및 원블럭커(1Blocker; www.1blocker.com)와 같은 차단기는 모바일 사용자를 위한 무료 앱인데, 사용자들이 하나 이상의 광고나 추적기를 동시에 차단하는 것과 같은 추가 기능을 사용하려면 유료 모델에 가입해야 한다.
- 운영체제의 한 기능인 광고차단기. 예를 들어 구글 크롬은 특히 성가신 행동을 하는 사이트의 광고를 차단한다. 애플의 최신 운영체제를 통해 애플 기기 소유자는 광고를 차단하는 웹 브라우저 확장 프로그램을 다운로드할 수 있다. 브래이브(Brave; www.brave.com)는 광고와 웹 사이트 추적기를 차단하는 무료 오픈소스 웹 브라우저이다. 2019년 4월, 회사는 사용자가 수신동의하면 차단된 광고 대신 브래이브 소프트웨어(Brave Software)에서 판매하는 광고만을 수신할 수 있도록 했다.
- 파이홀(Pi-hole; www.pi-hole.net)은 자원봉사자가 개발한 무료 오픈소스 광고차단 소프트웨어 도구이다. 이 소프트웨어는 랩스베리파이(Raspberry Pi)[역자주*]에서 작동하도록 설계되었다. 대부분의 광고차단기는 개별 장치에 설치해야 하고 웹 브라우저에서만 작동하지만 파이홀은 기술적인 이유로 유튜브와 훌루(Hulu)를 제외한 대부분의 앱을 포함하여 전체 네트워크에서 광고를 차단한다. 파이홀은 페이스북 내부의 광고를 차단할 수 없지만 페이스북이 웹에서 사용자를 추적하는 것을 막을 수 있다.

  파이홀 개발자는 광고 타겟팅을 위해 데이터 수집 스파이 활동을 하는 인터넷에 연결된 텔레비전들, 전구들(사용자의 신고에 따르면 일부 LED 전구가 2초마다 제조업체와 이상스럽게 연결됨) 및 프린터들(하루 동안 3,400만 개의 쿼리를 전송하는 프린터를 포함하여)을 찾아냈다.

역자주* 라즈베리파이 재단에서 컴퓨터를 사용한 과학 교육의 증진을 위해 만든 싱글 보드 컴퓨터(출처: 네이버 지식백과)

당연히 콘텐츠 제작자는 광고차단 소프트웨어에 맞서 싸우고 있다. 예를 들어, 인터넷의 상위 1만 개 웹 사이트 중 약 30%가 브라우저 수준에서 광고차단을 막도록 설계된 소프트웨어를 사용한다. 또한 광고차단 감지기를 사용하기 시작했다. 이런 소프트웨어는 광고차단기를 찾은 다음 사용자에게 광고차단기를 비활성화하도록 요청한다. 사용자들이 그렇게 할 때까지 콘텐츠에 대한 접근을 거부할 수도 있다.

2016년 8월 페이스북은 광고차단기를 피하기 위해 광고를 조정할 것이라고 발표했다. 이 조치는 페이스북 내에서 무엇이 광고인지를 명확하게 표시하도록 하는 연방거래위원회(FTC; www.ftc.gov)의 투명성 규정을 위반할 수 있기 때문에 논란이 되었다. 한편으로 페이스북은 무엇이 광고인지 명확한 라벨을 붙이겠다고 사용자들에게 약속했다.

거의 즉시 애드블럭 플러스는 광고차단기를 막으려는 페이스북의 시도를 우회할 설정 변경사항을 사용자에게 알렸다. 2017년에 이 회사는 페이스북에서 광고를 차단하는 새로운 방법을 도입했다. 애드블럭 플러스는 실제 페이스북 게시물을 살펴보고 특정 게시물이 광고라는 '징후'를 찾아 차단한다.

구글 크롬, 애플 사파리 및 모질라 파이어폭스 등 브라우저들마다 광고차단에 대한 정책과 기능이 다르다. 광고차단기가 앞으로 약해질 수 있다는 우려가 있으므로 사용자는 자신이 사용하는 브라우저의 기능을 알아야 한다.

웹상의 모든 '무료' 콘텐츠는 어떤 방식으로든 비용을 지불해야 한다는 사실을 깨닫는 것이 매우 중요하다. 온라인 광고가 더 이상 실행 가능하지 않은 경우 웹 콘텐츠는 페이월(paywalls) 뒤에서만 제공될 것이다; 즉, 사용자가 앞으로는 콘텐츠를 보기 위해 비용을 지불해야 한다(예: 구독). 그리고 결과는? 콘텐츠 제작자와 광고차단자의 싸움은 계속된다.

전자소매업 관련 이슈들

전자소매업의 인기가 점차 높아지고 있지만 많은 전자소매업체들이 여전히 성장을 저해하는 심각한 문제들에 직면해 있다. 아마 가장 큰 문제는 채널 간 충돌, 주문의 완수, 그리고 개인화된 가격책정일 것이다.

MKT POM 채널 간 충돌. 온라인/오프라인 혼합형 업체에 온라인 채널과 오프라인 채널 간에 이해가 상충되는 부분이 존재한다. 이러한 상황은, **채널 간 충돌(channel conflict)**로 알려져, 유통업체를 소외시킨다. 채널 간 충돌로 인해 어떤 기업에서는(예: 포드 자동차 회사) 온라인 판매를 금지하였다. 다른 대안은 고객들이 온라인으로는 차량 정보를 얻고 오프라인 딜러를 방문하여 차를 전달받고 차량 파이낸싱, 보증, 기타 서비스를 처리하도록 하는 것이다.

채널 간 충돌은 상품 및 서비스의 가격책정이나 자원의 배분(예: 광고비를 얼마나 지출한 것인가?)과 같은 이슈에서 발생한다. 다른 잠재적 갈등의 소지는 온라인 활동을 위해 오프라인 활동이 제공하는 물류 서비스이다. 예컨대 온라인으로 산 물건을 오프라인으로 반품을 요구하면 어떻게 되는가? 어떤 기업들은 회사의 온라인 조직과 오프라인 조직을 별개로 운영하기도 한다. 하지만 이런 방법은 비용을 증가시키고 조직의 두 채널 간의 시너지를 감퇴시킨다. 결과적으로 많은 기업들은 온라인 채널과 오프라인 채널을 통합하는 멀티채널전략(multichanneling)을 채택하고 있다. 사실 많은 기업들이 이런 프로세스를 **멀티채널링(multichanneling)**이라 부른다.

멀티채널전략은 제품을 오프라인 매장에서 자세히 살펴본 뒤, 구매는 가격이 보다 저렴한 온라인 쇼핑몰에서 하는 **쇼루밍**(showrooming) 기회를 제공했다. 쇼루밍은 쇼핑객들이 오프라인 상점을 방문해 개인적으로 상품을 확인할 때 발생한다. 그리고 방문객들은 스마트폰으로 상품에 대한 조사를 한다. 종종 이들은 자신들이 방문한 상점의 경쟁사 웹 사이트에서 이 상품을 구매한다. 쇼루밍은 타겟, 베스트 바이 및 기타 오프라인 소매업체들에 문제를 야기한다. 하지만 쇼루밍은 아마존, 이베이 및 기타 온라인 소매업체들에게는 도움이 된다.

POM 주문 이행. 두 번째 주요 이슈는 전자소매업에서 문제의 원인이 될 수 있는 주문 이행(order fulfillment)이다. 고객에게 기업이 상품을 직접 판매하는 어느 경우에나 여러 가지 주문 이행을 위한 활동들이 필요하다. 다음과 같은 활동들이 필요하다. 선적할 물건을 신속하게 파악하기, 물건을 포장하기, 포장된 물건이 고객의 집 앞까지 배달되도록 준비하기, 모든 고객으로부터 대금을 선불로, 혹은 인도 시, 혹은 개인 가계수표로 받기, 원치 않은 제품이나 파손된 제품을 반품받기이다.

B2C에서 이러한 활동을 효과적이고 효율적으로 수행하는 것은 회사가 많은 고객에게 작은 패키지를 배송하고 신속하게 수행해야 하기 때문에 매우 어렵다. 이러한 이유로 B2C 사업을 하는 기업은 공급망에서 어려움을 겪을 수 있다.

고객에게 주문한 제품을 제공하고 제시간에 처리하는 것 외에도 주문 이행은 모든 관련 고객 서비스를 제공한다. 예를 들어 고객은 새 기기에 대한 조립 및 작동 지침을 받아야 한다. 고객이 제품에 만족하지 못하는 경우 회사는 교환 또는 반품도 준비해야 한다.

MKT 개인화된 가격책정. 전자상거래의 세 번째 주요 이슈는 개인화된 가격책정(personalized pricing)이다. 구매자와 판매자의 관계에서 가격은 전통적으로 만남의 장소였다. 1860년대에 등장한 재화나 서비스에 대해 고정 가격을 설정하는 관행은 흥정을 없앴다. 각 당사자는 이 관계에서 무언가를 포기했다. 구매자는 가격표의 고정 가격을 수락하거나 수락하지 않을 수밖에 없다. 그 대가로 소매업체는 특정 상품이나 서비스에 대해 더 많은 비용을 지불하려는 고객의 다양한 의향을 활용하는 능력을 포기했다. 즉, 소매업체는 더 많은 이윤을 낼 수 있는 기회를 포기했다.

오늘날 소비자들은 **표준화된 가격책정**에 익숙해져 있다. 즉, 제품이 여러 채널을 통해 판매될 때 비용이 배송, 세금 및 유통 비용의 차이 이상으로 변하지 않아야 한다. 특정 소매업체의 제품 가격이 더 높으면 고객은 인터넷을 사용하여 수많은 소매업체의 가격과 기능을 쉽게 비교하여 다른 소매업체로부터 해당 제품을 구매할 수 있다. 이 과정을 쇼루밍(showrooming)이라고 한다. 카멜카멜카멜(www.camelcamelcamel.com)이라는 웹 사이트는 특정 제품의 아마존 가격을 모니터링하여 가격이 미리 설정된 임계값 아래로 떨어지면 소비자에게 알려준다.

이론적으로 모든 소비자에게 동일한 가격을 부과하는 것은 판매자에게 비효율적이다. 왜냐하면 일부 고객은 기꺼이 더 지불할 의향이 있고 구매하지 않기로 선택한 다른 고객은 더 낮은 가격에 구매했을 것이기 때문이다. 경제이론에 따르면 개인화된 가격책정이 기업의 이러한 잃어버린 수익을 복구할 수 있다.

개인화된 가격책정(personalized pricing)은 특정 고객이 얼마까지 지불할 의도가 있는지를 인지하여 그 수준에서 품목의 가격을 책정하는 관행이다. 판매자에게 개인화된 가격책정의 최적 결과는 각 고객이 지불할 가격을 극대화하는 것이다. 이제 판매자는 각 고객이 지불할 최대 가격을 대략적으로 계산할 수 있다. 판매자는 이를 어떻게 해야 하는가?

판매자들은 소비자가 물건을 장바구니에 넣을 때 생성되는 데이터를 분석한다. 소비자들은 매장 계산대에서 보상포인트 카드를 긁고, 페이스북에서 무언가를 '좋아요' 하고, 평가, 리뷰 및 추천을 하며, 그리고 많은 다른 행동을 한다. 또한 판매자들은 웹 사이트를 방문하는 각 고객을 가상으로 평가한다. 특히 고객이 소매업체 사이트에 접속할 때 판매자는 인터넷 프로토콜 주소를 통해 고객의 위치를 알 수 있다. 판매자는 고객의 우편번호도 알 수 있다. 이 경우 가장 최근의 정부 인구조사 데이터를 기반으로 고객의 사회경제적 지위를 파악할 수 있다.

이런 빅 데이터를 분석한 결과 소매업체는 점점 더 정교해진 개인화된 가격책정 알고리즘을 개발하고 있다. 결과적으로 가격은 매시간, 심지어는 분 단위로 변동될 수 있다. 예를 들어, 자판기의 탄산음료 한 캔 가격은 이제 외부 온도에 따라 달라질 수 있다.

판매자가 이러한 데이터를 쿠키와 결합하면(4장 참조) 개별 고객에 대해 상당한 양의 정보를 얻을 수 있다. 이러한 데이터를 기반으로 판매자는 고객이 구매에 관심이 있는 제품, 구매할 가능성이 있는 시기, 그리고 결정적으로 고객이 지불할 의사가 있는 가격을 예측할 수 있다. 이제 판매자는 고객의 예약 가격(구매하려고 '예약'하기 전에 특정 제품에 대해 지불할 의사가 있는 최대 금액)을 추정한 다음 해당 금액을 청구할 수 있다.

또한 전자상거래를 통해 판매자는 시스템에서 실시간으로 가격을 변경하기만 하면 다양한 고객에 대해 가격을 쉽게 조정할 수 있다. 따라서 수천 가지 제품의 가격을 물리적으로 변경하는 비용을 피할 수 있다.

예를 들어, 델타항공(www.delta.com)은 개인화된 가격책정으로 자주 여행하는 고객에 대한 항공권 가격을 높인다. 그 근거는 일반적으로 이러한 고객은 비즈니스를 위해 자주 여행을 해야만 한다는 것이다. 따라서 이들은 자주 비행기를 타지 않는 여행객보다 기꺼이 (비록 열정적이지는 않지만) 더 많은 비용을 지불한다.

와이저(Wiser; www.wiser.com), 던험비(dunnhumby; www.dunnhumby.com), 블루욘더(Blue Yonder; www.blue-yonder.com, 현재 JDA Software 소유)와 같은 회사는 소매업체에 개인화된 가격책정 솔루션을 제공한다. 블루욘더는 지역뿐만 아니라 고객이 소매업체와 상호작용하는 채널에 따라 가격을 최적화할 수 있다고 주장한다.

대부분의 기업은 소비자가 이러한 관행을 받아들일지 여부를 두고봐야 하기 때문에 개인화된 가격책정 활용을 주저한다. 일반적으로 소비자는 이런 관행에 대해 이야기들었을 때 부정적으로 반응하고 관행을 사용하는 회사는 고객 불만을 경험한다.

가격을 개인화하기 위한 중요한 데이터는 경쟁업체들의 가격이다. 오프라인 소매업체는 쇼핑객을 가장한 직원을 경쟁업체의 매장으로 보내 가격을 확인할 수 있지만 온라인 판매자는 소프트웨어를 사용하여 경쟁 웹 사이트를 스캔하고 데이터를 수집한다. 이 작업은 스크래핑 봇이라는 소프트웨어에 의해 이루어진다.

대기업에는 스크래핑을 전담하는 내부 팀이 있으며 소규모 회사는 컴피테라(Competera; www.competera.net) 및 프라이스투스파이(Price2Spy; www.price2spy.com)와 같은 소매가격 최적화 회사를 사용한다. 이 회사는 웹 사이트에서 가격 데이터를 수집하고 기계학습 알고리즘을 사용하여 고객이 다양한 제품에 대해 얼마를 청구할지 결정하는 데 도움을 준다.

소매업체는 경쟁업체의 가격을 보고 싶어하지만 경쟁업체가 우리 가격을 염탐하는 것도 방지하기를 원한다. 소매업체는 또한 경쟁업체가 스크랩하여 재사용할 수 있는 제품 사진 및 설명과 같은 지적재산을 보호하려고 한다. 따라서 많은 소매업체가 스크래핑 봇에게 보여준 가격과 다른 가격을 사람들에게 보여준다. 의문은, 소매업체가 봇을 어떻게 감지하는가?

웹 사이트 방문자가 분당 수백 건의 요청을 하는 경우 봇일 가능성이 높다. 또 다른 방법은 인간의 행동을 찾는 것이다. 특히 인간이 휴대전화의 버튼을 탭할 때 휴대전화는 미세하게 움직인다. 이 움직임은 휴대폰의 가속도계와 자이로스코프로 감지할 수 있다. 이러한 움직임은 사이트 방문자가 사람임을 예측하고 이러한 움직임이 없으면 사용자가 봇일 가능성이 있다고 예측한다.

소매업체는 봇이 웹 사이트의 정보를 전부는 아니지만 일부를 긁어가도록 허용해야 한다는 점을 명심하자. 어떤 웹 사이트들이 봇을 완전히 차단한다면 검색결과에 이들은 나타나지 않을 것이다. 또한 소매업체들은 일반적으로 구글 및 프라이스 그래버(Price Grabber; www.pricegrabber.com)와 같은 쇼핑비교 웹 사이트에 자사 가격 및 품목이 표시되기를 원한다.

확인하고 넘어가기

1. 전자상점과 전자몰을 설명해보자.
2. 여러 형태의 온라인 서비스(예: 사이버뱅킹, 증권거래, 구직/구인 검색, 여행 서비스)에 대해 논해보자.
3. 전자소매업에 대한 주요 이슈들을 제시해보자.
4. 온라인 광고와 그 방법 및 효과에 대하여 설명해보자.
5. 스패밍, 허락 마케팅, 입소문 마케팅이란 무엇인가?

7.3 기업 간(B2B) 전자상거래

기업 간 전자상거래에서는 구매자와 판매자가 기업체이다. B2B는 전체 전자상거래 규모의 85%를 차지한다. B2B 전자상거래에는 한 기업이 유통업체, 재판매업체, 공급업체, 고객, 기타 파트너들과 전자적인 관계를 형성할 수 있게 하는 광범위한 응용분야가 관련된다. B2B 전자상거래 응용분야에 적용되는 여러 가지 비즈니스 모형이 있다. 주요 모형은 판매 중심 장터, 구매 중심 장터, 전자교환소 등이다.

판매 중심 장터

판매 중심 장터(sell-side marketplace) 모형에서 기업들은 자사 소유의 전자장터 웹 사이트나 제3자 웹 사이트에서 자신의 상품이나 서비스를 다른 기업들에 전자적으로 판매한다. 구매자가 판매자의 웹 사이트에 와서 카탈로그를 보고 주문을 한다는 면에서 B2C 전자상거래와 유사하다. 하지만 B2B 전자상거래에서는 구매자가 기업이나 기관이다.

각 대형 구매자를 위해 맞춤화된 전자 카탈로그와 순경매 기능이 판매 중심 장터의 핵심 메커니즘이다. 델 컴퓨터(www.dellauction.com)는 경매기능을 자사 제품 판매에 광범위하게 이용한다. 자사 사이트에서의 경매 이외에도 기업들은 이베이(eBay)와 같은 제3자 사이트를 통해 재고를 처분한다. 아리바(www.ariba.com)와 같은 회사는 기업들이 오래된 자산이나 재고의 경매를 돕는 시스템을 제공하고 있다.

판매 중심 모형은 수많은 기업들이 사용하고 있다. 평판도가 높은 기업에 특히 효과적이다. 판매자들은 제조업체(예: 델 컴퓨터, IBM)나 유통업체(예: www.avnet.com), 혹은 소매업자(예: www.bigboxx.com)들이다. 판매자는 전자상거래를 통해 매출을 늘리고, 판매 및 광고비용을 줄이며, 배송속도를 높이고, 관리비용을 절감한다. 판매 중심 모형은 특히 맞춤화에 적합하다. 많은 기업들이 온라인에서 고객 스스로 주문하는 제품의 사양을 선택하도록 한다. 예를 들면 델(www.dell.com) 사이트에서는 고객이 원하는 컴퓨터의 사양을 직접 선택할 수 있다. 칩의 종류, 하드드라이브의 종류, 모니터의 종류 등등이다. 마찬가지로 재규어 자동차 웹 사이트(www.jaguar.com)에서 고객은 자신이 원하는 차의 선택사양을 정할 수 있다. 기업의 입장에서 보면 고객 스스로 하는 맞춤화(self-customization)로 고객이 원하는 것에 대한 상호 오해를 줄이고, 보다 신속한 주문 처리가 가능해진다.

구매 중심 장터

조달(procurement)은 상품과 서비스를 획득하는 활동과 프로세스를 의미하는 대단히 중요한 기능이다. 구매와 다르게 조달은 시장 조사나 판매자 평가 및 계약 협상과 같은 소싱 활동 등 요구조건을 정하는 데 필요한 활동들이 관련된다. 구매는 주문과 상품 및 서비스 수납 프로세스를 말한다. 이는 조달 프로세스의 일부분이다.

구매 중심 장터(buy-side marketplace)는 기업들이 필요한 상품이나 서비스를 다른 기업으로부터 전자적으로 구매하는 모형이다. 이 모형에서 상품과 서비스의 주요 구매 방법은 역경매이다.

구매 중심 모형에서는 전자상거래가 구매 프로세스 흐름을 원활하게 한다. 구매 비용과 관련 관리 비용의 절감이 목적이다. 더욱이 전자상거래 기술은 구매 사이클 타임을 단축시킬 수 있다. 조달활동은 상품 및 원자재 구입이나 소싱, 공급업체와의 협상, 대금의 지급결제, 물품 배달 준비 등이 해당된다. 기업들은 이제 이러한 기능들을 인터넷으로 수행할 수 있다.

전자적인 지원에 의한 조달을 **전자조달(e-procurement)**이라 부른다. 전자조달은 역경매를, 특히 공동구매를 활용한다. **공동구매(group purchasing)**는 여러 명의 구매자들의 주문을 하나로 묶어 큰 규모의 주문으로 만들어 구매자의 더 많은 관심을 끌게 만든다. 그리고 구매자들이 그들의 공동 주문을 역경매에 올리면 대량 구매에 따른 가격 협상이 가능해진다. 일반적으로 소형 구매자들의 주문은 유나이티드 소싱 얼라이언스(United Sourcing Alliance; www.usa-llc.com)와 같은 제3자 벤더에 의해 취합되어 하나로 묶인다.

전자교환소

사설 교환소에서는 구매자가 1명이며 판매자는 다수이다. 다수의 구매자와 판매자가 있는 전자장터를 **공공 교환소(public exchanges)** 혹은 그냥 **교환소(exchanges)**라 한다. 공공 교환소는 모든 기업들에 개방되어 있다. 종종 제3자가 소유하여 운영하기도 한다. 공공 교환소는 참여자들에게 필요한 모든 정보시스템을 제공한다. 그러므로 구매자와 판매자들은 거래를 위해서는 단지 자신의 시스템을 '연결시키기만(plug-in)' 하면 된다. B2B 공공 교환소는 종종 비즈니스 파트너들 간 접촉이 이루어지는 창구가 되기도 한다. 한 번 접촉이 이루어지면 사업 파트너들은 이후 수반되는 거래를 위해 사설 교환소나 많은 공공 교환소가 제공하고 있는 사설 트레이딩룸으로 거래 장소를 옮긴다.

어떤 전자교환소(electronic exchange)는 **직접자재**(direct material)의 거래를 위해 사용되며, 또 어떤 곳은 **간접자재**(indirect material)의 거래를 위해 사용된다. 직접자재는 자동차 창문에 들어가는 안전유리와 같이 제조공정에 직접적으로 투입되는 자재를 말한다. 간접자재는 사무용품과 같이 유지(maintenance), 운영(operation), 보수(repair)(MRO)에 들어가는 물품을 말한다.

수직적, 수평적, 기능적 등 세 가지 공공 교환소 유형이 있다.

수직적 교환소(vertical exchanges)는 특정 산업의 구매자와 판매자들을 연결한다. 플라스틱 산업의 플라스틱넷(www.plasticnet.com)과 제지 산업의 페이퍼사이트(www.papersite.com)이 수직적 교환소의 예들이다. 수직적 교환서는 종종 산업 내 주요 기업들의 그룹을 의미하는 컨소시엄이 소유하고 운영한다. 예를 들어 하얏트와 메리어트 호텔을 산업을 위한 자체 조달 컨소시엄을 소유하고 있고, 셰브론(Chevron)은 에너지 전자장터를 소유하고 있다.

수평적 교환소(horizontal exchanges)는 여러 다른 사업에 걸쳐 판매자와 구매자를 연결하고 주로 소모품(MRO) 구매에 이용된다. 트레이더스시티(TradersCity; www.traderscity.com), 글로벌 소스(Global Sources; www.globalsources.com), 알리바바(Alibaba; www.alibaba.com)가 이 유형의 예들이다.

기능적 교환소(functional exchanges)는 임시 인력이나 추가적인 사무실 공간 등과 같이 '필요한' 시점(as needed basis)에 따라 사용된다. 예를 들면 임플로이즈(Employease; www.employease.com)에서는 이 회사의 임플로이즈 네트워크(Employease Network)에 올라와 있는 고용주들을 통해 임시 인력을 찾을 수 있다.

이번 절에서는 B2B 전자상거래에 대해 자세히 살펴보았다. IT와 기업사례 7.3은 아마존의 B2B 비즈니스를 살펴본다.

확인하고 넘어가기

1. 판매 중심 장터와 구매 중심 장터의 차이점을 간략히 설명해보자.
2. 수직적 교환소, 수평적 교환소, 기능적 교환소들의 차이점을 간략히 설명해보자.

IT와 기업사례 7.3

아마존의 B2B 장터

POM **MKT** **MIS**

아마존 비즈니스(www.amazon.com/business)는 도매 및 유통 B2B(Business-to-Business) 부문을 대상으로 하는 아마존의 전자상거래 사이트이다. 아마존 비즈니스는 아마존닷컴(Amazon.com)이 개인 고객(B2C)을 위해 하는 일을 기업 고객을 위해 한다.

아마존의 B2B 노력은 2012년에 50만 개의 제품을 제공하며 데뷔한 아마존서플라이(AmazonSupply)에서 시작되었다. 2014년까지 취급 제품이 도구, 수리용품, 청소용품, 강철파이프 및 기타 여러 제품을 포함하여 225만 개 이상의 품목으로 확대되었다.

2015년에 아마존은 아마존 비즈니스를 만들고 아마존서프라이를 여기에 합쳤다. 아마존 비즈니스는 하이브리드 비즈니스 모델을 사용하여 자체 창고와 타사 공급업체의 제품을 모두 직접 판매한다. 여전히 아마존 상품과 경쟁해야 하는 외부 공급업체는 상품 유형과 주문 크기에 따라 판매된 상품에 대해 6~15%의 수수료를 받는다.

세금 ID 번호가 있는 경우 구매 및 판매할 수 있는 100만 명 이상의 아마존 비즈니스 고객은 85,000명의 판매자로부터 수억 개의 비즈니스 전용 제품에 접근하고 대량 할인을 받고 기업 신용 한도를 설정하며 49달러 이상 주문 시 2일 내 무료 배송을 받을 수 있다. 고객은 제품 사양에 대해 제조업체 담당자와 상담할 수도 있다. 이 프로세스는 복잡한 기술 제품의 판매에 필요하다.

아마존 비즈니스는 기업의 핵심 기능과 관련이 없고 정기적으로 동일한 공급업체로부터 주문되지 않는 비즈니스 공급 지출의 20%을 의미하는 기업의 꼬리지출(tail spend)에 중점을 둔다. 꼬리지출은 일반적으로 프린터 용지, 생수, 종이 타월, 휴게실 소모품, IT 케이블 및 기타 여러 제품과 같은 일반적인 사무용품들에 대한 지출을 뜻한다. 다소 독특한 꼬리지출 사례 중에는 한 대기업이 직원이 공장 주변을 더 쉽게 이동할 수 있도록 작은 노란색 세발 자전거 차량을 구매한 경우도 있다.

아마존 비즈니스는 공급업체와 고객에게 많은 혜택을 제공한다. 예를 들면,

- 이 사이트에서는 제품과 함께 ISO 9000과 같은 관련 품질인증서를 보여준다.
- 아마존 비즈니스 계정 소유자는 아마존닷컴 사이트에서 개인에게 제공되지 않는 특별한 혜택을 받을 수 있다. 예를 들면 이를 통해 공급업체는 첨단 의료장비와 같이 소비자에게 직접 판매하는 것이 금지된 제품을 판매하지 않도록 설정하여 정부 규정을 준수할 수 있다.
- 고객은 제조업체 및 유통업체 부품번호로 품목을 검색할 수 있다.
- 이 사이트는 웹비디오로 제품을 시연하고 다운로드 가능한 CAD(computer-aided design) 도면을 호스팅할 수 있다.

아마존 비즈니스는 구매자에게 다음과 같은 혜택도 제공한다.

- 한 조직 내의 여러 구매자들이 각각 비즈니스 계정을 만들고 결제 방법과 배송 주소는 공유할 수 있다.
- 여러 판매자의 프로모션이 하나의 상품 페이지에 표시되므로 아마존에서의 가격 및 공급업체 등급을 쉽게 비교할 수 있다.
- 구매자는 다른 구매자의 상품 리뷰를 볼 수 있다.
- 아마존 비즈니스는 구매자의 조달 시스템과 통합되어 아마존을 조달 소프트웨어의 승인된 판매자 목록에 올릴 수 있다.
- 아마존 비즈니스는 고객이 자산의 지출 내역에 대한 더 많이 알기 원했기 때문에 분석 대시보드를 제공한다. 이 대시보드는 구매 기업이 개인, 구매 그룹 또는 지출 수준에 따라 어떤 구매 이력이 있는지 알 수 있는 기능을 제공한다. 이러한 정보를 통해 고객은 정책상의 규정을 준수할 수도 있다.
- 아마존 비즈니스에는 제3자 판매자가 전국적으로 인정된 18개의 다양성 인증, 소유자 인증 및 품질 인증 중 하나 이상을 표시할 수 있는 판매자 자격 인증 프로그램[역자주*]이 있다. 이러한 자격 인증에는 소규모, 소수 민족, 여성 소유 또는 참전 용사 소유 비즈니스가 포함되며 이를 통해 고객에게 구매 결정의 도움이 되는 추가 정보를 제공한다.

기존 도매업체는 아마존의 위협을 심각하게 받아들인다. 미국의 도매산업은 소매산업의 두 배 이상이다. 2018년 도매매출은 소매매출이 약 5조 3천억 달러에 비해 10조 달러 이상이었다. 도매업은 소매업보다 크지만 회사 자체는 작은 경향이 있다. 미국의 35,000개 유통업체 대부분은 가족이 운영하는 지역 기업이다. 일반적인 연간 매출은 5천만 달러 미만이며 이들 기업 중 160개만이 연간 매출이 10억 달러를 넘는다고 보고되었다. 반면 아마존은 2018년에 약 2,330억 달러의 매출을 올렸으며 B2C 및 B2B 시장에서 상품을 판매했다. 평균적인 도매업체는 아마존 비즈니스의 수억 개의 제품에 비해 약 5만 개의 제품을 온라인으로 제공한다.

아마존 비즈니스는 틈새시장에서도 경쟁력이 있다. 과학 장비를 예로 들어보자. 원심 분리기 및 분젠 버너(Bunsen burners)와 같은 품목은 일반적으로 전문 유통업체에서만 취급한다. 그러나 고객은 아마존 비즈니스를 통해 마우스 클릭만으로 이들을 구매할 수 있다. 아마존의 방대한 제품 목록, 사용하기 쉬운 웹 사이트, 2일 배송, 물리적 인프라(미국의 주문처리센터) 및 정보기술 인프라(예: 아마존 웹 서비스)와 경쟁할 수 있는 전문 유통업체는 거의 없다.

경쟁우위를 확보하고 유지하기 위해 다른 전문 품목 유통업체는 재고부족으로 피해를 볼 수 있는 금방 판매되지 않을 수 있

역자주* https://www.amazon.com/gp/help/customer/display.html?nodeId=201715970

는 품목도 아마존 비즈니스는 재고를 보유한다. 업계 분석가들은 아마존이 언제든지 웹 사이트에서 제공하는 재고의 절반 이상을 보유하고 있다고 추정한다.

B2B는 마진이 매우 작으며 일반적으로 2~4%이다. 아마존은 규모 덕분에 대량으로 수익을 올릴 수 있다. 보스톤컨설팅그룹(Boston Consulting Group; www.bcg.com) 보고서에 따르면 아마존은 이러한 규모로 인해 일반 제품에 대해 경쟁업체보다 가격을 약 25% 저렴하게 책정할 수 있다.

이와 같은 성공에도 불구하고 아마존 비즈니스에게는 경쟁자가 있다. 미국 전체 B2B 시장의 약 6%를 차지하는, 1927년부터 사업을 시작한 그레인저(Grainger; www.grainger.com)를 생각해보자. 유지보수 및 수리 도구를 판매하는 이 회사는 현재 약 600개의 지역 영업소와 33개의 창고를 운영하고 있다. 이 회사는 2018년 총 매출 121억 달러를 기록했으며 전자상거래 채널을 통해 2018년 총 매출의 거의 60%를 실현했다. 2019년에 이 회사의 CEO는 전자상거래가 결국 그레인저 매출의 80%를 차지할 것으로 예상한다고 말했다.

아마존 비즈니스가 진입할 수 없는 사업 영역 중 하나는 일부 유통업체가 기관 고객과 맺고 있는 긴밀한 파트너십이다. 예를 들어 의료기기 공급업체 카디널헬스(Cardinal Health; www.cardinalhealth.com)는 네브래스카 메디컬센터(Nebraska Medical Center)의 전체 공급망을 관리했다. 카디널은 트럭에서 환자까지 모든 것을 처리한다. 공급업체로부터 제품을 주문하고, 제품 배포를 추적하고, 하역장 작업자를 관리하고, 공급업체 송장을 처리한다.

전국 35,000개의 도매업체 및 유통업체가 직면한 과제는 아마존 비즈니스와 경쟁하는 것이다. 산업분석가는 두 가지 가능성을 제기하고 있다.

1. 고객에게 가치를 높인 맞춤형 서비스를 제공하는 것이다. 예를 들어 발린코퍼레이션(Valin Corporation; www.valinonline.com)은 석유 및 가스 부문을 전문하는데, 엔지니어를 유전에 파견하여 표면 유정에서 생산량을 관리하는 자사 제품을 설치하는 데 도움을 준다.
2. 전문화된 비즈니스 환경과 같이 전자상거래 업체가 관심이 없는 영역에서 사업을 하는 것이다. 예를 들어 아마존은 산소 탱크나 소다펌프를 판매할 것인가? 또한 아마존은 치과의자와 같이 위험하거나 이색적이거나 전문가가 필요한 제품을 취급하기는 원치 않을 것이다.

출처: Compiled from A. Moazed and N. Johnson, "Amazon Business Is a Top B2B Distributor—Now What?" *Modern Distribution Management*, June 25, 2018; A. Moazed and N. Johnson, "Amazon's B2B Marketplace Advantage," *Modern Distribution Management*, June 28, 2018; P. Demery, "Q&A: Inside Amazon Business with Martin Rohde," *Digital Commerce 360*, May 2, 2018; "Why Amazon Business Targets B2B eCommerce's 'Tail Spend'," PYMNTS.com, May 1, 2018; J. Carter, "B2B E-Commerce Trends to Take Notice of in 2018," *Forbes*, February 15, 2018; D. Davis, "Amazon Business Helps Buyers Beat Their Negotiated Supplier Prices," *B2B E-Commerce World*, June 7, 2016; P. Demery, "Amazon's Billion-Dollar B2B Portal Is Growing Rapidly," *B2B E-Commerce World*, May 4, 2016; E. Smith, "Can Amazon 'Uber' Distributors?" *Modern Distribution Management*, June 17, 2015; E. Smith, "Recommended Reading: Amazon Business Open to Distributors," *Modern Distribution Management*, June 9, 2015; D. Buss, "New Amazon Business Marketplace Goes after B2B Dollars," *Brand Channel*, May 1, 2015; E. Smith, "Amazon Reinvents B2B Model," *Modern Distribution Management*, April 29, 2015; S. Soper, "Amazon Business Aims for $1 Trillion Corporate-Spending Market," *BloombergBusiness*, April 28, 2015; P. Demery, "Say Hello To Amazon Business, Good-Bye to AmazonSupply," *Internet Retailer*, April 28, 2015; C. O'Connor, "Amazon Launches Amazon Business Marketplace, Will Close AmazonSupply," *Forbes*, April 28, 2015; C. O'Connor, "Amazon's Wholesale Slaughter: Jeff Bezos' $8 Trillion B2B Bet," *Forbes*, May 7, 2014; J. Hans, "Q&A: How Amazon Could Change 'B2B'," *Manufacturing.net*, February 3, 2014; and www.amazon.com/business, www.grainger.com, accessed July 13, 2019.

질문

1. 직원들이 지역 소매업체나 전문 판매자로부터 제품을 구매하도록 하는 대신 아마존 비즈니스를 사용하여 시험관, 농구공, 사무용품 및 기타 상품을 주문하는 털사전문대학(Tulsa Community College; www.tulsacc.edu)을 생각해보자. 이 대학의 15,000명의 학생들이 매일 필요로 하는 것은 한 달에 약 1만 달러의 주문에 해당한다.

   털사의 지역 도매업체 및 소매업체에게 아마존 비즈니스가 미치는 영향은 무엇인가?

   털사의 지역 비즈니스는 어떻게 아마존 비즈니스와 경쟁할 수 있는가?
2. 도매업체가 아마존 비즈니스와 경쟁할 수 있는 다른 방법은 무엇인가?

7.4 e-비즈니스의 윤리적, 법적 이슈들

기술의 혁신은 종종 사회가 기존의 윤리적 기준들을 재검토하고 조정하게 한다. 많은 경우에 이와 같은 새로운 표준들은 법제화된다. 이 절에서는 개인 프라이버시 보호와 실직이라는 두 가지 중요한 윤리적 이슈들을 논의한다. 그리고 e-비즈니스의 실행에 따른 여러 가지 법적 이슈들을 살펴본다.

윤리적 이슈들

정보기술과 관련된 많은 윤리적인 글로벌 이슈들은 e-비즈니스에도 역시 문제가 된다. 두 가지 기본적 이슈는 개인 프라이버시 보호와 실직이다.

개인정보를 쉽게 저장하고 전송함에 따라 e-비즈니스가 개인 프라이버시 보호에 위협이 되기도 한다. 대부분의 전자지급결제시스템에서 구매자가 누군지는 알 수 있다. 그렇다면 구매자의 신원을 보호하는 것이 필요할 것이다. 기업들은 종종 이러한 보호를 위해 암호화(encryption)를 이용한다.

또 다른 프라이버시 보호 이슈는 감시(tracking)이다. 예컨대 인터넷에서 개인의 활동은 4장에서 설명한 쿠키(cookies)를 통해 감시당할 수 있다. 쿠키와 같은 프로그램들 때문에 프라이버시 보호에 대한 사람들의 염려가 커졌다. 쿠키는 웹에서의 활동 내역을 개인 컴퓨터 하드 드라이브에 저장하여 어느 특정 웹 사이트를 재방문할 시 컴퓨터가 이를 인지한다. 이에 대해 어떤 사용자들은 쿠키를 통제할 수 있는 프로그램을 설치하여 자신의 온라인 프라이버시를 지키기도 한다.

직원들의 프라이버시 보호를 보장하는 문제에 더해서, 전자상거래의 사용은 대리인이나 중개자뿐만 아니라 기업의 직원들을 불필요하게 할 수 있다. 이 불필요한 직원들을 대하는 방식은 윤리적 문제를 야기할 수 있다. 어떻게 기업은 해고 문제를 다루어야 하는가? 기업들은 새로운 업무에 직원들을 재배치해야만 하는가? 그렇지 않다면 회사는 보상을 하거나 해고된 직원을 도와야만 하는가?

전자상거래와 직접 관련된 법적 이슈들

많은 법적 이슈가 전자상거래와 직접 관련이 있다. 구매자와 판매자가 서로 누군지 알지 못하고 볼 수도 없을 때, 정직하지 않은 사람이 사기를 치거나 다른 범죄를 저지를 가능성이 높다. 전자상거래 초기 몇 년간 많은 사람들이 이러한 범죄들을 목격했다. 가상의 은행 계좌를 만들어 투자를 받은 후 계좌를 없애는 것에서부터 인터넷에서 주식 가격을 조작하는 것까지 다양한 불법 행위들이 있었다. 불행하게도 인터넷에서의 사기 행위들은 줄어들지 않고 있다.

인터넷에서의 사기. 인터넷 사기는 인터넷 사용 그 자체보다 더 빠르게 증가하고 있다. 어떤 경우는 주식 중개인들인 주식 가격을 올리기 위해 자신들이 추천한 기업의 전망에 대해 긍정적인 소문들을 고의적으로 퍼트리기도 했다. 다른 어떤 경우에는 주식 중개인이 투자자들에게 제공한 정보가 사실일 수도 있으나, 사람들이 해당 기업에 흥미를 갖도록 중개인들이 돈을 받고 이야기를 하고 있다는 사실을 숨기기도 했다. 주식 중개인들은 특히 단기 대박에 쉽게 유혹당하는 소형 투자자들을 목표로 한다.

FIN 주식시장은 사기꾼들이 설치는 수많은 무대 중 하나일 뿐이다. 경매는 특히 구매자와 판매자 양쪽 모두에 의한 사기를 크게 조장한다. 다른 유형의 사기로는 가짜 투자 상품의 판매와 환상적인 사업 기회로 유혹하기, 사기성 제휴 마케팅(IT와 기업사례 7.4) 등이 있다.

이메일 사용의 증가로 인해 금융범죄의 피해자가 증가하고 있다. 미국연방통상위원회(www.ftc.gov)는 이메일로 유포될 가능성이 높거나 웹에서 발견되는 신용사기(scam)의 사례들을 정기적으로 공시하고 있다. 이 절 후반부에서는 고객과 판매자가 온라인 사기로부터 자신을 보호할 수 있는 몇 가지 방법을 살펴본다.

안전한 전자 쇼핑 요령은 다음과 같다.

- 월마트 온라인, 디즈니 온라인(Disney Online) 및 아마존 등 신뢰할 수 있는 브랜드의 사이트를 찾는다. 구매 전에 그 사이트를 확인되지 않은 링크를 통하지 않고 바로 들어가 사이트가 진짜인지 확인한다.
- 익숙하지 않은 판매 사이트는 회사 주소 및 전화번호와 팩스번호를 검색한다. 전화를 걸어 직원에서 판매자에 대해 질문을 한다.
- 지역 상공회의소이나 관련 기관(미국은 BBB(Better Business Bureau; www.bbbonline.org))에 판매자를 확인한다. (미국의 경우) TRUSTe와 같은 진실성 마크를 확인한다. 보안 절차와 개인정보보호 정책을 확인해 판매 사이트의 안전성을 조사한다.
- 일반 상점에서의 가격과 비교한다. 가격이 너무 낮으면 믿을 수 없으며, 아마도 사기일 수 있다.
- 친구들에게 아는 것을 물어본다. 커뮤니티 웹 사이트 및 잘 알려진 게시판에서 사용자들의 후기나 댓글을 찾아본다.
- 분쟁 시 소비자의 권리가 무엇인지 찾아본다. 소비자 보호 기관과 상담한다(미국의 경우 국가 소비자 사기 신고 센터(www.fraud.org)에 상담 가능).
- 컨슈머월드(www.consumerworld.org)에서 유용한 자료들을 찾아본다.
- 여러 종류의 상품들에 대해서는 리셀러레이팅(www.resellerratings.com)이 유용한 소스이다.

도메인 네임. 또 다른 법적 문제는 도메인 네임에 대한 경쟁이다. 도메인 네임은 중앙의 비영리 단체들이 상호 이해충돌이나 상표권 위반 가능성을 검사한 후 할당한다. 인터넷에서 상품이나 서비스를 판매하는 기업들은 고객들이 자신들을 쉽게 찾기 원한다는 것은 두말할 필요가 없다. 일반적으로 도메인 네임이 기업 명과 유사할수록 찾기가 쉽다.

도메인 네임은 이를 소유한 개인이나 기업이 그 이름으로 일정 기간 동안 정상적인 사업을 영위한 경우 합법적인 것으로 간주된다. 크리스찬디올, 나이키, 도이치뱅크, 심지어 마이크로소프트와 같은 기업들은 자사 명과 같은 도메인 네임을 확보하기 위해 소송을 하거나 돈을 지불했다. 델타항공사(Delta Air Line)의 사례를 보자. 델타는 델타 퀶셋(Delta Faucet: 유명 수도설비업체)이 이를 먼저 확보했기 때문에 처음에는 Delta.com이라는 도메인 네임을 갖고 있지 않았다. 델타 퀶셋은 같은 이름으로 1954년부터 사업을 해왔기 때문에 그 도메인 네임에 대한 정당한 비즈니스적인 관심이 있었다. 델타 항공은 그 도메인 네임을 델타 퀶셋으로부터 구입하기 전에는 delta-airlines.com에 만족해야 했다. 델타 퀶셋은 현재 deltafaucet.com를 사용하고 있다.

사이버스쿼팅. 영리목적으로 유명 상표나 회사이름, 단체이름 등을 인터넷 주소로 선점하는 행위가 사이버스쿼팅(cybersquatting)이다. 미국의 반사이버스쿼팅 고객보호법(1999)에 따르면 이런 경우 미국의 상표권 소유자가 금전적 피해에 대한 소송을 제기할 수 있다.

IT와 기업사례 7.4
사기성 제휴 마케팅

MIS **MKT**

새로운 형태의 미디어는 항상 오해의 소지가 있는 광고에 의해 도배되었다. 예를 들어, 19세기 미국 신문은 부정직한 특허 의학 광고로 일부 수익을 올렸다. 에이브러햄 링컨의 취임 며칠 만에 벨리햄(Bellingham)의 고약(Onguent) 생산자는 대통령이 자신의 제품을 사용하여 수염을 길렀다는 광고를 게재했다.

현재 이런 사기성 광고에는 2018년 페이스북 광고에서 일론 머스크(Elon Musk)가 "식스티 미닛(60Minute)"이라는 TV 시사프로그램에서 약에 대해 긍정적으로 언급했다고 거짓으로 선전한 '지능을 높여주는 약(Enhance Mind IQ 또는 Elon 's Smart Pills)'도 있다. 결제 페이지에는 약이 무료라고 나와 있지만 구매자는 여전히 신용카드 번호를 입력해야 했다. 피해자들은 이후 반복되는 월 89달러 과금에 대해 불평하는 온라인 리뷰를 게시했다. 이러한 사기는 종종 사기성 제휴 마케팅 활동으로 볼 수 있다.

제휴 마케팅은 판매자의 웹 사이트로 새로운 판매 기회를 연결시켜주는, 제휴사로 알려진 다른 온라인 업체에게 판매자가 수수료를 지불하는 것을 말한다. 제휴사의 마케팅 활동이 실제로 고객 등록, 고객 정보 입력, 새로운 무료 평가판 사용, 새로운 뉴스레터 구독 또는 제품 판매와 같은 거래로 이어질 때만 판매자는 이들(제휴사)에게 수수료를 지급한다.

제휴사는 아마존닷컴(Amazon.com) 및 이베이와 같은 합법적인 비즈니스도 홍보하지만 페이스북, 인스타그램, 트위터, 구글 및 나머지 인터넷에 등장하는 많은 오해의 소지가 있는 사기성 광고의 배후이기도 하다. 제휴 사기는 제휴 마케팅 프로그램에서 수수료를 받기하기 위해 수행되는 허위 또는 비양심적인 활동을 의미한다. 다음 예를 살펴보자.

어떤 가짜 영양보충제 제조업체는 제품 판매를 원하지만 실제로 어떻게 판매가 이루어지는 신경쓰지 않는다. 이 업체는 제휴 네트워크와 접촉하여 고객 등록당 수수료를 지불하겠다고 제안한다. 제휴 네트워크는 종종 오해의 소지가 있는 광고를 디자인하고, 수수료를 받기 위해 다양한 웹 사이트에 광고를 게재하려고 비용을 지불하는 제휴사에게 말을 퍼뜨린다. 제휴사는 위험을 감수하고 광고 효과를 알지 못하는 상황에서 광고를 실행하는 데 비용을 지불한다. 그러나 광고를 보는 사람 중 극히 일부라도 구매자가 있다면 그 수익은 상당할 수 있다. 페이스북의 사기성 제휴 마케팅에 대해 자세히 살펴보자.

이 거대 소셜미디어 기업은 방대한 양의 사용자 데이터를 분석하는 강력한 도구를 보유하고 있기 때문에 사기성 제휴 마케팅에 혁명을 일으켰다. 예전에 제휴사는 나이, 지역 또는 관심사별로 사용자를 타겟팅하여 광고에 어떤 종류의 사람을 포함할지 추측해야 했다. 그렇지만 오늘날 페이스북은 실제로 제휴사들을 위해 타게팅을 수행하며 제휴사는 페이스북의 타게팅 알고리즘이 자동으로 그렇게 해주기 때문에 자신들이 직접 "잘 속는 사람"을 선별할 필요가 없다고 주장한다.

페이스북은 광고를 클릭하는 사람과 제품을 구매한 사람을 추적한 다음, 알고리즘이 구매할 가능성이 높은 다른 사람을 선택해 광고를 보여주는 타겟 마케팅을 실시한다. 제휴사들은 페이스북이 시행착오를 통해 데이터를 수집하는 동안 자신들의 광고 캠페인이 손실을 보았지만, 이후에는 매출이 급격히 증하는 것을 목격했다고 말한다.

볼룸(Voluum)이라는 소프트웨어 프로그램을 통해 제휴사는 광고 캠페인을 추적하고 광고 네트워크의 방어를 무력화할 수 있다. 이 소프트웨어는 페이스북, 구글, 트위터 및 기타 웹 사이트와 같은 여러 플랫폼에서 마케팅 캠페인을 추적할 수 있다. 볼룸을 통해 제휴사는 사용자와 관련된 위치 또는 IP 주소를 비롯한 여러 요인에 따라 제공하는 콘텐츠를 맞춤화할 수 있다. 이 기능은 광고 타겟팅에 유용하다(예: 스페인어 사용자에게 모국어로 메시지 표시). 볼룸의 개발자는 자신의 추적 소프트웨어 사용자가 페이스북에 연간 약 4억 달러 상당의 광고를 게재하고 다른 웹 사이트에도 13억 달러의 광고를 게재한다고 추정한다.

페이스북은 악의를 가진 무리들이 끊임없이 탈취하려고 하는 연간 400억 달러의 광고 플랫폼을 감시해야 한다. 페이스북 관리자는 사용자 또는 페이스북 알고리즘이 의심스러운 것으로 표시한 광고를 검사하고 규칙을 위반하는 계정을 폐쇄한다. 그러나 볼룸을 사용하면 제휴사는 페이스북의 광고 검토자와 프로그램 캠페인의 주소를 쉽게 찾아내어 이들에게는 합법적인 콘텐츠만 나타나게 할 수 있다. 이 과정을 클로킹(cloaking)이라고 한다. 흥미롭게도 구글은 클로킹 문제로 볼룸을 금지했지만 페이스북은 그렇지 않았다.

발각되어 광고가 금지된 제휴사는 이 문제를 쉽게 피할 수 있다. 그들은 단순히 다른 이름으로 새 페이스북 계정을 오픈한다. 일부 제휴사는 '농부'로부터 깨끗한 프로필을 구입한다. 다른 제휴사들은 낯선 사람에게서 계정을 빌리거나 다른 해결책을 찾기 위해 떳떳하지 않은 광고대행사와 거래를 한다.

2018년 8월 페이스북은 인공지능을 사용하여 클로킹을 막을 것이라고 발표했다. 또한 이 소셜미디어 네트워크는 광고 감시팀에 1,000명을 추가하려고 한다.

출처: Compiled from M. Bain, "Tips to Avoid Falling for Scam Ads on Facebook, According to Facebook," *Quartzy*, June 12, 2018; O. Rudgard, "Martin Lewis to Sue Facebook over Fake Ads which Scam People out of Thousands," *The Telegraph*, April 23, 2018; Z. Faux, "How Facebook Helps Shady Advertisers Pollute the Internet," *Bloomberg Businessweek*, April 2, 2018; M. Mirreh, "Industry Responds as Bloomberg Calls Whole Affiliate Industry 'Shady'," *Inside Performance Marketing*, March 29, 2018; J. Constine, "Facebook Bans 'Cloaking' of Spam Sites that Fool Filters," *TechCrunch*, August 9, 2017; J. Vanian, "What Is Cloaking and Why Is Facebook so Upset about It?" *Fortune*, August 9, 2017; B. D'Amico, "What Is Affiliate Marketing? The Myth vs. Reality," *Shopify Partners*, May 25, 2017; A. Amatia, "Click Farms and Their Fraudulent Facebook Likes Are Hurting Brands Like Never Before!" *Dazeinfo*, May 28, 2016; and R. Kogan, "The Big, Ugly Affiliate Marketing Scam," *Venture Beat*, August 12, 2013.

질문

1. 사용자로서 사기 마케팅 계획을 어떻게 피할 수 있는가?
2. 3장을 참조해 사기성 제휴 마케팅의 윤리성에 대해 논의해보자.

어떤 경우에는, 물론 비윤리적이지만, 사이버스쿼팅을 불법으로 보지 않을 수 있다. 아마 더 일반적인 경우는 도메인 맛보기(domain tasting)일 것이다. 일부 도메인 등록자들은 한 번에 여러 개의 비슷한 도메인 이름을 등록해 놓고 어떤 도메인에 방문자가 더 많은지에 따라 달라지는 페이퍼클릭 광고(pay-per click ads)의 복잡한 돈의 흐름으로 수익을 내 왔다. 이러한 행위는 인터넷 주소체계를 책임지고 있는 ICANN(International Corporation for Assigned Names and Numbers)의 정책 변화에 기인한다고 할 수 있다. 2000년 기존 ICANN의 정책은 "Create Grace Period"란 규정이 있어 기업이나 개인이 도메인 등록 후 5일 안에 해지할 경우, 6달러의 등록비용을 돌려주도록 되어 있었다. ICANN이 이 정책을 도입한 이유는 도메인 네임의 철자를 잘못 타이핑한 경우 비용 부과 없이 등록비를 돌려주기 위해서였다.

도메인 맛보기 악용자들은 이 정책을 이용하여 5일 동안만 아무 비용 없이 도메인을 소유하였다. 이들 도메인 네임은 종종 유명한 기업이나 조직의 이름과 유사하다. 맛보기 악용자들은 그 다음 구글이나 야후의 광고 링크로 가득 찬 웹 사이트 수천 개를 새로 등록한 도메인으로 설정해 두고, 광고 매출이 등록비용을 넘을 때만 유지하는 식으로 남용해 왔다. 이런 행위는 위험부담이 없으며 100% 수익을 보장하기 때문에 도메인 맛보기 악용자들은 매일 수백만 개의 도메인 네임을 등록하였다. 어떤 사람은 매일 매일 이런 작업을 계속했다. 전문가들은 도메인 네임을 등록한 사람의 2% 미만의 사람만이 진짜 그 도메인을 매입한다고 예상하였다. 대부분의 경우 등록자들은 단기간 수익을 위해 도메인을 단지 며칠만 보유한다.

FIN ACCT 세금 및 기타 수수료. 오프라인 매출은 대부분의 미국 주정부나 지방정부에서 자신의 법적 관할권 내에서 발생한 비즈니스 거래로 보고 세금을 부과한다. 가장 분명한 경우는 소비세(sales taxes)이다. 연방정부, 주정부, 지역 당국들은 현재 e-비즈니스에 대한 어떤 형태이든 세금 부과 정책을 수립하기 위해 힘을 모으고 있다. 여러 주들이 관여되고 국제적인 전자상거래에서 이런 문제는 특히 복잡하다. 예를 들면 판매자가 위치한 주의 주정부가 모든 소비세(혹은 어떤 나라에서는 부가가치세(value-added tax))를 부과하는 것이 적절하다고 주장한다.

소비세 이외에 전자적인 판매자가 어디서(어떤 경우는 적용여부) 사업 면허세, 프랜차이즈 수수료, 총매출세(gross receipts tax), 특별소비세(excise tax), 우대세(privilege tax), 유틸리티세(utility tax) 등을 내야 하는지도 의문이다. 더욱이 세금 징수가 어떻게 이루어져야 하는지도 불분명하다. 전자상거래에 세금을 부과하려는 노력이 '인터넷 자유 수호자(Internet Freedom Fights)'라는 단체에 의해 반대에 부딪혀 있다.

심지어는 인터넷을 통한 전자상거래가 부상하기 전부터 소매업체가 고객들이 쇼핑하는 지역의 주에 물리적인 점포를 두지 않을 경우 소매업체는 소비세를 가격에 부과하지 않았다. 쇼핑객들은 자신들이 구매한 내역들을 기록해 연말 세금신고 시 세금을 납부해야 한다. 하지만 소수의 사람들이 이렇게 하거나 이를 알고 있었다. 그 결과 온라인 소매업체는 수년 동안 비인터넷(예: 오프라인) 경쟁업체의 가격을 낮출 수 있었다.

2013년 12월 미국 대법원은 아마존과 같은 웹 소매업체가 물리적 점포가 없는 곳의 고객에게 소비세를 부과하도록 하려는 주정부들의 노력에 개입하지 않기로 했다. 이 문제를 다루지 않기로 한 법원의 결정에 비추어, 2019년 7월 45개 주와 컬럼비아 특별구는 온라인 소매업체가 고객으로부터 판매세를 징수하도록 요구하는 법안을 통과시켰다.

저작권. 4장에서 지적자산(intellectual property)은 저작권법에 의해 보호받으며 제한 없이 사용될 수 없음을 설명했다. 많은 사람들이 소프트웨어를 일단 구매하면 이를 다른 사람과 공유할 권리가 있다고 잘못 믿고 있기 때문에 이 점은 중요하다. 사실 사람들이 구매한 것은 소프트웨어를 사용할 권리이지 이를 유통시킬 권리는 아니다. 유통권은 저작권 소유자에게 남아 있다. 유사한 경우로 허락 없이 웹 사이트에서 자료를 복사하는 것도 저작권법 위반이다. 하지만 약 200여 국가의 각기 다른 저작권법에 속한 수십억 웹 페이지를 접속하는 수천만 명이 관련되기 때문에 전자상거래에서 저작권(copyright)을 보호하는 일은 매우 어렵다.

확인하고 넘어가기

1. 전자상거래와 관련된 윤리적 문제들은 무엇인가?
2. 전자상거래와 관련된 법률적 문제들은 무엇인가?
3. 전자상거래에서 구매자와 판매자 보호에 대하여 설명해보자.

IT는 나를 위해 무엇을 해줄 수 있지?

ACCT 회계관리 전공을 위한 정보기술

회계 담당자들은 여러 전자상거래 활동에 관련되어 있다. 주문처리시스템의 설계 및 이와 관련된 재고관리는 회계 담당자의 주의가 필요하다. 비용을 결정하고 수익을 배분하는 것과 같이 청구서 발행 및 지급결제 처리도 회계 관계자가 할 일이다. 종이 문서들을 전자적으로 대체하는 것은 전자상거래 활동과 시스템 감독과 같은 많은 회계 담당자의 업무에 영향을 준다. 온라인에서 취급되는 상품/서비스의 비용 대비 효과 분석시스템이나, 비용 평가시스템 도입이나 비용 배분시스템(chargeback system) 구축은 성공적인 전자상거래를 위해 매우 중요하다.

FIN 재무관리 전공을 위한 정보기술

은행, 증권, 선물 시장 및 기타 금융시장은 전자상거래로 인해 재편되고 있다. 온라인 증권거래 및 이와 관련된 하구부조들이 어느 다른 전자상거래 활동보다 급속히 증가하고 있다. 이미 진행된 많은 혁신들로 인해 경쟁의 법칙과 재무 분석가와 관리자들의 금전적 인센티브가 체계가 바뀌고 있다. 예를 들면 온라인뱅킹에서 주(state) 간 경계는 무의미하고 국제 금융거래의 새로운 틀을 제시할 수 있다. 공개된 금융 정보는 수초 내에 얻을 수 있다. 이러한 혁신들로 인해 금융 종사자들의 업무 내용이 급격히 바뀌고 있다.

MKT 마케팅 전공을 위한 정보기술

마케팅과 영업 활동에서 가장 큰 혁명이 전자상거래에 의해 발생했다. 가장 분명한 특징은 물리적 시장에서 가상 시장으로의 이동이다. 하지만 또 다른 특징은 일대일 광고 및 영업 및 맞춤화와 양방향 마케팅으로의 무한 변화이다. 마케팅 채널들이 합쳐지고, 없어지며, 재창조되고 있다. 전자상거래의 혁명으로 새로운 상품과 시장이 창출되고 다른 기존의 상품과 시장에 큰 변화가 야기되고 있다. 또한 상품과 서비스의 디지털화는 마케팅과 영업에 새로운 시사점을 준다. 제조업체와 고객 간의 직접적인 채널이 빠르게 성장하고 있으며 고객 서비스의 본질이 바뀌고 있다. 고객확보를 위한 전쟁이 심화되면서 마케팅과 영업 담당자들은 많은 조직의 가장 중요한 성공 요인이 되고 있다. 온라인 마케팅은 어느 기업에는 축복이고 다른 기업에는 저주가 될 수 있다.

POM **생산운영관리 전공을 위한 정보기술**

전자상거래로 인해 제조시스템이 상품을 생산하고 판매하는 대량생산 방식에서 주문을 받고 판매하는 대량생산 방식으로 변화하고 있다. 이런 변화를 위해 건실한 공급망, 정보 지원, 공급업체들과 다른 비즈니스 파트너들과 함께 이루어야 하는 프로세스의 재구축이 필요하다. 공급업체는 반복적으로 재주문을 낼 필요 없이 엑트라넷(extranet)을 통해 재고를 모니터하고 보충할 수 있다. 그리고 인터넷과 인트라넷(intranet)으로 재고 회전율을 단축할 수 있다. 복잡한 스케줄링과 과도한 재고와 같은 수년 동안 계속되던 많은 생산운영 문제점들이 웹 기술을 활용하여 급격히 해결되고 있다. 기업들은 내부와 외부 네트워크를 이용하여 다른 나라에서 이루어지는 제조 운영을 더욱 쉽게 파악하고 관리할 수 있다. 또한 기업들은 웹으로 부품과 조립부품 조달 전자경매를 실시하여 조달 기능을 혁신하여 비용을 낮추기도 한다. 무엇보다도 진취적인 생산운영관리 담당자의 업무 자체가 전자상거래와 밀접히 연관되고 있다.

HRM **인적자원관리 전공을 위한 정보기술**

인적자원 담당자들은 새로운 인력 시장과 전자상거래의 영향을 받는 기존 인력시장을 잘 이해할 필요가 있다. 그리고 인적자원 관리부서는 전자상거래를 통해 사무용품을 조달할 수 있다. 또한 새로운 정부의 온라인 정책과 온라인 교육훈련에 대한 이해를 높이는 것이 중요하다. 마지막으로 인적자원 담당자는 전자상거래와 고용에 관련된 법적 이슈들과 친숙해져야 한다.

MIS **MIS 전공을 위한 정보기술**

MIS 기능은 전자상거래가 작동하기 위해 필요한 정보기술 하부구조를 담당한다. 특히 기업의 네트워크, 인트라넷, 엑스트라넷이 이런 하부구조에 해당된다. 그리고 MIS 기능은 안전한 전자상거래의 수행도 담당한다.

요약

7.1 여섯 가지의 일반적인 전자상거래에 대해서 설명해보자.

B2C에서는 판매자가 기업이나 기관이고 구매자가 개인이다.

B2B 거래에서는 판매자와 구매자 모두가 비즈니스 조직이다. 대부분의 전자상거래 매출은 이러한 유형의 매출이다.

C2C에서는 개인이 상품이나 서비스를 다른 개인이게 판매한다.

B2E에서는 전자상거래가 한 조직의 직원들에게 정보나 서비스를 제공하는데 내부적으로 사용된다.

전자정부는 일반적이 인터넷 기술과 전자상거래를 활용하여 시민(정부와 시민 간 거래 혹은 G2C 전자상거래)이나 비즈니스 파트너와 공급업체(정부와 기업 간 거래 혹은 G2B 전자상거래)들에 정보나 공공 서비스를 제공하는 것을 말한다. 모바일 상거래는 무선통신 환경에서 행해지는 전자상거래를 말한다.

소셜 커머스는 소셜 컴퓨팅을 통해 전자상거래 활동 및 거래를 실행하는 것을 말한다.

대화형 상거래는 메시징 및 채팅 앱을 사용하여 식사, 제품 또는 서비스에 대해 개인화된 일일 선택을 제공하는 전자상거래를 말한다.

7.2 기업과 개인 간 전자상거래의 다섯 가지 온라인 서비스에 대해서 논의하고 각 서비스의 구체적인 예를 들고, 자신이 각 서비스를 어떻게 이용했는지 혹은 할 수 있는지를 설명해보자.

핀테크는 은행, 보험, 부동산, 투자를 포함한 금융 서비스 제공에 있어 기술을 사용하여 시장에서 전통적인 금융기관 및 중개자와 경쟁하는 회사로 이루어진 산업이다.

온라인 증권거래는 웹에서 주식을 사고파는 것을 말한다.

온라인 일자리 매칭은 웹에서 인터넷은 구직자들과 찾기 어려운 직원을 찾는 기업들에 희망적인 새로운 환경을 제공한다. 수천 개 기업과 정부기관이 인터넷으로 일자리를 공지하고 이력서를 받으며 구직신청서를 처리한다.

인터넷은 거의 모든 여행에 대해 저렴하게 계획하고, 정보를 수집하고, 준비하는 가장 이상적인 장소이다. 온라인 여행 서비스를 이용하여 항공기 티켓을 구입하고, 호텔을 예약하며 차를 빌릴 수 있다.

온라인 광고는 웹에서 광고 프로세스를 풍부한 표현력으로 역동적이며 신속히 반응하게 변모시킨다.

7.3 기업 간 전자상거래를 위한 세 가지 비즈니스 모형을 설명하고, 각 모형에 대한 구체적인 예를 들어보자.

판매 중심 장터 모형에서 기업들은 자사 소유의 전자장터 웹 사이트나 제3자 웹 사이트에서 자신의 상품이나 서비스를 다른 기업들에 전자적으로 판매한다. 델 컴퓨터와 같은 판매자들은 경매 기능을 자사 제품 판매에 광범위하게 이용한다. 자사 사이트에서의 경매 이외에도 기업들은 이베이와 같은 제3자 사이트를 통해 재고를 처분한다.

구매 중심 장터는 기업들이 필요한 상품이나 서비스를 다른 기업으로부터 전자적으로 구매하는 모형이다.

많은 구매자들과 판매자들이 있는 전자장터는 공공 교환소 혹은 그냥 교환소로 불린다. 공공 교환소는 모든 비즈니스 조직에 오픈되어 있다. 보통 제3자가 소유하고 운영한다. 공공 교환소에는 수직적, 수평적, 기능적 등 세 가지 기본적인 유형이 있다. 수직적 교환소는 특정 산업의 구매자와 판매자들을 연결한다. 수평적 교환소는 여러 다른 사업에 걸쳐 판매자와 구매자를 연결하고 주로 소모품(MRO) 구매에 이용된다. 기능적 교환소는 임시 인력이나 추가적인 사무실 공간 등과 같이 '필요한' 시점에 따라 사용된다.

7.4 전자상거래에 대한 윤리적, 법적 이슈들에 대하여 각각의 두 가지 구체적인 예를 들고 이들 네 가지 예들에 당신은 어떻게 대응 또는 반응할지를 설명해보자.

e-비즈니스가 프라이버시 보호에 위협이 되기도 한다. 먼저 대부분의 전자지급결제시스템은 누가 구매자인지 알고 있다. 그래서 구매자의 신원을 암호화로 보호하는 것이 필요할 것이다. 또 다른 주요 프라이버시 보호 이슈는 인터넷에서 고객이 활동이 쿠키로 추적할 수 있는 감시(tracking)이다.

전자상거래의 사용은 대리인이나 중개자뿐만 아니라 기업의 직원들을 불필요하게 할 수 있다. 이들 불필요한 직원들을 대하는 방식은 윤리적 문제를 야기할 수 있다. 어떻게 기업은 해고 문제를 다루어야 하는가? 기업들은 새로운 업무에 직원들을 재배치해야만 하는가? 그렇지 않다면 회사는 보상을 하거나 해고된 직원을 도와야만 하는가?

토의문제

1. 전자상거래의 주요 한계점들에 대하여 논해보자. 어떤 한계점들이 사라질 것으로 보이는가? 그 이유는 무엇인가?
2. 여러 전자상거래 비즈니스 모형이 있어야 하는 이유에 대하여 논해보자.
3. B2B 순경매와 견적요청서에 대한 구매자 입찰 간의 차이를 설명해보자.
4. 구매자와 판매자에 대한 B2B 교환소의 효과를 논해보자.
5. G2C 전자상거래의 주요 효과는 무엇인가?
6. B2C에서 사용되는 다양한 온라인 지급결제 방법들 중 자신이 선호하는 방법과 그 이유에 대하여 논해보자.
7. B2C에서 왜 주문완수가 어려운가?
8. 전자상거래의 실패 이유들에 대하여 논해보자.
9. Mr. Coffee라는 커피메이커 회사는 온라인으로도 비즈니스를 해야 하는가? (힌트: 이 장에서 있었던 채널 간 충돌에 대한 논의를 살펴보자.)
10. 어떤 경우에는 사람들이 사이버스쿼팅을 이용해 도메인 네임을 비싼 가격에 팔 수 있다. 다른 경우에는 기업들이 웹 주소를 잘못 입력한 사람으로부터의 트래픽을 발생시키기 위해 경쟁사 기업의 도메인 네임과 유사한 도메인 네임을 등록하여 사이버스쿼딩을 이용한다. 각 경우에 대해 윤리적, 법적 측면에서 논의해보자. 그 두 가지의 경우에 차이점이 있는가? 답에 대한 근거를 제시해보자.
11. 정보기술이 사업을 하기 쉽게 만들었다고 생각하는가? 아니면 21세기에 사업을 수행하는 데 필요한 기준만 높였는가? 구체적인 예를 들어 답을 뒷받침해보자.
12. 전자상거래의 부상으로 컴퓨터 기술, 인터넷 액세스, 컴퓨터, 스마트폰 및 태블릿이 없는 사람들에게 어떤 일이 일어날 것이라고 생각하는가? 그들은 열심히 일해서 살아남고 발전할 수 있는가?

문제해결활동

1. 자동차 구매에 관심이 있다고 하자. 여러 웹 사이트에서 자동차에 대한 정보를 찾을 수 있다. 신차와 중고차, 파이낸싱, 보험 등에 대한 정보를 위해 5곳을 방문해보자. 어떤 자동차를 원하는지 정해보자. 자동차 제조업체 웹 사이트를 방문해 자신이 원하는 차의 사양을 정해보자. 마지막으로 오토바이텔(www.autobytel.com)에서 그 차를 찾아보자. 어떤 정보가 의사결정과정에서 가장 유용했는가? 자신의 경험에 대한 보고서를 작성해보자.
2. 여러 가지 전자지급결제 수단들을 비교해보자. 특히 이들 수단을 제공하는 벤더의 사이트에서 정보를 수집하고 구글을 통해서도 더 찾아보자. 보안 수준이나 속도, 비용, 편의성을 살펴보자.
3. 다이아몬드와 보석을 온라인으로 판매하는 것에 대하여 연구해보자. 블루라인(www.bluenile.com), 다이아몬드(www.diamond.com), 타이젬(www.thaigem.com), 티파니(www.tiffany.com), 쥬얼리익스체인지(www.jewelryexchange.com) 등을 방문해보자. 각 사이트는
   a. 보석에 대하여 고객을 교육시키기 위해 어떤 기능들을 사용하고 있는가?
   b. 어떻게 고객들의 관심을 끄는가?
   c. 온라인 구매의 신뢰를 어떻게 높이고 있는가?
   d. 어떤 고객 서비스 기능을 제공하고 있는가?
4. NACHA(www.nacha.org)를 방문해보자. NACHA는 어떤 곳인가? 역할이 무엇인가? ACH는 무엇인가? ACH의 e-payment에 참여한 기관들은 어떤 기관들인가? ACH에서 현재 진행 중인 파일럿(pilot) 프로젝트에 대하여 설명해보자.
5. www.espn.com를 방문해보자. 이 기업이 수익을 내는 최소 다섯 가지 방법을 찾아보자.
6. www.queendom.com를 방문해보자. 이곳에서 제공하는 서비스를 확인하고 일부를 사용해보자. 어떤 유형의 전자상거래인가? 어떻게 이 웹 사이트에서 수익을 내는가?
7. 밀플랜맵(www.mealplanmap.com)에 들어가 보자. 회사가 제공하는 모든 서비스의 목록을 정리해보자. 수익 모델을 정의해보자.
8. 더노트(www.theknot.com)를 방문해보자. 수익의 소스는 무엇인가?
9. 민트(www.mint.com)를 방문해보자. 수익 모형이 무엇인가? 신용카드와 직불카드 번호, 그리고 은행계좌 번호를 이 사이트에서 사용하면 어떤 위험이 있는가?
10. 알리바바(www.alibaba.com) 사이트를 찾아보자. 이 사이트에서 무엇을 할 수 있는지 알아보자. 이 사이트의 개인 트레이딩룸(private trading room)을 조사해서 보고서를 작성해보자. 이 사이트에서는 구매자들을 어떻게 높고 있는가?
11. 그럽허브(www.grubhub.com) 사이트를 찾아가 탐색해보자. 왜 이 사이트가 그렇게 성공적인가? 이 사이트의 경쟁 사이트를 만들 생각이 있는가? 왜 그런가? 혹은 그렇지 않은가?
12. 델(www.dell.com)를 찾아보자. '데스크톱(Desktops)'에 들어가 시스템을 구성해보자. '나의 카트(My Cart)'에 등록해보자(의무 사항은 아님). 거기서 어떤 계산기들이 사용되는가? 일반 오프라인 상점에서 컴퓨터를 구입하는 것에 비해 이런 프로세스의 장점들은 무엇인가? 또 단점들은 무엇인가?
13. 체크프리(www.checkfree.com) 및 LML플레이먼트(www.lmlpayment.com) 사이트에 들어가 이들의 서비스를 파악해서 보고서를 작성해보자.
14. 트래블로시티(www.travelocity.com), 오비츠(www.orbitz.com), 익스피디아(www.expedia.com), 카약(www.kayak.com), 및 핀포인트(www.pinpoint.com) 등 여행사 사이트에 들어가보자. 편의성과 유용성 측면에서 이들 사이트를 비교해보자. 이들의 차이점들도 평가해보자. 만약 당신이 각 사이트에 여행 스케줄을 문의할 경우 어떤 사이트가 가장 좋은 정보와 조건을 제시하는가?

사례

월마트 대 아마존

POM MKT MIS

오늘날 소비자는 다양한 쇼핑 옵션이 있다. 오프라인 소매점에서 쇼핑할 수 있고, 온라인 쇼핑을 하고 택배를 받을 수 있다. 또는 온라인 쇼핑을 한 다음 상점에서 물건을 픽업하여 계산대를 피할 수 있다. 이러한 옵션은 2018년 미국에서 5조 3억 달러의 소매 판매를 창출하는 데 도움이 되었다.

이러한 거래량에도 불구하고 전통적인 오프라인 소매업체는 점점 더 많은 소비자가 온라인 쇼핑을 하기 때문에 매장을 폐쇄하고 있다. 2000년부터 2018년까지 온라인 소매판매는 총 소매판매의 1%에서 14%로 증가했다.

전자상거래의 급속한 성장의 주요 요인 중 하나는 아마존(www.amazon.com)이다. 1994년에 설립된 아마존은 총 판매량과 시가 총액으로 평가한 세계 최대의 전자상거래 소매업체(e-tailer)이다. 소매부문에 대한 회사의 영향이 너무 커서 업계 분석가들은 온라인 및 기존 오프라인 소매업체를 포함한 소매시장의 지속적인 혼란인 아마존 효과라는 용어를 만들었다.

1962년에 설립된 월마트(www.walmart.com)는 세계에서 가장 큰 전통 오프라인 소매업체이다. 이 회사는 미국의 4,700곳을 포함하여 11,700개의 매장과 6,200대의 트럭을 보유하고 있으며 27개 국가에서 2억 6,500만 명의 쇼핑객과 10개 국가에서 전자상거래 웹 사이트를 운영하고 있다. 또한 월마트는 아마존과 이베이에 이어 세 번째로 큰 온라인 소매업체이다.

월마트가 온라인 입지를 확장함에 따라 아마존과 경쟁하기 위한 전략을 개발해야 한다. 따라서 이 회사는 전자상거래 운영을 글로벌 매장 네트워크와 통합하기 위해 많은 노력을 기울이고 있다.

이 사례는 세계에서 가장 큰 전통적인 오프라인 소매업체와 세계에서 가장 큰 전자상거래 소매업체 간의 경쟁을 보여준다. 먼저 월마트를 살펴본 다음 아마존에 대해 논의해보자.

월마트

월마트 경영진은 언제 어디서나 온라인 쇼핑의 편리함을 과소평가해 왔다. 결과적으로 전자상거래 시대가 시작된 이래 월마트는 이 분야에서 성공을 거두지 못했다. 2000년에 회사의 전자상거래 매출은 총 2,500만 달러에 불과했다. 또한 그해 휴가철 이후에 1억 달러의 의류 및 기타 재고품이 쌓였다.

MIS **월마트닷컴의 재건.** 2012년 월마트는 글로벌 인터넷 운영을 강조하기 시작했다. 이 소매업체는 월마트닷컴(walmart.com)을 지원하는 오래된 기술 인프라를 재건하고 스마트폰 앱을 도입했으며 고도로 자동화된 6개의 주문처리센터를 건설했다. 이 센터를 통해 회사는 2012년 1주일에서 지상 2일 또는 항공 1일 이내에 미국 전역에서 가장 인기있는 제품을 배송할 수 있었다. 월마트의 미국 전자상거래 수익(샘즈클럽(Sam 's Club) 및 젯트닷컴(Jet.com) 포함)이 2018년에 200억 달러에 근접하여 2017년에 비해 40% 증가했다.

2018년 5월 월마트는 웹 사이트를 개편했다. 새로운 사이트는 상품을 더 쉽게 재주문하고, 주문 상태를 확인하고, 근처 월마트 매장에서 서비스를 탐색하고, 현지에서 유행하는 제품을 발견할 수 있도록 설계되어 고도로 개인화되었다.

오프라인 가격과 온라인 가격 비교. 전자상거래 매출이 증가함에 따라 월마트는 내부 문제에 직면했다. 첫 번째 문제는 가격이었다. 아마존은 보통 외부 웹 사이트들을 스캔하는 알고리즘을 사용하여 가격을 모니터링하고 찾아낸 최저가와 자사 가격을 매치시킨다. 이 정책에 따라 아마존 웹 사이트에서 상품 가격이 계속해서 변경될 수 있다.

반대로 월마트의 비즈니스 모델은 항상 오프라인 매장에서 일관된 "매일 저렴한 가격"을 설정했다. 이 전략은 월마트가 아마존의 비즈니스 모델을 따라 가격 알고리즘을 사용할 때 자사 온라인 사이트에 문제를 일으켰다. 결과적으로 온라인 가격이 자사 오프라인 매장의 가격 아래로 떨어질 수 있다. 이러한 상황이 발생했을 때 월마트 경영진은 월마트닷컴이 고객을 매장에서 쫓아낼 것이라고 걱정했다. 경영진은 매장 내 매출이 전체 월마트 매출의 97% 이상을 차지한다는 점을 잘 알고 있다.

그래서 월마트는 배송비를 줄이고 쇼핑객을 매장으로 유도하기 위해 오프라인 매장보다 온라인에서 더 높은 가격을 청구하기 시작했다. 월마트닷컴의 일부 제품에는 온라인 가격과 매장 내 가격이 표시되어 있어 고객이 차이를 확인할 수 있다. 2018년 가을, 월마트는 고객의 혼란과 불만으로 인해 이 전략을 중단했다.

2018년 9월, 월마트는 더 먼 창고에서 제품을 배송하는 것과 관련된 추가 비용을 피하기 위해 창고의 일부 제품이 재고가 없다고 온라인 쇼핑객에게 알리기 시작했다. 월마트는 인근 창고에 재고가 있는 유사한 제품을 추천했다.

POM MKT **월마트의 장터 전략.** 월마트의 또 다른 내부 문제는 외부의 타사 공급업체가 아마존의 웹 사이트에서 제품을 판매할 수 있도록 하는 아마존의 전자상거래 장터(marketplace) 전략과 관련이 있다. 중요한 것은 이 전략이 아마존 매출의 절반을 창출한다는 것이다.

월마트는 자신이 공급업체와의 관계를 지배하고 매장 내에 전체 제품 구색을 정해서 진열하는 데 익숙했기 때문에 이 전략을 채택하는 것을 주저했다. 또한 월마트에는 월마트닷컴에서 대규모 장터를 지원하는 데 필요한 기술 인프라가 없었다.

월마트는 이러한 장터 전략을 지원하기 위해 월마트닷컴에 대한 전략적 결정을 내렸다. 이 소매업체는 계속해서 대형 매장을 지으면서 다른 한편으로는 월마트닷컴의 정보기술 인프라를 개선하고 웹 사이트에서 취급하는 제품 종류를 늘렸다. 월마트가 온라인에서 제공하는 제품의 수를 늘리기 위해 사용한 전략 중 하나는 인수를 통한 것이었으며 다음 절에서 논의한다. 다른 전략은 월마트가 백화점 업체인 로드앤테일러(Lord & Taylor)와의 제휴에서 볼 수 있듯이 (외부 협업을 통한) 장터 전략을 구현하는 것이었다.

2017년 10월, 월마트와 로드앤테일러(www.lordandtaylor.com)는 월마트닷컴에 로드앤테일러 자체 공간을 마련하기 위한 대화를 시작했다. 로드앤테일러의 웹 사이트는 계속 운영될 것이며 이 백화점은 두 웹 사이트의 재고 및 주문처리를 모두 담당할 것이다. 고객은 두 채널(월마트닷컴 및 로드앤테일러닷컴)을 통해 행한 로드앤테일러 주문의 수령과 반품은 월마트 오프라인 매장에서도 할 수 있다.

2017년 2월과 7월 사이 로드앤테일러 웹 사이트의 유효 사용자는 100만 명 미만이었다. 반면에 해당 기간 동안 월마트닷컴의 유효 사용자는 약 7천9백만 명이었다. 따라서 월마트닷컴 내 입점을 통해 로드앤테일러는 더 많은 고객에게 접근할 수 있었다. 2018년 5월 로드앤테일러는 125개 이상의 브랜드를 가지고 월마트닷컴에 데뷔했다.

이런 관계는 월마트닷컴을 온라인 쇼핑몰화하려는 대규모 계획의 일부였다. 월마트는 이전 인수를 포함하여 웹 사이트에 여러 소매업체들을 입점시킬 계획이다. 월마트는 월마트닷컴의 장터에서 4천만 개 이상의 제품을 판매하지만 아마존은 4억 개 이상의 제품을 취급한다.

POM MKT MIS 인수 및 파트너십. 월마트는 전자상거래에 대한 전략의 일환으로 몇몇 회사들을 인수하고 다른 기업들과 파트너십을 맺기 시작했다. 2016년 7월 월마트와 수익 기준 중국 최대 전자상거래 업체인 제이디닷컴(JD.com)은 온라인 및 오프라인 소매를 모두 아우르는 전략적 제휴를 발표했다.

이러한 제휴에는 다음과 같은 몇 가지 사항들이 포함되었다.

- 샘즈클럽 차이나(Sam's Club China)는 제이디닷컴 내에 플래그십 스토어(flagship store)[역자주*]를 열었다. 이 매장은 6억 명의 소비자에게 서비스를 제공하는 제이디닷컴의 전국 창고 및 배송 네트워크를 통해 당일 및 익일 배송을 제공한다.
- 월마트와 제이디닷컴은 공급망을 활용하여 수입제품의 범위를 확대하는 등 중국 전역의 고객을 위한 제품 선택을 확대하고 있다.
- 월마트의 중국 매장은 제이디닷컴에서 선호하는 소매업체로 이름을 올렸다.
- 2018년 8월 월마트와 제이디닷컴은 중국 온라인 식료품 배달회사인 다다-제이디 다오지아(Dada-JD Daojia)에 5억 달러를 공동 투자했다.

2016년 8월 월마트는 15개월 된 전자상거래 회사인 젯트닷컴(www.jet.com)을 34억 달러의 현금과 주식으로 인수했다. 월마크는 제트를 별도의 브랜드로 유지하고 있지만 제트의 대량 주문 전략을 사용하여 전자상거래 비즈니스를 더 빠르게 성장시키고 더 많은 밀레니엄 세대 고객에게 다가가려고 한다. NPD 그룹(www.npd.com)의 데이터에 따르면 제트는 월마트보다 연간 수입이 15만 달러 이상인 부유한 쇼핑객에게 어필할 가능성이 더 높다고 한다.

그리고, 다음 2017년 1월, 월마트는 아마존 소유 자포스(Zappos; www.zappos.com)의 경쟁자인 슈즈닷컴(www.shoes.com)을 7천만 달러에 인수했다. 1999년에 설립된 슈즈닷컴은 온라인에서 신발을 판매한 최초의 회사 중 하나이다. 이 회사는 독립적인 월마트 자회사로 남아 있었고 CEO인 마이크 소라벨라(Mike Sorabella)는 그의 직책을 그대로 유지했다. 월마트는 지난 2월 아웃도어 의류 판매자인 무스죠(MooseJaw; www.moosejaw.com)를 5,100만 달러에 인수했다. 다음 달에는 패션 소매업체인 모드클로스(ModCloth; www.modcloth.com)를 4,500만 달러에 매입했다. 세 회사 모두 월마트닷컴에서 제품이 판매되는 독립적인 월마트 자회사로 남아있다. 이 세 회사의 창립자들은 월마트닷컴 CEO인 마크 로어(Marc Lore)의 대리인으로 경영을 전담한다.

2017년 6월 월마트는 남성복 웹 사이트인 보너보스(Bonobos; www.bonobos.com)를 3억 1천만 달러에 인수했다. 보너보스는 또한 노스트럼(Nordstrom) 백화점에서 부티크와 오프라인 매장 수십 개를 운영한다. 이 회사는 친절한 배송 및 반품 정책과 고객 서비스가 뛰어난 직원이라는 두 가지 경쟁우위를 갖추고 있다.

2017년 8월, 월마트와 구글은 구글의 온라인 쇼핑몰인 구글 익스프레스(Google Express)에서 쇼핑하는 사람들에게 월마트 제품을 제공하는 파트너십을 발표했다. 월마트가 월마트닷컴을 제외한 미국에서 온라인으로 제품을 판매한 것은 이번이 처음이다.

2017년 10월 월마트는 뉴욕시의 소형 택배배송회사인 파슬(Parcel; www.fromparcel.com)을 인수했다. 파슬은 신선하고 부패

역자주* 성공한 특정 상품 브랜드를 앞세워 전체 브랜드의 성격과 이미지를 극대화하는 매장

하기 쉬운 음식을 도시의 가정에 공급하는 것을 전문으로 한다. 월마트는 2019년 말까지 미국의 절반 이상에 당일 배송을 제공할 계획이다.

2018년 1월 월마트는 등록 사용자가 9,300만 명에 달하는 일본의 전자상거래 선두업체인 라쿠텐(Rakuten)과 파트너십을 맺어 월마트가 처음으로 웹 사이트에서 디지털 도서를 판매할 수 있게 되었다. 이 파트너십을 통해 월마트는 일본에서 온라인 식료품 사업을 확장할 수 있었다.

2018년 5월 월마트는 인도 전자상거래 업체 플립카트(Flipkart)의 지분 77%를 160억 달러에 매입했다. 4억 명이 넘는 밀레니얼 세대가 살고 있는 인도는 세계에서 가장 빠르게 성장하는 주요 경제국가이다. 월마트와의 거래는 플립카트에게 오프라인 매장운영과 공급망관리의 전문지식을 제공했다. 그러나 분석가들은 플립카트를 수익성 있는 사업으로 바꾸는 데 월마트가 수십억 달러의 비용이들 것이라고 예상한다.

또한 2018년 5월 월마트는 바쁜 도시 가정을 위한 컨시어지 쇼핑 서비스인 제트블랙(Jetblack)을 선보였다. 월 50달러에 회원은 자신의 요청을 문자로 보내고 월마트, 제트 및 삭스(Saks) 백화점, 세포라(Sephora)와 같은 기타 소매업체에서 선물포장이 포함된 당일 배송을 받을 수 있다.

2018년 9월 월마트는 주문형 집안일 도우미 회사 핸디(Handy; www.handy.com)와 제휴하여 월마트닷컴에서 집안일에 대한 전문적인 지원을 서비스했다. 월마트는 이전에 일부 매장에서 핸디의 설치 도우미 서비스를 제공했으나 이제는 온라인으로 훨씬 더 많은 고객에게 서비스를 제공할 수 있다.

MKT MIS 인수합병이 월마트의 전자상거래 노력을 돕는다. 제트 인수는 월마트에게 도움이 되었다. 제트는 자체적으로 재고를 유지하기보다는 판매자의 분산된 장터 네트워크를 활용한 경험이 있다. 또한 제트는 고객 쇼핑 데이터, 각 주문의 바구니 크기 및 각 주문의 제품 내역을 포함하여 방대한 양의 데이터를 수집한다.

제트의 가격 알고리즘은 특히 주목할 만한다. 이 회사는 사용자가 유통센터에 있는 제품을 한 번에 더 많이 구입하면 가격을 낮춰준다. 이러한 방식으로 제트는 판매될 제품을 준비하고 배송하는데 드는 비용을 절약한다.

사용자가 장바구니에 물건을 추가하면 제트는 가격 인센티브를 사용하여 더 추가하도록 유도한다. 제트는 또한 사용자가 할인된 가격에 대한 대가로 상품을 무료로 반환하는 기능을 사용하지 않는 옵션 등 결제 프로세스 중에 고객에게 가격 옵션을 제공한다. 이 회사는 또한 제트가 신용카드 회사의 거래 수수료를 지불할 필요가 없도록 사용자에게 신용카드 대신 직불카드를 사용하도록 유도하는 가격 인센티브를 제공한다.

2016년 9월 월마트는 제트의 CEO인 마크 로어가 미국 내 전체 전자상거래를 담당하게 했다. 로어의 임무는 아마존과 경쟁하기 위해 월마트의 전자상거래 운영을 활성화하는 것이다. 로어는 월마트닷컴이 의류, 신선식품, 약품은 물론 책, 전자제품, 장난감과 같은 전자상거래 필수품 등 온라인에서 인기있는 제품들을 제공하도록 발빠르게 조치했다.

또한 로어는 고객이 한 번에 더 많은 제품을 구매할 때 할인을 제공하여 하나의 박스로 더 효율적으로 배송할 수 있도록 하는 전술로 월마트닷컴에서 35달러 이상의 주문에 대한 무료 배송을 발표했다. (아마존은 이에 대한 응답으로 프라임 회원이 아닌 회원을 위해 무료 배송 최소 구매 금액을 49달러에서 35달러로 낮추었다.) 로어는 소매업체들이 개별 품목을 따로따로 배송해서는 돈을 벌 수 없다고 주장한다. 그러나 아마존은 방대한 규모와 매우 효율적인 주문처리센터를 갖추고 있어 소비자가 필요할 때마다 상품 하나만 주문하더라도 수익성이 있다.

2017년 4월, 로어는 아마존이 따라하기 힘든 온라인 고객을 위한 새로운 할인을 정책을 도입했다. 특히 월마트는 집이나 다른 장소가 아닌 월마트의 미국 매장 중 한 곳으로 상품을 배송받는 고객에게 할인을 제공한다. 이 프로세스를 매장으로의배송(ship-to-store)이라고 한다.

구매를 위해 온라인으로 체크아웃하는 동안 쇼핑객은 구매품을 월마트 매장으로 배송하거나 다른 곳으로 보낼 수 있는 옵션이 제공된다. 구매자가 상품을 매장으로 배송하기로 선택하면 월마트는 적격 상품에 대해 할인을 제공한다. 고객이 상품을 집으로 배송하기로 선택한 경우 가격은 동일하게 유지되며 월마트에서 무료로 배송한다. 2017년 6월까지 100만 개 이상의 품목에 할인을 적용했다. 그러나 아직 매장에서 구매할 수 없는 품목에 대해서만 이러한 할인을 제공한다.

할인율은 제품마다 다르다. 일반적으로 부피가 큰 품목은 배송비용이 더 많이 들기 때문에 더 큰 할인이 적용된다. 아마존에는 오프라인 매장이 거의 없기 때문에 아마존이 이러한 방식을 도입하기는 어려울 것이다.

로어는 과거 문제를 일으킨 오프라인 매장과 월마트닷컴 사이의 장벽을 제거하고 있다. 예를 들어, 그는 쉬운재주문(Easy Reorder)이라는 서비스를 확장하고 있다. 고객이 월마트 매장에서 신용카드로 구매하는 모든 것은 온라인 계정에 표시되며 한 번의 클릭으로 재주문할 수 있다.

로어는 또한 식료품을 우선시한다. 이 소매 부문에서 미국의 선두주자인 월마트는 2018년 말부터 고객이 식료품을 온라인으로 주문하고 2,200곳의 월마트 매장에서 픽업할 수 있도록 했다(클릭 앤 콜렉트라고 하는 프로세스).

온라인으로 구매한 모든 품목의 30% 이상이 반품되기 때문에 제품 반품 프로세스는 최대한 간단해야 한다. 미국 인구의 약 90%이 월마트 매장에서 10마일 이내에 거주하기 때문에 빠른 매장 내 제품 반품 옵션은 매우 매력적이다. 이에 따라 2017년 11월 월마트는 온라인 및 매장 내 구매를 빠르고 쉽게 반품할 수 있는 모바일 익스프레스 반품 프로그램을 구현했다. 프로그램을 활용하기 위해 고객은 월마트의 앱을 사용하여 매장에 가기 전에 반품할 제품의 QR 코드를 받는다. 그곳에서 월마트 매장 내 전용 모바일 익스프레스 랜드(Mobile Express Land)에서 QR 코드를 스캔하여 즉시 환불을 받는다. 월마트는 상품을 반품하는 데 필요한 시간이 5분에서 30초로 단축되었다고 말한다.

2018년 8월 월마트는 타사 판매자를 위한 새로운 장터 반품(Marketplace Returns) 프로그램을 도입했다. 이 프로그램에 따라 타사 판매자는 월마트의 반품 배송 서비스에 접속하여 할인된 배송비를 활용할 수 있다. 더욱이 월마트닷컴 쇼핑객은 타사 판매자의 제품 반품 정책을 확인하고, 월마트닷컴 계정에서 라벨을 인쇄하여, 월마트의 고객 서비스 담당자에게 문의할 수 있다. 월마트는 또한 쇼핑객이 월마트 매장에서 타사 판매자의 주문을 반품할 수 있도록 하여 아마존보다 뚜렷한 월마트의 이점을 제공하는 것을 고려하고 있다.

MIS **클라우드 컴퓨팅의 활용.** 월마트는 내부에서 클라우드 컴퓨팅을 수행하기 위해 6개의 거대한 서버 팜[역자주*]을 구축했다. 이 소매업체의 클라우드 컴퓨팅 전략의 목적은 아마존과 보다 효과적으로 경쟁할 수 있도록 하는 것이다. 이 조치는 월마트에 몇 가지 주요 이점을 제공했다. 클라우드 컴퓨팅을 통해 월마트는 다음을 수행할 수 있다.

- 전체 산업 내 평균 성장 수준보다 훨씬 더 높은 온라인 판매 증가
- 아마존과 가격 경쟁력 유지
- 재고에 대한 엄격한 통제 유지
- 쇼핑객에게 보다 맞춤화된 제안 및 개선된 서비스 제공
- 고객이 온라인 구매를 오프라인 매장으로 반품할 수 있는 프로세스를 60% 단축

아마존

물론 아마존이 가만히 있지는 않는다. CIRP(Consumer Intelligence Research Partners; www.cirpllc.com) 보고서에 따르면 미국 전체 가구의 약 50%가 아마존 프라임(Amazon Prime; 1억 명의 회원)에 가입해 있다. 또한 2018년에는 전체 온라인 소매판매의 약 48%가 아마존을 통해 이루어졌다. 아마존의 몇 가지 조치를 살펴보자. 의미심장하게도 월마트가 온라인 비즈니스를 확장함에 따라 아마존의 최근 움직임 대부분은 오프라인 소매점 개발과 관련되었다.

아마존의 온라인 소매업 성공에도 불구하고 시간이 지남에 따라 사람들이 직접 (오프라인에서) 쇼핑하는 것도 좋아함이 분명해졌다. 가장 주목할 만한 예는 식료품이다. 따라서 2017년 8월 아마존은 홀푸드마켓(Whole Foods Market; www.wholefoodsmarket.com)을 134억 달러에 매입했다. 홀푸드는 인공 방부제, 색소, 향료, 감미료 및 수소 첨가 지방 없이 생산된 식품을 취급하는 미국 유기농 슈퍼마켓 체인이다. 2019년 7월 현재 이 체인은 미국, 캐나다 및 영국에 500개의 오프라인 점포를 보유하고 있다.

POM MKT 아마존의 홀푸드 인수에는 중요한 전략적 배경이 있다. 각 홀푸트 매장은 아마존의 주요 도시 및 교외 소매점 및 유통허브 역할을 한다. 미국인들은 소비자 편의를 매우 중요하게 생각하기 때문에 아마존은 이제 식품배달 사업에 진지하게 진출하여 블루에프론(Blue Apron; www.blueapron.com), 그럽허브(GrubHub; www.grubhub.com) 및 기타 회사를 식품배달 시장에서 무너트릴 수 있는 위치에 있다.

홀푸드 인수 후 바로 아마존은 홀푸트에 변화를 줬다. 여기 몇 가지 예를 보자:

- 인수가 완료된 날, 많은 홀푸드 제품의 가격이, 어떤 제품은 40%까지 떨어졌다.
- 홀푸드는 아마존프라임이 홀푸드의 현 로열티 프로그램을 대체한다고 발표했다.
- 아마존은 아마존닷컴에 1,000개 이상의 홀푸드 항목을 추가했다. 또한 홀푸드 상품은 아마존프레시(AmazonFresh), 프라임팬트리(Prime Pantry) 및 프라임나우(Prime Now)에서도 사용할 수 있게 되었다. 2018년 8월 아마존은 두 곳의 홀푸드 매장에서 클릭 앤 컬렉트 서비스를 선보였다. 고객이 이 서비스에 참여하려면 아마존프래쉬 멤버십이 있어야 한다. 아마존프래쉬는 아마존의 식료품 배달 서비스로 프라임 회원에게 14.99달러의 추가 요금이 부과된다. 아마존은 고객이 주차장에 들어올 때 자동으로 감지하여 주문을 더 빨리 가져올 수 있는 기술을 개발하고 있다.
- 고객은 아마존닷컴 주문을 픽업할 때까지 특정 홀푸드 매장의 아마존 사물함으로 배달할 수도 있다. 고객은 이러한 사물함을 사용하여 아마존 구매품을 반품할 수도 있다. 아마존 사물함은 고객에게 아마존 구매품을 픽업하고 반품할 수 있는 셀프 서비스 배송 장소가 된다.

역자주* 서버 클러스터라고도 하는 서버 팜은 일반적으로 기업 및 호스팅 공급자가 유지 관리하는 컴퓨터 서버 모음으로, 한 시스템의 기능을 훨씬 뛰어 넘는 서버 요구사항을 충족함.

아마존이 홀푸드를 인수한 경우와 같이 아마존은 오프라인 매장을 늘리고 있다. 대부분의 관심은 아마존의 식료품점 전략에 초점을 맞추었지만 회사는 다른 여러 실험을 진행 중이다.

아마존은 가구와 가정용 애플리케이션을 판매하기 위한 매장을 설립하는 아이디어를 모색하고 있는데, 이는 쇼핑객들이 직접 보지 못하는 인터넷에서 구매하기를 꺼리는 종류의 제품이다. 매장은 사람들이 직접 상품을 보고 집으로 배달할 수 있는 쇼케이스 역할을 한다. 아마존은 이러한 매장에서 증강현실(AR) 및 가상현실(VR) 사용을 고려하고 있다. 예를 들어 AR과 VR을 통해 고객은 가정에서 소파와 스토브가 어떻게 보이는지 확인할 수 있다.

아마존도 애플의 소매점과 비슷한 전자제품 매장을 생각하고 있다. 이런 매장들은 에코(Echo) 스마트홈 스피커 및 프라임비디오(Prime Video) 스트림 서비스와 같은 아마존 기기 및 서비스에 중점을 둔다.

2017년 1월 아마존은 계산원이 필요 없는 편의점인 아마존고(Amazon Go)를 오픈했다. 매장은 센서, 카메라, 인공지능의 조합을 사용하여 쇼핑객이 선반에서 꺼내는 음식을 자동으로 감지하므로 계산원에게 가지 않고도 매장을 떠날 수 있다. 아마존은 아마존고를 전국적으로 확장하고 있다. 2019년 7월까지 아마존은 11개의 아마존고 매장을 열었다.

아마존은 샌프란시스코 스타트업 지핀(Zippin; www.getzippin.com)과 이 분야에서 경쟁하고 있다. 또한 에이피(AiFi; www.aifi.io), 에이폴리(Aipoly; www.aipoly.com) 및 트리고비전(Trigo Vision; www.trigovision.com)과 같은 여러 회사에서 계산원이 없는 매장에 필요한 기술을 개발하고 있다.

흥미롭게도, 월마트는 2018년 5월에 계산원이 없는 결제를 시도한 스캔앤고(Scan & Go) 프로그램을 종료했다. 이 프로그램을 통해 고객은 스마트폰앱으로 항목을 스캔하고 앱에서 청구서를 지불하고 나가는 길에 매장 안내인에게 디지털 영수증을 보여줌으로써 계산대를 건너뛸 수 있었다.

미국 내 사업을 확장하는 것 외에도 아마존은 새로운 오프라인 식료품점을 위해 인도를 목표로 하고 있다. 인도는 쇼핑객들이 이 매점 저 매점을 다니면서 가격을 놓고 흥정하는 전통적인 거리 바자회가 지배하는 광대한 시장이다.

아마존은 오프라인 서점도 만들고 있다. 이 회사의 플래그십 서점인 아마존북스(Amazon Books)는 2015년 11월 워싱턴 시애틀에 문을 열었다. 아마존은 2019년 7월까지 17개의 서점을 열었다.

아마존은 식음료 시장에도 진출했다. 2016년 6월, 회사는 해피벨리(Happy Belly)라는 자체 브랜드 커피를 출시했다. 이번 출시로 아마존은 스타벅스와 직접 경쟁하게 되었다. 2019년 기준으로 회사 자체 소유의 스타벅스 매장은 약 8,575개, 임대 매장은 6,031개(키오스크 등)이다.

MKT 2017년 6월 아마존은 고객이 실제로 구매하지 않고도 한 번에 3~15개의 의류를 주문할 수 있는 프라임워드롭(Prime Wardrobe)이라는 새로운 프로그램을 발표했다. 아마존은 고객이 보유하는 품목에 대해서만 비용을 청구한다. 고객은 주문된 상품 수령 시 배송 라벨이 미리 인쇄된 재밀봉 가능한 상자를 함께 받으며 원하지 않는 품목은 7일 이내에 이를 통해 반품할 수 있다. 프라임워더비를 통해 고객은 캘빈클라인, 리바이스, 아디다스, 휴고보스, 라코스테 같은 브랜드의 의류, 액세서리 및 신발 100만 개 이상의 품목을 착용해볼 수 있다.

프라임워더비는 아마존프라임 회원 전용 옵션이다. 이 서비스를 통해 아마존은 의류 반품을 미묘하게 억제할 수 있다. 회사는 3~4개 제품을 반품하지 않고 최종 구매한 고객의 경우 주문 구매 가격에서 10%, 5개 이상의 품목을 구매한 고객에게는 20%를 할인한다. 이런 아마존의 서비스는 스티치픽스(Stitch Fix)와 직접 경쟁한다(12장의 도입사례 참조).

2017년 10월 아마존은 자체 개발 스포츠웨어 분야에 진출했다. 이 온라인 거인은 시험의 일환으로 두 대만 활동복 제조업체로부터 소량의 제품을 구입했다. 마칼롯(Makalot Industrial Company; www.makalot.com.tw)은 갭, 유니클로 및 콜즈의 의류를 생산하고 이클랫(Eclat Textile Company; www.eclat.com.tw)은 나이키, 루루레몬 아스레티가(Lululemon Athletica)와 언더아머의 의류를 생산한다.

2018년 6월 아마존은 사용자가 처방이 필요 없는 약을 구입할 수 있는 온라인 약국인 필팩(PillPack)을 10억 달러 미만에 인수했다. 필팩은 미국 50개 주에서 운영할 수 있는 라이센스를 보유하고 있다. 이 회사의 파머시OS(PharmacyOS)는 환자 데이터를 관리하고 고객을 위해 안전한 용량으로 약물의 균형을 맞추는 방법을 알아내는 데 도움이 되는 플랫폼이다.

아마존의 이런 업체 인수는 이 전자상거래 거인이 미국 경제에서 4조 달러 규모인 의료 분야에서 더 큰 역할을 하기를 희망하는 의지를 보여준다. 아마존은 e-헬스케어를 소비자가 건강관리에서 원하거나 필요로 할 때 우선적으로 선택하는 핵심 서비스로 인식하고 있다.

또 다른 흥미로운 움직임은 아마존의 글로벌 공급망이다. 이 영역에서 아마존의 노력에 대한 논의는 11장의 종료사례를 참조하고 아마존의 B2B 비즈니스를 살펴보려면 IT와 기업사례 7.3을 참조하라.

맺음말

소매업체들은 데이터를 사용하여 결정을 내려야 한다. 이 영역에서 아마존은 월마트보다 앞서 있다. 아마존은 특정 제품을 고객에게 제공하고 실시간 데이터를 사용하여 제품에 변동 가격을 적용하는 알고리즘 방식으로 뚜렷한 경쟁우위를 확보하고 있다. 대조적으로 월마트는 이 분야에서 상당히 뒤처졌다. 제품 배치 및 가격책정에 있어 보다 정확한 의사결정에 필요한 소비자 데이터의 양과 품질을 수집할 수 있는 온라인 플랫폼의 부재가 월마트를 뒤쳐지게 했다.

월마트는 아마도 세계 최고의 오프라인 유통 및 소매 네트워크를 보유하고 있는 반면 아마존은 전자상거래의 확실한 리더이다. 가장 큰 의문은 다음과 같다. 월마트가 자체 공급망에 주요 디지털 기능을 추가하고 월마트닷컴을 실제 매장과 통합하기 전에 아마존이 월마트 매장에 대응하는 대규모 유통 네트워크와 오프라인 매장을 구축할 수 있을까?

디지털 소매와 오프라인 소매를 구분하는 경계가 모호하다. 앞서 논의한 바와 같이 월마트는 전자상거래로 중요한 전략적 전환을 하고 있으며 아마존은 오프라인 상거래에 대해서도 마찬가지로 중요한 전략적 전환을 하고 있다.

그리고 요점은? 아마존은 2018년 총 매출 2,330억 달러를 달성했으며 월마트는 총 매출 5천억 달러를 달성했다. 중요한 것은 2019년 7월 12일 아마존의 시가 총액이 9,900억 달러이고 월마트가 3,300억 달러였다.

출처: Compiled from G. Magana, "Walmart's New Fulfillment Strategy Causing Out-of-Stocks," *Business Insider*, September 4, 2018; D. Keyes, "Walmart Is Revamping Returns for Third-Party Orders," *Business Insider*, August 10, 2018; M. Corkery, "Playing Catch-Up with Walmart, Amazon Offers Digital Grocery Pickup at Whole Foods," *New York Times*, August 8, 2018; I. Lunden, "Amazon Buys PillPack, an Online Pharmacy, for Just under $1B," *TechCrunch*, June 28, 2018; M. Boyle, "Walmart Unveils a Concierge Shopping Service," *Bloomberg*, May 31, 2018; L. Thomas, "Walmart and Lord & Taylor Ready for New Web Store Rollout," CNBC, May 16, 2018; M. Corkery, "How Walmart, the Big Seller, Is Shopping for a Fight with Amazon," *New York Times*, May 9, 2018; D. Becerril, "Walmart.com Is Getting a New Look – and It's a Radical Change for the Company," *Reuters*, April 17, 2018; J. Risley, "Walmart's US Online Sales Grow 44% in 2017 despite Q4 Stumble," *Internet Retailer*, February 20, 2018; D. Keyes, "Walmart Is Charging Different Prices Online and In-Store," *Business Insider*, November 15, 2017; J. Perlow, "First, Amazon Destroyed Retail – Now, It's Coming for Starbucks," *ZDNet*, October 30, 2017; S. Liss, "Amazon Gains Wholesale Pharmacy Licenses in Multiple States," *St. Louis Post-Dispatch*, October 27, 2017; D. Keyes, "Walmart.com May Become an Online Mall," *Business Insider*, October 20, 2017; L. Rupp and D. Wei, "Amazon Is Getting into Sportswear," *Bloomberg*, October 13, 2017; D. Keyes, "Walmart Announces Speedy Returns Program," *Business Insider*, October 10, 2017; T. Mogg, "Walmart's Shopping App Is about to Speed up In-Store Returns," *Digital Trends*, October 9, 2017; K. Taylor, "Here Are All the Changes Amazon Is Making to Whole Foods," *Business Insider*, September 21, 2017; K. Kelleher, "How Walmart Uses AI to Serve 140 Million Customers a Week," *VentureBeat*, July 11, 2017; N. Wingfield, "Amazon Will Let Customers Try on Clothes before Buying," *New York Times*, June 20, 2017; M. de la Merced, "Walmart to Buy Bonobos, Men's Wear Company, for $310 Million," *New York Times*, June 16, 2017; H. Peterson, "'This Is a Death Spiral': The Tsunami of Store Closures Is Doubling in Size," *Business Insider*, June 3, 2017; "Wal-Mart Files Patent for Amazon Dash Rival," *Reuters*, May 4, 2017; B. Stone and M. Boyle, "Can Wal-Mart's Expensive New E-Commerce Operations Compete with Amazon?" *Bloomberg BusinessWeek*, May 4, 2017; Walmart Cuts HQ Staff, Fights Amazon with New Discounts," *Forbes*, April 17, 2017; H. Peterson, "Walmart Has a New Kind of Discount – and It's Impossible for Amazon to Beat," *Business Insider*, April 12, 2017; D. Alba, "Amazon's Time-Saving Trick for Groceries: You Drive to Us," *Wired*, March 28, 2017; N. Wingfield, "Amazon's Ambitions Unboxed: Stores for Furniture, Appliances, and More," *New York Times*, March 25, 2017; N. Levy, "Walmart Buys Zappos Competitor Shoe- Buy for $70M to Help Jet.com Battle Amazon on Online Apparel," *GeekWire*, January 6, 2017; N. Carr, "Amazon's Next Big Move: Take over the Mall," *MIT Technology Review*, November 14, 2016; G. Petro, "Amazon vs. Walmart: Clash of the Titans," *Forbes*, August 25, 2016; S. Pettypiece and S. Wang, "Wal-Mart to Acquire Jet.com for $3.3 Billion to Fight Amazon," *Bloomberg*, August 8, 2016; H. Malcolm, "Why Walmart Is Spending $3B for Online Seller Jet.com," *USA Today*, August 8, 2016; and www.amazon.com, www.walmart.com, accessed July 13, 2019

질문

1. 월마트가 전자상거래로 진출하려는 명확한 이유를 논의하고 분석해보자.
2. 아마존이 전통적인 오프라인 상거래로 진출하는 명확한 이유를 논의하고 분석해보자.
3. 어느 한 쪽이 결국 경쟁에서 '승리'할 것이라고 생각하는가? 그렇다면 어느 쪽인가? 답을 뒷받침해보자.
4. 2019년 7월 아마존의 시가 총액이 월마트보다 훨씬 큰 이유를 추측해보자.

8장

무선, 모바일 컴퓨팅 및 모바일 커머스

장의 구성

8.1 무선통신 기술

8.2 무선 컴퓨터 네트워크와 인터넷 접속

8.3 모바일 컴퓨팅과 모바일 상거래

8.4 사물인터넷(IoT)

학습목표

8.1 네 가지 주요 무선 전송 매체의 유형을 설명하고, 각 유형의 장단점을 최소 한 가지씩 들어보자.

8.2 근거리, 중거리, 광대역 무선통신 네트워크의 각 기본 목적을 논의하고, 비즈니스를 위해 각 네트워크 유형마다 최소 한 가지 기술을 어떻게 활용할 수 있는지 설명해보자.

8.3 다섯 가지 주요 모바일 전자상거래 응용 분야를 논의하고, 각 응용 분야가 어떻게 기업에 도움이 될지 구체적인 예를 들어보자.

8.4 사물인터넷을 정의하고, 기업들이 어떻게 사물인터넷을 활용할 수 있을지 설명해보자.

MIS

2015년 12월 23일 경찰은 리차드 드베이트와 코니 드베이트 부부의 고향인 코네티컷주 엘링턴에서 발생한 강도 신고를 받고 출동했다. 경찰은 코니가 총상으로 죽고 남편 리차드는 다친 것을 발견했다. 리차드는 경찰에 그와 아내가 주거 무단 침입자의 희생자라고 말했다. 당시 경찰은 누구도 체포하지 못했다.

리차드는 경찰에 아들들을 학교버스 정류장에 데려주고 오전 8시 30분경에 출근했다고 말했다. 그는 집의 외부자 칩입 경보가 휴대전화를 통해 전해졌 때 약 5분 동안 운전 중이었다고 주장했다. 그는 길가에서 상사에게 이메일을 보내고 집에 가기 전에 경보 내용을 확인했다고 말했다. 그는 오전 9시경에 집으로 돌아온 것으로 추정했다.

리차드는 그가 집에 도착했을 때 복면을 쓴 남자가 숨어 있었다고 말했다. 그는 아내가 YMCA에서 집으로 돌아왔을 때 그 남자가 자신을 인질로 잡고 있었다고 진술했다. 리차드는 아내가 차고 문을 통해 집으로 들어오는 소리를 듣고 그녀에게 도망치라고 소리쳤다. 남자는 지하실로 향하던 아내를 뒤쫓아 두 번 총을 쐈다.

리차드에 따르면 그는 침입자를 따라잡았다. 그러나 그 남자는 그를 제압하고 의자에 묶고 칼로 찌르고 횃불로 그를 내리쳤다. 리차드는 그 남자와 싸우면서 횃불을 빼앗아 남자의 얼굴을 공격했다고 주장했다. 침입자가 도망친 후 리차드는 지하실에서 나와 전화를 찾아 911에 신고했다.

경찰은 부부의 전화 및 페이스북 기록, 문자메시지, 리차드의 노트북 컴퓨터 기록, 코니의 핏빗(Fitbit) 기록에 대한 수색영장을 발부받았다. 이런 기록들로 경찰은 리차드가 침입자와 맞닥뜨리고 코니가 살해당했다고 경찰에 신고한 시점의 1시간 전 상황을 재현할 수 있었다.

수사관은 스마트폰, 노트북, 보안경보기록 및 코니 핏빗 등 다양한 데이터에 크게 의존했다. 그들은 시간경과에 따라 다음과 같이 상황을 재구성했다.

- 오전 8시 46분경 코니의 핏빗은 그녀가 YMCA로 떠났음을 보여준다.
- 오전 8시 53분경 YMCA 주차장의 감시카메라에는 코니가 그곳에 도착했음을 확인해준다. 그 무렵, 그녀는 페이스북을 통해 심리치료사에게 메시지를 보냈다.
- 9시 4분에 리차드는 직장 상사에게 늦을 것임을 알리는 이메일을 보냈다. 그것은 그가 경찰에게 말한 것처럼 길가에서 핸드폰을 사용해서가 아니라 그의 노트북를 통해서였다.
- 9시 18분에 리차드는 코니 일행의 운동 일정을 보기 위해 YMCA 웹 사이트를 찾았다.
- 9시 18분에 감시카메라에 코니가 YMCA를 떠났음이 나타난 후 그녀는 누군가에게 전화를 걸었다.
- 9시 23분, 집으로 돌아가는 차 안에서 9분 동안 유휴 상태였던 코니의 핏빗은 차고 문이 열렸다는 경보 기록이 뜬 이 시점에 다시 활성화되었다. 경찰은 그녀가 집에 도착했을 때라고 믿는다.
- 9시 40분부터 9시 46분까지 코니는 아이폰을 사용하여 페이스북에 동영상 2개를 게시한 다음 페이스북으로 친구에게 메시지를 보냈다.
- 10시 5분에 코니의 핏빗이 마지막 작동한 것으로 기록되었다. 집에 돌아온 시간과 핏빗이 멈춘 시간 사이에 그녀는 집 내부에서 1,220m의 거리를 이동했다. 더욱이 그녀는 리차드가 그녀가 이동한 전체 경로였다고 주장한 차와 지하실 사이의 거리보다 핏빗 기록상으로 10배의 거리를 움직였다. 집안에서 그녀의 마지막 움직임이 있었던 시간은 아내가 침입자에게 살해당했다고 리차드가 형사들에게 말한 시점보다 한 시간 뒤인 10시 5분이었다.
- 10시 11분에 리차드의 열쇠고리에서 보안시스템의 비상경보가 작동되었다. 이는 그날 아침 비상경보가 울린 유일한 시간이지만 리차드는 그날 아침 출근 중에 경보를 받았다고 주장했다.
- 10시 16분에 경찰은 보안경비회사로부터 911 전화를 받았다.
- 10시 20분에 리차드는 911에 전화했다.

경찰에 따르면 리차드는 그의 진술을 여러 번 바꿨다. 또한 그의 이야기는 증거와 일치하지 않았다. 경찰은 누군가 집을 침입하지 않았고 집안에서 혼란이 없음을 확인했다. 경찰 수사관은 도난당한 것이 없다는 것을 알았다. 수사관과 경찰견은 집에서 누군가가 재산을 탈취했다는 증거를 찾지 못했다. 법의학 증거에 따르면 코니의 총상은 그녀가 총격을 당하기 몇 달 전에 리차드가 구입한 권총에서 나온 것이다. 경찰견은 리차드의 이외의 사람 냄새는 찾지 못했다. 수사관들은 리차드의 부상이 자해일 수 있다고 보고했다.

살인이 있은지 1년이 넘은 후 경찰은 아내를 살해한 혐의로 리차드를 기소했다. 그는 무죄를 주장했다.

경찰은 또한 리차드에게 여자친구가 있고 임신했다는 사실도 찾아냈다. 리차드는 처음에 아내도 자신이 미혼인 친구를 임신시켜 그녀가 아기를 갖도록 도왔다는 것을 알고 있었고 세 사람은 아기를 공동 양육할 계획이라고 경찰에 말했다. 나중에 그는 아내가 불륜과 아기를 알지 못했다고 인정했다.

2017년 11월 리차드의 변호사 허트브 산토스는 "리차드를 살인자로 미리 특정하기 위한 대중 선동을 시도한" 유언 검인 법원[역자주*] 판사의 재판 전 언론 플레이를 이유로 리차드에 대한 혐의를 기각하도록 신청서를 제출했다. 리차드의 변호사는 코니의 모든 계정을 동결하고, 리차드가 살인혐의가 계류중인 동안에도 유언 검인 법원에서 증언하도록 강요하며, 리차드가 사망한 후 아내의 계정에서 인출한 돈으로 무엇을 했는지 질문함으로써 유언 검언 판사는 의뢰인이 공정한 재판을 받을 기회를 제공하지 않았다고 주장했다.

산토스 변호사는 또한 핏빗 증거에 대한 의문을 제기했으며, 배심원에게 제출되는 것을 막으려고 노력할 것이라고 말했다. 산토스는 핏빗이 음주운전과 관련된 사례에서 증거 채택이 허용되는 음주측정기(Intoximeter)와 같이 정확한 수치를 나타내는 기기가 아니라고 주장했다.

핏빗 대변인은 이 사건에 대해 논평을 거부했다. 그러나 그녀는 법원 영장이 있는 경우에만 핏빗 기기로부터 (사용자의) 콘텐츠와 데이터를 제공한다는 회사 정책을 언급했다. 영장 없이는 핏빗은 기기 및 온라인 앱의 설정 및 데이터의 공유를 거부한다.

2018년 7월 검찰은 마침내 경찰이 수사과정에서 수집한 모든 증거를 모두 리차드의 변호사들에게 전달했으며, 이들은 자신들에게 넘겨진 수천 페이지를 검토해야 한다고 말했다. 2019년 1월 리차드는 자신의 사건이 재판을 받기를 원한다고 주장하며 플리바겐[역자주**]을 거부했다. 그의 변호사들은 재판이 몇 년 뒤에 있을 가능성이 있다고 지적했다.

출처: Compiled from N. Rondinone, "Richard Dabate Rejects Plea Deal in Fitbit Murder Case, Pushes for Trial in Wife's Killing," *Hartford Courant*, January 24, 2019; D. Altimari, "All Evidence Turned over as Fitbit Murder Case Moves toward Trial," *Hartford Courant*, July 20, 2018; D. Altimari, "More Evidence Turned over in Fitbit Murder Case," *Hartford Courant*, January 19, 2018; D. Altimari and D. Owens, "Citing Probate Case Publicity, Richard Dabate Wants Murder Charge Dismissed," *Hartford Courant*, November 8, 2017; C. Dehnel, "Ellington Murder Case Gets Another Continuance," *CT Patch*, July 28, 2017; D. Owens, "Richard Dabate's Case Continued Until July 28," *Hartford Courant*, June 16, 2017; A. Dash, "New Details Emerge in Connie Dabate Connecticut Murder Case," *Crime Watch Daily*, May 2, 2017; T. Connor, "Fitbit Murder Case: Richard Dabate Pleads Not Guilty in Wife's Death," NBC News, April 29, 2017; C. Hauser, "In Connecticut Murder Case, a Fitbit Is a Silent Witness," *New York Times*, April 27, 2017; "Police Use Murdered Woman's Fitbit Movements to Charge Her Husband," CNN, April 26, 2017; "Slain Woman's Fitbit Data Cited in Murder Case Against Husband," CBS News, April 25, 2017; J. Miller, "Fitbit May Do Husband in for Wife's Murder," *New York Post*, April 25, 2017; J. Lartey, "Man Suspected in Wife's Murder after Her Fitbit Data Doesn't Match His Alibi," *The Guardian*, April 25, 2017; J. Schroeder, "Fitbit Fitness Tracker Cracks Connecticut Murder Case," *New York Daily News*, April 24, 2017; D. Altimari, "A Marriage Marked by Secrets, a Murder Case Months in the Making," *Hartford Courant*, April 23, 2017; and "Ellington Man Charged in Wife's 2015 Murder Due in Court," NBC Connecticut, April 15, 2017.

질문

1. 1장에서 언급했듯이, 당신은 역사상 가장 잘 서로 연결된 세대인 호모코넥서스(Homo Conexus)이다. 당신이 어디에 있든 지속적으로 연결되는 장점과 단점을 이 사례가 어떻게 보여주고 있는지 토론해보자.
   a. 이 경우 지속적인 연결의 혜택을 받는 사람은 누구이며 왜 그런가?
   b. 이 경우 끊임없는 연결로 인해 누가 불리하며 왜 그런가?
2. 3장을 참조하여 이 사건의 프라이버시 의미를 논의해보자.

서론

유선 컴퓨터를 사용해야 하는 기존 업무 환경은 비효과적이고 비효율적이다. 해결책은 가지고 다니거나 몸에 부착할 수 있을 정도로 작고 무선 네트워크로 커뮤니케이션할 수 있는 컴퓨터를 만드는 것이었다.

언제 어디서나 커뮤니케이션할 수 있는 능력으로 조직들은 생산성과 스피드를 높이고 고객 서비스를 개선해 전략적 우위를 가질 수 있다. **무선(wireless)**이라는 용어는 컴퓨터, 스마트폰, 아이패드와 같은 커뮤니케이션 기기 사이의 신호를 통신선이나 케이블 형태 대신에 전자기파를 이용해 통신하는 것을 말한다.

다음 내용으로 나가기 전에 무선과 모바일(mobile)을 구분하는 것이 중요한데 그 이유는 둘이 다른 의미를 가지고 있기 때문이다. 무선은 정확히 이 표현이 의미하는 바와 같이 선이 없다는 뜻이다. 반면에 모바일은 시간 경과에 따라 위치가 변하는 무엇을 지칭한다. 미이파이(MiFi: 이 장의 후반에

역자주* 유언 검인 법원(probate court)은 미국의 법원으로 유언을 확인하고 집행하는 특수 법원

역자주** 검찰이 수사 편의상 관련자나 피의자에 대해 유죄를 인정하거나 증언을 하는 대가로 형량을 낮추거나 조정하는 협상제도(국내에는 없음)

논의)와 같은 무선 네트워크는 모바일이기도 하다. 하지만 다른 것들은 고정망이다. 예를 들어 마이크로웨이브 네트워크들은 고정된 무선 네트워크를 형성한다.

무선통신 기술은 모바일 컴퓨팅, 모바일 상거래, 사물인터넷의 기반이다. 여기서 이런 용어들을 정의하고 이 장의 후반에서 각 개념들을 상세히 논의한다.

모바일 컴퓨팅은 무선 장치와 인터넷이나 인트라넷과 같은 다른 컴퓨팅 환경을 실시간, 무선으로 연결하는 것을 말한다. m-커머스(m-commerce)로 알려진 **모바일 상거래**는 무선 환경, 특히 인터넷에서 이루어지는 전자상거래를 말한다(7장 참조). 사물인터넷은 거의 모든 객체들이 글로벌 네트워크에 무선이나 유선으로 연결되고 처리 능력을 가지고 있다는 의미이다.

무선통신 기술과 모바일 상거래는 유선 컴퓨팅을 대체하거나 보완하면서 빠르게 확산되고 있다. 실제로 시스코(www.cisco.com)는 모바일 웹 트래픽의 규모가 앞으로 10년간 계속 증가할 것으로 예측한다.

거의 모든 (전부는 아니더라도) 조직들은 무선 컴퓨팅을 이용한다. 그렇기 때문에 당신이 사회생활을 하기 시작할 때 회사가 스마트폰과 무선통신이 되는 컴퓨터를 제공할 가능성이 높다. 그 다음 확실히 무선 컴퓨팅으로 일을 하게 될 것이고, 조직에서 무선 컴퓨팅이 매우 중요하기 때문에 무선 컴퓨팅에 대해 알아 두는 것이 중요하다. 업무를 위해 당신은 무선으로 거래를 하는 고객을 상대할 것이고 모바일 상거래 응용 분야를 분석하고 개발할 것이며, 무선 보안이 중요할 것이다. 이 외에도 관련된 사항들은 많다.

간단히 말해 무선 기술과 모바일 응용 분야를 이해하는 것은 당신을 당신 조직에 더 유용한 사람으로 만들 것이다. 이 장의 마지막 부분의 'IT는 나를 위해 무엇을 해줄 수 있지?'를 보면서, 자신의 기능영역에서 논의된 활동들을 수행하는 자신의 모습을 상상해보라. 또한 무선 기술을 선호하는 사람들은 이를 잘 이해하는 것이 자신의 비즈니스를 창업해 성장하는 데 도움이 될 수 있다.

모바일 컴퓨팅에 기반을 둔 무선통신 하부구조는 모든 IT 세계를 뒤바꿔 놓을지 모른다. 모바일 컴퓨팅과 모바일 상거래의 기술, 응용분야, 한계가 이 장의 핵심이다. 무선 장치와 무선 전송 매체에 대하여 먼저 논의한다. 그리고 무선 컴퓨터 네트워크와 무선 인터넷 접속을 살펴본다. 그 다음 무선통신 기술로 가능해진 무선 컴퓨팅과 모바일 상거래를 논의한다. 마지막으로 사물인터넷을 살펴본다.

8.1 무선통신 기술

무선통신 기술에는 스마트폰과 같은 무선 기기와 마이크로웨이브, 인공위성, 라디오와 같은 무선 전송 매체가 있다. 이러한 기술로 인해 조직이 운영되는 방법과 비즈니스 방식이 변하고 있다.

사람들은 여러 가지 면에서 무선 기기(혹은 장치)들이 편리하고 생산적임을 알고 있다. 우선 이전에는 낭비되던 시간(예: 대중교통을 이용하여 회사에 출퇴근하는 시간)을 생산적으로 사용할 수 있게 해준다. 두 번째로 사람들은 무선 기기를 휴대할 수 있어서 일하는 장소선택에 융통성이 생긴다. 세 번째로 무선통신 기술로 사적인 일과 공적인 일에 시간을 분산해서 배분할 수 있다.

무선 기기

무선 기기(wireless devices)는 사용자에게 세 가지 이점이 있다.

1. 부피가 작아서 가지고 다니기 쉽거나 몸에 부착할 수 있다.
2. 생산적인 일을 할 수 있을 정도로 컴퓨팅 파워가 충분하다.
3. 인터넷이나 다른 기기를 통해 무선으로 커뮤니케이션할 수 있다.

현대 스마트폰은 **비물질화**(dematerialization)라는 프로세스를 대표한다. 비물질화는 기본적으로 많은 물리적 기기들의 기능이 다른 하나의 물리적 기기들에 포함될 때 발생한다. 사진이나 비디오를 위한 디지털 카메라, 라디오, TV, 웹 브라우저를 이용한 인터넷 접속, 레코딩 스튜디오, 에디팅 기능, 영화관, GPS 내비게이션, 워드프로세서, 스프레드시트, 스테레오, 손전등, 보드 게임, 카드 게임, 비디오 게임, 다양한 의료 기기, 지도, 단어사전, 백과사전, 번역기, 교재, 시계, 알람, 책, 계산기, 주소록, 신용카드 리더기, 돋보기, 직불/신용카드, 자동차키, 호텔키, 이동통신, 와이파이, 이메일, 문자메신저, 컴퓨터 키보드, 등 기타 많은 기능들이 스마트폰에 들어 있다. 그림 8.1은 스마트폰에 의한 비물질화 프로세스를 보여준다.

스마트폰은 짧은 시간 동안 많은 변화가 있었다. 다음의 스마트폰 기능을 생각해보자(2019년 8월 기준).

- 미국에서만 버라이즌(www.verizon.com)과 AT&T(www.att.com)가 3억 명 이상의 사람들에게 4G LTE(long-term evolution)를 제공한다. (4G LTE는 초당 50메가비트(Mbps)의 속도에 도달할 수 있다.)

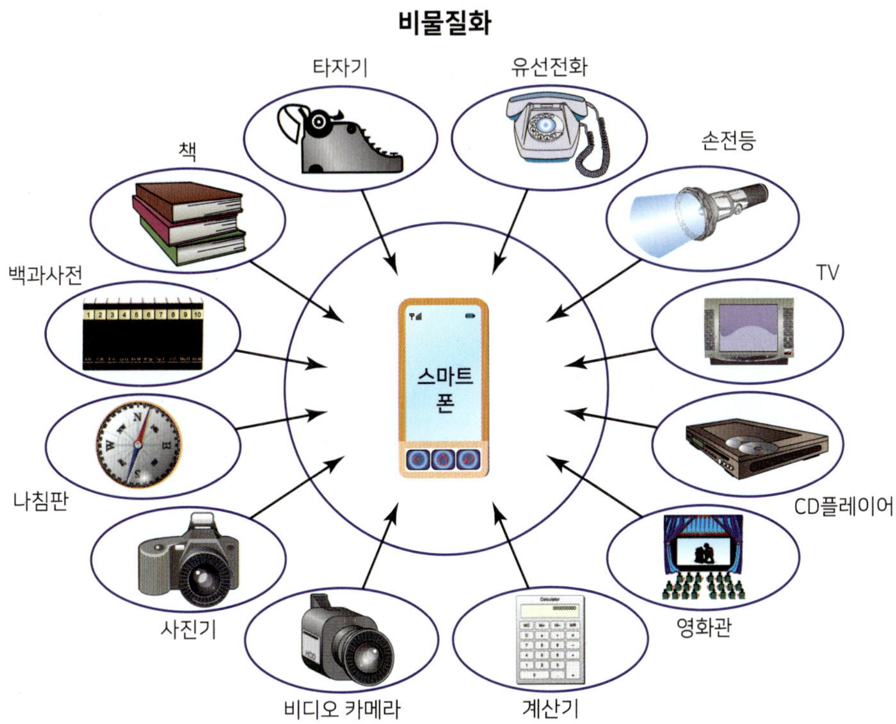

그림 8.1 스마트폰에 의한 비물질화

따라서 최신 스마트폰은 2007년에 출시된 첫 번째 아이폰보다 약 500배 더 빠르다.

- 많은 고급형 스마트폰은 초고화질 4K로 동영상을 촬영한다. 4,000픽셀 정도의 수평 해상도를 가진 디스플레이 장치를 4K 해상도라고 한다. 픽셀은 화면 이미지를 구성하는 점이다. 화면에 픽셀이 많을수록 이미지와 비디오가 더 선명하고 사실적으로 보인다.
- 스마트폰은 모바일(디지털) 지갑 기능을 한다.
- 많은 스마트폰이 무선충전을 제공한다. 삼성은 무선파워셰어(Wireless Powershare) 기능을 제공한다. 이 기능을 사용하면 두 기기를 옆에 두기만 하면 겔럭시 휴대폰의 전원을 공유하여 다른 휴대폰이나 시계를 충전할 수 있다.
- 모든 스마트폰에 내장형 무선충전이 있는 것은 아니지만 대부분의 스마트폰에는 고속충전 기능이 있다. 예를 들어, 모토로라(www.motorola.com)는 P50 스마트폰이 15분 충전으로 7시간의 배터리 수명을 얻을 수 있다고 주장한다.
- 스마트폰은 생체인식을 사용한다(4장에서 설명). 애플의 터치 아이디(Touch ID) 기능이 있는 기기에는 지문 스캐너가 있다. 구글은 안드로이드 스마트폰에 안면인식 기능을 탑재해 안면인식 기능을 제공하고 있다. 안드로이드 '스마트록(Smart Lock)' 기능은 다른 방법을 사용하여 사용자를 인식하고 로그인 자격 증명을 지속적으로 재인증할 필요가 없도록 한다. 사용자는 휴대전화가 손에 있는지 주머니에 있는지 아는 '신체 감지', 음성 인식이 가능한 '신뢰할 수 있는 음성', 사용자의 스마트워치나 자동차에 연결되면 사용자를 인증하는 블루투스를 사용할 수 있는 '신뢰할 수 있는 기기' 등을 활성화할 수 있다.

스마트폰의 한 가지 단점은 보안 정보를 복사하여 유출하는 데 사용될 수 있다는 점이다. 예를 들면 당신이 인텔의 임원이라면 직원들이 회사의 극비 신기술을 배경으로 동료들과 사진 찍는 것을 용납하겠는가? 불행하게도 경영자들은 이러한 기기를 전화기로만 생각하고 무선으로 정보를 전송할 수 있는 디지털 카메라인지 모른다. 이러한 위협에 대항하기 위해 새로운 보안시스템들이 개발되고 있다. 삼성(www.samsung.com)과 같은 회사는 이런 위험을 인지하고 스마트폰의 사내 이용을 금지하였다.

스마트폰의 또 다른 단점은 사기 전화(scam calls)이다. 무선통신 사업자에 대한 통화관리 및 보호를 제공하는 회사인 퍼스트 오리온(www.firstorion.com)에 따르면 2019년 상반기 미국 모바일 트래픽의 약 40%가 사기 전화였다.

2019년 7월, 미국 연방통신위원회는 네트워크 사업자가 전화통화 소스를 확인하기 위한 새로운 산업 표준인 쉐이큰/스터(SHAKEN/STIR)를 구현하도록 강제하는 조항을 통과시켰다. 이동통신사는 2020년까지 쉐이큰/스터를 도입해야 한다. 2019년 7월 현재 주요 무선통신 사업자가 스팸전화에 대해 수행한 조치들은 다음과 같다.

- 버라이즌: 버라이즌의 모든 후불 고객은 통화필터(Call Filter)에 무료로 등록할 수 있다. 사용자가 통화필터를 선택하면 버라이즌의 네트워크는 자동으로 의심되는 통화에 높음, 보통 또는 낮음의 1~3가지 위험 수준으로 표식을 지정한다. 네트워크에서 수신전화가 스팸이라고 판단되면 전화기에서 발신자 ID 필드에 잠재적 스팸 경고를 표시한다.

- 티모바일: 티모바일은 스캠 ID(Scam ID)와 스캠 블럭(Scam Block)을 제공한다. 스캠 ID는 모든 티모바일 고객에 대해 기본적으로 활성화되어 있으며 발신자 ID 필드에 '사기 가능성(Scam Likely)'이라는 텍스트를 사용하여 잠재적 스팸에 대해 경고한다. 스캠 블럭은 전화벨이 울리도록 하지 않고 이러한 전화를 완전히 거절한다.
- AT&T: 신규 고객을 위해 2019년 7월부터 AT&T는 자동으로 로보콜을 감지 및 차단하고 발신자 ID를 통해 스팸으로 의심되면 경고를 한다. 기존 가입자는 이동통신사의 무료 콜 프로텍트(Call Protect) 앱을 다운로드하여 이러한 기능을 사용할 수 있다.
- 스프린트: 스프린트(Sprint)는 기본적으로 스팸 식별 또는 차단을 제공하지 않는다. 고객이 이러한 기능을 원하는 경우 수신전화가 스팸으로 의심될 때 알려주는 프리미엄 발신자 번호라는 서비스에 대해 월 2.99달러를 부과한다.

그러나 어떠한 단점에도 불구하고 휴대전화, 특히 스마트폰은 우리가 생각하는 것보다 훨씬 더 우리 사회에 큰 영향을 미치고 있다. 한 예로 IT와 기업사례8.1은 스마트폰이 의료 서비스에 영향을 미치는 다양한 방식을 다룬다.

무선 전송 매체

무선 매체 혹은 방송 매체(broadcast media)는 공간에서 공기 중으로 신호를 전송한다. 무선 매체의 주요 유형으로는 마이크로웨이브, 인공위성, 라디오, 적외선(infrared)이 있다. 각 유형을 좀 더 자세히 살펴보자. 표 8.1는 각 유형의 장단점을 열거하고 있다.

마이크로웨이브. **마이크로웨이브 전송시스템(microwave transmission systems)**은 대용량, 장거리, 가시선(line-of-sight)의 통신에 보편적으로 사용된다. 가시선이란 송신자와 수신자가 서로의 시야에 있다

표 8.1 무선 장치의 장단점

채널	장점	단점
마이크로웨이브	• 넓은 대역폭 • 상대적 저렴함	• 서로 볼 수 있는 상태가 반드시 방해받지 않아야 함 • 환경적 통신 장애에 취약
인공위성	• 넓은 대역폭 • 넓은 커버 지역	• 고비용 • 서로 볼 수 있는 상태가 반드시 방해 받지 않아야 함 • 신호의 **전파 지연**(propagation delay) 현상 • 보안을 위해 암호화 필요
라디오	• 넓은 대역폭 • 벽을 통과할 수 있는 신호 • 저렴하고 쉽게 설치 가능함	• 전기적 간섭 문제 발생 • 암호화하지 않으면 보안에 취약
적외선	• 좁거나 보통 정도의 대역폭 • 단거리에서만 사용	• 서로 볼 수 있는 상태가 반드시 방해 받지 않아야 함

IT와 기업사례 8.1

스마트폰이 헬스케어 분야를 변화시킨다

MIS

스마트폰은 이전에는 너무 비싸고, 너무 느리거나, 대부분의 사람들이 접근하기에는 너무 멀리 떨어져 있던 진단의료기술이 대중화되고 있다. 많은 강력한 도구들이 스마트폰을 일반 환자가 집에서 사용할 수 있을 만큼 일상적인 간단한 모바일 진단기기로 변모시키고 있다. 기계학습 알고리즘이 환자를 위해 기기의 결과를 해석한다. 2019년 의료산업 분석가들은 전 세계적으로 30만 개 이상의 모바일 헬스케어 앱이 있다고 말했다.

의사들은 이제 스마트폰을 사용하여 전통적인 검사를 수행하고 있다. 초음파 검사를 수행하며, 심장 기능, 혈압 및 포도당 수치와 같은 활력 징후도 측정하고, 다양한 진단 실험실 테스트도 수행한다. 의사는 실제 스마트폰이나 전화기에 연결된 작은 하드웨어 부착물을 사용하여 이러한 기능을 수행한다.

가까운 장래에 신체가 비정상적인 경우 스마트폰 앱이 사용자에게 알리고 라이프 스타일을 더 건강하게 만들거나 다양한 문제를 진단하는 방법에 대해 기본적인 제안을 할 것이다. 필요한 경우 응급실을 방문할 필요가 없도록 의사에게 의뢰할 수 있다.

스마트폰 지원 의료시스템에서 환자는 개인 건강 관리인이 된다. 그들의 전화는 개인 건강 기록, 다이어트 및 피트니스를 포함한 의료 기록의 허브가 될 것이다. 휴대폰은 의료 진단에 맥락을 추가할 수 있도록 생활 방식, 신체적 환경 및 위치를 기록한다.

스마트폰은 다섯 가지 중요한 방식으로 글로벌 보건에 근본적인 영향을 미치고 있다. 각각을 더 자세히 살펴보자.

응급진료 제공. 응급 상황의 경우 911에 전화하는 것이 신속하게 도움을 받을 수 있는 가장 신뢰할 수 있는 방법이다. 그러나 시골 지역에 사는 사람들에게는 신속한 응급치료가 문제이다. 예를 들어 미국 내 거주 지역에 따라 응급상황 시 구급차가 도착하는 데 6~35분이 소요될 수 있다. 이러한 상황은 개발도상국에서 더욱 악화될 수 있다.

이머전시(www.murgency.com/)라는 앱은 이런 프로세스를 간소화하려고 한다. 응급상황의 유형에 따라 앱은 환자를 구급차에 더 빨리 연결할 수 있다. 어떤 경우에는 사용자에게 집에서 도움을 줄 수 있는 훈련된 간호사를 파견할 수도 있다. 이 서비스는 2015년 인도 펀자브에서 36개의 병원 응급실, 40개 이상의 구급차, 350명의 의료 전문가 네트워크를 통해 시작되었다.

건강관리 상태 검사. 연구자들이 질병을 검사할 수 있는 스마트폰 앱을 개발했기 때문에 환자들은 췌장암 진단을 위해 셀카만 찍으면 된다. 이 앱은 컴퓨터 비전 알고리즘과 기계학습을 사용하여 환자의 눈 흰자위에서 황달을 식별한다. 황달은 피부와 눈의 황변을 설명하는 의학용어이다. 이 질환은 췌장암의 초기증상을 나타낼 수 있는 노란색 화합물인 빌리루빈의 높은 수치로 인해 발생한다. 70명을 대상으로 한 연구에서 이 앱의 성공률은 약 90%로 현재 진단 표준인 혈액 검사와 거의 동일한 정확도를 보였다. 사람들이 생명을 구할 수 있는 치료를 받을 정도로 일찍 질병을 진단할 수 있기를 바란다.

휴대폰에 연결하면 디지털 청진기가 되는 마이크인 클리니클라우드(CliniCloud; www.clinicloud.com)를 생각해보자. 임상시험에서 클리니클라우드는 흉부감염을 진단하는 인간 의사의 능력을 능가하는 것으로 나타났다.

또한 임상 시험에서 코디오 앱(www.cordio-med.com)은 환자의 목소리 톤 변화를 분석하여 환자의 울혈심부전이 악화되는지 여부를 예측할 수 있다. 이러한 변화는 환자의 심장이 제대로 기능하지 않을 때 발생하는 환자의 폐에 체액의 조기 축적을 나타낼 수 있다.

커프리스헬스(Cupris Health; www.cupris.com)는 스마트폰에 연결하여 귀를 검사하거나 청진하는 기구를 만들어 환자 귀 안쪽의 고해상도 이미지를 촬영한다. 이미지는 클라우드 기반 애플리케이션(기술가이드 3 참조)으로 전송되며 간호사, 의사 또는 궁극적으로 알고리즘이 모든 감염을 원격으로 진단할 수 있다.

의사(또는 환자)는 모바일 초음파 스캐너 루미파이(Lumify; www.lumify.philips.com)를 사용하여 전신 초음파를 측정하고 신체의 모든 장기를 영상화할 수 있다. 루미파이는 병원의 초음파 기계가 35만 달러인 것에 비해 무제한 사용시 월 199달러이다.

심한 흉부통증을 호소하는 비행기 탑승 환자의 경우를 생각해보자. 기내의 한 의사가 즉시 그의 아이폰을 꺼냈는데, 그의 아이폰에는 그가 환자들과 테스트를 했던 FDA가 승인한 케이스가 붙어 있다. 어라이브코어(AliveCor; www.alivecor.com)라는 신생 기업에서 개발한 이 케이스에는 환자의 심장에서 심전도(ECG)를 측정한 다음 결과를 앱으로 전송할 수 있는 센서가 내장되어 있다. ECG는 심장의 전기적 활동을 측정한다. 의사는 어라이브코어 케이스를 남성의 가슴에 대놓고 핸드폰에서 앱을 작동시켰다. 즉시 앱에서 환자의 ECG를 읽을 수 있다. ECG는 그 남자가 심장마비를 겪고 있음을 밝혀냈다. 비행기는 비상착륙을 했고 그 남자는 목숨을 건졌다.

혈액에서 병원체를 감지. 병원체는 질병을 유발할 수 있는 박테리아, 바이러스 또는 기타 미생물이다. 의사는 콜레스테롤 수치 감지부터 질병 진단에 이르기까지 다양한 조건에 대해 환자의 혈액을 검사한다. 대부분의 혈액 검사는 분석을 위해 실험실이 필요하다. 그러나 환자가 사는 곳에 따라 정교한 실험실과 장비를 항상 사용할 수 있는 것은 아니다. 원격 진료소의 경우 샘플을 실험실로 보내고 결과를 기다리는 데 며칠 또는 몇 주가 걸릴 수 있다.

이 과정의 시간을 줄이기 위해 연구자들은 혈액 샘플을 분석하는 실험실을 스마트폰에 연결한 휴대용 장치로 축소했다. 랩온어칩(lab-on-a-chip)이라고 하는 이 장치는 한 방울의 혈액, 소변 또는 타액만 사용한다. 장치 자체(스마트폰 제외)는 신용카드 크기이다. 칩의 홈은 소량의 혈액을 분석하며 스마트폰의 LED로 조명된다. 센서는 빛이 혈액을 통과하는 방식을 분석하고 시스템은 이러한 데이터를 이전에 확인된 테스트 결과와 비교해 특정 질병에 대해 양성인지 여부를 확인한다. 전체 테스트에는 10분이 소요된다.

다양한 랩온어칩은 지카 바이러스, 뎅기열 및 기타 전염병을 테스트할 수 있다. 다른 랩온어칩은 대장균, 살모넬라 균, HIV 및 매독을 탐지할 수 있다. 한 번에 여러 질병을 진단할 수 있는 랩온어칩에 대한 연구가 계속되고 있다.

필라델피아의 드랙셀 여성병원(Drexel Women's Care Center)에서 성병(STD) 검사를 받은 900명의 여성이 아이폰을 통해 몇 분 만에 결과를 받았다. 신생 기업인 바이오미미(Biomeme; www.biomeme.com)이 고안한 스마트폰 키트는 다양한 질병에 대한 실험실 테스트의 대안으로 임상 시험에 사용되고 있다. 실험실 검사는 일반적으로 결과를 얻는 데 며칠이 걸린다. 진단이 지연되면 환자의 생식 건강에 돌이킬 수 없는 손상을 줄 수 있다. 따라서 몇 분 만에 환자에게 결과를 알리는 현장 진료테스트가 매우 중요하다.

바이오미미 장치는 소변과 같은 샘플 액체 한 방울만 필요하다. 그런 다음 DNA 분석을 사용하여 특정 병원체의 유전 물질을 탐지한다. 장치는 앱에 결과를 표시한다. 특정 병원체의 DNA에 대한 각각의 고유한 테스트를 설계하는 비용은 5달러이다. 드랙셀병원은 바이오미미의 스마트폰 키트를 사용하여 900개 이상의 소변 샘플을 테스트했으며 이러한 결과를 기존 방법의 결과와 비교했다. 병원은 바이오미미 테스트가 인간 병리학자만큼 정확하지만 사용하기가 훨씬 쉽고 비용이 적게 든다는 사실을 알았다.

바이오미미와 같은 회사는 의료 실험실의 비즈니스 모델을 파괴하고 있다. 진단 테스트를 소형화해서 인터넷 연결을 활용하여 어디서나 정확하고 저렴한 비용으로 수많은 질병을 진단할 수 있는 모바일 실험실을 구현하고 있다.

예를 들어, 감염에 대한 신체의 반응으로 인해 생명을 위협하는 상태인 패혈증은 미국과 유럽에서 매년 약 40만 명의 사망자를 유발한다. 이 높은 사망률의 주된 이유는 질병을 일으키는 병원균을 발견하고 병원균이 내성을 가질 수 있는 항생제를 식별하는 데 며칠이 걸리기 때문이다. 패혈증이 매시간 지연되면 사망확률이 10% 증가한다. 따라서 신속한 치료가 생존의 열쇠이다. 바이오미미는 의사가 검사할 미생물을 알지 못하는 경우 패혈증과 같은 복잡한 감염에는 효과가 없다. 따라서 미생물을 발견하는 유일한 방법은 샘플에서 DNA의 염기서열을 분석하고 예상치 못한 유전물질을 찾는 것이다.

이 프로세스의 속도를 획기적으로 높이기 위해 의사들은 실시간으로 DNA를 해독할 수 있는 USB 플래시 드라이브인 민아이온(MinION)이라는 장치를 테스트하고 있다. 옥스포드나노포어(Oxford Nanopore Technologies; www.nanoporetech.com)에서 설계한 민아이온은 특허를 받은 방법을 사용하여 DNA 해독을 소형화하고 자동화한다. 현재 3,500개의 실험실에서 에볼라 및 폐렴과 같은 질병의 실시간 발생을 진단하기 위해 전 세계적으로 사용되고 있다.

2017년 말 옥스포드나노포어는 스마트폰 기반 버전인 스미드지아이온(SmidgION)을 출시했다. 스미드지아이온은 타액과 같은 체액 샘플에서 DNA를 해독할 수 있는 아이폰용 소형 플러그인 모듈이다. 스마트폰 DNA 시퀀서(해독기)는 이 기술을 의사와 실험실 연구원이 휴대 가능하게 할 뿐만 아니라 기술 가용성을 높이고 비용을 줄임으로써 DNA 기반 의학을 일반화하는 데 도움이 될 수 있다. 이러한 검사 유용성은 전염병에만 한정되지 않는다. 암, 장기 부패, 심부전 및 낭포성 섬유증과 같은 유전적 장애를 진단하는 데도 사용할 수 있다.

질병 확산 추적. 역학은 질병 및 기타 건강 관련 요인의 발생률, 분포 및 가능한 제어를 다루는 의학 분야이다. 전염병 학자들은 질병이 계속 확산됨에 따라 발병 출처와 원인을 빈번히 찾아야 한다. 데이터 수집은 농촌의 저개발 지역에서 특히 어려울 수 있다. 또한 인프라가 부족하면 통신이 제한될 수 있다. 과학자들이 질병의 증상과 전염되는 방식을 이해하더라도 감염된 사람을 추적하기가 여전히 어려울 수 있다.

휴대폰은 이러한 문제를 해결하는 데 도움이 될 수 있다. 예를 들어, 연구자들은 이제 동아프리카 국가인 케냐에서 말라리아 기생충을 추적할 수 있다. 연구자들은 개별 발신자의 위치와 움직임을 추적하는 통화 또는 텍스트 데이터 위에 말라리아 유병률 지도를 겹쳐서 관리자들이 전략적으로 모기장을 배치하고, 방역 인력을 통제하고, 질병 발생 지역에 약물을 배포할 수 있도록 지원했다.

커뮤니케이션의 향상. 휴대폰은 의료 전문가가 거주하고 일하는 장소에 관계없이 수집된 데이터, 전문 지식 및 기타 통찰력을 공유하는 데 도움이 된다. 덕시미티(Doximity; www.doximity.com)와 같은 소셜네트워크를 통해 50만 명 이상의 의사가 정보를 공유하고 환자를 식별할 수 있는 모든 정보를 기밀로 유지하면서 동료 의사와 서로의 작업을 검토할 수 있다. 또한 덕시미티는 의사가 업무량을 간소화할 수 있도록 도와준다. 의사는 이제 앱에서 직접 환자기록을 열람하거나 앱을 사용하여 쉽게 환자에게 전화를 걸 수 있다. 환자는 온라인으로 로그인하거나 앱을 통해 직접 의료 전문가에게 문의할 수 있다.

당뇨병 및 고혈압과 같은 만성질환이 증가함에 따라 스마트폰을 통해 의사는 환자의 건강을 원격으로 모니터링할 수 있다. 의료 전문가는 환자가 수집하고 업로드한 데이터를 기반으로 조언을 제공할 수도 있다.

인공지능 의료자문 역할을 하는 앱을 개발한 구독 의료서비스 제공업체인 바빌론헬스(Babylon Health; www.babylonhealth.com)를 생각해보자. 인간 의사는 연간 약 7,000건의 환자 상담을 수행하는 반면, 바빌론의 앱은 매일 수행하는 수천 건의 테스트 상담에서 수집된 수십억 개의 데이터 포인트를 기반으로 환자를 진단한다. 이 회사는 진단의 정확도가 92%라고 주장한다. 이 앱을 통해 환자는 문자 및 비디오 메시징을 통해 의료 전문가와 가상으로 상담할 수 있다. 또한 환자가 약물 처방, 의료 전문가 소개, 인근 의료시설과의 약속을 받을 수 있다.

의료 종사자들은 단문 문자메세지(short messaging services)를 통해 훨씬 더 효율적으로 통신한다. 예를 들어 남아프리카에서는 SMS를 통해 HIV 양성 환자가 파트너에게 알리거나 추적하고, 의사의 약속을 추적하고, 예방 기술을 사용할 수 있다.

이러한 모든 이점에도 불구하고 스마트폰 도구는, 특히 보안 및 개인정보보호에 심각한 단점이 있다. 우리의 건강 기록에는 고용주, 친구 또는 심지어 가족에게 절대 공개하고 싶지 않은 정보를 포함하여 가장 민감한 세부 정보가 들어 있다. 더 중요한 점은 이 데이터는 영구적이라는 것이다. 즉, 암호 또는 신용카드 번호와 달리 절대 변경할 수 없다. 따라서 보안, 개인정보보호 및 암호화는 위에서 언급한 여러 새로운 도구에서도 대충 적당히 처리할 수 없다. 스마트폰이 의료 데이터 저장소가 되면서 보안은 더욱 중요해질 것이다. 본인의 데이터는 다른 모든 사람의 데이터와 함께 기계학습 알고리즘에 의해 저장, 통합 및 분석되어 인간 의사가 일반화가 가능한 추세를 발견하여 궁극적으로 질병이 발생하기 전에 예측 및 예방할 수 있다.

안타깝게도 놀라운 일은 아니지만 의료 데이터 저장소는 이미 사이버 범죄자의 주요 표적이 되었다. 다음 예를 살펴보자.

- 2018년 7월 유니티포인트헬스(UnityPoint Health; www.unitypoint.org)는 피싱 공격으로 비즈니스 시스템이 손상되었을 때 140만 명의 환자에게 자신의 기록이 도난당했을 수 있음을 알렸다(4장 참조). 해킹된 계정에는 이름, 주소, 의료 데이터, 치료정보, 실험실 결과 및 보험정보를 포함하여 개인을 식별할 수 있는 정보가 포함되었다. 일부 환자는 신용카드 정보와 사회보장번호도 도난당했다.
- 2018년 7월 해커가 싱가포르 정부의 건강 데이터베이스를 침해하여 리센룽 총리를 포함한 약 150만 명의 환자 데이터에 액세스했다. 도난당한 데이터에는 개인신상정보와 환자 식별번호가 포함되어 있었다.

이러한 문제를 방지하기 위해 의사와 기술 전문가는 대규모 헬스 데이터베이스를 분산하고 각 환자가 자신의 데이터를 완전히 제어할 수 있도록 권장한다. 환자만이 자신의 기록을 합법적으로 볼 수 있는 사람(의사, 연구원 또는 가족과 같은 특정 데이터 관리자)을 결정할 수 있다.

스마트폰을 사용하여 환자 상태를 진단하는 또 다른 문제는 앱에 오류가 있을 수 있다는 것이다. 사실, 아우라라이프(AuraLife)의 인스탄트블러드프레셔(Instant Blood Pressure)라는 혈압 측정앱은 많은 고혈압 환자들에게 실제로는 위험할 정도로 높은 혈압 수준이지만 정상이라는 잘못된 정보를 주기도 했다.

의료 기술 전문가들은 인간 의사가 조만간 단계적으로 퇴출되지 않을 것이라는 데 동의한다. 오히려 인간 의사와 디지털 앱 및 기기는 각각 특정 기능을 수행한다. 디지털 건강 관리 앱을 사용하는 인간 의사는 혼자서 할 수 있는 것보다 더 나은 건강 관리를 제공할 수 있다.

출처: Compiled from J. David, "1.4 Million Patient Records Breached in UnityPoint Health Phishing Attack," *HealthcareIT News*, July 31, 2018; J. Davis, "Hackers Breach 1.5 Million Singapore Patient Records, Including the Prime Minister's," *HealthcareIT News*, July 20, 2018; L. Mearian, "Smartphones Becoming Primary Device for Physician and Patient Communications," *Computerworld*, April 4, 2018; W. Kelly, "Mobile Apps for Healthcare Professionals: Current and Future Trends," *Mobile Business Insights*, March 26, 2018; M. Bryant, "Many Hospitals Lack Strategy for Leveraging Smartphone Technology," *Healthcare Dive*, February 22, 2018; V. Tangermann, "Five Ways Cell Phones Are Literally Changing Global Health," *Futurism*, October 25, 2017; K. Baggaley, "Smartphones Are Changing Medical Care in Some Surprising Ways," *NBC News*, October 13, 2017; P. Caughill, "This New Device Turns Your Smartphone into a Medical Lab," *Futurism*, August 14, 2017; S. Fecht, "Smartphone-Controlled Cells Release Insulin on Demand in Diabetic Mice," *Popular Science*, April 26, 2017; J. Mayes and A. White, "How Smartphone Technology Is Changing Healthcare in Developing Countries," *The Journal of Global Health*, April 1, 2017; T. Moynihan, "Ex-Googlers Build a Neural Network to Protect Your Heart," *Wired*, March 20, 2017; M. Murgia, "How Smartphones Are Transforming Healthcare," *Financial Times*, January 12, 2017; L. Rapaport, "Smartphone App Misreads Hypertension Range," *Reuters*, March 2, 2016; and D. Moren, "Diagnose an Ear Infection with a Smartphone Accessory," *Popular Science*, December 17, 2014.

질문

1. 스마트폰 지원 의료 진단과 관련된 주요 문제는 무엇인가? 답변을 뒷받침하는 예를 들어보자.
2. 자신이 세계 최고의 의료연구소 중 하나인 랩코프(LabCorp; www.labcorp.com)의 CEO라면 스마트폰 지원 의료 진단의 출현과 어떻게 경쟁하겠는가?

는 의미한다. 지구의 표면이 평평하지 않고 곡선이기 때문에 이런 조건은 문제를 야기한다. 이와 같은 이유 때문에 마이크로웨이브 타워는 보통 30마일 이상 떨어질 수 없다.

그래서 확실히 마이크로웨이브 전송은 데이터 통신을 해야 할 때, 특히 장거리 통신에, 부분적인 해결책일 뿐이다. 이에 더해서 마이크로웨이브 전송은 폭우나 폭설과 같은 악천후 날씨에서 환경적 통신 장애(interference)에 취약하다. 장거리 마이크로웨이브 데이터 통신시스템이 폭넓게 사용되고 있지만 점차 인공위성을 이용한 통신시스템으로 대체되고 있다.

표 8.2 세 가지 기본적인 통신 위성

종류	특성	궤도	개수	사용처
GEO	• 지구를 향해 있는 위성이 비교적 정지해 있다. • 지구 전체를 커버하려면 소수의 위성만 필요하다. • 전파 지연(약 0.25초) • 제작하고 발사하는데 가장 비용이 많이 듦 • 가장 긴 수명(오랜 동안)	22,300마일	8	TV 신호
MEO	• 지구를 향해 있는 위성이 조금씩 움직인다. • 지구 전체를 커버하려면 어느 정도 개수의 위성이 필요하다. • 전송에 중간 정도 파워가 필요하다. • 무시할 만한 전파 지연 • 제작하고 발사하는데 비교적 저비용 • 중간 정도의 수명(6~12년)	6,434마일	10~12	GPS
LEO	• 위성이 지구를 빠른 속도로 회전한다. • 지구 전체를 커버하려면 많은 수의 위성이 필요하다. • 적은 파워로 통신이 가능하다. • 무시할만한 전파 지연 • 제작하고 발사하는데 가장 저렴 • 수명이 짧다(짧게는 5년)	400~700마일	많음	전화

인공위성. **인공위성 전송시스템**(satellite transmission systems)은 통신 위성을 이용하는 시스템이다. 현재 지구에는 정지 궤도(GEO), 중간 궤도(MEO), 낮은 궤도(LEO)라는 세 종류의 인공위성이 있다. 각기 다른 궤도를 이용하는데 GEO가 가장 지구에서 멀리 떨어져 있으며 LEO가 가장 가깝게 위치하고 있다. 이 절에서는 이들 세 종류의 인공위성에 대하여 살펴본다. 그 다음으로 GPS(global positioning systems)와 인공위성을 통한 인터넷 전송이라는 두 가지 주요 인공위성 기반 응용시스템을 살펴본다. 표 8.2에서는 이들 세 가지 인공위성의 특성을 비교하고 있다.

마이크로웨이브 전송과 같이 인공위성도 서로 볼 수 있는 상태에서 데이터를 수신하고 전송한다. 하지만 상당히 넓은 지상의 수신 범위—인공위성의 전송이 미치는 지구의 표면 지역—가 마이크로웨이브 데이터 전달 스테이션의 한계를 극복한다: 즉, 위성은 한 번에 많은 수신기에 신호를 보내는 브로드캐스트 전송을 사용한다. 따라서 위성도 마이크로파와 같이 가시선에 있어야 통신이 되지만, 위성은 방송 전송이 가능할 정도로 높은 위치에 있기 때문에 마이크로파의 한계를 극복할 수 있다.

지상 수신 범위를 결정하는 가장 기본적인 법칙은 간단하다. 위성 궤도가 높을수록 지상 수신 범위가 넓어진다. 따라서 지구 중궤도 위성은 정지궤도 위성보다 지상 수신 범위가 작고, 지구 저궤도 위성은 지상 수신 범위가 가장 작다. 그림 8.2는 세 가지 유형의 위성의 지상 수신 범위를 비교하고 있다.

그림 8.2 인공위성 수신범위 비교

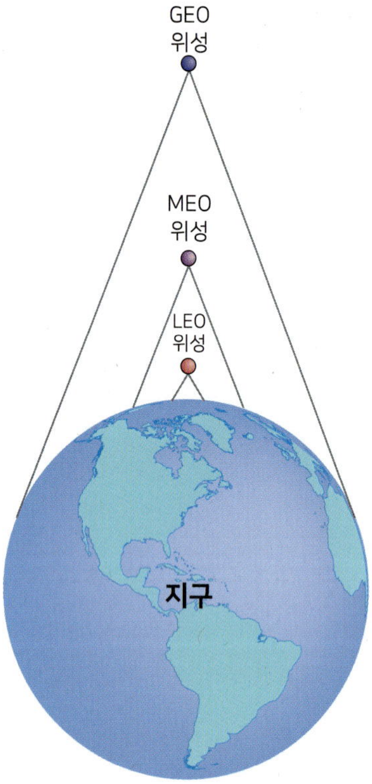

궤도의 종류. 정지 궤도(GEO: geostationary earth orbit) 위성은 지구 바로 위의 22,300마일 상의 궤도에 떠있다. 이런 위성은 높은 고도에서 지구의 24시간 자전 주기와 궤도 위치에 머무는 시간이 일치하여 지구 표면을 향해 고정되어 있다. 이런 이유로 지구상의 수신자는 GEO 위성을 추적하지 않아도 된다. GEO 위성은 케이블 운영사와 방송사가 각 가정에 텔레비전 프로그램을 전송하는 데 매우 효과적이다.

한 가지 GEO 위성의 단점은 전파를 보내고 받는데 25초가량 걸린다는 것이다. 전파 지연(propagation delay)으로 불리는 이러한 잠깐 동안의 지체로 인해 양방향 전화통화가 어렵다. 그리고 GEO 위성은 크고 비싸며 발사하는데 엄청난 파워가 필요하다.

중간 궤도(MEO: medium earth orbit) 위성은 지구 표면 위 6,000마일에 위치한다. MEO의 커버 영역이 더 작기 때문에 MEO 궤도는 지구 전체를 커버하려면 더 많은 위성이 필요하다. GEO 위성에 비해 MEO 위성은 두 가지 장점이 있다. 이들은 덜 비싸고 전파 지연이 미미하다. 하지만 MEO 위성은 지구 표면에 대해 움직이기 때문에 수신자는 이 위성을 쫓아야 한다. (위성 수신 접시가 MEO 위성의 궤도에 머무르기 위해 천천히 회전하는 모습을 생각해보라.)

낮은 궤도(LEO: low earth orbit) 위성은 지구 표면 위 400~700마일에 위치한다. LEO은 지구와 훨씬 가깝기 때문에 전파 지연이 없다. 하지만 MEO 위성과 마찬가지로 LEO 위성은 지구의 자전에 따라 움직이기 때문에 수신자는 이를 추적해야 한다. LEO 위성이 MEO 위성보다 훨씬 빠르게 움직이기 때문에 MEO 위성보다 LEO 위성을 추적하기 더 어렵다.

GEO 위성이나 MEO 위성과 달리 LEO 위성은 약한 신호도 수신이 가능하다. 이러한 특성으로 인해 전력 사용이 적어 소형 배터리로 위성 전화를 운영할 수 있다. LEO 위성의 또 다른 장점은 GEO와 MEO 위성에 비해 제작하고 발사하는데 비용이 적게 든다.

하지만 동시에 LEO 위성의 커버 범위가 작아 지구 전체를 커버하기 위해서는 많은 수의 위성이 있어야 한다. 이런 이유로 보통 LEO 컨소시엄으로 불리는 하나의 기업이 여러 LEO 위성을 발사한다. 글로벌 음성 및 데이터 통신을 제공하기 위해 이리디움(www.iridium.com)과 글로벌스타(www.globalstar.com), 두 회사가 LEO 컨소시엄을 구성했다.

GPS. GPS(global positioning systems)는 인공위성을 이용하여 지구상의 사용자가 자신의 위치를 파악하는 무선통신시스템이다. GPS는 전 세계가 공유하는 24개의 MEO 위성들에 의해 작동한다. 각 위성은 지속적으로 시각 신호(time signal)와 함께 자신의 위치를 알리기 때문에 운영자는 위성의 정확한 위치를 항상 알 수 있다. 알고 있는 신호의 속도와 3개 위성(2차원 위치를 위해) 혹은 4개 위성(3차원 위치를 위해)으로부터의 거리를 이용해 10피드 내의 오차 범위로 수신 기지국이나 사용자의 위치를 알 수 있다. 그리고 GPS의 소프트웨어로 사용자의 위도와 경도를 전자 지도에 표시할 수 있다.

그림 8.3 차량에서 GPS 정보 수신하기

AP Images/Jeff Chiu

대부분의 사람들은 운전자에게 방향을 음성으로 지시하는 자동차의 GPS에 대해서 잘 알고 있을 것이다. 그림 8.3는 운전자가 차량 내에서 GPS 정보를 얻을 수 있는 내비게이션시스템을 보여준다.

GPS의 상업적 활용은 이제 보편화되었다. 특히 원거리 지역에서 내비게이션, 지도작성, 설문조사 등에 GPS가 사용된다. 미국에서는 핸드폰에 GPS가 반드시 장착되어야 하고 이를 이용해 비상전화(예: 미국에서는 무선 911로 알려짐)를 하는 사람의 위치를 즉시 찾을 수 있다.

3개의 다른 글로벌 포지셔닝 시스템이 계획 중이거나 운영 중이다. 러시아 GPS인 **글로나스**(GLONASS)는 2011년 10월에 전 세계에 완전한 서비스를 제공했다. 중국은 2020년까지 **바이두**(Beidou)라는 GPS 시스템을 완성할 것으로 예상한다.

유럽 연합 GPS는 **갈릴레오**라고 한다. 2016년 말에 갈릴레오는 18개의 사용 가능한 위성과 함께 무료로 공개되었다. 전체 갈릴레오 시스템은 추가 위성의 발사와 함께 2020년까지 완료될 것으로 예상된다.

세계 경제가 GPS 시스템에 얼마나 의존하고 있는지 아무리 말해도 지나치지 않다. 전 세계적으로 약 20억 개의 GPS 수신기가 사용 중이며 그 숫자는 2022년까지 70억 개까지 증가할 것으로 예상된다. 실제로 조사 기관인 RTI 인터내셔널(www.rti.org)의 연구에 따르면 GPS 서비스의 손상은 전 세계적으로 민간 부문에 하루 약 10억 달러의 손실을 초래하는 것으로 예상되었다.

GPS는 지도와 내비게이션에 필요할 뿐만 아니라 매우 정확한 시계에도 필요하다. 통신 산업, 은행, 항공사, 전기 유틸리티, 클라우드 컴퓨팅 비즈니스, 텔레비전 네트워크, 응급 서비스 및 군대는 지속적으로 정확한 GPS 타이밍을 필요로 한다. 실제로 미국 국토안보부는 16개의 인프라 부문을 핵심 인프라로 설계했으며 그 중 14개 부문은 GPS에 의존하고 있다.

전 세계적으로 컴퓨터는 GPS를 사용하여 수십억 분의 1초까지 현재 시간을 확인한다. GPS 문제는 다양한 상황에서 매우 빠르게 나타난다. 2016년 1월 26일 30개의 미국 GPS 위성을 운용하는 미 공군이 구형 GPS 위성을 폐기했다. 이 과정에서 GPS 데이터베이스에 작은 오류가 있었다. 이러한 오류는 여러 위성들이 잘못된 타이밍 데이터를 전송하여 137억 분의 1초 느리게 작동되고 있음을 의미했다.

이후 11시간 동안 휴대전화 기지국은 연결이 끊겼고 미국 경찰과 소방서는 통신 오류를 보고했으며 BBC 라디오 신호가 중단되었고 지구 궤도에서 소행성을 추적하는 망원경이 오프라인 상태였다. 다행히 오류가 발견되어 신속하게 수정되었지만 이 사건은 지구가 GPS 시스템 문제에 얼마나 취약한지를 알려줬다.

위성을 통한 인터넷(IoS). 전 세계 여러 곳에서 필요한 케이블 설치비용이 너무 높거나 아예 불가능하여 위성을 통한 인터넷(IoS: Internet over Satellite)이 인터넷 연결을 위한 유일한 대안이다. 집에 위성 수신기를 설치하면 IoS 사용자는 GEO 위성으로 인터넷에 접속할 수 있다. IoS가 많은 사람들에게 다른 방법으로는 불가능한 상황에서 인터넷을 사용할 수 있는 기회를 제공하고 있지만 IoS에도 단점은 있다. GEO 위성 전송은 전파 지연을 수반할 뿐만 아니라 뇌우와 같은 환경적 영향에 의해 방해를 받을 수도 있다. 많은 기업들이 이 시장에 진출하고 있다.

- 원웹(www.oneweb.world)은 전 세계 모든 지역에 인터넷 액세스를 제공하기 위해 LEO 컨소시엄을 구축했다. 이 회사는 지방 시장, 신흥 시장 및 항공사의 기내 인터넷 서비스를 목표로 하고 있다. 2019년 7월 기준으로 원웹은 880개의 위성을 발사했으며 총 1980개의 위성을 계획하고 있다.
- 스페이스엑스(www.spacex.com)는 스타링크(Starlink)라는 LEO 별자리를 출시했다. 스타링크는 인구 밀도가 낮은 지역의 사람들에게 장거리 인터넷 트래픽을 제공할 계획이다. 2019년 7월 기준 스페이스엑스는 60개의 위성을 발사했으며 총 12,000개의 위성을 계획하고 있다.
- 2019년 4월 아마존은 3,236개의 위성으로 구성된 LEO 별자리 계획을 발표했다.
- 페이스북은 2019년 발사를 위해 아테나(Athena)라는 IoS 위성을 개발 중이다. 아테네는 전 세계적으로 서비스가 부족한 지역에 광대역 인터넷 액세스를 효율적으로 제공하도록 설계되었다.

상업용 이미징. 또 다른 위성 응용 프로그램은 나노 위성이라고 하는 매우 작은 위성을 사용하는 궤도의 상업용 이미지이다. 여러 회사가 과학적 및 상업적 목적으로 나노위성을 발사하는 데 관여하고 있다. 여기에서 이러한 회사 중 일부를 살펴보자:

- 플래닛 랩스(Planet Labs; www.planet.com)는 기존 위성보다 적은 비용으로 지구의 사진을 더 자주 촬영한다. 이 회사의 도브(Dove)라고 하는 LEO 별자리는 전체 산업이 지구 어디에서나 이미지를 얻을 수 있도록 도와준다. 플래닛은 또한 이미지가 생성된 모든 영역의 3D 모델을 개발하는 데 사용할 수 있는 비디오를 캡처할 수 있다.

  2018년 8월까지 플래닛은 매일 행성 전체의 모든 위치를 이미지화할 수 있었다. 플래닛은 고객이 전 세계의 비행기, 선박, 도로, 건물 및 숲을 추적하는 데 사용할 수 있는 쿼리어블 어스(Queryable Earth)라는 플랫폼을 제공했다.

  그레눌러(Granular; www.granular.ag)라고 하는 듀폰(DowDuPont) 농업부문(www.dupont.com)의 팜 소프트웨어 사업은 플래닛의 위성을 사용하여 지구의 일상 이미지와 플래닛의 6년 아카이브 일부에 액세스한다. 이미지. 그레눌러는 이미지를 분석하여 농부에게 정보를 제공한다. 예를 들어 농부는 그레눌러의 분석을 사용하여 작물 및 경작지 계획을 개발하고 직원에게 업무를 위임하고 재고를 추적하고 수확량과 수익을 예측한다.
- **FIN** 세계은행(www.worldbank.org)은 나사(NASA)의 랜드셋(Landsat) 위성과 유럽우주국의 센티넬(Sentinel) 위성의 위성 영상 데이터를 인구조사 데이터와 통합하여 고위험 도시 개발 상황을 모니터링한다.
- **POM** 스파이어(Spire; www.spire.com) 나노위성은 물체를 찾는다. 예를 들어, 25만 척 이상의 선박이 자동 식별 신호를 송출한다. 스파이어 나노위성은 이러한 신호를 포착하여 선박이 값비싼 전용 위성 통신을 사용할 필요 없이 선박의 위치를 자주 업데이트한다.

- **POM** 얼사 스페이스 시스템(Ursa Space Systems; www.ursaspace.com)는 위성 영상 데이터를 분석하여 탱크의 석유 저장 규모를 측정하기 위해 뚜껑 높이에 초점을 맞춰 전 세계 1만 개의 석유 저장 탱크에 있는 석유의 양을 추정한다. 이 회사는 석유 비축량과 석유 수요를 추정한다.
- **POM** 오비탈 인사이트(Orbital Insight; www.orbitalinsight.com)는 또한 석유 저장 추적기를 보유하고 있으며 80개의 미국 소매업체에 대한 일일 자동차 수를 계산한다.
- **POM** 어스캐스트 테크놀로지(EarthCast Technologies; www.earthcastdemo.com)는 조종사에게 기내 예보를 제공한다. 예전부터 조종사는 출발 및 도착 공항에 대한 기본 날씨 정보는 볼 수 있었지만 어스캐스트는 특정 비행 경로를 따라 기상 상태를 매핑할 수 있는 기능을 제공한다.
- **POM** 아이스아이(ICEEYE; www.iceeye.com)는 이전 위성보다 10배 작고 20배 가벼운 초소형 위성을 만들었다. 아이스아이는 제곱킬로미터당 약 1달러에 이미지를 제공할 수 있으며 이는 다른 위성 이미지 제공업체의 10분의 1 가격이다. 이 회사는 2018년 1월에 첫 번째 위성을 발사했으며 3시간마다 지구상의 거의 모든 지점의 이미지를 캡처할 수 있는 18개의 위성을 발사할 계획이다.
- **POM** 스페이스나우(SpaceKnow; www.spaceknow.com)는 약 200개의 공공 및 민간 위성의 이미지 데이터를 사용하여 공항의 비행기, 항구의 선적 컨테이너, 놀이 공원 주차장의 자동차에 이르기까지 모든 것을 추적한다. 회사의 고객은 특히 인프라 개발에 관심이 있다; 예를 들어, 코발트가 풍부한 콩고민주공화국에 새로운 광산이 있는지 여부는 해당 광물의 가격에 영향을 미칠 수 있다.
- 이마존(Imazon; www.imazon.org.br/en/)은 유럽우주국(European Space Agency)의 센티널 위성의 이미지 데이터를 사용하여 브라질 아마존 분지의 삼림 벌채를 감시한다. 이 조직은 산림 벌채를 식별하도록 공무원을 훈련시키는 '녹색 지방 자치 단체' 프로그램을 통해 지역의 지방 정부에 데이터를 제공하는 데 중점을 둔다.
- **POM** 인디고 에그(Indigo Ag Inc.; www.indigoag.com)는 NASA와 유럽우주국 위성의 이미지 데이터를 분석하여 밀, 쌀 등과 같은 전 세계 작물을 추적한다.
- 글로벌 피싱 워치(GFW: Global Fishing Watch; www.globalfishingwatch.org)는 위성 선박 추적 이미지 데이터를 분석하여 선박이 불법조업을 하는 위치와 시기를 식별하는 데 도움을 준다. 이 조직은 3개의 회사가 공동으로 설립했다: 인공위성을 사용하여 천연자원 채취를 모니터링하고 환경보호를 돕는 스카이트루스(SkyTruth; www.skytruth.org); 국제 해양보존기구인 오세아나(Oceana; www.oceana.org); 데이터 분석을 제공하는 구글. 2018년 8월까지 GFW는 전 세계로 확장하여 65,000척의 선박을 추적하고 있었다. 인도네시아는 GFW를 사용하여 얼마 동안 인도네시아 군도 주변에서 어업을 해온 외국 밀렵꾼을 퇴치하고 있다. GFW와 제휴한 후 인도네시아는 활동을 크게 제한하고 어업 수입을 늘렸다.

그러나 위성 공간에는 문제가 있을 수 있다. 2018년 1월, 인도에서 제작한 로켓은 승인되지 않은 적재물을 실었다. 스왐 테크놀로지스(Swarm Technologies; www.swarm.space)라는 스텔스 스타트업의 일반책 책 크기의 4개의 나노위성이다(스왐은 이런 위성을 스페이스비(SpaceBEE)라고 부른다). 사실

스왐은 미국 연방통신위원회(FCC: Federal Communications Commission; www.fcc.gov)로부터 위성을 발사할 수 있는 허가를 받지 못했다. 스왐은 자사의 기술이 현재의 위성 옵션보다 훨씬 저렴한 비용으로 운송 네트워크 및 농업 애플리케이션을 위한 전 세계 통신을 가능하게 할 것이라고 주장했다.

라디오 전송. **라디오 전송(radio transmission)**은 라디오 신호 주파수(radio-wave frequency)를 사용하여 발신자가 수신자에게 데이터를 직접 보낸다. 라디오 전송에는 몇 가지 장점이 있다. 우선 라디오 신호는 일반 사무실 벽을 통과한다. 그리고 라디오 매체는 매우 저렴하고 설치하기 쉽다. 마지막으로 라디오 신호로 데이터를 고속으로 전송할 수 있다. 이러한 이유들 때문에 라디오가 점점 더 컴퓨터와 주변 기기들과 LAN(local area network: LAN은 6장에서 논의되었다)을 연결하는데 사용되고 있다. (참고: 와이파이 및 이동통신 또한 라디오 신호를 사용한다.)

하지만 다른 기술들과 마찬가지로 라디오 전송도 단점이 있다. 먼저 라디오 매체는 전기적 간섭(electrical interference) 문제를 야기할 수 있다. 그리고 라디오 전송은 같은 주파수대에 작동하는 유사한 기기를 가지고 있는 다른 사람에 의한 훔쳐보기에 취약하다.

라디오 전송에서 문제는 기지국으로부터 멀리 떨어질수록 신호가 끊기고 음향이 점차 흐릿해진다는 점이다. 대부분의 라디오 신호는 기지국에서부터 30~40마일 정도까지 도달 가능하다. 하지만 위성 라디오(satellite radio)는 이 문제가 없다. 위성 라디오는 집이나 자동차에서 일반 라디오에서 들을 수 있는 끊이지 않는, 거의 CD 수준의 음질을 제공한다. 그리고 위성 라디오는 음악, 뉴스, 토크 등 다양한 범위의 방송을 제공한다. 시리우스 XM(Sirius XM; www.siriusxm.com)은 청취자가 월 사용료로 서비스에 가입하는 선도적인 위성 라디오 회사이다.

MIS 구글 프로젝트 룬. 프로젝트 룬(Project Loon)은 11마일 고도에서 풍선을 사용하여 시골 및 외딴 지역에 인터넷 접속을 제공하려는 구글의 계획이다. 풍선은 최대 4G LTE 속도로 공중 무선 네트워크를 만들 것이다. 2017년 10월 알파벳(구글의 모회사)는 허리케인 마리아(Maria) 이후 푸에르토리코 사람들을 위한 무선통신 복구에 이와 같은 풍선을 사용하기 위해 연방통신위원회(FCC; www.fcc.gov)의 승인을 받았다. 알파벳은 문자 메시지 보내기와 같은 기본적인 통신 및 인터넷 활동을 지원하기 위해 즉시 AT&T와 협력했다.

2018년 7월 룬은 인터넷 접속이 어려운 케냐 시민들에게 4G 인터넷 서비스를 제공하려는 목적으로 케냐의 세 번째로 큰 통신업체인 텔리콤 케냐(Telkom Kenya)와 제휴했다. 2019년 7월, 룬은 케냐에서 첫 상용 테스트를 시작했다.

인터넷 비행선. 스타트업 알타로스(Altaeros; www.altaeros.com)는 약 800피트 고도에 떠서 줄에 묶여 있는 비행선인 슈퍼타워(SuperTower)를 만든다. 각 비행선은 일반 기지국처럼 작동하지만 최대 4,000평방마일의 공간을 차지한다. 알타로스는 하나의 슈퍼타워가 15개의 지상 기반 기지국을 대체하고 무선 서비스 제공 비용을 60%까지 절감할 것이라고 주장한다. 2019년에는 뉴햄프셔에서 현장 테스트를 마치고 고객을 찾고 있다.

무선 보안

무선 네트워크는 확실히 기업에 여러 가지 효과가 있다. 하지만 경영자에게는 커다란 문제가 되기도 하는데, 다시 말해 근본적인 보안의 취약함이 문제이다. 무선통신은 중계(broadcast) 수단으로 가까이서 적절한 장비만 있으면 어느 누구나 전송 내용을 중간에서 훔쳐볼 수 있다. 무선 네트워크에 위험이 되는 보안 요인은 비인가 액세스 포인트, 워 드라이빙, 도청, 라디오 주파수(RF: radio frequency) 방해의 네 가지이다.

비인가 접속 지점(rouge access point)은 무선 네트워크에 대한 승인되지 않은 접속 지점을 말한다. 비인가된 대상이 악의적 목적이 아닌 IT 부서에 통보하지 않는 접속 지점을 설치한 같은 조직 내 사람일 수도 있다. 더 심각한 경우 비인가 대상이 '사악한 쌍둥이(evil twin)'로 나쁜 목적으로 무선 네트워크에 접속 지점을 설치한 사람일 수도 있다.

사악한 쌍둥이 공격(evil twin attack)에서는 와이파이 기능의 컴퓨터와 별도의 인터넷 연결 포인트를 가진 공격자가 사용자 주변 거리에서 공격한다. 공격자들은 핫스팟 탐지기(hotspotter)—무선통신 네트워크를 탐지하고 이들에 대한 정보를 제공하는 장비(이에 대한 추가 설명은 www.canarywireless.com을 참고하라—를 사용하여 승인된 사용자가 착각하도록 동일 무선통신 네트워크명(SSID: same wireless network name)을 사용하여 실제 무선 접속 지점을 모방한다. 만약 신호가 충분히 강하면 사용자는 기존의 실제 접속 지점에 접속하는 것이 아니라 공격자의 접속 지점으로 접속한다. 그렇게 되면 공격자는 개인의 비밀 정보를 요청하는 웹 페이지로 사용자의 이름, 암호, 계좌번호 등을 알아낸다. 다른 경우에는 공격자가 무선 전송 내용을 중간에서 훔치기도 한다. 이러한 공격은 기업 네트워크보다는 공공 핫스팟(예: 맥도날드나 스타벅스)에서 더 효과적이다.

워 드라이빙(war driving)은 시내나 다른 지역을 운전하면서(또는 걸어 다니면서) 무선랜들을 찾는 것이다. 이를 위해서는 단지 와이파이 탐지기와 무선통신이 가능한 컴퓨터만 있으면 된다. 만약 건물 밖에까지 신호가 가는 무선랜이 있으면 승인되지 않은 사용자가 그 네트워크에 침입할 수 있다. 그러면 침입자는 무료 인터넷 접속이 가능하고 심지어 중요한 데이터나 자료에도 접근이 가능할 수 있다.

도청(eavesdropping)은 무선 네트워크를 돌아다니는 데이터에 승인되지 않은 사용자가 접근하려는 노력을 말한다. 마지막으로 라디오 주파수(RF) 방해(jamming)는 사람이나 기기가 의도적으로 또는 비의도적으로 무선 네트워크의 전송을 방해하는 것을 말한다.

확인하고 넘어가기

1. 오늘날의 가장 일반적인 무선 장치들에 대하여 설명해보자.
2. 여러 유형의 전송 매체에 대하여 설명해보자.
3. 무선 네트워크 보안에 대한 네 가지 위협요인을 설명해보자.

8.2 무선 컴퓨터 네트워크와 인터넷 접속

지금까지 여러 가지 무선 장치와 이들이 무선 신호를 어떻게 전송하는지 살펴보았다. 이러한 장치들은 무선 컴퓨터 네트워크를 형성하고 인터넷 액세스를 제공한다. 다음에는 무선통신 네트워크들을 근거리, 중거리, 광대역 등 유효 거리에 따라 분류하여 살펴본다.

근거리 무선 네트워크

근거리 무선 네트워크(short-range wireless networks)는 사용자들이 각종 장치들을 사용하는 동안 이들을 서로 연결하려고 이리저리 다니거나 유선으로 연결하지 않고도 손쉽게 연결 작업을 하도록 해준다. 일반적으로 근거리 무선 네트워크의 유효 거리는 100피트(약 30.5m) 미만이다. 이 절에서는 세 가지 기본적인 근거리 통신 네트워크에 대하여 살펴본다. 블루투스, 초광대역 네트워크(UWB), 근거리 통신 네트워크(NFC)가 그것이다.

블루투스 네트워크. 블루투스(Bluetooth; www.bluetooth.com)는 개인 영역 네트워크를 만들 목적으로 사용되는 산업 표준이다. **개인 영역 네트워크(personal area network)**는 자신과 가까이 두고 사용하는 각종 컴퓨터 장치(예: 전화, PDA, 스마트폰)들 간을 연결하려는 목적의 컴퓨터 네트워크이다. 블루투스는 저전력 무선 기반 통신을 사용한다. 블루투스 5는 최대 400미터(약 1,300피트)까지 최대 약 50Mbps를 전송할 수 있다. 이러한 특성은 블루투스 5가 사물인터넷(8.4절에서 논의됨) 애플리케이션에 중요할 것임을 의미한다.

블루투스의 일반적인 응용 분야는 휴대폰 및 휴대용 음악 플레이어용 무선 핸드셋이다. 블루투스의 장점은 저전력 소모와 송신기에서 모든 방향으로 방출되는 전파를 사용한다는 점이다. 이러한 이유로 연결을 위해 한 블루투스 장치가 다른 블루투스 장치를 향해야 할 필요가 없다.

블루투스의 저전력 버전인 블루투스 스마트(Bluetooth Smart)는 의료 서비스, 피트니스, 보안, 홈 엔터테인먼트 산업의 여러 응용 분야에서 사용되고 있다. 전통적인 블루투스와 비교해 블루투스 스마트는 통신 범위는 비슷하지만 더 저렴하고 전력 소비가 적다. 블루투스 스마트는 '웨어러블즈(웨어러블 컴퓨터)'의 개발과 도입을 촉진하고 있다.

초광대역(UWB) 네트워크. **UWB(ultra wideband)**는 광대역 무선통신 기술로 전송 속도가 100Mbps 이상이다. 휴메틱스(Humatics; www.humatics.com)는 UWB 기술의 선구자로 많은 UWB 애플리케이션을 개발했다. 그 중 한 가지 흥미로운 애플리케이션은 PLUS 실시간 위치시스템(RTLS: PLUS Real-Time Location Systems)이다. PLUS를 사용하면 기업은 동시에 여러 사람과 자산(assets)의 정확한 위치를 파악할 수 있다. 직원, 고객, 방문객들은 PLUS 뱃지(Badge) 태그를 단다. PLUS 자산(Asset) 태그는 장비나 제품에 부착한다. PLUS는 의료산업에서 매우 유용한 수단인데, 실시간으로 의료 종사자(의사, 간호원, 테크니션)와 모바일 장비(즉, 랩톱, 모니터)의 위치 파악이 매우 중요하다.

다른 흥미로운 초광대역 애플리케이션은 다음과 같다.

- 모바일 로봇공학: 로봇이 실내 및 기타 GPS 거부 환경에서 자율적으로 탐색하고 드론이 비행할 때 안내할 수 있다.
- **POM** 제조 및 광업과 같은 중장비 산업: 크레인의 암을 정밀하게 배치하고 실내외 이동하는 지게차를 추적한다.
- 국방 및 보안: 낮은 오경보율, 무선 경계 울타리, 실내 매핑 및 벽을 통한 감시

근거리 통신 네트워크(NFC). **근거리 통신 네트워크(NFC: near-field communication networks)**는 근거리 네트워크 중 가장 짧은 유효 거리를 가지고 있다. 이는 핸드폰이나 신용카드와 같은 모바일 장치 내에 탑재되도록 설계되었다. 예를 들면 NFC를 이용하면 물건을 계산하기 위해 POS 터미널과 수 센티미터 떨어져 핸드폰이나 신용카드를 비접촉으로 계산할 수 있다. NFC는 모바일 지갑에서도 사용할 수 있다(8.3절에서 설명).

중거리 무선 네트워크

중거리 무선 네트워크(medium-range wireless networks)는 대부분의 사람들에게 친숙한 **무선랜(WLAN: wireless local area network)**이다. 가장 일반적인 중거리 무선 네트워크는 와이파이이다. 여러 상황에서 무선랜은 유용한데 이들 중 일부는 파급 효과가 크다.

와이파이(Wi-Fi: Wireless Fidelity)는 기본적으로 케이블이 없는 유선랜인, 중거리 무선랜이다. 일반적인 모습은 신호송수신기(transmitter)에 인터넷 액세스에 필요한 유선랜이나 인공위성 수신기 연결용 **무선 액세스 포인트(wireless access point)**인 안테나가 부착된다. 그림 8.4는 무선 접속 포인트이다. **핫스팟(hotspot)**으로 알려진 하나의 무선 접속 포인트로 짧은 반경 내(300피드까지) 여러 사람들에게 서비스가 가능하다. 더 넓은 지역에서 많은 사람들을 지원하기 위해서는 여러 무선 접속 포인트들이 필요하다. 무선으로 커뮤니케이션하기 위해서 랩톱 PC와 같은 모바일 기기에는 내장된 무선 네트워크 인터페이스 기능이 있다.

와이파이는 공항이나 호텔, 인터넷 카페, 컨퍼런스 센터, 사무실 등에 있는 공용 핫스팟에서 인터넷이나 인트라넷 초고속 네트워크를 쉽고 빠르게 연결하게 해준다. 또한 캠퍼스를 걸어 다니면서, 집에 가면서, 집에서 인터넷을 연결할 수 있다. 더욱이 사용자는 무선 네트워크 카드를 달면 랩톱, 데스크톱, PDA로 와이파이에 접속할 수 있다. 대부분의 PC나 랩톱 제조업체는 이런 카드를 PC 내에 장착시키고 있다.

IEEE(Institute of Electrical and Electronics Engineers)는 무선 컴퓨터 네트워크에 대한 일련의 표준을 수립했다. 와이파이에 대한 IEEE 표준은 802.11 제품군이다. 이 계열에는 많은 표준이 속해 있다. 2010년 7월의 최신 표준 무선 액세스는 802.11ax였는데, 이 802.11ax가 802.11n 및 802.11ac를 모두 대체하여 다중 사용자 환경에 중점을 둘 예정이다. 전송 속도가 최대 10Gbps인 802.11ax는 사물인터넷 애플리케이션에도 유용하다. 이 표준은 2019년 말에 완성되었다.

그림 8.4 무선 접속 포인트

Roman Samokhin/Shutterstock.com

와이파이의 주요 이점은 저렴한 비용과 간단한 인터넷 액세스를 제공하는 것이다. 무선으로 인터넷에 연결할 수 있는 능력이 무선 인터넷의 가장 큰 장점이다.

기업들은 와이파이를 전략에 통합하고 있다. 예를 들어 스타벅스, 맥도널드, 파네라(Panera) 및 반즈앤노블은 매장에서 고객에게 인터넷 접속용 와이파이를 제공한다.

와이파이의 가치를 설명하기 위해 구글이 인도에 설치한 세계 최대 공용 와이파이 프로젝트 중 하나인 구글 스테이션(Google Station)에 대해 살펴보자. 2018년 6월 7일 구글은 정부 소유의 인도 철도(Indian Railways) 및 철도전화(RailTel)와 협력하여 400개의 기차역에서 무료 고속 공용 와이파이를 설치한다고 발표했다.

구글에 따르면 800만 명이 넘는 사람들이 이 서비스를 이용하고 있다. 평균적으로 사용자는 한번 접속에 350MB의 데이터를 소비하고 구글 스테이션을 사용하는 사용자의 절반 이상이 하루에 여러 온라인에 접속한다. 구글이 스테이션에서 제공하는 인터넷 속도는 인도에서 사용할 수 있는 여러 유료 서비스보다 빠르다.

많은 사람들이 구글 스테이션의 혜택을 받았다. 예를 들어, 케랄라 남부 주에 있는 에르나쿨람 정션역(Ernakulam Junction station)의 짐꾼인 슈리네스(Shrinath)는 이 서비스를 사용하여 온라인으로 공부하고 케랄라 공공 서비스 입학시험을 준비했다.

구글은 인도의 구글 스테이션을 기차역 외에 공공 정원, 병원, 경찰서, 사무실 등으로 확장하고 있다. 구글은 또한 인도 서부 도시인 마하라슈트라(Maharashtra)의 푸네(Pune)에 있는 핫스팟을 대상으로 프로젝트를 시범 운영했다. 그리고 구글은 인도네시아, 멕시코, 태국, 나이지리아, 필리핀, 브라질 및 베트남에도 구글 스테이션을 설치했다.

와이파이로 혁신하는 회사가 많이 있다. 예를 들어, 보스턴의 스타트업 스트레이(Starry; www.starry.com)는 2016년 보스턴에서 고정 광대역 무선 서비스를 시작했다. 이 회사는 소비자에게 묶음 판매, 장기계약, 데이터 한도 및 숨겨진 수수료 등이 없는 간단한 요금제를 적용한다. 스트레이의 서비스는 월 50달러에 200Mbps를 제공한다. 이 비용에는 설치, 연중무휴 고객관리 및 모든 장비 지원이 포함된다. 2019년 6월 스트레이는 연방통신위원회(FCC) 경매에서 104개의 라이센스를 획득했다. 이 라이센스는 스트레이가 이제 미국의 4천만 가구에 서비스할 수 있음을 의미한다. 2019년 7월 기준 스트레이는 보스턴, 뉴욕, 덴버, 로스앤젤레스 및 워싱턴 D.C.에서 운영되고 있으며 미국의 다른 18개 도시로 확장할 계획이다.

와이파이 다이렉트. 2010년 말까지는 와이파이는 핫스팟 중앙에 무선 안테나가 필요했으며 개인 컴퓨터들과 기타 기기들 간의 연결이 필요할 때 다소 한계가 있었다. 이러한 한계점들 때문에 기업들은 일반적으로 약 800피트(244미터) 내에서는 와이파이로, 더 짧은 거리와 임의적인 연결은 블루투스를 이용해 통신하였다.

와이파이 다이렉트(Wi-Fi Direct)는 와이파이의 새로운 버전이다. 이를 이용하면 동등 계층 통신(peer-to-peer communications)이 가능해 기기들 간에 직접 연결할 수 있다. 와이파이 다이렉트로 사용자들은 심지어 무선 안테나 없이도 기기들 사이에서 콘텐츠를 전송할 수 있다. 250Mbps의 속도로 800피트의 반경 내에서 두 기기 혹은 여러 기기들을 연결할 수 있다. 더욱이 와이파이 다이렉트가 있는 기기는 마치 블루투스 기기들의 기능과 같이 다른 기기들에 자신의 연결 가능성을 알릴 수 있다. 마지막으로 와이파이 다이렉트는 현재 사용 중인 약 10억 개의 와이파이 기기들과도 호환이 가능하다.

디바이스와 디바이스를 네트워킹하는 분야에서 와이파이 다이렉트는 아마도 블루투스와 경쟁하게 될지도 모른다. 와이파이 다이렉트는 유사한 방식으로 연결을 하나 통신 범위가 넓고 속도도 더 빠르다.

마이파이. 마이파이(MiFi)는 단순하고 휴대 가능한 무선 기기로 사용자들이 어디를 가든 영구적인 와이파이 기능을 제공한다(국내 '도시락'과 같은 모바일 핫스팟). 그러므로 사용자들은 항상 인터넷을 연결할 수 있다. 마이파이의 사용 반경은 10미터 정도이다. 노바텔(Novatel)에 의해 개발된 마이파이 기기는 인텔리전트 모바일 핫스팟(intelligent mobile hotspot)으로도 불린다. 마이파이 기기로 와이파이에 접속하면 같은 연결을 통해 동시에 5명이 연결될 수 있다.

3G 네트워크가 설치된 지역 어디에서든 마이파이로 초고속 인터넷 접속이 가능하다. 마이파이의 한 가지 단점은 이들 구입하고 사용하는 비용이다.

라이파이. 라이파이(Li-Fi: Light Fidelity)는 데이터와 위치를 전송하기 위해 빛을 사용하여 기기 간의 무선통신을 위한 기술이다. 라이파이는 가시 광선 스펙트럼, 자외선 및 적외선을 통해 고속으로 데이터를 전송할 수 있는 가시 통신 시스템이다.

사용자 측면에서 라이파이는 와이파이와 유사하다. 주요 차이점은 와이파이는 무선 주파수의 전자파를 사용하여 데이터를 전송한다는 것이다. 빛을 사용하여 데이터를 전송하면 라이파이가 와이파이에 비해 다음과 같은 몇 가지 이점을 제공할 수 있다.

- 라이파이는 훨씬 더 큰 대역폭 용량을 제공한다.
- 라이파이는 매우 높은 피크 데이터 전송 속도(이론적으로 최대 200Gbps)를 제공한다.
- 라이파이는 사물인터넷에서 100배 더 많은 장치 간의 통신을 가능하게 한다.
- 라이파이는 신호 가로채기가 감소하여 무선통신에 대한 보안을 강화한다.
- 라이파이는 항공기 객실 및 병원과 같이 전자기 간섭에 취약한 영역에서 더 효과적이다.

슈퍼 와이파이. 슈퍼 와이파이라는 미국 연방통신위원회(FCC)가 장거리 무선 연결을 만드는 무선 네트워크 프로토콜을 설명하기 위해 만든 용어이다. (이런 이름에도 불구하고 수퍼 와이파이는 와이파이 기술을 기반으로 하지 않는다.) 슈퍼 와이파이는 공영 TV 채널들 사이의 저주파수 '흰 공간'을 사용한다. 이런 주파수는 보통 와이파이 주파수보다 신호를 더 멀리 보내고 벽을 통과할 수 있다.

슈퍼 와이파이는 이미 텍사스주 휴스톤시, 노스캐롤나이나주 윌밍톤시, 그리고 웨스트 버지니아 대학 등에서 사용되고 있다. 이 기술은 이동통신사를 위협하고 있고, 결국 초고속 무선 인터넷을 도시 지역에 제공할 수 있을지도 모른다.

광역 네트워크

광대역 무선 네트워크(wide-area wireless networks)는 지형적으로 광범위한 영역에 있는 사용자들을 인터넷으로 연결한다. 보통 이 네트워크는 라이선스를 받은 주파수 영역대에서 운영된다. 즉, 정부에 의해 규제되는 무선 주파수대의 일부를 사용하는 네트워크이다. 반대로 블루투스와 와이파이는 허가가 필요 없는 주파수대를 이용하여 신호방해와 보안에 더 취약하다. 일반적으로 광대역 무선 네트워크 기술에는 두 종류가 있다. 휴대 라디오(cellular radio)와 무선 초고속 통신(wireless broadband)이다.

휴대 라디오/이동통신. **핸드폰(cellular telephones)**은 끊어짐 없는 채널 전환(handoffs)으로 기지국의 무선통신 네트워크를 이용해 양방향 라디오 통신을 제공한다. 무선 핸드폰은 육상통신선에 연결된 기지국을 통해 단지 제한된 범위에서 전화 서비스를 제공하는 무선 전화(cordless telephone)와는 다르다.

핸드폰은 인접한 지역 내에 설치된 라디오 안테나(타워)들, 소위 셀들(cells)들을 통해 통신한다(그림 8.5 참조). 전화 메시지는 핸드폰에 의해 지역 셀(안테나)로 전송되고, 그 다음에는 최종 목적지의 셀에 도착할 때까지 셀들 사이에서 넘겨진다. 이 마지막 셀에서 메시지는 수신자의 핸드폰으로 전송되든가 혹은 유선 전화로 전송되도록 공용 전화 교환기(public switched telephone systems)로 전해진다. 그렇기 때문에 핸드폰으로 다른 핸드폰은 물론 일반 유선 전화기와 통화가 가능하다.

셀룰러 기술은 더 빠른 전송 속도, 더 풍부한 기능, 더 낮은 대기 시간(지연)을 향해 빠르게 진화하고 있다. 더 많은 사람들이 휴대폰과 태블릿을 사용하고 데이터 트래픽이 폭발적으로 증가하고 있기 때문에 이러한 빠른 진화가 필요하다. 셀룰러 기술은 여러 단계를 거쳐 발전했다.

그림 8.5
스마트폰과 GPS 시스템

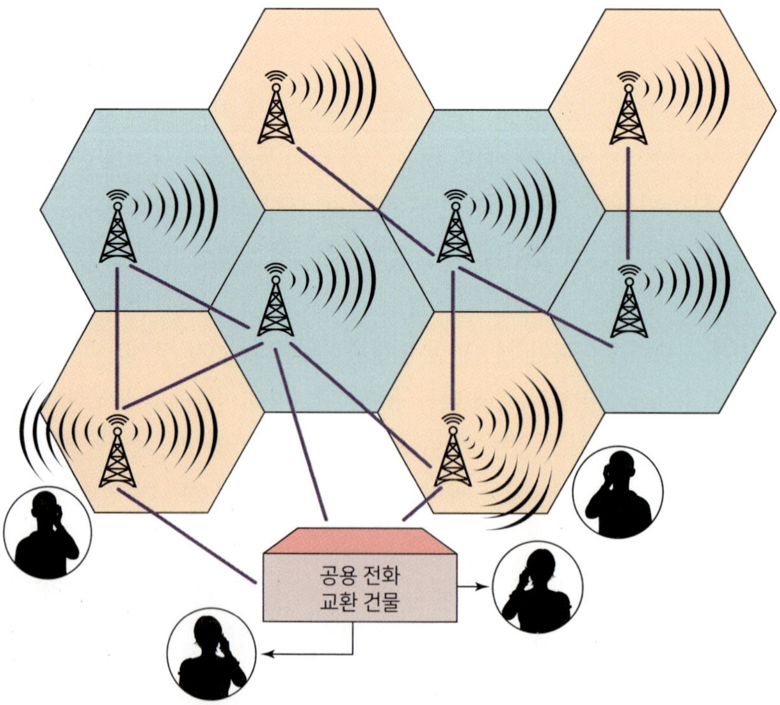

Lady & Man: Leontura/DigitalVision Vectors/Getty Images; Single Wave: Kyryloff/Shutterstock.com; Double Wave: TroobaDoor/Shutterstock.com; Cell phone tower: Kaissa/Shutterstock.com

- 1세대(1G) 핸드폰은 아날로그 신호를 사용했으며 대역폭(성능)이 낮았다.
- 2세대(2G)는 디지털 신호를 주로 음성 통신에 사용하였다. 데이터 통신은 최대 10Kbps까지 가능하다.
- 2.5G는 디지털 신호를 사용하고 음성과 데이터 통신이 최대 144Kbps이다.
- 3세대(3G)는 디지털 신호를 사용하고 걷는 정도의 움직이는 상태에서는 384Kbps까지, 달리는 자동차에서는 128Kbps까지, 고정된 상태에서는 2Mbps까지 음성과 데이터 전송이 가능하다. 3G에서는 비디오, 웹 브라우징, 인스턴트 메시지 사용이 가능하다.

  3세대 핸드폰에는 몇 가지 단점이 있다. 아마 가장 근본적인 문제는 북미 이동통신사들이 두 가지 별개의 기술을 사용한다는 점이다. 버라이즌과 스프린트는 CDMA(Code Division Multiple Access)을 사용하고 싱귤러(Cingular)와 다른 이통사는 GSM(Global System for Mobile Communication)을 사용한다. CDMA 회사들은 현재 무선 광대역 휴대 라디오 표준인 EV-DO(Evolution-Data Optimized) 기술을 이용한다.

  이 외에 3G는 상대적으로 고비용으로 대부분의 통신사들이 다운로드할 수 있는 용량의 한계와 사용 가능한 서비스 종류를 정해 놓고 있다. 예를 들면 어떤 이동통신사는 오디오나 비디오의 스트리밍이나 다운로드를 금지하고 있다. 제한된 용량 이상으로 사용하면 통신사가 사용자의 서비스를 차단할 권리를 가지고 있다.
- 4세대(4G)는 한 가지 기술이나 표준을 따르지 않는다. ICU(International Communication Union)는 4G에 요구되는 속도를 구체적인 속도를 명시하고 있다. 자동차와 기차와 같이 빠르게 움직이는 물체 내에서의 통신에는 100Mbps(초당 100만 비트) 및 도로를 걷는 것과 같이 느리게 움직이는 경우는 1Gbps(초당 10억 비트)이다. 4G시스템은 안전한 IP(internet protocol) 기반의 무선 초고속 통신시스템을 모든 모바일 기기에 제공할 것으로 기대된다.

  롱텀에볼루션(LTE: long-term evolution)은 무선 초고속 기술로 스마트폰 및 휴대용 기기를 통해 인터넷 접속 로밍을 지원한다. LTE는 대략 3G 네트워크보다 10배 가량 빠르다.

  XLTE(고도화된 LTE)는 한 장소에 너무 많은 사람들이 동시에 LTE 네트워크에 접속하려 할 때의 혼잡함을 해결하기 위해 만들어졌다.
- 5세대(5G)는 2019년에 배치되기 시작했다. IT와 기업사례 8.2에서 5G에 대해 자세히 설명한다.

IT와 기업사례 8.2
5세대 모바일 네트워크

MIS

새로운 세대의 무선통신 표준이 약 10년마다 등장했다. 무선통신 사업자는 2018년 8월까지 4G 네트워크 구축을 완료하고 5G 무선기술의 등장을 계획하고 있었다. 다음 기술의 진화를 살펴보자.

- 1세대 시스템 (1G)은 1982년에 도입되었다.
- 2세대 시스템 (2G)은 1992년에 등장했다.
- 3세대 시스템 (3G)은 2001년에 등장했다.
- 4세대 시스템 (4G)은 2012년에 등장했다.

5세대 모바일 네트워크 또는 5세대 무선시스템(5G)은 현재 4세대 시스템(4G)을 넘어서 제안된 통신 표준이다. 5G 시스템은 2019년에 등장하기 시작했다.

차세대 모바일 네트워크 연합(NGMN; www.ngmn.org)은 5G 표준이 가져야 하는 다음 요구사항을 정의한다.

- 고 대역폭 전송: 5G 신호는 최대 10Gbps(초당 기가비트)를 전송하도록 설계되었다. 반대로 미국에서는 4G 신호가 최대 1Gbps를 제공한다.

- 짧은 지연시간: 대기 시간은 네트워크 또는 장치가 명령에 응답하는 데 걸리는 지연시간이다. 5G 신호는 1밀리 초 정도의 지연시간을 갖도록 설계되어 5G 장치가 거의 즉각적으로 통신할 수 있다. 흥미롭게도 5G는 인간이 청각, 시각 및 신체 반응을 즉각적으로 인식하는 속도보다 빠르다. 5G 통신의 낮은 지연시간을 입증하기 위해 버라이즌은 2017년 인디아나폴리스 500(Indianapolis 500)[역자주*]에서 흥미로운 실험을 수행했다. 창문이 검은색으로 가려진 차에 운전자를 태웠다. 그는 밖을 볼 수 있는 5G 헤드캠(카메라)만 가지고 있었다. 운전자는 차를 쉽게 고속으로 운전해 트랙을 돌았다. 5G 카메라 피드의 낮은 지연시간 덕분에 그는 마치 트랙을 실제로 볼 수 있었던 것처럼 안정적으로 커브와 직선을 '볼' 수 있었다.
- 동시에 연결된 많은 수의 장치
- 에너지 효율(낮은 배터리 소모): 이 특성은 센서 간의 통신에 특히 중요하다.
- 통신의 높은 신뢰성

5G에는 단점이 있다. 5G는 이전 세대의 무선기술보다 전송 시 더 짧은 파장을 사용하기 때문에 신호가 더 쉽게 차단된다. 결과적으로 5G는 이전 세대보다 더 많은 안테나가 필요하다.

5G는 소비자에게 우수한 무선통신을 제공할 것을 약속한다. 예를 들어 소비자는 90분짜리 고화질 TV쇼를 3초 이내에 스마트폰으로 다운로드할 수 있다. 그러나 소비자는 새 전화를 구입해야 한다.

5G 기술의 첫 번째 실질적인 도입은 2019년 4월 한국에서 시도되었다. 2019년 7월 현재 버라이즌, AT&T 및 스프린트는 미국 일부 도시의 제한된 지역에 5G 기술을 도입했다. 또한 티모바일(T-Mobile)은 2019년에 일부 도시에 5G를 도입할 계획이다.

5G는 사물과 사람 간의 커뮤니케이션을 지원한다. 5G의 주요 장점은 이 기술이 기계 간 통신을 가능하게 한다는 것이다. 즉, 5G는 사물인터넷(IoT)에 필요한 구성 요소이다. 자율(무인)차량, 드론 및 로봇공학은 본질적으로 IoT 애플리케이션이다.

사물인터넷은 두 가지 영역에서 발전하고 있다. 첫째, 대규모 IoT는 스마트미터(smart meters)에 사용되는 센서와 같은 수천 개의 연결된 센서로 구성된다. 이 센서는 방대한 양의 데이터를 수집하고 전송한다. 둘째, 중요한 사물인터넷은 짧은 지연시간과 통신 안정성이 성공의 열쇠인 자동차의 센서로 구성된다.

5G 전송의 특성은 사물인터넷 애플리케이션의 상용화에 필수적이다. 예를 들어, 충돌을 피하기 위해 초당 여러 번 서로 통신해야 하는 자율주행차량을 생각해보라. 5G의 고 대역폭 전송 속도, 짧은 지연시간, 낮은 배터리 소비, 높은 안정성 및 수많은 연결된 장치를 지원하는 능력은 모두 자율주행차량을 실행 가능한 기술로 만드는 데 도움이 되는 매우 중요한 특성이다.

역자주* 미국에서 가장 인기 있는 자동차 경주대회 중 하나

예를 들어 2018년 2월 스웨덴 통신회사인 에릭센(Ericsson; www.ericsson.com)은 대한민국 평창에서 열린 동계올림픽에서 5G 기술을 도입했다. 그곳에서 회사의 5G 네트워크는 자율주행버스를 올림픽 선수촌으로 안내하고 팬들이 봅슬레이 헬멧에 내장된 작은 카메라를 통해 실시간으로 액션을 경험할 수 있도록 했다.

업계 분석가들은 5G 도입이 완료되면 5G가 다음 4개 산업에 가장 즉각적인 영향을 미칠 것으로 예상한다.

- 교통: 자율주행차량(트럭, 자동차, 버스 등)
- 제조: 자동화된 공장(예: 로봇), 실시간 생산 검사 및 조립 라인 유지 보수
- 의료: 원격 수술 및 환자 모니터링
- 스마트 도시: 스마트 도로, 신호등, 가로등, 스마트 빌딩 및 스마트 미터링

출처: Compiled from M. Goss, "Benefits of 5G to Drive Enterprise Adoption Regardless of Provider," *TechTarget*, May 2, 2019; "How 5G Will Transform Business," *TechRepublic*, 2019; P. Sarnoff, "Verizon Is Bringing Fixed 5G to Businesses," *Business Intelligence*, September 17, 2018; A. Rayome, "5 Things to Know about Verizon 5G Ultra Wideband Launching October 1," *TechRepublic*, September 12, 2018; R. Gronberg, "AT&T Says It Will Bring Its Super Fast 5G Network to Raleigh and Charlotte," *The Herald Sun*, July 20, 2018; A. Tan, "M1, Huawei to Transmit VR Content in 5G Live Trial," *TechTarget*, June 21, 2018; R. Hollander, "Verizon Just Announced Los Angeles Will Be the Second City to Receive 5G," Yahoo Finance, May 18, 2018; J. Brodkin, "AT&T's 5G Trials Produce Gigabit Speeds and 9ms Latency," *Ars Technica*, April 11, 2018; C. Forrest, "190M 5G Connections by 2025, as U.S. to Emerge as 'Pioneer Market'," *TechRepublic*, March 26, 2018; K. Yurieff, "AT&T Names First Three Cities to Get Its Ultra-Fast 5G Network," CNN, February 21, 2018; A. Scroxton, "Swisscom Picks Ericsson to Build Its 5G Network," *Computer Weekly*, November 8, 2017; "Digging Deep to Find the Future of Mobile," *Bloomberg BusinessWeek*, November 5, 2017; "State of 5G 2017 & Beyond," *IT Briefcase*, November 1, 2017; A. Scroxton, "Qualcomm Successfully Achieves First 5G Data Connection," *Computer Weekly*, October 17, 2017; E. Woyke, "These Toaster-Oven-Size Radios Will Help Bring 5G to Life," *MIT Technology Review*, March 10, 2017; A. Carlton, "The 5G Core Network: 3GPP Standards Progress," *Computerworld*, August 25, 2017; A. DelNisco, "5G Market Will Surpass $1.23 Trillion by 2026: These 8 Industries Will Benefit the Most," *TechRepublic*, February 27, 2017; L. Tucci, "How 5G Wireless Technology Will Dazzle, Confuse and Be of Use for CIOs," *TechTarget*, February 24, 2017; "What Is 5G, and When Do I Get It?" *Wired*, February 23, 2017; C. Forrest, "If You Live in One of These 11 Cities, Verizon 5G May Bring You Gigabit Wireless This Year," *TechRepublic*, February 22, 2017; O. Kharif and S. Moritz, "The Greatest Generation Is around the Corner," *Bloomberg BusinessWeek*, February 20, 2017; A. Scroxton, "Ericsson Introduces First 5G Network Platform," *Computer Weekly*, February 16, 2017; and "Three Keys to Success: Preparing Your Mobile Network for 5G," Cisco White Paper, December 6, 2016.

질문

1. 5G 무선 기술의 가장 중요한 장점은 무엇인가?
2. 5G 무선 기술의 잠재적인 단점은 무엇인가?
3. 5G가 가정에서 광섬유에 미치는 잠재적인 영향은 무엇인가?

무선 광대역 또는 초고속 통신. 와이맥스(WiMAX)로 불리는 'World Interoperability for Microwave Access'는 IEEE 표준 802.16의 명칭이다. 와이파이의 유효반경이 300피트(92미터)인 반면 와이맥스의 무선 액세스 유효 반경은 31마일(50km)이다. 그리고 와이맥스의 데이터 전송속도는 최대 75Mbps이다. 이 정도면 안정적으로 음성과 비디오 기능이 작동한다. 와이맥스 안테나는 원거리의 집이나 회사의 안테나와 초고속(즉, 광대역) 인터넷 연결이 가능하다. 그러므로 이 기술은 아직 무선통신 서비스를 받지 못하고 있는 비도시 지역과 기타 지역에 장거리 초고속 무선 액세스를 가능하게 해준다.

와이맥스 사용의 다음 예를 생각해보자. 2015년 4월 1일 런던의 주요 고속도로 아래 터널의 지하 전기 케이블 덕트에서 화재가 발생했다. 이 화재는 36시간 동안 타올랐고 해당 지역의 광대역 서비스에 심각한 장애를 일으켰다. 광섬유, 광대역 인터넷 액세스를 사용할 수 없었기 때문에 기업들은 통신회사 루미넷(Luminet; www.luminet.co.uk)의 와이맥스로 눈을 돌렸다. 한 비즈니스 소유자는 루미넷이 회사가 24시간 이내에 본사를 다시 온라인 상태로 만드는 데 도움을 주었다고 말했다. 또한 루미넷의 광대역 서비스를 통해 회사는 직원을 재해복구 사이트에서 신속하게 원상복귀시킬 수 있었다.

IT와 개인을 위한 무선 및 모바일

GSM3GHSDPA+4GLTE가 무엇인가? 이 장에서는 고객으로서 당신이 사용할 수 있는 많은 모바일 플랫폼에 대해서 설명한다. 특히 셀룰러, 블루투스, 와이파이, 위성 및 기타 무선통신을 논의한다. 하지만 특정 셀 내에서 통신회사들이 오늘날 수많은 약자들을 사용하기 때문에 문제는 좀 더 복잡해진다. 당신은 버라이즌의 3G가 AT&T의 3G와 같은 것이라고 생각해본 적이 있는가? 4G와 4G LTE는 어떤가? 물론 대부분의 사람들은 4G가 3G보다 빠르다고 생각하는데 그러면 얼마나 빠른가?

이런 혼란을 해결하기 위해 애플이 자신의 모바일 운영시스템(iOS)을 업데이트할 경우 AT&T가 아이폰에 갑자기 3G 대신에 4G를 표시하는 —핸드폰이 업그레이드된 적이 없는데도 불구하고— 경우를 보자. 근사하지 않은가? 사실은 그렇지 않다. 이 경우 '업그레이드'는 단지 기존 기술을 위한 새로운 용어로 구성되어 있었다. 3G/4G 네트워크의 속도는 변하지 않았다. (참고: AT&T의 '4G LTE'는 AT&T의 3G 혹은 4G보다 훨씬 빠른 속도를 제공하는 다른 기술이다.)

실제 연결 속도는 통신기기가 1초 동안 얼마나 많은 비트(1 또는 0)를 전송할 수 있는지를 의미하는 비트율로 표현된다. 예를 들어 초당 1.5Mbps라는 속도는 1초에 150만 비트가 전송된다는 의미이다. 엄청난 속도인 것처럼 들린다. 하지만 초당 비트의 수를 알았다는 것은 실제 속도의 일부만을 이해한 것이다. 현실 속의 연결 속도(connection speed)는 당신이 실제로 사용할 수 있는 통신대역폭(bandwidth)의 양인 **처리량**(throughput)과는 다르다. 처리량은 연결 속도보다 항상 낮을 것이다.

이 부분을 이해하기 위해 당신이 차를 어떻게 운전하는지를 생각해보자. 시속 160km 이상으로 운전할 수 있을 것이다. 하지만 당신은 여러 속도 제한에 의해 이보다는 낮은 속도로 운전하여 차량이 최고 속도까지는 가지 않는다. 실제 속도는 당신이 택한 길, 도로에 설정된 속도 제한, 날씨, 도로의 차량 수, 기타 많은 변수에 따라 달라진다. 같은 원리로 AT&T, 버라이즌, 스프린트, 및 다른 회사들이 놀라운 무선통신 속도('최대 20Mbps')를 광고하지만, 이들은 당신이 실제로는 파일을 다운로드 할 때 그런 속도로 하지 않기 때문에 항상 '최대'라는 말을 쓴다.

여러 네트워크의 실제 속도를 알 수 있는 가장 좋은 방법은 동네 이동통신사 대리점에 가서 디스플레이 중인 데모 모델로 속도 테스트를 해보는 것이다. 이런 테스트로 통신 네트워크로부터 기대할 수 있는 실제 처리량 속도를 직접 경험해볼 수 있을 것이다. 그 결과는 3G, 4G, 4G LTE 등과 같은 용어보다 훨씬 더 현실적이다.

그런 테스트를 어떻게 하는지를 보자. 먼저 통신기기가 오직 통신사 네트워크에만 (와이파이가 아닌) 연결되어 있는지 확인한다. 그 다음 스피드테스트(www.speedtest.net)에 접속해 '테스트 시작'을 클릭한다. 저자는 이를 저자의 아이폰4S로 AT&T의 4G(4G LTE가 아닌) 네트워크에 연결해 테스트했다. 다운로드 속도는 3.80Mbps, 업로드 속도는 1.71Mbps였다. 이런 수치는 내 무선 연결로 내가 무엇을 기대할 수 있는지를 알려주기 때문에 통신사들이 사용하는 각종 용어(3G, 4G 등)보다 더 많은 정보를 제공한다. 이런 테스트를 경쟁사 대리점(AT&T, 버라이즌, 스프린트, T-모바일 등)에서 시도해보면 비교할 수 있는 데이터를 얻을 것이다.

확인하고 넘어가기

1. 블루투스란 무엇인가? 무선랜(WLAN)이란 무엇인가?
2. 와이파이, 휴대 서비스, 와이맥스에 대해 설명해보자.

8.3 모바일 컴퓨팅과 모바일 상거래

기존 컴퓨터 환경에서 사용자들은 다른 컴퓨터와 네트워크에 유선으로 연결된 컴퓨터가 있어야 했다. 유선으로 연결되어야 하는 필요성으로 인해 컴퓨터를 이동시키기 어려웠거나 불가능했다. 특히 영업사원, 수리공, 서비스 담당 직원, 경찰, 수도/전기회사 직원들이 작업장이나 이동 중에 정보기술을 이용할 수 있다면 일하는데 효과적일 것이다. 그러므로 모바일 컴퓨팅은 집을 떠나 여행 중이거나 자신의 조직 밖에서 돌아다니는 사람들을 위해 개발되었다.

모바일 장치를 인터넷 및 인트라넷과 같은 컴퓨터 환경에 실시간 무선으로 연결시키는 것이 **모바일 컴퓨팅**(mobile computing)이라고 설명한 바 있다. 이러한 혁신은 사람들이 컴퓨터를 사용하는 방식을 완전히 바꾸고 있다. 교육, 의료 서비스, 오락, 기타 다른 많은 분야에서 변화가 직장과 가정에까지 확산되고 있다.

모바일 컴퓨팅이 다른 형태의 컴퓨팅과 차별되는 두 가지 특징이 있다. 모빌리티와 넓은 커버지역이다. 모빌리티(mobility)는 사용자가 장치를 휴대하고 필요 시 다른 시스템과 실시간 연결을 시도할 수 있다는 의미이다. 넓은 커버 지역(broad reach)은 사용자가 개방형 모바일 장치를 휴대할 시 매우 먼 거리에 있는 대상과도 즉각적으로 통신이 가능하다는 의미이다.

모빌리티와 넓은 커버 지역이라는 두 가지 특성으로 인해 공간적, 시간적 장벽을 뛰어 넘는 다섯 가지 부가적 장점이 있다. 유비쿼티(ubiquity), 편리성, 즉각적인 연결, 맞춤화, 상품과 서비스의 로컬화(localization)이다. 모바일 장치는 사용자의 위치에 상관없이 정보 제공과 통신이 가능하다(유비쿼티). 인터넷이 가능한 모바일 장치로 PC 부팅이나 모뎀의 사용 없이 쉽고 빠르게 웹, 인트라넷, 다른 모바일 장치를 엑세스할 수 있다(편리성, 즉각적인 연결). 기업은 고객별로 정보를 맞춤화해서 SMS로 전송할 수 있다(맞춤화). 마지막으로 기업은 사용자의 현재 위치를 파악하여 상품 및 서비스 광고를 할 수 있다(로컬화). 모바일 컴퓨팅은 다음 절에서 논의할 모바일 상거래의 기초가 된다.

모바일 상거래

일상적인 우리의 삶에 대한 영향 이외에 모바일 컴퓨팅은 기업과 개인의 모바일 상거래를 가능하게 하여 사업 방식을 변화시키고 있다. 이 장의 앞에서 봤듯이 **모바일 상거래(mobile commerce, m-commerce)**는 무선통신 환경에서, 특히 인터넷이나 사설 전용선, 스마트 카드 및 기타 다른 하부구조에서, 행해지는 전자상거래를 말한다. 일반 전자상거래 애플리케이션과 마찬가지로 m-커머스는 인터넷, 개인 통신 회선, 스마트 카드 및 기타 인프라에서 거래될 수 있다. 모바일 상거래는 기업들이 기존 고객에게 새로운 서비스를 제공하고 신규 고객을 유치하는 기회를 창출한다. m-커머스의 발전은 모바일 장치의 광범위한 가용성, 이러한 장치의 가격 하락, 무선 대역폭의 급속한 개선에 의해 주도된다.

모바일 컴퓨팅 및 모바일 상거래에는 다양한 기술의 기능이 들어간 많은 응용 프로그램들이 있다. 다음 절에서는 이러한 응용 프로그램과 이들이 비즈니스 활동에 미치는 영향을 검토한다.

모바일 상거래의 응용분야

모바일 상거래의 응용분야는 매우 다양하다. 매우 인기 있는 분야가 금융 서비스, 내부 비즈니스 응용시스템, 정보처리, 위치 기반 응용시스템, 원격진료(telemedicine), 원격측정(telemetry) 등이다. 이 절에서는 여러 가지 모바일 상거래의 응용 분야와 이들의 사람 생활 및 기업 비즈니스에 대한 영향을 살펴본다.

FIN 금융 서비스. 모바일 금융의 응용 분야로는 은행업무, 무선 지급결제, 소액결제(micro-payment), 자금이체(money transfer), 무선 지갑(wireless wallet), 청구서 결제 서비스(bill payment services) 등이 있다. 모바일 금융 응용 분야의 핵심은 고객이 어디에 있든지 혹은 언제든지 자신이 원하는 업무를 더욱 편리하게 처리하는 것이다.

웹 쇼핑객은 역사적으로 신용카드 결제를 선호했다. 그러나 신용카드 회사는 일반적으로 거래에 수수료를 부과하기 때문에 신용카드는 매우 적은 금액의 구매에는 비효율적인 방법이다. 음악(예: 아이튠즈), 벨소리 및 다운로드 가능한 게임과 같은 비교적 저렴한 디지털 콘텐츠의 성장은 판매자가 소액 결제에 대한 카드 수수료를 피하려고 하기 때문에 마이크로 지급결제(일반적으로 10달러 미만)의 성장을 주도하고 있다.

디지털 지갑이라고도 불리는 **모바일 지갑**(m-wallet)은 사람들이 금융거래를 할 때 사용하는 애플리케이션(앱)이다. 이러한 앱은 사용자의 데스크탑이나 스마트폰에 다운로드할 수 있다. 앱이 스마트폰에 있으면 모바일 지갑이 된다. 모바일 지갑은 실제 신용카드 및 직불카드, 기프트카드, 포인트카드는 물론 탑승권 및 기타 형태의 신분증을 휴대해야 하는 필요성을 대체한다. 모바일 지갑은 또한 보험 및 로열티 카드, 운전 면허증, ID 카드, 웹 사이트 비밀번호 및 로그인 정보를 저장할 수 있다. 또한 모바일 지갑을 사용하면 웹 사이트에서 구매할 때마다 배송, 청구 및 신용카드 데이터를 입력할 필요가 없다. 데이터는 사용자의 전화, 태블릿 또는 컴퓨터에서 암호화되며 지갑에는 승인된 카드 소유자를 식별하는 디지털 인증서가 들어간다.

모바일 지갑을 사용하기 위해 소비자는 플라스틱 카드를 긁는 대신 결제 단말기에서 몇 인치 위로 휴대폰을 흔든다. 이 프로세스는 근거리 통신을 사용한다. 선택할 수 있는 모바일 지갑과 결제 앱이 많이 있다.

- 구글지갑(Google Wallet)은 근거리 통신을 사용하여 사용자가 스마트폰에 직불카드, 신용카드, 포인트 카드 및 기프트 카드를 저장할 수 있도록 하는 모바일 지갑이다. 구글지갑을 사용하여 사용자가 앱을 실행한 후 핀 번호를 입력하면 구글이 사용자의 저장된 카드 자격 증명에 접근할 수 있다. 구글지갑은 실제 구글지갑 카드로 송금할 수 있는 P2P 결제시스템도 제공한다.
- 구글페이(Google Pay)(구글지갑과 다른 앱)를 사용하면 매장에서 탭하여 결제하고 매장에서 포인트 카드, 기프트 카드 및 쿠폰을 사용할 수 있다.
- 다른 3대 결제 앱인 애플페이, 구글페이, 삼성페이보다 먼저 출시된 스타벅스 모바일 결제 앱은 가장 성공적인 결제 앱이다. 2018년 말까지 14세 이상 미국 스마트폰 사용자의 4분의 1이 매장 내 모바일 결제를 했다. 40% 이상이 스타벅스 앱을 사용했다. 이 앱을 사용하면 사용자가 휴대폰으로 결제하고 향후 구매에 사용할 수 있는 크레딧을 적립할 수 있다. 스타벅스 앱은 iOS 및 안드로이드에서 모두 사용할 수 있는 반면 애플페이, 구글페이, 삼성페이는 휴대폰에 따라 사용이 제한될 수 있다.
- 삼성페이(Samsung Pay)는 사용자가 호환되는 휴대폰을 사용하여 결제할 수 있는 모바일 결제 앱이자 디지털 지갑이다. 이 서비스는 근거리 통신을 사용한 비접촉식 결제를 지원하며, 마그네틱 스트립 전용 결제 단말기도 지원한다. 인도와 같은 국가에서는 이 서비스가 청구서 결제도 지원한다.
- 구글테즈(Google Tez)는 구글의 아시아 모바일 결제 애플리케이션이다. 인도에서 출시된 테즈는 사용자가 휴대폰을 은행계좌에 연결하여 실제 매장과 온라인 모두에서 안전하게 상품을 결제할 수 있도록 한다. 테즈는 또한 사용자가 NFC 기술의 필요성을 우회하여 사용자가 돈을 교환할 수 있도록 초음파 사운드를 사용하는 기술인 오디오 QR을 사용하여 개인 간 송금을 할 수 있다.
- 마스터카드의 컨텍트레스(Contactless), 아메리칸 익스프레스의 익스프레스페이(ExpressPay) 및 비자의 페이웨이브(PayWave)는 EMV와 호환되는 비접촉식 결제 기능이다. EMV(유로페이, 마스터카드 및 비자는 원래 표준을 만든 세 회사)의 약자로 스마트 결제카드의 기술 표준이다. EMV 카드

는 마그네틱 띠가 아닌 칩에 데이터를 저장하는 스마트카드이다. 판독기에 물리적으로 삽입해야 하는 접촉식 카드이거나 무선 주파수 식별(RFID) 기술을 사용하여 근거리에서 읽을 수 있는 비접촉식 카드일 수 있다(8.4절에서 RFID에 대해 설명한다). EMV 카드는 칩 및 핀 카드라고도 한다.

- 애플페이(Apple Pay)는 사용자가 다양한 애플 기기를 사용하여 결제할 수 있도록 근거리 통신을 사용하는 모바일 지갑이다. 애플페이 에는 애플 전용 비접촉 결제 단말기가 필요하지 않다. 대신 비자의 페이웨이브, 마스터카드의 페이페스(PayPass) 및 아메리칸 익스프레스의 익스프레스페이 터미널에서 작동한다. 이 지갑은 이중 인증이 추가된 다른 지갑과 유사하다. 판매 시점에서 지불하기 위해 사용자는 인증된 애플 기기를 판매 시점에 시스템에 갖다 댄다. 아이폰 사용자는 지문을 전화기의 터치 센서에 대고 인증하고 애플워치 사용자는 장치의 버튼을 두 번 클릭하여 인증한다.
- 아마존페이(Amazon Pay)는 고객이 아마존 계정과 이미 연결된 결제 방법을 사용하여 타사 웹 사이트에서 상품 및 서비스에 대한 결제를 할 수 있도록 하는 서비스이다. 아마존페이플레이스(Amazon Pay Places)를 사용하면 아마존 앱을 통해 미리 주문하고 매장에서 상품을 결제할 수 있다.
- 알리페이 월넷(Alipay Wallet; www.intl.alipay.com)은 중국 알리바바그룹(www.alibabagroup.com)의 계열사인 안트파이낸셜서비스그룹(Ant Financial Services Group; www.antfin.com)의 모바일 및 온라인 결제 플랫폼이다. 알리페이는 다양한 결제서비스를 제공한다. 이 플랫폼은 비자 및 마스터카드와 함께 운영되어 타오바오(Taobao: 중국 온라인 쇼핑 웹 사이트) 및 티몰(타오바오에서 분사한 B2C 온라인 소매용 중국어 웹 사이트)과 거의 50만 곳에 달하는 온라인 및 현지 중국 비즈니스에 결제서비스를 제공한다.

  사용자는 앱을 사용하여 현지 매장 구매, 신용카드 청구서, 은행계좌 관리, 개인 간 송금, 기차표, 음식 주문, 차량 호출, 택시 요금, 수도 및 전기 공과금, 케이블 TV 비용, 수수료, 수업료 및 교통 벌금 등을 지불할 수 있다.
- 위챗(www.Web.wechat.com)은 텐센트(www.tencent.com)에서 개발한 중국 메시징, 소셜미디어 및 모바일 결제 앱이다. 위챗페이(WeChat Pay)는 위챗에 통합된 디지털 지갑 서비스이다. 은행 계좌 정보를 제공한 사용자는 앱을 사용하여 청구서 결제, 상품 및 서비스 주문, 다른 사용자에게 송금, 매장에서 결제할 수 있다.
- 하웨이페이(Huawei Pay)는 중국 휴대폰 제조업체인 하웨이(www.huawei.com)가 중국의 국영 카드 네트워크인 유니온페이(UnionPay)와 제휴하여 2016년 9월에 출시한 모바일 지갑이다. 이 지갑은 하웨이 전화의 NFC 및 생체인식 기능을 사용하여 오프라인 매장에서 지급결제를 한다. 2019년 화웨이는 미국에서 영업이 금지되었지만 그들의 기술은 국제적으로 계속 사용되었다.
- 페루의 주요 금융기관이 소유 및 운영하는 회사인 페루 디지털 페이먼트(Peru Digital Payments)는 2016년에 빔(Bim)을 출시했다. 빔은 페루의 모든 온라인 고객 인터페이스들을 단일 시스템으로 통합한 모바일 지급결제 프로그램이다. 이 소프트웨어는 이러한 종류로는 최초이다. 89개국에 255개의 모바일 머니 프로그램이 있지만, 한 국가의 모든 은행을 포함하는 프로그램은 이것 이외에는 없다. 또한 세 곳의 주요 페루 무선통신 사업자 모두 사용자에게 빔의 사용을 제공한다.

소비자가 카드를 긁을 때마다 발생하는 작은 수수료가 미국에서만 연간 수백억 달러에 달하기 때문에 이 경쟁의 결과는 엄청나다. 모바일 지갑은 분명한 이점이 있기 때문에 큰 수익원이 될 현실적 가능성이 있다. 예를 들면, 특정 상황에서 휴대폰과 실제 지갑 중 어느 쪽을 더 가지고 다닐 것 같은가? 또한 휴대폰을 분실한 경우 지도에서 찾을 수 있으며 원격으로 비활성화될 수 있는 점을 명심하자. 더욱이 휴대폰을 비밀번호로 보호할 수 있다. 그러나 실제 지갑에는 이러한 기능이 없다.

위치 기반 애플리케이션 및 서비스. 모바일 상거래 B2C 애플리케이션에는 위치 기반 서비스 및 **위치 기반 애플리케이션(location-based applications and services)**이 있다. 위치 기반 모바일 상거래는 위치 기반 상거래 혹은 L-커머스라 하기도 한다.

위치 기반 서비스는 특정 위치에 관계된 정보를 제공한다. 예를 들면 핸드폰 사용자는 (1) ATM이나 식당 등 가장 가까운 거리의 비즈니스나 서비스를 찾거나 (2) 교통 혼잡이나 사고에 대한 경고 메시지를 받거나 (3) 친구를 찾을 수 있다. 이동통신사는 다음과 같은 위치 기반 서비스를 제공하고 있다. 택시, 서비스 직원, 의사, 렌탈장비 등을 찾기; 화물차량 스케줄링; 소포나 화차와 같은 물건 트래킹; 내비게이션, 날씨, 교통, 룸 스케줄 등에 대한 정보 찾기; 목표 광고(targeting advertising); 공항 수속 자동화이다.

MKT 예를 들어 위치 기반 광고가 마케팅 프로세스를 더욱 생산적으로 만들 수 있음을 생각해보자. 마케팅 담당자들은 이 기술을 활용해 모바일 사용자의 현재의 위치와 취향을 결합할 수 있다. 그 다음 사용자의 모바일 기기로 근처 상점 및 식당 등에 관한 맞춤화된 광고 메시지를 보낼 수 있다.

위치 기반 응용 프로그램 및 서비스의 많은 예가 있다. IT와 기업사례 8.3은 특히 재해 시 가스버디(GasBuddy)의 역할에 대해 논의한다.

MKT 모바일 광고. 모바일 광고는 휴대폰, 스마트폰 또는 기타 모바일 장치를 통한 광고의 한 형태이다. 분석가들은 모바일 광고 수익이 2020년까지 약 70억 달러에 이를 것으로 추정한다.

기업 내부 응용 분야. B2C 모바일 상거래가 많은 대중적인 주목을 받고 있으나 오늘날 대부분의 모바일 상거래는 실제로 기업 내에서 사용된다. 이 절에서는 기업들이 직원들을 지원하기 위해 모바일 컴퓨팅을 어떻게 사용하는지 살펴본다.

POM 모바일 기기들이 점차 업무흐름(workflow)과 관련하여 중요한 역할을 하고 있다. 예를 들면 기업이 직무에 대한 상세한 정보와 함께 직원들을 직무에 배치하는 직무 배치 기능(dispatch function) 지원에 비음성 모바일 서비스를 이용할 수 있다. 모바일 정보 전달 및 직무 배치 서비스의 활용분야로는 운송(식음료, 휘발유, 신문, 화물 등의 배달, 택배, 견인차 및 택시의 배차) 유틸리티(가스, 전기, 전화, 수도), 필드 서비스(컴퓨터, 사무용품, 집수리), 의료 서비스(간호원, 의사, 사회복지사 방문), 보안(순찰, 경보기 설치) 등이 있다.

IT와 기업사례 8.3
가스버디

MIS POM

가스버디(GasBuddy; www.gasbuddy.com)는 미국, 캐나다 및 호주에 있는 15만 개 이상의 주유소 편의점에서 크라우드소싱된 실시간 휘발유 가격정보를 제공한다. 이 회사의 앱을 다운로드 한 7천만 명의 운전자는 연료 가용성, 청결도, 커피, 고객 서비스, 실외 조명, 화장실 및 주유소에서의 전반적인 경험에 대해서도 보고한다. 2019년 7월 이 회사의 최신 순위에 따르면 셰브론(Chevron)은 청결, 고객 서비스, 실외 조명, 전반적인 경험 등 4개 부문에서 1위를 차지했다. 마라톤(Marathon)이 커피 부문에서 1위를 했고 모빌(Mobile)이 화장실 부문에서 1위를 했다.

가스버디는 무료 앱에서 광고 및 후원으로 수익을 창출하고, 기업의 마케팅 담장자와 소매업체에게 유료서비스를 제공한다. 따라서 이러한 분기별 순위는 (다량의 데이터로 인해) 가스버디와 주유소 편의점에 매우 중요하다.

가성비를 따지는 사람들은 가스버디를 사용하여 가장 저렴한 가격을 제공하는 주유소를 찾아왔다. 또한 가스버디의 연료절약 프로그램인 페이위드가스버디(Pay with GasBuddy)는 고객의 당좌계좌에 연결된 주유 지불카드를 제공한다. 이 카드는 주유소에 광고된 가격보다 갤런당 5센트 낮은 금액으로 은행잔고에서 가스 구매금액을 자동으로 공제한다. 이 프로그램이 2017년 출시 이후 미국인들은 600만 달러 이상의 휘발유를 절약했다.

가스버디는 또한 자연재해 시 휘발유 공급상황에 대한 매우 중요한 정보를 제공한다. 2012년 동부해안을 강타한 슈퍼폭풍 샌디(Sandy) 이전에 가스버디는 휘발유 공급상황에 대한 정보를 제공하지 않았다. 그러나 회사는 엄청난 폭풍에 대응하여 휘발유 공급상황 추적기능을 개발했다. 가스버디는 뉴욕 공무원 및 연방기관과 협력하여 샌디의 여파에서 휘발유 가용성에 대한 실시간 정보를 제공했다.

가스버디는 2017년 8월 25일 텍사스에 상륙 한 허리케인 하비로 인한 부족을 예상했고 회사는 휘발유 공급중단 추적기를 활성화했다. 이 앱을 통해 운전자와 소매업체들은 주유소에 휘발유와 전력이 모두 있는지 여부를 알 수 있다. 가스버디는 또한 많은 긴급 차량뿐만 아니라 트럭 운전자가 사용하는 디젤 연료에 대해서도 유사한 서비스를 활성화했다. 휴스턴의 구조대원들도 가스버디를 사용하여 보트를 채우고 차량을 구조할 곳을 확인했다.

허리케인 어마(Irma)가 플로리다로 향하면서 운전자들은 연료통을 채우기 시작했다. 그 결과 광범위한 연료부족과 매우 긴 대기줄이 발생했다. 한 마이애미 거주자는 허리케인이 플로리다에 2017년 9월 10일에 상륙하기 전에 차에 연료를 채워야 했다. 그녀는 여러 주유소에 갔지만 모두 휘발유가 부족했다. 그런 다음 그녀는 친구가 그녀에게 언급한 앱을 기억했다. 앱은 가스버디였다. 이 앱은 그녀에게 2개의 주유소로 알려줬다. 그녀가 첫 주유소를 찾았을 때 휘발유가 있었을뿐만 아니라 기다리는 줄도 없었다.

허리케인 어마는 가스버디의 역사에서 중요한 사건이었다. 모바일 분석회사인 센서타워(Sensor Tower; www.sensortower.com)에 따르면 2017년 9월 8일 금요일, 가스버디는 전날 아침 57위에서 미국에서 두 번째로 많이 다운로드 된 아이폰앱이었다. 센서타워는 가스버디가 허리케인 하비가 텍사스에 상륙한 8월 25일과 9월 7일 사이에 80만 회 이상 다운로드된 것으로 추정했다. 이 사용량의 양은 120명의 직원을 보유한 회사에 어려움을 초래했다. 가스버디는 웹 사이트와 앱이 사용자 급증에도 계속 작동하도록 해야 했다.

2017년 9월 8일 금요일에 가스버디는 석유 시장과 편의점을 연구하는 2명의 분석가를 탤러해시로 보내 플로리다 공무원이 연료 자원을 관리하고 사람들에게 연료를 구할 수 있는 곳을 조언하도록 도왔다. 당시 주지사 릭스콧(Rick Scott)은 플로리다 주민들이 대피할 수 있도록 연료를 찾는 방법으로 가스버디를 언급했다.

크라우드소싱된 데이터에는 부정확할 수 있는 문제가 있다. 가스버디는 회사가 사용자로부터 얻은 데이터를 확인하기 위해 노력하고 있으며 신뢰할 수 있는 주유소에서 너무 멀리 떨어진 곳에서 보고된 가격 정보는 게시하지 않을 것이라고 주장한다.

가스버디는 앱을 두 가지 개선하여 도움이 필요한 사람들이 허리케인 영향을 받은 지역에서 연료와 전력이 있는 주유소를 더 잘 찾을 수 있도록 했다. 첫째, 이제 앱에는 각 주유소 상태 보고서 옆에 보고된 시간이 표시되어 휘발유가 있는 주유소를 찾는 보다 정확한 정보가 되도록 했다. 둘째, 가스버디 사용자는 가족 및 친구와 주유소 정보 업데이트를 공유할 수 있다.

2018년 9월 허리케인 플로렌스와 2019년 7월 열대 폭풍 배리에 대해 가스버디가 휘발유 추적기를 활성화했을 때 사용자들은 이런 새로운 기능들을 활용했다.

출처: Compiled from "GasBuddy Debuts New Consumer Ranking for Fuel and Convenience Brands with 4,000+ Locations," *GasBuddy News Release*, July 9, 2019; "GasBuddy Fuel Tracker Activated for Hurricane Florence," GasBuddy News Release, September 10, 2018; "GasBuddy Releases New App Features to Better Aid Affected Motorists during 2018 Hurricane Season," GasBuddy News Release, August 2, 2018; A. Griswold, "Tech Companies Are Redefining How We Respond to Natural Disasters – In a Good Way," *Quartz*, September 13, 2017; B. Oakes, "GasBuddy in Boston Uses App to Point Hurricane Victims to Open Fuel Stations," WBUR, September 13, 2017; "Gas-Buddy: App Helps Drivers Find Gas," WJHG, September 13, 2017; D. Wethe, "As Florida Fuel Grew Scarce, GasBuddy App Change Filled Gap," *Bloomberg*, September 12, 2017; A. Sider, "A Fuel App Scores Big During Shortage," *Wall Street Journal*, September 11, 2017; A. Hartmans, "An App for Finding Nearby Gas Stations Is No. 2 in the App Store as Florida Prepares for Hurricane Irma," *Business Insider*, September 8, 2017; B. Tuttle, "Florida Is Running out of Gasoline. This App Is Helping People Find It," *Time*, September 7, 2017; "Gas-Buddy: Making Friends on Both Sides of the Gas Pump," *PYMNTS*, September 5, 2017; J. Wattles, "Dallas' Gas Panic Was Totally Preventable. Here's Why," CNN, September 1, 2017; "GasBuddy Activates Gas Availability Tracker," *BusinessWire*, August 31, 2017; J. Graham, "GasBuddy App Vows to Save 5 Cents a Gallon with New Feature," *USA Today*, August 28, 2017; and www.gasbuddy.com, accessed July 15, 2019.

질문

1. 운전자가 가스버디를 사용할 때 잠재적인 단점은 무엇인가?
2. 가스버디가 기존 앱이나 새로운 앱에서 제공할 수 있는 또 다른 기능은 무엇인가?
3. 가스버디가 왜 위치 기반 앱인지 설명해보자.

정보 접근. 모바일 기술의 또 다른 주요 기능은 사용자들이 정보를 얻고 활용하게 돕는 것이다. 두 가지의 기술—모바일 포털과 보이스 포털—은 모바일 기기의 제한된 공간 내에서 작동될 수 있는 형태로 콘텐츠를 취합하고 전달하도록 고안되었다. 이들 포털은 사용자들이 언제 어디에 있든지 정보를 제공한다.

모바일 포털(mobile portal)은 모바일 사용자를 위한 콘텐츠와 서비스를 집계하고 제공한다. 이러한 서비스에는 뉴스, 스포츠 및 이메일; 엔터테인먼트, 여행 및 레스토랑 정보; 지역사회 서비스; 그리고 주식 거래 등이 있다. 전 세계의 주요 서비스 제공자는 NTT 도코모(www.nttdocomo.co.jp/english/)의 아이모드(i-mode), 보다폰(Vodafone), O2, 티모바일, 야후!, AOL 및 MSN 등이다.

음성 포털(voice portal)은 오디오 인터페이스가 있는 웹 사이트이다. 음성 포털은 일반 전화나 휴대폰을 통해서도 사용할 수 있기 때문에 정상적인 의미의 웹 사이트는 아니다. 전화번호로 정보를 구두로 요청할 수 있는 웹 사이트에 연결된다. 시스템은 정보를 찾아 컴퓨터에서 생성된 음성 응답으로 번역하고 사용자가 알고 싶은 것을 알려준다. 대부분의 항공사는 음성 포털을 사용하여 항공편 상태에 대한 실시간 정보를 제공한다.

음성 포털의 한 예는 텔마닷컴(Tellme.com)에 의해 개발된 음성 인식 511 여행 정보 전화이다. 날씨, 지역 식당, 현재 교통상황, 기타 필요 정보들을 문의할 수 있다.

POM 원격측정 서비스. **원격측정(telemetry)**은 원거리 센서로부터 데이터를 무선으로 전송하고 받는 것을 말한다. 원격측정에는 여러 가지 모바일 컴퓨팅 응용분야가 있다. 예를 들어, 기술자는 원격 측정을 사용하여 장비의 유지관리 문제를 파악할 수 있고 의사는 환자를 모니터링하고 의료 장비를 멀리서 제어할 수 있다. 자동차 제조업체들은 원격측정을 원거리 차량 점검과 예방 유지보수에 사용할 수 있다. 예를 들어 많은 GM 자동차 운전자들은 온스타(OnStar; www.onstar.com)시스템을 여러 용도로 사용한다.

개인들을 위한 한 가지 흥미로운 원격측정 애플리케이션은 아이폰의 '내 아이폰 찾기(Find My iPhone)'라는 앱이다. 내 아이폰 찾기는 애플 아이클라우드(www.apple.com/icloud)의 한 부분이다. '내 아이폰 찾기'에는 여러 가지 유용한 원격측정 기능이 있다. 예를 들어 아이폰을 잃어버렸을 때 지도에서 내 핸드폰의 위치를 파악하는 두 가지 방법이 있다. 먼저 아무 컴퓨터에서 애플 아이클라우드에 가입하거나, 다른 사람의 아이폰, 아이패드, 아이팟 터치에서 '내 아이폰 찾기' 앱을 이용하면 된다.

만약 아이폰을 당신이 기억하는 어떤 장소에 두고 왔다면, 당신은 메시지를 작성해 이를 아이폰 스크린에 나타나게 할 수 있다. 스크린이 잠겨 있더라도 메시지는 아마도 다음과 같이 표시될 것인데, "제 아이폰을 분실했다. 301-555-211로 연락 주시면 감사하겠다." 지도에 당신의 아이폰이 근처에 있다고 나타나면—아마도 당신 사무실의 서류 더미 밑에—'내 아이폰 찾기'에 음소거를 제거하거나 기존 볼륨을 높인다.

만약 당신의 아이폰을 공공장소에 두고 왔다면 핸드폰 속의 콘텐츠를 보호하고 싶을 것이다. 당신은 원거리에서 네 자리 비밀번호를 입력해 핸드폰을 잠가 다른 사람들이 개인정보에 접근하거나 기존 세팅을 변경하는 등, 당신의 아이폰 사용을 못하도록 할 수 있다. 더 나아가 당신의 원거리에서 당신의 아이폰을 최초 세팅으로 복구하기 위해 모든 기능을 원상태로(모든 콘텐츠를 지워서)

할 수 있다. 만약 마침내 당신의 아이폰을 찾을 수 있다면 아이폰을 당신의 컴퓨터나 아이튠즈에 연결해 당신이 최근에 백업에 놓은 데이터를 복구할 수 있다.

확인하고 넘어가기

1. 모바일 컴퓨팅의 주요 확산 요인은 무엇인가?
2. 모바일 포털과 보이스 포털에 대하여 설명해보자.
3. 무선 금융 서비스들을 설명해보자.
4. 기업 내 주요 무선통신 기술 적용 분야를 제시해보자.

8.4 사물인터넷(IoT)

모든 것의 인터넷(Internet of Everything), 어떤 것이나 인터넷(Internet of Anything), 산업인터넷(Industrial Internet), 그리고 기계들 간 커뮤니케이션(machine-to-machine (M2M) communication) 등으로 불리는 **사물인터넷(IoT: Internet of Things)**은 인공적, 혹은 자연적인 어떤 객체로서, 자신만의 독자성(즉, 자신의 IP 주소)를 가지고 네트워크(즉, 인터넷)에서 정보를 보내거나 받을 수 있는 시스템이다. 수많은 IP 주소를 생성할 수 있는 IPv6(6장에서 논의)를 채택한 것은 사물인터넷 발전의 중요한 요소가 되었다. 사실 지구상의 모든 객체들을 유일무이하게 판별할 만큼 IP 주소는 충분하다. 5G 기술의 출현은 IoT용 통신 인프라를 제공하는 데에도 매우 중요하다.

사물인터넷은 우리 주위의 객체 속에 있어 보이지 않는 "어느 곳에서나 컴퓨팅(everywhere computing)"이라고 할 수 있다. 시계 라디오, 주방 용품, 온도조절기, 옷, 스마트폰, 심장병 환자 모니터기, 농장 동물 속의 칩, 타이어 압력이 낮거나 연료가 거의 떨어지면 알려주는 차량 센서 등이 객체의 예에 해당한다.

무선 센서는 사물인터넷의 기반 기술이다. **무선 센서(wireless sensor)**는 자신의 상태뿐만 아니라 온도, 압력, 소리, 떨림, 움직임 등과 같은 물리적, 환경적인 주위 상태를 모니터링하는 자동화 기기이다. 센서는 또한 밸브를 열고 닫고 자동차의 연료 혼합물을 조정하는 것과 같은 물리적 시스템을 제어할 수 있다. 무선 센서는 쌀알만큼 작을 수 있다.

무선 센서는 확장된 공간상의 수많은 포인트에서 데이터를 수집한다. 센서는 메시지를 송수신하기 위해 프로세싱, 스토리지, 라디오 안테나가 부착되어 있다. 각 센서는 데이터를 전송해야 할 때 순간적으로 '깨어나거나' 작동한다. 그 다음 데이터를 가장 가까운 다른 센서에 전달한다. 그래서 모든 센서가 데이터를 원거리에 있는 컴퓨터에 바로 전송하기보다는 실제 데이터가 저장되고 분석되는 중앙컴퓨터에 도달하기까지 계속 옆에 있는 다른 센서에 전달한다. 이런 프로세스의 장점은 만약 한 센서가 (데이터 전송을) 실패해도 다른 센서가 그 일을 대신 이어받아 계속할 수 있다는 점이다. 이런 프로세스는 효율적이고 신뢰성이 높으며, 센서의 배터리 수명을 늘린다. 그리고 만약 네트워크가 추가적인 데이터 전송 용량이 필요하면 운영자는 필요한 시간과 장소에 새로운 센서를 설치하기만 하면 된다.

무선 센서들은 중앙 컴퓨터가 네트워크 내 각기 다른 방향에서 동일한 활동에 대해 보고하는 내용들을 통합할 수 있는 정보를 제공한다. 이런 시스템은 네트워크가 움직이는 사람의 방향, 차량의 무게, 논밭의 강수량 등과 같은 무수히 많은 종류의 정보를 더 정확하게 판별할 수 있도록 한다. 한 종류의 센서는 RFID 기술을 사용하는데, 이에 대해서는 바로 다음에서 논의한다.

RFID

RFID(radio-frequency identification) 기술을 이용하여 제조업체는 자사 제품에 안테나와 컴퓨터 칩이 내장된 태그를 부착하고 라디오 신호로 이들의 이동을 추적할 수 있다. RFID는 바코드를 대체하기 위해 개발되었다.

UPC(Universal Product Code)로 알려진 일반적인 바코드는 여러 그룹의 12자리의 수로 구성된다. 첫 번째 숫자는 아이템의 유형을 식별하고, 다음 다섯 숫자들은 제조업체를 나타낸다. 마지막 자리 숫자는 에러의 식별 유무에 사용된다. 바코드의 사용에는 문제가 없지만 한계는 있다. 우선 스캐닝 장비가 인식하도록 바코드가 위치해야 한다. 이는 상점에서는 큰 문제가 아니지만 제조업체의 공장이나 창고, 선적/접수 도크에서는 커다란 문제를 야기시킨다. 두 번째로 바코드가 종이에 인쇄되어 있기 때문에 찢어지거나, 더러워지거나, 잃어버릴 수 있다. 세 번째로 바코드는 제조자와 상품은 식별하지만 실제 물건 자체를 인식하지는 못한다.

그림 8.6 바코드, RFID 태그, QR 코드

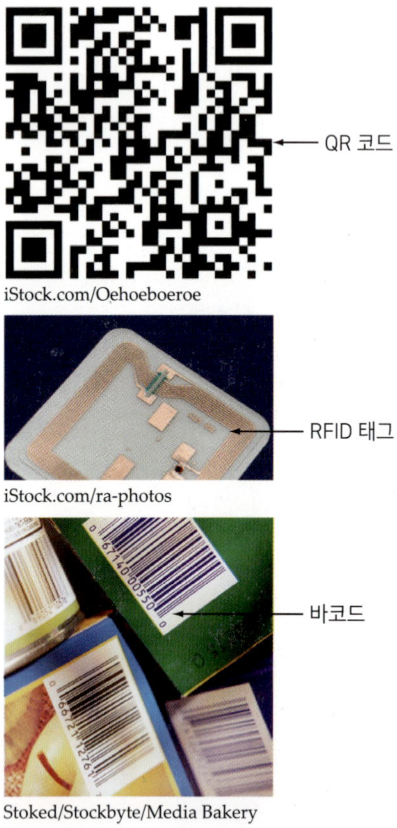

QR(quick response) 코드는 바코드를 대체하기 위해 개발되었다. QR 코드는 2차원 코드로 QR 리더기와 카메라폰에 의해 읽혀진다. QR코드는 바코드에 비해 여러 가지 장점이 있다. 그림 8.6은 바코드, QR 코드 및 RFID 태그의 예이다. QR 코드는 바코드에 비해 여러 가지 장점이 있다.

- QR 코드는 바코드보다 더 많은 정보를 저장할 수 있다.
- QR 코드에 저장되는 데이터 종류는 숫자, 텍스트, URL, 심지어 일본어 문자 등 다양하다.
- QR 코드는 가로와 세로로 정보를 저장하기 때문에 크기가 작다.
- QR 코드는 바코드보다 내구성이 뛰어나다.
- QR 코드는 어느 방향이나 각도에서도 읽혀져 코드 인식의 오류 가능성이 낮다.

RFID는 라디오 신호를 가까운 거리의 RFID 리더기에 전송하는 안테나와 데이터가 있는 마이크로칩이 내장된 태그를 사용한다. 리더기는 데이터를 네트워크를 통해 컴퓨터에 보내 처리하도록 한다. RFID 태그의 칩에는 물건을 식별하는 정보가 프로그램되어 있다. 그리고 물건의 위치, 언제 어디서 만들어졌는지에 대한 정보가 담겨 있다. 그림 8.7은 소형 RFID 리더기와 RFID 태그를 보여준다.

RFID의 태그는 능동형과 수동형의 두 종류가 있다. 능동형 RFID(active RFID) 태그는 내부 배터리를 파워로 사용하여 라디오 신호를 리더기로 중계한다. 능동형 태그는 배터리가 내장되어 있기 때문에 수동형보다 가격이 비싸고 더 먼 거리에서도 신호가 포착된다. 따라서 능동형 태그는 상대적으로 비싼 물건에 사용된다. 수동형 태그(passive RFID tags)는 리더기의 전원에 전적으로 의존한다. 능동형 태그보다 저렴하며 최대 20피트의 거리에서 신호가 포착된다. 보통 상대적으로 저렴한 물품에 사용된다. RFID의 문제점으로는 비용과 상대적으로 큰 태그의 크기가 지적되고 있다.

그림 8.7 소형 RFID 리더기와 RFID 태그

Ecken, Dominique/Keystone Pressedienst/Zuma Press

사용되고 있는 사물인터넷의 예들

현재 이미 도입된 많은 사물인터넷 사례들이 있다. 여기서는 이들 중 일부를 소개한다.

- 스마트홈: 홈 컴퓨터, TV, 전구, 난방장치, 보안시스템(스마트 유리창과 도어록을 포함해), 온도조절장치, 가정용 기기들에 센서가 내장되어 있어 홈 네트워크를 통해 이들은 상호 커뮤니케이션한다. 페이저(pager), 스마트폰, TV, PC, 심지어 자동차 등을 이용해 네트워크의 이 객체들을 조절한다. 적절한 서비스 제공자와 집주인은 승인된 기기들에 접근할 수 있다. 스마트홈 기술들은 어떤 건물이나 적용할 수 있어 스마트 빌딩으로 바꿀 수 있다.

  센서와 웹 기술을 결합한 디지털 온도조절기를 생산하는 네스트 랩스(Nest Labs: www.nest.com; 현재는 구글 소유)를 보자. 이 온도조절기는 대기 온도뿐만 아니라 집안의 사람 움직임도 감지한다. 그 다음 에너지를 절약하기 위해 방의 온도를 조절한다.
- **POM** 디지털 트윈: 디지털 트윈은 실제 제품 또는 서비스를 가상으로 표현한 것이다. 풍력 발전소를 생각해보자. 센서가 장착된 풍력 발전소의 물리적 부분은 센서 데이터를 디지털 트윈에 공급한다. 이러한 컴퓨터 모델은 실제 터빈의 데이터를 지속적으로 모니터링한다. 잠재적인 문제가 발생하려고 하면 디지털 트윈이 문제가 발생하기 전에 이를 예측한다.
- 헬스케어: 생명이 위급한 상태가 아닌 환자는 의료진이 모니터링하는 센서를 착용하거나 몸에 심을 수 있다. 예를 들어 혈압이나 혈당을 측정한다. 여러 경우에 따라 환자들에게 자신의 센서 데이터를 어떻게 해석해야 하는지를 알려준다. 그리고 핏빗(Fitbit)과 같은 소비자 중심의 센서는 더욱 건강한 라이프 스타일을 추구하도록 유도한다.
- 자동차: 현대의 자동차들에는 엔진 상태, 타이어 압, 연료 수준, 기타 많은 다른 것들을 모니터하기 위해 많은 센서들이 부착되어 있다. 직면한 기계적이거나 기타 문제들을 운전자들에게 경고하고 필요할 경우 자동으로 차량 지원이나 응급상황 서비스를 발동한다. 또한 센서는 자동 주차, 사각 지대 모니터링, 운전자 졸음 감지, 전방 충돌 경고 및 기타 여러 기능과 같은 고급 운전자 지원을 제공한다.
- **POM** 공급망관리: 사물인터넷으로 기업의 공급망이 더 투명해질 수 있다. 이제는 원자재와 고객에게 전달되는 완제품 제조 과정에서의 부품 움직임을 기업들은 실시간으로 추적할 수 있다. 운송 차량(즉, 트럭들)에 부착된 센서들로 민감한 배송물의 상태(즉, 상할 수 있는 음식의

온도)를 모니터할 수 있다. 더욱이 만약 컨테이너가 예기치 않게 열리면 자동으로 보안 경고를 알릴 수도 있다.

- 환경 모니터링: 센서는 공기와 수자원의 질적 수준, 대기와 토질 상태 및 야생동물의 이동을 모니터한다.
- **POM** 인프라 관리: 센서는 교량, 철로 및 도로와 같은 인프라를 모니터한다. 안전에 위협이 될 수 있는 구조적 상태의 변화를 파악하고 알릴 수 있다.
- **POM** 에너지 관리: 센서들이 모든 형태의 에너지 소비 기기와 결합될 것이다. 예를 들어 스위치, 전원 콘센트, 전구 및 TV이다. 이들이 스마트 미터기를 통해 에너지 생산과 소비 간의 균형을 잡기 위한 전력회사와 직접 커뮤니케이션할 수 있을 것이다. 또 다른 유용한 센서의 응용분야는 스마트 전기 미터기에 이들을 사용하는 것으로 그렇게 되면 **스마트그리드**(smart grid)가 만들어진다. 예를 들어, 2018년 고창시에서는 한국에서 처음으로 모든 주민을 위한 스마트 계량기를 일괄적으로 설치했다. 결과는 인상적이었다. 누수로 인한 비용이 19% 감소했으며 거주자, 특히 노인의 안전이 향상되었다. 스마트 계량기는 가구가 48시간 동안 물을 사용하지 않으면 공무원에게 경고하고 거주자 또는 가족에게 연락할 수 있다.
- **POM** 농업: 센서가 실시간으로 공기 온도, 습도, 토양 온도, 토양 습도, 풍속 및 잎 습기, 대기압, 태양복사, 몸통/줄기/과일 굵기, 풍향, 그리고 강수량 등을 모니터한다. 이들 센서로부터의 데이터는 정밀 농업에 사용된다. (**정밀 농업**(precision agriculture)이란 농작물 재배지들 간 및 재배지 내의 변동성을 관찰, 측정, 대응하는 것을 바탕으로 한 농업 기술이다.)
- **POM** 교통: 제트 비행기나 기관차와 같은 복잡한 운송 기계에 내장된 센서들은 이들의 운행 상태에 대한 매우 중요한 정보를 제공할 수 있다. 거대한 각 기관차마다 250개의 센서로 형성된 '인텔리전스'를 내장한 GE(www.ge.com)를 보자. 센서들은 매시간마다 9백만 데이터 포인트를 생산한다. 어떻게 이들 센서가 그렇게 거대한 기계의 성능을 향상시킬 수 있는가?

  기관차의 가장 큰 문제 중 하나는 베어링의 고장이다. 만약 베이링이 고장 나면 구동축이 움직이지 않아 기차가 선로 위에서 꼼짝달싹하지 못한다. 외진 곳에서 이런 상황이 발생하면 뒤의 다른 기차들은 오도가도 못하게 되면서 매우 위험해지며 많은 비용을 초래하는 것은 말할 필요도 없다. 이런 상황에서 회사는 크레인을 보내 기관차를 선로에서 내려 수리창고로 실어 날라야 한다.

  이런 상황을 피하기 위해서 GE는 각 기관차의 기어 케이스 내에 센서 하나를 부착해 기름 수준과 오염도에 대한 데이터를 전송한다. 이들 데이터를 검사해 GE는 베어링이 고장나거나 구동축이 움직이지 않는 상태를 예측할 수 있다. GE 데이터 분석가들의 주장에 따르면 부품 고장 전에 이를 예측하는 센서 덕분에 GE의 기관차 고객들은 수십억 달러를 절약할 것이다.

  또한 GE는 기관차 센서들을 미국 전체 기차 네트워크를 최적화하는데 활용한다. 오늘날 미국 도시들 간 화물열차의 평균 속도는 시간당 20~25마일이다. 왜 속도가 이리 느린가? 이는 여러 요인들이 복합적으로 작용하기 때문이다. 선로에서 기차들이 붐비고, 부품이 고장이 나고, 다른 기차가 지나가도록 할 필요가 빈번하다. GE는 '움직임 관리(Movement Planner)'라는 소프트웨어를 개발해 속도, 교통량, 위치 등에 대한 센서 데이터를 많은 기차들로부터 수집해 통합한다. 이런 분석을 통해 고객 기차들의 평균 속도를 높인다. GE 고객 중 하나인 노포크 서던(Norfolk Southern)에 따르면 시간당 1마일의 기차 평균 속도 증가는 2억 달러의 가치가 있다. GE의 목표는 평균 기차 속도를 시간당 4마일까지 높이는 것이다.

- 축산: 젖소는 인공수정에 의해 대부분 '생산'되지만 소가 발정 상태일 때 절차가 이루어지는 경우에만 가능하다. 소는 약 21일에 한 번만 발정되며 발정은 12~18시간 동안 지속된다. 불행히도, 발정은 보통 농부들이 잠든 오후 10시에서 오전 8시 사이에 발생한다. 또한 발정은 농민의 경험에 의존하기 때문에 예측하기 어렵다. 사실, 농부들은 통계적으로 약 55%의 시간만 올바르게 이해한다.

  결과적으로 일본 낙농가들은 성공적인 인공수정 비율을 높이는 방법을 알고 싶어 후지쯔(Fujitsu)의 데이터 과학자에게 눈을 돌렸다. 데이터를 수집하기 위해 과학자들은 소의 첫 번째 위장에 센서를 삽입하여 소의 걸음 수를 측정했다. 데이터 수집 후 과학자들은 젖소가 훨씬 더 많은 발걸음(센서로 측정)를 밟았기 때문에 발정의 시작을 감지할 수 있음을 알았다. 이렇게 특정 젖소의 걸음수가 늘어나면 16시간 후에 발정이 시작된다.

  확실히 발정 첫 2시간 안에 인공수정을 했다면 암컷을 낳을 확률이 훨씬 더 높았다. 인공수정이 발정기에 나중에 이루어지면 수컷을 낳을 확률이 더 높아졌다. 게다가 과학자들은 소가 걷는 걸음 수를 사용하여 10가지의 다양한 질병을 감지할 수 있다고 주장했다! 이 사물인터넷 응용 프로그램을 사용하여 일본 농부들은 가축의 규모와 소의 건강을 크게 향상시킬 수 있었다.

확인하고 넘어가기

1. 사물인터넷과 RFID를 정의해보자.
2. 사물인터넷이 조직에 (공공, 민간, 영리, 비영리 등) 어떻게 도움이 되는지 두 가지 예(이 교재에서 언급되지 않은)를 들어보자.
3. RFID를 활용하는 구체적인 두 가지 비즈니스 분야를 제시해보자.

IT는 나를 위해 무엇을 해줄 수 있지?

ACCT 회계관리 전공을 위한 정보기술

무선 애플리케이션으로 회계 담당자는 재고를 파악하고 감독할 수 있다. 그리고 비용관리를 위한 정보의 흐름을 신속하게 할 수 있다. 가격관리, 재고관리, 및 기타 회계 관련 활동이 무선통신 기술의 활용으로 개선될 수 있다.

FIN 재무관리 전공을 위한 정보기술

무선 서비스는 은행 및 기타 금융회사들에 경쟁우위를 가져다 줄 수 있다. 예를 들면 소액결제을 포함한 무선 전자지급결제는 기존의 결제 수단보다 더 편리하고(언제 어느 곳에서나) 저렴하다. 모바일 기기에 의한 전자청구서 결제시스템은 점점 더 인기를 얻고 있으며, 보안과 정확성이 향상되고, 업무 처리 시간이 짧아지고, 처리 비용이 낮아지고 있다.

MKT 마케팅 전공을 위한 정보기술

매출을 급격히 증가시킬 잠재력이 있는 완전히 새로운 마케팅, 광고, 영업의 세상을 상상해보라. 이는 모바일 컴퓨팅이 그리는 미래의 그림이다. 마케팅이 특별히 관심 있는 것은 위치 기반 광고와 사물인터넷 및 RFID를 통한 새로운 기회들이다. 마지막으로 무선통신 기술로 고객 (CRM) 및 기업 서비스 부서와 더 빠르고, 향상된 커뮤니케이션이 가능해져 영업 자동화(SFA: sales force automation)에 새로운 기회를 창출한다.

POM 생산운영관리 전공을 위한 정보기술

무선통신 기술로 모든 종류의 모바일 직원들을 지원할 기회가 많아진다. 착용 가능한 컴퓨터로 고객의 현장에서 일하는 현지 근무자와 수리직원은 고객에게 더 신속하고, 효과적이며 저렴하게 서비스할 수 있다. 또한 무선 기기는 경영 계획과 관리 이외에 의사소통과 협업 능력을 향상시켜 공장 내 생산성을 높일 수 있다. 그리고 모바일 컴퓨팅 기술로 혼자 근무하는 지원들에게 경고 신호나 인스턴트 메시지를 더 빨리 보내 안전도를 향상시킬 수 있다.

HRM 인적자원관리 전공을 위한 정보기술

모바일 컴퓨팅으로 인적자원의 교육훈련을 향상시키고 이런 교육훈련을 어느 장소나 언제든지 가능하게 한다. 입금 지급에 대한 통지를 SMS로 할 수 있다. 마지막으로 무선 기기로 직원들이 더 편리하게 회사의 복지 혜택을 선택하고 개인정보를 업데이트할 수 있다.

MIS MIS 전공을 위한 정보기술

MIS 담당자는 조직의 모든 직원이 언제, 어디서나 컴퓨팅하고 커뮤니케이션할 수 있는 무선 하부구조를 제공한다. 이런 편리성으로 조직은 비용을 줄이고 운영의 효율과 효과(예: 공급망의 투명성을 향상시키는 등)를 높이는 놀랍고 창조적인 새로운 애플리케이션을 만들어낸다. 불행하게도 앞서 논의했지만 무선 애플리케이션은 근본적으로 보안에 문제가 있다. 보안의 취약성은 MIS 담당자가 해결해야 할 중요한 문제이다.

요약

8.1 네 가지 주요 무선 전송 매체의 유형에 설명하고, 각 유형의 장단점을 최소 한 가지씩 들어보자.

마이크로웨이브 전송시스템은 대규모, 장거리, 포인트와 포인트의 통신에 폭넓게 사용된다. 한 가지 장점은 전송 규모이다. 단점은 폭우나 폭설과 같은 악천후 날씨에서 환경적 통신 장애에 취약하다는 것이다.

위성 통신은 통신 위성을 사용하는 시스템으로 서로 볼 수 있는 상태에서 데이터를 수신하고 발신한다. 한 가지 장점은 —위성 통신이 도달할 수 있는 지구 표면의 면적—엄청난 지상 수신 범위이다. 그리나 마이크로웨이브처럼 위성 통신은 악천후 날씨에서 환경적 통신 장애에 취약하다는 것이 단점이다.

라디오 전송은 라디오 신호 주파수를 사용하여 발신자는 수신자에게 데이터를 직접 보낸다. 라디오 전송의 장점은 일반 사무실 벽을 통과한다는 것이다. 라디오 전송이 같은 주파수대에 작동하는 유사한 기기를 가지고 있는 다른 사람에 의한 훔쳐보기에 취약하다는 것은 단점이다.

적외선은 붉은색 불빛으로 사람의 눈에는 보통 보이지 않는다. 적외선 전송의 가장 보편적인 활용 분야는 TV나 VCR, DVD, CD 등을 원격으로 조정하는 것이다. 적외선의 장점은 벽을 통과하지 않으며 근처 방에 있는 다른 기기들과 전파 간섭이 없다는 점이다. 단점은 적외선 신호가 가구 등에 쉽게 막힌다는 것이다.

8.2 근거리, 중거리, 광대역 무선통신 네트워크의 기본 목적을 논의하고, 비즈니스를 위해 네트워크 유형마다 최소 한 가지 기술을 어떻게 활용할 수 있는지 설명해보자.

근거리 무선통신 네트워크는 선이 필요 없고 사용자가 기기를 사용하는 중에도 이동할 수 있어, 한 기기와 다른 기기의 연결 작업을 단순화시켜준다. 일반적으로 근거리 무선통신 네트워크의 유효 거리는 100피트 미만이다. 근거리 무선통신 네트워크에는 블루투스, 초광대역 네트워크(UWB), NFC 등이 있다. 초광대역 네트워크의 비즈니스 응용 분야로는 PLUS 실시간 위치시스템(RTLS)이 있다. PLUS를 사용하면 기업은 동시에 여러 사람과 자산의 정확한 위치를 파악할 수 있다.

중거리 무선통신 네트워크는 모두에게 친숙한 무선랜이다. 가장 일반적인 형태의 무선통신 네트워크는 와이파이이다. 다른 종류의 중거리 무선통신 네트워크로는 여러 개의 와이파이 액세스 포인트로 광대역 네트워크를 형성하는 매쉬 네트워크가 있다. 매쉬 네트워크는 복수의 와이파이 액세스 포인트를 이용하여 매우 거대한 광대역 네트워크를 형성하는 것을 말한다.

광대역 네트워크는 지형적으로 광범위한 영역에 있는 사용자들을 인터넷으로 연결한다. 일반적으로 광대역 무선 네트워크 기술에는 휴대 라디오와 무선 초고속 통신 등 두 종류가 있다. 핸드폰은 인접한 지역 내에 설치된 라디오 안테나(타워)들, 소위 셀들을 통해 양방향 통신을 제공한다. WiMAX의 무선 액세스 유효 반경은 31마일이다. 그리고 WiMAX의 데이터 전송속도는 최대 75Mbps이다. WiMAX는 비도시 지역과 기타 지역에 장거리 초고속 무선 접속을 가능하게 해준다.

8.3 다섯 가지 주요 모바일 전자상거래 응용 분야를 논의하고, 각 응용 분야가 어떻게 기업에 도움이 될지 구체적인 예를 들어보자.

위치 기반 서비스는 특정 위치에 관계된 정보를 제공한다. 예를 들면 핸드폰 사용자는 (1) ATM이나 식당 등 가장 가까운 거리의 비즈니스나 서비스를 찾거나 (2) 교통 혼잡이나 사고에 대한 경고 메시지를 받거나 (3) 친구를 찾을 수 있다. 이동통신사는 다음과 같은 위치 기반 서비스를 제공하고 있다. 마케팅 담당자들은 이 기술을 활용해 모바일 사용자의 현재의 위치와 취향을 결합할 수 있다. 그 다음 사용자의 모바일 기기로 근처 상점 및 식당 등에 관한 맞춤화된 광고 메시지를 보낼 수 있다.

모바일 금융의 응용 분야로는 은행업무, 무선 지급결제, 소액결제, 자금이체, 무선 지갑, 청구서 결제 서비스 등이 있다. 모바일 금융 응용 분야의 핵심은 고객이 어디에 있든지 혹은 언제든지 자신이 원하는 업무를 더욱 편리하게 처리하는 것이다.

기업 내부 응용 분야는 조직 내에서 사용되는 모바일 전자상거래 응용 분야들로 구성되어 있다. 기업이 직무에 대한 상세한 정보와 함께 직원들을 직무에 배치하는 직무 배치 기능 지원에 비음성 모바일 서비스를 이용할 수 있다.

정보의 접근은 모바일 장치의 제한된 공간에서 사용할 수 있는 형태로 콘텐츠를 취합하여 제공하기 위한 목적으로 만들어진 모바일 포털과 보이스 포털의 보급으로 확산되고 있다. 이러한 포털은 언제 어디서든지 사용자에게 정보를 제공한다.

원격측정은 원거리 센서로부터 데이터를 무선으로 전송하고 받는 것을 말한다. 기업의 기술자들은 장비에 유지보수에 관련된 문제가 있는지 원격측정으로 파악할 수 있다. 자동차 제조업체들은 원격측정을 원거리 차량 점검과 예방 유지보수에 사용할 수 있다.

8.4 사물인터넷을 설명하고 다양한 조직에서 사물인터넷을 어떻게 사용할지에 대해 예를 제시해보자.

사물인터넷은 인공적, 혹은 자연적인 어떤 객체로서, 자신만의 독자성(즉, 자신의 IP 주소)를 가지고 네트워크(즉, 인터넷)에서 정보를 보내거나 받을 수 있는 시스템이다. 사물인터넷 활용의 다양한 예들은 학생들에게 맡긴다.

토의문제

1. 당신이 지갑뿐만 아니라 핸드폰을 분실했다고 가정한다면, 어디에 개인정보를 보관해 다니는 것이 더 안전하다고 느끼는가? 답의 근거를 제시해보자.
2. 만약 모바일 컴퓨팅이 기술의 다음 트렌드라고 하면 식당에서 음식값을 지불하기 위해 현재 신용카드나 직불카드를 건네는 것과 같이 당신의 핸드폰을 식당 종업원에게 건네는 것에 거부감이 없는가? 왜 그런가? 혹은 그렇지 않은가?
3. 당신의 NFC 기능의 스마트폰을 분실하거나 도난을 당한다면 어떻게 되는가? 당신의 개인정보를 어떻게 보호할 것인가?
4. 당신 생각에는 모바일(혹은 디지털) 지갑이 좋은 아이디어인가? 왜 그런가? 혹은 그렇지 않은가?
5. 모바일 상거래가 어떻게 e-비즈니스의 적용 범위를 넓힐 수 있는지 논의해보자.
6. 모바일 컴퓨팅이 어떻게 디지털 격차(digital divide) 문제의 일부를 해결할 수 있을 것인지 논의해보자.
7. 모바일 상거래가 고객에게 유리한 점 3~4개를 제시하고, 이런 점들이 고객들에게 어떤 혜택을 줄 수 있을 지에 대해 논해보자.
8. 모바일 컴퓨팅과 모바일 상거래를 지원하기 위한 와이파이의 사용 방법에 대하여 논해보자. 와이파이가 모바일 상거래를 위해 핸드폰을 사용하는 것에 어떤 영향을 미치는지를 설명해보자.
9. 위치 기반 도구를 사용하면 자신의 차량이나 가장 가까운 주유소를 쉽게 찾을 수 있다. 하지만 어떤 사람들은 위치 기반 도구가 개인의 프라이버시를 침해한다고 생각한다. 위치 기반 도구의 장단점을 논의해보자.
10. 노인들을 위한 의료 서비스에서 원격측정의 효과를 설명해보자.
11. 모바일 기기가 장애인들을 어떻게 도울 수 있는지 논의해보자.

12. 어떤 전문가들은 와이파이가 3G 핸드폰 서비스와의 싸움에서 이길 것이라고 주장한다. 다른 사람들은 이에 동의하지 않는다. 양쪽 측의 주장을 논의하고 각 주장을 옹호해보자.

13. 앞으로 2~3년 내에 어떤 인터넷의 응용분야가 가장 큰 시장 수용도를 보일 것으로 생각하는가? 그 이유는 무엇인가?

문제해결활동

1. 보이스 포털의 상업적 활용분야를 조사해보자. 여러 벤더들을 찾아(예: 마이크로소프트 및 뉘앙스(Nuance)) 이들이 어떤 기능과 애플리케이션을 제공하는지 조사해보자.

2. RFID 태그와 같은 새로운 데이터 수집 장치가 타깃 마케팅과 같은 작업을 위해 고객을 정확히 파악하고 세분화하는데 기업에 어떻게 도움이 될지 논의해보자. 웹을 뒤져 이 책에서 언급되지 않은 RFID 기술의 잠재적 새로운 응용분야 다섯 가지를 찾거나 고안해보자. 국가의 신원확인시스템을 위해 법적으로 RFID가 모든 사람들의 몸속에 반드시 내장되어야 한다면 어떤 문제가 발생할 수 있는가?

3. GPS가 상업적으로 사용되는 서비스를 조사해보자. http://www.neigps.com을 찾아보자. 고객지향적 제품 일부가 산업에서 사용될 수 있는가? 조사한 결과에 대한 보고서를 작성해보자.

4. www.bluetooth.com에 들어가 보자. 블루투스 기술에 의해 향상된 상품의 종류를 조사해보자. 이런 상품들 중 두 가지를 수업 중 발표하고 어떻게 블루투스 기술로 향상되었는지 설명해보자.

5. www.nokia.com에 들어가 탐색해보자. 노키아가 현재 지원하고 있고 또 앞으로 지원할 계획이 있는 모바일 서비스와 응용분야의 유형에 대한 요약본을 작성해보자.

6. www.ibm.com에 들어가 보자. 무선 e-비즈니스(wireless e-business)에 대하여 검색해보자. IBM의 소프트웨어와 하드웨어가 지원하는 무선 기능과 응용분야의 종류를 파악하기 위해 검색된 결과의 사례들을 조사해보자. 어떻게 이런 응용분야가 특정 비즈니스와 산업에 도움이 되었는지 설명해보자.

7. www.onstar.com에 들어가 보자. 어떤 종류의 화물차 서비스가 제공되는가? 이들이 개인 승용차 오너에게 제공되는 서비스와 차이가 있는가? (동영상을 플레이해보자.)

사례

구글파이(Goolge Fi)

MIS

2015년 4월 구글은 3개의 모바일 네트워크, 스프린트(www.sprintcom), 티모바일(T-Mobile; www.tmobile.com), US셀룰라(US Cellular; www.uscellular.com) 및 와이파이 네트워크에서 사용할 수 있는 선불전화 서비스인 구글파이(Google Fi; fi.google.com)라는 새로운 무선 서비스를 발표했다. 구글파이는 2016년 7월 유럽에서 가장 큰 이동통신사 중 하나인 쓰리(Three; www.three.com)와 계약을 발표했다. 2019년 7월까지 구글파이는 200개 이상의 해외 국가에서 제공되었다.

구글파이는 사용자 위치에서 가장 강한 신호를 제공하는 네트워크에 따라 사용 가능한 와이파이 네트워크와 스프린트, 티모바일 및 유에스셀룰라의 4G LTE 네트워크 간에 고객의 통화 및 데이터를 자동으로 원활하게 라우팅한다. 루트메트릭스(Root Metrics; www.rootmetrics.com) 커버리지 맵에 따르면 문제는 구글파이에서 사용하는 3개의 셀룰러 네트워크가 주요 무선통신 사업자 중 가장 열악한 커버리지를 제공한다는 것이다.

또한 구글파이는 구글에서 빠르고 안정적인 것으로 확인된 약 100만 개의 무료 개방형 와이파이 핫스팟을 사용한다. 비밀번호와 개인 데이터를 보호하기 위해 구글파이는 고객이 공용 와이파이를 사용할 때 데이터를 암호화한다.

구글파이는 많은 기능을 제공한다. 고객은 웹 및 안드로이드 장치에서 전화를 걸고 문자를 보내고 음성 메일을 확인할 수 있다. 또한 통화, 메시지 및 음성 메일 기록에 액세스할 수 있다. 구글파이는 고객이 매월 실제로 사용할 데이터 양에 대해서만 비용을 지불할 수 있는 선불 서비스이다. 이 프로세스는 고객이 서비스를 사용한 후 요금을 청구하는 기존 이동통신사와 반대이다.

구글파이는 연간 계약이 필요하지 않다. 대신 이 서비스는 무제한 통화, 문자, 와이파이 테더링(tethering; 아래 참조) 및 로밍 요금 없이 200개 이상의 국가에서 서비스 범위에 대해 월 20달러를 청구한다(고객은 미국 이외의 통화에 대해 분당 20센트를 지불해야 한다). 이 서비스는 또한 데이터 기가바이트당 10달러를 부과한다. 사용하지 않은 데이터에 대한 비용은 사용자 계정에 다시 적립되며, 데이터를 과도하게 사용하면 실제 사용량에 비례하여 기가바이트당 10달러의 추가비용이 발생한다. 사용자가 멤버를 추가할 수 있는 그룹 요금제를 선택할 경우 추가 사용자당 월 15달러의 비용이 들며 데이터 개요(overview), 데이터 알림, 월간 허용량 및 데이터 사용 일시중지 등의 기능을 제공한다.

2018년 1월 17일 구글파이는 고객이 요금청구 시까지 6GB 이상의 데이터를 사용하는 경우 데이터 요금을 60달러로 제한하는 '청구서 보호'를 발표했다. 다만 사용된 데이터가 15기가바이트를 넘어서면 구글파이는 데이터 속도를 초당 256킬로바이트로 늦출 수 있다. 사용자는 기가바이트당 10달러에 사용된 데이터에 대해 정가를 지불함으로써 데이터 속도 저하를 피할 수 있다. 그리고 요금청구서 보호는 데이터 요금을 최대 2인 85달러, 3인 120달러, 4인 140달러로 그룹 요금제와 연동된다. 무제한 통화 및 문자 요금은 새로운 요금청구서 보호 플랜과 무관하게 운영된다.

구글파이가 고객에게 제공하는 또 다른 혜택은 원할 때마다 데이터 요금제 크기(몇 사람용인지)를 변경할 수 있다는 것이다. 또한 고객은 한 달에 한 번 서비스를 일시 중지할 수 있다. 이 옵션을 선택하면 구글 보이스 번호로 착신 전환할 수 없으며 모바일 데이터에 액세스하거나 전화를 걸거나 문자 메시지를 보낼 수 없다. 그러나 서비스를 중지한 동안 매일마다 자신의 계좌로 크레딧을 받는다. 또한 구매했지만 한 달 동안 사용하지 않은 데이터 비용에 대한 크레딧을 받는다.

현재 구글파이는 구글픽셀(Google Pixel) 3, 모토(Moto) G6, 모토(Moto) G7, LG V35 신큐(ThinQ), LG G7 신큐(ThinQ), 안드로이드 원 모토(Android One Moto) X 스마트폰에서만 최적으로 작동한다. 구글파이와 함께 사용할 수 있는 휴대폰이 더 많지만 일부 기능을 잃게 된다. 고객은 휴대폰을 모바일 와이파이 라우터로 설정하고 추가비용 없이 랩톱 또는 태블릿을 사용하여 휴대폰의 데이터 연결로 인터넷을 서핑할 수 있다. 이 프로세스를 무선 테더링(국내의 모바일 핫스팟)이라고 한다. 고객이 테더링을 활성화하면서 암호보호를 설정하지 않으면 무선기능이 있는 모든 장치가 자신의 스마트폰을 통해 인터넷에 연결할 수 있다. 이 암호보호 옵션을 선택하면 비밀번호를 아는 사람만 스마트폰에 연결할 수 있다.

모든 이동통신사는 고객이 친구 및 가족과 무선 요금제를 공유할 수 있는 그룹 요금제를 제공한다. 이 요금제에서 이동통신사는 그룹의 모든 사람들에 대해 매월 주 계정 소유자에게 하나의 청구서를 보낸다. 따라서 그룹 구성원은 기본 계정 소유자에게 비용을 지불해야 한다.

대조적으로 구글파이를 사용하면 모든 사용자에게 다른 수수료가 부과되어 주 계정 소유자에게 지불하는 것이 문제가 될 수 있다. 결과적으로 이 서비스는 '그룹 상환' 옵션을 사용하여 그룹에 대한 지불을 자동으로 관리한다. 이 옵션은 구글지갑(Google Wallet)과 통합되어 그룹 구성원이 기본 계정 소유자에게 쉽게 지불할 수 있다.

구글파이는 무선통신 사업자에게 수익성 있는 "낙전(breakage)"을 포기하도록 압력을 가한다. 낙전은 월말에 사용하지 않는 데이터를 지칭하기 위해 사용하는 통신업계의 용어이다. 기존의 많은 무선 요금제는 가입자가 매월 말에 만료되는 일정량의 (사용하지 않은) 데이터에 대해서 비용을 돌려받지 못한다. 가장 적합한 무선 요금제 선택을 돕기 위해 소비자의 청구서를 분석하는 회사인 벨리다스(Validas; www.validas.com)의 연구에 따르면 스마트폰 사용자는 일반적으로 사용하지 않는 데이터에 매달 28달러를 낭비하는 것으로 나타났다. 이 28달러가 낙전에 해당한다.

기존 통신사의 낙전 관행은 다른 회사로부터도 압력을 받고 있다. 스크래치 와이어리스(Scratch Wireless; www.scratchwireless.com)와 같은 신생 기업은 사용량 기반 모델을 제공한다. 또한 티모바일 및 AT&T와 같은 주요 이동통신사에서는 가입자가 사용하지 않은 데이터를 다음달로 사용을 이월할 수 있다.

또한 구글의 구글파이 서비스에 대한 가격 전략은 값비싼 무선 주파수를 구입한 다음 값비싼 무선 인터넷 서비스를 판매하는 기존 업계의 일반적인 가격 모델에 압력을 가한다. (모든 무선통신 신호는 스펙트럼이라고 하는 무선 주파수를 통해 무선으로 이동한다.) 실제로 구글의 무선통신시장 진출은 기존 무선통신산업을 혼란에 빠뜨릴 가능성이 있다.

구글파이는 경쟁에 직면해 있다.

- 리퍼블릭 와이어리스(Republic Wireless; www.republicwireless.com)는 다양한 요금제를 제공한다. 월 15달러 요금제에는 데이터용 와이파이가 있는 무제한 통화 및 문자가 포함된다. 월 20달러 요금제에는 1GB의 데이터가 포함된 무제한 통화 및 문자가 포함된다. 월 25달러 요금제에는 2GB의 데이터가 포함된 무제한 통화 및 문자가 포함된다. 사용자는 기가바이트당 5달러에 매월 최대 15기가바이트의 데이터를 구입할 수 있다.
- 크리켓 와이어리스(Cricket Wireless; www.cricketwireless.com)는 월 25달러에 데이터 없이 무제한 통화와 문자를 제공한다; 월 30달러에 2GB 데이터로 무제한 통화 및 문자 제공;

월 40달러에 5GB의 데이터로 무제한 통화 및 문자를 이용할 수 있다.

- 프리덤팝(FreedomPop; www.freedompop.com)은 무제한 통화, 문자 및 1GB 데이터에 대해 월 20달러의 요금제를 제공한다.

기본적으로 구글파이는 무선으로 작동하는 방식이다. 앞으로 사용자의 휴대전화는 주어진 위치에서 단일 이동통신사가 제공하는 신호가 아니라 최상의 신호로 네트워크에 연결될 것이다.

출처: Compiled from A. Martonik and J. Maring, "What Is Project Fi, How Does It Work, and Why Do I Want It?" *Android Central*, July 16, 2018; C. Faulkner, "Google's Project Fi: What You Need to Know about the Network of Networks," *TechRadar*, May 30, 2018; R. Amadeo, "Project Fi's 'Bill Protection' Works out to an $80 'Unlimited' Plan," *Ars Technica*, January 18, 2018; F. Lardinois, "Google Brings the $399 Android One Moto X4 to Project Fi (and the U.S.)," *TechCrunch*, September 20, 2017; K. Wiggers, "Here's Everything You Need to Know about Google's Project Fi," *Digital Trends*, September 20, 2017; C. Faulkner, "Google's Project Fi: What You Need to Know about the Network of Networks," *TechRadar*, September 20, 2017; D. Richardson, "What Is Project Fi, and Is It Worth It?" *Tom's Guide*, July 22, 2017; F. Lardinois, "Google Makes Splitting the Cost of Project Fi Group Plans Easier," *TechCrunch*, June 20, 2017; S. Carpenter, "5 Key Things to Know Before You Switch to Google's Project Fi," *Forbes*, September 27, 2016; M. Duran, "Google's Project Fi Wireless Service Is Crazy Cheap. But Should You Switch?" *Wired*, July 15, 2016; R. Amadeo, "Google's Project Fi Gets International LTE, Adds Three to Carrier Lineup," *Ars Technica*, July 12, 2016; C. Metz, "Google's Project Fi Is One Step Closer to Unifying the World's Wireless Networks," *Wired*, July 12, 2016; J. Raphael, "Project Fi Revisited: 6 Months with Google's Weird Wireless Service," *Computerworld*, April 14, 2016; A. Martonik, "What Is Project Fi, How Does It Work, and Why Do I Want It?" *Android Central*, July 9, 2015; B. Fung, "Project Fi Review: The Most Remarkable Feature of Google's New Cell Service," *Washington Post*, July 8, 2015; "5 Things to Know about Google's Project Fi," *CBS News*, May 4, 2015; "Google's Project Fi Aims to Speed Up Mobile Communications by Tapping into Free WiFi Hotspots," *Kurzweilai. net*, April 23, 2015; R. Metz, "Google's New Wireless Service Should Make Verizon and AT&T Squirm," *MIT Technology Review*, April 22, 2015; and www.fi.google.com, accessed July 16, 2019.

질문

1. 구글파이가 작동하는 방식을 설명해보자.
2. 당신이 버라이즌 와이어리스(www.verizonwireless.com)의 CEO라고 가정하자. 구글파이와 어떻게 경쟁하겠는가?

9장

소셜 컴퓨팅

장의 구성

학습목표

9.1 다섯 가지 웹 2.0 도구와 두 가지 주요 웹 2.0 사이트 종류를 설명해보자.

9.2 기업에 대한 소셜 커머스의 이점과 위험에 대해 설명해보자.

9.3 소셜 쇼핑에 사용되는 방법을 파악해보자.

9.4 광고와 시장 조사를 위해 소셜 네트워킹 사이트는 혁신적으로 사용하면 방법을 토론해보자.

9.5 소셜 컴퓨팅이 어떻게 고객 서비스를 향상시키는지 설명해보자.

9.6 인적자원관리 담당자가 소셜 컴퓨팅을 활용하는 여러 방법을 토론해보자.

데이비드 다오 박사와 유나이티드항공

MIS MKT

항공사에게 팔리지 않은 좌석은 비행기가 이륙하자마자 쓸모없게 된다. 이러한 상황을 피하기 위해 항공사는 정기적으로 비행기의 좌석 수보다 더 많은 사람들에게 티켓을 판매하는데, 이를 초과예약(overbooking)이라고 한다. 항공사는 여러 사람이 실제 탑승하지 않기를 바라면서 좌석에 대한 문제를 피하려 한다. 노쇼가 충분하지 않은 경우 항공사는 먼저 항공편 일정을 변경하려는 고객에게 일반적으로 여행 상품권, 일반 상품권 또는 현금의 형태로 보상을 제공하려고 한다. 보통 승객이 비행기에 탑승하기 전에 협상하는 이러한 요청은 융통성 있는 여행자에게 유리할 수 있으며 항공사가 이윤을 극대화하는 데 중요하다.

2017년 4월 9일 일요일, 유나이티드 익스프레스 3411편이 초과예약되었다. (리퍼블릭 에어라인(Republic Airline)은 유나이티드 항공(United Airlines)의 지방 자회사인 유나이티드 익스프레스를 대신하여 3411편을 운영했다.) 비행에 앞서 유나이티드는 루이빌 국제공항으로 이동해야 하는 4명의 항공사 직원을 위한 좌석을 마련하려고 임의로 선택한 승객에게 800달러의 여행 상품권을 제공했다. 그러나 승객 중 누구도 수락하지 않았다. 그래서 항공사는 비자발적으로 비행기에서 내릴 승객 4명을 무작위로 선택했다. 이들 승객 중 3명이 동의했다. 네 번째, 켄터키주 의사인 데이비드 다오 박사는 그렇지 않았다.

다오 박사가 비행기에서 내리기를 거부하자 시카고 오헤어 국제공항 경찰이 그를 강제로 끌어내렸다. 경찰관들이 그를 자리에서 끌어내자 다오 박사는 저항했고, 항의하는 동안 그의 얼굴이 팔걸이에 부딪혔다. 시카고 공항 경찰들은 의식을 잃은 듯한 그의 팔을 등 뒤로 꺾어 승객들이 줄지어 서 있는 비행기 통로를 따라 끌어내렸다. 다오의 변호사는 치아 2개의 상실, 코 부러짐, 뇌진탕 및 수술이 필요한 부비강(sinus) 부상을 입었다고 주장했다.

여러 승객들이 사건의 영상을 녹화했고, 이는 소셜미디어와 뉴스보도를 통해 널리 퍼졌다. 물리적 충돌과 다오 박사의 고뇌에 찬 항의와 부상을 기록한 동영상은 대중의 분노를 불러일으켰다. 국회의원들은 우려를 표명하며 공식조사를 촉구했다.

시카고 공항의 경찰 보고서에 따르면 다오 박사는 균형을 잃고 팔걸이에 얼굴을 부딪치기 전에 팔을 휘두르며 경찰들에게 욕설을 퍼부었다. 이 보고서는 승객 비디오와 모순된다. 다오 박사의 변호사인 토마스 데미트리오(Thomas Demetrio)는 보고서를 "완전히 말도 안 되는 소리"라고 했다.

월요일, 유나이티드의 초기 대응은 사건의 책임을 다오 박사에게 돌리는 것이었다. 항공사는 '예약 초과 상황'에 대해서만 사과했다. 또한 유나이티드의 CEO 오스카 무노즈는 다오 박사에 대한 조치를 정당화하는 것으로 보이는 성명을 발표하며 그 과정을 "고객 편의 제공"이라고 언급했다. 그는 이 상황을 "어색한 사건"이라고 설명했다. 무노즈는 비행기에 타고 있던 다른 승객들에게 사과했지만, 경찰들이 다오 박사를 다룬 부분에 대해 직접적인 언급은 없었다. 무노즈는 또한 정해진 절차를 따랐으며 다오를 "파괴적"이고 "전투적"이라고 언급한, 승무원의 행동을 칭찬하는 이메일을 유나이티드 직원들에게 보냈다. 월요일 저녁에 이메일이 공개되었다.

화요일까지 유나이티드는 잠재 고객들이 유나이티드의 초기 발표에 반발하며 보이콧으로 위협하자 홍보 위기에 직면했다. 무노즈와 유나이티드는 모든 소셜미디어 매체에서 그들의 초기 발표에 대해 심한 비판을 받았다. 이어서 무노즈가 또 다른 성명을 통해 항공사가 이 사건에 대해 전적인 책임을 져야 한다고 말하자 화요일 유나이티드는 기존 입장을 바꿨다.

수요일 아침, 무노즈는 ABC 방송의 굿모닝 아메리카(Good Morning, America)에 출연하여 다오 박사가 비행기에서 끌려가는 영상을 보고 "부끄럽다"고 말했다. 그런 다음 무노즈는 이러한 유형의 사건이 유나이티드에서 다시는 발생하지 않을 것이라고 사과하고 약속하는 추가 성명을 발표했다. 그는 이렇게 주장했다. "아무도 이런 식으로 학대를 받아서는 안 됩니다." 그날 늦게 유나이티드는 항공편에 탑승한 모든 승객에게 전액 환불을 제공할 것이라고 발표했다.

목요일에 다오 박사의 변호사와 딸이 시카고에서 열린 기자회견에서 말했다. 유나이티드는 다시 사과와 "이를 바로잡겠다"는 약속으로 화답했다. 성명서는 무노즈가 다오 박사에게 사과하기 위해 손을 내밀었다고 주장했지만 의사의 딸은 이를 부인했다.

이 홍보 실패의 결과는 광범위했다. 첫째, 이번 사건의 직접적인 결과로 무노즈는 당초 예정되었던 회장 승진을 거부당했다. 또한 최소 4명의 경찰관이 휴직 명령을 받았다.

다음으로 유나이티드는 (a) 경찰을 이용하여 비행기에서 초과 예약된 고객을 강제로 끌어내리지 않겠다는 약속, (b) 일선 직원을 위한 추가 교육, (c) 탑승 수속 시 승객에게 그들이 기꺼이 자리를 양보할 수 있는지 확인하는 자동화 시스템 도입을 포함한 새로운 정책을 공개했다. 무노즈는 또한 초과 예약 규모를 줄이고 나중에 비행기를 탈 의향이 있는 고객에게 최대 1만 달러를 제공하겠다고 약속했다.

또한 유나이티드 승무원은 더 이상 자사 항공기에 이미 탑승한 승객과 부딪힐 수 없다. 유나이티드는 "우리 항공기로 여행하는 승무원은 최소 출발 60분 전에 예약되도록 해야 하며, 이 프로세스로 3411편과 같은 상황이 다시는 발생하지 않도록 하기 위함"이라고 정책을 업데이트했다. 이런 정책 변경은 승객을 항공편에서 내리게 해야 하는 결정은 승객의 탑승이 시작되기 전에 이루어져야 한다는 것을 의미한다.

델타 항공도 유사한 정책을 발표하여 자사 관리자가 예약이 강제로 취소된 승객에게 거의 1만 달러의 보상을 제공할 수 있는 권한을 부여했다. 이전 보상은 1,350달러였다. 흥미롭게도 아메리칸 항공은 승객에 대한 보상에 상한선을 설정하지 않았다고 말했다. 아메리칸은 탑승구 직원이 고객과 협력하여 정확한 수의 자발적 탑승 포기자를 확보하는 데 필요한 보상 금액을 설정한다고 말했다.

이 사건의 또 다른 영향은 유나이티드 항공의 주가에 미치는 부분이었다. 한때 유나이티드는 약 13억 달러의 시장가치를 잃었다. 이 사건은 또한 인종 프로파일링의 문제로 항공사에 대한 보이콧을 요구하는 화난 중국인과 함께 중국언론에 불을 붙였다. (다오 박사는 중국-베트남 의사이다.) 업계 전문가들은 유나이티드가 중국-미국 시장에서 상당한 수익을 잃을 수 있다고 지적했다. 유나이티드는 중국에서 가장 큰 미국 항공사이다.

2017년 4월 27일, 다오는 유나이티드와 '우호적인' 합의에 도달했다. 이번 합의의 내용은 공개되지 않았다.

출처: Compiled from D. Koenig, "If You Get Bumped off a Flight This Travel Season, Make It Worth Your While," Associated Press, June 2, 2018; D. Cevallos, "United Airlines Must Have Paid Big Bucks for Dr. Dao's Silence," CNN, May 1, 2017; D. Silva, "David Dao and United Airlines Reach 'Amicable' Settlement after Viral Video Incident," NBC News, April 27, 2017; M. Diebel, "United Airlines Passenger David Dao Was Violent before Removal, Aviation Police Say," *USA Today*, April 25, 2017; A. Wise, "United CEO Munoz Will Not Chair Board in 2018 Following Passenger Furor," Reuters, April 21, 2017; "Delta Air Offers up to $10,000 Compensation for Displaced Customers," Associated Press, April 15, 2017; R. Gonzales, "United Airlines Changes Its Policy on Displacing Customers," NPR, April 14, 2017; E. McCann, "United's Apologies: A Timeline," *New York Times*, April 14, 2017; "How United Airlines Went Viral on Social Media," *Cooler Insights*, April 12, 2017; A. Ohlheiser, "The Full Timeline of How Social Media Turned United into the Biggest Story in the Country," *Washington Post*, April 11, 2017; J. Griffiths and S. Wang, "Man Filmed Being Dragged off United Flight Causes Outrage in China," CNN, April 11, 2017; D. Victor and M. Stevens, "United Airlines Passenger Is Dragged from an Overbooked Flight," *New York Times*, April 10, 2017; J. Callas, "Officer Who Forcibly Removed Passenger from United Airlines Flight Placed on Leave," *Time*, April 10, 2017; and L. Thomas, "United CEO Says Airline Had to 'Re-Accommodate' Passenger, and the Reaction Was Wild," CNBC, April 10, 2017.

질문

1. 다오 박사 사건에 대한 유나이티드의 대응 과정을 설명하고 평가해보자. 유나이티드가 다르게 대응해야 했는가? 그렇다면 어떻게 해야 했는가?
2. 소셜미디어가 다오 박사 사건에 대한 유나이티드의 대응에 어떻게 영향을 미쳤는지 논의해보자.
3. 이 사례가 고객과 기업 간의 힘의 균형 변화를 어떻게 설명하는지 토론해보자.

서론

인간은 사회적 동물이다. 그렇기 때문에 인간의 행동은 본질적으로 사회적이다. 인간은 보통 자신의 행동을 자신의 커뮤니티 다른 구성원들에 맞춘다. 결과적으로 주위의 다른 사람들의 행동에 민감하며 자신의 의사결정은 일반적으로 사회 환경의 영향을 받는다.

기존 정보시스템은 조직의 활동과 비즈니스 프로세스를 지원하고 비용 절감과 생산성 향상에 초점을 둔다. 이런 기존 모형과 다른 **소셜 컴퓨팅**(social computing)은 사회적 행동과 정보시스템을 결합해 가치를 창출하는 유형의 정보기술이다. 도입사례에서 본 것처럼 소셜 컴퓨팅은 협업과 사람들 간의 상호 작용을 향상시키고 사용자 스스로 콘텐츠를 창출하도록 유도한다.

소셜 컴퓨팅에서 사회적 정보의 상당 부분은 익명이 아니다. 그보다는 정확히 말해 실명 사회적 정보는 특정인에 대한 것이고, 그리고 이런 사람들은 또한 작게 자신들의 네트워크들에 연결되어 있다.

소셜 컴퓨팅은 사회적으로 생산된 정보를 모두가 사용할 수 있게 만든다. 이런 정보는 사람들이 영화를 평가하면서 (예: 로튼 토마토Rotten Tomatoes) 직접 제공되기도 하고, 검색 결과의 순위를 정하는 구글의 페이지랭크(PageRank) 알고리즘에 의해 간접적으로 제공되기도 한다.

소셜 컴퓨팅에서는 조직이 아닌 사용자가 상호 작용 커뮤니케이션과 협업을 통해 콘텐츠를 생산, 통제, 활용, 관리한다. 결과적으로 소셜 컴퓨팅은 조직 내 역학관계에 영향을 미친다. 직원과 고객들은 자신들을 조직화할 수 있는 소셜 컴퓨팅 활용 능력으로 협상력이 커지고 있다.

그래서 소셜 컴퓨팅은 힘 있는 위치의 사람들에게 영향을 미쳐 보통 사람들의 걱정과 관심사에 귀를 기울이게 한다. 기업의 고객 및 직원들이 이러한 소셜 컴퓨팅 현상에 참여하면서 대부분의 조직에게 심각한 결과를 낳고 있다.

현재 선진국 사회에 속한 대부분의 조직과 기업들은 보통 사람들의 새로운 소셜 파워에 심각할 정도로 준비되어 있지 않다. 오늘날 관리자, 임원, 정부 공직자들은 정책이나 제품, 그리고 기타 이슈들에 대한 대중들의 대화를 더 이상 통제할 수 없다.

새로운 세상에서 비즈니스와 정부 조직의 리더들은 진정성, 공평성, 투명성, 선의, 겸손을 보여야 한다. 만약 그렇게 하지 못하면 고객과 직원들은 그들을 불신하고 잠재적으로는 해가 되는 행동을 할지도 모른다. 예를 들어 제품이나 서비스가 마음에 들지 않는 고객은 그들의 불만을 쉽게 밖에 떠들 수 있다. 또 다른 예로 어떤 회사 입사를 지원한 사람은 회사에서의 생활이 어떤지 고용주로부터 말을 들어 볼 필요 없다. 그 회사에서 이미 일하고 있는 사람을 통해 알 수 있다. 마지막 예는 직원들이 이제 이전 고용주와 경쟁할 수도 있는 자신의 회사를 만드는 더 많은 대안들이 있다는 것이다.

이런 예들로부터 알 수 있듯이 소셜 컴퓨팅의 힘에 의해 점점 더 세상은 민주적이고 보통 사람들의 의지를 반영하고 있다. 한편으로 소셜 파워는 기업을 활기 있게 만들고, 고객과 직원들의 활동을 회사 발전을 위한 창의성과 혁신, 그리고 새로운 아이디어 원천으로 만들 수 있다. 다른 한편으로는 고객과 직원들에 둔감한 기업들은 빠르게 내리막을 길을 걸을 것이다.

예를 들어 패션제품/의류회사인 케니스 콜(Kenneth Cole)은 자사의 새로운 봄 콜렉션 때문에 이집트에서 난동이 일어났다는 트위터 글로 큰 고역을 치렀으며, 그리고 아메리칸 어페럴(American Apparel)은 허리케인 샌디 맞이 세일을 했다가 온라인에서 비난을 받았다. 여기서 배울 점은 만약 기업이 고객의 호의와 충성도를 얻고 싶다면 다른 사람의 불행에서 수익을 챙기려는 오해를 불러일으키는 어떤 언급도 삼가야 한다는 것이다.

중국이 전 세계에서 가장 활발한 소셜미디어 인구를 보유하고 있는 가운데 소셜 컴퓨팅은 전 세계적으로 확산되고 있다. 맥킨지의 한 설문조사에서 한국의 70%, 미국의 67%, 일본의 30%와 비교해 중국의 91% 응답자들은 지난 6개월 동안 소셜미디어 사이트를 방문한 경험이 있다고 응답했다. 흥미롭게도 이 설문조사에 의하면 소셜미디어는 다른 어떤 곳의 소비자들보다 중국 소비자들의 구매 결정에 큰 영향을 미치는 것으로 나타났다.

특히 특정 앱이 전 세계의 특정 지역을 지배하면서 메시징 앱 사용량이 급격히 증가하고 있다. 가장 인기 있는 메시징 앱을 살펴보자.

- 15억 명 이상의 사용자를 보유한 **왓츠앱**(WhatsApp; www.whatsapp.com, 페이스북 소유)은 세계 여러 지역에서 가장 널리 사용되는 메시징 앱이다. 이러한 지역에는 남아메리카의 대부분, 아프리카 남부 및 중앙의 대부분, 영국, 스페인, 독일, 인도, 멕시코, 동남 아시아 및 러시아가 있다.
- **페이스북 메신저**(www.messenger.com)는 전 세계적으로 13억 명이 넘는 사용자를 보유하고 있다. 이 앱은 미국, 호주 및 북부 아프리카 지역에서 많이 사용되고 있다.
- 메시징 앱 **위챗**(www.wechat.com)은 10억 명 이상의 사용자를 보유한 중국 시장을 장악하고 있다.

- 약 10억 명의 사용자를 보유한 **바이버**(www.viber.com)는 키르기스스탄, 우크라이나, 벨로루시, 아르메니아, 아제르바이잔, 보스니아-헤르체고비나와 같은 국가에서 최고의 앱이다.
- 남아프리카에서 개발된 **모야 메신저**(www.moyaapp.com)는 첨부파일을 보내지 않고 광고에 노출될 의사가 있는 경우 사용자가 데이터 비용 없이 통신할 수 있다. 모야 사용 시 모바일 데이터 비용이 발생하거나 와이파이 네트워크로 전환해야 하는 경우 사전에 경고한다.

오늘날의 기업들은 소셜 컴퓨팅을 마케팅, 고객관계관리, 인적자원관리 등 다양한 혁신적인 방법으로 사용한다. 사실 수많은 기업이 소셜 컴퓨팅을 가능한 한 많은 새로운 방법으로 사용하려고 경쟁하고 있는데 그 중에서도 비즈니스만을 위한 소셜 컴퓨팅 활용 방법인 **소셜 커머스**(social commerce)가 주목을 받고 있다. 소셜 컴퓨팅은 웹 2.0 도구들과 사이트들에 의해 촉진되기에 이 장은 이런 기술들을 살펴보는 것으로 시작한다. 그 다음 쇼핑, 광고, 시장 조사, 고객관계관리, 인적자원관리 등 다양한 소셜 커머스 활동들에 관심을 기울인다.

소셜미디어의 또 다른 놀라운 용도인 재난 구호는 다양한 소셜미디어의 흥미로운 활용가능성을 보여준다. IT와 기업사례 9.1은 이러한 용도에 사용되는 소셜미디어의 몇 가지 예를 소개한다.

IT와 기업사례 9.1

소셜미디어 및 재난 구호

MIS POM

지구온난화로 인한 자연재해는 앞으로 더욱 빈번해질 것으로 예상된다. 불행히도 이러한 재난은 종종 정부와 최초 대응자들을 압도한다. 이 문제를 더욱 복잡하게 만드는 것은 911 라인과 같이 재난 구호 담당자에게 연락하는 방법이 자주 불통이라는 것이다. 소셜미디어는 종종 재난 구호 활동에 도움이 되었다. 사실, 소셜미디어는 전통적인 구호 활동이 실패한 곳에 도움을 줄 수 있는 새로운 유형의 최초 대응자, 즉 자원봉사자를 모집했다. 재난 구호에서 소셜미디어의 역할을 보여주는 다양한 예를 살펴보자.

멕시코에서의 지진

2017년 9월 19일에 규모 7.1의 지진이 멕시코 중부를 강타했다. 토포스 멕시코(Topos Mexico; www.topos.mx/en/)는 멕시코시티에 심각한 피해를 준 1985년 지진 이후 결성된 자원봉사 구호 단체이다. 2017년 지진이 발생했을 때 이 구조대는 멕시코 정부에 연락하지 않았다. 오히려 그들은 소셜미디어를 사용하여 수백 명의 자원봉사자를 모집했다. 육군, 해군, 경찰, 민방위대가 동원되기도 전에 자원봉사자들은 왓츠앱(WhatsApp)을 통해 비공식 구조대를 만들기 시작했고 자원봉사자를 모집하여 잔해 제거를 도왔다.

소셜미디어는 특히 스마트폰이 어디에나 있는 멕시코시티와 같이 인구가 많은 도시 지역에서 보편화되었다. 멕시코에서는 무제한 왓츠앱, 페이스북, 페이스북 메신저 및 트위터가 포함된 선불 월간 모바일 요금제가 인기가 있다. 지진 발생 후 구조대 측을 돕기 위해 통신회사는 일시적으로 데이터와 통화를 무료로 제공했다.

토포스 그룹의 입장에서 보면 스페인, 일본, 이스라엘, 미국 등의 국제 구호활동가들이 너무 느리게 일하고 있었다. 토포스는 그룹의 소셜미디어 메시지에 응답한 목수, 전기공, 용접공과 같은 민간인을 더 신뢰했다. 자원봉사자들은 텐트에서 필요한 구조장비를 배포했다. 그들은 또한 멕시코 정부의 제복을 입은 군대를 포함하여 구호현장에 있는 수백 명의 사람들을 위해 집에서 음식을 마련했다.

텔레그램과 왓츠앱의 정보에 의존했던 다른 많은 자원봉사자들은 실제로 구호현장에 있었던 자원봉사자들의 보고를 기반으로 정보를 확인하는 새로운 트위터 계정을 오픈했다. 한 자원봉사자는 베리피카도스디노피노에베세(Verificados19s)라는 사실 확인 프로젝트가 된 엑셀 스프레드시트 작업을 시작했다. 한 자원봉사자 부부는 자원봉사자들이 어떤 물품이 필요하며 어디서 필요한지 파악할 수 있도록 소셜미디어에서 넘쳐나는 정보를 정리했다. 이들 부부의 웹 사이트 시즈모멕스(Sismomex; www.twitter.com/sismomex)에는 가장 큰 기부센터의 전화번호가 나와 있었다. 또 다른 자원봉사자는 무료 엑스레이가 있는 병원에서부터 잃어버린 애완동물의 사진에 이르기까지 모든 것을 사람들이 찾을 수 있도록 도와주는 웹 사이트 아유다에메기스(AyudaMX)를 개발했다.

멕시코 지진 이후에 소셜미디어의 또 다른 용도가 나타났다. 붕괴된 멕시코시티의 사립학교 엔리케 렙사멘(Enrique Rebsamen) 밖에 있는 부모들은 왓츠앱을 사용하여 건물 안에 갇힌 아이들과 메시지를 교환했다. 지진 발생 3일 후 멕시코 정부가 생존자 여부를 먼저 확인하지 않고 중장비를 이용해 잔해를 옮길 것이라는 보고가 있었다. 9월 24일까지도 붕괴된 건물에 갇힌 사람들의 가족에게 정보를 제공할 수 있는 정부관리가 아직 없었다.

허리케인 하비

2017년 8월 허리케인 하비(Harvey)가 상륙한 동안과 그 이후에 긴급 핫라인이 불통이었다. 휴스턴의 911 교환원과의 일부 통화가 끊겼거나 연결이 안 되었다. 주민들은 휴대폰 배터리가 떨어져 계속 전화를 걸거나 911 전화를 오래 기다리기가 어렵다고 말했다.

그 결과 공식 응급의료진에게 빨리 연락하지 못한 사람들이 소셜미디어로 눈을 돌렸다. 그들은 종종 페이스북과 트위터에 주소를 게시했다. 민간인이 응답하는 경우가 많았다. 또한 허리케인에 갇힌 텍사스 사람들은 케이준 네이비(Cajun Navy)[역자주*]의 700개 보트들과 연락하고 911과 통화할 수 없는 사람들을 구하기 위해 때로는 앱 젤로(Zello; www.zello.com)를 사용하였다.

이러한 호소들 중 일부는 허리 높이의 물에 빠진 요양원 내 노인을 트위터에서 보여주는 것을 포함하여 입소문을 탔다. 이런 사진은 수천 번 리트윗되었으며 궁극적으로 갤버스턴(Galveston) 마을 응급구조대원들의 주의를 끌었다. 그들은 요양원을 우선순위 목록의 맨 위로 올려 15명의 주민들을 모두 구조했다.

허리케인 하비 기간 동안 자원봉사 구조활동을 감독한 상위 그룹인 디지털 인도주의 네트워크(Digital Humanitarian Network; www.digitalhumanitarians.com)는 소셜미디어에서 비상상황과 관련된 게시물을 추적하는 데 능숙한 많은 자원봉사 그룹을 동원했다. 그들은 게시물 내용 속의 위치를 전문가와 자원봉사자가 구호를 지원하는 데 사용하는 공개된 디지털 지도에 표시하고 데이터베이스화했다.

911 시스템의 문제에도 불구하고 미국 해안경비대와 휴스턴 경찰국은 주민들이 소셜미디어를 통해 비상대응 담당자에게 연락하는 것을 강력히 권장하지 않았다. 대신 재난대응을 위해 특정 비상전화 회선으로 전화할 것을 촉구했다. 그러나 보고서에 따르면 2명의 해안경비대 사관학교 생도가 도움이 필요한 사람을 찾는데 SBTF(Standby Task Force; www.standbytaskforce.org)에서 부분적으로 제공한 정보를 사용했다고 밝혔다. 해안경비대 홍보담당관은 해안경비대가 SBTF나 다른 자원봉사 단체로부터 소셜미디어 데이터를 받았거나 사용했는지에 대한 질문에 답하지 않았다.

디모인, 아이오와(Iowa), 홍수

미국 아이오와주의 주도인 디모인(Des Moines)에서는 스캐너 스쿼드(Scanner Squad)라는 비디오 공유 그룹이 전적으로 온라인에서만 활동한다. 이 그룹 내에는 대도시 전역에 수천 명의 회원이 있는 페이스북 그룹이 있다. 그들의 유일한 임무는 정보를 전달하고, 소문을 없애고, 위기 상황에서 정보를 제공하는 것이다. 구성원들이 많기 때문에 이 그룹의 정보 흐름은 지속적이고 즉각적이다. 흥미롭게도 구성원들은 도시 전역의 위기 지역에 대한 실시간 비디오를 올린다. 예를 들어, 디모인이 2018년 7월에 심각한 돌발 홍수에 직면했을 때, 스캐너 스쿼드는 일반 미디어가 그 사실을 보도하기 45분 전에 누군가가 상승하는 홍수에 꼼짝 못하고 있는 것을 보여줬다. 이 그룹은 또한 사람들이 이용한 대체 경로와 차단된 도로에 대해서 알렸다.

재난 구호를 위한 소셜미디어 사용에 대한 공공기관의 대응

공공기관의 비상상황 담당자들은 재난 발생 시 지역 내 비상 연락망이 항상 가동되었지만 오늘날에는 온라인 소셜미디어가 이런 과정을 더욱 가속화하고 있다고 지적했다. 소셜미디어를 통해 자원봉사자는 훨씬 더 신속하게 조직을 구성하여 이웃과 전혀 모르는 사람을 도울 수 있다.

그러나 여전히 911에 전화하는 것이 공식적인 비상 연락망과 연결하는 권장되는 방법이다. 미국 국가비상전화번호협회(National Emergency Number Association; www.nena.org)에 따르면 미국 전역의 수천 개의 911 콜센터 중 25% 미만이 문자메시지를 받을 수 있는 장비를 갖추고 있다. 2017년 11월, NENA는 전체 시스템을 현대화하는 차세대 911이라는 계획을 시도했다. 그러나 모든 지방 자치단체가 이 시스템을 보유한 것은 아니다. NENA는 긴급상황에서 메시징 앱이나 소셜미디어를 사용하면 사람들의 위치 확인 및 개인정보보호에 대한 우려가 제기된다고 강조했다.

사실, 재난 구호에 소셜미디어를 활용하는 것은 잘못된 정보와 조작된 이미지의 유포를 포함하여 심각한 문제가 있다. 하비가 진행되는 동안 다시 등장한 한 이미지는 침수된 고속도로에서 상어가 수영하는 것을 보여주었다. 그 이미지는 사실확인 단체인 스놉스닷컴(Snopes.com)에 의해 거짓으로 판명되었다.

출처: Compiled from C. Crowder, "The Scanner Squad Beat the Media on Flooding Coverage with a Reporting Corps a Thousand Strong," *Des Moines Register*, July 1, 2018; J. Bergman, "Cadets Create Maps to Help Coast Guard with Harvey Rescues," *The Day*, September 1, 2017; M. Averbuch, "When Government Fails, Social Media Is the New 911," *Wired*, October 25, 2017; M. Pskowski and D. Adler, "6,000 Complaints....Then the Quake: The Scandal behind Mexico City's 225 Dead," *The Guardian*, October 13, 2017; J. Bromwich, "Puerto Ricans on Mainland Rely on Strangers to Reach Relatives," *New York Times*, September 26, 2017; J. Fortin, "When Disaster Hits and Landlines Fail, Social Media Is a Lifeline," *New York Times*, September 23, 2017; N. Chavez, S. Almasy, R. Sanchez, and D. Simon, "Central Mexico Earthquake Kills More than 200, Topples Buildings," CNN, September 20, 2017; L. O'Connor, "How We Could Better Leverage Social Media during Disasters like Harvey," Huffington Post, September 5, 2017; M. Pearce, "A 'Cajun Navy' of Volunteers Descends on Port Arthur, Texas, to Rescue People," *Los Angeles Times*, August 30, 2017; D. Seetharaman and G. Wells, "Hurricane Harvey Victims Turn to Social Media for Assistance," *Wall Street Journal*, August 29, 2017; R. Grenoble, "Finally, Some Good News out of Texas," Huffington Post, August 29, 2017; "The Power of Social Media during Natural Disasters," *Fast Company*, August 29, 2017; E. Sullivan, "In Texas Flooding, FEMA Asks 'All Citizens to Get Involved' to Help," *New York Times*, August 28, 2017; and "Disasters like Louisiana Floods Will Worsen as Planet Warms, Scientists Warn," *The Guardian*, August 16, 2016.

질문

1. 재난 구호 활동에 소셜미디어 사용이 증가한 이유에 대해 토론해보자.
2. 재난 구호 활동에 소셜미디어를 사용할 때 발생할 수 있는 문제에 대해 논의해보자. 전반적으로 재난 구호 활동에 소셜미디어를 사용하는 것이 권장되어야 하는가? 혹은 아닌가? 그 이유는 무엇인가?

역자주* 허리케인 피해자를 구조하기 위해 자원봉자들이 조직한 배들이 장을 마칠 때쯤 여러분은 소셜 컴퓨팅과 현대 기업들이 이 기술을 활용하는 방법에 대해 완전히 이해하게 될 것이다. 또 소셜 컴퓨팅이 조직에 가져올 수 있는 위험과 보상뿐만 아니라 장점과 단점에도 친숙해질 것이다. 예를 들어 대부분의 사람들이 이미 소셜 컴퓨팅 사이트에 가입되어 있기 때문에 이런 사이트들의 부정적인 면과 긍정적인 면에 친숙해 있다. 이 장을 통해 이런 지식으로 조직 내 소셜 컴퓨팅 분야의 활용에 여러분은 일조할 수 있을 것이다. 여러분은 자기 조직의 소셜 컴퓨팅 정책에 기여할 수 있는 위치에 설 수 있을 것이다. 그리고 또한 조직이 소셜 컴퓨팅 활용 전략을 마련하는 것을 도울 수 있을 것이다. 마지막으로 소셜 컴퓨팅은 자신의 비즈니스를 시작하려는 스타트업 창업가에게 놀라운 기회를 제공한다.

9.1 웹 2.0

이미 6장에서 학습한 월드 와이드 웹(World Wide Web)은 1990년에 처음 등장했다. 웹의 첫 세대, 즉 웹 1.0이다. 웹 2.0을 소개하기 전에는 웹 1.0이라는 말이 의미가 없기 때문에 6장에서는 이 표현을 사용하지 않았다.

웹 1.0의 핵심 사항은 웹 사이트의 등장과 웹의 상업화이다. 일반적으로 웹 1.0에서는 사용자가 최소한의 참여가 이루어진다. 더욱이 사용자들은 이들 사이트로부터 수동적으로 정보를 받는다.

웹 2.0은 이제 일반적인 용어지만 정의하기가 까다롭다. 유명 블로거인 팀 오라일리(Tim O'Reilly)에 의하면 **웹 2.0(Web 2.0)**은 여러 정보기술과 프로그램, 그리고 이를 사용하는 웹 사이트의 느슨한 집합이다. 이런 웹 사이트들은 사용자의 콘텐츠 참가, 사회적 상호 작용, 그리고 협력을 장려하여 사용자의 경험을 풍부하게 한다. 웹 1.0의 사이트와 달리 웹 2.0의 사이트는 방문만 하는 온라인 장소가 아니라 타인과 협동하고 목적을 달성하는 서비스에 가깝다. 웹 2.0 사이트는 커뮤니티의 종합적 지식을 활용하거나(위키 등) 기능을 프로그램 패키지가 아니라 서비스의 형태로 제공하거나(웹 서비스 등) 재조합이 가능한 프로그램과 데이터를 제공한다(매시업 등).

이 절에서는 다섯 가지 웹 2.0 정보기술 도구들을 살펴본다. 태깅, RSS(Really Simple Syndication), 블로그, 마이크로블로그, 위키. 그 다음으로 소셜 네트워킹 사이트와 매시업이라는 두 주요 웹 2.0 사이트에 대해 논한다.

태깅

태그(tag)는 블로그나 사진, 글, 동영상 클립 등의 콘텐츠를 묘사하는 키워드나 어휘다. 콘텐츠를 여러 태그를 통해 분류함으로서 완전히 분리된 카테고리로 정리하지 않고 서로 겹치는 여러 분류로 콘텐츠를 정리할 수 있게 된다. 예를 들면 자동차의 사진에 붙은 태그는 '코르벳', '스포츠카', 'Chevrolet'일 수 있다. 태그는 웹 페이지, 사진, 비디오 등의 웹 콘텐츠를 분류하는 사용자 생성 분류법(folksonomy)이 된다.

지오 태깅(geotagging)으로 알려진 특정한 형태의 태깅은 지도에 대한 태깅 정보를 말한다. 예를 들어 구글 지도에서 사용자들은 식당이나 호텔에 대한 평가 정보나 사진을 지도에 추가할 수 있다. 따라서 사용자가 보고 있는 지도상의 위치와 관련된 모든 것, 평가, 무엇을 할지 등에 대한 사진을 볼 수 있기에 사용자가 구글 지도를 사용할 때 그의 경험이 더욱 풍성해진다.

RSS

RSS(really simple syndication)는 사용자가 자신이 원하는 정보(맞춤화된 정보)를 원하는 때에 실제 웹 사이트를 검색할 필요 없이 정보를 받을 수 있도록 하는 웹 2.0 기능이다. RSS는 자신의 블로그나 기타 콘텐츠를 출판(신디케이트)하여 구독할 의사가 있는 누구나 구독할 수 있게 한다. 내용에 변경이 있을 경우 구독자들은 변경사항에 대한 알림과 새로운 콘텐츠에 대한 요약정보를 받게 된다. 구독자들은 콘텐츠 전체로 이동하는 링크를 클릭하여 전체 내용을 확인할 수 있다.

한 예로 CNN.com에서는 국제 뉴스, 스포츠 뉴스, 기술 뉴스, 오락연예 뉴스 등 각 주요 토픽 영역에 대한 RSS 피드를 제공한다. NBC는 시사 뉴스쇼인 'Meet the Press'나 'NBC Nightly News'와 같은 쇼의 최신 버전을 시청자들이 다운로드할 수 있도록 RSS 피드를 제공한다. 그림 9.1은 RSS를 어떻게 검색할 수 있으며 RSS 피드를 어떻게 찾을 수 있는지를 보여준다.

RSS를 사용하려면 선택한 웹 사이트의 RSS 콘텐츠 피드를 표시하는 특수 뉴스 리더를 활용하면 된다. 이러한 리더가 많이 있으며 그 중 일부는 무료이다(피드스팟(Feedspot; www.feedspot.com) 참조).

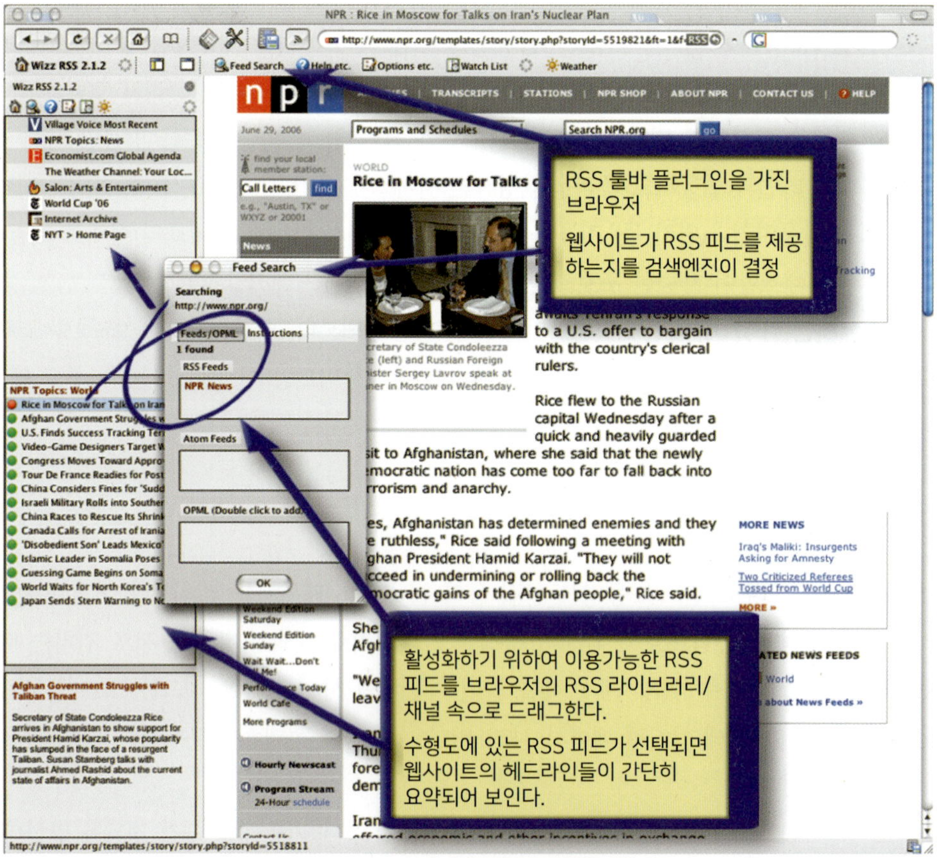

그림 9.1 툴바형 RSS 모으기와 검색 기능이 있는 미국 국립공영 라디오 웹 사이트

출처: National Public Radio

또한 대부분의 브라우저에는 RSS 리더가 내장되어 있다. 도움이 되는 RSS 튜토리얼을 보려면 www.mnot.net/rss/tutorial을 찾아가 보라.

블로그

웹로그(weblog)(줄여서 **블로그blog**)는 공공에 공개된 개인 웹 사이트로 운영자가 자신의 느낌이나 의견을 표현하는 곳이다. 블로거, 즉 블로그를 개설하여 운영하는 운영자들은 이야기를 쓰고, 소식을 전하고, 자신의 관심사와 관계된 웹 사이트에 링크를 제공한다. 블로그를 만드는 가장 간단한 방법은 블로거(www.blogger.com; 현재 구글이 운영 중), 장가(www.xanga.com), 무버블타입(ww.movabletype.com)과 같은 블로그 서비스에 가입하는 것이다. **블로고스페어(blogosphere)**는 웹상의 수백만 개의 블로그를 통칭하는 말이다.

MKT 많은 기업들이 블로고스페어의 제품 리뷰를 작성하는 블로거들의 의견을 참조하고 있다. 마케팅에서 이러한 의견은 **고객 생성 미디어**(consumer-generated media)라고 부른다. 예를 들어, 넬슨(Nielsen; www.nielsen-online.com)은 블로그 영역을 '채굴'하여 여러 영역의 고객에게 정보를 제공한다. 넬슨은 광범위한 시장에서부터 틈새 시장에 이르기까지 고객이 잠재적인 시장에 서비스를 제공할 수 있는 방법을 찾도록 돕는다. 이 회사는 또한 잘못된 소문이 주류 미디어에 나타나기 전에 고객이 잘못된 소문을 감지할 수 있도록 돕고, 마케팅 활동의 효과나 신제품의 인기도를 측정한다.

블로그는 종종 정보가 전통적인 미디어 매체(예: 텔레비전, 신문)에서 제공되기 전에 매우 유용한 정보를 제공한다. 블로그가 매우 유용할 수 있으나 이에도 단점은 있다. 아마도 가장 중요한 블로그의 가치는 가장 최신의 뉴스를 속보로 대중들에게 전달하는 능력일 것이다. 하지만 불행하게도 그렇게 하는 과정에서 때때로 블로거들은 앞뒤 이야기를 잘라버려서 블로그의 내용의 부정확할 수 있다. 여러 가지 문제에도 불구하고 블로그는 사람들이 정보를 수집하고 소비하는 방식을 변화시켰다.

마이크로블로그 활동

마이크로블로그 활동(microblogging)은 사용자들이 단문 메시지를 작성할 수 있는 (또는 사진이나 삽입되는 비디오를 올리거나 연결할 수 있는) 블로그 활동의 일종이다. 이런 메시지들은 모바일폰, 인스턴트 메세징, 이메일 혹은 단순히 웹에서 텍스트 메시지를 통해 유포된다. 마이크로블로그의 콘텐츠는 메시지당 공간의 제약(보통 최대 140자)으로 인해 블로그와는 다르다. 인기 있는 마이크로블로그는 트위터이다.

트위터(Twitter)는 무료 마이크로블로그 서비스로 사용자들이 **트윗(tweet)**이라고 알려진 메시지를 보내고 다른 사용자의 것을 읽으며, 업데이트한다. 트윗은 사용자의 프로필 페이지에 나타나며 트윗을 수신하기에 가입한 다른 사용자들에게 전달된다.

MKT 트위터는 매우 유용한 비즈니스 수단이 되고 있다. 기업들은 자사의 제품이 관심 있는 사람들과 정보를 재빠르게 공유할 수 있어 고객들과 보다 깊은 관계를 만들 수 있다. 그리고 기업들은 트위터를 실시간 시장 정보와 고객 피드백을 수집하는 데 사용한다. 개인 사용자로서 당신은 트위터로 기업들에 이들 비즈니스에 대한 경험을 알리고, 상품 아이디어를 제공하고, 훌륭한 상품 정보를 얻을 수 있다.

마이크로 블로깅은 중국에서 매우 인기가 있으며 웨이보(Weibo)는 중국에서 가장 인기 있는 마이크로 블로깅 서비스이다. 웨이보는 2억 명이 넘는 월간 활성 회원을 보유하고 있다.

위키

위키(wiki)는 누구나 어떤 자료라도 작성하고 수정할 수 있는 웹 사이트를 말한다. 위키는 각 페이지에 '수정' 버튼이 있어 누구나 콘텐츠를 삽입, 삭제하는 등의 수정을 할 수 있도록 하여 사용자 간의 협력을 촉진한다.

위키는 인터넷 사용자의 총체적 지능을 활용하며 수많은 개인의 총체적 입력을 동원하여 훌륭한 결과를 내놓았다. 예를 들면 위키피디아(www.wikipedia.org)는 온라인 백과사전이며 현존하는 최대 규모의 위키이다. 영문 기사만 하더라도 500만 개에 육박하며 매일 5억 번 이상 조회된다. 위키피디아의 자원관리자들은 중립 관점을 유지하도록 글을 수정하며 편견이 있는 글은 발견 즉시 사용자들이 스스로 삭제하도록 장려하고 있다. 그럼에도 불구하고 위키피디아에 대한 근본적인 의문은 남아 있다. 그 속의 글들이 얼마나 믿을 만하고 정확한가? 많은 교육자들이 위키피디아의 내용은 누구나 언제든지 제공 가능하기 때문에 참고자료로 사용하는 것을 금하고 있다. 더욱이 위키피디아는 전문가에 의해 내용의 사실 여부나 수준을 검증하지 않는다. 이런 점 때문에 학계와 다른 전문가들은 사용자가 만든 내용의 정확성에 대해 우려를 가지고 있다.

POM **MKT** 조직들은 위키를 여러 방법으로 사용한다. 프로젝트 경영에선 위키를 지속적으로 업데이트되는 제품 특징과 명세를 담고 문제를 추적 및 해결하고 프로젝트 기록을 담는 중앙 정보 저장고로 활용한다. 또한 위키는 기업들에 고객, 공급자, 그리고 사업 협력체와 프로젝트 협력을 할 수 있도록 한다. 정보 관리에서도 위키는 위력을 발휘한다. 예로서 기업들은 위키를 이용해 기업 전체에 활용되는 문서, 예를 들어 가이드라인이나 FAQ(자주 묻는 질문)를 최신으로 유지하고 보관한다.

소셜 네트워킹 웹 사이트

소셜 네트워크(social network)는 가치, 비전, 아이디어, 금전교환, 친분, 동류의식, 갈등 혹은 교환 등을 공유하는 개인, 그룹, 혹은 조직들로 구성된 사회적 구조이다. **소셜 네트워킹**(social networking)은 소셜 소프트웨어 도구(예: 블로그 활동) 혹은 소셜 네트워킹 기능(예: 미디어 공유)을 사용하는 활동들을 의미한다. 소셜 네트워킹으로 유사한 관심 사항을 가진 사람들이 쉽게 연결된다.

소셜 네트워크는 네트워크의 회원들 사이에 존재하는 모든 관련 연결고리나 관계들의 지도로 표현될 수 있다. 각 개별 회원들에게는 이러한 지도가 자신의 **소셜 그래프**(social graph)이다. 원래 페이스북의 마크 주커버그가 페이스북 사용자들 사이의 사회적 관계를 칭하기 위해 이 용어를 만들었다. 이런 아이디어는 페이스북이 개인들 간의 관계를 활용해 보다 깊은 온라인 경험을 제공할 수 있음을 의미한다.

또한 소셜 네트워크는 개인 참여자의 사회적 자본을 결정하는 데 사용될 수 있다. **사회적 자본(social capital)**은 한 개인이 소셜 네트워크 내에서 가지고 있는 연결의 수를 말한다.

참여자들은 무료로 자신의 프로필을 만들 수 있는 소셜 네트워킹 웹 사이트에 모인다. 거기서 블로그나 위키를 작성할 수 있다. 사진, 비디오, 노래를 올린다. 아이디어를 공유한다. 그리고 자신들이 찾은 흥미로운 다른 웹 사이트를 링크한다. 소셜 네트워크 사용자들은 인스턴트 메세징과 트위터를 이용해 채팅하고 올린 콘텐츠를 자신만의 키워드로 태그를 달아 콘텐츠를 검색 가능하게 하며 상호 작용과 거래를 촉진시킨다. 소셜 네트워크 사용자들은 서로 대화를 나누고 협업하며 의견, 경험, 지식, 인사이트, 통찰력 등을 공유한다. 그리고 이런 웹 사이트를 이용해 온라인상의 생각이 비슷한 사람들을 찾고 관심사항이나 인생 목표를 추구하거나 실제 생활에서 만난 적이 없는 사람들과 공동체 의식을 만든다.

소셜 네트워킹 사이트에 뭔가를 올린 사람들은 많은 개인정보를 드러내는 경향이 있다. 결과적으로 조심하지 않으면 나쁜 일이 벌어질 수 있다.

표 9.1은 다양한 온라인 소셜 네트워킹 플랫폼을 보여준다. 소셜 네트워킹 웹 사이트에서 사용자들은 텍스트, 음성, 사진, 비디오 등의 형태로 자신의 콘텐츠를 업로드할 수 있다.

이러한 소셜 네트워킹 사이트는 방대한 양의 데이터를 수집한다. 일부는 사용자가 업로드하고 일부는 사이트에서 사용자 활동을 모니터링하여 생성된다. IT와 기업사례 9.2에서 볼 수 있듯이 관련 신생 기업들은 이러한 소셜 데이터를 사용하여 은행계좌가 없어 신용평가점수가 존재하지 않는 사람들의 신용도를 평가한다.

소셜 네트워크에서 수집한 방대한 양의 데이터로 인해 잘 알려진 문제가 발생했으며, 이는 페이스북-캠브리지 애널리티가(Facebook-Cambridge Analytica) 스캔들로 유명해졌다. IT와 기업사례 3.5를 참조하라.

일반적인 소셜 네트워크는 광고를 사용자에게 타겟팅하기 위해 가능한 한 오랫동안 사용자를 사이트에 머물게 하려고 한다. 헬로프렌드(HelloFriend; www.joinhellofriend.com)는 사용자가 인터넷에서 벗어나기를 바라는, 말 그대로 비전형적인 소셜 네트워크이다. 이 소셜 네트워크의 목표는 대면 상호작용보다 온라인 상호작용으로 인한 사회적 고립을 퇴치하는 것이다.

IT와 기업사례 9.2
소셜 데이터를 이용한 대출 결정

FIN **MIS**

세계 특정 지역의 약 20억 명의 사람들은 여전히 은행계좌가 없으며(이들을 언뱅크드(Unbanked)라고 함), 신용점수 및 금융거래 내역이 존재하지 않는다. 결과적으로 그들은 은행에서 돈을 빌릴 수 없다. 세계은행(World Bank)은 현재 전통적인 금융시스템에서 소외된 10억 명의 사람들에게 어떤 형태의 은행서비스를 제공한다는 목표를 세웠다. 이러한 목표를 달성하기 위해 대출기관은 신용정보가 거의 없거나 일반적인 은행계좌를 개설할 수 없는 사람들에게 서비스를 확대해야 한다.

이 목표를 달성하기 위해 신생기업들은 소셜 데이터를 수집하여 이러한 사람들을 국제 금융시스템으로 끌어들이려고 한다. 이러한 신생기업들은 전통적인 신용위험평가가 사회적 자본(social capital)의 중요성을 무시했다고 주장한다. 사실상의 은행거래 내역서로 사용되는 것 외에도 모바일 및 온라인에서의 금융거래 내역은 잠재적인 대출자가 그 지역에서 어떤 사람인지를 나타낸다. 신생기업들은 대출기관이 잠재적 대출자의 전화통화 행태, 웹 브라우징 및 소셜미디어 사용 패턴, 전기/수도 청구서 결제 기록 및 심리측정 테스트를 활용하여 이들의 신용도를 평가할 수 있다고 주장한다. 이러한 신생기업들 중 몇 곳을 더 자세히 살펴보자.

2012년 설립된 크레디텍(www.kreditech.com)은 독일에 본사를 둔 신용평가 스타트업 중 최대 규모이자 실제로 대출을 하는 유일한 기업이다. 이 회사의 알고리즘은 온라인 쇼핑이력, 휴대폰 통화의 위치 데이터와 소셜 데이터로부터 약 2만 개의 데이터 포인트(즉, 독립변수)를 도출하는데, 이런 데이터는 대출 신청자의 동의 하에 수집되어 사용된다. 크레디텍이 특정 시장에 진입할 때마다 회사는 알고리즘을 개선하는 데 도움이 되는 금융거래정보를 생성하기 위해 모든 대출 신청자에게 100유로의 첫 대출을 제공한다. 크레디텍은 러시아, 스페인, 폴란드 등 9개국에서 사업을 운영하고 있으며 매년 1억 2천만 유로의 대출을 제공하고 있다. 이 회사는 200만 명이 넘는 대출 신청자의 신용을 평가했으며 그 중 15%인 약 30만 명에게 대출했다.

2011년에 설립된 싱가포르에 기반을 둔 랜도(Lenddo; www.lenddo.com)는 비전통적인 데이터를 사용한다. 이 회사는 일반적으로 금융거래내역은 적지만 소셜 데이터가 많은 고객에게 대출을 제공하는 데 도움을 준다. 랜도는 비전통적인 데이터를 사용하여 잠재적인 대출자를 평가하는데, 기존의 신용도가 낮은 고객에게도 대출서비스를 제공할 수 있다는 전제 하에 운영된다. 랜도는 20개국의 50개 파트너와 협력하고 있다. 인도, 인도네시아, 브라질의 주요 은행들이 기존에 은행 거래가 없었던 많은 사람들에게도 (랜도를 통해) 접근할 수 있기 때문에 이들 은행에게 랜도는 특히 매력적이다.

대출신청자는 랜도가 대출 승인에 영향을 미칠 수 있는 데이터를 수집할 수 있도록 소셜미디어 프로필, 이메일 계정 및 전화에 접근하는 데 동의함으로써 대출받을 기회를 얻는다. 대출기관, 지역별 규제 및 고객의 선호도에 따라 랜도는 페이스북으로 신원 확인을 하고 사람들의 재정 상황을 보다 정확하게 파악하기 위해 이메일 콘텐츠를 분석할 수도 있다. 이 회사는 기계학습(기술가이드 4 참조)을 사용하여 부채에 대한 언급, 고용 여부를 나타내는 키워드 및 쇼핑 패턴을 검색한다. 전화 사용과 관련하여 랜도는 고객이 전화를 가장 많이 사용하는 시간과 정기적으로 서로 전화하는 연락처와 같은 요소를 분석한다.

랜도는 (페이스북, 링크드인, 트위터, 지메일 및 야후! 계정의 데이터를 사용하여) 소셜 네트워크 활동, (대출인을 보증할 인물을 참조하는 등) 고객의 신뢰할 수 있는 인맥 여부, 만약 그 사람이 다중 채무자인 경우에는 과거 원리금 상환이력 등 세 가지 주요 요소에 대해 고객의 점수를 매긴다.

랜도는 개인의 친구가 신용도에 대한 예측변수라고 주장한다. 각종 요금을 기간 내에 지불하는 친구가 있는 사람들은 신뢰할 수 있는 대출자가 될 가능성이 더 크다. 또한 고객이 자주 연락하지 않는 경우 분석을 기반으로 하면 외톨이일 가능성이 있으며 신뢰할 수 있는 대출인이 아닐 수 있다. 반대의 관점에서 고객이 너무 자주 연락하는 경우 어울리기 좋아하는 사람이 될 수 있고 신뢰할 수 없다. 정기적으로 몇 사람과 지속적으로 연락하는 사람이 더 신뢰할 수 있는 대출자일 것이다.

이러한 신생기업들은 예측분석을 사용하여 신용도의 핵심을 찾는다. 비전통적인 데이터를 분석하여 밝혀낸 많은 주요 사항은 다음과 같다.

- 휴대폰 배터리가 떨어지지 않도록 하는 사람들은 적시에 대출금을 갚는 경향이 있다.
- 전화를 거는 것보다 받는 것이 더 많은 차용자는 신용위험이 더 높다.
- 장문의 글을 쓰는 사람보다 대출 목적을 한마디로 표현하는 대출신청자가 더 선호된다.
- 휴대폰 사용을 위해 일정 요금제를 구입한 장소에서 매주 같은 요일에 같은 요금제를 구입하는 사람은 긴 시간을 사용하는 요금제를 구입하였지만 사용하지 않고 버려지는 시간이 많은 사람보다 신용위험이 더 낮다.
- 전화가 매일 같은 장소에 있으면 이는 종종 전화 소유자가 직장에 있다는 의미로, 이런 사람들의 신용위험은 더 낮다.

다른 스타트업은 단순 분석 그 이상을 행한다. 예를 들어, EFL글로벌(Global; www.eflglobal.com)은 인터넷 액세스가 필요하지 않지만 모바일 장치나 컴퓨터에서 수행할 수 있는 신용도를 측정하기 위해 30분 테스트를 사용한다. 레볼루션크레딧(www.revolutioncredit.com)은 대출신청자들을 테스트하고 금융기초를 가르치는 퍼즐 및 게임을 개발했다. 서비스에 가입한 대출기관은 그 결과를 대출신청자 평가의 요소로 사용할 수 있다.

출처: Compiled from S. Rymarz, "Using Data to Supercharge Small-Business Lending Decisions," *Forbes*, February 22, 2018; K. Rivera, "Should Social Media Be Used as a Factor in Credit Decisions?" Experian Blog, October 18, 2017; D. Brancaccio, "Who Are the Unbanked?" *Marketplace*, June 29, 2017; C. Hynes, "How Social Media Could Help the Unbanked Land a Loan," *Forbes*, April 25, 2017; B. Kreiswirth, P. Schoenrock, and P. Singh, "Using Alternative Data to Evaluate Creditworthiness," Consumer Financial Protection Bureau, February 16, 2017; R. Lesonsky, "How Social Media Strengthens Your Loan Application," *Fundera*, December 16, 2016; "No Credit History, No Problem: Lenders Now Look at Phone Data," *Chicago Tribune*, November 25, 2016; "It's All about Who You Know: Lenddo Makes Credit Decisions Based on Your Social Network," *Harvard Business School*, November 18, 2016; "When Lending Decisions Go Social," *PYMNTS*, August 17, 2016; J. Vasagar, Kreditech: A Credit Check by Social Media," *Financial Times*, January 19, 2016; S. Yoon, "Want a Loan? Let's See Your Cell Phone," *Bloomberg BusinessWeek*, November 23–29, 2015; I. Lunden, "Kreditech Nabs $92M for the 'Unbanked'," *TechCrunch*, September 28, 2015; P. Thomas, "Data from Social Media Has a Place in Credit Decisions," *Provenir*, June 10, 2015; "Is It Time for Consumer Lending to Go Social?" *PwC*, March, 2015; E. Eichelberger, "Your Deadbeat Facebook Friends Could Cost You a Loan," *Mother Jones*, September 18, 2013; and www.lenddo.com and www.kreditech.com, accessed September 25, 2018.

질문

1. 새로운 신용평가 사업은 신용도를 평가하기 위해 비전통적인 데이터를 사용한다. 이러한 관행이 전통적인 대출기관이 신용도를 평가하는 방식에 어떤 영향을 미칠 수 있는가? 당신의 답변을 뒷받침하는 구체적인 예를 제시해보자.
2. 금융기관이 소셜 데이터를 사용하여 대출결정을 내리는 경우 고객에게 발생할 수 있는 잠재적인 불이익은 무엇인가? 당신의 답변을 뒷받침하는 구체적인 예를 제시해보자.

표 9.1 소셜 네트워킹 웹 사이트 유형들

사회적 관계 중심: 사회적인 면에 초점을 둔, 모두에게 개방된 사이트 • 페이스북(www.facebook.com) • 인스타그램(www.instagram.com) • Hi5(www.hi5.com)
전문적인 네트워킹: 비즈니스 전문가들의 네트워킹에 초점 • 링크드인(www.linkedin.com)

미디어 공유
• 넷캐스팅(Netcasting)에는 팟캐시팅(오디오)과 비디오캐스팅(비디오)가 있다. 예를 들어 교육기관은 넷캐스팅을 이용해 학생들에게 강의, 연구 데모 및 스포츠 이벤트를 제공한다. 2007년 애플은 스텐포드나 MIT와 같은 미국 주요 대학으로부터 무료 교육 콘텐츠를 제공하는 아이튠즈 U를 시작했다.
• 웹 2,0 사이트들에서는 사람들이 모여 사진, 오디오, 비디오와 같은 사용자가 만든 디지털 콘텐츠들을 공유할 수 있다.
  ○ 비디오(Amazon Video on Demand, YouTube, Hulu, Facebook)
  ○ 음악(Amazon MP3, Last.fm, Rhapsody, Pandora, Facebook, iTunes)
  ○ 사진(Photobucket, Flickr, Shutterfly, Picasa, Facebook)

커뮤니케이션 • 블로그: 블로거(Blogger), 라이브저널(LiveJournal), 타입페드(TypePad), 워드프래스(WordPress), 복스(Vox), 장가(Xanga) • 마이크로블로깅/존재를 알리는 애플리케이션: 트위터(Twitter), 텀블러(Tumblr), 야머(Yammer)
협업(Collaboration): 위키즈(Wikis) • 위키피디아(www.wikimedia.org) • 피비웍스(www.pbworks.com) • 웻페인트(www.wetpaint.com)
소셜 북마킹(Social bookmarking)(또는 소셜 태깅(social tagging)): 사용자들이 인터넷에서의 웹 패이지들의 북마크를 저장, 정리, 관리하는 것을 돕는 데 초점 • 딜리셔스(www.delicious.com/) • 믹스(www.mix.com/)
소셜 뉴스: 사용자의 투표에 의해 관심도 순위가 정해지는 사용자가 포스트한 뉴스 스토리가 중심 • 디그(www.digg.com) • 아마존 치미(www.aws.amazon.com/chime/) • 레딧(www.reddit.com)
이벤트: 적절한 이벤트나, 근처 아는 사람이 있는 것을 알리는 데 초점 • 이벤트풀(www.eventful.com) • 밋업(www.meetup.com)
가상 미팅 공간: 이 사이트는 기본적으로 3차원 세상으로 주거자(즉, 사용자)가 건축하고 소유 • 세컨드 라이프(www.secondlife.com)
발견 • 포스퀘어(www.foursquare.com)는 회원들이 주변의 비즈니스 및 명소에 대한 정보를 찾고 공유할 수 있도록 도와준다.
작은 일거리를 위한 온라인 마켓플레이스: 예들 들어 테스크레빗(www.taskrabbit.com)과 잘리(www.zaarly.com)에서는 사람들이 임시 가사 도우미에게 집안일을 맡길 수 있도록 돕고 있다. 수천 명의 실업자나 수입이 부족한 사람들이 이들 사이트를 이용하고 있다. 파트타임이나 풀타임 업무는 특히 집안일만 하던 엄마들이나, 퇴직자들, 학생들에게 인기가 높다. 일을 원하는 사람들은 이런 사이트를 통해 자신이 할 일을 선택하고 임금을 협상한다.

헬로프렌드에서 사용자는 다른 소셜 네트워크와 마찬가지로 친구 및 지인과 연결하고 네트워크를 구축하며 서로 소통한다. 그러나 헬로프렌드는 사용자가 네트워크를 사용하여 실생활의 대면 이벤트 및 활동을 찾아 조직화하여 수익을 창출할 수 있도록 지원하고 권장한다. 이러한 활동은 지역 주민과 함께 새로운 도시를 여행하거나, 언어 수업을 가르치거나(또는 수강하거나), 주말 여행을 함께 가기 위해 친구 그룹을 구성하는 등의 소규모 모임일 수 있다.

헬로프렌드의 가장 혁신적인 기능은 사이트에 쉽게 현금으로 전환되는 자체 암호화폐가 있다는 것이다. 사용자는 자신이 참가하는 이벤트의 비용을 보조하기 위해 이벤트 호스트에게 헬로프렌드 암호화폐를 기부한다. 헬로프렌드는 상호작용을 빠르고 다양하며 안전하게 만드는 블록체인 플랫폼(7장 참조)인 알체인(RChain; www.rchain.coop)을 사용한다.

헬로프렌드는 또한 사용자의 개인정보에 세심한 주의를 기울인다. 이 사이트는 사용자의 데이터를 수집하거나 공유하지 않으며 호스트가 이벤트를 위해 번 자금의 작은 비율을 과금하여 수익을 창출한다.

전사적 소셜 네트워크

MIS 비즈니스 중심의 소셜 네트워크들은 링크드인(LinkedIn.com)과 같이 공개적으로 모든 사람들이 사용할 수 있다. 그렇기 때문에 독립적인 회사가 소유해 경영하고 있다.

하지만 많은 회사들은 직원, 퇴직자, 사업 파트너 및 고객들을 위한 자신만의 사적 소셜 네트워크를 만들었다. 이런 네트워크는 '방화벽(firewall)으로 보호받고' 종종 **기업용 소셜 네트워크**(corporate social networks)로 불린다. 직원들은 가상 팀을 만들고 새로운 직원을 빨리 뽑고, 협업을 향상시키고, 동질감을 형성해 직원들의 이직을 막는 연결망을 만드는데 이런 네트워크를 이용한다. 직원들은 동료들과 보통 대기업이나 사람들끼리 멀리 떨어져 있는 상황에서는 찾아보기 어려운 수준의 상호소통을 할 수 있다.

기업용 소셜 네트워크는 다음의 경우를 포함한 많은 프로세스에서 사용된다.

- 조직 내외부의 네트워킹과 커뮤니티 구축
- **소셜 협업**: 협업이 필요한 업무나 문제해결에 위키, 블로그, 인스턴트 메세징, 협력 오피스 및 기타 특수 목적의 협업 플랫폼을 사용; 예를 들어 www.biba.uni-bremen.de/를 찾아보라.
- **소셜 퍼블리싱**: 직원들 혹은 다른 사람들이 개별적으로 혹은 합동으로 콘텐츠—사진, 비디오, 프레젠테이션 슬라이드, 문서—를 유튜브, 플리커(Flickr), 슬라이드쉐어(SlideSHare), 닥스탁(DocStoc) 등과 같은 콘텐츠 저장소에 올린다.
- 소셜 리뷰와 피드백
- **소셜 인텔리전스와 소셜 애널리틱스**: 사람들, 주제들, 및 아이디어들 사이의 대화, 상호접촉, 관계를 모니터, 분석, 해석해 인사이트를 제공한다. 소셜 인텔리전스는 사람들 간의 관계와 개인 및 그룹의 일하는 패턴을 파악하거나 사람과 전문지식을 찾는 데 유용하다.

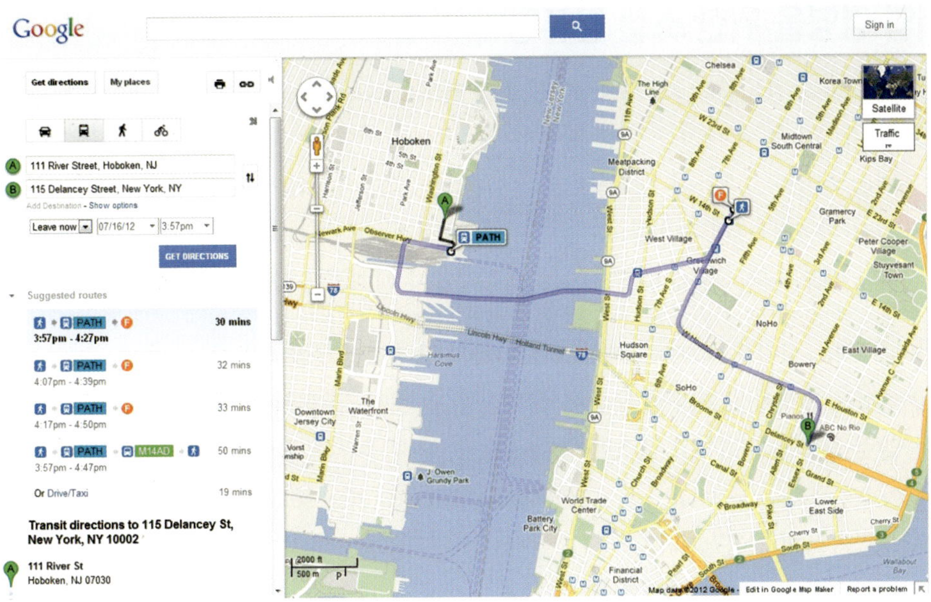

출처: Google LLC

그림 9.2

구글 맵은 매시업의 원조이다. 이 경우 대중 교통 웹 사이트에서 정보를 추출해 버스의 진행 경로를 구글 맵에 표시하고 있다.

매시업

매시업(mashup)은 다른 웹 사이트에서 가져온 콘텐츠를 '섞고 연결'하여 새로운콘텐츠를 창출한 사이트이다. 매시업 사이트는 여러 웹 사이트의 다양한 콘텐츠를 가져와서 이를 조합해 새로운 종류의 콘텐츠를 파생시킨다. 연구자들은 대체로 구글 맵(Google Maps)을 매시업의 시초로 보고 있다. 누구나 구글로부터 지도를 가져와서 자신의 데이터를 첨가해 범죄 사진, 판매 차량이나 기타 사항들을 자신의 웹 사이트에 매시업을 올릴 수 있다(그림 9.2). 많은 매시업 예들이 있다(매시업들의 전체 리스트는 프로그래매블웹(www.programmableweb.com)을 참고하라).

- 크레이그리스트(Craiglist)는 미국 내 모든 아파트들에 대한 다이내믹한 지도를 개발했다(www.housingmaps.com).
- 에브리블록(Everyblock.com)은 신문뉴스, 블로그, 정부 데이터베이스들을 결합해 시카고, 뉴욕, 시애틀 시민들이 이웃에 무슨 일들이 일어나고 있는지 알 수 있도록 하는 웹 서비스 매시업이다. 제공되는 정보로는 범죄 정보, 식당 검역(inspection), 플리커에 올라온 지역 사진 등이 있다.

확인하고 넘어가기

1. 블로그와 위키의 차이를 설명해보자.
2. 소셜 네트워킹 웹 사이트와 기업의 소셜 네트워크의 차이를 설명해보자.

9.2 기업 경영을 위한 소셜 컴퓨팅의 기초

기업 경영에서의 소셜 컴퓨팅(social computing)이나 **소셜 커머스(social commerce)**는 전자상거래 활동 및 거래를 소셜 컴퓨팅을 통해 행하는 것을 말한다. 또한 소셜 커머스는 사람들 사이의 상호접촉과 사용자의 기여를 지원해 고객들이 능동적으로 온라인 마켓플레이스와 커뮤니티에서 상품 및 서비스를 마케팅하고 판매하는 데 참여할 수 있도록 한다. 소셜 커머스를 통해 개인들은 온라인에서 협력하고 신뢰할 수 있는 사람들로부터 조언을 얻고 상품과 서비스를 찾아 구매한다.

- **POM** 디즈니는 사람들이 페이스북 밖으로 나가지 않고도 티켓을 예약할 수 있게 한다.
- **MKT** 펩시는 고객이 오프라인 상점(편의점, 식당, 및 주유소) 근처에 가면 펩시 제품을 판매한다는 알림을 보낸다. 그리고 포스퀘어(Foursquare)를 통해 쿠폰과 할인 정보를 보낸다.
- **MKT** 마운틴듀(Mountain Dew)는 듀모크라시(Dewmocracy) 대회를 통해 비디오 게임 매니아들과 스포츠 애호가들에게 어필한다.
- **MKT** 리바이스(Levi's)는 친구들이 생각하기에 고객이 좋아할 것 같은 물건으로 '쇼핑 카트'를 구성할 수 있게 하여 페이스북을 광고에 이용한다.

소셜 커머스의 장점과 위험

소셜 커머스는 표 9.2와 같이 고객들과 사업자들에게 여러 가지 장점이 있다.

이 모든 장점에도 불구하고 소셜 컴퓨팅에는 위험이 따른다. 예를 들어 콘텐츠가 사용자들에 의해 만들어져 편집이나 필터링이 안 된 소셜 컴퓨팅 웹 사이트에서 상품, 브랜드 또는 기업을 광고하는 것은 문제가 있다. 이런 전략을 택한 기업들은 부정적인 리뷰나 피드백을 받는 것을 기꺼

표 9.2 소셜 커머스의 잠재적 장점

고객 입장의 장점
• 고객들이 자신의 불만을 (트위터, 페이스북, 유튜브 등에서) 공개적으로 토로할 수 있기 때문 불만에 대한 더 적절하고 빠른 답변을 할 수 있다. • 고객들은 다른 고객들을 도울 수 있다(온라인 포럼을 통해). • 고객의 기대치가 더욱 완벽하고 빠르게 충족될 수 있다. • 고객들은 소셜 네트워크의 페이지에 머무르면서 쉽게 검색, 링크, 채팅, 그리고 구매할 수 있다.
기업 입장의 장점
• 새로운 상품과 아이디어를 빠르고 저렴하게 테스트할 수 있다. • 고객들에 대해 더 많은 것을 안다. • 문제를 빨리 파악해 고객의 불만을 줄인다. • 고객의 경험을 빠른 피드백을 통해 학습한다. • 고객들이 소셜 네트워킹 사이트에서 상품에 대해 긍정적으로 토론할 때 매출이 오른다. • 더욱 효과적인 마케팅 캠페인 및 브랜드 인지도를 만들어낸다. • 저비용의 사용자가 만든 콘텐츠를, 예를 들어 마케팅 캠페인에 사용한다. • 입소문 마케팅을 통해 무료 광고를 한다. • 영향력 있는 브랜드 지지자들을 찾고 이들에게 보상한다.

이 감수해야 한다. 물론 피드백은 기업이 잘만 사용하면 기업이 받는 가장 가치 있는 정보가 될 수 있다.

소셜 컴퓨팅을 활용하는 기업들은 부정적인 글들 때문에 항상 걱정이다. 예를 들어 어떤 회사가 페이스북 비즈니스 페이지를 만들었을 때 기본적으로 이 웹 사이트의 다른 회원들—잠재적으로 불만이 쌓인 고객이나 비양심적인 경쟁자들을 포함해—은 회사 페이스북 담벼락에 여러 글을 남기고 회사가 올린 글에 대해서도 댓글을 달 수 있다.

더 나아가, 만약 이 회사가 담벼락에 글을 올리는 기능을 중지시키면 사람들은 이 회사가 무엇인가를 걱정해 그렇게 한 것으로 오해할 것이다. 또한 이 회사는 더 많은 고객과의 대화, 특히 회사가 직접 하는 것보다 더 잘 회사의 상품 및 서비스를 알리는 대화 기회를 날릴 것이다. 비슷하게 이 회사는 올라온 글들을 지울 수도 있다. 하지만 이런 정책은 글을 올린 사람이 큰 목소리로 검열에 대해 비난하도록 유도할 따름이다.

또 다른 위험은 20-80 법칙으로 소수의 사람들(20%)이 블로그, 위키, 소셜 컴퓨팅 웹 사이트 등의 대부분 콘텐츠(80%)를 만들어낸다는 이론이다. 예를 들어 뉴스에 투표하는 디그(Digg) 사이트에 올라온 3주 동안 분량의 글들을 분석한 결과 디그 홈페이지에 있는 이야기들의 거의 33%가 30명(총 90만 명의 회원들 중에서)이 쓴 글이었다고 월스트리트 저널(Wall Street Journal)은 보도했다.

소셜 컴퓨팅과 관련된 다른 위험들은 다음과 같다.

- 정보보안에 대한 우려
- 프라이버시 침해
- 지적재산권과 저작권 위반
- 참여에 대한 직원들의 저항
- 개인정보나 기업의 전략 정보의 유출
- 사용자가 만들어낸 콘텐츠의 낮은 혹은 편견에 치우친 품질
- 사이버 폭력/사이버 스토킹 및 직원 괴롭힘

MKT 언어 번역 소프트웨어를 만드는 로제타스톤(www.rosettastone.com)의 예를 보자. 소셜 컴퓨팅으로 최대한의 성과를 얻으면서 소셜미디어에 대한 위험은 최소화하기 위해 로제타스톤은 페이스북에서의 고객 접촉을 통제하는 전략을 썼다. 이 전략에 따라 사람의 개입이나 소프트웨어를 이용해 페이스북에서 회사가 언급되는 것을 모니터했다. 특히 소프트웨어를 이용해 담벼락 포스트들을 모니터하고 이들에 긍정적으로 응답하도록 했다.

로제타스톤 페이스북(facebook.com/RosettaStone) 담벼락에 질문을 올린 팬은 이 페이스북 페이지가 마이크로소프트 다이나믹스 365(Microsoft Dynamics 365; www.dynamics.microsoft.com/en-us/)라는 소프트웨어와 연결되어 있기 때문에 즉각적인 답변을 받을 가능성이 높다. 이 소프트웨어는 담벼락 포스트들을 검토해 회사 팬들이 자신들에 대해 이야기하는 글들은 제외한, 회사의 답변이 필요한 글들만 구분한다. 그리고 로제타스톤의 고객 서비스 담당자들은 페라추어(Parature)[역자주*]의 이슈 추적 데

역자주* 고객 서비스 및 온라인 지원을 제공할 수 있도록 하는 클라우드 기반 고객 서비스 소프트웨어의 일종

이터베이스를 통해 담벼락에 답변을 올릴 수도 있다.

소셜 컴퓨팅과 환경 문제로 인해 새로운 비즈니스 모델이 등장했다. 이러한 비즈니스 모델을 협력적 소비라고 한다.

협력적 소비

협력적 소비(collaborative consumption)는 자신의 소유 자산에 대한 사용을 허용하여 제품 및 서비스를 공유, 교환, 거래 또는 임대하는 경제모델을 말한다. 협력적 소비의 전제는 재화와 서비스에 대한 다른 사람의 사용이 그것을 소유하는 것보다 더 중요하다는 것이다. 이 새로운 모델은 사회적, 경제적, 환경적 관행을 변화시키고 있다.

협력적 소비는 협업 생산, 크라우드 펀딩, P2P 대출 등과 같은 많은 협업 관행을 포함하는 광범위한 용어이다. 공동 생산에서 생산자는 태양 전지판에서 생성된 추가 전력을 전력회사의 그리드에 다시 판매하여 다른 사람의 집에 전력을 공급할 수 있다. 크라우드 펀딩은 일반적으로 인터넷을 통해 많은 사람들로부터 자금을 조달하여 프로젝트에 자금을 지원하는 관행이다. P2P 대출은 은행과 같은 전통적인 금융기관을 사용하지 않고 관련 없는 개인에게 돈을 빌려주는 관행이다.

협력적 소비는 아주 오래된 개념이다. 우리는 인류의 역사를 통틀어 물물교환과 협력을 해왔다. 돈이 없었다면 우리는 시간, 식사, 호의 또는 개인 소지품을 교환했을 것이며, 오늘날 많은 문화권에서도 마찬가지이다. 웹에서 P2P 모델은 1995년 이베이(www.ebay.com)에서 시작되었다. 그런 다음 크레이그리스트(www.craigslist.org)가 1990년대 후반에 시작되었고 집카(www.zipcar.com)가 2000년에, 그리고 에어비앤비(www.airbnb.com)가 2007년에 시작되었다.

신뢰는 이 새로운 경제모델의 가장 큰 관심사이다. 공유는 참가자들의 평판이 좋을 때만 잘 작동한다. 대부분의 공유 플랫폼은 자체 치안 커뮤니티를 만들어 이 문제를 해결하려고 한다. 거의 모든 플랫폼에는 양 당사자의 프로필이 필요하며 커뮤니티 평가시스템이 있다.

협력적 소비에는 장점이 있다. 참가자들은 자율관리, 다양성 및 자신의 일정을 스스로 설정할 수 있는 유연성 등을 언급한다. 이 모델은 시간제 근로자, 학생과 같은 청년, 실업자, 전업주부, 퇴직자에게 유용할 수 있다. 이 모델을 통해 사람들은 사용하지 않은 자산을 공유하고 수입을 올릴 수 있다.

예를 들어, 샌프란시스코에 있는 에어비앤비 호스트의 절반 이상이 이 서비스를 통해 자산의 임대료를 지불할 수 있으며 평균적인 리레이라이드(RelayRides: 차량 공유 서비스로 현재는 Turo 개명) 회원은 월 250달러를 추가로 번다. 프라이스워터하우스쿠퍼즈(PricewaterhouseCoopers)는 공유경제(즉, 공동소비)가 2025년까지 전 세계적으로 3,550억 달러에 이를 것으로 추정한다.

협력적 소비는 환경에 긍정적인 영향을 미친다. 인구가 증가함에 따라 우리는 물, 음식, 휘발유와 같은 귀중한 자원을 지속가능하지 않은 방식으로 사용하고 있다. 새로운 모델은 소유가 아닌 공유를 통해 천연자원을 보다 현명하게 활용하는 데 도움이 된다.

반면 협력적 소비에는 단점도 있다. 법과 규제기관은 이런 경제에서 빠르게 성장하는 기업을 따라잡기 위해 노력하고 있다. 다음 예를 생각해보자.

- 허가를 받지 못하면 샌프란시스코 거주자는 30일 미만의 임대가 금지된다(허가 받지 못한 임대도 여전히 있지만).
- 뉴욕시는 2010년에 '불법 호텔법'을 통과시켰다. 이 법은 사람들이 29일 미만 동안 아파트를 임대하는 것을 금지하여 에어비앤비가 뉴욕에서 시장을 확장하는 것을 막는다.
- 우버 및 리프트는 종종 택시회사의 기능을 하지만 기존 택시회사에 적용되는 근로자 규정이나 법률을 따를 필요가 없다. 왜냐하면 이들은 기사를 회사에 소속된 직원이 아닌 독립적인 계약자로 간주하기 때문이다.

협력적 소비 서비스를 위해 일하는 사람들은 종종 일주일에 7일 동안 일하며 일련의 일회성 작업을 수행한다. 그들이 일하는 플랫폼이 비즈니스 모델을 바꾸거나 수수료를 변경해도 이들은 의지할 수단이 거의 없다. 위험을 줄이기 위해 사람들은 보통 여러 서비스에 가입한다. 또 다른 단점은 일하는 시간, 비용, 보험료 및 자영업 소득에 대한 세금을 고려할 때 급여가 예상보다 적을 수 있다.

참가자에게는 기본적인 직원 혜택이나 보호가 없다. 독립 계약자로서 그들은 건강보험, 장애보험, 사회보장을 위한 급여공제, 퇴직저축계획 또는 실업수당과 같은 직원 혜택을 받지 못한다. 그들은 노조를 결성할 권리가 없으며, 이는 노조에 기반한 단체교섭권을 행사할 수 없음을 의미한다. 또한 자신의 일자리를 플랫폼이 퇴출시키는 과정이 적법한지 심사를 요구하는 권리도 없다.

2016년 4월 우버는 두 건의 집단소송에서 합의에 이르렀다. 이 소송의 결과로 회사는 소송과 관련된 기사들에게 최대 1억 달러를 지급해야 하지만 기사를 정규 직원이 아닌 독립적 계약자로 계속 분류할 수 있게 되었다. 기사들과 더 효과적으로 협력하기 위해 우버는 새로운 기사 비활성화(즉, 직무정지) 정책을 마련하여 회사는 정기적으로 운전을 거부하는 기사들을 정직시키지 않기로 합의했다.

다음을 포함하여 협력적 소비시장에는 수많은 다양한 회사가 있다.

- 우버(www.uber.com)는 스마트폰을 가진 소비자가 자신의 자동차를 소유한 우버 기사에게 이동을 요청할 수 있는 우버 모바일앱을 운영한다.
- 에어비앤비(www.airbnb.com)는 사람들이 숙소 리스트를 열람하고, 찾으며, 임대할 수 있는 웹 사이트이다.
- 집카(www.zipcar.com) 및 튜로(www.turo.com/)는 차량공유 서비스이다.
- 트로브(trove.co)은 사람들이 무료로 물건을 주고받을 수 있도록 도와주는 스마트폰 앱이다. 그들은 물건을 나눠줌으로써 크레딧을 얻고 필요한 모든 것에 크레딧을 사용한다(예: 옷, 주방 가전 및 도구).
- 스킬쉐어(www.skillshare.com)는 최고 수준의 교사를 매우 저렴하게 이용할 수 있도록 한다.
- 트레이시(www.tradesy.com)를 통해 사용자는 유명 브랜드의 중고 의류를 판매 및 구매할 수 있다. 트레이시는 거래자 수익의 9%를 가져간다.
- 저스트파크(www.justpark.com)는 사용자가 안전하고 안전한 주차 공간으로 차도를 사용하기 위해 요금을 부과할 수 있는 런던 신생 기업이다.

- 블라블라카(www.blablacar.com)는 여행을 떠날 때 차에 여분의 좌석을 대여할 수 있는 서비스이다.
- 스트리트뱅크(www.streetbank.com)는 이웃에게 물건을 빌려주거나 일정 기간 동안 필요한 물건을 빌릴 수 있는 서비스이다.
- 세프스피드(www.experiences.chefsfeed.com/browse/?market=all-cities)는 사용자가 해당 지역의 사람들과 모든 유형의 식사를 공유할 수 있는 방법을 제공한다.
- 유럽 전역과 뉴욕에서 이용할 수 있는 서비스인 이트위드(www.eatwith.com/)를 통해 여행자는 현지인이나 가족과 함께 식사를 하고 비용을 지불하여 여행을 더욱 실감나게 즐길 수 있다.
- 메리어트 인터내셔널(www.marriott.com)은 리퀴드스페이스(www.liquidspace.com)에서 회의공간을 제공한다. 리퀴드스페이스는 사람들이 시간 또는 일 단위로 사무실 공간을 임대할 수 있는 온라인 시장이다. 현재 수백 개의 메리어트 호텔에 회의 공간이 등록되어 있으며 이 프로그램은 주변 지역에서 현지 비즈니스맨을 유치함으로써 회사의 범위를 확장했다.
- 네덜란드에 기반을 둔 플로우투(www.floow2.com)는 스스로를 "회사와 기관이 장비는 물론 직원의 기술과 지식을 공유할 수 있는 B2B 공유 시장"이라고 부른다. 이 회사는 건설, 농업, 운송, 부동산 및 의료와 같은 산업에서 25,000개 이상의 장비 및 서비스 유형의 목록을 보유하고 있다.

기업들은 쇼핑, 광고, 시장조사, 고객관계관리, 인적자원관리 등 다양한 유형의 소셜 커머스 활동에 참여하고 있다. 이 장의 다음 절에서는 각 소셜 커머스 활동에 대해 학습한다.

확인하고 넘어가기

1. 소셜 커머스를 이용하는 고객 이점에 대해 간략히 설명해보자.
2. 기업의 입장에서 소셜 커머스의 위험에 대해 간략히 설명해보자.

9.3 기업 경영에서의 소셜 컴퓨팅: 쇼핑

소셜 쇼핑(social shopping)은 전자상거래의 한 방법으로 소셜 네트워크의 모든 핵심적인 측면들—친구, 그룹, 투표, 댓글, 토론, 리뷰 등—을 취하여 쇼핑에 활용하는 것을 말한다. 소셜 쇼핑은 취향, 위치, 연령, 성별, 및 기타 정해진 특성에 따라 쇼핑객들을 서로 연결한다.

쇼핑의 본질은 변하는데 특히 브랜드 의류 및 관련 제품들에 대한 쇼핑이 그렇다. 예를 들어 갭(Gap), 샵봅(Shopbop), 인스타일(InStyle), 리사 클레인(Lisa Klein) 등 인기 있는 브랜드들은 시즌의 가장 최신 패션 제품들을 프로모션하는 것을 돕기 위해 스타일하이브(www.stylehive.com)의 커뮤니티에 참여하고 있다. 쇼핑객은 소셜 커뮤니티에서 자신이 좋아하는 제품에 대한 프로필과 블로그를 만들기 위해 디스넥스트(www.thisnext.com)와 같은 사이트를 이용하고 있다. 고객은 각 아이템을 태그해 모든 아이템을 검색할 수 있게 한다. 더욱이 이런 웹 사이트들에서의 검색으로 특별히 개인 고객들에 맞춤화된 결과를 얻을 수 있다.

소셜 쇼핑을 할 수 있는 여러 가지 방법이 있다. 이들 각각에 대해서는 다음 절에서 학습한다.

평가, 리뷰 및 추천

물품 구매 전에 고객들은 보통 어떤 브랜드를 어떤 벤더에게 어느 정도의 가격에 살 것인지와 같은 정보를 수집한다. 온라인 고객들은 이런 정보를 비교 사이트/앱과 쇼핑닷컴(www.shopping.com)과 같은 웹 사이트를 통해 얻는다. 그리고 오늘날 고객들은 소셜 네트워킹을 이용해 구매 의사결정에 대해 조언을 받기도 한다. 쇼핑객들은 점점 더 친구, 팔로워, 경험이 있는 고객들의 평가나, 리뷰, 추천을 활용한다.

모든 조직이 부정적인 리뷰와 평가에 대처해야 하지만 그런 프로세스는 의료서비스 제공자에게 특히 쉽지 않다. IT와 기업사례 9.3은 의료서비스 제공자가 이러한 리뷰를 가장 잘 관리할 수 있는 방법을 알려준다.

평가, 리뷰 및 추천은 보통 소셜 쇼핑에서 볼 수 있다. 이미 포스트된 내용을 보는 것 이외에 쇼핑객들은 자신이 평가나 리뷰를 하거나 다른 사람의 평가와 리뷰를 토론할 수 있다(그림 9.3 참조). 평가와 리뷰는 다음과 같은 다양한 출처들이 있다.

- 고객의 평가와 리뷰: 벤더의 웹 페이지, 소셜 네트워크 페이지, 고객 리뷰 사이트에 올리거나 고객이 직접 사이트(예: 아마존, 아이튠즈, 버질리온즈(Buzzillions), 이피니언즈(Epinions))에 올린 내용
- 전문가 평가 및 리뷰: 독립적인 전문기관의 의견(예: 메타크리틱(Metacritic))
- 지원을 받은 리뷰: 대가를 받는 리뷰(예: 스폰서드리뷰즈(SponsoredReviews), 페이페포스트(PayPerPost))
- 대화형 마케팅(conversational marketing): 개인들은 이메일, 블로그, 라이브 채팅, 토론 그룹 및 트위터를 통해 대화를 한다. 이런 대화들을 모니터하여 시장 조사나 고객 서비스를 위한 풍부한 데이터를 만들어낸다.

NetPhotos/Alamy Stock Photo

그림 9.3

옐프(www.yelp.com) 사용자는 지역 수도권 내 지역 비즈니스에 대한 리뷰를 올린다. 일부 커뮤니티에는 오늘의 리뷰(종종 ROTD(Review of the Day)라고도 함)가 포함된 페이지도 있다.

IT와 기업사례 9.3

의료서비스 제공자들이 부정적 리뷰에 대응하다

MKT MIS

의료서비스 제공자는 자신에 대한 평판이 새로운 환자를 유치하는 데에 큰 영향을 미친다는 것을 잘 알고 있다. 소셜미디어가 환자의 협상력을 높여 비교 의료쇼핑을 가능하게 함에 따라 온라인 리뷰는 점점 더 중요해지고 있다. 소프트웨어어드바이스(www.softwareadvice.com)의 2016년 설문조사에 따르면 응답한 환자의 84%가 병원을 평가할 때 온라인 리뷰를 사용했다. 설문조사에 따르면 서비스의 질은 소비자가 병원을 결정할 때 고려하는 가장 중요한 기준이었다. 병원의 응대 측면에서는 의사나 직원의 친절이 가장 중요한 고려사항이었다. 확실히 모든 의료서비스 제공자는 온라인 평판을 관리하는 데 적극적이어야 한다.

예를 들어 보자. 어떤 외과의사가 자신의 개인병원을 개업하기로 결정했을 때, 그녀는 병원으로 환자를 유치하기 위해서는 강력한 온라인에서의 존재감이 필요하다는 것을 깨닫았다. 그래서 그녀는 자신의 이름이 온라인에서 언급될 때 이를 알리기 위해 구글알림을 설정했다. 그녀는 또한 헬스그레이즈(Healthgrades)와 옐프(Yelp)와 같은 평가사이트에서 그녀의 온라인 리뷰를 모니터링하는 의료 관련 온라인 평판관리 서비스인 임페시크(Empathiq; www.empathiq.io)에 가입했다. 그녀는 일상적으로 리뷰를 읽고 불만을 표시하는 환자에게 전화를 걸어 무엇을 바꿀 수 있는지 알아본다. 이 과정을 통해 그녀는 의료서비스를 개선할 수 있었다. 예를 들어, 그녀는 환자들이 그녀를 보기 위해 오랫동안 기다리고 있다는 리뷰를 읽고 깨닫았다. 그녀는 환자 포털을 통해 양식을 미리 이메일로 전송하여 대기시간을 줄임으로써 부분적으로 문제를 해결했다.

더 심각한 문제는 소셜미디어에서 환자들이 자신들에 대해 말하는 것 때문에 의사들이 스트레스를 받는다는 점이다. 실제로 다양한 평가 웹 사이트에서의 낮은 환자 만족도 점수와 부정적인 댓글에 대한 두려움은 의사가 환자에게 실제로 필요하지 않은 치료를 제공하도록 유도하는 '옐프 효과'를 야기하는 것으로 보인다. 의료계에서는 환자가 원하는 치료를 받지 못할 경우 나쁜 리뷰로 의료서비스 종사자를 암시적 또는 명시적으로 위협함으로써 의사와의 관계를 좌지우지한다는 인식이 높아지고 있다.

예를 들어, 박테리아가 항생제에 적응하기 때문에 발생하는 항생제 내성을 생각해보자. 그 결과 약제내성 감염이 증가하고 있다. 매년 항생제 내성으로 인해 200만 명 이상의 미국인이 의사를 찾으며 미국은 이런 의료서비스에 22억 달러를 추가로 지출하게 한다. 나쁜 리뷰를 피하기 위해 많은 의사들은 바이러스 감염과 같이 항생제가 필요하지 않은 경우에도 항생제를 처방해야 한다는 압박감을 느낀다.

낮은 온라인 평가는 의료산업에 피해를 줄 수 있다. 평가 사이트들은 욕설을 사용하거나 가짜로 판명될 수 있는 리뷰를 삭제하지만 리뷰를 하는 사람 또는 해당 문제에 관련된 기업이 리뷰에 있는 내용에 이의를 제기한다고 해서 일반적으로는 리뷰를 편집하거나 삭제하지 않는다. 예를 들어 옐프는 가짜 리뷰를 감지하고 삭제하기 위한 여러 기술을 보유하고 있다고 주장한다. 또한, 식당이나 배관공과 달리 의료서비스 종사자는 평판이 손상되어도 병원의 이름을 변경할 수 없는 경우가 많다.

기업이 온라인 평판을 모니터링하는 것은 표준 관행이다. 오늘날 여러 가지 서비스가 의사, 진료소 및 병원이 자신의 온라인 평판을 모니터링하도록 돕고 있다. 리뷰를 모니터링하고 진료의 세부사항이 정확한지 확인하는 것 외에도 이러한 회사 중 일부는 환자 리뷰를 요청하고 다른 긍정적인 콘텐츠를 생성하여 웹 검색 결과에서 부정적인 의견을 내리도록 유도한다. 일부 회사는 또한 병원들이 환자에게 연락하여 우려사항을 해결하고 리뷰를 변경하도록 요청하는 데 도움을 준다.

어떤 사람들은 평판관리 회사가 고객사인 병원의 온라인 이미지를 가능한한 긍정적으로 만들기 위해 돈을 받기 때문에 이런 회사를 비판한다. 이는 비평가들이 이런 회사들이 환자들의 병원에 대한 인식을 바꾸려고 시도한다고 주장하는 부분이다.

의사에 대한 가장 큰 평가사이트 중 하나인 헬스그레이즈(www.healthgrades.com)는 하루에 백만 명이 방문한다고 주장한다. 이 사이트는 평판관리회사가 환자로부터의 피드백의 양을 증가시켜 유익한 역할을 할 수 있지만 리뷰가 진실하고 실제 환자로부터 나온 경우에만 유효하다고 주장한다. 사실, 헬스그레이즈는 웹 사이트가 리뷰어의 진위 여부를 확인하는 데 도움이 되는 몇 가지 체크포인트를 알고 있다.

9,000명의 의사를 고용하거나 제휴한 대규모 통합 의료서비스인 베너헬스(Banner Health; www.bannerhealth.com)는 레퓨테이션닷컴(Reputation.com)을 통해 온라인 리뷰를 모니터링한다. 베너는 자연어 인식기술(기술가이드 4 참조)을 사용하여 페이스북 및 기타 소셜미디어 웹 사이트의 온라인 댓글을 분석한 다음 부정적인 피드백을 콜센터로 다시 보낸다. 이 서비스는 세일즈포스닷컴(Salesforce.com)에서 수행한다. 이 소프트웨어는 댓글을 긍정적, 부정적, 중립적으로 분류한다. 부정적인 의견은 면밀히 모니터링하고 조치가 필요한 불만사항은 신속하게 대응한다. 예를 들어, 응급실에 있는 환자가 오랜 기다림에 대해 불평하면 베너는 사과하고 입원절차를 신속하게 처리하기 위해 직원을 보낸다. 또한 배너는 전화 및 이메일 기반 환자 만족도 점수를 직접 요청하고 의사가 환자에게 전화를 걸어 부정적인 리뷰를 논의하도록 지시한다.

의료 전문가가 사용하는 또 다른 평판관리 서비스인 아이헬스스팟(iHealthspot; www.ihealthspot.com)은 고객의 웹페이지 내에 마이크로사이트라는 별도의 웹 사이트를 구축한다. 이러한 마이크로사이트는 평가사이트와 웹에서 리뷰를 가져오지만 별 3개, 4개 또는 5개를 받은 리뷰만 표시한다. 이 프로세스는 가장 부정적인 리뷰를 효과적으로 숨긴다. 또한 마이크로사이트는 이런 리뷰의 일부를 이용해 전반적인 등급을 제공한다.

의사체중감량센터(PWLC; www.pwlc.com)라는 병원은 예약된 환자가 옐프에서 병원에 대한 부정적인 리뷰를 발견한 후 예약을 취소하려고 했을 때 아이헬스스팟을 사용하기 시작했다. 이 환자는 예약을 취소하지 않고 여러 번 약속을 어겼는데 이 병원의 규정에는 이런 경우 예약 비용을 돌려받지 못한다고 되어 있음에도 불구하고 그녀는 예약 비용을 환불받기를 원했다. 실제로 몇몇 환자들은 돈을 돌려받지 못하면 부정적인 평가로 회사를 위협했다. 또 다른 부정적인 옐프 리뷰는 PWLC 병원에서 분명히 일어나지 않은 환자 경험에 대해 언급했다. 옐프는 리뷰 삭제를 거부했다.

PWLC의 평균 평점은 옐프에서 5점 만점에 2점, 구글에서는 5점 만점에 3.7점이다. 그러나 이 병원 웹 사이트의 마이크로사이트에는 평균 별 5개 평점이 올라와 있으며 대부분의 리뷰는 구글에서 제공한다. PWLC는 "많은 부정적인 리뷰가 정확하지 않기 때문에 차라리 마이크로사이트 리뷰는 잘못된 정보를 주지 않아 도움이 된다"고 주장한다.

의료서비스 제공자가 온라인 평판을 관리해야 하는 경우 어떻게 해야 하는가? 첫 번째이자 가장 기본적인 단계는 처음부터 부정적인 피드백을 피하는 것이다. 의료서비스 제공자는 프런트 오피스 직원을 교육하고 양질의 웹 사이트를 만드는 데 투자해야 한다. 또한 헬스그레이즈, 옐프, 레잇MDs(www.ratemds.com) 및 바이탈즈(www.vitals.com)를 포함한 모든 주요 소셜미디어 플랫폼에서의 리뷰를 모니터링해야 한다. 그렇게 하면 올라오는 부정적인 피드백을 신속하게 해결할 수 있다. 다음은 부정적인 리뷰에 대한 세 가지 지침이다.

- 환자가 자신의 신원을 밝힌 경우 해당 개인에게 직접 개인적으로 연락한다. 즉, 소셜미디어 플랫폼을 통하지 않는다.
- 의료서비스 제공자가 긍정적인 리뷰를 많이 받고 있는데 하나의 부정적인 리뷰가 올라오면 부정적인 리뷰에 응답하지 않는 것이 좋다. 충성스러운 환자 그룹이 당신을 지원하고 응답할 가능성이 높다. 그런 방법은 의료서비스 제공자가 응답하는 것보다 더 효과적일 수 있다.
- 의료서비스 제공자는 항상 부정적인 리뷰에 침착하고 건설적으로 대응해야 한다.

불행히도 일부 의료서비스 제공자는 비판을 반박하기 위해 환자의 개인정보를 무시하고 온라인으로 세부 정보를 공유하고 있다. 한 치과의사는 환자가 어금니 상실을 자신의 탓으로 돌렸을 때 이렇게 말했다. "이 치아도 다르지 않습니다." 이 응답은 의료서비스 제공자가 허가 없이 환자 건강정보를 공개하는 것을 금지하는 HIPAA(건강 보험 이동성 및 책임에 관한 법률)를 위반한 것으로 보인다. 이와 같은 상황이 발생하면 환자들은 처음에는 열악한 서비스나 진료로, 그 다음에는 개인의료정보가 노출되어 두 번 피해를 봤다고 주장한다.

때때로 환자가 웹에서 읽는 정보는 가장 신뢰할 수 없다. 환자가 엄청난 양의 정보에 노출되는 오늘날의 투명한 시대에 의료서비스 제공자는 스스로를 의료정보의 단속자로 생각해서는 안 된다. 오히려 의료서비스 제공자는 해당 정보의 큐레이터여야 한다. 즉, 온라인에서 특정 문제에 대한 가장 정확한 콘텐츠를 찾고 정리하여 공유해야 한다.

의료서비스 제공자는 일주일에 한 번 구글에 올라오는 내용을 확인하는 것이 좋다. 다음 시나리오를 생각해보자. 불만을 품은 환자가 의사를 위한 가짜 웹 사이트를 만들고 가짜 환자리뷰로 가득 채웠다. 의사는 다른 환자가 그의 병원을 찾아와 그의 웹 사이트에 문제가 있다는 것을 알릴 때까지 그 사이트에 대해 알지 못했다.

출처: Compiled from M. McKenna, "The Yelping of the American Doctor," *Wired*, March 22, 2018; S. Wang, "When Doctors Get Negative Reviews Online," *Wall Street Journal*, June 26, 2017; J. Catley, "What Doctors Should Know about Online Reputation Management in 2017," *Medical Marketing Insights*, April 20, 2017; "A Step-by-Step Guide to Managing Negative Online Reviews," *Business Queensland*, November 18, 2016; E. Adler, "How Not to Respond to Bad Patient Reviews Online," *Physicians Practice*, September 21, 2016; T. Henry, "How to Respond to Bad Online Reviews," American Medical Association, September 2, 2016; T. Parks, "Physician behind KevinMD Reveals How to Leverage Social Media," American Medical Association, June 12, 2016; C. Ornstein, "Doctors Fire Back at Bad Yelp Reviews – and Reveal Patients' Information Online," *Washington Post*, May 27, 2016; T. Baker, "Five Online Reputation Management Strategies for Physicians," *Physicians Practice*, November 13. 2015; and C. Conner, "The Dark Side of Reputation Management: How It Affects Your Business," *Forbes*, May 9, 2013.

질문

1. 3장을 참조해 아이헬스스팟의 윤리 문제에 대해 논의해보자.
2. 이 사건은 우리 모두가 소셜미디어에서 자신에 대한 부정적인 의견을 어떻게 관리해야 하는지에 대한 시사점을 제공하고 있는가? 그렇다면 혹은 그렇지 않다면 그 이유는 무엇인가? 당신의 답변을 뒷받침하는 구체적인 예를 제시해보자.

MKT 선글라스 회사인 마우이짐(www.mauijim.com)의 예를 보면 입소문 마케팅을 핵심 매출 수단으로 활용한다. 이 회사는 바자보이스즈 레이팅 앤 리뷰(Bazaarvoice's Ratings & Reviews)를 이용해 고객들이 5점 척도로 평가하고 이 회사의 모든 종류의 선글라스와 액세서리에 대한 진실된 상품 리뷰를 할 수 있도록 한다. 사실 마우이짐은 고객의 입소문 리뷰를 자사 웹 사이트에까지 확대했다.

마우이짐은 고객들이 자사의 모든 종류의 선글라스 모델의 스타일과 착용감 및 성능에 대해 솔직한 의견을 공유하는 것을 장려한다. 이런 목표를 위해 회사는 고객 리뷰를 자사 웹 사이트 검색 기능에 결합해 특정 제품에 관심 있는 쇼핑객이 검색 결과에서 상품 평가를 볼 수 있도록 할 예정이다. 이런 평가시스템에 대한 고객의 반응은 압도적으로 호의적이다.

샵소셜리(www.shopsocially.com), 옐프(www.yelp.com) 및 앤젤즈리스트(www.angleslist.com)와 같은 소셜 추천 웹 사이트는 구매에 대한 대화를 유도한다. 상품 추천은 사용자의 친구나 지인이 올리며 이는 거의 틀림없이 모르는 사람들의 리뷰보다 더 믿을 수 있다.

디스넥스트(www.thisnext.com)는 사람들이 자신이 좋아하는 상품을 다른 사람에게 추천하는 웹 사이트이다. 이 사이트는 실 세상 쇼핑의 두 가지 강력한 요소들은 결합했다. 믿을 수 있는 출처로부터의 입소문 추천과 자연스럽게 원하는 것을 발견하도록 상품들을 브라우징하는 능력이다.

검색 결과에 특정 주제에 대한 우리의 생각만 반영될 때는 주의해야 한다. 이 프로세스는 필터 버블을 형성한다(엘리 프레이저(Eli Pariser)가 만든 용어). 필터 버블은 웹 사이트 알고리즘이 사용자 위치 및 웹 사이트에서의 과거 검색을 기반으로 사용자가 원하는 정보 또는 제품을 예측(예: 추천)하는 개인화된 검색의 결과이다. 결과적으로 사용자는 과거 선택을 강화하고 자신의 관점을 반영하는 정보만 얻는다.

이러한 웹 사이트 알고리즘의 예로는 구글 맞춤 검색결과, 아마존의 A9 검색엔진 및 페이스북의 맞춤 뉴스 스트림이 있다. 예를 들어, SF 카테고리의 책만 아마존에서 검색하면 아마존이 SF 장르의 책을 주로 추천하기 때문에 다른 장르의 뛰어난 책을 놓칠 수 있다.

또 다른 예에서 구글에서 'BP'를 검색한 사용자는 'British Petroleum'에 대한 투자 뉴스를 받는다. 다른 사용자는 'British Petroleum'를 검색하여 딥워터 호라이즌(Deepwater Horizon) 기름 유출에 대한 정보를 받는다.

그룹 쇼핑(공동 구매)

그루폰(www.groupon.com)과 리빙소셜(www.livingsocial.com)(그림 9.4 참조)과 같은 그룹 쇼핑(공동 구매)는 짧은 일정 기간 동안 대폭 할인이나 스페셜 딜을 제공한다. 공동 구매는 스페셜 딜(반짝 세일)과 관련이 깊다.

리빙소셜에 가입한 사람은 특정 도시의 식당, 스파, 혹은 이벤트와 관련된 딜을 제공하는 이메일을 수신한다. 이들은 '오늘의 딜'이나 '과거의 딜(일부 과거 딜들이 여전히 유효할 수 있다)'을 클릭할 수 있다. 또한 아이콘을 클릭하여 다음 날 딜을 받을 수 있다. 딜을 구매한 고객은 자신의 친구들과 공유하는 독특한 링크를 받는다. 만약 고객이 그의 링크를 통해 3명 이상의 사람이 스페셜 딜을 구입하게 만든다면 그 고객의 딜은 무료가 된다.

그리고 개인들은 실시간으로 가상 공간에서 함께 쇼핑을 할 수 있다. 이 과정에서 쇼핑객들은 웹 사이트에 로그인해서 그들의 친구와 가족들을 접촉한다. 그 다음 모든 사람들이 동시에 온라인으로 쇼핑한다. 두투게더(www.dotogether.com)와 웨트실(www.wetseal.com)과 같은 일부 실시간 쇼핑 사업자들은 그들의 쇼핑 서비스를 직접 페이스북과 연결했다. 페이스북에 로그인한 고객들은 이 회사의 앱을 설치하고 그 다음 친구들을 가상 소매 쇼핑 경험에 동참하도록 초대한다.

그림 9.4 리빙소셜(www.livingsocial.com)은 인기 있는 공동 구매 웹 사이트의 예이다.

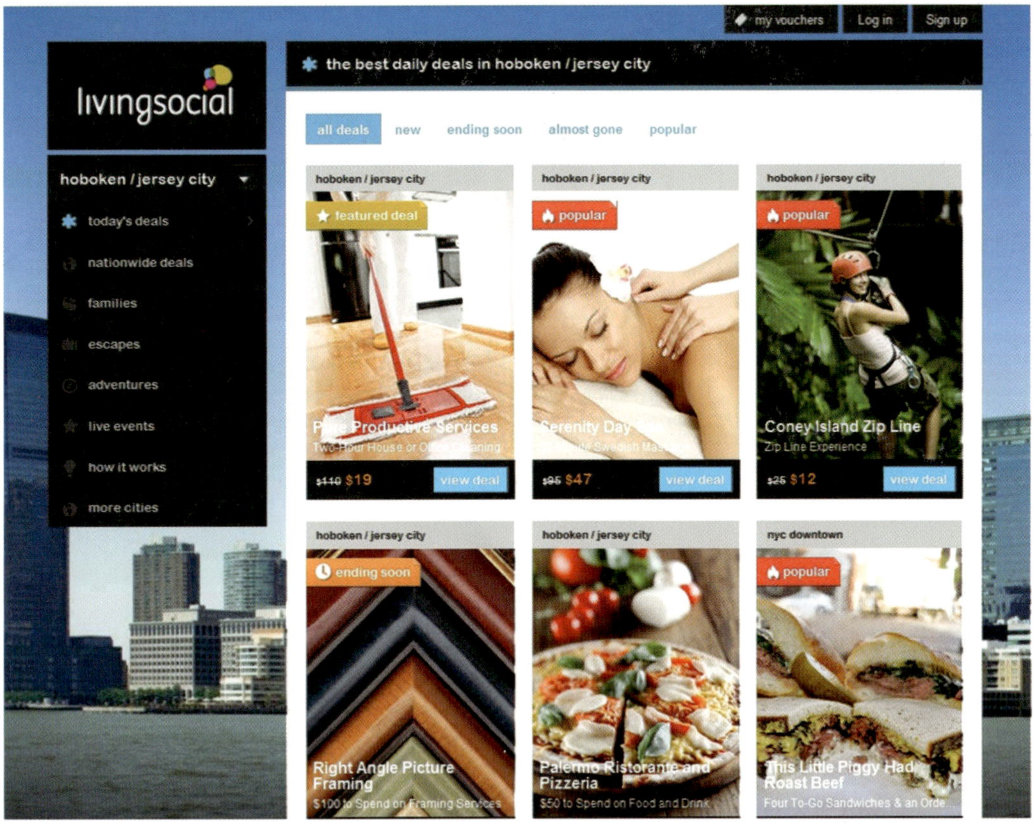

출처: LivingSocial Inc.

쇼핑 커뮤니티와 클럽

쇼핑 클럽은 회원들을 위해 단지 몇 일 동안만 열리고, 보통 명품 브랜드를 큰 할인 가격에 판매하는 행사를 개최한다. 클럽 주최자는 시중 가격보다 보통 70% 저렴하지만 금방 동이 나는 제품들 구매하도록 클럽 회원들을 독려하는 이메일 메시지를 통해 하루 3~7개의 행사를 개최한다.

명품 브랜드는 온라인 쇼핑 클럽과 효과적으로 파트너를 이루어 특별 행사 제품, 샘플, 재고품 또는 유동성 확보를 위한 제품들을 처분한다. 이런 클럽들은 브랜드 이미지의 손상을 방지하기 위해 보통 회원제이다. 예로는 비욘드더랙(www.btr.com/), 길트그룹(www.gilt.com), 루라라(www.ruelala.com), 원킹즈레인(www.onekingslane.com)이 있다.

카부들(www.kaboodle.com)은 쇼핑 커뮤니티의 또 다른 예이다. 카부들은 무료 서비스로 사용자들은 웹에서 정보를 수집해 다른 쇼핑객과 공유할 수 있는 카부들 리스트에 저장할 수 있다. 카부들은 원하는 제품을 카탈로그에서 쉽게 찾을 수 있고 카부들 리스트와 그룹을 사용해 추천 상품들을 서로 공유할 수 있게 하여 쇼핑을 단순화한다. 또한 사람들은 휴가를 계획하거나 업무와 학업을 위해 조사한 정보를 공유하고, 친구와 좋아하는 브랜드를 공유하는 등 기본적으로 정보를 수집하고 공유하기 원하는 모든 것들을 위해 카부들 리스트를 사용할 수 있다.

그림 9.5

엣시(www.etsy.com)는 집에서 만든 제품이나 빈티지 제품의 소셜 마켓플레이스다.

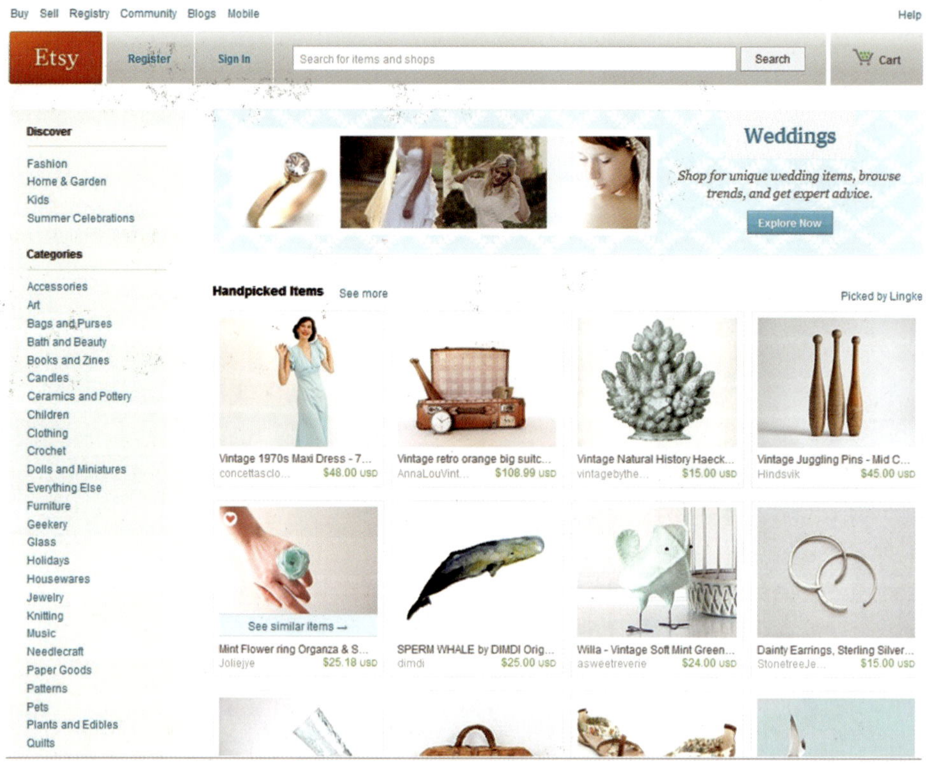

출처: Etsy, Inc.

소셜 마켓플레이스와 직접 판매

MKT **소셜 마켓플레이스**(social marketplace)는 상품과 서비스를 소개하고 구매하며 판매하는데 소셜 네트워크의 장점을 활용하는 온라인 중개자 역할을 한다. 소셜 마켓플레이스는 회원들이 자신의 창작물을 마케팅하는 것을 돕는다(그림 9.5를 참조). 다른 예들은 다음과 같다.

- 크레이그리스트(www.craigslist.com)는 모임과 이벤트와 같은 사회 활동을 지원하는 것 이외에도 온라인 분류 광고(classified ad)를 제공한다.
- 어도비의 포토리아(www.fotolia.com)는 사진, 포럼 및 블로그를 통한 공유, 학습, 자기 표현을 즐기는 창의적인 사람들의 커뮤니티를 위한 소셜 마켓플레이스다. 회원들은 다른 사람들이나 전문가들이 합법적으로 구매하고 공유할 수 있는 저작권 없는 사진들을 제공한다.
- 플립시(www.flipsy.com)는 서적, 음악, 영화 및 게임을 리스트하고 구매하며 판매하려는 어떤 사람이든지 사용할 수 있다.

확인하고 넘어가기

1. 구매 전에 평가, 점수, 추천 등이 잠재적 고객에게 왜 중요한가?
2. 협력적 소비를 정의해보자. 그리고 협력적 소비가 왜 '친환경(Green)' 현상인지 설명해보자.

9.4 기업 경영에서의 소셜 컴퓨팅: 마케팅

MKT 마케팅은 고객을 위한 가치를 창출하고 이의 대가로 가치를 얻는 수익성 있는 고객관계를 구축하는 프로세스로 정의할 수 있다. 마케팅 캠페인을 구성하는 여러 요인들 있다. (1) 목표 고객을 정의하고; (2) 메시지를 개발하고(즉, 어떻게 고객의 문제를 해결할 것인지); (3) 메시지를 고객에게 어떻게 전달하지 결정하고(예: 이메일, 기존 우편, 웹 광고 혹은 소셜 네트워크); (4) 경과를 모니터한다.

저자가 독자에게 마케팅할 수 있는 흥미로운 방법이 출판 업계에서 일어나고 있다. IT와 기업사례 9.4는 기업이 모든 고객경험을 관리하는 데 스프링클이 어떻게 도움이 되는지 보여준다.

광고

MKT **소셜 광고(social advertising)**는 사용자가 광고를 보는 사회적 상황을 활용하는 식의 광고 형태를 말한다. 소셜 광고는 동료들로부터의 압력과 친구들의 추천 및 선호도와 같은 사회적 영향력을 활용하는 첫 번째 형태의 광고이다.

많은 전문가들은 광고가 소셜 네트워킹 사이트와 소셜 커머스 사이트로 돈을 버는 문제를 해결하는 방법이라고 믿는다. 광고회사들은 오랫동안 소셜 네트워크의 많은 수의 방문객과 이들이 거기서 소비하는 많은 시간을 주목해왔다. 그 결과 광고회사들은 광고를 소셜 네트워크에 올리고 프로모션을 하는데 돈을 쓸 준비가 되어 있다. 현재 광고회사들은 모든 주요 소셜 네트워크 웹 사이트에서 광고를 하고 있다.

소셜 커머스에서의 대부분 광고는 광고주들이 지불한 브랜드화된 콘텐츠로 구성되어 있다. 이런 광고에는 소셜 애드(social advertisements 혹은 social ads)와 소셜 앱이라는 두 가지 종류가 있다. 소셜 애드는 소셜미디어 네트워크상의 유료 미디어 공간에 위치한 광고이다. 소셜 앱은 사회적 접촉과 사용자 기여(예: Nike+)를 지원하는 브랜드화된 온라인 애플리케이션이다.

입소문 마케팅(viral marketing)—소위 입소문 광고—는 소셜 네트워킹 환경에 특히 적절하다. 예를 들어 스톰호이크 빈야드(www.stormhoek.com)는 블로거들에게 무료 와인 한 병을 제공하는 마케팅 캠페인을 시작했다. 6개월 내에 대략 100여 명의 이런 블로거들이 자진에서 자신의 블로그에 공짜로

IT와 기업사례 9.4

스프링클

MKT MIS

현대 기업은 소셜미디어가 단순히 고객과 소통하기 위한 채널이 아님을 잘 알고 있다. 오히려 고객이 기업의 브랜드를 인식하는 출발점이 된다. 소셜미디어는 매우 다양하고 복잡하기 때문에 고객경험을 관리하는 것이 예전보다 훨씬 더 어려워졌다.

소셜미디어 세계에서 마케팅의 역할은 더 이상 단순히 구매를 유도하는 것이 아니다. 오히려 마케팅은 브랜드 열광자를 만들기도 한다. 마케팅 부서는 이제 비즈니스 관계 전반에 걸쳐 고객과 조직 간의 모든 상호작용을 포함하는 고객경험에 대한 통제권을 가져야 한다. 결과적으로 마케팅 관리자는 기업이 기술을 사용하여 고객을 참여시키고 만족시킬 수 있도록 기업 디지털 혁신을 옹호하고 있다.

2009년에 설립된 스프링클(www.sprinklr.com) 플랫폼은 기업이 모든 상호작용에서 소비자경험을 관리할 수 있도록 도움을 준다. 즉, 스프링클은 소비자와 항시 연결된 시대에 완전한 고객경험을 관리할 수 있는 역량을 가지고 있다. 이 회사는 대기업을 위한 소셜미디어 마케팅, 소셜미디어 모니터링, 소셜 광고, 콘텐츠 관

리, 협업 및 옹호를 제공한다. 특히, 스프링클은 조직이 대기업을 위한 유료 미디어, 소유 미디어 및 획득 미디어를 관리하는 데 도움이 된다.

- 유료 미디어는 콘텐츠를 홍보하고 노출을 유도하는 방법이다. 예를 들어 트위터, 페이스북, 링크드인, 핀터레스트와 같은 소셜미디어 플랫폼은 조직이 소비자에 대한 노출을 늘리기 위해 활용하는 광고 옵션을 제공한다. 유료 미디어에는 소셜미디어 광고, 유료 클릭, 디스플레이 광고, 리타게팅, 유료 인플루언서 및 유료 콘텐츠 프로모션이 있다.
- 소유한 미디어는 조직에서 제어하는 콘텐츠를 말한다. 이 콘텐츠의 주요 목표는 잠재 고객에게 지속적으로 가치를 제공하는 것이다. 소유한 미디어에는 조직 웹 사이트, 모바일 사이트, 블로그 사이트 및 소셜미디어 채널이 있다.
- 획득한 미디어는 조직이 입소문을 통해 얻은 미디어 노출을 의미한다. 기업은 언론에서의 언급, 긍정적인 리뷰, 재게시, 언급, 공유 및 추천을 통해 미디어에 노출될 수 있다.

스프링클은 소셜미디어 관리회사로 설립되었다. 2017년에는 기업들을 위한 최초의 통합 고객경험관리(CXM) 플랫폼으로 발전했다. 이러한 발전의 배경은 기업들이 방향성 없는 브랜드 메시지(회사에서 고객으로)를 버리고 소셜미디어에서의 집단적 대화를 실행해야 하기 때문이다. CXM 프로세스를 위해서는 기업이 고객을 회사 임무의 중심에 놓고 그런 자세로 시스템을 구축하는 재정비 작업이 필요하다.

스프링클의 핵심 플랫폼은 단순히 소셜미디어를 관리하는 것이 아니다. 오히려 모든 고객 접점을 포괄한다. 2017년 10월, 스프링클은 각 주요 고객 대면 부서에 기능을 제공하기 시작했으며 해당 기능을 마케팅, 광고, 연구, 전자 및 모바일 상거래, 고객 관리 전반에 걸쳐 기존 레거시 시스템과 통합했다("MARCC"로 통칭). 스프링클은 소셜미디어를 중앙처리 지점으로 사용하여 이러한 모든 기능을 회사에서 경험 클라우드(Experience Cloud)라고 부르는 것으로 통합한다. 스프링클은 한 브랜드에 대한 각 고객경험 정보를 제공할 수 있을 뿐만 아니라 해당 정보를 바탕으로 실시간으로 조치를 취할 수 있다고 주장한다.

나이키, 버라이즌, 맥도널드, 스타우드, 포브스, 삼성, 시스코, SAP, 타겟, 버진 아메리카와 같은 브랜드는 페이스북, 트위터, 인스타그램, 핀터레스트 및 기타 소셜미디어 매체에 자신을 모습을 알리고 평판을 모니터하는데 점점 더 노련해지고 있다. 소셜미디어도 브랜드들과 일하는데 대한 지식이 더욱 많아지고 있다. 여러 회사에서 스프링클을 어떻게 사용하는지 알아보자.

- 맥도날드는 충성도가 높은 팬을 인식하고 적절하게 대응할 수 있도록 스프링클을 사용하여 소셜 계정 프로필을 구축한다. 맥도날드는 또한 불만이 있는 고객을 인식하고 문제를 해결하기 원한다.
- 나스닥(Nasdaq)은 메치닷컴(Match.com)의 IPO(기업공개) 직후 스프링클을 사용하여 나스닥의 페이스북, 트위터, 및 인스타그램 계정에 그 순간을 동시에 기록했다. 스프링클에는 증권 규제기관을 위한 각 소셜미디어 게시물의 감사 추적을 기능이 있기 때문에 나스닥은 스프링클을 선호한다.
- 슈나이더 일렉트릭(Schneider Electric)은 스프링클이 더 유연하다는 것을 입증했기 때문에 세일즈포스(Salesforce)에서 스프링클로 소셜미디어 관리 업무를 옮겼다. 특히, 스프링클은 몇 주 만에 중국에서 매우 영향력 있는 소셜 네트워크인 위챗에서 슈나이더 계정을 오픈해 마케팅에 활용할 수 있게 했다.
- 스타우드(Starwood)는 자신의 요청에 따라 스프링클이 추가한 보고 및 분석 기능 때문에 자사의 모든 호텔 브랜드에서 3,000개 이상의 소셜미디어 계정을 관리하는 데에 스프링클을 사용한다.

스프링클의 위와 같은 계정 보유로 2012년부터 소셜미디어 관리 분야로 진출하여 더 큰 규모로 운영하고 있는 어도비(Adobe), 오라클 및 세일즈포스와의 경쟁에 항상 직면해 있다. 이러한 치열한 경쟁에도 불구하고 스프링클은 매년 약 95%의 고객을 유지하고 있으며 이는 모든 다른 소프트웨어 회사에 비해 매우 높은 수치이다.

2019년 7월까지 스프링클의 가치는 거의 20억 달러로 평가되었다. 이 플랫폼에는 75개국에 1,500명의 직원이 일하고 있다.

출처: Compiled from S. Hyken, "Customer Experience Is the New Brand," *Forbes*, July 15, 2018; "Sprinklr Simplifies UX with New Products," *Research Live*, October 5, 2017; M. Shields, "The 19 Most Interesting Ad-Tech Upstarts of 2017," *Business Insider*, August 16, 2017; A. Murray, "Four Forces Revolutionizing Marketing," *Fortune*, July 18, 2017; "In the Enterprise, Customer Experience Starts with Social," *Forbes*, June 26, 2017; P. Simpson, "The Monday Stack: Every Company on Earth Needs Sprinklr," *DMN*, May 15, 2017; R. Miller, "Sprinklr Launches Major Push into Customer Experience," *TechCrunch*, April 11, 2017; A. Konrad, "He Solved Facebook," *Forbes*, February 8, 2016; E. Griffith, "Sprinklr Raises $46 Million to Become Latest Billion-Dollar Unicorn," *Fortune*, March 31, 2015; M. Fidelman, "Why Sprinklr Is Pouring Money into the Influencer and Advocacy Space," *Forbes*, September 5, 2014; L. Chapman, "Sprinklr Acquires Branderati as Social Media Tools Consolidate," *Wall Street Journal*, September 3, 2014; J. Edwards, "Sprinklr Acquires TBG Digital, One of Facebook's Biggest Ad Clients, Ahead of Its IPO," *Business Insider*, August 14, 2014; G. Sloane, "Sprinklr Buys Dachis Group to Boost Social Marketing Services," *AdWeek*, February 19, 2014; S. Ludwig, "Meet Sprinklr, the Biggest Social Media Management Biz You've Never Heard of," *VentureBeat*, April 12, 2012; and www.sprinklr.com, accessed July 16, 2019.

질문

1. 기업이 소셜미디어에 집중하여 전체 고객경험을 관리하는 것이 왜 그렇게 중요한가? 답변을 뒷받침하는 예를 제시해보자.
2. 스프링클의 경험 클라우드를 설명하고 이것이 소셜미디어와 어떤 관련이 있는지 설명해보자.
3. 다오 박사와 유나이티드항공에 대한 이 장의 도입사례를 생각해보자. 스프링클이 그 사건에 대한 유나이트의 대응에 어떻게 도움을 줄 수 있었는지 설명해보자. 당신의 답변을 뒷받침하는 구체적인 예를 제시해보자.

받은 와인에 대한 평가를—대부분이 긍정적인 내용—올렸다. 그렇게 되면 이런 글들은 다른 블로거들에 의해 읽혀진다.

소셜미디어로 광고하는 다른 혁신적인 방법들도 있다. 다음은 그 예들이다.

- 팬들을 끌어 모아 그들이 다른 고객을 스스로 만날 수 있는 스토어(store)를 포함해 페이스북 페이지를 이용한다. 그 다음 자신의 페이스북 스토어에서 광고한다.
- 사업 성공 스토리를 고객에게 트윗한다.
- 광고를 유튜브 비디오와 결합한다.
- 네이티브 광고(native advertising)를 사용한다. 네이티브 광고는 보여지는 정보의 흐름에 맞추어 구매를 유도하는 설득을 한다. 많은 온라인 콘텐츠 제공자는 네이티브 광고가 대중의 신뢰를 약화시킬 가능성이 있기 때문에 위험하다고 생각한다.

시장조사

MKT 전통적으로 마케팅 전문가들은 시장조사 회사들이 잠재적인 고객을 찾고 타깃팅하는 주요 도구 중 하나로 만들어낸 인구통계자료를 사용했다. 마케팅 전문가들은 잠재 고객들에게 정보를 요청해야 하기 때문에 이런 정보를 얻는 것은 시간과 비용이 많이 소요되는 일이었다. 하지만 오늘날 소셜 네트워크 회원들은 이런 정보를 자발적으로 그들의 페이지를 통해 제공한다! (사람들이 자신들이 좋아하는 소셜 네트워킹에서 제공하는 모든 정보를 생각해보라.) 소셜 네트워킹의 이런 개방적인 성격 때문에 사업자들은 쉽게 자신들의 고객을 찾고 그들이 온라인에서 무엇을 하는지를 알고, 그리고 누구 그들의 친구인지를 학습할 수 있다.

이런 정보는 거의 실시간으로 시장을 평가할 수 있는 새로운 기회를 제공한다. 입소문은 항상 가장 강력한 마케팅 방법 중 하나였다. 종종 사람들은 그들의 친구가 좋아하거나 추천한 제품을 사용한다. 소셜미디어 사이트는 여러 상품과 서비스들에 대해 이런 정보를 제공한다.

기업들은 소셜 컴퓨팅 도구들은 활용해 고객으로부터 피드백을 받는다. 이런 경향을 **대화적인 마케팅**(conversational marketing)이라 한다. 고객들을 이런 도구에 의해 블로그, 위키, 온라인 포럼 및 소셜 네트워킹 사이트를 통한 피드백을 제공한다. 다시 말하자면 고객들은 이런 많은 피드백을 자발적으로, 공짜로 제공하고 있다.

소셜 컴퓨팅은 기존에 사용하던 포커스 그룹보다 더 빠르고 저렴한 결과를 가져올 뿐만 아니라 더 밀접한 고객관계를 양성한다. 예를 들어 델(Dell) 컴퓨터는 아이디어스톰(IdeaStorm)이라는 피드백 웹 사이트를 운영해 고객들이 자사 제품/서비스에 대한 개선 사항을 제안하고 투표할 수 있게 한다(그림 9.6 참조).

소매업체들은 특히 젊은층에서 고객들이 다른 사람의 의견을 듣고 싶어하며 또한 다른 사람들이 자신의 의견에 동의하는지를 알고 싶어한다는 것을 알고 있다. 결과적으로 소매업체들은 점점 더 웹 사이트를 개방해 고객들이 상품 리뷰, 평가와 어떤 경우에는 사진과 비디오까지 올리게 하고 있다.

그림 9.6

델에서는 아이디어 스톰(www.delltechnologies.com/)을 통해 고객들이 자신의 아이디어를 공유하고 피드백을 제공한다.

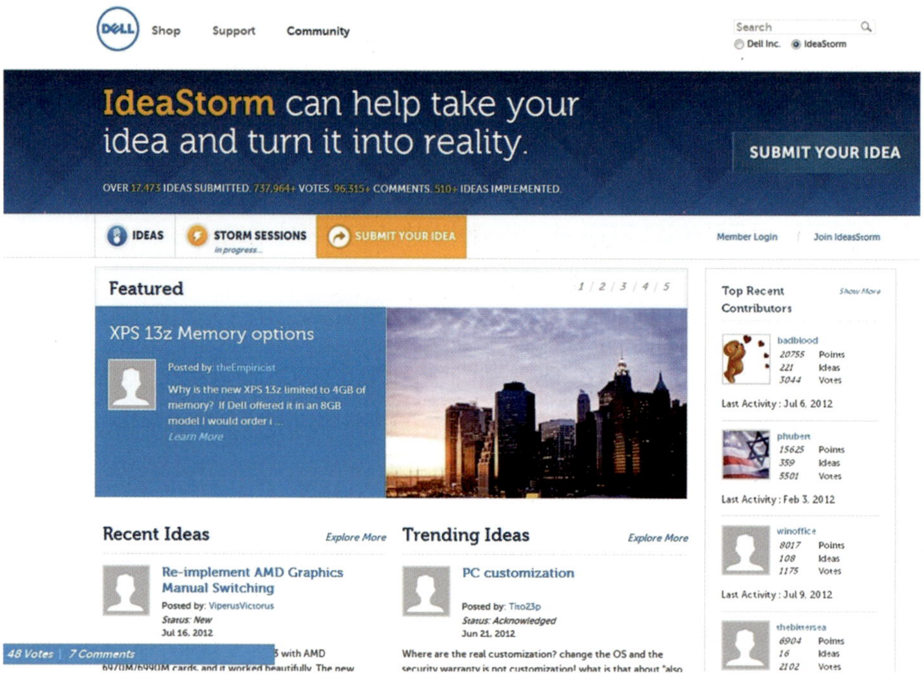

출처: Dell Technologies Inc.

이런 전략의 결과로 고객 리뷰가 온라인 쇼핑객들이 찾는 주요 장소로 떠오르고 있다. 대략 고객의 반이 온라인에서 구매하기 전에 리뷰를 참고하며 거의 2/3가 평가와 리뷰가 있는 사이트에서 물건을 구입할 가능성이 높다.

시장조사를 위해 소셜 컴퓨팅을 활용하는 것은 비즈니스에만 한정되지 않는다. 또한 고객들은 자신들이 쇼핑할 때 소셜 컴퓨팅이 제공하는 이런 기능을 즐긴다.

소셜 네트워크를 이용해 시장조사 실시하기

MKT 트위터, 페이스북 및 기타 유사한 사이트들에서 표현되는 고객의 감성은 기업들에 매우 가치 있는 정보원이 된다. 소셜 네트워킹 사이트에서의 고객 활동은 분석을 해야만 하는 엄청난 양의 데이터를 만들어내기 때문에 경영자들은 더 나은 마케팅 캠페인을 할 수 있고 자신의 상품 디자인과 제공되는 서비스를 개선할 수 있다. 사회적으로 만들어진 데이터의 모니터링, 수집, 분석과 이를 통한 전략적인 의사결정을 합쳐서 **소셜 인텔리전스(social intelligence)**라고 한다.

소셜 지능의 예로는 톰스 슈즈(www.toms.com)가 있다. 이 소매업체는 소셜 인텔리전스를 사용하여 자사에 관한 소비자들의 대화를 분석했다. 조사하는 동안 톰스는 마이 리틀 포니(My Little Pony)에 대한 많은 대화를 발견했다. 이와 같은 사실은 톰스에 관심이 있거나 토론하는 사람들이 마이 리틀 포니에도 매우 관심이 있다는 것을 의미했다. 재빠르게 움직여 톰스는 새로운 "마이 리틀 포니" 테마 신발을 만들었다. 이 신제품은 48시간 만에 매진되었다.

소셜 네트워크는 시장조사를 위한 가치 있는 정보를 제공하는 뛰어난 출처이다. 이 절에서는 시장조사를 위해 페이스북, 트위터, 링크드인을 어떻게 사용하는지에 대한 예를 살펴볼 것이다.

시장조사를 위해 페이스북 사용하기. 시장조사를 위해 페이스북을 사용하는 여러 가지 방법이 있다. 다음의 예들을 살펴보자.

- 광고 캠페인, 시장조사 등에 대해 페이스북 팬들(및 기능하면 그들의 친구들)로부터의 피드백을 받는다.
- 메시지를 실험하기. 팬들에게 2~3개의 의견을 주고 선호하는 하나를 택하여 설명하도록 한다.
- 설문조사 초대(즉, 참여자 모집)를 위해 페이스북 사용하기. 기본적으로 페이스북을 거대한 패널로 만드는 것으로 사용자들에게 설문 참여를 요청한다. 페이스북은 설문조사를 요청할 수 있는 디스플레이 광고를 위한 셀프 서비스 모형을 제공한다. 또한 페이스북은 나이와 성별과 같은 기존 인구통계학적인 기준에 따라 매우 구체적으로 고객을 타깃팅할 수 있게 한다.

시장조사에 트위터 사용하기. 고객, 잠재 고객 및 산업계 리더들은 모두 트위터를 사용하기에 트위터는 즉각적으로 정보를 업데이트하는 풍부한 소스이다. 다음의 예들을 보자.

- 트위터 검색을 찾아보라(www.twitter.com/search). 회사의 트위터 이름을 입력하라. 회사가 이야기하는 내용들을 팔로잉할 수 있을 뿐만 아니라 사람들이 그 기업에 대해 이야기하는 내용들도 팔로잉할 수 있다. 경쟁사들과 회사 직원들에 대한 답글을 모니터하는 것은 다음과 같은 면들을 알 수 있어 자신만의 트위터 전략을 개발하는 데 도움이 될 것이다. (a) 경쟁사들이 무엇을 하고 있고 더욱 중요하게는 (b) 사람들이 그들에 대해 어떻게 생각하고 있는지를 알 수 있다. 또한 이런 피드백에 대한 회사의 답변을 팔로잉할 수 있다.
- 산업 내 일하고 있는 사람을 찾는 데 도움이 되는 도구들을 활용하라. search.twitter.com을 이용해 산업에 특정된 키워드를 모니터하라. 트웰로(www.twellow.com)를 찾아보라. 이 사이트는 트위터 사용자를 그 사람의 이력과 트윗들에 따라 1~3가지의 산업 종사자로 자동 분류한다.
- 당신은 오늘날 대부분의 사람들이 마음 속에서 생각하는 주제가 무엇인지 알고 있는가? 만약 그렇다면 트윗스탯(www.tweetstats.com) 차트를 살펴보라. 모든 트윗돔(Tweetdom: 트위터의 세계)에서 가장 자주 사용되는 단어들을 보여주는데 여기에는 당신이 사용한 단어도 포함될 수 있다.
- 점점 더 많은 기업들이 트위터를 고객으로부터 정보를 얻고 이들과 접촉하기 위해 사용한다. 예를 들면 델(Dell; 고객과 연결), 젯블루(JetBlue; 고객에 대한 이해), 트위즈너 와인즈(Teusner Wines; 피드백을 모으고 정보를 공유) 및 펩시(불만 처리에 대한 신속한 응답) 등이 있다.

시장조사에 링크드인 사용하기. 당신이 관심 있는 주제나 이슈에 대해 질문을 올려라(즉, 조언을 구하라). 만약 특정 링크드인 그룹에 들어가면 적절한 답을 얻을 수도 있다.

확인하고 넘어가기

1. 소셜 광고가 소셜 부분이 없는 광고보다 더 효과적인가? 왜 그런가? 혹은 그렇지 않은가?
2. 마케팅 전문가들이 어떻게 소셜 네트워크을 이용해 마케팅 조사를 하는지 설명해보자.

9.5 기업 경영에서의 소셜 컴퓨팅: 고객관계관리

MKT 고객 서비스 분야에서 고객 서비스 전문가가 업무를 수행하는 방법과 새롭게 연결된 환경에서 고객들이 기업들과 상호 작용하는 방식이 커다란 변화를 맞고 있다. 소셜 컴퓨팅이 고객들의 기대와 기업들의 고객관계관리 역량을 크게 변모시켰다(고객관계관리에 대해서는 11장에서 자세히 논의한다).

이제 고객들이 말도 못하게 강해졌다. 기업들은 소셜 네트워크 회원들이 올린 부정적인 글들이 마음에 걸리기도 하고, 또 개선된 고객 서비스로 문제를 줄일 수 있도록 고객을 적극적으로 참여시킬 기회로 인식하기 때문에 소셜 컴퓨팅을 자세히 모니터링하고 있다.

다음 예를 보자. 파파존스가 어느 뉴욕 매장에 있는 직원을 해고하면서 (그 직원이) 한 아시아계 고객의 영수증에 "찢어진 눈의 여성(lady chinky eyes)"이라고 쓴 것에 대해 사과했다. 비영리 탐사 저널리즘 그룹, 프로퍼블리카(ProPublica)의 커뮤니케이션 매니저인 조민회는 그녀의 트위터 계정에 영수증 사진을 올렸고 이를 하루 동안 20만 명의 사람들이 보았다. 파파존스의 회장이자 CEO인 존 쉬네터는 즉시 사과의 글을 페이스북에 올렸다. 그 사과글에서 그는 조씨에게도 개인적으로 사과했다고 주장했다.

강력해진 고객들은 자신들 위해 대중과 커뮤니티의 지혜와 힘을 어떻게 이용해야 하는지를 알고 있다. 이런 고객들은 기업과 브랜드를 어떻게 대해야 하는지를 선택하고 그들의 기업에 대한 경험에 관한 기대를 높였다. 그들은 구매자로서뿐만 아니라 옹호자나 영향력 있는 인사로서 적극적으로 비즈니스에 참여하고 있다. 결과적으로 기업들은 고객에게 신속하고 적절하게 반응을 보여야 한다. 다행히 소셜 컴퓨팅은 불만스러운 고객들을 회사의 지지자로 돌릴 수 있는 기회를 제공하는 등, 바로 그렇게 할 수 있는 많은 기회를 기업에 제공한다.

확인하고 넘어가기

1. 소셜 컴퓨팅이 고객관계관리를 위해 왜 중요한지 토의해보자.
2. 소셜 컴퓨팅이 어떻게 고객 서비스를 개선할 수 있는지 설명해보자.

9.6 기업 경영에서의 소셜 컴퓨팅: 인적자원관리

HRM 많은 조직의 인적자원(HR)관리부서는 조직 밖에(리쿠르팅), 그리고 조직 내부 업무에(직원 개발) 소셜 컴퓨팅 애플리케이션을 이용한다. 예를 들어 딜로이트 투시 토마츠(Deloite Touche Tohmatsu)는 자사 HR 담당자가 팀들을 다운사이징하고 재편하는 것을 돕는 소셜 네트워크를 만들었다.

채용(리쿠르팅)

HRM 채용 담당자나 일자리를 찾는 사람들 모두 채용 플랫폼으로서 온라인 소셜 네트워크로 모이고 있다. 회사 채용 담당자는 온라인 소셜 네트워크, 블로그, 및 기타 소셜 자원들을 스캐닝해 잠재적 직원들에 대한 정보를 찾고 파악한다. 구직자가 온라인에서 활발히 활동하면 이들을 채용 담당자가 볼 확률이 높아진다. 여기에 더해 소셜 네트워크에는 많은 덜 적극적인 구직자들—현재 직장이 있지만 더 나은 직장이 있으면 옮기려는 사람들—이 있다. 그래서 적극적 구직자와 소극적 구직자 모두 자신의 배경과 기술을 정확히 반영한 온라인 프로파일을 유지하는 것이 중요하다.

또 다른 예는, 한 인적자원 담당 이사가 동시에 8개의 각기 다른 소셜 네트워크에 일자리 공고를 낼 수 있는 인사담당 소셜미디어 관리 소프트웨어인 불혼리치(www.bullhornreach.com)를 사용하는 것이다. 그리고 불혼리치에서는 이 담당자의 채용 노력이 효과적인지를 측정하는 지표들을 분석할 수 있다.

신입 직원 교육

HRM 온보딩(onboarding)은 신입 직원이 조직의 효과적인 구성원이 되기 위해 필요한 지식, 기술 및 행동을 습득하는 과정이다. 소셜미디어를 사용하여 신입 사원은 직장에서 처음 며칠 동안 무엇을 기대해야 하는지 배우고 일반적인 질문에 대한 답변을 찾을 수 있다. 이러한 소셜 커뮤니티는 회사 보안 방화벽(firewall) 내부에 있기 때문에 기업 정책에 대한 자세한 정보를 제공할 뿐만 아니라 직원들이 온라인으로 필요한 양식을 작성할 수 있도록 한다. 이러한 커뮤니티는 작업장 안전 정보 및 엔터프라이즈 애플리케이션 사용 방법과 같은 입문 교육도 제공한다.

직원 개발

HRM 인적자원관리 담당자는 직원 개발을 독려하고, 가능하게 하며, 촉진시키는 가장 좋은 전략이 직원들과 관계를 쌓는 것이라는 점을 잘 안다. 이런 목적으로 많은 HR 전문가들이 모든 직원들의 지혜를 얻기 위해 세일즈포스(www.salesforce.com/chatter), 야머(www.yammer.com), 티버(www.tibbr.com) 등을 활용한다. 이런 도구들은 직원들을 서로 연결해 조직 전반에서 효율적으로 일할 수 있게 만들며, 영업 기회, 캠페인, 프로젝트 등에서 협업할 수 있게 한다. 이를 통해 기업은 업무 흐름을 단순화하고 새로운 아이디어를 얻을 수 있다. 그리고 인적자원관리자는 조직 내 어떤 분야에 대한 전문가를 찾아 모든 프로젝트 팀, 영업 팀 및 기타 팀들에 필요한 적절한 사람들을 추천받을 수 있다.

인적자원관리자가 이런 도구들 통해 직원들의 기술, 전문지식, 열정 등을 더 많이 알수록 직원들에게 더 잘 동기부여를 하여 이들이 자신의 일에 더 몰두하고, 흥미를 가지게 할 수 있다. 그러면 직원들은 자신의 전문지식에 대해 더 잘 보상을 받을 수 있다.

직원 개발의 또 다른 분야는 교육훈련이다. 직원교육과 학습관리에 드는 상당 부분의 기간과 비용을 이러닝과 소셜 러닝 도구를 이용한 상호 작용으로 최소화할 수 있다. 이런 도구들은 강사, 교육생, 정보들을 연결시켜준다. 기업들은 이런 도구들이 부서 내에서, 그리고 팀들 간에 지식 전수를 원활히 함을 알고 있다. 이런 도구들의 예로는 무들(http://moodle.com), 줌라(www.joomla.org) 및 블룸파이어(www.bloomfire.com) 등이 있다.

2015년 링크드인은 소프트웨어, 크리에이티브, 그리고 비즈니스 기술에 대한 수천 개의 비디오 과정을 제공하는 온라인 교육회사인 린다닷컴(Lynda.com)을 인수했다. 이 회사는 업계 전문가가 가르치는 비디오 교육과정을 제작했다. 린다의 회원은 비디오를 볼 수 있는 무제한 액세스 권한이 있었다. 린다닷컴의 과정과 강사는 이제 모두 링크드인러닝(www.linkedin.com/learning)의 일원이다.

이번 인수를 통해 링크드인은 직업 인증 및 교육을 제공한다. 한 링크드인 임원은 링크드인 사용자가 직업을 찾고 해당 직업에 필요한 기술을 즉시 확인한 다음 린다에서 해당 기술을 습득하고 취업하는 데 도움이 되는 관련 공인 과정을 수강하라는 메시지를 받을 수 있다고 언급했다.

일자리 찾기

조직의 채용 활동 반대쪽에는 일자리를 찾는 사람들이 있다. 어떤 사람이 일자리를 원한다고 하자. 대부분의 구직자들처럼 경력이 없는 사람들의 일자리는 이제 온라인에만 올라와 있기 때문에 당신도 최소한 온라인 검색은 기본일 것이다. 구직/구인 사이트는 잠재적 직원을 찾고 있는 고용주들을 연결하는 가장 빠르고 가장 저렴하며 가장 효율적인 방법이다.

오늘날 구직자들은 기존의 채용 사이트 및 링크드인과 같은 소셜 네트워크를 이용한다. 구직자들 덕분에 링크드인은 채용 시장에서 시장점유율을 2010년 4.7%에서 2015년 12%로 높일 수 있었다.

일자리를 찾으려면 가장 좋은 방법은 약 5억 7,500만 명의 회원을 보유한 링크드인(www.linkedin.com)에서 시작하는 것이다. 그건 그렇고, 무료인 링크드인에 프로필이 있어야 한다. (링크드인 프로필 작성시 피해야 할 점들은 다음에 나오는 글머리 기호 목록을 참조하라.)

링크드인의 성공은 시장 세그먼트를 정확히 파악하는 능력 덕분이다. 이 회사의 자동화된 방식은 채용 시장 중 기존의 면대면 탐색이 선호되는 방식인 고급인력 시장—예를 들어 CEO 리쿠르팅—에는 적합하지 않다. 다른 반대쪽의 채용 시장—즉, 계산원이나 트럭 기사—의 저임금, 저기술 일자리에는 일자리 구인란(job board)이 더 빠른 결과를 가져온다. 링크드인은 이 두 극단적인 시장 사이의 커다란 스윗스팟인 연봉 5만 달러에서 25만 달러 이상을 받는 고급 기술 일자리 시장을 타깃으로 한다. 이 위치가 사람들이 대학을 졸업하고 진입하려는 자리일 가능성이 높다.

많은 구직 회사들이 링크드인과 경쟁하고 있다. 이런 회사들은 소셜 네트워킹의 기능들을 활용해 일자리와 사람을 더 잘 매치시키는 시스템을 만들려고 힘쓴다. 이런 회사로는 몬스터(www.monster.com), 심플리하이어드(www.simplyhired.com), 커리어빌더(www.careerbuilder.com), 인디드(www.indeed.com), 잡바이트(www.recruiting.jobvite.com), 다이스오픈웹(www.dice.com/openweb) 및 기타 많은 사이트들이 있다.

온라인 채용 사이트를 가장 잘 활용하는 비밀은 이들을 조심해서 이용하는 것이다. 취업 전문가들은 구직자들에게 하루의 80%를 네트워킹에 보내고 원하는 일자리의 담당자를 직접 접촉하라고 조언한다. 나머지 20%의 반인 10%를 헤드헌터(즉, 인재 스카우트 전문가)에게 사용하고 다른 반인 10%를 온라인에 사용하라.

여기 온라인에서 어떻게 시간을 보내야 하는지 보자. 먼저, 위에서 본 것처럼, 링크드인에 자신의 소개서를 만든다. 아래는 링크드인 소개서에서 실수하지 말아야 하는 포인트들이다.

- 현재의 전문가다운 느낌의 사진(개나 배우자 혹은 아기가 없어야 함)을 넣는다.
- 링크드인의 자기소개서가 정확하고 업데이트되어 있는지 확실히 한다.
- 자신의 학문 분야나 자신의 개인적 관심사와 관련된 그룹에 가입한다.
- 자신의 기술들을 모두 정확히 열거한다. 꾸미지 않는다.
- 형식적인 연결 요청(일종의 친구 요청)을 하지 않는다. 그 사람에 대해 조사를 해 그 사람에 맞추어 연결 요청을 한다.
- 링크드인의 프라이버시(정보공개) 설정을 간과하지 않는다. 현재 직업이 있는 상태에서 또 다른 일자리를 찾을 때, 조심해야 한다. 현 직장의 상사가 당신이 일자리를 찾는 것을 모르게 프라이버시 설정을 해야 한다.
- 요약(summary)을 그냥 지나치지 말라. 요약은 압축적으로 당신을 알리는 방법이다. 일인칭 시점으로 이를 작성하라.
- 과거 근무 경력이나 자원봉사 경력을 빠뜨리지 말라.
- 그런 적이 없으면서 누구와 일을 했었다고 말하지 말라.

다음으로는 앞서 언급된 채용 사이트를 찾는다. 이들 사이트에는 수백만 가지의 일자리가 올라와 있고 필터를 이용해 당신이 찾는 검색 범위를 쉽게 좁힐 수 있다. 이런 필터에는 직책, 회사 이름, 위치 및 기타 많은 기준이 있다. 인디드(Indeed)에서는 특정 연봉 수준에 맞춘 검색이 가능하다. 심플리하이어드(SimplyHired)에서는 일터의 우호적인 분위기, 사회적 책임 준수 여부, 심지어 반려견 우대 등에 따른 순위를 제공한다.

이런 사이트들은 고급 검색 옵션이 있다. 일하기 원하는 회사의 이름이나 특정 업무를 담당할 수 있는 고급 자격증을 입력해보라. 예를 들어 만약 당신이 CFA(certified financial analyst)라면 'CFA'를 입력하고, 혹은 만약 당신이 친환경 분야의 전문기술이 있는 건축 엔지니어라면 'LEED(일종의 친환경 건축물 인증제도)'를 입력할 것이다.

심플리하이어드에는 "내가 누구를 아는가(Who do I know)"라는 유용한 도구가 있다. 당신이 링크드인에 프로필(자기소개서)이 있다면 이 도구를 사용할 경우(즉, 어떤 일자리를 검색했을 때) 즉각적으로 여러 일자리 목록과 연결된 링크드인 내의 관련자 연락처를 보여준다. 그리고 내가 "누구를 아는가"는 페이스북과도 연동된다.

정보취합 사이트(aggregator)를 활용하는 또 다른 팁은 당신의 수신함에 일자리 리스트를 전송하도록 설정하라. 매일 당신에게 새로운 일자리 포스팅을 전송하도록 이메일 알림을 설정하라.

그리고 자신의 특정 분야에 전문화된 틈새시장 사이트를 활용해야 한다. 예를 들어 기술 관련 일자리는 다이스(www.dice.com)가 좋은 평을 듣고 있다. 비영리조직의 일자리에 대해서는 아이디얼리스트(www.idealist.org)를 사용해보라. 정부 일자리는 정부 사이트가 좋은 소스이다(www.usajobs.gov).

또 한 가지 유용한 소스는 크레이그리스트(www.craigslist.com)이다. 이는 기존 정보취합 사이트가 접근하지 않는 사이트이다. 크레이그리스트는 지역 일자리에 초점을 두고 있는데, 특히 근무경력이 없거나 인턴십 일자리를 찾는데 유용하다.

특정 일자리 리스트를 찾는 것 이외에, 경력 전문가들은 채용 사이트에 올라온 일자리 설명 자료가 자기소개서, 이력서, 이메일 등에 사용할 키워드나 문장들의 좋은 출처가 될 수 있다고 주장한다. 일자리 설명자료의 표현을 자신의 자기소개서에 사용하라.

볼트(www.vault.com), 몬스터, 커리어빌더와 같은 웹 사이트들은 구직활동 관련 유용한 팁을 제공한다. 특히 볼트는 매우 유용한 구직활동 관련 안내 정보를 제공한다.

가장 기본은 자신의 노력이 온라인 검색에 머무르지 않는 것이 매우 중요하다.

확인하고 넘어가기

1. 링크드인이 구인 과정에서 왜 그렇게 중요하게 되었는지를 설명해보자.
2. 만약 당신이 구직을 원하고 있다면, 소셜 네트워크 사이트에서만 검색하는 것의 주요 문제는 무엇인가?

IT는 나를 위해 무엇을 해줄 수 있지?

ACCT 회계관리 전공을 위한 정보기술

감사 팀은 소셜 네트워킹 기술을 이용해 내부적으로 여러 프로젝트에서 일하는 팀 구성원들과 접촉할 수 있다. 이들 기술들은 커뮤니케이션을 위한 공통 채널로 이용된다. 예를 들어 감사 팀 관리자는 그의 팀 구성원을 회원으로 하는 그룹을 만들어 모든 구성원들에게 한 번에 프로젝트들에 대한 정보를 보낼 수 있다. 외부적으로 이들 기술은 회사 및 회사의 직원이 서비스를 제공하는 고객 및 기타 제3자와 소통하는데 유용하다.

FIN 재무관리 전공을 위한 정보기술

많은 인기 있는 소셜 네트워킹 사이트들에는 재무와 관련된 하위 그룹에 가입한 사용자들이 있다. 이들 사용자 중에는 잠재적 고객이 될 수 있는 비재무 전문가뿐만 아니라 공동으로 작업을 하고 지식을 공유하는 재무 전문가들이 있다.

MKT 마케팅 전공을 위한 정보기술

웹 2.0 애플리케이션으로 마케팅 전문가들은 블로그, 위키, 평가, 추천을 포함한 여러 가지 방법으로 고객에 가까이 다가갈 수 있다. 마케팅 전문가들은 이제 거의 실시간으로 제품에 대한 피드백을 받는다.

POM 생산운영관리 전공을 위한 정보기술

웹 2.0 애플리케이션으로 생산 담당자는 생산 개발 과정의 비즈니스 파트너 및 고객들에게 '협조를 요청'할 수 있다.

HRM 인적자원관리 전공을 위한 정보기술

소셜 네트워크는 인적자원관리 담당자에게 여러 가지 기능을 제공한다. 링크드인과 같은 사이트를 이용해 채용과 관련된 여러 가지 작업을 할 수 있다. 또한 많은 수의 소셜 네트워킹 사이트들을 이용해 잠재적인 신규 고용 대상자들을 검증할 수 있다. 내부적으로 인적자원관리 담당자는 특정 포지션이나 프로젝트에 가장 적합한 사람을 찾기 위해 직원의 전문지식과 경험들을 위한 사설, 내부 소셜 네트워크를 활용할 수 있다.

MIS MIS 전공을 위한 정보기술

MIS 부서는 웹 2.0 활용의 두 가지 측면에서 책임이 있다. (1) 직원들이 근무 중 시간과 콘텐츠 측면에서 직원들의 웹 2.0 애플리케이션 사용을 모니터링하고 (2) 회사 직원들을 위한 사설, 내부 소셜 네트워크 등을 개발하여 이들 네트워크의 콘텐츠를 모니터링한다.

요약

9.1 다섯 가지 웹 2.0 도구와 두 가지 주요 웹 2.0 사이트 유형에 대해 설명해보자.

태그. 사용자들이 선택하는 어느 특정 정보를 설명하는 키워드 혹은 키문장(예: 블로그, 사진, 기사, 비디오 클립)

RSS. 누구든지 자신의 블로그나 기타 콘텐츠를 '발간'하여 관심이 있는 사람이라면 누구나 '구독'할 수 있게 하는 시스템

블로그. (웹로그의 줄인말) 대중에 공개된 개인 웹 사이트로 운영자가 자신의 개인적 느낌이나 의견을 작성

마이크로블로그 활동. 사용자들이 단문 메시지를 작성할 수 있는 (또는 사진이나 삽입되는 비디오를 캡처할 수 있는) 블로그 활동의 일종

위키. 누구나 어려운 명령어 없이 새로운 내용을 추가하고 기존 내용을 수정할 수 있는 웹 사이트

소셜 네트워킹. 소셜 소프트웨어 도구(예: 블로그 활동) 혹은 소셜 네트워킹 기능(예: 미디어 공유)를 사용하는 활동들

매시업. 몇몇 다른 웹 사이트에서 콘텐츠를 가져와 조합해 새로운 콘텐츠로 변형하는 웹 사이트

9.2 기업에 대한 소셜 커머스의 효과와 위험을 설명해보자.

소셜 커머스는 전자상거래의 일종으로 소셜미디어를 사용해 상품과 서비스의 온라인에서의 구매 및 판매를 지원한다.

고객에 대한 소셜 커머스의 효과는 다음과 같다: 고객 불만에 대한 더 빠르고 향상된 벤더의 대응; 고객들이 다른 고객들을 도울 수 있음; 고객의 기대가 완전히 또 빠르게 충족됨; 고객은 소셜 네트워크 페이지에서 머무르며 쉽게 검색, 링크, 채팅, 구매가 가능.

벤더에 대한 소셜 커머스의 효과는 다음과 같다: 신제품과 아이디어를 빠르고 저렴하게 테스트할 수 있음; 고객에 대한 많은 것을 알 수 있음; 문제를 신속하게 파악하며 분노를 경감시킴; 빠른 피드백으로 고객의 경험으로부터 학습; 고객들이 소셜 네트워킹 사이트에서 상품에 대해 긍정적으로 이야기할 때 매출이 증가; 더 향상된 마케팅 캠페인과 브랜드 인지도를 창출; 예를 들어 마케팅 캠페인과 같은 저비용의 사용자가 만든 콘텐츠를 활용; 입소문 마케팅으로 무료 광고를 함; 영향력 있는 브랜드 옹호자를 파악하고 이들에 보상한다.

소셜 컴퓨팅의 위험으로는 정보보안에 대한 염려, 프라이버시 침해, 지적자산과 저작권 위반, 직원들의 참여 회피; 개인정보 혹은 기업의 전략적 정보 유출; 낮은 수준/편협한 사용자가 만든 콘텐츠, 사이버왕따/사이버스토킹 및 직원 괴롭힘이 있다.

9.3 소셜 쇼핑에 사용된 방법들을 찾아보자.

소셜 쇼핑은 전자상거래의 한 방법으로 소셜 네트워크의 모든 핵심적인 측면들—친구, 그룹, 투표, 댓글, 토론, 리뷰 등—을 취하여 쇼핑에 활용하는 것이다.

소셜 쇼핑 방법으로는 다른 쇼핑객이 말한 것; 공동 구매; 쇼핑 커뮤니티 및 클럽; 소셜 마켓플레이스 및 직접 판매; 그리고 동료들 간(P2P) 쇼핑이 있다.

9.4 소셜 네트워킹 사이트들을 광고와 시장조사를 위해 사용하는 혁신적인 방법들을 논의해보자.

소셜 광고는 사용자가 광고를 보는 사회적 상황을 활용하는 식의 광고 형태를 말한다.

소셜미디어를 통한 혁신적인 광고 방법으로는 다음과 같은 것들이 있다: 자사의 페이스북 페이지를 만듦; 고객들에게 비즈니스 성공 스토리를 트윗; 광고와 유튜브 비디오를 결합; 제품에 스폰서드 스토리와 함께 페이스북 "좋아요" 버튼을 추가.

- 시장조사를 위해 페이스북 사용하기: 광고 캠페인, 시장조사 등에 대해 페이스북 팬(및 가능하면 그들의 친구들)로부터 피드백을 받음; 메시지를 테스트; 페이스북을 설문조사 초대에 사용
- 시장조사를 위해 트위터 사용하기: 트위터 검색 사용; 트월로 사용; 트윗스탯 차트 사용
- 시장조사를 위해 링크드인 사용하기: 고객이 관심 있는 토픽이나 이슈에 대해 질문(예: 조언을 간청) 올리기

9.5 소셜 컴퓨팅이 고객 서비스를 어떻게 향상시키는지 설명해보자.

고객들이 지금은 말도 못하게 강해졌다. 기업들은 소셜 네트워크 회원들이 올린 부정적인 글들이 마음에 걸리기도 하고, 또 개선된 고객 서비스로 문제를 줄일 수 있도록 고객을 적극적으로 참여시킬 기회로 인식하기 때문에 소셜 컴퓨팅을 자세히 모니터링한다.

강력해진 고객들은 자신들 위해 대중과 커뮤니티의 지혜와 힘을 어떻게 이용해야 하는지를 알고 있다. 이런 고객들은 기업과 브랜드를 어떻게 대해야 하는지를 선택하고 그들의 기업에 대한 경험에 관한 기대를 높였다. 그들은 구매자로서뿐만 아니라 옹호자나 영향력 있는 인사로서 적극적으로 비즈니스에 참여하고 있다. 결과적으로 기업들은 고객에게 신속하고 적절하게 반응을 보여야 한다. 다행히도 소셜 컴퓨팅은 그런 일을 위해 기업들에 많은 기회를 제공하는데, 그래서 불만족스런 고객을 회사의 적극적 지원자로 바꾸는 기회를 제공하기도 한다.

9.6 인적자원관리 담당자가 소셜 컴퓨팅을 활용할 수 있는 다양한 방법에 대해 논의해보자.

- 채용: 채용 담당자나 일자리를 찾는 사람들 모두 채용 플랫폼으로서 온라인 소셜 네트워크로 모이고 있다. 회사 채용 담당자는 온라인 소셜 네트워크, 블로그, 및 기타 소셜 자원들을 스캐닝해 잠재적 직원들에 대한 정보를 찾고 파악한다. 구직자가 온라인에서 활발히 활동하면 이들을 채용 담당자가 볼 확률이 높아진다. 여기에 더해 소셜 네트워크에는 많은 덜 적극적인 구직자들—현재 직장이 있지만 더 나은 직장이 있으면 옮기려는 사람들—이 있다. 그래서 적극적 구직자와 소극적 구직자 모두 자신의 배경과 기술을 정확히 반영한 온라인 프로파일을 유지하는 것이 중요하다.
- 직원 개발: 인적자원관리자는 소셜 도구들을 직원들과 관계를 구축하는데 활용한다. 인적자원관리자가 이런 도구들 통해 직원들의 기술, 전문지식, 열정 등을 더 많이 알수록 직원들에게 더 잘 동기부여를 하여 이들이 자신의 일에 더 몰두하고, 흥미를 가지게 할 수 있다. 그러면 직원들은 자신의 전문지식에 대해 더 잘 보상을 받을 수 있다.

토의문제

1. 정보시스템 강의를 들은 적이 없는 사람에게 웹 2.0을 어떻게 설명하겠는가?
2. 자신이 기업의 CEO라면 자사에 대한 블로그에 관심을 가지겠는가? 근거를 들어 답해보자. 만약 관심을 가질 것이라면 몇몇 블로그가 다른 블로그에 비해 더 중요한가? 그렇다면 어떤 블로그가 더 중요한가? 자신의 기업과 관련된 블로그를 어떻게 찾을 수 있겠는가?
3. 이용하는 소셜 네트워킹 사이트가 있는가? 만약 그렇다면 그 이유는 무엇인가? 그렇지 않다면 사용하지 않는 이유는 무엇인가? 당신이 소셜 네트워킹 사이트에 절대 올리고 싶지 않는 콘텐츠가 있다면 무엇인가?
4. 기업들이 자신들의 비즈니스 프로세스에 도움을 주기 위해 소셜 컴퓨팅 기술 및 애플리케이션을 도입하는 가장 적절한 방법은 무엇인가?
5. 어떤 요인들이 개인, 직원, 기업이 소셜 네트워크를 사용하는데 조심하게 만드는가?
6. 광고 담당자들은 왜 소셜 네트워크에 관심을 갖는가?
7. 기업들은 지원들이 소셜 네트워크를 사용하는데 어떤 제한 규정이나 가이드라인을 설정해야 하는가? 이들 소셜 컴퓨팅 사이트들이 보안에 위협이 되는가? 기업의 평판에 손상을 줄 수 있는가? 만약 그렇다면, 왜 그런가? 이들이 기업의 평판을 향상시킬 수도 있는가? 만약 그렇다면 왜 그런가?
8. 마케팅 담당자들은 왜 소셜 네트워킹에 관심을 갖는가?
9. 인적자원관리 담당자들이 소셜 네트워킹에 관심을 갖는 이유는 무엇인가?

문제해결활동

1. 프로그래머블웹(www.programmableweb.com)을 찾아가 웹 사이트가 제공하는 여러 가지 서비스에 대해서 학습해보자. 매시업을 어떻게 만드는지 파악하고 당신 자신의 매시업을 제안해보자. 수업 시간에 당신의 매시업을 발표해보자.
2. 아마존의 메커니컬 터크 웹 사이트(www.mturk.com)을 찾아보자. 가능한 HIT(Human Intelligence Task)들을 파악해보자. 이들 중 약간의 돈을 벌기 위해 관심이 가는 HIT가 있는가? 왜 그런가? 혹은 그렇지 않은가?
3. 판도라(www.pandora.com)를 찾아보자. 이 사이트가 왜 소셜 네크워킹 사이트인가?
4. 챗룰렛(www.chatroulette.com)을 찾아보자. 이 소셜 네트워킹 사이트에서 관심을 끄는 부분이 무엇인가?
5. 검색엔진을 사용하여 다음에 대해서 알아보자.
   - 가장 인기 있거나 많은 사람들이 찾은 블로그, 2개의 블로그를 골라 올린 글들을 살펴보자. 왜 그 블로그가 인기가 있다고 생각하는가?

- 최고의 블로그. 디테일드닷컴(Detailed.com)의 50개 최고의 블로그 목록을 사용해보자(www.detailed.com/50/). 2개의 블로그를 골라 올린 글들을 살펴보자. 왜 그 블로그가 '최고의 블로그'가 되었다고 생각하는가?

6. 어떻게 하면 성공적인 블로거가 될 수 있는지 조사해보자. 성공적인 블로거가 되기 위한 조건은 무엇인가? 성공적인 블로거들은 얼마나 자주 글을 올리는가?

사례

스냅챗 이야기

MKT MIS

2011년에 설립된 스냅챗(Snapchat)은 이미지, 메시징 및 멀티미디어 모바일 애플리케이션이다. (2016년 창립자들은 회사명을 스냅(Snap; www.snap.com)으로 변경했다.) 스냅챗 앱은 이미지, 비디오, 커뮤니케이션 및 엔터테인먼트를 통합한다.

원래 스냅챗은 사라지기 전에 짧은 시간 동안만 사진과 메시지를 볼 수 있는, 사적인 개인 대 개인 사진공유 기능을 제공했다. 그러다가 2017년 5월 스냅챗은 기존의 10초 최대 지속시간을 없애고 보는 시간제한 없이 스냅을 보낼 수 있게 했으며 수신자가 의도적으로 닫으면 수신된 내용이 사라지게 했다. 그 다음 달 스냅챗은 사용자가 스냅에 대한 링크를 추가하여 사진을 본 사람들을 특정 웹 사이트로 안내할 수 있도록 했다.

사람들은 스냅이라고 하는 멀티미디어 메시지를 생성하기 위해 주로 스냅챗을 사용한다. 스냅은 사진 또는 짧은 비디오로 구성될 수 있으며 필터 및 효과, 텍스트 캡션 및 그림이 포함되도록 편집할 수 있다. 시간이 지남에 따라 스냅챗에는 많은 새로운 기능이 추가되었다. 이러한 기능과 스냅이 일부 기능에서 어떻게 수익을 창출하는지 살펴보자.

마이스토리(My Story)

2013년 10월에 도입된 이 기능을 사용하면 모든 친구가 액세스할 수 있는 시간순 스토리라인으로 스냅을 편집할 수 있다. 기본적으로 마이스토리는 사용자의 하루를 캡처하고 24시간 동안 지속되는 이미지와 비디오 모음이다.

2014년 6월 스냅챗은 이 기능을 라이브스토리로 변경했다. 이 기능을 사용하면 음악 축제 및 스포츠 이벤트와 같은 특정 이벤트가 벌어지는 장소에 있는 사용들이 모든 사용자에게 광고되는 큐레이트된 스토리에 스냅을 올릴 수 있게 해 해당 이벤트를 여러 측면과 관점에서 볼 수 있게 한다. (콘텐츠 큐레이션은 특정 주제 또는 관심 영역과 관련된 가장 정확한 정보를 찾아, 정리하여, 공유하는 작업이다.) 2017년 5월까지 스냅은 스냅챗의 라이브스토리 및 커스텀스토리(Custom Stories(그 달에 도입됨))를 통해 볼 수 있는 독창적인 쇼를 개발하도록 NBC유니버셜(NBCUniversal), A&E 네트워크(A&E Networks), BBC, ABC, 메트로-골드윈-메이어(Metro-Goldwyn-Mayer) 및 기타 콘텐츠 제작자와 계약했다.

스냅챗은 라이브스토리 내에 광고 게재를 판매한다. 또는 스폰서가 스토리를 광고할 수 있다. 업계 분석가들은 라이브스토리가 24시간 동안 평균 2천만 명의 시청자에게 노출되는 것으로 추정한다. 2015년 9월, 스냅챗은 내셔널풋볼리그(NFL)와 콘텐츠를 제공하고 광고판매에 협력하여 일부 경기에 라이브스토리를 서비스하는 파트너십을 체결하였다. 마찬가지로 2016년 4월 NBC 올림픽(NBC Olympics)은 2016년 하계올림픽의 소식들을 미국의 스냅챗에 게재할 수 있도록 합의했다.

지오필터

2014년 7월에 도입된 지오필터(Geofilters)를 사용하면 사용자가 도시, 이벤트 또는 목적지와 같은 특정 지리적 위치에 있는 경우 그래픽 오버레이(지도 위에 표시하는) 형태의 위치 기반 이미지 향상 기능을 사용할 수 있다. 스냅챗은 광고사업을 확장하기 위해 지오필터를 개발했다. 2017년 4월, 스냅은 외부 광고 파트너가 자사 광고문구가 들어간 지오필터를 판매하고 관리할 수 있도록 허용하기 시작했으며, 이를 통해 스냅챗 사용자는 특정 위치에 있는 사진과 비디오에 특수 필터를 적용할 수 있다. 예를 들어, 이 제품의 초기 맥도날드는 사용자들이 스냅챗에서 미국 내 자사 매장 모습이 들어간 사진이나 비디오를 꾸미는 지오필터에 비용을 지불했다.

외부 파트너가 비디오 광고와 함께 스폰서한 지오필터에 대한 분석 정보를 구매, 관리 및 보고할 수 있도록 함으로써 스냅의 지오필터 방식은 빠르게 광고주를 유치했다. 스냅은 사람들이 결혼식 및 생일파티와 같은 이벤트에 대한 사용자 지정필터를 어떻게 만드는지 그 방법을 보여줌으로써 유료 주문형 지오필터를 소비자 지향적인 기능이라고 홍보한다. 스냅은 웨딩와이어(WeddingWire), 훗수이(Hootsuite), 이벤트팜(Eventfarm) 및 모멘트피드(MomentFeed)와 같은 웹 사이트를 통해 주문형 지오필터를 판매한다.

2017년 4월, 스냅챗은 지오스티커를 사용하는 기업이 사용자가 관련 지오스티커를 본 후 7일 이내에 제품을 구매하거나 매장을 방문하는지 추적할 수 있는 스냅투스토어(Snap to Store)라는 광고 도구를 도입했다. 스냅은 스폰서된 지오필터를 통해 얼마나 많은 돈을 벌었는지 공개하지 않았으며 이 지오필터 형식의 가격은 기간과 위치에 따라 다르다.

스냅캐시

2014년 11월에 도입된 스냅캐시(Snapcash)는 사용자가 개인 메시지를 통해 서로 돈을 주고받을 수 있도록 했다. 스퀘어(www.squareup.com)는 이 지급결제시스템을 지원했다. 스퀘어는 샌프란시스코에 본사를 둔 금융서비스 및 모바일 지급결제회사이다.

2018년 8월 30일 스냅은 스냅캐시를 종료했다. 이 앱으로 인해 법적 책임을 질 수 있기 때문이다. 첫째, 개인대개인(P2P) 결제 분야에서 벤모(Venmo), 페이팔(PayPal), 젤리(Zelle), 스퀴어 캐시(Square Cash) 등과의 경쟁이 치열했다. 또한 트위터에서 '스냅캐시'를 검색한 결과 스냅캐시를 통한 지불 대가로 성인 콘텐츠를 많이 제공하는 것으로 나타났다.

디스커버

2015년 1월에 도입된 디스커버(Discover)는 뉴스피드 기능을 하는 스냅챗의 페이지이다. 버즈피드(BuzzFeed), 내셔널지오그래픽(National Geographic), CNN, ESPN, 매셔블(Mashable), 피플(People), 바이스(Vice) 및 스냅챗 자신을 비롯한 주요 게시자의 콘텐츠를 광고와 함께 볼 수 있다.

디스커버는 유료 광고를 허용한다. 광고 캠페인을 판매하는 조직은 스냅챗과 파트너 간의 수익 분배를 다양하게 정한다. 이러한 광고는 조회당 10~15센트의 가치가 있는 것으로 추정된다. 이런 광고는 사람들이 하루에 50만 번에서 100만 번 본 것으로 추정된다.

디스커버는 사용자가 특정 스토리에 대해 자세히 알아보기 위해 손가락을 화면에 댄 후 위로 일직선으로 드래그하는(즉, 스와이프 업하는) 아이디어를 도입했다. 그리고 스냅챗은 소비자가 더 많은 콘텐츠를 보기 위해 스와이프 업을 허용하는 스냅애즈(Snap Ads; 2017년 8월)를 출시했다.

렌즈

2015년 9월에 도입된 렌즈(Lens) 기능을 사용하면 사용자가 얼굴 인식 기술을 사용하여 스냅에 실시간 효과를 추가할 수 있다. 사용자는 뷰파인더 내에서 얼굴을 길게 눌러 이 기능을 활성화한다. 2015년 10월, 스냅챗은 스폰서된 렌즈 필터를 만들기 위해 여러 회사들과 협력하기 시작했다. 2016년 5월 엑스맨 아포칼립스 홍보 캠페인의 일환으로 20세기 폭스사는 하루 동안 엑스맨 시리즈와 영화의 등장인물을 기반으로 한 새로운 렌즈들로 전체 렌즈를 교체하는 비용을 지불했다.

광고문구가 들어간 렌즈는 디즈니, 맥도날드, 스타벅스 등 세계 최고의 브랜드 마케터들을 사로잡은 스냅의 광고상품이다. 예를 들어, 멕시코 명절인 씽꼬 데 마요를 위해 타코벨은 사람들의 머리를 거대한 타코로 바꾸는 필터를 출시했다. 타코벨은 필터에 50만 달러에서 75만 달러를 지불했으며 하루에 2억 2,400만 번 조회되었다. 이러한 노출은 슈퍼볼 광고의 10분의 1 가격이며 조회수는 2배이다. 또한 스냅챗 시청자는 텔레비전 시청자와 달리 이런 광고를 적극적으로 사용하고 공유하며 즐기고 있다.

2018년 10월, 스냅은 데스크톱용으로 설계된 무료 애플리케이션인 스냅카메라(Snap Camera)를 출시하여 누구나 컴퓨터를 사용하면서 스냅챗 렌즈를 경험할 수 있다. 이 기능에는 로그인 옵션이 없기 때문에 사용자는 스냅카메라를 사용하기 위해 스냅챗 계정이 없어도 된다.

오피셜 스토리즈

2015년 11월에 도입된 오피셜 스토리즈(Official Stories)는 트위터의 '인증 계정' 프로그램과 유사한 유명인 및 유명인의 공개 스토리를 전달한다.

메모리즈

2016년 7월에 도입된 메모리즈(Memories)를 사용하면 사용자가 개인 저장 영역에 스냅 및 스토리 게시물을 저장할 수 있으며, 여기에서 해당 장치에 저장된 다른 사진과 함께 볼 수 있을 뿐만 아니라 스냅, 스토리 게시물 또는 메시지로 편집 및 게시할 수 있다.

지오스티커즈

2016년 8월에 도입된 지오스티커즈(Geostickers)를 사용하면 사용자가 특정 도시 관련 스티커를 스냅 및 메시지로 보낼 수 있다.

스펙터클즈

2016년 11월에 도입된 스펙터클즈(Spectacles)를 사용하면 스냅챗 앱을 원형의 10초 동영상을 촬영하는 선글라스 카메라에 설치할 수 있다. 스냅은 구글 글라스와 달리 사람들이 실제로 스펙터클즈(Specs라고 함)를 착용하고 싶어한다고 주장한다. 스펙터클즈를 사용하면 즉흥적인 순간을 포착하기 위해 주머니에서 휴대폰을 꺼낼 필요가 없다. 스펙터클즈가 처음에 휴대전화와 페어링되면 알림 없이 첫 번째 스냅을 촬영한다. 그 후 프레임을 탭하면 녹화가 시작된다.

월드 스티커즈

2017년 4월에 도입된 월드 스티커즈(World Stickers)를 사용하면 모든 풍경에 증강현실 요소를 추가할 수 있다. 제품 출시 당시 사용할 수 있는 요소에는 구름, 무지개, 꽃 및 떠 있는 "OMG(oh my god)" 텍스트 문구가 있다. 이러한 요소는 매일 바뀐다.

커스텀 스토리즈

2017년 5월에 도입된 커스텀 스토리즈(Custom Stories)를 사용하면 스냅을 결합하여 사용자들이 공동으로 스토리를 제작할 수 있다.

스냅 맵

2017년 6월에 도입된 스냅 맵(Snap Map)은 사용자에게 친구와 위치를 공유할 수 있는 옵션을 제공한다.

크라우드 서프

2017년 8월에 도입된 크라우드 서프(Crowd Surf)는 기계학습을 사용하여 아워스토리(Our Story)에 제출된 스냅을 크라우드 서프라는 매끄러운 비디오로 통합한다. 라이브 이벤트 경험을 제공하기 위한 이 기능은 타임스탬프 및 지리적 위치 정보를 기반으로 스냅을 통합한다. 사용자는 화면 하단에 있는 버튼을 탭하여 시청 경험을 방해하지 않고 관점을 변경할 수 있다.

크라우드 서프의 출시는 스냅챗에 대한 사용자 참여 및 수익 기회 증가로 이어질 것이다.

- 이 기능은 아워스토리에 대한 조회수를 늘리는 데 도움이 될 수 있으며, 이는 다시 광고수익을 창출할 수 있다.
- 이 기능은 아워스토리와 인스타그램 스토리즈를 구분하는 데 도움이 된다. 인스타그램에는 크라우드 서프와 유사한 기능이 없으며 페이스북은 아직 편집 큐레이션을 제공하지 않는다. 콘텐츠 큐레이션은 특정 주제와 관련된 가장 정확한 정보를 찾고, 구성하고, 공유하는 프로세스이다.
- 이런 차이점은 페이스북의 인스타그램 앱이 스냅챗보다 더 빠르게 사용자를 확장했기 때문에 중요하다. 2019년 6월에 스냅챗은 약 1억 9,100만 명의 일일 사용자를 보유했으며 인스타그램 스토리즈는 약 5억 명의 일일 사용자를 보유했다.
- 스냅챗은 아티스트, 대규모 음악 축제 및 크라우드 서프에 소개될 경기장과 파트너십을 맺었다. 스냅챗은 광고가 게재되는 스토리에서 이벤트를 보도록 사용자를 끌어들였다. 아티스트, 음악 축제 또는 경기장은 광고수익의 일부를 받고 스냅챗의 1억 9,100만 일일 사용자에게 노출된다. 이 수익창출 방식은 거의 모든 스냅챗의 수익이 광고에서 발생한다는 점을 감안할 때 스냅챗에게 중요하다.

새로운 데이터 기업과의 파트너쉽

2018년 7월, 스냅은 언론인이 속보를 찾고, 확인하고, 공유할 수 있도록 뉴스 데이터 기관과 파트너십을 시작했다. 스냅은 뉴스휩(NewsWhip; www.newswhip.com), 스토리풀(Storyful; www.storyful.com), 샘데스크(SAM Desk; www.samdesk.io) 및 태그보드(TagBoard; www.tagboard.com)에게는 공개된 스냅에 대한 접근 권한을 부여했다. 이러한 서비스에 가입한 미디어 조직은 공개 페이스북 및 트위터 게시물에 액세스하는 것과 동일한 방식으로 공개 스냅챗 스토리에 액세스할 수 있다. 이러한 이야기를 다른 플랫폼에 게시함으로써 스냅은 더 많은 청중에게 다가갈 수 있고 더 많은 사람들이 스냅에 가입하도록 유도할 수 있다.

2017년 3월, 스냅은 기업공개(IPO)를 했다. 스냅 주식은 주당 24달러에서 거래를 시작했으며 거래 첫날 24.48달러로 마감했다. 24달러의 주가는 스냅의 시가총액을 약 330억 달러로 늘렸다. 2017년 말, 스냅은 한 해 동안 34억 달러의 손실을 보고했다. 흥미롭게도 2017년 11월 중국 기술회사인 텐센트는 스냅의 지분 12%를 인수했다.

2018년 5월 2일 스냅은 사상 최악의 분기를 맞았다. 2018년 5월 4일 스냅 주식은 사상 최저치인 10.79달러에 거래되었다. 이러한 좋지 않은 결과는 CEO인 이반 스피겔(Evan Spiegel)이 2017년에 6억 3,700만 달러의 주식을 포함하여 약 6억 3,800만 달러의 보너스를 받은지 몇 달 만에 발생했다.

또 다른 문제는 2018년 2월에 스냅이 애플리케이션을 덜 복잡하게 만들기 위한 스냅챗 재설계를 발표했을 때 발생했다. 이러한 발표는 역풍을 맞아 재설계로 인해 스냅챗이 사용하기에 혼란스럽다는 이유로 100만 명이 넘는 사용자가 체인지(Change.org)에서 이의 취소를 요구하는 청원에 서명했다. 스냅은 사용자의 말을 듣기보다는 이들이 재설계에 익숙해질 것이라고 말했다. 2018년 5월, 스냅은 재설계의 일부를 원상복귀시킬 것이라고 말했다.

이러한 문제 외에도 회사는 치열한 경쟁에 직면해 있다. 페이스북 소유 앱 인스타그램 및 왓츠앱은 스냅챗과 유사한 기능을 모방하여 개선했다. 다음 예를 생각해보자.

- 스냅챗의 스토리 기능을 사용하면 사용자가 동영상이나 사진을 24시간 동안 업로드한 후 사라지게 할 수 있다. 2018년 5월, 스냅챗스토리의 전 세계 일일 활성 사용자(DAU)는 1억 9,100만 명이었다. 윗츠앱의 유사한 앱에는 4억 5천만 DAU가 있었고 인스타그램 스토리즈의 DAU는 3억 명이 넘었다.
- 페이스북은 스냅챗의 지오필터를 모방하여 인스타그램과 페이스북에 특정 위치 기반 카메라 프레임을 도입하고 있다.

또 다른 경쟁자인 스노우(Snow)는 일본과 한국에서 가장 인기 있는 사진 및 비디오 앱이며 중국 최고의 멀티미디어 앱 중 하나이다. 스노우가 2015년 9월에 출시되었을 때 스냅챗은 4살이었고 아시아에서 사용할 수 있었지만 큰 인기를 얻지 못했다. 그 빈자리를 스노우가 채웠다.

스노우는 한국 최대 웹 포털인 네이버(www.navercorp.com) 및 일본 기반의 네이버가 소유한 메시징 앱인 라인과의 긴밀한 협력을 통해 이익을 내고 있다. 또한 스노우는 사용자에게 현지 취향에 맞는 디지털 그래픽을 제공한다. 스노우는 현재 약 1,500개의 스티커와 렌즈, 50개의 배경 필터를 보유하고 있으며, 이는 스냅챗보다 많다. 또한 스노우는 매일 새 버전을 업로드한다. 스노우는 또한 사용자가 앱에서 만든 이미지를 한국의 페이스북, 인스타그램, 트위터, 위챗, 라인, 카카오톡과 같은 주요 소셜 네트워크 사이트에 직접 업로드할 수 있도록 한다.

2016년 9월 스노우는 중국에서만 사용자가 사진과 동영상을 촬영하고 편집할 수 있도록 하는 스노우 카메라(Snow Camera)라는 중국 전용 앱을 출시했다. 소셜 네트워크에서 스노우 카메라 이미지를 공유하려는 사람들은 자신의 앱을 위챗과 연결해야 한다. 인스타그램과 스냅챗을 포함한 서구 경쟁업체가 중국에서의 운영이 차단된 반면, 스노우는 이러한 방식으로 중국에서도 서비스할 수 있었다.

그 결과, 2019년 1분기에 스냅은 1억 9,100만 명의 일일 활성 사용자와 3억 2,000만 달러의 광고 수익을 올렸다.

출처: Compiled from J. Constine, "Snapchat Will Shut Down Snapcash, Forfeiting to Venmo," *TechCrunch*, July 22, 2018; R. Reints, "A New Snapchat Initiative Will Help Journalists Find and Verify Breaking News," *Fortune*, July 17, 2018; P. Cohan, "Snap Will Keep Falling Unless Apple or Google Buys It, Says Wharton Professor," *Forbes*, June 14, 2018; P. La Monica, "The Worst May Be over for Snapchat," CNN Money, June 1, 2018; N. Walters, "Snap Hits All-Time Low Months after CEO Evan Spiegel Gets $637 Million Bonus," *The Motley Fool*, May 16, 2018; M. Castillo, "Snap Plunges after Missing on Revenue and Daily Active Users," CNBC, May 1, 2018; S. Mukherjee and M. Vengattil, "China's Tencent Takes 12 Percent Stake in Snap as Shares Plunge," Reuters, November 8, 2017; K. Tran, "Snap Launches 'Crowd Surf' Stories Feature," *Business Insider*, August 16, 2017; A. Heath, "Snapchat Wants to Grow Its Ad Business by Making It Easier to Buy Geofilters," *Business Insider*, April 24, 2017; A. Carman, "Snapchat Advertisers Can Now Track Whether Custom Geofilters Get You to Buy Their Product," *The Verge*, April 13, 2017; L. Johnson, "Snap Advertisers Can Now See if Their Ads Increase Foot Traffic," *AdWeek*, April 12, 2017; M. Wilson, "Snap: For Bringing Crackle and Pop to a New Way of Seeing the World," *Fast Company*, March, 2017; Y. Kim and E. Woyke, "Messaging App Sweeping Asia Could Blunt Snapchat's Global Ambitions," *MIT Technology Review*, March 1, 2017; A. Heath, "Facebook Is Copying Snapchat's Geofilters by Letting People Make Their Own Camera 'Frames'," *Business Insider*, December 8, 2016; L. Johnson, "20th Century Fox Buys First Snapchat Lens Takeover Ad," *AdWeek*, May 23, 2016; A. Heath, "Snapchat Is Changing How People Celebrate Major Events," *Business Insider*, May 16, 2016; A. Heath, "Snapchat Now Lets Anyone Pay to Create a Geofilter," *Business Insider*, February 22, 2016; A. Carr, "I Ain't Afraid of No Ghost!" *Fast Company*, November, 2015; K. Wagner, "Snapchat's Money Train Gains Steam with New Sponsored Lenses Ad," *Recode*, October 30, 2015; K. Wagner, "Snapchat Inks NFL Deal to Bring Football into Its Live Stories," *Recode*, September 17, 2015; K. Wagner, "Snapchat Is Making Some Pretty Serious Money from Live Stories," *Recode*, June 17, 2015; F. Tepper, "Snapchat Turns Geofilters into an Ad Unit," *TechCrunch*, June 16, 2015; P. Dave and D. Pierson, "Cheap Content, Growing Reach Make Snapchat a Fast-Rising Star," *Los Angeles Times*, April 16, 2015; A. Shontell, "Advertisers Are Supposedly Paying Insanely High Rates to Get Their Ads on Snapchat," *Business Insider*, March 12, 2015; A. Chowdhry, "Snapchat's New 'Discover' Feature Has Content from ESPN, CNN, Food Network, and Others," *Forbes*, January 28, 2015; and www.snap.com, accessed September 22, 2018.

질문

1. 스냅이 스냅챗 앱에 이렇게 많은 기능을 빠르게 추가한 이유는 무엇인가?
2. 이러한 치열한 경쟁 속에서 스냅은 과연 살아남을 수 있을까? 없을까? 그 이유는 무엇인가? 당신의 답변을 뒷받침하는 구체적인 예를 제시해보자.
3. 스냅의 지속적인 생존을 위해 스냅챗의 어떤 기능이 가장 가치 있다고 생각하는가? 왜 그런가?

10장 조직 내 정보시스템

장의 구성

학습목표

10.1 거래처리시스템의 목적을 설명해보자.

10.2 조직의 각 기능영역을 위해 정보시스템이 무엇을 지원하는지 설명해보자.

10.3 ERP(전사적 자원관리)시스템을 도입하는 것의 장점과 단점을 제시해보자.

10.4 ERP시스템이 지원하는 세 가지 주요 비즈니스 프로세스에 대해 설명해보자.

백야드 어드벤처스가 재고관리를 위해 재고 정보를 공유하다

POM

재고관리는 모든 기업과 산업에서 공통적인 주제이다. 사업을 하는 사람들은 일반적으로 한 번에 하나씩 항목을 수작업으로 확인하는 과정을 거쳐야 하기 때문에 '재고'라는 단어를 두려워한다. 동시에 그들은 재고를 보유하고 관리하지 않으면 조직에서 현금이 새나간다는 것을 알고 있다. 레스토랑에서부터 소매업체까지, 그리고 중소기업에서부터 글로벌 대기업에 이르기까지 기업은 재고를 고민하고 관리하며 계획해야 한다. 그러나 재고의 공급업체와 유통업체의 구조가 크고 복잡할수록 이 작업은 더 어려워진다.

2007년 텍사스주 애머릴로(Amarillo)에 설립된 백야드 어드벤처스(Backyard Adventures)는 전국 딜러 네트워크를 통해 모듈식 놀이기구 세트를 제작 및 판매한다. 고객은 그네, 슬라이드, 피크닉 테이블, 암벽, 공중 그네 바, 일광욕용 데크 및 크롤링 튜브들로 놀이기구 세트를 구성하여 자신들이 원하는 대로 조립할 수 있다. 고객들은 백야드 어드벤처스 웹 사이트를 활용하여 가장 가까운 딜러를 빠르게 찾고 놀이기구 시리즈를 선택하고 옵션을 추가하고 액세서리를 더하면 자신이 원하는 놀이터를 완성할 수 있다.

65개 이상의 유통업체로 구성된 광범위한 네트워크로 인해 백야드 어드벤처스는 재고관리와 관련된 수많은 문제에 직면했다. 각 딜러가 놀이기구 시리즈, 옵션 또는 액세서리의 가능한 모든 조합을 재고로 보유하는 것은 불가능하다. 그러나 동시에 각 딜러는 전국 네트워크에 있는 모든 품목에 접근할 수 있어야 했다. 또한 효율적으로 운영하기 위해 각 유통업체는 내부 재고에 대한 정보를 다른 유통업체와 공유할 수 있는 정보시스템을 구현해야 했다. 이런 방식을 통해 유통업체들은 고객에게 가장 가까이에 있는 품목을 찾을 수 있다. 백야드 어드벤처스는 유통 네트워크 전반에 걸쳐 이러한 원활한 운영을 선택하고 생성하는 데 앞장서고 있다.

자신들의 유통업체들과 상의한 후 백야드 어드벤처스는 특히 창고 및 제조 환경을 지원하는 매우 강력한 재고관리시스템인 피쉬볼(Fishbowl)을 도입하기로 결정했다. 피쉬볼은 유통채널의 모든 당사자가 재고가 있는 품목을 찾을 수 있도록 많은 재고관리 프로세스들을 간소화한다. 또한 이 솔루션은 백야드 어드벤처스가 이미 사용하고 (또한 거래 유통업체들도 사용하고) 있던 중소기업용 회계관리 소프트웨어인 퀵북(QuickBook)과 통합된다.

퀵북과의 통합을 통해 백야드 어드벤처스는 재고수준 이상의 정보를 얻을 수 있다. 이제 유통 네트워크 전반에 걸쳐 재고에 저장된 품목을 찾아 비용을 추적하고 수익성을 보다 포괄적으로 파악할 수 있다. 백야드 어드벤처스의 특수영업 및 마케팅 담당 부사장인 크리스 코너스는 다음과 같이 말했다. "수년 내 피쉬볼은 회사의 재고관리를 완전히 바꾸어 놓았다. 이 시스템에는 재고관리를 보다 쉽게 하는 여러 기능들이 있다."

백야드 어드벤처스는 사전 설정된 재고 임계값을 기반으로 주문을 자동화할 수 있어, 이런 업무로부터 자유로워진 직원들은 회사의 다른 부분에 더 신경을 쓸 수 있다. 코너스는 추가로 "피쉬볼과 퀵북을 사용하여 더 짧은 시간에 더 정확하게 고객 작업을 완료할 수 있어… 모든 사람의 시간을 절약할 수 있다"라고 설명했다.

백야드 어드벤처스의 경우 원활한 재고관리시스템을 선택하고 구현하는 것은 단순히 재고를 추적하는 것 이상이었다. 오히려 조직 전체와 전체 유통채널의 운영 효율성을 개선하는 것이었다.

출처: Compiled from C. Campbell, "Warning: You're Losing Money by Not Using These 8 Inventory Management Techniques," *shopify.com/blog*, April 7, 2017; R. Preston, "Report, Tech-Based Cost Controls Critical for Restaurants," *Forbes*, July 11, 2016; S. Banker, "Proctor & Gamble's Futuristic Control Tower Environment," *Forbes*, July 1, 2015; P. Rosenblum, "How Walmart Could Solve Its Inventory Problem and Improve Earnings," *Forbes*, May 22, 2014; G. Keliher, "Moving beyond QuickBooks Advanced Inventory with Fishbowl Inventory," *AccountEX Report*, July 11, 2013; www.fishbowlinventory.com/case-studies/backyard-adventures, https://www.bloomberg.com/research/stocks/private/snapshot.asp?privcapId=33382921 and https://www.fishbowlinventory.com/about/; https://reviews.financesonline.com/p/fishbowl (all accessed September 17, 2018).

질문

1. 재고에 대한 효과적인 통제를 유지하는 것이 기업에 왜 그렇게 중요한가?
2. 백야드 어드벤처스가 재고관리시스템으로 피쉬볼을 선택하게 된 요인은 무엇인가? 이러한 요인들이 왜 중요하다고 생각하는가?
3. 백야드 어드벤처스는 피쉬볼 솔루션을 구현함으로써 어떤 이점을 얻었는가?

서론

도입사례는 조직의 성공에서 정보기술이 핵심적인 역할을 한다는 것을 보여준다. 도입사례가 예시하듯 정보시스템 없이는 효과적인 재고관리가 불가능하다. 정보시스템이 없는 곳이 없으며 이들은 조직에 수많은 경로로 영향을 미친다. 정보시스템들이 주로 대기업 환경에서 논의되지만 도입사례가 보여주듯 이들은 또한 중소기업에서도 핵심적인 역할을 한다.

조직 내 시스템들을 조직 자체가 소유할 필요가 없다는 점을 인식하는 것이 중요하다. 대신에 조직은 외부 벤더들이 소유한 매우 생산적인 정보시스템을 활용할 수도 있다. 핵심적인 포인트는 조직 내 시스템들은 소유자가 누구인지 상관없이 내부 프로세스들을 지원하는 데 목적이 있다는 점이다.

여러 이유로 조직이 보유한 정보시스템에 대해 유용한 지식을 가지고 있는 것은 중요하다. 첫째, 업무 자체가 회사의 거래처리시스템과 전사적 자원관리시스템에서 제공하는 데이터를 사용할 수밖에 없을 것이다.

둘째, 이런 시스템들로부터 당신이 받는 보고서의 포맷과 내용을 위해 당신도 상당히 많은 일을 해야 한다. 셋째, 이런 보고서들에 있는 정보를 활용해 업무를 더 생산적으로 수행할 수 있을 것이다.

이 장에서는 현대 조직이 활용하고 있는 여러 가지 정보시스템에 대해 학습한다. 가장 기본적인 조직의 정보시스템인 거래처리시스템을 살펴보는 것으로 이 장을 시작한다. 그리고 기능별 경영정보시스템을 살펴보고, 마지막으로 전사적 자원관리시스템을 학습한다.

10.1 거래처리시스템(TPS)

매일 모든 기업에서는 수백만 건(심지어 수십억 개)의 거래가 발생한다. **거래**(transaction)란 취득할 가치가 있어 데이터베이스에 저장하는 데이터를 생성하는 비즈니스 이벤트를 말한다. 거래의 예로는 제조된 상품, 판매된 서비스, 고용된 직원, 발행된 수표 등이 있다.

거래처리시스템(TPS: transaction processing system)은 데이터를 생산하는 조직의 기본적인 비즈니스 거래로부터 데이터를 모니터링, 수집, 저장, 처리한다. TPS는 계속해서 데이터를 수집하는데 특히 실시간—데이터가 생성되는 즉시—으로 기업 데이터베이스의 입력물이 된다.

현대의 비즈니스 세계에서는 거래처리시스템의 데이터는 기능영역 정보시스템, 의사결정지원시스템(decision support systems), 고객관계관리시스템(customer relationship management systems), 지식경영(knowledge management), 전자상거래의 원천 데이터가 된다. TPS는 많은 거래량과 심한 변동 상황(예: 피크 시간대)을 효율적으로 처리할 수 있어야 한다. 더욱이 오류와 시스템 다운이 발생하면 안 되고, 결과를 정확하고 안전하게 기록하며, 프라이버시 보호와 보안을 유지해야 한다. 그림 10.1은 TPS가 어떻게 데이터를 처리하는지를 보여준다. 거래 데이터의 복잡성을 TPS가 어떻게 다루는지에 대한 다음의 예들을 생각해보자.

그림 10.1

거래처리시스템(TPS)의 데이터 처리 과정

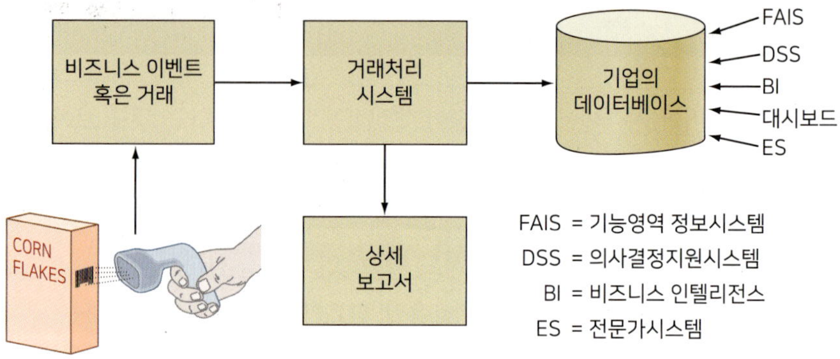

- 여러 사람이나 프로그램들이 동시에 데이터베이스에 접근할 때, 그 데이터베이스는 중복되는 업데이트 때문에 발생하는 오류로부터 보호되어야 한다. 가장 일반적인 오류는 일부 업데이트의 결과를 상실하는 것이다.
- **MIS** 거래를 위해 1개 이상의 컴퓨터가 사용되면 데이터베이스와 모든 사용자들은 어떤 시점, 어떤 컴퓨터의 문제로 인한 비일관성으로부터 보호되어야 한다. 예를 들어 은행 현금지급기에서 고객의 현금 인출 중 발생한 에러로 은행의 컴퓨터에 고객이 현금을 받지 못한 것으로 나타나지만 실제로 그 고객은 현금을 받을 수도 있다. (반대로 은행 컴퓨터에는 고객이 현금을 받은 것으로 나타나지만, 실제 고객은 현금을 받지 못할 수도 있다.)
- **ACCT** 만약 오류가 있다면 거래는 완전히 번복 가능해야 한다. 구매한 물건을 반환할 때도 역시 거래를 되돌리는 것이 필요하다.
- 때때로 감사 추적(audit trail) 내용을 보존하는 것이 중요하다. 사실 특정 거래에 대해서는 감사 추적이 법적으로 의무사항이다.

이런 이슈들과 유사한 이슈들로 해서 조직들은 수백만 달러를 비싼 메인프레임 컴퓨터 도입에 지출한다. 오늘날의 경영 환경에서 기업들은 조직의 거래 처리 규모를 감당할 성능을 보유한, 믿을 수 있고 신뢰할 수 있는 컴퓨터가 있어야 한다.

TPS에서 처리되는 특정 데이터와 상관없이 제조업체건, 서비스업체건, 정부조직이건, 그 처리가 어디서 이루어지든지 실제 프로세스는 거의 표준화되어 있다. 우선 데이터가 사람이나 센서로부터 수집되고 입력 장치에 의해 컴퓨터에 입력된다. 일반적으로 보면 거래되는 규모가 크기 때문에 기업들은 소스 데이터 자동화(source data automation)라는 프로세스로 가능한 많은 부분의 TPS 데이터 입력을 자동화한다.

다음으로 시스템은 일괄 처리와 온라인 처리라는 두 가지 기본적인 방법 중 한 방법으로 데이터를 처리한다. **일괄 처리(batch processing)**는 거래가 발생할 때마다 이들로부터의 데이터를 수집해 한 묶음(batch)로 일단 분류한다. 그 다음 시스템은 정기적으로(예: 매일 밤마다) 작업준비를 거쳐 이들을 처리한다.

온라인 거래 처리(OLTP: online transaction processing)에서는 거래가 발생하는 즉시 바로 처리된다. 예컨대, 상점에서 물건을 구매하고 결제하면 온라인 기술을 이용해 실시간으로 시스템이 재고물량의 수를 하나 줄이고, 고객이 구매한 금액만큼 상점의 현금 잔액을 늘리며, 각 제품의 판매량을 하나 추가한다. 이 시스템은 이러한 일들을 온라인 기술들을 이용해 실시간으로 처리한다.

확인하고 넘어가기

1. TPS를 정의해보자.
2. TPS의 주요 기능들을 서술해보자.

10.2 기능영역 정보시스템(FAIS)

조직 내 각 부서나 기능영역은 자체적인 응용 프로그램이나 정보시스템들을 보유하고 있다. 이런 **기능영역 정보시스템**(FAIS: functional area information systems)은 각 영역의 내부 효율성과 효과성을 증진시켜 조직 내 특정 기능영역을 지원한다. FAIS는 이 장의 뒤에서 소개되는 여러 종류의 보고서를 만들어낸다. FAIS의 예로는 회계 정보시스템, 재무 정보시스템, 생산운영 정보시스템, 마케팅 정보시스템, 인적자원 정보시스템 등이 있다.

그림 10.1에서 보듯이 FAIS는 기업 데이터베이스의 데이터가 필요하다. 다음 절에서는 FAIS가 이런 기능영역들을 위해 지원하는 것들을 논의한다.

회계 및 재무 분야의 정보시스템

ACCT **FIN** 회계 및 재무 기능의 주목적은 조직 내에서, 그리고 조직으로부터 자금이 나가고 들어오는 흐름을 관리하는 것이다. 자금이라는 것이 조직의 모든 기능영역 부서와 관련되기 때문에 이러한 목적은 매우 막연하다. 결과적으로 회계 및 재무 정보시스템은 매우 다양하고 종합적이다. 이 절에서는 회계/재무 기능영역의 특정한 선택된 활동들에 초점을 맞춰 살펴본다.

재무 계획 수립 및 예산편성. 재무 자산의 적절한 관리가 재무 계획 수립 및 예산편성(financial planning and budgeting)의 주요 업무이다. 관리자는 자원의 확보와 사용에 대한 계획을 수립해야 한다. 예를 들어

- 재무상황 및 경기 예측(financial and economic forecasting): 자금의 가용성과 비용에 대한 지식이 성공적인 재무 계획 수립의 핵심 요소이다. 현금흐름 예측은 회사에 어떤 자금이 필요하고 언제, 어떻게 이를 조달해야 하는지 알려주기 때문에 특히 중요하다.

  회사의 운영 자금은 주주의 투자자금, 채권 발행, 은행 대출, 상품과 서비스의 판매 등 여러 소스로부터 조달된다. 운영자금과 자본 투자 자금의 조달 소스를 결정하는 것은 12장에서 논의될 의사결정지원시스템(decision support systems)과 비즈니스 인텔리전스(business intelligence), 기술 가이드 4에서 논의될 전문가시스템(expert systems) 등에 의해 지원될 수 있다. 또한 경기나 재무상황을 예측하는 다양한 소프트웨어들이 판매되고 있다. 대부분의 이들 패키지들은 인터넷에서

일부를 무료로 다운로드가 가능하다.

- 예산수립(budgeting): 회계/재무 기능의 핵심 부분은 조직의 재무적 자원을 조직원과 활동에 배분하는 연간예산(annual budget)의 수립이다. 예산수립으로 경영자는 조직의 미션과 목표를 지원하는 최선의 방법에 자원들을 배분할 수 있다.

  예산수립 준비와 통제를 지원하고 예산수립 과정에서 참여자들 간 의사소통을 촉진시키는 여러 소프트웨어 패키지들이 있다. 이들 패키지로 예산수립 프로세스의 시간을 절약할 수 있다. 더 나아가, 이들을 통해 자동으로 예외적인 패턴이나 추세를 모니터할 수 있다.

재무 거래의 관리. 많은 회계/재무 소프트웨어 패키지들은 다른 기능영역과 연계되어 사용된다. 예를 들어 세이지 50클라우드 회계(Sage 50 Cloud Accounting) 소프트웨어(www.sage.com/en-us/products/sage-50-cloud/)는 매출원장, 판매원장, 현금 출납부, 판매주문 처리, 송장발급, 주식관리, 고정자산 등록 등을 제공하고 있다.

전자상거래를 하는 기업들은 고객의 재무 데이터(즉, 신용한도), 재고수준, 생산 데이터베이스(설비의 가용성을 확인하거나 주문을 하기 위해)에 접근할 필요가 있다. 예를 들면 마이크로소프트의 다이나믹 GP(Dynamics GP, 이전의 Great Plains Software)는 가장 많이 사용되는 소프트웨어로 재무, 프로젝트, 유통, 제조, e-비즈니스 분야의 니즈를 충족시키는 50개의 모듈로 구성되어 있다.

조직, 비즈니스 프로세스, 비즈니스 활동 등은 재무 거래에 따라 운영되고 관리된다. 다음의 예를 보자.

- 글로벌 증권 거래소(global stock exchanges): 금융 시장은 하루 24시간 365일 전 세계에 걸쳐 인터넷으로 주식을 사고팔며 실시간으로 주가를 중계하는 분산된 전자적인 증권 거래소에서 운영된다.
- 다국 통화 관리(managing multiple currencies): 국제 무역에는 다양한 통화에 의한 재무 거래가 수반된다. 이 통화들의 환율은 매우 빠르게 변동한다. 재무/회계시스템은 여러 나라들로부터 재무 데이터를 수집하여 한 나라의 통화를 수초 내에 다른 통화로 변환시켜준다. 수일이 걸렸던 이들에 대한 과거 보고서 작성이 이제 수초만에 가능하다. 이런 시스템들은 여러 나라 언어로도 사용 가능하다.
- 가상 마감(virtual close): 일반적으로 회사들은 회계장부를 규제감독기관의 요구에 따라 분기별로 마감한다. 오늘날 많은 기업이 장부 마감을 언제든지 필요에 따라 할 수 있기를 원한다. 회계장부 마감을 단기간에 할 수 있는 능력을 (소위 가상 마감) 통해 기업은 조직의 재무적 건강상태에 대한 정보를 거의 실시간으로 파악할 수 있다.
- 비용 관리 자동화(EMA: expense management automation): 비용 관리 자동화(EMA)는 출장, 오락비용 등의 데이터를 자동으로 입력하고 처리하는 시스템을 말한다. EMA는 웹 기반 시스템으로 신속하고 일관성 있게 비용 정보를 수집하고, 회사의 정책이나 계약 사항을 적용하며, 계획에 없는 구매나 항공기 및 호텔 서비스를 줄일 수 있게 한다. 또한 비효율적 문서작업으로 비용 승인이 지연되지 않기 때문에 직원들의 영수증 처리가 더욱 빨라진다.

투자 관리. 기업들은 많은 자금을 주식, 채권, 부동산 및 기타 자산에 투자한다. 이러한 투자를 관리하는 것은 몇 가지 이유에서 복잡한 일이다. 첫째, 말 그대로 수천 개의 투자 대안이 있으며 이들은 전 세계에 퍼져 있다. 더욱이 이들 투자 대안은 각 국가별로 다른 복잡한 규제와 세금 규정에 따라야 한다.

투자 결정을 위해서는 연방정부와 주정부 기관, 대학, 연구소, 금융회사 등 여러 기관에서 제공하는 재무 및 경제 보고서를 분석해야 한다. 또한 수천 개의 웹 사이트들은 재무 데이터들을 대부분 무료로 제공한다.

엄청난 양의 온라인 재무 데이터를 모니터하고, 해석하며, 분석하기 위해서 재무 분석가들은 (1) 인터넷 검색엔진과 (2) 비즈니스 인텔리전스 및 의사결정지원 소프트웨어라는 두 종류의 IT 도구를 활용한다.

관리와 감독. 기업이 사업에서 망하는 주요 이유 중 하나는 충분한 현금흐름을 예측하지 못했고 확보하지 못했기 때문이다. 비용을 잘못 파악하고, 과다지출이 발생하고, 사기에 휘말리며, 재무제표를 잘못 관리하면 기업은 재난에 직면할 수 있다. 결과적으로 기업은 자금조달과 재무제표의 관리와 감독(control and audit)을 효과적으로 하는 것이 필수적이다. 재무관리의 몇 가지 형태에 대하여 살펴본다.

- 예산관리(budget control): 기업은 연간예산이 결정되면 이를 월간 단위로 배분한다. 여러 직위의 관리자들은 부서의 지출을 모니터하고 이를 수립된 예산과 회사의 계획된 운영 일정에 따라 진행되는지 비교한다.
- 감사(auditing): 감사는 두 가지 기본 목적이 있다. (1) 회사의 자금이 어떻게 사용되는지 모니터하고, (2) 조직의 재무적 건강 상태를 평가한다. 내부 감사는 조직 내 회계/재무부서 직원에 의해 실행되고, 또한 이들은 외부 회계 법인에 의한 정기 외부 감사에 대해서 준비한다.
- 재무 비율 분석(financial ration analysis): 또 다른 주요 회계/재무 기능은 재무비율들을 분석하여 회사의 재무적 건강 상태를 모니터하는 것이다. 이들 비율에는 유동성 비율(liquidity ratio: 부채를 청산할 현금의 가용성), 활동성 비율(activity ratio: 회사가 얼마나 빨리 비현금성 자산을 현금성 자산으로 전환하는가), 부채비율(debt ratio: 장기부채 상환 능력을 측정), 수익성 비율(profitability ratio: 수용 가능한 수준의 수익률을 내기 위한 회사 자산의 활용과 비용의 관리 정도를 측정)이 있다.

마케팅 분야를 위한 정보시스템

MKT 어떤 조직에서든지 고객의 중요성을 아무리 강조해도 지나치지 않다. 따라서 어느 성공적인 조직에서나 고객의 니즈와 요구사항을 이해하고 이들에 대한 광고와 마케팅 전략을 수립해야 한다. 마케팅 기능을 위해 정보시스템은 여러 가지 지원을 한다. 사실 고객 중심의 조직은 매우 중요하며, 이 주제는 11장 앞부분에서 다룬다.

생산운영관리 분야를 위한 정보시스템

POM 기업에서 생산운영관리(POM: production and operations management) 기능은 입력물을 유용한 출력물로 변환하는 프로세스와 비즈니스의 운영을 책임진다. 또한 POM 기능은 기업의 공급망관리를 책임진다. 따라서 공급망관리는 현대 조직의 성공에 절대적이다. 이 주제는 11장 뒷부분에서 논의한다. POM 기능의 다양성과 깊이 때문에 이 책에서는 내부 물류(in-house logistics), 원자재 관리(material management), 생산운영관리 계획(planning production and operations), 컴퓨터통합생산시스템(CIM: computer-integrated manufacturing), 제품수명주기관리(PLM: product life cycle management)의 단지 네 가지 분야만 살펴본다.

내부 물류, 원자재 관리. 물류 관리는 주문, 구매, 조달물류(inbound logistics), 판매물류(outbound logistics) 활동들을 다룬다. 관련 활동으로는 재고관리와 품질관리가 있다.

재고관리. 재고관리(inventory management)는 얼마나 많은 재고를 유지할지 결정한다. 초과 재고는 창고 비용과 손상된 물건이나 유통기간이 지난 물건 때문에 비용 출혈이 크다. 하지만 불충분한 재고 또한 비용을 발생시킨다(마지막 순간 주문과 판매 실패 때문에).

운영 담당 지원은 두 가지 기본적인 결정을 한다. 언제 주문해야 하고 얼마나 주문해야 하는가? 경제적 주문량(EOQ: economic order quantity) 모형과 같은 재고 모형을 통해 이런 결정을 할 수 있다. 이러한 재고 모형을 자동으로 적용할 수 있는 많은 상업용 재고관리 소프트웨어 패키지가 있다.

많은 대기업들은 공급업체가 자신들의 재고수준을 모니터할 수 있도록 허용하여 대기업이 재고가 필요한 시점을 공급업체가 정해 물건을 선적하도록 하고 있다. 소위 **공급자 주도형 재고관리**(VMI: vendor-managed inventory)라는 전략은 기업이 구매주문을 할 필요를 없앤다. VMI에 대해서는 11장에서 논의한다.

품질관리. 제조부서에서 사용되는 품질관리시스템은 프로세스 중인 반제품 및 완제품의 품질은 물론 입고되는 원자재와 부속의 품질에 대한 정보를 제공한다. 이런 시스템은 모든 검사 결과를 기록하여 사전에 설정된 지표값과 비교한다. 그리고 이런 시스템은 품질에 대한 정기 보고서를 생산한다(즉, 불량률, 재작업 필요 비율 등). 품질관리 데이터가 웹 기반 센서로도 실시간으로 수집되고 해석될 수 있으며, 미래의 분석을 위해 데이터베이스에 저장될 수도 있다.

생산운영관리 계획. 많은 기업에서 생산운영관리(POM) 계획은 정보기술에 의해 지원된다. POM은 자재 소요량 계획(MRP: material requirements planning)에서 유래되어 제조 자원 계획(MRP II: manufacturing resource planning), 전사적 자원관리(ERP) 등으로 발전하였다. 이 절에서는 MRP와 MRP II를 간략히 살펴보고 ERP는 이 장의 뒤편에서 논의한다.

EOQ를 사용하는 재고시스템은 서로 완전히 독립적인 제품들의 수요(예: PC 제조업체가 판매할 동일한 PC의 수)를 위해 개발된 시스템이다. 하지만 제조과정에서 어떤 제품들의 수요는 상호 독립적이 아니다. 예를 들면 어느 회사가 동일한 나사와 볼트를 사용하는 세 종류의 의자를 만든다고 하자. 나사와 볼트의 수요는 모든 세 종류 의자의 총수요와 이들의 선적 일정에 따라 달라진다. 상호 관련 깊은 제품들의 생산, 구매, 재고관리를 통합하는 계획 프로세스를 **자재 소요량 계획**(MRP)이라 한다.

MRP는 단지 생산 일정 및 재고와 관련되어 있다. 더욱 복잡한 계획에는 관련 자원들(즉, 자금과 노동력)의 배분이 포함된다. 이러한 경우, **제조 자원 계획**(MRP II)이라는 더욱 복잡하고 통합된 소프트웨어가 이용된다. MRP II는 회사의 생산, 재고관리, 구매, 재무, 인적자원을 통합한다. 그러므로 MRP II는 기존 MRP에 기능들이 추가된 것이다. 사실 MRP II가 앞으로 논의할 **전사적 자원관리**(ERP)로 발전했다.

컴퓨터통합생산시스템(CIM). **컴퓨터통합생산시스템**(CIM: computer-integrated manufacturing)(혹은 **디지털 제조**digital manufacturing)은 공장자동화시스템들을 통합한 것이다. CIM의 기본 목표는 세 가지이다. (1) 모든 제조 기술과 기법들을 단순화시킨다. (2) 제조 프로세스를 가능한 많이 자동화시킨다. (3) 디자인, 생산 및 관련 기능들을 컴퓨터시스템을 통해 통합하고 조정한다.

제품수명주기관리(PLM). 한 조직 내에서 조차 제품 설계와 개발은 비용과 시간이 많이 소요되는 작업이다. 여러 조직들이 관여한 경우 이 프로세스는 매우 복잡해질 수 있다. **제품수명주기관리**(PLM: product life cycle management)는 제조업체가 제품 설계와 개발, 그리고 공급망 운영을 지원하기 위해 제품 관련 데이터를 공유할 수 있는 비즈니스 전략이다. PLM에는 제품 개발을 위해 웹 기반의 협업 기술이 적용된다. PLM은 제조공정과 이를 지원하는 물류 기능과 같이 이전에는 분리된 기능들을 연결하여 제품을 초기 시작 단계에서부터 완성 단계까지 관리하는 단일팀을 형성하여 협업을 할 수 있게 한다.

그림 10.2 제품수명주기

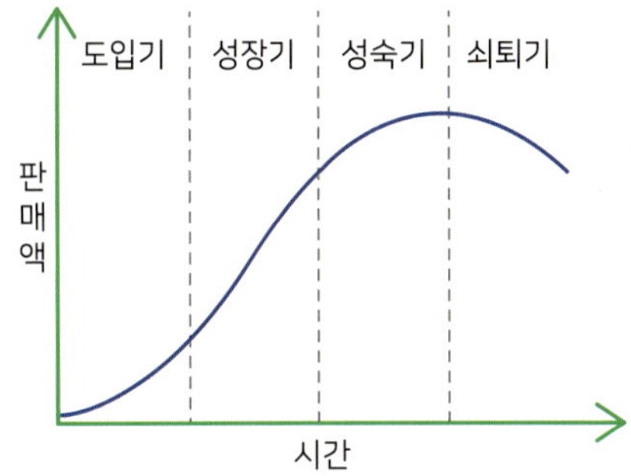

인적자원관리 분야를 위한 정보시스템

HRM 초기 인적자원관리와 관련된 정보시스템(HRIS: human resource information system)들은 직원의 각종 수당 관리나 휴가 날짜 기록을 담당하는 거래처리시스템에 주로 해당되었다. 하지만 조직의 정보시스템이 인트라넷과 웹 환경으로 옮겨가면서 HRIS도 변하고 있다.

많은 인적자원관리 애플리케이션이 인적자원 포털에서 제공된다. 예를 들면 많은 조직들이 인적자원 포털을 채용 광고나 온라인 구인과 교육 등에 활용한다. 이 절에서는 기업들이 정보기술을 사용하여 채용, 인적자원 유지 및 개발, 인적자원 계획 및 관리와 같은 몇몇 인적자원관리 기능을 어떻게 수행하는지 살펴본다.

채용. 채용(recruitment)은 잠재적 직원을 찾고, 이들을 평가하며, 누구를 고용할지 결정하는 작업이다. 어떤 회사에는 지원자들이 넘쳐나지만, 다른 곳은 적당한 사람을 찾지 못하기도 한다. 정보기술은 이런 모든 경우에 도움이 될 수 있다. 또한 정보기술은 구직 신청자들을 테스트하고 스크린하는 등 관련 업무도 지원할 수 있다.

수백만 명이 온라인으로 이력서를 보내기 때문에 기업들이 웹에서, 특히 특정한 검색엔진으로, 적당한 대상자를 찾는다는 것이 놀라운 일이 아니다. 또한 기업들은 웹에서 수십만 개의 채용 광고도 한다. 온라인 채용은 더 훌륭한 지원자들을 끌어 모을 수 있도록 더 광범위한 대상자들에게 접근할 수 있다. 또한 신문이나 잡지 광고와 같은 기존 채용방법보다 온라인 채용은 보통 비용이 더 적게 든다.

인적자원 유지 및 개발. 직원이 채용되면, 이후 이들은 평가, 유지, 개발되어야 하는 회사 인적자원 풀의 일원이 된다. 정보기술은 이와 같은 활동들을 지원한다. 경력 전반에 걸쳐 다양한 내부 리소스에 접근할 수 있으며 IT는 접근 수준을 관리하는 데 도움을 준다. IT와 기업사례 10.1에서는 접근 제어를 관리하는 혁신적인 방법에 대해 설명한다.

대부분의 직원들은 바로 위 상사에 의해 정기적으로 평가된다. 또한 동료와 밑에 사람도 다른 직원들을 평가하기도 한다. 평가는 디지털화되어 보상, 이동, 해고 등 여러 의사결정을 지원하기 위해 사용된다.

정보기술은 교육과 재교육에도 중요한 역할을 한다. 가장 혁신적인 발전의 결과 중 일부가 인텔리전트한 컴퓨터 기반 학습과 학습활동을 지원하는 멀티미디어시스템 분야에서 등장하고 있다. 예를 들어 기업의 교육훈련의 상당 부분이 회사의 인트라넷이나 웹에서 제공된다.

인적자원 계획 및 관리. 대기업에서 인적자원을 관리하려면 상당한 계획과 상세한 전략이 필요하다. 아래에서는 정보기술이 지원하는 세 가지 영역을 살펴본다.

1. 급여 및 직원의 기록(payroll and employees' records): HR 부서는 급여 지급 준비를 책임진다. 이 프로세스는 급여 수표가 프린트되거나 돈이 직원의 은행 계좌에 전자적으로 이체되는 등 자동으로 처리된다.
2. 복지수당 관리(benefits administration): 직원이 조직에 기여한 노동의 대가는 보통 임금(wages), 보너스, 기타 복지수당 등에 의해 보상된다. 복지수당에는 병원 및 치과 치료, 연금 납입, 헬스센터 지원, 보육센터 지원 등이 포함된다.

   선택옵션들이 많고, 일반적으로 회사에서는 직원들로 하여금 자신의 복지수당 형태를 선택하고 조정하게 하기 때문에 복지수당을 관리하는 것은 복잡한 일이다. 많은 기업에서 직원들이 회사 포털에 들어가 특정 복지수당을 스스로 등록하게 하고 있다.
3. 직원관계관리(ERM: employee relationship management): 직원 관리를 더욱 효과적으로 하기 위해 기업들은 직원관계관리시스템을 개발하고 있다. 전형적인 ERM시스템으로는 직원 상담용 콜센터가 있다.

IT와 기업사례 10.1

쓰리스퀘어마켓이 직원들 몸에 정보시스템을 심다

HRM

조직 내의 정보시스템은 시스템에 저장된 데이터를 보호하기 위한 보안조치를 취해야 한다. 대부분의 경우 직원은 암호를 사용하여 네트워크 자원, 위치, 애플리케이션 등에 접근한다. 몇몇 경우에 조직은 암호 외에 생체인식 방법을 보안에 사용한다. 이러한 시스템의 경우 사용자는 정확한 망막, 손가락, 손 또는 음성 스캔과 일치하는 무엇인가(예: 암호)를 알고 있어야 한다.

그런데 기업이 직원의 신체 내에 정보시스템의 일부를 심을 수 있다면 어떻게 될까? 위스콘신에 기반을 둔 소규모 시장(간식, 자판기 또는 휴식 시간 용품을 제공하는 조직 내부의 작은 '직원 휴게실' 비즈니스)을 전문으로 하는 회사인 쓰리스퀘어마켓(Three Square Market)이 바로 그 일을 해냈다. 2017년 7월, 그들은 자발적으로 직원들에게 다양한 유형의 접근 권한을 부여하는 마이크로칩 계획을 발표했다. (1) 건물에 대한 물리적 출입(직원이 회사 ID를 사용할 필요가 없음), (2) 정보시스템애 대한 접근(직원이 비밀번호를 잊어버릴 수도 있음), (3) 휴게실에서 결제(신용카드가 칩에 연결됨).

이 시스템을 만들기 위해 쓰리스퀘어마켓은 마이크로칩 개발자인 바이오헥스(Biohax)와 제휴했다. 바이오헥스는 2013년에 설립된 스웨덴 기업으로 미래는 단순한 사물인터넷이 아닌 우리의 인터넷이라는 개념을 기반으로 한다. 회사 설립자인 요안 에스테른(Jowan Österlund)는 기술이 점점 더 우리 삶에 통합될 것이라고 굳게 믿는다. 다른 사업자들은 모바일 기기로 시스템에 접근하고 결제도 하는 방향으로 우리 생활에 필요한 기능들을 분산시키고 있지만, 요안은 반대로 앞으로 이러한 모든 활동들이 우리 신체의 물리적 일부가 될 것으로 예상한다.

쓰리스퀘어마켓도 동의한다. 실제로 그들은 구매 기술 기능을 자판기 제품에 통합했으며 이제 웹 사이트에서 이런 칩의 판매를 홍보한다. 더욱이 실 예를 보여주기 위해 2017년 8월 1일 이 회사는 '칩파티'를 열었고, 직원 80명 중 41명이 이 프로그램에 자발적으로 참여했다. 회사는 개당 약 300달러의 마이크로칩 비용을 직원 대신 지불한다. 직원이 더 이상 참여하지 않기를 원하면 칩을 제거할 수 있다.

회사는 더 많은 참여자를 원했지만 이 비율은 이 기술에 대한 일반적인 인식과 일치하는 것 같다. 한 설문조사에서 인구의 약 절반이 이 기술에 대해 유보를 표명했다. 예를 들어, 많은 사람들이 이물질을 몸에 삽입하는 것이 장기적으로 건강에 미치는 영향에 대해 우려를 표명했다. 다른 사람들은 24시간 근무하지 않을 때 위치를 추적할 수 있는 것에 대해 윤리적인 우려를 가졌다. 마지막으로 일부 직원은 다른 회사로 이직하면 어떻게 되는지 궁금해했다. 그러나 이러한 우려에도 불구하고 많은 사람들은 이러한 접근 통제 방법을 조직 내뿐만 아니라 일반대중을 위한 정보시스템 이용의 미래로 보았다. 그들은 사람들이 물리적으로 내장된 기술을 통해 교통카드와 같은 제품을 얻고 건강정보와 같은 데이터에 접근할 미래를 상상한다.

지금까지 칩을 받은 직원들은 임플란트로 인해 발생하는 부정적인 신체적 문제를 보이지 않았으며 바이오헥스는 아무 문제가 없을 것으로 기대했다. 스웨덴에서는 이런 마이크로칩이 2000년대 초반부터 사용되었다. 오늘날 마이크로칩이 몸에 있는 직원은 자동판매기를 위한 신용카드, 자동차키, 암호 등을 계속 사용하지 않아도 되는 것을 즐기고 있다.

그러나 중요한 문제가 있다. 프라이버시 보호이다. 직원의 권리를 증진하고 보호하기 위해 일하는 비영리 공공 교육 및 옹호 단체인 워크플레이스 페어니스(www.workplacefairness.org)의 폴라 브랜트너(Paula Brantner)는 사람들이 직장에서 개인정보를 보호하는 법률이 많지 않다는 것을 깨닫지 못한다고 말한다. 직원들은 그들로부터 수집된 모든 데이터가 어떻게 추적되고 그러한 데이터가 어떻게 사용되는지 알지 못할 수 있다.

출처: Compiled from L. Savini, "Human Microchipping Is Here, and It's About to Rock Your Skin's World," *Allure*, March 26, 2018; A. Miller, "More Companies Are Using Technology to Monitor Employees, Sparking Privacy Concerns," *ABC News*, March 10, 2018; T. Gillies, "Why Most of Three Square Market's Employees Jumped at the Chance to Wear a Microchip," *cnbc.com*, August 13, 2017; J. Baenen, "Wisconsin Company Holds 'Chip Party' to Microchip Workers," *Chicago Tribune*, August 2, 2017; Editors, "Why 40 Office Workers in Wisconsin Let a Tattoo Artist Put a Microchip in Their Hand," *USA Today*, August 1, 2017; J. Graham, "Are Embedded Microchips Dangerous? Ask the Swedes—And Pets," *USA Today*, July 25, 2017; M. Astor, "Microchip Implants for Employees? One Company Says Yes," *New York Times*, July 25, 2017; M. Bowerman, "Wisconsin Company to Install Rice-Sized Microchips in Employees," *USA Today*, July 24, 2017; and https://32market.com/public/#about2 (both accessed September 19, 2018).

질문

1. 마이크로칩이 조직 내 정보자산에 대한 접근을 제어하는 효과적인 방법이라고 생각하는가?
2. 자발적인 것이 아니라 의무적으로 사용하는 경우 이 기술의 사용에 대해 어떤 윤리적, 개인정보보호 및 보안 문제가 있는가?
3. 누가 마이크로칩 정보를 '소유'해야 한다고 생각하는가? 회사? 정부기관? 개별 직원? 왜 그런가?

표 10.1은 기능영역 정보시스템이 지원하는 활동들을 소개하고 있다. 그림 10.3은 다섯 기능영역을 지원하는 여러 정보시스템에 대한 내용이다.

표 10.1 기능영역 정보시스템이 지원하는 활동들

FIN ACCT 회계 및 재무
• 재무 계획: 자금의 가용성과 비용
• 예산수립: 참여자와 활동들에 재무 자원을 배분
• 자본 예산수립: 자산 인수에 대한 자금조달
• 재무적 거래 관리
• 가상 마감: 단기 통지로 회계장부를 마감하는 능력
• 투자관리: 주식, 채권, 부동산, 기타 투자 자산 등 조직의 투자를 관리
• 예산 관리: 지출을 모니터링하고 예산과 비교함
• 감사: 자금 사용을 모니터하고 조직의 재무적 건강 상태를 평가
MKT 마케팅 및 영업
• 고객 관계: 누가 우리의 고객인지 파악하고 이들을 정성껏 모시기
• 고객 프로파일과 선호 성향
• 영업 자동화: 소프트웨어를 통해 영업 관련 업무를 자동화하여 영업사원의 생산성 제고
POM 생산운영 및 물류
• 재고관리: 얼마만큼의 재고를 주문해야 하는지, 어느 정도의 재고수준을 유지해야 하는지, 새로운 재고를 언제 주문해야 하는지 관리
• 품질관리: 입고되는 원자재와 생산된 제품의 불량을 관리
• 자재 소요량 계획(MRP): 상호 관련되는 아이템들의 생산, 구매, 재고관리를 연결하는 계획 프로세스
• 제조 자원 계획(MRP II): 기업의 생산, 재고관리, 구매, 재무, 인적자원 등을 연결하는 계획 프로세스
• 적시 생산재고(JIT)시스템: 생산을 위해 필요한 시점과 장소에 원자재와 부품이 정확히 배달되는 생산 및 재고 관리 원칙
• 컴퓨터통합생산시스템(CIM): CAD, CAM, MRP, JIT 등 컴퓨터화된 시스템들을 통합/연결하여 제조하는 방식
• 제품 수명주기 관리: 웹을 사용하여 제조업체들이 상품 설계와 개발을 위해 협업할 수 있게 하는 비즈니스 전략
HRM 인적자원관리
• 채용: 직원을 구하고, 테스트하며 누구를 고용할지 결정하기
• 성과 측정: 상급자에 의한 정기적 평가
• 교육훈련
• 직원 기록
• 복지수당 관리: 의료, 은퇴, 장애, 실업 등

보고서들

앞서 논의한 바와 같이 각 기능영역 정보시스템(FAIS)은 해당 기능영역의 보고서를 생성한다. 그리고 FAIS는 정보를 기업의 데이터웨어하우스(corporate data warehouse)로 보내 의사결정지원에 사용할 수 있다. FAIS는 주로 정기, 비정기, 예외와 같은 세 종류의 보고서를 생성한다. 아래에서는 이들을 살펴본다.

정기 보고서(routine reports)는 정기적인 시점에 만들어진다. 시간별 품질관리 보고서에서부터 일일 결근율 보고서까지 다양하다. 정기보고서가 기업에 매우 유용하지만 관리자들은 종종 이들 보고서에 없는 특정 정보를 원한다. 어떤 경우에는 어떤 정보를 원하지만 필요한 시간대가 다를 수 있다("지난 한 주 동안이 아닌, 지난 3일 동안에 대한 그 보고서가 오늘 필요하다").

그림 10.3 각 기능영역을 지원하는 정보시스템의 예

	회계	재무	인적자원	생산/운영	마케팅
전략적	수익성 계획	재무 계획	직원 계획, 아웃소싱	제품 수명주기관리	매출 예측, 광고 계획
전술적	감사, 예산수립	투자관리	복지수당관리, 성과 평가	품질 관리, 재고 관리	고객 관계, 영업 자동화
운영적	급여, 외상매입금, 외상매출금	현금 관리, 재무 거래 관리	직원 기록 유지관리	주문 완수, 주문 처리	가격 책정, 고객 프로파일

이런 정기적 보고서에 포함되지 않는 내용을 담은 보고서를 **비정기 보고서**(ad-hoc reports) 혹은 **온디맨드 보고서**(on-demand reports)라 한다. 또한 비정기 보고서에는 다음 종류의 정보를 요청하는 보고서가 해당된다.

- **드릴다운 보고서**(drill-down reports)는 매우 상세한 내용까지 보여준다. 예를 들어 관리자가 매출을 지역별로 조사할 경우 "더 상세한 내역으로 드릴다운"하면 점포별 매출과 영업사원별 매출을 볼 수 있다.
- **핵심지표 보고서**(key-indicator reports)는 핵심 활동의 성과를 요약해 보여준다. 예를 들어 최고재무관리자(CFO: chief finance officer)는 현금흐름과 보유 현금액을 모니터하기 원할 수 있다.
- **비교 보고서**(comparative reports)는 예를 들면, 사업부서들 간의 성과나 시간대별 성과를 비교한다.

어떤 경영자들은 예외 보고서를 선호한다. **예외 보고서**(exception reports)는 특정 한계 기준을 넘어서는 정보들을 담고 있다. 예외에 의한 경영(management by exception)을 구현하려면 경영자들은 먼저 성과의 기준을 수립해야 한다. 그 다음 회사는 성과를 모니터하고(지출 금액과 같이 비즈니스 거래로부터 생성되는 데이터(예: 수량, 거래일, 고객 등)를 통해), 실제 성과를 목표치와 비교하며, 사전에 정의된 예외적 사항들을 파악하는 시스템을 도입해야 한다. 경영자들은 예외 보고서에 의해 예외적인 사항에 주목하게 된다.

매출을 예로 들어 보자. 먼저 경영자는 매출 목표를 설정한다. 그 다음 회사는 FAIS를 도입하여 모든 매출 데이터를 수집하고 분석한다. 예외 보고서는 매출이 정해진 범위를 벗어나는 경우, 예컨대 목표가 20% 이상 달성인데 미달된 경우만을 파악할 것이다. 수용 가능한 기준의 범위에 있는 지출금액은 보고되지 않을 것이다. 예상한 범위에 있는 모든 성과를 제외함으로써 예외 보고서는 경영자의 시간을 절약하고 문제되는 부분에 보다 집중할 수 있게 도와준다.

확인하고 넘어가기

1. 기능영역 정보시스템이란 무엇인가? 주요 특징을 열거해보자.
2. 정보시스템이 재무 및 회계 기능에 어떤 도움을 주는가?
3. 생산운영관리 담당자가 정보시스템을 어떻게 사용하여 자신의 일을 더 효과적이며 효율적으로 할 수 있을지 설명해보자.
4. 인적자원관리 분야의 주요 정보시스템들에는 무엇이 있는가?
5. 세 가지 기본적인 보고서들을 비교하고 대비해보자.

10.3 전사적 자원관리시스템

전통적으로 기능영역 정보시스템들이 각기 독립적으로 개발되었고, 결국 '정보시스템들 간의 괴리(information silos)'가 발생하게 되었다. 이러한 각기 독립적으로 개발된 시스템들은 서로 소통할 수 없었으며 소통과 연결의 문제로 조직을 비효율적으로 만들었다. 이와 같은 비효율성은 한 가지 기능영역 이상이 관계된 비즈니스 프로세스에서 보다 확실히 드러났다.

전사적 자원관리(ERP: enterprise resource planning)시스템은 공통의 소프트웨어 플랫폼과 데이터베이스를 적용하여 조직 전반을 비즈니스 프로세스 관점에서 바라보고 계획수립, 경영관리, 조직의 모든 자원 활용 등을 통합(또는 연결)한다. 2장에서 언급했듯이 비즈니스 프로세스는 특정 결과를 도출하기 위해 설계된 상호 관련된 절차나 조치들의 집합이다.

ERP의 주목적은 조직의 모든 기능영역들을 긴밀히 연결하여 기능영역들 사이로 정보가 끊김 없이 흐르도록 하는 것이다. 긴밀하게 연결된다는 의미는 한 기능영역의 변화가 모든 다른 관련 기능영역에 즉시 반영된다는 뜻이다. 기본적으로 ERP시스템은 조직의 비즈니스 프로세스들을 관리에 필요한 정보를 제공한다.

여기서 ERP시스템이 FAIS들로부터 진화된 시스템이라는 것을 이해하는 것이 중요하다. 그것은 ERP시스템의 기능이 FAIS들의 기능과 거의 같으며 동일한 보고서를 생산해 낸다.

일부 회사는 자체 ERP 시스템을 개발했지만 대부분의 조직은 상용 ERP 소프트웨어를 사용한다. 주요 ERP 소프트웨어 공급업체로는 SAP(www.sap.com), 오라클(Oracle; www.oracle.com) 및 세이지(Sage; www.sage.com)가 있다. ERP 소프트웨어에 대한 최신 정보를 보려면 https://it.toolbox.com/tags/erp를 찾아가보라. IT와 기업사례 10.2는 언더아머(Under Armour)가 ERP 시스템을 활용하는 방법을 소개한다.

IT와 기업사례 10.2
언더아머가 자신의 장비를 혁신하다

MIS POM HRM

비즈니스 과제

언더아머(Under Armour; www.underarmour.com)는 1996년 메릴랜드 대학교의 전 미식축구선수인 케빈 플랭크(Kevin Plank)가 설립했다. 그는 하루에 두 번 연습하는 동안 땀에 흠뻑 젖은 면셔츠를 계속 갈아입는 데 지쳤다. 할머니의 지하실에서 그는 가장 더운 조건에서도 플레이어를 시원하고 건조하게 유지하도록 설계된 최초의 히트기어(HeatGear®) 티셔츠를 디자인하고 언더아머라는 회사 이름으로 판매했다. 플랭크는 또한 추운 환경에서 운동선수를 따뜻하고 건조하게 유지하는 콜드기어(ColdGear®) 섬유와 극한 상황에서 편안함을 유지하는 올시즌기어(AllSeasonGear®)를 고안했다. 그런 다음 그는 차 트렁크에서 이러한 품목을 판매하기 위해 동부해안을 오르내렸다.

1998년 말까지 플랭크는 새로운 장소를 찾아야 했다. 그는 할머니의 지하실에서 더 이상 사업을 지속할 수 없었다. 그래서 그는 회사 본사를 볼티모어에 있는 창고로 옮겼다. 이와 같은 출발 이후 언더아머는 의류, 장비 및 기타 물품을 판매하는 주요 운동 브랜드 중 하나로 성장했으며 약 50년 이상 된 나이키 및 아디다스와 같은 브랜드와 성공적으로 경쟁했다.

2013년부터는 언더아머가 의류와 장비를 디자인하고 판매하는 것에서 운동선수를 대상으로 하는 것으로 회사의 방향을 바꾸었다. 그들은 엔도몬두(EndoMondo), 마이피트니스팔(MyFitnessPal), 맵마이피트니스(MapMyFitness)와 같은 몇 가지 인기 있는 앱을 인수하고 자체 앱인 유에이레코드(UA Record)를 개발했다. 2017년 3월 포브스(Forbes) 기사에 따르면 언더아머는 앱 제품군에서 20만 명 이상의 구독자를 보유하고 있다. 이러한 데이터 유입을 통해 회사는 전체 운동선수 사용자들의 기초 사항(키, 체중, 운동, 훈련 및 식습관 등)과 장비 사용에 대한 잠재적인 통찰력을 얻을 수 있다.

그러나 데이터를 수집하는 것과 해당 데이터를 사용하는 일의 별개이다. 언더아머가 성장하고 그 어느 때보다 많은 데이터를 수집하게 되면서 회사는 심각한 문제에 직면했다. 그들은 데이터를 통합 및 분석하고, 현재는 직접 실시간으로 접근할 수 있는 사용자의 변화하는 요구사항에 빠르게 적응할 수 있도록 조직을 재구성해야 했다.

정보기술 해결책

언더아머는 구매한 여러 데이터 소스를 통합하고, 데이터를 실시간으로 분석하며, 최상의 조치를 최대한 빨리 결정할 수 있는 시스템이 필요했다. 그들은 이러한 목표를 달성하기 위한 최고의 통합 ERP 솔루션 파트너가 SAP라고 판단했다. SAP(www.sap.com)는 ERP 솔루션을 만드는 소프트웨어 기업이다. 본사는 독일 바덴뷔르템베르크주 발도르프에 있지만 미국에 45개 이상의 사무소를 포함하여 180개국 이상에 지역 사무소를 두고 있다.

특히 언더아머는 SAP가 설계한 SAP HANA 제품을 구현하여 어디서나 실행(플랫폼 및 장치 전반에 걸친 유비쿼터스 액세스를 의미)하고 실시간 결과를 제공하기 위해 복잡성을 줄이기로 결정했다. SAP HANA는 기존 정보시스템을 따로 그대로 유지하면서 ERP 구현 속도를 높이기 위해 고안되었다. SAP HANA는 기존 정보시스템에서 데이터를 가져와 클라이언트가 모든 것을 옮길 필요 없이 이러한 데이터를 사용한다. 이는 언더아머가 여러 데이터 소스에서 데이터를 가져와야 하는 상황이기 때문에 회사에는 매우 적합한 솔루션이었다.

결과

언더아머는 패션산업 및 솔루션 공급자(SAP) 외부의 이슈로 인해 SAP HANA를 구현하는 몇 가지 문제에 직면했다. 2017년 10월 31일 분기별 수익에 관한 컨퍼런스 콜에서 사장인 페트릭 프리스크(Patrik Frisk)는 언더아머가 변화관리에 심각한 어려움을 겪었음을 인정했다. 프리스크는 "이러한 개선사항은 비즈니스를 보다 효과적이고 효율적으로 운영하고 결국은 장기적으로 생산성을 향상할 수 있도록 설계되었지만 이 시스템 도입으로 인해 이번 분기 동안 공급망 운영에 차질이 생겼다. 이로 인해 선적 지연과 생산성 손실이 발생하여 3분기 실적에 부정적인 영향을 미쳤다. 이 시스템으로 전환하면서 우리의 인력과 제조 파트너가 새로운 플랫폼과 프로세스에 적응하는 과정에서 이들에게 영향을 미치는 여러 변화관리 문제가 발생했다."

변화관리(change management)는 조직이 변화를 꾀하는 과정의 전반에 걸쳐 개인과 팀을 준비시키고 지원하기 위한 기술과 방법을 나타내는 용어이다. 변화관리 문제로 인해 ERP 구현이 실패하는 것은 드문 일이 아니다. 그러나 언더아머는 새 시스템의 도입이 실패했음을 인정할 준비가 되어 있지 않았다.

이 회사는 2017년에 50억 달러의 매출을 올렸으며 조정 순이익은 8,700만 달러였다. 회사의 재고는 시스템 오류 및 배송지연으로 인해 22% 증가한 12억 달러를 기록했다. 회사는 서비스 수준이 향상되었음을 확인했다(즉, 더 빠르고 정확하게 주문을 이행하고 있음을 의미). 또한, 그들은 자신(및 파트너)이 새로운 시스템과 프로세스에 더 익숙해짐에 따라 2018년에 운영이 정상화될 것으로 예상했다. 언더아머는 고객과의 디지털화된 연결을 통해 얻은 데이터를 효과적으로 사용할 잠재력이 있다.

출처: Compiled from L. Dignan, "Under Armour Cites Change Management Woes with SAP Implementation as Digital Transformation Stumbles," *ZDNet*, November 1, 2017; V. Ryan, "Under Armour Discloses Hiccups in SAP Implementation," *CFO.com*, November 1, 2017; A. Loten and S. Germano, "Under Armour Links Sales Decline to Software Upgrade," *Wall Street Journal*, October 31, 2017; D. Trites, "Under Armour Transforms into World's Largest Digital Fitness Brand," *D!gitalist Magazine*, March 22, 2017; J. Kell, "Why Under Armour Just Hired a High-End Designer," *Fortune*, June 2, 2016; J. Kell, "Why Under Armour Is Making a Costly Bet on Connected Fitness," *Fortune*, April 21, 2015; www.uabiz.com/company/history.cfm, https://seekingalpha.com/article/4133040-armour-dead-cat-bounce-vshaped-recovery, and www.uabiz.com/company/history.cfm (all accessed September 23, 2018).

질문

1. 언더아머는 디지털 회사가 되기 위해 어떤 전략적 움직임을 취했는가?
2. 통합 ERP 솔루션(SAP HANA)을 구현한 결과 회사가 직면한 문제는 무엇인가?
3. 사례의 정보를 바탕으로 미래에 기술이 어떻게 패션을 주도할 것이라고 생각하는가? 당신의 대답을 설명해보자.

ERP II시스템

ERP시스템은 원래 신규 원자재 관리, 재고관리, 주문입력, 유통 등과 같은 제조와 관련된 비즈니스 프로세스들을 촉진하기 위해 도입되었다. 하지만 초기 ERP시스템은 영업과 마케팅과 같은 조직의 다른 기능들에는 적용되지 않았다. 또한 초기에는 고객과 관련된 정보를 획득하는 고객관계관리 기능도 없었다. 더욱이 웹 기반 고객 서비스나 주문 완수 기능도 없었다.

시간이 지남에 따라 ERP시스템에는 관리, 영업, 마케팅, 인적자원 프로세스들이 추가되었다. 기업들은 현재 웹을 활용하고 가치사슬(가치사슬에 대해서는 2장을 참고하라)의 모든 측면을 연결하도록 ERP에 전사적인 접근방법을 도입하고 있다. 이런 시스템을 ERP II라고 한다.

ERP II시스템(ERP II systems)은 여러 조직에 걸친 ERP시스템으로 기업의 핵심시스템들(재고와 생산과 같은)과 고객, 공급업체, 유통업체, 및 다른 기관들을 연결시키는 웹 기반 링크를 제공한다. 이러한 링크들은 내부 프로세스에 초점을 두는 ERP 애플리케이션들을 공급망관리와 고객관계관리와 같은 외부 프로세스에 초점을 두는 애플리케이션과 연결시킨다. 그림 10.4는 ERP II시스템의 구조와 기능을 보여준다.

현재 ERP II시스템의 여러 기능들은 e-비즈니스 패키지로 제공된다. 주요 ERP 벤더들은 ERP, 고객관계관리, 공급망관리, 조달, 의사결정지원, 엔터프라이즈 포털, 기타 비즈니스 애플리케이션 및 기능들을 연결하는 웹 기반(web-enabled) 모듈형 소프트웨어 패키지를 개발했다. 오라클의 e-비즈

그림 10.4
ERP II

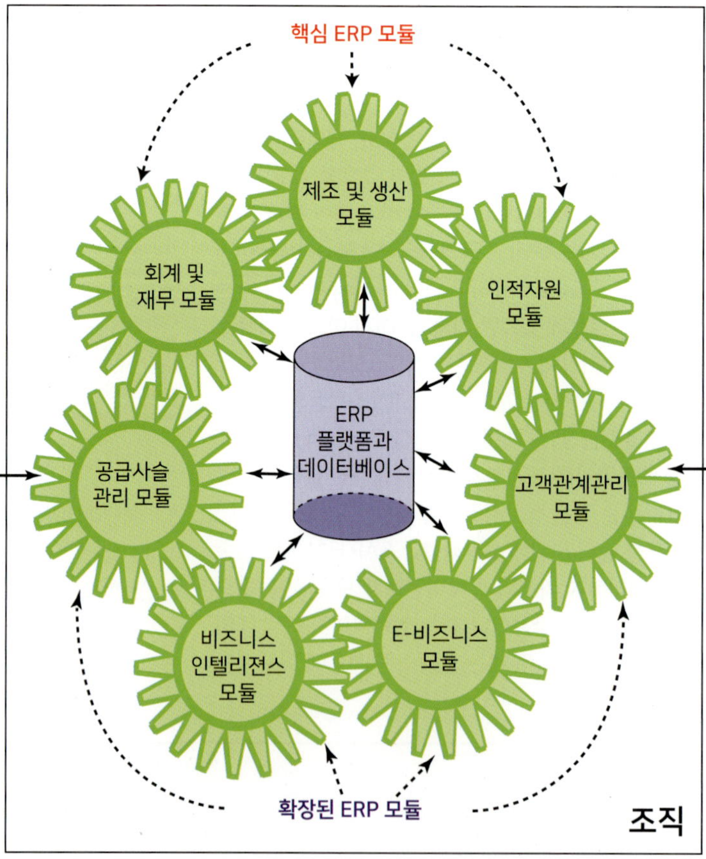

표 10.2 핵심 ERP 모듈들

기본 ERP 모듈
FIN 재무관리. 회계처리, 재무보고서 작성, 성과 관리, 기업의 거버넌스 등을 지원하는 모듈이다. 이에 관련된 모듈들은 회계 데이터와 총계정원장, 외상매입금, 외상매출금, 고정자산, 현금관리, 예측, 제품 비용 회계, 비용 센터 회계, 자산 회계, 세무 회계, 신용 관리, 예산 수립, 자산 관리 등과 같은 재무 프로세스를 관리한다.
POM 운영관리. 수요 예측, 조달, 재고관리, 원자재 구매, 선적, 생산 계획, 생산 스케줄링, 자재 요구사항 계획, 품질관리, 유통, 운송, 설비 및 장비 유지관리 등과 같은 생산과 관련된 작업들의 계획 및 실행 관리와 관련된 모듈들이다.
HRM 인적자원관리. 이와 관계된 모듈들은 인재 관리(필요 인력 계획, 직원 선발, 할당 업무 트래킹, 인재 육성 및 개발, 성과 관리 및 리뷰 등을 포함한), 임금, 수당, 시간 계산(time accounting), 복지수당 계산(benefits accounting), 규제 사항 등을 지원한다.
확장된 ERP 모듈
MKT 고객관계관리. 이 모듈들은 조직의 고객관계의 모든 측면을 지원한다. 이로 인해 기업에 대한 고객 충성도 향상과 고객 이탈 방지를 지원하여 수익성을 향상시킨다. 또한 이 모듈들은 고객 데이터와 고객과의 접촉에 대한 통합적인 이해를 가능하게 해 고객 니즈에 보다 신속히 대응할 수 있게 한다.
POM 공급망관리. 이 모듈들은 공급망의 효율성과 효과성을 최대화하기 위해 공급망 사이와 각 단계들에서 정보의 흐름을 관리한다. 원자재의 획득에서부터 고객의 최종 상품 수령까지 공급망의 계획, 스케줄, 통제, 최적화를 지원한다.
MIS 비즈니스 인텔리전스. 이 모듈들은 조직 전반에서 사용되는 정보를 수집하고 이를 조직화하여 경영자의 의사결정을 지원하기 위한 분석적 도구들을 제공한다.
MIS e-비즈니스. 고객과 공급업체들은 주문 상태, 재고수준, 송장 확인 등의 ERP 정보에 접근하기 원한다. 더욱이 이들은 이런 정보가 웹을 통해 이용할 수 있는 간편한 형태이기를 원한다. 결과적으로 이 모듈들은 ERP 정보에 대해 접근하는 두 가지 채널을 제공한다. 하나는 고객을 위한 채널이고(B2C), 다른 하나는 공급업체와 파트너를 위한 채널이다(B2B).

니스 수트(suites), SAP의 mySAP 등이 이에 해당한다. 이들 시스템의 목표는 기업들이 다양한 별도의 e-비즈니스 애플리케이션들보다는 단일 웹 기반의 통합 소프트웨어시스템을 사용하여 대부분의 비즈니스 프로세스들을 운영할 수 있게 하는 것이다.

ERP II시스템에는 다양한 모듈들이 있는데, 이들은 기본 ERP 모듈들(재무관리, 운영관리, 인적자원관리)과 확정된 ERP 모듈들(고객관계관리, 공급망관리, 비즈니스 인텔리전스, e-비즈니스)로 나누어져 있다. 표 10.2는 이들 각 모듈을 설명하고 있다.

ERP시스템의 효과와 한계

ERP시스템은 조직에 여러 가지 커다란 효과를 줄 수 있다. 다음은 주요 효과 종류들이다.

1. **조직의 융통성과 기민성**(organizational flexibility and agility): 앞서 논의한 바와 같이 ERP시스템은 비즈니스 프로세스, 정보시스템, 및 정보자원의 기존 부서별, 기능별 장벽을 허문다. 이런 방식으로 인해 조직은 더 유연하고, 민첩하며, 높은 적응력을 보일 수 있다. 따라서 기업은 변화하는 비즈니스 상황에 더 신속히 대응하고 새로운 비즈니스 기회를 효과적으로 활용할 수 있다.
2. **의사결정지원**(decision making support): ERP시스템은 모든 기능영역에 걸쳐 비즈니스 성과에 대한 주요 정보를 제공할 수 있다. 이런 정보로 더 신속하고 효과적으로 의사결정하는 경영자들의 능력이 향상될 수 있다.

3. **품질과 효율성**(quality and efficiency): ERP시스템은 조직의 비즈니스 프로세스들을 통합하고 개선하여 고객 서비스, 생산, 유통의 수준과 효율성을 상당히 개선시킨다.

여러 장점에도 불구하고 ERP시스템은 다음과 같은 몇 가지 단점이 있다.

- ERP 소프트웨어 내의 비즈니스 프로세스는 종종 ERP 벤더들이 개발한 최우수 사례에 따라 사전에 정해진 것이다. **최우수 사례**(best practice)는 비즈니스의 목적을 달성하기 위한 가장 성공적인 솔루션이나 문제해결 방법이다. 결과적으로 기업은 기존 비즈니스 프로세스를 소프트웨어에 사전 정의된 비즈니스 프로세스로 수정해야 할 수 있다. 이미 잘 정착된 절차를 가지고 있는 기업에서는 이런 요구상황이 큰 문제가 되는데, 특히 만약 종업원들이 기존 일하는 방식을 포기하지 않고 변화에 저항하는 경우 그렇다.
- 하지만 동시에 ERP 도입은 업무 개선을 위한 기회를 제공할 수 있으며, 어떤 경우에는 비효율적이고, 비효과적이며 오래된 업무절차를 완전히 재설계할 수 있다. 사실 기업들이 자신의 회계, 재무, 및 인적자원관리뿐만 아니라 기업들이 경쟁우위 요인으로 생각하지 않는 다른 지원 활동들을 위해 최우수 사례들을 도입하여 효과를 본다.

  하지만 2장에서 살펴본 바와 같이 기업들은 입력물을 가치 있는 결과로 만들고 경쟁우위를 확보하기 위해 각기 다른 방법으로 가치사슬을 조직한다. 그렇기 때문에 벤더들의 최우수 사례들이 대부분의 기업에 적절하다고 하더라도 특정 기업을 위해서는 '최우수'하지 않을 수도 있다.
- ERP시스템은 도입하기에 매우 복잡하고, 고비용이며, 시간이 오래 걸릴 수 있다(ERP시스템의 문제는 바로 다음 단락에서 논의한다). 사실, 새로운 ERP시스템을 도입하는 비용과 실패 위험은 매우 크다. 많은 기업들이 비용만 많이 들고 ERP시스템 도입을 실패한 경험이 있다. 수익, 이익, 그리고 시장점유율에서의 큰 손실은 핵심 비즈니스 프로세스들과 정보시스템이 실패하거나 적절히 작동하지 않을 때 발생한다. 많은 경우 주문과 선적 내용이 없어지고, 재고의 변화가 정확히 기록되지 않으며, 재고수준에 의문이 있는 경우 심각한 재고 부족 사태가 발생할 수 있다. 허쉬푸드(Hershy Food), 나이키, 에이덱(A-DEC), 코네티컷제너럴(Connecticut General)과 같은 회사들은 수백만 달러의 손실을 보기도 했다. 연 매출 50억 달러의 의약품 도매업체인 폭스메이어드러그즈(FoxMeyer Drugs)의 경우 ERP시스템의 도입 실패로 은행의 법정관리(file for bankruptcy protection)를 신청했다.

대부분의 ERP 도입 실패는 회사의 현업 관리자와 IT 관리자들이 기존 비즈니스 프로세스들과 정보시스템들을 근본적으로 바꾸는 새로운 ERP시스템을 준비하는 데 필요한 계획, 개발, 교육의 복잡성을 과소평가했기 때문이다. 다음은 ERP 도입 실패의 주요 원인이다.

- 계획 및 개발 단계와 변화 관리 과정에 ERP시스템으로 영향을 받는 사람들을 참여시키지 못했음
- 신구시스템의 전환 과정에서 너무 많은 것을 너무 단시간에 하려 했음
- ERP시스템에 필요한 새로운 과업에 대한 교육훈련의 부족했음
- 적절한 데이터 전환 작업 및 새로운 시스템에 대한 테스트가 실패했음

ERP시스템의 도입

기업들은 ERP시스템을 직접 사내(on-premise) 소프트웨어로 설치하거나, 혹은 서비스로서의 소프트웨어(Saas: software-as-a-service)라는 클라우드 컴퓨팅 형태로 설치할 수 있다. 이 두 가지 방법에 대해서는 기술가이드 3에서 자세히 설명한다.

사내 소프트웨어로 ERP 설치. ERP시스템으로 관리되는 가치사슬 프로세스와 기업의 구체적인 가치사슬의 형태에 따라 ERP를 직접 사내 소프트웨어로 설치하는 세 가지 전략적 접근법이 있다.

1. 바닐라 접근법: 이 방법은 환경 설정 옵션을 이용해 표준형 ERP 패키지를 회사에 맞추어 설치하는 것이다. 이 방법으로 시스템을 설치하면 패키지의 표준 설정과는 크게 차이 나지 않는다. 바닐라 방식은 회사에 시스템을 설치하는 과정이 매우 빠르다. 하지만 회사의 특정 프로세스에 맞추어 적용하는 정도는 제한적이다. 다행히 바닐라 방식은 회사 공통 프로세스들에 완벽히 맞지는 않지만 이들을 비교적 쉽게 지원할 수 있는 일반적인 기능을 제공한다.
2. 맞춤 접근법: 이 방법에서는 해당 기업에 맞게 디자인한 새로운 ERP 기능들을 개발해 기업에 더 맞춤화된 ERP시스템을 도입한다. ERP 맞춤화 정도에 대한 결정은 각 조직의 특성에 따라 이루어진다. 이런 맞춤화 방식을 기업이 활용하려면 자신의 조직 특성과 특수한 프로세스들에 맞춘 시스템을 개발하기 위해 기존 비즈니스 프로세스들 조심스럽게 분석해야 한다. 그리고 새로운 ERP 소프트웨어 버전이 나올 때 마다 컴퓨터 코드를 작성하고 업데이트해야 되기 때문에 맞춤화는 비용이 많이 들고 위험이 따른다. 더욱이 맞춤화가 조직의 니즈에 완벽히 부합하지 않을 경우에는 시스템을 이용하기가 매우 어려울 수 있다.
3. 최우수 방식: 이 방식은 완전한 맞춤화에 따른 많은 비용과 위험을 피하면서 바닐라와 맞춤화 방식의 장점을 합친 것이다. 자신의 독특한 내부 프로세스들과 가치사슬에 최적화하기 위해 핵심 ERP 모듈들뿐만 아니라 소프트웨어 제품들의 ERP 모듈들을 혼합하고 합쳐서 ERP시스템을 도입하는 방식이다. 그렇기 때문에 산업의 최고 사례들—예를 들어 재무관리와 인적자원관리—의 장점을 취하기 위해 기존 벤더로부터 여러 핵심 ERP 모듈들을 선택하기도 한다. 동시에 회사의 독특한 비즈니스 프로세스들—예를 들어 제조, 보관, 유통—을 지원하는 특수한 소프트웨어를 선택하기도 한다. 예컨대 델(Dell)은 다른 회사 애플리케이션들과 잘 연결되는 더 작고, 더 유연한 시스템이 답이라는 것을 파악하기 전에 주요 벤더로부터의 통합 ERP시스템을 자신의 독특한 프로세스들과 부합하도록 맞춤화하는데 수백만 달러를 낭비했다.

서비스로서의 소프트웨어(SaaS) ERP 도입. 기업들은 완전한 소프트웨어 솔루션(즉, 사내에 ERP 소프트웨어를 설치)을 구매하지 않고도 ERP시스템을 도입할 수 있다. 많은 조직들은 클라우드 기반 ERP시스템(기술가이드 3에서 소개)을 도입하기 위해 서비스로서의 소프트웨어(Saas, 13장 및 기술가이드 3에서 소개)를 이용하고 있다.

이 비즈니스 모형에서 기업은 SaaS 모형을 사용하여 인터넷으로 서비스를 제공하는 ERP 벤더들로부터 ERP 소프트웨어를 빌려서 쓴다. 이 ERP 클라우드 벤더가 소프트웨어 업데이트를 관리하고 시스템의 보안과 사용 가능성을 책임진다.

클라우드 기반 ERP시스템은 어떤 회사에는 최적의 대안이 될 수 있다. 예를 들어 IT에 대해 대형 투자를 하기 힘든 회사로 긴밀히 연결되어야 하는 상대적으로 안정적인 비즈니스 프로세스를 이미 보유한 기업들은 클라우드 컴퓨팅이 더 좋은 선택이 될 수 있다.

회사와 클라우드 벤더 간의 관계는 계약 및 서비스수준협의서(SLA: service level agreements)에 의해 규제된다. SLA는 서비스의 특징과 품질을 정의한다. 예를 들어 업데이트 의무화 또는 시스템을 사용할 수 있는 시간 비율이다. 이런 기준을 못 맞추는 클라우드 벤더들은 벌금을 물을 수 있다.

사내 설치 ERP냐, 아니면 SaaS ERP냐의 선택은 각 기업의 상황에 따라 다르며 장점과 단점들을 기업이 어떻게 평가하느냐에 달려 있다. 다음은 클라우드 ERP시스템의 세 가지 주요 장점이다.

1. 인터넷 접속이 가능한 어떤 곳에서나 이 시스템을 이용할 수 있다. 결과적으로 사용자들은 온라인으로 공유되거나 중앙집중화된 자원들(데이터 및 데이터베이스)을 이용해 어느 위치에서나 일할 수 있다. 사용자들은 안전한 가상사설망(VPN: virtual private network; 4장에서 소개)을 통해 ERP 시스템에 접속할 수 있다.
2. 클라우드 기반 ERP를 이용하는 기업들은 사내 설치 방식에서 발생하는 일반적인 초기 하드웨어 및 소프트웨어 비용을 피할 수 있다. 예를 들어 어떤 기업이 SAP의 사내 설치 ERP를 설치하기 위해서는 SAP 소프트웨어와 SAP를 사용할 수 있는 라이센스를 구입해야 한다. 이런 투자가 중소기업이 ERP를 도입하기에는 어려운 수준일 수도 있다.
3. 클라우드 기반 ERP 솔루션은 확장이 가능하다. 즉, 새로운 ERP 모듈을 구매해 새로운 비즈니스 프로세스들과 새로운 비즈니스 파트너들(예: 공급업체)을 지원하는 데까지 ERP를 확장할 수 있다.

그러나 기업이 클라우드 기반 ERP를 도입할 때의 단점들도 엄밀히 평가해야 한다. 다음은 클라우드 기반 ERP시스템을 사용하는 데 따른 세 가지 주요 단점들이다.

1. 클라우드 기반 ERP시스템이 사내 설치 ERP시스템보다 더 안전한지가 명확하지 않다. 사실 노스브릿지 벤처파트너즈(North Bridge Venture Partners)가 실시한 조사에 따르면 기업들이 클라우드 기반 ERP를 도입하지 않는 주된 이유가 보안이다.
2. 클라우드 기반 ERP시스템을 도입한 기업들은 전략적 IT 자원에 대한 통제를 포기해야 한다. 이런 이유로 어떤 기업들은 ERP시스템을 직접 관리할 수 있는 강력한 사내 IT 부서를 활용한 사내 설치 ERP시스템을 선호한다.
3. 세 번째 단점은 IT 자원에 대한 통제 부족의 직접적인 결과이다. 이 단점은 ERP시스템에 문제가 있을 때 발생한다. 예를 들어 어떤 ERP 기능이 잠시 속도가 느려지거나 작동하지 않는 경우이다. 이런 경우 클라우드 벤더의 시스템 자원을 통해 시스템을 복구하기보다는 내부 IT 부서가 더 빨리 문제를 고칠 수 있다.

기술 집약적인 기업들에서는 이런 상황이 특히 중요하다. 이런 기업들에서는 IT가 고객들에 대한 어느 비즈니스 수행에서나 핵심적이다. 예로는 전자상거래 기업, 은행, 그리고 국민 및 국가 보안(예: 헬스케어 기관, 경찰, 국가보안당국, 테러방지 기관 등 기타)과 관련된 위급 상황을 관리하는 정부기관들이 있다.

마지막으로 클라우드 기반 ERP 벤더의 속도가 느리고 작동이 안 되는 소프트웨어가 고객들에 대한 기업 서비스의 연속성 문제를 야기시킨다(비즈니스 연속성은 4장에서 소개). 이는 갑작스러운 시스템 문제나 불능으로 기업들의 회사 운영이 불가능해질 수 있음을 의미한다. 고객들이 서비스를 받을 수 없고 직원들이 자신들의 일을 할 수 없기 때문에 기업들이 비즈니스 연속성을 잃은 경우, 큰 손해를 보게 된다. 그리고 비즈니스 연속성을 유지 못하면 고객들이 그 기업에 대한 신뢰를 잃기 때문에 기업의 평판은 떨어지게 된다.

EAI

일부 조직에서는 ERP시스템이 적절하지 않다. 비제조업체나 제조업체지만 기존 시스템의 프로세스를 바꾸는 것이 너무 어렵고, 시간이 오래 걸리는 경우가 특히 그렇다.

하지만 이런 기업들은 여전히 서로 연결되어야 하는 독립적으로 운영되는 정보시스템들을 보유하고 있을 것이다. 이와 같은 문제를 해결하기 위해 일부 기업들은 EAI를 사용한다. **EAI시스템(enterprise application integration system)**은 애플리케이션들을 연결하는 여러 겹의 소프트웨어를 통해 기존 시스템들을 통합한다. 기본적으로 EAI시스템은 애플리케이션들이 상호 소통하고 데이터를 공유할 수 있게 해, 기업이 연결되지 않은 정보시스템들로 인해 발생하는 많은 문제를 해결하여 기존 애플리케이션들을 이용할 수 있게 한다. 그리고 EAI시스템은 여러 벤더들로부터 소프트웨어 모듈을 연결해 '최우수' ERP 솔루션 도입을 지원한다.

확인하고 넘어가기

1. ERP를 정의하고 이의 기능들을 설명해보자.
2. ERP II시스템이란 무엇인가?
3. 기본 ERP 모듈과 확장된 ERP 모듈의 차이를 설명해보자.
4. ERP 소프트웨어의 단점을 설명해보자.
5. 세 가지 ERP 도입 전략인 바닐라 접근법, 맞춤화, 최우수의 차이를 설명해보자.

10.4 비즈니스 프로세스들을 위한 ERP 지원

ERP시스템은 여러 표준 비즈니스 프로세스들을 효과적으로 지원한다. 특히 ERP시스템은 한쪽 끝과 다른 한쪽 끝을 잇는 프로세스나 여러 부서들에 걸친 프로세스를 관리한다. **여러 부서에 걸친 프로세스(cross-departmental process)**는 (1) 한 부서에서 시작해 다른 부서에서 끝나거나 (2) 동일한 부서에서 시작해 끝나지만 그 사이에 여러 부서를 거치는 프로세스를 말한다.

조달, 주문완수, 생산 프로세스

다음은 여러 부서에 걸친 프로세스의 세 가지 주요 예들이다.

1. 조달 프로세스는 (구매가 필요한) 재고부서에서 시작되어 (대금 결제를 담당하는) 회계부서에서 끝남
2. 주문완수 프로세스는 (고객이 구매를 요청함에 따라) 판매부서에서 시작되어 (대금을 수령하는) 회계부서에서 끝남
3. 생산 프로세스는 (완제품 생산과 수령의 필요성을 인지하는) 재고부서에서 시작되고, 끝나지만 생산부서도 개입됨

다음 단락에서 각 프로세스와 관련된 구체적인 단계들을 중심으로 이들 세 프로세스를 좀 더 상세히 살펴본다.

POM ACCT 조달 프로세스. **조달 프로세스(procurement process)**는 기업이 상품이나 서비스를 외부에서 구입할 필요가 있을 때 시작되어 이들을 수령하고 관련 대금을 결제하면서 끝난다. 물리적 제품의 구매가 필요한 회사의 조달 프로세스를 예로 들어 보자. 이 프로세스에는 세 주요 부서인 재고, 구매 및 회계부서가 관련되며 다음과 같은 단계를 따른다.

1. 필요한 상품 구매를 위한 구매요청서(purchase requisition)를 작성하는 재고부서에서 이 프로세스가 시작된다.
2. 재고부서가 이 요청서를 구매부서에 보내면, 구매부서는 구매주문서(PO: purchase order)를 작성해 공급업체에게 보낸다. 일반적으로 회사들은 여러 공급업체들 중에서 편의성, 속도, 신뢰성 및 기타 특성에서 자신들의 요구사항을 가장 잘 충족시키는 한 업체를 선택한다.
3. 기업이 주문을 한 다음, 회사가 주문한 내용과 일치하는지를 물리적으로 체크하는 재고부서에서 상품을 수령한다. 재고부서에서 담당자는 구매주문서와 수령한 상품에 부착되어 있는 포장물 리스트를 비교하여 확인한다.
4. 만약 수령물이 주문과 일치하면 재고부서는 상품수령 문서를 발행한다.
5. 동시에 혹은 잠시 뒤, 회계부서는 공급업체로부터 송장(invoice)을 수신한다. 그다음 회계부서는 이를 구매주문서, 상품수령 문서, 그리고 송장과 확인한다. 이 프로세스를 세 가지 일치 확인(three-way-match)이라고 한다.
6. 회계부서가 일치를 확인한 후, 결제를 진행해 대금을 공급업체에게 송금한다.

그림 10.5는 조달 프로세스를 보여준다.

MKT POM ACCT 주문완수 프로세스. 회사가 벤더로부터 상품을 구매하는 조달 프로세스와는 대조적으로, 주문에서 현금(order-to-cash) 프로세스로도 알려진 **주문완수 프로세스(order fulfillment process)**에서는 회사가 상품을 고객에게 판매한다. 주문완수 프로세스는 회사가 고객으로

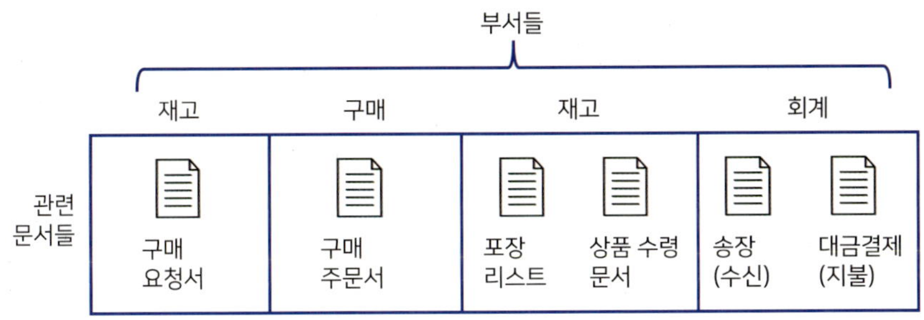

그림 10.5
조달 프로세스 관련 부서 및 문서 흐름

부터 주문을 받으면서 시작되어 고객으로부터 대금을 수령하면서 끝난다.

주문완수 프로세스는 재고확인 후 판매와 주문수령 후 작업이라는 두 가지 기본적인 전략을 따른다. **재고확인 후 판매**(sell-from-stock)는 재고부서 창고에 있는 재고를 바로 이용하여 고객 주문을 완수하는 방법이다. 이들 제품은 회사가 구매자를 위해 맞춤화하지 않는 표준화된 제품이다. 반대로 **주문수령 후 작업**(configure-to-order)에서는 회사가 고객의 요청에 따라 상품을 맞춤화한다.

주문완수 프로세스에는 판매, 재고, 그리고 회계의 세 주요 부서가 관련된다. 이 프로세스는 다음과 같이 진행된다.

1. 판매부서는 기본적으로 특정 제품의 재고 여부와 가격에 대한 정보 요청인, 고객의 문의를 받는다. (여기서는 논의를 서비스보다는 물리적 제품의 고객 주문 완수로 한정한다.).
2. 문의를 받은 판매부서는 재고 여부와 가격에 대한 답을 작성한다.
3. 만약 고객이 가격과 조건에 동의하면 판매부서는 고객구매주문서(PO)와 판매주문서(sales order)를 작성한다.
4. 판매부서는 판매주문서를 재고부서에 보낸다. 판매주문서는 특정 고객 주문과 관련된 내부 프로세스들을 회사가 추적하는 것을 돕는 여러 부서들과 관련된 문서이다. 또한 이는 제품의 수량, 가격 및 기타 특성들에 대한 상세 정보를 제공한다.
5. 재고부서는 선적서류를 준비해 2개의 다른 내부 문서를 작성한다. 창고에서 물품을 반출하는 데 사용하는 작업 문서(picking document) 및 선적 서류와 동반되며 배송되는 물건에 대한 상세 내역인 포장 리스트(packing list)이다.
6. 동시에 회계부서는 고객들을 위한 송장을 발행한다.
7. 전체 프로세스는 회계부서가 송장의 금액과 일치하는 대금을 수령하면 마감된다.

그림 10.6은 주문완수 프로세스를 보여준다. 기본 단계가 재고확인 후 판매와 주문수령 후 작업 모두에 동일하기 때문에 이는 양쪽에 적용된다.

POM 생산 프로세스. 모든 기업들이 물리적 제품을 생산하지 않기 때문에 **생산 프로세스**(production process)는 모든 기업에서 발생하지 않는다. 사실 많은 비즈니스들이 상품 구매(조달)와 판매(즉, 소매업)에 한정된다.

생산 프로세스는 두 다른 전략을 따를 수 있다. 계획생산과 주문생산(풀 모형과 푸시 모형에

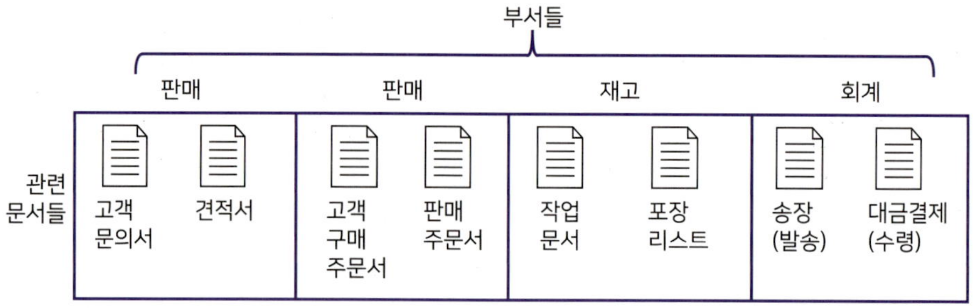

그림 10.6
주문완수 프로세스 관련 부서 및 문서 흐름

대해서는 11장을 참고)이다. **계획생산**(make-to-stock)은 회사가 창고에 저장하고, 판매 가능한 최종 제품인 재고를 창출하거나 늘리기 위해 제품을 만들 때 발생한다. 반대로 **주문생산**(make-to-order)은 특정 고객 주문에 따라 생산이 이루어질 때 발생한다.

자체 상품을 생산하는 제조업체들은 생산부서와 재고부서에 걸친, 부서들 간 연결된 생산 프로세스를 관리한다. 생산 프로세스는 다음과 같은 단계를 따른다.

1. 재고부서의 재고가 충분하지 않거나 고객이 현 재고에 없는 제품을 주문하는, 특별한 주문을 하는 경우, 회사가 최종 제품을 생산할 때, 재고부서는 주문계획서를 발행한다.
2. 생산부서에 주문이 들어오면 생산 관리자는 주문을 승인해 특정 제품을 특정 수량만큼 생산하라는 문서화된 승인서인 생산주문서를 발행한다.
3. 완제품을 조립하기 위해 생산부서는 여러 원자재(혹은 부품)들이 필요하다. 이런 원자재를 확보하기 위해 생산부서는 모든 필요 부품의 리스트인 원자재 인출 전표를 재고부서로 보낸다.
4. 만약 부품들이 재고부서에 있다면, 재고부서는 이들을 생산부서에 전달한다. 만약에 부품들이 없다면, 회사는 조달 프로세스를 통해 이들을 구매해야 한다.
5. 생산부서가 제품을 생산한 후, 생산부서는 특정 수량의 제품이 재고부서로 선적될 수 있다는 것을 계획대로 명시한 생산주문서를 업데이트한다.
6. 재고부서가 최종 제품을 수령하자마자 재고부서는 판매 가능한 얼마나 많은 제품을 수령했는지 확인하는 제품 수령증을 발행한다.

위와 같은 대략의 설명은 실제 생산 프로세스를 매우 단순화한 것이다. 현실에서는 이 프로세스가 매우 복잡하고 종종 추가적인 단계가 필요하다. 또한 ERP시스템은 소요부품명세서(bill of material)(최종 제품을 만들기 위해 필요한 모든 부품들 리스트), 작업장 리스트(생산이 이루어지는 장소들), 생산 공정서(생산 단계들) 같은 많은 다른 문서들과 정보들을 수집한다. 이런 모든 주제들은 생산 프로세스에 대한 심층 분석이 필요하고, 따라서 여기서 논의할 범위를 넘어선다. 그림 10.7은 생산 프로세스를 보여준다.

조달, 주문완수, 생산 프로세스에서 다음과 같은 예외 상황이나 편차와 같은 여러 사건들이 발생할 수 있다.

- 제품 수령의 지연
- 선적 및 이와 연관된 송장(조달)에 대한 3자 일치의 실패와 관련된 이슈들

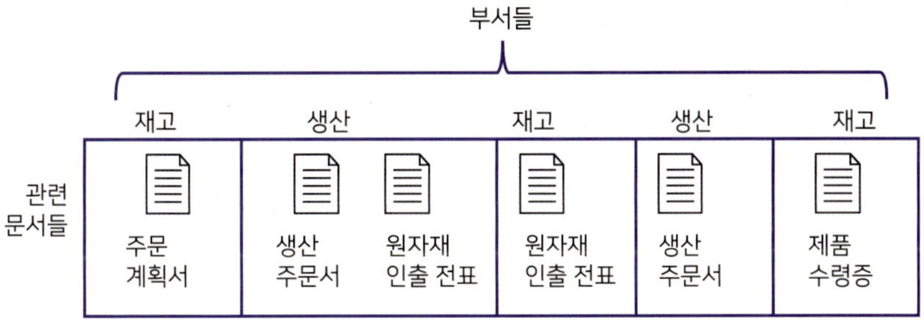

그림 10.7
생산 프로세스 관련 부서들과 문서들

- 견적 거절
- 선적 지연
- 선적 준비나 고객에 대한 송장 발부(주문완수)의 실수
- 제품의 과잉생산
- 생산 프로세스에서 사용될 수 없는 부품의 수령
- 공급업체의 특정 부품 재고 부족

기업들은 ERP시스템이 조달, 주문완수, 생산 각 프로세스에서 발생하는 일들을 추적하기 때문에 이 시스템을 사용한다. 더욱이 이 시스템은 각 프로세스의 각 단계에서 생산되는 모든 문서들을 필요할 때 실시간으로 접근 가능한 중앙집중화된 데이터베이스에 저장한다. 그렇기 때문에 어떤 예외 사항이나 실수가 한두 부서 간의 프로세스에서 발생해도 간단히 ERP시스템을 검색하고 더 자세한 검토와 검증이 필요한 특정 문서나 정보를 추출하여 즉시 대응할 수 있다. 따라서 각 프로세스의 각 단계를 추적하고 해당 문서를 ERP시스템에 등록하는 것이 중요하다.

그림 10.8은 바로 위에서 논의한 세 부서들에 걸쳐 있는 비즈니스 프로세스를 보여준다. 특히 ERP시스템에 의해 가능해진 이들 세 프로세스들 간 연결을 강조한다.

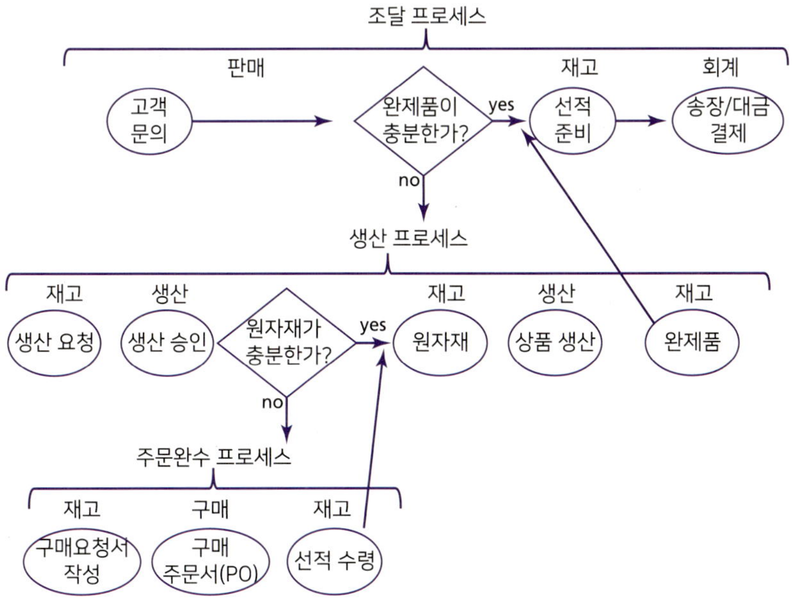

그림 10.8
ERP과 연결된 프로세스들

조직 간 프로세스들: ERP와 SCM 및 CRM

MKT **POM** 조달과 주문완수 프로세스에는 공급업체와 고객들이 관련되지만, 이들 프로세스는 회사 내에서 시작되어 끝나기 때문에 (생산 프로세스와 함께) 조직 내 프로세스로 간주된다. 하지만 ERP시스템은 또한 한 회사에서 시작되어 다른 회사에서 끝나는 프로세스들과 연결될 수 있다. 이런 프로세스들을 **조직 간 프로세스**(interorganizational processes)라고 하며 보통 **공급망관리**(SCM: supply chain management)와 **고객관계관리**(CRM: customer relationship management)가 관련된다. SCM과 CRM에 대한 자세한 설명은 11장에서 소개된다. 여기서는 한 회사의 산업가치사슬 내에서 이 프로세스들 간의 통합에 초점을 맞춘다.

SCM과 CRM 프로세스는 산업 내 여러 기업들을 도와 상품 및 서비스의 생산에서부터 판매까지와 같은 활동들을 조율한다. 잘 상하는 물건들을 적절히 관리해야 하는 식료품 공급망을 한 예로 생각해보자. 한편으로는 점포 관리자들은 제품의 유효기간 전에 판매될 것으로 확신하는 분량만큼만 식료품 재고를 보유하기 원한다. 다른 한편으로는 그들은 고객이 원하는 제품의 재고가 부족하게 되는 상황을 원하지 않는다.

ERP SCM시스템은 실시간으로 공급업체로부터 신선한 식품 구매를 자동 요청할 수 있는 능력이 있다. 그것은 각 식품이 판매되는 순간, 시스템이 이에 대한 데이터를 수집하여 재고수준을 조정하고, 또 판매 내역을 식료품 업체 재고부서와 제품의 공급업체에 전송한다. 이 시스템은 POS(point-of-sale) 바코드 스캐닝시스템을 공급업체뿐만 아니라 재고 및 회계부서와 연결해 이 프로세스를 실행한다. 또한 SCM시스템은 과거 데이터를 이용해 매장의 재고가 부족하기 전에 언제 신선한 제품을 주문해야 하는지를 예측한다.

그리고 ERP CRM은 지역이나 계절, 요일 및 고객 유형과 같은 주요 변수들을 기반으로 상품 소비 예측 분석을 할 수 있어 비즈니스에도 도움이 된다. 이런 분석으로 식료품점들은 자신들의 공급망을 조율해 잘 상하는 식품에 대한 고객 니즈를 충족시킨다. 더 나아가 CRM시스템은 특정 고객 니즈를 파악해 이런 정보를 특정 상품 캠페인의 추천에 사용한다. 이런 캠페인들은 잠재적인 수요를 판매 기회로 만들 수 있고, 또 판매 기회를 판매 견적과 주문으로 이어지게 할 수 있다. 이런 프로세스를 **수요에서 주문으로**(demand-to-order) 프로세스라고 한다.

확인하고 넘어가기

1. 일반적으로 ERP시스템의 지원을 받는 세 가지 주요 조직들에 걸친 프로세스는 무엇인가?
2. 각 프로세스의 모든 단계가 생산하는 문서들을 ERP시스템에 저장하는 것이 왜 중요한가?
3. 조직 내 프로세스와 조직 간 프로세스의 차이는 무엇인가?
4. 조직 간 프로세스를 지원하는 두 주요 ERP시스템은 무엇인가?

IT는 나를 위해 무엇을 해줄 수 있지?

ACCT 회계관리 전공을 위한 정보기술

TPS의 기능과 출력물을 효과적으로 이해하는 것은 모든 회계 담당자의 주요 걱정거리이다. 모든 기능영역의 여러 가지 활동들과 이들 간의 관계를 이해하는 것도 필요하다. 회계정보시스템은 ERP 패키지의 핵심이다. 사실 모든 대형 회계법인들은 특별하게 훈련된 수천 명의 회계 전문가들을 통해 적극적으로 ERP 도입에 대하여 고객에게 자문한다.

FIN 재무관리 전공을 위한 정보기술

재무 분석가와 관리자들은 정보기술을 활용하여 자신을 업무를 더 효과적으로 할 수 있다. 특히 중요한 것은 현금 흐름을 분석하고 회사의 운영에 문제가 없도록 자금조달을 안정적으로 하는 것이다. 더욱이 재무 관련 시스템은 위험분석, 투자관리, 여러 나라 통화와 금융 규제가 관련된 글로벌 거래 등과 같은 활동들을 지원한다.

재무와 관련된 활동들과 모델링은 ERP시스템의 기본 요소이다. 공급망의 핵심인 자금의 흐름(지급결제)은 효율적이며 효과적으로 행해져야 한다. 통화 변환과 금융 규제를 고려해야 하는 글로벌 공급망에서 자금운용 계획은 특히 중요하다.

MKT 마케팅 전공을 위한 정보기술

마케팅과 영업비용은 종종 비용 절감 프로그램의 타깃이 된다. 그리고 영업 자동화(SFA: sales force automation)는 영업사원의 생산성을 높이는 한편(따라서 비용을 절감하고), 고객 서비스를 향상시킨다.

POM 생산운영관리 전공을 위한 정보기술

단기간에, 저비용과 높은 품질로 생산작업, 원자재 취급, 재고를 관리하는 것은 경쟁력 유지에 필수적이다. 이런 활동들은 정보기술에 의해 적절히 지원되어야만 수행될 수 있다. 더욱이 정보기술은 다른 기능영역들, 특히 영업과의 상호 작용을 크게 향상시킨다. 디자인, 제조, 물류에서의 협업을 위해서는 현대 정보시스템들이 어떻게 연결될 수 있는지에 대한 지식이 필요하다.

HRM 인적자원관리 전공을 위한 정보기술

인적자원관리자는 정보기술을 일상적인 자산의 업무에 활용하여 효율성과 성과를 높일 수 있다. 인적자원 담당자는 인적자원 부서와 다른 기능영역들 사이에 정보가 어떻게 흘러 다니는지에 대하여 이해할 필요가 있다. 마지막으로 ERP시스템에 의한 기능영역들의 통합은 인적자원관리 부서가 하는 일과 관련된 직원들이 필요한 기술과 인력 부족 파악에 큰 영향을 미친다.

MIS MIS 전공을 위한 정보기술

MIS 기능은 조직의 가장 기본적인 정보시스템인 거래처리시스템(TPS)을 책임진다. TPS는 데이터베이스에 데이터를 제공한다. 그러면 모든 다른 정보시스템들이 이 데이터를 사용한다. MIS 담당자는 모든 조직 계층(사원에서부터 임원까지)과 모든 기능영역을 대상으로 업무를 지원하는 애플리케이션들을 개발한다. 다른 파트너와 회사가 비즈니스를 함께 할 수 있는 애플리케이션도 개발한다.

요약

10.1 거래처리시스템의 목적을 설명해보자.

TPS는 모든 비즈니스 거래들로 생성된 데이터를 모니터, 저장, 수집, 처리한다. 이러한 데이터는 조직의 데이터베이스에 입력된다.

10.2 기능영역 정보시스템(FAIS)를 정의하고, 조직의 각 기능영역을 위해 이들이 지원하는 것이 무엇인지 한 가지 예를 들어보자.

주요 기능영역은 생산운영관리, 마케팅, 회계/재무, 인적자원관리이다. 기능영역 정보시스템(FAIS)은 각 기능영역의 하위 및 중간 관리자를 지원하기 위해 설계되었다. 표 10.1은 FAIS에 의해 지원되는 각 기능영역의 여러 활동들을 예시한다.

10.3 ERP시스템을 도입하는 것의 장점과 단점을 제시해보자.

다음은 ERP시스템의 주요 장점이다.

- ERP시스템은 조직의 자원들을 통합하기 때문에 조직을 더 유연하고 민첩하며 더 높은 적응력을 갖도록 한다. 따라서 조직은 비즈니스 상황의 변화에 빠르게 대응하고 새로운 비즈니스 기회를 활용 수 있다.
- ERP시스템은 기능영역들에 걸쳐 업무 성과에 대한 핵심적인 정보를 제공한다. 이런 정보는 관리자가 더 효과적으로 더 적시에 의사결정하는 능력을 향상시킨다.
- ERP시스템은 조직의 자원들을 통합해 고객 서비스, 생산, 유통의 질을 상당히 개선시킨다.

다음은 ERP시스템의 주요 단점이다.

- ERP 소프트웨어의 비즈니스 프로세스는 종종 사전에 ERP 벤더들이 개발한 최우수 사례를 기반으로 정의되어 있다. 결과적으로 기업들은 소프트웨어의 사전에 정의된 비즈니스 프로세스에 맞추기 위해 기존 비즈니스 프로세스를 변경해야 할지도 모른다. 잘 정립된 업무절차가 있는 기업들로서는 이러한 요구사항이 매우 큰 문제가 될 수 있다.
- ERP시스템을 도입하는 것이 매우 복잡하고, 비싸며, 시간이 많이 걸릴 수 있다. 사실 새로운 ERP시스템의 도입 실패 비용과 위험은 상당하다.

10.4 ERP시스템의 지원을 받는 세 가지 주요 비즈니스 프로세스를 설명해보자.

재고부서(원자재 구매 필요 시)에서 시작되는 조달 프로세스는 회계부서(지급결제 실시)에서 끝난다.

판매부서(고객이 구매를 요청)에서 시작되는 주문완수 프로세스는 회계부서(대금 수령)에서 끝난다.

재고부서(생산이 필요하고 완제품을 수납)에서 시작해 끝나는 생산 프로세스는 생산부서도 관련된다.

토의문제

1. IT 애플리케이션을 기능별 영역에 따라 조직화하는 것이 어떤 의미에서 타당한가?
2. 서비스 회사에서 TPS의 역할에 대하여 설명해보자.
3. TPS와 FAIS 간의 관계에 대하여 설명해보자.
4. IT가 예산수립 프로세스를 어떻게 촉진시키는가?
5. 인터넷이 투자 결정에 어떻게 도움이 되는가?
6. 통합 회계 소프트웨어 패키지의 장점을 설명해보자.
7. IT가 감사에 어떻게 도움이 되는가?
8. 웹이 인적자원관리에서 어떤 역할을 할 수 있을지 조사해보자.
9. ERP이 정보시스템들 간의 괴리와 어떤 관련이 있는가?

문제해결활동

1. 너무 찾아봐야 할 곳들이 많기 때문에 인터넷에서 일자리를 찾는 것은 어려운 과제이다. 커리어빌더(www.careerbuilder.com), 크레이그리스트(www.craigslist.org), 링크드인(www.linkendin.com), 잡센트럴(www.jobcentral.com), 몬스터(www.monster.com)와 같은 사이트들을 방문해보자. 구직자에게 이들은 어떤 것들을 제공하고 있는가?
2. www.sas.com을 찾아가 수익 최적화(revenue optimization)을 사용해보자. 이 소프트웨어가 가격 최적화를 어떻게 돕는지 설명해보자.
3. 이립소프트웨어(www.eleapsoftware.com)을 찾아가 온라인 교육(교육훈련시스템)을 지원하는 제품을 검토해보자. 이 제품의 기능들 중 가장 마음에 드는 기능은 무엇인가?
4. 파이낸셜 애널라이저(Financial Analyzer; 오라클 제품), CFO 비전(CFO Vision; SAS Institute 제품)과 같은 (혹은 유사한) 소프트웨어 패키지의 기능들을 검토해보자. 이 소프트웨어 패키지들의 성능을 비교하는 보고서를 작성해보자.
5. 웹에서 무료 소프트웨어들을 찾아보자(www.cnet.com, www.rkom.com, www.tucows.com, www.passtheshareware.com, www.freeware-guide.com 등을 참고). 소프트웨어를 다운로드하여 사용해보자. 각 소프트웨어의 유용성과 사용의 용이성을 비교해보자.
6. 세이지 소프트웨어(Sage Software)의 심플리 어카운팅 베이직(Simply Accounting Basic; www.sage.com/sage-50-accounting)을 찾아보자. 왜 이 소프트웨어가 소규모 기업에 추천되는지 파악해보자.
7. 사바(www.saba.com)와 서세스팩터스(www.successfactors.com)을 찾아가보자. 이들 소프트웨어 제품을 검토하고 비교해보자.
8. 어슈어소프트웨어(www.asuresoftware.com)를 찾아가 인적자원관리 활동에 어떤 기능을 지원하는지 파악해보자. 데모를 보고 제품들의 기능에 대한 보고서를 작성해보자.

사례

올리브가든

POM MKT MIS

비즈니스 과제

올리브가든(Olive Garden)은 1982년 플로리다주 올랜도에 처음 문을 연 이탈리안 레스토랑 체인이다. 수년에 걸쳐 회사는 큰 성공을 거두었다. 7년 만에 145개의 레스토랑을 열었다! 그러나 그 성공은 평준화되기 시작했고 2014년에 회사는 적자를 내기 시작했다. 안타깝게도, 그들의 기업 전략은 이 기간 동안 대체로 변화 없는 상태를 유지하는 것이었다. 회사의 매출이 급감하자 메뉴 조정(신메뉴 또는 디저트 등)과 판촉을 통해 판매를 유도했다. 그러나 이러한 전략은 고객을 레스토랑으로 다시 데려오지 못했다. 그 결과, 2015년에 그들은 레스토랑 경험을 뒤바꾸기 위해 몇 가지 전략적 움직임을 취했다.

올리브가든은 향상된 온라인 주문과 고객이 온라인으로 주문하고 포장으로 주문을 픽업할 수 있는 올리브가든 투고(ToGO)를 제공하기 시작했다. 동시에 모바일 기기는 조직문화의 변화를 가져왔다. 고객들은 점점 더 편안하게 모바일 기기로 음식을 주문하고 지불하게 되었다. 또한 고객은 신용카드나 직불카드를 웨이터에게 건네는 것에 대해 점점 더 우려하고 있었다. (신용카드 사기의 약 60%는 부정직한 웨이터가 계산을 위해 레스토랑 고객으로부터 신용카드를 넘겨받으면서 신용카드정보를 탈취하기 때문이다.)

정보기술 해결책

올리브가든은 고객 서비스를 개선하고 주문에서 결제에 이르기까지 전체 고객경험을 가속화하고 고객 지불을 보다 안전하게 만드는 데 도움이 되는 기술 솔루션이 필요했다. 그래서 2015년에 지오스크(www.ziosk.com)와 제휴하여 고객경험을 업그레이드했다. 지오스크는 엔터테인먼트, 주문 및 테이블에서 지불하는 터치스크린 장치 제공업체이다. 그들의 제품은 칠리즈(Chili's), 아웃백 및 레드로빈(Red Robin)과 같은 여러 국내 레스토랑 체인에서 사용된다. 이 태블릿은 로열티 프로그램에 대한 고객 참여를 증가시키고 결제 프로세스를 간소화했으며 젊은 세대에게 중요한 '멋진' 요소를 추가했다.

이 터치스크린 시스템은 고객이 주방으로 직접 입력할 수 있도록 하여 주문 프로세스를 가속화한다. 또한 고객이 재량에 따라 음료, 전채, 메인을 주문하여 식사의 속도를 조절할 수 있다. 바쁜 사람들은 자리에 앉자마자 주문을 하면 된다. 그들은 또한 식사를 마치는 즉시 계산서를 결제할 수 있다. 물론, 그들이 시간을 들이고 싶다면 그것은 여전히 선택 사항이다. 또한 일부 사람들이 우려했던 것처럼 대기 직원을 교체하는 대신 기술이 실제로 그들의 작업을 보완하고 원활하게 했다. 그들은 이제 주문을 받고 계산을 하는 테이블 사이를 오가는 것보다 우수한 고객 서비스를 제공하는 데 집중할 수 있다. 올리브 가든은 레스토랑에서도 비슷한 결과를 기대했다.

결과

올리브 가든이 지오스크 태블릿을 테스트했을 때 고객들은 긍정적인 반응을 보였다. 현재 약 60%의 고객이 태블릿의 결제 기능을 사용한다. 흥미롭게도 대기 직원의 팁이 15% 증가했다! 또한 올리브가든이 이 시스템을 구현한 후 테이블 회전율이 평균 7~10분 증가했다. 간단히 말해서 올리브가든은 이제 고객에게 더 빨리 자리를 잡고 서빙할 수 있으므로 레스토랑의 처리량이 증가한다. 2016년에는 총 매출의 10% 이상이 새로운 투고(ToGO) 옵션과 탁상형 주문 시스템에서 나오며 40%의 성장을 이루었다.

대부분의 기술 변화와 마찬가지로 지오스크 태블릿의 도입에도 문제가 있었다. 예를 들어, 대기 직원은 시스템 오류로 인해 팁이 부족하다고 불평했다. 또한 일부 고객은 여전히 전통적인 식사 경험을 선호한다. 또한 일부 가족은 그 장치로 인해 아이들이 게임을 할 수 있다는 사실에 짜증이 난다(돈이 많이 드는). 그러나 전반적으로 반응은 긍정적이었다.

출처: Compiled from T. Kilgore, "Olive Garden Parent Darden's Stock Surges after Profit and Sales Beat, Raised Outlook," *Morningstar*, December 19, 2017; M. Maynard, "Why Your Upscale Restaurant Server Still Takes Your Order By Hand, Even Though Technology Abounds," *Forbes*, June 27, 2017; M. Watrous, "Inside Olive Garden's Incredible Comeback," *foodbusinessnews.net*, April 6, 2016; J. Monsell, "Restaurant Guests Sour on Ziosk's 'Touch It and You're Charged' Payment Systems," *elliot.org*, July 25, 2016; C. Jones, "Olive Garden Boosts Parent Company Profits," *USA Today*, December 21, 2016; C. Furhmeister, "Olive Garden Employee Blames Shorted Tips on Faulty Automated Ordering," *eater.com*, September 1, 2015; R. Vamosi, "Tablets to Provide Secure Payments in U.S. Restaurants," *Forbes*, February 19, 2015; P. La Monica, "Olive Garden Sales Hotter Than Its Breadsticks," *CNN Money*, June 23, 2015; S. Hill, "Restaurant Table Tablets: A Gimmick, or Actually Helpful?," *Christian Science Monitor*, May 14, 2015; A. Fluker, "4 Reasons Olive Garden May Win with Tabletop Ordering," *Orlando Business Journal*, April 16, 2015; T. Lien, "Olive Garden Rolls Out Tabletop Tablets for Ordering and Payment," *Los Angeles Times*, April 14, 2015; M. McGrath, "Olive Garden Turnaround Helps Lift Darden Profit above Expectations," *Forbes*, March 20, 2015; https://www.retaildive.com/ex/mobilecommercedaily/olive-garden-garnishes-dining-experiences-via-pay-at-the-table-tablets, www.olivegarden.com/about-us, and http://www.restaurantnews.com/ziosk-completes-installationof-tabletop-tablets-at-olive-garden-restaurants-nationwide/ (all accessed September 19, 2018).

질문

1. 올리브가든은 새로운 탁상 주문 시스템이 고객경험을 어떤 식으로 개선하기를 바라는가?
2. 새로운 탁상형 키오스크 시스템이 대기 직원에게 미치는 긍정적인 영향과 부정적인 영향은 무엇인가?
3. 태블릿을 사용한 테이블에서 셀프 계산의 긍정적인 영향과 부정적인 영향은 무엇인가?

11장

고객관계관리와 공급망관리

장의 구성

11.1 고객관계관리의 정의

11.2 운영 CRM 시스템

11.3 다른 유형의 CRM

11.4 공급망

11.5 공급망관리

11.6 공급망관리를 위한 정보기술 지원

학습목표

11.1 고객관계관리(CRM)와 협업 CRM의 주 기능을 설명해보자.

11.2 운영 CRM 시스템의 두 가지 주요 요소 각각을 기업이 어떻게 활용할 수 있는지 설명해보자.

11.3 모바일 CRM 시스템, 온디맨드 CRM 시스템, 오픈소스 CRM, 소셜 CRM 그리고 실시간 CRM 시스템의 장단점을 설명해보자.

11.4 공급망의 세 가지 요소와 세 가지 흐름을 설명해보자.

11.5 공급망 문제를 해결하는 일반적인 전략에 대하여 설명해보자.

11.6 공급망관리를 지원하는 세 가지의 주요 기술의 활용방안에 대하여 설명해보자.

테스코, 고객관계관리 노력 강화

MKT

영국, 유럽, 아시아 그리고 북아메리카 등지에서 영업을 하고 있는 영국의 식료품과 잡화 소매업 체인인 테스코는 1919년에 "고객의 챔피온이 되어 고객이 더 나은 삶의 질과 더 쉬운 삶의 방식을 즐길 수 있도록 돕는 것"이라는 단순한 사명을 가지고 설립되었다. 테스코의 목표는 고객에게 올바른 방식으로 제품과 서비스를 제공하는 것이다. "영국의 쇼핑객들에게 매일 조금씩 더 나은 서비스를 제공"하는 것이 그들의 핵심 목표이다. 수년 동안 테스코는 고객에게 더 다가가기 위해 물리적 점포의 수를 늘림으로써 이 목표를 추구했다. 그런 다음 2000년에 이 업체는 Tesco.com을 영국 시장에 소개함으로써 디지털 전략으로 전환했다. Tesco.com은 식료품, 잡화, 의류, 은행 그리고 보험 서비스 등을 포함한 다양한 서비스를 제공했다.

그러나 이러한 전환에도 불구하고 테스코 내부 정보시스템의 자체적인 특성으로 인해 회사의 비즈니스 분석가들이 고객의 온라인 경험을 이해하는 것이 매우 어려웠다. 테스코는 실제 물리적인 매장을 통한 수년간의 경험을 가지고 있었으며, 새로운 기술, 커뮤니케이션 그리고 소셜 미디어 등의 선봉에 있었던 것으로 널리 알려져 있다. 그러나 소셜 고객 서비스와 참여 영역에서 테스코의 비즈니스 분석가는 고객이 사용하는 제품과 웹 사이트 기능 그리고 가장 많은 수의 고객이 구매를 완료할 때까지의 경로 등에 대한 더 넓은 시야가 필요했다. 판매업계에서는 이 프로세스를 리드 전환(lead conversion)이라고 한다. 본질적으로 이 회사는 IT 인프라를 그들의 임무에 맞추기 위해 정보시스템을 업그레이드할 필요가 있었다.

따라서 2014년에 테스코는 고객관계관리(CRM) 솔루션을 찾기 시작했다. 그러나 그들의 초점은 단순한 CRM 도구 이상이었다. 오히려 새로운 시스템은 조직 전체의 격차를 해소하는 것이었다. 10년 넘게 테스코는 새로운 웹 사이트를 지원하기 위해 시스템을 추가하고, 수정하고 업데이트했다. 이러한 접근 방식을 통해 회사는 10개 환경에서 400개 이상의 서버로 구성된 까다로운 IT 인프라를 갖게 되었다. 이러한 유형의 시스템 확장은 조직이 복수의 시스템을 운영할 때 발생할 수 있는 데이터 중복(redundancy), 데이터 고립(isolation) 그리고 데이터 불일치(inconsistency) 등의 문제를 초래할 수 있다(이에 대하여 5장에서 언급한 바 있다). 그러나 사용자 요청에 따라 문제를 해결하고 업데이트함에 있어서도 문제가 있다.

정보시스템은 로그(log)라고 불리는 파일에서 이벤트 (거래, 통신 또는 오류 등)를 추적한다. 오류가 발생하면 조직은 지원시스템이 얼마나 잘 작동하고 있는지를 나타내는 지표로 식별(MTTI; 평균 식별 시간)과 응답(MTTR; 평균 응답 시간)에 걸리는 시간을 측정한다. 테스코는 여러 시스템을 운영하고 있었기 때문에 모니터링과 문제를 해결하는데 있어서 여러 오류 로그도 있었다. 테스코는 주로 사용자 지정 스크립트에 의존하여 로그 데이터를 개발자와 IT 지원팀에 제공했다. 크고 복잡한 인프라로 인해 오류 로그를 관리하는데 어려움이 많았다. 이러한 복잡성은 문제를 식별하고 대응하는 능력에 직접적인 영향을 미쳤으며 때로는 고객의 챔피언이 되고자 하는 회사의 사명을 방해하는 요인으로 작동하기도 했다. 새로운 시스템의 유입과 여러 그룹을 지원해야 하는 필요성이 이 회사가 자체로 운영하고 있는 로그 모니터링 솔루션을 압도해 버린 것이다.

테스코는 정보를 하나로 통합하여 고객의 구매 습관과 구매 결정을 포함한 고객에 대한 전체 관점을 제공하는 솔루션이 필요했다. 일부 고객은 온라인 상태를 유지하고 구매를 하였으나 다른 고객들이 장바구니에 항목을 그대로 두고 있는 이유를 식별해서 적절한 대응책을 마련할 수 있기를 원했다. 특히 그들은 정보시스템이 고객에게 장애가 되고 있지 않은지 알고 싶었다. 이 회사는 기본 데이터를 가지고 있었지만 전략적 결정을 내릴 수 있는 의미있는 방식으로 데이터를 통합할 수 없었다.

스플렁크(www.splunk.com)는 테스코가 찾고 있던 솔루션으로 이었다. 스플렁크는 샌프란시스코에 기반을 둔 다국적 기업으로, 빅 데이터와 같은 대규모의 기계 생성 데이터 세트를 검색하고, 모니터링하며, 분석하기 위한 소프트웨어를 개발한다. 그들의 시스템은 웹 기반의 인터페이스를 지원하도록 설계되었다. 중요한 점은 단일 플랫폼으로 구성되어 있어서 채택하여 구현하는 것이 상대적으로 쉽다는 것이다. 이 솔루션은 테스코의 하드웨어와 고객 서비스 데이터에 대한 요구를 모두 해결할 수 있게 했기 때문에 테스코의 문제에 대한 완벽한 해결책이었다.

테스코의 애플리케이션 엔지니어인 죠수아 앤더슨은 "초기에는 웹 사이트의 결제 흐름에 문제가 있었다. 스플렁크에 '오류'와 '결제'를 입력한 것이 기억난다. 그런데 갑자기 시간 단위로 직접 문제를 파악하고 난 다음 연결과 IP 주소에 문제가 있었다는 것을 확인할 수 있었다"고 말했다. 부정적인 고객경험을 원하지 않는 한 곳이 있다면 그것은 결제 흐름이라고 할 수 있다! 스플렁크를 실행하기 전에는 테스코 애플리케이션 지원팀이 문제의 원인을 추적하는 데 몇 시간을 보냈으며 이로 인해 이 회사는 많은 잠재적 매출을 잃어야만 했다. 스플렁크를 도입한 후 그들은 문제를 찾아서 수정하고 경고와 대시보드를 설정하여 향후 문제를 식별하고 해결하는 프로세스 시간을 단축시킬 수 있었다. 그 결과 테스코는 고객경험을 개선하고 장바구니 포기로 인한 매출 손실을 줄였다. 앤더슨은 "우리가 스플렁크 플랫폼을 운영하여 추출할 수 있는 정보를 검토한 후 우리가 처음으로 안경을 쓴 것처럼 새로운 세상이 열렸다"라고 말했다.

이것은 스플렁크가 테스코를 어떻게 신속하게 지원하였가를 보여 주는 하나의 예일 뿐이다. 테스코가 애플리케이션 지원과 개발에서 경험한 혜택으로 인해 이 회사는 테스코 내의 새로운 영역에 스플렁크 플랫폼을 설치하였다. 그 결과 테스코는 웹 사이트 행동을 실시간으로 분석하고 최적화하는 데 필요한 완전한 운영 가시성(operational visibility)을 확보할 수 있었다. 평균 식별 시간(MTTI)과 평균 응답 시간(MTTR)은 95% 감소하였으며, 고객 서비스 에스컬레이션은 최소 50%까지 감소하였다. 간단히 말해, 테스코는 효율적인 CRM에 대한 필요성을 시작으로 스플렁크를 활용한 이후 전반적으로 많은 이점을 얻을 수 있었다.

출처: Compiled from A. Bridgewater, "Splunk Platform Aims to Clean 'Messy Noisy' Machine Data," *Forbes*, June 28, 2018; A. Bridgewater, "Splunk Aims To Put Machine Learning Into 'Mainstream' Computing," *Forbes*, September 26, 2017; A. Drennan, "How Tesco Leads the Way in Social Customer Service," www.conversocial.com, May 29, 2012; T. Simonite, "Extracting Business Ideas from IT Logs," *MIT Technology Review*, February 11, 2011; G. Huang, "Old Logs, New Tricks," *MIT Technology Review*, February 1, 2004; "Tesco.com Accelerates Development through Deep Understanding of Customer Behavior," https://www.splunk.com/en_us/customers/success-stories/tesco.html, accessed November 29, 2017; https://www.tescoplc.com/news/blogs/topics/a-lot-has-changed-in-three-years-a-colleague-message-fromdave-lewis/ accessed November 29, 2017; https://www.tescoplc.com/about-us/history/, accessed November 29, 2017; https://carabiner.splunk.com/web_assets/pdfs/secure/Splunk_at_Tesco.pdf, accessed November 29, 2017; https://en.wikipedia.org/wiki/Splunk, accessed October 15, 2017; and J. Hertvick, "MTTR Explained: Repair vs Recovery in a Digitized Environment," https://www.bmc.com/blogs/mtbf-vs-mtff-vs-mttr-whats-difference/, accessed July 17 2019.

질문

1. 테스코를 예로 사용하여 자체 운영하는 컴퓨터 정보시스템과 관련된 문제에 대해 논해보자.
2. 스플렁크가 MTTI와 MTTR을 추적하는 것이 왜 중요하다고 생각하는가? 그 세 가지 이유를 제시해보자.
3. 스플렁크는 온라인 스토어에서 부정적인 고객경험을 식별하고 이에 대응하는 테스코의 능력을 어떻게 변화시켰는가?

서론

10장에서 조직 내 다양한 활동들을 지원하는 정보시스템에 대해서 학습했다. 이 장에서는 고객과 공급자 등을 향한 조직 밖으로 확장하는 활동들을 지원하는 정보시스템에 대해서 학습한다. 이들 시스템은 현대 비즈니스의 성공에 핵심적인 시스템들이다. 따라서 이 장의 처음 반은 CRM 시스템에 대해 살펴보고, 나머지 반은 SCM 시스템에 대해서 학습한다.

장기적인 고객관계는 개별적인 영업거래를 뛰어넘는 지속가능한 가치를 제공한다는 것을 기업들이 깨달음으로 해서, 기업들은 그들의 업무에 대한 고객중심적 접근을 강조하고 있다. 또한 조직은 공급망을 따라 긴밀하게 통합되어 지속 가능한 비즈니스 가치로 이어지기 때문에 전략과 운영을 공급망 파트너와 통합하고 있다. 특히, CRM과 SCM은 기업의 규모에 상관없이 모든 기업에서 매우 중요하다.

이 장의 도입사례에서는 비즈니스에 대한 고객 중심 접근 방식에 데이터가 얼마나 중요한지를 보여주고 있다. 이제 기업은 고객이 불만을 제기하기 전에 고객이 자신의 사이트에서 문제를 겪고 있는 것을 알아낼 수 있다. 이러한 유형의 데이터 분석은 조직이 고객의 문제를 이해하고 적시에 솔루션을 실행하는 데 매우 중요하다.

공급망관리(SCM: supply chain management)도 조직이 시장에서 성공적으로 경쟁하는데 있어서 똑같이 중요하다. 오늘날 공급망관리는 모든 조직의 필수적인 부분이며, 이를 통해 고객 서비스를 개선하고 운영 비용을 줄일 수 있다. 이 두 영역에 대하여 좀 더 자세히 살펴보기로 한다.

- **POM** 고객 서비스 개선: 고객은 가능한 한 빨리 올바른 제품을 얻기를 원한다. 따라서 제품은 올바른 위치에 있어야 한다. 또한 판매 후 사후 지원도 효과적이고 효율적으로 이루어져야 한다.

- **FIN** 운영 비용 절감: 예를 들어, 소매업체는 고가의 제품을 신속하게 배송하여 비싸고 감가상각율이 높은 제품에 대한 재고관리 비용이 발생하지 않게 하기 위해 공급망에 의존한다.

생산 지연은 많은 비용을 유발한다. 공급망은 비용이 많이 드는 제조 지연을 방지하기 위해 조립 공장에 자재를 안정적으로 배송할 수 있어야 한다.

이 시점에서 다음에 대하여 스스로에게 질문해 봐야 한다. 왜 우리는 CRM과 SCM에 대해서 학습해야 하는가? 이 장에서 보듯이 고객과 공급자는 모든 조직에 매우 중요한 대상이다. 당신이 어떤 일을 하든지, 당신 기업의 고객과 공급자를 관리하는데 당신은 직접적 혹은 간접적인 영향을 미칠 것이다. 이 장의 마지막에 있는 'IT는 나를 위해 무엇을 해줄 수 있지?' 부분을 읽으면 당신의 첫 직장에서 즉각적인 기여를 할 수 있는 기회가 무엇인지 알 수 있을 것이다. 그러므로 당신이 CRM과 CRM 시스템, 그리고 SCM과 SCM 시스템에 대해 실제적인 지식을 쌓는 것이 중요하다.

11.1 고객관계관리의 정의

슈퍼마켓, 쇼핑몰, 자동차 등이 생기기 전에 사람들은 동네 상점에서 물건을 구입했다. 주인과 직원들은 고객의 이름이나 취향들을 알고 있었다. 고객들은 그런 상점들에 충성심을 보였으며 재구매를 하였다. 하지만 시간이 지나면서 사람들이 농촌에서 도시로 떠나고, 고객이 모바일화되고, 슈퍼마켓과 백화점이 대량 마케팅으로 규모의 경제를 추구하면서 이런 개인적인 고객관계는 점차 인간적인 면을 잃었다. 상품 가격은 싸지고 품질은 균일해졌지만 고객과의 관계에서는 서로 이름도 모르고 인간적인 면은 사라졌다.

고객관계는 인터넷과 웹의 발달로 더욱 더 비인간적이 되었다. 오늘날의 초박빙의 경쟁 시장에서는 고객의 영향력은 점차 더 커지고 있다. 고객이 어떤 기업의 상품이나 서비스에 불만이 있으면 고객은 단 한 번의 마우스 클릭으로 경쟁사로 옮겨갈 수 있다. 더욱이 점점 더 많은 사람들이 인터넷에서 구매를 하면서 기업들은 인간적으로 좋은 첫 인상을 고객에게 줄 수 있는 기회조차 없어지고 있다.

고객관계관리(CRM)가 개인화된 마케팅에 새로이 초점을 맞추고 있다. 이는 대량의 사람들이나 기업들에 동일한 마케팅을 하는 대신에 기업이 각 고객을 개별적으로 마케팅 하는 것이다. 이런 방법을 적용하여 기업들은 고객이 받아들일 가능성이 더 높은 제안을 만들어내기 위해 — 예를 들어, 이전 구매내역, 니즈, 원하는 것 등 — 각 고객에 대한 정보를 활용할 수 있다. 그것은 CRM으로 고객 친밀감(customer intimacy)을 달성하는 것이다.

고객관계관리(CRM: customer relationship management)는 고객에 초점을 둔, 고객 지향의 조직 전략이다. 상품과 서비스에 대한 고객의 요구사항을 분석하고, 높은 품질의 신속한 서비스를 제공하여 고객을 만족시키는데 기업이 집중하는 전략이다. CRM은 프로세스나 기술이 아니다. 그보다는 고객을 중심으로 생각하고 행동하는 방식이다. 오늘날 고객에 대한 초점이 비즈니스 거래를 수행하는 것에서 고객관계를 관리하는 것으로 옮겨가고 있다. 일반적으로, 기업들은 고객이 성공적 기업운영의 핵심이며, 기업의 성공은 고객과의 관계를 효과적으로 관리하는 것에 달려 있음을 인식하고 있다.

CRM 접근방법은 다양한 시스템과 애플리케이션 형태의 정보기술에 의해 가능해졌다. 그러나 고객관계관리는 소프트웨어만은 아니다. 때때로 관계를 관리하는 데 발생할 수 있는 문제는 단순히 시간과 정보이다. 옛날 시스템에도 필요한 정보는 있을 것이나 그 정보를 접근하는 데 시간이 더 걸리고 다양한 애플리케이션에서 사용하기 어려울지 모른다. 그 결과는 고객과 보내는 시간이 줄어드는 것이다.

이와 대조적으로 현대의 CRM 전략과 시스템은 고객은 물론 기업을 위해서도 가치를 창출하는 지속가능한 장기적 고객관계를 구축한다. 다시 말해, CRM은 기업으로 하여금 신규 고객을 획득하고, 기존의 수익성 있는 고객을 유지하며, 기존 고객과의 관계를 발전시키는 것을 지원한다. 고객을 유지하는 것은 특히 중요한데, 이는 재방문 고객이 기업의 가장 큰 수익창출원이기 때문이다. 또한 경쟁사로 한번 갔던 고객을 다시 잡는 것은 그 고객을 처음 만족시키는 것보다 비용이 더 든다는 사실을 기업들은 오래 전부터 알고 있다.

그림 11.1은 CRM 프로세스를 보여주고 있다. 기업이 잠재 고객군으로부터 마케팅 대상자를 선별하는 마케팅 활동으로 CRM은 시작된다. 마케팅 대상자의 일부는 구매를 할 것이며, 따라서 고객이 될 것이다. 기업의 고객 중 일부는 재구매 고객이 될 것이다. 그러면 기업은 재구매 고객을 저가치 고객군과 고가치 고객군으로 구분한다. 조직의 전반적인 목표는 수년에 걸친 고객의 잠재적인 수익 원천으로서 고객의 **생애 가치**(lifetime value)를 극대화하는 것이다.

기업이 고객의 일부를 놓칠 수 있는데 그 과정을 **고객 이탈 과정**(customer churn)이라 한다. 기업 CRM 프로세스의 최적 결과는 고객 이탈을 최소화하면서 고가치 고객의 수는 최대화하는 것이다.

CRM은 기본적으로 간단한 아이디어다. 고객마다 니즈가 다르고, 회사에 기대하는 가치가 또한 다르기 때문에 고객을 각각 달리 다룬다. 성공적인 CRM의 도입은 고객 만족도를 향상시킬 뿐 아니라 회사의 영업과 서비스의 생산성을 높여 수익을 증가시킨다. 사실, 미국 미시건 대학의 국가

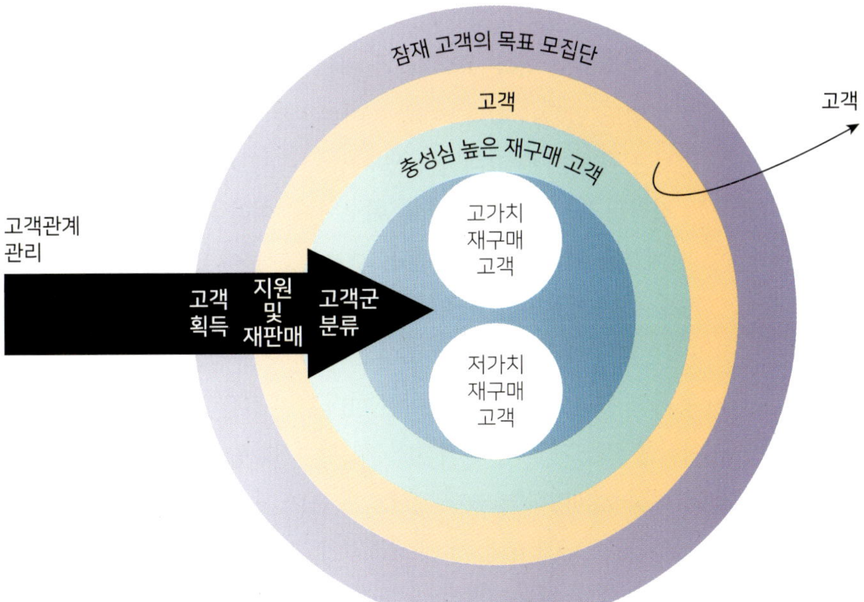

그림 11.1 고객관계관리(CRM) 프로세스

품질 연구 센터(the National Quality Research Center)의 연구자들에 의하면 고객 만족도의 1% 향상은 기업의 시장가치(공개된 기업의 주식 총 수를 주당 가격으로 곱한 금액)를 최대 300% 증가시킬 수 있다고 한다. 간단히 말해 고객 만족도를 조금만 향상시켜도 기업의 전체 가치는 크게 높아질 수 있다.

지금까지 기업의 CRM 전략에 대하여 살펴보았다. 그런데, CRM 전략과 CRM 시스템을 구별하는 것이 중요하다. 기본적으로 CRM 시스템은 조직의 CRM 전략을 지원하는 정보시스템이다. 고객과의 뛰어난 관계를 추구하는 기업들에게는 이러한 관계를 지원하는 데 필요한 하부구조를 제공하는 CRM 시스템의 도입이 있어야 한다. 고객 서비스와 지원은 비즈니스의 성공에 필수적이기 때문에 기업들은 그들의 CRM 전략과 CRM 시스템에 큰 비중을 두지 않을 수 없다.

일반적으로 말해서 CRM 시스템은 고객 수가 적은 중소기업들이 사용할 수 있는 저렴한 것부터 대량의 고객용인 값비싼 CRM 시스템까지 다양한 수준이 있다. 저렴한 시스템의 예로는 아마존이 고객들에게 책을 추천하는 CRM 시스템이 이에 해당된다. 값비싼 시스템의 예로는 보잉이 신형 787기를 델타 항공에 판매하기 위해 직원들의 활동을 조율하는 데 사용한 CRM 시스템이 있다. 이 장의 사례들과 예들을 살펴보면서 특정 CRM 시스템이 어디에 속하는지를 생각해보자.

상황과 환경에 따라 CRM의 모습은 다르지만 모든 성공적인 CRM 전략에는 두 가지 공통점이 있다. 첫째, 기업은 고객의 접촉 지점을 가능한 많이 파악해야 한다. 두 번째, 각 고객에 대한 데이터를 통합해야 한다. 이 두 가지 점에 대하여 상세히 살펴보자.

고객 접점

기업들은 많고 다양한 고객과 상호작용하는 지점을 인지해야 한다. 여러 형태의 상호작용을 **고객 접점(customer touch points)**이라 한다. 기존의 고객 접점에는 전화 접촉, 직접 우편물 발송, 고객이 상점을 방문할 때 생기는 실제 물리적 접촉 등이 있었다. 하지만 기업의 CRM은 개인용 기술들의 대중적인 활용에 따라 발생하는 수많은 추가적인 고객 접점을 관리해야 한다. 이러한 접점에는 이메일, 웹 사이트, 스마트폰을 이용한 통신 등이 있다(그림 11.2 참조).

기업과 고객의 관계는 계속해서 진화하고 있다. 개인적 기술의 사용이 변하고 있듯이, 기업이 고객과 직면할 때 사용해야 하는 방법도 변해야 한다. 이제 스마트폰을 통해 물리적으로 고객을 찾을 수 있다. 결과적으로 위치 정보는 이제 다른 고객 접점을 제공할 수 있게 되었다.

기업은 이를 인식했지만 모든 접점을 동기화하지 않았고, 이로 인해 여러 채널 간의 충돌이 발생해 왔다. 예를 들어, 레스토랑의 예약을 위해 온라인 주문을 했는데 그들이 당신의 주문을 받지 못했다는 것을 알게 된 적이 있는가? 아니면 온라인 시스템으로 주문했지만 아직 준비되지 않아서 기다려야 했던 적이 있는가? 온라인으로 구매한 상품을 반품하고자 할 때 동일한 현지의 오프라인(bricks-and-mortar) 상점에 반품하지 못하고 우편으로만 반송해야만 한다는 사실을 알았다면 어땠을까?

오늘날 효과적인 마케팅은 이러한 모든 채널(접촉 지점)을 서로 동기화하여 사용하고 있다. 우리는 이것을 옴니 채널 마케팅(모든 것을 의미하는 옴니)이라고 부른다. 옴니 채널 마케팅은 고객들이 비즈니스를 '접촉'하는 데 사용되는 채널(또는 장치)에 관계없이 그들에게 원활한 경험을 생성할 수 있게 하는 고객 접근 방식을 의미한다. 많은 기업들이 고객을 위해 이러한 일관된 경험을 제

그림 11.2
고객 접점

공하기 위한 옴니 채널 전략을 구상하고 있다. 이러한 목표를 달성하기 위해 기업들은 정보시스템(특히 CRM)을 활용해야 한다. 그 이유는 IT와 기업사례 11.1에서 알 수 있듯이 채널 간 데이터 일관성에 대한 필요성이 그 어느 때보다 더 분명하기 때문이다.

데이터 통합

데이터 통합(data consolidation) 역시 조직의 CRM 활동에 매우 중요하다. 과거에는 고객 데이터가 회사의 기능별 영역에 따로 보관되어 있었다. 예를 들어 고객 데이터가 재무관리, 영업, 물류, 마케팅 부서의 데이터베이스에 각각 따로 따로 보관되는 일이 이상한 것이 아니었다. 이들 데이터가 동일한 고객에 대한 내용임에도 불구하고 여러 부서들이 함께 데이터를 공유하는 것이 쉽지 않았다.

5장에서 논의한 바와 같이 데이터 웨어하우스를 중심으로 구축된 현대의 상호 연결된 시스템들은 모든 고객 관련 데이터가 기업의 모든 부서에 제공될 수 있게 되어 있다. 이러한 각 고객에 대한 완전한 데이터의 집합을 그 고객에 대한 **전방위(360도) 시야(view)**라고 한다. 기업은 이런 전방위 시야를 확보하여 고객과의 관계를 개선하고 궁극적으로 더 생산적이고 수익에 보탬이 되는 의사결정을 할 수 있다.

데이터 통합과 고객에 대한 전방위 시야로 인해 기업의 기능별 영역들은 고객에 대한 데이터 공유를 즉각적으로 실행할 수 있다. 이러한 고객 정보의 공유는 협업 CRM을 가능하게 한다.

IT와 기업사례 11.1

팀버랜드, NFC를 사용하여 쇼루밍을 옴니 채널링으로 변경

MKT

오늘날 소매업의 주요 관심사는 고객 쇼루밍이다. 쇼루밍은 고객이 오프라인 매장에서 제품을 살펴본 후 온라인에서 최적의 가격을 검색하여 구매하는 관행을 말한다. 매장이 고객 충성도(customer loyalty)에 의존할 수 없는 경우 가격 외에는 경쟁하기가 어려워지는 것이다. 그렇다면 기업은 이 상황을 어떻게 관리해야 하는가? 고객이 모바일 장치를 사용하지 못하도록 하는 스토어 정책을 만들 것인가? 그것은 효과가 없을 것이다. 보다 현실적인 해결책은 팀버랜드의 예처럼 고객이 오프라인 매장에 있는 동안에 그들이 온라인 매장에 접속할 수 있게 해주는 회사 소유의 컴퓨터를 활용한 회사 제품의 정보를 검색할 수 있게 하는 것이다.

팀버랜드(www.timberland.com; VF코퍼레이션 소유)는 신기술로 창업한 회사이다. 1965년 사우스 보스턴에서 애빙턴 슈 컴퍼니를 소유하고 운영한 스워츠(Swartz) 가족은 사출 성형 기술을 신발에 활용하는 혁신적인 방법을 도입하여 우리에게 팀버랜드로 알려진 상징적인 노란색 방수 부츠를 제작하였다. 부츠는 너무 유명해져 이 회사는 제품에 맞게 회사의 이름을 변경했다. 팀버랜드는 2018년 현재 2조원 이상의 매출을 올리고 있으며, 230개 매장에 3,400명의 직원을 보유한 글로벌 기업이다.

2016년에 팀버랜드는 신발과 의류 소매업에서 혁신의 문제에 직면하게 되었다. 고객들은 제품을 검색하고, 리뷰를 읽고, 제품을 집으로 배달하는 것을 좋아하였지만, 오프라인 매장에서 쇼핑하는 것도 즐겼다. 그런데 팀버랜드는 이러한 두 경험을 병합하는 데 어려움을 겪고 있었다.

다행히 팀버랜드는 새롭고 독특한 쇼핑 경험을 제공할 수 있는 기술의 사용 방법을 찾아 냈다. 특히 그들은 근거리 통신(NFC: near field communication; 8장 참조)을 활용했다. NFC는 서로 다른 당사자가 가까운 거리에서 정보를 공유할 수 있도록 설계된 일련의 프로토콜이다. NFC 기술이 탑재된 두 장치를 서로 약 4센티미터 거리에 두면 정보를 전송할 수 있다. 이 정보에는 제품 리뷰, 링크, 사용 가능한 옵션, 그리고 크기 등이 포함될 수 있다. 그러나 팀버랜드는 모든 고객이 NFC가 장착된 장치를 가지고 있지 않으며, 일부 고객은 다른 앱의 다운로드를 싫어한다는 것을 알았다. 이에 이 회사는 고객들에게 매장에서 사용할 수 있는 모바일 기기를 제공하였다.

이제 고객들은 실제 상점과 온라인 상점에서 동시에 쇼핑할 수 있게 되었다. 매장을 떠나지 않고도 제품을 만져보고, 정보를 찾고, 위시 리스트를 작성하여, 온라인으로 주문할 수도 있게 된 것이다. 추가적인 이점으로 팀버랜드는 고객들이 어떤 제품에 관심을 갖고 있는지, 고객의 매장 내 동선이 어떻게 되는지, 그리고 고객의 관심을 끄는 것이 무엇인지 등에 대한 매우 유용한 데이터를 수집할 수 있게 되었다는 것이다.

고객담당 부사장인 케이트 키블러(Kate Kibler)는 "소비자들이 기술을 사용하여 원하는 장소와 시간에 쇼핑을 하고 팀버랜드 브랜드에 몰입하는 동안 우리는 그들이 제품을 발견하고 쇼핑하고 그리고 소셜 활동을 할 수 있도록 도울 수 있다. 이를 통해 매장 내에서, 온라인에서 그리고 방문 후의 고객 선호도를 더 잘 이해할 수 있게 되었다. 이러한 귀중한 통찰력은 고객이 우리의 제품에 흥미롭고 혁신적인 방법으로 상호작용할 수 있게 함으로써 쇼핑 경험을 강화할 수 있게 해 주었다. 고객들은 이 기술에 매우 잘 반응했으며 이를 사용하여 쇼핑하고 배우고 있다"라고 하였다. 성공적인 파일럿 테스트 후 이 회사는 다른 팀버랜드 매장에서도 이를 이용하고 있다.

한때 방수 부츠 제조의 선구자였던 팀버랜드는 이제 옴니 채널 마케팅에서 새로운 길을 개척하고 새로운 고객경험을 창출하고 있다.

출처: Compiled from P. Danziger, "Timberland Blazes a New Trail in Retail," *Forbes*, September 22, 2017; "Connecting Cotton and Trees Signals Hope for Farmers in Haiti," *Timberland Newsroom*, August 29, 2017; C. Heine, "Is OmniChannel Marketing Finally Going From Dream to Reality?" *Adweek*, October 16, 2016; "Timberland Makes Store NFC Enabled," *Innovation Article*, March 5, 2016; A. Blair, "Timberland Tablets Blaze a Trail Connecting Physical and Digital Commerce," www.retailtouchpoints.com, January 28, 2016; D. Berthiaume, "Timberland Climbs to New Seamless Experience Heights," www.chainstorage.com, January 13, 2016; B. Davis, "Five Retailers Using NFC and RFID to Enhance Shopping: But Do They Work?," econsultancy.com, August 13, 2014; and www.timberland.com, accessed July 17, 2019.

질문

1. 여러 채널을 보유한 소매업체가 직면하고 있는 문제를 설명해보자.
2. 팀버랜드의 옴니 채널 마케팅 전략의 장점에 대해 논해보자. 잠재적인 단점은 무엇이라고 생각하는가?
3. 팀버랜드는 이 새로운 고객경험을 제공하기 위해 어떤 기술을 사용하고 있는가? 이 회사는 이러한 기술을 다른 어떤 방법으로 활용할 수 있는지 구체적으로 설명해보자.

협업 CRM 시스템(collaborative CRM systems)은 조직 전반에 걸쳐 고객과의 효율적이고 효과적인 상호작용을 가능하게 한다. 즉, 협업 CRM은 마케팅, 영업, 고객 지원 서비스 등의 분야에서 고객과 기업 간의 의사소통을 촉진시킨다. 그리고 협업 CRM은 고객들이 기업에 대하여 직접적인 피드백을 제공할 수 있게 한다. 9장 웹 2.0의 블로그와 위키에서 본 바와 같이 주요 고객이 신제품 개발은 물론 기업이 제공하는 기존 제품이나 서비스에 인풋을 제공하는 것이 중요하다.

통합 데이터에 대한 가장 최근의 요구는 **고객 ID 관리(customer identity management)**이다. 여러 부서와 브랜드가 있는 대기업들은 비즈니스 전반에 걸쳐 고객이 누구인지, 그리고 시간이 지남에 따라 관계가 어떻게 변화했는지를 이해해야 한다. 데이터베이스 그리고 데이터웨어하우스가 부서 내에서 데이터를 중앙 집중화하는 방식(모든 기능영역들이 데이터를 공유하는 것을 의미함)과 마찬가지로 CRM 내의 고객 ID 관리 플랫폼은 회사가 부서 내만이 아니라 전체 조직에 대한 전방위 시야를 생성하는 데 도움이 될 것이다.

조직의 CRM 시스템에는 운영 CRM 시스템과 분석 CRM 시스템이라는 두 가지 주요 구성요소를 포함하고 있다. 다음의 절에서는 운영 CRM 시스템에 대해 학습할 것이다. 11.2절의 후반부에서 분석 CRM 시스템에 대하여 간략히 소개하고 12장에서 이 시스템에 대한 좀 더 자세한 내용을 살펴보기로 한다.

확인하고 넘어가기

1. 고객관계관리(CRM)의 정의는 무엇인가?
2. 모든 조직에 CRM이 왜 그렇게 중요한가?
3. 고객 접점을 정의하고 그 예를 들어보자.

11.2 운영 CRM 시스템

운영 CRM 시스템(operational CRM systems)은 CRM의 한 요소로 고객응대 프로세스들을 지원한다. 영업, 마케팅, 서비스와 같은 **고객응대 프로세스(front-end processes)**는 고객과 직접 접촉한다. 운영 CRM의 두 주요 분야는 고객대면 응용프로그램(customer-facing applications)과 고객감동 응용프로그램(customer-touching applications)이다. 운영 CRM 시스템은 다음의 이점을 제공한다.

- 효율적이고 개인에 맞춘 마케팅, 영업, 서비스
- 각 고객에 대한 전방위(360도) 시야
- 접점에 상관없는, 영업과 서비스 직원이 고객과 기업 간의 접촉에 대한 과거의 모든 기록에 접근할 수 있는 능력

또 다른 운영 CRM의 예로 국제적인 산업장비 제조업체인 카터필러(Caterpillar, Inc.; www.cat.com)를 들 수 있다. 카터필러는 다음과 같은 목적으로 CRM을 운영한다.

- 여러 직원들 간의 정보 공유를 최적화하고, 기존 프로세스들(예: 모바일 기기로 주문을 받는 프로세스 등)을 매끄럽게 하여 영업과 고객 관리의 향상을 돕는다.
- 고개 만족을 높이고 수익을 극대화하기 위해 고객에 맞춘 개인화된 관계를 구축한다.
- 가장 수익성 높은 고객을 판별하고 이들에게 가장 높은 수준의 서비스를 제공한다.
- 회사의 고객을 이해하기 위한 정보와 프로세스를 직원들에게 제공한다.

- 고객의 니즈를 이해하고 파악하며 고객과 기업, 그리고 유통업 파트너들 사이의 관계를 효과적으로 구축한다.

고객대면 응용프로그램

고객대면 응용프로그램(customer-facing applications)은 기업의 영업, 현장 서비스, 고객 접촉 센터 직원들이 고객과 직접 양방향소통을 하는 부분이다. 이들 응용프로그램에는 고객 서비스 및 지원, 영업 자동화, 마케팅, 캠페인 관리 등이 있다.

MKT 고객 서비스 및 지원. 고객 서비스 및 지원은 서비스 요구, 불만 접수, 상품 반품, 정보 문의 등을 자동화하는 것을 말한다. 오늘날 기업들은 고객이 선호하는 접촉방식을 지원하기 위해 직원들이 웹, 전화, 팩스, 일대일 대면 접촉 등의 여러 소통 채널을 활용하는 **고객 상호작용 센터**(CIC: customer interaction center)를 운영하고 있다.

가장 잘 알려진 고객 상호작용 센터의 예는 대량의 고객 요청을 전화로 접수하고 전달하도록 설치된 중앙집중화된 사무실인 **콜센터**(call center)이다. 기업들은 콜센터로 고객의 상품 지원 및 불만을 포함한 매우 다양한 문의들을 대응할 수 있다.

POM 영업 자동화. **영업 자동화**(SFA: sales force automation)는 운영 CRM의 한 요소로 영업을 위한 거래 과정의 모든 내용을 자동으로 기록하는 시스템이다. SFA 시스템에는 고객과의 모든 접촉 내용, 접촉의 목적, 필요한 후속 조치들을 추적하는 **접촉관리시스템**(contact management system)이 포함되어 있다. 이 시스템의 목적은 중복되거나 불필요한 접촉을 방지하여 고객이 성가시다고 생각할 위험을 감소시키는 것이다. 또한 SFA에는 잠재고객이나 관련 상품을 구매한 고객들의 명단을 작성해 주는 **판매 리드 추적 시스템**(sales lead tracking system)이 있다.

SFA의 다른 요소들로는 미래의 매출을 예측하기 위한 수학적 기법인 **판매 예측 시스템**(sales forecasting system)과 상품과 서비스에 대한 종합적인 정보 소스인 **제품 지식 시스템**(product knowledge system)이 있다. 좀 더 발전된 SFA 시스템에는 고객의 특정 니즈를 충족시키는 상품을 모델링하여 주는 **온라인 상품 맞춤화 기능들**(online product-building features; 소위 상품 설정기(configurators))이 있다. 한 예로, 나이키ID(NikeID; http://nikeid.nike.com)에서는 자신이 원하는 운동화를 직접 맞출 수 있다. 마지막으로 오늘날의 많은 SFA 시스템들은 스마트폰에서 볼 수 있는 웹 기반 인터페이스를 통해 현장 영업 사원들과의 원격 연결 기능을 제공하고 있다.

MKT 마케팅. 지금까지는 주로 영업이나 고객 서비스 직원들이 CRM을 통해 무슨 효과를 볼 수 있는 지에 대하여 살펴보았다. 하지만 CRM은 기업이 마케팅 부서를 위해서도 많은 중요한 기능들을 제공한다. 예를 들어 마케팅 담당자로 하여금 최적의 고객을 파악하고 타겟으로 삼을 수 있게 하며, 마케팅 캠페인을 관리하고, 영업팀을 위해 구매 가능성이 높은 리드(잠재고객 리스트)를 만들어낸다. 여기에 더하여 마케팅 관련 또 다른 CRM 기능은 대량의 고객 데이터를 면밀히 조사—데이터 마이닝이라는 프로세스로 알려진—할 수 있으며 교차판매, 상향판매, 결합판매를 통해 추가적인 판매에 이르도록 할 수 있는 **구매 프로파일링**—고객의 구매 습관의 한 단면—을 작성할 수 있다.

교차판매(cross-selling)는 고객의 이전 구매를 토대로 관련된 상품을 추가로 판매하는 행위이다. 이러한 판매 방식은 전 세계 최대 소매업체인 아마존(Amazon; www.amazon.com)에서 성공적으로 사용하고 있는 방법이다. 예를 들어 아마존에서 여러 책을 구매한 고객이 다음에 아마존을 찾을 경우 그 고객이 좋아할 만한 책들이 추천된다.

상향판매(up-selling)는 고객이 앞서 구입한 상품이나 서비스와 함께, 혹은 이들에 비하여 더 가치가 높은 관련 상품이나 서비스를 구매하도록 유도하는 판매 전략을 말한다. 예를 들어 신형 TV를 사기 위해 전자제품점을 방문한 고객에게 영업사원은 고객이 더 선명한 화질에 더 많은 비용을 기꺼이 지불할 의향이 있다고 판단되면 고가의 TV를 판매할 의향으로 훨씬 저렴한 LCD TV 옆에 1080i HD LED TV를 보여준다. 상향판매의 다른 일반적인 예는 전자제품 구매의 보증 옵션과 주유소에서 주유 후 유료 세차를 하는 경우이다.

마지막으로 **결합(혹은 묶음)판매**(bundling)는 교차판매의 한 형태로 상품이나 서비스들을 하나의 그룹으로 묶어 낱개 가격을 합한 것보다 저렴하게 판매하는 방법이다. 예를 들어 케이블 TV 회사가 기본 케이블 채널 시청, 초고속 인터넷 접속, 일반 전화 사용 등을 한 데 묶어 이들을 개별적으로 가입하는 것보다 저렴하게 제공하는 방식이다.

캠페인 관리. **캠페인 관리**(campaign management)는 캠페인 계획을 수립하는 것을 지원하여 적절한 메시지가 적절한 채널을 통해 적절한 고객에게 전달되도록 한다. 기업들은 마케팅 선전물을 보내는 대상에서 제외된 고객을 목표로 삼지 않도록 조심스럽게 고객을 관리한다. 더욱이 캠페인 관리를 통해 기업들은 각 특정 고객에 맞춘 메시지를 작성한다.

고객감동 응용프로그램

기업들은 과거 오랜 동안 수작업으로 고객관계관리(CRM)를 해왔었다. 전자적 CRM(혹은 e-CRM)이라는 용어는 1980년대 기업들이 고객관계관리를 위해 인터넷, 웹, 전자적 접촉 방식(즉, 이메일, POS)을 사용하기 시작하면서 등장한 용어이다. 고객대면 응용프로그램(customer-facing applications)에서와 같이 고객들은 기업의 직원 대신 이와 같은 기술들을 통해 기업을 직접 접촉한다. 이러한 응용프로그램들을 **고객감동 CRM 응용프로그램**(customer-touching CRM applications) 혹은 **전자적 CRM 응용프로그램**(electronic CRM(e-CRM) applications)이라 한다. 이와 같은 응용프로그램을 활용하여 고객들은 기업에 문의하지 않고 문제를 스스로 해결할 수 있다. 여러 종류의 e-CRM 응용프로그램이 있다. 이 절에서는 이들 중 주요 응용프로그램들을 살펴본다.

검색 및 비교 기능. 웹상에 존재하는 수만 가지의 상품과 서비스들로 인해 고객은 자신이 원하는 것을 찾기 쉽지 않다. 고객을 돕기 위해 온라인 상점들과 쇼핑몰들은 독립적인 비교 웹 사이트(www.mysimon.com)와 같은 제품 검색 및 비교 기능을 제공한다.

기술 및 기타 정보와 서비스. 많은 기업들이 고객들의 구매를 유도하거나 단골을 유지하기 위해 개인화된 경험을 제공한다. 예를 들면 웹 사이트들은 종종 고객이 제품 매뉴얼을 다운로드할 수 있도록 한다. 한 가지 예로 GE의 웹 사이트(www.ge.com)에서는 상세한 기술 및 유지관리 정보를 제공하고 오래된 가전제품을 수리해야 할 고객을 위해 이미 단종된 모델의 부품을 판매한다. 또 다른 예로는 타이어와 타이어 사용법에 대한 정보를 제공하는 굿이어(Goodyear)의 웹 사이트(www.goodyear.com)가 있다.

고객에게 맞춤화된 상품과 서비스. 많은 온라인 벤더들이 사용하는 또 다른 고객감동 서비스는 고객 스스로가 자신이 원하는 제품의 사양을 선택할 수 있는 프로세스인 대량 맞춤화이다. 예를 들면 델컴퓨터(www.dell.com)는 고객이 자신의 컴퓨터 사양을 정할 수 있게 하고 있다. 갭(The Gap; www.gap.com)에서 고객은 모든 옷들을 여러 형태로 맞춰볼("mix and match") 수 있다. 히트스쿼드(Hitsquad; www.hitsquad.com), 뮤지컬 그리팅(MusicalGreeting; www.musicalgreeting.com), 서프라이즈(Surprise; www.surprise.com)와 같은 사이트에서 고객들은, 기존 CD 가게에서는 제공되지 않는, 라이브러리에서 개별 노래를 선택하여 맞춤화된 CD를 만들 수 있다.

더욱이 고객은 언제든지 자신의 컴퓨터나 스마트폰으로 계좌 잔액이나 자신이 주문한 상품의 배송 상황을 확인할 수 있다. 예컨대 아마존에서 책을 주문하면 예상되는 도착 날짜를 확인할 수 있다. 많은 다른 기업들이 이러한 모델을 도입하여 유사한 서비스를 제공하고 있다(페덱스(www.fedex.com), UPS(www.ups.com) 참조).

개인화된 웹 페이지. 많은 기업들은 고객이 자사의 웹 사이트에 고객 개인의 웹 페이지를 개설할 수 있게 하고 있다. 고객의 문의나 요구사항은 물론 자신의 구매 및 선호도를 기록하는데 이런 페이지를 사용할 수 있다. 예를 들어 아메리칸 항공(American Airlines)은 여행 프로그램 등록 고객들 각각에게 개인화된 웹 페이지를 제공하고 있다.

자주 묻는 질문(FAQs). 자주 묻는 질문들은 반복적인 고객의 문의에 대응하는 간단한 도구이다. 이 도구로 자신이 원하는 정보를 찾은 고객은 실제 직원에게 연락할 필요가 없다.

이메일 및 자동화된 답신. 가장 일반적인 고객 서비스 수단이 이메일이다. 저렴하며 신속한 이메일은 고객의 문의에 답하는 용도 외에도 정보를 제공하고, 주의 사항과 상품 정보를 알리며, 어떤 주제든지 소통이 가능하다.

로열티 프로그램. **로열티 프로그램(loyalty program)**은 벤더의 상품이나 서비스를 재구매하는 고객들에 보답하는 프로그램이다. 이 프로그램은 재구매 비율이 높으며 각 고객별로 제품을 맞춤화할 필요가 없을 때 등의 두 가지 조건이 충족되어야 로열티 프로그램이 적절히 활용될 수 있다.

로열티 프로그램은 '보상 프로그램(reward program)'으로도 불리지만, 실제 목적은 과거 구매 행태를 보상하는 것이 아니라 미래의 행태에 영향을 주는 것이다. 가장 수익성이 높은 고객은 고객 행태가 쉽게 남에게 영향을 받는 사람들이 아니라는 점을 반드시 알아야 한다. 하나의 예로 대부분의 주요 미국 항공사들은 25,000마일을 여행한 고객들과 이들의 동반자에게 1년 동안 특별 우대 혜택을 제공한다. 1등석으로 여행하는 고객은 이코노미석으로 여행하는 고객보다 훨씬 더 많은 돈을 지출한다.

그럼에도 불구하고 일등석 고객이 일반석 고객보다 특별 우대 혜택을 받기까지 걸리는 시간이 1.5배에서 2배 정도만 빠를 뿐이다. 왜 그럴까? 그 이유는 일등석 승객이 할인석 승객보다 훨씬 수익성이 높지만, 로열티 프로그램의 영향을 덜 받기 때문이다. 할인석 승객들은 마일리지 프로그램의 혜택에 대하여 보다 더 적극적으로 반응을 보인다. 그렇기 때문에 항공사들은 일등석 승객보다 (상대적으로 지출이 더 많은) 이코노미 승객들에게 더 많은 혜택을 제공하고 있다.

아마 가장 많이 알려진 로열티 프로그램은 항공사의 항공 마일리지 프로그램(frequent flyer program)일 것이다. 그리고 카지노는 자주 와서 도박을 하는 고객에게 보상하는 이용자 클럽(player's club)을 운영하고 슈퍼마켓은 자주 쇼핑하는 사람들을 위해 유사한 프로그램을 운영한다. 로열티 프로그램은 고객이 부여받은 포인트들(즉, 마일리지)과 그 고객이 받을 수 있는 보상내용을 관리하는데 데이터베이스나 데이터 웨어하우스 활용한다. 그 프로그램은 데이터를 마이닝하기 위해 분석 도구를 사용하고 고객의 행태에 대해 학습한다.

분석 CRM 시스템

운영 CRM이 고객응대(front-office)와 관련된 비즈니스 프로세스를 지원하는 반면 **분석 CRM 시스템(analytical CRM systems)**은 기업이 어떤 조치/행동을 취하는 데 필요한 정보를 제공할 목적으로 고객의 행태나 인식을 분석한다. 예를 들면, 분석 CRM 시스템은 보통 기업의 마케팅, 영업, 서비스 조치에 대한 고객의 반응뿐만 아니라 고객의 요청사항과 거래에 대한 정보를 제공한다. 또한 이 시스템은 고객 유치, 유지, 이탈을 예측하는 모델뿐 아니라 고객행태와 오랜 동안의 고객관계 가치에 대한 통계적 모델을 수립한다. 그림 11.3은 운영 CRM과 분석 CRM의 관계를 보여준다.

분석 CRM에서 중요한 기술로는 데이터 웨어하우스, 데이터 마이닝, 의사결정지원, 그리고 기타 비즈니스 인텔리전스 등이 있다. 일단 여러 가지 분석을 마치면 보고서나 대시보드 형태로 정보가 조직에 전달된다. 이러한 모든 주제들을 12장에서 살펴볼 것이다.

분석 CRM은 여러 목적을 위해 고객 데이터를 분석하는데, 여기에는 다음이 포함된다.

- 목표로 하는 마케팅 캠페인을 설계하고 실행하기
- 고객 유치, 교차 판매, 상향 판매를 높이기
- 상품과 서비스에 대한 의사결정(예: 가격책정과 상품개발)을 위한 정보를 제공하기
- 재무 예측과 고객 수익성 분석하기

확인하고 넘어가기

1. 고객대면 응용프로그램과 고객감동 응용프로그램의 차이점을 설명해보자.
2. 교차판매, 상향판매, 묶음판매에 대한 각각의 예(이 교재에서 소개된 내용 이외의)를 들어보자.

그림 11.3
운영 CRM과 분석 CRM의 관계

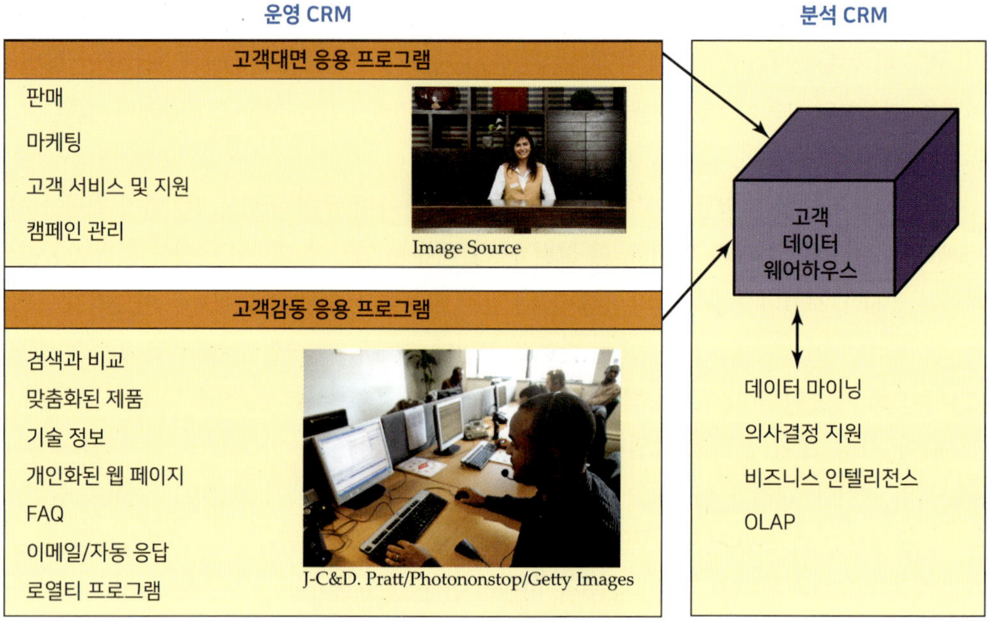

11.3 다른 유형의 CRM

지금까지 운영 CRM 시스템과 분석 CRM 시스템에 대해 살펴보았는데, 이제 다른 유형의 CRM 시스템들에 대해 논의해보자. 현재 개발되고 있는 세 가지 흥미로운 CRM 시스템으로는 온디맨드 CRM 시스템, 모바일 CRM 시스템, 오픈소스 CRM 시스템, 소셜 CRM 그리고 실시간 CRM 등이 있다.

온디맨드 CRM 시스템

고객관계관리(CRM)는 온디맨드 혹은 온프레미스(on-premise)로 도입될 수 있다. 전통적으로 기업들은 온프레미스 CRM 시스템을 활용했는데, 즉 시스템을 구입하여 자사에 설치했다. 이런 방식은 비용이 많이 들고, 시간이 소요되며, 융통성이 떨어진다. 어떤 조직들은, 특히 적은 규모의 조직들은 비용을 감당할 수 없다.

온디맨드 CRM이 온프레미스 CRM의 단점을 보완하는 해결책이 되었다. **온디맨드 CRM 시스템(on-demand CRM system)**은 외부 벤더가 자신의 데이터 센터에서 운영, 유지하는 CRM 시스템이다. 기업들은 이러한 방식으로 CRM 시스템을 구매하는 데에 드는 비용을 절약할 수 있다. 더욱이 벤더가 시스템을 만들고 유지하기 때문에 조직의 직원들은 시스템에 접근하여 사용하는 방법만 알면 된다. 온디맨드 개념은 유틸리티 컴퓨팅(utility computing; 기술가이드 3 참고)이나 서비스로서의 소프트웨어(SaaS: software-as-a-service, 13장 참고)로도 알려져 있다.

세일즈포스(www.salesforce.com)는 가장 잘 알려진 온디맨드 CRM 벤더이다. 세일즈포스의 목표는 기업들이 CRM 소프트웨어를 구입할 필요 없이 이를 렌트하여 새로운 비즈니스 모델을 구현하는 것이다. 세일즈포스 성공의 비밀은 모든 고객들에게 공통적으로 요구되는 CRM 분야를 선택한 것으로 보인다. 결과적으로 세일즈포스의 제품은 커스터마이제이션없이도 고객의 요구를 만족시키고 있다.

세일즈포스의 고객 중 하나는 매사추세츠주 웰즐리에 있는 뱁슨대학교(www.babson.edu)이다. 뱁슨의 목표는 가능한 한 최고의 지원자 경험을 제공하는 것이다. 이러한 미션을 달성하기 위해, 이 대학은 한 위치에서 예비학생에 관한 모든 정도를 제공해 주는 세일즈포스를 사용하기로 결정하였다. 입학승인에 관여하는 모든 직원들은 등록과정 내에 있는 각각의 지원자들의 상황을 나타내 주는 예비학생의 연락처 정보, 지원내용 그리고 보고서 등에 즉각 접근할 수 있다. 이 시스템은 행정담당자들이 정확한 시간에 지원자들에게 가치있는 정보를 쉽게 제공할 수 있게 해 주었다.

POM **MKT** 세일즈포스 플랫폼을 사용함으로써 뱁슨은 예비학생들을 위한 완전히 개인화된 사용자 경험을 제공하는 입학 포털을 구축하였다. 이 포털은 잠재적인 학생들이 필요로 하는 모든 정보들을 통합한다. 또한 지원과정의 각 시점에서 학생들에게 필요한 정보를 제공한다.

이러한 장점에도 불구하고 온디맨드 CRM은 잠재적인 문제가 있다. 첫째, 기업에 CRM 기능이 전혀 없을 경우 벤더에 의존하기 어려울 수 있다. 둘째, 호스트 소프트웨어가 기업에 적용하기 어렵거나 불가능할 수 있고 오직 벤더만이 업그레이드 할 수 있다. 셋째, 벤더가 호스트인 CRM 소프트웨어를 조직의 기존 소프트웨어와 연결하기 어려울 수 있다. 마지막으로, 전략적으로 중요한 고객 데이터를 벤더에게 제공하는 것은 위험을 수반한다.

모바일 CRM 시스템

모바일 CRM 시스템(mobile CRM system)은 대화식(interactive) 시스템으로 고객과의 관계를 구축하고 유지할 목적으로 기업이 모바일 기기를 사용해 영업, 마케팅, 고객 서비스 활동에 대해 양방향 소통을 할 수 있게 해 준다. 간단히 말해서, 기업들은 모바일 CRM으로 스마트폰과 같은 고객 자신의 휴대용 기기를 통해 고객과 직접 소통할 수 있다. 많은 진보적인 기업들은 모바일 CRM이 언제 어느 곳에서나 접근할 수 있는 개인화된 고객관계를 형성하는 지름길로서 엄청난 기회를 제공한다고 믿고 있다. 사실 모바일 마케팅이 창출하는 잠재적 기회가 매우 크기 때문에 일부 기업들은 이미 모바일 CRM을 미래 마케팅 활동의 초석으로 삼고 있다.

오픈소스 CRM

기술가이드 2에서 논의하는 바와 같이 오픈소스 소프트웨어의 소스 코드는 사용자나 개발자가 비용 없이 사용할 수 있다. 따라서 **오픈소스 CRM 시스템(open-source CRM systems)**은 소스 코드가 개발자와 사용자에게 공개된 CRM 소프트웨어이다.

오픈소스 CRM은 다른 CRM 소프트웨어보다 적지도, 많지도 않은 기능을 제공하며 이를 온프레미스나 혹은 온디맨드로 도입이 가능하다. 오픈소스 CRM 벤더의 선두주자는 슈가CRM(SugarCRM; www.sugarcrm.com), 콘커시브(Concursive; www.concursive.com), 비트거(Vitger; www.vtiger.com) 등이다. IT와 기업사례 11.2는 마테리온이 슈가CRM을 실행함으로써 어떻게 많은 이익을 얻게 되었는지를 설명한다.

오픈소스 CRM의 장점은 적절한 가격과 다양한 응용프로그램이다. 또한 오픈소스 CRM이

IT와 기업사례 11.2

마테리온이 슈가CRM을 채택하다

MKT

과제

마테리온 코퍼레이션(www.materion.com)은 1931년 오하이오주 클리블랜드에서 설립된 고성능 엔지니어링 재료를 전문으로 공급하는 업체이다. 이 회사는 북미, 유럽 그리고 아시아에 서비스 센터와 주요 사무소를 운영하고 있는 3개의 사업부에 2,500명 이상의 직원이 근무하고 있다. 마테리온은 소비자 전자 제품, 산업, 의료, 자동차 전자 제품, 방위/항공 우주 그리고 에너지 시장에서 전 세계 고객에게 서비스를 제공하고 있다. 여러 회사의 인수합병을 통해 이 회사는 서비스 제공과 고객 기반을 확장해 왔다. 안타깝게도 이러한 확장으로 수많은 레거시 CRM 시스템을 통합해야만 했다.

레거시 시스템은 회사에서 여러 가지 이유로 사용하는 오래된 시스템이다. 일부는 테스트를 거쳤기 때문에 그리고 이 시스템에서 무엇을 기대할 수 있는지 정확히 알고 있기 때문에 사용하고 있다. 다른 사람들은 새로운 시스템으로 전환하기에는 너무 비용이 많이 들거나, 기존 시스템이 조직 문화의 일부이거나, 더 나은 솔루션이 없기 때문에 레거시 시스템을 유지하고 있다. 때때로 기업은 단순히 기업의 합병 또는 구매를 통해 기존의 시스템을 인수했기 때문에 레거시 시스템을 보유하고 있다. 마테리온의 경우도 여기에 속했다.

그 결과 영업 부서 내의 다른 프로세스와 불일치, 데이터 액세스 문제, 여러 데이터 소스, 데이터 불일치 그리고 느린 시스템 운영(이전 구형 CRM 시스템에서는 통화 보고서를 작성하는 데에 60분이 걸렸다) 등의 문제가 발생하였다. 또한 직원들은 업데이트된 단일 플랫폼이 없었기 때문에 모바일 장치에서 회사 데이터에 액세스할 수 없었다. 마테리온 영업팀의 약 65%가 미국 이외의 지역에 있었으며 전 세계 영업팀의 50%만이 기존의 구형 CRM 시스템을 사용하고 있었다. 더욱이 이 회사는 기존의 구형 CRM 시스템에서 추적된 우세나 새로운 비즈니스 기회가 없었다. 간단히 말해 마테리온은 서비스 제공을 추가하고 고객 기반을 확장함으로써 이익을 얻고 있었지만 정보시스템은 어려움을 겪고 있었다.

IT 해결책

영업 담당 부사장인 제이슨 마허(Jason Maher)는 "슈가CRM(Sugar CRM)은 모든 기능을 갖추고 있어서 우리가 선택한 플랫폼이었다"라고 설명하였다. 슈가CRM은 클라우드 기반의 시스템을 제공하는데, 이는 영업 인력의 글로벌 특성을 감안할 때 주요 이점이었다. 또한 이 플랫폼은 (1) 우위와 새로운 비즈니스 기회를 제공하고, (2) 회사의 공급망에 연결되고, (3) 직원들이 현재 동향을 빠르게 시각적으로 이해할 수 있도록 대시보드를 제공했으며, (4) 회사의 모든 레거시 시스템을 하나의 플랫폼으로 결합해 주었다.

2015년 3월 마테리온은 슈가CRM을 구현하기 시작했다. 그런 다음 마허는 영업팀을 대상으로 새로운 솔루션에 대한 교육을 목적으로 9월에 글로벌 영업 회의를 계획하였다. 마테리온은 하이랜드 솔루션스와 계약을 맺고 슈가CRM 플랫폼을 활용하는 맞춤형의 사용자 친화적 CRM 솔루션을 6개월 만에 계획하고 구현하였다.

하이랜드 솔루션스는 CRM 기술 설계 및 구현; 제품과 서비스 디자인; 그리고 사용자 지정 웹과 모바일 소프트웨어 등을 제공한다. 비교적 소규모의 운영이지만 하이랜드의 CRM 구현 경험은 마테리온을 위한 최고의 선택이었다. 하이랜드는 마테리온의 여러 사업부에서 부서 간 가시성과 프로세스 조정을 담당하는 임무를 맡았다. 마테리온의 플랫폼 중 하나는 SAP(전사적자원관리시스템 산업의 선두 주자)이었기 때문에 슈가CRM의 SAP 통합은 모든 데이터 포인트에 대한 단일 원천이 되어 실시간 업데이트와 모바일 접근성을 제공하게 되었다.

결과

이 솔루션은 슈가CRM의 모바일 기능으로 마테리온의 영업 인력을 강화했다. 또한 사용하기 쉽고 유용하며 영업 사원이 실제로 사용하는 보고 플랫폼을 만들었다. 성과 보고서를 작성하는데 요구되는 시간이 60분에서 20분으로 단축되었으며, 이전에 행정 작업에 소요되었던 6,000시간 이상의 영업 담당자 시간이 회복되었다. 또한 슈가CRM은 이전에는 불가능했던 영업 활동과 결과에 대한 새로운 분석에 대한 액세스를 제공하게 되었다. 마테리온의 영업 담당자 중 50%만이 회사의 이전 CRM 시스템을 사용했다. 마테리온이 새로운 CRM 솔루션을 구현한 후 영업 담당자의 100%가 이 시스템을 사용하여 판매 요구 기록을 작성하고 관리하였다. 또한 처음으로 모든 판매 리드를 추적하기 시작했으며 마케팅 활동의 결과를 측정할 수 있었다. 슈가CRM은 마테리온의 판매와 운영에서 진정한 전략적 변화를 가능케 하였다.

이러한 전환으로 인해 주요 판매 데이터가 잠금 해제되고 직원들이 모바일 장치에서 데이터에 액세스할 수 있게 되었으며 사용자 친화적이고 완전히 채택된 중앙 집중화된 CRM이 조직에 제공되었다. 마허는 "이 모든 것이 우리를 훨씬 더 효율적이고 결과 중심의 영업과 마케팅 조직이 되게 하였다"고 말하였다. 2018년 마테리온은 12억 달러의 총 매출을 달성하였는데 이는 2017년보다 9% 증가한 것이고, 영업 이익은 6,600만 달러로 2017년보다 39%나 증가한 것이었다.

출처: Compiled from T. Groenfeldt, "Banks Up Their Game On Digital, But Is It Enough?" *Forbes*, November 27, 2017; J. Brown, "How One Company Stuck to its Legacy System Without Employees to Support it," *CIO Dive*, January 19, 2017; J. Keane, "Report Says Hackers Have Easy Access to Flight Bookings Due to Legacy Systems," *Digital Trends*, January 3, 2017; P. Varshney, "How Selection of Right CRM Can Fuel Your Business Process – Materion Chooses Sugar for Global CRM Rollout, Achieves Strong Adoption with Innovation," linked.com/pulse, September 25, 2016; A. Schneider, "Are Legacy Systems Keeping You Prisoner," *Information Week*, December 12, 2013; J. Lamb, "Legacy Systems Continue to have a Place in the Enterprise," *Computer Weekly*, June 2008; http://www.4-traders.com/MATERION-CORP-7544795/

news/Materion-SugarCRM-Sales-to-Large-Businesses-Drive-Strong-Second-Quarter-Growth-20988603/; https://www.highlandsolutions.com/about; https://community.sugarcrm.com/videos/1192; and www.materion.com, accessed July 17, 2019.

질문

1. 다른 사업체를 빨리 인수할 때의 단점은 무엇인가?
2. 이 사례에서 마테리온의 CRM 채택률은 50%에서 100%로 증가했다. 이상적으로는 모든 회사의 채택률은 100%가 되어야 한다. 수용 가능한 요금은 얼마라고 생각하는가? 그 이유는 무엇인가?
3. 슈가CRM이 마테리온에 가져다 준 가장 큰 장점은 무엇이라고 생각하는가?

커스터마이즈하기 용이하다는 점은 자신의 특정 니즈에 맞는 CRM을 찾는 기업들에 매력적인 포인트다. 업데이트와 소프트웨어 오류가 신속히 수정되고 많은 지원 정보들을 무료로 사용할 수 있다.

그러나 모든 소프트웨어와 마찬가지로 오픈소스 CRM 시스템에는 특정 위험이 있다. 가장 심각한 위험은 품질관리와 관련된다. 오픈소스 CRM 시스템은 무보수의 개발자로 구성된 대규모 커뮤니티에서 생성되기 때문에 제품 품질을 감독할 책임이 있는 중앙 기관이 없는 경우가 많다. (기술가이드 2에서 오픈소스 소프트웨어에 대해 살펴본다). 또한 최상의 결과를 얻으려면 기업은 오픈소스 CRM 시스템이 개발된 플랫폼과 동일한 IT 플랫폼을 갖추고 있어야 한다.

소셜 CRM

소셜 CRM(social CRM)은 조직들이 그들의 고객과 협력하여 신뢰와 투명성을 기반으로 상호 간 이로운 가치를 교환할 수 있도록 소셜 미디어 기술과 서비스를 활용한다. 소셜 CRM은 이러한 양방향 대화에서 고객의 주도권에 대한 조직의 대응이라 할 수 있다. 소셜 CRM에서 조직들은 그들의 제품, 서비스 그리고 상표 등에 대해 언급하고 있는 페이스북, 트위터 그리고 링크드인 등과 같은 서비스들을 모니터링하고 적절하게 대응을 한다.

소셜 미디어의 중요한 구성 요소는 사용자 리뷰와 추천이다. IT 기업사례 11.3은 소셜 CRM이 블랙 다이어몬드의 성공에 어떻게 기여하였는지를 보여주고 있다.

소셜 미디어는 또한 고객이 더 빠르고 더 나은 고객 서비스를 얻기 위해 사용하는 방법도 제공하고 있다. 모튼스 스테이크 하우스는 확실히 고객을 놀라게 하는 데 소셜 미디어를 잘 활용하고 있다.

IT와 기업사례 11.3
블랙 다이아몬드

MKT

과제

블랙 다이아몬드(www.blackdiamondequipment.com)는 등산, 스키 그리고 하이킹 제품 등을 생산하는 제조업체이다. 유타주의 홀라데이에 본사를 둔 이 회사는 스위스와 중국에 글로벌 사무소를 두고 있다. 파산한 취나드 이큅먼트(Chouinard Equipment)를 직원들이 인수하여 1989년에 설립한 회사이다. 이 직원들은 회사와 제품을 사랑했고 미래를 믿었다. 취나드 이큅먼트는 이본 취나드(Yvon Chouinard)가 등반 장비를 설계하고, 제조하여 판매하기 시작한 1957년에 설립되었다. 등반 애호가로서 그는 자연스럽게 같은 생각을 가진 직원을 고용했고 그들의 장비는 혁신적인 디자인과 품질로 빠르게 유명해졌다.

소유권이 바뀌었어도 이 회사는 혁신과 고품질의 등반 장비에 대한 집중은 변하지 않았다. 그들은 친환경적이고 고객 중심인 회사로 업계에 잘 알려져 있다. 그러나 사람들이 이 회사와 상호작용하는 방식은 변경되었다. 다른 모든 회사와 마찬가지로 블랙 다이아몬드는 소매 사업의 상당 부분을 온라인으로 전환하였다. 여전히 물리적 매장은 유지하고 강력한 딜러/유통 네트워크를 보유하고 있지만 긍정적인 온라인 사용자 경험을 제공하는 데에도 중점을 두고 있다.

사용자 리뷰와 웹 사이트 추천은 온라인 쇼핑 경험의 핵심 요소가 되고 있다. 블랙 다이아몬드는 충성스러운 추종자들이 있었다. 그러나 웹 사이트에 리뷰와 추천을 수작업으로 입력해야만 했다. 이 시스템은 개인화된 쇼핑 경험이나 많은 유연성을 허용하지 않았다. 블랙 다이아몬드의 선임 웹 판매자인 아담 스마트는 "현장의 추천 사항을 수작업으로 올리는 것을 없애려고 매우 애를 쓰고 있었다."라고 강조했다. 이것은 실시간으로 최신 상태로 유지하기 어려운 시간 소모적인 활동이었다.

IT 해결책

추천 엔진(또는 추천 시스템)은 사용자가 좋아할 것인지 좋아하지 않을 것인지를 예측하기 위해 수학적 알고리즘을 사용하는 도구이다. 고객, 구매 내역, 좋아요, 싫어요, 유사점, 차이점 등과 관련한 데이터를 사용하여 추천을 만들고 광고를 표시하는 데 적합한 방법과 타이밍을 제안한다. 페이스북, 아마존, 구글 그리고 유튜브 등과 같은 많은 대기업이 이러한 추천을 활용하고 있다. "다른 고객이 이 제품을 구매했습니다" 또는 "이 동영상을 좋아할 것이라고 생각합니다" 등과 같은 유형의 말로 추천을 인식할 수 있다. 현재 와인에서 위스키의 선택 그리고 다음에 시청할 비디오의 선택에 이르기까지 다양한 산업에서 이러한 추천이 구현되고 있다!

오랫동안 세일즈포스닷컴을 사용해 왔던 블랙 다이아몬드는 고객에게 이러한 권장 사항을 제공할 수 있는 솔루션을 구현하고자 했다. 현재 CRM 제공 업체인 세일즈포스닷컴에서는 사용할 수 있는 서비스가 없었기 때문에 추천 엔진을 사용하기 위해서는 제3의 업체가 제공하는 추천 엔진을 구현하는 것이 더 낫다고 결정했다.

2016년에 세일즈포스는 블랙 다이아몬드가 사용하고 있는 커머스 클라우드(Commerce Cloud)에 통합된 추천 엔진을 제공하게 될 인공지능(AI) 추가 기능을 제공할 것이라고 발표했다. '세일즈포스 아인슈타인'이라고 하는 이 추가 기능은 기업이 CRM에 내장된 AI를 활용하여 실적 자료의 분석을 기반으로 고객에게 어떤 제품을 추천할지를 결정하는 것을 포함하여 많은 조직이 다양한 의사결정을 내리는 데 도움이 되는 심층 데이터 분석을 제공하고자 하는 것이었다.

세일즈포스에서 AI 추가 기능을 사용할 수 있는 이 새로운 기회에 블랙 다이아몬드는 많은 관심을 가졌지만 제3자가 제공하는 추천 엔진을 막 구현하고 있었기 때문에 충분한 근거 없이 다른 기술로 변경하는 것을 원하지는 않았다.

그들은 세일즈포스 아인슈타인의 평가판으로 실행해보기로 하고, 2개의 추천 엔진(당시 사용하고 있던 솔루션과 세일즈포스 아인슈타인)을 비교해보기로 결정하였다.

결과

세일즈포스 아인슈타인과 기존 커머스 클라우드 구현의 통합 솔루션은 확실한 승자였다. 추천 프로세스의 자동화와 실시간으로 작동하였음은 물론 선호도에 따라 각 고객에 맞춤화되었고 추천을 기반으로 사용자 행동에 대한 소중한 통찰력도 제공하였다. 블랙 다이아몬드는 시험이 시작되기 전에는 숫자에 의한 보고를 하지 않았지만 전환율(9.6%)과 방문자당 수익(15.5%)에 있어 모두 증가했다고 보고하였다. 궁극적으로 블랙 다이아몬드는 세일즈포스 아인슈타인 솔루션이 타사 옵션보다 더 효과적이고 재무적으로도 실행 가능하다는 사실을 발견했다. 그 결과 세일즈포스 아인슈타인 AI 제품를 전적으로 구현해 나가기로 결정하였다.

출처: Compiled from R. Desisto, "How IT's New Role in AI Can Help Transform Customer Experiences," salesforce.com/blog, September 11, 2017; J. Sinai, "An MIT Tech Review Study on Salesforce: AI Meets CRM," *MIT Technology Review*, July 26, 2017; SGB Media, "Black Diamond Beefs Up Marketing And Operations Teams," sgbonline.com, May 3, 2017; L. Chang, "Your Own Personal Sommelier: Vivino Market Gives Personalized Wine Recommendations," *Digital Trends*, March 23, 2017; H. Grigonis, "Pinterest Buys Up Jelly, A Small Search Engine Powered By Real People," *Digital Trends*, March 9, 2017; M. Whittaker, "Shrinking Pains: Black Diamond Equipment's Return to Its Roots Has Been a Bumpy Ride," snewsnet.com, June 10, 2016; A. Couts, "Meet Distiller, your personal whiskey recommendation engine," *Digital Trends*, December 11, 2013; H. Shaughnessy, "How the $1 Million Netflix Prize Spurred a Radical Innovation, Accidentally," *Forbes*, June 28, 2011; M. Ridwan, "Predicting Likes: Inside a Simple Recommendation Engine's Algorithms," www.toptal.com, accessed December 8, 2017; http://www.fundinguniverse.com/company-histories/black-diamond-equipment-ltd-history/, accessed December 12, 2017; http://www.nasdaq.com/markets/spos/company/black-diamond-equipment-ltd-352215-83960, accessed December 4, 2017; https://www.blackdiamondequipment.com/en_US/about-us.html, accessed December 4, 2017; https://www.demandware.com/uploads/resources/CS_Black_Diamond_Case_Study_EN_INIT_08MARCH2017.pdf, accessed November 15, 2017; and www.blackdiamondequipment.com, accessed July 17, 2019.

질문

1. 수작업으로 제품 권장 사항을 입력할 때의 문제는 무엇인가?
2. 타사 추천 엔진을 사용하는 장점과 단점에 대해 논해보자.
3. 세일즈포스가 추천 엔진의 구현에서 확실한 승자가 되는 데 도움이 된 핵심 요소는 무엇인가?

MKT 한 기업 관리자가 하루 종일 회의에 참석한 다음, 늦게 집으로 돌아가게 되어 저녁 식사를 놓치게 되었다. 그래서 그는 농담으로 모튼스 스테이크 하우스(www.mortons.com)에 트윗을 올려 공항에 도착할 때쯤 스테이크를 보내달라고 요청하였다.

모튼스는 이 트윗을 보았고 이 트위터가 단골 고객이라는 (그리고 트위터 팔로워가 10만 명이라는) 사실을 발견하고 그가 주로 주문했던 메뉴에 대한 데이터를 검색하였고, 또한 그가 타고 있는 항공편을 확인한 다음 그에게 저녁 식사를 제공하기 위해 배달원을 (뉴저지의) 뉴워크 공항으로 보냈다. 그가 공항 리셉션 로비에 도착했을 때 턱시도를 입은 한 남자가 자신의 이름이 적힌 카드를 들고 있는 것을 발견했다. 그 남자는 또한 포터 하우스 스테이크, 새우, 감자, 빵, 2개의 냅킨 그리고 은식기들이 담긴 가방을 들고 있었다.

가장 가까운 모튼스 레스토랑은 공항에서 40km 거리에 있었고 관리자의 비행은 2시간 밖에 걸리지 않았다. 이 시나리오는 모튼스의 고객 서비스와 소셜 미디어의 속도에 대해 많은 것을 말해 주고 있다. 물론 전체 시나리오는 인터넷을 통해 폭발적으로 구전되는 홍보 선전이었다. 그러나 이것은 핵심이 아니다. 기업들이 자신들에게 스스로 물어봐야 할 질문은 다음과 같다. 당신의 회사는 이와 같은 일을 수행하는 것에 대해 고려하고 있는가? 그렇지 않다면 왜 안하고 있는가?

실시간 CRM

조직은 최근의 상시 작동하고 항상 연결되어 있으며 지식이 풍부하지만 충성도는 낮은 고객에게 우수한 수준의 고객 만족을 제공하고자 실시간으로 고객관계관리 시스템을 실행하고 있다. 이러한 **실시간 CRM 시스템**(real-time CRM systems)은 365일 연중무휴로 고객의 제품 검색, 요청, 불만, 의견, 평가, 리뷰 그리고 추천 등에 조직이 거의 실시간으로 응답할 수 있도록 도와주고 있다. 사우스웨스트 항공은 이러한 실시간 CRM의 훌륭한 사례를 제공하고 있다.

POM **MKT** 한 승객이 사우스웨스트 항공의 비행기 좌석에 앉아 이륙을 기다리고 있었는데 이 비행기가 다시 게이트로 돌아왔다. 그리고 난 뒤 승무원이 와서 그녀에게 비행기에서 내려달라고 요구했다. 그녀가 터미널 내부에 있는 사우스웨스트 항공의 데스크 직원에게 확인해보니, 그는 그녀에게 그녀의 아들이 머리 부상으로 혼수상태에 빠져 있다고 알려 줬고, 그녀의 남편에게 전화를 걸어 주었다.

그녀가 비행기에서 내리 전에 이미 사우스웨스트는 그녀가 아들이 있는 도시로 갈 수 있도록 다음 직항 항공편을 무료로 예약해 놓기도 하였다. 이 항공사는 그녀에게 전용 대기 공간을 제공하였고 수하물 경로를 변경하여 먼저 탑승할 수 있도록 해 주었으며, 또한 그녀를 위한 점심도 준비하였다. 또한 이 항공사는 그녀가 머무를 곳으로 짐을 배달하였고 그녀에게 전화로 아들의 안부에 대해서도 물었다. 이 여성은 아들이 회복 중이며 자신에게 베푼 환대에 대해 더 감사할 수 없다고 말했다.

사우스웨스트 항공은 그녀의 아들 사고를 알게 된 후 자신들의 책임을 넘어서는 서비스를 제공한 것이다. 이 항공사가 아들의 사고를 어떻게 알게 되었는지에 대한 자세한 내용은 알 수 없었지만 사우스웨스트가 고객관계관리를 새로운 차원으로 끌어 올린 것은 분명하다.

확인하고 넘어가기

1. 온디맨드 CRM을 설명해보자.
2. 모바일 CRM을 설명해보자.
3. 오픈소스 CRM을 설명해보자.
4. 소셜 CRM을 설명해보자.
5. 실시간 CRM을 설명해보자.

11.4 공급망

현대 조직들은 점점 더 자신들의 핵심역량에 집중하고 더욱 유연하고 민첩한 조직이 되는 데 집중하고 있다. 이러한 목적을 달성하기 위해 기업들은 자신이 소유한 기업들보다는 외부의 다른 기업들로부터 필요한 재화와 서비스를 공급받는 것에 의존한다. 기업들은 이러한 공급업체들이 자신들보다 더 효율적이며 효과적으로 업무를 수행할 수 있음을 인식하였다. 점점 더 많은 공급업체에 의존하게 되는 이러한 추세로 인해 공급망이라는 개념이 등장했다. **공급망(supply chain)**은 원자재 공급업체로부터 자재, 정보, 대금, 서비스가 공장과 창고를 거쳐 최종 고객에게까지 도달하는 흐름을 말한다. 그리고 공급망에는 상품, 정보, 서비스를 창출하여 최종 고객에게 전달하는 조직들과 프로세스가 포함된다.

공급망은 공급망 내의 파트너들 간에 신뢰와 협력을 증진시켜 공급망의 가시성과 재고 회전율(inventory velocity)을 향상시킨다. **공급망의 가시성(supply chain visibility)**은 구매한 물품이 공급업체의 생산 프로세스 및 운송 네트워크를 거쳐 물류접수창구로 들어오는 움직임에 대한 적절한 정보를 공급망에 있는 모든 조직이 접근하거나 볼 수 있는 능력을 말한다. 이에 더해 기업들은 생산되고, 조립되며, 재고로 보관되며, 그 다음 운송네트워크를 통해 고객의 물류접수창구로 선적되는, 외부로 나가는 제품에 대한 적절한 데이터를 접근하거나 볼 수 있다. 기업들이 제품 생산에 필요한 원자재를 조달한 후, 더 빨리 제품과 서비스를 고객에게 전달할 수 있으면 — 이는 바로 재고 회전율이 높아짐을 의미한다 — 그 기업의 고객 만족도는 더욱 높아질 것이다.

전에는 수작업으로 수집했던 공급망 정보들이 점점 더 센서, RFID 태그, 계량기, GPS, 그리고 다른 장치와 시스템들에 의해 생성되고 있다. 이러한 정보들이 어떻게 공급망 관리자들에게 영향을 미치고 있는가? 한편으로 관리자들은 이제 그들의 공급망에서 움직이는 모든 제품에 관한 실시간 정보를 갖게 되었다. 따라서 이러한 기술들은 선적되는 컨테이너, 트럭, 제품, 그리고 부분품들이 자체적으로 그들의 상황에 대한 정보를 제공할 수 있기 때문에, 공급망은 인력 기반의 추적이나 감시에서 벗어나게 될 것이다. 전체적인 결과는 공급망의 가시성에 엄청난 개선을 가져오게 될 것이다.

공급망은 대부분의 현대 조직의 전반적인 전략의 핵심적인 요소이다. 공급망을 효율적으로 활용하기 위해 기업은 공급업체, 비즈니스 파트너, 유통업체, 그리고 고객들과 긴밀히 연결되어야 한다. 이러한 연결의 핵심적인 요소는 공급망 참여자들 간의 정보 교환을 원활하게 하는 정보시스템의 활용이다.

공급망의 구조와 요소

POM 공급망이라는 용어는 사업을 위해 관련된 조직들이 서로 어떻게 연결되었는지에 대한 모습에서 유래한다. 그림 11.4에서 묘사되듯이 한 기업이 공급업체와 유통업체, 그리고 고객들과 연결되는 것이 전형적인 공급망의 모습이다. 역시 그림 1.5를 떠올려 보면 다소 다른 형태의 공급망을 볼 수 있다. 공급망에는 세 가지 영역이 있다.

1. 상향 흐름(upstream): 외부 공급업체로(혹은 협력업체)부터 소싱이나 조달이 발생하는 부분이다.

   이 영역에서 공급망 관리자는 기업이 상품과 서비스를 생산하기 위해 필요한 상품과 서비스를 제공할 공급업체를 선택한다. 그리고 공급망 관리자는 기업과 공급업체 사이의 가격, 배송방법, 지급결제 방식 등을 결정한다. 여기에 포함되는 것으로는 재고관리, 선적된 물품 검수 및 확인, 제조시설로의 물품 이송, 공급업체에 대한 결제 승인 등의 프로세스가 있다.
2. 내부 흐름(internal): 패키징, 조립 또는 제조가 이루어진다.

   공급망 관리자는 생산, 테스팅, 패키징 및 배송 등의 준비에 필요한 활동들의 스케줄을 작성한다. 또한 공급망 관리자는 품질 수준, 생산 결과물, 노동자 생산성 등을 모니터한다.
3. 하향 흐름(downstream): 보통 외부 업자에 의한 유통이 일어나는 부분이다.

   이 영역에서 공급망 관리자는 고객으로부터의 주문을 받고, 창고 네트워크를 구축하며, 고객에게 상품을 배송할 운송업자를 정하고, 고객에게 대금을 받기 위한 송장발급시스템을 개발한다.

상품과 정보가 양방향 흐름이 될 수 있다. 예를 들어 파손되거나 원치 않은 상품은 반품될 수 있는데, 이런 프로세스를 역방향 물류(reverse logistics)라 한다. 소매 의류 산업을 예로 들면 역방향 물류에는 물건에 결함이 있거나 고객이 마음에 들지 않아 반품한 옷이 관련될 수 있다.

공급업체의 단계(Tiers of Suppliers). 그림 11.4를 자세히 보면 여러 단계의 공급업체가 있음을 알 수 있다. 그림에서와 같이 한 공급업체는 하나 이상의 하위 공급업체가 있을 수 있고, 또 하위 공급업체는 자신의 하위 공급업체를 가질 수 있다. 예를 들어 자동차 제조업체의 3차 공급업체는 유

그림 11.4 일반적인 공급망

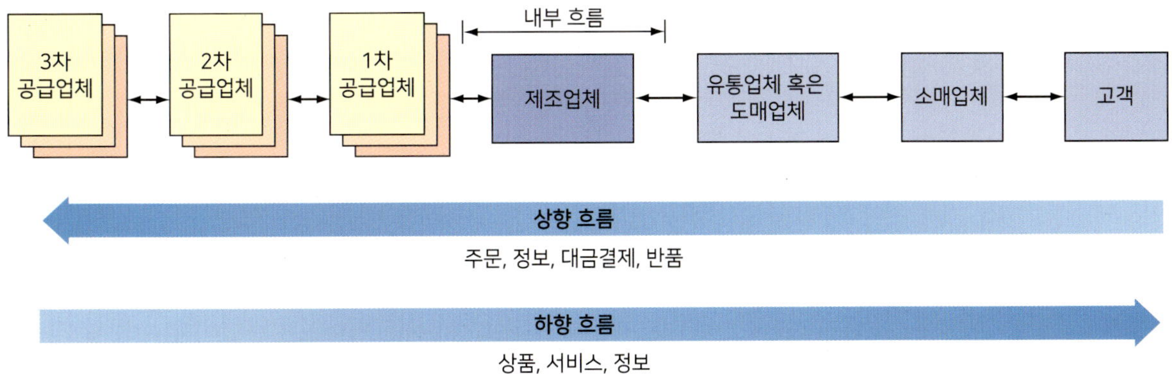

리, 플라스틱, 고무 등과 같은 기본적인 제품을 생산한다. 2차 공급업체는 이러한 재료들을 토대로 자동차 유리, 타이어, 플라스틱 몰딩 등을 만든다. 1차 공급업체는 대시보드나 자동차 시트 등과 같은 통합된 모듈을 만든다.

공급망에서의 흐름. 일반적으로 공급망에는 세 가지 흐름이 있다: 물품, 정보, 대금. 물품의 흐름(material flow)은 공급망에서 이동되는 물리적 제품, 원자재, 부품 등을 말한다. 그리고 물품의 흐름에도 역방향 흐름(혹은 역방향 물류)—반품된 제품, 재생 상품, 원자재나 제품의 처분 등—이 있다. 따라서 공급망에는 "흙에서 먼지까지"와 같은 제품의 생명 주기가 반영된다.

정보의 흐름(information flow)은 수요, 선적, 주문, 반품, 스케줄에 대한 데이터 및 이런 데이터의 변경으로 구성된다. 마지막으로 대금의 흐름(financial flow)은 자금의 이체, 대금 결제, 신용카드 정보와 승인, 대금결제 스케줄, 전자지급결제, 신용과 관련된 데이터 등이 해당된다.

모든 공급망이 동일한 수와 유형의 흐름을 가지고 있지 않다. 예를 들어 서비스 산업에서는 물품의 물리적 흐름이 없는 대신 문서(종이서류 혹은 전자 형태) 형태의 정보 흐름이 빈번하다. 사실 소프트웨어, 음악, 및 기타 콘텐츠의 디지털화로 물리적 흐름이 없는 공급망이 만들어지기도 한다. 하지만 이런 경우 두 종류의 정보 흐름이 있음을 주목해야 한다: 물품의 흐름을 대체하는 것(예: 디지털화된 소프트웨어)과 정보 지원을 제공하는 것(주문, 청구서 발행 등 등). 공급망을 관리하기 위해 기업은 공급망에 관계된 모든 주체들 사이에서 위에 언급된 모든 흐름을 조율해야 한다.

확인하고 넘어가기

1. 공급망이란 무엇인가?
2. 공급망의 세 영역에 대하여 설명해보자.
3. 공급망에서의 흐름들에 대하여 설명해보자.

11.5 공급망관리

공급망관리(SCM: supply chain management)의 기능은 기업이 제품이나 서비스를 생산하는 데 필요한 원자재를 획득하고, 그 제품이나 서비스를 고객에게 전달하는 데 필요한 과정을 개선하고자 하는 것이다. 즉, SCM은 기획, 조직, 그리고 공급망에서 수행되는 다양한 활동들을 최적화하는 과정이다. SCM에는 다섯 가지의 기본 구성요소가 있다.

1. **계획**(plan): 기획(planning)은 SCM의 전략적 요소이다. 조직들은 그들의 제품이나 서비스에 대한 고객의 요구를 충족시키는데 동원하는 모든 자원들을 관리하기 위한 전략을 가지고 있어야 한다. 기획은 조직의 공급망이 효율적이고 가장 저가로 고객에게 고품질과 가치를 전달하고 있는가를 확인할 수 있도록 감시하기 위한 측정기준(측정가능한 산출물)의 개발을 포함한다.
2. **자원**(source): 자원조달 요소에서 조직들은 그들의 제품이나 서비스를 만들어내는 데 필요한 상품이나 서비스를 전달하기 위한 공급업자를 선택한다. 공급망 관리자는 공급업자와 가격책정,

배달 그리고 결제과정 등을 개발하며, 공급업자들과의 관계를 감시하고 개선하기 위한 측정기준들을 만든다. 또한 그들은 선적의 접수와 검수, 선적자재의 제조시설로의 이송, 그리고 승인된 공급업자 결제 등을 포함하는 상품과 서비스 재고관리에 대한 절차도 만든다.

3. 제조(make): 이 요소는 제조요소이다. 공급망 관리자는 생산, 시험, 포장 그리고 배송준비를 위해 필요한 활동들에 대한 일정을 설계한다. 이 요소는 조직들이 품질 수준, 제품 생산성 그리고 작업자 생산성 등을 측정하는 공급망의 측정 중심 부분이다.
4. 배송(deliver): 이 요소는 물류(logistics)라고도 불리는데, 조직들이 고객주문의 접수를 통합하고, 창고 네트워크를 만들고, 제품을 고객에게 운송하기 위한 운송업체를 선택하며 그리고 대금회수를 위한 송장청구 시스템을 만드는 요소이다.
5. 회수(return): 공급망 관리자들은 배송된 제품에 대하여 곤란을 겪고 있는 고객에 대한 지원을 위해서 뿐만 아니라 고객들로부터 결함제품, 반환제품 또는 초과제품을 회수하기 위한 빠른 반응을 보이는 유연한 네트워크를 만들어야 한다.

다른 기능영역들과 마찬가지로, SCM은 정보시스템을 활용한다. SCM 시스템의 목적은 공급망에서의 문제 또는 마찰을 줄이는 것이다. 마찰은 시간, 비용, 그리고 재고 등을 증가시키고, 고객의 만족을 감소시킬 수 있다. 따라서 SCM 시스템은 재고 수준과 사이클 타임을 줄임으로써 불확실성과 위험을 줄이고, 업무 처리과정과 고객 서비스를 개선하고자 한다. 이러한 효익들로 인해 기업의 이윤은 늘어나고 경쟁력은 증가하게 된다.

POM 공급망은 또한 매출과 수익의 증가로도 이어진다. 러시아에서 1,200개 이상의 매장을 보유하고 있는 러시아 최고의 스포츠 신발 브랜드인 아디다스(www.adidas.com)를 생각해보자. 고객경험을 최적화하기 위한 전략의 일환으로 아디다스는 RFID 칩(8장 참조), 매장에서의 배송, 클릭과 수령(click and collect), 끝없는 통로와 같은 새로운 계획을 추진하기 위해 필요한 공급망 인프라를 구축했다.

- 매장에서의 배송: 온라인으로 주문한 상품은 실제 매장에서 배송된다.
- 클릭하고 수령하기: 고객은 온라인으로 제품을 구매하고 실제 매장이나 창고에서 제품을 수령한다. 2018년 10월의 아디다스 온라인 판매의 약 70%가 클릭과 수령을 통해 이루어졌다.
- 끝없는 통로: 매장 내 키오스크를 사용하여 고객은 매장에 재고가 없지만 다른 매장에서 구입할 수 있는 제품을 주문할 수 있다. 그런 다음 제품은 매장에서 직접 출고되거나 클릭과 수령 프로세스를 사용하여 배송된다.

러시아는 물리적으로 세계에서 가장 넓은 나라이다. 러시아의 한쪽 끝에서 다른 쪽 끝으로 상품을 배송하는 데 기존 배송 시스템을 사용하면 최대 15일이 소요될 수 있다. 세 가지 공급망 계획을 통해 아디다스는 배송 시간과 비용을 줄이면서 매출과 수익을 늘릴 수 있었다. 그렇게 할 수 있었던 이유는 다음과 같다. 소비자는 일반적으로 배송이 24시간 이내에 이루어지면 온라인으로 구매한 제품의 50%를 반품한다. 그러나 배송에 3일이 소요되면 소비자는 제품의 70%를 반품할 수 있다. 따라서 이 세 가지 프로세스는 배송의 속도를 높일 수 있기 때문에 고객이 반품하는 상품이 줄어듦으로써 판매의 완성을 높였고, 이로 인해 수익이 증가된 것이다.

분명히 SCM 시스템은 조직 간(interorganizational) 정보시스템의 일종이다. **조직 간 정보시스템(IOS: interorganizational information systems)**에는 둘 이상 조직들 사이에서의 정보 흐름이 있다. IOS는 비즈니스 파트너들 간에 정보시스템을 연결하여 파트너들이 여러 가지 과업을 수행할 수 있도록 한다.

- 일상적인 비즈니스 거래 비용을 절감한다.
- 오류를 줄이거나 제거하여 정보 흐름의 수준을 높인다.
- 비즈니스 거래에 수반되는 사이클 시간을 단축한다.
- 종이서류 처리와 이에 따른 비효율성 및 비용을 제거한다.
- 사용자들을 위해 정보의 전달과 처리를 쉽게 한다.

푸시 모델과 풀 모델

많은 공급망관리 시스템들은 **푸시 모델(push model)**을 이용한다. 푸시 모델(소위 재고 생산(make-to-stock))에서는 경험으로 추측한 고객 수요에 대한 전망 수치를 가지고 생산 프로세스를 시작한다. 이러한 전망치는 어떤 상품을 고객이 원하며, 얼마나 원하는 지를 예측해야 한다. 그 다음, 기업은 보통 대량 생산방식으로 예측한 만큼 생산하여 고객에게 판매, 즉 푸시한다.

불행하게도 이러한 전망치들은 종종 맞지 않는다. 예를 들어 신형 차를 생산하려는 자동차 제조업체를 생각해보자. 마케팅 담당자는 철저한 조사(고객 설문조사, 경쟁 차종 분석)를 하고 이를 바탕으로 예측을 한다. 만약 전망을 너무 높게 할 경우, 즉 신차 판매를 20만 대로 예측하였으나 실제로는 고객 수요가 15만 대에 그치는 경우에 자동차 제조업체는 5만 대의 재고 부담이 생기고 커다란 재고 유지비용이 발생한다. 더욱이, 이 회사는 재고로 남은 차들을 할인해서 판매해야 할 것이다.

반대로 생각하면, 만약 전망치를 너무 낮게 잡으면, 즉 신차 매출이 15만 대에 이를 것으로 예상했으나 실제 고객 수요는 20만 대가 된다고 했을 때 자동차 제조업체는 아마 수요를 맞추기 위해 추가 인력을 투입해 공장을 가동해야 하고, 결국 초과 근무 수당에 따른 비용이 늘 것이다. 더욱이 회사는 고객이 원하는 차를 제공하지 못하면 경쟁사에게 고객을 잃을 위험이 있다. 하지만 공급망관리에 푸시 모델을 이용하면 다음 절에서 보게 될 문제가 발생할 수 있다.

푸시 모델의 불확실성을 피하기 위해, 많은 기업들이 웹 기반 정보 흐름을 통한 공급망관리에 풀 모델을 도입하고 있다. **풀 모델(pull model)**(소위 주문 생산make-to-order)에서는 생산 프로세스가 고객 주문으로 시작된다. 따라서 (1장에서 논의한 바 있는) 대량 맞춤화와 밀접히 연관된 프로세스로 기업들은 고객이 원하는 것만을 생산하면 된다.

POM 풀 모델을 이용하는 유명한 기업의 예는 델컴퓨터이다. 델의 생산 프로세스는 고객주문으로 시작된다. 이 주문으로 고객이 원하는 컴퓨터의 종류뿐 아니라 주문된 컴퓨터에서 공급업체가 책임져야 할 부품에 대한 정보도 델의 공급업체에게 전달된다. 이런 방식으로 델의 공급업체는 고객이 주문한 컴퓨터를 생산하기 위해 필요한 부품만을 선적한다.

모든 기업들이 풀 모델을 이용하는 것은 아니다. 예를 들어 자동차는 컴퓨터보다 훨씬 더 복잡하고 비싸기 때문에 새로운 모델을 만드는데 더 오랜 리드 타임(lead time: 제품을 제조하는데 소요되는 기간)

이 필요하다. 자동차 제조업체들은 풀 모델을 사용하지 않으나 일부 고객이 주문한 특수 차량에 대해서는 사용하기도 한다(예: 롤스로이스, 벤틀리, 그리고 다른 고가 자동차들).

IT와 기업사례 11.4는 자라의 소매 산업 공급망을 보여주고 있는데, 소매업체가 공급망을 어떻게 관리해야 하는지, 그리고 자라가 공급망에서 풀 모델과 푸시 모델 모두를 어떻게 사용하고 있는지를 보여주고 있다. 이러한 요소는 모두 회사와 비즈니스 모델의 뛰어난 성공에 기여하게 된다.

공급망의 문제들

앞서 논의하였듯이 공급망 내에서 마찰이 발생할 수 있다. 비효과적인 공급망의 문제 중 하나는 고객 서비스의 저하이다. 어떤 경우는 고객—개인이나 기업—이 원하는 시점과 장소에 상품이나 서비스를 공급망이 전달하지 못한다. 다른 경우는 공급망이 품질이 떨어지는 상품을 공급하는 것이다. 공급망의 주체들 간의 마찰에 따른 다른 문제는 높은 재고비용과 수익감소이다.

공급망의 문제는 (1) 불확실성과 (2) 여러 가지 활동들, 내부 부서들, 비즈니스 파트너들 사이를 조율할 필요성이라는 두 가지 원인에서 출발한다. 공급망 불확실성의 주요 원인은 수요 예측(demand forecast)이다. 상품에 대한 수요는 경쟁, 가격, 기상상태, 기술발전, 경제상황, 고객의 일반적 신뢰도 등 여러 가지 요인에 의해 영향을 받는다. 또 다른 불확실성의 원인은 생산 기계의 결함에서부터 공사 중인 도로와 교통 체증까지, 여러 요인에 의해 영향을 받는 배송 시간이다. 더욱이, 원자재와 부품의 품질 문제도 역시 공급망 문제를 일으키는 생산 지연을 초래할 수 있다.

공급망에서 정확한 재고 수준을 유지해야 하는 경영자가 해결해야 할 당면 과제 중 하나는 채찍 효과라는 문제이다. **채찍 효과(bullwhip effect)**는 공급망에서 주문량이 갑자기 늘어나거나 줄어드는 등 불안정한 패턴을 말한다(그림 11.5 참조). 기본적으로 고객 수요에 영향을 미치는 변수들이 공급망의 각 연결 마디에 있는 관리자의 눈에는 더 증폭되어 보인다. 만약 각 개별 주체가 전체 공급망보다 자신의 이해에 따라 주문을 하고 재고 수준을 결정한다면 공급망 전체적으로는 최대

IT와 기업사례 11.4
자라

MKT POM

인디텍스(www.inditex.com)는 전 세계 93개 시장에서 7,200개 이상의 매장을 운영하고 있는 세계 최대의 패션 그룹이다. 이 회사의 플래그십 스토어는 자라(www.zara.com)이지만 자라 홈, 마시모 두띠(Massimo Dutti), 버쉬카(Bershka), 오이쇼(Oysho), 풀앤베어(Pull and Bear), 스트라디바리우스(Stradivarius) 그리고 우테르케(Uterque) 등의 체인도 소유하고 있다. 1975년에 스페인에서 설립된 자라(www.zara.com)는 전 세계적으로 2,100개 이상의 매장을 운영하고 있다. 인디텍스는 2018년에 약 300억 달러의 매출을 기록하였다.

자라는 전통적인 산업에서 운영방식을 크게 바꾸기 위해 공급망을 활용하고 있는 의류와 패션 전문 소매업체이다. 자라의 주력 시장은 24세에서 35세 사이의 여성들이다. 이 회사는 이 연령대의 여성이 집중되어 있는 타운 센터와 위치에 매장을 설치하여 이러한 소비자에게 다가가고 있다.

MKT 자라의 비즈니스 모델

전통적인 패션 브랜드들은 계절 패션의 비즈니스 모델을 사용한다. 계절 패션을 통해 브랜드는 매년 패션 시즌이 시작되기 전에 대부분의 품목들을 디자인하고 제조하므로 시즌 동안에는 디자인을 개선하거나 변경할 수 없다. (두 가지 주요 연간 패션 시즌은 봄/여름과 가을/겨울 시즌이다.) 전통 브랜드는 계절 패션 의류 품목의 80%를 잡아 두는데 이는 다음 시즌이 시작되기 최소 6개월 전에 품목들을 제조해야 한다는 것을 의미한다.

반면 자라는 생산량의 약 75%를 패스트 패션 의류 라인에 할당하고, 나머지 생산량은 시즌 라인에 투입한다. 자라 매장은 고객 선호도가 진화함에 따라 거의 실시간으로 응답하고 있다. 결

과적으로 자라의 비즈니스 모델은 빠르게 변화하고 예측할 수 없는 패션 산업에 적합한 것이다. 이 모델을 통해 자라는 매우 정확한 단기(2~6주)의 수요 예측을 기반으로 패스트 패션 의류를 제조할 수 있게 되었다.

자라의 공급망과 큐브(Cube)라고 하는 고도로 자동화된 유통 센터는 성공적인 비즈니스 모델에 필수적이다. 스페인의 아르테이소(Arteixo)에 위치한 큐브는 자라의 전 세계 운영 센터이다. 5백만 평방 피트의 고도로 자동화된 이 시설은 고속의 지하 모노레일 링크가 있는 11개의 자라 소유 공장과 연결되어 있다.

이 사례에서는 자라의 패스트 패션 비즈니스 모델에 대해 논하기로 한다. 패스트 패션 의류를 생산하기 위해 자라는 공급망에서 조달, 생산 그리고 유통이라는 세 가지의 필수적인 단계를 사용하고 있다. 각 단계들에 대하여 하나씩 살펴보기로 한다.

POM 조달

전통적인 브랜드는 재고의 80%를 계절 패션에 쏟아붓기 때문에 제조해야 할 의류 품목 수를 조기에 예측할 수 있어야 한다. 반면 자라는 필요한 완제품 수를 예측하지 않는다. 오히려 조달 팀은 자라가 원단 공급업체에 주문하기 전에 옷을 제조하는 데 필요한 원단의 수량을 예측하고 있다.

자라는 연간 4~5가지 유형의 원단을 대량으로 구매하고 있다. 이 소매업체는 이러한 원단을 매년 변경할 수도 있다. 원단 제조업체는 대량의 원단을 큐브에 직접 신속하게 배송한다. 자라는 이탈리아, 스페인, 포르투갈 그리고 그리스의 공급 업체로부터 원단을 구매하고 있다. 이들 공급 업체는 주문 후 5일 이내에 주로 트럭으로 원단을 배송하고 있다.

완제품과 달리 원단은 새 옷을 만드는 데 사용할 수 있기 때문에 낭비되지 않는다. 원단의 가용성은 자라가 고객의 요구와 패션 트렌드의 변화에 거의 실시간으로 대응할 수 있게 해 주었다.

자라는 원단의 품질에 대한 프리미엄을 붙이지 않기 때문에 가격을 낮게 유지할 수 있다. 전통 패션 브랜드들은 그들이 사용하는 원단의 품질과 산지를 강조한다. 그러나 자라는 섬유를 판매하는 공급업체로부터 원단을 저렴하게 구입하고 있다.

POM 생산

자라의 경쟁우위는 최신 패션 트렌드를 빠르게 파악하는 데 있다. 큐브에서는 이전에 매장 관리자로 일했던 많은 마케팅 전문가들이 자라 매장 관리자의 모든 커뮤니케이션을 모니터링하고 있다. 이 관리자들은 진열된 옷에 고객들이 보이는 반응을 얻는데 특별히 교육을 받은 사람들이다. 관리자들은 판매 수치와 고객의 피드백을 매일 이 마케팅 전문가들에게 보낸다. 이 전문가들은 또한 패션쇼에 참석하는 많은 패션 관찰자들로부터 패션 정보를 입력받아, 전통 브랜드와 전통 디자이너가 어떤 패션을 생산하는지 관심을 기울이고 있다. 마케팅 전문가들은 이 정보를 설계와 생산 팀에 전달한다. 디자인 팀은 이 정보에 따라 패션 디자인을 개발하고, 디자인이 승인되면 생산 팀에 전달한다.

대부분의 전통 패션 브랜드는 중국과 동남아시아 그리고 극동 지역에서 제조를 아웃소싱하고 있다. 반면에 자라는 큐브에 가까이 위치하고 있는 11개의 공장에서 패스트 패션 의류를 모두 제조하고 있다. 일단 원단이 큐브 내부에서 제단되고, 염색이 되고 나면 자라는 모노레일을 통해 11개 공장으로 그것들을 보내게 된다.

자라의 제조 공정에 대한 흥미로운 사실은 연중 어느 때나 회사 공장의 대부분이 가동하지 않는 상태에 있을 수 있다는 것이다. 그 이유는 패스트 패션에서는 시간과 수요의 변화라는 두 가지 요소가 중요하기 때문이다.

예를 들어 특정 디자인의 인기 감소를 반영하는 수요의 감소를 생각해보자. 이 감소는 큐브에 있는 팀의 반응을 유발하며, 이는 디자인의 변경 또는 완전 점검이 될 수 있다. 일반적으로 2주라는 빠른 처리 시간을 유지하려면 자라는 즉시 자원들을 배포해야 한다. 이 소매업체는 공장 중 하나가 바쁘게 가동되고 있었기 때문에 지연을 감당할 수 없다.

패션 업계에서 처리 시간(turnaround-time)은 현재의 패션 컬렉션을 새 컬렉션으로 교체하는 데 걸리는 시간을 말한다. 보통 전통 패션 브랜드의 경우 처리 시간은 3~6개월이 소요된다.

자라는 공장의 생산 능력을 활용하는 정도와 공장의 처리 시간 사이에 직접적인 관계가 있다는 것을 깨달았다. 즉, 공장이 바쁠수록 패스트 패션 아이템을 생산하는 데 시간이 더 오래 걸린다는 것이다. 따라서 자라는 대부분의 제조 능력을 유휴 상태로 유지하여 경쟁사보다 더 민첩하게 수요 변화에 대응할 수 있다.

POM 유통

공장에서 원단을 완성된 옷으로 바꾸면 그 품목은 모노레일을 통해 다시 큐브로 운반된다. 큐브에서 의류는 검사되고, 포장되어 사라고사에 있는 자라의 물류 허브로 보내진다. 그곳에서 그 품목은 트럭과 비행기로 전 세계 매장으로 배송된다. 자라는 단 며칠 만에 전 세계의 매장에 의류를 배송할 수 있다. 중국에는 48시간, 유럽에는 24시간, 일본에는 72시간, 그리고 미국에는 48시간 만에 배송된다.

상점은 일주일에 두 번 배송을 받으며 주문 후 2일 이내에 제품을 수령하게 된다. 품목들은 태그와 가격표가 달린 상태로 이미 옷걸이에 있는 상점에 배송되어 도착한다. 따라서 품목은 배달 트럭에서 나와 바로 매장으로 이동된다.

과제

2017년 3월에 인디텍스는 수익성이 8년 만에 최저치로 감소했다고 발표했다. 동시에 세계에서 두 번째로 큰 패션 기업으로 경쟁기업인 헤네스 앤드 모리츠(H&M; www.hm.com)는 4년 만에 처음으로 월 매출이 감소하였다고 발표했다. 이 보고서는 소비자들이 점점 더 온라인 공급 업체로부터 의류를 더 많이 구매함에 따라 패션 산업이 직면하고 있는 어려움을 보여주고 있다.

자라와의 경쟁력을 높이기 위해 2017년 4월에 H&M은 무엇보다도 더 높은 수준의 자동화를 포함하여 공급망에 대한 투자를 크게 늘릴 것이라고 말했다. 이 회사는 또한 리드 타임을 최적화하고 아시아에서 유럽으로 더 많은 생산을 이전할 계획도 세웠다.

자라의 문제를 더욱 복잡하게 만든 일이 생겼는데, 임금을 제대로 받지 못했다고 주장하는 터키 노동자들의 불만이 담긴 자라 의류 태그를 이스탄불의 쇼핑객들이 발견한 것이다. 이 태그들은 자라가 일부의 생산을 아웃소싱한 제조업체인 브라보(Bravo)에 노동자들이 고용되었다고 주장하는 것이었다. 브라보는 갑자기 문을 닫았고 직원들은 회사가 퇴직금과 함께 3개월의 급여를 지불하지 않았다고 주장하였다.

자라는 독립 디자이너뿐만 아니라 전통 패션 브랜드와는 또 다른 문제를 겪고 있었다. 예를 들어, 2012년 명품 브랜드인 크리스찬 루부탱(www.christianlouboutin.com)은 자라가 자기들의 신발 디자인 중 하나를 모방한 다음 신발을 반값에 판매하고 있다고 자라를 상대로 법적 조치를 취했다. 이 사건은 기각되었지만 패션 전문 기자들은 자라가 저작권 침해를 피할 수 있을 만큼 디자인을 변경함으로써 문제를 피할 수 있었다고 추측하였다.

결과

짧은 생산 가동, 즉 자라는 특정 디자인의 품목을 상대적으로 적은 수량만 생산함으로해서 디자인에 대한 인지적 희소성을 만들어 냈다. 이 과정은 상품이 빨리 매진될 수 있기 때문에 고객 사이에 긴박함과 구매 이유를 불러 일으켰다. 결과적으로 자라는 초과 재고가 많지 않았으며 의류 품목에 대한 큰 할인도 필요하지 않았다. 자라의 판매되지 않은 연간 재고 비율은 업계 평균이 17~20%인 것과 비교하여 10%에 지나지 않았다. 또한 자라는 경쟁 업체의 재고 회전율이 3~4회인 것과 비교하여 연간 12회의 재고 회전율을 기록하였다.

자라는 제조 비용이 아닌 시장 수요에 기초하여 의류 품목의 가격을 책정하였다. 짧은 생산 가동과 결합된 독특한 패션 아이템의 짧은 리드 타임으로 자라는 고객에게 더 많은 스타일과 선택권을 제공할 수 있었다. 또한 특정 아이템이나 스타일은 매진된 이후에는 다시 구매할 수가 없었다. 의미심장하게도 자라는 매년 12,000개의 새로운 디자인을 출시한다. 반면 경쟁 업체는 2,000~4,000개의 품목을 취급하고 있다. 또한 자라는 경쟁업체의 경우 의류 디자인 변경에 2~3개월이 소요되는 것에 반해 평균 2주마다 의류 디자인을 변경하고 있다. 특히 이 소매업체는 전체 품목의 85%를 정가로 판매하고 있으며 이는 업계 평균인 60%보다 훨씬 높은 수치이다.

경쟁 심화

인디텍스는 부후(Boohoo; www.boohoo.com) 그리고 미스가이디드(www.missguided.com)와 같은 새로운 온라인 전용 회사와 경쟁하기 위해 새로운 기술을 개발하고 있다. 영국에서 설립된 두 회사는 자라보다 더 빠른 속도로 의류를 생산하고 있으며, 디자인부터 판매 시점까지 1주일 밖에 걸리지 않고 있다. 또한 수백 개의 새로운 항목으로 웹 사이트를 매일 새롭게 갱신하고 있다.

이러한 창업 기업과 경쟁하기 위해 인디텍스는 많은 새로운 기술을 테스트하는 혁신 부서를 구성하고 있다.

- 인디텍스는 재고 작업을 위해 페치 로보틱스(www.fetchrobotics.com)의 로봇을 테스트하고 있다.
- 인디텍스는 경쟁 업체에게 부족한 자산인 실제 매장을 강조하는 기술을 테스트하고 있다. 예를 들어 초음파 기술을 사용하여 매장에서의 고객 발걸음을 추적하는 위치 인텔리전스(location intelligence)를 테스트하고 있다. 이러한 방식으로 상점은 고객의 이동 패턴을 매핑하고 잘 팔리는 품목을 적절하게 배치할 수 있다. 또한 위치 인텔리전스를 사용하면 고객이 매장에 들어갈 때 앱이 매장 모드로 전환될 수 있으므로 제품의 위치를 검색하고 제공하는 혜택을 누릴 수 있다.
- 인디텍스는 고객의 행동을 예측하기 위해 인공지능을 사용하는 제트로어(www.jetlore.com)와 스페인의 빅 데이터 창업 기업인 엘 아르테 데 메디르(www.elartedemedir.com) 등과 파트너십을 맺었다.

출처: Compiled from M. Hanbury, "The Biggest Difference between Zara and H&M Explains Why One Is Thriving While the Other Is Flailing," *Business Insider*, June 21, 2018; "Zara Looks to Technology to Keep Up with Faster Fashion," Reuters, June 15, 2018; D. Buchanan, "The Zara Workers' Protest Shows Why Fast Fashion Should Worry All of Us," *The Guardian*, November 8, 2017; Z. Wood, "Zara's UK Profits Drop Sharply Despite Record Sales," *The Guardian*, October 13, 2017; "Zara Owner Inditex Sees Profit Growth of 9% in the First Half," Reuters, September 20, 2017; "Push vs. Pull Supply Chains: Why Profitable Companies Value Data over Inventory," *Sourcing Journal*, September 1, 2017; J. Neumann, "How Zara Is Defying a Broad Retail Slump," *Wall Street Journal*, June 14, 2017; S. Sit, "H&M Overhauls Supply Chain to Compete with Zara," CIPS.org, April 3, 2017; L. Heller, "Why Zara Is the Most Exciting Retailer Today," *Forbes*, March 15, 2017; P. Jarvis, "Fast Fashion Fading as H&M, Zara Shine Light on Industry Strains," *Bloomberg*, March 15, 2017; A. Lutz, "This Clothing Company Whose CEO Is Richer than Warren Buffett Is Blowing the Competition out of the Water," *Business Insider*, June 13, 2017; S. Baker, "Zara's Recipe for Success: More Data, Fewer Bosses," *Bloomberg BusinessWeek*, November 22, 2016; "4 Key Facts about Zara's Supply Chain Success," *CeMAT Insider*, November 11, 2016; N. Narang, "Fashion Disrupted: The Definitive Guide to Zara's Global Supply Chain," *Procurify*, October 24, 2016; M. Schlossberg, "While the Rest of the Industry Struggles, This Store Has Created the 'Best Business Model in Apparel' – and Millenials Are Flocking to It," *Business Insider*, June 16, 2016; K. Gorrepati, "Zara's Agile Supply Chain Is the Source of Its Competitive Advantage," *Digitalist Magazine*, March 30, 2016; K. O'Marah, "Zara Uses Supply Chain to Win Again," *Forbes*, March 9, 2016; W. Loeb, "Zara's Secret to Success: The New Science of Retailing," *Forbes*, October 14, 2013; S. Stevenson, "Polka Dots Are In? Polka Dots It Is!" *Slate*, June 21, 2012; and www.zara.com, accessed July 17, 2019.

질문

1. 자라가 비즈니스 모델에서 풀 모델과 푸시 모델을 모두 어떻게 사용하고 있는지에 대하여 논해보자. 답변에 대한 구체적인 예를 들어보자.
2. 자라가 공급망에서 풀 모델을 어떻게 사용하고 있는지 그리고 자라가 공급망에서 푸시 모델을 어떻게 사용하는 있는지 각각에 대하여 구체적인 예를 들어보자.

그림 11.5
채찍 효과

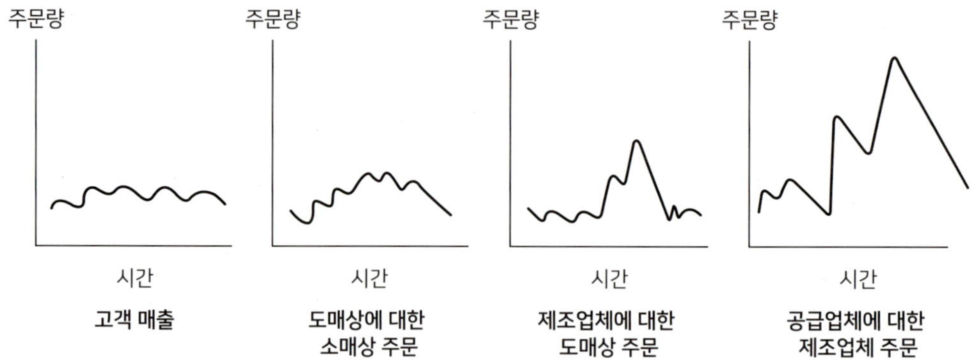

7~8곳에서 재고가 쌓일 수 있다. 연구결과에 따르면 어떤 경우에는 정상적인 환경에서의 10일에서 20일분의 재고 대신 매점(hoarding)으로 인해 "만약의 경우(즉, 수요 폭등)"를 대비한 최대 100일분의 재고가 쌓이게 된다. IT와 기업사례 11.5에서 볼 수 있듯이 플렉스(Flexe)의 비즈니스 모델은 기업의 수요 예측 그리고 채찍 효과와 관련된 문제를 지원할 수 있다.

공급망 문제에 대한 해결책

공급망 문제는 많은 비용을 초래할 수 있다. 따라서 기업들은 혁신적인 방법을 찾는데 힘을 쏟고 있다. 예를 들면 1970년대 석유위기 때 미국의 대형 트럭 회사인 라이더시스템(Ryder Systems)은 공급망의 상위 흐름을 통제할 목적으로 정유공장을 매입하여 트럭을 위한 충분한 휘발유를 확보했다. 라이더시스템의 정유공장 매입은 수직적 통합의 예이다. **수직적 통합(vertical integration)**은 회사가 자신의 상위흐름 공급업체들을 매입하여 핵심 부품들을 자신이 필요할 때 안정적으로 공급받게 하는 비즈니스 전략이다. 나중에 라이더시스템은 정유공장을 되팔았는데 그 이유는 자신이 잘 모르는 사업을 할 수 없었으며 석유가 다시 풍부해졌기 때문이다.

수직적 통합과 같은 라이더시스템의 결정은 공급망을 관리하는 최적의 방법은 아니다. 이 절의 나머지 부분에서는 많은 부분들이 정보기술의 도움으로 공급망 문제를 어떻게 해결하는지 살펴본다.

공급망 문제해결을 위한 재고 활용. 의심할 여지가 없이 공급망 문제의 가장 보편적인 해결책은 공급망 불확실성에 대한 보험의 성격으로 재고를 쌓아두는(building inventories) 것이다. 앞에서 우리가 배웠지만 너무 많은 재고를 쌓아두면 비용이 발생한다. 따라서 기업들은 재고를 최적화하고 통제하기 위한 최선의 노력을 다한다.

잘 알려진 재고 최적화와 통제 방법이 재고를 되도록 최소화하는 **적시 생산(JIT: just-in-time) 재고 시스템**이다. 제조 프로세스에서 이 방식에 따르면 정확한 부품의 수(재공품 재고work-in-process inventory)만 적절한 시간에 정확히 완제품 조립을 위해 전달된다.

JIT가 많은 장점이 있지만 단점도 가지고 있다. 가장 먼저 공급업체들은 계속적인 요청에 대응하도록 계획되어 있다. 결과적으로 이들은 그렇지 않은 경우와 달리 더 많은 재고를 쌓아두고 있어

IT와 기업사례 11.5

웨어하우징의 에어비앤비 플렉스

POM

온라인 소매업체는 지리적으로 분산된 오프라인 창고를 준비하여 하루 이내에 고객에게 주문을 배송할 수 있는 공급망 전략을 빠르게 채택하고 있다. 실제로 회사가 제품을 판매하고 다음 날 미국 인구의 98%에 배달하고자 한다면 미국 전역에 16개의 창고가 필요할 것이다.

그런데 아마존의 전략에는 문제가 있다. 전자상거래 대기업인 이 회사는 회사가 고객의 데이터를 수집할 수 있는 웹 사이트를 통해 고객이 주문한다고 주장하는 경향이 있다. 아마존은 또한 자체 브랜드를 구축하려는 창업 기업을 짜증나게 하는 자체 로고가 달린 패키지를 브랜딩할 가능성이 높다. 그리고 아마존은 온라인 마켓 플레이스에서 상품을 판매하는 소매업체의 보관과 유통과 배송을 관리하는 제3자 주문 처리 서비스를 확장하고 있다. 이러한 문제로 인해 아마존을 사용하여 상품을 배송하고 싶지 않은 소매업체를 겨냥한 공급망 서비스의 성장을 가져왔다.

2017년 소비자들이 온라인 쇼핑을 하고 있었고 상인은 빠른 배송을 제공하기 위해 고객 가까이에 위치한 창고 공간이 필요했기 때문에 미국의 빈 창고 공간은 17년 만에 최저치를 기록하였다. 플렉스(www.flexe.com)는 주문형 창고와 주문 처리 보관 공간을 제공하기 위해 시애틀에서 창업한 기업이다. 플렉스는 장기 계약에 묶여 있지만 몇 달 동안은 비어 있을 공간의 재고에 접근한다. 예를 들어, 음료와 주택 개량 회사는 여름 동안 추가 용량이 있는 창고를 짓기 때문에 보통 잉여 공간을 가지고 있다. 마찬가지로 크리스마스 쇼핑 시즌이 다가 오면 할로윈 의상 도매상 창고는 비워진다. 플렉스는 공급과 수요 사이의 불일치를 관리하여 각 거래에 대한 공개되지 않은 수수료를 받고 그 수수료의 일부를 창고 운영업자에게 지불한다.

플렉스는 기존 창고 운영자의 관심을 정당화하기에는 너무 작은 거래 규모에서 창고 공간의 안정적인 수요-공급을 촉진하는 소프트웨어 플랫폼을 개발하였다. 이 전략은 다른 분야에서의 성공적인 창업 기업을 반영한 것이다. 우버는 자동차용 소프트웨어 플랫폼, 에어비엔비는 숙박용, 콘보이(www.convoy.com)는 트럭용, 그리고 인스타카트(www.instacart.com)는 소비자가 직접 판매하는 식료품용 소프트웨어 플랫폼을 개발하였다.

플렉스는 약 1,000개의 창고 운영자(파트너)와 저장 공간이 필요한 기업(고객)을 연결한다. 이 회사는 파트너와 함께 아마존이 개발하는 데 수십년에 걸쳐 수십억 달러를 투입한 배달 네트워크보다 더 넓은 지리적 영역을 구축했다. 플렉스의 광범위한 지리적 포괄 덕분에 판매자는 고객과 가까운 곳에 재고를 보유하게 되었고, 상품들은 항공으로 바싸게 보내는 대신에 트럭으로 싸게 배송할 수 있게 되었다.

플렉스는 선불 방식(pay-as-you-go basis)으로 저장 공간 서비스를 제공하여 고객이 필요에 따라 저장 공간에 대한 투자를 확장하거나 축소할 수 있다. 판매자는 탐색이 간편한 웹 사이트를 통해 저장 공간을 예약한다.

플렉스는 고객을 대신하여 배송비를 협상하지는 않는다. 대신 고객은 (1) 자체 배송 계약을 사용하거나, (2) 주문을 픽업하고 포장하는 창고 운영자가 제공하는 요금을 사용하거나, (3) 운송업체와 함께 플렉스의 요금을 사용하는 세 가지의 옵션이 있다. 플렉스는 창업 기업에 특히 유용한데, 이러한 기업들은 향후 1~2년의 매출을 예측하기 어렵기 때문에 얼마 만큼의 공간이 필요한지 알지 못하기 때문이다.

2017년 5월 15일에 플렉스는 미국의 거의 모든 사람에게 야간 지상 배송을 온라인 판매자들에게 제공하기 시작했다. 이 서비스는 고객에게 다가갈 수있는 새로운 방법을 찾고 있지만 아마존의 속도와 일치하는 옵션이 거의 없는 온라인 판매자에게는 유용한 것이다. 이를 통해 창고 운영자는 개별 주문을 상점이 아닌 주문 고객의 집으로 직접 포장하고 배송할 수 있어서 더 많은 비용을 청구할 수 있는 옵션을 가능하게 하였다. 플렉스는 고객이 경쟁력있는 가격으로 아마존의 프라임을 통해 그들이 할 수 있는 만큼 빠르게 또는 그 이상으로 더 빠르게 고객에게 상품을 배송할 수 있게 되었다고 말한다. 또한 배송은 아마존 배송 상자가 아닌 자체 브랜드 배송 상자에 담겨 이루어질 것이다.

플렉스의 소구(appeal)는 아마존 온라인과 경쟁하기 위해 고군분투하는 오프라인 소매업체뿐 아니라 이러한 거대한 소매 경쟁 업체와 협력하기를 주저하는 브랜드까지 확장되었다. 플렉스는 고객 데이터를 포기하지 않으면서도 배송시 아마존과 경쟁하려는 제조업체, 브랜드 그리고 소매업체를 대상으로 하고 있다. 플렉스는 이 기업들이 새로운 시설에 막대한 투자를 하지 않고도 배송 시 아마존과 경쟁할 수 있도록 지원하고 있다. 플렉스의 일부 고객 사례를 살펴보기로 한다.

금융, 법률, 보건 그리고 공공기관 등의 고객을 위한 문서 스토리지를 제공하는 아이언 마운틴(www.ironmountain.com)은 90개 시장에 위치한 1,000개 시설에 추가적인 저장 공간을 판매하기 위해 2015년 플렉스와 계약했다. 태양광 패널, 난방기, 이불 커버, 베개, 매트리스 그리고 다양한 상인들의 기타 많은 제품들이 그들의 주요 사업을 방해함 없이 저장 시설을 거쳐 갔다.

매트리스 판매업체인 캐스퍼(www.casper.com)는 여름의 이사철 수요를 충족하기 위해 플렉스를 사용하고 있다. 이 회사는 아마존이 고객경험을 관리하고 있기 때문에 아마존보다 플렉스를 선호한다. 캐스퍼의 고객들은 아마존이 아닌 캐스퍼에서 구매하기를 원한다.

신발과 의류 브랜드인 톰스(www.toms.com)는 웨스트 코스트의 유통 네트워크의 범위를 넘어 휴가철의 팝업 스토어(pop-up store)를 확장하기 위해 플렉스를 사용하고 있다. 팝업 스토어는 기업이 제품 또는 서비스에 대한 관심을 높이고 고객의 참여를 이끌기 위해 사용하는 작은 임시적인 장소이다. 그들은 종종 이러한 상점을 할로윈 의상, 크리스마스 선물, 크리스마스 트리 그리고 불꽃 놀이 등과 같은 계절적 품목에 활용하고 있다. 플렉스는 톰스가 세 가지의 새로운 시장에 서비스를 제공할 수 있는 최고의 장소를 식별해냈다. 톰스는 단지 몇 주 전에 팝업 스토어를 계획하기 때문에 기존의 장기 임대를 통해서는 창고 공간을 찾기가 어려웠었다.

특히 의미있는 것은 플렉스는 물리적 시설에 예산을 투입하지 않고도 시장을 구축했다는 것이다. 2019년 7월 현재 이 회사는 아마존 용량의 약 20%에 해당하는 약 3천만 평방 피트의 저장 공간을 보유하고 있다. 그러나 아마존은 북미 지역의 110개의 주문 처리 센터로 제한되어 있으나, 플렉스는 1,000개 이상의 창고에 액세스할 수 있다.

2019년 7월경 플렉스는 1,000개 이상의 파트너와 관계를 갖게 되었다. 장기적으로 번영하기 위해서는 이 회사는 창고 운영자가 자신의 사업을 방해하지 않으면서 단기간에 다른 사업을 수용할 수 있도록 설득하여 지리적 범위를 지속적으로 확장해 나가야 할 것이다.

출처: Compiled from T. Soper, "Why This Supply Chain Startup Is Drawing Comparisons to Amazon Web Services and Airbnb," *Geekwire*, July 3, 2019; K. Patrick, "Innovator of the Year: Flexe," *Supply Chain Dive*, December 4, 2017; S. Lacefield, "Going Direct: Manufacturers Set Their Sights on Direct-to-Consumer Delivery," *Supply Chain Quarterly*, July 4, 2017; K. O'Marah, "Uber Your Supply Chain," *Forbes*, May 18, 2017; "FLEXE's Next-Day Delivery to Help Online Retailers Compete with Amazon," PYMNTS.com, May 12, 2017; R. Sarver, "Leveling the Playing Field in E-Commerce," *Medium*, May 11, 2017; S. Soper, "This Startup Is the Airbnb of Warehouses and Has Amazon in Its Sights," *Bloomberg*, May 11, 2017; J. Smith, "Flexe to Offer Next-Day Delivery for Online Retailers," *Wall Street Journal*, May 11, 2017; N. Levy, "FLEXE Launches Nationwide Next-Day Delivery Service to Help E-Commerce Companies Take on Amazon," *GeekWire*, May 11, 2017; "FLEXE Launches Nationwide Next-Day Delivery," *PRNewswire*, May 11, 2017; M. O'Brien, "Flexe Offers Shippers Marketplace of Fulfillment Nodes," *Multichannel Merchant*, April 26, 2017; S. Banker, "An 'Outside In' View of Your Supply Chain," *Forbes*, April 20, 2017; "Llamasoft Offers Customers Access to FLEXE Marketplace for On-Demand Warehousing Services," *Business Wire*, March 28, 2017; P. Lantrip, "On-Demand Storage Offers Seasonal Space Relief," *Memphis Daily News*, November 30, 2016; "Logistics Startup: FLEXE and Pop-Up Warehousing," *Tech Gistics*, October 6, 2016; "Tech StartUps that Will Transform Warehousing," *Material Handling & Logistics*, September 1, 2016; and www.flexe.com, accessed July 17, 2019.

질문

1. 여러분이 아마존의 CEO라고 한다면 플렉스와 어떻게 경쟁할 것인가? 구체적인 예를 들어 설명해보자.
2. 플렉스의 비즈니스 모델을 지원하는 데 정보기술이 어떻게 필요한지 설명해보자.
3. 플렉스는 수요 예측과 채찍 효과 문제를 안고 있는 소매업체를 어떻게 지원하는가? 구체적인 예를 들어 설명해보자.

야 한다. JIT에서 전체 재고 수준은 낮아지는 것이 아니다. 다만 재고가 고객으로부터 공급업체로 옮겨간 것이다. 만약 공급업체가 늘어난 재고를 여러 고객들에게 분산할 수 있으면, 이러한 프로세스가 재고 수준을 개선할 수 있으나 이런 경우는 많지가 않다.

이에 더해 JIT는 대량의 소수 공급 대신 소량의 빈번한 공급이 필요하다. 이는 운송측면에서 덜 효율적이라는 사실을 의미한다.

정보의 공유. 특히 수요 예측의 개선과 같은 공급망 문제를 해결하는 또 다른 보편적인 방법은 공급망에서 정보를 공유(information sharing)하는 것이다. 정보 공유는 다음 절에서 소개할 전자문서교환(electronic data interchange)과 엑스트라넷(extranet)에 의해 촉진될 수 있다.

정보 공유에 대한 가장 주목할 만한 사례는 대형 제조업체와 소매업체 사이에서 찾을 수 있다. 예를 들면 월마트는 프록터 앤드 갬블(P&G)이 납품하는 모든 물건에 대한 모든 매장으로부터의 매출 정보를 매일 P&G가 볼 수 있게 하고 있다. 이런 정보 공유로 P&G가 월마트 매장에 대한 재고 보충을 관리한다. 재고 수준을 모니터링 함으로써 P&G는 어떤 월마트 매장에서 어떤 상품의 재고가 언제 적정 수준 이하로 내려갈 것인지 알 수 있다. 이런 데이터로 즉각적인 물건의 배송지시가 내려진다.

월마트와 P&G의 정보 공유는 사람의 개입 없이 자동적으로 이루어진다. 이는 공급자 주도형 재고관리 전략의 일환이다. **공급자 주도형 재고관리(VMI: vendor-managed inventory)**에서는 특정 상품이나 상품 그룹의 재고를 소매업자가 관리하지 않는다. 대신 공급업체가 전체 재고 프로세스를 관리한다. P&G는 유사한 협약을 다른 소매업체와도 맺고 있다. P&G에게 이런 시스템의 장점은 자사 상품의 고객 수요에 대한 정확하고 적시적인 정보이다. 따라서 P&G는 생산계획을 보다 정확하게 수립할 수 있어 채찍 효과를 최소화한다.

확인하고 넘어가기

1. 푸시 모델과 풀 모델의 차이를 설명해보자.
2. 공급망에서 발생할 수 있는 여러 가지 문제들에 대하여 설명해보자.
3. 공급망의 문제들을 해결할 수 있는 방안에 대하여 논의해보자.

11.6 공급망관리를 위한 정보기술 지원

분명히 SCM 시스템은 많은 비즈니스들의 성공적 운영을 위해 필수적이다. 앞서 논의한 것처럼, 이들 시스템—일반적으로 IOS들—은 문제 해결을 여러 형태의 정보기술에 의존한다. 특히 전자문서교환, 엑스트라넷, 웹 서비스라는 세 가지 기술이 IOS와 SCM에 활용된다. 웹 서비스에 대해서는 기술가이드 3에서 논의한다. 이 절에서는 다른 두 기술을 살펴본다.

전자문서교환(EDI)

전자문서교환(EDI: electronic data interchange)은 비즈니스 파트너들 간에 구매 주문서와 같은 일상적인 문서를 전자적으로 교환할 수 있게 하는 통신 표준이다. EDI는 이런 문서를 사전에 약속된 표준(예: 데이터 포맷)에 따라 포맷한다. 그다음 번역기(translator)라 불리는 전환기로 이들 메시지를 전송한다. 메시지는 VAN(value-added network)이나 인터넷으로 전달된다.

종이서류를 이용한 전달보다 EDI는 많은 장점이 있다. 우선 데이터 입력이 컴퓨터로 체크되기 때문에 오류를 최소화한다. 더욱이 메시지의 길이가 떠 짧을 수 있으며 메시지가 더 안전하다. 그리고 EDI는 사이클 타임을 줄이고, 생산성을 높이며, 고객 서비스를 향상시키고, 종이 사용과 보관을 최소화한다. 그림 11.6은 구매 주문을 EDI로 처리하는 경우와 EDI 없이 처리하는 경우를 대조적하여 보여준다.

EDI에도 몇 가지 단점이 있다. 때때로 비즈니스 프로세스가 EDI 요구사항에 맞추도록 재구축해야 한다. 그리고 오늘날 많은 EDI 표준들이 사용되고 있어 한 기업이 여러 비즈니스 파트너와 커뮤니케이션하기 위해서는 여러 표준들을 사용해야 할 수도 있다.

모든 기업들이 광대역으로 인터넷을 연결하고 수 메가 바이트의 디자인 파일, 제품 사진, PDF 영업 브로셔들이 일상적으로 이메일로 보내지는 오늘날에는 구조화된 전자상거래 메시지를 수천 바이트의 XML 형식에서 수백 바이트의 EDI 형식으로 줄이는 것의 가치가 그리 크지 않다. 결국 EDI가 XML 기반의 웹 서비스로 대체되고 있다(XML에 대해서는 기술가이드 3에서 학습한다).

그림 11.6

EDI에 의한 구매 주문 완료와 EDI가 없는 구매 주문 완료의 비교

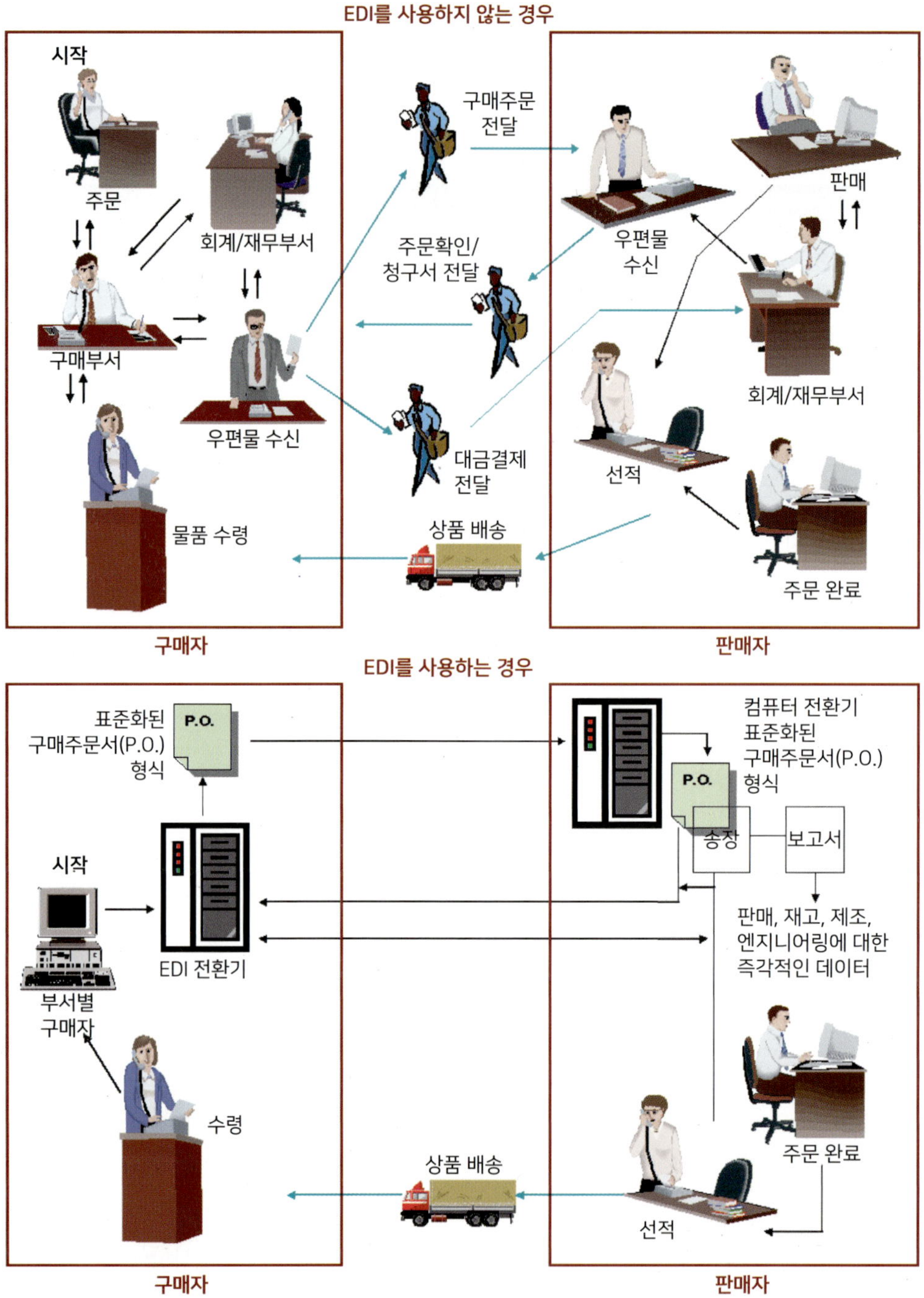

Drawn by E. Turban.

엑스트라넷

IOS나 SCM을 도입하기 위해서는 기업은 여러 비즈니스 파트너들의 인트라넷을 연결하여 엑스트라넷을 구축해야 한다. 이전 장에서 논의하였듯이 **엑스트라넷(extranet)**은 상대방이 자사 인트라넷의 특정 영역에 접근할 수 있게 하여 비즈니스 파트너들을 인터넷으로 연결한다(그림 11.7 참조).

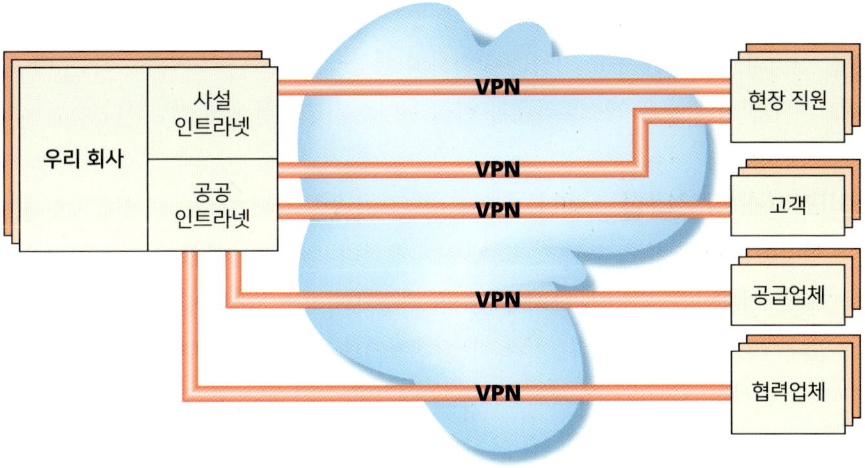

그림 11.7
엑스트라넷의 구조

엑스트라넷의 주된 목표는 비즈니스 파트너들 간의 협업을 촉진시키는 것이다. 기업은 선별된 B2B 공급업체들, 고객들, 그리고 다른 비즈니스 파트너들이 접근할 수 있는 엑스트라넷을 제공하고 있다. 이들은 인터넷으로 엑스트라넷을 접속할 수 있다. 기업 외부에 있는 사람들은 엑스트라넷으로 회사 내부의 직원들과 함께 일할 수 있다. 그리고 엑스트라넷 외부 비즈니스 파트너들이 인터넷으로 기업의 인트라넷으로 들어와 데이터에 접근하고 주문을 하며 주문 상황을 체크하고, 소통하며, 협업할 수 있다. 또한 파트너들은 자기 제품의 재고수준을 확인하는 것과 같은 셀프서비스를 할 수 있다.

엑스트라넷은 가상사설망(VPN: virtual private network) 기술을 이용해 인터넷을 이용한 통신을 보다 안전하게 만든다. 인터넷 기반의 엑스트라넷은 일반 사설망(proprietary networks)보다 훨씬 더 경제적이다. 이는 개방적인 기술 수단으로 전자적인 통신과 상거래의 급속한 발전에 기여할 수 있다. 엑스트라넷의 주요 장점은 더 빠른 프로세스와 정보 흐름, 개선된 주문 입력과 고객 서비스, 낮은 비용(예: 통신, 여행, 일반 고정비용), 비즈니스 목표 달성의 전반적인 향상 등이다.

세 가지 유형의 주요 엑스트라넷이 있다. 기업들은 관련된 비즈니스 파트너, 공급망의 목적에 따라 특정 유형을 선택한다. 아래에서는 주요 비즈니스 응용분야와 함께 각 유형에 대해 논의한다.

회사와 딜러, 고객 또는 공급업체. 이런 유형의 엑스트라넷은 한 기업을 중심으로 구성된다. 한 가지 예는 페덱스(Fedex) 엑스트라넷으로 고객들은 물품 배송을 추적할 수 있다. 그러기 위해서 고객들은 인터넷으로 접속하여 페덱스 인트라넷에 있는 페덱스의 데이터베이스에 접근한다. 고객들이 패키지의 위치를 확인할 수 있기 때문에 페덱스는 사람이 전화로 같은 작업을 하는 데 소요되는 비용을 절약한다.

산업의 엑스트라넷. 한 회사가 엑스트라넷을 구축한 것과 마찬가지로 한 산업의 주요 참여자들이 팀을 이루어 모두에게 도움이 되는 엑스트라넷을 구축할 수 있다. 예를 들어 ANX(ANXeBusiness; www.anx.com)는 B2B 정보 교환을 위한 안전하고 글로벌한 수단으로서 이 네트워크를 통해 기업들은 효과적인 협업이 가능하다. ANX 네트워크는 항공, 자동차, 화학, 전자, 금융, 의료 서비스, 물류, 제조, 운송, 및 관련 산업의 국제적인 주요 기업들이 회사의 핵심적인 비즈니스 거래를 하는 데 사용된다. 이 네트워크는 신뢰성이 높은 엑스트라넷과 VPN 서비스를 고객들에게 제공한다.

조인트 벤처와 비즈니스 파트너십. 이런 유형의 엑스트라넷에서는 조인트 벤처의 파트너들이 커뮤니케이션과 협업을 위한 수단으로 엑스트라넷을 사용한다. 한 예는 뱅크 오브 아메리카의 기업 대출을 위한 엑스트라넷이다. 관련된 참여자들로는 대출기관, 대출 브로커, 보증기관, 대출채권 소유기관 등이 있다. 엑스트라넷으로 대출기관, 대출 신청기관, 대출 주선기관, 뱅크 오브 아메리카가 연결된다. 유사한 사례는 렌딩트리(www.lendingtree.com)로 이 회사는 부동산의 모기지(장기 주택담보대출)에 대한 견적을 제공하고 모기지를 온라인으로 판매한다. 렌딩트리는 비즈니스 파트너들(예: 대출기관)을 위해 엑스트라넷을 사용한다.

포털과 교환소

6장에서 살펴본 것과 같이 기업 포털은 기업의 주요 비즈니스 정보에 대한 웹상의 단일 창구이다. B2B 공급망에서는 기업들이 공급업체와 이러한 포털을 통해 매우 긴밀히 협력한다.

기업의 공급업체(공급망의 상위흐름)를 위한 조달(소싱) 포털과 기업의 고객(공급망의 하위흐름)을 위한 유통 포털이라는 두 종류의 기업 포털이 있다. **조달 포털(procurement portals)**은 한 구매기업과 여러 공급업체 사이의 상품 구매나 조달과 관련된 비즈니스 프로세스를 자동화한다. 예를 들어 보잉사는 공급업체와의 비즈니스를 위해 보잉 공급업체 포털(Boeing Supplier Portal)이라는 조달 포털을 설치하였다. **유통 포털(distribution portals)**은 한 공급업체와 여러 구매자들 사이의 상품 판매나 유통과 관련된 비즈니스 프로세스를 자동화한다. 예를 들어 델은 자사의 기업 고객들에게 http://premier.dell.com이라는 유통 포털을 통해 서비스한다.

새로운 기술

물류 전문가들은 2025년까지 여러 기술들이 공급망에 상당한 영향을 미칠 것으로 예측하고 있다. IT와 기업사례 11.6은 로봇 공학, 드론, 자율(무인) 차량, 3차원(3D) 프린팅 등을 포함하는 이러한 세 가지 기술의 영향을 보여주고 있다.

IT와 기업사례 11.6

새로운 기술과 공급망관리

POM MIS

로봇 공학

근로자의 임금 인상은 인간의 노동보다 로봇을 사용하는 경쟁우위를 강화한다. 로봇은 노동조합을 형성하지 않고, 휴가 또는 휴식을 취하지도 않으며, 아프지도 않고, 의료 계획, 은퇴 계획 또는 실업 수당 등을 필요로 하지 않는다. 또한 로봇은 인간에게 적합하지 않은 환경 조건에서도 작업할 수 있다. 예를 들어 로봇에게는 온도를 낮게 유지하여 에너지를 절약할 수도 있으며 로봇은 종종 조명 없이도 작업할 수 있다.

매우 다양한 로봇이 있다. 드론은 항공 로봇이고 자율주행차량도 로봇이라고 말할 수 있다. 여러분은 아마도 제조에서 사용되는 본질적으로 거대한 로봇 팔인 산업용 로봇에 익숙할 것이다. 여기에서는 다음 예에서 볼 수 있듯이 물류 작업에서 사용되는 로봇을 중심으로 살펴보기로 한다.

자동 배송 로봇은 도시의 지역 배송 서비스에 혁명을 일으키고 있다. 예를 들어 스타십(www.starship.xyz)은 도심 시장의 사람들에게 식사와 식료품을 배달하는 로봇을 출시했다. 각 배송 비용은 약 1달러이다. 35파운드 무게의 로봇은 본질적으로 시속 약 4마일로 움직이는 6개의 바퀴가 달린 중간 크기의 냉장고이다. 보도에서 보행자가 더 잘 볼 수 있도록 조명과 크고 밝은 주황색 깃발을 달고 있다. 스마트폰 앱은 뚜껑을 열어 절연된 보관 영역에 접근한 다음 자동으로 다시 원래대로 잠근다.

상품 대 사람 로봇은 주문할 제품을 선택하는 데 도움을 준다. 로봇은 바코드 또는 QR 코드가 포함된 창고 바닥의 격자를 스캔하여 다른 로봇과의 상대적 위치, 선택해야 할 제품의 위치, 로봇이 제품을 가져다 놓을 위치 등을 제공한다. 아마존 로보틱스(www.amazonrobotics.com; 이전의 키바 시스템즈)는 이러한 모바일 로봇 주문 처리 시스템을 제조하여 사용하고 있다.

텔레프레즌스 로봇은 무선 인터넷 연결이 가능한 원격으로 조정되는 바퀴 달린 장치이다. 일반적으로 로봇에는 비디오와 오디오 기능을 제공하는 디스플레이가 달려 있다. 이 로봇들은 일반적으로 여행 가이드, 야간 경비원, 공장 검사관 그리고 컨설턴트를 위해 서 있다. 예를 들어, 수터블테크(www.suitabletech.com)의 빔(BEAM) 로봇은 누군가 원격으로 문제나 수리에 대한 상담 또는 견학생들을 안내할 수 있게 해준다. 회사들은 이동 비용을 낮춘다고 주장함으로써 이러한 로봇의 비용을 정당화하고 있다.

팔로우미 로봇은 제품 선택 작업에서 사람들과 함께 움직인다. 사람 선택자가 제품을 선택하여 로봇의 바구니에 넣는다. 그러면 로봇은 이를 다른 사람에게 전달한다. 이러한 로봇은 협동 로봇 또는 코봇의 한 예이다. 로커스 로보틱스(www.locusrobotics.com)와 페치 로보틱스(www.fetchrobotics.com)는 팔로우미 로봇을 제공하고 있다.

다른 코봇으로는 백스터(Baxter), 소이어(Sawyer), 그리고 로우(Lowe) 봇 등이 있다. 리싱크 로보틱스(www.rethinkrobotics.com)의 백스터와 소이어 코봇은 저렴하고 프로그래밍하기 쉽다. 그들은 또한 사람들 옆에서 작동하는 것이 안전하다. 로우봇들은 고객을 돕기 위해 로우의 매장에서 운영되고 있다.

드론

드론은 무인 항공기이다. 드론의 첫 번째 주요 영향은 고객 배송에 있을 것이다.

전문가들은 드론이 도시와 농촌 지역 모두에서 가치가 있을 것이라고 주장하고 있다. 현재의 예측으로는 2030년 경에는 50억 명의 사람들이 도시 지역에 거주할 것으로 보인다. 이러한 혼잡한 지역에서는 라스트마일 배송[역자주*]이 점점 더 어려워질 것이다. 시골 지역에서의 차량 배송은 많은 고립된 지역을 방문해야 하기 때문에 비용 효율적이지 않은 배송의 문제가 있다.

역자주* 물류에서 배송의 마지막 단계

예를 들어, 2016년 12월 아마존은 영국 케임브리지의 일부 고객을 위해 드론으로 프라임 에어(Prime Air) 거주지 인도를 시작하였다. 시험적인 배송은 30분 이내에 최대 5파운드의 패키지를 배송하였다. 이 지역에서 정부는 아마존이 운영자의 시야를 벗어나 최대 120미터 상공까지 드론을 비행할 수 있도록 허용하였다. 고객은 드론의 착륙 장소로 이용할 마당의 잔디밭에 작은 QR 코드(8장 참조)를 배치해야만 했다.

UPS(www.ups.com)와 페덱스(FedEx; www.fedex.com)는 트럭으로부터 고객에 이르는 마지막 배송지역으로 배송품을 전달하기 위해 드론을 띄우는 실험을 하고 있다. 이러한 시험은 일반적으로 시골 지역에서 수행되었다.

드론 창업 기업인 플러티(www.flirtey.com)는 여러 배송 실험을 성공적으로 완료했다. 2016년 7월 플러티는 뉴질랜드의 왕가파라오아[역자주**]에 있는 고객에게 도미노피자를 배달하였다. 2016년 12월 플러티는 7-일레븐에서 다양한 고객의 거주지로 77개의 드론으로 배송을 하였다.

드론의 두 번째 주요 영향은 창고 물류 기능과 관련이 있다. 예를 들어, 드론스캔(www.dronescan.co/)과 코버스 로보틱스(www.corvus-robotics.com)는 창고 안의 재고를 추적하기 위해 드론을 사용하는 실험을 수행하고 있다. 이러한 애플리케이션에서 드론은 창고를 탐색하고 바코드를 스캔하거나 RFID 태그를 판독하여 재고 실사를 수행한다(8장 참조).

여러 회사가 재고를 실사하고 추적하기 위해 이미지 인식 기술을 실험하고 있다. 예를 들어 월마트는 드론을 사용하여 대형 유통 센터 중 하나에서 재고를 확인하고 있다. 이 드론은 약 9만 평방 미터(약 2.8만평) 규모의 월마트 시설에서 한 팀의 인력이 전체 재고를 조사하는 데 한 달 걸리는 일을 하루 만에 조사한 것으로 알려졌다.

2016년에 BNSF 철도(www.bnsf.com)는 드론을 사용하여 트랙, 교량 그리고 철도 주변 등을 검사하기 시작했다. 이 회사는 시스템에 5만 2천km의 트랙이 있으며, 이 모든 트랙들을 매주 여러 번 검사해야 한다. 드론은 안전상의 문제를 일으킬 수 있는 트랙의 변화(최소 0.6cm)를 감지하기 위해 카메라와 센서를 이용하여 데이터를 캡처하고 있다. BNSF는 예측 분석을 사용하여 드론의 데이터로부터 잠재적인 문제 지역을 예측하고 있다.

자율주행차량

자율 지게차 형태의 무인 차량(driverless vehicles)이 한 동안 사용되었다. 여기서는 차로, 표지판 그리고 표시 등을 감지하기 위해 단거리와 장거리 레이더와 카메라를 사용하는 무인 트럭에 대해 살펴본다. 미국 도로교통안전국(National Highway Traffic Safety Administration)은 운전자가 모든 것을 하는 레벨 1부터 모든 주행 조건에서 차량이 완전 자율주행하는 레벨 5까지 여러 레벨의 차량을 정의하고 있다.

역자주** 뉴질랜드 오클랜드에서 북쪽으로 약 25km 떨어진 교외 지역 수많은 무인 트럭 실험이 전 세계에서 진행되고 있다. 예를 들어 2016년 10월 16일에 우버오토/안헤이저 부쉬(Uber-Otto/Anheuser Busch) 맥주 배달은 무인 트럭을 활용했다. 콜로라도주 콜린스 양조장에서 콜로라도 스프링스까지 200km에 이르는 여정이었다. 운전기사는 트럭을 고속도로까지 운전한 다음, 여행의 나머지 기간 동안, 운전기사는 자리를 떠나 침대칸에서 지켜보았다. 그 트럭이 여행이 끝나 고속도로를 벗어나면 차를 다시 운전한다.

무인 트럭은 인건비 절감, 차량 효율성 증대, 대폭 향상된 안전성 등 여러 가지 이점을 제공한다. 이러한 장점들에 대해 좀 더 자세히 살펴보기로 한다.

기업들이 무인 트럭을 배치하면 노동 시간(HoS: Hours of Service) 규정이 완화될 수 있다. 현재 규정에 따라 트럭은 45% 만 사용되고 있다. 운전자는 24시간 중 11시간 만 운전할 수 있기 때문이다. 반면 일부 회사는 무인 트럭을 하루 24시간 시속 70km로 운영할 계획이다. 이 속도에서 트럭은 시속 110km 보다 훨씬 적은 연료를 사용한다. 하루 24시간 운행함으로써 트럭은 낮은 속도에도 불구하고 실제로 하루에 더 먼 거리를 이동할 수 있다.

둘째, 자동화된 군집 주행(platooning) 소프트웨어를 사용하면 여러 대의 트럭들이 밀집해서 군집 호송을 할 때 자율적으로 서로 따라갈 수 있다. 선도 트럭에만 트럭 그룹을 모니터링하는 운전자가 탑승한다. 서로 밀접하게 따라 감으로써 군집 트럭은 바람 저항을 줄일 수 있어서 연비가 높아진다. 교통부는 이러한 트럭들이 연료비를 대략 7~10% 절약할 것으로 추정하고 있다. 2017년에 창업 기업인 펠로톤(www.peloton-tech.com)은 한정판으로 군집 주행 소프트웨어를 출시했다. 이 회사는 자사의 소프트웨어가 선도 트럭의 연비를 4.5% 그리고 따라가는 트럭들의 연비를 10%까지 향상시켰다는 사실을 확인했다.

셋째, 무인 트럭은 안전상의 이점을 제공한다. 차량 충돌 사고의 90% 이상이 사람의 실수로 인해 발생하고 있다. 이러한 충돌 사고로 인해 미국에서는 매년 3만 명 이상이 사망하고 전 세계적으로는 120만 명이 사망하고 있다. 무인 트럭은 이러한 사고를 줄이거나 없앨 의도를 가지고 있지만, 이러한 개발은 생명을 구하는 것뿐만 아니라 보험료도 낮출 것이다.

3차원 프린팅

디지털 형식으로 표현된 물체로 시작하여 3D 프린팅 프로세스는 적층 방식으로 재료에 적용한다. 글로벌 리서치 자문회사인 가트너는 3D 프린터의 글로벌 출하량이 2020년까지 700만 대에 이를 것으로 예상하고 있다. 이는 2016년에 인도된 45만 대와 비교해보았을 때 크게 증가한 수치이다. 2017년 12월 현재 3D 프린팅 응용 프로그램은 조립을 위한 소량의 복잡한 형상, 신속한 고객 대응의 필요, 그리고 맞춤화의 필요 등을 특징으로 하고 있다.

3D 프린팅은 일부 공급망 응용 프로그램을 단축하거나 제거해 준다. 다음 예를 살펴보기로 한다.

- 운동화: 나이키, 아디다스 그리고 뉴발란스 등은 사용자를 위해 특별히 설계된 3D 프린팅 신발창을 실험하고 있다. 고객은 센서가 장착된 트레드밀에서 달리기를 한다. 그러면 센서는 각 발의 정확한 디지털 매핑을 생성한다. 이 매핑을 사용하여 회사는 고객의 발에 정확히 맞는 신발창을 3D로 인쇄한다.
- 신속한 시제품 제작: 많은 회사들이 새로운 부품 또는 제품의 시제품을 3D 프린팅으로 빠르게 만들고 있다.
- 서비스로서의 3D 프린팅: UPS는 3D 프린터를 갖춘 약 100개의 매장을 보유하고 있으며 3D 프린팅을 서비스로 제공하고 있다. 스테이플스(Staples)와 쉐이프웨이즈(Shapeways)도 유사한 서비스를 제공하고 있다.
- 부품 수리: 제조업체들은 필요에 따라 수리 부품을 3D 프린팅하기 시작했다. 일례로 2014년 12월 나사(NASA)는 우주 정거장에 렌치의 디지털 파일을 보냈다. 이 렌치는 우주 정거장에서 3D로 프린트되었다.
- 소량의 고부가가치 부품: GE(www.ge.com) 항공부문은 3D 프린팅을 사용하여 제트 비행기의 엔진용 연료 노즐을 제조하고 있다. 이 회사가 3D 프린팅 프로세스를 구현하기 전에는 이 노즐이 20개 이상의 부품으로 구성되었다. 이러한 부품들은 광범위한 공급망을 통해 공급받아 함께 용접되어야 했다. 오늘날 GE는 한 공장에서 단일 제조 공정으로 3D 프린팅을 통해 연료 노즐을 생산하고 있다. 이 노즐은 용접 노즐보다 25% 더 가볍고 내구성이 5배 더 뛰어나다.

출처: Compiled from V. Soneja, "Emerging Technology and Supply Chain: Breaking through the Hype," *Supply Chain Digital*, July 2, 2018; P. Walsh, "Emerging Technologies Transforming the Supply Chain: A Supply Chain Disruptor and Transformer," www.fmi.org, February 28, 2018; C. Pettey, "Gartner Top 8 Supply Chain Technology Trends for 2018," www.gartner.com, February 27, 2018; "Robot Makers Competing for Share in Warehouse Market," *MH&L News*, November 21, 2017; "Weighing the Impact of Self-Driving Vehicles on Logistics," *Packaging World*, September 21, 2017; "The Top 5 Disruptive Trends in Self-Driving Cars, Delivery, Transportation, and Logistics," *Business Insider*, September 12, 2017; B. McCrea, "How Technology Will Impact the Supply Chain of the Future," *SourceToday*, July 25, 2017; A. Meola, "Shop Online and Get Your Items Delivered by a Drone Delivery Service: The Future Amazon and Domino's Have Envisioned for Us," *Business Insider*, July 18, 2017; "The Internet of Things in Supply Chain," Veridiansol.com, June 12, 2017; N. Vickery, "Autonomous Vehicles in Logistics: What Are the Impacts?" EFT.com, May 25, 2017; "These Five Technologies Will Impact Your Supply Chain," *MH&L News*, May 4, 2017; D. Halim, "The Impact New Technologies Have on the Supply Chain," JDA. com, May 2, 2017; E. McCollom, "Drone Delivery Is about to Revolutionize the Supply Chain Industry," *Red Stag Fulfillment*, January 4, 2017; J. Potts, "How Driverless Trucks Will Change Supply Chain Strategy," *Inbound Logistics*, December 29, 2016; A. Meola, "How IoT Logistics Will Revolutionize Supply Chain Management," *Business Insider*, December 21, 2016; and T. Gresham, "6 Technologies Guaranteed to Disrupt Your Supply Chain," *Inbound Logistics*, July 13, 2016.

질문

1. 이러한 모든 기술을 함께 고려할 때 공급망을 완전히 제거하는 것이 가능하다고 보는가? 그 이유를 구체적으로 설명해보자.
2. 로봇 공학, 드론, 무인 차량 그리고 3D 프린팅의 잠재적인 단점에 대해 논해보자.

확인하고 넘어가기

1. EDI를 정의하고 이의 주요 효과와 한계점을 설명해보자.
2. 엑스트라넷을 정의하고 이의 인프라스트럭처를 설명해보자.
3. 엑스트라넷의 주요 유형에 대하여 간략히 설명해보자.
4. 조달 포털과 유통 포털의 차이점을 설명해보자.

IT는 나를 위해 무엇을 해줄 수 있지?

ACCT 회계관리 전공을 위한 정보기술

고객관계관리. 기업들은 CRM 시스템으로 법규 준수를 지원하기 위해 고객과의 상호작용과 관계된 재무제표 작성을 관리할 수 있다. 예를 들어 사베인즈-옥슬리법(Sabanes-Oxley Act)에 따라 기업들은 제3자가 감사할 수 있는 정확한 재무 보고서에 대해 적절한 관리 수준을 설정하고 유지해야 한다. 이 법의 302조와 401(b)조에는 전년도의 매출 수치와 같은 고객 활동 정보가 정확해야 한다는 것을 시사하고 있다. 409조에는 전략적 고객의 이탈이나 상품 품질에 대한 고객의 심각한 클레임과 같은 재무 상태의 변동에 대하여 기업들이 관계당국에 보고하게 되어 있다.

CRM 시스템은 영업 기회에서부터 구매 주문, 송장, 회계문서들까지의 문서 흐름을 추적하여 재무/회계 담당자가 전체의 흐름을 모니터할 수 있도록 한다. 매매 견적이나 주문을 추적하는 CRM 시스템은 의문시 되는 매매 거래를 파악하는 프로세스 관리 기능을 설치하는데 사용될 수 있다. CRM 시스템은 사전에 정의된 범위를 벗어나 기업에게 위험이 되는 예외적 사항을 경고하는 기능을 제공할 수 있다.

공급망관리 비용 회계담당자는 재고비용과 판매원가와 관련된 재무회계 정보를 생산하고 모니터링하는데 중요한 역할을 할 것이다. 공급망에서 이러한 회계적인 요구사항과 관련된 대부분의 데이터는 공급망 내 여러 비즈니스 파트너들로부터 회사로 유입될 것이다. 이러한 데이터를 준비하고 리뷰하는 것은 회계 담당자나 CFO와 같은 회계 책임자의 일이다.

여기서 더 나아가면 회계 규정과 규제, 그리고 국경간 데이터의 전송은 국제 무역에서 매우 중요하다. IOS는 이런 국제 무역을 촉진시킬 수 있다. 회계담당자에게 중요한 또 다른 이슈는 세금과 정부당국에 대한 보고의무이다. 더욱이 EDI에 의존하는 정보시스템을 만들기 위해서는 회계담당자의 도움이 필요하다. 마지막으로 글로벌 환경(예: 자금이체)에서의 사기 방지를 위해서는 적절한 통제와 감시가 있어야 한다.

FIN 재무관리 전공을 위한 정보기술

고객관계관리 CRM 시스템은 각 마케팅 캠페인의 적절한 비용을 수집하여 기업들이 마케팅 비용을 감시할 수 있게 한다. 이런 비용들은 이후 회사의 계획이나 재무 목표와 비교하여 각 마케팅 캠페인의 금전적 효과를 평가한다.

가격책정 또한 재무제표 작성에 영향을 미치는 중요한 부분이다. 예를 들어 어떤 할인율이 가능한지? 언제 가격을 변경할 수 있는지? 누가 할인율을 승인하는지? CRM 시스템은 이러한 이슈들에 대한 통제장치를 마련할 수 있다.

공급망관리 공급망에서 재무 분야는 공급망 파트너들이 생산하고 공유하는 데이터의 분석을 책임질 것이다. 많은 경우 재무분석가가 공급망의 효율성과 현금흐름의 개선을 위해 어떻게 하면 좋을지 대안을 제시하기를 기업 내에서는 기대한다. 이런 조치가 공급망의 모든 파트너에게 효과가 있을 지도 모른다. 그리고 이런 조치들은 공급망 파트너들 간의 가격 협약 등 핵심적인 가정을 반영하여 개발한 재무분석모델에 기초하여 이루어진다. 재무 분석가들은 공급망에서의 유동성관리에 재무분석모델을 적극적으로 활용한다.

IOS를 도입하는데 재무관리와 관련된 많은 이슈들이 있다. 예를 들면 EDI와 엑스트라넷의 관계를 구축하는데 대금결제에 대한 상호협정이 있어야 한다. 글로벌 공급망은 법률적인 이슈가 있는 경우 매우 복잡한 재무적 협약이 수반될 수 있다.

MKT 마케팅 전공을 위한 정보기술

고객관계관리 CRM 시스템은 모든 마케팅 전문가의 일상 활동에 가장 핵심적인 부분이다. CRM 시스템은 정보에 근거한 마케팅 의사결정의 초석이 되는 통합된 고객 데이터를 저장하고 있다. 이런 데이터를 활용하여 마케팅 담당자들은 잠재적 판매 기회를 향상시키고 수익을 증가시킬 수 있는 맞춤화된 상품의 조합과 사전에 설정된 가격으로 시기적절하고 목표 집단에 잘 조준된 판매 캠페인을 개발한다. 또한 CRM 시스템은 이전의 거래들로부터 수집한 과거의 데이터를 바탕으로 기존 고객에 대한 미래 구매액을 예측할 수 있는 모델을 개발할 수 있게 한다.

공급망관리 정보시스템의 도움으로 엄청난 양의 유용한 판매 정보가 공급망 파트너에게서 발생한다. 예를 들어 많은 고객 지원 활동이 공급망의 하위흐름에서 발생한다. 마케팅 관리자에게는 앞의 공급망 활동과 관련된 공급망의 하위흐름에 대한 이해가 매우 중요하다.

이에 더하여 엄청난 양의 데이터가 공급망을 지원하는 정보시스템에서 마케팅 담당자가 이용하는 CRM 시스템으로 유입된다. 이런 정보와 이들의 생성에 대한 완전한 이해가 혼합형 모델의 마케팅 프로그램에게는 매우 중요하다.

POM 생산운영관리 전공을 위한 정보기술

고객관계관리 생산관리는 원자재의 구입, 변환 과정, 완제품의 유통 등과 밀접히 연관되어 있다. 하지만 이러한 모든 활동들은 영업에 의해 좌우된다. 상품 수요의 증가나 하락은 이에 대응하는 원자재 수급의 증가나 하락을 초래한다. 회사의 수요에 핵심적인 부분은 CRM 시스템의 중요한 부분인 미래의 매출을 예측하는 일이다. 매출액 예측은 CRM 시스템에 저장되어 있는 과거 데이터를 활용하여 이루어진다.

이 정보는 제조 과정에서 원자재 주문을 책임지는 생산관리자에게 매우 중요하다. 미래에 대한 정확한 매출액의 예측이 없으면 생산관리자는 다음과 같은 두 가지 딜레마에 빠질 것이다: 우선, 예측하지 못했던 수요의 증가로 생산관리 담당자는 소매업자가 재고 부족을 피할 수 있게 충분한 상품을 공급하지 못할 것이다. 이런 상황으로 소매업자와 제조업체는 모두 판매 기회를 잃어버려 수익에 손해를 본다. 반대로, 생산관리 담당자가 원자재 구입을 줄이지 못하고 줄어든 수요에서 생산을 한다면 재고 과다에 따른 재고 유지비용이라는 불필요한 비용을 초래할 위험이 있다. 다시 말해서, 이는 수익을 감소시킨다. 이러한 두 가지 상황 모두에서 생산과 운영 관리 지원을 위해 CRM 시스템을 활용하는 것은 회사의 자원을 효율적으로 관리하는 데 매우 중요하다.

공급망관리 생산운영관리 분야는 공급망에서 중요한 역할을 한다. 많은 기업에서 생산운영관리 담당자는 기업이 제조 분야에 대한 폭넓은 지식을 바탕으로 공급망 통합 프로세스를 주도하기도 한다. 이들이 조달, 생산, 원자재 관리, 물류관리를 담당하기 때문에 SCM 기법에 대한 완벽한 이해가 생산운영 담당자에게는 매우 중요하다.

하위흐름 공급망에서는 마케팅, 유통채널, 고객 서비스가 이루어진다. 하위흐름 활동들이 다른 영역의 활동들과 어떻게 관련되는지를 이해하는 것이 핵심이다. 공급망의 문제는 고객 만족에 부정적 영향을 미치고 마케팅 노력을 무산시킬 수 있다. 그리고 마케팅 전문가들은 이러한 문제의 원인과 해결책을 이해하는 것이 필수적이다. 또한 CRM, 이에 대한 옵션, 도입방법 등에 대한 학습이 효과적인 고객 서비스와 광고 설계에 중요하다.

글로벌한 경쟁이 심화되면서 새로운 글로벌 시장 개척의 중요성이 높아지고 있다. IOS의 활용은 마케팅과 영업 기회를 제공한다. 이들 기술들의 능력 및 도입과 관련된 이슈들을 이해하는 것은 마케팅 부서의 성공에 크게 기여할 것이다.

HRM 인적자원관리 전공을 위한 정보기술

고객관계관리 고객관계를 발전시키려면 고객과 접촉하는 직원들이 CRM 전략 성공의 핵심임을 인식해야 한다. 기본적으로 CRM은 기업을 알리려는 직원의 열정 및 능력과 기업의 CRM 관련 노력 정도에 따라 성공이 좌우된다. 사실, 연구자들에 따르면 고객 로열티는 주로 직원의 능력과 그들의 회사에 대한 헌신에 의해 결정된다고 한다.

결과적으로, 인적자원관리자들은 회사가 고객관계에 높은 가치를 두고자 하는 열망이 있다면 직원들과의 관계에도 그만한 가치를 두어야 한다는 것을 알고 있다. 따라서 인적자원관리 담당자는 직원 만족도를 높이고 직원들이 CRM 전략을 실천하도록 교육훈련을 제공하는 관련 프로그램들을 도입한다.

공급망관리 공급망은 공급망 내 파트너 직원 간의 상호작용이 필요하다. 이러한 상호작용에 대한 책임은 인적자원(HR)관리 담당자에게 있다. HR 관리자는 인력배치, 직무 명세서, 직무 순환, 직무에 대한 책임 등과 관련된 공급망 이슈들을 다루어야 한다. 이 모든 영역은 공급망에서 복잡하며, 자원의 움직임뿐만 아니라 파트너들 간의 관계를 HR 부서가 이해해야 한다.

비즈니스 파트너(종종 외국의 파트너)와 일하기 위해 직원들을 준비시키고 교육시키기 위해서는 어떻게 IOS가 운영되는지 이해해야 한다. 문화적 차이에 대한 민감성과 폭넓은 대화 및 협업은 정보기술로 향상될 수 있다.

MIS MIS 전공을 위한 정보기술

고객관계관리 기업에서 IT 기능은 기업의 데이터베이스 및 데이터웨어하우스와 이들 내 데이터의 정확성과 완전성을 담당한다. 그리고 IT 기능은 데이터웨어하우스의 데이터를 분석하는 비즈니스 인텔리전스 도구와 응용프로그램을 책임진다. 더욱이 IT 담당자는 고객 상호작용 센터의 기반 기술을 제공한다.

공급망관리 MIS 담당자는 정보시스템—공급망을 구성하는 비즈니스 프로세스의 기초가 되는 내부 및 조직 간 정보시스템—을 설계하고 지원하는 데 도움을 줄 것이다. 이러한 능력을 위해 MIS 담당자는 비즈니스, 정보기술, 그리고 이 둘이 겹치는 부분에 관한 간명한 지식을 가지고 있어야 한다.

요약

11.1 고객관계관리(CRM)와 협업 CRM 각각의 주요 기능을 설명해보자.

고객관계관리(CRM)는 고객에 초점을 둔, 고객 지향의 조직 전략이다. 상품과 서비스에 대한 고객의 요구사항을 분석하고, 높은 품질의 신속한 서비스를 제공하여 고객을 만족시키는 데 기업이 집중하는 전략이다. CRM은 기업으로 하여금 신규 고객을 획득하고, 기존의 수익성 있는 고객을 유지하며, 기존 고객과의 관계를 발전시키는 것을 지원한다.

협업 CRM은 데이터 통합과 고객에 대한 전방위(360도) 시야로 인해 기업의 기능별 영역들이 고객에 대한 데이터 공유를 즉각적으로 실행할 수 있도록 한다. 협업 CRM 시스템의 기능은 마케팅, 영업, 고객 지원 서비스 등의 분야에서 고객과 기업 간의 의사소통을 촉진시키고 고객들이 기업에 대하여 직접적인 피드백을 제공할 수 있게 하는 것이다.

11.2 기업들이 운영 CRM 시스템의 두 가지 주요 요소를 어떻게 활용할 수 있는지 설명해보자.

운영 CRM은 조직의 전반적인 CRM 활동의 한 부분으로 고객과 직접 접촉하는(즉, 영업, 마케팅, 서비스) 창구의 비즈니스 프로세스를 지원한다. 운영 CRM의 두 가지 중요한 요소는 고객대면 응용프로그램과 고객감동 응용프로그램이다.

고객대면 응용프로그램은 고객이 직접 기업과 접촉하는 분야다. 이런 분야에는 고객 서비스 및 지원, 영업 자동화, 마케팅, 캠페인 관리 등이 해당된다. 고객감동 응용프로그램(소위 e-CRM 응용프로그램)은 고객과 기업 간의 상호작용과 고객 스스로를 돕는 기술들과 관련된다. 검색과 비교 기능, 기술 및 기타 정보와 서비스, 맞춤화된 상품과 서비스, 개인화된 웹 페이지, FAQ, 이메일, 자동 응답, 로열티 프로그램 등이 이에 해당한다.

11.3 모바일 CRM 시스템, 온디맨드 CRM 시스템, 오픈소스 CRM, 소셜 CRM 그리고 실시간 CRM 시스템의 장단점을 설명해보자.

온디맨드 CRM은 외부 벤더들에 의해 벤더의 데이터 센터에서 운영되는 CRM 시스템이다. 온디맨드 CRM의 장점은 비용이 적게 들고, 조직의 직원들이 시스템에 접근하여 사용하는 방법만 알면 된다는 점이다. 단점으로는 벤더를 신뢰할 수 없을 수도 있으며, 소프트웨어를 모니터하기 어렵고, 조직의 기존 시스템들과 벤더가 호스트하는 CRM 소프트웨어를 연결하기 어렵다는 점이다.

모바일 CRM은 대화식 CRM 시스템으로 고객과의 관계를 구축하고 유지할 목적으로 기업이 모바일 기기를 사용해 영업, 마케팅, 고객 서비스 활동에 대해 양방향 소통을 할 수 있게 해 준다. 모바일 CRM의 장점은 고객들에게 편리하며 고객과 진정한 개인적인 관계를 가질 수 있는 기회가 있다는 점이다. 단점은 고객의 기대를 맞추기 어렵다는 점이다. 그것은 모바일의 실시간 환경에서는 고객의 니즈에 기업이 극도로 민감하게 반응해야 한다는 것이다.

오픈소스 CRM은 소스 코드가 개발자와 사용자에게 공개된 CRM 소프트웨어이다. 오픈소스 CRM의 장점은 좋은 가격, 다양한 응용 애플리케이션, 손쉬운 커스터마이즈, 신속한 업데이트 및 오류 수정, 그리고 광범위한 무료 지원 정보 등이다. 오픈소스 CRM의 가장 큰 단점은 품질관리 문제이다.

소셜 CRM은 신뢰할 수 있고 투명한 방식으로 상호 이익이 되는 가치를 제공하기 위해 공동작업을 위한 대화에 고객을 참여시킬 수 있도록 조직이 소셜 미디어 기술과 서비스를 사용하는 것이다.

실시간 CRM은 고객의 제품 검색, 요청, 불만사항, 의견제시, 평가, 리뷰 그리고 추천 등에 조직이 거의 실시간으로 연중 무휴로 응답할 수 있음을 의미한다.

11.4 공급망의 세 가지 요소와 세 가지 흐름을 설명해보자.

공급망은 원자재 공급업체로부터의 자재, 정보, 대금, 서비스가 공장과 창고를 거쳐 최종 고객에게까지 도달하는 흐름을 말한다. 공급망에는 세 가지 영역이 있다. 상류 부분은 외부 공급업체로부터 소싱이나 조달이 발생하며, 내부 부분은 패키징, 제조, 조립이 이루어지고, 하류 부분은 보통 외부 업자에 의한 유통이 일어나는 부분이다.

일반적으로 공급망에는 물품, 정보, 대금의 세 가지 흐름이 있다. 물품의 흐름은 공급망에서 이동되는 물리적 제품, 원자재, 부품 등을 말한다. 정보의 흐름은 수요, 선적, 주문, 반품, 스케줄에 대한 데이터 및 이런 데이터의 변경으로 구성된다. 마지막으로 대금의 흐름은 자금의 이체, 대금 결제, 신용카드 정보와 승인, 대금 결제 스케줄, 전자지급결제, 신용과 관련된 데이터 등이 해당된다.

11.5 공급망의 서로 다른 선결과제를 해결하기 위한 일반적인 전략을 설명해보자.

공급망 전반에 걸쳐 정확한 재고 수준을 유지하는 데 필요한 두 가지 주요 과제는 수요 예측과 채찍 효과이다. 상품에 대한 수요는 경쟁, 가격, 기상상태, 기술발전, 경제상황, 고객의 일반적 신뢰도 등 여러 가지 요인에 영향을 받는다. 채찍 효과는 공급망에서 주문량이 갑자기 늘어나거나 줄어드는 등 불안정한 패턴을 말한다.

공급망 문제의 가장 보편적인 해결책은 공급망 불확실성에 대한 보험의 성격으로 재고를 쌓아두는 것이다. 잘 알려진 재고 최적화와 통제 방법은 재고를 되도록 최소화하는 적시 생산(JIT) 재고 시스템이다. 제조 프로세스에서 이 방식에 따르면 정확한 부품의 수(소위 재공품 재고)만 적절한 시간에 정확히 완제품 조립을 위해 전달된다. 공급자 주도형 재고관리(VMI)에서는 특정 상품이나 상품 그룹의 재고를 소매업자가 관리하지 않는다. 대신 공급업체가 전체 재고 프로세스를 관리한다.

11.6 공급망관리를 지원하는 세 가지의 주요 기술의 효용에 대하여 설명해보자.

전자문서교환(EDI)은 비즈니스 파트너들 간에 구매 주문서와 같은 일상적인 문서를 전자적으로 교환할 수 있게 하는 통신 표준이다.

엑스트라넷은 상대방이 자사 인트라넷의 특정 영역에 접근할 수 있게 하여 비즈니스 파트너들 상호 간을 인터넷으로 연결한다. 엑스트라넷의 주된 목표는 비즈니스 파트너들 간의 협업을 촉진시키는 것이다.

기업 포털(corporate portal)은 기업의 주요 비즈니스 정보에 대해 웹 브라우저로 접근할 수 있는 웹상의 단일 창구이다. B2B 공급망에서는 기업들이 공급업체와 이러한 포털을 통해 매우 긴밀히 협력한다.

토의문제

1. 고객 친밀감을 달성하는데 CRM 시스템은 기업에 어떻게 도움이 되는가?
2. 데이터 통합(consolidation)과 CRM은 어떤 관련이 있는가?
3. CRM과 고객의 프라이버시 보호 간의 관계에 대하여 논의해보자.
4. 운영 CRM과 분석 CRM의 차이를 설명해보자.
5. 고객대면 CRM 응용프로그램과 고객감동 CRM 응용프로그램의 차이를 설명해보자.
6. 웹 기반 고객 상호작용 센터가 성공적인 CRM을 위해 필수적인 이유를 설명해보자.
7. 기업들이 e-CRM에 대하여 많은 흥미를 보이는 이유는 무엇인가?
8. CRM 애플리케이션을 정당화하는 것이 쉽지 않은 이유는 무엇인가?
9. 당신은 고객이 빠르게 증가하고 있는 한 중소기업의 CIO라고 하자. 어떤 CRM을 사용할 것인가? 온디맨드 CRM, 온프레미스 CRM, 혹은 오픈소스 CRM? 오픈소스 CRM은 온디맨드나 온프레미스로도 도입이 가능함을 기억해보자. 당신의 비즈니스에 대한 각 CRM 유형의 장단점을 논의해보자.
10. 공급망의 주요 요소를 제시하고 설명해보자.
11. 공급망 접근법이 기업의 전체 전략의 한 부분이 될 수 있음을 설명해보자.
12. 공급망 전략을 지원하는데 정보시스템이 담당하는 중요한 역할을 설명해보자.
13. 롤스로이스 모터스(www.rolls-royce-motercars.com)는 자신의 공급망에서 푸시 모델을 사용하는가 아니면 풀 모델을 사용하는가?
14. 공급망관리에서 계획이 왜 중요한가?

문제해결활동

1. UPS(www.ups.com)와 페덱스(www.fedex.com)에 접속해보자. 이 회사들이 제공하고 있는 IT 지원의 고객서비스와 도구들에 대하여 살펴보자. 두 회사의 웹 사이트에서 제공되고 있는 고객 지원 사항을 비교하여 평가해보자.
2. 앤테일러(www.anntaylor.com), 에르메스(www.hermes.com), 그리고 티파니(www.tiffany.com)에 접속해보자. 웹 사이트를 통해 이 회사들이 제공하고 있는 고객서비스를 비교하여 평가해보자. 유사성과 차별성은 무엇인가?

3. 여러분의 대학 웹 사이트에 접속해보자. 여러분의 대학이 어떻게 CRM을 제공하고 있는지 조사해보자. (힌트: 먼저 여러분의 대학교는 누구를 고객으로 생각하고 있는지 판단해보자.)

4. 슈가CRM(www.sugarcrm.com)에 접속하고 전체적으로 검토해보자. 수업시간에 슈가CRM의 기능에 대하여 보고서를 제출해보자.

5. UPS(www.ups.com)와 페덱스(www.fedex.com)에 접속해보자. 이 회사들이 제공하고 있는 IT 지원의 고객서비스와 도구들에 대하여 검토해보자. 이들 두 회사가 어떻게 공급망 개선에 기여하고 있는지에 대한 보고서를 작성해보자.

6. 서플라이-체인(www.supply-chain.org), CIO(www.cio.com), 파인드아티클(www.findarticles.com), 그리고 구글(www.google.com) 등에 접속하고, SCM에 관한 최근의 정보를 검색해보자.

7. (이 장에서 제공하고 있는 사례 이외의) 조달 포털, 배송 포털 그리고 교환소 등을 웹에서 검색해보자. 그리고 이들의 공통된 특징과 독특한 특징들을 나열해보자.

사례

POM

아마존의 글로벌 공급망

아마존은 UPS(www.ups.com), 페덱스(www.fedex.com), 그리고 중국의 전자상거래 선두 업체인 알리바바(www.alibaba.com)와 직접 경쟁하면서 글로벌 운송과 물류 비즈니스를 개발하기 위해 다년간의 계획을 실행하고 있다. 이 계획에는 비행기 임대, 해상화물 운송 사업 개발과 등록, 그리고 택배 사업 개발이 포함된다.

아마존은 Amazon.com을 통해 상품을 판매하는 독립적인 판매자에게 보관, 포장 그리고 배송 등을 제공하는 FBA(Fulfillment by Amazon) 서비스를 전 세계적으로 확장하고 있다. 아마존의 글로벌 물류 플랫폼은 아마존이 글로벌 공급망(Global Supply Chain)이라고 부른다. 내부적으로 아마존은 이 프로젝트를 드래곤 보트(Dragon Boat)라고 부르고 있다.

아마존의 의도는 현재 페덱스와 UPS 등과 같은 화주뿐만 아니라 국제화물과 관련 서류 작업을 처리하는 수많은 화물 운송 업체와 관련된 물류 산업의 중심에 자리잡는 것이다. 아마존은 전 세계 수천 명의 판매자로부터 재고를 수집하고 할인된 가격으로 트럭, 비행기, 기차 그리고 선박 등의 공간을 구매할 계획이다.

아마존은 물류 사업이 국제 상거래의 복잡성을 관리할 시간이나 자금이 없는 소규모 상인들에게 국경을 넘는 상거래를 개방할 것이라고 선언하였다. 결과적으로 아마존의 쇼핑객들은 전 세계 판매자가 판매하는 더 많은 제품에 접근할 수 있게 될 것이다.

글로벌 물류 플랫폼 개발에 대한 아마존의 관심은 전자상거래 대기업이 처음으로 중국 공급 업체가 아마존의 온라인 마켓플레이스에서 상품을 판매하도록 허용한 2012년부터 시작되었다. 2018년 7월경 중국 전자상거래 소매업체의 60% 이상이 아마존 플랫폼에서 제품을 판매하였다. 판매자들은 상품을 고객에게 직접 배송하거나 아니면 아마존에 배송하여 거기에서 대신 제품을 포장하여 배송할 수 있다.

위에서 언급했듯이 아마존의 계획에는 해상화물 운송 사업, 항공화물 사업 그리고 택배 사업의 개발이 포함된다. 이러한 각 옵션을 하나씩 살펴보기로 한다.

화물 취급 사업

무게가 330파운드를 초과하는 모든 소포는 화물로 간주되며 여러 회사가 소유한 여러 대의 차량이 공급원(예: 공장)에서 목적지(예: 소매점)까지 육로, 해상 또는 항공을 통해 그것을 배송해야 한다. 이러한 소포를 해외로 배송하는 것은 어렵고 시간이 많이 걸리는데, 특히 아마존에서 판매하고 있는 중소 기업의 경우는 더욱 더 그렇다. 대형 브랜드와 제조업체들은 선적을 위해 유리한 요금을 직접 조정하고 협상하는 데 필요한 규모를 가지고 있다. 그러나 다른 회사들은 화물 운송 업체를 이용해야 한다.

화물 취급은 불투명하고 매우 비효율적이다. 많은 화물 취급 업체들은 여전히 전화, 이메일, 종이 송장 또는 팩스 기계를 통해 비즈니스를 수행하고 있다. 제조업체가 배송을 추적할 수 있는 온라인 포털은 거의 알려져 있지 않다.

화물 취급 업자들은 많은 기능을 수행한다. 그들은 트럭, 기차, 항공기 그리고 선박 등을 포함한 여러 운송 수단을 가장 효율적으로 사용하고 최적의 배송료를 협상한다. 그들은 세관 서류를 포함하여 수반되는 모든 서류를 준비한다.

컨테이너가 항구에서 지연되는 경우 등과 같은 문제가 발생하면 화물 운송 업체는 컨테이너를 다시 이동시키기 위해 항구 직원과 필요한 관계를 맺는 것이 요구된다.

아마존의 화물 취급 사업 진입은 아직 초기 단계에 있다. 예를 들어, 2016년 10월부터 2017년 1월까지 아마존은 중국에서 미국으로 화물 컨테이너 150개 이상을 배송하기로 했다. 컨테이너는 매년 두 국가를 항해하는 수백만 개의 컨테이너 중 아주 작은 부분이었다. 그러나 그들은 아마존의 초기 화물 운송 테스트였던 것이다. 아마존의 물류 웹 사이트(www.logistics.amazon.com)

에 따르면 소매업체는 화물 픽업, 창고 보관, 상품 운송 그리고 배송을 수행함은 물론 수입과 수출 서비스를 처리할 수 있다고 주장하고 있다.

미국과 중국 간의 화물 운송 업체가 되기 위해 아마존은 해상 컨테이너 운송을 위한 도매업체 역할을 할 수 있는 2개의 라이센스를 취득해야 했다. 하나는 미국 연방 해사위원회에서 또 다른 하나는 중국에서 발급받아야 했다. 소매업체로는 2016년 2월경에 두 라이센스를 모두 받았다.

아마존은 화물 운송 사업에 있어서 치열한 경쟁에 직면해 있다. 예를 들어, 화물 포워딩 스타트업인 플렉스포트(www.flexport.com)는 이용 가능한 모든 화물 운송 업체를 검색 가능한 데이터베이스로 색인화했으며, 이를 통해 발송인이 무료로 배송을 구성하고 추적할 수 있다.

플렉스포트는 화주에게 가장 빠르고 가장 저렴한 옵션을 제공하는 자체 화물 운송 서비스도 동시에 운영하고 있다.

플렉스포트는 분석방법을 사용하여 무료 소프트웨어를 사용하는 발송인으로부터 수집한 대량의 데이터를 기반으로 추천 사항을 최적화하고 있다. 플렉스포트는 소프트웨어를 통해 예약된 발송물의 모든 경로, 요금, 속도 그리고 세관 규정 준수 등의 데이터를 분석함으로써 국제적으로 상품을 발송하는 가장 효율적인 방법을 식별할 수 있다.

2017년 플렉스포트는 700명 이상의 고객을 위해 64개국 간에 총 15억 달러 이상의 화물을 운송하였다.

항공화물 사업

화물기는 아마존이 배송을 관리하고 개선하기 위해 사용하고 있는 가장 최근에 도입한 도구 중 하나이다. 또 다른 노력으로는 배달 기사를 위한 모바일 앱의 도입과 트럭 운송 능력을 증가한 것이다. 이 회사는 온라인 주문을 처리하는 약 150개의 주문 처리 센터와 20개의 분류 센터로 구성된 전 세계 네트워크를 보유하고 있다. 아마존의 항공화물 사업을 아마존 프라임 에어라고 한다.

2018년 7월 경 아마존은 33대의 화물기 중 20대를 신시내티/노던켄터키 국제 공항에 투입하였고, 나머지는 미국 전역의 지점 간 노선에서 운영하고 있다. 소매업체는 비행기를 지원하기 위해 공항 근처에서 2021년에 완전 가동될 새로운 15억 달러의 에어 허브를 건설하고 있다. 2018년 말 아마존은 50대의 비행기를 보유하게 되었고 2019년 6월에는 15대의 화물기를 더 주문했다. 소매업체의 목표는 미국 전역에서 재고를 보다 효율적으로 이송하여 고객들이 주문한 것들을 빨리 수령할 수 있게 하는 것이다. 이 회사는 현재 켄터키에서 11개의 창고를 운영하고 있으며 이곳에서 물품들을 보관하고 포장하며 고객들에게 배송하고 있다.

택배 사업

2016년 아마존은 아직 소유하지 않은 프랑스 패키지 배달 회사인 꼴리 쁘리베(Colis Privé)의 지분 75%를 인수하였다. 이 구매로 아마존은 프랑스에서 페덱스 그리고 UPS와 직접 경쟁하게 되었다. 업계 분석가들은 아마존이 이 인수를 통해 택배 사업을 더 잘 이해할 수 있게 될 것으로 보고 있다.

실제로 아마존은 상품 판매 및 배송을 통해 엔드 투 엔드 고객경험을 창출하는 데 관심이 있는 것으로 보인다. 이 회사는 아마존이 2015년에 인도에서 시작한 온 디맨드 지역 배송 서비스인 셀러 플렉스(Seller Flex)라는 새로운 배송 서비스를 실험하고 있다.

2년 후, 아마존은 여러 미국의 웨스트코스트주에서 셀러 플렉스를 시험으로 도입했다. 아마존은 2018년에 셀러 플렉스를 더 광범위하게 배포했다. 2018년 초에 아마존은 로스엔젤레스 지역에서 SWA(Shipping with Amazon)라는 프로그램을 시작했다. 이 프로그램에서는 소매업체가 화물을 직접 고객에게서 접수하여 고객에게 배송하였다. 이 서비스는 아마존의 제3자 판매자로부터 시작하였지만 결국 다른 비즈니스에도 개방될 수 있다.

2018년 6월 아마존은 기업가가 소규모 아마존 배송 회사를 시작하도록 장려하는 배달 서비스 파트너(DSP: Delivery Service Partner) 프로그램을 시작했다. 각 기업가는 아마존의 물류 시스템을 사용하여 프로세스를 용이하게 하기 위해 20~40대의 아마존 브랜드의 밴을 사용하여 패키지를 배송하는 40~100명의 직원을 관리한다. 이 프로그램은 UPS와 페덱스 등과 같은 주요 택배 회사와 직접 경쟁하고 있다.

세 가지 비즈니스의 통합

아마존은 정보기술을 이용하여 글로벌 물류 비즈니스의 모든 영역을 통합하고 있다. 예를 들어 가장 비용 효율적인 배송비를 결정하는 것은 본질적으로 데이터의 수집과 분석의 문제인 것이다. 아마존은 이 두 프로세스를 모두 매우 효과적으로 수행하고 있다.

아마존의 IT를 사용하여 판매자는 원활한 국제 무역과 배송을 위해 아마존의 원 클릭 배송(one-click-ship)을 생성하여 온라인으로 화물 공간을 예약할 수 있다. 즉, 판매자는 한 번의 클릭으로 온라인에서 화물 공간을 청구할 수 있다. 기본적으로 아마존은 제조업체의 프로세스를 대폭 단순화하면서 동시에 배송을 더 쉽게 추적할 수 있는 원 스톱, 원 클릭 배송 포털을 개발할 수 있다. 결국 아마존은 아마존의 플랫폼에서 판매하지 않는 제조업체를 포함하여 모든 제조업체에 이 서비스를 제공할 수 있다. 보다 효율적인 물류는 아마존이 예약 수수료와 정부 신고를 포함한 다양한 거래 비용을 줄이는 데도 도움이 될 것이다.

아마존은 알리바바와 국제적으로 경쟁하고 있다. 아마존과 마찬가지로 알리바바도 국제 전자상거래를 장악하기 위해 노력하고 있다. 컨설팅 회사인 액센츄어와 알리바바의 리서치 그룹인 알리리서치(www.aliresearch.com)의 보고서에 따르면 2020년경에는 시장 규모가 1조 달러를 초과하고, 9억 명 이상의 쇼핑객을 초과할 것으로 예상되고 있다.

예를 들어, 알리바바의 원 터치 서비스는 2010년부터 중국의 제조업체들이 항공화물과 고객 통관을 준비하는 데 도움을 주고 있다. 또한 2017년 1월에 알리바바는 머스크(Maersk) 컨테이너 선박에 그들의 공급 업체를 위한 공간을 예약하기 시작하였으며, 화물 선적을 준비하는 업무에 더 큰 효율성과 투명성을 제공하기 위해 노력하고 있는 전자상거래 회사들의 수가 점점 더 늘어나고 있다.

페덱스(www.fedex.com)와 UPS(www.ups.com)의 경영진과 물류 산업 분석가들은 아마존의 계획에 회의적이다. 그들은 페덱스 그리고 UPS와 경쟁할 수 있는 국제 배송 네트워크를 구축하는 것이 매우 어렵고 비용이 많이들 것이라고 주장하고 있다. (한 예로 페덱스는 659대, UPS는 260대, 그리고 아마존은 약 40대의 화물기를 보유하고 있다.)

페덱스는 서비스 확장과 업그레이드에 연간 50억 달러 이상을 지출하고 있으며 UPS는 유사한 분야에서 25억 달러 이상을 지출하고 있다고 주장한다. 이 두 회사는 약 4천 개의 허브와 기타 시설을 통합하여 하루에 수천만 개의 패키지를 분류하고 있다. 그들은 또한 거의 1천 대의 비행기와 20만 대의 차량을 운영하여 패키지를 고객에게 배송하고 있다.

투자를 늘리더라도 아마존은 수년 동안 UPS, 페덱스 그리고 미국 우정청의 서비스에 의존해야 할 것으로 보인다.

또한 UPS, 페덱스 그리고 화물 운송 업체인 DSV는 아마존보다 경쟁우위에 있는 물류 기술을 보유하고 있다고 말한다. 아마존이 이들 거대 기업과 경쟁할 수 있을 만큼 글로벌 물류 운영을 확장할 수 있을지 지켜봐야 할 것이다.

출처: Compiled from J. Del Ray, "Amazon Claims It Doesn't Want to Take on UPS and FedEx," *Recode*, June 28, 2018; "Move over UPS Truck: Amazon Delivery Vans to Hit the Street," *U.S. News and World Report*, June 28, 2018; C. Wienberg, "Freight Forwarder DSV Says Technology Gives It Edge over Amazon," *Bloomberg News*, May 1, 2018; V. Rajamanickam, "Flexport Is Redefining the Trillion Dollar International Freight Forwarding Industry," *Freight Waves*, March 23, 2018; "Amazon Launches Service to Disrupt Shipping Industry," *Port Technology*, February 13, 2018; B. Rubin, "Amazon's New Delivery Program Shouldn't Hurt FexEx, UPS," CNET, February 9, 2018; L. Chang, "Amazon Is Ready to Do More of Its Own Delivery with Seller Flex," *Digital Trends*, October 5, 2017; R. Howells, "The 'Amazon Effect' on the Supply Chain," *Digitalist*, September 8, 2017; R. King, "Amazon Prime Air Cargo Planes Ready for Takeoff for Prime Day for the First Time," *Fortune*, July 10, 2017; "Amazon May Have Redesigned the Global Supply Chain Process," *Land Link Traffic Systems*, June 2, 2017; R. Coates, "The Amazon Effect and the Global Supply Chain," *Supply Chain Management Review*, May 30, 2017; "Amazon Continues to Expand Global Logistics Offering with New Air Service for Chinese Vendors," *Supply Chain Digest*, March 20, 2017; A. Minter, "Will Amazon Revolutionize Shipping?" *Bloomberg*, February 14, 2017; D. Benton, "Supply Chain 4.0: Adidas and Amazon Rewrite the Rules on Supply Chain Management," *Supply Chain Digital*, February 10, 2017; A. Robinson, "Top 5 Trends to Know to Compete with Amazon's Supply Chain," Cerasis.com, February 6, 2017; J. Del Rey, "Amazon Is Building a $1.5 Billion Hub for Its Own Cargo Airline," *Recode*, January 31, 2017; J. Constine, "The Unsexiest Trillion-Dollar Startup," *TechCrunch*, June 7, 2016; R. Lewis, "Amazon's Shipping Ambitions Are Larger than It's Letting on," *Forbes*, April 1, 2016; E. Weise, "Amazon Leases 20 Planes, Starts Air Freight Service," *USA Today*, March 9, 2016; D. Gilmore, "Amazon – The Most Audacious Logistics Plan in History?" *Supply Chain Digest*, February 18, 2016; S. Soper, "Amazon's Plan to Take on UPS and Alibaba," *Bloomberg BusinessWeek*, February 15–21, 2016; E. Schuman, "What Amazon Is Doing with Its Supply Chain Could Devastate the Competition," *Computerworld*, February 12, 2016; E. Weise, "Amazon's Chinese Shipping License Reflects Global Goals," *USA Today*, February 9, 2016; E. Kim, "Leaked Documents Show Amazon Is Making a Big Play to Bypass UPS and FedEx," *Business Insider*, February 9, 2016; J. Greene and D. Gates, "Amazon in Talks to Lease Boeing Jets to Launch Its Own Air-Cargo Business," *Seattle Times*, December 17, 2015; and www.amazon.com, accessed July 17, 2019.

질문

1. 아마존이 글로벌 물류 사업에 진입한 것에 대한 강점, 약점, 기회 그리고 위협(SWOT) 분석을 수행해보자.
2. 아마존이 글로벌 물류 사업에 진입할 때의 단점은 무엇인가?
3. 여러분이 페덱스 또는 UPS의 최고경영자라면, 아마존과 경쟁하기 위해 어떤 전략을 펼칠 것인가? 구체적인 예를 근거로 들어 제시해보자.

12장

비즈니스 분석

장의 구성

학습목표

12.1 의사결정과정의 각 단계에서 기술이 관리 의사결정을 어떻게 지원하는지를 보여주기 위해 의사결정지원 프레임워크를 활용해보자.

12.2 비즈니스 분석의 각 단계를 설명해보자.

12.3 서술 분석에 대한 정의와 사용 사례를 제시해보자.

12.4 예측 분석에 대한 정의와 사용 사례를 제시해보자.

12.5 처방 분석에 대한 정의와 사용 사례를 제시해보자.

12.6 프리젠테이션 도구에는 어떤 것들이 있으며, 2개의 예를 들어 논의해보자.

스티치 픽스

POM MKT MIS

전통적인 오프라인 소매업체들은 심각한 문제를 겪고 있다. 예를 들어 매일 수백 명의 고객이 소매점에 들어오지만 소매업체들은 그들에 대해 많이 알지 못하고 있다. 영업 사원이 그들과 상호 작용하지 않는 한, 해당 기업은 고객의 바지 사이즈, 구매 내역 또는 구매하고자 하는 제품을 알 수 없다. 게다가 바쁜 여성들은 상점에 들어가 많은 옷들을 살펴보고 그들이 원하는 것을 찾을 시간이 없다.

개인 스타일링 서비스인 스티치 픽스에 들어가 보기 바란다. 스티치 픽스(www.stitchfix.com)는 바쁘게 일하는 직장 여성을 대상으로 하는 온라인 소매업체이다. 이 스타트업은 2012년부터 분석 알고리즘과 인간 스타일리스트의 권장 사항을 기반으로 여성을 위한 쇼핑 서비스를 개발하여 부티크 브랜드 의류, 신발과 액세서리를 고객에게 제공하고 있다. 스티치 픽스의 핵심 고객은 의류와 액세서리에 대해 55달러 이상을 지불할 용의가 있는 25~45세 여성들이다.

스티치 픽스의 고객들은 매장을 방문하는 대신 20달러의 "스타일링 수수료"를 지불함으로써 주문형 또는 정기적인 구독을 통해 개인적으로 선택한 5개의 품목이 담긴 상자를 받는다. 그들은 집에서 옷을 입어보고 원하는 것을 갖고, 원치 않는 것은 반환한다. 고객들은 자신이 선택한 의류의 전체 소매 가격에서 크레딧으로 적용되는 20달러의 수수료를 뺀 금액을 지불하면 된다. 회사에 이익이 되려면 고객들은 각 배송에 5개 품목 중 2개 이상을 수취해야 한다. 구매를 장려하기 위해 스트치 픽스는 고객들이 상자의 모든 품목을 구매하게 되면 25%의 할인을 제공한다.

MKT 스티치 픽스의 비즈니스 모델은 경험(experience)과 적합성(relevance)에 관한 것이다. 의류 라인은 스트치 픽스에만 국한되지 않으며 스티치 픽스는 경쟁사보다 가격이 저렴하지 않다. 더욱이 이 회사는 경쟁사보다 빠른 배송을 시도하지 않는다. 이 회사의 전략은 단순히 더 적합성을 높이는 것이고 경쟁사보다 더 고객을 이해하고자 하는 것이다. 적합성이 높아짐으로 해서 스티치 픽스는 상점 그리고 특히 인터넷을 통해 제공되는 제품의 과잉 문제를 해결할 수 있게 되었다. 특히, CEO인 카트리나 레이크(Katrina Lake)는 소비자에게 방대하게 제공하는 의류의 양이 처음에는 매력적으로 보일 수도 있지만 고객들은 너무 많은 선택에 압도당하는 느낌을 갖는다는 것이다.

스티치 픽스의 핵심 개념은 개인화이며, 이 회사의 기계학습 알고리즘(기술가이드 4 참조)은 이 회사 비즈니스 모델의 중심이며, 의류 선택, 인간 스타일리스트의 배정, 생산과 물류 최적화, 그리고 새로운 스타일 디자인 등을 포함한 모든 비즈니스 프로세스를 주도하고 있다.

MKT **의류 선택.** 기본적으로 옷을 선택하는 것은 특정 고객이 특정 옷을 좋아할 가능성을 예측하는 것이다. 이러한 예측에는 데이터가 필요하며 스티치 픽스는 고객들과 상품으로부터 이러한 데이터를 수집한다.

기존 소매업체와 달리 스티치 픽스는 20달러 스타일링 비용을 지불할 의사가 있는 사람은 누구나 최적의 경험을 위해서는 자신의 개인 데이터를 기꺼이 제공하려 한다는 것을 알고 있다. 이 경험을 홍보하기 위해 이 소매업체는 체중, 브래지어 크기, 핀터레스트와 링크드인의 프로필 링크은 물론 트위터 계정 등 고객으로부터 50개 이상의 데이터를 수집하고 있다. 고객들은 "하반신에 맞는 옷을 선호합니까?" "당신은 무엇을 드러내고 싶습니까?" 그리고 "당신이 가리고 싶은 부분은 무엇입니까?" 등과 같은 질문을 받게 되고 그에 답한다. 이 회사의 알고리즘은 고객의 데이터를 사용하여 그 여성의 스타일, 직업, 나이, (스트치 픽스가 고객의 위치에서 날씨를 예측하는 데 사용하는) 우편 번호 그리고 다른 기타의 많은 데이터 포인트 등을 포함하는 매개 변수를 기반으로 제공된 제품 항목을 구매할 가능성을 예측한다.

스티치 픽스는 또한 소셜 미디어와 다른 출처로부터의 이미지를 사용하여 새로운 패션 트렌드와 진화하는 고객 선호도를 추적하고 있다. 고객들의 허락을 받아 이 회사의 데이터 과학자들은 고객의 핀터레스트 게시판과 다른 소셜 미디어의 웹 사이트에서 이미지를 스캔하고 분석한 후 결과 인사이트를 사용하여 각 고객의 스타일 감각을 더 깊이 이해함으로써 고객 질문 데이터를 보완한다. 이러한 프로세스를 다크 분석(dark analytics)이라고 한다(이 장의 종료사례 참조).

두 번째 데이터 세트는 이 회사의 상품에 대한 것이다. 보유하고 있는 200개가 넘는 브랜드의 특정 항목에 대해 스티치 픽스는 소매 길이에서 색상에 이르기까지 100~150개의 데이터 포인트를 수집하고 있다. 두 데이터 세트를 모두 사용함으로써 알고리즘은 고객을 이 회사가 제공하는 가장 적합한 상품들과 연결한다.

시간이 지남에 따라 이 알고리즘은 고객들이 제공하는 피드백을 기반으로 고객들로부터 학습을 한다. 피드백을 수집하기 위해 이 소매업체는 텍스트 상자에 고객 의견들을 수집한다. 자연어 처리 알고리즘은 이러한 의견들을 분석하여 일치 알고리즘을 더욱 세분화한다.

적합한 스타일리스트와 적합한 고객의 연결. 스티치 픽스에서 인간 스타일리스트는 의류 선택을 마무리하고 고객이 특정한 경우를 위해 옷을 치장하는 방법과 옷장에 있는 다른 의류와 짝을 맞추는 방법을 설명하는 개인 메모를 작성한다. 스타일리스트를 고객과 일치시키기 위해 스티치 픽스는 각 스타일리스트와 배송을 요청한 각 고객 간의 일치 점수를 계산한다. 이 점수는 고객과 스타일리스트 간의 구매 이력과 고객의 스타일 선호도와 스타일리스트의 선호도 사이의 유사성을 고려하고 있다.

스티치 픽스의 3,600명의 스타일리스트 중 한 명이 데이터를 검토하고 고객의 (항목 상자) '한 판'에 포함할 5개의 항목을 선택한다. 또한 이 회사의 가치는 귀중한 데이터 포인트로 반환된다. 스티치 픽스의 스타일리스트는 실제로 고객의 댓글에 있는 부정적인 피드백을 연구하여 그녀의 스타일이나 항목의 설명을 더 잘 식별하고자 한다.

POM 생산과 물류의 최적화. 이 회사가 직면하고 있는 한 가지 과제는 다양한 의류와 신발을 판매하는 동안 재고를 관리하는 것이다. 전통적인 소매업체는 시즌이 시작될 때 얼마나 많은 청바지를 판매할 수 있을지를 추측한 다음 주문을 받는다. 반대로 스티치 픽스는 보다 대응성이 뛰어나 재고 위험을 제한할 수 있다. 즉, 스티치 픽스는 예측을 기준으로 주문(푸시 모델)하는 대신에 고객 주문을 기준으로 주문(풀 모델)할 수 있다. 이 알고리즘은 이러한 주문 과정에서 엄청난 도움이 된다. 예를 들어, 스티치 픽스는 얼마나 많은 고객이 바지를 구매할지에 대한 예측을 한 다음 제조업체에 특정 스타일, 색상 또는 패턴을 생산하도록 주문을 할 수 있다.

알고리즘은 고객과 관련된 위치에 대한 데이터와 다양한 창고에 있는 재고가 고객의 요구에 얼마나 잘 부합하는지에 대한 데이터를 기반으로 각 스티치 픽스의 창고에 대한 비용 함수를 계산한다. 따라서 알고리즘은 운송 비용을 줄여 준다.

새로운 스타일 디자인. 패션 산업은 창의적인 디자이너를 중심으로 발전되어 왔다. 스티치 픽스에서 알고리즘은 고객이 받아 들일 가능성이 높은 옷의 속성을 식별한다. 그런 다음 이 소매업체는 인간 디자이너와 협력하여 이러한 특성을 개선하고 궁극적으로 다른 브랜드에서 서비스를 받지 못하고 있는 특정 고객 세그먼트에 맞게 조정된 새로운 스타일을 제공한다.

2017년 8월, 스티치 픽스는 씨오리(Theory), 스티븐 앨런(Steven Alan), 토드 스나이더(Todd Snyder), 케이트 스페이드(Kate Spade), 레베카 민코프(Rebecca Minkoff) 등을 포함한 100개 이상의 새로운 동시대 브랜드를 제공하기 시작했으며, 가격은 100~600달러 사이의 범주이다. 이 회사의 새로운 프리미엄 브랜드는 더 잘 알려진 브랜드 이름과 가죽과 캐시미어 등과 같이 고급 원단에 대한 고객으로부터의 요청에 대한 응답인 것이다. 이러한 새로운 브랜드를 제공함으로써 이 회사의 이전 제품이 너무 기본적이라고 생각했을 수 있는 새로운 고객들을 이 회사는 유치할 수 있게 되었다.

고객이 제공한 데이터를 기반으로 스티치 픽스는 독점적인 스타일을 제공할 수 있게 되었다. 예를 들어 페이지 데님(Paige Denim)은 스티치 픽스를 위한 작은 라인을 디자인했는데, 이 소매업체는 이 회사가 수집한 크기와 가격 선호도에 대한 데이터를 기반으로 어떤 고객이 라인에 관심을 가질 지 이미 알고 있었기 때문이었다. 이러한 목표로 한 수집은 특정 레이블에 익숙하지 않지만 유사한 제품에 관심을 표명한 고객에게 인식, 발견 그리고 매칭과 더불어 스티치 픽스가 브랜드에 제공할 수 있는 많은 이점 중 하나이다.

2016년에 이 소매업체는 남성 패션과 유사한 서비스인 스티치 픽스 포 맨(Stitch Fix for Men)를 출시했다. 스티치 픽스 포 맨은 노드스트롬(Nordstrom)이 소유한 트렁크 클럽(Trunk Club)과 직접 경쟁하고 있다. (흥미롭게도 트렁크 클럽은 2016년에 여성 부문에 진입했다.) 스티치 픽스는 2018년 6월에 스티치 픽스 키즈라는 어린이 서비스를 발표했다. 또한 이 회사는 자체 아동복 브랜드인 '루미+ 라이더(Rumi + Ryder)'를 발표하기도 하였다.

스티치 픽스는 치열한 경쟁에 직면하고 있다. 르 토트(Le Tote; www.letote.com), 전문 여성용 M.M. 라플뢰르(www.mmlafleur.com), 플러스 사이즈용 디아 앤 코(www.dia.com), 보석류만 판매하는 락스 박스(www.rocksbox.com) 등 모두가 이 공간에서 운영되고 있다. 또한 렌트 더 런웨이(Rent the Runway; www.renttherunway.com)는 '무제한' 구독을 출시하였다.

아마존은 패션에 대한 많은 관심을 가지고 있다. 2017년 6월 아마존은 사람들이 실제로 구매하지 않고도 한 번에 3~15개의 품목을 주문할 수 있는 프라임 워드로브(Prime Wardrobe)라는 새로운 프로그램을 도입했다. 고객은 일주일 동안 상품을 시험해보고 원하지 않는 상품을 반품할 수 있다. 고객들은 배송된 주문 상품에 붙어 있는 레이블을 떼지 않았다면 다시 밀봉할 수 있는 상자에 넣어 원하지 않는 품목을 반품할 수 있다.

아마존은 고객들이 구매를 결정한 품목에 대해서만 비용을 청구하고 있으나, 일정한 수의 품목을 구매한 것에 대한 인센티브는 제공하지 않는다. 이 서비스는 빠른 배송을 제공하는 회사의 멤버십 서비스인 아마존 프라임 회원에게만 제공되는 옵션으로 연간 119달러에 추가적인 비용없이 빠른 배송으로 고객에게 제공되고 있다.

2018년 6월 이테일러(e-tailer)는 머라키(Meraki)라는 유럽 남성복 패션 라인을 출시했다. 같은 해 아마존은 미국 소비자에게 에코 룩(Echo Look) 장치를 제공했다. 이 장치는 전체 길이 사진과 짧은 비디오를 촬영할 수 있는 소형의 음성 인식 카메라로, 쇼핑객이 여러 각도에서 어떻게 보이는지 확인할 수 있게 해 줌과 동시에 고객들이 입고 있는 옷에 대한 가치있는 정보를 수집하는 데 도움이 되고 있다.

스티치 픽스는 구독형 쇼핑 시장에서 몇 안 되는 주요 성공 사례 중 하나이다. 이 회사에는 5천 명이 넘는 직원이 있으며 미국 전역에서 5개의 의류 창고를 운영하고 있다. 스티치 픽스는 거의 40%의 고객이 컬렉션에 연간 의류 예산의 절반 이상을 지출한다고 주장하고 있다. 또한 고객의 약 80%가 한 상자를 주문한 후 90일 이내에 두 번째 상자를 주문한다고 보고 있다.

스티치 픽스는 계속해서 새로운 기회를 모색하고 있다. 예를 들어, 이 회사의 스타일 패스(Style Pass)는 일부 고객에게 제공되는 초대 전용 기능이다. 스타일 패스는 연 회비가 49달러이며, 1년 동안 지속되며 해당 연도에 대한 회원의 스타일링 비용은 모두 면제된다. 또한 스타일 패스 회비는 회원의 다음 스티치 픽스 구매에서 자동으로 공제된다.

스티치 픽스는 얼마나 성공적인가? 2017년 11월 17일에 스티치 픽스는 주당 15달러로 8백만 주가 상장되었다. 2019년 7월 현재 스티치 픽스의 주가는 IPO 이후 거의 두 배가 되었다.

2018 회계 연도에 스티치 픽스는 매출 12억 달러, 순이익 4,500만 달러를 보고하였다. 2019년 3분기에 이 회사는 310만 명의 활성 고객(전년 대비 17% 증가)과 순수익 4억 9백만 달러(전년 대비 29% 증가)를 보고했다.

출처: Compiled from P. Wahba, "Stitch Fix Is Testing New Ways to Generate Revenue," *Fortune*, July 15, 2019; J. Kowaleski, "Stitch Fix's Unbelievable Opportunity that No One Is Talking About," *Seeking Alpha*, June 19, 2019; "What Not to Wear: How Algorithms Are Taking the Uncertainty Out of Fashion," *Forbes*, July 17, 2018; T. Lien, "With Personalized Styling and Now Kids Clothing, Stitch Fix Looks to Avoid the Pitfalls of Subscription Boxes," *Los Angeles Times*, July 10, 2018; N. Warfield, "Stitch Fix Is Up 90% Since Its IPO, and Traders Say There's More Room to Run," CNBC, June 21, 2018; L. Varon, "Amazon Prime Wardrobe Won't Kill Subscription Boxes – Bad Strategies Will," *Internet Retailer*, June 21, 2018; Z. Stambor, "Amazon Answer to Stitch Fix Launches to All U.S. Prime Members," *Internet Retailer*, June 20, 2018; E. Winkler, "Is Stitch Fix the Netflix of Fashion?" *Wall Street Journal*, June 7, 2018; M. Lynley, "Stitch Fix Blows Out Wall Street's Expectations and Announces the Launch of Stitch Fix Kids," *TechCrunch*, June 7, 2018; C. Wang, "Stitch Fix Soars after Online Styling Service Says Active Clients Grew 30%," CNBC, June 7, 2018; B. Marr, "Stitch Fix: The Amazing Use Case of Using Artificial Intelligence in Fashion Retail," *Forbes*, May 25, 2018; A. Bhattarai, "Stitch Fix Goes Public in the First Tech IPO Led by a Woman This Year," *Washington Post*, November 17, 2017; L. Hirsch, "Stitch Fix Prices IPO of 8 Million Shares at $15, Below Expectations," CNBC, November 16, 2017; C. Fernandez, "Stitch Fix Introduces over 100 Contemporary Brands," *Business of Fashion*, August 22, 2017; C. Morris, "Stitch Fix Could Be Wall Street's Next Big IPO," *Fortune*, July 31, 2017; M. Lynley, "Stitch Fix Has Confidentially Filed for an IPO," *TechCrunch*, July 28, 2017; N. Wingfield, "Amazon Will Let Customers Try on Clothes before Buying," *New York Times*, June 20, 2017; T. Lien, "Stitch Fix Founder Built One of the Few Successful E-Commerce Subscription Services," *The Seattle Times*, June 19, 2017; M. Merced and K. Benner, "As Department Stores Close, Stitch Fix Expands Online," *New York Times*, May 10, 2017; J. Del Ray, "The Online Fashion Startup Stitch Fix Has $730 Million in Annual Revenue and Is Profitable," *Recode*, May 10, 2017; R. Mac, "Stitch Fix Continues on Retail Warpath with $730 Million in Revenue," *Forbes*, May 10, 2017; R. Mac, "Fashionista Moneyball," *Forbes*, June 21, 2016; S. Maheshwari, "Stitch Fix and the New Science behind What Women Want to Wear," *BuzzFeed*, September 24, 2014; H. Milnes, "How Stich Fix's Happy Relationship with Pinterest Helps Customers," *Digiday*, March 16, 2016; and www.stitchfix.com, accessed July 16, 2019.

질문

1. 스티치 픽스 비즈니스 모델의 서술 분석 애플리케이션을 설명해보자.
2. 스티치 픽스 비즈니스 모델의 예측 분석 애플리케이션을 설명해보자.
3. 스티치 픽스로 인해 방해를 받을 위험이 있는 기업과 산업은 무엇인가? (힌트: 스티치 픽스가 여성들의 옷 구매 방식을 바꿀 것인가?)

서론

이 장의 도입사례는 비즈니스 분석 애플리케이션의 중요성과 광범위한 특성을 보여주고 있다. **비즈니스 분석(BA: business analytics)**은 과거(historical) 데이터에서 생성된 통찰력을 기반으로 실행 가능한 결정 또는 실행에 대한 추천 등을 개발하는 프로세스이다. 비즈니스 분석은 서술 분석, 예측 분석 그리고 처방 분석 모델 등의 다양한 도구를 사용하여 데이터를 검토하고, 이러한 결과를 조직의 의사결정자에게 전달한다. 비즈니스 분석은 무슨 일이 있었는지, 얼마나 많이, 얼마나 자주, 어디에 문제가 있는지, 어떤 조치가 필요한지, 왜 이런 일이 발생하는지, 이러한 추세가 계속되면 어떻게 될지, 다음에는 어떠한 일이 일어날지, 발생할 수 있는 최선(또는 최악)의 일은 무엇인지, 그리고 다양한 성공적인 비즈니스 성과를 달성하기 위해 조직이 취해야 하는 조치는 무엇인지 등과 같은 질문에 답할 수 있다.

비즈니스 분석과 비즈니스 인텔리전스 이 두 용어 사이에는 많은 혼동이 있다. **비즈니스 인텔리전스(BI: business intellgence)**는 비즈니스 사용자가 더 나은 결정을 내릴 수 있도록 데이터를 수집, 저장, 접근 그리고 분석하기 위한 광범위한 범주의 응용 프로그램, 기술 및 프로세스로 정의될 수 있다. 많은 전문가들은 이 용어들이 같은 의미로 사용되어야 한다고 말하고 있다. 이에 동의하지만 그러나 단순화를 위해 이 장에서는 비즈니스 분석이라는 용어를 사용하기로 한다.

이 장에서는 의사결정을 지원하는 정보시스템에 대해 설명한다. 본질적으로 모든 조직의 정보시스템은 의사결정을 지원한다(그림 1.4 참조). 거래 처리 시스템, 기능영역 정보시스템 그리고 전사적 자원 관리 시스템 등과 같은 기본 조직 정보시스템은 의사결정자를 돕는 다양한 보고서를 제공한다. 이 장에서는 대다수의 조직 의사결정자에게 중요한 지원을 제공하는 비즈니스 분석 시스템을 중점적으로 살펴본다.

이 장은 관리자의 업무와 현대적인 관리 결정의 특성을 먼저 검토한다. 이는 컴퓨터 기반의 지원이 관리자에게 왜 필요한지를 이해하는 데 도움이 될 것이다. 그런 다음 이 장에서는 비즈니스 분석 프로세스를 소개하고 해당 프로세스의 각 단계에 대하여 하나씩 살펴볼 것이다.

현대 조직 내에서 비즈니스 분석의 중요성을 강조하는 것은 지나치지 않다. 1장에서 정보시스템의 본질적인 목표는 올바른 정보를 적절한 사람에게 적절한 양으로, 적절한 시기에 적절한 형식으로 제공하는 것이라고 하였음을 기억하기 바란다. 본질적으로 비즈니스 분석은 이 목표를 달성하고자 한다. 비즈니스 분석 시스템은 의사결정자가 적시에 조치를 취할 수 있는 실행 가능한 비즈니스 결과를 제공한다.

또한 몇 가지 이유로 인해 조직 내에서 비즈니스 분석 프로세스에 대한 입력의 중요성을 과장하는 것도 지나치지 않다. 먼저 사용자(또는 사용자 커뮤니티)가 조직의 데이터 웨어하우스에 저장할 데이터를 결정할 것이다. 그런 다음 이러한 데이터를 얻기 위해 MIS 부서와 긴밀히 협력할 것이다.

여러분의 전공 분야에 상관없이 출근 첫날부터 조직의 비즈니스 분석 응용 프로그램을 사용하게 될 것이다. 데이터 마이닝 그리고 의사결정지원시스템 등과 같은 일부의 비즈니스 분석 도구를 사용하여 데이터를 어떻게 분석할지를 결정하게 될 것이다. 이 프로세스를 **사용자 중심 분석**(user-driven analysis)이라고 한다. 대시보드와 같은 비즈니스 분석 프레젠테이션 응용 프로그램을 사용하면 필요한 데이터와 형식을 결정할 수 있을 것이다. 다시 말하지만, 이러한 애플리케이션이 여러분의 요구를 충족하는지 확인하기 위해 MIS 부서와 긴밀히 협력하게 될 것이다.

비즈니스 분석 환경에서도 중요한 변화가 일어나고 있다. 과거에는 조직들이 경영을 지원하기 위해서만 비즈니스 분석을 사용했다. 그러나 오늘날 비즈니스 분석 애플리케이션들은 일선 직원(예: 콜센터 운영자), 공급 업체, 고객, 심지어 규제 기관들이 점점 더 많이 이용할 수 있게 되었다. 이 그룹들은 비즈니스 분석에 의존하여 가장 최신의 정보를 얻고자 한다.

이 장의 대부분은 대규모 비즈니스 분석 애플리케이션에 관한 것이다. 그러나 소규모 조직 그리고 심지어 개인 사용자도 소규모 비즈니스 분석 애플리케이션을 이용할 수 있다는 점을 기억해야 한다.

이 장을 마치고 나면, 의사결정, 비즈니스 분석 프로세스 그리고 현대 조직에서 사용되는 엄청나게 광범위한 비즈니스 분석 응용 프로그램 등에 대한 기본적인 이해를 할 수 있게 될 것이다. 이 지식을 통해 조직의 비즈니스 분석 프로세스와 응용 프로그램에 즉각적이고 자신있게 입력 데이터를 제공할 수 있게 될 것이다. 또한 이 장은 여러분이 조직의 비즈니스 분석 응용 프로그램을 사용하여 데이터를 효과적으로 분석하여 더 나은 결정을 내리는 데 도움이 될 것이다. 이 장은 여러분이 '다음 질문을 하는데' 도움이 되기를 바란다.

12.1 관리자와 의사결정

관리(management)란 조직이 자원(인력, 자금, 에너지, 원재료, 공간 그리고 시간 등)의 활용을 통해 목표를 달성해 나가는 과정(process)이다. 이러한 제 자원들은 **투입물**(inputs)로서 간주된다. 조직목표의 달성은 관리과정의 **산출물**(outputs)이다. 관리자들은 이러한 과정을 감시하여 최적화하고자 한다. 관리자의 성공은 그가 책임지고 있는 투입물과 산출물의 비율에 의해 종종 측정된다. 이러한 비율은 조직의 **생산성(productivity)**에 대한 지표를 나타낸다.

관리자의 직무와 의사결정

정보시스템이 어떻게 관리자를 지원하는가를 평가하기 위해서는 우선 관리자의 직무에 대하여 이해해야 한다. 관리자들은 조직에서의 그들의 지위, 조직의 유형과 규모, 조직의 정책과 문화 그리고 관리자 자신의 개성 등에 따라서 많은 일들을 수행한다. 이러한 다양성에도 불구하고, 대부분의 관리자들은 다음과 같은 세 가지의 기본적인 역할을 수행한다(Mintzberg, 1973).[1]

1. 대인관계 역할(interpersonal roles): 대표자(figurehead), 리더(leader), 연락자(liaison)
2. 정보 역할(informational roles): 모니터(monitor), 보급자(disseminator), 대변자(spokesperson), 분석가(analyzer)
3. 의사결정 역할(decisional roles): 기업가(entrepreneur), 문제 처리자(disturbance handler), 자원배분자(resource allocator), 협상자(negotiator)

초기의 정보시스템은 주로 정보역할을 지원하였다. 최근에는 정보시스템이 이러한 세 가지 역할 모두를 지원하기 위해 개발되고 있다. 본 장에서는 IT가 의사결정 역할을 위해 제공할 수 있는 지원 내용에 집중하고자 한다.

결정(decision)이란 개인이나 집단이 둘 이상의 대안(alternatives)들 사이에서 취하는 선택(choice)을 의미한다. 결정은 다양하며 계속적으로 이루어진다. 의사결정(decision making)은 시스템적 과정이다. 경제학자인 허버트 사이먼(1977)[2]은 그 과정은 인지(intelligence), 설계(design), 그리고 선택(choice)이라는 세 가지의 주요 단계로 구성된다고 설명하고 있다. 일단 선택이 이루어지면 그 결정이 실행된다. 그림 12.1은 이러한 3단계 과정에 대하여 각 단계별로 무슨 과업이 포함되는가를 예시하고 있다. 인식단계에서 설계 그리고 선택에 이르기까지 정보의 연속적인 흐름이(진한 실선) 있지만, 각 단계에서 이전 단계로의 되돌림(점선)도 있다는 것에 주의해야 한다.

이 의사결정 모형은 아주 일반적이다. 의심의 여지없이, 상황에 대한 모형을 구축하지 못하고, 시험 데이터로 그 모델을 검증하지 못하고, 또는 민감도 분석을 실행하지 않은 채 의사결정을 했을 것이다. 여기에 제시한 모형은 의사결정을 수행할 때 제기될 수 있는 모든 상황들을 포함시키려 하였다. 어떤 의사결정의 경우에, 어떤 단계나 과정은 최소화, 내재 또는 부재할 수 있다.

의사결정과정은 인식 단계(intelligence phase)로 시작하는데, 이 단계에서는 상황을 파악하고, 주어

1 Mintzberg, H. (1973). *The Nature of Managerial Work*, Harper & Row, New York.

2 Simon, H. A. (1977). *The New Science of Management Decision*, Prentice-Hall, Englewood Cliffs, NJ.

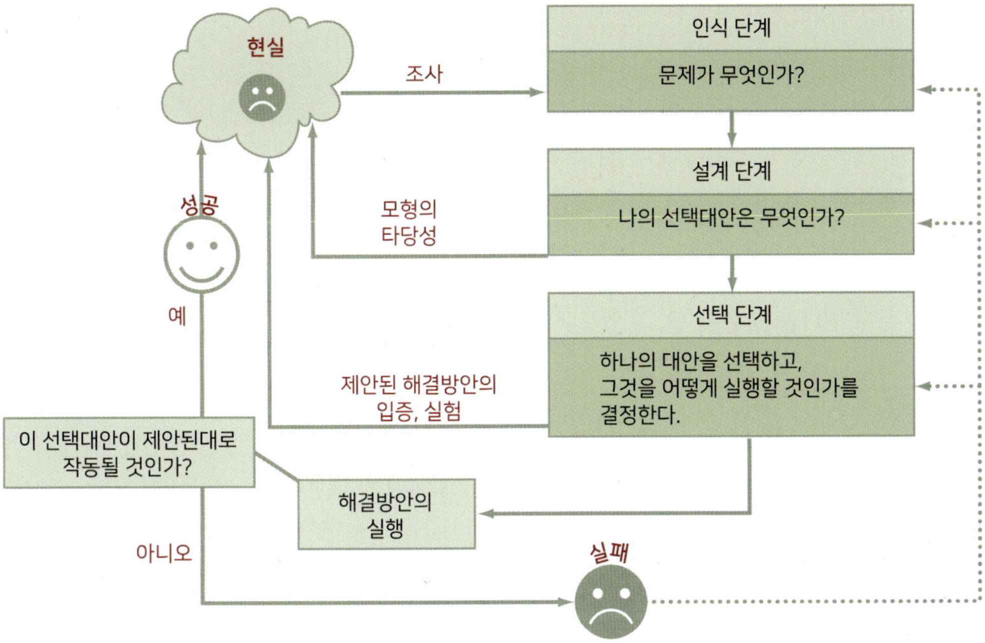

그림 12.1 의사결정의 과정과 단계

진 과제를 식별하고 정의하게 된다. 설계 단계(design phase)에서는 의사결정자가 그 과제를 단순화시키는 모형(model)을 구축한다. 현실을 단순화하는 가정(assumptions)을 내리고, 모든 유관 변수들 사이의 관계성을 표현함으로 설계 단계를 마무리한다. 끝으로, 의사결정자는 제기된 모든 잠재적 해결방안(solutions)들을 평가하기 위한 기준(criteria)들을 설정한다. 선택 단계(choice phase)에서는 서류상으로 검증된 하나의 해결방안을 선택한다. 제안된 이 해결방안이 타당한 것으로 보이면, 결정이 실행된다. 그리고 제안된 해결방안이 주어진 과제를 실제로 해결하였다면 그 실행은 성공적으로 수행된 것이다. 만일 해결방안이 실패했다면, 과정은 이전 단계로 되돌아 간다. 모델링이 핵심인 컴퓨터 기반의 의사결정지원은 의사결정 과정에서의 여러 과제들을 자동화하고자 하는 것이다.

왜 관리자는 IT 지원을 필요로 하는가

타당하고 유관한 정보가 없이는 훌륭한 의사결정을 하는 것이 어렵다. 정보는 의사결정 과정의 각 단계와 활동에서 매우 중요하다. 정보가 널리 이용 가능하다고 하더라도, 의사결정은 다음과 같은 경향 때문에 점점 더 어려워지고 있다.

- 기술 혁신, 통신의 개선, 글로벌 시장의 개발 그리고 인터넷과 e-비즈니스 활용 등으로 고려해야 할 대안의 수(the number of alternatives)가 계속적으로 증가하고 있다. 좋은 의사결정에 대한 열쇠는 많은 관련된 대안들을 조사하고 비교하는 데에 있다. 더 많은 대안들이 존재하면 할수록 의사결정자는 더욱 더 컴퓨터가 지원하는 검색과 비교를 필요로 하게 된다.
- 대부분의 결정은 시간적 압박(time pressure) 하에 이루어지게 된다. 수작업으로는 충분히 효과적으로 정보를 처리하기가 가능하지 않은 경우가 자주 발생한다.
- 의사결정 환경에서의 불확실성으로 결정이 점점 더 복잡해지고 있다. 좋은 의사결정을 내리기

위해서는 **복잡한 분석**(sophisticated analysis)을 수행할 필요성이 종종 있게 된다. 그러한 분석에 모형의 사용이 요구된다.

- 큰 비용을 들이지 않고 원격지의 정보에 신속히 접근하고, 전문가와의 상담하거나 또는 집단 의사결정들이 종종 필요하다. 의사결정자와 정보 모두가 서로 다른 지역에 위치할 수 있는데, 이들 양자를 신속하고도 저렴하게 결합시키는 것이 어려운 일일 수 있다.

이러한 경향들이 의사결정자들에게 어려움을 제공하고 있다. 다행히도, 이 장을 통해서 컴퓨터화된 분석이 커다란 도움이 될 수 있음을 알게 될 것이다.

컴퓨터화된 의사결정 분석을 위한 프레임워크

BI와 지능형 시스템을 좀 더 잘 이해하기 위해서는 (1) 과제의 구조와 (2) 결정의 특성이라는 두 가지의 차원에서 결정을 분류한다(Gorry and Scott Morton, 1971).[3] 그림 12.2는 이러한 두 가지 차원에 따른 의사결정에 대한 개관을 제공한다.

과제의 구조. 제1차원은 고도로 구조화된 과제에서부터 고도로 구조화되지 않은 과제 범주의 연속선을 따라 의사결정이 이루어지는 과제의 **구조**(problem structure)(그림 12.2의 왼쪽 열 참조)이다. **구조화된 결정**(structured decisions)은 재고관리와 같이 표준적인 해결방안이 존재하는 일상적이고 반복적인 과제를 포함한다. 구조화된 과제에서는 의사결정 과정의 첫 3단계—인식, 설계 그리고 선택—가 특별한 순서로 전개되고, 최적의 (또는 최소한 충분히 좋은) 해결방안을 얻는 절차가 알려져 있다. 제안된 해결방안을 평가하는 데 이용되는 두 가지의 기본적인 기준은 비용 최소화와 이윤 최대화이다.

과제 복잡성의 또 다른 극단은 **비구조화된 결정**(unstructured decision)이다. 이러한 과제들은 평범한 해결방안이 없는 복잡한 과제들인 '퍼지(fuzzy)' 과제이다. 비구조화된 과제는 인식, 설계, 그리고 선택 등이 특정한 순서대로 조직화되지 않는 과제이다. 그러한 과제에서는 인간의 직관이 종종 의사결정에 중요한 역할을 하게 된다. 전형적인 비구조화된 과제로는 신규 서비스의 제공 계획, 최고경영자의 채용, 그리고 차기 연도의 연구개발 프로젝트 선정 등을 들 수 있다.

구조화된 과제와 비구조화된 과제의 중간에 **반구조화된 과제**(semistructured problems)가 위치하는데, 의사결정 과정의 일부만이 구조화되어 있다. 반구조화된 과제는 표준적인 해결방안 절차와 개인적인 판단의 조합을 요구한다. 반구조화된 과제의 예로는 종업원 평가, 소비제품을 위한 마케팅 예산 설정, 자본 취득 분석의 수행 그리고 채권의 거래 등을 포함한다.

결정의 특성. 결정지원의 두 번째 차원은 **결정의 특성**(nature of decisions)이다. 모든 관리자 결정을 포괄하는 세 가지의 대략적인 분류로 정의할 수 있다.

[3] Gorry, G. A., and Scott Morton, M. (1971). "A Framework for Management Information Systems," *Sloan Management Review*, Fall, 21-36.

결정유형 \ 결정특성	운영 통제	관리 통제	전략 기획	정보시스템 지원
구조화된	외상매출금, 주문입력 (1)	예산분석, 단기예측, 인사 보고서, 구매/제작 분석 (2)	(3)	MIS, 통계 모형 (경영과학 모형, 재무, 기타)
반구조화된	생산일정, 재고통제 (4)	신용평가, 예산준비, 공장배치, 프로젝트 일정, 보상시스템 설계 (5)	신규 공장 건축, 인수합병, 계획(제품, 품질보증, 보상, 기타) (6)	DSS, BI
비구조화된	(7)	협상, 최고경영자 채용, 하드웨어 구입, 로비 (8)	신기술 개발, 제품 R&D, 사회적 책임 계획 (9)	DSS, ES, ERP, 신경망, BI, 빅 데이터

그림 12.2 의사결정지원 프레임워크

1. 운영 통제(operational control): 특정 과제를 효율적으로 효과적으로 집행하기
2. 관리 통제(management control): 조직 목표를 달성하기 위해 자원을 효율적으로 획득하고 활용하기
3. 전략 기획(strategic planning): 성장과 자원 할당을 위한 장기적 목표와 정책

이러한 분류는 그림 12.2의 상단 행에 나타나 있다.

결정 매트릭스. 과제 구조의 주요 세 가지 유형과 결정 특성의 세 가지 범주를 그림 12.2가 보여 주는 바와 같이 9개의 칸으로 구성되는 결정-지원 매트릭스(desicion-support matrix)로 결합할 수 있다. 하위 관리자들은 종종 구조화되고 운영통제 지향의 과업을 수행한다(1, 2, 4칸). 5칸에 있는 과업은 종종 중간 관리자와 전문가 스태프들의 책임이다. 끝으로, 6, 8, 그리고 9칸에 있는 과업은 일반적으로 최고경영층이 수행한다.

오늘날, 특정 조직 정보시스템이 의사결정 매트릭스의 특정 칸을 지원한다고 말하기는 어렵다. 사실 정보시스템이 더욱 정교해짐으로 해서 본질적으로 모든 정보시스템은 조직 내에서 직급이나 기능에 관계없이 모든 의사결정자에게 유용할 수 있다. 이 장을 학습하면서 비즈니스 분석이 의사결정 매트릭스의 모든 칸에 적용 가능하다는 것을 알게 될 것이다.

확인하고 넘어가기

1. 사이먼이 제안한 의사결정 과정에 대하여 설명해보자.
2. 지금 당신이 다음 학기의 수강신청을 하고 있다. 얼마나 많은 과목과 어느 과목을 신청해야 할지를 의사결정과정에 적용시켜 보자. 그러한 결정은 구조적, 반구조적, 또는 비구조적 결정인가?
3. 다음 학기 수강신청을 할 때 의사결정과정을 고려해보고, 어떻게 IT가 이러한 과정의 각 단계를 지원하는지(혹은 지원하지 못하는지)를 설명해보자.

12.2 비즈니스 분석 과정

앞에서 정의한 것처럼 비즈니스 분석은 과거 데이터에서 생성된 통찰력을 기반으로 실행 가능한 결정 또는 행동에 대한 추천 사항을 개발하는 프로세스라 할 수 있다. 비즈니스 분석은 애플리케이션뿐만 아니라 기술과 프로세스도 포함한다. 여기에는 '데이터 가져오기'(데이터 마트 또는 웨어하우스로)와 '데이터 내보내기'(비즈니스 분석 애플리케이션을 통해)가 모두 포함된다.

조직에서 비즈니스 분석은 아주 다양하게 사용된다. 소규모 조직에서는 비즈니스 분석이 엑셀 스프레드시트로 제한되어 사용될 수 있다. 더 큰 조직의 경우 비즈니스 분석은 전사적이며 다양한 응용 프로그램을 포함할 수 있다. 기업에서 비즈니스 분석의 중요성은 시장에서의 경쟁을 위한 요구사항이 된다는 점에서 계속 커지고 있다. 즉, 비즈니스 분석은 기업의 경쟁력 강화를 위한 필수 요소인 것이다.

비즈니스 분석이 조직 전반에 걸쳐 일상적인 업무가 되고 있지만 모든 조직이 동일한 방식으로 비즈니스 분석을 사용하는 것은 아니다. 예를 들어 일부 조직은 하나 또는 소수의 응용 프로그램만을 사용하는 반면 다른 조직들은 전사적 비즈니스 분석을 사용하기도 한다. 일반적으로 서로 다른 수준의 변화를 나타내는 세 가지의 특정 분석 대상들이 있다. 이러한 목표는 범위; 후원, 성취, 그리고 요구 자원의 수준; 기술 아키텍처; 인력과 비즈니스 프로세스에 미치는 영향; 그리고 혜택 등과 같은 초점에 따라 달라진다.

- **하나 또는 몇 개의 관련 분석 응용 프로그램 개발:** 이 목표는 종종 마케팅 캠페인 관리와 같은 부서별 요구 사항에 대한 포인트 솔루션이다. 후원, 승인, 자금 조달, 유발 효과 그리고 혜택 등은 일반적으로 부서 수준에서 발생한다. 이 목표를 위해 조직은 일반적으로 필요한 데이터를 저장하기 위해 데이터 마트를 만든다. 조직들은 '독립적인' 애플리케이션인 데이터 마트가 조직의 다른 곳에서 사용되는 데이터와 일치하지 않고 통합할 수 없는 데이터를 저장하는 '데이터 사일로'가 되지 않도록 주의해야 한다.
- **전사적 분석을 지원하기 위한 인프라의 개발:** 이 목표는 현재와 미래의 분석 요구를 모두 지원한다. 이 수준에서 분석의 중요한 구성 요소는 엔터프라이즈 데이터웨어하우스이다. 전사적 차원의 계획이기 때문에 최고경영진은 종종 후원, 승인 그리고 소요 자금 등을 제공한다. 유발 효과와 이점도 조직 전체에 영향을 미치게 된다.

  MKT **MIS** 이 목표의 예로는 3M(3M Corporation; www.3m.com)이 있다. 역사적으로 3M의 다양한 사업부는 독립적으로 운영되어 왔으며 별도의 의사결정지원 플랫폼을 사용해 왔다. 이러한 방식은 많은 비용을 수반하였을 뿐만 아니라 3M이 데이터의 통합은 물론 '단일 측면'을 고객에게 제공하는 것을 방해해 왔다. 예를 들어 영업 담당자는 비즈니스 고객이 다른 3M 사업부서와의 상호작용 여부 또는 어떻게 상호 작용하고 있는지를 알지 못했다. 이에 대한 해결책으로 3M은 하나의 통합된 회사로 운영될 수 있도록 하는 엔터프라이즈 데이터웨어하우스를 개발하였다. 이와 함께 추가적인 이점은 이 시스템을 구현하는 데 드는 비용이 다양한 플랫폼의 통합으로 얻는 절감 효과로 상쇄되었다는 것이다.

그림 12.3 비즈니스 분석 프로세스(Kelly Rainer, Bill Hardgrave 그리고 Regina Halpin 작성)

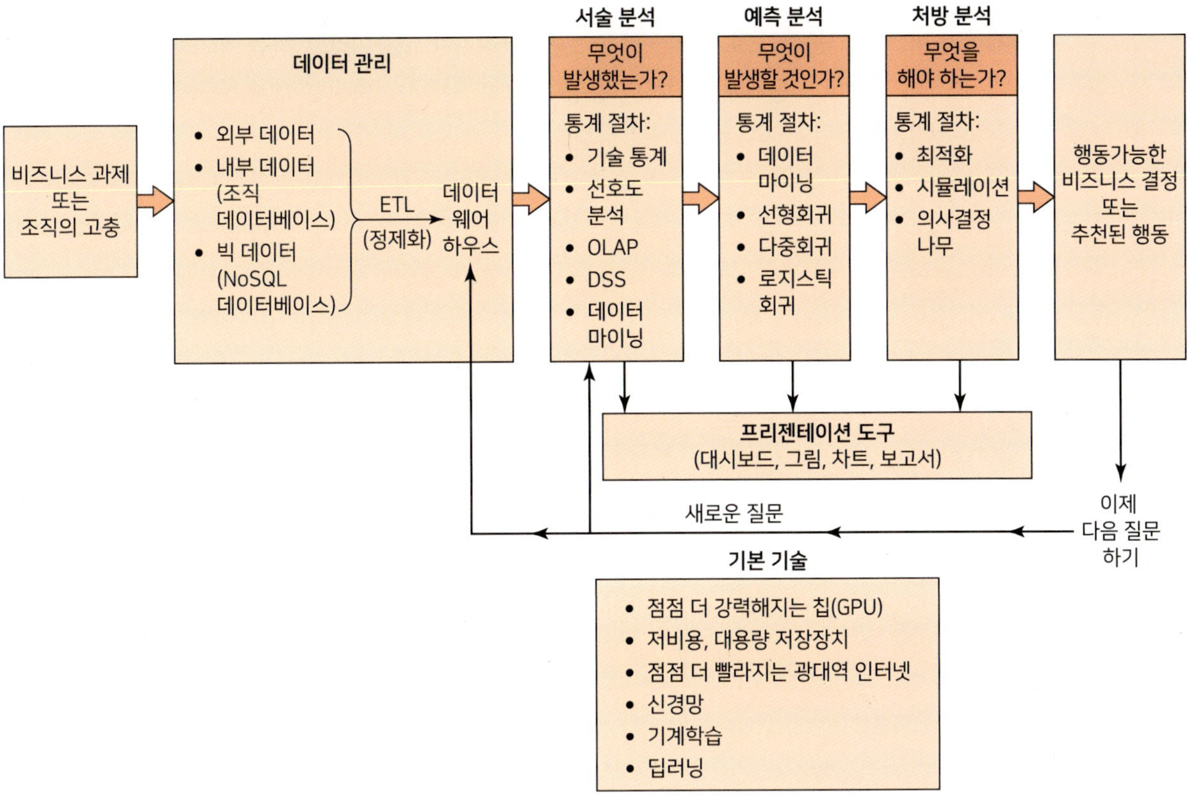

• 조직 전환 지원: 이 목표를 통해 기업은 비즈니스 분석을 사용하여 시장에서 경쟁하는 방식을 근본적으로 전환시킨다. 비즈니스 분석은 새로운 비즈니스 모델을 지원하고 비즈니스 전략을 가능하게 한다. 이러한 변화의 범위와 중요성으로 인해 후원, 승인 그리고 예산 지원 등과 같은 중요한 요소들은 가장 높은 조직 수준에서 추진된다. 직원과 프로세스에 미치는 영향은 상당할 수 있으며 조직 전반에 걸친 혜택이 발생한다.

MKT 하라스 엔터테인먼트(시저스 엔터테인먼트의 브랜드; www.caesars.com)는 이 분석 대상의 좋은 예를 제공하고 있다. 하라스는 토털 리워드(Total Rewards)라는 고객 충성도 프로그램을 개발하였다. 이 프로그램을 구현하기 위해 하라스는 슬롯 머신, 테이블 게임 그리고 인터넷 등과 같은 다양한 고객 접점에 걸쳐 카지노, 호텔 그리고 특별 이벤트 시스템(예: 와인 시음 주말 등)의 데이터를 통합하는 데이터웨어하우스를 만들었다. 하라스는 이러한 데이터를 사용하여 충성도 높은 고객에게 보상하고 판촉 행사와 같은 개인적이고 호소력이 있는 방법으로 고객에게 접근하였다. 이러한 노력으로 이 회사는 게임 산업의 리더가 될 수 있었다.

비즈니스 분석의 범위에 상관없이 모든 조직은 그림 12.3과 같은 비즈니스 분석 프로세스를 사용한다. 그림 12.3의 각 단계를 왼쪽에서 오른쪽 순으로 차례로 살펴보기로 한다.

비즈니스 분석 프로세스

전체적인 비즈니스 분석 프로세스는 종종 실무 관리자가 고충이라고 하는 비즈니스 문제로 시작된다. 조직이 비즈니스 문제에 직면하면 종종 그림 12.3에서 설명된 프로세스를 통해 비즈니스 분석으로 전환하여 이러한 문제를 해결하게 된다.

기본 기술. 비즈니스 분석 프로세스에 대한 논의를 시작하기 전에 전체 프로세스의 기반이 되는 기술들의 중요성을 강조하고자 한다(그림 12.3 참조). 이러한 기술들은 모두 매우 빠르게 발전하고 있다.

마이크로 프로세서(또는 칩)는 점점 더 강력해지고 있다(기술가이드 1 참조). 특히, 그래픽 처리 장치(GPU)는 비즈니스 분석 프로세스의 또 다른 기본 기술인 신경망에 필수적이다(기술가이드 4에서 신경망에 대하여 논의한다).

MIS 디지털 저장장치의 용량과 액세스 속도의 발전으로 인해 저장장치의 비용이 감소하고 있다. 즉, 조직은 막대한 양의 데이터를 저장하고 분석할 수 있게 된 것이다. 컴퓨터 네트워크, 특히 인터넷의 전송 속도(대역폭에 대하여는 6장 참조)도 빠르게 발전하고 있다. 결과적으로 의사결정자는 위치에 관계없이 어렵고 시간에 민감한 의사결정을 위한 협업을 할 수 있게 되었다. 또 다른 기본 기술로는 기술가이드 4에서 논의하는 기계학습과 딥러닝이 있다.

MIS **데이터 관리.** 실제로 비즈니스 분석 프로세스를 시작하려면 조직에 데이터가 있어야 한다. 기본 기술에 대한 논의에서 살펴본 바와 같이 조직은 이제 급속히 증가하고 있는 데이터를 분석할 수 있다. 5장에서 배운 것처럼 이러한 데이터는 관계형 데이터베이스의 구조화된 데이터 형태의 내부 소스와 소셜 미디어의 구조화되지 않은 데이터와 같은 외부 소스에서 생성된다. 이제 조직은 빅 데이터의 형태로 다양한 원천의 정형/비정형 데이터를 결합하고 분석할 수 있다. 이 시점에서 조직은 ETL(추출Extract, 변환Transform 그리고 로드Load)이라는 프로세스를 통해 이러한 데이터를 데이터 마트와 데이터웨어하우스(5장 참조)에 통합하고 '정제화'한다. 이제 데이터 과학자, 분석가 그리고 의사결정권자들은 데이터웨어하우스에 저장되어 있는 데이터를 이용하여 분석을 수행할 수 있게 되었다.

서술 분석, 예측 분석 그리고 처방 분석. 조직은 서술 분석, 예측 분석 그리고 처방 분석 등 세 가지 유형의 분석 애플리케이션을 수행한다. 이러한 분석 애플리케이션은 12.3, 12.4 그리고 12.5 등의 절에서 각각 논의하기로 한다.

12.4절의 끝 부분에서 의사결정자가 비즈니스 분석 프로세스를 어떻게 진행하는지 예(요약된 데이터 포함)를 들어볼 것이다. 이 예에서는 서술 분석과 예측 분석만 다루게 될 것이다. 아직 업계에 널리 보급되지 않은 처방 분석은 여기의 예에 포함하지 않을 것이다.

프레젠테이션 도구. 세 가지 유형의 분석은 모두 결과를 생성하며 이는 조직의 의사결정자에게 전달되어야 한다. 일반적으로 데이터 과학자가 이러한 분석을 수행한다. 많은 조직에는 이러한 분석 결과를 의사결정자들이 이해할 수 있는 비즈니스 용어로 '번역'하는 직원들이 있다. 이 직원들은 종종 대시보드 형식의 프레젠테이션 도구를 사용하여 메시지를 시각적으로 전달한다. 12.6절에서 대시보드와 기타 프레젠테이션 도구에 대해 설명할 것이다.

다음 질문하기. 분석 프로세스에서 매우 중요한 것은 결과를 얻고 제시하면 의사결정자가 '다음 질문'을 할 준비가 되어 있어야 한다는 것이다. 비즈니스 분석 과정에 관계된 모든 사람들은 이 시점에서 자신의 창의성과 직감을 사용해야 한다. 또한 비즈니스 분석 과정의 결과는 거의 항상 새로운 확인되지 않은 질문으로 이어져야 한다.

비즈니스 분석 도구

데이터를 분석하기 위한 다양한 비즈니스 분석 도구들이 있다. 여기에는 엑셀, 다차원 분석(OLAP이라고도 함), 데이터 마이닝 그리고 의사결정지원시스템 등이 포함된다. 또한 비즈니스 분석은 기술 통계를 포함하여 선호도 분석(affinity analysis); 선형회귀, 다중 회귀 그리고 로지스틱 회귀; 이외에도 다른 많은 종류의 수많은 통계 절차를 사용한다.

엑셀 이외에도 가장 적절한 분석 응용 프로그램의 맥락에서 비즈니스 분석 도구와 통계 절차에 대하여 살펴볼 것이다. 엑셀은 가장 인기 있고 널리 사용되는 일반적인 비즈니스 분석 도구이기 때문에 여기에서는 엑셀에 대하여 살펴보기로 한다. 또한 엑셀은 다른 많은 비즈니스 분석 도구와 통계 절차의 기능을 통합하고 있다. 예를 들어 분석가들은 엑셀을 사용하여 기술 통계를 제공하고 회귀 분석을 수행할 수 있다.

비즈니스 분석 공급업체들은 일반적으로 엑셀과 상호 작용하도록 소프트웨어를 설계한다. 이 프로세스는 어떻게 진행되는가? 기본적으로 사용자는 구매를 기준으로 상위 10%의 고객 목록을 작성하기 위해 필요한 기능을 수행하는 플러그인을 추가하여 엑셀에 다운로드한다. 그런 다음 엑셀은 추가 데이터 분석 기능을 제공하는 공급업체의 응용 프로그램 서버에 연결되어 백엔드 데이터베이스, 데이터 마트 또는 데이터웨어하우스에 연결한다. 이렇게 함으로써 엑셀 사용자들은 정교한 비즈니스 분석 제품의 일반적인 기능과 데이터에 대한 액세스를 제공받는 동시에 익숙한 도구인 엑셀로 작업할 수 있게 되는 것이다.

이어지는 다음의 3개의 절에서는 서술 분석, 예측 분석 그리고 처방 분석 등에 대하여 하나씩 살펴보기로 한다. 각각의 절은 분석 유형을 정의하고 해당 유형의 분석에 적합한 비즈니스 분석 도구와 통계 절차에 대하여 그리고 해당 유형의 분석 사례 등에 대하여 살펴볼 것이다.

확인하고 넘어가기

1. 세 가지 비즈니스 분석 목표를 설명해보자.
2. 비즈니스 분석 프로세스를 설명해보자.

12.3 서술 분석

조직은 데이터를 이해하기 위해 엄청난 양의 원시 데이터를 분석해야 한다. 이 전체 프로세스를 데이터 **압축**(data reduction)이라고 한다. 데이터 압축은 원시 데이터를 더 적은 양의 유용한 정보로 변환하는 것이다. 서술 분석, 예측 분석 그리고 처방 분석은 데이터 압축의 핵심적인 단계이다.

서술 분석은 데이터 압축의 첫 번째 단계이다. **서술 분석**(descriptive analysis)은 과거에 발생했던 일들을 요약하여 의사결정자가 과거의 행태들을 파악할 수 있게 해 준다. 조직들은 서술 분석을 활용하여 창고의 총재고량, 고객당 평균 지출 비용, 연간 매출액의 변화 등과 같은 정보를 생성한다. 서술 분석의 일반적인 예로는 조직의 생산, 운영, 판매, 재무, 재고 그리고 고객들에 대한 과거의 통찰력 등을 제공하는 보고서를 들 수 있다.

서술 분석용 비즈니스 분석 도구

서술 분석 애플리케이션의 비즈니스 분석 도구에는 온라인 분석 처리, 데이터 마이닝, 의사결정지원시스템 그리고 다양한 통계 절차 등이 포함된다. 이러한 통계적 절차의 예로는 기술 통계, 선호도 분석 등이 있다(그림 12.3 참조). 다음에서 이러한 도구들에 대하여 하나씩 자세히 살펴보기로 한다.

온라인 분석 처리(OLAP). 비즈니스 분석 애플리케이션은 **다차원 분석**(MDA: multidimensional analysis)이라고도 불리는 **온라인 분석 처리**(OLAP: online analytic processing)를 포함한다. OLAP은 차원 형식으로 저장된 데이터를 '분석하고 종합(slicing and dicing)할 수' 있도록 하여, 보다 상세한 정보를 얻기 위해 데이터의 드릴다운을 허용하며, 또한 데이터를 종합할 수도 있게 해 준다.

5장의 예에서 살펴보았던 데이터 큐브와 관련한 그림 5.6을 기억해보자. 제품이 X축에, 지역이 Y축에, 그리고 시간이 Z축에 있다. 이제 이 회사가 서부 지역에서 2017년에 얼마나 많은 너트를 판매하였는가를 알고 싶다고 가정하자. 이제 제품(X축)에 대한 특정 척도를 '너트'로 하고, 지역(Y축)의 척도는 '서부', 그리고 시간(Z축)을 위한 척도로는 '2017년'을 사용하여, 큐브를 분석하고 종합하여 보자. 분석과 종합 후 셀에 남아있는 값 또는 값들은 질문에 대한 대답이 된다. 드릴 다운의 예로, 2017년에 얼마나 많은 너트가 판매되었는지 확인할 수도 있다. 또 대안으로, '롤업(roll-up)'이라고 불리는 종합의 예로서, 2017년에서 2019년까지 동안 얼마나 많은 너트가 판매되었는가를 알고 싶을 수도 있다.

데이터 마이닝. **데이터 마이닝**(data mining)은 대규모 데이터베이스에서 가치가 있는 기업정보를 탐색하는 과정을 의미한다. 데이터 마이닝은 (1) 추세와 행태에 대한 예측, 그리고 (2) 이전에 알려지지 않은 패턴의 인식 등 두 가지의 기본 연산을 수행한다. 첫 번째 연산은 서술 분석 애플리케이션이고, 두 번째는 예측 분석 애플리케이션이다.

서술 분석에서 데이터 마이닝은 조직의 데이터에서 이전에 숨겨진 패턴을 식별할 수 있게 해준다. 예를 들어 서술 분석 애플리케이션은 소매 판매 데이터를 분석하여 보기에는 서로 연관성이 없는 제품을 사람들이 자주 함께 구매하는 행동을 발견할 수 있다. 전형적인 예로 맥주와 기저귀를 들 수 있다. 데이터 마이닝에 따르면 젊은 사람들은 편의점에서 쇼핑할 때 맥주와 기저귀를 동시에 사는 경향이 있다. 이러한 유형의 분석을 선호도 분석 또는 장바구니 분석이라고 한다.

POM **MKT** 선호도 분석은 특정 개인 또는 그룹이 수행하는 활동 사이에서 동시에 발생하는 관계를 발견하는 데이터 마이닝 응용 프로그램이다. 소매업에서의 선호도 분석은 소매업체가 고객의 구매 행동을 이해하려고 하는 **장바구니 분석**을 수행하는 데 사용된다. 소매업체는 이 정보를 교차 판매, 상향 판매, 판촉, 로열티 프로그램, 매장 디자인(제품의 물리적 위치) 그리고 할인 제안 등의 목적으로 사용하고 있다. 장바구니 분석을 통한 교차 판매의 예로는 아마존이 "도서 A를 구매한 고객이라면 도서 B도 구매하고 싶어 할 수 있음"을 적용하고 있는 것이다.

또 다른 예로, 장바구니 분석은 고객이 종종 샴푸와 컨디셔너를 함께 구매한다는 사실을 소매업체가 파악할 수 있게 해 준다. 따라서 두 품목을 동시에 프로모션에 적용하면 수익이 증가하지 않지만, 이 두 품목 중 하나만을 포함하는 판촉 활동은 다른 품목의 판매를 유도할 가능성이 높아지게 되어 수익에 기여할 수 있게 되는 것이다.

의사결정지원시스템. **의사결정지원시스템(DSS: decision support systems)**은 광범위한 사용자 참여(user involvement)와 함께 반구조화된 과제나 일부 비구조화된 과제를 해결하기 위해 모형과 데이터를 결합한다. **모형**(models)은 현실을 단순화시켜 표현하거나 추상화하여 표현한 것이다. DSS는 기업의 관리자와 분석가들이 데이터에 상호대화식으로 접근하여, 그 데이터들을 조작함으로써, 적절한 분석을 실행하도록 설계되어 있다.

DSS는 학습을 향상시켜 모든 수준의 의사결정에 기여할 수 있다. DSS는 또한 수학적 모형을 활용하기도 한다. DSS는 뒤에서 논의할 민감도 분석, 시나리오 분석, 그리고 목표 탐색 분석 등과 관련된 기능들도 수행한다. 예를 들어, 엑셀은 이러한 세 가지 모두를 지원한다.

POM **MKT** DSS와 세 가지 유형의 분석에 대해 예를 들어 살펴보기로 한다. 블루 나일(www.bluenile.com)은 공인된 다이아몬드 온라인 소매업체이다. 이 회사의 웹 사이트에는 고객이 자신의 요구에 가장 적합한 다이아몬드를 찾을 수 있도록 지원하는 의사결정지원시스템이 내장되어 있다. 블루 나일의 DSS는 민감도 분석, 가상 분석 그리고 목표 탐색 분석 등의 훌륭한 예를 제공한다.

블루 나일 웹 사이트의 왼쪽 상단 모서리에 있는 'Diamonds'를 클릭한다. 그러면 드롭 다운 상자에 '다이아몬드 검색'이 표시된다. 블루 나일 DSS로 실험할 때 사용 가능한 라운드 다이아몬드의 수는 DSS에 액세스하여 분석을 수행할 때 얻은 것과 다르다. 그 이유는 이 회사가 다이아몬드를 판매함에 따라 블루 나일 웹 사이트가 거의 실시간으로 업데이트되기 때문이다.

다양한 종류의 다이아몬드가 있지만 이 예에서는 '라운드'를 클릭하기로 한다. 그러면 다음과 같이 화면에 표시가 된다(그림 12.4 참조).

- 구매 가능한 라운드 다이아몬드의 수가 화면의 상단부에 표시가 된다. 블루 나일 DSS에 접속했을 때 회사는 241,097개의 라운드 다이아몬드를 판매하고 있다고 제안하고 있다.

그림 12.4 블루 나일 웹 사이트

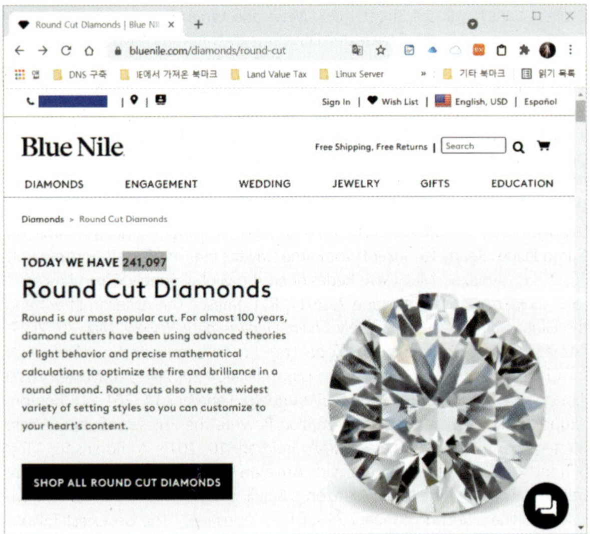

- 5개의 슬라이드 바 레이블: 가격, 캐럿, 컷, 색상 그리고 선명도. 각 슬라이드 막대는 블루 나일의 DSS에서 변수를 나타낸다.
- 5개 변수 각각에 대한 값과 함께 각 다이아몬드 목록: 이 목록은 분석을 위한 데이터, 즉 구매 가능한 모든 라운드 다이아몬드의 목록을 보여 준다.

민감도 분석. 민감도 분석(sensitivity analysis)은 다른 입력 내용은 그대로 일정하게 유지하면서 일부의 입력 내용을 변화시켰을 때 그 출력 결과가 얼마나 민감하게 변화하는지를 조사한다. 민감도 분석은 시스템이 변화하는 조건과 의사결정 상황의 변화에 따른 다양한 요구 사항에 적용할 수 있기 때문에 가치가 있다. 다음의 데이터에 대해 두 가지의 민감도 분석을 수행해보기로 한다.

- 먼저 캐럿 변수에 대한 슬라이드 바를 조정하여 1.00~1.50캐럿 사이의 둥근 다이아몬드만 볼 수 있도록 한다. 다른 모든 슬라이드 바는 완전히 열린 위치에 그대로 둔다. 그런 식으로 다른 변수를 일정하게 유지할 수 있다. 이제 분석 가능한 라운드형 다이아몬드의 수가 급격히 감소하는 것을 알 수 있다. 이 절차를 따랐을 때 구매 가능한 라운드형의 다이아몬드의 수는 25,752개로 감소하였다(그림 12.5 참조).
- 둘째, 색상 변수의 슬라이드 막대를 조정하여 D, E 그리고 F 색상의 둥근 다이아몬드만 볼 수 있도록 한다. 캐럿 슬라이드 바를 다시 넓혀 주고, 다른 슬라이드 바들도 완전히 열어 둔다. 이 절차를 따랐을 때 구매 가능한 라운드형 다이아몬드의 수는 135,139개로 변경되었다(그림 12.6 참조).

이러한 두 가지 민감도 분석의 결과를 비교해보면, 다른 변수를 일정하게 유지한 상태에서 판매용 라운드형 다이아몬드의 수가 색상의 변화보다 캐럿의 변화에 더 민감하다고 말할 수 있다.

그림 12.5 캐럿 변수 슬라이드의 조절

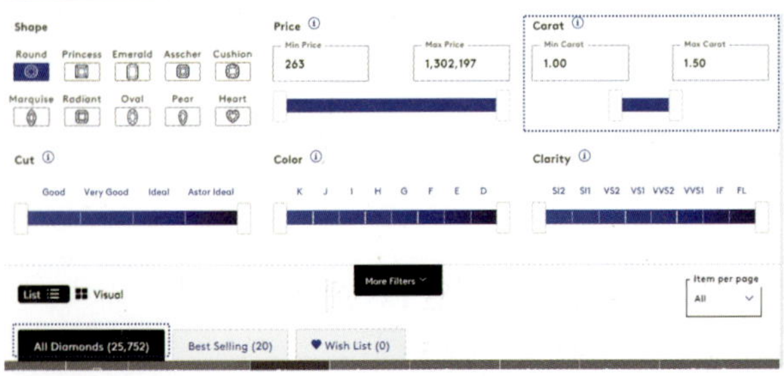

그림 12.6 색상 변수 슬라이드의 조절

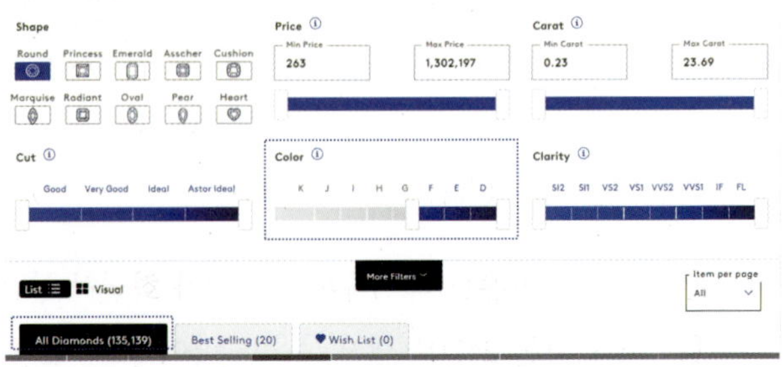

시나리오 분석. 모형의 설계자는 불확실한 미래에 대하여 입력 데이터의 많은 부분을 추정에 근거하여 예측하고 가정함으로써 모형을 작성하게 된다. 그 결과는 이러한 매우 주관적인 가정들의 정확성에 의해 좌우된다. 시나리오 분석(what-if analysis)은 제시된 해결방안에 대하여 (입력 데이터의) 가정을 변경함으로써 발생하는 변경 효과를 측정하고자 한다.

데이터에 대하여 시나리오 분석을 수행해보기로 한다. 한 청년의 약혼자는 약혼 반지가 1캐럿에서 2캐럿 사이이고, 최소 매우 좋은 컷을 그리고 F 색상 이상으로 최소 VVS2의 선명도를 원하고 있을 것으로 가정하였다(VVS2는 '매우 작은 결함'을 의미함). 이들 4개의 변수 모두에 대하여 슬라이드 막대를 동시에 조정해본다. 그러면 구매 가능한 라운드 다이아몬드의 수는 3,817개로 감소함을 알 수 있다(그림 12.7 참조).

그림 12.7 데이터의 입력

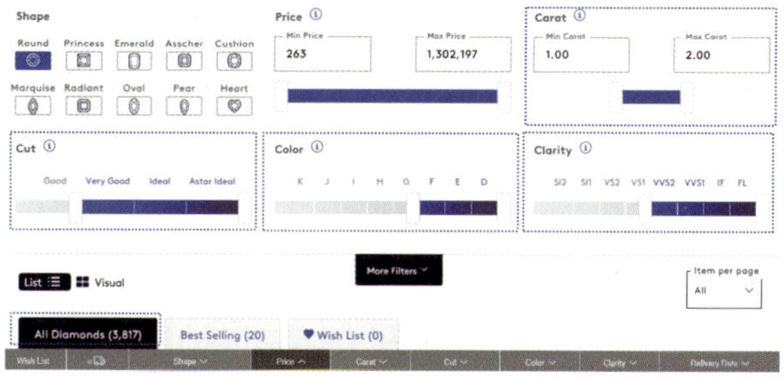

목표 탐색 분석. 목표 탐색 분석(goal-seeking analysis)은 역방향(backward)으로 해결방안을 찾아가는 접근방식을 의미한다. 즉, 원하는 수준의 결과(output)를 얻는 데 필요한 입력 값(input value)을 찾고자 하는 것이다.

데이터를 이용하여 목표 탐색 분석을 수행해보기로 한다. 앞의 예에서 청년이 다이아몬드 3,817개 목록을 보았을 때 (목록 오른쪽에 있는 스크롤 막대를 사용하여) 가격이 6,429달러에서 70,389달러 사이라는 것을 알았다. 그런데 그는 약혼자의 다이아몬드에 투자할 수 있는 금액이 8,000달러 밖에 없다. 결과적으로 캐럿, 컷, 색상 그리고 투명도 등의 변수에 대한 슬라이드 바를 열고 가격 변수에 대한 슬라이드 바를 7,500달러에서 8,500달러 사이로 조정해보았다. 그 결과 구매 가능한 라운드형 다이아몬드의 수는 237개로 감소하였다(그림 12.8 참조).

그림 12.8 가격의 조정

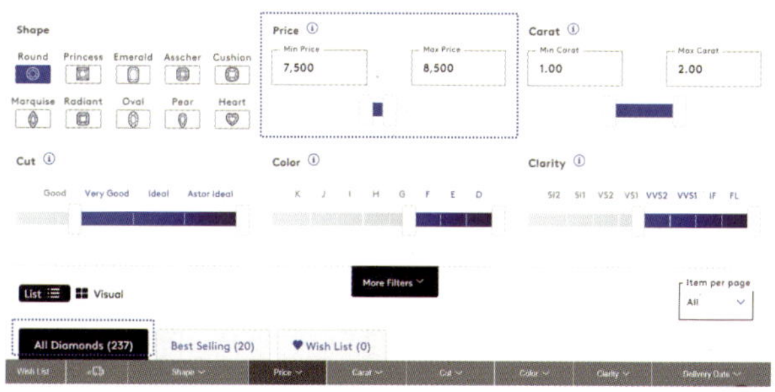

이 커플은 이제 다이아몬드 목록을 조사하여 가용한 예산 한도 내에서 어떻게 네 가지 변수를 조합하는 것이 적절한지를 결정해야 한다. 이를 위해 이들은 다음과 같은 몇 가지 시나리오 분석을 수행하였다(그림 12.9 참조).

- 그녀는 1캐럿과 2캐럿 사이의 다이아몬드를 정말로 원하고 있다. 캐럿 슬라이드 바를 조정하니 라운드형 다이아몬드의 수는 3,166개로 떨어졌다.
- 그녀는 D, E 또는 F 색상을 원한다고 결정했다. 색상 슬라이드 바를 조정하니 가능한 라운드형 다이아몬드의 수는 1,329개로 감소하였다.

그림 12.9 시나리오 분석 결과

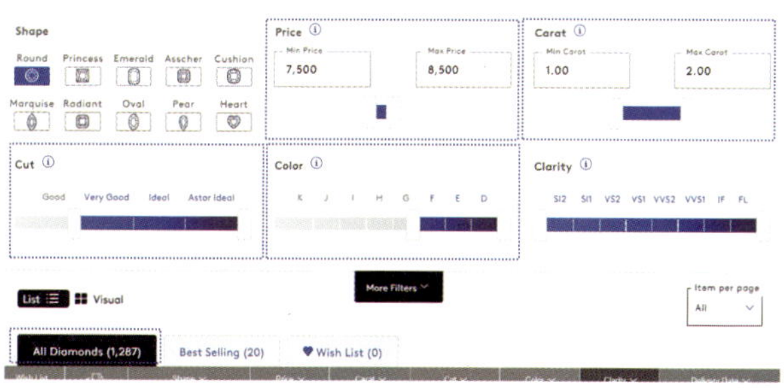

- 다음으로, 그녀는 최소한 매우 좋은 컷(very good)을 선택했다. 컷 슬라이드 바를 조정한 후 사용 가능한 라운드 다이아몬드 수가 1,287개로 떨어졌다.
- 이 커플은 모든 1,287개의 다이아몬드가 투명도 변수의 값에 있어서 매우 다양한 유형이 있음을 발견했다. 이 시점에서 그들은 어느 정도의 투명도를 받아들일 수 있는지 또는 다른 변수들에 대해 좀 더 추가적인 시나리오 분석을 수행할 수 있다.

서술 분석 애플리케이션의 예

이 절에서는 서술 분석에 대한 몇 가지 예를 제시하고자 한다. 서술 분석의 애플리케이션에 있어서 종종 예측 분석 애플리케이션을 즉시 제안할 수 있다는 점을 기억해야 한다. 판당고와 그 밖의 다른 레스토랑의 예부터 살펴보기로 한다.

POM **판당고.** 판당고(www.fandango.com)는 영화관의 온라인 티켓을 판매하고 있는 선두 업체이다. 이 회사는 미국 전역에 있는 약 2만 개의 영화관을 위한 수백만 장의 티켓을 판매하고 있다. 판당고는 고객, 영화관, 티켓 판매 그리고 상영 시간 등에 대한 데이터를 수집한다.

MKT 판당고는 지난 1년간 고객들의 영화 선호도를 분석하기를 원했다. 판당고의 분석가는 영화 제목 샘플을 사용하여 다양한 장르의 영화에 대한 총 매출액을 조사하였다. 예를 들어 코미디, 드라마, 액션 등이 있다. 영화 관람객의 샘플을 대상으로 일주일 동안의 평균 티켓 판매량, 가장 인기있는 영화, 영화 장르 간의 고객 분포, 영화관에서 하루 중 가장 혼잡한 시간 그리고 그 밖의 여러 분석을 수행하였다. 이러한 서술 분석은 판당고가 티켓 가격을 책정하고, 특정 영화 또는 상영 시간에 대한 할인 제공 여부를 결정하고, 다른 극장에서 같은 영화의 상영 시간을 할당하는 데 도움이 되었다.

ACCT **FIN** **HRM** **옵텀알엑스.** 약국 관리 서비스 회사인 옵텀알엑스(OptumRx; www.optumrx.com)는 고객들의 여드름 치료제 지출이 다른 고객들의 의약품 지출에 비해 높은 사실을 확인하고 고객 회사의 처방약 청구를 분석하고 있었다. 데이터를 분석한 결과 옵텀알엑스는 직원들이 주로 구형의 일반 의약품을 조합한 새로운 브랜드의 여드름 치료제를 처방받았다는 사실을 발견했다. 옵텀알엑스는 6만 명의 직원이 근무하는 회사 고객에게 이를 알리고 환자들에게 저렴한 약으로 치료를 시작하고 다른 약들이 효과가 없는 경우에만 더 비싼 약을 사용하도록 요구하였다. 6개월 만에 이 회사는 7만 달러 이상을 절약할 수 있었다.

POM **HRM** 다른 사례에 있어서 옵텀알엑스는 고객 회사 중 한 곳에서 주의력 결핍 과잉 행동 장애(ADHD) 약물이 성인에게 과다 처방되고 있음을 주목하였다. 이 직원들 중 일부는 직장에서 그들의 성과를 높이기 위해 약물을 사용하고 있었다. 이 회사의 의료급여 관리자는 ADHD 처방에 대한 환급에 더 엄격한 규칙을 수립하여 1만 9천 명의 직원이 근무하는 회사가 11만 달러를 절약할 수 있게 하였다.

HRM 옵텀알엑스는 또한 환자 건강을 개선하는 데에도 서술 분석을 사용하고 있다. 예를 들어, 이 회사는 천식환자들이 흡입기에 너무 많은 퍼프를 복용하고 있는지 확인하기 위해 그들이 얼마나 자주 처방전을 다시 받는지를 분석할 수 있다. 이는 이 직원들이 다른 약을 필요로 한다는 것을 나타낼 수 있다. 환자들에게 더 효과적인 약으로 바꾸어 주는 것은 이러한 약이 더 비싸더라도 더 많은 비용이 드는 병원과 응급실 방문을 줄이는 데 도움이 될 수 있기 때문에 가치있는 일이다.

서술 분석의 또 다른 예로는 이 장의 도입사례, 종료사례 그리고 IT와 기업사례 12.1, 12.2, 12.3, 12.4 그리고 12.5를 참조하기 바란다. 특히 IT와 기업사례 12.1은 텔러스연구소가 서술 분석을 성공적으로 활용하여 다양한 작물의 상태에 대한 귀중한 정보를 제공하는 방법을 보여 주고 있다. 텔러스연구소는 또한 작물 수확량을 예측하기 위해 예측 분석을 사용하고 있다.

실시간 데이터(예: 사물 인터넷, 8장 참조)를 수집하고, 저장하여, 활용하는 기술의 출현으로 실시간 비즈니스 분석 사용자들은 실시간으로 데이터를 분석할 수 있게 되었다. 실시간 비즈니스 분석은 또한 조직들이 새롭고 혁신적인 방식으로 의사결정을 내리고 고객과 상호 작용할 수 있도록 도와주고 있다. 실시간 비즈니스 분석은 의사결정의 초점이 미래의 어느 시점이 아닌 현재의 실시간이기 때문에 서술 분석과 밀접한 관련을 갖는다.

확인하고 넘어가기

1. 서술 분석의 목적을 설명해보자.
2. 서술 분석에서 널리 사용되는 비즈니스 분석 도구들에 대하여 논해보자.

12.4 예측 분석

예측 분석(predictive analytics)은 최근과 과거의 데이터를 검토하여 패턴을 발견하고 향후 결과와 추세 등을 예측한다. 예측 분석은 미래 결과의 가능성에 대한 추정치를 제공한다.

예측 분석의 목적은 미래에 일어날 일을 의사결정자에게 알리는 것이 아니다. 예측 분석은 확률을 기반으로 미래에 일어날 수 있는 일들을 예측할 수 있을 뿐이다. 예측 분석 애플리케이션은 고객 행동과 구매 패턴을 예측하고, 판매 활동의 추세를 식별하며, 공급 업체의 투입물에 대한 수요를 예측한다.

IT와 기업사례 12.1
텔러스 연구소

POM **MIS**

2016년에 미국은 150억 부셸(1부셸은 약 35.2383리터임) 이상의 옥수수와 40억 부셸의 대두를 생산하여 옥수수와 콩이 미국에서 가장 널리 생산되는 두 가지 대표 작물이 되었다. 이러한 큰 수확량은 3백만 명이 넘는 미국 농부와 수천 명의 금융, 보험, 농업 기업 그리고 정부의 의사결정권자에게 영향을 미치고 있다. 중요한 문제이기에 작물 수확량을 정확하게 예측하는 것이 중요하게 되었다.

텔러스 연구소(www.indigoag.com/geospatial-innovation)는 나사(NASA; www.nasa.gov)가 제공하는 매일의 위성 이미지와 상업용 위성, 미국 해양 대기청(NOAA; www.noaa.gov)의 날씨 데이터 그리고 미국 농무부(USDA; www.usda.gov)의 계절별 작물 재배 정보 등을 이용하여 분석 목적으로 데이터를 통합하는 매사추세츠주 보스턴에 소재하고 있는 창업 기업으로 최근 농업 기업인 인디고(Indigo AG)가 인수하였다. 이 회사는 천연 자원에 대한 인텔리전스를 생성하기 위해 분석 작업(예: 농업 수확량 예측)에 기계학습 알고리즘(기술가이드 4 참조)을 사용한다.

데카르트 연구소(www.descarteslabs.com)와 오비탈 인사이트(www.orbitalinsight.com) 등과 같은 다른 위성 이미지 분석 회사들도 있다. 그러나 텔러스 연구소는 식생과 기후학에 대한 과학적 전문 지식을 분석에 응용하고, 오직 천연자원에만 집중하는 차별점을 가지고 있다.

이 회사는 천연자원들에 대해 어려운 결정을 내려야 하는 많은 조직이 있다고 주장한다. 이 회사의 설립 목적은 그들에게 양질의 데이터를 신속하게 제공하는 것이다.

FIN 이 회사의 첫 번째 제품은 농산물 예측 모델링 도구인 커널(Kernel)이다. 커널은 미국 전역의 주요 옥수수와 콩 재배 지역의 지도를 보여 주는 상호대화 방식의 온라인 대시보드를 제공한다. 이 대시보드는 또한 예측된 수확량, 수확 면적, 그리고 총 생산량 등과 같은 주요 재무지표들도 표시한다. 이 시스템의 사용자들은 하나의 주, 농업 지구 또는 카운티 수준에서 데이터를 검토할 수 있다. 또한 미국 농무부(USDA)의 과거 수확량 데이터들도 검토할 수 있다. 이 대시보드는 옥수수와 대두 생산량 추정치에서의 평균값 변화도 매주 표시한다. 텔러스 연구소는 이러한 예측을 매일 업데이트하고 있다.

커널은 조직들과 대중이 여러 방법으로 사용할 수 있는 빠르고 안정적인 데이터를 제공하도록 설계되었다. 예를 들어, 상품 거래자는 선물 시장에서의 거래를 위해 필요한 정보를 사용할 수 있다. 에탄올 공장 운영자는 계약 농가가 계속 가동하기에 충분한 옥수수를 공급할 수 있는지를 판단하기 위해 커널을 참고할 수 있다. 디어 앤 컴파니(John Deere)와 같은 농업 기업은 커널의 데이터 피드(최신의 업데이트된 데이터)에 라이센스를 부여하고, 작물에 제공해야 하는 물의 양을 자동으로 조정하는 스마트 펌프(smart pump)에 이 데이터들을 통합할 수 있게 되었다.

텔러스 연구소는 내부 테스트를 통해 이 회사가 미국 옥수수와 콩의 연말 수확량을 연방 정부보다도 더 정확하게 예측할 수 있다고 주장하고 있다. 테스트에서 이 연구소는 연말 수치를 예측하기 위해 이 시스템의 알고리즘을 사용하여 공개적으로 사용 가능한 USDA의 2004년부터 2014년까지의 과거 옥수수와 콩 수확량 데이터를 분석하였다. 이 기간 동안 이 연구소의 추정치는 옥수수와 대두의 주요 거래 기간인 8월과 9월 동안의 거의 70%로 USDA의 추정치보다 나은 결과를 보여 주었다. 2016년 커널은 공개적으로 이용가능한 시즌 예측치보다 2개월 앞서 USDA의 2016년 옥수수와 대두 수확량을 예측하였다. 커널은 콩 수확량에 대한 USDA 추정치를 정확히 예측하였고, 또한 옥수수에 대한 USDA 추정치의 1% 범위 이내에 있었다.

텔레스 연구소는 밀에 대한 예측 모델을 출시하고, 아르헨티나, 브라질 그리고 중국에까지 옥수수 생산량 데이터를 확장하며, 인공위성을 통해 숲과 대형 담수 저수지 등을 모니터링할 계획이다. 이 회사의 설립자들은 아직까지도 분석되고 있지 않은 흥미로운 글로벌 규모의 지리 공간 문제들이 많이 존재하고 있다는 점에 주목하고 있다. 이들이 가지고 있는 관심의 예를 들면 다음과 같다. 빠르게 증가하는 세계 인구를 위해 어떻게 식량을 생산할 수 있을 것인가? 증가하고 있는 수자원의 이용 한계를 어떻게 관리할 것인가? 지구 온난화 시대에 있어서 우리의 토지와 산림자원을 어떻게 가장 잘 관리 할 수 있을까?

반면에 미국 농무부는 2018년 위성 이미지만으로는 연간 옥수수, 밀 그리고 콩 수확량 등을 예측할 수 없다고 하였다. 대신에 정부의 주요 정보 출처는 농민들 대상의 설문 조사와 무작위의 현장 표본조사였다.

그렇다면 결론은? 2017년 1월 이 연구소는 종자 기금으로 310만 달러를 모금했다고 발표했다. 또한 2018년 9월까지 전 세계의 약 1천 개의 조직과 개인이 텔러스 연구소의 데이터에 의존하고 있다. 2018년 말 현재, 농부들이 지구를 지속 가능한 방식으로 식량을 생산할 수 있도록 돕는 회사인 인디고(Indigo AG; www.indigoag.com)가 텔러스 연구소를 인수하였다. 오늘날 인디고는 이 기술을 계속해서 성장시키고 있다.

출처: Compiled from "Indigo Ag, Inc. Acquires TellusLabs, a Leader in Satellite Technology and Artificial Intelligence, to Enhance Indigo's Data-Driven Agronomic Solutions," *Business Wire*, December 13, 2018; J. Wilson, "Satellites Are Great, but They Don't Beat U.S. Crop Forecasters," Bloomberg.com, April 11, 2018; E. Peterson, "How Satellite Data Is Changing the Definition of Crop Reports," OpenMarkets, October 26, 2017; N. Thakkar, "9 Practical Use Cases of Predictive Analytics," Dataone Innovation Labs, July 10, 2017; "TellusLabs New Kernel Models Show a 2017 U.S. Growing Season Back on Track," TellusLabs News Release, June 28, 2017; G. Anadiotis, "Planet Analytics: Big Data, Sustainability, and Environmental Impact," ZDNet, April 22, 2017; T. Sparapani, "How Big Data and Tech Will Improve Agriculture, from Farm to Table," *Forbes*, March 23, 2017; J. Hofherr, "How Boston Startup TellusLabs Answers Big Environmental Questions Using Satellite Imagery," builtinboston.com, February 13, 2017; T. Bindi, "Transforming the Agriculture Industry Using IoT and Predictive Analytics," ZDNet, February 1, 2017; J. Mannes, "TellusLabs Wants to Help Us Better Understand Our Planet," *TechCrunch*, January 17, 2017; G. Burningham, "How Satellite Imaging Will Revolutionize Everything from Stock Picking to Farming," *Newsweek*, September 8, 2016; E. Woyke, "Crystal Ball for Corn Crop Yields Will Revolutionize Commodity Trading," *MIT Technology Review*, August 9, 2016; A. Brokaw, "This Startup Uses Machine Learning and Satellite Imagery to Predict Crop Yields," *The Verge*, August 4, 2016; A. Satariano and A. Bjerga, "Farming Big Data," *Bloomberg BusinessWeek*, June 13–26, 2016; "How Satellite Technology Is Predicting Crop Yields," Thomson Reuters, March 31, 2016; and https://www.indigoag.com/geospatial-innovation, accessed July 16, 2019.

질문

1. 텔러스 연구소의 서술 분석 애플리케이션을 설명해보자.
2. 텔러스 연구소의 예측 분석 애플리케이션을 설명해보자.
3. 텔러스 연구소에 적용 가능한 처방 분석 애플리케이션을 설명해보자.

예측 분석의 비즈니스 분석 도구

조직은 예측 분석을 수행할 때 다양한 비즈니스 분석 도구와 통계 절차를 사용한다. 도구에는 데이터 마이닝이 포함되며, 통계 절차에는 선형 회귀, 다중 회귀 그리고 로지스틱 회귀 등이 포함된다. 예측 분석에 사용되는 다른 많은 도구와 통계 절차들도 있다. 설명을 위해 이 절에서는 데이터 마이닝과 선형 회귀를 중심으로 살펴보기로 한다.

데이터 마이닝. 데이터 마이닝은 (1) 이전에 알려지지 않은 패턴을 식별하고 (2) 추세와 행동을 예측하는 등의 두 가지의 기본 작업을 수행할 수 있다. 첫 번째 작업은 서술 분석 애플리케이션이고 두 번째 작업은 예측 분석 애플리케이션이다.

예측 분석에서 데이터 마이닝은 추세와 행동을 예측할 수 있다. **MKT** 예를 들어, 표적 마케팅(targeted marketing)은 예측 정보에 의존한다. 데이터 마이닝은 과거 홍보 메일의 데이터를 사용하여 향후 메일링에 호의적으로 응답할 가능성이 가장 높은 잠재 고객을 식별할 수 있다. **FIN** 예측 정보를 사용하는 또 다른 비즈니스 문제는 파산과 기타 형태의 채무 불이행을 예측하는 것이다.

FIN 또 다른 예측 분석 애플리케이션은 사기성 신용카드 거래를 탐지하는 것이다. 시간이 지남에 따라 신용카드를 사용하는 데 있어서 일반적인 방식과 일반적인 쇼핑 행동(카드 사용 장소, 지출 금액 등) 등의 패턴이 나타난다. 카드를 분실하여 부정하게 사용되는 경우 그 카드의 사용은 기존의 패턴과는 현저히 달라진다. 데이터 마이닝 도구는 이러한 차이를 식별하고 신용카드 회사에 경고를 보낼 수 있다.

수많은 예측 데이터 마이닝 애플리케이션이 비즈니스를 포함한 다양한 분야에서 사용되고 있다. 다음은 이러한 다양한 애플리케이션들의 대표적인 예를 보여 준다.

- **MKT** 소매업과 판매: 판매 예측, 절도와 사기의 예방, 그리고 정확한 재고 수준과 매장 간의 유통 일정을 결정한다. 예를 들면, 군 기지 내 소매점인 AAFES는 1,400개의 매장에서 근무하는 직원들의 절도와 싸우기 위해 SAP(www.sap.com)의 프로드 워치(Fraud Watch)를 이용하고 있다.
- **MKT** 마케팅: 우편발송에 반응하거나 특정 제품을 구매할 소비자를 예측하기 위해 사용할 수 있는 고객의 인구통계를 분류한다.
- **FIN** 금융: 부실 채권 수준과 부정 신용카드 이용에 대한 예측, 신규 고객이 사용하는 신용카드 예측, 그리고 신규 대출 상품에 대하여 잘 응답하는 (그리고 적합한) 고객의 유형을 결정한다.
- **FIN** 사회적 이익: 심파 네트웍스(Simpa Networks)는 인도의 가난한 가정과 소기업에 태양광 서비스를 판매하고 있다. 심파는 심파가 잠재 고객의 신용도를 평가하는 데 도움이 되도록 데이터 과학자들이 심파의 과거 고객 데이터를 분석하는 데이터 카인드(DataKind; www.datakind.org)와 파트너 관계를 맺었다.
- **FIN** 보험: 보험료 청구 금액과 의료 보험 적용 비용 예측, 건강보험에 영향을 미치는 가장 중요한 요인을 분류하기, 그리고 어떤 고객이 신규 보험 정책을 구매할 것인가를 예측하기 등이다.
- **POM** 제조와 생산: 기계의 오류 예측과 제조 능력을 최적화하도록 돕는 주요 요인들을 발견한다.

- 헬스케어: 환자의 인구통계(demographics)와 주요 질병 간의 상관관계, 증세와 원인을 식별하고 처방하기 위한 보다 나은 통찰력을 발견한다. 2013년 3월, 마이크로소프트와 스탠포드대학은 특정 약물의 보고되지 않은 부작용을 성공적으로 식별하기 위해 수많은 사용자들의 검색데이터를 마이닝하였다고 보고하였다.
- 정치: 네이트 실버(Nate Silver)는 그의 파이브서티에잇(FiveThirtyEight) 블로그에서 그 유명한 2008년 대통령 선거 결과를 예측하기 위하여 투표와 경제 데이터를 분석하였고, 50개 주 중에서 49개의 주를 정확하게 예측하였다. 그런 다음 그는 2012년 대통령 선거에서는 50개 주 전체를 정확하게 예측하였다.
- 일기: 미국 기상청은 과거와 현재의 대기 상태, 위치, 온도, 기압, 풍속 등을 포함하는 수많은 변수를 분석하여 정확도와 정밀도를 높인 날씨를 예측하고 있다.

예측 분석 애플리케이션의 예

이 절에서는 예측 분석의 수많은 예를 제시한다. 서술 분석 애플리케이션은 종종 예측 분석 애플리케이션을 즉각적으로 제안한다는 점을 기억하기 바란다. 판당고의 예를 계속 살펴보기로 한다.

MKT **판당고.** 티켓 판매자는 특정 날짜에 특정 영화에 대한 할인 혜택이 있는 회원에게 이메일을 언제 보낼지 어떻게 아는가? 존 존스의 경우를 생각해보자. 예측 분석 도구는 테라바이트 양의 데이터를 분석하여 존이 공상 과학 영화를 좋아하지만 지난 금요일 이후 개봉한 최신 공상 과학 영화를 보지 못했다는 것을 확인한다.

추가적인 예. 예측 분석은 모든 산업의 조직 전체에서 사용되고 있다. 이 장의 도입사례와 종료사례에서 몇 가지 시나리오를 제시한다. 다음은 몇 가지 다른 사례들이다.

- MKT 예측 분석은 식료품점의 계산대에서 받는 쿠폰의 사용을 유도한다. 영국의 거대 식료품 업체인 테스코(www.tesco.com)는 고객이 사용할 할인을 예측하여 13개국의 금전 등록기에서 연간 1억 개 이상의 개인화된 쿠폰을 더 효과적으로 타겟팅할 수 있다. 이 프로세스는 이전 방법에 비해 쿠폰 사용률을 360% 증가시켰다.
- MKT 웹 사이트는 여러분이 어느 광고를 클릭할지를 예측하여 여러분에게 표시할 광고를 즉시 선택할 수 있도록 함으로써 수백만 달러의 새로운 수익을 창출하게 한다.
- POM MKT 온라인 데이트의 선도 기업인 매치(www.match.com), 오케이 큐피드(www.okcupid.com) 그리고 이하모니(www.eharmony.com) 등은 여러분의 화면에서 어떤 대상이 여러분과 가장 잘 어울리는지 예측한다.
- POM 무선 통신 사업자는 사용자가 경쟁업체로부터 가입할지, 탈퇴할지를 그들이 결정하기 전에 그 가능성(해지라고 하는 프로세스)을 예측한다. 이러한 예측은 통화 끊김, 휴대전화 사용량, 결제 정보, 연락이 이미 끊어졌는지 등에 관한 요인들을 기반으로 이루어진다.

- **FIN** 올스테이트 보험은 보험에 가입된 차량의 특성을 기반으로 차량 충돌로 인한 신체 상해 책임을 예측하는 정확도를 3배로 높였다. 즉, 이 보험사는 차량을 기준으로 요율을 조정하였다. 이 과정을 통해 연간 약 4천만 달러를 절감하였다.
- **FIN** 금융 서비스 회사들은 예측 분석을 사용하여 신용 점수를 산출한다. 이 점수를 사용하여 고객이 정해진 기간에 신용 결제를 할 확률을 결정한다.
- 스탠포드대학의 데이터 과학자들은 신체 조직의 표본에서 더 많이 기여하는 요인을 고려하는 혁신적인 방법을 발견함으로써 인간 의사보다 유방암을 더 잘 진단해내기 위해 예측 분석을 사용했다.
- 오레곤과 펜실베이니아의 공무원들은 예측 분석을 사용하여 재소자가 다시 범죄를 저지를 위험을 평가하고 있다.
- **MKT** 감성 분석(sentiment analysis)은 또 다른 유형의 예측 분석이다. 감성 분석은 특정 주제, 제품 또는 서비스에 대한 작성자의 태도가 긍정적인지, 부정적인지, 중립적인지 판단하기 위해 텍스트에 표현된 의견을 분석하는 과정이다. 이러한 유형의 분석에 대한 입력은 예를 들어, 평가 점수, 추천 사항, 트윗, 페이스북 게시물 등과 같은 일반 텍스트이며, 그 산출 결과는 감성 점수이다. 이 점수는 양수 또는 음수일 수 있다. 이 점수는 긍정 또는 부정의 정도를 나타내는 −1에서 +1 사이의 숫자로 표시된다.

IT와 기업사례 12.2는 태양열 센서가 부착된 동물이 잠재적으로 지진, 화산 폭발 그리고 기타의 자연 현상을 예측할 수 있는 방법을 보여주고 있다. IT와 기업사례 12.3에서는 이하모니와 같은 온라인 데이트 서비스에서 분석을 사용하여 최적의 커플을 찾는 방법을 설명하고 있다.

예측 분석의 의도하지 않은 결과

예측 분석은 분명히 조직에 수많은 이점을 제공한다. 실제로 예측 분석이 조직의 성공에 매우 중요하다고 말할 수 있다. 그러나 예측 분석 애플리케이션은 조직에 의심스럽거나 심지어 해로운 결과를 초래할 수도 있다. 예를 들어 타겟(Target), 우버 그리고 LA 경찰국 등에서의 예측 분석에서 의도하지 않은 결과를 살펴보기로 한다.

IT와 기업사례 12.2
살아있는 인터넷

POM

미국지질조사국(USGS: www.usgs.gov)은 "지진 발생 전 몇 주에서 몇 초전까지 이상 행동을 보이는 동물, 어류, 새, 파충류, 곤충 등에 대한 일화적인 증거가 많다"고 그들의 웹 사이트에 언급하고 있다. 예를 들어 2014년에 연구자들은 일본을 황폐화시킨 2011년의 지진과 쓰나미 이전에 특이한 동물들의 행동을 조사했다. 그들은 지진이 발생하기 1주일 전에 진원지에서 200마일 이내에 사는 애완동물들이 주인에게 더 집착한 것 같다는 것을 발견했다. 같은 기간 동안 그 지역의 젖소들은 더 적은 우유를 생산하기도 했다.

마틴 비켈스키(Martin Wikelski)는 이 일화 증거를 뒷받침하는 과학적 증거를 제공하기 위해 빅 데이터를 수집하고 분석하기 위해 노력하고 있다. 그는 독일의 막스 플랑크 조류학 연구소(www.orn.mpg.de)의 조류 이동 전문가이다. 그는 동물 행동의 갑작스러운 변화로 지진, 화산 폭발 그리고 기타의 사건과 추세를 예측할 수 있는지 여부를 테스트하고 있다.

비켈스키는 2004년에 쓰나미가 인도네시아를 황폐화시키기 전에 안전한 땅으로 이동하고 있던 코끼리들을 기록하였다. 2012년과 2014년에 화산 폭발이 발생하기 4~6시간 전에 대규모 화산 폭발이 예상되었던 시칠리아의 에트나산에서 염소와 양의 이동 패턴을 기록하기도 했다.

2016년 10월 이탈리아 비쏘 마을에서 규모 6.1의 엄청난 지진이 발생했다. 비쏘의 한 농장에서 비켈스키는 소, 양, 개, 닭, 칠면조 그리고 토끼 한 마리에 1/6 온스 무게의 태양열 센서를 부착하였다. 이 장치는 자기 방향, 속도, 고도, 온도, 습도, 가속도 그리고 위치 등을 포함하여 동물의 움직임을 측정하였다. 그런 다음 그는 동물들이 그들을 예상했는지 알아보기 위해 여진을 기다렸다. 그가 동물에 태그를 붙인지 며칠 후, 규모 6.5의 또 다른 대지진이 그 지역을 강타했다. 비켈스키의 센서는 '동적 신체 가속(dynamic body acceleration)'을 감지했다. 즉, 여진이 발생하기 14시간 전에 동물이 평소보다 훨씬 더 많은 에너지를 소비했음을 의미한다. 의미심장하게도, 이 활동은 동물들이 정상적으로 잠들거나 유순할 때도 발생했다. 이 시점에서 비켈스키는 그의 발견을 발표하지 않았다. 그러나 그는 데이터를 통해 지진이 발생하기 몇 시간 동안 동물들이 일관된 방식으로 움직이고 있다는 사실을 알 수 있었다.

본질적으로 동물들은 환경 센서가 된다. 비켈스키는 현재 자신의 연구에서 수집한 빅 데이터를 ICARUS 이니셔티브(International Cooperation for Animal Research Using Space; www.icarusinitiative.org)에 입력하고 있다. ICARUS는 전 세계에 태그가 달린 동물로부터 데이터를 수집하도록 설계된 오픈소스 온라인 데이터베이스이다.

막스 플랑크 연구소, 독일 항공 우주 센터, 그리고 러시아 연방 우주국의 이니셔티브인 ICARUS는 수십 마리의 포유류, 새, 물고기, 심지어는 날아 다니는 곤충까지 작은 추적 센서를 태그로 부착하였다. 온라인으로 등록한 자원 봉사자의 도움으로 비켈스키는 2018년 8월까지 몇 마리의 동물에 태그를 부착했다. 이 팀은 궁극적으로 10만 마리 이상의 동물을 포함하는 것으로 이 프로그램을 발전시키기를 희망하고 있다.

ICARUS는 국제 우주 정거장(ISS)과 무선 주파수 통신이 가능하도록 태양열 추적 태그를 수천 마리의 동물과 곤충에 장착할 계획이다. 2018년 2월, 러시아 로켓이 ICARUS 임무의 안테나를 국제 우주 정거장으로 운반했다. 수신 안테나는 전 세계적으로 약 1,500만 개의 전송 태그에서 데이터를 수집할 수 있다. 이 소형 태그의 무게는 5그램에 불과하며 ICARUS 이니셔티브를 위해 특별히 개발된 것이다. 이를 통해 과학자들은 더 큰 철새는 물론 작은 동물을 원거리에서 추적할 수 있다.

ICARUS 안테나는 지구 위에서 약 200마일을 공전하며 지구 표면의 90% 이상을 커버하고 있다. ISS는 매 24시간마다 16번의 궤도를 만들기 때문에 이 태그들은 상당한 시간 동안 전송 범위를 벗어나지 않는다.

2019년 7월 현재 비켈스키는 점점 더 작은 생물에 태그를 부착하고 있다. 그는 매미, 잠자리, 땅벌 등에 태그를 달았다. 각 태그에는 온도계, 가속도계, GPS 수신기, 우주로 신호를 보낼 수 있는 송신기, 전력용 태양열 충전 배터리가 포함되어 있다. 동물 체중의 3%를 초과하는 태그는 행동을 바꾸고 생존을 위협할 수 있기 때문에 이 태그들은 매우 가볍다. 태양열 배터리는 이 태그를 동물이 운반하는 만큼 이론적으로 오래 지속될 수 있으며 회수와 재사용이 가능하다는 것을 의미한다. (참고: 태양열 태그는 여전히 밤에 동물을 추적하기 위해 배터리를 필요로 한다.) 이 태그들은 또한 동물의 이동, 움직임, 그리고 일생 동안의 에너지 소비 등을 기록하기에 충분한 최대 500MB의 데이터를 저장할 수 있는 메모리 칩이 포함되어 있다. 또한 이 태그는 정보를 수신하고 지상의 과학자에게 다시 전달할 수 있는 위성과 통신할 수 있는 강력한 송신기를 보유할 수 있는 저장공간이 있어야 한다.

ICARUS는 시간이 지남에 따라 2만 마리의 동물에 태그를 부착할 계획이다. 향후 태그의 부착은 사막의 메뚜기 떼를 농부에게 경고하거나 특정 질병의 발생을 추적하기; 어류에 먹이 주기와 번식을 더 잘 조절하기 위해 어업 개체군 모니터링; 새의 비행에서 더 정확하게 대기와 온도를 측정하기; 그리고 아프리카 과일박쥐가 항체를 개발한 것에 근거한 에볼라의 확산 추적 등이 예가 될 수 있다.

ICARUS는 살아있는 센서의 글로벌 네트워크, 즉 말 그대로 살아있는 인터넷을 구상하고 있다. 이 팀은 이러한 데이터를 이용하여 폭풍과 기후 변화는 물론 화산 폭발, 지진 그리고 쓰나미 등을 예측할 수 있기를 바란다. 우주의 유리한 지점에서 그들은 조류 독감과 같은 질병의 발생을 추적하고, 열대 지역의 목재 밀수를 방지하며, 코뿔소와 같은 멸종 위기에 처한 종을 더 잘 보호할 수 있기를 기대하고 있다.

출처: Compiled from L. Dormehl, "ICARUS Project Aims to Track Migration of 100,000 Animals – from Space," *Digital Trends*, August 21, 2018' "Ears for Icarus," *Max-Planck-Gesellschaft*, February 13, 2018; "Using Animals to Predict the Future," *Bloomberg Businessweek*, August 7, 2017; Krazytrs, "Icarus Project—What Is the Relationship between Animals and Natural Disasters?" *Ultimate Science*, July 11, 2017; E. Povoledo, "Can Animals Predict Earthquakes? Italian Farm Acts as a Lab to Find Out," *New York Times*, June 17, 2017; G. Anadiotis, "Planet Analytics: Big Data, Sustainability, and Environmental Impact," ZDNet, April 22, 2017; N. Wilson, "The International Space Station Will Soon Help Track Bird and Insect Migration," *Motherboard*, March 20, 2017; D. Martins, "Five Animals that Can Predict Earthquakes," The Weather Network, October 27, 2016; C. Seidler, "A New Technology for Following Songbirds," *Der Spiegel*, October 22, 2016; J. Carlowe, "Can Animals Help Us Predict Earthquakes," *Science Focus*, April 20, 2016; V. Shahrestani, "Sleeping Dogs React to a Californian Earthquake Seconds before It Hits," *The Telegraph*, August 18, 2015; C. Mooney, "We're Entering a Stunning New Era for Animal Tracking," *Washington Post*, June 11, 2015; S. Griffiths, "Animals CAN Predict Earthquakes," *The Daily Mail*, March 24, 2015; J. Ford, "Bees Fitted with Sensors to Monitor Environment," *The Engineer*, January 15, 2014; and http://icarusinitiative.org, accessed July 16, 2019.

질문

1. ICARUS 비즈니스 모델의 서술 분석 애플리케이션을 설명해보자.
2. ICARUS 비즈니스 모델의 예측 분석 애플리케이션을 설명해보자.
3. ICARUS에 적용 가능한 처방 분석 애플리케이션을 설명해보자.

IT와 기업사례 12.3

분석과 온라인 데이트

MKT POM

약 1억 9백만 명의 미국 성인들이 독신이고 이들을 매칭하는 것은 거대한 사업이 되었다. 사실, 대학생들은 이제 온라인 데이트를 할 가능성이 가장 높다. 이비스 월드(www.ibisworld.com)에 따르면 데이트 서비스 업계는 2017년에 28억 달러의 매출을 올렸다. 컨슈머 랭킹(www.consumerrankings.com)에 따르면 매치(www.match.com), 주스크(www.zoosk.com), 아워타임(www.ourtime.com), 이하모니(www.eharmony.com) 그리고 엘리트싱글스(www.elitesingles.com) 등이 5대 온라인 데이트 서비스이다. 다음에서 이들 중 이하모니에 대해 자세히 살펴보기로 한다.

기본적으로 이하모니는 잘 어울리는 커플을 찾기 위해 사람들에 대해 더 많이 알고 싶어한다. 이러한 목표를 달성하기 위해 이하모니는 2018년 8월 총 125TB에 달하는 네 가지 유형의 데이터를 수집하였다.

- 인구 통계학적 데이터(예: 나이, 성별, 위치, 취미, 성적 취향 등)는 자체 보고된다.
- 사이코 그래프 데이터(예: 좋아요, 관심사 그리고 습관 등)도 자체 보고된다. 사이코 그래프 관련 서비스는 '감성 에너지', 그리고 '호기심' 등 29개 차원의 상호 대응 데이터를 수집한다. 이하모니는 각 차원들이 서비스의 설문지에 여러 항목을 포함하기 때문에 이러한 차원들을 '심층 심리적 특성'이라고 한다. 그런 다음 이하모니는 각 차원의 항목에 대한 응답자의 답변을 분석하여 해당 차원 또는 심리적 특성에 대한 '점수'를 산출한다. 예를 들어, 설문지는 호기심 차원에 대하여 몇 가지 항목을 포함하고 있다. 이하모니는 이러한 항목들에 대한 응답자의 답변을 분석한 후 '호기심 없음'에서 '매우 호기심'까지에 이르는 호기심 점수를 할당한다.
- 행동 데이터—예를 들어 사이트에서의 사용자의 행동. 특히, 이하모니는 이하모니가 제안하는 각 일치 항목에 대해 회원이 취하는 행동에 대한 데이터를 수집한다(예: 당장 만나기? 무시하기?). 이 서비스는 또한 회원이 제공하는 피드백에 대한 데이터도 수집한다.
- 서비스를 통해 만난 커플에 대한 데이터. 이하모니의 연구팀은 각 커플의 허락을 받아 이 연구를 수행한다.

신경망과 기계학습 알고리즘은 잠재적인 일치를 평가하기 위해 '만족도 측정기(satisfaction estimator)'를 생성한다(기술가이드 4 참조). 이하모니와 그 회원들이 새로운 데이터를 지속적으로 제공하고 있어서 시스템은 시간이 지남에 따라 학습을 하게 된다. (즉, 이하모니의 시스템은 성공적인 일치를 예측하게 되는 것이다.) 일치가 더 적절하고 잠재적으로 최적의 수준에 가까워 질수록 구성원 간의 서로 소통하는 비율은 높아지게 된다. 이로 인해 구성원 간에 더 많은 교류가 이루어지게 되고, 그에 따라 연간 구독을 구매할 가능성도 높아지게 되는 것이다.

이하모니는 싱글 매치를 위해 두 가지 기술을 사용한다. 처음의 일치는 일치성(compatibility)을 기반으로 한다. 이 측정은 사용자가 사이트에 가입할 때 작성하는 설문지와 독자적인 수학 모델에 의해 결정된다. 그런 다음 이하모니는 기계학습을 사용하여 사람이 좋아하는 정도를 나타내는 지표로 사이트의 행동에 대해 학습한다. 예를 들어, 사용자가 자신의 프로필에 500개 이상의 단어를 포함하고 있는 잠재적으로 일치하는 사람과 의사 소통할 가능성이 더 큰 경우, 다음의 일치 항목은 보다 완전하게 서술된 프로필을 포함하게 된다. 또한 물리적인 외모 측면에서 사이트에 수록되어 있는 사진의 분석은 기계학습 알고리즘을 통해 사용자가 금발 또는 수염을 선호하는지 학습하게 된다.

이하모니는 사용자에게 데이트를 끝냈는지에 대해 묻지 않기 때문에 기계학습 모델은 양방향 커뮤니케이션에 최적화되어 있다. 이 과정은 알고리즘에 따르면 이상적인 결과는 누군가가 자신과 일치하는 상대에게 메시지를 보내고 그에 대한 응답을 받는 것임을 의미한다. 이하모니 데이터 과학자에 따르면 메시지와 응답은 양 당사자가 일치에 만족한다는 최고의 지표인 것이다.

이하모니가 빅 데이터를 분석하면서 전 세계 사람들을 매칭하는 것에 대한 몇 가지 흥미로운 뉘앙스를 발견하였다. 예를 들어, 누군가가 담배를 피우고 술을 마시는지에 대한 여부는 미국에 비해 유럽에서 더 중요하게 생각하고 있었다. 이하모니가 영국의 매칭 알고리즘에서 흡연과 음주 변수에 더 많은 가중치를 부여하자 서비스의 가입자 수가 빠르게 증가한 것으로 나타났다.

이하모니가 2000년에 처음 출시되었을 때 사용자들은 데이터 프로필을 만들고 450개 항목의 설문지를 작성한 다음, 다른 사용자들의 사진들을 볼 수 없는 상태에서 상대방과의 일치여부를 검토하였다. 수년 동안 사이트는 사진들을 추가하였다. 그럼에도 불구하고 틴더(www.tinder.com)와 범블(www.bumble.com) 등과 같은 무료의 모바일 앱들이 사용자를 서비스에서 빼앗아 갔다.

이하모니는 최대 59.95달러의 월 구독료를 받고 있었음을 기억하기 바란다. 그 결과 이하모니는 전략을 수정하기 시작했다.

2016년 12월 이하모니는 더 이상 사용자들이 서비스에 가입하기 전에 설문 조사에 응답할 필요가 없다고 발표했다. 이 설문조사는 이하모니를 다른 온라인 데이트 서비스와 오랫동안 차별화해 온 것이었다. 이하모니는 더 많은 정보에 액세스할 수 있으면 데이트 서비스가 일치 가능한 항목을 찾는 데 도움이 된다고 보았으며 여전히 설문지를 유지하였다. 이러한 설문지는 작성을 원하는 구독자에게 계속 제공될 것이다.

이하모니는 사람들이 한 번에 조금씩만 설문지를 작성할 수 있도록 하였다. 그러면서 회원들에게 이 서비스의 설문조사에서 답변하는 질문이 적을수록 그들이 발견하는 일치 항목들의 일치도는 낮을 수 있다고 말한다.

이하모니는 또한 이 서비스가 두 사람이 일치한다고 생각하는 이유를 강조하는 "The Two of You Together"라는 도구를 추가했다. 이 기능은 잠재적인 커플에 대해 지성 또는 정서적 에너지와 같은 상위 세 가지 일치성 점수의 순위를 매긴다.

그리고 그 결과로 2019년 7월 현재 이하모니는 3천만 명 이상의 회원을 보유하게 되었다.

출처: Compiled from G. Nott, "Click Me Maybe: Inside eHarmony's Matchmaking Machine," *CIO*, March 21, 2018; T. Bennett, "In the Age of Tinder, eHarmony Is Investing in Machine Learning to Make Smarter Matches," Which-50.com, April 9, 2018; J. Frew, "How Online Dating Uses Data to Find Your Perfect Match," Makeuseof.com, July 17, 2017; "How to Promote a Dating Site with the Help of Google Analytics Data," WPDating, May 24, 2017; S. Carter, "Dating Revolutionized by Big Data and Memes—Tech Podcast," *The Guardian*, May 19, 2017; S. Knapton, "Secret of eHarmony Algorithm Is Revealed..." *The Telegraph*, May 14, 2017; C. Weller, "eHarmony Is Gearing up for a Battle to Win Back Millennials from Tinder and Bumble," *Business Insider*, February 18, 2017; P. Mannova, "How Dating Site eHarmony Uses Machine Learning to Help You Find Love," *Fortune*, February 14, 2017; T. Gillies, "In 'Swipe Left' Era of Mobile Dating, eHarmony Tries to Avoid Getting 'Frozen in Time'," CNBC, February 11, 2017; S. O'Brien, "eHarmony Finally Nixes Its Lengthy Questionnaire," CNN, December 16, 2016; K. Murnane, "Report Shows More People of All Ages Are Dating Online," *Forbes*, March 2, 2016; R. Meyer, "College-Aged Adults Are Now the Most Likely Online Daters," *The Atlantic*, February 11, 2016; "Online Dating: Relationship Analytics in the Real World," *Objectivity*, February 11, 2016; H. Augur, "Can Big Data Save Your Love Life? Online Dating Apps Say Yes," Dataconomy, February 9, 2016; J. Ryoo and E-K. Kim, "Big Data E-Textbook," National Science Foundation, December 1, 2015; R. Kalakota, "Love, Sex and Predictive Analytics: Tinder, Match.com, and OkCupid," Practical Analytics, May 29, 2015; S. Palmer, "Big Dating: It's a (Data) Science," Huffington Post, May 22, 2015; K. Nash, "CIOs Have to Learn the New Math of Analytics, CIO, February 25, 2015; P. Rubens, "Is Big Data Dating the Key to Long-Lasting Romance?" BBC News, March 25, 2014; and www.eharmony.com, accessed July 16, 2019.

질문

1. 이하모니 비즈니스 모델의 서술 분석 애플리케이션을 설명해 보자.
2. 이하모니 비즈니스 모델의 예측 분석 애플리케이션을 설명해 보자.
3. 이하모니에 적용 가능한 처방 분석 애플리케이션을 설명해 보자.

MKT 타겟. 타겟은 함께 구매했을 때 여성의 임신 가능성을 나타내는 25개의 제품을 식별했다. 이 데이터의 가치는 타겟이 임신한 여성들의 생애 습관 형성 기간에 쿠폰을 보낼 수 있다는 것이다. 안타깝게도 타겟의 알고리즘으로 인해 PR의 문제가 발생했다.

한 남자가 미네소타주 미니애폴리스 외곽에 위치한 타겟으로 들어 와서 매니저를 만나게 해달라고 요구했다. 그는 딸에게 보낸 쿠폰을 가지고 있었는데 매우 화가 나 있었다. 그는 관리자에게 자기 딸이 십대이며, 타겟이 그녀에게 임신하라고 장려하고 있는지 알고 싶었다.

이 매니저는 그 남자가 무슨 말을 하는지 알 수가 없었다. 그 남자는 자신의 딸에게 출산복, 유아용 가구, 그리고 웃고 있는 아기 사진 등의 광고물이 포함되어 있는 우편물이 전달되었다고 말했다. 이 매니저는 그 자리에서 깊이 사과를 했고 며칠 후 그 남자에게 전화를 걸어 다시 한 번 더 사과를 하려고 했다. 그러나 그 아버지는 매우 당황해하고 있었다. 그는 매니저에게 딸이 실제로 임신했으며 그 매니저에게 사과하고 싶다고 말했다.

POM 우버. 2016년 12월, 무장한 남성이 17명을 인질로 잡고 있던 시내 식당에서 사람들이 도망치려고 하자 우버의 알고리즘이 자동으로 오스트레일리아 시드니의 요금을 (급등 가격으로) 인상처리 하였다. 이 사건으로 총잡이를 포함하여 3명이 사망하였다. 우버는 나중에 요금을 인상한 것에 대해 사과하였고(보도에 따르면 4배 증가시켰다고 한다) 이후에 환불 처리를 하였다.

사람의 개입이나 감독 없이 알고리즘이 업무를 자동으로 수행하게 될 때 문제가 발생할 가능성이 가장 높다. 우버는 현재 재난이나 비상 발생 시 가격 인상을 방지하기 위한 글로벌 정책을 마련하고 있다.

IT와 기업사례 12.4

LA 경찰국의 치안 예측 활용

POM

팔란티어(Palantir)는 원래 세계 테러와의 전쟁을 위해 설계된 정보 플랫폼이다. 팔란티어의 소프트웨어는 재무보고서, 항공사 예약, 전화 기록, 소셜 미디어 게시물 등 다양한 데이터 소스를 분석하여 엄청난 양의 데이터로 인해 분석가가 놓칠 수 있는 연결들을 검색한다.

미국 정부는 팔란티어를 여러 영역에서 사용하고 있다.

- 국방부는 팔란티어를 사용하여 전장 정보(battlefield intelligence)를 통합하고 분류한다. 예를 들어, 이 소프트웨어는 분석가가 도로 주변의 폭탄을 찾고 반군을 추적하는 데 도움을 주었다.
- 미국 보건 복지부는 팔란티어를 사용하여 의료보험 사기를 감지한다.
- FBI는 범죄 수사에 팔란티어를 사용한다.
- 국토 안보부는 팔란티어를 사용하여 항공 여행자를 선별하고 이민자를 감시한다.

2019년까지 많은 법 집행 기관들이 팔란티어를 사용했거나 여전히 사용하고 있다. 이러한 기관들에는 뉴욕, 뉴올리언스, 시카고, 로스앤젤레스(LA)의 경찰과 보안관 부서가 포함되어 있다. 팔란티어에 대한 LA의 경험을 자세히 살펴보기로 한다.

LA 경찰국(LAPD)은 범죄를 저지를 가능성이 있는 사람들을 식별하고 이를 저지하기 위해 2009년에 팔란티어를 처음 배포하였다. 이 시스템은 전과 기록, 가석방 보고서, 경찰 인터뷰 그리고 기타 출처의 데이터를 분석하여 LAPD가 만성 범죄자로 정의한 사람들의 목록을 생성한다. 시스템은 이 사람들이 재범 위험이 가장 높으며 가장 많이 감시되어야 하는 사람들임을 알려 주고 있다.

LAPD는 순찰관들에게 '만성 범죄자 소식지'를 배포하여, 무단횡단이나 부서진 미등 등과 같은 이유를 들어 범죄 전 용의자들을 가능한 한 자주 감시하고 저지하라는 명령을 내리고 있다. 각 연락처에 경찰관들은 이름, 주소, 차량, 신체적 설명, 그 사람이 제공하는 모든 이웃 정보 그리고 그 사람에 대한 경찰관 자신의 관찰 내용 등을 담고 있는 현장 인터뷰 카드를 작성한다. 이러한 카드 데이터는 입력되어 영장없이 완전히 접근할 수 있는 지속적으로 확장되는 팔란티어 시스템의 감시 데이터베이스에 추가된다.

만성 범죄자와의 가능한 연결 범위를 넓히기 위해 LAPD는 소셜 미디어, 압류 기록, 유료 도로 정보, 병원의 카메라 피드, 주차장 그리고 대학 더 나아가 파파존스와 피자헛 등의 배달 정보를 포함한 사설 데이터 구매를 검토해 오고 있다.

LA는 치안 예측이 LAPD가 자원을 효율적으로 표적화하고 범죄를 줄이는 데 도움이 될 수 있다고 말하고 있다. 그러나 시민운동가들은 이 기술이 단순히 새로운 유형의 인종 프로파일링이 될 수 있다고 우려하고 있다.

2018년 LAPD는 LAPD 스파이 연합 중지(www.stoplapdspying.org)의 소송으로 인해 예측 치안과 알고리즘에 대한 문서를 공개해야 했다. 문서에 따르면 알고리즘은 경찰이 범죄를 저지를 가능성이 가장 높은 사람들을 감시할 것을 요구하고 있다. 연합은 이 문서가 흑인 안젤리노와 다른 소수 인종 등에 대해 지나치게 높은 체포를 선전한다고 밝히고 있다.

예측 치안을 위한 팔란티어의 배포에서 배울 수 있는 교훈이 있다:

- 개인정보보호에 대한 팔란티어의 모든 우려 사항에 대해 시스템 남용에 대한 가장 중요한 단일 보호 장치는 팔란티어가 자동화를 통해 줄이기 위해 노력하는 사람의 판단이다.
- 알고리즘은 체계적 편견을 강화한다. 즉, 알고리즘은 아무리 정교하더라도 제공된 데이터만큼만 우수하다는 것이다. 따라서 유색 인종이 밀집된 이웃에 과도하게 관리하는 문제가 있는 도시에서 데이터를 가져온 경우 알고리즘이 이 데이터를 반영한다는 것이다. 알고리즘의 대상이 되는 사람들은 범죄 활동과 관련이 있거나 알고 있음으로 해서 추가적인 경찰 감시에 직면하게 될 수 있다. 이 상황은 그들의 삶에서 잘못한 적이 없는 경우에도 발생할 수 있는 것이다.
- 투명성은 예측 치안을 진행하는 핵심이 될 것이다. 소프트웨어가 피고나 변호인의 지식없이 비밀리에 사용되었기 때문에 대부분의 경우 변호인은 폐기된 예측 치안 시스템에 의해 증거를 수집하기를 원한다. 항소는 법원 시스템을 통해 계속 진행될 것이다.
- 치안 예측 소프트웨어의 결과로 인한 유죄 판결과 처벌은 문제가 된다. 이러한 시스템은 고위험 개인에게 자신의 행동을 개선하거나 과거로부터 교훈을 배울 수 있는 합리적인 기회를 제공하지 않는다는 것이다. 어쨌든 이러한 시스템은 끝없는 순환적 재범을 부추길 수 있다는 것이다.

출처: Compiled from B. Lipton, "Eight Years in, LAPD Can't Measure PredPol's Effect on Crime," *Muckrock*, March 12, 2019; "How Data-Driven Policing Threatens Human Freedom," *The Economist*, June 4, 2018; I. Lapowsky, "How the LAPD Uses Data to Predict Crime," *Wired*, May 22, 2018; M. Ahmed, "Aided by Palantir, the LAPD Uses Predictive Policing to Monitor Specific People and Neighborhoods," *The Intercept*, May 11, 2018; "The LAPD's Terrifying Palantir-Powered Policing Algorithm Was Just Uncovered and Yes It's Basically 'Minority Report'," *Futurism*, May 10, 2018; G. Joseph, "The LAPD Has a New Surveillance Formula, Powered by Palantir," *The Appeal*, May 8, 2018; A. Winston and I. Burrington, "A Pioneer in Predictive Policing Is Starting a Troubling New Project," *The Verge*, April 26, 2018; P. Waldman, L. Chapman, and J. Robertson, "Palantir Knows Everything about You," *Bloomberg BusinessWeek*, April 23, 2018; J. Loeb, "AI and the Future of Policing Algorithms on the Beat," *Engineering and Technology*, April 16, 2018; A. Ferguson, "The High-Definition, Artificially Intelligent, All-Seeing Future of Big Data Policing," aclu.org, April 4, 2018; A. Johansson, "5 Lessons Learned from the Predictive Policing Failure in New Orleans," *VentureBeat*, March 19, 2018; M. Harris, "How Peter Thiel's Secretive Data Company Pushed into Policing," *Wired*, August 9, 2017; C. Chang, "The LAPD's Biggest Conundrum: How to Suppress Crime without Alienating South L.A.'s Black Residents," *Los Angeles Times*, February 4, 2017; and www.palantir.com, accessed July 16, 2019.

질문

1. 치안 예측에 사용되는 팔란티어 시스템의 서술 분석 응용 프로그램을 설명해보자.
2. 치안 예측에 사용되는 팔란티어 시스템의 예측 분석 응용 프로그램을 설명해보자.
3. 치안 예측에 사용되는 팔란티어 시스템의 처방 분석 애플리케이션을 설명해보자.
4. LAPD의 팔란티어 시스템 사용으로 인한 의도하지 않은 결과를 설명해보자.

서술 분석과 예측 분석의 예

데이터 관리와 실행 가능한 비즈니스 의사결정 간의 격차를 해소하기 위해 서술 분석과 예측 분석을 어떻게 사용할 수 있는지 다음의 예를 살펴보기로 한다.

POM 날씨 데이터를 이용하여 특정 비즈니스 문제와 관련된 예측을 할 수 있다. 만일 여러분이 미국자동차협회(www.aaa.com)의 동북 지역 관리자이고 이 지역의 여러 주에 있는 사무소들을 담당한다고 가정해보자. 서비스 요청을 받으면 파견하는 직원에 대한 작업 일정을 만들어야 한다. 사무실에서 최적의 커버리지를 제공하고, 불필요한 급여 비용을 줄이며, 그러면서도 고객의 대기 시간을 줄임으로써 우수한 고객 서비스를 제공하는 것이 여러분의 목표일 것이다. 이때 매일 매일의 낮은 기온을 기반으로 정상 업무 시간 동안 사무실에서 하루에 받는 서비스 호출 수를 예측하기로 결정하였다고 하자.

데이터 관리. 이 비즈니스 문제를 조사하기 위해 지역 내 AAA 위치에서 지난 1년 간의 서비스 요청 데이터를 수집한다. 먼저 이상값(outliers)과 결측값(missing values)을 조절하여 데이터를 '정제화'하고 3,219개의 서비스 호출에 대한 최종 샘플을 생성한다.

이제 주어진 날짜에 접수된 고객 서비스 호출 수(이것은 종속 변수이다)를 예측하기 위해 온도를 독립 변수로 사용하는 회귀 모델을 작성할 준비가 되었다. 이 결과를 사용하여 고객 서비스 전화를 받고 파견할 수 있는 직원 수를 예측한다.

서술 분석. 이 예의 경우 그날의 낮은 기온과 서비스 요청 횟수 간의 상관 관계는 −0.84이며, 하루 평균 48번의 서비스 요청이 있었다. 온도가 낮아질수록 데이터는 서비스 요청 수가 증가하고 있음을 보여주기 때문에 상관 관계가 음수인 것이다.

이 상관계수의 제곱인 $R^2 = 0.71$은 모델의 예측력을 나타낸다. 즉, 낮은 일일 온도를 사용하는 이 모델은 매일 접수되는 통화수 변동의 약 71%를 설명하고 있음을 의미한다. 따라서 $(1 - R^2)$는 종속 변수 분산의 29%가 외부 또는 설명되지 않은 변수로 인한 것임을 의미한다.

예측 분석. 이 관리자는 예측 분석을 위해 선형 회귀를 사용하기로 결정하였다. 이를 위해서는 다음과 같은 합리적인 가정이 충족되어야 한다.

1. 최소한 30개의 데이터가 있어야 한다.
2. 독립 변수와 종속 변수 간의 관계는 선형이어야 한다. 선형성(linearity) 가정은 산점도를 사용하

여 가장 잘 테스트할 수 있다.

3. 데이터가 정규 분포를 따른다고 가정하더라도 이 가정을 확인해야 한다.

3,219의 표본 크기는 첫 번째 가정을 충족하고 있다. 그런 다음 관리자는 엑셀을 사용하여 두 번째 가정을 테스트하고 산점도를 생성하여 각 정렬된 데이터의 쌍(독립 변수, 종속 변수)의 플롯이 선형 패턴을 생성하는지 확인하였다. 데이터에 대한 산점도는 선형의 패턴을 보이고 있다. 따라서 선형 회귀는 이러한 데이터에 대해 적용 가능한 통계 절차이다.

정규성을 확인하기 위해 관리자는 라이언-조이너(Ryan-Joiner) 정규성 테스트를 사용하여 데이터와 데이터의 정규 점수 간의 상관 관계를 산출하였다. 그 값이 1에 가까우면 샘플 데이터 세트가 정규분포하고 있을 가능성이 높다. 따라서 이 데이터 세트는 정규성 가정을 충족하고 있다.

이제 위의 세 가지 선형 회귀 가정이 충족되었으므로 다음 단계는 엑셀이나 유사한 통계 패키지를 사용하여 이 두 변수 간의 선형 회귀 모델을 정의하는 것이다. 선형 회귀 모델은 다음과 같다.

$$\text{수신 통화 수} = 124.79 - 1.5 \times (\text{일일 최저 온도})$$

이 결과는 일일 최저 온도가 1도씩 증가할 때마다 예상되는 일일 수신 전화 수가 1.5씩 감소한다는 것을 나타내고 있다. 즉, AAA는 더운 날에는 더 적은 수의 전화를 받고 더 추운 날에는 더 많은 전화를 받을 것으로 예상이 된다. 온도가 0도($x = 0$) 인 경우 예상 호출 수는 약 125개이다.

실행 가능한 비즈니스 결정. 선형 회귀를 기반으로 지역 관리자는 최대 10일 전에 예상되는 일일 최저 기온을 사용하여 사무실에서 매일 수신할 서비스 호출 수를 예측할 수 있다. (일기예보 방송은 10일 전망에 대해 합리적으로 정확한 일일 최저 기온을 제공하고 있다.) 따라서 그는 고객의 대기 시간을 줄이기 위해 예상되는 서비스 호출 수를 관리하는 데 필요한 직원 수를 예측할 수 있는 것이다.

다음 질문하기. 이 시점에서 관리자는 새로운 입력 변수를 사용하여 데이터 관리 단계로 돌아갈 수 있다. 이 예제의 AAA 데이터의 경우 적절한 입력으로 다른 비즈니스 문제를 고려하거나 예제에서 비즈니스 질문과 관련된 다른 변수를 고려하여 분석을 확장할 수 있다. 예를 들어 이 관리자는 직원 수준을 보다 정확하게 결정할 수 있도록 실제 시간을 시간별로 포함할 수 있다. 또한 AAA 지점의 위치를 변수로 조사할 수도 있다. 그런데 이러한 변수를 추가하려면 새로운 회귀 모델을 사용해야 한다.

또한 이 예에서는 다른 지역보다 기온이 낮은 동북부 지역에 대한 것임을 기억해야 할 것이다. 따라서 서남부의 데이터를 사용하려면 분석을 다시 수행해야 하는 것이다. 그렇게 하지 않고 서남부 지역에 대해 동북부 지역의 회귀 모델을 사용한다면 최저 기온이 38도인 날에 대한 예측은 어떻게 될 것인가? 그 대답은 수신된 전화 수가 음수로 나타난다는 것이다!

여기서의 예는 (단순 선형 회귀 모델을 통해) 데이터 관리, 서술 분석, 예측 분석 등의 순으로 진행된다. 예측 분석의 결과에 대해 추가적인 질문으로 이어지는 경우 이에 대해 추가 변수의 도입이 필요한데 이러한 경우 다중 선형 회귀 모델(mutiple linear regression model)의 적용을 필요로 하게 된다.

통계적 관점에서 우리는 다음과 같은 질문을 할 수 있다. 동일한 문제를 해결하기 위한 다양한 분석 접근 방식이 있는가? 대답은 '그렇다' 이다. 그러나 더 중요한 질문은 다음과 같다. 어떤 접근 방식이 가장 좋을까? 그러나 이 질문에 대한 답은 없다. 가장 좋은 방법은 작업중인 데이터의 종류에 따라 다르다는 것이다. 그리고 데이터는 모든 형태와 크기로 제공되기 때문에 모든 문제에 대한 최선의 접근 방식은 없다고 할 수 있다. 따라서 특정 데이터에 가장 적합한 모델을 선택하는 것은 데이터 분석에서 항상 중요한 작업이 되는 것이다.

확인하고 넘어가기

1. 예측 분석의 목적을 설명해보자.
2. 예측 분석에서 널리 사용되는 비즈니스 분석 도구들에 대하여 논해보자.

12.5 처방 분석

처방 분석(prescriptive analytics)은 하나 이상의 조치 과정을 추천하고 각 조치에 대한 가능한 결과를 식별해 줌으로써 서술 모델과 예측 모델을 뛰어 넘는다. 예측 분석은 하나의 가능한 미래를 예측하지 않는다. 오히려 의사결정자의 행동에 따라 여러 가지 미래 결과를 제시하는 것이다. 처방 분석은 의사결정이 실제로 이루어지기 전에 가능한 결과들에 대해 조언하기 위해 미래 의사결정의 효과를 정량화하고자 한다.

일부 회사들은 처방 분석을 사용하여 공급망의 생산, 일정 그리고 재고 등을 최적화하여 적시에 올바른 제품을 제공하여 고객의 경험을 최적화할 수 있게 한다.

처방 분석에는 실행 가능한 데이터와 취해진 조치로 생성된 결과 등을 추적하는 피드백 시스템이라는 두 가지 추가 구성 요소가 포함된 예측 분석이 필요하다. 처방 분석은 다양한 조치에 대한 선택을 기반으로 가능한 결과들을 예측할 수 있기 때문에 사전에 지정된 결과를 달성하기 위한 최선의 조치를 추천할 수도 있다.

처방 분석의 비즈니스 분석 도구

조직은 다양한 비즈니스 분석 도구와 통계 절차를 사용하여 처방 분석을 수행한다. 통계적 절차로는 최적화, 시뮬레이션 등을 포함한다. 이 절차들에 대한 설명은 이 책의 범위를 벗어난다.

처방 분석 애플리케이션의 예

이 절에서는 처방 분석의 예를 제시하고자 한다. 판당고의 예제로 다시 돌아가서 시작하기로 한다.

POM 판당고. 판당고는 처방 분석을 사용하여 매시간 티켓 가격의 제안을 변경할 수 있다. 이 회사는 수백만 개의 상영 시간을 즉시 분석하여 가장 바람직한 영화 시간을 식별한다. 그런 다음 이 회사는 이러한 데이터를 사용하여 상영 시간의 공급과 영화 티켓의 수요에 따라 주어진 시간에 최적의 가격을 설정한다. 이 프로세스는 수익을 극대화할 수 있게 해준다. 각 영화 상영의 데이터는 각 티켓의 가격이 수익에 얼마나 기여하는지 나타낸다.

MIS 구글 무인 자동차. 여행할 때마다 자동차는 미래의 결과에 대한 예측을 바탕으로 무엇을 해야 할 지에 대한 여러 가지 결정을 내린다. 예를 들어, 교차로에 접근할 때 자동차는 왼쪽, 오른쪽 또는 직진 여부를 결정해야 한다. 목적지에 따라서 자동차는 결정을 내린다. 또한 이 차량은 차량 통행량, 보행자, 자전거 등과 관련하여 어떠한 일들이 일어날지를 예상해야 한다. 이 자동차는 실제로 그러한 결정을 내리기 전에 가능한 결과에 대한 영향을 분석해야 한다.

POM 석유 및 가스 산업. 처방 분석을 통해 기업들은 비디오, 이미지 그리고 사운드 데이터를 포함한 다양한 구조적 그리고 비구조적 데이터를 분석하여 수압 파쇄(hydraulic fracturing) 또는 균열 작업(fracking operations)을 최적화할 수 있다. 또 다른 처방 분석 애플리케이션은 원유를 채굴하는 데 필요한 재료와 장비를 최적화한다. 또한 일정계획, 생산계획, 재고관리 그리고 공급망 설계 등을 최적화하여 가장 효율적인 방식으로 적시에 해당 고객에게 적절한 제품을 제공할 수 있도록 한다.

처방 분석에 대한 추가적인 예로, IT와 기업사례 12.5는 UPS(United Parcel Service)가 서술 분석에서 예측 분석으로, 그리고 처방 분석으로 어떻게 발전하는지를 보여주고 있다.

확인하고 넘어가기

1. 처방 분석의 목적을 설명해보자.
2. 처방 분석에서 널리 사용되는 비즈니스 분석 도구들에 대하여 논해보자.

12.6 프레젠테이션 도구

그림 12.10에서 볼 수 있듯이 조직은 프레젠테이션 도구를 사용하여 분석 결과를 차트, 그래프, 그림 그리고 표와 같은 시각적 형태로 사용자들에게 제공한다. 데이터 시각화라고 하는 이 프로세스는 분석 결과를 더 매력적이고 이해하기 쉽게 만들어 준다. 조직들은 서술 분석, 예측 분석 그리고 처방 분석 등을 수행한 후 그 결과를 제시할 수 있다. 이를 위해 의사결정을 지원하는 다양한 시각화 방법과 소프트웨어 패키지를 사용할 수 있다. 대시보드는 가장 일반적인 비즈니스 분석 프레젠테이션 도구이다. 이 절에서는 이러한 다양한 도구들에 대하여 살펴보기로 한다. 또한 또 다른 중요한 데이터 시각화 도구인 지리정보시스템도 살펴보기로 한다.

IT와 기업사례 12.5

UPS는 세 가지 유형의 분석을 사용한다.

POM

과제

UPS(www.ups.com)는 42만 4천 명의 직원과 거의 10만 대에 이르는 차량을 보유한 글로벌 조직이다. UPS의 운전자들은 일반적으로 하루에 120~175번의 '수송'을 수행한다. 2개의 수송 사이에서 운전자는 가능한 한 여러 경로를 선택할 수 있다. 미국에만 5만 5천 개의 노선이 있어서 가능한 총 노선 수는 상상할 수 없을 정도로 엄청나다. 분명 가장 효율적인 수송 경로를 찾는 것은 UPS와 그 운전자에게 가장 큰 관심이 아닐 수 없다. 따라서 일상적인 작업에서 얻을 수 있는 약간의 효율성은 회사의 수익에 상당한 개선을 가져오게 되는 것이다. 본질적으로 '작은' 일이라도 UPS에게는 매우 중요한 것이 아닐 수 없다.

또한 전자상거래의 급격한 증가로 인해 소매업체에서 거주지로 UPS의 배송 단계 수가 증가하고 있다. (7장의 전자상거래를 참고하기 바란다.) 실제로 2018년 UPS의 전체 배송 중 절반이 일반 주거지역으로 전달되었다. 예전에는 운전자들이 소매점에 여러 배송품들을 전달하곤 하였다. 그런데 오늘날 그들은 개별 주택에 배송품들을 전달하기 위해 산발적으로 흩어진 지점에서 멈춰야 한다. 이러한 상황에서 더 많은 경로가 포함되며 더 많은 시간이 소요되는 것이다.

UPS는 또한 수익성이 낮은 비즈니스와 업계 최고 수준의 보상을 받는 노조로 단합된 인력을 관리해야 한다. 중요한 것은 경쟁사인 페덱스(FedEx; www.fedex.com)가 지상의 네트워크를 위해 독립 계약자들을 사용하고 있다는 것이다. 결과적으로 페덱스는 값비싼 직원 복리 후생에 대한 부담을 가지고 있지 않다는 것이다.

UPS는 치열한 경쟁에 직면하고 있다. 2018년 초 아마존은 배달 서비스 파트너(Deliver Service Partner) 프로그램이라고 하는 저렴한 패키지 배송 서비스를 시작할 것이라고 발표했다. 수천 명의 사람들이 자영업자가 되기 위해 신청했으며 서비스는 정기적으로 확장되고 있다. 또한 DHL은 2018년 미국 시장에 다시 재진입하였다.

UPS는 회사의 당면 과제를 해결하기 위해 분석 애플리케이션을 활용하고 있다. 2016년부터 UPS는 자사 시설 전체에서 하루에 약 10억 개의 데이터들을 수집하고 분석했으며, 2018년 8월 현재 약 25개의 분석 프로젝트에서 이를 활용하고 있다. 이러한 프로젝트는 EDGE(Enhanced Dynamic Global Execution) 프로그램 아래에서 분류되고 있다. UPS는 EDGE가 2020년에 완전히 배포되면 연간 2억~3억 달러를 절약할 것으로 예상하고 있다.

해결책

수십 년 동안 UPS는 효율성을 창출하기 위해 세 가지 유형의 분석을 사용해 왔다.

- 서술 분석은 "오늘 우리는 어디에 있는가?"라고 묻는다.
- 예측 분석은 "현재의 추세에서 내일은 어떻게 될 것인가?"라고 묻는다.
- 처방 분석은 "내일은 어떻게 해야 하는가?"라고 묻는다.

UPS가 서술 분석에서 예측 분석으로 이동함에 따라 데이터에 대한 요구가 증가하게 되었으며, 직원들에 대한 숙련도도 증가하게 되었다. 그리고 분석 결과가 비즈니스에 미치는 영향도 증가하게 되었다. 아래에서 이러한 발전 단계에 대하여 살펴보기로 한다.

서술 분석

DIAD. UPS는 1990년대에 운전자들에게 배달 정보 수집 장치(DIAD: Delivery Information Acquisition Devices)라고 하는 휴대용 컴퓨터를 제공하면서 서술 분석을 구현하였다. DIAD를 통해 UPS는 회사의 현재 상태를 측정하는 자세한 데이터를 수집할 수 있었다. 예를 들어, 이 회사는 1/100 초단위로 동인 변수들을 측정하였다. 그렇게 한 이유는 그것들이 미국에서만 하루에 운전자 한 명당 1마일을 줄일 수 있다면, 그 과정은 연간 최대 5천만 달러가 될 것이었다.

배송 차량의 배송품 배치. 2017년 UPS는 잘못 적재된 소화물을 줄이기 위해 배달 트럭에 블루투스 수신기를 장착하기 시작했다. 작업자가 목적지로 가지 않는 차량에 배송품을 적재하면 수신기에서 큰 신호음이 울린다. 작업자가 올바른 트럭에 진입하면 다른 경고음이 울려 올바른 위치에 있음을 확인하게 해 준다. 이 시스템은 작업자가 UPS 배송품의 라벨을 읽기 위해 엉덩이와 손에 착용한 스캔 장치와 블루투스 수신기 사이에서 무선 신호를 전송하여 작동하게 된다.

UPS 작업자가 아침에 소화물을 스캔하면 그 데이터는 회사에서 배치한 서비스를 업데이트하고 고객에게 발송물에 대한 처리 과정을 알리는 이메일을 보내게 된다. 무료 서비스에 가입한 고객은 예상 배송 시간과 함께 소화물이 당일 도착한다는 메시지를 받게 되는 것이다.

배송 소화물의 경로 설정. 또 다른 프로젝트는 계절 근로자에게 UPS 차량이 하루 종일 픽업하여 회사의 분류 시설로 가져온 배송 소화물을 어디로 보낼지 알려주는 것이다. UPS는 11월부터 1월까지 거의 10만 명의 직원을 고용한다. 2018년 겨울, UPS는 약 2,500명의 직원들에게 스캐닝 장치와 '녹색', '빨간색' 또는 '파란색'과 같은 한 단어로 된 방향을 알려주는 8달러짜리 블루투스 헤드폰을 제공하였다. 이 색상들은 특정 컨베이어 벨트에 해당하며 추가 처리를 위해 소화물을 건물의 다른 부분으로 운반하기도 한다.

배송불가 소화물의 처리. UPS는 일부 배송에서 실수를 하기도 한다. 예전에 UPS의 관리자들은 매일 밤 처리해야 할 배송불가

화물의 수가 얼마나 되는지를 추정하기 위해 과거 데이터와 운전자들 사이의 무선 통신에 의존하였다. 결과적으로 이 회사는 관리자에게 처리 센터에 도착할 반품 패키지의 수와 시기를 알려주는 프로젝트를 진행하고 있다. 이러한 방식으로 적절한 수의 작업자들을 소화물의 경로 변경에 투입할 수 있게 되었다.

예측 분석

2003년에 UPS는 예측 분석을 제공하기 위해 PFT(Package Flow Technologies) 시스템을 배포했다. 이 시스템을 통해 운전자들은 배달할 배송품과 그 배달 순서를 자세히 설명하는 DIAD로 하루를 시작한다. DIAD는 운전자들의 조수 역할을 수행하는 것이다. 이 시스템을 통해 UPS는 전 세계적으로 연간 8,500만 마일의 총 배송을 줄일 수 있었다. 이 과정을 통해 회사는 3,200만 리터의 연료를 절약하였고, 8만 5천 톤의 이산화탄소 유출을 방지할 수 있었다.

그러나 운전자들은 동일한 차량에서 다른 서비스(예: 지연 서비스와 프리미엄 서비스)들을 제공해야 했다. 일부 배송품들은 오전 10시 30분까지, 또 다른 배송품들은 정오까지, 그리고 또 다른 일부는 오후 2시까지 배달해야만 했다. 따라서 운전자들은 고객에게 서비스를 제공할 방법을 결정해야만 했다. 이때 고려해야 할 변수가 너무 많아서 운전자들이 경로를 최적화하는 것은 사실상 불가능했다.

처방 분석

UPS는 분석을 한 단계 더 발전시켜야 한다는 것을 깨달았다. 따라서 2012년 중반에 이 회사는 ORION(On-Road Integrated Optimization and Navigation) 시스템을 배포하기 시작했다. ORION은 오늘의 고객, 오늘의 요구 사항 그리고 오늘의 배송품을 기반으로 운전자들이 경로를 재구성하고 매우 구체적이고 최적화된 배송 순서를 설계한다. ORION은 UPS 비즈니스 규칙, 지도(maps), 운전자가 특정 위치에 있어야 하는 시간과 고객 선호도 등을 고려하고 있다. ORION은 변화하는 기상 조건과 사고 상황 등에 따라 배송 경로를 동적으로 변경할 수 있다. 이 시스템은 여전히 완료해야 하는 배송을 검토하고 그에 따른 나머지 경로들을 계속 최적화해 나갈 수 있다.

처음에 ORION은 공개적으로 사용 가능한 지도를 사용하였다. 그러나 이러한 지도는 충분히 상세한 정보를 제공하지 않았다. 따라서 UPS는 고객과 1km 이내 또는 수신 장소에 도착하는 데 시간을 절약할 수 있는 뒷골목 등과 같은 기능을 표시하는 자체지도를 작성하였다. 이러한 것들이 ORION이 패키지 배송을 최적화하는 데 필요로 하는 데이터들이다.

불행히도 분석 알고리즘은 모든 변수를 예측할 수 없다. 예를 들어, 비즈니스 고객은 일반적으로 하루에 하나의 배송 묶음을 받는다. ORION이 배송품들이 특정 배송 시간에 맞춰 묶여 있지 않다는 것을 파악하고 있는 경우 알고리즘은 해당 날짜의 작업에 따라 어느 날은 그날 아침에 배송하라고 제안하지만 다음날 오후에 배송하라고 제안할 수도 있다. 이 프로세스는 UPS에게는 가장 효율적인 접근 방식일 수 있지만 고객에게는 시간이 날마다 다를 경우 언제 배송 도착할 지에 대한 예측을 하는데 어려움을 겪게 되는 것이다. 고객들은 일반적으로 이러한 불확실성을 좋아하지 않기 때문에 이러한 상황은 문제가 될 수 있는 것이다.

UPS 운전자가 배송 중에 있을 때 보통 시속 30~40킬로의 속도로 이동하곤 한다. 따라서 1.5킬로의 감소는 2~3분의 시간을 절약하는 것과 같다. ORION은 하루에 12~13킬로로 경로를 단축함으로써 UPS가 더 많은 소화물을 배송할 수 있도록 하고 있다.

ORION은 보다 효율적인 경로 설정으로 UPS 고객 서비스를 강화하고 UPS가 혁신적인 서비스와 맞춤형 솔루션을 제공할 수 있도록 하고 있다. 이러한 유형의 서비스에 대한 예로는 거주 고객이 "택배가 어떻게, 어디서, 언제 집에 도착하는지"를 확인할 수 있는 무료 시스템인 UPS 마이초이스(UPS My Choice)이다. UPS 봇이라고 하는 UPS의 챗봇은 UPS 마이초이스 시스템과 통합되어 있어서 고객들이 추적 번호를 입력하지 않아도 배송 화물과 배송 상황에 대한 정보를 얻을 수 있다.

UPS 봇은 사람의 대화를 흉내내서 "가장 가까운 UPS 위치가 어디입니까?"와 같은 고객 질문에 응답할 수 있다. 배송품을 추적하여 운송료 정보를 제공할 수 있다. 고객은 모바일 장치, 소셜 미디어 채널, 알렉사 그리고 구글 어시스턴트 등과 같은 가상 도우미를 통해 텍스트 또는 음성 명령으로 봇에게 질문할 수 있다. UPS 봇은 이러한 요청을 인식하고 적절한 조치를 취하여 완수할 수 있다.

최근의 UPS 프로젝트인 네트워크 계획 도구(NPT: Network Planning Tools)는 하역장에서 최종 목적지로의 분류에 이르는 UPS 네트워크의 패키지 흐름을 최적화해 준다. NPT는 UPS 직원들이 의사결정을 내리고 효율성을 개선하도록 지원해 준다. UPS는 2020년까지 NPT를 완전히 배포할 것으로 기대하고 있으며 이 회사는 1억~2억 달러의 비용 절감 효과를 실현할 수 있기를 희망하고 있다.

결과

2016년 4월에 UPS는 ORION 프로젝트에 대한 분석과 운영 연구의 우수성으로 권위있는 에델만 상(Edelman Prize)을 수상하였다. UPS는 2016년 말에 ORION 배포를 완료하였다.

ORION의 결과는 아주 훌륭했다. UPS는 운전자들의 생산성과 연비면에서 연간 3억~4억 달러를 절감하고 있다. 또한, UPS 운전자들은 ORION을 통해 운전시 1억 6천만km를 절약하여 탄소 배출량을 연간 10만 톤을 감소시켰다. 또한, ORION은 UPS가 미국 외 지역의 차량에 이 기술을 장착할 때 추가적인 환경적 이점과 비용 절감을 창출할 것이다.

UPS는 계속해서 미래를 향해 나아가고 있다. 하나의 주요한 예로 ORION은 무인 차량으로의 자연스러운 전환을 시도하고 있다. 그에 대한 이유는 UPS가 ORION을 자율 배송 차량의 소프트웨어와 통합하면 되는 것으로, 이러한 차량들은 UPS 직원들이 배송품을 배달해야 하는 곳으로 이동하는 필요한 최적의 경로를 선택할 수 있게 해 주기 때문이다.

UPS는 아프리카의 르완다에 필수품들을 배송하고 섬으로 의약품을 배달할 수 있는 방법을 시연하는 등 일부 애플리케이션에 드론 배송의 활용을 테스트하고 있다. 농촌 지역에서 드론이 배송을 실행할 공간이 있고 배송 지점 사이의 거리가 효율적인 배송을 어렵게 만드는 경우에 UPS 트럭의 지붕에서 발사된 드론은 비용을 절감하고 서비스를 개선할 수 있게 해주는 솔루션이 될 수 있는 것이다.

출처: Compiled from P. High, "UPS's Chief Information and Engineering Officer Champions Prescriptive Analytics," *Forbes*, July 15, 2019; N. Shields, "UPS Is Turning to Predictive Analytics," *Business Insider*, July 20, 2018; S. Schwartz, "UPS Working to Consolidate Data Points on Single Platform with Analytics, Machine Learning," *CIO Dive*, July 19, 2018; B. Marr, "The Brilliant Ways UPS Uses Artificial Intelligence, Machine Learning and Big Data," *Forbes*, June 15, 2018; S. Rosenbush, "UPS Expands Role of Predictive Analytics," *Wall Street Journal*, April 26, 2018; E. Woyke, "How UPS Delivers Faster Using $8 Headphones and Code That Decides When Dirty Trucks Get Cleaned," *MIT Technology Review*, February 16, 2018; L. Stevens, "Amazon to Launch Delivery Service that Would Vie with FedEx, UPS," *Wall Street Journal*, February 9, 2018; "How UPS Delivers Predictive Analytics," CIO, September 28, 2016; T. Davenport, "Prescriptive Analytics Project Delivering Big Dividends at UPS," *DataInformed*, April 19, 2016; "INFORMS Awards UPS Its 2016 Edelman Prize: The Leading Award in Analytics and Operations Research," *INFORMS*, April 11, 2016; C. Powers, "How UPS Augments Its Drivers' Intuition with Predictive Analytics," *ASUG News*, June 9, 2015; E. Siegel, "Predictive Analytics Driving Results, ROI at UPS," *Data Informed*, June 1, 2015; E. Siegel, "Wise Practitioner—Predictive Analytics Interview Series: Jack Levis of UPS," *Predictive Analytics World*, April 28, 2015; J. Berman, "UPS Is Focused on the Future for Its ORION Technology," *Logistics Management*, March 3, 2015; "UPS Moves Up Full ORION Rollout in U.S. Market to the End of 2016," *DC Velocity*, March 2, 2015; K. Nash, "CIOs Have to Learn the New Math of Analytics," CIO, February 25, 2015; J. Gidman, "Algorithm Will Tell All UPS Trucks Where to Go," *Newser*, February 17, 2015; S. Rosenbush and L. Stevens, "At UPS, the Algorithm Is the Driver," *Wall Street Journal*, February 16, 2015; J. Dix, "How UPS Uses Analytics to Drive Down Costs," *Network World*, December 1, 2014; K. Noyes, "The Shortest Distance Between Two Points? At UPS, It's Complicated," *Fortune*, July 25, 2014; and www.ups.com, accessed July 16, 2019.

질문

1. DIAD가 어떻게 UPS를 위한 서술 분석 애플리케이션으로 활용되었는지 설명해보자.
2. PFT 시스템이 어떻게 UPS의 예측 분석 솔루션으로 활용되었는지 설명해보자.
3. ORION 시스템이 어떻게 UPS를 위한 처방 분석 솔루션으로 활용되었는지 설명해보자.
4. UPS ORION 시스템의 또 다른 잠재적인 응용에 대해 설명해보자. 즉, UPS 관리자가 ORION 시스템에 대해 요구할 수 있는 다음의 질문은 무엇인가?

대시보드

대시보드는 특별히 최고경영층의 정보요구를 충족시키기 위해 설계된 정보시스템인 중역정보시스템(executive information systems)에서 진화하였다. 그러나 이 장의 도입사례에서 살펴보았듯이, 오늘의 모든 종업원, 비즈니스 협력자, 그리고 고객들은 디지털 대시보드를 이용할 수 있다.

대시보드(dashboards)는 적시 정보에 쉽게 접근하고, 관리 보고서에 직접 접근할 수 있도록 한다. 이 시스템은 매우 사용자 친화적(user friendly)이며, 그래픽으로 지원된다. 특히 중요한 것은, 이 시스템은 관리자들이 예외 보고서와 상세 데이터에 대한 드릴다운 보고서를 검토할 수 있게 해준다. 표 12.1은 많은 디지털 대시보드의 공통적인 기능들을 요약하고 있다. 또한, 본 절에서 살펴본 일부

표 12.1 디지털 대시보드의 기능

기능	설명
드릴 다운	여러 수준으로 상세정보에 다가가는 능력; 일련의 메뉴로 또는 (인텔리전트 에이전트와 자연언어처리 등을 활용하여) 직접 질의로 수행가능
주요 성공 요인(CSF)	기업(조직, 산업, 부서 등)의 성공에 가장 중요한 요인
주요 성과 지표(KPI)	CSF의 특정 측정치
상태 접근	종종 실시간으로, KPI 또는 다른 측정치에서 이용가능한 최근 데이터
추세 분석	예측방법을 이용하여 투사된 KPI와 다른 측정치에 대한 단기, 중기, 장기 추세 분석
예외 보고	특정 허용치 보다 큰 편차를 강조하는 보고서. 보고서는 편차만을 포함하게 된다.

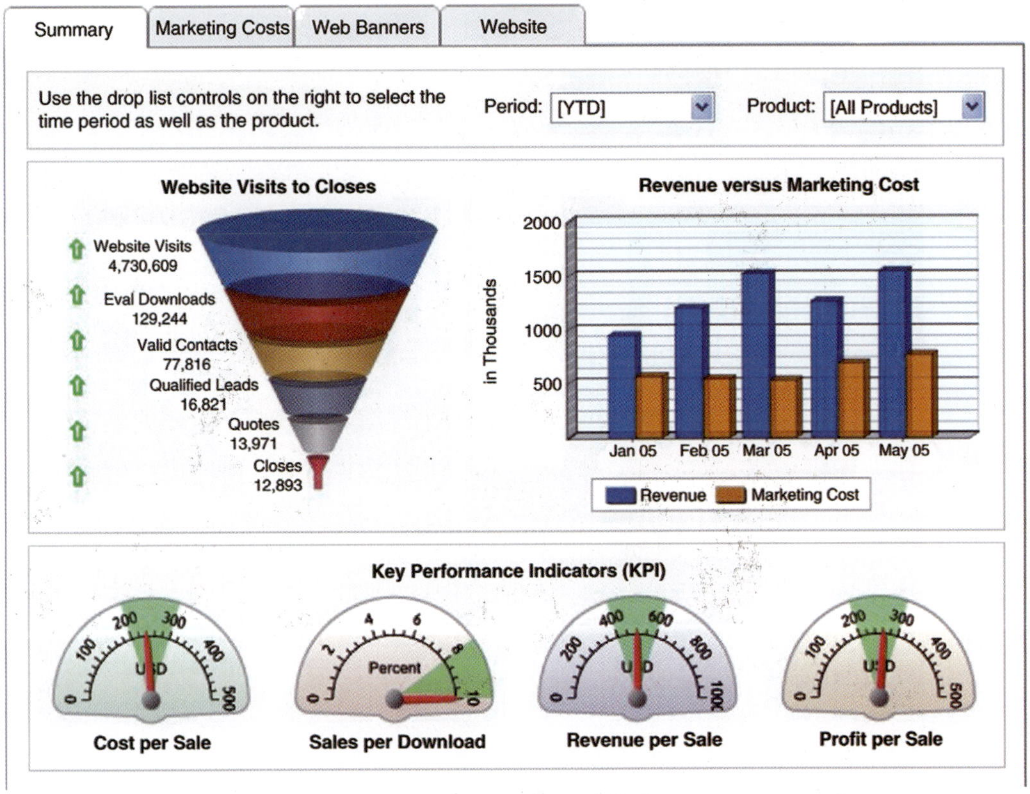

출처: Dundas Data Visualization, Inc.

그림 12.10
성과 대시보드의 예

의 기능들은 그림 12.10에 나타나 있듯이 현재의 비즈니스 분석 제품의 일부가 되고 있다.

디지털 대시보드에 대한 두드러지는 예는 블룸버그 터미널이다. 개인소유의 기업인 블룸버그 LLP(www.bloomberg.com)는 재무 데이터와 이러한 데이터를 분석할 수 있는 소프트웨어, 상거래 도구, 그리고 (전자, 인쇄물, TV, 그리고 라디오 등의) 뉴스를 판매하는 회원제 서비스를 제공한다. 이러한 모든 정보는 개인 소유의 또는 블룸버그가 제공한 컴퓨터의 화면상에 원하는 정보를 표시하는 색으로 코드화된 블룸버그 키보드를 통해 접근가능하다. 사용자들은 또한 블룸버그 키보드 없이도 서비스를 사용할 수 있도록 자신의 컴퓨터를 설정할 수도 있다. 회원제 서비스와 키보드를 블룸버그라고 하며, 사용자들이 출력 결과의 모양새와 느낌뿐만 아니라 자신의 취향대로 정보 입력사항을 설정할 수 있다는 점에서 자신만의 디지털 대시보드를 나타낸다(그림 12.11을 참조).

최고경영자의 정보요구를 지원하는 유일하고 흥미진진한 애플리케이션이 관리 조정실(Management Cockpit)이다. 본질적으로 관리 조정실은 최고 수준의 의사결정자가 그들의 비즈니스를 더 잘 조정할 수 있게 하는 정교한 디지털 대시보드를 담고 있는 전략적인 관리실이다. 그 목표는 좀 더 효율적인 관리자 회의를 장려하고 효과적인 의사소통을 통해 팀의 성과를 부양하는 환경을 만드는 것이다. 이러한 목표를 달성할 수 있도록, 주요 성과 지표와 주요 성공 요인(critical success factors)과 관련된 정보가 **관리 조정실**(Management Cockpit Room)이라 불리는 회의실의 벽에 그래픽으로 표시된다(그림 12.12 참조). 조정실 같은 도구 패널과 디스플레이의 배치로 관리자들은 기업에서의 서로 다른 요인들이 어떻게 상호 연결되는가를 이해할 수 있게 해준다.

방안에는 4개의 벽면이 흑색, 적색, 청색, 그리고 백색 등의 색깔로 지정되어 있다. 흑색 벽은

그림 12.11

블룸버그 터미널

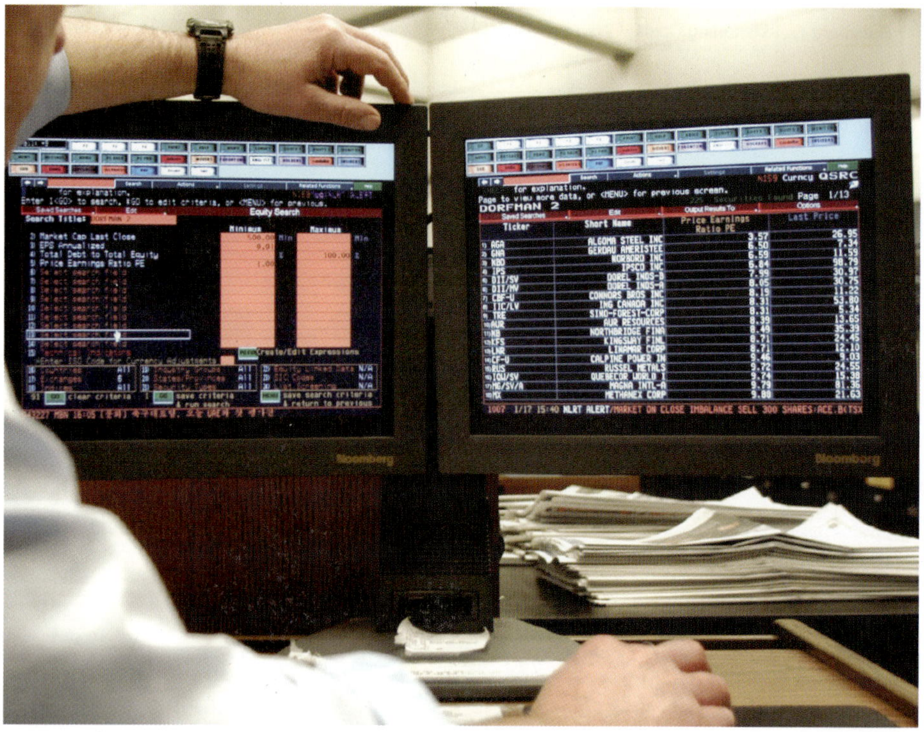

Carlos Osorio/Toronto Star/Zuma Press

그림 12.12

관리 조정실

The Management Cockpit is a registered trademark of SAP, created by Professor Patrick M. Georges.

주요 성공 요인과 재무 지표를 보여준다. 적색 벽은 시장 성과를 측정한다. 청색 벽은 내부 과정과 종업원들은 투사한다. 그리고 백색 벽은 전략적 프로젝트의 상황을 나타낸다. 6개의 화면을 갖고 있는 하이엔드 PC인 플라이트 데크(flight deck)는 최고경영자가 상세 정보를 자세히 검색할 수 있도록 한다. 경쟁분석에 필요한 외부정보도 쉽게 가져올 수 있다.

중역의 일원들과 다른 최고경영자들도 조정실에서 회의를 가질 수 있다. 관리자들도 현재의 비즈니스 문제들을 토론하기 위하여 검사관(comptroller)들과 그곳에서 만날 수 있다. 이러한 목적을 위해 관리 조정실은 다양한 시나리오 분석을 수행한다. 그리고 정보와 통신을 위한 공통의 근거지를 제공한다. 또한 성과 지표를 확인하면서 기업의 전략을 구체적인 행동으로 전환하고자 하는 노력도 지원한다.

지리정보시스템

지리정보시스템(GIS: geographic information system)은 전자화된 지도를 사용하는 데이터를 수집하고, 통합하고, 조작하고, 그리고 표시해주는 컴퓨터 기반의 시스템이다. 이 시스템의 가장 뚜렷한 특징은 각 레코드 또는 디지털 객체(digital object)가 식별된 지리적 위치를 가진다는 것이다. 지오코딩(geocoding)이라 불리는 이러한 처리는 사용자들이 기획하고, 문제를 해결하고 의사결정을 하는 데 필요한 정보를 생성할 수 있게 해 준다. 게다가 그래프 형식은 관리자들이 데이터를 쉽게 시각화할 수 있게 해 준다. 공공 부문과 민간 부문 모두가 그들의 의사결정을 향상시키기 위해 GIS를 무수히 적용하고 있다.

POM 한 예로서 어린이 국가 보건 시스템(Children's National Health System)은 지역 사회에 부상 예방에 대한 조언을 하고 있다. 임상의는 지리 공간 데이터를 사용하는 것이 이 임무를 수행하는 데 도움이 된다는 것을 알았다. 의료 센터는 기존 전자 의료 기록 시스템을 ESRI(www.esri.com)의 GIS 소프트웨어와 통합하여 지리 공간 좌표로 의료 데이터를 표시하게 했다. 통합 시스템의 첫 번째 프로젝트 중 하나는 소아 화상 사례에 초점을 두었다.

GIS 매핑을 통해 병원은 지도에서 부상이 발생한 핫스팟을 식별할 수 있었다. 이 지도를 통해 직원들은 부상률이 높은 지역의 인구 통계에 맞는 예방 프로그램을 개발하였다. 예를 들어, 시스템이 특정 동네에서 화상을 입은 어린이 집단을 식별하면 직원들은 커뮤니티 그룹과 협력하여 부모에게 안전에 대한 더 많은 정보를 제공할 수 있었고, 또한 이 정보가 모든 사람의 요구를 충족시킬 수 있도록 여러 언어로도 제공되었다.

이 새로운 시스템은 많은 결과를 가져왔다. 병원은 전반적으로 높은 수준의 화상 관리가 필요한 화상 환자들이 줄어들게 되었다. 어린이 국가 보건 시스템은 현재 이 시스템을 사용하여 비만과 천식 등과 같은 다른 질병의 상황에 대한 집중도를 매핑하고 있다.

확인하고 넘어가기

1. 비즈니스 분석 프로세스에서 프레젠테이션 도구가 왜 그렇게 중요한지 토론해보자.
2. 대시보드란 무엇인가? 대시보드가 조직의 의사결정자에게 그토록 중요한 이유는 무엇인가?

IT는 나를 위해 무엇을 해줄 수 있지?

ACCT 회계관리 전공을 위한 정보기술

비즈니스 분석은 감사에서 불규칙성을 발견하기 위해 광범위하게 활용되고 있다. 또한 사기 행위를 발견하고 예방하는데도 활용된다. 오늘날 회계사들은 위험분석에서 원가 통제에 이르기까지, 그들 업무의 많은 영역에서 비즈니스 분석을 활용하고 있다.

FIN 재무관리 전공을 위한 정보기술

재무 문제를 해결하기 위해 수십 년간 사람들은 컴퓨터를 사용해오고 있다. 혁신적인 비즈니스 분석 애플리케이션이 주식 시장 결정, 사채로 다시 자금 조달하기, 채무 위험 평가, 재무 상태 분석, 경영 실패 예측, 재무적 경향의 예측, 그리고 글로벌 시장에 대한 투자 등과 같은 활동을 위해 구축되어오고 있다.

MKT 마케팅 전공을 위한 정보기술

마케팅 인력은 광고 예산의 배정에서부터 판매원의 대안적인 여정을 할당하는 것에 이르기까지의 많은 애플리케이션에 비즈니스 분석을 사용한다. 표적 마케팅과 데이터베이스 마케팅 등과 같은 새로운 마케팅 접근방법들은 일반적으로는 IT에 그리고 특별히는 데이터 웨어하우스와 비즈니스 인텔리전스 애플리케이션 등에 매우 의존하고 있다.

POM 생산운영관리 전공을 위한 정보기술

비즈니스 분석은 재고관리에서부터 생산계획, 공급망 통합 등에 이르는 복잡한 운영과 생산 결정을 지원한다.

HRM 인적자원관리 전공을 위한 정보기술

인적자원 인력들도 그들의 많은 활동을 위해 비즈니스 분석을 사용한다. 예를 들어, 이러한 시스템들은 웹상에 올라와 있는 지원자들의 이력서를 검색하여 필요한 숙련성에 맞추고 경영계승계획(management succession planning)을 지원하기 위해 그것들에 서열을 부여할 수 있다.

MIS MIS 전공을 위한 정보기술

MIS는 비즈니스 분석에서 사용되는 데이터 인프라를 제공한다. MIS 인력은 또한 비즈니스 분석 애플리케이션의 구축, 설치 그리고 지원 등에도 관여한다.

요약

12.1 의사결정 프로세스의 각 단계에서 기술이 관리 의사결정을 어떻게 지원하는지 의사결정지원 프레임워크를 사용하여 설명해보자.

조직이든 개인이든 의사결정을 할 때 의사결정자는 인식, 설계, 그리고 선택 등의 세 단계를 거치게 된다. 선택이 이루어지면 의사결정이 완료되는 것이다.

일반적으로 어떤 정보시스템이 조직의 특정 의사결정자를 지원하는지 명시하는 것은 쉽지 않다. 최신의 정보시스템, 특히 비즈니스 분석 시스템은 조직의 모든 구성원들을 지원할 수 있다.

12.2 비즈니스 분석 프로세스의 각 단계를 설명해보자.

비즈니스 분석은 역사적 데이터로부터 생성된 통찰력을 기반으로 활동에 대한 실행 가능한 결정 또는 권장 사항을 개발하는 프로세스이다. 비즈니스 분석 프로세스의 단계는 그림 12.3에 나와 있으며 데이터 관리, 서술 분석(관련 분석 도구와 통계 절차 포함), 예측 분석(관련 분석 도구와 통계 절차 포함), 처방 분석(관련 분석 도구와 통계 절차 포함) 그리고 프레젠테이션 도구 등을 포함한다. 비즈니스 분석 프로세스의 결과는 실행 가능한 비즈니스 의사결정이다.

12.3 서술 분석에 대한 정의와 사용 사례를 제시해보자.

서술 분석은 과거에 발생한 일을 요약하고 의사결정자가 과거 행동에서 학습할 수 있도록 한다. 각자 사용 사례를 생각해보자.

12.4 예측 분석에 대한 정의와 사용 사례를 제시해보자.

예측 분석은 패턴을 감지하고 향후 결과와 추세를 예측하기 위해 최근과 과거의 데이터를 검토한다. 각자 사용 사례를 생각해보자.

12.5 처방 분석에 대한 정의 및 사용 사례를 제시해보자.

처방 분석은 하나 이상의 조치 사항을 추천하고 각 결정의 가능한 결과를 비교해 줌으로써 서술 모델과 예측 모델을 뛰어 넘는다. 각자 사용 사례를 생각해보자.

12.6 프레젠테이션 도구의 두 예를 설명해보자.

대시보드를 통해 시기 적절한 정보에 쉽게 접근하고 관리 보고서에 직접 접근할 수 있다. 사용자 친화적이고 그래픽으로 지원되며 가장 중요한 점은 관리자가 예외 보고서를 검토하고 세부 데이터로 드릴 다운으로 상세 보기를 할 수 있다는 것이다.

지리정보시스템(GIS)은 디지털화된 지도를 사용하여 데이터를 수집, 통합, 조작 그리고 표시하기 위한 컴퓨터 기반의 시스템이다. 가장 눈에 띄는 특징은 모든 기록 또는 디지털 개체가 식별된 지리적 위치를 가지고 있다는 것이다.

토의문제

1. 여러분의 회사가 중국에 신규 공장을 설립하려 하고 있다. 의사결정의 각 단계(인식, 설계, 선택 그리고 실행)에 포함되는 전형적인 활동들을 나열해보자.
2. 청년들이 편의점에서 물건을 구매할 때 맥주와 기저귀를 동시에 구매하는 경향이 있다는 것을 데이터마이닝이 발견한 것을 기억해보자. 이제 이러한 관계성이 존재함을 알았다면, 그에 대한 이유를 설명할 수 있는가?
3. 아메리칸 캔 컴퍼니(American Can Company)가 건강관리기구(HMO: Health Maintenance Organization) 분야의 기업을 인수하는데 관심이 있다고 발표하였다. 이러한 활동에 (1) HMO를 인수하기 위한 결정, (2) 어느 HMO를 인수할 것인가에 대한 결정 등의 두 가지 결정이 포함되었다. 그 기업이 이러한 노력을 지원하기 위해 어떻게 비즈니스 분석 시스템, 전문가시스템 그리고 디지털 대시보드 등을 이용할 수 있는가?
4. 비즈니스 분석 시스템의 전략적 이점을 논해보자.
5. 2012년 초 뉴욕타임즈는 이전의 구매 패턴을 기반으로 고객의 임신 여부를 예측할 수 있었던 타겟(Target)의 데이터 과학자에 대한 이야기를 보도했다.
   a. 데이터 과학자가 사용한 비즈니스 분석 모델을 설명해보자.
   b. 3장을 참조하여 타겟의 분석 프로세스 윤리에 대해 논해보자.
   c. 이 이야기에 대하여 조사하고 타겟의 분석 프로세스가 의도하지 않은 결과를 논해보자.
6. 대학의 입학 절차를 생각해보자. 대학의 입학 절차에는 매년 신입생으로 입학할 학생들을 결정하기 위해 많은 변수를 분석하는 과정이 포함된다. 입학처에 연락하여 입학 과정에서 사용되는 변수들에 대한 정보를 수집해보자. 대학에 지원했을 때를 기억하는 것처럼, 일반적인 변수로 재학한 고등학교, 고등학교 평균 점수, 수능점수와 같은 표준화된 시험 점수 등이 포함된다. (입학처에서 제공할 수 없는 변수가 있어도 놀라지 말라.)
   a. 입학처가 입학 과정에서 서술 분석을 사용하는 방법에 대한 예를 제시해보자. 제시한 예에서 찾은 변수를 사용해보자.
   b. 입학처에서 입학 전형 과정에서 예측 분석을 사용하는 방법에 대한 예를 제시해보자. 제시한 예에서 찾은 변수를 사용해보자.
   c. 입학처에서 입학 전형 과정에서 처방 분석을 사용하는 방법의 예를 제시해보자. 제시한 예에서 찾은 변수를 사용해보자.

문제해결활동

1. 모든 쓰레기 수거통에 센서를 설치한 스페인 바르셀로나를 생각해보자. 센서들은 각 쓰레기통이 얼마나 가득 차 있는지를 측정한다.
   a. 이 센서 데이터를 사용하는 서술 분석 애플리케이션을 설명해보자.
   b. 이 센서 데이터를 사용하는 예측 분석 애플리케이션을 설명해보자.
   c. 이 센서 데이터를 사용하는 처방 분석 애플리케이션을 설명해보자.
2. GE(General Electric)의 최신 LEAP 항공기 엔진을 생각해보자. 이 엔진의 센서는 진동과 (센서의 위치에 따라 다른) 여러 다양한 온도를 측정한다.
   a. 이 센서 데이터를 사용하는 서술 분석 애플리케이션을 설명해보자.

b. 이 센서 데이터를 사용하는 예측 분석 애플리케이션을 설명해보자.
c. 이 센서 데이터를 사용하는 처방 분석 애플리케이션을 설명해보자.

3. 당신은 식료품점 체인의 비즈니스 분석가이다. 소매 판매 데이터를 분석하고 서술 분석 애플리케이션을 활용하여, 빵과 우유 등이 다른 어떤 제품의 쌍보다 더 자주 함께 구매되는 두 제품임을 발견하였다.
   a. 이러한 데이터를 사용하는 예측 분석 애플리케이션을 설명해보자.
   b. 이러한 데이터를 사용하는 처방 분석 애플리케이션을 설명해보자.

4. 렌트 더 런웨이(RTR; www.renttherunway.com)를 생각해보자. RTR은 디자이너 드레스를 도매로 구매하고 웹을 통해 대여하여 드레스 가격의 일부만을 청구한다. RTR 판매담당자는 새 드레스의 구매 여부를 결정할 때 원단, 지퍼, 스티칭 그리고 모양 등과 같은 40여 개의 데이터 포인트 목록을 확인하고 드레스가 여러 대여의 엄격한 조건을 견딜 수 있는지 여부를 결정한다. 수명이 길수록 자본 수익률은 높아진다. RTR의 분석 알고리즘은 대여하는 모든 드레스에 대해 각 품목의 위치를 추적하고, 수요를 예측하고, 배송 방법을 선택하며, 가격을 책정하고, 재고를 관리하는 효과적인 전략에 대해 자세히 학습한다. RTR의 알고리즘은 또한 고객 리뷰를 조사하여 여성이 특정 행사에 어떤 드레스를 대여해 가는지 학습한다. 그런 다음 드레스와 함께 제공되는 선불 배송 라벨에 고객에게 하루 후에 드레스를 반품해야 하는지 아니면 더 저렴한 가격으로 3일 안에 반품하면 되는지에 대한 수요를 예측한다.
   a. 이 센서 데이터를 사용하는 서술 분석 애플리케이션을 설명해보자.
   b. 이 센서 데이터를 사용하는 예측 분석 애플리케이션을 설명해보자.
   c. 이 센서 데이터를 사용하는 처방 분석 애플리케이션을 설명해보자.

사례

다크 분석

MIS

매년 생성되는 데이터의 양은 12개월마다 2배로 증가하고 있으며 2020년에는 44제타바이트(44조 기가바이트)에 이를 것으로 예상되고 있다.

이러한 데이터는 경쟁우위를 창출할 수 있는 현대 조직에 중요한 통찰력을 제공한다. 안타깝게도 조직에서는 이러한 통찰력을 얻기 위해 이 방대한 양의 데이터 중 극히 일부에만 분석 도구와 기술을 적용해 왔다. 실제로 조직들은 역사적으로 특정 시스템, 회사 기능 또는 회사 프로세스 내에 격리된 구조화된 데이터의 제한된 샘플에만 서술 분석 도구를 적용해 왔다. 결과적으로 그들은 일반적으로 (하드 카피) 보고서의 형태로 제공되는 제한된 통찰력만을 얻어왔다.

오늘날 조직은 그 어느 때보다 훨씬 더 많은 데이터와 데이터 소스에 액세스할 수 있게 되었다. 특히 거래처리시스템, 소셜 미디어, 검색엔진 그리고 기타 기술에서 생성된 원시 데이터를 분석함으로써 가정을 검증하고 의사결정에 필요한 정보를 제공하며, 향후 결과를 예측할 수 있게 해주는 중요한 전략, 고객 그리고 운영 통찰력 등을 얻을 수 있다.

조직이 최근 들어 분석하기 시작한 데이터에는 세 가지 유형이 있다. 이 세 가지의 크게 드러나지 않은 데이터 자원들은 조직의 분석 작업에 막대한 가치를 줄 수 있기 때문에 각 데이터 유형에 대하여 자세히 살펴보기로 한다.

조직이 이미 소유하고 있는 미사용 데이터. 많은 조직에서 대량의 정형 그리고 비정형 데이터가 분석에 사용되지 않고 있다. 구조화된 데이터와 관련하여 조직은 다른 데이터 세트를 연결하는 데 어려움을 겪을 수 있다. 예를 들어 한 대형 보험 회사는 직원의 집 주소와 주차장 할당을 직원의 직급과 직장 잔류 데이터와 매핑하였다. 이 회사는 자발적인 이직을 이끄는 가장 큰 요인 중 하나가 직원이 출근하는 데 걸리는 시간이라는 사실을 발견했다. 이 회사는 직원들이 출퇴근 시간을 (1) 사무실까지의 거리, (2) 교대 일정에 따른 교통 패턴, (3) 주차 장소 찾기의 어려움 정도, (4) 자동차에서 작업장까지의 거리 등의 합계로 고려하고 있다는 사실을 학습하였다.

비정형 데이터는 가격, 고객 행동 그리고 경쟁사에 대한 귀중한 데이터 등을 포함할 수 있다. 사용되지 않는 비정형 데이터에는 전자메일, 메모, 메시지, 문서와 알림(예: 사물 인터넷 장치) 그리고 비영어권 시장의 번역되지 않은 데이터 자산 등이 포함된다. 이러한 데이터는 관계형 데이터베이스에 있지 않거나 데이터를 효율적으로 활용하는 데 필요한 도구와 기술이 최근까지 존재하지 않았기 때문에 거의 사용되지 않았다.

비전통적인 비정형 데이터. 컴퓨터 비전(기술가이드 4 참조), 고급 패턴 인식, 비디오와 사운드 분석 등을 사용하여 기업들은 이제 오디오와 비디오 파일 등과 같은 데이터 소스와 비전통적인 형식에 포함된 이미지 등을 분석함으로써 고객, 직원, 운영, 그리고 시장 등에 대하여 더 잘 이해할 수 있게 되었다.

다음의 세 가지 예를 살펴보기로 한다. 첫째, 소매업체는 쇼핑객의 자세, 얼굴 표정 또는 몸짓 등에 대한 비디오 이미지를 분석하여 고객의 기분이나 의도를 보다 미묘하게 이해할 수 있다. 둘째, 석유와 가스 회사는 음향 센서를 사용하여 파이프 라인을 감시하고 알고리즘을 이용하여 오일 유량과 구성을 감지할 수 있다. 마지막으로, 놀이 공원은 보안 카메라 영상을 분석하여 자동차, 대중 교통 또는 도보로 얼마나 많은 고객이 하루 중 시간대별로 얼마나 도착하는지 파악함으로써 고객의 인구 통계에 대한 더 큰 통찰력을 얻을 수 있다.

딥 웹의 데이터. 인터넷을 사용하는 모든 사람이 표면적인 웹에 접근할 수 있는 경우 딥 웹은 콘텐츠가 표준 검색엔진에 의해 색인화되지 않은 월드 와이드 웹의 일부로 구성된다.

딥 웹에는 웹 메일, 온라인 뱅킹, 주문형 비디오, 유료화로 보호되고 사용자가 비용을 지불해야 하는 일부 온라인 신문과 잡지를 비롯한 여러 소스의 데이터가 포함된다. 흥미롭게도 조직들은 사용자가 과학적 연구, 활동가 데이터 또는 취미 데이터 등을 대상화하는 데 도움이 되도록 설계된 새로운 검색 도구를 사용하기 시작했다. 예를 들어 딥 웹 기술(www.deepwebtech.com)은 표준 검색엔진으로 접근할 수 없는 데이터를 검색하고 분석할 수 있게 해주는 검색 도구를 구축하고 있다.

딥 웹에는 학계, 컨소시엄, 정부 기관, 커뮤니티와 기타의 제3자 영역에 의해 선별된 데이터를 포함하여 가장 많은 미사용 데이터가 포함될 수 있다. 이러한 맥락에서 큐레이트는 특정 주제에 대해 가장 관련성이 높고 가장 적합한 콘텐츠를 찾고, 구성하고, 공유하는 것을 의미한다.

지금까지 살펴본 세 가지 유형의 비정형 데이터와 분석되지 않은 데이터를 다크 데이터(dark data)라고 한다. 이미지, 오디오와 비디오 파일, 사물 인터넷에 의해 생성된 기계와 센서 데이터; 딥 웹에서 발견된 원시 데이터과 같은 비전통적인 데이터 소스로 구성된 다크 데이터를 탐색할 수 있는 조직은 아직까지 거의 없다.

따라서 다크 데이터는 (2018년 9월 현재) 분석 절차 또는 모델에서 사용되지 않고 있는 데이터이다.

애플이 2017년 5월 인공지능을 사용하여 구조화되지 않은 다크 데이터를 구조화된 데이터로 변환하는 회사인 래터스 데이터(Lattuce Data)를 인수한 것은 의미있는 일이라 할 수 있다. 이러한 인수를 통해 애플은 회사가 수집한 방대한 양의 다크 데이터를 분석할 수 있게 되었다.

다크 분석은 구조화된 데이터가 제시하지 못하는 매우 미묘한 비즈니스, 고객 그리고 운영에 대한 통찰력을 발견하기 위한 목적으로 구조화되지 않은 다크 데이터를 탐색하는 것을 말한다. 다크 분석은 주로 텍스트 메시지, 문서, 이메일, 비디오와 오디오 파일, 이미지 등과 같은 데이터 소스에 중점을 두고 있다. 다크 분석은 다크 웹으로 알려진 익명의 접근 불가능한 웹 사이트를 포함하여 검색엔진에 의해 색인화되지 않은 모든 온라인 정보를 대상으로 할 수도 있다.

다크 웹은 특수 소프트웨어를 사용해야 만 액세스 할 수 있는 월드 와이드 웹의 일부이다. 이러한 제한은 사용자와 웹 사이트 운영자를 익명으로 남게 하거나 또는 추적할 수 없게 해 준다. 다크 분석의 몇 가지 예를 살펴보기로 한다.

보건 의료. 아이유헬스(Indiana University Health, IU Health; www.iuhealth.org)는 구조화되지 않은 다크 데이터를 사용하여 개별 환자를 위한 건강 관리를 개인 맞춤화하고 더 많은 사람들을 위한 보편적인 건강 결과를 개선하고자 하는 방법을 모색하고 있다. 의료 서비스 제공자와 환자 간의 전통적인 관계는 일반적으로 지속적인 전체 치료 서비스를 제공하기보다는 개별 방문과 특정 결과에 중점을 두고 있다. 아이유헬스는 추가적인 데이터를 분석하여 환자의 충성도를 구축하고 더 나은 비용 효율적인 의료 서비스를 제공하려 하고 있다. 요컨대, 아이유헬스는 서비스를 제공받는 각 환자들을 보다 완전하게 이해하고자 한다.

추가적인 데이터 소스와 관련하여 의사가 환자와의 상담 중에 생성하는 방대한 양의 (서면상 또는 구두에 의한 것들 모두를 포함하여) 자유로운 형식의 메모를 생각해보자. 아이유헬스는 음성 인식, 딥러닝(기술가이드 4 참조)과 텍스트 분석 기능 등을 활용도가 낮은 이 데이터 소스에 적용하여 환자의 의료 기록에 깊이와 세부 사항 등을 추가하고 있다. 이 보건 센터는 이와 동일한 기능을 사용하여 환자의 기록을 더욱 향상시키기 위해 환자와 콜센터 사이의 대화를 담고 있는 오디오 녹음을 분석하고 있다.

이러한 통찰력들은 환자의 요구 사항과 환자가 실제로 의료 시스템의 서비스를 어떻게 활용하는지에 대하여 아이유헬스가 철저히 이해하도록 돕고 있다.

또 다른 기회는 구조화되지 않은 다크 데이터를 사용하여 필요를 예측하고 인구 전체에 대한 케어를 관리하는 것이다. 아이유헬스는 인지 컴퓨팅(cognitive computing), 외부 데이터 그리고 환자 데이터 등이 지역 인구의 질병 패턴, 의료 서비스 접근 그리고 역사적인 결과 등을 식별하는 데 어떻게 도움이 되는지 조사하고 있다. 이러한 접근 방식은 환자의 사회 경제적 요인을 통합하여 환자의 건강관리를 개선하기 위해 환자의 기록에 맥락(context)을 추가할 수 있게 하고 있다.

소매. 소매업체는 디지털 시스템이 고객 행동과 쇼핑에 혁명을 일으켜 왔음을 알고 있다. 실제로 매장에서 지출하는 금액의 56%는 디지털 상호 작용의 영향을 받고 있다. 그러나 많은 소매업체, 특히 오프라인 영업을 하는 소매업체들은 여전히 고객이 기대하는 디지털 경험을 제공하기가 어렵다는 것을 알고 있다.

최근 점점 더 많은 소매업체가 고객의 디지털 경험을 향상시키기 위해 다양한 접근 방법을 모색하기 시작했다. 일부는 고객의 디지털 프로필에서 수집된 구조화되지 않은 다크 데이터를 분석하고 있다(5장 참조). 그런 다음 그들은 결과적인 통찰력을 활용하여 타겟화된 개별 고객의 경험을 제공하는 머천다이징, 마케팅, 고객 서비스 그리고 제품 개발 전략 등을 개발하고 있다.

식료품 슈퍼마켓 체인인 크로거(www.kroger.com)는 사물 인터넷의 구조화되지 않은 다크 데이터와 분석 기술을 활용하고 있다. 시범 프로그램의 일환으로 이 회사는 고객 휴대전화에서 크로거 앱과 디지털 쇼핑 목록이 상호 작용할 수 있는 센서를 매장 선반에 내장하고 있다. 고객이 각 통로를 지나갈 때 고객의 구매와 제품 선호도에 대한 디지털 기록을 포함하고 있는 시스템이 통로에 장착된 4인치 디스플레이에 고객이 원할 수 있는 특별 가격으로 제공되는 제품을 강조할 수 있다. 이 시범 시스템은 2016년 말에 14개 매장에서 초기 테스트를 시작했으며 현재는 100개에 가까운 매장에서 활용되고 있다.

석유와 가스. 핼리버튼은 현장에서 현재와 과거의 운영 조건들을 이해하고 유정의 성과를 측정하기 위한 데이터에 의존해 온 오랜 역사를 가지고 있다. 그러나 이 회사가 수집하는 데이터의 양은 사람이 처리하고 이해할 수 있는 양보다 훨씬 더 많다.

센서의 발전은 구조화되지 않은 엄청난 양의 다크 데이터를 제공하고 있다. 예를 들어, 이 회사는 암석을 전자기적으로 스캔하여 일관성을 확인하고 핵 자기 공명을 사용하여 유정을 스캔한다. 이러한 데이터는 핼리버튼이 유정의 성과를 더 잘 이해할 수 있게 해 주고 있다.

핼리버튼이 이미 수행했으며 앞으로 수행할 계획인 분석 유형은 매우 교훈적이다. 처음에 이 회사의 엔지니어들은 이벤트가 발생하고 나서야만 그 이벤트를 확인하기 위해 센서 데이터를 분석하였다. 그렇게 하고 나서야 엔지니어들은 그 이벤트가 왜 발생했는지 이해하기 위해 데이터를 분석하였다.

오늘날 핼리버튼은 실시간 분석을 사용하여 이벤트가 발생하는 동안 이를 인식하고 있다. 또한 이 회사는 예측 분석 도구를 사용하여 다음에 발생할 가능성에 대해서도 파악하고 있다. 가까운 미래에 핼리버튼은 처방 분석을 사용하여 긍정적인 이벤트(예: 유정이 최적으로 흐르고 있음)를 장려하거나, 부정적인 이벤트(예: 유정 장비가 과열되기 시작하여 실패할 수 있음)를 방지하기 위한 조치를 취할 계획이다.

출처: Compiled from M. Shacklett, "6 Ways to Include Dark Data in Analytic Strategies," *TechRepublic*, November 23, 2018; J. Rivard, "Big Data Trends You Should Know about in 2018," *Marketing Insider Group*, July 2, 2018; K. Matthews, "5 Ways Dark Data Is Changing Data Analytics," *Smart Data Collective*, March 29, 2018; T. Kambles, N. Mittal, and S. Sharma, "Illuminate Insights with Dark Analytics," *Wall Street Journal*, July 31, 2017; T. Coughlin, "Analysis of Dark Data Provides Market Advantages," *Forbes*, July 24, 2017; K. McNulty, "Expanding the Definition of Dark Data and Mining It with Dark Analytics," *Prowess Corporation*, June 30, 2017; T. Groenfeldt, "Pendo Systems Uncovers a Global Bank's 'Dark Data' at High Speed," *Forbes*, May 23, 2017; C. Tozzi, "4 Ways to Use Dark Data," Syncsort Blog, May 17, 2017; A. Chowdhury, "Shining a Light on Dark Analytics in the Data-Driven Age," *Analytics India Magazine*, May 11, 2017; T. Kambles, P. Roma, N. Mittal, and S. Sharma, "Dark Analytics: Illuminating Opportunities Hidden within Unstructured Data," *Deloitte University Press*, February 7, 2017; K. Nash, "Kroger Tests Sensors, Analytics in Interactive Grocery Shelves," *Wall Street Journal*, January 20, 2017; F. Moreno, "Dark Data Discovery: Improve Marketing Insights to Increase ROI," *IBM Business Analytics Blog*, September 20, 2016; K. Noyes, "Dark Data? Teradata and Nuix Can Help," *Computerworld*, July 19, 2016; D. Barton, "Data Mining in the Deep Web," *The Innovation Enterprise*, July 14, 2016; "Surface Web, Deep Web, Dark Web–What's the Difference?" *Cambia Research*, April 22, 2016; and K. Pal, "What Is the Importance of Dark Data in Big Data World?" *KDNuggets*, November, 2015.

질문

1. 일반적으로 다크 분석으로 분석되는 세 가지 유형의 데이터는 무엇이 있는가?
2. 이 세 가지 유형의 데이터는 기업들이 분석을 하는데 왜 그렇게 중요한가?

13장

정보시스템과 애플리케이션의 확보

장의 구성

학습목표

13.1 기업이 IT 전략계획을 수립할 때 고려해야 하는 다양한 비용-효익 분석에 대하여 논해보자.

13.2 새로운 애플리케이션을 확보할 때 기업이 내려야 하는 네 가지의 기업의사결정을 설명해보자.

13.3 시스템 개발 수명 주기에 포함되는 여섯 과정 각각의 과정별 주요 과업과 중요성을 설명해보자.

13.4 대안적 개발 방법론과 이러한 방법론을 증강시켜주는 도구들에 대하여 설명해보자.

DevOps를 통한 페이첵스의 구축 속도 향상

MIS HRM

비즈니스 과제

페이첵스(www.paychex.com)는 급여, 인적자원 그리고 복리후생 관리를 위한 소프트웨어 도구 공급업체이다. 이 회사는 1971년 조직들의 급여 업무를 아웃소싱으로 처리할 수 있도록 돕기 위해 설립되었다. 현재 페이첵스는 170명 이상의 직원이 근무하고 있으며, 60만 개 이상의 중소기업에게 급여 관리를 위한 도구를 제공하고 있다.

페이첵스는 고객에게 SaaS(Software-as-a-Service)를 제공한다. 많은 사람들이 매일 이 시스템을 사용하고 있으며, 사용자 요청과 성과가 다양하게 나타나고 있다. 특히, 급여 시스템은 장기간동안 가동하지 않으면 심각한 문제를 일으킬 수 있는 시스템이다. 따라서, 페이첵스는 신뢰할 수 있는 서비스를 제공해야 하며, 그렇지 않으면 페이첵스의 고객들은 매우 빠르게 다른 서비스 제공업체로 옮겨 갈 것이다.

페이첵스의 개발 모델은 기존의 폭포수 접근 방식(이 장에서는 시스템개발 수명주기 — SDLC로 정의됨)을 따랐으며, 프로세스 초기에 일단 사용자의 요구를 파악하였으며 그 이후에는 제한적인 사용자 입력만을 허용하였다. 사용자 요구사항이 파악된 이후에 이 모델은 사용자의 참여가 제한되는 설계, 실행 그리고 테스트 등의 여러 단계로 구성되었다. 이 프로세스는 9개월(어떤 경우에는 더 길어질 수도 있는데 평균 9개월 정도가 소요됨) 동안 지속되었으며, 개발 요청의 백로그가 발생하였고, 이로 인해 회사의 시스템 개발에 어려움을 겪게 된 프로젝트가 되었다.

IT 해결책

2014년에 페이첵스는 폭포수 개발 방법론을 DevOps 모델로 전환할 수 있는 파트너를 찾기 시작했다. 이러한 결정은 대량으로 수요가 많은 소프트웨어 공장(software factory)을 설립하고자 하는 기업 전략의 광범위한 맥락의 일부였다. 그들의 목표는 속도(업데이트 속도)를 빨리하고, 고객에게 최상의 사용자 경험을 제공하기 위한 제품 업데이트와 개선 속도 등의 출력 품질을 향상시키는 것이었다.

DevOps(개발Devlopment의 Dev와 운영Operations의 Ops)는 2008년 앤드루 쉐이퍼(Andrew Shafer)와 패트릭 드부아(Patrick Debois)가 애자일 개발(agile development)에 대한 강연에서 하나의 개념으로 소개한 이후 인기가 높아졌다. 이 모델은 IT 개발팀과 운영팀(최종 사용자)을 전 개발 과정에서 통합하는 개발 방법론이다. 이 모델은 기업이 효과적인 IT 솔루션을 개발하고 배치하는 데 훨씬 더 뛰어난 능력을 보여 주었다. 실제로 "2018년 DevOps 현황 보고서"에 따르면 DevOps 모델을 사용하는 기업들은 (하나의 아이디어가 얼마나 빨리 실행되는가를 측정하는) 리드 타임이 수백 배 더 빨라짐으로 해서, 기존 SDLC를 사용할 때보다 새로운 소프트웨어 또는 업데이트된 소프트웨어를 훨씬 더 빠르게 배포할 수 있게 되었음을 보여주었다. 또한 이러한 기업들은 (성공적 실행의 척도인) 변경 실패율(change failure rates)을 크게 낮추었고, 계획되지 않은 작업과 재작업 등에 22%의 더 적은 시간을 할애할 수 있었고, 새로운 기능이나 코드에 29% 더 많은 시간을 할애할 수 있었다. 이와 같은 성공으로 인해 페이첵스는 DevOps 모델로 전환하고자 하는 이유가 되었다.

페이첵스는 IBM, HP, BMC 소프트웨어 및 제비아랩스 등의 제안을 검토했다. IBM, HP, 그리고 BMC 소프트웨어의 제안은 현재의 폭포수 모델과 너무 유사했다. 이와는 대조적으로, 제비아랩스는 페이첵스가 원하는 환경을 제공했다.

결과

현재 페이첵스에는 이러한 DevOps 방법을 이용하는 팀이 80개 이상 운영되고 있다. 개발과 배포 시간이 짧고 모든 활동이 전달(delivery)에 집중되고 있다. 그 결과는 인상적이었다.

페이첵스는 DevOps 모델로 전환하고 나서 엄청난 성장을 하였으며, 그 결과 신입사원 채용율이 140% 증가하였다. 이러한 성장이 있었음에도 불구하고 평균 IT 배포 시간은 53% 단축되었다. 또한 (IT 그룹이 사용자 그룹의 불만을 성공적으로 접수하고 이에 필요한 솔루션을 개발하여 배포했음을 의미하는) 생산 성공률(success rate of production)이 23% 향상되었으며, 중단/롤백으로 끝나는 릴리스 수가 36%나 감소하였다. 인프라와 아키텍처 담당 이사인 데이트 윌슨(Dave Wilson)은 "2년도 걸리지 않아서 총 소프트웨어 배포 수의 656% 증가를 실현함으로써 페이첵스는 엔터프라이즈 DevOps로의 전환을 완료하였다"고 선언하였다.

출처: Compiled from J. Bloomberg, "DevOps Success Beyond Agile: Cloud Expo Power Panel," *Forbes*, November 4, 2017; K. Lauria, "The DevOps Leadership Summit 2017 Wrap Up," XebiaLabs Blog, June 22, 2017; B. Kepes, "Delivering Agility to Paychex with XebiaLabs," *NetworkWorld*, May 30, 2017; P. Cohan, "Startup Snatching Share From IBM and CA In $2.3 Billion Market," *Forbes*, April 13, 2017; Anonymous, "A Field Guide to Digital Transformation," *MIT Technology Review*, March 30, 2017; B. Patwardhan, "Impact of DevOps on IT Infrastructure," *DZone*, March 31, 2015; https://puppet.com/resources/whitepaper/2016-state-of-devops-report, accessed December 14, 2017; and https://www.paychex.com/corporate, accessed July 17, 2019.

질문

1. 페이첵스가 채용하였던 기존의 폭포수 접근방식과 DevOps 모델의 주요 차이점은 무엇인가?
2. 페이첵스가 시스템 개발을 위해 DevOps 모델로 전환하려는 주요 이유는 무엇인가?
3. DevOps 모델의 장점과 잠재적인 단점들에 대하여 설명해 보자.

서론

경쟁력이 있는 조직은 효율성과 개선과 경쟁적 우위 확보가 필요할 때, 신기술 확보 또는 기존의 기술을 수정하기 위해 재빠르게 움직인다. 도입사례에서 학습하였듯이, 확보과정에서는 많은 문제와 함정들이 발생할 수 있다.

오늘날 정보시스템의 확보는 사내에 신규 시스템을 구축하는 것 이상이고, IT 자원들은 소프트웨어와 하드웨어의 범주를 넘어서고 있다. 기업들이 자신들의 시스템을 구축하는 구 모델은 기업에게 복수의 선택방안을 제공하는 IT 자원 확보에 대한 폭넓은 관점으로 대체되고 있다. 이처럼, 기업들은 이제 어느 IT 과업이 사내에 남겨져야 하는지, 그리고 외부 조직에 의해 IT 자원들이 제공되고 관리되어야 하는지를 결정해야 한다. 그러나 조직이 어떠한 접근방법을 선택하느냐에 상관없이 IT 프로젝트를 능숙하게 관리할 수 있어야만 한다.

이 장에서는 IT 프로젝트 관리의 구성요소와 관리적 관점에서 IT 자원을 획득하는 과정에 대하여 서술한다. 이는 여러분의 관점을 강조하는데, 여러분의 조직에서 정보시스템과 애플리케이션의 확보와 관련한 모든 측면에 여러분들이 밀접하게 관여할 것이기 때문이다. 사실상, 이 장에서 우리가 '사용자(users)'라고 언급할 때는, 여러분에 관하여 논하는 것이다. IT 자원의 확보와 관련한 이용 가능한 선택 대안들과 그 대안들에 대한 평가방법에 대하여 특별한 관심을 가질 것이다. 또한 신규 정보시스템의 확보에 대한 계획과 정당화에 대하여 좀 더 자세히 살펴보기로 한다.

13.1 IT 애플리케이션 기획과 타당성 확인

조직은 애플리케이션에 대한 필요를 분석하고 비용과 효익에 의해 각 애플리케이션을 정당화해야만 한다. 정보시스템에 대한 필요는 종종 조직 기획(organizational planning)과 경쟁자와 대비한 성과의 분석과 관련된다. 비용-효익 타당성 확인(cost-benefit justification)은 특정 IT 애플리케이션에 대하여 투자하는 것과 대안적인 프로젝트에 자금을 사용하는 것을 대비시켜 살펴보아야 한다.

기업이 필요와 성과를 검토할 때, 기존의 그리고 잠재적인 IT 애플리케이션에 대하여 **애플리케이션 포트폴리오(application portfolio)**라 불리는 우선순위가 부여된 목록(prioritized list)을 생성한다. 이것은 새로 추가되어야 하는 애플리케이션 혹은 이미 존재한다면 수정되어야 할 애플리케이션을 담고 있다.

IT 기획

새로운 IT 애플리케이션에 대한 기획과정(planning process)은 그림 13.1과 같이 조직의 전략적 계획(organizational strategic plan)에 대한 분석에서 시작한다. 조직의 전략적 계획은 기업의 전체적인 미션, 그 미션에 따른 목표, 그리고 이러한 목표를 달성하는 데 필요한 대략적인 단계 등을 담고 있다. 이러한 전략적 기획 과정은 변화하는 시장과 기회에 대응하기 위해 조직의 목적과 자원을 수정한다.

조직의 전략적 계획과 기존의 IT 구조는 IT 전략적 계획의 개발에 투입요소를 제공한다. 1장에

그림 13.1
ISP 과정

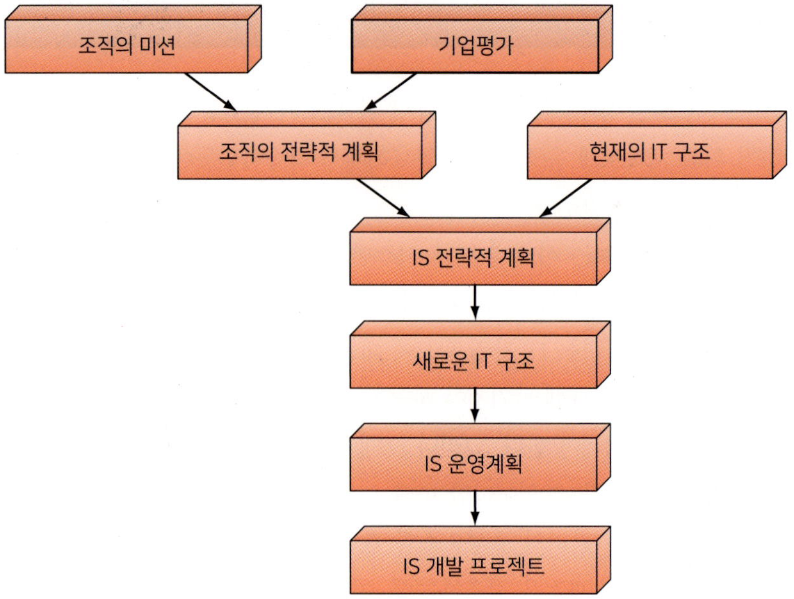

서 논의한 바 있듯이, IT 구조(IT architecture)는 조직의 정보자원이 조직의 미션을 달성하기 위해 어떻게 사용되어야 하는가를 기술한다. 그리고 정보 자원에 대한 기술적이고 관리적인 측면을 모두 포괄한다. 기술적인 측면은 하드웨어와 운영시스템, 네트워크, 데이터 관리 시스템, 그리고 애플리케이션 소프트웨어 등을 포함한다. 관리적 측면은 IT 부서를 관리하는 것이 어떻게 수행될 수 있는가, 어떻게 기능영역의 관리자들이 포함될 것인가, 그리고 어떻게 IT 결정이 이루어질 것인가 등을 규정한다.

IT 전략적 계획(IT strategic plan)은 조직의 목표를 달성하는 데 필요한 IT 구조를 기술하고 주요 IT 발의권(initiatives)을 규정하는 장기적 목표의 집합이다. IT 전략적 계획은 다음의 목적을 만족시켜야 한다.

1. 조직의 전략적 계획과 맥을 같이 해야 한다. 이러한 일치는 조직의 정보시스템이 조직의 전략을 지원해야 하기 때문에 중요하다. (2장에서 논의한 조직의 전략과 정보시스템에 대하여 다시 생각해보자.)

   노스트롬과 월마트의 예를 살펴보자. 작은 비용에 고객 서비스를 개선하는 애플리케이션은 노스트롬에서는 유리하게 고려될 수 있었지만, 월마트에서는 거절되었다. 그 이유는 노스트롬의 서비스 사수 전략(service-at-any-cost strategy)에서는 받아들여질 수 있다. 그러나 월마트의 저가 전략에서는 받아들여지기 어려웠던 것이다. 두 백화점, 같은 애플리케이션, 같은 비용과 혜택에 대해서도 "애플리케이션을 개발해야 하는가?"라는 질문에 서로 다른 대답을 할 수 있다.
2. 사용자, 애플리케이션 그리고 데이터베이스 등이 끊임없이 네트워크화되고 통합될 수 있도록 IT 구조를 제공해야 한다.
3. 정해진 시간 안에, 예산 범위 내에서 프로젝트가 완성이 되고, 프로젝트가 요구되는 기능성을 발휘할 수 있도록 하기 위해, 경합중인 프로젝트 사이에 IS 개발 자원을 효율적으로 배정해야만 한다.

기존의 IT 설계는 미래의 개발 노력에 대한 하나의 제약조건으로 작용하기 때문에 IT 전략 계획에 필요한 투입요소가 된다. 그러나, 조직은 이론적으로는 새로운 IT 설계를 채택할 수 있기 때문에 그것은 절대적인 제약조건은 아니다. (회사들은 비용이 많이 들고, 많은 시간을 소비하기 때문에 이러한 전략을 회피하는 것을 선호한다.)

다음의 예를 고려해보자. 여러분이 맥(애플) 시스템을 보유하고 있고, 새로운 소프트웨어 애플리케이션을 필요로 하고 있다. 그래서 맥킨토시와 마이크로소프트 윈도우즈 시스템 등의 양 시스템에서 사용될 수 있는 여러 개의 패키지를 찾아서 발견하였다. 불행하게도, 가장 적합한 패키지는 윈도우즈에서만 실행된다. 그러면 새로운 시스템으로 바꾸는 것을 정당화하기에 이 패키지는 얼마나 더 좋은 것이어야 하는가?

IT 전략적 계획을 개발하고 실행함에 있어서 하나의 중요한 구성요소는 **IT 운영위원회(IT steering committee)**이다. 이 운영위원회는, 다양한 조직 단위를 대표하는 일단의 관리자와 직원으로 구성되는데, IT 우선순위를 수립하고 MIS 기능이 전사적 필요를 만족시키고 있는가를 확인하기 위해 설치된다. 위원회의 주요 업무는 기업의 전략과 IT 전략을 연결시키고, MIS 기능에 자원을 할당하는 것을 승인하고, MIS 기능에 대한 성과 척도를 수립하여, 그것들이 만족되고 있는가를 확인하는 것이다. IT 운영위원회는 여러분의 업무를 수행하는 데 필요한 정보시스템과 애플리케이션을 얻었는지를 확인해주기 때문에 중요하다.

기업이 IT 전략적 계획에 동의한 후에, 다음 단계는 **IS 운영계획(IS operational plan)**을 개발하는 것이다. 이 계획은 IS 부서와 기능영역의 관리자들이 IT 전략적 계획을 지원하기 위해 시행해야 할 일련의 명백한 프로젝트로 구성된다. 전형적인 IS 운영계획은 다음의 요소들을 포함한다.

- 미션: (IT 전략에서 도출된) IS 기능의 미션
- IS 환경: 기능영역과 전체 조직의 정보 필요에 대한 요약
- IS 기능의 목적: IS 기능의 목표에 대한 가장 최근의 추정
- IS 기능에 대한 제약조건: IS 기능에서 기술적, 재무적, 인적 그리고 기타의 자원 한계
- 애플리케이션 포트폴리오: 현재의 애플리케이션에 대한 우선순위 목록과 금년도에 개발되어야 하거나 계속되어야 할 프로젝트의 상세계획
- 자원할당과 프로젝트 관리: 누가 무엇을(what), 어떻게(how), 그리고 언제(when) 할 것인가에 대한 목록

IT 투자 평가와 타당성 확인: 효익, 비용 그리고 문제들

이미 논의한 바와 같이, IT 계획을 개발하는 것은 확보 과정의 첫 단계이다. 모든 기업들은 제한된 자원만을 보유하고 있다. 이러한 이유로, 기업들은 다른 영역에서 보다, IT를 포함하는 일부 영역에 자원을 투자하는 것을 정당화해야만 한다. 필수적으로 IT 투자의 타당성을 확인하는 것은 비용을 평가하고, 효익(가치)을 평가하며, 그리고 이 양자를 비교하는 것을 포함한다. 이러한 비교는 종종 비용-효익 분석으로 불리워진다. 비용-효익 분석은 단순한 업무가 아니다.

비용 평가. IT 투자를 금액으로 환산하는 것은 말처럼 그리 쉬운 일이 아니다. 기업이 직면하는 중요한 과제 중의 하나가 고정비를 여러 IT 프로젝트에 할당하는 것이다. 고정비(fixed costs)는 활동수준(activity level)에서의 변화에 상관없이 항상 일정하게 남아있는 그러한 비용이다. IT에서 고정비는 인프라스트럭처 비용, IT 서비스 비용, 그리고 IT 관리 비용 등을 포함한다. 예를 들어, IT 감독자의 급여는 고정되어 있어서, 애플리케이션이 하나 더 추가되어도 변경되지 않을 것이다.

또 다른 복잡한 문제는 시스템의 비용은 시스템이 설치되어도 끝나지 않는다는 것이다. 유지보수, 디버깅, 그리고 시스템 개선에 소요되는 비용이 매년 누적될 수 있다. 어떤 경우에는 기업이 투자를 결정할 때 이러한 비용을 전혀 기대하지 않는 경우도 있다.

기대되지 않은 비용에 대한 극단적인 예로 20세기 말에 전 세계에 걸쳐 수조 달러가 소요된 Y2K(2000년) 재프로그램 프로젝트를 들 수 있다. 1960년대에는 컴퓨터 메모리가 매우 비쌌다. 비용을 절약하기 위해, 프로그래머들은 날짜 항목에 ####(네 자리 수)대신에 19##(뒤의 두 자리)로 연도를 코드화하였다. 컴퓨터 프로그램에서의 '1'과 '9'를 하드코드화함으로써 뒤의 두 자리 수만을 변경하였고, 따라서 컴퓨터 프로그램은 메모리를 덜 필요로 하였다. 그러나 이러한 처리는 2000년에 이르렀을 때, 컴퓨터는 2000년 대신에 연도로 1900년을 갖게 된다. 이러한 프로그램 기술은 재무 애플리케이션, 보험 애플리케이션 등등의 애플리케이션에 심각한 문제를 야기할 수 있게 되었다.

Y2K의 예는 DB설계의 선택이 장기적으로 조직에 영향을 미친다는 것을 보여준다. 21세기에 접어들면서 그때까지 아무도(일부의 기존 애플리케이션 이외에는) 1960년대의 하드웨어와 소프트웨어를 사용하지 않았다. 그러나 DB설계 선택은 1960년대에 이루어졌으며, 기업이 그것들을 사용한 이래로 사실상 수십 년간 사용되고 있다.

2019년 4월 일본은 국가의 기술 시스템을 위협하는 자체 문제에 직면했다. 문제는 일본 달력이 천황의 통치와 일치하는 연호를 기반으로 하기 때문에 발생한 것이다. 일본 달력을 사용하는 소프트웨어는 새 연호와 함께 작동하도록 조정되어야 한다. 그러나 이 소프트웨어를 수정하고 테스트하려면 새 연호를 미리 알고 있어야 한다.

아키히토 일왕의 퇴위 날짜는 2017년 말에 발표되어 국가가 준비하는 데 거의 18개월이 걸렸다. 그러나 당시 일본 정부는 새 연호를 발표하지 않았다. 아키히토 일왕이 물러나기 전에 새 연호를 발표하는 것은 그의 아들인 나루히토 친왕이 새 일왕이 되는 데 초점을 두어 그를 모욕하는 것이었다.

퇴위 한 달 전인 2019년 4월 1일 일본 정부는 새 연호를 발표했다. 우편 서비스, 교통 티켓 자동 판매기, 은행 등 일본 내 여러 부문이 문제에 직면했다. 그나마 해외 파트너와 협력하거나 외국인을 고용하는 대부분의 일본 기업이 이미 서양식 달력을 사용하고 있어 연호 변경의 영향을 받지 않았다. 다행스럽게도 세계 3위의 경제대국으로서 연호 변경의 영향은 미미한 것으로 나타났다.

효익 평가. IT 프로젝트의 효익을 평가하는 것은 전형적으로 비용을 계산하는 것 이상으로 더 복잡하다. 효익은 수량화하기가 더 어려운데, 특히 대부분의 효익이 무형(예: 개선된 고객과 파트너의 관계 또는 개선된 의사결정 등)이기 때문이다. 정보시스템이 여러분에게 제공하는 무형의 효익(intangible benefits)에 대하여 입력을 요구받게 될 것이다.

여러 가지 상이한 목적을 위해 조직이 IT를 사용한다는 사실이 효익분석을 더 복잡하게 만든다. 게다가 IT 투자에 대한 수익을 얻기 위해, 그 기업은 성공적으로 기술을 실행해야만 한다. 현실적으로 많은 시스템이 정시에, 예산 범위 내에서 또는 원래 계획된대로의 특징을 가지고 실행되지 못한다는 것이다. 끝으로, 제안된 시스템은 '최첨단(cutting edge)'일 수 있다. 이러한 경우 어떠한 재무적 성과를 기업이 기대할 수 있는지에 관한 사전적인 증거가 없을 수도 있다는 것이다.

비용-효익 분석 실행. 기업이 IT 투자에 대한 비용과 효익을 평가하고 난 뒤, 양자는 비교되어야 한다. 재무 과정에서 비용-편익 분석을 더 자세히 학습했거나 학습하게 될 것이다. 요점은 실제 비즈니스 문제는 "이것은 재무 문제이다" 또는 "IS 문제이다"라는 레이블이 붙은 깔끔하게 포장된 패키지로 제공되지 않는다는 것이다. 오히려 비즈니스 문제는 여러 기능영역에 걸쳐 있다.

이러한 분석에 대한 유일한 전략은 없다. 그보다는 여러 가지 방법으로 수행될 수 있다. 여기서는 (1) 순 현재가치, (2) 투자 수익률, (3) 손익분기점, 그리고 (4) 기업사례 접근법 등의 네 가지의 일반적인 접근방법에 대하여 살펴보기로 한다.

1. 순 현재가치(NPV: net present value)법을 사용하여, 분석가들은 효익의 미래가치(future value)를 조직의 자금원가로 할인하여 동등한 현재가치(present value)로 전환한다. 그런 다음 효익이 비용을 초과하는지를 결정하기 위해, 미래 효익의 현재가치와 그 효익을 얻기 위해 투입된 비용을 비교한다.
2. 투자 수익률(ROI: return on investment)은 이용가능한 자산을 이용하여 이익을 생성하는데 있어서의 관리의 효과성(management's effectiveness)을 측정한다. ROI는 프로젝트에 배당할 수 있는 순 이익(net income)을 그 프로젝트에 투자한 평균 자산으로 나누어 계산한다. ROI는 퍼센트로 수익률의 퍼센트가 높을수록 더 좋다.
3. 손익분기 분석(breakeven analysis)은 프로젝트가 가지는 효익의 누적 화폐가치가 프로젝트에 투입된 투자액과 같아지는 지점을 결정한다.
4. 기업사례 접근방법(business case approach)에서는 시스템 개발자가 하나 이상의 특정 애플리케이션이나 프로젝트에 대한 자금조성을 정당화하는 기업사례를 작성한다. 이러한 사례는 무엇을 해야 하는지, 어떻게 해야 하는지, 그리고 어떻게 신규 시스템이 지원하는지를 서술한다.

확인하고 넘어가기

1. IT의 비용 평가와 관련된 문제점들은 무엇인가?
2. IT의 무형적인 효익에 동반하는 어려운 점은 무엇인가?
3. NPV, ROI, 손익분기 분석, 그리고 기업사례 접근방법을 설명해보자.

13.2 IT 애플리케이션 확보 전략

기업이 IT 투자를 성공적으로 정당화하였다면, 어떻게 수행할지를 결정해야 한다. 비용-효익 분석과 관련하여 IT 애플리케이션을 확보하는 여러 가지 선택방안이 있다. 어떠한 선택방안을 선택할 것인가를 숙고할 때, 기업들은 일련의 기업 의사결정을 해야만 한다. 기본적인 결정사항들은 다음과 같다.

- **얼마나 많은 컴퓨터 코드를 작성하고자 하는가?** 기업은 (어떠한 컴퓨터 코드도 작성하지 않는) 완전히 미리 작성된 애플리케이션을 선택할 수 있다; (약간의 컴퓨터 코드를 작성하여) 미리 작성된 애플리케이션을 커스터마이즈할 수도 있다; 또는 (완전히 새로운 컴퓨터 코드를 작성하여) 전적으로 새로운 애플리케이션을 작성할 수도 있다.
- **애플리케이션에 얼마의 예산을 배정해야 하는가?** 일단 기업이 얼마나 많은 컴퓨터 코드를 작성할 것인가를 결정하였다면, 그것에 예산을 얼마나 배정할 것인가를 결정해야 한다. 미리 작성되었거나, 미리 작성된 것을 커스터마이즈한 소프트웨어의 경우, 기업은 그 애플리케이션을 구입하거나 임차할 수 있다. 그리고 완전히 새롭게 만들어질 애플리케이션에 대하여는 내부자금조달로 사용할 수 있다.
- **그 애플리케이션을 어디에서 사용할 것인가?** 다음 단계의 의사결정은 그 애플리케이션이 회사의 플랫폼 또는 다른 누군가의 플랫폼에서 실행될 것인가에 대한 것이다. 다시 말해, SaaS 공급업체 또는 애플리케이션 서비스 제공업체(ASP)를 채택할 수 있다. (이 장의 후반부에서 이러한 선택사항에 대하여 검토할 것이다.)
- **애플리케이션의 구입처를 어디로 할 것인가?** 미리 작성된 애플리케이션은 오픈소스 소프트웨어일 수 있으며, 또는 제공업체로부터 올 수도 있다. 그 회사는 미리 작성된 오픈소스 소프트웨어를 커스터마이즈하거나 또는 공급업체로부터 미리 작성된 특정 애플리케이션을 선택할 수 있다. 게다가, 사내에서 애플리케이션을 커스터마이즈할 수 있거나 또는 커스터마이제이션을 아웃소싱할 수 있다. 끝으로, 전적으로 사내에서 맞춤화된 애플리케이션을 작성할 수도 있고 또는 이러한 과정을 아웃소싱할 수도 있다.

다음 절에서 기업들이 애플리케이션을 확보할 수 있는 다양한 방법에 대하여 상세히 살펴보겠다. 조직들은 자사의 기업 요구사항에 따라서 모든 타당한 애플리케이션 확보방법을 고려해야만 하는 것이 일반적인 규칙이다. 다음과 같은 확보 방법에 대하여 학습하기로 한다.

- 미리 작성된 애플리케이션의 구입
- 미리 작성된 애플리케이션 맞춤화
- 애플리케이션 임대
- 애플리케이션 서비스 제공업체와 SaaS의 활용
- 오픈소스 소프트웨어 사용
- 아웃소싱 활용
- 지속적인 개발의 채택
- 맞춤 개발의 채택

미리 작성된 애플리케이션 구입

IT 애플리케이션에 요구되는 표준적인 특징들이 많은 상용 소프트웨어 패키지에서 발견된다. 기존의 패키지를 구매하는 방안(buy option)은 사내에서 애플리케이션을 개발하는 것과 비교해볼 때, 비용 효과적이고 시간을 절약하는 전략일 수 있다. 그럼에도 불구하고, 선택한 패키지가 기업의 현재와 미래의 필요를 만족시키는 데 필요한 특징들을 모두 포함하고 있는지를 확인하기 위해 구매방안을 세심하게 살펴보고 구매 계획을 수립해야 한다. 그렇지 않으면 이러한 패키지들이 쉽게 진부화될 수 있다. 기업이 이러한 과정을 실시하기 전에, 선택된 패키지가 가지고 있어야 하는 특징들이 무엇이어야 하는지를 결정해야만 한다.

현실적으로 하나의 소프트웨어 패키지가 기업의 모든 요구를 만족시킬 수는 없다. 이러한 이유로 기업은 때때로 다양한 필요를 만족시키기 위해 복수의 패키지를 구매해야 한다. 그리고 나서 이러한 패키지를 기존의 소프트웨어와 또 각각의 패키지와 통합을 해야 한다. 표 13.1은 구매 방안의 장점과 한계의 요약내용을 보여주고 있다.

미리 작성된 애플리케이션 맞춤화

기존의 소프트웨어를 맞춤화하는 것은 소프트웨어 제공업체가 애플리케이션을 기업의 필요에 맞추어 수정할 수 있도록 허락하였다면 매우 매력적인 선택사항이다. 그러나, 이 선택사항은 맞춤화가 기업의 필요를 유연하게 만족시키는 유일한 방법이라면 매력적이지 못하다. 또한 소프트웨어가 매우 비싸거나 얼마 안되 진부화가 될 가능성이 크다면 가장 적합한 전략이라고 볼 수 없다. 게다가, 미리 작성된 애플리케이션이 특히 대규모거나 복잡한 것이라면 맞춤화하는 것이 아주 어려울 수 있다.

표 13.1 구매 방안의 장점과 한계

장점	단점
• 다양한 종류의 상용소프트웨어를 이용할 수 있다. • 소프트웨어를 구입해보기 전에 기업이 시용해볼 수 있다. • 구축하는 것보다 구매하는 것이 많은 시간을 절약할 수 있다. • 기업은 제품에 투자하기 전에 무엇을 얻을 수 있는지를 알 수 있다. • 구매한 소프트웨어가 하나의 프로젝트에 특히 전담해야 하는 직원의 고용을 필요로 하지 않는다.	• 소프트웨어가 기업의 필요를 정확하게 만족시키지 못할 수 있다. • 소프트웨어를 수정하기 어렵거나 불가능한 경우가 있다. 또는 사용하기 위해서는 기업의 비즈니스 프로세서를 엄청나게 변경해야 할 때도 있다. • 기업이 소프트웨어 개선과 신규 버전에 어떠한 통제권도 갖지 못할 것이다. • 구매한 소프트웨어는 기존의 시스템과 통합하기 어려울 수 있다. • 공급업체가 제품을 포기하거나 사업을 포기할 수 있다. • 소프트웨어가 소유권의 우선순위와 사업의 고려사항에 따라 다른 기업에 의해 통제된다. • 소프트웨어가 어떻게 작동하고 왜 그런 방법으로 작동되는가에 대한 자세한 지식을 구매기업이 갖지 못할 수 있다.

애플리케이션 임대

구매 방안과 사내 개발 방안과 비교했을 때, '임대(lease)' 방안은 시간과 비용을 절약할 수 있다. 물론 임대한 패키지(구매한 패키지처럼)는 기업의 애플리케이션 요구사항을 정확하게 맞추지 못할 수도 있다. 그러나 공급업체 소프트웨어(vendor software)는 일반적으로 산업 내의 기업에게 대부분 공통적으로 필요한 특징을 포함한다. 그래도 기업은 어떠한 특징들이 필요한가를 결정해야 할 것이다.

공급업체 소프트웨어를 평가할 때 기업들은 80/20 규칙을 적용하는 것이 보통이다. 간단히 설명하면, 소프트웨어가 기업의 필요를 80%정도 만족시킨다면, 기업은 나머지 20%를 활용할 수 있게 하기 위하여 조직의 비즈니스 과정을 변경할 것을 심각하게 고려해야 하는 것이다. 대부분의 경우 공급업체 소프트웨어를 수정하는 것보다는 더 나은 장기적인 해결방안이다. 그렇지 않으면 기업은 공급업체가 최신 버전을 발표할 때마다 소프트웨어를 커스터마이즈해야 할 것이다.

임대방안은 IT 소프트웨어에 많은 투자를 할 여유가 없는 중소기업(SME: small-to-medium-sized enterprises)에 특히 매력적인 방안이다. 대기업도 막대한 투자를 하기 전에 IT 솔루션에 대한 잠재적 가치를 시험하기 위해 패키지를 임대하는 것을 선호한다. 또한 IT 애플리케이션을 개발하는 데 필요한 적합한 기술을 가진 IT 인력이 부족한 기업은 소프트웨어를 사내에서 개발하는 대신에 임대하는 방안을 선택한다. 사내 전문가를 채용한 기업도 사내에서 개발되어야 할 전략적인 애플리케이션을 오래 기다릴 여유가 없을 수 있다. 따라서 이러한 기업도 시장에 빨리 대응하기 위해 애플리케이션을 외부의 자원으로부터 임대(또는 구매)한다.

임대는 다음의 세 가지 방법 중의 하나로 이루어 질 수 있다. 첫 번째 방법은 소프트웨어 개발자로부터 애플리케이션을 임대해서 기업에 설치하는 방법이다. 공급업체가 설치를 도와줄 수 있고, 계약에 의해 시스템에 대한 지원과 유지보수를 제공할 수 있다. 많은 전통적인 애플리케이션들이 이 방법으로 임대된다.

다른 두 가지 옵션은 애플리케이션을 임대하고 공급업체의 플랫폼에서 실행하는 것이다. 조직은 애플리케이션 서비스 제공업체(ASP, application service provider) 또는 SaaS(Software-as-a-Service) 공급업체를 사용하여 이 프로세스를 수행할 수 있다.

애플리케이션 서비스 제공업체와 SaaS

애플리케이션 서비스 제공업체(ASP: application service provider)는 기업이 요구하는 소프트웨어를 모으고, 그 소프트웨어를 개발, 운영, 그리고 유지보수와 같은 서비스와 함께 묶어 제공하는 대행업체이다. 고객은 인터넷을 통해 이러한 애플리케이션에 접근할 수 있다. 그림 13.2는 ASP의 운영을 보여준다. ASP는 각 고객기업별로 애플리케이션과 데이터베이스를 제공해 준다.

서비스로서의 소프트웨어(SaaS: software-as-a-service)는 공급업체가 애플리케이션을 호스트하고, 네트워크에서 특히 인터넷을 통해 고객에게 서비스로 소프트웨어를 제공하는 방법이다. 고객들은 소프트웨어를 소유하지 않고, 그것을 사용하는 비용을 지불한다. SaaS는 고객이 자신들의 컴퓨터에 애플리케이션을 설치해서 실행시킬 필요가 없게 해 준다. 따라서 SaaS 고객들은 소프트웨어의 구매, 운영 그리고 유지보수의 (금전적, 시간적, IT 직원에 대한 인적) 비용을 절약해 준다. 예를 들

그림 13.2 ASP의 운영

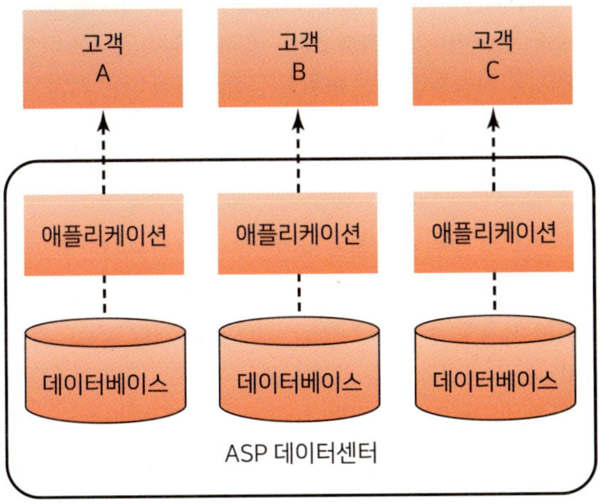

그림 13.3 SaaS 공급업체의 운영

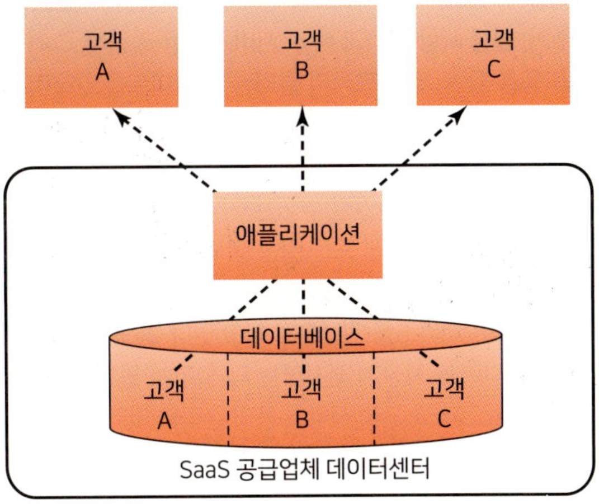

어, CRM 소프트웨어 솔루션의 SaaS 제공업자로 잘 알려진 세일즈포스(Salesforce; www.salesforce.com)는 고객들에게 이러한 장점들을 제공하고 있다. 그림 13.3은 SaaS 공급업체의 운영을 보여준다. SaaS 공급업체는 많은 고객들이 사용할 수 있는 애플리케이션을 호스트한다는 것을 주목하기 바란다. 게다가 각 고객 데이터의 개인정보 보호와 보안을 유지하기 위해 각 고객별로 파티션한 데이터베이스를 호스트한다. IT와 기업사례 13.1은 SaaS 공급업체의 예를 보여주고 있다.

이 시점에 회사들은 처음의 세 가지 의사결정을 하게 되며, 어디에서 그 애플리케이션을 확보해야 할지를 결정해야 한다. 일반적으로, 미리작성된 애플리케이션의 경우 기업들은 오픈소스 소프트웨어를 사용하거나 공급업체에서 소프트웨어를 구입할 수 있음을 기억하자. 맞춤화된 미리 작성된 애플리케이션의 경우에는 오픈소스 소프트웨어를 맞춤화하거나 벤더 소프트웨어를 맞춤화할 수 있다. 완전 맞춤형 애플리케이션의 경우에는 소프트웨어 하우스에서 제작하거나 아니면 그 과정을 아웃소싱할 수 있다.

오픈소스 소프트웨어 사용

조직들은 오픈소스 소프트웨어 제품을 실행하기 위한 라이센스를 획득할 수 있고 또는 있는 그대로 또는 커스터마이즈해서 사용할 수도 있고 또는 그것을 이용해 애플리케이션을 개발할 수도 있다. 기업이 그들의 소스 코드를 손대어 고치고 싶지 않다면, 오프소스 애플리케이션은 기본적으로 라이센싱, 지불 그리고 지원을 제외하고는 자사 소유의 애플리케이션(proprietary application)과 동일하

IT와 기업사례 13.1

개발자가 드라이 클리닝 업체를 돕다

MIS

비즈니스 과제

2015년에 창업한 스타치업(Starchup)은 시카고에 기반을 둔 SaaS(Software-as-a-Service) 제공 업체이다. 설립자인 댄 토본(Dan Tobon), 닉 샤쁠로(Nick Chapleau) 그리고 제프로이 레사지(Geoffroy Lessage)는 모든 드라이 클리닝 업체를 주문형 서비스로 전환하는 웹 기반 앱을 만들어 드라이 클리닝 업계를 뒤흔들고 싶었다. 샤쁠로는 "우리는 현명한 운영자가 많이 있다는 것을 발견했다"라고 말했다. "그들은 세탁하는 방법을 잘 알고 있고, 수년 동안 그 일들을 해왔지만, 그들을 위해 일할 모바일 앱 개발자가 없었을 뿐

이다"라고 지적하였다. 그들의 목표는 고객들이 다른 사람들의 리뷰를 읽을 수 있고, 세탁 서비스를 선택하고 예약할 수 있으며, 세탁물 수거, 진행 사항 그리고 배달, 서비스 이용료 결제, 그리고 리뷰 제공 등을 할 수 있는 드라이 클리닝 웹 사이트를 만들어 스타치업에서 제공하는 것이었다. 2015년에 토본, 샤뻴로, 레사지는 프로토타입 시스템을 개발하였다. 그러나 그들은 그들이 구상하는대로 제품을 완전히 개발할 수 있는 기술이나 시간이 없었다.

이러한 결과는 그렇게 드문 일은 아니다. 기업가의 아이디어는 일반적으로 기업가의 경험과 기술은 물론 기업가가 제공하는 거래, 제품 또는 서비스를 기반으로 하고 있다. 종종 부족한 것은, 기업가 아이디어를 시장에 출시하는 데 있어서 필요한, 운영, 판매, 회계, 급여 그리고 고객 서비스 등의 관리와 기타 산업에 고유한 지원 기능 등과 같은 비즈니스 전문 지식이다. 따라서 기업가는 기업 운영을 위한 팀을 구성해야 한다. 그러나 필요한 전문 지식을 보유한 직원을 고용하는 대신에 조직의 많은 지원 활동을 아웃소싱하는 것이 표준 관행이 되었다.

대부분의 신제품 아이디어에는 스마트폰과의 통합 형태가 포함된다. 많은 새로운 앱이 개발되고 있었기 때문에 2009년 애플에서는 "그것을 위한 앱이 있습니다(There's an app for that)"라는 상표를 출원하기도 했다. 애플의 앱 스토어 도입은 특정 요구를 만족시킬 수 있는 앱을 구축하는 데 시간을 내야 하는 사람들에게 기회를 제공했다. 아이디어를 활용하여 개발 영역에 들어가는 데에는 두 가지 접근 방법 중 하나를 사용하였다.

앱 개발자는 프로그래밍 경험(이나 다른 플랫폼을 배우려는 의지) 또는 앱 개발에 비용을 지불할 수 있는 충분한 자금이 필요했다.

IT 해결

2015년 다른 부문에서 모바일 앱이나 정보시스템에 대한 아이디어가 있지만 이를 시장에 출시하는 데 필요한 기술이 없는 기업가를 지원하기 위해 긱스터(www.gigster.com)가 창업하였다. 긱스터는 마이클 조던(Michael Jordan)과 애쉬톤 쿠처(Ashton Kutcher)를 포함한 여러 저명한 투자자들의 투자를 유치할 정도로 혁신적인 아이디어였다.

긱스터의 비즈니스 모델은 커뮤니티가 리소스를 공유할 수 있다는 점에서 우버나 리프트(Lyft) 등과 유사하다. 그러나 고가의 차량을 공유하는 대신 이 모델은 (고액의 투자가 필요한) 개발자를 공유한다. 긱스터는 누구에게나 특히 기업가와 중소기업을 위한 주문형 소프트웨어 개발과 설계를 제공한다. 고객과 몇 분간 상담한 후 기업가는 자신의 앱을 구축하는 데 드는 비용, 앱 개발에 걸리는 시간, 장기 유지 관리에 필요한 사항 등에 대한 견적을 받을 수 있다. 긱스터는 작업에 투입될 디자이너/개발자를 매우 신중하게 선정한다. 그렇지만 그들은 개발자의 약 7% 만을 직접 고용하고 있다. 결과적으로 긱스터의 고객은 앱 작업을 하는 사람들이 뛰어난 프로그래머라는 점에 대해 신뢰할 수 있다.

2016년에 스타치업은 긱스터에게 그들이 구상하고 있는 대로 웹 앱이 작동하도록 만드는 데 필요한 추가 기능을 요구하였다. 긱스터는 2명의 개발자를 스타치업에 배정하였고 스타치업이 수행해야 할 기능들의 우선 순위를 정하고 그에 따른 개발 일정을 승인받기 위한 '일정계획' 모델을 제안하였다.

결과

스타치업은 이 모델을 활용하여 2016년에 성공적으로 제품을 출시했다. 스타치업은 1년 만에 15개 이상의 세탁 회사가 SaaS 플랫폼을 사용할 수 있게 하였다. 긱스터를 개발 파트너로 하여 스타치업은 자유롭게 고객 관계를 성장시키고 고객경험을 향상시키는 파트너십을 이루게 되었다. 그들은 메인라인(Mainline)과 페브리케어 시스템(Fabricare Systems) 등과 제휴하여 고객의 매장 내에 있는 POS(Point-of-Sale) 시스템과 통합하여 스타치업 도구(웹 앱, 모바일 그리고 라우팅 기술)가 매장의 POS 터미널에 직접 연결되도록 하였다.

스타치업은 긱스터 없이 성공할 수 있었을까? 아마도 그렇게 빨리 또는 효율적으로 성과를 얻기 힘들었을 것이다. 이 작업을 아웃소싱함으로써 스타치업은 그들이 가장 잘하는 일, 즉 세탁 산업에 서비스하는 데 집중할 수 있었던 것이다. 그 결과, 긱스터는 기업가 정신을 갖춘 중소기업을 위해 최선을 다할 수 있었다. 궁극적으로 비즈니스는 수익성이 높아졌고 고객들은 향상된 제품과 서비스를 제공할 수 있게 되었다.

출처: Compiled from I. Broudway, "Michael Jordan Invests in Startup Gigster," *Bloomberg*, August 29, 2017; S. Adams, "With New Funding Round, Gigster Gets Closer to a $1 Billion Valuation," *Forbes*, August 29, 2017; M. Weinberger, "Marc Benioff, Ashton Kutcher, and even Michael Jordan Poured Millions into a Startup that Helps Programmers make Google Money from Home," *BusinessInsider*, August 29, 2017; P. Haggin, "Freelance-Developer Marketplace Gigster Refuels in Series B," *Wall Street Journal*, August 29, 2017; R. Sarver, "Gigster and the Future of Work," redpoint.com/blog, August 29, 2017; M. Graham, "Tide Set to Take a Spin in Chicago's On-Demand Laundry Market," *Chicago Tribune*, February 1, 2016; R. Loerzel, "Chicago Just Got Another Drycleaning Delivery App," chicagobusiness.com, September 24, 2015; C. Taylor, "Gigster (YC S15) Hires an Elite Engineering Team for Your Software Project in Minutes," blog.ycombinator.com, July 23, 2015; J. Constine, "Gigster Does the Dev Dirty Work to Turn Your Idea into an App," *TechCrunch*, July 22, 2015; D. Pitorak, "How Starchup Helps Dry Cleaners by Getting Out of Their Way," builtinchicago.org, May 15, 2015; D. Gross, "Apple Trademarks 'There's An App For That'," cnn.com, October 12, 2010; http://cleaner-and-launderer.com/starchup-teamsmaineline-fabricare-systems/, accessed December 15, 2017; and https://gigster.com/clients/starchup, accessed July 17, 2019.

질문

1. 긱스터의 아웃소싱에 의한 소프트웨어 개발 모델은 우버의 차량 공유 모델과 어떻게 유사한가?
2. 긱스터는 스타치업에 어떠한 자산을 제공하였는가?
3. 스타치업이 클라이언트에게 제공하는 서비스로서의 소프트웨어 모델을 설명해보자.

다. 오픈소스는 개념적으로 상이한 개발 선택방안이라기보다는 대안적인 애플리케이션의 원천이 된다. (오픈소스 소프트웨어는 기술가이드 2장에서 논의한다.)

아웃소싱

IT 애플리케이션을 외부 계약업체나 외부 업체로부터 확보하는 것을 **아웃소싱**(outsourcing)이라고 한다. 아웃소싱은 많은 상황에서 이용될 수 있다는 것을 명심하기 바란다. 기업들은 특정 상황에서 이러한 전략을 선택할 수도 있다. 예를 들어, 신규 IT 기술을 실질적인 선행투자 없이 실험해보고자 할 수 있다. 또한 내부의 네트워크를 보호하기 위해 그리고 외부의 전문가들에 대한 접근을 확보하기 위해 아웃소싱을 활용할 수 있다. 아웃소싱의 한 가지 단점이라면 기업의 가치있는 데이터가 아웃소싱 공급업체의 통제 하에 놓일 수 있다는 점이다.

여러 유형의 공급업체가 전자상거래 애플리케이션을 포함해서 IT 시스템을 생성하고 운영하는 서비스를 제공한다. IBM과 Oracle 등의 많은 소프트웨어 업체들이 IT 애플리케이션을 개발하고, 운영하고, 그리고 유지보수를 위한 아웃소싱 서비스를 제공하고 있다. EDS와 같은 IT 아웃소싱업체는 다양한 서비스를 제공한다. 또한 거대한 CPA 기업들과 (액센츄어와 같은) 경영 컨설턴트업체들도 아웃소싱 서비스를 제공하고 있다.

MIS 예를 들어, 필립모리스 인터내셔널(미국 외 지역에서 운영하는 필립 모리스)는 IT 인프라 관리를 인도 서비스 회사 와이프로(Wipro)에 아웃소싱했다. 두 회사는 와이프로의 클라우드 기반 관리 플랫폼을 사용하여 와이프로가 담배 회사의 애플리케이션과 IT를 관리하는 5년 계약을 체결했다. (기술가이드 3에서 클라우드 컴퓨팅에 대해 논의한다.) 계약 금액은 약 3,500만 달러에 달하는 것으로 보고된다.

몇몇 기업들은 해외 특히 인도와 중국 등에서 아웃소싱하고 있다. 이러한 **해외영업**(offshoring)은 비용을 절약할 수 있지만, 그 위험은 어느 서비스가 오프쇼어링되는가에 달려 있다. 한 회사가 애플리케이션 개발을 오프쇼어링한다면, 주요 위험은 사용자와 개발자 간의 열악한 통신이다. 이러한 위험에 대한 대응으로 일부 기업들은 아웃소싱한 업무를 다시 사내로 되돌리고 있으며, 이러한 과정을 역아웃소싱 또는 인소싱이라고 한다.

지속적 개발

지속적인 애플리케이션 개발은 소프트웨어 제공 프로세스를 자동화하고 개선한다. 본질적으로 소프트웨어 개발 프로젝트는 정의된 제품이 있는 것으로 간주되지 않으며 제품이 실행될 때 개발이 종료된다. 오히려 소프트웨어 개발 프로젝트는 변화하는 비즈니스 조건과 사용자 수용에 따라 끊임없이 변경되는 것으로 간주된다.

지속적인 애플리케이션 개발(continuous application development)은 새 컴퓨터 코드가 작성되고 테스트되었을 때 소프트웨어 프로젝트에 새 컴퓨터 코드를 꾸준히 추가해 나가는 프로세스이다. 각각의 개발 팀 구성원은 코드 작성을 완료하면 새 코드를 제출한다. 새로 작성된 코드에 대하여 자동화된 테스트가 수행되어 소프트웨어 프로젝트 내에서 코드가 작동하는지 확인한다. 지속적인 코드 제출은 개발자에게 사용자의 즉각적인 피드백을 제공하고 작업 중인 소프트웨어에 대한 상태 업데이트를 제공한다.

맞춤 개발

다른 선택방안으로 기업들은 또한 애플리케이션을 주문제작하기로 결정할 수도 있다. 그들은 이 과정을 사내에서 또는 아웃소싱할 수도 있다. 비록 맞춤 개발(custom development)이 구매나 임대방안에 비하여 종종 더 많은 시간이 소요되고 비용도 더 들지만, 조직의 특정한 요구사항을 더 잘 만족시키는 결과를 가져온다.

신규 시스템의 개발과정은 (이 장의 전반부에서 논의한) MIS 운영위원회가 제안을 받아들이고, 그 아이디어를 살펴볼 가치가 있다고 결정하였을 때 시작된다. 이러한 제안은 사용자로부터 나온다. 이러한 과정을 이해하는 것은 여러분이 필요로 하는 시스템을 얻는 데 도움이 된다. 이러한 프로세스를 이해하지 않는다면, 그 과정을 이해하고 있는 다른 사람들이 가용한 자원을 소모할 제안을 할 수 있기 때문에, 여러분의 기회를 줄이게 될 것이다.

기업이 개발과정을 진행해 감에 따라 사고방식이 변화한다. 시스템 조사에서 조직은 무엇을 개발할지를 결정하고자 한다. 모든 사람이 그것이 만들어질 수도 있고, 만들어지지 못할 수도 있다는 것을 안다. 개발과정의 후반 단계에서, 조직은 애플리케이션을 구축하기 위해 전적으로 전념한다. 비록 프로젝트가 어느 시점에서 취소될지라도 이러한 태도의 변화는 매우 중요한다.

기본적이고 중심적인 방법론은 다음의 절에서 논의하게 될 시스템개발수명주기(SDLC)이다. 13.4절에서는 프로토타이핑(prototyping), 공동 애플리케이션 개발(joint application development), 통합된 컴퓨터 지원 소프트웨어 공학 도구, 그리고 신속한 애플리케이션 개발 등과 같은 SDLC를 보완해주는 방법론을 예시한다. 그리고 애자일 개발, 최종사용자 개발, 컴포넌트 기반 개발, 그리고 객체지향 개발 등의 네 가지 방법론도 살펴본다.

확인하고 넘어가기

1. 기업이 정보시스템을 확보함에 있어 네 가지의 기본적인 기업 의사결정을 설명해보자.
2. 네 가지의 기업의사결정 관점과 관련하여 이 절에서 제시한 일곱 가지의 개발 방법론에 대해 논해보자.

13.3 전통적인 시스템 개발 수명 주기

시스템개발수명주기(SDLC: sytems development life cycle)는 조직들이 대규모 IT 프로젝트를 위해 사용하는 전통적인 시스템개발 방법이다. SDLC는 정보시스템이 개발되는 순차적인 과정을 구성하는 구조화된 프레임워크이다. 여섯 가지의 잘 정의된 과업으로 구성되는 과정을 정의한다(그림 13.4 참조).

1. 시스템 조사

그림 13.4 지원도구를 갖는 6단계 시스템 개발 수명 주기

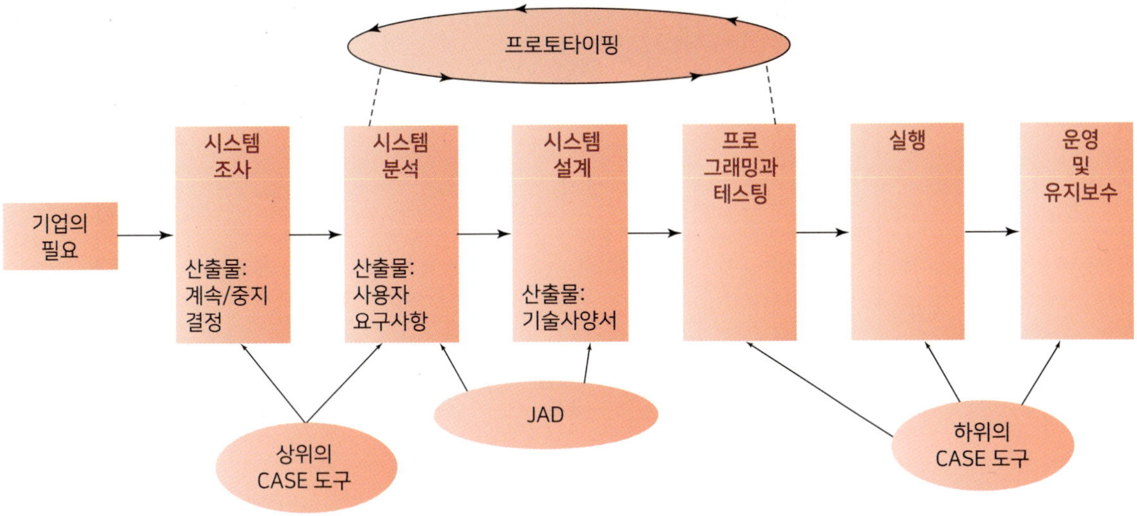

2. 시스템 분석
3. 시스템 설계
4. 프로그래밍과 테스팅
5. 실행
6. 운영과 유지보수

또 다른 SDLC 모형들은 여기에서 제시하고 있는 6단계보다 더 많거나 더 적은 단계를 포함한다. 그러나 과업의 흐름은 대체적으로 동일하게 유지된다. SDLC의 어느 단계에서 문제가 발생할 때, 개발자들은 종종 이전단계로 되돌아가야만 한다.

시스템 개발 프로젝트는 팀 노력을 통해 원하는 결과를 산출한다. 개발 팀은 전형적으로 사용자, 시스템 분석가, 프로그래머, 그리고 기술 전문가 등을 포함한다. 사용자(user)는 직간접으로 시스템과 상호작용하는 조직의 모든 기능영역과 계층의 직원들이다. **시스템 분석가(system analyst)**는 정보시스템을 분석하고 설계하는 것을 전문으로 하는 IS 전문가이다. **프로그래머(programmer)**는 사용자의 요구사항을 만족시키기 위해 기존의 컴퓨터 프로그램을 수정하거나 새로운 컴퓨터 프로그램을 작성하는 IS 전문가이다. **기술 전문가(technical specialist)**는 데이터베이스나 정보통신 등과 같은 특정 유형의 기술에 대한 전문가이다. 끝으로 **시스템 이해관계자(system stakeholder)**는 기업의 정보시스템에 대한 변화로부터 영향을 받는 모든 사람들(예: 사용자와 관리자 등)을 포함한다. 모든 이해관계자들은 일반적으로 시스템 개발에 다양한 시점에 그리고 다양한 정도로 관여하게 된다.

그림 13.5는 SDLC의 초기 단계에 사용자들이 깊이 참여하고, 프로그래밍과 테스팅 단계에서는 낮은 참여를 그리고 마무리 단계에서는 깊이 참여하고 있음을 보여준다. 모든 이해관계자들은 시스템의 개발에 다양하게 참여하게 된다. 표 13.2는 SDLC의 장단점을 보여준다.

그림 13.5

SDLC에서의 사용자와 개발자의 참여도 비교

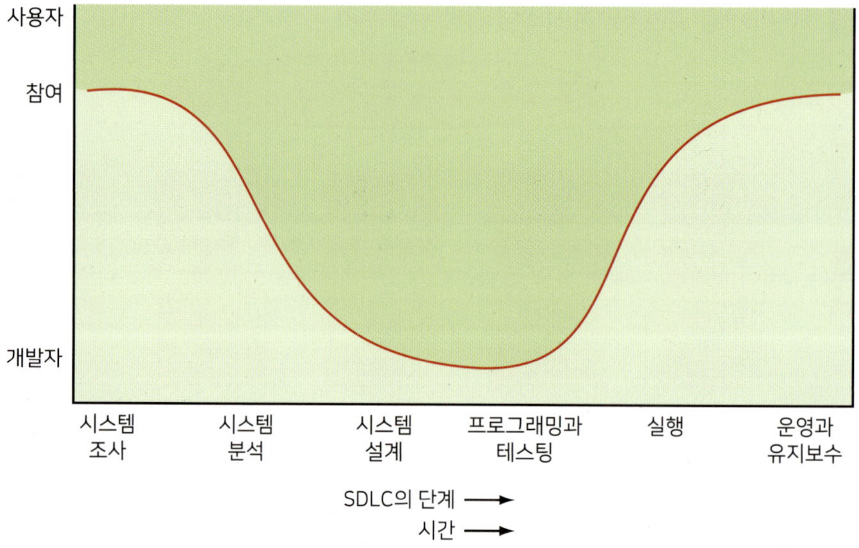

표 13.2 시스템 확보 방법의 장단점

장점	단점
• 시스템들이 시스템적으로 구조화된 과정의 모든 단계를 거쳐가도록 한다. • 표준을 유지함으로써 품질을 강화한다. • 사용자 요구사항을 수집함에 있어서 중요한 문제를 놓칠 가능성이 낮다.	• 지나치게 많은 문서들을 생산할 수 있다. • 사용자들은 그들이 승인하는 사양들을 조사하기를 꺼리거나, 할 수 없는 경우가 있다. • 원래의 아이디어 발상에서 실제 작동하는 시스템 구현에 소요되는 시간이 너무 길다. • 제안된 시스템에 대하여 사용자들이 요구사항을 설명하는데 어려움을 겪는다.

시스템 조사

전통적인 SDLC의 첫 단계는 시스템 조사이다. 시스템 개발 전문가들은 (1) 해결해야 할 기업의 문제를 이해하고, (2) 시스템을 위한 기술적 대안들을 규정하고, 그리고 (3) 개발과정에서 발생될 수 있는 문제를 예상하는 것 등에 더 많은 시간을 투자할 수록 성공의 가능성은 더욱 더 커진다는데 동의한다. 이러한 이유로 **시스템 조사**(system investigation)는 타당성 조사를 통해서 기업의 문제(또는 기업의 기회)를 발견해 낸다.

시스템 조사단계에서 주요 업무는 타당성 조사이다. 조직들은 정보시스템과 관련하여 기업의 문제에 대하여 (1) 아무 일도 하지 않고, 기존의 시스템을 변화시키지 않고 계속해서 사용, (2) 기존 시스템의 수정이나 개선, 또는 (3) 신규 시스템 개발 등 세 가지의 기본 해결방안을 가진다. **타당성 조사**(feasibility study)는 이러한 세 가지 해결방안 중 어느 것이 기업의 문제에 적합한가를 분석한다. 또한 다음에서 논의할 프로젝트의 기술적, 경제적, 그리고 행태적 타당성 등에 대한 개략적인 평가도 제공한다.

- **기술적 타당성**(technical feasibility)은 기업이 기업의 문제를 해결하기 위해 필요한 하드웨어, 소프트웨어, 그리고 통신 구성요소 등을 개발하거나 확보할 수 있는지를 결정한다. 기술적 타당성은 또한 조직이 프로젝트의 성능 목표를 달성하기 위해 기존의 기술을 활용할 수 있는지도 결정한다.
- **경제적 타당성**(economic feasibility)은 프로젝트가 수용가능한 재무적 위험범위 안에 있는지 그렇다면 프로젝트를 성공적으로 완성하기 위해 요구되는 시간과 자금을 조직이 가지고 있는지를 결정한다. 우리는 이미 경제적 타당성을 결정하는데 널리 사용되는 방법인 NPV, ROI, 손익분기분석, 그리고 기업사례접근법 등에 대하여 살펴본 바 있다.
- **행태적 타당성**(behavioral feasibility)은 시스템 개발 프로젝트에 대한 사람들의 문제를 제기한다.

타당성 조사가 완료된 후에는, 운영위원회가 존재한다면 운영위원회에서, 운영위원회가 없는 경우에는 최고경영자에 의해 '계속/중지' 결정(go/no-go decision)이 내려진다. 계속/중지 결정은 단지 타당성 분석에 의해서만 이루어지지는 않는다. 조직들은 그들이 자금을 조달할 수 있는 것보다 많은 프로젝트를 갖는다. 따라서 기업은 타당한 프로젝트에 대하여 우선순위를 부여해야 하며, 그렇게 함으로써 가장 우선순위가 높은 프로젝트를 달성하기 위해 노력한다. 자금조달이 이루어지지 않은 프로젝트들은 IT 부서에 전달이 될 수 없는데, 이러한 프로젝트들은 IT 부서에서 알지 못하는 프로젝트들로서 **숨겨진 백로그**(hidden backlog)가 된다.

'중지(no-go)' 결정이 이루어지면, 상황이 호전될 때까지 프로젝트가 중지되거나, 아니면 제외된다. '계속(go)' 결정이면, 프로젝트는 계속 이어져서 시스템 분석 단계가 진행된다.

시스템 분석

일단 개발 프로젝트가 모든 참가자로부터 필요한 승인을 얻게 되면, 시스템 분석이 시작된다. **시스템 분석(systems analysis)**은 조직이 정보시스템을 이용하여 해결하고자 하는 기업의 과제를 조사하는 것이다.

시스템 분석 단계의 기본 목적은 개선된 시스템이나 신규 시스템을 위한 요구사항을 결정하기 위해 기존의 시스템에 대한 정보를 수집하는 것이다. 이 단계의 결과물인 '**산출물**(deliverable)'은 **시스템 요구사항**(system requirements)이다.

시스템 분석에서 가장 어려운 과업은 말할 것도 없이 시스템이 충족시켜야 하는 특정한 요구사항을 식별하는 것이다. 사용자들이 그러한 요구사항을 제공하기 때문에 이러한 요구사항을 종종 **사용자 요구사항**(user requirements)이라고 한다. 더욱더 깊게 요구사항 분석에 참여할수록, 사용자의 필요를 만족시킬 수 있는 정보시스템이나 애플리케이션을 얻을 수 있는 기회가 더욱 더 커질 것이다. 시스템 개발자가 신규 시스템을 위한 사용자 요구사항을 축적했을 때, 다음 단계인 시스템 설계가 시작된다.

시스템 설계

시스템 설계(systems design)는 시스템이 어떻게 기업의 과제를 해결할 수 있을까를 설명한다. 시스템 설계의 산출물은 다음의 사항을 규정하는 **기술적 시스템 사양서(technical systems specifications)**이다.

- 시스템 입출력 사항과 인터페이스
- 하드웨어, 소프트웨어, 데이터베이스, 정보통신, 인력 그리고 업무절차
- 어떻게 이러한 구성요소들이 통합될 수 있는가에 대한 청사진

시스템 사양서가 모든 참가자에 의해 승인이 될 때, 사양서가 확정된다. 즉, 일단 사양서 내용에 대하여 의견이 일치되면, 그 내용은 더 이상 변경되어서는 안된다. 프로젝트가 착수된 후에 새로운 기능의 추가가 이루어지면, 프로젝트의 예산과 일정에 위협을 가져오는 **범위의 증가(scope creep)**를 야기한다. 범위의 증가는 시스템에 대한 요구사항이 확정된 후에 시스템의 요구사항을 사용자가 추가하거나 변경할 때 발생한다. 범위의 증가는 많은 비용을 초래하기 때문에, 성공적인 프로젝트 관리자는 사용자가 요구하는 변경사항에 통제를 가한다. 이러한 통제는 다루기 힘든 프로젝트를 방지할 수 있게 해준다.

프로그래밍과 테스팅

만일 조직이 소프트웨어를 사내(in-house)에서 개발하기로 결정하였다면, 프로그램이 시작된다. **프로그래밍(programming)**은 설계 사양서를 컴퓨터 코드로 전환하는 것을 포함한다. 이 과정은 과학이라기보다는 기술적인 요소가 많기 때문에, 매우 길며 많은 시간이 소요된다. 대규모 시스템 개발 프로젝트는 엄청난 길이의 컴퓨터 코드를 요구하며 따라서 수많은 프로그래머가 참여하게 된다. 이러한 대규모 프로젝트는 프로그래밍 팀을 구성한다. 이 팀은 프로그래머가 기업의 과제에 집중할 있도록 돕기 위해 종종 기능영역의 사용자를 포함시킨다.

프로그래밍 단계를 거쳐 완전하고도 연속적인 테스팅이 이루어진다. 테스팅(testing)은 컴퓨터 코드가 기대하는 또는 요구되는 결과를 산출할 수 있는지를 알아보기 위해 검토하는 과정으로, 컴퓨터 코드에 있는 에러 또는 버그를 탐지하기 위해 설계된다.

실행

실행(implementation)은 이전 시스템(old system)을 신규 시스템(new system)으로 전환하는 과정이다. 조직은 직접 전환, 파일럿 전환 그리고 단계별 전환 등의 세 가지 전환전략을 활용한다.

직접 전환(direct conversion)은 이전 시스템이 중지되고 신규시스템이 특정 시점에서 가동된다. 이 유형의 전환은 제일 비용이 적게 든다. 그러나, 이전 시스템에 의한 지원이 전혀 이루어지지 않기 때문에, 신규 시스템이 계획대로 작동되지 않는다면 가장 위험한 전략이다. 이러한 위험성 때문에, 직접 전환으로 실행되는 시스템은 많지 않다.

파일럿 전환(pilot conversion)은 한 공장이나 한 부서와 같이 조직 내의 일 부서에 신규시스템을

도입한다. 신규 시스템이 일정기간동안 운영되고 평가된다. 만일 평가에서 시스템이 적절하게 작동이 된다고 확인이 되면, 조직의 다른 부서에도 도입이 된다.

끝으로 **단계별 전환(phased conversion)**은 단계적으로 개별적인 모듈과 같은 신규 시스템의 구성요소를 도입한다. 만일 적절하게 작동하면, 전체적인 신규 시스템이 운영될 때까지 계속적으로 다른 모듈이 도입된다. 대기업들은 보통 파일럿과 단계별 접근방법을 결합한다. 즉, 각 단계별로 파일럿 그룹을 활용하는 단계별 전환을 실시한다. 네 번째 전략은 이전 시스템과 신규 시스템을 일정 기간동안 동시에 운영하는 **병렬 전환(parallel conversion)**으로 오늘날 거의 사용되지 않는다. 예를 들어, 병렬 전환은 이전 시스템과 신규 시스템 모두가 온라인인 경우 전적으로 비현실적이다. 아마존(Amazon.com)에서 주문을 완료할 때, "여러분의 주문이 여기에 입력되어 처리되기 전에, 똑같은 정보를 다시 한 번 더 다른 화면상에 나타나는 다른 입력 양식에 기입해 주셔야 합니다"라고 하는 상황을 상상해보라. 그 결과는 아마존에 엄청난 손실을 가져오게 될 것이다. 조직이 선택하는 실행과정의 종류에 상관없이, 신규 시스템은 광고된 대로 작동하지 않을 수 있다. 사실상, 신규 시스템은 대체하게 될 이전 시스템보다도 더 많은 문제를 야기할 수도 있다.

운영과 유지보수

신규 시스템이 실행된 후, 일정 기간 동안 (이전 시스템이 대체되는 것처럼) 그 시스템이 목표를 달성하지 못할 때까지 운영될 것이다. 일단 신규 시스템의 운영이 안정화된 후에는 시스템의 성능을 평가하고 제대로 잘 사용되고 있는지를 결정하기 위해 기업은 감사(audit)를 실시한다.

시스템은 여러 종류의 유지보수를 필요로 한다. 첫째 유형은 프로그램을 디버깅(debugging)하는 것이다. 둘째 유형은 기업의 상황 변화를 수용하기 위하여 시스템을 업데이팅(updating)하는 것이다. 예를 들어, 세율 변화와 같은 정부의 새로운 규제를 반영하는 것이다. 이러한 수정과 업그레이드는 새로운 기능을 추가하는 것이 아니다. 대신에, 그것들은 시스템이 시스템의 목표를 계속적으로 만족시키게 하는 것이다. 대조적으로 유지보수의 세 번째 유형은 시스템의 운영 상에 어떠한 장애를 유발하지 않으면서 기존의 시스템에 새로운 기능을 추가(adds new functions)하는 것이다.

확인하고 넘어가기

1. 타당성 조사를 설명해보자.
2. 시스템 분석과 시스템 설계의 차이점은 무엇인가?
3. 구조적 프로그래밍을 설명해보자.
4. 네 가지의 전환 방법은 무엇인가?

13.4 시스템 개발의 대안적 방법과 도구

시스템 개발에 대한 대안적인 방법들은 많다. 이러한 방법들은 공동 애플리케이션 개발, 신속한 애플리케이션 개발, 애자일 개발, 그리고 최종사용자 개발 등을 포함한다.

공동 애플리케이션 설계

공동 애플리케이션 설계(JAD: joint application design)는 사용자 요구사항을 수집하여 시스템 설계를 작성하는 그룹 기반의 도구이다. JAD는 SDLC의 시스템 분석과 시스템 설계 단계에서 가장 종종 사용된다. JAD는 분석가와 모든 사용자가 참여하는 그룹 회의를 포함한다. 이 방법은 기본적으로 수작업이나 컴퓨터를 통해 실행될 수 있는 그룹 의사결정 과정이다. 이 회의 동안 모든 사용자들은 공동으로 시스템 요구사항을 정의하고, 의견을 조정하여 합의하게 된다. 이러한 과정은 많은 시간을 줄여준다. 표 13.3은 JAD 과정의 장단점을 보여준다.

표 13.3 JAD 접근방법의 장단점

장점	단점
• 개발과정에 많은 사용자들이 포함된다. • 시간을 절약한다. • 신규 시스템에 사용자의 더 많은 지원을 유도한다. • 신규 시스템의 품질이 향상된다. • 신규 시스템을 실행하기가 더 쉽다. • 신규 시스템은 교육훈련 비용이 낮다.	• JAD 회합에 모든 사용자가 참여하기 어렵다. • JAD 애플리케이션은 그룹회합과 연관된 모든 문제를 갖는다.

신속한 애플리케이션 개발

신속한 애플리케이션 개발(RAD: rapid application development)는 고품질 시스템을 빠르게 산출하기 위해 JAD, 프로토타이핑 그리고 ICASE 도구를 결합할 수 있는 시스템 개발 도구이다. RAD의 첫 단계에서, 개발자들은 사용자들이 개발초기에 집중적으로 참여한다는 것을 확신하면서, 시스템 요구사항을 수집하기 위해 JAD 세션들을 사용한다. RAD에서의 개발과정은 프로토타이핑과 비슷하게 반복적으로 이루어진다. 즉, 요구사항, 설계, 그리고 시스템 그 자체가 개발되고, 그런 다음 일련의 순차적인 개선이 이루어진다. RAD는 빠르게 요구사항을 구조화하고 프로토타입을 개발하기 위해 ICASE 도구를 사용한다. 프로토타입이 개발되어 다듬어졌을 때, 사용자들은 추가적인 JAD 세션에서 그것들을 재검토한다. RAD는 제한된 규모의 버전보다는 최종 시스템의 기능별 구성요소를 생산한다. RAD가 어떻게 기능을 수행하고 SDLC와 어떻게 다른가를 이해하려면 그림 13.6을 참조하기 바란다. 표 13.4는 RAD 과정의 장단점을 보여준다.

표 13.4 RAD 과정의 장단점

장점	단점
• 시스템 개발을 신속히 할 수 있다. • 사용자들이 처음부터 깊이 개입할 수 있다. • 기존 애플리케이션의 재작성 과정을 개선할 수 있다.	• 최종 시스템의 기능적 구성요소를 산출하지 최종시스템을 산출하지는 않는다.

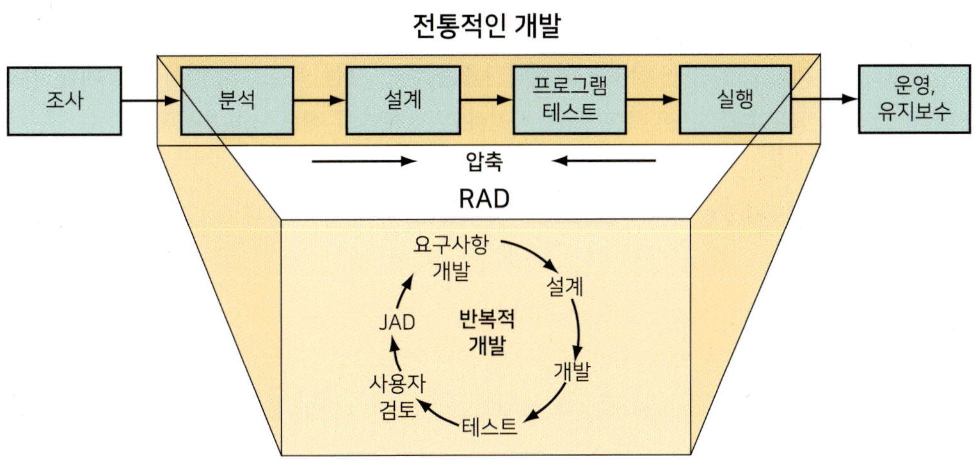

datawarehousetraining.com/Methodologies/rapidapplication-development

그림 13.6 신속한 프로토타이핑 개발과정과 SDLC의 비교

애자일 개발

MIS **애자일 개발**(agile development)은 종종 주(week) 단위로 측정되는 빠른 반복으로 시스템의 기능성을 제공하는 소프트웨어 개발 방법론이다. 성공적이기 위해서는, 이 방법론은 수시로 의사소통, 개발, 테스팅 그리고 전달 등을 요구한다. 애자일 개발은 기업 사용자들의 필요를 만족시키는 소프트웨어를 개발하기 위해 빠른 개발과 사용자와의 빈번한 접촉에 초점을 둔다. 이 소프트웨어는 사용자가 요구하게 될 모든 가능한 특징들을 포함시킬 필요는 없다. 그보다는 사용자의 중요하고 즉각적인 필요만을 만족시키면 된다. 시스템이 필요하게 되었을 때 추가적인 기능을 도입하기 위해 나중에 업데이트될 수 있다. 애자일 개발의 핵심적인 원리는 지금 현재 실행해야만 하는 것을 성공적으로 수행하자는 것이다.

애자일 개발의 한 유형은 **스크럼 접근방법**(scrum approach)을 사용한다. 스크럼의 기본 원리는 프로젝트 기간동안 사용자들이 그들이 원하고 필요로 하는 것에 대하여 그들의 마음을 바꿀 수 있다는 것이다. 스크럼은 개발 문제가 처음부터 완전히 이해될 수 없거나 정의될 수 없다는 것을 인정한다. 따라서, 스크럼은 반복작업을 빠르게 전달하고 새로운 사용자의 요구사항을 효과적으로 반영할 수 있도록 개발 팀의 능력을 극대화하는데 초점을 둔다.

스크럼은 실무와 사전에 정의된 역할을 포함한다. 기본적인 역할은 다음과 같다.

- **스크럼 마스터**(scrum master): 프로세서를 유지한다(전형적인 프로젝트 관리자를 대체한다).
- **제품 소유자**(product owner): 프로젝트에 있는 업무 사용자와 이해관계자를 대표한다.
- **팀**(team): 실제 분석, 설계, 코딩, 실행, 테스팅 등을 수행하는 약 7명으로 구성된 범부서적 그룹이다.

스크럼은 다음과 같이 작업한다. 일반적으로 2주 또는 4주 기간인 **스프린트**(sprint) 동안, 그 팀은 작동되는 테스트된 소프트웨어와 같은 잠재적으로 선적 가능한 제품 증분을 생성한다. 각각의 스프린트에 부여된 특징들은 완성될 고수준의 업무 요구사항의 우선순위가 정해진 생산 백로그(product backlog)로부터 도출된다.

스프린트 기획 회의는 스프린트 기간 동안 어떠한 백로그 항목들이 해결되어야 할지를 결정한다. 이 회의 동안, 제품 소유자는 팀에게 완성되기를 원하는 제품 백로그의 항목들에 대한 정보를 제공한다. 그러면 팀은 다음 스프린트 동안 이러한 프로젝트의 어느 정도가 완성될 수 있는지를 결정하고, 이 정보를 스프린트 백로그에 기록한다.

한 스프린트 동안 아무도 스프린트 백로그를 수정하는 것이 허용되지 않으며, 이는 요구사항이 그 스프린트 동안에는 수정불가하다는 것을 의미한다. 각각의 스프린트는 정시에 종료되어야 한다. 만일 요구사항이 어떠한 이유로 완성되지 않았다면, 그것들은 그대로 남겨지고, 제품 백로그에 보내진다. 각각의 스프린트가 완성된 이후에 팀은 소프트웨어 사용방법을 시연한다.

애자일 개발의 흥미로운 유형은 MVP(minimum viable product) 개발이라는 방법론이다. MVP 방법론을 사용하여 개발된 애플리케이션은 성공적으로 작동하는 데 필요한 기능만 갖추고 있다. 반면에 MVP 애플리케이션이 기능이 너무 많으면 개발 프로세스가 너무 오래 걸리고 비용이 너무 많이 든다.

최종사용자 개발

MIS **최종사용자 개발(end-user development)**은 조직의 최종사용자들이 IT 부서로부터 약간의 지원 혹은 공식적인 지원없이 자신의 애플리케이션을 직접 개발하는 것이다. 표 13.5는 최종사용자 개발의 장단점을 보여준다. 때때로 이러한 형태의 IT 개발 또는 인수를 **섀도우 IT(shadow IT)**(스텔스 IT 또는 Rogue IT라고도 함)라고 한다. IT 부서를 우회하는 최종 사용자는 작업하려는 도구를 더 쉽게 채택할 수 있지만 이 프로세스는 IT 부서에서 시행하려는 보안 조치도 우회한다. 이러한 섀도우 IT 시스템은 시스템을 취약성에 노출시키고 범죄자가 개인 회사 그리고 고객 데이터에 액세스할 수 있는 통로를 만들 수 있다. 직원으로서 조직에서 승인하지 않은 것을 채택하는 것에 대하여 신중하게 고려하는 것이 중요하다. 섀도우 IT가 침해를 허용하는 취약점을 생성하면 직장을 잃을 수도 있다. IT와 기업사례 13.2에서는 섀도우 IT로 인해 110만 달러의 합의가 이루어진 사례를 강조하고 있다.

표 13.5 최종사용자 개발의 장단점

장점	단점
• IS 부서를 피하고, 지체를 피할 수 있다. • 사용자가 애플리케이션을 통제하고, 필요하면 변경할 수 있다. • 직접적으로 사용자 요구사항을 만족시킨다. • 신규 시스템의 사용자 수용을 증가시킨다. • IT 자원을 자유롭게 활용한다. • 저품질 시스템을 생성할 수 있다.	• 궁극적으로 IS부서의 유지보수를 요구할 수 있다. • 문서화가 부적절할 수 있다. • 품질관리가 빈약하다. • 시스템이 기존 시스템에 대한 적절한 인터페이스를 갖지 못할 수 있다.

IT와 기업사례 13.2

호라이즌의 혁신으로 보안 문제의 문이 열리다

MIS

시설 개조는 일반적으로 정보 보안에 대한 위협으로 간주되지 않는다. 그러나 뉴저지의 호라이즌 블루크로스 블루실드(Horizon Blue Cross Blue Shield)는 리노베이션을 통해 IT 부서 내의 몇 가지 문제를 밝혀 냈다. 특히 2013년의 리노베이션 중에 뉴저지주 뉴어크에 있는 본사에서 노트북 2대가 도난당했다. 이 노트북은 도둑이 쉽게 절단할 수 있는 케이블로 제대로 고정되지 않았다. 안타깝게도 이 노트북은 69만 명의 보험 계약자의 개인정보를 담고 있었다.

노트북을 훔친 사람의 부정직함과 보안 케이블을 쉽게 끊는 것은 법적인 문제가 된다. 그러나 가장 기본적인 관심사는 리노베이션, 물리적 보안 또는 도둑이 아닌 섀도우 IT(더욱 중요한 것은 섀도우 IT의 필요성을 야기한 비즈니스 프로세스)와 관련이 있다. 도난당한 노트북은 호라이즌의 IT 그룹 영역 밖에서 구입하여 사용한 맥북이었다. 이 상황은 조직의 '섀도우(shadow)'에서 일어나기 때문에 섀도우 IT로 간주된다. 이러한 노트북은 IT 부서의 감독을 받지 않았기 때문에 암호화되지 않았다. 대신 자체 비밀번호로만 보호되고 있었다. 이러한 유형의 보안은 회사가 노트북 사용자에게 부여한 데이터 액세스 수준에 비해 불충분한 것이었다. 그 결과 거의 70만 명의 뉴저지 주민의 사회보장번호가 위험에 노출된 것이었다.

호라이즌의 보안 침해가 실제로 섀도우 IT의 잘못이었는가? 섀도우 IT는 직원이 업무에서 생산성을 발휘하는 데 필요한 솔루션을 회사가 제공하지 못할 때 생기게 된다. 관리자는 의사결정을 하며, 그 어느 때보다 결과를 빠르게 전달해야 한다. 결과적으로 그들은 종종 그들의 업무를 수행하기 위해 조직에서는 지원하지 않는 기술에 의존해야만 하는 것이다. 그리고 이러한 기술이 조직의 범주를 벗어나더라도 그들은 게의치 않고 그 기술들을 드러나지 않게 사용하는 것이다. 예를 들어, 2017년의 한 보고서에 따르면 미국 항공 우주국(NASA) 직원들이 그때까지 승인되지 않은 28개의 클라우드 기반 서비스를 사용하고 있는 것으로 밝혀졌다.

이 유형의 시나리오는 암호화되지 않은 노트북이 도난당할 때까지는 무해한 것처럼 보일 수 있다. 조직들은 직원과 고객을 보호하기 위한 모든 정책이 준비가 된 상태이다. 이러한 정책은 때때로 불편함을 야기하지만 그것들은 심각한 — 때때로 법률적인 — 목적으로 사용된다. 직원들이 이러한 정책을 회피하면 조직과 고객 모두를 위험에 빠지게 하는 것이다. 이러한 위험에도 불구하고 직원들은 이러한 기술이 그들의 업무 생산성을 높여 준다면 섀도우 IT 앱들을 계속 사용할 것이다.

IT 부서가 섀도우 IT를 더 잘 관리했다면 호라이즌의 보안 침해를 아마도 피할 수 있었을 것이다. 또는 새로운 기술을 채택하는 데 관료주의가 덜 개입되었다면 직원들은 이러한 기술을 조직의 '이면에서(in the shadow)' 사용하는 대신 IT 부서에서 이러한 기술들을 검토하고 공식적으로 승인할 수 있게 하는 기회를 제공했을 것이다.

그러면 조직에서는 섀도우 IT를 어떻게 처리해야 하는 것인가? 이 질문에 대한 답변은 다수가 있을 수 있다. 그 중 한 가지 접근 방식은 기업의 정책을 준수하는 것이 얼마나 중요한 지를 강조하는 것이다. 또 다른 방법은 조직의 '공식' 기술보다 섀도우 IT가 왜 더 생산적인지 그 이유를 찾기 위해 사용자와 IT 부서 간의 커뮤니케이션을 강화하는 것이다. 어떤 접근 방식을 택하든 조직은 직원들이 미승인 기술을 사용함으로 해서 발생할 수 있는 잠재적인 피해를 인식하고 보안 위반의 위험을 줄이기 위한 공동의 노력을 기울여야만 할 것이다.

출처: Compiled from J. French, "Why Shadow IT Is the Next Looming Cybersecurity Threat," *TheNextWeb*, April 25, 2019; C. Preimesberger, "How Enterprises Can Reduce Employees' Urge to Use Shadow IT," *eWeek*, October 9, 2017; M. Frank, "Shadow IT & Citizen Development – Love IT or Loathe IT," blog.lansa.com, September 29, 2017; G. Ray, "How to Make Shadow IT Work in Your Favor," redpixie.com, August 3, 2017; S. Zimmermann, C. Rentrop, H. Konstanz, and C. Felden, "A Multiple Case Study on the Nature and Management of Shadow Information Technology," *Journal of Information Systems*, Spring 2017, v31, n1, pp. 79–101; C. Frank, "Shadow IT," *Forbes*, February 22, 2017; S. Livio, "Horizon Fined $1.1M for Not Protecting Customers' Private Info," nj.com, February 17, 2017; Anonymous, "Scalable Cloud Infrastructure Transforms the Data Center," *MIT Technology Review*, July 28, 2016; C. Worley, "Shadow IT: Mitigating Security Risks," *csoonline.com*, June 21, 2016; L. Hecht, "Parity Check, Don't Be Afraid of Your Shadow IT, Yet," *thenewstack.io*, May 26, 2016; D. Garey, "Top Three Reasons to Manage Shadow IT," tenable.com/blog, April 26, 2016; J. Bindseil, "Shadow IT Risks on the Rise," globalscape.com/blog, February 2, 2016; A. Froehlich, "Shadow IT: It's Much Worse Than You Think," *Information Week*, August 6, 2015; https://www.mavenwave.com/fusion-blog/shadow-it-part-1/, accessed December 15, 2017; http://www.peak10.com/hybrid-brings-shadow-shadows/, accessed December 15, 2017; and http://www.wyrick.com/news-publications/shadow-IT-costshorizon, accessed July 17, 2019.

질문

1. 위의 사례에 따르면 조직은 자체의 보안 침해에 어떻게 기여했다고 보는가?
2. 직원들이 적절한 채널을 거치지 않고 섀도우 IT를 찾는 이유는 무엇이라고 생각하는가?
3. 조직이 섀도우 IT를 무시하고 그들의 업무 프로세스 수정에 집중해야 한다고 생각하는가? 아니면 프로세스를 무시하고 섀도우 IT에 집중해야 하는 것인가?

DevOps

MIS DevOps('개발Development'과 '운영Operations'의 조합)는 2009년에 처음 발표되었으며 지난 몇 년간 실제로 주목을 받고 있는 실무이다. DevOps는 배포 시간의 단축, 완성품의 유용성 향상, 그리고 새로운 앱 개발 비용의 절감 등을 목표로 전체 프로세스 전반에 걸쳐 개발자와 사용자(운영)를 통합하는 소프트웨어 개발의 한 형태인 것이다.

DevOps 방법론의 적용을 증가시켜 온 몇 가지 요인이 있다. 첫째, 조직들은 애플리케이션을 개발하고 배포할 시간이 부족하고, 오류를 허용할 여지가 없으며, 개발 중인 애플리케이션의 수가 증가하고 있다. 실제로 최근의 연구에 따르면 대부분의 조직들은 매년 17개의 애플리케이션을 발표할 계획을 가지고 있다. DevOps 프레임워크는 오늘날 조직이 직면하고있는 비즈니스 압력에 대한 확실한 대응방안인 것이다.

시스템 개발을 위한 도구

다양한 시스템 개발 방법론에 여러 개의 도구가 사용될 수 있다. 이러한 도구들은 프로토타이핑, 통합된 컴퓨터지원 소프트웨어 공학(ICASE), 컴포넌트 기반 개발, 그리고 객체지향 개발 등을 포함한다.

프로토타이핑. **프로토타이핑(prototyping)** 접근방법은 사용자 요구사항의 초기 목록을 정의하고, 시스템 모형을 구축하며, 사용자와의 피드백을 수차례 반복하여 시스템을 개선한다. 개발자들은 처음부터 시스템에 대하여 완전한 사용자 사양을 얻으려 하지 않으며, 한꺼번에 시스템을 개발하려고 하지도 않는다. 대신에 그들은 **프로토타입(prototype)**이라 불리는 시스템의 작은 일부만을 빨리 개발한다. 프로토타입은 두 가지 형태를 취할 수 있다. 어떤 경우에는 사용자에게 가장 관심이 되는 신규 시스템의 구성요소만을 포함한다. 다른 경우에는 전체 시스템의 소규모 운영 모델(small-scale working model)이 된다.

사용자들은 프로토타입에 대한 경험에 기초하여 프로토타입의 개선을 위한 제안을 한다. 개발자는 사용자와 프로토타입을 검토하고, 그들의 제안을 이용하여 프로토타입을 다듬어 간다. 사용자들이 시스템을 승인하거나 또는 시스템이 사용자의 필요를 만족시킬 수 없다는 것이 확인될 때까지 이 과정은 여러 차례 반복 시행된다. 시스템이 실행가능하다면, 개발자들은 전체 시스템을 구축하기 위해 프로토타입을 사용할 수 있다. 프로토타이핑은 사용자가 상호작용하게 될 화면을 설계할 때 전형적으로 활용된다. 표 13.6은 프로토타이핑 접근방법의 장단점을 보여준다.

프로토타이핑은 실질적인 문제점을 가지고 있다. 프로토타입은 종종 더 완전한 것으로 간주한다. 실제의 데이터베이스를 사용하지 않으며, 때때로 필요한 에러 검사도 하지 않으며, 필요한 보안 특성도 포함하지 않는다. 완성된 시스템을 가정하는 프로토타입을 검토하는 사용자들은 이러한 문제들을 인식하지 못할 수 있다. 결과적으로 실제 시스템이 얼마나 완성된 시스템과 근접할 지에 대하여 비현실적인 기대를 가질 수 있다.

표 13.6 프로토타이핑 접근방법의 장단점

장점	단점
• 사용자 요구사항을 명확하게 정의하는 것을 돕는다. • 설계의 타당성을 입증하는 것을 돕는다. • 실제적인 사용자 참여를 촉진한다. • 시스템 개발자와 사용자 간의 친밀한 작업 관계성을 촉진한다. • 잘 정의되지 않은 문제들을 잘 처리한다. • 최종 시스템의 일부를 산출할 수 있다.	• 부적절한 문제 분석이 조장될 수 있다. • 많은 사용자들에게는 부적절할 수 있다. • 시스템이 완전하지 않을 때 사용자들이 프로토타입을 포기할 수 있다. • 시스템이 완전한지 그리고 유지보수 가능한지에 대해 혼란이 발생될 수 있다. • 시스템이 빨리 구축될 수 있지만, 품질이 낮은 결과를 초래할 수 있다.

MIS 통합 컴퓨터지원 소프트웨어 공학 도구. **컴퓨터지원 소프트웨어 공학**(CASE: computer-aided software engineering)은 SDLC에서의 많은 과업들을 자동화하기 위해 전문화된 도구를 사용하는 개발 접근방법이다. SDLC의 초기 단계(시스템 조사, 분석과 설계 등)를 자동화하기 위해 사용되는 도구들은 **상위 CASE 도구**(upper CASE tools)라고 한다. SDLC의 뒷 단계(프로그래밍, 테스팅, 운영과 유지보수 등)를 자동화하기 위해 사용되는 도구들은 **하위 CASE 도구**(lower CASE tools)라 한다. 상위 CASE와 하위 CASE 사이의 연결을 제공하는 CASE 도구를 **통합 CASE 도구**(integrated CASE tools)라고 한다. 표 13.7은 ICASE 도구의 장단점을 보여준다.

MIS 컴포넌트 기반 개발. **컴포넌트 기반 개발**(component-based development)은 애플리케이션을 구축하기 위해 표준적인 컴포넌트를 활용한다. 컴포넌트는 쇼핑카트, 사용자 인증, 또는 카탈로그와 같이 일반적으로 특정 기능을 수행하는 재사용 가능한 애플리케이션이다. 다른 접근방법들과 비교할 때, 컴포넌트 기반 개발은 프로그램이 적고 어셈블리가 더 많이 포함된다. 컴포넌트 기반 개발은 기술가이드 3에서 학습하게 될 웹 서비스(Web services)와 서비스 중심 구조(service-oriented architecture)의 개념과 밀접하게 연결된다.

많은 창업기업(startup companies)들은 컴포넌트 기반 개발에 대한 아이디어나 또는 프로그램은 피하고 조립하는 쪽을 선호한다. 이러한 기업의 예로 닝(Ning; www.ning.com)을 들 수 있는데, 자신의 소셜 네트워크(social network)를 생성하고 커스터마이즈하여 공유할 수 있도록 해준다.

표 13.7 ICASE 도구의 장단점

장점	단점
• 더 장기적으로 유효한 운영 생명을 갖는 시스템을 산출할 수 있다. • 사용자 요구사항을 더 잘 만족시키는 시스템을 산출할 수 있다. • 개발과정을 신속히 할 수 있다. • 비즈니스 조건을 변경하는데 더 유연하고 적용가능한 시스템을 산출할 수 있다. • 우수한 문서들을 산출할 수 있다.	• 시스템을 구축하고 유지보수하는데 종종 더 많은 비용이 소요된다. • 사용자 요구사항에 대하여 좀더 광범위하고 정확한 정의를 필요로 한다. • 커스터마이즈하기 어렵다.

MIS 객체지향 개발. **객체지향 개발**(object-oriented development)은 SDLC 개발 접근방법을 특징지우는 인식보다는 기본적으로 상이한 관점의 컴퓨터 시스템에 기초한다. 전통적인 접근방법은 종종 원래의 과업을 수행하는 시스템을 산출하지만 다른 과업을 처리하기에는 적합하지 않을 수 있다. 이러한 관찰은 다른 과업들이 동일한 실세계의 엔터티를 포함할 때에도 적용된다. 예를 들어, 청구시스템은 청구서를 처리하지만 아마도 마케팅부서를 위한 우편발송 업무를 처리하거나 판매사원을 위한 문제해결을 위한 실마리를 생성하는 데에는 부적절할 수 있다. 고객 이름, 주소, 그리고 구매내역 등을 포함하는 비슷한 데이터를 사용하는 대금청구, 마케팅 그리고 판매 기능 등에도 비슷한 상황이다. 이와 대조적으로, **객체지향 시스템**(object-oriented systems)은 수행되어야 할 과업에서 시작하지 않고, 그 과업을 수행하기 위해 모형화될 실세계의 측면에서 시작한다. 그렇기 때문에 위의 예에서, 기업이 고객과 고객과의 상호작용에 대한 좋은 모델을 가지고 있다면, 이 모델이 대금청구, 메일링, 그리고 매출 주도(sales leads) 등에 잘 적용이 될 수 있다.

객체지향 시스템의 개발과정은 기존 시스템에 대한 타당성 조사와 분석으로 시작한다. 시스템 개발자들은 신규 시스템의 — 객체지향 분석과 설계의 기본 요소인 — **객체**(objects)를 식별한다. 각 객체는 고객, 은행 계좌, 학생 또는 과목 등과 같은 유형의 실세계의 개체를 표현한다. 예를 들어, 고객은 고유번호, 이름, 주소, 계좌번호 등을 갖는다. 객체들은 또한 그들 **속성**(properties)에 대하여 수행될 수 있는 **연산**(operations)을 포함한다. 예를 들어, 고객 객체는 계좌잔액조회, 계좌개설, 자금인출 등과 같은 연산을 포함할 수 있다. 연산은 **행위**(behaviors)라고도 불린다.

이런 방식으로, 객체지향 분석은 신규 시스템에 필요한 모든 관련 객체에 대하여 그 속성과 연산을 포함하여 정의한다. 분석가들은 신규 시스템의 목적을 만족시키기 위하여 객체들이 어떻게 상호작용하는가를 모형화한다. 어떤 경우에는 분석가들이 (객체의 라이브러리나) 다른 애플리케이션의 기존 객체를 신규 시스템에 활용할 수 있다. 이러한 과정은 분석가들이 이러한 객체를 코딩하는데 소요되는 시간을 절약할 수 있도록 해준다. 그러나 대부분의 경우에서 객체를 재활용한다고 해도, 신규 시스템에 맞도록 객체와 그들의 상호작용을 커스터마이즈하기 위해 코딩이 필요하다. 표 13.8은 객체지향 개발의 장단점을 보여준다.

MIS 컨테이너. **컨테이너**(containers)는 서버의 기본 운영 체제와 독립적으로 실행되는 애플리케이션을 개발하는 방법론이다. 컨테이너를 사용하면 애플리케이션 공급자가 테스트에서와 마찬가지로 항상 실제로 실행되는 기술을 개발하고, 테스트하고 그리고 배포할 수 있다. 이를 통해 소프트웨어를 보다 빠르게 개발할 수 있게 된다. 주로 몇 년 만에 애플리케이션 개발에 가장 큰 변화를 가져온 수준의 이식성(portability)을 제공하고 있다.

표 13.8 객체지향 개발의 장단점

장점	단점
• 객체가 실세계의 개체를 모형화한다. • 일부 컴퓨터 코드를 재사용할 수 있다.	• 제한된 범위에서 시스템과 잘 작동할 수 있다. 즉, 객체의 수가 많지 않은 시스템에서 잘 작동할 수 있다.

컨테이너에 대하여 좀 더 쉽게 설명한다면 차량을 하나의 컨테이너라고 상상해보자. 운전자는 차량(컨테이너) 내부의 환경과만 상호 작용한다. 차량은 다양한 유형의 지형(플랫폼)에서 이동할 수 있지만 차량 내부에서는 동일한 작업을 수행하고 있다(연료 공급, 브레이크, 조명, 신호 등). 차량(컨테이너)에는 외부 환경(타이어, 충격, 앞 유리 와이퍼 등)을 관리하는 데 도움이 되는 기능이 내장되어 있다. 이처럼 개발자가 환경보다는 컨테이너에 더 집중할 수 있게 해줌으로써 컨테이너는 개발 속도에 혁명을 가져온 것이다.

애플리케이션 개발자들은 항상 플랫폼 문제에 시달려 왔다. (플랫폼은 응용 프로그램이 실행될 수 있는 기본 컴퓨터 시스템을 말한다. 개인용 컴퓨터에서는 윈도우즈와 맥 OS X가 그 예이다.) 한 예로 개발자가 윈도우즈 환경에서 응용 프로그램을 개발하였는데, 윈도우즈가 업데이트된 후에 배포하면 올바르게 실행되지 않을 수 있다. 게다가 리눅스(Linux) 환경에서는 작동하지 않을 것이다. 또한 다양한 환경에서 실행되도록 여러 버전의 애플리케이션을 개발해야 함은 물론, 플랫폼이 업데이트됨에 따라 지속적으로 테스트되어야 하는 것이다.

이러한 문제들에 대한 한 가지의 해결책은 **가상 머신**(virtual machine)에서 애플리케이션을 개발하고 테스트한 다음 고객을 위한 동일한 가상 머신에서 구현하는 것이다. 가상 머신은 마치 별도의 물리적인 컴퓨터처럼 작동하는 독립적인 운영 환경을 말한다. 가상 머신에서 개발하고 테스트하면 한 플랫폼에서 개발된 애플리케이션이 다른 플랫폼에서도 실행될 수 있다. 그러나 자체 환경을 포함하고 있으며, 배포된 운영 체제에 상관없이 개발된 대로 실행되는 애플리케이션을 개발할 수 있다면 어떠한가? 이것이 바로 컨테이너에 대한 아이디어이다.

컨테이너는 새로운 것이 아니다. 실제로 2005년부터 테스트되어 왔지만 2014년까지 주류 IT 리더들이 널리 채택하고 있지 않았다. 컨테이너에 대한 인기가 상승한 것은 주로 도커(Docker; Inc.; www.docker.com)의 오픈소스 프로젝트인 도커(Docker) 때문이다. 도커는 컨테이너에서 애플리케이션을 개발하고 배포할 수 있는 리눅스 기반의 솔루션이며, 도커에서 제작된 앱은 모든 플랫폼에서 실행된다.

MIS 로우 코드 개발 플랫폼. 로우 코드 개발 플랫폼(LCDPs: Low-code Development Platforms)은 기존의 절차적 핸드 코딩이 아닌 시각적인 인터페이스를 사용하여 애플리케이션을 개발하는 것이다. 이를 통해 (작성해야 하는 코드의 양을 줄여주기 때문에) 더 빠른 앱 개발이 가능하고 프로젝트에 기여할 수 있는 사람들의 확장이 가능하다. LCDP를 사용하면 비전문 사용자가 앱 개발에 대한 의견과 노력을 제공할 수 있다. LCDP는 덜 공식적인 교육을 받고도 새로운 프로그램을 더 쉽게 생성할 수 있도록 함으로써 최종 사용자의 개발을 확장하는 데 도움이 된다.

지금까지 신규 시스템을 획득하기 위해 사용할 수 있는 다양한 방법들에 대하여 살펴보았다. 표 13.3부터 표 13.8까지는 이러한 방법론들의 장단점을 보여 주고 있다.

확인하고 넘어가기

1. 전통적인 SDLC를 강화시켜주는 도구를 설명해보자.
2. SDLC 이외에 시스템 개발에 사용될 수 있는 대안적 방법들을 설명해보자.

IT는 나를 위해 무엇을 해줄 수 있지?

ACCT 회계관리 전공을 위한 정보기술

회계 인력은 제안된 프로젝트에 대한 비용-효익 분석의 수행을 돕는다. 또한 지속적인 프로젝트가 예산 범위 내에서 진행될 수 있도록 감시한다. 의심의 여지없이 회계 인력은 그들의 경력을 통해 다양한 시점에서 시스템 개발에 참여한다.

FIN 재무관리 전공을 위한 정보기술

재무 인력은 종종 대규모 시스템 개발 프로젝트(예: 예산할당)에 동반하는 재무적 문제들에 참여한다. 그들은 또한 비용-효익 분석과 위험 분석에도 참여한다. 이러한 과업을 수행하기 위해 프로젝트의 비용과 ROI를 결정하는 데 사용되는 부상하는 기술을 수용할 수 있어야 한다. 끝으로, 그들은 대량의 정보를 관리해야 하기 때문에, 재무 부서는 또한 신규 시스템의 일반적인 수혜자이다.

MKT 마케팅 전공을 위한 정보기술

대부분의 조직에서, 재무와 마찬가지로, 마케팅도 방대한 양의 데이터와 정보를 포함한다. 재무와 같이 마케팅도 시스템 개발의 온상이다. 마케팅 인력은 점점 더 시스템 개발 팀에 참여하고 있다. 그러한 참여는 조직이 그들의 고객에 접근하는 웹 기반의 시스템을 개발하는데 더 많은 도움을 주게 됨을 의미한다.

POM 생산운영관리 전공을 위한 정보기술

개발 팀에의 참여도 생산운영 인력의 일상적 역할이다. 제조도 점점 더 컴퓨터화되어 가고 있으며, 물류와 고객 지원 등의 다른 협력 시스템과 통합되어 가고 있다. 생산시스템은 마케팅, 재무, 그리고 인적자원관리 등과 종종 인터페이스한다. 또한, 규모가 큰 전사적 시스템의 일부이다. 많은 생산운영관리에서의 최종 사용자들은 특정 애플리케이션을 위해 IT 인력과 협력하거나 또는 자신들이 시스템을 직접 개발하기도 한다.

HRM 인적자원관리 전공을 위한 정보기술

인적자원관리부서는 시스템 확보 과정의 여러 면에 밀접하게 참여한다. 신규 시스템을 확보하는 것은 신규 직원의 채용, 직무규정의 변경, 또는 직원의 해고 등을 요구할 수 있다. 인적자원관리는 이러한 모든 과업을 수행한다. 또한, 만일 조직이 프로젝트를 개발하거나 아웃소싱하기 위해 컨설턴트를 고용하고자 한다면, 인적자원부서는 이들 공급자들과 계약을 하게 된다.

MIS MIS 전공을 위한 정보기술

조직이 신규 시스템을 확보하기 위해 채택하는 접근방법에 상관없이 MIS 부서는 그 선봉에 서게 된다. 만일 조직이 애플리케이션을 구매하거나 임대하기로 선택한다면, MIS 부서는 다양한 공급업체의 제안사항들을 검토하고 공급업체들과의 협상을 주도한다. 만일 조직이 애플리케이션을 사내에서 개발하기로 결정하였다면, 그 과정은 MIS 부서에서 수행하게 된다. MIS 분석가들은 정보 요구사항을 작성하기 위해 사용자들과 밀접하게 작업한다. 그런 다음, MIS 프로그래머들이 컴퓨터 코드를 작성하고, 그것을 테스트한 다음, 신규 시스템을 실행한다.

요약

13.1 기업이 IT 전략적 계획을 수립할 때 고려해야 하는 다양한 비용-효익분석에 대하여 논해보자.

비용-효익분석에 대한 네 가지의 일반적인 접근방법은 다음과 같다.

1. 순 현재가치(NPV)법은 효익의 미래가치를 조직의 자금원가로 할인하여 동등한 현재가치로 전환한다. 그런 다음 효익이 비용을 초과하는지를 결정하기 위해, 미래 효익의 현재가치와 그 효익을 얻기 위해 투입된 비용을 비교한다.
2. 투자 수익률(ROI)은 이용가능한 자산을 이용하여 이익을 생성하는데 있어서의 관리의 효과성을 측정한다. ROI는 프로젝트에 배당할 수 있는 순 이익을 그 프로젝트에 투자한 평균 자산으로 나누어 계산한다. ROI는 퍼센트로 수익률의 퍼센트가 높을수록 더 좋다.
3. 손익분기 분석은 프로젝트가 가지는 효익의 누적 화폐가치가 프로젝트에 투입된 투자액과 같아지는 지점을 결정한다.
4. 기업사례 접근방법에서는 시스템 개발자가 하나 이상의 특정 애플리케이션이나 프로젝트에 대한 자금조성을 정당화하는 기업사례를 작성한다.

13.2 새로운 애플리케이션을 확보할 때 기업이 내려야만 하는 네 가지의 기업의사결정을 논의해보자.

- 얼마나 많은 컴퓨터 코드를 작성하고자 하는가? 기업은 (어떠한 컴퓨터 코드도 작성하지 않는) 완전히 미리 작성된 애플리케이션을 선택할 수 있다. (약간의 컴퓨터 코드를 작성하여) 미리 작성된 애플리케이션을 커스터마이즈할 수도 있다; 또는 (완전히 새로운 컴퓨터 코드를 작성하여) 전적으로 새로운 애플리케이션을 작성할 수도 있다.
- 애플리케이션을 위한 예산은 얼마인가? 일단 기업이 얼마나 많은 컴퓨터 코드를 작성할 것인가를 결정하였다면, 예산을 얼마나 배정할 것인가를 결정해야 한다. 미리 작성되었거나, 미리 작성된 것을 커스터마이즈한 소프트웨어의 경우, 기업은 그 애플리케이션을 구입하거나 임차할 수 있다. 그리고 완전히 새롭게 만들어질 애플리케이션에 대하여는 내부자금조달로 사용할 수 있다.
- 그 애플리케이션을 어디에서 사용할 것인가? 다음 단계의 의사결정은 그 애플리케이션이 회사의 플랫폼 또는 다른 누군가의 플랫폼에서 실행될 것인가에 대한 것이다. 다시 말해, SaaS 공급업체 또는 애플리케이션 서비스 제공업체(ASP)를 채택할 수 있다.
- 애플리케이션의 원천은 어디가 될 것인가? 미리 작성된 애플리케이션은 오픈소스 소프트웨어일 수 있으며, 또는 제공업체로부터 올 수도 있다. 그 회사는 미리 작성된 오픈소스 소프트웨어를 커스터마이즈하거나 또는 공급업체로부터 미리 작성된 특정 애플리케이션을 선택할 수 있다. 게다가, 사내에서 애플리케이션을 커스터마이즈할 수 있거나 또는 커스터마이제이션을 아웃소싱할 수 있다. 끝으로, 전적으로 사내에서 맞춤화된 애플리케이션을 작성할 수 있고 또는 이러한 과정을 아웃소싱할 수도 있다.

13.3 SDLC에 포함되는 6개의 과정 각각의 주업무와 중요성에 대하여 설명해보자.

6개의 과정은 다음과 같다.

1. 시스템 조사: 타당성 조사에 의해 기업의 문제(또는 기업의 기회)를 조사한다. 시스템 조사 단계에서의 주요 업무는 타당성 조사이다.
2. 시스템 분석: 조직이 정보시스템으로 해결하고자 하는 기업의 문제를 검토한다. 주요 목적은 신규 시스템을 위한 요구사항을 결정하기 위해 기존의 시스템에 대한 정보를 수집하는 것이다. 이 단계의 최종 산출물은 '시스템 요구사항'이다.
3. 시스템 설계: 시스템이 어떻게 기업의 과제를 해결할 수 있을까를 설명한다. 시스템 설계의 산출물은 '기술적 시스템 사양서'이다.
4. 프로그래밍과 테스팅: 프로그래밍은 설계 사양서를 컴퓨터 코드로 전환하는 것을 포함한다. 테스팅은 컴퓨터 코드가 기대하는 또는 요구되는 결과를 산출할 수 있는지를 알아보기 위해 검토하는 과정으로, 컴퓨터 코드에 있는 에러 또는 버그를 탐지하기 위해 설계된다. 최종산출물은 새로운 애플리케이션이다.
5. 실행: 이전 시스템을 신규 시스템으로 전환하는 과정이다. 조직은 직접 전환, 파일럿 전환 그리고 단계별 전환 등의 세 가지 전환전략을 활용한다. 최종 산출물은 적절히 작동하는 애플리케이션이다.
6. 운영과 유지보수: 유지보수의 유형에는 디버깅, 업데이팅, 그리고 필요할 때 새로운 기능을 추가하는 것이다.

13.4 개발방법을 증강시키는 대안적 개발 방법과 도구들에 대하여 설명해보자.

대안적 개발방법

- JAD는 사용자 요구사항을 수집하고 새로운 시스템 설계를 위한 그룹 기반의 도구이다.
- RAD는 JAD, 프로토타이핑 그리고 iCASE 등을 결합할 수 있는 시스템 개발 방법으로서, 고품질의 시스템을 빠르게 산출하기 위한 도구이다.
- 애자일 개발은 종종 주(week) 단위로 측정되는 빠른 반복으로 시스템의 기능성을 제공하는 소프트웨어 개발 방법론이다.
- 최종사용자 개발은 조직의 최종사용자들이 IT 부서로부터 약간의 지원 혹은 공식적인 지원없이도 자신의 애플리케이션을 직접 개발하는 것이다.

도구들

- 프로토타이핑 접근방법은 사용자 요구사항의 초기 목록을 정의하고, 시스템 모형을 구축하며, 사용자와의 피드백을 수차례 반복하여 시스템을 개선한다.
- 통합 컴퓨터지원 소프트웨어 공학은 상위 CASE 도구(자동화된 시스템 조사, 분석과 설계 등)와 하위 CASE 도구(프로그래밍, 테스팅, 운영과 유지보수 등)를 결합한다.
- 컴포넌트 기반 개발은 애플리케이션을 구축하기 위해 표준적인 컴포넌트를 활용한다. 컴포넌트는 쇼핑카트, 사용자 인증, 또는 카탈로그와 같이 일반적으로 특정 기능을 수행하는 재사용 가능한 애플리케이션이다.

- 객체지향 개발은 과업을 수행하기 위해 모형화될 실세계의 측면에서 시작한다. 시스템 개발자들은 신규 시스템에서 객체를 식별한다. 각 객체는 고객, 은행 계좌, 학생 또는 과목 등과 같은 유형의 실세계의 개체를 표현한다. 객체들은 속성 혹은 데이터 값을 갖는다. 객체는 또한 그들의 속성으로 수행될 수 있는 연산를 포함한다.

표 13.3부터 표 13.8까지는 이러한 대안적인 방법론과 도구들의 장점과 단점을 보여준다.

토의문제

1. 구매 방안과 비교하여 임대 방안의 장점을 논해보자.
2. 모든 기업의 관리자들이 IT 자원 확보의 문제들을 이해하는 것이 왜 중요한가?
3. 기업의 조직에 있는 모든 사람들이 시스템 개발 과정에 대하여 기본적으로 이해하는 것이 왜 중요한가?
4. 프로토타이핑이 모든 시스템 개발 프로젝트에 사용되어야 하는가? 그 이유 또는 그렇지 않은 이유는?
5. 타당성 조사의 다양한 종류를 논해보자. 왜 그것들 모두가 필요한가?
6. 무형의 효익을 평가하는 데 있어서의 문제점과 제안된 해결 방안을 논해보자.
7. 왜 최종사용자 개발 정보시스템이 품질이 나쁠 수 있는지 그 이유를 논해보자. 이러한 상황을 개선하기 위한 방안은 무엇인가?

문제해결활동

1. 이커머스가이드(www.ecommerce-guide.com)에 접속하여 제품 검토 영역을 찾아보자. 3개의 소프트웨어 결재 솔루션에 대한 검토내용을 읽고, 가능한 구성요소별로 그들을 평가해보자.
2. CASE와 ICASE 도구에 대한 정보를 얻기 위해 인터넷 검색엔진을 활용해보자. 서너 개의 공급업체를 선택해서 그들이 제공하는 내용을 비교하여 대조해보자.
3. 닝(www.ning.com)에 접속하고, 이 사이트가 어떻게 여러분에게 애플리케이션을 구축하기 위한 구성요소를 제공하는지 관찰해보자. 이 사이트에 조그마한 애플리케이션을 구축해보자.
4. IBM 소프트웨어(www.ibm.com/products/software)에 들어가서, 웹스피어(WebSphere) 제품을 찾아서 최근의 고객 성공 사례를 숙독해보자. 무엇이 이 소프트웨어를 그렇게 대중화시켰는가?
5. 가트너그룹(Gartner Group; www.gartnergroup.com), 451리서치(www.451research.com) 그리고 CIO(www.cio.com)의 웹 사이트에 들어가서, ASP와 아웃소싱에 관한 최근의 자료를 검색하고, 발견한 내용들을 보고서로 작성해보자.
6. 스토어프론트(StoreFront; www.storefront.net)는 e-비지니스 소프트웨어 공급업체이다. 이 사이트에서 이 기업은 구매업자를 위해 생성할 수 있는 유형의 점포를 예시하는 시연을 제공하고 있다. 또한 이 사이트는 어떻게 기업의 소프트웨어가 상점을 생성하는데 사용되는가에 대한 시연을 제공하고 있다.
   a. 어떻게 이러한 과정이 이루어지는가를 보기 위해 스토어프론트 시연을 실행해보자.
   b. 스토어프론트는 어떠한 특징을 제공하는가?
   c. 스토어프론트는 규모가 작은 또는 규모가 큰 상점을 지원하는가?
   d. 스토어프론트는 온라인 상점을 생성하기 위해 어떠한 다른 제품을 제공하고 있는가? 어떠한 유형의 상점을 이들 제품이 지원하는가?

사례

SA 홈즈, 도커를 채택하여 앱 배포 속도를 향상시키다

MIS

과제

SA 홈즈(SA Homes)는 할인된 가격으로 주택 융자를 제공하는 남아프리카에 본사를 둔 회사이다. 그들의 목표는 이자율(interest rates)에 대한 시장금리(market rates)를 통제하기 위한 전략을 개발하는 것이며 이에 대하여 성공한 이력를 가지고 있다. 이 회사는 고객 서비스와 투명성에 중점을 두어 고객이 전적으로 관여하는 복잡한 모기지 프로세스 전반에 걸쳐 수월함을 느낄 수 있도록 도와주고 있다.

대출 업계는 데이터를 사용하여 대출을 합칠 때 이상적인 이자율을 예측하여 소비자가 보유한 현금 한도 내에서 최고의 집을 구입할 수 있는 동시에 안전하고 확실히 갚을 수 있는 대출이라는 것을 보장한다. 조직이 데이터를 이렇게 과중하게 사용할 때면 직원들은 그들의 정보시스템에서 도움을 받기 위한 방안을 지속적으로 찾는다. 이 회사는 1999년에 설립되었으며 그 이후로 많은 성공을 거두었고, 남아프리카에서 다섯 번째로 큰 모기지 회사로 성장하였다. 이러한 성장으로 인해 직원의 정보시스템 사용이 폭발적으로 증가했으며 결과적으로 시스템 업데이트와 수정 요구가 발생하였다.

불행히도 SA 홈즈에게 IS 개발 부서는 이러한 서비스에 대한 요구를 만족시킬 수 없었다. 예를 들어, 앱 제작팀은 그들의 개발 연구실에서 한 번에 2개의 앱만 배포할 수 있었다. 결과는 실제 생산 목록에서 고려해야 할 대기 목록이었다. 관리자는 문제가 발생하거나 개발이 필요한 것이 생길 때마다 기다려야만 했다. 또한 그들이 사용한 몇 가지 주요 기술들은 여러 코드와 플랫폼에서 실행되고 있었다. SA 홈즈는 이 전체 프로세스를 간소화해야 한다는 것을 직감하였다. 컨테이너 기술은 이러한 목표를 달성할 수 있는 방법을 제공하였다. 그러나 이 회사는 신뢰할 수 있는 컨테이너 공급자가 필요하였다.

IT 해결책

앱 개발자는 항상 플랫폼 문제에 직면하였다. 예를 들어 개발자가 윈도우즈 환경에서 애플리케이션을 개발한 경우 윈도우즈 업데이트를 설치하여 배포한 경우 제대로 실행되지 않을 수도 있다. 또한 리눅스 환경에서는 확실히 작동하지 않는다. 다른 환경에서 실행시키려면 여러 버전의 애플리케이션을 개발해야만 했다. 그런 다음 플랫폼 업데이트에서 지속적으로 테스트해야만 하곤 했다. 이러한 현상은 조직에 IS 기능을 제공하는 대규모 설치 소프트웨어 패키지에 대해서도 마찬가지이다.

한 가지 해결책은 가상 머신에서 애플리케이션을 개발하고 테스트한 다음 고객을 위해 동일한 가상 머신에서 구현하는 것이다. 이 해결책은 애플리케이션을 하나의 플랫폼에서 개발한 다음 다른 플랫폼에 배포할 때 문제가 발생할 가능성을 제거해 준다. 그러나 배포된 운영 체제와 관계없이 자체 환경 하에서 개발된 그대로 실행되는 애플리케이션을 개발할 수 있다면 어떠한가? 그것이 바로 컨테이너의 아이디어이다.

결과

SA 홈즈는 배포 시간을 단축하기 위해 도커 데이터 센터를 사용하여 도커를 구현하였다. 이러한 움직임을 통해 회사는 앱이 실행되는 환경이 아닌 앱에 집중할 수 있었기 때문에 앱 개발 속도를 높일 수 있었다. 이제 이전에는 하루에 2개씩 사용하던 것과 비교하여 하루에 20~30개의 앱을 개발하고 배포할 수 있게 되었다. 결과적으로 사용자는 앱에 대한 아이디어나 문제에 대한 해결책을 제안할 수 있게 되었으며, SA 홈즈의 IS 개발부서는 몇 주가 아닌 며칠 내에 테스트 솔루션을 제공할 수 있게 되었다.

출처: Compiled from S. Legulalp, "Docker, Twistlock, CoreOS, and the State of Container Security," *InfoWorld Tech Watch*, December 7, 2015; C. Babcock, "Containers March into Mainstream with Security, Management Updates," *InformationWeek*, November 20, 2015; F. Lardinois, "Docker Puts Focus on Container Security," *TechCrunch*, November 16, 2015; A. Froehlich, "Containers 101: 10 Terms To Know" *InformationWeek*, September 2, 2015; M. Schutz, "What's New in Windows Server 2015 and System Center 2015 Technical Preview" blogs.technet.com, August 19, 2015; S. Vaughan-Nichols, "Docker 1.8 Adds Serious Container Security," ZDNet.com, August 13, 2015; P. Rubens, "What Are Containers, and Why Do You Need Them?" CIO.com, May 20, 2015; P. Yared, "Goodbye SaaS – Hello Container-as-a-Service," *Venturebeat*, May 9, 2015; C. Babcock, "Docker, CoreOS Push Containers to Center Stage," *InformationWeek*, December 29, 2014; www.docker.com, accessed December 7, 2017; www.coreos.com, accessed December 7, 2017; www.twistlock.com, accessed December 7, 2017; https://www.docker.com/sites/default/files/DOC_SA_CaseStudy_04252015_V2%20%282%29%5B2%5D.pdf, accessed December 7, 2017; https://www.sahomeloans.com/about/sa-home-loans, accessed December 7, 2017; and https://blog.docker.com/2016/06/docker-datacenterenterprise-sa-home-loans/, accessed July 17, 2019.

질문

1. 기존 배포 방법이 제공하지 않는 컨테이너 기술의 이점은 무엇인가?
2. 컨테이너를 개발/배포 도구로 사용할 때의 장단점에 대해 논해보자. 근거 사례로 SA 홈즈를 사용해보자.
3. 개발/배포 속도를 높이기 위해 컨테이너 사용과 결합할 수 있는 다른 개발 방법은 무엇이 있는가?

기술 가이드 01

컴퓨터 하드웨어

장의 구성

학습목표

TG1.1 컴퓨터 시스템의 주요 하드웨어 요소를 확인해보자.

TG1.2 하드웨어 설계와 비즈니스 전략을 연결하는 전략적 이슈에 대하여 논해보자.

TG1.3 컴퓨터 계층에 있는 다양한 유형의 컴퓨터를 설명해보자.

TG1.4 다양한 유형의 입출력 기술과 용도를 구별해보자.

TG1.5 중앙처리장치의 설계와 기능에 대하여 설명해보자.

서론

이 기술가이드를 시작하면서, "왜 하드웨어에 대한 내용들을 알아야만 하는가?"라고 의아해 할 수 있다. 하드웨어에 대한 기초적인 내용들을 알아두면 왜 이익이 되는지 몇 가지 이유가 있다. 첫째, 전공분야(그리고 조직에서의 앞으로의 활동영역이 무엇인지)에 상관없이 여러분은 일생동안 하드웨어를 사용하게 될 것이기 때문이다. 둘째, 여러분이 사용하고 있는 하드웨어에 관한 입력을 제공할 것이다. 이러한 가능성에서 다음과 같은 많은 질문에 답할 것을 요구받게 될 것이다.

- 내 하드웨어가 필요에 적합한 성능을 보여주고 있는가? 그렇지 못하다면 어떠한 문제에 직면하게 될 것인가?
- 더 많은 하드웨어 기능이 필요한가? 그렇다면 어떤 기능이 가장 도움이 될 것인가?

셋째, 부서나 조직이 하드웨어 업그레이드 시기 또는 교체할 시기를 결정할 때에도 개입하게 될 것이다. 몇몇 조직에서는 하드웨어 예산이 기능별 또는 부서별로 할당이 되는데, 그러한 경우 여러분 자신이 (최소한 국부적으로) 하드웨어를 선정해야 하는 일에 책임을 지게 될 수 있다. MIS 직원은 조언자로서 역할을 할 것이지만, 여러분이 그러한 의사결정에 중요한 정보를 제공하게 될 것이다.

TG1.1 하드웨어 서론

1장에서 하드웨어(hardware)는 컴퓨터 시스템의 입력, 처리, 출력 그리고 저장활동을 위해 이용되는 물리적 장비를 의미한다고 한 것을 기억하기 바란다. 하드웨어에 대한 의사결정은 과업에의 적합성, 속도 그리고 비용 등 세 가지의 상호 관련된 요인들에 초점을 둔다. 컴퓨터 산업에서의 놀라운 혁신성은 다른 조직 기술들에 비하여 컴퓨터 기술이 훨씬 더 빠른 속도로 진부화되어감으로써 하드웨어 결정을 복잡하게 만들고 있다.

하드웨어에서의 전반적인 추세는 시간이 지남에 따라 점점 더 작아지고, 빨라지며, 저렴해지고 그리고 더욱 더 강력해져 간다는 것이다. 사실상 이러한 추세들은 언제 하드웨어를 구매(또는 업그레이드)해야 할지를 정하기 어렵게 만들 정도로 급변하고 있다. 이러한 어려움은 하드웨어 구매를 늦추는 기업이 미래에 같은 금액으로 더 강력한 하드웨어를 구매할 수 있을 것이다. 미래에 같은 금액으로 다 강력한 하드웨어를 구매하는 것은 보상관계에 있다는 것을 주목하는 것이 중요하다. 컴퓨터 하드웨어 구매를 지체하는 조직은 미래 구매 시점에 도달할 때까지 오늘 살 수 있는 무엇인가의 효익을 포기하는 것이다.

하드웨어는 다음과 같이 구성된다.

- 중앙처리장치(CPU: central processing unit): 데이터를 처리하여 다른 장치에 의해 수행되는 과업을 제어한다.
- 주 기억장치(primary memory): 처리하는 동안 임시적으로 데이터와 프로그램 명령어를 저장한다.

- 보조 기억장치(secondary memory): CPU 외부에 존재한다. 나중에 사용할 데이터와 프로그램을 저장한다.
- 입력 기술(input technologies): 데이터와 명령어를 입력받아서 컴퓨터가 이해할 수 있는 형태로 전환한다.
- 출력 기술(output technologies): 데이터와 정보를 사람이 이해할 수 있는 형태로 보여준다.
- 통신 기술(communication technologies): 외부의 컴퓨터 네트워크로부터 데이터를 CPU로, CPU로부터 컴퓨터 네트워크로 데이터를 전송한다.

TG1.2 전략적 하드웨어 이슈

대부분의 기업인들에게 더 복잡하고 중요한 이슈는 하드웨어가 무엇을 가능하게 하고, 하드웨어가 어떻게 그리고 얼마가 빠르게 발전할까 하는 것이다. 많은 산업에서, 컴퓨터 하드웨어를 활용하는 것은 경쟁적 우위(competitive advantage)를 획득하기 위한 중요한 열쇠이다. 성공적인 하드웨어 활용은 다음의 질문에 대한 심사숙고로부터 얻어질 수 있다.

- 조직들이 하드웨어의 빠른 가격과 성능 진보를 어떻게 따라 가야 하는가? 예를 들어, 얼마나 자주 조직이 컴퓨터와 저장시스템을 업그레이드해야만 하는가? 업그레이드가 개인과 조직차원의 성과 향상을 가져올 것인가? 그리고 조직이 어떻게 그러한 증가를 측정할 수 있는가?
- 조직이 클라우드 컴퓨팅 등과 같은 새로운 하드웨어 인프라스트럭처에 대한 필요를 어떻게 결정해야만 하는가? (기술가이드 3에서 클라우드 컴퓨팅에 대하여 살펴본다.)
- 휴대용 컴퓨터와 고급 통신 기술 등으로 종업원들이 가정이나 어떠한 곳에서든지 업무를 볼 수 있게 하고 있다. 이러한 새로운 업무 스타일이 종업원들과 조직에 이익이 될 것인가? 조직은 어떻게 그러한 새로운 업무 스타일을 관리할 수 있는가?
- 개인적인 그리고 업무 목적으로 개인 소유의 휴대용 장치(예: 태블릿과 스마트폰)를 사용하는 직원을 조직은 어떻게 관리해야 하는가? 즉, 조직은 어떻게 BYOD(bring-your-own-device) 현상에 대처해야 하는가?

TG1.3 컴퓨터 계층

컴퓨터 종류를 비교하는 전통적인 방법은 처리능력이다. 이 절은 가장 성능이 좋은 것에서부터 가장 성능이 좋지 않은 순으로 각 부류의 컴퓨터를 살펴본다. 그리고 동시에 컴퓨터 자체뿐만 아니라 현대 조직에서의 역할에 대해서도 살펴본다.

슈퍼컴퓨터

슈퍼컴퓨터(supercomputer)라는 용어는 특정 기술을 가르키는 것은 아니다. 그보다는 가장 빠른 컴퓨팅 엔진이 이용가능하다는 것을 의미한다. 2017년 중반 현재, 가장 빠른 슈퍼컴퓨터는 100페타플롭(petaflop; 1페타플롭은 1초당 1,000조 부동소수점 연산 속도)을 과시하고 있다. 부동소수점 연산(floating-point operation)은 10진수를 포함하는 산술연산이다.

군사용, 그리고 과학용 애플리케이션과 같은 거대 데이터 집합을 포함하는 초고속의 업무처리를 위해 대규모 조직이 이러한 슈퍼컴퓨터를 이용한다. 기업환경에서는 예를 들어, 대규모 금융회사들이 슈퍼컴퓨터를 활용하여 다양한 투자 전략의 위험과 수익성을 계산하고 있으며, 의료기관들은 환자들의 대규모 데이터베이스를 분석하여 다양한 질병에 관한 가장 최적의 치료를 결정하는 데 슈퍼컴퓨터를 활용하고 있다.

메인프레임 컴퓨터

메인프레임(mainframe)은 한 번에 수천 명의 사용자들이 동시에 사용할 수 있는 대용량 컴퓨터 애플리케이션을 위해 대규모 기업에서 널리 이용된다. 메인프레임 애플리케이션의 예로는 항공 예약 시스템, 기업의 급여 프로그램, 웹 사이트의 거래 처리 시스템(예: 아마존과 이베이), 그리고 학생들의 성적 처리와 보고 등을 들 수 있다.

오늘날의 메인프레임은 테라플롭(teraflop, 초당 1조 개의 부동소수점 연산) 속도로 가동되며, 매일 수많은 거래를 처리할 수 있다. 또한 메인프레임 컴퓨팅은 전략적, 미션 중심의 애플리케이션이 실행되어야 하는 안전하고 확고한 환경을 제공한다.

랩톱 컴퓨터

모토로라 줌 태블릿

애플 아이패드 태블릿

Oleksiy Maksymenko/Alamy Stock Photo PhotoEdit/Alamy Stock Photo

그림 TG1.1
랩톱, 노트북 그리고 태블릿 컴퓨터

마이크로컴퓨터

마이크로(micros), 개인용 컴퓨터(personal computers), 또는 PC 등으로도 불리는 **마이크로컴퓨터(microcomputer)**는 가장 작고, 저렴한 범용 컴퓨터이다. PC라는 용어는 종종 마이크로소프트의 윈도우즈 운영체제를 사용하는 컴퓨터라고 정의되기도 한다. 사실, 윈도우즈를 사용하지 않는 다양한 종류의 PC도 있는데, 맥 OS X 운영체제를 사용하는 애플의 맥을 예로 들 수 있다(기술가이드 2 참조).

랩톱과 노트북 컴퓨터

랩톱(laptop)과 **노트북(notebook)** 컴퓨터는 작으면서도 쉽게 옮길 수 있는 가벼운 마이크로컴퓨터이다(그림 TG1.1 참조). 사무환경 외부에서 처리능력과 데이터 처리 등에 대한 접근성을 사용자에게 제공한다.

예를 들어, 구글의 크롬북은 구글의 크롬 운영체제로 가동되는 씬 클라이언트 랩톱이다. **씬 클라이언트(thin client)**는 팻 클라이언트의 모든 기능을 제공하지 않는 컴퓨터이다. **팻 클라이언트(fat client)**는 네크워크 연결없이도 많은 기능을 수행할 수 있는 능력을 가진 컴퓨터이다. 씬 클라이언트는 별도로 소프트웨어가 설치되지 않기 때문에 팻 클라이언트보다 덜 복잡하다. 따라서 씬 클라이언트가 애플리케이션을 실행할 필요가 있을 때에는 로컬의 디스크 드라이브가 아닌 네트워크를 통한 서버로부터 그 애플리케이션을 접근하게 된다.

씬 클라이언트는 그 자체에 MS오피스(MS Office)가 설치되어 있지 않다. 따라서, 씬 클라이언트는 PC보다 운영하거나 지원하는데 쉽고 더 저렴한 편이다. 씬 클라이언트의 이점으로는 빠른 응용프로그램의 배치, 중앙 집중적 관리, 낮은 소유원가, 쉬운 설치·관리·유지보수·지원 등을 들 수 있다. 씬 클라이언트의 주요 단점은 네트워크가 작동되지 않을 경우, 사용자들이 그들의 컴퓨터로 할 수 있는 것이 별로 없다는 것이다. 예를 들면, 팻 클라이언트를 사용하는 사용자는 네트워크가 고장인 경우에도 일부 기능을 수행할 수 있는데, 그것은 그들의 컴퓨터에 설치된 MS오피스를 계속 사용할 수 있기 때문이다.

태블릿 컴퓨터

태블릿 컴퓨터(tablet computer) 또는 단순히 태블릿(talet)은 키보드나 마우스 대신에 스타일러스, 디지털 펜, 또는 손가락 등을 이용하여 운영되는 평평한 터치 스크린을 구비한 컴퓨터이다. 태블릿의 예로는 애플의 아이패드 프로(iPad Pro), 마이크로소프트의 서피스 프로 4 그리고 레노보 아이디어패드 믹스 700(IdeaPad Miix 700) 등 이외에도 많은 종류가 있다.

웨어러블 컴퓨터

웨어러블 컴퓨터(wearable computers)는 사람들이 그들의 옷 안에, 옷과 함께, 또는 옷 위에 입는 소형 컴퓨터이다. 웨어러블의 주요 특징은 컴퓨터와 사용자들이 지속적으로 상호작용하고 있는 것으로, 사용자들이 장치 활용을 멈추지 않고도 멀티태스크를 할 수 있다. 웨어러블 컴퓨터의 예로는 애플와치, 소니 스마트와치, 구글 글래스 그리고 핏빗 활동 추적기 등을 들 수 있다.

구글 글래스는 증강현실을 제공하는 웨어러블 컴퓨터의 우수한 사례이다. **증강현실(augmented reality)**은 음성, 동영상, 그래픽 또는 GPS 데이터 등과 같은 컴퓨터가 생성해낸 감각정보로 향상된 요소들로 구성된 물리적이고 실세계 환경에 대한 직접적 또는 간접적인 장면을 나타낸다. 즉, 증강현실은 사용자의 현실 인식을 향상시켜 준다. 이와 대조적으로 가상현실(virtual reality)은 실세계를 가상의 세계로 대체하고 있다. 구글 글라스를 사용한 증강현실의 예로 여러분이 처음 간 도시에서 목적지를 찾고 있다고 가정해보자. 구글 글라스에서 길 찾기를 요청하면 안경에 지도 그래프가 표시되고, 그 지도 위에 목적지까지의 경로를 강조 표시한 그래픽 디스플레이가 함께 표시된다.

구글 글라스 엔터프라이즈 에디션 2라고도 불리는 구글 글라스 2.0은 첫 구글 글라스의 차기 버전이다. 구글 글라스 2.0은 실시간 정보와 핸즈프리 작업을 필요로 하는 작업장에서 매우 유용하다. GE, 보잉, DHL 그리고 폭스바겐 등과 같은 회사는 글라스 2.0을 테스트하고 있으며 생산성과 품질 향상 등의 이점을 얻고 있다. 또 다른 예를 살펴보기로 한다.

챌린저와 매시 퍼거슨 등을 포함하는 브랜드 이름으로 트랙터와 분무기 등의 농기구를 생산하면서 연 매출 70억 달러를 이루고 있는 AGCO(www.agcocorp.com)를 생각해보자. AGCO가 제조하는 장비들은 일반적으로 모든 장치가 고유한 기능을 갖도록 맞춤 제작된다. 각 장비의 사양을 추적하기 위해 AGCO는 원래 작업자에게 노트북을 사용하도록 했다. 이 과정에서 작업자는 약 15미터 정도를 걸어야 했고 이로 인해 작업 흐름이 방해되기도 하였다.

그 결과 AGCO는 글라스 2.0으로 교체했다. AGCO의 일반적인 작업은 70분 정도가 소요되며, 3~5분 단위의 여러 단계로 나뉘어진다. 작업자가 하나의 단계를 착수하면 글라스 2.0 화면에 단계명이 표시된다. 메뉴 항목에서 다음 단계 진행, 사진 촬영, 도움 요청 등의 옵션을 선택할 수 있다. 단계를 마치고 나면 작업자가 "좋아. 글라스. 다음 단계로 진행하자"라고 말하면 다음 절차가 반복된다.

완료한 작업에 대해서는 작업자가 화면을 볼 필요가 없지만 언제든지 글라스 2.0을 깨워 부품이 어디로 가야 하는지 확인할 수 있으며 디스플레이에서 개체를 확대하여 더 자세히 볼 수도 있다. 글라스 2.0은 또한 어떤 종류의 볼트가 필요한지 알려주고 사용할 렌치와 필요한 토크(조임 압력)를 지정한다. 부품이 손상된 것처럼 보이면 사진을 찍을 수도 있다. 일부 작업자는 프레임 단위로 다음 단계로 이동하는 것을 선호하기도 하고 어떤 작업자는 음성 명령의 사용을 선호하기도 한다.

글라스 2.0은 AGCO의 생산성과 품질의 향상을 가져왔다. 그리고 이 시스템은 작업자의 초기 교육에 10일 걸리던 것을 단 3일로 단축시켜 주어 이 기업은 글라스 2.0의 사용을 매우 만족하고 있다.

IT와 개인

컴퓨터 구입하기

어느 날 우리는 컴퓨터를 구입하게 될 것이다. 그날이 왔을 때, 무엇을 알아봐야 할지를 아는 것이 중요한 일이다. 컴퓨터를 사는 일은 단지 포장박스의 내용을 읽는 것만으로도 매우 혼란스러운 일이다. 이 기술가이드는 컴퓨터의 주요 구성부분들을 설명하고 있다. 그러나 우리가 컴퓨터를 살 때에는 이보다 더 고려해야 할 것들이 있다. 즉, 무슨 일을 하려고 하는가, 어디에서 사용하려고 하는가, 그리고 얼마나 오랫동안 사용하려 하는가 등이다. 이들 각각의 질문에 대하여 좀 더 상세하게 살펴보기로 한다.

- 컴퓨터를 가지고 무엇을 하려고 하는가? 자동차를 구입할 때 우리는 자동차에 대한 사용계획으로 우리가 구매하게 될 자동차의 종류를 결정함을 생각해보자. 같은 이치가 컴퓨터 구매에도 적용된다. 지금 현재 컴퓨터를 가지고 무엇을 하고 있으며, 새로 구입하려는 컴퓨터로 무엇을 할 것인가를 고려할 필요가 있다. 많은 사람들이 여유가 있는 한도 내에서 컴퓨터를 그저 구입한다 할지라도, 컴퓨터를 이용하고자 하는 목적이 무엇인지를 고려하지 않는다면 필요 이상의 비용을 지불하게 된다.
- 어디에서 컴퓨터를 사용할 계획인가? 가정에 있는 책상 위에서 사용할 계획이라면, 데스크톱 모델도 좋을 것이다. 일반적으로 우리는 랩톱(예: 이동성을 위한 초과비용 지불)과 비교하여 데스크톱 모델에서 더 나은 컴퓨터를 같은 비용으로 구매할 수 있다. 그러나 만일 우리가 컴퓨터를 가지고 다녀야 한다면 랩톱 컴퓨터나 태블릿 컴퓨터가 필요할 것이다. 휴대용 이상이 요구사항이라면 컴퓨터 사용에 대한 계획을 다시 재고할 필요가 있는데, 컴퓨터가 더 (작고) 휴대가능하게 되면 그 기능이 변경되고 그러면 컴퓨터가 우리의 필요를 충족할 수 있는지를 확인하는 것이 필요하다.
- 컴퓨터를 얼마나 오래 이용할 것인가? 오늘 우리가 구매하는 대부분의 장치들은 진부해지며, 수년 내에 교체될 필요가 있다. 따라서 사용기간이 품질보증기간이나 수리 서비스 이용 가능성보다 더 길 수 있다. 어떤 경우에는 이러한 사항들이 컴퓨터의 수명을 연장해 줄 수 있기 때문에, 구매 결정 시 이러한 문제들을 고려해야 한다.

TG1.4 입출력 기술

입력 기술

입력기술은 사람이나 다른 기술이 데이터를 컴퓨터에 입력하도록 한다. 두 가지 형태의 입력장치는 인간 데이터 입력 장치와 원천자료 자동화 장치가 있다. 그 이름이 의미하듯이, 인간 데이터 입력(human data-entry) 장치는 데이터 입력에 일정한 정도의 인간 노력을 요구한다. 예를 들면, 키보드, 마우스, 포인팅 스틱, 트랙볼, 조이스틱, 터치 스크린, 스타일러스, 그리고 음성 인식 등이 있다.

한편, 원천자료 자동화 장치(source-data automation)는 최소한의 인간 개입으로 데이터를 입력한다. 이 기술은 데이터 수집 속도를 높여주며, 에러를 줄여주고, 거래 또는 다른 이벤트의 원천에서 데이터를 수집한다. 바코드 리더기(barcode readers)는 이러한 장치의 한 예이다.

흥미로운 유형의 인간 입력은 동작 기반의 입력(gesture-based input)이다. **동작 인식(gesture recognition)**은 컴퓨터가 사람의 제스처 동작을 해석할 수 있게 하는 기술을 의미한다. 이 기술은 인간의 몸짓 언어를 이해할 수 있게 하는 컴퓨터를 설계하는 초기 단계에 있다. 이 프로세스는 다른 종류의 입력 장치들보다도 기계와 인간 사이에 더 풍부한 상호 작용을 가능하게 해 준다.

동작 인식을 통해 기계 장치에 인간이 개입하지 않고도 자연스럽게 컴퓨터와 상호 작용할 수 있다. 동작 기반의 기술을 이용하면 사용자가 손가락으로 컴퓨터 화면의 커서를 이동할 수 있다. 이 기술은 기존의 입력 장치(마우스, 키보드 그리고 터치 스크린)를 쓸모없게 만들 수 있다. 동작 기반의 입력 장치 예로는 마이크로소프트 키넥트(www.xbox.com) 그리고 립모션 컨트롤러(www.leapmotion.com) 등이 있다.

일반적인 원천 데이터 자동화 입력 장치에는 마그네틱 스트라이프 판독기, POS 단말기, 바코드 스캐너, 광학 마크 판독기, 자기 잉크 문자 판독기, 센서(8장의 사물 인터넷 참조) 그리고 카메라 등이 포함된다.

출력 기술

컴퓨터에 의해 생성된 출력물들은 여러 개의 출력 장치나 매체를 통해 사용자들에게 전달될 수 있다. 이러한 장치로는 모니터, 프린터, 플로터, 그리고 음성 등이 있다.

현재의 출력 기술에는 망막 스캐닝 디스플레이 그리고 헤드업 디스플레이 등이 있다. 망막 스캐닝은 투사 이미지를 관찰자의 망막에 직접 투사하며, 의학, 항공 교통 관제 그리고 산업 기계의 제어 등에 사용된다. 헤드업 디스플레이는 사용자의 관찰 시야를 방해하지 않으면서 투명하게 데이터를 보여 준다.

가상현실 기술

가상현실(VR: virtual reality)은 소프트웨어를 사용하여 시각, 촉각, 청각 그리고 경우에 따라 후각 등을 복제하는 사실적으로 컴퓨터가 생성한 3차원 환경을 제공하는 정보기술을 가리키는 용어이다. 가상현실은 외부 자극을 제거하고 사용자를 가상 환경으로 안내한다. 일부 고급 시스템은 포스 피드백(force feedback)이라고 하는 촉각(터치) 정보를 포함하고 있다.

VR은 실제 환경을 재현하거나 가상 환경을 만들도록 설계되었다. 이 환경에서 사용자는 탐색하고 상호 작용할 수 있다. 사용자는 가상 세계의 일부가 되어 그곳에서 객체를 조작하거나 일련의 작업을 수행할 수 있다. 즉, 가상현실 장비를 사용하는 사람은 환경을 '둘러보고', 그 안에서 이동하며 화면이나 VR 고글에 묘사된 기능이나 항목 등과 상호작용할 수 있다. 소니 플레이스테이션 VR, HTC 바이브(Vive), 오큘러스 리프트(Rift), 삼성 기어(Gear) VR 그리고 구글 데이터 드림 뷰(Dream View) 등을 포함한 다양한 VR 헤드셋을 사용할 수 있다.

현실세계에서 무언가를 하기에 너무 위험하거나 비싸거나 비현실적인 경우 VR이 대안이 될 수 있다. 결과적으로 많은 VR 애플리케이션들이 있는데, 다음과 같은 몇 가지 예를 살펴보기로 한다.

- **MKT** 미디어: 미디어 회사인 디즈니는 밸브 코퍼레이션의 스팀 소프트웨어에서 무료로 다운로드할 수 있는 '디즈니 무비 VR'이라는 VR 경험을 출시했다. 이 경험을 통해 사용자는 디즈니, 마블, 그리고 루카스필름 유니버스 등의 캐릭터 그리고 세계와 상호 작용할 수 있다.

  많은 미디어 회사가 고프로, 노키아, 리코 그리고 니톤 등의 전 방향 카메라(360도 또는 VR 카메라라고도 함)를 사용한다. 이 카메라는 VR 포토그래피(VR photography)라는 과정을 통해 모든 방향으로 녹화한다. VR 카메라로 제작된 영화를 통해 관객은 모든 장면에서 전체 환경을 볼 수 있다.
- **HRM** 훈련: 군은 전투 훈련에서 VR을 광범위하게 사용하고 있다. VR은 신병이 다양한 유형의 전투 상황에 대응하는 통제된 환경을 만들고 그 환경 안에서 훈련할 수 있도록 하고 있다. 공군은 또한 조종사들을 훈련시키기 위한 비행 시뮬레이터에서도 VR을 사용하고 있다.
- 비디오 게임: 특히 VR 헤드셋의 등장과 함께 비디오 게임은 VR을 빠르게 통합하고 있다.
- **POM** 엔지니어링: 엔지니어는 3차원 CAD에서 VR을 사용하고 있다. 예를 들어, 자동차, 항공우주 그리고 지상의 운송 산업 등은 제품 개발, 엔지니어링 그리고 제조 프로세스 등에서 VR을 사용하고 있다.
- 건축 설계: 건축가는 프로젝트가 착수되기 전에 건축가에게 규모와 비율을 확인할 수 있도록 실제 프로젝트를 '검토'하기 위해 설계 과정에서 VR을 사용하고 있다. VR 모델은 또한 프로젝트의 물리적 미니어처를 만들 필요를 없애 주며, 고객이 건설 전과 과정 중에 프로젝트를 경험할 수 있게 해 준다.
- **MKT** 부동산: 부동산 중개업자는 VR을 사용하여 고객이 비교적 짧은 시간에 많은 집을 보고, 경험하고, 확인할 수 있게 하고 있다. 이렇게 고객은 효율적인 방식으로 검색 범위를 좁힐 수 있다.
- **MKT** 소매: 로우스(Lowe's), 이케아, 웨이페어 등을 포함한 가정용품 소매업체들은 VR을 사용하여 제품을 '볼' 수 있도록 하여 상점의 제품이 가정에서 어떻게 사용될 수 있는지를 고객이 더 잘 확인할 수 있도록 하고 있다. 크루즈 어바웃과 플라이트 센터 등과 같은 여행 산업 사이트는 VR을 사용하여 고객이 여행을 예약하기 전에 크루즈 선실과 호텔 객실을 체험해볼 수 있도록 하고 있다.

TG1.5 중앙처리장치

중앙처리장치(CPU: central processing unit)는 컴퓨터 내부에서 실질적인 연산이나 '방대한 수의 계산(number crunching)'을 수행한다. CPU는 실리콘 웨이퍼상의 회로나 칩에 내장되어 있는 수많은 극미의 트랜지스터로 구성되어 있는 **마이크로프로세서**(microprocessor)(예: 인텔(Intel)의 코어(Core) i3, i5, i7 등)이다. 이러한 이유로 마이크로프로세서는 통상 칩이라고 불린다.

그림 TG1.2 마이크로프로세서의 구성

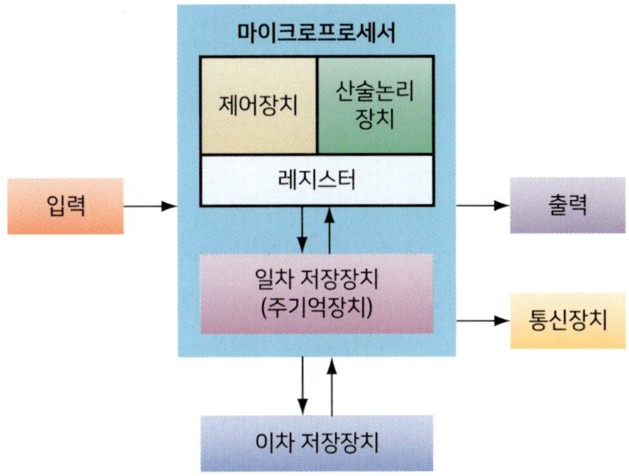

그림 TG1.2에서 보는 바와 같이, 마이크로프로세서는 서로 다른 기능을 수행하는 여러 부분으로 구성된다. **제어장치**(control unit)는 순차적으로 프로그램 명령어를 접근하여, 그것들을 해독하고, 산술논리장치, 레지스터, 캐시, 주기억 장치, 보조기억 장치, 그리고 다양한 출력 장치들 상호 간의 데이터 흐름을 제어한다. **산술논리장치**(ALU: arithmetic-logic unit)는 산술연산과 논리 비교를 한다. 레지스터(registers)는 짧은 시간동안 아주 작은 양의 데이터와 명령어를 저장하는 초고속의 저장영역이다.

CPU의 작동원리

CPU 내에서는 입력 데이터가 입력되어 요구될 때까지 저장된다. 그 시점에서, 입력된 데이터들은 검색되어 처리되며 처리결과는 저장되어 어딘가로 보내진다. 그림 TG1.3은 이러한 과정을 보여주며, 작동원리는 다음과 같다.

- 입력내용은 데이터와 그 데이터를 어떻게 처리해야 할지에 대한 간단한 명령어로 구성된다. 이러한 명령어들은 컴퓨터의 다른 부분에 있는 소프트웨어로부터 들어온다. 데이터는 예를 들

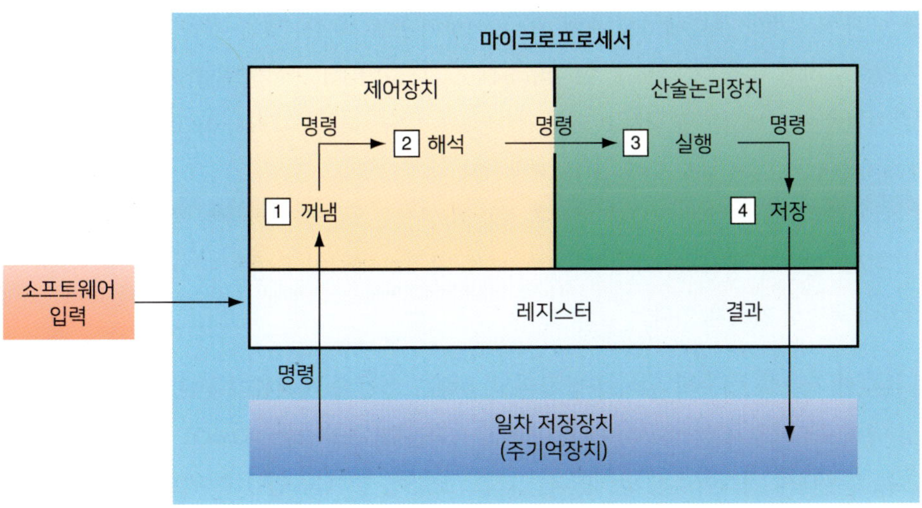

그림 TG1.3
CPU의 작동 방법

어 사용자에 의해 키보드로부터 입력될 수 있고 또는 컴퓨터의 다른 부분에 있는 데이터 파일로부터 입력될 수도 있다. 입력내용들은 처리과정의 다음 단계로 보내질 때까지 레지스터 상에 저장된다.

- 데이터와 명령어가 버스라고 불리는 전자적인 경로를 통해 칩 내에서 이동된다. 버스(bus)의 크기—고속도로의 도로 폭과 유사하다—는 얼마나 많은 양의 정보가 동시에 보내질 수 있는가를 결정한다.
- 제어장치는 칩 내부에서 데이터와 명령어의 흐름을 지시한다.
- 산술논리장치(ALU)는 레지스터로부터 데이터와 명령어를 받아서 요구되는 연산을 수행한다. 이러한 데이터와 명령어들은 **이진형태(binary form)**, 즉 **비트(bit)**라고 부르는 0과 1의 형태로 변환된다. CPU는 이진형태의 데이터만을 처리할 수 있다.
- 명령어와 원래 형태의 데이터는 저장 레지스터로 보내지고, (나중에 설명될) 칩 외부의 컴퓨터 하드드라이브와 같은 저장 공간으로 되돌려 보내진다. 그러는 동안 형태가 변환된 데이터는 다른 레지스터로 가고, 그런 다음 컴퓨터의 다른 부분(예: 화면표시를 위한 모니터 또는 저장장치)에도 보내진다.

인텔(Intel)은 이러한 CPU가 어떻게 작동하는가에 대한 우수한 시연을 제공하고 있다: 인텔 사이트에 가서 "Explore the Curriculum"을 검색하면 시연을 볼 수 있다. **기계 명령어 사이클(machine instruction cycle)**로 알려진 이러한 처리 사이클은 초당 수십억 번 일어난다.

마이크로프로세서 설계의 발전

칩 설계에서의 혁신이 **무어의 법칙(Moore's law)**으로 설명되듯이 아주 빠른 속도로 진행되고 있다. 1965에 인텔의 창업 동업자인 고든 무어(Gordon Moore)는 마이크로프로세서의 복잡성이 매 18개월마다 2배로 증가할 것이라고 예측한 바 있다. 그의 예측은 놀랍게도 매우 정확하게 실현되고 있다.

무어의 법칙에서 예측된 발전은 주로 다음과 같은 변화로부터 왔다.

- 점점 더 소형화된 트랜지스터의 생산
- 단일 칩 상에 복수개의 프로세서를 배치. 하나 이상의 프로세서를 갖는 칩을 **멀티코어(multicore) 칩**이라고 한다. 예를 들어, 소니(Sony), 도시바(Toshiba), 그리고 IBM 등이 공동참여하여 생산한 셀(Cell) 칩은 9개의 프로세서를 포함하고 있다. 인텔(www.intel.com)과 AMD(www.amd.com)는 멀티코어 칩(예: 4개의 CPU가 있는 쿼드코어 칩)을 제공한다.
- 인텔의 3D 칩은 인텔의 현재 칩보다 성능을 개선하면서도 더 적은 전력을 소모한다. 이 칩은 모든 컴퓨터의 성능을 향상시킨다. 그러나 이 칩은 장치의 배터리 수명을 연장시켜주기 때문에 휴대 장치에 특별히 가치가 있다.

증가된 속도와 성능과 더불어 무어의 법칙은 비용에도 영향을 미쳐왔다. 예를 들어, 1997년에는 펜티어 II 마이크로프로세서, 64MB 주기억 장치, 4GB 하드 드라이브, 그리고 17인치 모니터를 갖춘 데스크톱 컴퓨터의 가격이 4천 달러였다. 그리고 2018년 말에는 인텔 i7 쿼드코어 프로세서,

16GB 주기억 장치, 1TB 하드 드라이브와 32GB 솔리드 스테이트 저장장치(solid-state storage), 그리고 27인치 터치 스크린을 갖춘 데스크톱 컴퓨터는 1,600달러 이하였다. 특히 2018년 데스크톱은 1970년대의 데스크톱의 40% 수준의 비용에서 1970년대 보다 13배 더 빠르고, 250배 더 많은 주기억용량과 250배 더 많은 하드 드라이브 저장용량을 제공하였다.

컴퓨터 기억장치

컴퓨터가 보유하는 메모리 용량과 종류가 컴퓨터의 일반적인 용도를 주로 결정한다. 컴퓨터의 기억장치는 컴퓨터가 실행할 수 있는 프로그램 유형, 처리할 수 있는 작업, 컴퓨터의 속도, 기계의 비용 그리고 데이터 처리 비용 등을 결정한다. 컴퓨터의 기억장치는 기본적으로 두 가지 부류가 있다. 첫째, **일차 저장장치**(primary storage)로서 CPU가 직접적으로 사용할 소량의 데이터와 정보를 저장한다는 점에서 '일차/주(primary)'라고 불린다. 둘째, **이차 저장장치**(secondary storage)는 오랜 기간 동안 대량의 데이터와 정보(예: 전체 소프트웨어 프로그램)를 저장한다.

메모리 용량. 앞에서 살펴본 것처럼, CPU는 컴퓨터 언어에 의해 비트로 번역된 이진수인 0와 1만을 처리한다. 비트의 특정 조합이 특정 알파벳 문자나 단순 수학적 연산을 표현한다. 8개의 비트가 이러한 문자 하나를 표시하기 위해 필요하다. 8비트 문자열(string)을 **바이트(byte)**라고 한다. 컴퓨터의 저장용량은 바이트로 측정된다. 비트는 전형적으로 초당 얼마나 많은 백만 비트가 특정 매체를 통해 전달될 수 있는가와 같은 통신용량을 측정하기 위한 단위로 사용된다.

기억용량을 설명하기 위해 사용되는 용어의 체계는 다음과 같다.

- **킬로바이트**(KB: kilbyte): 킬로는 1,000을 의미하는데, 1KB는 대략 1,000바이트를 나타낸다. 사실상, 1KB는 1,024(2^{10})바이트이다. 컴퓨터 설계자는 2의 제곱으로 작업하는 것이 편리함을 알아냈다. 1,024는 2의 10제곱이고, 킬로그램과 킬로미터와 같은 익숙한 단위에서 정확히 1,000을 의미하는 표준적인 킬로를 1,024에 근접한 1,000으로 표시하고 있다.
- **메가바이트**(MB: megabyte): 메가는 1백만을 의미한다. 따라서 1MB는 대략 100만 바이트이다.
- **기가바이트**(GB: gigabyte): 기가는 10억을 의미하고, 1GB는 대략 10억 바이트이다. 대부분의 개인용 컴퓨터들은 4~16GB의 RAM 메모리(일차 저장장치)를 갖는다.
- **테라바이트**(TB: terabyte): 1TB는 대략 1조 바이트이다. 최근의 개인용 컴퓨터들의 저장 용량은 수 TB에 이른다.
- **페타바이트**(PB: perabyte): 1PB는 대략 1,000TB이다.
- **엑사바이트**(EB: exabyte): 1EB는 대략 1,000PB이다.
- **제타바이트**(ZB: zettabytpe): 1ZB는 대략 1,000EB이다.

이러한 용량에 대한 감을 잡기 위해 다음의 예를 참고하기 바란다. 만일 여러분의 컴퓨터가 1TB 하드 드라이브 용량을 갖고 있다면, 대략 1조 바이트의 데이터를 저장할 수 있다. 책의 각 페이지 평균용량이 2,000바이트라고 본다면, 여러분의 하드 드라이브는 대략 미 국회 도서관의 전체

도서의 10%에 해당하는 정보를 저장할 수 있는 것이다. 또한 1TB는 표준적인 해상도의 압축 비디오 70시간 분량을 저장할 수 있다.

일차 저장장치. **일차 저장장치**(primary storage)는, 때때로 **주기억**(main memory)이라고 불리는데, 매우 짧은 시간 동안, (1) CPU가 처리할 데이터, (2) CPU가 데이터를 어떻게 처리할 지에 관한 명령어, 그리고 (3) 컴퓨터 작동의 다양한 측면을 관리하는 운영체제 프로그램 등의 세 가지 종류의 정보를 저장한다. 일차 저장장치는 CPU칩과 가능한 물리적으로 가장 가깝게 위치하는 컴퓨터의 메인 보드(일명 마더보드, motherboard)에 설치된 칩 상에 위치한다. CPU에서 일차 저장장치내의 모든 데이터와 명령어는 이진 코드로 번역된다.

일차 저장장치에는 네 종류가 있는데, (1) 레지스터, (2) 임의접근 메모리(RAM), (3) 캐시 메모리, 그리고 (4) 읽기전용 메모리(ROM)이다.

레지스터(register)는 CPU의 일부이다. 처리 전후 즉시 최소한의 용량으로 제한된 양의 명령어와 데이터를 저장한다.

캐시 메모리(cache memory)는 자주 사용되면서, 처리장치(processor)가 주기억 메모리(RAM)보다 더 빨리 접근할 수 있는 데이터 군을 컴퓨터가 잠시 저장할 수 있게 해 주는 일종의 초고속 메모리이다. 캐시 메모리는 자주 사용되는 데이터 블록(block)들을 컴퓨터가 잠시 저장하게 해 준다. 덜 자주 사용되는 블록들은 캐시에 전송될 때까지 RAM에 남아있게 되는데, 이렇게 드물게 사용되는 블록들은 이차 저장장치에 보관된다. 캐시 메모리는 물리적으로 RAM보다 CPU에 더 가까이 위치한다. 캐시 메모리는 명령어들이 CPU에 훨씬 짧은 거리로 이동하기 때문에 캐시가 RAM보다 더 빠르다.

임의접근 메모리(RAM: random access memory)은 소프트웨어 프로그램과 처리할 소량의 데이터를 보관하는 일차 저장장치 부분이다. 레지스터와 비교하면, RAM은 더 많은 정보를 저장하며, CPU로부터는 더 먼 곳에 위치한다. 그러나 이차 저장장치와 비교하면, RAM은 더 적은 양의 정보를 저장하며, CPU에 더 가까이 위치하게 된다.

RAM은 일시적이며, 대부분의 경우 **휘발성**(volatile)이 있다. 즉, 전압 상승, 전압 저감(brownout), 또는 점등이나 근처의 기계가 발생시키는 전력 잡음(noise) 등에 의한 전력의 상실이나 전원을 끌 경우, RAM 칩은 그 저장 내용을 상실하게 된다.

대부분 우리는 컴퓨터가 '깨지거나(crash)' 전원 고장으로 데이터를 상실하는 경우가 있다. 그 당시에 RAM, 캐시, 또는 레지스터에 있는 데이터는 무엇이든 상실하게 되는데, 이러한 유형의 데이터는 휘발성이 있기 때문이다. 따라서, 특정한 종류의 중요한 데이터나 명령어가 저장될 경우에는 보다 더 세심한 주의가 요구된다. 신중한 컴퓨터 사용자들은 비휘발성 메모리(이차 저장장치)에 데이터를 자주 저장한다. 이와 더불어, 대부분의 현대 애플리케이션들은 자동저장(autosave) 기능을 가지고 있다.

읽기 전용 메모리(ROM: read-only memory)는 — 칩의 형태로 — 특정한 중요한 명령어들을 보호하기 위한 메모리이다. ROM은 비휘발성이며, 따라서 컴퓨터의 전원이 꺼지더라도 이 명령어들은 그대로 존속되는 것이다. '읽기 전용'이라는 명칭은 이러한 명령어들이 컴퓨터에 의해 읽혀질 수만 있고, 사용자가 변경할 수 없다는 것을 의미한다. ROM에 저장된 명령어의 예로는 컴퓨터를 멈춘 후에 이를 다시 가동하거나 '부트(boot)'할 때 필요한 명령어들이다.

이차 저장장치. **이차 저장장치(secondary storage)**는 장기간동안 많은 양의 데이터를 저장하기 위해 개발되었다. 이차 저장장치는 다음과 같은 특성을 갖는다.

- 비휘발성이다.
- 이차 저장장치에서 데이터를 검색하는 것이 RAM에서 하는 것보다 더 많은 시간이 걸린다.
- 일차 저장장치보다 싸다(그림 TG1.4 참조).
- 다음에서 살펴보겠지만, 각기 고유한 기술을 갖는 다양한 형태의 매체가 있다.

자기 테이프(magnetic tape)는 하나의 이차 저장장치 매체로서, 큰 개방형 릴 형태나, 조그마한 카트리지 또는 카세트 형태를 취한다. 오래된 기술형태이지만, 가장 저렴하고, 방대한 양의 데이터를 저장할 수 있는 매체이다. 결과적으로 많은 조직들이 백업용 저장장치(archival storage)로 자기 테이프를 사용한다. 데이터 검색이 가장 느린 매체이고, 데이터가 테이프에 순차적으로 저장되어 있기 때문에 그 사용은 감소되고 있다. 순차접근(sequential access)이란 시스템이 필요한 데이터 부분에 접근하기 위해서는 테이프의 처음부터 검색해야 함을 의미한다.

하드 드라이브(hard drives)라 불리는 **자기 디스크(magnetic disk)**는 대용량 데이터 저장에 가장 널리 사용되는데, 저렴하고, 초고속이며, 대규모 용량의 데이터 저장이 가능하기 때문이다. 하드 드라이브는 환경이나 주변의 오염으로부터 보호하기 위해 포장되고, 완전히 봉인된 내부에 설치되어 (15,000RPM까지) 회전하는 자기 디스크 평판의 스택에 데이터를 저장하고, 읽는 작동을 한다(그림 TG1.5 참고). 이 디스크들은 컴퓨터의 내부 혹은 외부에서 하나의 장치로서 영구히 설치되어 있다.

하드 드라이브와 같은 용도를 제공하는 **SSD(solid state drive)**는 데이터를 메모리 칩에 저장한다. 하드 드라이브는 동작 부분이 있지만, SSD는 가지고 있지 않다. SSD는 컴퓨터의 CPU에 하드 드라이브와 같은 인터페이스를 사용하기 때문에 하드 드라이브를 대체해서 끊임없이 사용될 수 있다.

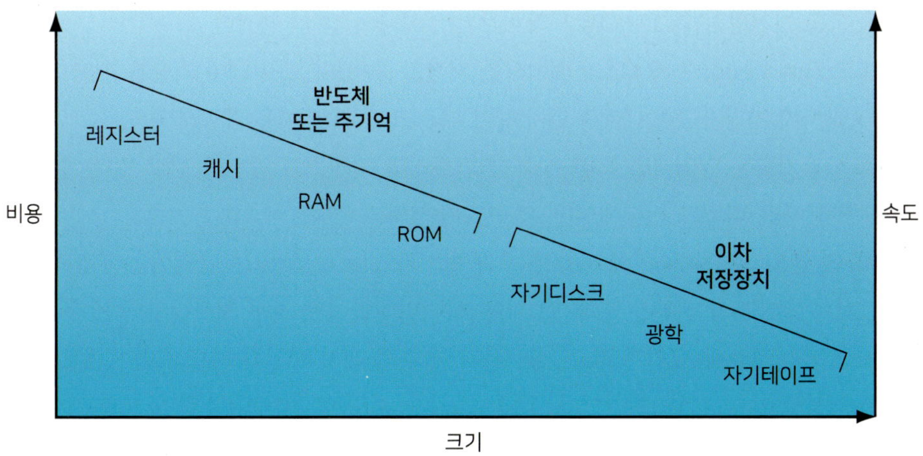

그림 TG1.4 주기억 장치와 이차 저장장치의 비교

그림 TG1.5

전통적 하드드라이브는 저렴하지만, SSD는 더 빠르고 신뢰성이 높다.

iStock.com/Homiel

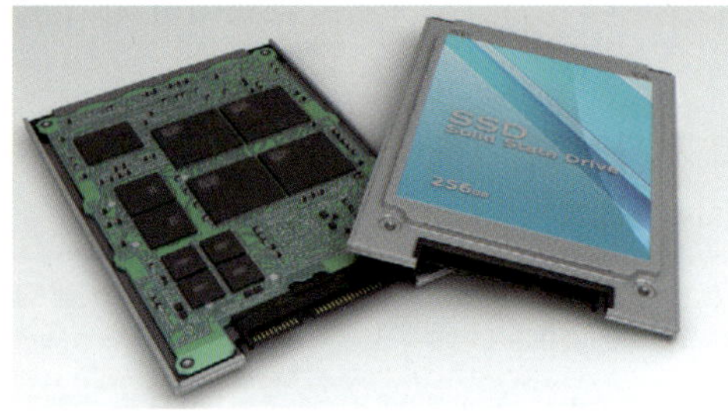

iStock.com/krzyscin

SSD는 하드 드라이브에 비해서 많은 이점을 제공한다. 저전력을 사용하며, 소음이 없으며, 더 빠르며, 하드 드라이브에 비해서 1/3 정도의 열만을 방출한다. SSD의 가장 중요한 단점은 하드 드라이브에 비해서 비싸다는 점이다.

자기 매체와 달리, **광학 저장장치(optical storage device)**는 자기로 데이터를 저장하지 않는다. 대신에, 레이저가 플라스틱 평판의 표면을 판독한다. 광학 디스크 드라이브는 자기 하드 드라이브보다는 느리지만, 오염으로부터의 손상이나 깨짐 등으로부터 더 자유롭다.

광학 디스크는 정상적인 방식이나 저장 시스템에 결합되는 형태 등으로 방대한 양의 정보를 저장할 수 있다. 널리 사용되는 종류의 광학 디스크로는 CD-ROM과 DVD가 있다.

CD-ROM(compact disk, read-only memory) 저장장치는 대용량, 저비용, 고 내구성 등이 특징이다. 그러나 CD-ROM은 읽기 전용 매체이기 때문에, 다시 쓰기를 할 수 없다. CD-R은 쓰기를 할 수 있지만, 일단 한번 쓰기를 하고 나면, 쓰기를 하고 난 데이터는 나중에 수정변경할 수 없다. 즉, CD-R은 쓰기 가능하지만(CD-ROM은 할 수 없다), 다시 쓰기를 할 수는 없다. 일부 애플리케이션에서는 재쓰기 할 수 없는 것이 이점이 될 수 있는데, 그것은 사고에 의한 일정한 형태의 데이터 파괴를 방지할 수 있기 때문이다. CD-RW(compact disk rewritable)은 CD에 다시쓰기 기능을 추가하고 있다.

DVD(digital video disk)는 약 135분 분량의 디지털 동영상을 저장할 수 있는 5인치 크기의 디스크이다. DVD는 또한 17GB의 저장 용량을 제공하는 컴퓨터 저장장치 기능을 수행할 수 있다. DVD 플레이어도 CD-ROM을 읽을 수 있지만, 현재의 CD-ROM 플레이어는 DVD를 읽을 수 없다. DVD 드라이브의 접근 속도는 전형적인 CD-ROM 드라이브의 것보다 훨씬 더 빠르다.

블루레이 디스크(Blu-ray discs)는 50GB의 데이터를 저장할 수 있다. 블루레이 기술은 계속 개발 중에 있으며, 100GB까지 저장가능한 다계층 블루레이 디스크가 현재 이용 가능하다.

다양한 디스크 기술은 인터넷을 통한 주문형 스트리밍 서비스의 압력을 받고 있다. 인터넷의 대역폭이 증가함에 따라 디스크 기술에 대한 압력도 증가하고 있다.

플래시 메모리 장치(flash memory devices)(또는 메모리 카드memory cards)는 움직이는 부분이 없고, 하드 드라이브보다 건전지의 전원을 30배 덜 사용하는 비휘발성의 전자 저장장치이다. 플래시 장치는 또한 하드 드라이브보다 크기가 작고, 내구성이 좋다. 플래시 장치가 하드 드라이브보다 적은 양의 데이터를 저장하고, 더 비싼 면이 있다. 플래시 장치는 디지털 카메라, 소형 노트북 컴퓨터, 전화기, 음악재생기(music player), 그리고 비디오 게임기 등과 함께 사용된다.

대중적인 플래시의 하나가 메모리 스틱memory stick, 점프 드라이브jump drive, 또는 플래시 드라이브flash drive 등으로 불리는 **썸 드라이브(thumb drive)**이다. 이 장치는 PC나 다른 장치의 USB(universal serial bus) 포트에 적합하며, 수 GB의 데이터를 저장할 수 있다. 이 드라이브는 휴대용 저장장치로서 자기 플로피 디스크를 대체하고 있다.

확인하고 넘어가기

1. 하드웨어 결정에서 고려하는 세 가지 요인은 무엇인가?
2. 하드웨어의 전반적인 추세는 무엇인가?
3. 하드웨어를 정의하고, 주요 하드웨어 구성요소들을 나열해보자.
4. 다양한 종류의 컴퓨터를 서술해보자.
5. 인간 데이터 입력 장치와 원천자료 자동화 장치를 비교해보자.
6. 마이크로프로세서가 어떻게 작동하는지 간단히 서술해보자.
7. 일차 저장장치와 이차 저장장치를 비교해보자.

IT는 나를 위해 무엇을 해줄 수 있지?

모든 경영 전공을 위한 정보기술

컴퓨터 하드웨어의 설계는 경영인에게 중요한 영향을 끼쳐왔다. 개인과 조직의 성공은 하드웨어 설계에 대한 이해와 하드웨어 기술이 어떻게 발전하고, 기회와 혁신이 가져다 줄 성과에 대하여 알고자 하는 헌신에 달려있다. 이러한 혁신은 너무나 빨리 발생하고 있기 때문에, 개인과 조직적 수준에서 하드웨어를 결정하는 것이 어려워지고 있다.

개인적인 수준에서는 가정이나 사무실의 컴퓨터 시스템을 구비하고, 업그레이드를 원하는 대부분의 사람들 또는 처음으로 컴퓨터 구입을 고려하고 있는 사람들은 무슨 컴퓨터를 사야 하고, 얼마에 사야 하는가를 결정하는 것만큼 언제 사야 하는 것을 결정해야 하는 문제에 직면하고 있다. 조직 수준에서는 같은 이슈들이 IS 전문가들을 괴롭히고 있다. 그러나 그러한 문제들은 더 복잡하고, 더많은 비용을 수반하고 있다. 대부분의 조직들이 많은 상이한 컴퓨터 시스템을 동시에 보유하고 있다. 혁신이 상이한 시점 또는 비율로 서로 다른 부류의 컴퓨터에 발생할 수 있다. 그러므로, 관리자들은 구형의 하드웨어 레거시 시스템(legacy system)이 아직도 IS 구조 내에서 언제까지 생산적인 역할을 수행하고, 언제 그러한 시스템이 대체되어야 하는가를 결정해야 한다.

요약

TG1.1 컴퓨터 시스템의 주요 하드웨어 구성요소를 확인해보자.

오늘날의 컴퓨터 시스템은 6개의 주요 구성요소를 가지고 있다: 중앙처리장치(CPU), 일차 저장장치, 이차 저장장치, 입력 기술, 출력 기술, 그리고 통신 기술 등이다.

TG1.2 하드웨어 설계와 기업 전략을 연계하는 전략적 이슈에 대하여 논해보자.

하드웨어 설계와 기업 전략을 연계하는 전략적 과제는 (1) 조직이 하드웨어의 신속한 가격/성능을 어떻게 따라 가야 하는가, (2) 조직이 컴퓨터와 저장시스템을 얼마나 자주 업그레이드해야 하는가, (3) 하드웨어의 가격/성능의 개선에서 얻어지는 이익을 조직이 어떻게 측정해야 하는가 등을 포함한다.

TG1.3 컴퓨터의 계층에 있는 다양한 유형의 컴퓨터를 서술해보자.

슈퍼컴퓨터는 과학과 군사적 목적으로 최대의 연산요구를 처리하기 위해 설계된 가장 성능이 좋은 컴퓨터이다. 메인프레임은 슈퍼컴퓨터만큼 성능이 좋지는 않지만, 대기업의 집중화된 데이터 처리와 거대 데이터베이스를 위해 사용하기 충분한 성능을 가진다. 마이크로 컴퓨터는 작지만 완벽한 범용 컴퓨터이다. 랩톱이나 노트북 컴퓨터는 작으면서도 쉽게 들고 다닐 수 있는 컴퓨터이다. 태블릿 컴퓨터(또는 태블릿)은 키보드나 마우스 대신에 입력장치로서 스타일러스, 디지털 펜, 또는 손가락을 활용하는 평면 터치 스크린에 전적으로 포함되어 있는 완전한 컴퓨터이다. 웨어러블 컴퓨터는 사람들이 그들의 옷 안에, 옷과 함께, 또는 옷 위에 입는 소형 컴퓨터이다.

TG1.4 다양한 유형의 입출력 기술과 그 용도를 비교해보자.

입력 장치의 두 가지 주요 유형으로 인간 데이터 입력 장치와 원천 자료 자동화 장치 등이 있다. 인간 데이터 입력 장치는 데이터를 입력하기 위해 일정량의 인간 노력이 필요하다. 예로는 키보드, 마우스, 포인팅 스틱, 트랙볼, 조이스틱, 터치 스크린, 스타일러스 그리고 음성 인식 등이 있다. 원천 자료 자동화 장치는 사람의 개입을 최소로 하여 데이터를 입력한다. 이러한 기술은 거래 자료 또는 기타 이벤트의 원천에서 데이터를 수집한다. 바코드 판독기는 원천 데이터 자동화의 한 예이다.

TG1.5 중앙처리장치의 설계와 기능에 대하여 서술해보자.

CPU는 산술연산을 담당하는 산술논리장치(ALU); 소량의 데이터와 처리 직전과 직후의 명령어를 저장하는 레지스터; 그리고 마이크로프로세서 칩에서의 정보의 흐름을 제어하는 제어장치 등으로 구성되어 있다. 처리 후, 원래 형태의 데이터와 명령어는 칩 외부의 저장 위치에 돌려 보내진다.

토의문제

1. 마이크로 프로세서의 속도에 영향을 미치는 요인은 무엇인가?
2. 여러분이 기업의 CIO라면, 여러분 회사의 레코드(파일)을 관리하기 위한 이차 저장 미디어를 선정할 때 어떠한 요인들을 고려할 것인가?
3. 무어의 법칙이 지난 20여년에 걸쳐 증명되어 왔다고 가정하면, 향후 10년 안에 칩의 성능은 어떻게 될 것인지 추측해보자. 데스크톱 PC는 무슨 일을 할 수 있게 될 것인가?
4. 여러분이 기업의 CIO라면 팻 클라이언트와 비교하여 씬 클라이언트의 성능, 혜택 그리고 한계점 등에 대하여 어떻게 설명하겠는가?
5. 가정, 학교 그리고 직장에서 임베디드 컴퓨터를 발견할 수 있는 곳은?

문제해결활동

1. 인텔(www.intel.com), 모토로라(www.motorola.com), 그리고 AMD(www.amd.com) 등의 주요 칩 제조업체의 웹 사이트에 접속해보자. 그리고 새로이 계획하고 있는 칩에 대한 최근의 정보를 수집해보자. 이들 공급업체들 간의 성능과 비용을 비교해보자. 다양한 멀티코어 칩들에 대하여 자세히 살펴보기 바란다.
2. 인텔의 웹 사이트에 있는 "저니 인사이드(The Journey Inside; www.intel.com/content/www/us/en/education/k12/the-journey-inside.html)"에 접속해보자. 그리고 기계 명령어 주기의 각 단계에 대한 발표를 준비해보자.

기술 가이드 02

소프트웨어

학습목표

TG2.1 오늘날 조직이 직면하고 있는 주요한 소프트웨어 이슈들을 설명해보자.

TG2.2 운영 시스템의 일반적 기능을 설명해보자.

TG2.3 응용 소프트웨어의 주요 유형을 설명해보자.

장의 구성

서론

이 기술가이드를 시작하면서, "왜 소프트웨어에 관한 것을 알아야 하는가?"하고 의아해 할 수 있다. 우리가 소프트웨어의 기초를 알아야 하는 이유는 여러 가지가 있다. 첫째, 여러분의 전공분야(그리고 조직에서의 앞으로의 활동영역이 무엇인지)에 상관없이 여러분들은 일생 동안 다양한 종류의 하드웨어를 사용하게 될 것이기 때문이다. 둘째, 여러분이 사용하고 있는 소프트웨어에 관한 입력을 제공할 것이다. 이러한 가능성에서 다음과 같은 많은 질문에 답변을 하게 될 것이다.

- 현재의 소프트웨어가 나의 직무에 도움을 줄 수 있는가?
- 이 소프트웨어는 사용하기 쉬운가?
- 더 많은 기능성이 필요한가? 그렇다면 어떠한 기능성이 나에게 가장 도움이 될 것인가?

셋째, 부서나 조직이 소프트웨어를 업그레이드하거나 또는 교체할 때에 그에 관련된 정보를 제공해야 할 것이다. 끝으로, 몇몇 조직에서는 소프트웨어 예산을 기능별 또는 부서별로 할당한다. 그러한 경우 여러분 자신이 (최소한 국부적으로) 소프트웨어와 관련된 의사결정을 해야 할 때가 있을 것이다. MIS 직원은 조언자로서 역할을 할 것이지만, 여러분이 그러한 의사결정에 중요한 정보를 제공하게 될 것이다.

컴퓨터 하드웨어는 명령어에 따라 효과성이 좌우되며, 그러한 명령어는 **소프트웨어(software)**에 포함된다. 컴퓨터 소프트웨어의 중요성은 아무리 강조해도 지나치지 않다. 기업에서 사용한 첫 소프트웨어 애플리케이션은 1950년대 초반에 개발되었다. 그 당시에는 소프트웨어가 컴퓨터시스템에 비해 비용이 덜 소요되었다. 오늘날, 하드웨어의 가격은 극단적으로 하락하고 있으며, 동시에 소프트웨어의 복잡성과 가격은 극단적으로 증가하고 있기 때문에 컴퓨터 시스템 비용의 많은 부분을 소프트웨어가 차지하고 있다.

소프트웨어의 증가하는 복잡성은 또한 에러의 가능성, 즉 버그(bugs)를 증가시키고 있다. 오늘날의 거대한 응용프로그램은 수년에 걸쳐 수많은 사람이 작성한 수백만 줄의 컴퓨터 코드를 포함한다. 에러의 잠재성은 크며, 테스팅과 디버깅(debugging) 소프트웨어는 매우 비싸며, 많은 시간을 소비하고 있다.

소프트웨어의 총체적인 추세(증가되는 복잡성, 증가되는 비용, 그리고 결함의 증가 등)와는 상관없이, 소프트웨어는 오늘날 비즈니스는 물론 개인적 삶에 있어서 매일 매일의 특징이 되고 있다. 소프트웨어에 대한 검토는 기본적인 개념의 정의로 시작한다. 소프트웨어는 **컴퓨터 프로그램(computer program)**으로 구성되는데, 컴퓨터 프로그램은 컴퓨터 조작에 필요한 일련의 명령어 묶음들이다. 프로그램을 작성 또는 코딩(coding)하는 과정을 **프로그래밍(programming)**이라고 한다. 이러한 과업을 수행하는 개인을 **프로그래머(programmer)**라고 한다.

컴퓨터 프로그램은 **문서화(documentation)**를 포함하는데 이는 프로그램의 기능을 설명한다. 문서화는 사용자들에게 컴퓨터 시스템을 조작하는 데 도움을 주고, 다른 프로그래머들에게는 프로그램이 무슨 일을 하며, 그 목적을 실행하는가를 이해하는 데 도움을 준다. 문서는 기업에게 매우 중요하다. 문서가 없다면, 주요 프로그래머나 사용자가 이직하였을 때, 프로그램의 사용방법과 설계 방법에 대한 지식을 잃어 버릴 수 있기 때문이다.

컴퓨터는 소프트웨어가 지시할 때까지는 아무것도 할 수 없다. 비록 컴퓨터가 설계상으로는 범용(general purpose)이라 할지라도, 소프트웨어는 사용자가 기업가치를 제공하는 특정 기능만을 수행하기 위하여 컴퓨터 시스템을 명령할 수 있다. 소프트웨어는 두 유형이 있는데, 시스템 소프트웨어(system software)와 응용 소프트웨어(application software)이다. 하드웨어, 시스템 소프트웨어, 그리고 응용 소프트웨어 간의 관계는 그림 TG2.1에 예시되어 있다.

그림 TG 2.1 시스템 소프트웨어는 하드웨어와 응용 소프트웨어 사이의 중개역할을 수행한다.

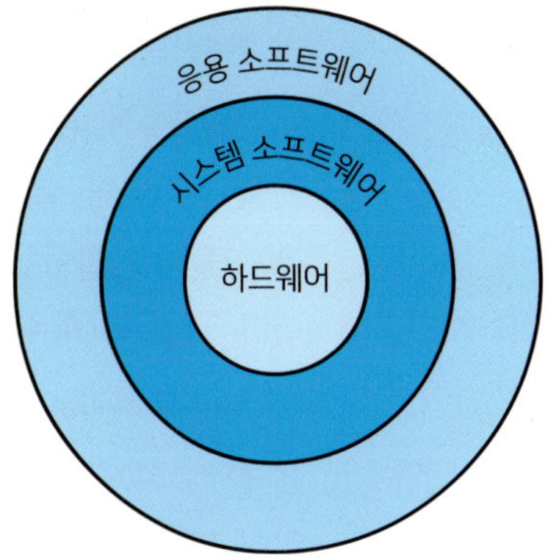

TG2.1 소프트웨어 이슈들

컴퓨터시스템에서 소프트웨어의 중요성은 조직 관리자들에게 새로운 문제들을 발생시키고 있다. 이러한 문제들은 소프트웨어 결함(버그), 소프트웨어 평가와 선정, 라이센싱, 오픈 시스템, 그리고 오픈소스 소프트웨어 등을 포함한다.

소프트웨어 결함

너무나 자주 컴퓨터 코드는 비효율적이고, 잘못 설계되고, 그리고 에러 투성인 경우가 있다. 피츠버그에 있는 카네기멜론 대학(Carnegie Mellon University)의 소프트웨어공학연구소(SEI: Software Engineering Institute)는 좋은 소프트웨어(good software)를 사용 가능하고, 신뢰할 수 있으며, 결함이 없고, 비용 효과적이며, 그리고 유지보수 가능한 것으로 정의하고 있다. 점점 더 컴퓨터와 네트워크에 의존하게 되면서 소프트웨어 결함(software defects)과 관련된 위험이 점점 더 심각해지고 있다.

SEI는 평균적으로 전문 프로그래머가 작성하는 코드 1,000라인당 100~150개의 에러가 포함된다고 주장한다. 다행히도 소프트웨어 산업이 이러한 문제를 인식하고 있다. 그러나 불행히도 그러한 문제는 엄청나며, 소프트웨어 산업은 문제 해결을 위한 첫 단계만을 밟았다는 것이다. 하나의 중요한 단계는 (13장에서 논의한) 개발과정의 초기 단계에서 더 잘 설계하고 기획하는 것이다.

소프트웨어 라이센싱

비록 많은 사람들이 일상적으로 행하고 있지만 제조업체의 명백한 허락이 없이 소프트웨어를 복제하는 행위—실무적으로 해적행위(piracy)라고 알려진 행위—는 불법이다. BSA(www.bsa.org)는 불법 소프트웨어 복제로 전 세계의 소프트웨어 공급업체들이 매년 수십억 달러의 비용이 발생하고 있다고 추산하고 있다. BSA는 비영리협회로서 안전하고 합법적인 디지털 세상을 촉진하기 위해 설립되었다. BSA는 불법 소프트웨어 복제에 관한 정보들을 수집하고, 조사하고, 결정을 내린다. BSA는 전 세계에 걸쳐 매년 수십억 달러의 해적행위 비용이 발생하고 있다고 계산하고 있다. BSA가 수집하고 있는 대부분의 정보들은 범법을 저지른 회사의 현재와 과거의 직원들로부터 수집되고 있다.

소프트웨어 공급업체들은 그들의 투자를 보호하기 위해 개인이나 다른 소프트웨어 회사가 자사의 소프트웨어를 복사하여 배포하는 것을 방지하기 위해 노력해야 한다. 기업에게 소프트웨어를 재생산하고, 발표하고, 그리고 판매하는 배타적인 법적 권한을 미국 저작권 협회(U.S. Copyright Office)가 부여하는 소프트웨어 저작권으로 기업들은 그들의 소프트웨어를 보호할 수 있다.

조직에서 컴퓨팅 장치의 수가 계속해서 증가하고, 기업들은 더욱 더 분산화되면서, IS 관리자들은 그들의 소프트웨어 자산을 감독하는 것이 더욱 더 어렵게 되었다. 사실, 대다수의 CIO들은 그들의 기업이 소프트웨어 라이센싱 협약을 준수하고 있다고 '확신하지 못하는' 것으로 확인되었다. 예를 들어, 한 중소기업은 그 기업이 잘 모르고 지불하지 않은 마이크로소프트 익스체인지(Microsoft Exchange) 메일 라이센스에 대한 댓가로 1만 달러의 벌금을 지불하였다. 더욱이 그 기업은 오토데스크(Autodesk)의 오토CAD(AutoCAD) 설계 소프트웨어에 대하여 필요한 라이센스를 갖고 있지 않아 10만 달러의 벌금도 지불하였다.

기업들이 소프트웨어 라이센스를 관리하는 것을 돕기 위해, 무료로 소프트웨어 라이센스를 추적하는 전문 기업들이 생기고 있다. 예를 들어, 서웰(Cherwell; www.cherwell.com)은 기업이 미국의 저작권법을 준수하고 있는지를 확인하기 위해 기업의 소프트웨어 라이센스를 추적하고 관리하고 있다.

오픈 시스템

오픈 시스템(open systems)의 개념은 함께 작동하는 컴퓨팅 제품 모형을 의미한다. 이러한 목표를 달성하기 위해, 상호호환적인 소프트웨어와 동일한 운영시스템이 조직 내에 서로 상호작용해야 하는 상이한 컴퓨터에 설치되어야만 한다. 이에 대한 보완적인 접근방법은 모든 컴퓨터 플랫폼에서 작동하게 될 애플리케이션 소프트웨어를 생산하는 것이다. 하드웨어, 운영 시스템, 그리고 응용 시스템 등이 오픈 시스템으로 설계되었다면, 사용자들은 특정 하드웨어에서 그것들이 작동할 것인지에 대한 걱정 없이, 업무에 가장 적합한 소프트웨어(best of breed)를 구매할 수 있다.

오픈소스 소프트웨어

소프트웨어 산업 내에 독점/사유 소프트웨어에서 오픈소스 소프트웨어로 나아가는 경향이 있다. **독점/사유 소프트웨어**(proprietary software)는 사용, 복사 그리고 수정 등에 대한 제한을 가지고 있는 구입된 소프트웨어이다. 그러한 소프트웨어를 개발하는 기업은 소프트웨어 제품에 대한 연구개발에 많은 자금과 시간을 투입하며, 그것을 시장에 판매한다. 개발자가 소스 코드를 사적으로 보유하기 때문에 이 소프트웨어는 '사유(proprietary)'라고 불린다(코카콜라가 그 공식을 보호하고 있는 것과 같다). 따라서 이 소프트웨어를 구입하는 기업들은 그 소프트웨어를 그들의 업무에 활용할 수는 있지만 소스 코드를 변경할 수 없다.

이와는 대조적으로, **오픈소스 소프트웨어**(open-source software)의 소스 코드는 개발자나 사용자들이 무료로 이용할 수 있다. 이 소프트웨어는 모든 사용자가 소스 코드를 항상 이용할 수 있다는 것을 확인하는 라이센스 조건을 가지고 저작권으로 보호되고 배포된다.

오픈소스 소프트웨어는 코드를 작성하고 수정하는 세계적인 개발자 '커뮤니티'를 가진다. 그러나 각 커뮤니티 내부에는 핵심 개발자(core developer)라 불리는 적은 그룹의 개발자들에게만 코드에 대한 수정과 제출이 허용된다. 다른 개발자들은 코드를 핵심 개발자들에게 제출한다.

조직에서 오픈소스 소프트웨어를 이용하는 데에는 장단점이 있다. 오픈소스(www.opensource.org)에 의하면, 오픈소스 개발은 고품질의 신뢰성이 높은 저가의 소프트웨어를 생산한다. 이 소프트웨어는 또한 사용자의 요구를 만족시키기 위해 코드가 수정될 수 있음을 의미하는 유연성(flexible)을 가지고 있다. 많은 경우에, 오픈소스 소프트웨어는 상용 소프트웨어보다 신뢰성이 더 높다. 코드를 많은 개발자들이 이용할 수 있기 때문에, 더 많은 버그들이 초기에 더 빨리 발견되는 것이다. 오픈소스 소프트웨어에 대한 지원은 소프트웨어로부터 파생된 제품을 제공하는 기업에서도 이용가능하다. 예를 들어, 레드햇 리눅스(www.redhat.com)는 오픈소스 기술과 연관된 문제에 대한 솔루션을 제공하는 리눅스 제공업체이다. 특별히 레드헷은 교육, 훈련 그리고 기술적 지원을 유료로 제공한다.

그러나 오픈소스 소프트웨어는 단점도 가지고 있다. 우선 첫째로, 오픈소스 소프트웨어를 사용하는 기업은 소프트웨어의 개선, 버그 수정 등에 대하여 지원에 대한 계약을 맺고 있더라도, 일단의 봉사자들의 지속적인 호의에 의존해야 한다는 것이다. 일부 기업들은 이러한 위험성을 받아들이지 않을 것이다. 비록 실질적으로는 리눅스, 아파치 또는 파이어팍스에 대한 지원 커뮤니티가 사라질 것 같지 않더라도 말이다. 또한, 사내에 기술 전문가가 없는 조직들은 제3자로부터 유지보수지원 계약을 구매해야 한다. 또한 오픈소스 소프트웨어의 사용 용이성, 사용자들을 훈련시키는 데 필요한 시간과 비용, 그리고 기존 또는 협력업체의 시스템과의 호환성 등에 대한 의문들이 발생한다.

프리 소프트웨어 재단(www.fsf.org)이 개발한 GNU(GNU's Not UNIX) 소프트웨어 슈트(www.gnu.org), 리눅스 운영 시스템(www.linux.com 참조), 아파치 웹 서버(www.apache.org), 센드메일 SMTP(Send Mail Transport Protocol) 이메일 서버(www.proofpoint.com/us/products/mail-routing-agent), 펄 프로그래밍 언어(www.perl.org), 모질라의 파이어팍스 브라우저(www.mozilla.com) 등과 같은 많은 오픈소스 소프트웨어가 있다. 사실상 15만 개 이상의 오픈소스 소프트웨어 프로젝트가 대중적인 오픈소스 호스팅 사이트인 소스포지(www.sourceforge.net)에서 진행되고 있다.

많은 주요 기업들이 오픈소스 소프트웨어를 사용하고 있는 것에서 알 수 있듯이, 오픈소스 소프트웨어가 주류를 이루어 가고 있다. 예를 들어, 일본의 신세이은행(www.shinseibank.com)은 서버에 리눅스를, CRM 업무를 위해서는 슈가CRM(SugarCRM; www.sugarcrm.com)을 그리고 MySQL(www.mysql.com) 오픈소스 데이터베이스관리시스템을 사용하고 있다. 또한, LA 타임지도 신문기사 웹 사이트를 위한 이미지와 영상의 관리를 위해 알프레스코(www.alfresco.com)를 사용하고 있다.

TG2.2 시스템 소프트웨어

시스템 소프트웨어(system software)는 주로 컴퓨터 하드웨어와 응용 프로그램 사이에서 중개자 역할을 수행하는 명령어의 집합이다. 시스템 소프트웨어는 다양한 기능들을 제공한다.

- 컴퓨터 시스템과 컴퓨터의 정보 처리 활동을 제어하고 지원한다.

- 컴퓨터 시스템이 컴퓨터 전원을 처음 켰을 때 자체적으로 로딩됨으로써 자기 제어적인 기능을 수행할 수 있게 해 준다.
- 모든 응용 프로그램들이 공통적으로 사용하는 명령어 집합을 제공한다.
- 사용자와 IT 인력들이 컴퓨터 프로그램을 프로그래밍하고, 테스팅하고, 그리고 디버깅 등을 하는 것을 지원한다.
- 컴퓨터의 기본 기능을 지시함으로써 응용 소프트웨어를 지원한다.

우리가 관심을 가지는 시스템 소프트웨어의 주요 유형은 운영 시스템이다. **운영 시스템(OS: operating system)**은 컴퓨터 시스템의 운영에 대한 '감독자(director)'이다. 이것은 컴퓨터의 상태, 운영에 대한 스케줄링, 그리고 입력과 출력 과정에 대한 전반적인 운영을 감독한다. 잘 알려진 데스크톱 운영 시스템으로는 마이크로소프트 윈도우즈(www.microsoft.com), 애플의 맥 OS X(www.apple.com), 리눅스(www.linux.org), 그리고 구글의 크롬(www.google.com/chrome) 등이 있다. 새로운 특징을 갖는 새로운 버전이 소개될 때, 개발자들은 종종 새로운 버전에 새로운 명칭을 부여하기도 한다. 예를 들어 2019년 초에 윈도우즈의 최신 버전은 윈도우즈 10이고, 맥OS의 최신 버전은 씨에라(Sierra)이다.

운영 시스템은 또한 사용자와 하드웨어를 연결하는 인터페이스(interface)를 제공한다. 이러한 사용자인터페이스는 사용자에게 하드웨어의 복잡성을 숨겨준다. 즉, 하드웨어가 실제적으로 어떻게 작동하는가에 대하여 사용자는 알 필요가 없다. 단지 하드웨어가 무슨 일을 하는지, 그리고 원하는 결과를 얻기 위해 무엇을 할 필요가 있는지만을 알면 된다.

사용자와 컴퓨터 사이의 상호작용에 대한 용이성 혹은 어려움은 **그래픽 사용자 인터페이스(GUI: graphical user interface)**에 의해 상당한 정도로 결정된다. GUI는 복잡한 명령어 대신에 (아이콘과 같은) 사용자가 시각적인 개체의 조작과 행동을 통해서 하드웨어를 직접 제어할 수 있게 하였다. 마이크로소프트 윈도우즈는 널리 인식된 GUI를 제공하고 있다.

GUI 기술은 가상현실(virtual reality), HMD(head-mounted displays), 음성 입력(사용자 명령어)과 출력, 펜과 몸짓 인식, 에니메이션, 멀티미디어, 인공지능, 그리고 휴대/무선 통신 능력 등의 기능을 추가하게 될 것이다. 자연 사용자 인터페이스(NUI: natural user interface)라 불리는 새로운 인터페이스는 소셜(social), 감각(haptic), 그리고 접촉가능 몸짓제어 인터페이스(touch-enabled gesture-control interface)를 결합하게 될 것이다. (촉각 인터페이스(haptic interface)는 힘, 진동 또는 사용자의 동작 등에 의한 촉감으로 촉각 피드백을 제공한다.)

소셜 인터페이스(social interface)는 만화와 같은 캐릭터, 그래픽, 애니메이션, 그리고 음성 명령어를 사용하여 컴퓨터 응용프로그램을 통해 사용자를 지시하는 사용자 인터페이스이다. 만화와 같은 캐릭터들은 인형, 해설자, 안내자, 거주자, 또는 아바타(컴퓨터가 생성해낸 사람같은 그림) 등으로 배역이 설정될 수 있다. 예를 들어, 보조자 "Clippy"는 마이크로소프트 오피스 97의 사용자들에게 너무 생소해서 그 특징이 오피스 2003 이후에 제거되었다.

동작 제어 게이밍 콘솔(motion control gaming console)은 또 다른 형태의 인터페이스이다. 3개의 주요 관련 업체가 현재 이러한 인터페이스를 선보이고 있다. 엑스박스(XBox) 360 키넥트, PS3 플레이스테이션 무브, 그리고 닌텐도 위(Wii) 등이다.

- 키넥트는 물리적인 제어장치 없이도 움직임을 감지하고, 음성 인식을 하며, 복수의 참가자를 수용한다.
- 플레이스테이션 무브는 동작감지 전자장치(motion-sensing eletronics)를 구비한 물리적 제어장치를 사용하는데, 키넥트와 위 사이의 기술적 '절충(cross)'를 이루었다. 지휘봉을 사용하기 위해서는 참가자의 움직임이 요구된다.
- 립모션 컨트롤러는 물리적 데스크톱에 설치된 성냥갑 크기 정도의 동작 감지 장치이다. 2대의 카메라를 사용하는 이 장치는 최대 약 1미터 거리에 있는 영역을 '관찰'한다. 관찰 영역을 가로지르는 펜처럼 손가락이나 항목을 정확하게 추적한다. 립은 웹 사이트 검색, 지도에서 핀치-투-줌 동작 사용, 고해상도 정밀 드로잉 수행, 그리고 복잡한 3차원 시각화 조작 등과 같은 작업을 수행할 수 있다. 더 작은 관찰 영역과 더 높은 해상도는 거실 크기의 공간에서 전신 추적에 더 적합한 마이크로소프트 키넥트와 차별화된다.

접촉가능 몸짓제어 인터페이스(touch-enabled gesture-control interface)는 사용자들이 사진을 통해 검색하고, 스크린에서 객체를 '토스(toss)'하고, 책장을 넘기기 위해 '플릭(flick, 찰싹 때리기)'하고, 동영상 게임을 하며, 그리고 영화를 감상할 수 있게 해 준다. 이러한 유형의 인터페이스 예로는 마이크로소프트의 서피스와 애플 아이폰이 있다.

TG2.3 응용 소프트웨어

응용 소프트웨어(application software)는 사용자에게 좀 더 특정한 기능성(functionality)을 제공하는 컴퓨터 명령어의 집합이다. 그러한 기능성은 일반적인 문서 처리(word processing)와 같이 광범위할 수 있으며, 조직의 급여계산 프로그램과 같이 협소할 수 있다. 본질적으로 응용 프로그램은 컴퓨터를 어떤 특정한 필요(need)에 적용하는 것이다. 앞으로 살펴보게 되듯이, 현대의 조직들은 많은 종류의 다양한 응용 소프트웨어들을 사용하고 있다.

응용 소프트웨어는 조직의 정보시스템 직원들에 의해 사내(in-house)에서 개발될 수도 있고, 또는 소프트웨어 공급업체에 주문할 수도 있다. 대안으로, 소프트웨어는 애플리케이션을 개발해서 많은 조직에 판매하는 공급업체로부터 구매, 리스 또는 임대할 수도 있다. 이러한 '기성 소프트웨어(off-the-shelf software)'는 표준적인 패키지이거나 또는 주문 제작될 수도 있다. 전용 프로그램(special-purpose program) 또는 '패키지'는 재고관리 또는 급여계산 등과 같은 특정의 목적에 맞추어서 제작될 수도 있다. **패키지(package)** 또는 **소프트웨어 슈트(software suite)**라는 용어는 공급업체가 개발하고 그리고 사전에 패키지된 형태로 구입할 수 있는 컴퓨터 프로그램(또는 프로그램의 묶음)을 의미한다. 마이크로소프트 오피스는 잘 알려진 패키지 또는 소프트웨어 슈트이다.

개인 사용자들의 업무 생산성 향상을 위해 개발된 범용(general-purpose)의 기성 응용 프로그램을 **개인용 응용 소프트웨어(personal application software)**라고 한다. 개인용 응용 프로그램의 주요 유형은 표 TG2.1과 같다.

음성 인식 소프트웨어(speech-recognition software 또는 voice recognition)는 응용 소프트웨어라기보

표 TG2.1 개인용 응용 소프트웨어

개인용 응용 소프트웨어의 유형	주요 기능	예
스프레드시트	주로 수치자료 조작을 위해 행과 열을 사용, 재무정보 분석에 유용, 특히 what-if 분석과 목표탐색(goal-seeking) 분석용	마이크로소프트 엑셀, 스마트시트 애플 넘버스
문서작성기	주로 텍스트 작성과 편집 특성을 갖는 조작에 사용	마아크로소프트 워드, 애플 페이지스
DTP(desktop publishing)	워드프로세싱 소프트웨어를 확장하여 사진, 도표 그리고 다양한 영상과 다양한 폰트의 텍스트를 포함하는 완성된 형태의 출판가능한 문서의 산출에 이용	마이크로소프트 퍼블리셔 어도비 인디자인
자료관리	관련 자료의 저장, 검색 그리고 조작에 사용	마이크로소프트 엑세스, 파일메이커 프로
프리젠테이션	전자 슬라이드에 그래픽이 풍부한 정보를 생성하고 편집하는데 사용	마이크로소프트 파워포인트 애플 키노트
그래픽	도표, 그래프, 지도 그리고 도면 등을 생성, 저장, 그리고 표시 또는 출력하는데 사용	어도비 일러스트레이터 코렐 페인트샵 프로
개인재무	수표장 유지, 투자 추적, 신용카드감시, 전자적 청구서 지불 등에 사용	민트, 퀵큰, 벤모, 에이콘스, 로빈후드
웹 저작도구	웹 사이트를 설계하고 웹 상에 출판하는데 사용	워드프레스, 어도비 포토샵
통신	원거리의 타인과 통신하는데 사용	몬데이, 자이브, 슬랙

다는 시스템 소프트웨어와 응용 소프트웨어에 사용자가 입력할 수 있게 해 주는 입력 기술이다. 이름에서 알 수 있듯이, 이 소프트웨어는 한 번에 한 단어씩(이산 음성) 또는 대화형식(연속 음성)으로 인간의 음성을 인식하고 해석한다. 처리 능력에서의 개선, 새로운 소프트웨어 알고리즘, 그리고 개선된 마이크 등은 개발자들이 극단적으로 정확한 음성 인식 소프트웨어를 개발할 수 있게 하고 있다. 전문가들은 가까운 미래에 음성 인식 시스템들이 사람이 사용하는 거의 모든 장치, 도구, 그리고 기계 등에 탑재될 것이라고 예측하고 있다.

확인하고 넘어가기

1. "하드웨어는 소프트웨어가 없으면 무용지물이다"라는 문장이 갖는 의미는 무엇인가?
2. 시스템 소프트웨어와 응용 소프트웨어의 차이점은 무엇인가?
3. 오픈소스 소프트웨어는 무엇이며, 그 장점은 무엇인가? 또한 무엇이 단점이라고 생각하는가?
4. 운영 시스템의 기능을 설명해보자.

IT는 나를 위해 무엇을 해줄 수 있지?

ACCT 회계관리 전공을 위한 정보기술

회계 응용 소프트웨어는 반복적이고 방대한 규모인 조직의 회계 기능을 수행한다. 각각의 거래(예: 고용된 인력, 산출된 급여, 판매된 항목)는 수집되어야 하는 데이터를 산출한다. 회계 애플리케이션이 데이터를 수집하고 난 후, 필요한 대로 조작된다. 회계 애플리케이션은 비교적 표준화된 절차를 준수하고, 상세한 데이터를 취급하며, 역사적 초점(예: 과거에 무슨 일이 일어났는가)을 갖는다.

FIN 재무관리 전공을 위한 정보기술

재무 응용 소프트웨어는 기업의 재무 상태에서부터 기업 내외부의 개인과 그룹에 이르는 정보를 제공한다. 재무 애플리케이션은 예측, 자금 관리와 통제 애플리케이션을 포함한다. 예측 애플리케이션은 경제적 환경에서 기업의 미래 활동을 예측하고 전망한다. 자금관리 애플리케이션은 기대되는 현금 흐름을 분석하기 위해 현금흐름 모형을 사용한다. 통제 애플리케이션은 전형적으로 예산수립 과정과 성과 비율에 관한 정보를 제공함으로써 관리자들이 기업의 재무성과를 감시할 수 있게 한다.

MKT 마케팅 전공을 위한 정보기술

마케팅 응용 소프트웨어는 기업의 제품 마케팅과 관련한 문제를 해결하도록 돕는다. 마케팅 소프트웨어는 마케팅 조사와 마케팅 인텔리전스 애플리케이션 등을 포함한다. 마케팅 애플리케이션은 기업의 제품과 경쟁자, 배송 시스템, 광고와 개인 판매 활동 그리고 가격 정책 등에 관한 정보를 제공한다. 전체적으로 마케팅 애플리케이션은 관리자들이 마케팅의 네 가지 주요 요소인 제품(product), 촉진(promotion), 시장(place) 그리고 가격(price) 등을 결합하는 전략을 수립할 수 있도록 돕는다.

POM 생산운영관리 전공을 위한 정보기술

관리자들은 생산계획을 위해 그리고 물리적 생산 시스템의 일부로서 생산운영관리 애플리케이션 소프트웨어를 사용한다. POM 애플리케이션은 생산, 재고, 품질, 그리고 원가 소프트웨어 등을 포함한다. 이러한 애플리케이션은 경영자가 제조 시설과 물류를 운영하도록 돕는다. 자재소요계획(MRP: material requirements planning) 소프트웨어도 제조에서 널리 이용된다. 이 소프트웨어는 어느 자재가 요구될 것이며, 얼마나 많이 필요하며, 언제 그것들이 요구될 것인가를 확인한다. 이 정보는 관리자가 사전적 행동(proactive)을 취할 수 있게 해 준다.

HRM 인적자원관리 전공을 위한 정보기술

인적자원관리 응용 소프트웨어는 충원과 고용, 교육과 훈련, 직원 데이터베이스의 유지보수, 성과와 효익의 관리 등에 관한 정보를 제공한다. HRM 애플리케이션은 인력 계획, 충원, 인력 관리, 보상, 혜택 그리고 환경 보고 서비스시스템(예: 균형 고용 기회 기록과 분석, 노조 등록, 유해 물질, 그리고 불만 사항 등) 등을 포함한다.

MIS MIS 전공을 위한 정보기술

여러분의 회사가 자체적으로 소프트웨어를 개발하기로 결정하였다면, MIS 기능이 이러한 활동을 관리할 책임이 있다. 만일 회사가 소프트웨어를 구매하기로 결정하였다면, MIS 기능은 소프트웨어 공급업체의 제품을 분석함에 있어서 그들과 협약을 하게 된다. MIS 기능은 또한 공급업체가 새로운 버전의 소프트웨어를 공개하면 그 소프트웨어를 업그레이드할 책임도 수행한다.

요약

TG2.1 오늘날 조직이 직면하고 있는 소프트웨어 문제들을 서술해보자.

컴퓨터 프로그램 코드는 종종 에러를 포함한다. 소프트웨어 산업은 소프트웨어 결함의 문제를 인식하고 있고, 이러한 문제를 해결하고자 노력하고 있다. 소프트웨어 라이센싱은 조직과 개인에게 또 다른 문제가 되고 있다. 소프트웨어의 복제는 불법이다. 소프트웨어 공급업체는 소프트웨어가 복제되는 것을 막기 위해 그들의 소프트웨어에 저작권을 설정하고 있다. 결과적으로 회사는 공급업체가 개발한 소프트웨어를 사용하기 위해서는 라이센스를 설정해야만 한다. 조직은 또한 오픈소스 소프트웨어와 독점 소프트웨어 중에서 어떤 방식으로 할 것인지를 결정해야 한다. 각 유형의 소프트웨어에는 신중하게 고려되어야 하는 장단점을 가지고 있다.

TG2.2 운영시스템의 일반적인 기능을 서술해보자.

운영시스템은 실제의 컴퓨터 자원(예: 하드웨어)을 관리한다. 애플리케이션의 일정계획과 처리, 기억장치의 관리와 보호, 입출력 기능과 하드웨어의 관리, 데이터와 파일을 관리하며, 보안, 고장 방지기능, 그래픽 사용자 인터페이스, 그리고 윈도우 기능 등을 제공한다.

TG2.3 응용소프트웨어의 주요 유형을 서술해보자.

응용 소프트웨어의 주요 종류는 스프레드시트, 데이터 관리, 문서 작성, DTP(desktop publishing), 그래픽, 멀티미디어, 통신, 음성 인식, 그리고 그룹웨어 등이 있다. 소프트웨어 슈트는 여러 종류의 응용 소프트웨어(예: 문서 작성기, 스프레드시트, 그리고 데이터 관리 등)를 통합된 패키지로 결합한다.

토의문제

1. 여러분이 CIO이고 여러분의 기업에 전략적으로 중요한 애플리케이션을 개발해야 한다. 오픈소스 소프트웨어를 사용할 경우의 장단점은 무엇인가?
2. "하드웨어는 소프트웨어가 없으면 무용지물이다"라는 문장이 갖는 의미는 무엇인가?

문제해결활동

1. 많은 종류의 소프트웨어가 인터넷에서 무료로 제공되고 있다. www.100-downloads.com/programs/free-internet-software/ 사이트에 가서 무료로 이용할 수 있는 모든 소프트웨어를 관찰해보자. 하나의 소프트웨어 프로그램을 선택해서, 여러분의 컴퓨터에 그것을 다운받아라. 그 소프트웨어에 대해 여러분의 수업 시간에 간단히 발표할 준비를 해보자.
2. IBM 웹 사이트(www.ibm.com)에서 키워드로 '소프트웨어'를 입력하고 검색해보자. 제품에 대한 목록을 선택하여 IBM이 얼마나 많은 소프트웨어 제품을 생산하고 있는지 확인해보자. IBM은 하드웨어만 생산하는 기업인가?

기술 가이드 03

클라우드 컴퓨팅

장의 구성

학습목표

TG3.1 현대의 정보기술 부서가 직면하고 있는 문제들을 설명해보자.

TG3.2 클라우드 컴퓨팅의 주요 특징과 이점을 설명해보자.

TG3.3 네 가지 유형의 클라우드를 설명해보자.

TG3.4 세 가지 유형의 클라우드 서비스 운영 모델을 설명해보자.

TG3.5 클라우드 컴퓨팅의 주요 이점을 확인해보자.

TG3.6 클라우드 컴퓨팅과 관련한 우려와 위험들에 대하여 토론해보자.

TG3.7 기업의 IT 애플리케이션을 구축하는데 있어서 웹 서비스의 역할을 설명해보자.

이번 기술가이드는 중요한 주제인 클라우드 컴퓨팅을 다루기로 한다. 클라우드 컴퓨팅에 대한 현재의 지식들은 어떠한 기술들이 기업에 이익이 될 수 있고 될 수 없는지를 이해하는 데 도움이 될 것이다. 또한, 여러분의 조직이 정보 자산을 어떻게 관리할 지에 대한 분석을 하는데 즉각적인 기여를 할 수 있게 해 줄 것이다. 더 나아가 이러한 컴퓨팅 자원들을 여러분의 경력을 위해 활용할 수 있을 것이며, 또한 여러분의 부서나 조직에서 이러한 기술들을 어떻게 하면 가장 잘 활용할 수 있을 것인가를 결정하는데 중요한 정보를 제공할 수 있을 것이다. 또한 클라우드 컴퓨팅은 우리가 새로운 기업을 창업하기로 결정한다면 더욱 더 유용할 것이다.

이 기술가이드는 **클라우드 컴퓨팅**(cloud computing)을 복수의 고객들이 편리하고, 원하는 형태로, 사용한 만큼 지불하여 인터넷을 통하여 빠르고 쉽게 사양을 설정할 수 있는 컴퓨팅 자원(예: 서버, 네트워크, 저장 장치, 애플리케이션 그리고 서비스 등)의 공유 풀에 접근하게 해 주는 컴퓨팅 유형으로 정의한다. 클라우드 컴퓨팅은 고객들이 언제라도 자원을 얻을 수 있게 해주고, 더 이상 필요하지 않을 때에는 즉각 제거할 수 있게 해 준다. 이 장에서는 클라우드가 비즈니스 목적으로 어떻게 사용될 수 있는가를 많은 예로 보여줄 것이다. 또한, 클라우드는 개인용 애플리케이션도 제공한다. 따라서 이 가이드는 여러분이 클라우드를 사용할 수 있는 계획의 수립을 도와줄 것이다. 클라우드를 어떻게 이용할 수 있는지에 대한 자세한 설명은 IT와 개인: '클라우드'을 참고하기 바란다.

TG3.1 서론

1장에서 IT 인프라스트럭처에 대한 개념에 대하여 간단히 살펴보았다. 조직의 IT 인프라스트럭처는 IT 구성요소(하드웨어, 소프트웨어, 네트워크 그리고 데이터베이스)와 IT 서비스(정보시스템의 개발, 보안과 위험 관리, 그리고 데이터 관리 등)로 구성된다는 것을 기억하기 바란다(그림 1.3 참조). 조직의 IT 인프라스트럭처는 조직이 사용하는 모든 정보시스템의 기본이 된다.

현대의 IT 인프라스트럭처는 처음으로 기업이 IT를 비즈니스 애플리케이션에 적용하기 시작한 1950년대 초반 이후로 여러 단계를 거쳐 발전해 왔다. 이러한 단계는 다음과 같다.

- 단독 메인프레임: 조직들은 처음에는 엔지니어링과 회계 부서에서 메인프레임 컴퓨터를 사용하였다. 메인프레임들은 보안지역 내에 설치되어, MIS 직원들만이 그것에 접근할 수 있었다.
- 메인프레임과 덤 터미널: 메인프레임이 위치한 곳에 사용자가 가도록 강제하는 것은 시간 낭비이고 비효율적이었다. 결과적으로 기업들은 소위 덤 터미널(dumb terminal)—본질적으로 처리 능력이 적은 전자 타자기—을 사용자 부서에 배치하기 시작했다. 이러한 배치는 사용자들이 그들의 부서에서 컴퓨터 프로그램을 메인프레임에 입력(원격 잡 입력remote job entry)할 수 있게 해 주었다.
- 단독 PC: 1970년대 후반에 첫 PC가 출현하였다. IBM PC가 1981년에 소개되어 전체 PC 시장을 선도하였다. 사용자들은 PC를 자신들의 작업장에 도입함으로써, 예를 들어, 스프레드시트와 문서작성 애플리케이션 등에 활용함으로써 그들의 생산성 향상에 기여하기 시작하였다. 이러한 컴퓨터들은 처음에는 기업의 MIS 부서에 의해 지원받지 못하였다. 그러나 PC의 숫자가 엄

청나게 증가하면서 조직들은 PC를 지원하기로 결정하였고, 어떠한 PC와 소프트웨어를 지원할 것인지에 관한 정책들을 수립하였다.

- **LAN(클라이언트/서버 컴퓨팅)**: PC가 네트워크로 연결되면서, 개인의 생산성은 엄청나게 증가하였다. 이러한 이유로, 조직들은 PC를 LAN으로 연결하기 시작하였고, 그런 다음 이 LAN을 메인프레임에 연결하였다. 이것이 **클라이언트/서버 컴퓨팅**(client/server computing)으로 알려진 프로세싱 유형이 되었다.
- **엔터프라이즈 컴퓨팅**: 1990년대 초반, 조직들은 조직 전반에 걸친 다양한 종류의 네트워크를 통합하기 위한 네트워크 표준을 사용하기 시작함으로써 엔터프라이즈 컴퓨팅(enterprise computing)이 탄생하게 되었다. 인터넷이 1995년 이후에 널리 사용되면서, 조직들은 TCP/IP 네트워크 프로토콜을 사용하여 서로 다른 종류의 네트워크를 통합하기 시작하였다. 모든 종류의 하드웨어(메인프레임, 스마트폰, PC 등)가 네트워크로 연결되었다. 소프트웨어 애플리케이션들과 데이터들이 이제 기업 전체에 그리고 조직들 간에 끊임없이 흐를 수 있게 되었다.
- **클라우드 컴퓨팅과 모바일 컴퓨팅**: 오늘날, 조직들은 클라우드 컴퓨팅의 능력을 활용할 수 있게 되었다. 이 기술가이드에서 살펴보겠지만, 클라우드 컴퓨팅은 컴퓨팅 자원(컴퓨터, 저장장치, 애플리케이션 그리고 서비스 등)의 공유된 풀을 네트워크, 특히 인터넷으로 접근할 수 있게 해준다.

각 단계에서의 컴퓨팅 자원들은 중첩될 수 있다는 것을 명심하기 바란다. 예를 들어, 대부분의 대기업들은 모든 다른 종류의 컴퓨팅 자원과 더불어서, 매일의 수많은 거래를 포함하는 운영을 관리하기 위한 대규모 서버로서 아직도 메인프레임 컴퓨터를 사용하고 있다. 또한 기업의 웹 사이트를 운영하는 데에도 메인프레임을 채용하고 있다.

클라우드 컴퓨팅의 영향을 평가하기 위해서는 먼저 조직에서의 전통적인 IT 부서와 그들이 직면하고 있는 문제들을 이해할 필요가 있다. 전통적으로 조직들은 **온프레미스 컴퓨팅(on-premise computing)**을 활용해 왔다. 즉, 조직들은 그들의 IT 인프라스트럭처(소프트웨어, 하드웨어, 네트워크, 그리고 데이터 관리)를 소유하고, 그들의 데이터 센터에서 그것들을 운영하였다.

온프레미스 컴퓨팅은 IT 인프라에 대한 비용을 수반하였고, 전문직 직원들은 복잡한 IT 시스템, 물리적 시설, 소프트웨어 라이센스, 하드웨어, 그리고 직원들의 교육 훈련과 급여 산정 등을 구축하고 유지해야만 했다. 그러나 이러한 모든 비용지출에도 불구하고 조직들은 일반적으로 그들의 인프라를 최대로 활용하지 못했다. 이러한 비용의 대부분은 일반적으로 기존의 IT 인프라의 유지에 사용되었고, 여분의 예산은 새로운 시스템의 개발에 할당되었다. 그 결과 온프레미스 컴퓨팅은 오늘날의 급변하는 비즈니스 환경에 조직이 신속하고 적절하게 반응하는데 사실상 걸림돌이 되어왔다. 예를 들어 포토박스 그룹을 살펴보기로 한다.

포토박스 그룹(http://group.photobox.com)은 온라인 전용 이미지 인쇄 회사로, 디지털 사진을 실물사진으로 출력하는 주문 서비스를 제공하고 있으며, 고객이 업로드한 약 65억 개의 사진 이미지를 보유하고 있다. 이 회사는 이전에 유럽의 다른 지역에 위치한 2개의 데이터 센터에 9페타바이트의 데이터를 보관하고 있었다.

사내의 정보기술팀은 사내 시스템을 위한 정보기술 인프라를 관리하는데 너무 많은 시간을 소비하고 있어서, 회사의 미래 성장을 향상시킬 수 있는 혁신적인 프로젝트를 개발하는 데에 필요한 시간을 충분히 확보하지 못하고 있음을 알았다. 더욱이 포토박스는 고객들로부터의 방대한 양의 새로운 디지털 사진 요구에 많은 어려움을 겪고 있었다.

포토박스는 고객에게 더 빠른 웹 사이트 경험을 제공하고 방대한 양의 데이터를 더 쉽게 관리하고 싶었다. 그 결과 이 회사는 이미지 데이터를 아마존 웹 서비스 클라우드 스토리지로 마이그레이션했다. 그리고 나서 포토박스의 정보기술팀은 각 디지털 이미지의 콘텐츠를 이해할 수 있는 아마존 인공지능(AI) 서비스를 사용하기 시작했다.

고객은 특정 수신자 또는 이벤트를 염두에 두고 스토리를 전달하는 데 사용하고 싶은 여러 사진을 가지고 포토박스를 찾는다. 이 고객들은 AI 서비스를 통해 포토박스 팀원들과 더불어 사진 앨범이나 책을 디자인하는 과정에 참여할 수 있다.

다음 절에서도 확인할 수 있듯이, 클라우드 컴퓨팅은 전통적인 IT 부서가 온프레미스 컴퓨팅에서 직면하게 되는 문제들을 조직이 관리할 수 있도록 도와준다. 다음 절에서는 클라우드 컴퓨팅을 정의하고 주요 특징에 대하여 알아본다.

확인하고 넘어가기

1. 오늘날 IT 인프라스트럭처의 발전 단계를 서술해보자.
2. 전통적인 IT 부서가 직면하고 있는 선결과제를 서술해보자.

TG3.2 클라우드 컴퓨팅이란

IT 부서는 비즈니스 사용자들에게 유용한 IT 애플리케이션을 전달하기 위한 업무를 항상 수행해 오고 있다. 여러 가지 이유로 오늘날의 IT 부서들은 유용한 애플리케이션을 보급하는 데 많은 문제들을 직면하고 있다. 클라우드 컴퓨팅을 학습하면서, 여러분은 어떻게 이 기술이 전통적인 IT 부서에서 발생하는 문제들을 조직이 관리할 수 있게 해주는지 학습하게 될 것이다. 또한 왜 오늘날의 많은 기업들이 클라우드 컴퓨팅을 활용하고 있는지를 알게 될 것이다.

클라우드 컴퓨팅의 특징

클라우드 컴퓨팅 현상은 여러 가지의 중요한 특징을 가지고 있다. 이 절에서는 이에 대하여 자세히 살펴보기로 한다.

클라우드 컴퓨팅은 주문형(on-demand)의 셀프 서비스를 제공한다. 고객들이 자동으로 필요한 컴퓨팅 자원에 접근할 수 있다. 이러한 특징은 고객들에게 탄력성과 유연성을 제공한다. 즉, 고객들은 그들이 필요로 하는 컴퓨팅의 양을 증가시키거나(scale up) 또는 감소시킬(scale down) 수 있다.

소매업자의 경우를 살펴보자. 크리스마스 대목시기 동안에 기업들은 연중 다른 시기보다도 더 많은 컴퓨팅 용량을 필요로 하게 된다. 따라서 그들은 클라우드 컴퓨팅을 사용한다면, 비즈니스 활동이 최고조인 기간 동안에는 용량을 확충할 것이고 그 밖의 기간 동안에는 용량을 줄이게 될 것이다.

클라우드 컴퓨팅은 그리드 컴퓨팅의 특징을 포함한다. **그리드 컴퓨팅**(grid computing)은 공용자원으로 단일의 IT 환경을 구축하기 위해 다양한 하드웨어와 소프트웨어를 모아 놓는다. 그리드 컴퓨팅은 네트워크를 통해 지리적으로 흩어져 있는 많은 컴퓨터들의 처리 자원을 공유한다.

- 그리드 컴퓨팅은 조직들이 컴퓨팅 자원을 보다 효율적으로 활용할 수 있게 해준다.
- 그리드 컴퓨팅은 고장에 대한 대응을 한 지점에서 하지 않는다는 의미를 담고 있는 고장 방지(fault tolerance)와 중복성(redundancy)을 제공한다. 또한, 한 대의 컴퓨터가 고장이 나도 애플리케이션의 실행이 중지되지 않는다.
- 그리드 컴퓨팅은 복잡한 애플리케이션의 처리 요구를 맞추기 위해 (컴퓨터 추가 등의) **규모 확장**(scale up)을 쉽게 해 준다.
- 그리드 컴퓨팅은 추가적인 처리가 더 이상 필요하지 않게 되었을 때 (컴퓨터 제거 등의) **규모 축소**(scale down)를 쉽게 해 준다.

MIS 영국 옥스퍼드 대학의 조영술 국가 데이터베이스 프로젝트에 대하여 생각해본다. 이 프로젝트는 유방암 검사를 개선하여 진단의 오류율을 개선하는 것이 목표이다. 이 시스템의 사용자는 환자의 유방사진과 진단 보고서를 질의하고, 검색하고, 처리하여, 저장하고자 하는 방사선 전문의, 의사 그리고 기술자들이다. 이 사진들은 빠른 접근과 고품질 그리고 엄격한 개인정보보호를 요구하면서도 용량이 큰 경향을 가지고 있다.

이 시스템은 그리드 컴퓨팅에서 실행되고 있는 대규모의 분산 데이터베이스를 활용한다. 그리드는 서로 다른 조직들 사이에서 자원(CPU 사이클과 데이터)을 공유하는 협력적 방식으로 형성된다. 데이터베이스는 각각의 사진에 대하여 실험 노트와 설명을 가지고 있는 디지털 유방사진을 담고 있다. 병원과 대학의 사이트들은 서로 다른 장비들을 가지고 있기 때문에, 이 사진들과 보고서들은 데이터베이스 저장되기 전에 표준화된다.

이 시스템은 개별적인 의료 사이트가 디지털 사진으로서 유방조영술을 저장하고 처리하고 관리할 수 있게 해주고, 이러한 유방조영술 아카이브를 데이터 마이닝과 공유를 통해 활용할 수 있게 해준다. 방사선 전문의들은 물리적으로 같은 장소에 있지 않아도 협력하여 진단을 할 수 있게 되었다.

이 시스템을 사용하면서 이 의료기관은 그들의 협력관계를 개선할 수 있게 되었고 그로 인해 보다 빠르고 정확한 진단을 할 수 있게 되었다. 자원을 공유함으로써 각각의 별도 기관들이 보다 더 크고 복잡한 집단의 자원에 훨씬 더 적은 비용으로 접근할 수 있게 되었다.

클라우드 컴퓨팅은 유틸리티 컴퓨팅의 특징을 포함한다. **유틸리티 컴퓨팅(utility computing)**에서는 서비스 공급업체가 컴퓨팅 자원과 인프라스트럭처 관리를 고객의 요구대로 이용가능하게 한다. 그리고 공급업체는 고정적인 요율(flat rate)이 아닌 사용율에 따라 고객에게 과금을 한다. 유틸리티 컴퓨팅은 기업들이 컴퓨팅 능력에 대한 변화하는 요구를 효율적으로 대응할 수 있게 함으로써 하드웨어 인프라를 소유하는 비용을 낮춰주게 된다.

클라우드 컴퓨팅은 광역망 접근을 활용한다. 클라우드 제공업체의 컴퓨팅 자원은 웹 브라우저로 네트워크를 통해 이용가능하며, 어떠한 컴퓨팅 장비도 사용할 수 있도록 설정되어 있다.

클라우드 컴퓨팅은 컴퓨팅 자원을 모아 두고 있다. 제공업체의 컴퓨팅 자원은 복수의 고객들을 지원하는데 이용된다. 이러한 자원들은 고객의 요구에 따라 동적으로 할당 그리고 재할당된다.

그림 TG3.1 서버 팜. 랙과 천장의 환기장치를 주목하라.

Divine Images/F64/Media Bakery

클라우드 컴퓨팅은 가상화된 서버에서 이루어진다. 클라우드 컴퓨팅 제공업체는 수많은 네트워크로 연결된 컴퓨터 서버를 **서버 팜(server farms)**이라 불리는 거대 데이터 센터에 위치시키고 있다(그림 TG3.1 참조). 서버(server)는 사용자들이 파일, 소프트웨어, 그리고 네트워크 장비들을 공유할 수 있게 해주는 네트워크를 지원하는 컴퓨터이다. 서버 팜은 엄청난 양의 전력, 에어컨 설비, 백업 생성, 보안, 그리고 비용 등을 요구한다. 또한 광통신 연결로(links)와 근접하게 위치할 필요가 있다(그림 TG3.2 참고).

좀더 자세히 살펴보면, 일반적으로 서버의 이용율은 대체적으로 5~10% 수준으로 매우 낮은 것으로 가트너는 추정하고 있다. 즉, 대부분의 시간동안 조직들은 전체 컴퓨팅 용량의 아주 작은 퍼센트만을 이용하고 있다. CIO들은 수요가 촉발하는 경우에 사용자들에게 충분한 컴퓨팅 자원을 제공하는 것을 확보하기 위해 이러한 비효율성을 감내하고 있다. 이러한 문제를 줄여 주기 위해, 기업과 클라우드 컴퓨팅 제공업체들은 가상화에 눈을 돌리고 있다.

서버 가상화(server virtualization)는 복수의 가상 서버(가상 머신virtual machine이라 불린다)를 생성하기 위해 소프트웨어 기반의 파티션(partitions)을 활용한다. 이 시스템의 주요 이점은 각 서버가 더 이상 특정 과업에만 독점될 필요가 없다는 것이다. 대신에, 각각의 애플리케이션이 자체의 소프트웨어 환경에서 실행되는 단일의 물리적 서버에서 복수 개의 애플리케이션이 실행될 수 있다. 그 결과 가상화는 기업들의 서버 활용을 증가시킬 수 있게 해준다. 또한 두 가지 면에서 비용 절감을 실현

그림 TG3.2 인터넷과 관계된 조직의 서버 팜

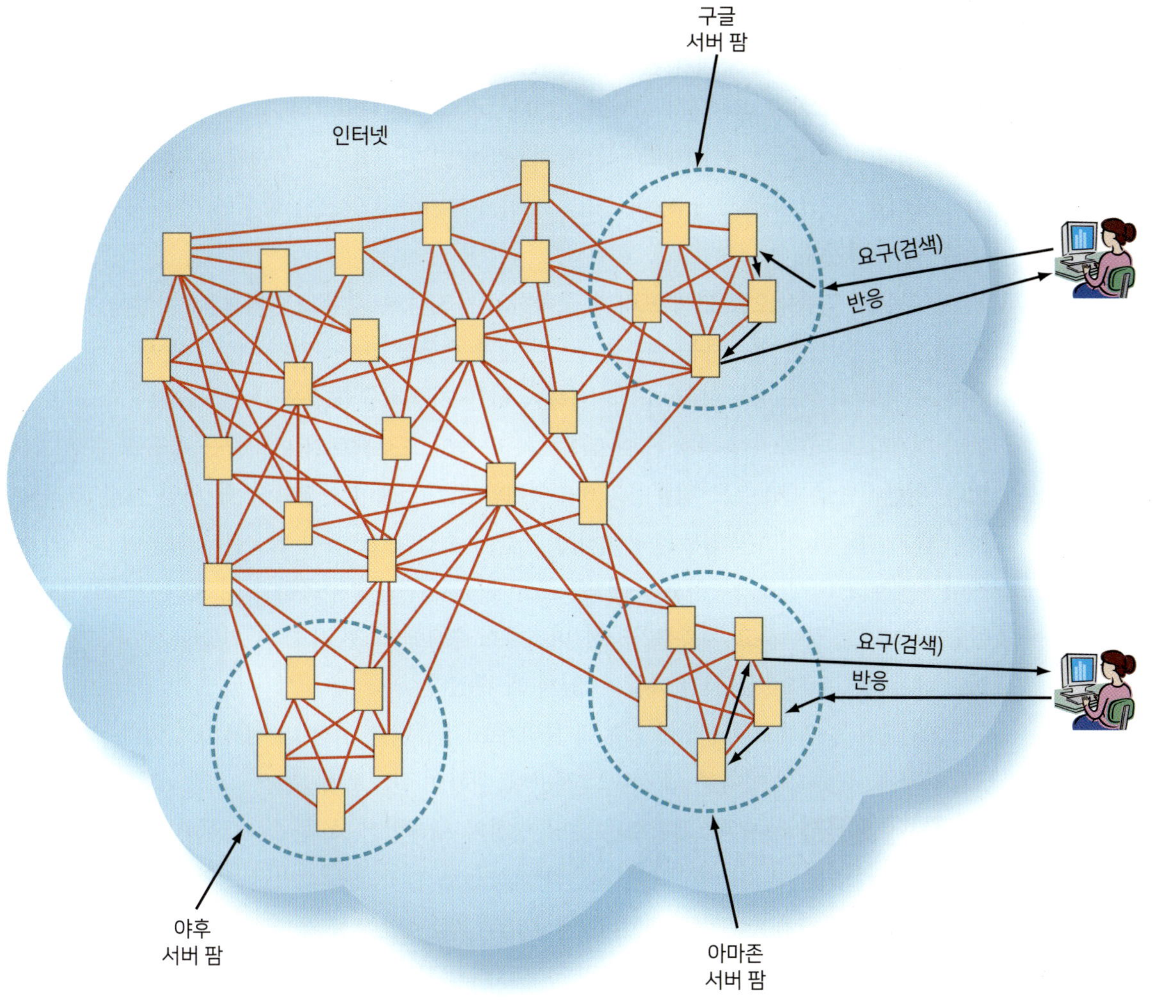

할 수 있게 해준다. 첫째, 기업들이 최고 사용 수준에 맞춰 추가적인 서버를 구입할 필요가 없다. 둘째, 에너지를 덜 사용하기 때문에 에너지 사용료를 줄일 수 있다. 다음의 예는 교토부의 야와타 시가 가상화로부터 얻은 이득을 보여주고 있다.

MIS 일본 교토부 야와타시(www.city.yawata.kyoto.jp)는 네트워크로 연결된 시 정부의 개발에 매우 적극적이었다. 2002년에 배치된 시 정보시스템은 시의 일상적인 운영업무를 지원하도록 설계되었다. 그 이후로 이 시스템은 시 직원과 일반인들을 위한 IT 서비스 기능을 수행하였다.

10년이 지난 후 더 발전된 디지털 커뮤니티를 개발하려는 시의 지속적인 노력으로 인해 물리적 서버의 수가 증가하고 전력 소비도 증가하게 되었다. 시는 친환경에 대한 강한 의지를 가지고 있었기 때문에 전력 사용량의 증가는 특별한 문제가 되었다.

하드웨어 비용을 줄이기 위해 이 시는 단일 물리적 서버에서 복수 개의 애플리케이션을 운영하고 있었는데, 이는 때때로 서버 가용성의 문제를 야기하는 접근 방식이었다. 시스템을 보다 안전하고 안정적으로 운영하기 위해 시는 각 애플리케이션을 개별 전용 서버에서 운영하고 싶어 했다.

이 시는 서버 가상화 솔루션을 구현하기로 결정하고 많은 이점을 보게 되었다. 첫째, 시는 물리적 서버의 수를 12개에서 4개로 줄일 수 있었다. 이러한 물리적 서버 수의 감소는 전력 소비의 감소를 가져 왔고, 이는 도시가 환경에 미치는 영향을 줄이는 데 일조하였다. 둘째, 이제 각 애플리케이션이 하나의 가상 머신에서 실행되고 있다. 이 이점은 서버 가용성을 현저히 증가시킬 수 있었고, 각 앱이 더 효율적으로 실행되어 전체 시스템이 더 안정적으로 운영될 수 있게 하였다. 셋째, 데이터 센터를 가상화함으로써 시는 물리적 서버를 추가하지 않고도 향후의 서버 자원 요구를 해결할 수 있게 되었다.

클라우드 컴퓨팅으로 IT 인프라를 구축하고 유지하는 것이 조직에게 더 이상 문제가 되지 않게 되었다. 기업들은 점증하는 애플리케이션 개발 요구를 만족시키기 위해 허둥댈 필요가 없게 되었다. 또한 클라우드 컴퓨팅은 미리 지불해야 하는 자본비용과 운영비용을 줄여주고, 기업들이 그들의 인프라를 더 잘 이용하고 한 프로젝트와 다음의 프로젝트가 이것들을 공유할 수 있게 해 주었다. 일반적으로 클라우드 컴퓨팅은 하드웨어와 소프트웨어 환경의 구매, 사양 설정, 그리고 유지보수 등과 관련한 어려운 업무를 용이하게 만들어 주었다. 또한 이 기술은 기업들이 그들의 애플리케이션을 보다 더 관리가능하고 유지보수 요구를 줄여주면서 구축하고 더 빨리 운영할 수 있게 해 주었다. 그리고 급변하고 예측불가능한 비즈니스 수요에 더 빨리 IT 자원들(예: 서버, 저장장치, 그리고 네트워크 등)을 적응시켜 나갈 수 있게 해 주었다.

기업들은 중요하고 혁신적인 업무에 클라우드 컴퓨팅을 점점 더 적용하고 있다. 라이온스게이트(www.lionsgate.com)의 아마존 웹 서비스 사용에 대하여 살펴보자.

MIS **POM** 라이온스게이트는 유명 영화와 텔레비전 쇼 등을 제작하여 전 세계에 보급하는 미국의 글로벌 미디어 회사이다. 그들의 작품들로 '매드맨' 텔레비전 쇼와 영화 '헝거 게임'을 들 수 있다. 그들의 작품들은 극장에서, TV에서 그리고 온라인으로 볼 수 있다. 비용의 증가를 가져오고, 기업의 애플리케이션 업무량을 늘려주며, 그리고 보다 빨라진 출시시기에 대한 요구 등에 맞추기 위해, 성공적인 미디어와 연예기획사로서 라이온스게이트는 추가적인 IT 인프라 용량의 확장 필요를 포함하는 IT 문제들과 직면하고 있었다.

그 결과 이 회사는 개발과 시험 업무, 엔터프라이스 애플리케션의 제작 업무량, 그리고 백업, 아카이브 및 재난 복구 전략 등을 대비하기 위해 아마존의 웹 서비스(AWS; http://aws.amazon.com)를 찾게 되었다. 라이온스게이트의 목적은 비용의 절감, 유연성의 강화, 그리고 운영 효율성의 증대 등이었다. 라이온스게이트는 아마존의 S3(Simple Storage Service)와 EC2(Elastic Compute Cloud) 서비스를 사용하기로 결정하였다.

라이온스 게이트는 AWS로부터 많은 혜택을 보았다. 이 회사는 인프라스트럭처의 운영에 수주 걸리던 것을 며칠에서 몇 시간으로 줄일 수 있었다. 또한, SAP 애플리케이션의 시험과 개발에도 시간을 단축할 수 있게 되었다. AWS는 서버 구축의 속도를 증가시켰고, 재난 복구와 시스템 백업의 개선, 그리고 시스템 이용가능성의 증가를 가져왔다. 이 회사는 추가적인 데이터 센터 공간의 확보를 피할 수 있게 해서, 3년 간 대략 100만 달러의 비용 절감을 가져왔다. 전반적으로 라이온스 게이트는 AWS를 이용함으로써 이전의 호스팅하던 때와 비교해보면 회사에 약 50%의 비용절감을 가져다 주었다.

이러한 혜택이 급속히 변화하는 시장의 조건에 라이온스게이트가 더 신속하게 반응할 수 있게 해 주었다. 라이온스게이트는 관리에 더 적은 자원을 요구하는, 안전하고, 끊임이 없으며, 규모 확장성이 있는 컴퓨팅 환경을 위한, 기존의 하드웨어 정책과 절차를 이용할 수 있었다.

다음의 절에서는 고객(개인과 조직)들이 클라우드 컴퓨팅을 실행할 수 있는 다양한 방법에 대하여 살펴보기로 한다. 특히, 공공 클라우드, 사설 클라우드, 하이브리드 클라우드 그리고 수직 클라우드 등에 대하여 살펴볼 것이다.

확인하고 넘어가기

1. 클라우드 컴퓨팅의 특징을 설명해보자.
2. 서버 가상화를 정의해보자.

TG3.3 클라우드의 종류

기업들이 고객들 또는 고객집단들에게 제공하는 클라우드에는 공공 클라우드, 사설 클라우드, 그리고 하이브리드 클라우드 등의 세 가지 주요 형태가 있다. 네 번째 유형의 클라우드는 수직 클라우드라고 한다(그림 TG3.3 참조).

공공 클라우드

공공 클라우드(public clouds)는 일반 대중(개인, 집단, 또는 조직)의 모든 주체들이 비독점적으로 이용할 수 있는 공유되고, 쉽게 접근할 수 있는 복수 고객용 IT 인프라스트럭처이다. 공공 클라우드 공

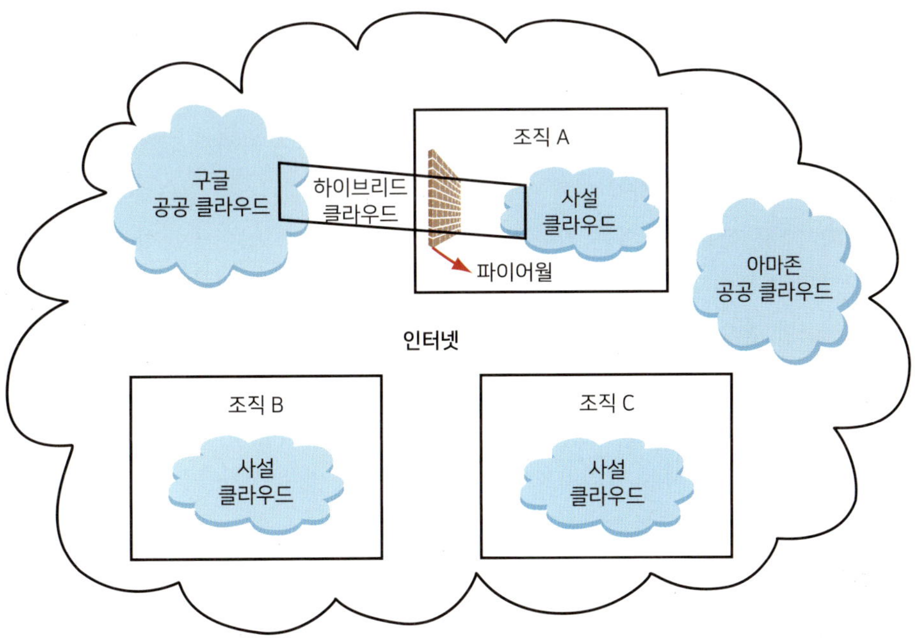

그림 TG3.3 공공 클라우드, 사설 클라우드, 그리고 하이브리드 클라우드

급업체는 애플리케이션, 저장장치, 그리고 그 밖의 컴퓨팅 자원들을 인터넷을 통해 서비스로 제공한다. 이러한 서비스들은 무료 혹은 요금제(pay-per-usage) 방식으로 제공된다. 삼바 테크놀러지(www.sambatech.com)는 공공 클라우드를 이용하고 있는 초기 기업의 예이다.

MIS 바이어컴(www.viacom.com), 블룸버그(www.bloomberg.com), 그리고 ESPN(www.espn.com) 등과 같은 국제적 미디어 회사들은 라틴 아메리카 지역에 있는 온라인 시청자들에게 비디어 콘텐츠를 보급하는 데 있어서 삼바 테크놀러지에 의존하고 있다. 삼바는 클라우드 컴퓨팅을 사용하기로 결정했다. 이 회사의 CTO(chief technology officer)는 복잡한 IT를 구매하여 관리하는 것은 우리 회사의 전략이 될 수 없다고 말하고 있다.

삼바는 엄청남 IT 용량의 요구를 해결하기 위해 공공 클라우드 공급업체인 랙 스페이스 (www.rackspace.com)를 이용하기로 하였다. 2009년, 삼바는 1테라바이트 데이터를 호스트하기 위해 랙 스페이스를 사용했다. 2015년 랙 스페이스는 삼바의 100테라바이트가 넘는 데이터를 호스트하고 있다. 또한 삼바가 추가적인 처리 능력을 필요로 하였을 때 — 새로운 마케팅 전략으로 비디오를 보급할 필요 또는 대규모의 스포트 행사 — 랙 스페이스는 신속하고 알맞게 요구되는 능력을 제공하였다.

사설 클라우드

사설 클라우드(private clouds)(**내부 클라우드**internal clouds 또는 **사내 클라우드**corporate clouds라고도 함)는 하나의 주체 또는 같은 목적과 요구사항을 공유하고 있는 관련 주체들(예: 하나의 조직 내에 있는 복수의 사업 단위들)의 배타적인 집단만이 접근할 수 있는 IT 인프라이다. 사설 클라우드는 하나의 기업 내에서 인트라넷을 통해 서비스로 IT 활동들과 애플리케이션을 제공한다. 기업들은 시스템과 데이터 보안을 확보하기 위해 사설 클라우드를 채택한다. 이러한 이유로 이 시스템들은 회사의 파이어월 뒷단에서 실행된다. 사설 클라우드의 예로 미국 국가안보국(NSA: National Security Agency; www.nsa.gov)에 대하여 살펴보기로 한다.

MIS NSA는 외교문제들에 대한 정보의 산출뿐만 아니라 안보국의 운영에 필요한 정보를 포함하고 있는 수많은 종류의 데이터베이스를 운영하기 위한 공간이 부족하게 되었다. 그 결과 NSA 분석가들은 그들의 업무를 수행하기 위해 수많은 종류의 데이터베이스에 접속해야만 했다. 하나 이상의 데이터베이스를 이용해야 하는 질문들은 분석가에 의해 수작업으로 통합되어 처리되어야 했다. 안보국은 분석가들이 좀 더 효율적이고 효과적으로 작업할 수 있도록 하기 위해서는 데이터베이스를 통합해야만 했다.

먼저, NSA는 단순히 저장 용량을 추가하기로 결정하였다. 그러나, 이러한 접근방법은 사실상 문제를 악화시키게 되었고 그로 인해 안보국은 사설 클라우드를 실행하기로 결정하였다. 서로 다른 데이터베이스들을 하나의 사설 클라우드에 위치하게 함으로써, 분석가들은 하나의 시스템에만 접속하면 되었고 그로 인해 그들의 업무는 더 쉬워지게 되었다.

사설 클라우드는 안보국이 수집하고 임무 수행을 위해 사용하는 데이터를 포함하고 있다. 이 클라우드는 엄격한 보안 프로토콜과 수준 높은 암호화를 제공하고, 여러 지리적 영역에 걸친 분산

구조를 가지고 있다. 또한, 이 클라우드는 파일 내에 있는 단어 하나 또는 이름 등과 같이 아주 구체적인 데이터에 모든 개인적인 접근의 모든 인스턴스를 추적할 수 있는 방법을 제공하고 있다. 이러한 추적에는, 언제 데이터가 도착하였고, 누가 접근할 수 있으며, 누가 접근하였는지, 그리고 누가 다운로드하고, 복사하고, 출력하였으며, 전달하였으며, 수정하였는지 또는 삭제하였는지 등이 포함된다. 또한 만일 데이터가 5년마다 삭제되어야만 하는 것과 같은 법률요건을 포함하고 있으면, NSA 직원에게 이 데이터는 삭제되어야 한다는 것을 자동으로 고지하게 된다. 한 안보국 직원은 만일 NSA가 이러한 기능을 그 당시에 보유하고 있었다면, 미군 사병인 브래들리 매닝이 2010년에 기밀서류를 습득할 수 없었을 것이라고 하였다.

사설 클라우드 실행 이후에, 분석가들은 여러 날 걸리던 작업을 수분 내에 수행할 수 있게 되었고, 전체적인 데이터 관리 비용도 줄어 들었으며, 데이터 보안도 크게 개선되었다.

하이브리드 클라우드

하이브리드 클라우드(hybrid clouds)는 고유한 엔터티로 존재하는 공공 클라우드와 사설 클라우드로 구성되어 이들이 긴밀하게 통합되어 있는 클라우드이다. 이러한 배열은 복수의 전개 모델에 의한 혜택을 사용자들이 누릴 수 있게 해준다. 하이브리드 클라우드는 보안요구사항, 업무중심의 특성을 가진 애플리케이션, 그리고 기업이 설정한 기타의 정책들에 근거하여 서비스를 제공한다. 예를 들어, 고객들이 보안과 개인정보보호를 위해서는 사설 클라우드에 그리고 그외의 덜 민감한 데이터는 비용이 덜 드는 공공 클라우드에 데이터를 저장할 필요가 있다. 노스캐롤라이나주 애쉬빌시가 적용한 하이브리드 클라우드 컴퓨팅의 예를 살펴보기로 한다.

MIS 재해복구(DR: disaster recovery) 시설을 운영하는 것은 조직이 전체 백업 정보기술 인프라를 설치하고 유지 관리해야 하기 때문에 많은 비용이 들고 복잡하며 시간이 많이 소요된다. 노스 캐롤라이나주 애쉬빌시의 새로운 CIO는 애쉬빌에 DR시설이 있지만 이 시설이 시의 주요 데이터 센터에서 매우 가까이에 위치하고 있다는 사실을 금방 알게 되었다. 이 상황은 재해로부터 효과적인 복구에 충분히 지리적으로 분산되어 있지 않음을 의미하는 것이다.

그는 애쉬빌시가 DR 노력에 필요한 지리적 분산을 확보할 수 있도록 클라우드 컴퓨팅으로 전환했다. 그는 공공 클라우드에서 시가 운영하는 온 프레미스 애플리케이션들에 대한 DR을 제공할 수 있기를 원했다. 그 결과 이 시는 조직의 애플리케이션과 서비스를 클라우드에 배포하기 위해 자동화된 클라우드 마이그레이션과 재해복구 소프트웨어를 제공하는 클라우드 공급업체인 VM웨어 클라우드(www.cloud.vmware.com) 서비스를 사용했다. 시의 앱들은 클라우드에 저장되어 있어서 필요할 때에는 언제든지 활성화할 수 있다. 시는 주가 운영하는 메인 데이터 센터의 사설 클라우드에서 앱을 운영함에 따라 공공 클라우드의 앱은 실시간으로 자동 업데이트되었다.

클라우드에서 시의 DR을 운영함으로써 전체 DR 비용이 감소했다. 또한 DR 노력이 이제 (자산 소유에 의한) 자본 비용이 아닌 (서비스 사용에 대한) 운영 비용이기 때문에 시의 재정에도 기여하는 결과를 가져왔다.

수직 클라우드

이제 서로 다른 기업들—예를 들어, 건설사, 금융회사 또는 보험사 등—을 위한 클라우드 인프라와 애플리케이션들, 즉 수직 클라우드(vertical cloud)를 구축할 수 있게 되었다(www.verticalcloud.com 참조).

확인하고 넘어가기

1. 공공 클라우드, 사설 클라우드, 하이브리드 클라우드 그리고 수직 클라우드에 대하여 설명하고, 각 유형의 클라우드의 차이점을 요약해보자.

TG3.4 클라우드 컴퓨팅 서비스

클라우드 컴퓨팅 서비스는 IaaS(infrastructure-as-a-service), PaaS(platform-as-a-service), 그리고 SaaS (software-as-a-service) 등의 세 가지 모형에 기반하고 있다. 이 모델들은 일반적으로 고객들이 요구하는 세 가지 유형의 컴퓨팅을 나타낸다. 소프트웨어를 실행하고 데이터를 저장하기 위한 인프라스트럭처(IaaS), 애플리케이션을 개발하기 위한 플랫폼(PaaS), 그리고 데이터를 처리하기 위한 소프트웨어 애플리케이션(SaaS)이다. 그림 TG3.4는 이 세 가지 모델들의 차이점을 보여주고 있다.

이 그림의 왼쪽에서부터 오른쪽으로 검토해보면, 고객들이 서비스들을 점점 더 적게 관리하고, 벤더들은 더욱 더 관리를 담당하게 된다.

비록 각각의 모델이 각자의 구별되는 특징을 가지고 있지만, 일부 특징은 같이 공유하고 있다. 첫째, 고객들은 서비스를 구매하는 대신에 임대하고 있다. 이러한 방식은 IT를 자본비용에서 운영비로 처리하게 해 준다. 둘째, 벤더들은 유지보수, 관리, 용량 계획, 문제 해결, 그리고 백업 등에 대한 책임을 진다. 끝으로, 추가적인 컴퓨팅 자원—즉, 클라우드로부터의 규모—을 얻는 것은 항상 즉

그림 TG3.4 사내 소프트웨어, IaaS, PaaS, 그리고 SaaS의 비교

사내 소프트웨어	IaaS	PaaS	SaaS
고객 관리: 애플리케이션, 데이터, 운영시스템, 서버, 가상화, 저장장치, 네트워킹	고객 관리: 애플리케이션, 데이터, 운영시스템 벤더 관리: 서버, 가상화, 저장장치, 네트워킹	고객 관리: 애플리케이션, 데이터 벤더 관리: 운영시스템, 서버, 가상화, 저장장치, 네트워킹	벤더 관리: 애플리케이션, 데이터, 운영시스템, 서버, 가상화, 저장장치, 네트워킹
예	아마존, IBM, 구글, 마이크로소프트, 랙 스페이스	마이크로소프트 윈도우즈 애저, 구글 앱 엔진, 포스닷컴	세일즈포스닷컴, 구글 앱스, 드롭박스, 애플 아이클라우드, 박스넷

각적으로 쉽게 이루어진다. 예를 들어, IaaS 벤더로부터의 더 많은 저장공간, 더 많은 PaaS 프로젝트 처리 능력, 그리고 보다 많은 SaaS 애플리케이션 사용자들 등을 예로 들 수 있다.

서비스로서의 인프라스트럭처(IaaS)

서비스로서의 인프라스트럭처(IaaS: infrastructure-as-a-service) 모델에서는 클라우드 컴퓨팅 제공업체가 원격으로 접근가능한 서버, 네트워크, 그리고 저장 용량을 제공한다. 이 업체들은 자신들의 데이터센터에 위치한 대규모 자원 풀을 이용하여 주문형으로 이러한 자원을 공급한다.

IaaS 고객들은 종종 IT 전문성을 보유한 기술전문 회사들이다. 이 회사들은 컴퓨팅 파워에 접근할 수 있기를 원하지만, 그 파워를 설치하고 유지보수하는 데에는 책임을 지고 싶어하지 않는다. 회사들은 소프트웨어를 실행하거나 또는 단순히 데이터를 저장하기 위해 이 인프라스트럭처를 이용한다.

그들의 애플리케이션을 배치하기 위해, IaaS 사용자들은 클라우드 컴퓨팅 제공업체의 컴퓨터에 그들의 운영시스템과 애플리케이션 소프트웨어를 설치한다. 이 사용자들은 서로 다른 운영시스템, 애플리케이션, 그리고 개발 플랫폼을 포함하여 모든 소프트웨어를 이 인프라스트럭처에 배치한다. 각 사용자는 자신들의 운영시스템과 애플리케이션 소프트웨어의 유지보수를 책임진다. 클라우드 제공업체는 일반적으로 유틸리티 컴퓨팅 기반으로 IaaS 서비스 비용을 청구한다. 즉, 이 비용은 사용자가 사용한 자원의 양을 반영하는 것이다. 다음의 예에서 3M은 새 앱을 개발하기 위해 마이크로소프트 애저의 IaaS 기능을 사용하고 있음을 보여 주고 있다.

POM 3M(www.3m.com)은 의료, 소매, 소비 가전 그리고 건설 등을 포함한 여러 산업을 위한 55,000개 이상의 제품을 생산하고 있다. 88,000명의 직원이 근무하고 있으며, 200개국 이상의 고객이 있다.

비즈니스 부문 중 한 곳에서 3M은 요금 징수 및 기타 프로세스를 자동화하여 고객이 주차 운영을 최적화하도록 지원하고 있다. 이 회사는 최근에 주차, 도로 통행료 그리고 자동차 번호판 판독기 사업 등의 운영을 위한 자산을 구매했으며 이러한 인수에 대한 더 나은 통찰력이 필요했다.

3M은 영업 직원이 주차장과 차고에 있는 3M 제품의 유형과 위치에 대한 실시간 정보를 확인하는데 사용할 추적 애플리케이션이 필요했다. 이 솔루션은 잠재 고객이 현장에서 사용할 수 있게 언제 어디서나 다양한 모바일 장치에서 앱을 이용하여 데이터에 접근할 수 있어야 했다.

모바일 장치에서 작동하도록 특별한 앱을 만들면 영업 사원은 언제 어디서나 업무를 수행할 수 있다. 또한 새로운 정보를 수집한 후 영업 사원은 이를 클라우드 환경에 있는 기존의 데이터와 원활하게 동기화할 수도 있다.

이러한 요구 사항을 충족하기 위해 3M 개발팀은 마이크로소프트 애저(www.azure.microsoft.com)의 IaaS 플랫폼으로 전환했다. 팀은 애저 IT 인프라를 사용하여 주말 동안 이틀 만에 앱을 개발할 수 있었다.

이제 영업 사원은 자산 추적 앱을 사용하여 3M 설치에 대한 실시간 정보를 확인한다. 영업 사원이 새로운 데이터를 입력할 때마다 애저의 '푸시 알림' 소프트웨어 도구인 노티피케이션 허브

(Notification Hubs)를 통해 다른 사람들도 이 정보를 즉시 사용할 수 있게 되었다. 이 앱은 또한 모바일 장치에 내장된 GPS 장치와 매핑 기술을 사용하여 3M 영업 사원에게 시각적으로 위치별 정보를 자동으로 제공하고 있다.

서비스로서의 플랫폼(PaaS)

서비스로서의 플랫폼(PaaS: platform-as-a-service) 모델에서는 고객들이 서버, 운영시스템, 저장장치, 데이터베이스, 자바와 .NET과 같은 소트웨어개발 기술 그리고 인터넷에서의 네트워크 용량 등을 임대한다. PaaS 모델은 고객들이 기존의 애플리케이션을 실행할 수도 있고 새로운 애플리케이션을 개발하여 테스트할 수도 있게 해준다. PaaS는 다음과 같은 여러 가지의 이점을 제공한다.

- 애플리케이션 개발자들은 하드웨어와 소프트웨어 레이어의 구입과 관리 등의 비용과 복잡성에 대한 고민없이 클라우드 플랫폼에서 소프트웨어 솔루션을 개발하고 실행할 수 있다.
- 기본적인 컴퓨팅과 저장 자원은 자동으로 애플리케이션의 수요에 맞춰 규모가 조정된다.
- 운영시스템의 특징들은 자주 업그레이드될 수 있다.
- 지리적으로 분산된 개발 팀들이 소프트웨어 개발 프로젝트를 협력하여 작업할 수 있다.
- PaaS 서비스는 전 세계에 걸쳐 위치하고 있는 다양한 원천으로부터 제공될 수 있다.
- 종종 중복된 기능을 수행하거나 비호환성의 문제를 겪게 되는 복수의 하드웨어 장비들을 유지보수하는 것보다 단일 벤더로부터 인프라스트럭처 서비스를 사용하는 것이 초기 비용과 지속 비용을 절감시켜줄 수 있다.

MIS 예를 들어 트윌리오(Twilio)를 살펴보기로 한다. 트윌리오(www.twilio.com)는 개발자가 전화 걸기와 받기, 문자 메시지 보내기와 받기 등 다양한 통신 기능을 수행하는 소프트웨어를 개발하는 PaaS 형태의 클라우드 컴퓨팅 서비스 회사이다. 트윌리오 고객은 소프트웨어를 사용하여 10억 개 이상의 장치 간에 수십 억 개 이상의 연결을 지원한다. 트윌리오 고객은 트윌리오 소프트웨어만을 사용하여 콜 센터를 구축하고 배포할 수 있다. 이렇게 하면 값비싼 장비와 통신 소프트웨어를 구입할 필요가 없어진다.

트윌리오는 7개 지역에 설치한 22개 데이터 센터를 통해 글로벌 통신 네트워크에 연결되며 대부분의 주요 통신사와 계약을 체결하여 전 세계에 있는 거의 모든 전화로 메시지를 전달할 수 있다. 사용 중인 트윌리오 소프트웨어의 예를 살펴보면 다음과 같다.

- **POM** 트윌리오는 우버 앱에서 문자, 알림 그리고 음성 통화를 운영하고 있다. 운전자와 승객이 서로 전화를 걸면 자신의 전화번호를 비공개로 유지하는 트윌리오 번호를 통해 전화를 걸게 된다.
- 매치(Match.com)는 전화번호를 공개하지 않고 잠재적인 커플을 연결해 준다.
- 에어비앤비는 트윌리오를 통해 예약 알림을 보내 준다.
- **FIN** 네덜란드 은행인 ING(www.ing.com)는 트윌리오 소프트웨어를 사용하여 글로벌 콜센터에서 사용하던 17개의 하드웨어와 소프트웨어 시스템을 대체하였다.

- 글로보닷컴(www.globo.com)은 전화를 통해 전 세계 번역사와 고객을 연결한다. 전자메일, 텍스트 그리고 문서 번역을 제공하는 이 회사는 트윌리오 소프트웨어를 사용하여 통화를 연결하고 언어뿐만 아니라 의료, 법률, 기술 그리고 기타 분야 등의 전문 분야별로 적절한 번역가에게 전달하고 있다.
- **MKT** 마크스&스펜서(www.marksandspencer.com)는 640개 지역과 13개 콜센터에서 고객 커뮤니케이션을 강화하기 위해 기존 스위치 보드를 트윌리오로 대체하였다. 고객이 마크스&스펜서 매장에 전화하면 회사의 트윌리오 시스템이 즉시 고객의 전화를 확인한 다음 올바른 대상으로 연결해 준다. 따라서 소매업체는 이제 연간 1,200만 건 이상의 고객 상호 작용에 대한 고객 의도를 실시간으로 분석할 수 있게 되었다.

서비스로서의 소프트웨어(SaaS)

서비스로서의 소프트웨어(SaaS: software-as-a-service) 전달 모델에서는 클라우드 컴퓨팅 제공업체가 고객들의 요구사항에 특화된 소프트웨어를 제공한다. SaaS는 가장 널리 이용되고 있는 서비스 모델로서, 다양한 범주의 소프트웨어 애플리케이션을 제공하고 있다. SaaS 제공업체는 일반적으로 고객들에게 월별로 또는 연별로 사용료를 부과하고 있다.

SaaS 애플리케이션은 사용자의 하드 드라이브 또는 데이터 센터 대신에 클라우드에 위치하고 있다. 서비스 제공업체(호스트)가 이러한 소프트웨어를 실행시키고 고객의 데이터를 저장하는 소프트웨어와 인프라스트럭처를 관리한다. 고객들은 일반적인 설정사항을 초과하여 소프트웨어를 제어하거나 또는 사용하고 있는 데이터 양의 저장을 위한 디스크 공간량과 같은 그들이 사용하고 있는 자원의 변경을 초과하는 인프라스트럭처를 통제하지 않는다. 이러한 과정은 사용자의 컴퓨터에 애플리케이션을 설치하여 실행시키는 요구를 없애주고, 따라서 유지보수와 지원을 단순화시켜 준다.

다른 애플리케이션과 SaaS 애플리케이션을 차별화시켜 주는 것은 규모 확장 가능성이다. 결과적으로, 애플리케이션들은 변화되는 요구사항을 만족시키기에 필요한 만큼의 많은 서버에서 실행될 수 있다. 이러한 과정을 사용자가 인식할 수 있다.

인프라스트럭처의 정지에 대한 위험을 줄이기 위해, SaaS 제공업체들은 정기적으로 고객들의 모든 데이터를 백업해준다. 고객들도 자신의 데이터를 자신의 저장 하드웨어에 백업할 수 있다.

HRM SaaS가 어떻게 작동되는지 이해하려면 메리케이(www.marykay.com)의 사례를 살펴보자. 이 화장품 대기업은 미국, 중국 그리고 브라질에서 오라클의 탈레오 클라우드 기반 채용 소프트웨어를 구현했다. 2014년 이전에는 메리케이에게는 지원자 추적 시스템이 없었다. 이 회사의 채용 프로세스는 마이크로소프트 엑셀 스프레드시트와 액세스 데이터베이스를 사용하여 수행하고 있었다. 메리케이의 채용 담당자는 수작업 시스템으로 인해 가시성이 부족했다. 다른 2개의 부서에 지원한 사람이 있는 경우에 한 부서의 채용 담당자는 다른 채용 담당자도 동일한 지원자에게 이미 연락했다는 사실을 모른 채 그 지원자에게 전화를 걸곤했다.

탈레오는 메리케이에게 내부와 외부 구직자를 추적할 수 있는 중앙 집중식 저장소를 제공하고 있다. 이 소프트웨어는 또한 구직 신청, 직원 교육 그리고 배치 등과 같은 프로세스를 자동화했다. 탈레오는 또한 링크드인과 통합되어 한 번의 클릭으로 링크드인 프로필과 기록 등에 즉시 접근할 수 있다. 또한 탈레오는 링크드인의 크리덴셜로 지원할 수 있다.

또 다른 예로 영국, 호주, 뉴욕, 그리고 일본에서 축구 클럽을 소유하고 운영하는 시티 풋볼 그룹(CFG; www.cityfootballgroup.com)을 생각해보자. CFG는 전 세계적으로 약 1,000명의 직원을 고용하고 있다.

HRM 과거에 CFG는 성과 검토에 종이를 사용했고 직원들은 휴일에 종이 양식을 제출하거나 인사(HR) 기록을 업데이트해야 했다. 이러한 수작업 프로세스는 CFG용으로만 설계되었으며 국제 비즈니스용으로는 설계되지 않았다. 이러한 한계와 회사의 급속한 성장으로 인해 CFG는 SAP의 클라우드 기반의 인적자원관리용 HR SaaS 제품을 사용하였다.

SaaS 제품을 통해 CFG 직원은 6개월 간의 성과와 개발 검토(PDR: performance and development review)를 온라인으로 완료함으로써 이전 종이 기반의 프로세스를 단순화할 수 있었다. 추가적인 혜택으로 관리자는 검토를 완료하지 않은 사람과 그러한 검토 단계를 파악할 수 있게 되었다.

직원들이 자신의 목표를 소프트웨어로 로드한 후 관리자와 만나 진행 상황을 논의하고 서술적인 업데이트를 완료했다. 대부분의 CFG 직원은 성과 평가 기간 동안 5~8개의 목표를 담당하였다. SAP HR 시스템을 사용하고 나서, 더 짧은 시간 내에 직원 PDR을 완전하고 정확하게 수행할 수 있게 되었다.

확인하고 넘어가기

1. IaaS에 대하여 설명해보자.
2. PaaS에 대하여 설명해보자.
3. SaaS에 대하여 설명해보자.

TG3.5 클라우드 컴퓨팅의 이점

클라우드 컴퓨팅은 개인과 조직 모두에게 많은 혜택을 제공한다. 기업들에게는 IT 규모와 능력 그리고 전개되고 접근되는 속도를 높일 수 있다. 관리적인 문제들을 제거해 주고, 여러 지역, 장비 그리고 조직 영역에 걸쳐 운영될 수 있다.

최근 CIO 이코노믹 임팩트가 실시한 조사의 응답자 중 반 정도가 새로운 IT 투자를 시행하기 전 — 전통적인 IT 접근 전에 — 먼저 클라우드 컴퓨팅을 평가한다고 응답하고 있다. IBM은 세계의 클라우드 시장은 매년 22%씩 성장하여 2020년 경에는 2,410억 달러에 이를 것이라고 예측하고 있다. 다음에서는 클라우드 컴퓨팅이 개인과 조직에 제공하는 세 가지 혜택에 대해 살펴보기로 한다.

IT와 개인

'클라우드'

이 기술가이드는 클라우드를 분산된 컴퓨팅 서비스로 정의하며, 클라우드가 개인과 비즈니스 목적으로 어떻게 사용될 수 있는지에 대한 많은 예를 보여주고 있다. 이 **IT와 개인**은 기업과 개인의 클라우드 애플리케이션 사이를 구별할 수 있도록 돕고 이러한 클라우드의 활용에 대한 계획을 수립하는 데 도움을 주고자 하는 것이 목적이다.

첫째, 하나의 '클라우드'는 존재하지 않는다는 것을 알아야 한다. 그보다 대부분의 기업들은 그들의 인터넷 기반의 서비스를 '클라우드 서비스'라고 말한다. 기본적으로 로컬 컴퓨터에서 작업하던 모든 것들을 인터넷을 통해 할 수 있는 것이 클라우드 컴퓨팅의 형태이다. 여러분이 드롭박스에 파일을 저장하고, 구글 독스를 이용하여 문서를 만들고, 구매내역의 저장 또는 문서 동기화를 위해 아이클라우드를 사용하고, 또는 아이패드에서 온라이브를 사용할 때, 여러분은 개인용도로 개발된 클라우드 기반의 서비스를 사용하는 것이다.

IaaS는 개인 용도를 위한 중요한 클라우드 애플리케이션이다. 드롭박스는 이 분야에서 가장 우수한 기업들 중의 하나이다. 과거에는 개인정보를 저장하기 위해 사용자들은 USB 드라이브, CD, 외장 하드드라이브, 또는 플로피 디스크 등을 소지해야만 했다. 그러나 오늘날에는 사용자들이 이러한 목적으로 드롭박스를 이용할 수 있다. 지금 이 순간에도 무료 드롭박스 계정은 2GB의 저장용량을 제공하고 있다. 드롭박스는 파일을 저장하기 위한 장소를 제공(개인적 용도의 이동 저장장치에 대한 요구를 없앰)함은 물론 컴퓨터들 사이와 모바일 장치들 사이의 동기화도 지원한다.

가상화도 널리 이용되고 있다. 아이패드를 가지고 있다면 '온라이브'라는 앱을 찾아서 시험적으로 실행해보기 바란다. 온라이브는 윈도우7 또는 윈도우8을 실행시키고 있는 가상 머신에 로그할 수 있게 해준다. 여기에서 여러분의 아이패드는 단순히 입력/출력 기능만을 수행하고, 서버는 가상 운영시스템을 '서비스로 제공'한다. 언젠가 여러분의 집에 있는 컴퓨터도 가상화될 것이다.

SaaS는 아주 오랜 동안 인기있는 선택사항이 되어 오고 있다. 예를 들어, 구글 독스는 인터넷 기반의 워드프로세서, 스프레드시트, 프리젠테이션, 양식, 그리고 그리기 도구 등을 제공하고 있다. 최근에 마이크로소프트는 마이크로소프트 오피스 365로 전환했다. 기본적으로 이러한 서비스들로 인해 여러분은 컴퓨터 프로그램을 여러분의 컴퓨터나 모바일 장치 등에 설치하지 않고도 사용할 수 있게 되었다. 단지 인터넷을 이용하여 전체 프로그램(그리고 여러분이 저장한 파일) 등에 접근하면 된다.

구글은 구글 독스의 온라인 편집 및 파일 공유 능력에 덧붙여 드롭 박스와 같은 서비스를 제공하는 구글 드라이브 서비스를 이러한 클라우드 서비스들과 결합시켰다. 이것은 또한 구글 독스의 부가적인 혜택 때문에 SaaS와도 동시에 사용될 수 있다. 언젠가 구글을 가상화, 인프라스턱쳐, 그리고 소프트웨어 등을 하나의 단일 클라우드 기반 서비스로 통합시킬 것으로 보인다. 만일 이러한 기술이 이용가능하다면, 여러분이 소비자로서 준비해야 할 모든 것은 인터넷에 연결될 장치이며, 클라우드로부터 여러분의 파일을 저장하고, 접근하고 공유할 수 있게 될 것이다. 그리고 여러분이 현재 벤더가 승인한 스토어에서 모바일 장비에서 사용한 애플리케이션을 구매하고 있는 방식으로 여러분의 '가상 머신'에서 실행시킬 앱을 선택할 수 있게 될 것이다.

이제 간단히 정리해보면, 클라우드 기반의 서비스가 우리 가까이에 와 있다는 것이다. 유비쿼터스 인터넷 접근이 새로운 가능성의 세계를 열어주고 있다.

그러나 한마디 충고를 한다면, 이러한 얼핏 보기에 무한한 가능성을 가지고 있는 클라우드 컴퓨팅은 많은 중요한 보안과 개인정보보호 이슈들을 제기하고 있다. 여러분의 파일, 앱, 그리고 편집 능력들이 더 이상 로컬 머신에 저장되지 않을 것이기 때문에, 그것들은 여러분이 믿고 맡긴 회사만큼만 안전할 뿐이다. 따라서 여러분이 클라우드 제공업체를 선택할 때 현명하게 선택하였는지를 확인해야만 한다.

클라우드 데스크톱 또는 클라우드 내의 데스크톱이라고도 불리는 DaaS(Desktop-as-a-Service) 모델은 SaaS의 하위 집합이다. 이 모델에서 SaaS 제공 업체는 구글 앱스, 마이크로소프트 365 그리고 기타의 제품 등과 같은 생산성과 협업 소프트웨어(스프레드 시트, 워드 프로세싱 프로그램 등)를 포함한 데스크톱 PC 소프트웨어 환경을 서비스한다. DaaS 모델은 완전하게 구비된 개인용 컴퓨터 또는 팻 클라이언트를 구입할 필요가 없기 때문에 소비자에게 재정적으로 이점을 제공할 수 있다. 이 모델은 또한 PC 환경을 보다 간단하게 배포하고 관리할 수 있게 해 준다.

혜택 1: 클라우드 컴퓨팅은 직원들에게 긍정적 영향을 미친다.

클라우드 컴퓨팅은 어디에서 근무하고 있던지, 무슨 장치를 사용하고 있든지, 또는 누구와 같이 일을 하고 있더라도 이와 상관없이 기업이 필요로 하는 정보에 접근할 수 있게 해줄 것이다. 다음의 예를 살펴보자.

POM 여러 주를 담당하는 한 법률회사의 변호사들은 지속적으로 문서들과 데이터에 접근해야 한다. 2000년 이후, 이 회사의 데이터 양은 30기가바이트에서 40테라바이트 이상으로 증가하였다. 또한, 이 데이터 모두는 안전하게 저장되고 접근되어야 한다. 과거에는 변호사들이 종종 수작업으로 판례 관련 데이터를 외부 하드드라이브와 USB 장치에 복사한 다음 그들과 회사 본부 사이에서 이 장치들을 가지고 다녀야 했다. 이러한 과정은 안전하지도 않았으며, 시간이 더 들고, 그리고 비용도 비쌌다.

이러한 필요를 해결하기 위해, 이 법률회사는 최고로 안전한 공공 클라우드 내에서 데이터 저장, 외부 재해복구, 그리고 멀티사이트 접속을 위해 클라우드 컴퓨팅을 선택하였다. 기존의 IT 인프라스트럭처에 요구된 만큼 대규모의 추가적인 저장장치를 유지보수하는 대신에 이 회사는 이제 저장 용량을 필요할 때마다 증가시킬 수 있게 되었다. 클라우드는 변호사들이 암호화된 통신채널을 통해 지속적인 접근을 제공하고 있다. 또한, 클라우드는 분산되어 있는 변호사 팀들 사이의 협력을 촉진시켜, 전체적인 생산성을 향상시키고 있다. 클라우드 환경은 이 회사의 변호사들에게 더 많은 효율성을 가져다 주었고, 회사의 IT 비용을 60%까지 절감시켜 주었다.

혜택 2: 클라우드 컴퓨팅은 비용을 절감할 수 있다.

시간이 지나면서, 사내 IT 인프라를 구축하고 운영하는 비용은 일반적으로 클라우드 컴퓨팅을 실행하는 것보다 더 많은 비용이 들 것이다. 클라우드 제공업체는 대규모의 IT 인프라스트럭처(예: 하드웨어와 대역폭)을 구매해서 대량구매에 의한 비용절감 효과를 보게 된다. 결과적으로 이러한 제공업체는 지속적으로 (기술가이드1에서 논의된) 무어의 법칙에 의한 혜택을 보게 된다. 예를 들어, AWS로 알려진 아마존 클라우드는 지난 10여 년 동안 여러 번 가격을 인하해 오고 있다.

결국, 클라우드 컴퓨팅은 하드웨어의 구매, 소프트웨어의 구축과 설치, 그리고 소프트웨어 저작료 지불 등의 필요를 줄여 주거나 없애줄 수 있다. 조직은 그들이 필요로 하는 컴퓨팅 자원에 대한 비용만을 조직이 필요로 할 때만 지불하면 된다. 이러한 요금제(pay-for-use) 모델은 더 큰 융통성을 제공하고 중요한 자본 비용에 대한 필요를 없애거나 줄일 수 있다.

POM 미국 연방조달청(GSA: www.gsa.gov)을 살펴보기로 한다. 2010년에 이 기관은 핵심 정보시스템을 클라우드로 마이그레이션하기 위한 다년간의 전략을 착수했다. 전략의 첫 번째 단계에서 GSA는 17,000명의 직원을 구글 앱스로 마이그레이션하여 기본 이메일과 협업 서비스를 완전히 클라우드 환경으로 이전한 최초의 연방 기관이 되었다. GSA는 마이그레이션을 통해 연간 약 300만 달러를 절약할 수 있게 되었다.

HRM 전략의 두 번째 단계에서 GSA는 세일즈포스닷컴(www.salesforce.com)과 협력하여 클라우드 기반 소프트웨어를 구현하여 GSA 직원이 프로젝트에서 더 쉽게 공동으로 작업하고, 사례 파일을 공유하여 관리하고, 내부의 주제와 관련된 전문가를 찾고 새로운 아이디어를 포착할 수 있게 되었다. 한 예로 직원들은 이 소프트웨어를 사용하여 30일 동안 640개의 아이디어를 생성하여 GSA 비즈니스 프로세스를 간소화했으며, 결국 연간 500만 달러를 절약한 성과를 가져왔다.

HRM GSA는 또한 클라우드에 신속한 애플리케이션 개발 플랫폼(13장 참고)을 구축하였다. 6개월 내에 GSA의 IT 부서는 1,700개 이상의 기존 애플리케이션을 대체하는 100개 이상의 엔터프라이즈 애플리케이션을 개발하여 제공하였다. 새로운 애플리케이션은 총 소유 비용(TCO: total cost of ownership)을 92%까지 줄였다.

결론적으로 GSA는 2014 회계 연도에 IT에 5억 9,300만 달러를 지출했으며, 이는 전년도에 비해 거의 1억 달러를 절약한 것이었다.

혜택 3: 클라우드 컴퓨팅은 조직의 융통성과 경쟁력을 개선할 수 있다.

클라우드 컴퓨팅은 특정 시점에 조직들이 필요로 하는 정도의 컴퓨팅 자원을 이용할 수 있게 해준다. 따라서 기업들은 급변하는 기업 조건을 맞추는 데 필요한대로 그들의 운영 규모를 효율적으로 늘리거나 줄일 수 있게 되었다. 클라우드 컴퓨팅은 또한 온프레미스 컴퓨팅보다도 더 빠른 컴퓨팅 서비스를 제공할 수 있다.

POM 대규모 이탈리아의 소매업체인 PAC2000A(http://www.pac2000a.it/)를 살펴보자. 이 회사는 1천 개 이상의 매장에서의 정가를 관리하기 위해 맞춤식으로 개발된 사내 애플리케이션을 사용해오고 있었다. 가격책정 애플리케이션은 나라 또는 지역 규모에서든 소비수요를 알고리즘에 통합할 수 없었다. 이 업체가 SaaS 기반의 가격 최적화 시스템을 사용하게 되었을 때, 매우 상세한 비용과 경쟁자의 데이터에 대한 복잡한 분석 능력을 얻게 되었다. 이러한 과정은 좀더 상세한 지역 상황에 맞춘 가격 결정, 좀 더 정확한 예측 등이 가능해졌고, 비교 매장매출(comparable store sales)의 2.4% 증가를 가져왔다.

확인하고 넘어가기

1. 조직이 비즈니스 운영의 범위를 확장하는 데 클라우드 컴퓨팅이 어떻게 도움을 줄 수 있는지 설명해보자.
2. 조직이 시장의 변화에 신속하게 반응하는데 있어서 클라우드 컴퓨팅이 어떻게 도움을 줄 수 있는지 설명해보자.

TG3.6 클라우드 컴퓨팅 관련 우려와 위험

가트너는 2016년 동안 연 19%로 성장률을 보일 것으로 예측하고 있다. 그러나 이러한 예측이 정확하다고 하더라도, 클라우드 컴퓨팅은 그 해에 소비된 전 세계 IT의 5%도 담당하지 못할 것이다. 왜 이렇게 비율이 낮은 것일까? 그 이유는 클라우드 컴퓨팅에 대한 심각한 우려가 있기 때문이다. 이러한 우려는 구형의 IT 시스템, 신뢰성, 개인정보보호, 보안, 법률과 규제 환경 그리고 클라우드 컴퓨팅의 불법 사용 등의 여섯 가지 부류로 나누어 볼 수 있다.

우려 1: 구형의 IT 시스템

역사적으로 조직의 IT 시스템은 다양한 하드웨어, 운영시스템, 그리고 애플리케이션들을 축적해 왔다. 이것들을 하나로 결합했을 때, 이러한 시스템을 '구형 스파게티'라고 한다. 이러한 시스템들은 먼저 잘 풀어서 단순화시켜야 하기 때문에 클라우드로 쉽게 이전될 수 없다. 또한, 많은 IT 전문가들은 다양한 구형 시스템에 관심을 기울이고 있어서 이러한 시스템을 클라우드 컴퓨팅으로 바꾸는 노력을 거부하고 있다.

우려 2: 신뢰성

많은 회의론자들은 잘 관리되고 있는 사내 IT 인프라스트럭처 만큼 클라우드 컴퓨팅을 신뢰할 수 없다고 주장하고 있다. 클라우드 제공업체가 그들의 서비스에 대한 중복성과 신뢰성을 개선하고 있다 하더라도, 시스템 사용의 중지가 아직도 발생하고 있다. 드롭박스와 구글의 사례를 살펴보자.

2014년 1월 10일에 파일공유 서비스인 드롭박스(www.dropbox.com)는 2일 동안 오프라인 상태였다. 해커들이 이러한 사고에 대한 신용도의 문제를 제기하려고 했지만, 드롭박사는 이러한 서비스 정지가 자사의 실수였다고 말하였다. 이 회사에 의하면, 정기적인 유지보수기간 동안에 운영 컴퓨터의 운영시스템에 대한 소프트웨어 업그레이드에 프로그램 에러가 있었다는 것이었다. 엔지니어들이 백업을 이용하여 시스템을 복구하려고 노력하였지만, 드롭박스 데이터베이스의 규모 때문에 정상적으로 돌리는데 이틀이 걸려야 했다. 이 회사는 사용자의 어떠한 데이터도 손상이나 위태롭게 되지 않았다고 주장하였다.

이후, 2014년 3월 14일에 드롭박스 서비스는 또 약 1시간 동안 작동을 멈추었다. 사용자들은 드롭박스 웹 사이트나 모바일 앱에 접속하려 할 때 에러 메시지만을 받았다. 이 회사는 '서비스 문제'로 설명하면서 트위터 상에 서비스 중지를 알렸다. 이 첫 번째 트위트하고 나서 40분 후에 드롭박스는 이 문제가 해결되었다고 알렸다. 이 회사는 이러한 서비스 중지와 관련하여 정확하게 어떠한 문제였는지에 대하여 결코 상세히 밝히지 않았다.

2017년 2월 28일 아마존 S3(Simple Storage Service)의 상당 부분이 오프라인 상태가 되었다. 아마존은 자체 서비스 상태 대시보드(아마존 웹 서비스(AWS)가 정상적으로 작동하고 있음을 보여주는 웹 페이지)를 아마존 웹 서비스에서 호스팅되고 있었기 때문에 시스템 중단된 후 처음 두 시간 동안 업데이트할 수 없었다.

S3는 종종 이미지를 저장하는 데 사용되었다. 따라서 S3를 사용할 수 없는 경우 회사는 웹 사이트에 이미지나 로고를 표시할 수 없다. 앨라배마에 있는 가족 소유의 대나무 종묘장인 루이스 뱀부(www.lewisbamboo.com)도 똑같은 문제를 경험했다. 웹 사이트의 사진은 온라인으로 제품을 판매하는 데 있어서 매우 중요한 부분이며 S3가 다운되었을 때 웹 사이트 대부분도 작동되지 않았다. 그러나 이 회사는 회사 서버에도 이미지를 저장하고 있었기 때문에 아마존 서비스의 중단에도 불구하고 웹 사이트에 이미지를 표시할 수 있었다. 다른 많은 기업들은 그렇게 운이 좋지 않았다.

아마존은 이러한 사태를 직원 중 1명이 회사의 결제 시스템을 디버깅하고 실수로 의도한 것보다 더 많은 서버를 오프라인으로 전환했다고 말하면서 사람의 실수 탓으로 돌렸다. 이 오류는 2개의 다른 서버의 하위 시스템을 중단시키는 케스케이드 효과를 유발시킨 것이다.

아마존은 이후에 전에 할 수 있었던 만큼 빠르게 서버 용량을 제거할 수 없도록 절차를 변경하였다. 아마존은 또한 유사한 중단이 발생하더라도 서비스 상태 대시보드가 계속 작동할 수 있도록 조치를 취했다.

우려 3: 개인정보보호

개인정보보호 옹호론자들은 클라우드 제공업체들이 사용자와 호스트 컴퓨터 사이에 저장된 데이터와 통신을 제어하고, 합법적이든 불법적이든 이러한 데이터와 통신을 모니터할 수 있기 때문에 클라우드 컴퓨팅은 개인정보보호에 중요한 위협이 될 수 있다고 비난해 오고 있다. 예를 들어, AT&T와 버라이즌은 NAS와 협력하여 미국 시민들 사이의 천만이 넘는 전화 통화내역을 기록하기 위해 클라우드 컴퓨팅을 사용하고 있다. 또한, 제공업체들은 우연히 또는 계획적으로 일부 정보를 변경하거나 심지어 삭제할 수 있다.

클라우드 컴퓨팅을 사용함으로써 제공업체들은 또한 클라우드 처리와 클라우드 저장이 클라우드 서비스를 실행하는데 사용될 수 있는 정도에 의해 데이터 정보보호는 복잡해지고 있다. 요점은 고객의 데이터가 같은 시스템 또는 같은 데이터 센터에 남아있지 않을 수 있다는 것이다. 이러한 상황은 소송과 관련한 법률적 우려를 유발할 수 있다.

이러한 문제들을 법률적 환경과 결합하여 해결하는 노력이 있어 왔다. 하나의 예가, EU의 개인정보보호지침을 미국 기업들이 충족하게 한, 미국과 유럽연합 간의 세이프하버(Safe Harbor) 협정이다.

우려 4: 보안

비평가들은 클라우드 컴퓨팅이 정말로 얼마나 안전한지 질문하고 있다. 클라우드 컴퓨팅의 특성들이 전통적인 IT 구조의 특성들과 광범위하게 다를 수 있기 때문에, 클라우드 제공업체들은 전통적인 보안 메카니즘의 효과성과 효율성을 재고할 필요가 있다. 보안 이슈들은 민감한 데이터에 대한 접근, (고객들 사이의) 데이터 분리, 개인정보보호, 에러 제거, 복구, 책임성, 악성 소프트웨어 침투 그리고 계정 제어 등을 포함한다.

클라우드 컴퓨팅 서비스의 보안은 이 기술의 채택을 지연시킬 수 있는 논쟁의 여지가 있는 이슈이다. 보안 이슈는 주로 보안 기반의 서비스를 외부 관리에 맡기는 사설과 공공 조직 모두의 우려에서 기인한다. 클라우드 제공업체들이 이러한 서비스를 관리한다는 사실이 강력한 보안 서비스의 구축과 유지보수에 대한 우선순위를 매기는데 큰 동기를 제공하고 있다.

또 다른 보안 이슈는 클라우드에 저장된 정보에 접근하여 이용할 수 있는 사람들에 대한 통제를 포함한다(4장의 최소의 권한에 대한 논의를 기억하기 바란다.) 많은 조직들이 사내 IT 인프라스트럭처에 효과적으로 최소권한 통제(least-priviledge control)를 행사하고 있다. 이외 대조적으로 일부 클라우드 컴퓨팅 환경은 최소권한 통제를 효과적으로 행사할 수 없다. 이러한 문제는 클라우드 컴퓨팅 환경이, 일부의 사람들이 사람들의 개인정보에 대한 통제 권한과 책임을 가지고 있는 계층구조의 조직을 위해서가 아니라, 처음부터 개인과 집단을 위해 설계되었기 때문에 발생하는 것이다. 이러한 문제의 해결을 위해 클라우드 컴퓨팅 벤더들은 그들의 서비스에 행정적이며, 최소권한에 대한 기능을 추가하기 위한 작업을 하고 있다. 사실상 많은 벤더들이 이미 그러한 작업을 이미 완료하였다.

플로리다주의 파나마시를 예로 살펴보기로 한다. 파나마시는 미국 내에서 구글의 정부용 앱을 채택한 첫 번째 도시들의 하나이다. 이 시는 누가 구글 앱을 사용하고 있으며, 시의 IT 영역 안팍으로 어떻게 사용자들이 협력을 하고 있는지에 대한 가시성을 얻기 위한 방법을 강구 중이었다. 또한, 이 시는 필요한 곳에 데이터 공유 정책을 통제하고 강제할 수 있는 능력을 가져야만 했다. 이 시는 클라우드락(www.cloudlock.com)을 채택하기로 결정하였다.

클라우드락은 구글 앱과 같은 공공 클라우드 애플리케이션에 위치한 고객들의 정보자산을 보호하기 위한 보안시스템을 제공하고 있다. 클라우드락은 다음과 같은 주요한 데이터 관리 이슈들을 제공하고 있다.

- 데이터 인벤토리: 얼마나 많은 정보자산이 존재하고, 어떠한 형태인가?
- 어떤 정보자산이 대중들 또는 인터넷에서 공유되고 있는가?
- 누가 정보자산에 접근하고 있으며, 어떤 정보자산이 누구에게 접근될 수 있는가?

클라우드락을 사용함으로써 파나마시는 잠재적으로 민감한 정보(지나친 권한의 변경 또는 취소; 그리고 감사권 변경)를 포함하고 있는 정책 위반 또는 유출 문서의 데이터 소유자를 신고할 수 있게 되었다. 그리고 이 시의 IT 관리자는 클라우드락 애플리케이션에 대한 접근권함을 부여함으로써 부서장들이 그들 부서 단위 고유의 데이터 정책을 관리할 수 있도록 지정할 수 있었다.

우려 5: 규제와 법률 환경

데이터 접근과 전송을 포함하여 클라우드 컴퓨팅과 관련한 수많은 법률과 규제 장벽들이 존재한다. 예를 들어, 유럽연합은 소비자의 사전 합의와 승인 없이 비회원 국가로 소비자의 데이터를 전송하는 것을 금지하고 있다. 유럽 연합 밖에 위치한 기업들은 그러한 데이터에 대하여 '세이프하버'를 제공하고 있음을 공지함으로써 이러한 제한을 극복할 수 있다. 독일을 포함한 일부 국가들은 이보다 더 엄격한 데이터 유출 법안들을 제정해 오고 있다. 클라우드 컴퓨팅 벤더들은 이러한 규제와 법들을 인식하고 있으며, 고객과 규제기관들이 벤더들에게 맡긴 데이터가 이러한 요구사항들 모두를 만족시키고 있다는 확신을 가지도록 그들의 서비스를 수정하기 위한 작업을 진행 중에 있다.

연방 정보보안 관리법(FISMA: Federal Information Security Management Act), 건강 보험 이동과 책임 법령(HIPAA: Health Insurance Portability and Accountability Act), 미국의 사베인즈-옥슬리법(Sarbanes-Oxley Act), 유럽연합의 데이터보호 지침(the Data Protection Directive), 그리고 신용카드 산업의 지불카드 산업 데이터 보안 표준(PCI DSS: Payment Card Industry's Data Security Standard) 등과 같은 규제들을 준수하기 위해, 클라우드 컴

퓨팅 고객들은 일반적으로 좀 더 비싸고, 제한된 혜택을 제공하는 하이브리드 모델을 채택해야만 할 것이다. 이러한 과정은, 예를 들어, 구글이 어떻게 "FISMA의 추가적인 정부 정책 요구사항을 관리하고 만족"시킬 수 있는지 그리고 랙 스페이스(www.rackspace.com)가 어떻게 PCI 준수를 주장할 수 있게 되었는지를 보여준다. FISMA는 연방기관들에게, 도급업자에 의해 제공되는 모든 것들을 포함해서, 기관의 운영을 지원하는 정보와 정보시스템들에 대하여 정보보안을 제공하기 위한 프로그램의 개발, 문서와 그리고 실행 등을 요구하고 있다. 신용카드 정보를 처리, 저장 또는 전송하는 모든 회사들이 보안 환경을 반드시 유지하도록 설계한 요구사항들이다.

우려 6: 클라우드 컴퓨팅의 불법 사용

클라우드 컴퓨팅은 양호한 관리, 일반적으로 신뢰할 수 있고 규모 확장성을 가진 글로벌 인프라스트럭처를 이용할 수 있게 해 줌으로써 불행히도 합법적인 비즈니스 활동에도 적합하지만 불법적인 컴퓨팅 활동에도 적합하다고 할 수 있다.

클라우드에 저장된 엄청난 양의 정보는 데이터 절도범들에게는 매력적인 대상이 되고 있다. 또한 클라우드 컴퓨팅 고유의 특징은 이러한 범죄자들을 체포하는 것을 어렵게 만들고 있다.

클라우드 컴퓨팅은 누구에게나 엄청난 처리 능력을 제공한다. 클라우드 컴퓨팅을 사용하는 범죄자들은 당국이 자신의 활동을 탐지하기 어렵게 하는 암호화 기술과 익명의 통신 채널에 액세스할 수 있다. 법 집행 기관이 범죄자를 추적할 때 범죄자는 클라우드의 컴퓨팅 자원을 빠르게 종료할 수 있으므로 포렌식을 위한 단서가 남을 가능성이 크게 줄어 든다. 범죄자들이 더 이상 기계를 필요로 하지 않고 종료하면 클라우드 공급 업체의 다른 클라이언트가 해당 기계에 할당된 스토리지와 계산 용량을 즉시 재사용한다. 따라서 합법적인 고객의 데이터가 범죄 정보를 덮어 쓰게 된다. 머신의 프로비저닝이 해제된 후에는 데이터를 복구하는 것이 거의 불가능하다.

범죄자들은 클라우드 공급업체에 (가명과 도난된 신용카드를 사용하여) 계정을 등록하고 불법적인 목적으로 서비스를 '합법적으로' 사용하고 있다. 예를 들어 범죄자들은 지메일이나 텍스트 공유 웹 사이트인 페이스트빈(www.pastebin.com)을 사용하여 범죄를 계획하고 도난 정보를 공유하고 있다. 또 다른 예는 범죄자들이 무차별적인 암호 해독에 클라우드 컴퓨팅을 사용한다는 것이다(4장 참조). 이러한 사용은 대부분 회사의 서비스 약관에 의해 금지되어 있지만, 클라우드 정책은 비용이 많이 들고 클라우드 제공 업체에게는 그다지 득이 되지 않는다.

많은 클라우드 공급업체가 지리적 다양성, 즉 전 세계의 여러 물리적 공간에 위치하고 있는 가상 머신을 제공하고 있다. 범죄자들은 초 국가적 공격에 이 기능을 사용할 수 있다. 이러한 공격은 당국이 출처까지 사이버 공격을 추적하고자 할 때 정치적, 기술적 장애가 되고 있다.

범죄자들이 이용하고 있는 또 다른 약점은 클라우드 벤더들이 제공하는 웹 기반의 애플리케이션 또는 SaaS 제품들에게서 야기된다. 엄청나게 많은 수의 서버들과 혼합된 수많은 사용자들로 인해 1명의 범죄자가 합법적인 사용 속으로 쉽게 숨어 들어갈 수 있다.

당국자와 희생자들을 심지어 더 복잡하게 하는 것은 사이버공격이 우리가 믿고 사용하는 클라우드 프로그램 내부에서 발생할 수 있다는 것이다. 예를 들어, 보안회사인 에프시큐어의 연구원들은 구글 독스 내에서 호스트되고 있는 여러 개의 피싱 사이트를 감지해 오고 있다고 발표하였다. 이러한 공격을 가능하게 하는 것은 '웹메일 계정 업그레이드'와 '버그 신고' 등과 같은 제목으로 사용자들이 웹 기반의 양식을 만들 수 있게 한 구글 스프레드시트 시스템의 특성 때문이다. 구글 서버에 위치한 이러한 양식들은 구글의 암호 승인으로 인증된다. 특히, 에프시큐어의 연구원들에 의하면, 이 양식들은 사용자의 실제 이름, 사용자 계정명, 구글 패스워드 등과 같은 민감한 정보를 요구하고 있다.

확인하고 넘어가기

1. 클라우드 컴퓨팅의 다양한 위험에 대하여 논의해보자.
2. 어느 위험이 가장 크다고 생각하는가? 그 이유는 무엇인가?

TG3.7 웹 서비스와 서비스 중심 설계

지금까지 클라우드 컴퓨팅이 어떻게 사용자들에게 서비스의 형태(IaaS, PaaS, 그리고 SaaS)로 사용자들에게 다양한 기능을 제공할 수 있는가에 대하여 살펴보았다. 이 절에서는 웹 서비스와 서비스 중심 설계를 살펴보면서 이 장을 마치기로 한다.

웹 서비스(web services)는 인터넷을 통해 배포되는 프로그램으로, MIS 인력들이 개인 컴퓨터든 모바일 기기든 어떤 기기로도 선택하고 조합할 수 있다. 공통의 프로토콜과 표준을 이용하여 이 프로그램들은 다른 종류의 기기들이 사용자의 개입없이 서로 통신, 즉 데이터와 서비스를 공유할 수 있게 해준다. 웹 서비스는 여러 환경에서 사용될 수 있기 때문에 많은 잠재력을 가지고 있다. 인터넷이든 기업 방화벽 내부의 인트라넷이든 비즈니스 파트너들이 구축한 엑스트라넷이든, 웹 서비스는 비즈니스 프로세스의 자동화부터 기업 전체의 구성요소 통합에 이어 온라인 물건구매의 최적화까지 다양한 업무를 수행한다.

웹 서비스는 조직에 많은 이점을 제공한다.

- 다른 새로운 기술을 실행하지 않고도 조직들은 기존의 인터넷 인프라스트럭처를 활용할 수 있다.
- 조직구성원이 원격 또는 지역 내 데이터를 접근할 수 있는데, 그러한 과정의 복잡성을 이해할 필요가 없다.
- 조직은 새로운 애플리케이션을 빠르고 쉽게 생성할 수 있다.

기업의 IT 애플리케이션들을 구축하는데 사용되는 웹 서비스들 전체가 **서비스 중심 설계**(service-oriented architecture)를 구성한다. 기업들은 이러한 일련의 서비스들을 실행함으로써 그들의 업무처리 절차들을 수행한다. 웹 서비스의 가장 큰 이점 중의 하나는 하나의 조직 내에서 다른 애플리케이션에 재사용될 수 있다는 것이다. 예를 들어, 고객의 신용도를 체크하는 웹 서비스는 주택융자대출 애플리케이션 또는 신용카드 애플리케이션을 처리하는 서비스에도 사용될 수 있다는 것이다.

웹 서비스는 XML, SOAP, WSDI, 그리고 UDDI 등과 같은 네 가지 주요한 표준 혹은 프로토콜에 기반하고 있다. **XML(extensible markup language)**은 여러 프로그램 사이에 데이터를 주고 받고, 이 데이터를 확인하고 해석하는 것을 돕는 하나의 컴퓨터 언어이다. XML은 웹 페이지의 문서상에 텍스트, 그래프, 동영상 그리고 음성 등이 어떻게 위치하는지를 규정하는 페이지 설명 언어(page-description language)인 **HTML(hypertext markup lanaguage)**보다 더 강력하고 유연한 마크업 언어(markup language)이다. HTML은 원래 주로 텍스트로 구성되는 정태적 문서(static documents)들을 만들고 연결하기 위해 설계되었다(그림 TG3.5 참조). 그러나 오늘날 웹은 더욱 더 사회적이고 상호작용하게 되었으며, 많은 웹 페이지들은 사진, 음성 그리고 동영상 등과 같은 멀티미디어 요소들을 담고 있다. 이러한 리치 미디어(rich media)를 웹 페이지에 통합하기 위해 사용자들은 플래시, 실버라이트, 그리고 자바 등과 같은 제3자 플러그 인 애플리케이션에 의존해야만 한다. 사용자들에게는 불행하게도 이러한 애드온(add-ons)들은 추가적인 프로그래밍과 확장된 컴퓨터 처리능력을 요구한다.

HTML의 다음 세대로 불리는 **HTML5**는 사용자들이 애드온 없이도 문서에 직접 사진, 음성 그리고 동영상들을 넣을 수 있게 해 줌으로써 이러한 문제들을 해결하고 있다. HTML5는 또한 웹 페이지가 모바일 장치와 데스크탑 등과 같은 서로 다른 디스플레이 장치들에서 쉽게 작동할 수 있게 해 주고 있다. HTML5는 웹에서 작동하는 앱을 위한 오프라인 데이터 저장소를 지원하고 있다.

그림 TG 3.5 (a) HTML 래퍼의 스크린샷. 이 래퍼는 이 책과 관련된 비디오를 여는 방법에 대한 지침을 제공한다. (b) XML 태깅의 예

(a) html

```
<!DOCTYPE HTML PUBLIC "-//W3C//DTD XHTML 1.0 Transitional//EN" http://www.wiley.com/college/gisslen/0470179961/video/
video111
<html xmlns="http://www.wiley.com/college/rainer/0470179061/video/video111.html><head>
<meta http-equiv="content-Type" content="text/html; charset=ISO-8859-1">
<title>CSS Text Wrapper</title>
<link type="text/css" rel="stylesheet" href="css/stylesheet.css">
</head><body id="examples">

<div id="container">
        <div class="wrapper">
                <div class="ex">
                        <script type="text/javascript">shapewrapp
er("15","7.5,141,145|22.5,89,89|37.5,68,69|52.5,46,50|67.5,3
height: 15px; width: 39px;"></div><div style="float: left; clear: left; height: 15px; width: 27px;"></div><div style="float:
15px; width: 4px;"></div><div style="float: left; clear: left; height: 15px; width: 6px;"></div><div style="float:
right; cle
width: 43px;"></div><div style="float: left; clear: left; height: 15px; width: 57px;"></div><div style="float: right; clear:
                        <span style="font-size: 13px;" class=c">
```

(b) XML

```
<feature numbered="no" xml:id="c08-fea-0001">
    <titleGroup>
        <title type="featureName">OPENING CASE</title>
        <title type="main">Tiger Tans and Gifts</title>
    </titleGroup>
    <section xml:id="c08-sec-0002">
        <p>
            <blockFixed onlyChannels="print" type="graphic">
                <mediaResource alt="p0310" copyright="John Wiley &amp; Sons, Inc." eRights="yes"
                    href="urn:x-wiley:9781118443590:media:rainer9781118443590c08:p0310" pRights="yes"/>
            </blockFixed>
            Lisa Keiling owns & tanning salon in Wedowee, Alabama, that does very well from January to May....
        </p>
    </section>
</feature>
```

웹 페이지들은 더 빨리 실행될 것이고, 그것들은 스마트폰의 앱들을 닮게 될 것이다. HTML5는 애플의 사파리 브라우저, 구글의 크롬, 그리고 파이어팍스 브라우저 등과 같은 다양한 인터넷 플랫폼에서 사용된다. 구글의 지메일(Gmail)과 구글의 리더(Reader) 등도 HTML5를 사용한다. "iPad Read"로 수록된 웹 사이트들은 HTML5를 광범위하게 사용하고 있다. 그러한 사이트의 예가 CNN과 뉴욕타임즈 그리고 CBS 등이다.

HTML은 웹 페이지의 형태로 데이터가 어떻게 표현되는가를 설명하는데 국한하지만, XML은 데이터의 프리젠테이션, 통신 그리고 저장 등을 수행할 수 있게 한다. 예를 들어, XML에서는 숫자는 단순한 숫자가 아니다. XML 태그는 그 숫자가 가격, 날짜, 또는 우편번호 등을 나타내는지를 규정한다. 다음의 XML 예제는 제인 스미스(Jane Smith)에 대한 연락정보(contact information)를 규정하고 있다.

```
<contact-info>
<name>Jane Smith</name>
<company>AT&amp;T</company>
<phone>(212)555-4567</phone>
</contact-info>
```

SOAP(simple object access protocol)은 서로 다른 네트워크 시스템과 프로그램 사이에 XML을 이용한 메시지 전달이 어떻게 이루어질지를 정의하는 규칙이다. 이 규칙은 서로 다른 웹 서비스가 상호 작용 및 동시 작동할 수 있게 한다. 예를 들어, 비주얼 베이직으로 작성된 클라이언트가 SOAP를 이용해 자바(Java) 서버와 교신할 수 있다. SOAP는 모든 하드웨어 및 소프트웨어 시스템에서 적용된다.

WSDL(web services description language)은 웹 서비스가 수행하는 여러 업무를 설명하는 XML 문서를 작성하는 데 사용된다. 비주얼스튜디오닷넷(VisualStudio.Net) 등의 도구들이 WSDL의 접속, 해석, 그리고 설명된 웹 서비스를 사용하는 프로그램의 작성을 자동화한다.

UDDI(universal description, discovery and integration)는 사용자들이 필요한 웹 서비스를 검색할 수 있도록 해당 서비스의 공공 및 사설 검색 디렉토리를 생성한다. 즉, UDDI는 웹 서비스의 설명에 대한 레지스트리(registry)이다.

웹 서비스의 예는 매우 다양하다. 하나의 예로, 미국 농무부(USDA) 산하의 식품영양관리국(FNS: Food and Nutrition Service)은 아마존의 웹 서비스를 성공적으로 사용하고 있다. FNS 부서의 영양 지원 프로그램을 관장한다. 주된 임무는 식품 지원 프로그램과 포괄적인 영양 교육 노력들을 통해 어린이와 지원 가정이 식품과 건강한 식단에 더 쉽게 접근할 수 있게 해주고 있다.

영양 지원 프로그램인 SNAP은 미국 농무부의 영양 지원 임무의 초석이 되고 있다. 470만 명 이상의 사람들(대부분이 어린이들)이 매달 SNAP의 지원을 받는다. 수혜자들을 돕기 위해 FNS는 2010년에 'SNAP 소매점포 위치찾기(Retail Locator)'라는 웹 애플리케이션을 개발하였다. 이 솔루션을 실행함에 있어 제한된 예산과 시간을 극복하기 위해 FNS는 애플리케이션을 호스트하기 위해 아마존 웹 서비스를 선택하였다. 이 앱의 이름이 나타내듯이, 매달 3만 명의 방문객이 이 앱을 사용하고 있으며, SNAP 수혜자들이 가장 가까운 SNAP이 인증한 상점을 찾고 또한 그 상점으로의 운전

방향을 제공하고 있다. 이 앱은 개발되어 사용된 이후로 100%로 이용되고 있다. 또한 아마존을 채용함으로써 FNS는 자체적으로 운영하였을 때 발생하게 되었을 비용의 90%를 절감할 수 있었다.

확인하고 넘어가기

1. 웹 서비스란 무엇인가?
2. 서비스중심 설계란 무엇인가?

IT는 나를 위해 무엇을 해줄 수 있지?

모든 경영 전공을 위한 정보기술

하드웨어(기술가이드 1)와 관련해서 엔터프라이즈 IT 구조의 설계는 기업인들에게 심대한 영향을 미치고 있다. 개인과 조직의 성공은 이러한 구조에 대한 이해와 그것이 가져올 기회와 과제를 인식하는 데 의존할 수 있다.

조직 수준에서 볼 때, 클라우드 컴퓨팅은 IT 기능이 좀 더 효율적이고 효과적이게 하고 있으며, 조직의 예산을 절감시켜 주고 있다. 웹 서비스와 서비스 중심 설계는 조직이 새로운 IT 애플리케이션을 적용하고자 할 때 조직을 더 유연하게 만들고 있다.

개인 수준에서는 여러분들이 여러분 자신의 기업을 창업하고자 한다면 클라우드 컴퓨팅을 이용할 수 있다. 클라우드 컴퓨팅은 창업기업들이 낮은 비용으로 세계적 수준의 IT 자원을 사용할 수 있게 해준다.

요약

TG3.1 기존의 IT 부서가 직면하고 있는 문제들에 대하여 설명해보자.

전통적인 IT 부서(온프레미스 컴퓨팅)는 많은 문제에 직면해 있다.

- 그들은 복잡한 IT 시스템을 구축하고 유지 보수하기 위해 IT 인프라와 전문가에 많은 비용을 들인다. 이러한 비용들은 소프트웨어 라이선스, 하드웨어, 그리고 직원들의 교육 훈련과 급여를 포함한다.
- 그들은 최대 용량으로 사용되지 않는 인프라스트럭처를 관리해야 한다.
- 그들은 기존의 IT 인프라의 유지에 대부분의 예산을 사용하고, 여분의 예산으로 새로운 시스템을 개발한다.
- 그들은 이러한 데이터의 수집, 저장, 관리 그리고 분석 등에 어려움을 겪고 있다.
- 그들은 오늘날의 급속히 변화하고 있는 동적인 환경에서 조직이 신속하고 적절하게 반응하는 데 사실상 걸림돌이 될 수 있다.
- 그들은 많은 비용을 쓰고 있다.

TG3.2 클라우드 컴퓨팅의 특징과 이점에 대하여 설명해보자.

클라우드 컴퓨팅은 공유된 풀의 컴퓨팅 자원(예: 서버, 네트워크, 저장장치, 애플리케이션 그리고 서비스 등)에 인터넷으로 접근할 수 있게 해주는 편리하고, 사용자 요구에 맞춘, 그리고 요금제에 의해 서비스를 제공해 주는 컴퓨팅이다. 클라우드 컴퓨팅은 다음과 같은 중요한 특징을 가지고 있다.

- 클라우드 컴퓨팅은 주문형의 셀프 서비스를 제공한다.
- 클라우드 컴퓨팅은 그리드 컴퓨팅의 특징을 포함한다.
- 클라우드 컴퓨팅은 유틸리티 컴퓨팅의 특징을 포함한다.
- 클라우드 컴퓨팅은 광역망 접근을 활용한다.
- 클라우드 컴퓨팅은 컴퓨팅 자원을 모아 두고 있다.
- 클라우드 컴퓨팅은 가상화된 서버에서 이루어진다.

TG3.3 네 가지 유형의 클라우드에 대하여 설명해보자.

공공 클라우드는 일반 대중(개인, 집단, 또는 조직)의 모든 주체들이 비독점적으로 이용할 수 있는 공유되고, 쉽게 접근할 수 있는 복수 고객용 IT 인프라스트럭처이다.

사설 클라우드(내부 클라우드 또는 사내 클라우드라고도 함)는 하나의 주체 또는 같은 목적과 요구사항을 공유하고 있는 관련 주체들(예: 하나의 조직 내에 있는 복수의 사업 단위들)의 배타적인 집단 만이 접근할 수 있는 IT 인프라이다.

하이브리드 클라우드는 고유한 엔터티로 존재하는 공공 클라우드와 사설 클라우드로 구성되어 이들이 긴밀하게 통합되어 있는 클라우드로, 복수의 전개 모델에 의한 혜택을 제공한다.

수직 클라우드는 특정 산업을 지원한다.

TG3.4 세 가지 유형의 클라우드 서비스 운영 모델에 대하여 설명해보자.

서비스로서의 인프라스트럭처(IaaS) 모델에서는 클라우드 컴퓨팅 제공업체가 원격으로 접근가능한 서버, 네트워크, 그리고 저장 용량을 제공한다.

서비스로서의 플랫폼(PaaS) 모델에서는 고객들이 서버, 운영시스템, 저장장치, 데이터베이스, 자바와 .NET과 같은 소프트웨어 개발 기술 그리고 인터넷의 네트워크 용량 등을 빌려 쓴다.

서비스로서의 소프트웨어(SaaS) 전달 모델에서는 클라우드 컴퓨팅 제공업체가 고객들의 요구사항에 특화된 소프트웨어를 제공한다.

TG3.5 클라우드 컴퓨팅의 주요 이점들을 확인해보자.

클라우드 컴퓨팅의 이점으로는 (1) 개인들의 생산성 향상, (2) 협력의 촉진, (3) 데이터의 통찰력 증진, (4) 애플리케이션의 개발과 호스팅, (5) 비용 유연성, (6) 비즈니스 규모 확장성, (7) 하드웨어 활용의 개선, (8) 시장 적응력 향상, 그리고 (9) 제품과 서비스의 고객맞춤화 등을 들 수 있다.

TG3.6 클라우드 컴퓨팅에 대한 우려와 위험을 논해보자.

클라우드 컴퓨팅은 구형 스파게티, 비용, 신뢰성, 개인정보보호, 보안, 그리고 규제와 법률 환경 등을 포함하는 우려와 위험을 안고 있다.

TG3.7 기업의 IT 애플리케이션 구축에 있어서 웹 서비스의 역할에 대하여 예를 들어 설명해보자.

웹 서비스는 MIS 전문가들이 PC에서 모바일 폰에 이르기까지의 거의 대부분의 장비를 통해 선택하고, 결합할 수 있는 인터넷에서 전달되는 애플리케이션들이다. 서비스 중심 설계는 MIS 전문가들이 웹 서비스를 이용하여 비즈니스 애플리케이션을 개발할 수 있게 해준다.

토의문제

1. 대기업에서 서버 팜과 가상화의 가치는 무엇인가?
2. 여러분이 기업의 CIO라면, 클라우드 컴퓨팅의 성능, 이점과 한계를 어떻게 설명할 것인가?
3. 소기업에서 클라우드 컴퓨팅의 가치는 무엇인가?
4. 기업을 창업하려는 창업가에게 클라우드 컴퓨팅의 가치는 무엇인가?

문제해결활동

1. 다음의 선도적인 공급업체들의 제공물을 검토하여 클라우드 컴퓨팅의 상황을 조사해보자. 클라우드 컴퓨팅에 대한 저해 요인을 기록해보자.
   - 델(www.dell.com)
   - 오라클(www.oracle.com)
   - IBM(www.ibm.com)
   - 아마존(www.amazon.com)
   - 마이크로소프트(www.microsoft.com)
   - 구글(www.google.com)

기술 가이드 04

인공지능

장의 구성

학습목표

TG4.1 인공지능의 잠재적 가치와 잠재적 한계를 설명해보자.

TG4.2 전문가시스템, 기계학습 시스템, 딥러닝 시스템, 그리고 신경망의 사례를 제시해보자.

TG4.3 컴퓨터 비전, 자연언어처리, 로보틱스, 이미지인식, 그리고 지능형 에이전트의 사례를 제시해보자.

TG4.1 인공지능 서론

인공지능은 인간의 사고 과정을 연구하여 정보시스템으로 이러한 과정의 효과를 재창조하고자 하는 컴퓨터 과학의 한 분야이다. **인공지능**(AI: atificial intelligence)은 일반적으로 인간의 지능을 요구하는 과업을 수행할 수 있는 정보시스템의 이론과 개발로 정의할 수 있다. 즉, 인간이 어떻게 생각하는가 보다는 인간이 수행하는 과업의 측면에서 인공지능을 정의한다.

이 정의는 "무엇이 지능형 행동인가?"라는 질문을 야기시킨다. 경험에 의한 학습 또는 이해, 애매 모호하거나 모순적인 메시지 이해, 그리고 새로운 상황에 빠르고 성공적으로 반응하기 등의 능력들은 지능을 나타내는 상징으로 생각된다.

AI의 궁극적인 목표는 인간의 지능을 흉내내는 기계를 만드는 것이다. 컴퓨터가 지능형 행태를 보이는가를 결정하기 위해 널리 사용되는 테스트가 영국의 AI 연구 선구자인 알란 튜링(Alan Turing)에 의해 설계되었다. **튜링 테스트**(Turing test)는 사람과 컴퓨터가 여성 또는 남성인 것처럼 한 상태에서, 인간 면접자가 누가 진짜 사람인지를 식별하게 하는 시나리오를 제안하고 있다. 이러한 표준에 근거하여, 상업용 AI 제품에서 구현된 지능형 시스템은 아직까지는 의미가 있는 지능을 보여주고 있지 못하다고 할 수 있다.

AI의 잠재적 가치는 자연적(인간의) 지능과 비교할 때 더 잘 이해될 수 있다. AI는 자연지능에 비하여 몇 가지 중요한 상업적 이점을 가지고 있지만, 또한 표 TG4.1에 나타난 것처럼 그 한계점들도 보여주고 있다.

강한 인공지능과 약한 인공지능을 구별하는 것도 중요하다. **강한 인공지능**(strong AI)은 인간지능과 일치하거나 더 뛰어난 가설적인 인공지능을 의미하는데, 인간이 수행할 수 있는 지능적인 과업을 성공적으로 수행할 수 있는 기계의 지능을 의미한다. 따라서 강한 인공지능은 의식이나 직감 등을 가지고 있는 것으로 볼 수 있다. **약한 인공지능**(weak AI)(또는 **협의의 인공지능**narrow AI)은 이전에는 기능을 수행할 때 인간의 지능을 요구했지만, 인간 수준 이상으로(예: 문자 인식, 언어 인식,

표 TG4.1 자연지능과 인공지능의 능력 비교

능력	자연지능	인공지능
지식의 보존	조직의 관점에서는 사라질 수 있다.	영구적이다.
지식의 복제와 배포	어려움, 비용이 많이 들고, 시간이 많이 소요된다.	지식이 컴퓨터에 저장되면, 쉽고, 빠르고, 저렴하다.
지식의 총 비용	때때로 일관적이지 못하며, 오류가 있고, 불완전할 수 있다.	일관성이 있으며 완전하다.
과정과 지식의 문서화 가능성	어렵고, 비싸다.	아주 쉽고, 저렴하다.
창의성	매우 높을 수 있다.	낮으며, 독창적이지 못하다.
감각적 경험의 사용	직접적이고 풍부하다.	먼저 해석되어야만 하며, 제한적이다.
패턴과 관련성의 인식	빠르고, 설명하기 쉽다.	기계학습이 대부분 사람만큼 훌륭하지 않지만, 어떤 경우에는 사람보다 나을 수 있다.
추론	광범위한 범위의 경험을 활용한다.	제한적이고, 집중된, 안정적인 영역에서만 좋다.

컴퓨터 비전, 로보틱스, 데이터 마이닝, 자동화된 투자 결정, 그리고 그 밖의 많은 기능들) 유용하고 구체적인 기능을 수행한다.

오늘날, 인공지능이라는 이름이 붙은 시스템들은 약한 AI이다. AI는 이미 인간의 삶에 많은 변화를 가져오기에 충분한 능력을 가지고 있다. 약한 AI의 응용은 사람들이 수행해야 하는 많은 인간의 노력을 개선하고 있다. 예를 들어, 은행에 전화를 걸었을 때 자동화된 음성과 대화하는 것은 약한 AI 프로그램과 대화하는 것이다. 전 세계에 걸쳐 대학이나 기업에서의 연구자들은 점점 더 많은 능력을 갖는 약한 AI 응용들을 개발하고 있다.

약한 AI 시스템이 인간보다 더 잘 두는 체스의 경우를 생각해보자. 1997년에, IBM의 딥블루 시스템은 처음으로 체스 세계 챔피언(게리 카스파로프)을 물리쳤다. 그 이후로 체스게임 시스템은 엄청나게 강력해졌다. 그러나 이러한 시스템들이 체스를 두는 방법은 변하지 않았다. 그들은 다음 수를 두기 전에 가장 좋은 수를 발견하기 위해 모든 가능한 앞으로의 모든 수를 검색하고 계산한다.

그러나 오늘날 최고의 선수는 기계가 아니며, 그랜드 마스터인 게리 카스파로프가 '켄타우로스'라고 부르는 것이다. '켄타우로스'는 사람들과 체스게임 프로그램의 팀이다. 자유형 체스 경기에서 경쟁자들은 인간 단독으로, 또는 체스게임 프로그램만으로 또는 켄타우로스처럼 시합을 할 수 있다. 2014년의 자유형 대항에서 순수 체스게임 AI 소프트웨어가 42경기를 이겼지만 켄타우로스는 53경기를 이겼다.

2018년 5월에 있었던 인터뷰에서 카스파로프는 체스 선수들의 기술을 반영하는 점수를 나타내는 엘로(Elo) 평점 시스템을 이용하여 체스를 두는 단체들을 비교하였다.

- 카스파로프는 자신의 최고 엘로 점수는 2,851점이었다고 언급했다.
- 2018년 세계 챔피언인 매그너스 칼슨은 2,882점의 엘로 점수를 얻었다.
- IBM 딥블루의 엘로 점수는 2,700점을 넘었다.
- 알파벳(구글의 모회사)의 딥마인드 알파제로는 3,600점이었다.

재미있는 것은 AI의 개발이 순수 인간 체스 선수들의 실적을 약화시키지 못했다는 것이다. 아니 오히려 아주 그 반대였다는 것이다. 저렴하고 성능이 뛰어난 체스 프로그램들이 전에 보다 더 많은 사람들이 체스 게임에 몰두하게 만들었고, 그 어느 때보다도 많은 선수들이 더 나아졌다는 것이다. 사실 오늘날 딥블루가 카스파로프를 이겼을 때 있었던 것 보다도 2배나 더 많은 그랜드 마스트가 있다는 것이다.

켄타우로스와 마찬가지로 AI의 지원을 받는 의사들은 의료 영상에서 암을 발견하는 능력이 향상될 것이다. 스마트폰에서 실행되는 음성 인식 알고리즘은 개발 도상국의 수백만 문맹자들에게 인터넷을 제공할 것이다. 디지털 도우미는 학술 연구를 위한 유망한 가설을 제시할 것이다. 이미지 분류 알고리즘은 웨어러블 컴퓨터가 유용한 디지털 정보를 사람들의 실제 현실 세계관에 겹쳐 놓을 수 있게 해 줄 것이다.

약한 AI는 많은 문제들을 표출하고 있다. 예를 들어, AI가 독재와 민주주의 모두에서 국가 안보 기관에 가져다주는 힘을 생각해보자. 수십억 건의 대화를 모니터링하여, 그들의 목소리나 얼굴로 군중들로부터 모든 시민을 골라낼 수 있는 능력은 자유에 심각한 위협이 되고 있다. 또한 많은 개인들이 AI의 발전으로 인해 잠재적으로 그들의 일자리를 잃을 수도 있다는 것이다.

몇몇 주요 기술들의 발전은 인공지능의 발전을 이끌었다. 여기에서 이러한 기술들에 대하여 간략히 살펴보기로 한다.

- **칩 기술의 발전**: AI 시스템은 그래픽 처리 장치(GPU 칩이라고 함)를 사용한다. 이 칩은 비디오 게임의 시각 처리와 병렬 처리 요구를 충족하기 위해 개발되었다. 실제로 GPU 칩은 AI 소프트웨어의 기본 정보 아키텍처인 신경망에서 병렬 처리를 용이하게 한다. (이 기술가이드의 뒷부분에서 신경망에 대해 알아본다.)
- **빅 데이터**: 5장에서 논의한 바와 같이 빅 데이터는 향상된 의사결정, 통찰력의 발견 그리고 프로세스 최적화를 위해 새로운 유형의 처리를 필요로 하는 다양한 대용량 고속 정보 자산으로 구성된다. 빅 데이터는 이제 딥러닝 소프트웨어를 교육하는 데 사용되고 있다. (이 기술가이드의 뒷부분에서 딥러닝에 대해 알아본다.)
- **인터넷과 클라우드 컴퓨팅**: 인터넷(6장 참고)과 클라우드 컴퓨팅(기술가이드 3 참고)은 AI 시스템, 특히 신경망에서 빅 데이터를 사용할 수 있도록 하고, AI 시스템에 필요한 컴퓨팅 용량을 제공한다.
- **개선된 알고리즘**: **알고리즘(algorithm)**은 유한한 단계의 시퀀스로 표현되는 문제 해결 방법이다. 연구자들은 AI 알고리즘의 능력을 빠르게 개선하고 있다. AI 알고리즘은 또한 GPU 칩에서 훨씬 더 빠르게 실행된다.

이러한 기술 발전은 인공지능 4단계의 기반이 되고 있다. AI의 각 단계는 이 가이드의 다음 두 절에서 논의할 AI 기술과 AI 애플리케이션을 사용한다.

1단계 AI 애플리케이션은 주로 추천 시스템으로 구성된다. 이러한 시스템은 방대한 양의 데이터를 이용하여 학습하고 각자에 적합하도록 온라인 콘텐츠를 개인화한다. 예를 들어 아마존(Amazon)의 제품 추천과 "Up Next" 유튜브 동영상 추천을 고려해보기 바란다.

2단계 AI 애플리케이션은 전통적인 기업이 과거에 수집하고 라벨링한 데이터를 분석한다. 예를 들어, 은행은 대출을 한 다음, 성공 및 실패한 상환에 대한 기록을 관리했다. 병원은 진단, 영상 데이터 그리고 후속의 건강 상태에 대한 기록을 보관한다. 법원은 유죄 판결 기록, 재범률(유죄 판결을 받은 범죄자가 범죄를 다시 저지르는 경향) 그리고 도주율 등에 대한 기록을 관리해 왔다. 이러한 AI 응용 프로그램이 은행, 의학 그리고 법률 시스템 등에 적용되면 대출 부도율이 감소하고 건강이 개선되며 재범과 비행 위험이 감소한다는 것이다.

2단계 AI 애플리케이션에 의해 분석된 데이터 외에도 3단계 AI 애플리케이션은 스마트 장치와 센서 등에서 발생한 추가 데이터를 분석한다(8장의 사물 인터넷 참고). 이러한 센서 지원의 스마트 장치는 물리 전용 개체를 물리/디지털 개체로 변환한다. 예를 들어, 병원, 자동차, 학교 등을 생각해보라.

예를 들어, 여러분이 식료품 가게에 들어가면 점포 소프트웨어가 여러분의 얼굴을 스캔하고 여러분이 가장 선호하는 구매 목록을 보여준다. 그러면 여러분은 가상의 도우미 쇼핑 카트를 선택한다. 이 카트는 음성 입력으로 여러분의 일상적인 식료품 목록에 맞춰준다. 그리고 부인의 생일

카드를 구입해야 함을 상기시켜 주고, 그런 다음 매장을 안내한다.

4단계 AI 애플리케이션은 이전의 3단계들을 통합하고 기계가 주변 세계를 감지하고 대응할 수 있도록 한다. 예를 들어, 드론 무리가 컴퓨터 비전과 높은 수준의 조종력으로 전체 농장에 선택적으로 농약을 살포하고 수확물을 수확한다. 내열성 드론은 산불을 보다 효율적으로 진압하고, 자율주행차가 도로와 교통을 탐색한다.

확인하고 넘어가기

1. 인공지능이란 무엇인가?
2. 인공지능과 인간지능을 비교해보자.
3. 강한 AI와 약한 AI를 비교해보자.
4. AI 애플리케이션의 4단계를 설명해보자.

TG4.2 인공지능 기술

인공지능 분야에서 다양한 기술이 개발되고 있다. 이 절에서는 초기 AI 기술 중 하나인 전문가시스템에 대하여 살펴본다. 그리고 우리는 비교적 최근에 인공지능 분야에 혁명을 일으킨 두 가지 기술인 기계학습과 딥러닝에 대하여 살펴본다. 그런 다음 기계학습과 딥러닝에 필수적인 신경망에 대해 살펴보기로 한다.

전문가시스템

전문가시스템(ES: expert systems)은 특정 영역에서의 전문가의 식견(expertise)을 적용하여 인간 전문가를 모방하려는 컴퓨터 시스템이다. 전문가시스템은 의사결정자를 지원하거나 완전히 대체할 수 있다.

기본적으로 ES는 도메인 전문가(또는 기타 소스)의 식견을 시스템으로 이전한다. 이 지식(knowledge)은 시스템에 저장되어 사용자가 필요에 따라 특정 조언을 요청할 수 있다. 시스템은 추론하여 결론에 도달할 수 있다. 그런 다음 인간 전문가처럼 조언이나 권장 사항을 제공한다. 또한 조언에 대한 이유를 설명할 수도 있다. ES는 방대한 양의 데이터를 통합하고 조작할 수 있기 때문에 때로는 한 사람의 전문가보다 더 잘 업무를 수행한다. 반면에 전문가시스템에는 다음과 같은 문제를 가지고 있다.

- 인간의 영역 지식을 전문가시스템에 이식하는 것이 어려울 수 있는데, 이는 사람들이 그들이 알고 있는 것을 어떻게 알고 있는지 항상 설명할 수 있는 것이 아니기 때문이다.
- 영역의 전문가가 그의 전반적인 추론 과정을 설명할 수 있다고 하더라도, 그러한 과정을 자동화하는 것이 불가능할 수 있다. 그 과정은 너무 복잡하거나 너무 애매할 수 있을 뿐만 아니라, 너무 많은 규칙을 요구할 수도 있다.

- 어떤 상황에서는 전문가시스템의 활용에 불리한 점이 있을 수 있다. 인간은 종종 실수를 범하는데, 그들이 합리적인 고려와 일반적으로 적용되는 방법론을 적용했다 하더라도 종종 곤경에 빠지는 경우가 있다. 그러나 전문가시스템을 사용하는 조직은 추후에 발생할 문제에 대한 법적 보호조치를 무시할 수 있다. 이러한 이슈와 관련한 빈번한 예가 병원 치료이며, 또한 전문가시스템이 주도한 업무 의사결정이 누군가에게 금전적으로 해를 끼치는 경우에도 이러한 상황은 종종 발생할 수 있다.

예를 들어 치료의 경우 환자를 치료할 때 의료 전문가시스템과 상담하는 의사의 경우를 살펴보자. 환자 치료가 제대로 이루어지지 않았다면, 의사, 전문가시스템, 아니면 전문가시스템 공급 업체 중에 누가 책임을 져야 하는가?

MYCIN과 PROSPECTOR와 같은 많은 전문가시스템이 개발되었다. MYCIN은 감염을 일으키는 박테리아를 식별하고 적절한 항생제를 제안하도록 설계되었다. PROSPECTOR는 광물 탐사에서 지질학자를 돕기 위해 설계되었다.

인공지능 분야의 새로운 발전은 지금 주로 기계학습과 딥러닝 분야에서 이루어지고 있다. 우리는 이 두 기술에 주목한 다음, 신경망이 각 기술을 어떻게 지원하는지 살펴보기로 한다.

기계학습

기계학습은 데이터를 학습하고 데이터에 대해 예측할 수 있는 알고리즘을 개발한다. 이러한 알고리즘은 컴퓨터 프로그램에 있는 명시적인 지시(명령)을 따르는 대신에, 데이터 기반의 예측이나 결정을 내리기 위해 예제 입력 데이터에서 모델을 구축하여 작동한다. 따라서 **기계학습(ML: machine learning)**은 레이블이 지정된 훈련 데이터 또는 기록 데이터로부터 학습되어 터득된 속성을 기반으로 새롭고 알려지지 않은 작업을 정확하게 수행하는 능력이라고 말할 수 있다.

기계학습 시스템은 사전에 프로그램된 명령들이 아닌 수집된 데이터를 기반으로 그들의 수행성과를 개선할 수 있는 능력도 가진다. 기본적으로 기계학습은 데이터의 패턴을 자동으로 발견한다. 일단 패턴을 발견하게 되면 그 패턴을 사용하여 예측할 수 있다. 예를 들어 날짜, 시간, 판매자, 판매자 위치, 가격, 거래의 합법성 여부 등을 포함한 신용카드 거래에 대한 데이터를 통해 기계학습 시스템은 사기성 거래를 예측하는 패턴을 학습한다. 시스템이 처리하는 거래(트랜잭션) 데이터가 많을수록 그로부터 이루어지는 예측은 더욱 더 좋아진다.

예를 들어 기계학습 시스템은 스팸 메시지와 비스팸 메시지를 구별하는 방법을 학습하기 위해 전자메일 메시지로 훈련을 받는다. 이러한 훈련 후에 시스템은 새 전자메일 메시지가 도착하면 그 메시지가 스팸인지 아닌지를 분류하는 데 사용된다. 다음은 기계학습의 다양한 예들이다.

- **FIN** 은행에서 자동화된 사기 감지 시스템은 기계학습을 사용하여 사기성 결제 활동을 나타낼 수 있는 행동 패턴을 식별한다.
- 생명 과학에서 기계학습 시스템은 생물학적 데이터와 화합물의 활동에서 인과 관계를 예측하는 데 사용되어 제약 회사가 유망한 약물을 식별하는 데 도움이 된다.

- **POM** 석유 및 가스 산업에서 생산자는 광물 매장지 찾기에서 드릴링 장비의 기계적 문제의 진단에 이르기까지 다양한 응용 분야에서 기계학습을 활용한다.
- **MKT** 소매업체들은 기계학습을 사용하여 매력적인 교차 판매 제안과 효과적인 판촉활동을 모색한다.
- **MIS** 2014년에 구글(Google)은 프랑스 전역의 모든 사업체, 모든 가정, 모든 번지의 정확한 위치 매핑을 막 완료했다고 발표했다. 구글은 이 과정을 1시간 만에 해냈다. 어떻게? 이 회사는 수많은 이미지가 포함된 스트리트 뷰 데이터베이스를 사용했다. 사람들이 수많은 이미지를 수작업으로 검토하고, 그 안에 있는 거리 번호에 동그라미를 쳤다. 그런 다음 구글은 라벨이 붙은 이미지를 기계학습 알고리즘에 입력하여 원으로 둘러싸인 개체의 고유한 점들을 파악했다. 그런 다음 소프트웨어는 나머지 이미지에서 해당 유형의 개체를 찾고 발견한 숫자를 읽어 들였다.
- **MIS** 부동산 중개업체인 REX(Real Estate Exchange; www.rexhomes.com)는 부동산 중개인 대신 기계학습을 사용하여 주택을 판매한다. REX 소프트웨어는 10만 개가 넘는 데이터 포인트를 분석하여 주택 구매 가능성이 있는 구매자를 찾은 다음 디지털 광고로 대상을 지정한다. REX는 또한 오픈 하우스에서 로봇을 사용하여 질문에 답한다. 회사는 부동산 중개인이 부과하는 5~6%의 수수료 보다 훨씬 낮은 2%의 수수료를 부과하고 있다.
- **MKT** 소매업체들은 기계학습을 사용하여 다양한 소셜 미디어 플랫폼에서 고객 감정(예: 좋아요 또는 싫어요)을 분석하고 고객 프로필을 특정 제품에 대한 소셜 경험과 대응시킨다. 따라서 기계학습 시스템은 고객이 쇼핑하고 있는 동안에도 실시간으로 제품을 추천할 수 있다.
- **MKT** 소매업체들은 시각 검색(visual search)에서 기계학습을 사용한다. 브랜드는 인벤토리에 제품 이미지를 업로드한다. 고객들이 그들이 좋아하는 제품의 사진을 업로드하면 기계학습 소프트웨어는 브랜드, 색상, 크기 그리고 다른 변수 등과 관련한 측면에서 사진을 평가한다. 이 소프트웨어는 추가적인 브랜드나 제품에 대해서도 실시간으로 제시해 준다.
- **MKT** 중국의 뉴스 종합 앱인 토우티아오(www.toutiao.com)는 기계학습을 사용하여 사용자의 관심사와 취향을 파악한 다음, 사용자들에 맞춤형 제안을 함으로써 더 많은 사용자와 더 많은 클릭을 확보하고 있다. 사용자가 웹 사이트를 방문하면 기계학습 소프트웨어는 지식을 확보하여 추천 내용을 수정 개선한다. 토우티아오는 2018년에 일일 활성 사용자가 8천만 명이 넘는 등 매우 성공적으로 운영되고 있다.

딥러닝

딥러닝(deep learning)은 레이블이 지정된 기록 또는 훈련 데이터에 노출되지 않으면서도 새로운 패턴을 발견하는 기계학습의 하위 집합이다. 딥러닝 애플리케이션의 예로는 음성 인식, 이미지 인식, 자연어 처리, 약물 발견 및 독성학, 고객관계관리 등이 있다. 구체적인 딥러닝의 예를 살펴보면 다음과 같다.

- 2012년 6월 유튜브 동영상에서 천만 개의 이미지를 검토한 구글 딥러닝 시스템은 전체 시간의 16% 시간 동안 고양이, 사람 얼굴, 노란 꽃 그리고 기타 물체를 정확하게 식별해냈다. 시스템은 사람들이 정의하거나 레이블을 지정하지 않았음에도 이러한 개별 개체들을 식별해 낸 것이다. 신경망의 정확도는 이전 방법보다 70% 더 우수했다.
- **MKT** **POM** 이베이(eBay)는 딥러닝을 사용하여 판매자가 게시한 제품 이미지를 분류한다. 이미 태그가 지정된 이미지를 검토함으로써 시스템은 예를 들어 한 쌍의 플립 플롭과 한 쌍의 플랫 사이의 차이를 구별해 낼 수 있다. 이 프로세스는 특히 태그가 정확하게 지정되지 않은 제품의 경우에 특히 이베이의 검색엔진에 도움이 된다.
- **MKT** **POM** 페이스북은 딥러닝을 사용하여 사용자들이 보는 게시물과 광고를 필터링한다. 특히 페이스북은 페이스북이 '킬러 앱'이라고 부르는 최근 업데이트의 개인화된 목록인 사용자의 뉴스 피드 개선에 딥러닝을 적용하고 있다. 이 회사는 이미 기존의 기계학습 기술을 사용하여 평균 페이스북 사용자가 볼 수 있는 1,500개 업데이트를 관리하여, 그 중 가장 중요하다고 판단되는 30~60개로 줄이고 있다. 페이스북은 사용자들이 만들어내는 데이터의 양이 증가하고 있기 때문에 더 효과적으로 최상의 업데이트를 선택할 필요가 있는 것이다.
- **MIS** 딥러닝은 스마트폰에서 음성 검색을 개선했다. 다음 절에서 논의할 신경망에 있는 여러 계층의 신경(뉴런)은 소리의 다양한 변형에 대해 보다 정확한 훈련을 받아들일 수 있기 때문에 시스템은 특히 배경 대화가 많은 사무실이나 전철 플랫폼과 같은 소음이 심한 환경에서 소리를 더 안정적으로 인식할 수 있다. 시스템은 사용자가 실제로 말한 내용을 더 잘 이해할 가능성이 높기 때문에 정확한 결과를 반환할 가능성이 더 높다.
- 세계 최대 입자 물리학 실험실인 CERN에서 딥러닝 알고리즘은 물리학자가 작성한 소프트웨어보다 아원자 입자(subatomic particles)를 더 정확히 식별하고 있다.
- 하나의 연구팀이 신약을 생산할 수 있게 하는 분자를 확인하는 머크(Merck)가 후원하는 경영대회에서 우승했다. 이 그룹은 딥러닝을 사용하여 표적에 결합할 가능성이 가장 높은 분자를 찾은 것이다.
- **FIN** 미국의 한 대형 보험 회사는 딥러닝을 사용하여 사기 청구를 식별하고 있다.

신경망

신경망(neural network)은 인간의 뇌가 작동하는 방식을 시뮬레이션하기 위해 병렬로 작동하는 가상 뉴런 또는 중앙 처리 장치(CPU)의 집합이다. 신경망은 뉴런 간의 연결에 숫자 값 또는 가중치를 할당한다.

알고리즘의 개선 그리고 점점 더 강력한 컴퓨터 칩과 스토리지로 인해 딥러닝 연구자들은 이전보다 신경망에서 더 많은 가상의 뉴런 계층을 모델링할 수 있게 되었다. 현재의 신경망은 수십억 개의 뉴런을 시뮬레이션할 수 있다. 신경망이 이미지와 소리를 처리하는 방법을 살펴보기로 한다.

신경망의 각 계층은 다른 수준의 추상화를 관리한다. 예를 들어 이미지를 처리하기 위해 첫 번째 레이어에 원시 이미지가 제공된다. 이 레이어는 개별 픽셀의 밝기와 색상 등의 이미지의 특성을 확인하고 이러한 속성이 어떻게 이미지에 분산되어 있는가를 기록한다. 다음 레이어는 이미지의 가장자리, 그림자 등을 식별함으로써 첫 번째 레이어의 관찰을 보다 추상적인 범주에서 분석한다. 그 다음의 레이어는 이러한 가장자리와 그림자를 분석하여 눈, 입술, 귀와 같은 특징을 유의미하게 하는 조합을 찾아 낸다. 최종 레이어는 이러한 관찰을 얼굴 표현으로 결합하게 된다.

소리를 처리하기 위해 프로세서의 첫 번째 계층은 음소(phoneme)라고 하는 가장 작은 음성 단위를 학습한다. 다음 계층은 단독으로 우연히 발생할 수 있는 이상으로 더 자주 발생하는 음파의 조합을 찾는다. 다음 계층은 단어와 같은 말소리의 조합을 찾고, 최종 계층은 완전한 말의 분절을 인식할 수 있다.

프로그래머는 해당 객체가 포함된 디지털 이미지나 해당 음소가 포함된 소리를 네트워크에 제공하여 객체나 소리를 감지하도록 신경망을 훈련시킨다. 신경망이 특정 물체나 소리를 정확하게 인식하지 못하는 경우 알고리즘은 프로세서 간의 연결 강도나 가중치를 조정한다. 훈련의 목표는 인간이 알고 있는 이미지 세트의 패턴이나 음성 패턴, 예를 들어, 강아지 이미지 또는 'd'와 같은 음소를 네트워크가 일관되게 인식하도록 가르치는 것이다.

신경망이 안면 인식을 학습하기 위해서는 수많은 이미지의 '훈련 세트'가 제공되어야 할 것이다. 일부의 데이터 세트는 얼굴을 포함하고 있고, 다른 일부는 얼굴을 포함하지 않을 수도 있다. 예를 들어 아마존의 미케니컬 터크(Mechanical Turk)를 통해 사람이 각 이미지에 라벨을 지정한다. 이미지는 신경망에 입력 역할을 하며 레이블('얼굴' 또는 '얼굴 아님')이 출력된다. 네트워크가 하는 일은 입력을 올바른 출력과 연관시키는 통계 규칙(프로세서 간의 가중치를 통해 작동)을 개발하는 것이다.

이 작업을 수행하기 위해 네트워크는 얼굴을 보여주는 이미지에 공통적인 특징을 찾아내는 것이다. 이러한 상관성이 충분히 크면(즉, 프로세서 간 연결의 가중치 또는 강도가 충분히 높으면) 네트워크는 훈련 데이터 세트에서 얼굴과 얼굴이 아닌 것을 안정적으로 구별할 수 있다. 다음 단계는 네트워크가 개발한 안면 인식 알고리즘이 실제로 새로운 데이터에서 작동하는지 확인하기 위해 레이블이 지정되지 않은 새로운 이미지 세트를 신경망에 공급하는 것이다.

다음의 예를 보면, 2015년 매튜 라이(Matthew Lai)는 '기린'이라는 인공지능 시스템을 개발하였는데, 이 시스템은 인간과 훨씬 더 비슷하고 기존의 체스 게임 프로그램과는 완전히 다른 방식으로 말판의 위치를 평가하여 체스를 두는 법을 스스로 학습하였다. '기린'의 플레이 수준은 모든 토너먼트 체스 플레이어 중 상위 2% 안에 들고 있다.

라이의 시스템은 세 가지 상이한 분석을 통해 체스판의 각 위치를 검토하는 신경망을 사용하고 있다. 첫 번째 분석은 각 편에 있는 말의 수와 유형, 다음에 이동할 편 그리고 기타 게임의 규칙 등과 같은 게임의 전체적인 상황을 조사한다. 두 번째 분석에서는 각 편의 입장에서 각 말의 위치와 같은 말 중심의 특징을 검토한다. 세 번째 분석은 각각의 말이 공격하고 방어할 수 있는 잠재적인 영역을 평가한다. 즉, 기린은 앞의 수를 내다볼 수 있는 것이 아니라 까다로운 위치를 정확하게 평가하고 인간에게는 직관적인 복잡한 위치 개념을 이해할 수 있다는 점에서 강점을 가지고 있는 것이다.

시스템을 훈련시키기 위해 라이는 컴퓨터 체스 게임 데이터베이스에서 무작위로 500만 개의 위치를 선택했다. 그런 다음 그는 신경망을 훈련시키는 데 사용하기 전에 각 위치에 임의의 적절한 말의 이동을 추가하여 더 큰 다양성을 만들었다. 총 1억 7,500만 개의 위치를 이 방식으로 생성했다.

라이는 자신의 후수에 대한 예측을 향상시키기 위해 기린과 경쟁했다. 이런 식으로 기린은 어떤 위치가 강하고 어떤 위치가 약한지 학습했다.

확인하고 넘어가기

1. 전문가시스템을 정의하고 전문가시스템에 내재된 문제들을 설명해보자.
2. 기계학습과 딥러닝을 구분해보자.
3. 신경망이 어떻게 작동하는지 설명해보자.

TG4.3 인공지능 응용

인공지능은 많은 응용 분야가 있다. 이러한 응용들은 기계학습, 딥러닝 그리고 신경망을 사용한다. 이 절에서는 컴퓨터 비전, 자연어 처리, 로봇 공학, 음성 인식 그리고 지능형 에이전트에 대해 살펴보기로 한다.

컴퓨터 비전

컴퓨터 비전(computer vision)은 이미지에서 사물, 장면 그리고 활동을 식별하는 정보시스템의 기능을 말한다. 컴퓨터 비전 애플리케이션은 제약이 없는 환경에서 작동하도록 설계되었다. 컴퓨터 비전에는 다음과 같은 다양한 응용 분야가 있다.

- 질병의 예측, 진단 그리고 치료를 개선하기 위한 의료 영상:

  인간의 눈에 엑스레이는 불분명한 퍼즐이다. 그러나 AI 시스템에 있어서 엑스레이(또는 CT 스캔 또는 MRI 스캔)는 픽셀 수준까지 평가할 수 있는 데이터 항목이다. 이미지는 오늘날 모든 의료 데이터의 90%를 차지하는 것으로 추정되고 있다. 이미지 인식 소프트웨어는 엑스레이, MRI 스캔, 초음파, CT 스캔 등 여러 소스에서 고해상도의 이미지 데이터를 수집한 다음 감지하기 어려운 유사성을 공유하는 생물학적 구조를 그룹화한다. 예를 들어, 소프트웨어는 동일한 유방의 여러 이미지를 검사하여 조직 밀도를 측정할 수 있다. 그런 다음 소프트웨어는 유사한 밀도의 조직을 색상으로 코딩하여 사람들이 그 패턴을 잘 관찰할 수 있게 해 준다. 이 소프트웨어는 심지어 하나의 이미지에서 또는 다른 이미지에서 멀리 떨어져 있는 픽셀들까지도 함께 고려하여 특정 속성을 공유하는 픽셀을 찾아 색인을 생성한다. 이 프로세스를 통해 의료진은 널리 퍼져 있는 구조들의 숨겨진 특징을 식별할 수 있게 된다.

  2015년에 IBM은 '머지 헬스케어(Merge Healthcare)'를 10억 달러에 인수했다. 머지는 모든 종류의 의료 이미지를 전문적으로 처리하는 기업으로 미국의 7,500개 이상의 병원과 클리닉, 임상 연구 기관 그리고 제약 회사가 이 기업의 서비스를 사용하고 있다. 이 기업의 인수는 의사가 치료 결정을 내릴 수 있도록 익명화된 텍스트 기반의 의료 기록을 포함한 많은 데이터 소스를 활용하려는 노력의 일환인 것이다. 머지의 데이터 세트에는 약 300억 개의 이미지가 포함되어 있으며 이는 IBM 왓슨의 딥러닝 측면에서 훈련시키기 위해 사용될 것이다.

IBM 왓슨은 또한 피부암의 일종인 흑색종을 탐지하는 데 사용되고 있다. 흑색종을 탐지해 내는 것은 어려운데 이는 개별 환자별로 발생하는 방식이 다양하기 때문이다. 흑색종의 많은 이미지를 딥러닝 시스템에 공급함으로써 시스템이 이 질병과 관련된 매우 미묘하지만 중요한 특징을 식별해 낼 수 있도록 가르칠 수 있는 것이다.

POM 엔리틱(www.enlitic.com)은 딥러닝과 이미지 분석을 사용하여 의사가 의료 이미지에서 비정상적인 부분을 진단하고 발견하는 데 도움을 주는 창업기업이다. 예를 들어 엔리틱 소프트웨어는 엑스레이, MRI 그리고 CT 스캔과 같은 의료 이미지를 분석하여 데이터에서의 경향이나 개별 이미지의 이상점을 확인할 수 있다.

- **MIS** 사진에서 자동으로 사람을 식별하고 보안 및 감시에서 용의자를 찾아 식별하는 데 페이스북은 안면 인식을 사용한다.

  특히 페이스북의 모멘트(Moments) 앱은 안면 인식 기술을 사용하여 사진이 촬영된 시기를 기준으로 여러분의 휴대전화에 있는 사진들을 그룹화하고, 사진에 어떠한 친구들이 있는지를 식별한다.

  2014년 페이스북은 얼굴의 빛이 약하거나 부분적으로 숨겨진 경우에도 약 97%의 정확도로 특정 사람의 얼굴을 인식할 수 있는 딥페이스(DeepFace)라 불리는 알고리즘을 공개했다. 그 성능은 사람이 할 수 있는 것과 거의 동등한 수준이다.
- **MKT** 쇼핑: 이제 소비자는 스마트폰을 사용하여 제품을 촬영하고 구매 옵션을 제공받는다.
- 자율주행자동차: 컴퓨터 비전 시스템은 이제 자동차를 거리에서 운전할 때 아무도 추돌하지 않고 다치지 않게 돕고 있다. 즉, 끊임없이 변화하는 환경에서 다양한 종류의 데이터를 포함하는 컴퓨터 비전에서 시스템들은 고강도의 훈련을 수행한다.
- **MKT** 핀터레스트는 딥러닝과 결합된 컴퓨터 비전 시스템을 사용하여 핀 이미지 내에 포함된 특정 대상을 자동으로 인식함으로써 제품 추천을 향상시키고 있다.
- 구글의 포토 앱은 컴퓨터 비전과 딥러닝을 결합하여 사용자의 사진을 자동으로 인식하고, 분류하고 정리한다.
- **MIS** 구글과 마이크로소프트 연구소는 딥러닝과 결합된 컴퓨터 비전을 사용하여 물체 감지, 분류 그리고 라벨링하는 작업을 개선하고 있다. 예를 들어, 한 컴퓨터 비전 시스템은 사진의 복잡한 장면들을 자동으로 요약하고 그 장면을 정확히 설명해 주는 캡션을 생성한다.
- **POM** 마이크로소프트의 교통 예측 프로젝트(Traffic Prediction Project)는 빙(Bing)의 교통지도, 도로 카메라, 센서 그리고 기타의 데이터 소스를 사용하여 교통 체증을 예측하고 있다.

자연어 처리

자연어 처리(natural language processing)는 정보시스템이 인간이 하는 방식으로 텍스트를 처리할 수 있는 능력을 말한다. 예를 들어, 이러한 시스템은 텍스트에서 의미를 추출할 수 있고, 읽기 쉬우면서 문체적으로 자연스럽고 또 문법적으로 올바른 텍스트를 생성할 수 있다.

컨텍스트(맥락)가 매우 중요하기 때문에 자연어 처리의 실제 적용은 일반적으로 특정 제품 또는 서비스에 대한 고객의 피드백 분석, 민사 소송 또는 정부 조사(e-discovery)에서 발견 자동화, 기업 수익 보고서나 스포츠와 같은 주제에 대한 정형화된 스토리의 작성 자동화와 같은 비교적 좁은 영역에서 이루어지고 있다. 다른 예를 들면 다음과 같다.

- IBM의 왓슨은 방대한 양의 의학 문헌을 읽고 이해하는 데 자연어 처리를 사용하고 있고, 가설 생성 기법을 사용하여 진단을 자동화하며, 기계학습을 통해 정확도를 향상키고 있다.
- 구글의 번역 앱에 내장된 딥러닝 기술은 휴대전화의 카메라를 통해 라이브 뷰의 메뉴와 같은 인쇄된 텍스트를 번역할 수 있다. 이 앱은 인터넷 연결이 없이도 27개 언어로 번역할 수 있다.

로봇 공학

컴퓨터 비전을 초소형의 고성능 센서와 액추에이터에 통합한 차세대 로봇은 사람과 함께 작업할 수 있으며 예측할 수 없는 환경에서 다양한 작업을 유연하게 수행할 수 있다. 예를 들어 무인 항공기, 로봇 청소기, 공장 현장에서 사람과 작업을 공유하는 코봇(협동 로봇) 등이 있다. 특히 1장에서의 백스터(Baxter)에 대한 논의를 기억해보자.

음성 인식

음성 인식(speech recognition)은 사람의 음성을 자동으로 정확하게 기록하는 데 중점을 둔다. 이 기술은 다양한 억양, 방언 그리고 배경 소음을 관리해야 한다. 또한 동음 이의어를 구별하고 자연스러운 말의 속도로 작동해야 한다. 응용에는 의료 기록 받아쓰기, 핸즈프리 사용, 정보시스템의 음성 제어 그리고 전화 고객 서비스 응용이 포함된다.

POM 오클라호마의 덩컨 리저널 병원(Duncan Regional Hospital)은 환자 돌봄의 효율성을 높이고 싶어 했다. 병원에 있는 약 15명의 의사가 뉘앙스 커뮤니케이션즈(Nuance Communications)의 드래곤(Dragon) 음성 인식 소프트웨어를 사용하여 랩톱의 임상 문서들을 개선하고 있다.

이 병원은 또한 임프리베이터(Imprivata; www.imprivata.com)의 안전한 HIPAA 호환 메시징 플랫폼을 사용한다. 문자 메시지를 보내는 대신 의사는 환자와의 상호 작용을 중단하지 않게 메시지를 말로 전하고 있다. 간호사들도 음성 인식 소프트웨어를 사용하여 임상 문서를 입력한다. 이는 의료 산업이 HIPAA 요구 사항을 충족하기 위해 점점 더 많은 문서를 요구하고 전자 건강 기록의 의미있는 사용을 요구하기 때문에 매우 중요하다.

지능형 에이전트

가트너는 2016년 말까지 선진국 소비자들의 2/3가 일상 생활에서 가상 개인 비서를 정기적으로 사용할 것으로 예측하였다. 가상 어시스턴트는 경험과 학습을 통해 인간의 지능을 모방하는 시스템의 능력인 AI의 가장 기본적인 형태이다. 예를 들어 애플의 시리, 마이크로소프트의 코타나, 구글의 나우, 아마존의 알렉사, 그리고 페이스북의 엠 등과 같은 인기있는 음성 기반 디지털 비서가 우리의 말을 이해하고 질문을 분석하며 일반적으로 정답의 방향으로 우리를 이끌어 줄 수 있다.

지능형 에이전트(intelligent agent)는 반복적인 컴퓨터 관련 업무를 수행할 때 사용자를 보조하거나 사용자 대신에 활동하는 소프트웨어 프로그램이다. 마이크로소프트 워드의 초기 버전에서 화면에 나타나는 종이 집게인 '클리피(Clippy)'라는 초기 형태의 지능형 에이전트에 익숙할 지도 모르겠다. 예를 들어, 여러분의 작업 중인 문서가 업무용 편지처럼 보일 때, — 즉 날짜, 이름, 그리고 주소 등을 입력한다면 — 동영상으로된 종이 집게가 도움이 되는 처리방법을 제안한다. 사용자들은 이러한 초기 형태의 지능형 에이전트에 맹렬하게 반대하여, 이후 버전에서 마이크로소프트는 이 에이전트를 제외시켰다.

오늘날 다양한 분야의 업무에 이용되는 많은 지능형 에이전트(봇bots이라고도 불림)가 있다. 다음의 절은 정보 에이전트, 감시감독 에이전트 그리고 사용자 또는 개인 에이전트 등의 세 가지 유형의 에이전트에 대하여 살펴본다.

정보 에이전트. **정보 에이전트(information agents)**는 사용자에게 정보를 찾아서 보여준다. 가장 잘 알려진 정보 에이전트는 **구매 에이전트(buyer agents)**이다. **쇼핑봇(shopping bots)**이라고도 불리는 구매 에이전트는 웹에서 고객이 필요로 하는 제품과 서비스를 찾는 것을 도와준다. 많은 정보 에이전트 사례가 있는데, 몇 개의 사례를 들면 다음과 같다.

- **FIN** 보험 및 금융 서비스 부문의 기업들은 고객 대면 지능형 조언자 역할을 하는 IBM 왓슨을 사용하고 있다. 예를 들어, 보험 회사인 USAA(www.usaa.com)는 제대하는 군인 고객들에게 예를 들어 대학 등록금 상환 또는 건강 혜택 변경에 대한 질문을 할 수 있는 용도로 왓슨을 사용하고 있다. USAA는 매년 약 15만 명이 군에서 제대하기 때문에 군 제대라는 주제를 선택했다. USAA 경영진은 이 시스템의 목표가 직원을 대체하는 것이 아니라 전문 지식을 강화하는 것이라고 말하고 있다. 이 시스템은 원래 USAA 디지털 포털이 제공하던 것보다 더 나은 통찰력과 정보를 제공한다. 왓슨은 서비스 호출을 단축시키고, 수신 호출에 더 많은 컨텍스트를 제공하며 고객과의 상호 작용에 대한 서류 작업량을 줄여 주었다.
- **FIN** 호주 은행인 ANZ는 IBM의 왓슨 인게이지먼트 어드바이저(Watson Engagement Advisor)를 사용하였다. 고객이 재무 설계사에게 기업이나 투자에 대해 물어 보면 기획자는 말이나 타이핑을 통해 자연어를 사용하여 왓슨에게 질문을 전달한다. 그러면 시스템은 연간 보고서, SEC 파일링, 관련 뉴스 기사와 기타 분석가의 견해 등과 같은 방대한 양의 정보를 분석하고 잠재적 투자에 대한 자체 통찰력을 제공한다.
- **MKT** 아마존(Amazon.com)을 위한 정보 에이전트는 과거 구매에 근거하여 고객이 선호하는 책과 다른 제품들에 대한 목록을 보여준다.
- FERRET(The Federal Electronic Research and Review Extraction Tool)은 인구조사국(Census Bureau)과 노동통계국(Bureau of Labor Statistics)이 합작으로 개발하였다. FERRET은 고용, 헬스 케어, 교육, 인종과 민족성, 건강보험, 주거, 수입과 빈곤, 수명, 그리고 혼인과 가정 등에 관한 정보를 제공한다.

감시감독 에이전트. **감시감독 에이전트**(monitoring and surveillance agents)는 **예측 에이전트**(predictive agents)라고도 불리는데, 지속적으로 관심이 있는 몇몇의 항목을 지속적으로 관찰하고 보고한다. 예측 에이전트에 대한 예는 많은데, 다음은 그 중에서 몇 가지 예이다.

- **MIS** 올스테이트 보험사는 자사의 거대 컴퓨터 네트워크를 24/7/365(하루 24시간, 주 7일, 일년 365일 동안) 관리하기 위해 감시감독 에이전트를 이용한다. 매 5초마다 에이전트 시스템은 1,200개의 데이터 포인트를 측정한다. 그래서 시스템의 고장이 발생하기 45분 전에 미리 예측할 수 있다. 또한 전자적인 공격을 탐지하도록 감시활동을 하여 사전에 예방할 수 있다.
- **POM** 감시감독 에이전트는 기업의 경쟁자를 감시하여 가격의 변경과 특별한 제안사항에 대하여 알려준다.
- 예측 에이전트는 주가에 영향을 줄 수 있는 주가 조작, 내부 거래, 그리고 루머들에 대하여 인터넷 사이트, 디스커션 그룹, 그리고 메일링 리스트 등을 감시할 수 있다.
- 이러한 에이전트들은 여러분이 선택한 주제, 예를 들어 (항공표와 같은) 원하는 제품에 대한 가격 변화와 관련한 업데이트된 정보를 찾기 위해 웹 사이트를 검색할 수 있다.

사용자 에이전트. **사용자 에이전트**(user agents) 또는 **개인 에이전트**(personal agents)는 사용자를 대신해서 활동한다. 이러한 에이전트들이 어떠한 일을 하는지 (또는 할 수 있는지) 살펴보면 다음과 같다.

- 이메일을 체크해서 우선순위 원칙에 따라 정렬하고, 높은 우선순위의 이메일이 받은 편지함에 수신되면 이를 알려준다.
- 웹 상의 입력양식을 자동으로 채워준다. 또한 나중에 사용할 정보를 저장도 해준다.

확인하고 넘어가기

1. 컴퓨터 비전, 자연어 처리 그리고 음성 인식의 장점을 설명해보자.
2. 지능형 에이전트, 정보 에이전트, 감시감독 에이전트, 그리고 사용자 에이전트를 어떻게 활용할 수 있는지 설명해보자.

IT는 나를 위해 무엇을 해줄 수 있지?

ACCT 회계관리 전공을 위한 정보기술

AI 시스템은 부정을 발견하기 위한 감사활동(auditing)에서 광범위하게 이용되고 있다. 사기를 발견하고 예방하기 위해서도 사용되고 있다. 오늘날 공인회계사(CPA)들은 위험 분석에서 원가 통제에 이르기까지 그들의 다양한 업무에 AI 시스템을 사용하고 있다. 회계 담당자들은 또한 계정 관리와 직원들의 인터넷 사용 감시 등과 같은 일상적인 업무에도 지능형 에이전트를 사용하고 있다.

FIN 재무관리 전공을 위한 정보기술

사람들은 재무적인 과제들을 해결하기 위하여 수십 년 동안 컴퓨터를 활용해 왔다. 혁신적인 AI 시스템은 주식시장 의사결정, 채권 조달, 채무 위험 분석, 재무 상태 분석, 사업실패 예측, 재무 추세 예측, 그리고 글로벌 시장에서의 투자 등과 같은 활동을 위해 개발되어 왔다. 종종 AI 시스템은 스프레드시트의 활용과 재무에서 사용되는 컴퓨터화된 시스템의 활용을 용이하게 할 수 있다. 마지막으로 AI 시스템은 신용카드, 주식 그리고 기타의 재무 서비스에서의 사기를 줄여주는 데 도움이 될 수 있다.

MKT 마케팅 전공을 위한 정보기술

마케팅 담당자는 광고예산의 배정에서부터 판매사원의 대안적인 활동 여정 등에 이르기까지 많은 응용에 AI 시스템을 활용하고 있다. 타겟 마케팅 그리고 마케팅 거래 데이터베이스와 같은 새로운 마케팅 접근방법들은 일반적으로는 IT와 특히 AI 시스템에 크게 의존하고 있다. AI 시스템은 고객 데이터베이스를 마이닝하고 고객의 행동을 예측하고자 할 때 특히 유용하다. 일대일 광고의 성공을 분석하고, 고객 헬프 데스크를 지원하는 데에 이르기까지 마케팅과 영업 분야 등의 거의 모든 영역에서 성공적인 AI 애플리케이션들이 나타나고 있다. 고객 서비스가 점점 더 중요해지면서 빠른 응답을 제공하려면 지능형 에이전트의 사용이 중요하다.

POM 생산운영관리 전공을 위한 정보기술

AI 시스템은 재고관리에서부터 생산계획에 이르기까지의 복잡한 운영과 생산 의사결정을 지원한다. 생산운영관리 분야에 있어서 AI 시스템은 기계고장 진단과 수리 방안의 제시에서부터 복잡한 생산일정 계획과 재고통제에 이르는 다양한 범위의 업무를 관리한다. 듀폰과 코닥과 같은 일부 기업들은 생산계획, 조직화, 그리고 이러한 운영시스템의 통제에 수많은 AI 시스템들을 배치하고 있다.

HRM 인적자원관리 전공을 위한 정보기술

인적자원 담당자들은 많은 응용을 위해 AI 시스템을 채택하고 있다. 예를 들어, 신입사원 채용 담당자는 이러한 시스템을 사용하여 웹에서 지원자의 이력서를 찾고 필요한 기술에 맞게 정렬한다. 또한 HR 관리자는 AI 시스템을 사용하여 후보자를 평가(시험과 면접 등)한다. HR 담당자는 특별 급여를 관리하는데 있어서 직원들을 훈련시키고 지원하는데 그리고 직원의 직무성과와 미래 근무 요구사항을 예측하기 위해 AI 시스템을 이용한다.

MIS MIS 전공을 위한 정보기술

MIS 기능은 이러한 시스템들이 사용하는 데이터와 모델은 물론, 조직의 다양한 지능형 시스템을 개발(또는 취득)하고 유지보수한다. MIS 직원들은 AI 시스템에서 사용되는 전문가의 식견을 포착하기 위해 주제 분야의 전문가들과 상호작용을 한다.

요약

TG4.1 인공지능의 잠재적 가치와 잠재적 한계를 설명해보자.

표 TG 4.1은 인공지능과 인간지능을 다양한 특성으로 비교하고 있다.

TG4.2 전문가시스템, 기계학습 시스템, 딥러닝 시스템 그리고 신경망 등의 사용 사례를 들어 보자.

전문가시스템은 특정 영역에서의 전문가적 식견을 적용함으로써 인간 전문가를 흉내 내고자 하는 컴퓨터 시스템이다.

기계학습은 훈련 또는 레이블이 달려 있는 기록 데이터로부터 학습된 알려진 속성을 기반으로 새롭고 보이지 않는 작업을 정확하게 수행하는 기능이다. 기계학습 시스템은 스팸과 비스팸 메시지의 구별, 사기성 은행 거래의 식별, 제약 회사의 유망한 약물 식별, 그리고 드릴링 장비의 기계적 문제 진단 등을 수행할 수 있다.

딥러닝은 레이블이 달려있는 기록 또는 훈련 데이터에 노출되지 않고도 시스템이 새로운 패턴을 발견하는 기계학습의 하위 집합이다. 딥러닝 응용 사례로는 음성 인식, 이미지 인식 그리고 자연어 처리 등이 있다.

신경망은 인간 두뇌의 기본 개념을 시뮬레이션하는 프로그램과 데이터 구조 시스템이다. 신경망은 개인 소지품에 숨긴 무기를 탐지하고, 다양한 질병에 대한 연구, 재무 예측, 신용카드 거래의 사기 탐지, 범죄 퇴치 그리고 기타 여러 응용에 사용되고 있다.

TG4.3 컴퓨터 비전, 자연어 처리, 로봇 공학, 그리고 지능형 에이전트의 활용 사례를 들어보자.

컴퓨터 비전은 이미지에서 사물, 장면 그리고 활동을 식별하는 컴퓨터의 능력을 나타낸다. 컴퓨터 비전에는 의료 영상, 안면 인식, 자율주행차 등 다양한 응용 분야가 있다.

자연어 처리는 인간이 하는 방식으로 정보시스템이 텍스트를 처리할 수 있는 능력을 말한다. 자연어 처리의 응용에는 특정 제품 또는 서비스에 대한 고객의 피드백 분석, 민사 소송 또는 정부 조사(e-discovery)에서의 발견 자동화, 기업 이윤 또는 스포츠와 같은 주제에 대한 정형적인 스토리 작성 자동화 등이 포함된다.

로봇은 컴퓨터 비전을 센서 및 액추에이터와 통합한다. 협동 로봇(코봇이라고 함)은 사람과 함께 일하고 예측할 수 없는 환경에서 다양한 작업을 유연하게 수행할 수 있다. 예를 들어 무인 항공기, 공장에서 인간과 작업을 공유하는 '코봇'(협동 로봇), 로봇 진공 청소기 등이 있다. 특히 1장에서의 백스터에 대한 논의를 기억하기 바란다.

음성 인식은 자동으로 정확하게 사람의 음성을 기록하는 데 중점을 둔다. 응용 프로그램에는 의료 받아쓰기, 핸즈프리 사용, 정보시스템의 음성 제어 그리고 전화 고객 서비스 응용 등이 포함된다.

지능형 에이전트는 반복적인 컴퓨터 관련 작업을 수행하는 데 도움을 주거나 사용자를 대신하는 소프트웨어 프로그램이다. 지능형 에이전트는 과거의 구매 실적을 기반으로 고객이 좋아할 만한 책 또는 기타 제품 목록을 표시하는 데; 정보를 찾는 데; 대규모 컴퓨터 네트워크를 연중 무휴 24시간 관리하고 모니터링하는 데; 전자 공격을 조기에 감지하여 차단하는데; 경쟁자를 관찰하고 가격 변경과 특별 제안 등에 공지 발송; 주식 조작, 내부자 거래 그리고 주가에 영향을 미칠 수 있는 루머 등의 식별을 위해 인터넷 사이트, 토론 그룹 그리고 메일 링 목록을 감시하는 데; 설정된 우선 순위 규칙에 따라 전자메일을 확인하고, 정렬하고, 받은 편지함에 중요한 전자메일이 수신될 때 수신자에게 알리기; 그리고 웹에 있는 양식을 자동으로 작성하는 등 다양한 분야에서 응용되고 있다.

토의문제

1. 대학이 입학 사정에 전문가시스템을 어떻게 활용할 수 있을지 설명해보자. 또한 신경망을 사용할 수 있는가?

   만일 학생이 대학에 입학 사정에서 탈락이 되었는데, 그 입학사정 과정에 전문가시스템이 활용된 것을 학부모가 알게 되었다면 어떠한 일이 벌어질 수 있는가?

2. 전통적인 BI 시스템과 전문가시스템의 주요 차이점은 전자가 어떻게(how)에 대한 질문만을 설명할 수 있다면 후자는 어떻게(how)와 왜(why) 모두에 대한 질문에 답변할 수 있다는 것이다. 이 문장의 의미를 토론해보자.

문제해결활동

1. 새로운 '스마트' TV를 구입하기로 결정하였다고 하자. 가능한 한 저렴하면서도 원하는 제품 특성을 갖춘 제품을 구입을 하고자 할 때, 쇼핑봇을 사용한다고 하자. 가격 비교를 해 주는 여러 쇼핑봇 웹 사이트들을 방문해보자. 마이사이먼(www.mysimon.com), 비즈레이트닷컴(BizRate.com; www.bizrate.com) 그리고 구글 제품 검색 비교 등을 이용하여 상품을 검색해보고, 사용의 용이성(ease of use), 제공하는 제품의 수(number of product offering), 정보 습득의 속도(speed in obtaining information), 제품과 판매자에 관한 정보의 완전성(thoroughness of information), 그리고 가격 선택(price selection) 등의 관점에서 이러한 쇼핑봇들을 비교해보자. 여러분은 어느 사이트를 사용하고 있으며, 그 이유는 무엇인가? 어느 TV를 선택하여 구입하고자 하는가? 이러한 사이트가 구매 결정에 얼마나 도움이 되었는가?

2. 마이메이저(MyMajors; www.mymajors.com) 웹 사이트를 접속해보자. 이 사이트는 규칙 기반의 전문가시스템을 이용하여 학생들의 전공선택을 돕고 있다. 이 전문가시스템은 300개 이상의 규칙과 15,000개의 가능한 결론을 보유하고 있다. 학생들의 성공 가능성에 따라서 전공의 순위를 부여하고, 학생들이 고려할 수 있는 60개의 대안 전공 중에서 6개의 전공을 제시하여 준다.

   퀴즈를 풀고, 전문가시스템이 지정해 준 '올바른 전공'을 하고 있는지 확인해보자. 퀴즈를 풀려면 회원가입을 해야 한다.

3. 엑시스(www.exsys.com/domain.html) 사이트에 접속하고, 다양한 데모를 시도해본 다음, 수업 시간에 그 결과를 발표해보자.

찾아보기

사

아

자

차

카

타

파

하

영문

A

B

C

D

E

F

G

H

I

J

K

L

M

N

O

P

R

S

T

U

V

W

X

역자소개

양준석 jsyang@deu.ac.kr

현재 동의대학교 상경대 경영학과 교수

고려대학교 경영대학 경영학과(경영학사)

고려대학교 대학원 경영학과 경영학석사, 박사(MS/IS전공)

한국경영학회, 경영정보학회 이사 역임

한국정보시스템학회 상임이사 역임

관동대학교 경상대 경영학과 부교수 역임

한국인터넷전자상거래 학회 회장 역임

경영학회 부회장 역임

동의대학교 대학원장 역임

경제인문사회연구회 정부기관 평가교수 역임

김대호 mis@mokwon.ac.kr

현재 목원대학교 교수

고려대학교 경영대학 경영학과(경영학사)

고려대학교 대학원 경영학석사, 경영학박사(MIS전공)

목원대학교 학술정보처장 및 인터넷창업보육센터장 역임

싱가포르국립대학, School of Computing, Visiting Researcher

한국경영학회 부회장 역임, 종신회원

한국경영정보학회 이사 역임, 종신회원

한국농식품정보과학회 총괄수석부회장 역임

한국모바일학회 학회장 역임, 명예회장

한국벤처창업학회 학회장 역임, 부회장

농림축산식품부 농림축산식품업무 자체평가위원,
정보화분과 위원장

대통령직속 재정개혁특별위원회 위원 역임

함유근 ykhahm@konkuk.ac.kr

현재 건국대학교 경영학과 교수
NH농협금융지주 사외이사

고려대학교 정경대학 통계학과(학사)

미국 보스톤대학교 경영학 석박사(MIS 전공)

한국빅데이터학회 회장 역임

강주영 jykang@ajou.ac.kr

현재 아주대학교 경영대학 e-비즈니스학과 교수
한국빅데이터학회지 편집위원장
서비스경영학회지 편집위원장
경영학연구 융합분야 편집위원장
한국지능정보시스템학회 부회장

포항공과대학교 컴퓨터공학과(학사)

서울대학교 컴퓨터공학과(석사)

한국과학기술원 경영공학(박사)

경영정보시스템

역　　자　양준석, 함유근, 김대호, 강주영
발 행 일　2022년 3월 10일 1쇄
발 행 처　**한경사**
발 행 인　이계남
등록사항　제10-1951호 2000년 4월 14일
주　　소　서울시 마포구 신수로 59-1 3층
전화번호　02_717_7264~5
팩스번호　02_717_7226
홈페이지　hankyungsa.co.kr
전자우편　hankyungsa@hanmail.net
I S B N　978-89-6844-404-3　(93320)
가　　격　36,000원